John Cassidy

DER KAPITALISMUS UND SEINE KRITIKER

Propyläen wurde 1919 durch die Verlegerfamilie Ullstein als Verlag für hochwertige Editionen gegründet. Der Verlagsname geht zurück auf den monumentalen Torbau zum heiligen Bezirk der Athener Akropolis aus dem 5. Jh. v. Chr. Heute steht der Propyläen Verlag für anspruchsvolle und fundierte Bücher aus Geschichte, Zeitgeschichte, Politik und Kultur.

JOHN CASSIDY

DER KAPITALISMUS UND SEINE KRITIKER

Eine Geschichte von der industriellen Revolution bis zur künstlichen Intelligenz

Aus dem Englischen von Klaus-Dieter Schmidt

PROPYLÄEN

Besuchen Sie uns im Internet:
www.ullstein.de

Die Originalausgabe erschien 2025 unter dem Titel
Capitalism and Its Critics bei Farrar, Straus and Giroux, New York.

MIX
Papier | Fördert gute Waldnutzung
FSC® C014496

PRODUZIERT MIT VERANTWORTUNG

ISBN: 978-3-549-10033-2

Bei Fragen zur Produktsicherheit wenden Sie sich bitte an
produktsicherheit@ullstein.de
Lektorat: Dunja Reulein
Umschlaggestaltung: Theodor Bayer-Eynck nach einer Vorlage
von Richard Green
Umschlagmotive: Hayek © ullstein bild – brandstaetter images,
Marx © Look and Learn / Elgar Collection / Bridgeman Images,
Luxemburg © Pictures From History / Alamy, Piketty © Manuel Braun /
Kontributor / Getty Images, Williams © Granger / Shutterstock.com,
Federici © Marta Jara (eldiario.es);
https://creativecommons.org/licenses/by-sa/3.0/es/deed.en;
beschnitten, blau eingefärbt, teilweise von Typografie abgedeckt;
Gesetzt aus der Source Serif Pro
Satz: Dörlemann Satz, Lemförde
Druck und Bindearbeiten: GGP Media GmbH, Pößneck

INHALT

Für Lucinda, Beatrice und Cornelia

Einleitung

Geschichtsbücher, dieses eingeschlossen, sind Produkte ihrer Zeit. Die Idee für dieses Buch kam mir 2016 während des Wahlkampfs von Senator Bernie Sanders; letzte Hand legte ich an die Druckfassung, kurz nachdem Donald Trump zum zweiten Mal zum Präsidenten gewählt worden war. Wie Sie sich vielleicht erinnern, behauptete Sanders, die amerikanische Wirtschaft sei »manipuliert«, und versprach, dafür zu sorgen, dass sie für »arbeitende Familien und nicht nur für die Milliardärsschicht« funktioniert.[1] Trump ist selbst Milliardär, was ihn jedoch nicht daran hinderte, sich als Tribun einer vergessenen arbeitenden Klasse zu gebärden und aus den Sorgen und der Unzufriedenheit vieler nichtreicher Amerikaner Kapital zu schlagen, was ihn zweimal ins Weiße Haus gebracht hat.

Die aufkommende Unzufriedenheit mit dem amerikanischen Kapitalismus, auf die sich Sanders (und tatsächlich auch Trump) 2016 berief, hat sich als bleibendes Phänomen erwiesen. 2018 stellte das Meinungsforschungsinstitut Gallup fest, dass weniger als die Hälfte der Amerikaner im Alter zwischen 18 und 29 Jahren den Kapitalismus positiv sahen, während etwas mehr als die Hälfte den Sozialismus positiv einschätzten.[2] Die zunehmende Ablehnung des Kapitalismus war nicht auf die Vereinigten Staaten beschränkt. 2017 ließ das britische Meinungsforschungsinstitut Populus die von ihm Befragten die Eigenschaften auswählen, die sie mit Sozialismus, Kapitalismus und anderen Ismen verbanden. Den Kapitalismus fanden die meisten »innovativ«, »habgierig« und »selbstsüchtig«, beim Sozialismus waren die am häufigsten gewählten Begriffe »gerecht«, »zum Wohl der Allgemeinheit« und »bringt den Menschen das meiste«. In Auftrag gegeben hatte die Umfrage das für den freien Markt eintretende Legatum Institute. »Ich halte die Politik des freien Unternehmertums für einen Hauptantrieb des Wohlstands«, erklärte ein führender Mitarbeiter des Instituts nach der Veröffentlichung der Umfrage. »Leider scheint ein großer Teil der britischen Wähler diese Ansicht nicht zu teilen.«[3]

Als ich dieses Buch plante, dachte ich zunächst an einen kurzen Abriss der Geschichte des Kapitalismus vom Zusammenbruch der Sowjetunion bis heute und der wirtschaftswissenschaftlichen Debatten, die er ausgelöst hat. Ich musste mich jedoch bald der Tatsache stellen, dass die Kritik am modernen Kapitalismus – von der Klage über räuberische Plattformmonopole und selbstsüchtige Banker bis zum Lamento über die Auswirkungen der Technologie auf Arbeitsbedingungen und Ungleichheit – zu einem großen Teil in wirtschaftlichen Entwicklungen und Debatten wurzelt, die während des Aufstiegs des Industriekapitalismus in Großbritannien und sogar noch davor stattfanden. Im späten 18. Jahrhundert wetterte Adam Smith, der kein Feind des Profitstrebens war, gegen Kolonialmonopole wie die britische Ostindien-Kompanie, deren privilegierte Stellung und ungeheure Selbstbereicherung sie als vorindustrielle Gegenstücke jener Banken ausweisen, die, weil sie zu groß waren, um ihren Zusammenbruch zuzulassen, in der weltweiten Finanzkrise von 2007 bis 2009 von den Steuerzahlern gerettet wurden. (Wie die Banken erhielt auch die Ostindien-Kompanie, die einen großen Teil des indischen Subkontinents beherrschte, massive staatliche Zuschüsse.)

Als sich in Nordengland der Fabrikkapitalismus entwickelte, brachen vorindustrielle Handwerker in Textilfabriken ein und zertrümmerten die neuen Maschinen, die ihren Lebensunterhalt bedrohten. Lange wurden die Ludditen, wie sie genannt werden sollten, als rückständige Feinde der Modernität abgetan. In der heutigen Welt, in der die künstliche Intelligenz den Verlust zahlloser Arbeitsplätze heraufbeschwört, wirken ihre Sorgen über den Einsatz neuer Technologien schon erheblich vernünftiger.

Die Kritik an der wachsenden Kluft zwischen Arm und Reich war ein weiteres Merkmal des frühen Industriekapitalismus. »[G]roße Kapitalisten«, schrieb der romantische Dichter Robert Southey 1829, »werden wie Hechte in einem Fischteich, die die kleineren Fische verschlingen; und es ist nur allzu sicher, dass die Armut des einen Teils der Menschen im selben Maß den Reichtum des anderen vergrößert.«[4]

Schließlich entschloss ich mich, das Projekt zu einer breiteren Geschichte des Kapitalismus und seiner Kritiker zu erweitern. Natürlich konnte ich nicht hoffen, alles oder auch nur fast alles behandeln zu können. Die in den 1950er-Jahren verfasste *History of Socialist Thought* des englischen Historikers G.D.H. Cole umfasst fünf Bände (in sieben Teilen). Allein im ersten Band, der den »Vorläufern« gewidmet ist, werden 50 Hauptvertreter dieser Strömung vorgestellt.[5] Beim Reduzieren des Materialbergs half mir die Tatsache, dass das Urteil über den Kapitalismus über die Jahrhunderte hinweg im Kern bemerkenswert gleich geblieben ist: Er sei seelenlos, ausbeuterisch, ungerecht, instabil und zerstörerisch, aber auch alles durchdringend und überwältigend. »Unser wahrer Monarch ist nicht Viktoria, sondern Viktor Mammon«, schrieb der englische Kunstkritiker und Philosoph John Ruskin 1866.[6] Anderthalb Jahrhunderte später stellte die *NPR*-Journalistin und Podcasterin Rund Abdelfatah fest: »Der Kapitalismus ist ein Wirtschaftssystem, aber auch sehr viel mehr als das. Er ist eine Art Ideologie geworden, eine allumfassende Kraft, die über unser Leben und unseren Geist herrscht.«[7]

Indem ich der Kritik am Kapitalismus und den Bemühungen, seinen Vormarsch aufzuhalten, durch die Geschichte folge, versuche ich, die verschiedenen Entwicklungsstufen zu erklären, die das System durchlaufen hat: vom Aufstieg der Fabrikproduktion über den Wechsel vom Einzelunternehmer zum Großkonzern als vorherrschender Form des kapitalistischen Unternehmens bis hin zur digitalen Revolution und ihrem jüngsten Spross, der Kommerzialisierung der künstlichen Intelligenz. Aber das vorliegende Buch ist keine übliche Wirtschaftsgeschichte. Es werden zwar auch BIP-Zahlen und Lohntrends sowie technologische Entwicklungen besprochen, ebenso wie der politische Hintergrund, aber es konzentriert sich hauptsächlich auf das Leben und die Werke einzelner Autoren und Kritiker. Bei der Darstellung ihrer Theorien und Kommentare habe ich zu beleuchten versucht, wie ihnen in ihrer Zeit und Umgebung die Welt erschien. Es mag anmaßend sein, aber ich versuche in diesem Buch, die Geschichte des Kapitalismus durch die Augen seiner Kritiker zu sehen.

Die meisten Objekte meiner Darstellung sind Ökonomen, aber nicht alle. Zwei von ihnen sind Gruppen: die Ludditen und die Dependenztheoretiker, die in den 1950er- und 1960er-Jahren die Hindernisse bei der Wirtschaftsentwicklung postkolonialer Länder hervorhoben. Von den vorgestellten Einzelpersonen führten einige das konventionelle Leben von Akademikern, auch wenn ihre Gedanken alles andere als konventionell waren. (Thorstein Veblen, John Maynard Keynes, Joan Robinson und Stuart Hall sind Beispiele dafür.) Andere waren Privatgelehrte (William Thompson und Thomas Carlyle), Publizisten (Henry George, John Hobson und Paul Sweezy), sozialistische Revolutionäre (Karl Marx und Rosa Luxemburg) oder Ökonomen im Dienst internationaler Organisationen (Raúl Prebisch und Samir Amin). Einer der Dargestellten, Friedrich Engels, war beides: Revolutionär *und* kapitalistischer Besitzer einer Baumwollspinnerei in Manchester. Ein anderer, Eric Williams, begann als Historiker und war am Ende Regierungschef seines Landes, Trinidad und Tobago.

Neben Luxemburg und Robinson treten in diesem Buch auch andere Frauen auf, die Bahnbrechendes leisteten. Die Kapitel über die irische Feministin Anna Wheeler, die mit William Thompson zusammenarbeitete, und die französische Schriftstellerin Flora Tristan, die die Schaffung einer allgemeinen Gewerkschaft forderte, der alle Arbeiter und Arbeiterinnen angehören sollten, beschäftigen sich mit dem Aufkommen der Fabrikarbeiterinnen, die in vielen frühen Textilfabriken gegenüber den männlichen Arbeitern in der Überzahl waren. Das Kapitel über die aus Italien stammende Silvia Federici, die den New Yorker Ableger der »Lohn für Hausarbeit«-Kampagne gründete, nimmt die Hausarbeit in den Blick, die üblicherweise nicht bezahlt und von

Frauen ausgeführt wird. Wie Federici und ihre Mitkämpfer betonten, ist diese unbezahlte Arbeit unerlässlich für die Versorgung und Reproduktion des kapitalistischen Arbeitskräftereservoirs, ohne die das System nicht funktionieren würde.

Für gewöhnlich wird die Geschichte des Kapitalismus durch die Darstellung unpersönlicher Kräfte erzählt: Wettbewerb, Technologie, Kolonialismus, Profit und so weiter. Trotz aller Vorteile dieser Herangehensweise, die die grundlegenden Entwicklungen, die das moderne Leben geprägt haben, kenntlich macht, hat sie auch einen potenziellen Nachteil. Bestimmte historische Ereignisse, wie der Aufstieg des Faschismus oder der Sturz des Kommunismus, können aus dieser Perspektive als unvermeidlich erscheinen. Wenn man individuelle Kritiker betrachtet, die zu bestimmten Zeitpunkten wirkten, kommen der Zufall in den Blick, der ebenfalls zur Geschichte gehört, die Wege und Ideen, die nicht verfolgt wurden, und auch die weiterhin vorhandenen Möglichkeiten, sich andere wirtschaftliche Zustände vorzustellen.

In der ersten Hälfte des 19. Jahrhunderts führten sowohl rechte als auch linke Kritiker das moralische Argument an, das Fabriksystem entmenschliche die Arbeiter und zerstöre seit Langem geltende soziale Normen. Als das Wort »Sozialismus« in Großbritannien und Frankreich in Gebrauch kam, wurde es noch nicht wie heute mit Umverteilungsprogrammen und ganz allgemein mit staatlichen Eingriffen in Verbindung gebracht. Viele Frühsozialisten trauten den Regierungen nicht, die sie als korrupt und von der Oberschicht beherrscht betrachteten. Sie sahen in selbstbestimmten genossenschaftlichen Gemeinschaften, in denen sowohl die Arbeit als auch die Entlohnung in gerechterer Weise verteilt würden, das beste Mittel, um voranzukommen. Nachdem Bemühungen, solche Gemeinschaften aufzubauen, gescheitert waren, taten Marx und Engels in ihrem 1848 erschienenen *Kommunistischen Manifest* die ihnen zugrunde liegenden Ideen als »utopistischen Sozialismus« ab.[8] Insbesondere Marx hob in seinen frühen Schriften hervor, dass der Industriekapitalismus die Arbeiter von ihrem wahren Selbst entfremde; sein Hauptanliegen blieb es aber, die Bewegungsgesetze des Systems zu entdecken und zu analysieren. Deshalb konzentrierte er sich auf dessen innere Widersprüche und die Herausbildung der Industriearbeiterklasse, des Proletariats, als revolutionäre Kraft.

In den Vereinigten Staaten und anderen Ländern entstanden im späten 19. und frühen 20. Jahrhundert riesige Industriekonzerne und eine verschwenderische Plutokratie, die Thorstein Veblen und andere mit scharfem Blick ins Visier nahmen. In dieser Zeit bildete sich auch der Imperialismus heraus, den Wladimir I. Lenin bekanntermaßen als höchstes Stadium des Kapitalismus bezeichnete. Nach Ansicht der Polin Rosa Luxemburg, die in der Zweiten Internationale mit Lenin zusammenarbeitete, aber eine eigenständige Denkerin war, konnte das kapitalistische System nur überleben, indem es vorkapitalistische Gesellschaften assimilierte und zerstörte. Den Ausbruch des Ersten Weltkriegs betrachtete sowohl Lenin als auch Luxemburg als Bestätigung ihrer Theorien, doch ihre Hoffnung, dass er zu großen Revolutionen in den imperialistischen Ländern führen würde, zerschlug sich. Der einzige erfolgreiche Umsturz fand im bäuerlich geprägten Russland statt, wo Lenins Bolschewiki schließlich die Macht eroberten und danach vor der monumentalen Aufgabe standen, eine sozialistische Wirtschaft von Grund auf neu aufzubauen.

Der Kapitalismus überlebte den Ersten Weltkrieg, sollte aber bald seine größte Prüfung erleben. In der Weltwirtschaftskrise der 1930er-Jahre sank die Produktion, während die Arbeitslosenzahlen in die Höhe schossen und der politische Extremismus florierte. Karl Polanyi, der den Aufstieg des Autoritarismus in Österreich miterlebt hatte, gelangte zu dem Schluss, Faschismus und Sozialismus seien die einzigen logischen Ergebnisse eines ungezügelten Kapitalismus. Möchtegernreformer sahen weniger drastische Alternativen. John Maynard Keynes, ein – wenn auch nicht unkritischer – Verteidiger der kapitalistischen freien Marktwirtschaft, entwickelte die theoretische Grundlage für eine Anpassung, die im Rückblick auf der Hand zu liegen schien: die Nutzung der Steuer- und Ausgabenpolitik, um die Wirtschaft aus Konjunkturtälern zu holen. Zusammen mit der von Franklin D. Roosevelt und William Beveridge propagierten Ausweitung der Sozialversicherung und den 1944 auf der Konferenz von Bretton Woods beschlossenen Reformen des Weltwirtschaftssystems schien dieser Ansatz den Kapitalismus von seinen Krankheiten zu heilen – bis sie mit voller Wucht erneut ausbrachen, als das keynesianische System ins Wanken geriet, die Sowjetunion zusammenbrach und eine neoliberale Ära heraufdämmerte. Zwei Jahrzehnte später löste dieses »Ende der Geschichte« einen populistischen Gegenschlag aus.

Grundsätzlich habe ich in diesem Buch den globalen Charakter des Kapitalismus betont, der schon hervorgetreten war, bevor er sich zum Industriekapitalismus wandelte. In den Vereinigten Staaten ist die Ostindien-Kompanie, der Gegenstand des ersten Kapitels, vielleicht am bekanntesten für die Rolle, die ihre Schiffe bei der Boston Tea Party spielten. Aber das Monopol der Kompanie auf die Teeeinfuhr in die britischen Kolonien, welches die Patrioten derart erzürnte, machte nur einen kleinen Teil ihrer Handelstätigkeit aus, die sich über vier Kontinente erstreckte. Ein anderes profitgetriebenes Großunternehmen, das in der Ära des Kolonialkapitalismus mehrere Kontinente umspannte und früh in meiner Erzählung auftaucht, war der berüchtigte Dreieckshandel, der Millionen von Afrikanern nach Amerika brachte, wo sie als Sklavenarbeiter auf Zucker-, Baumwoll- und Tabakplantagen schuften mussten. Als einer der Ersten hat Eric Williams in seinem 1942 erschienenen Buch *Kapitalismus und Sklaverei* darauf hingewiesen, dass Kolonialismus und Sklavenhandel an der Schaffung der materiellen Basis des Industriekapitalismus beteiligt waren. Williams und der hitzigen Debatte, die sein Buch ausgelöst hat, ist ein großer Teil des 20. Kapitels gewidmet. Ihm folgt ein Kapitel über einen anderen Kritiker des Kolonialismus, den indischen Ökonomen J. C. Kumarappa, einen langjährigen Mitstreiter von

Mahatma Gandhi, der in zunehmendem Maß als Pionier der ökologischen Ökonomie anerkannt wird. Sowohl Williams und Kumarappa als auch die lateinamerikanischen Dependenztheoretiker der Zeit nach dem Zweiten Weltkrieg, die im 21. Kapitel behandelt werden, befassten sich intensiv mit dem Verhältnis zwischen Zentrum und Peripherie des globalen kapitalistischen Systems. Ein weiterer stets global denkender Ökonom ist der französisch-ägyptische Marxist Samir Amin, der einen großen Teil seines Arbeitslebens in Subsahara-Afrika verbrachte. Seine Kritik an der Globalisierung ist Gegenstand des 26. Kapitels.

Obwohl meine Erzählung die ganze Welt umfasst, stammen die meisten behandelten Denker aus Europa oder den Vereinigten Staaten. In dieser Hinsicht ist das vorliegende Buch eurozentrisch oder, was das Gleiche ist, eine Untersuchung des globalen kapitalistischen Zentrums. Die Gründe dafür liegen auf der Hand. Die ersten drei Industrienationen waren Großbritannien, Deutschland und die Vereinigten Staaten, und in ihnen und auch in Frankreich wurde das neue Wirtschaftssystem zuerst zum Gegenstand systematischer kritischer Analysen. Angesichts dieses Schwerpunkts mögen manche Leser fragen: Wo bleibt Max Weber? Oder Emma Goldman? Oder John Kenneth Galbraith? Ich hatte nicht genügend Platz, jeden in die Untersuchung einzubeziehen. Meine Auswahl richtete sich zum einen danach, ob jemand stellvertretend für eine ganze Epoche steht; zum anderen wollte ich weniger bekannte Denker, die interessante Beiträge geleistet haben, ins Rampenlicht rücken.

Anders gesagt, dies ist eine Geschichte des Systems und seiner Kritiker, und keine Gesamtgeschichte. Natürlich deckt sie vieles ab. Der Kapitalismus ist seinem Wesen nach ein Veränderungsprozess, und seine Kritiker sind ihm über die Jahrhunderte hinweg gefolgt. Ein wiederkehrendes Thema ist jedoch der Kapitalismus in der Krise. Von Anfang an hat der Industriekapitalismus abwechselnd Prosperitätsphasen, in denen er unaufhaltsam zu sein schien, und Zeiten von Abschwung und Krise erlebt. Tatsächlich ist es kaum übertrieben zu konstatieren, der Kapitalismus befinde sich ständig in Krisen, erhole sich von einer oder bewege sich auf die nächste zu.

Im Spätsommer 1857 brach der New Yorker Ableger der Ohio Life Insurance and Trust Company, einer staatlich anerkannten Institution, die eine Banklizenz besaß und weithin als Musterbeispiel für Stabilität im Mittleren Westen galt, plötzlich zusammen, was in der Wall Street eine Finanzpanik auslöste.[9] Da die Anleger eilig ihr Geld aus Banken abzogen, breitete sich der Run auf andere Städte aus, weitere Finanzinstitute schlossen ihre Tore, und die Kurse von Finanztiteln und Waren sackten in den Keller. Die Panik verbreitete sich über den Atlantik nach London und Paris, wo die Zinssätze steil anstiegen, während die Kreditvergabe versiegte. Von seinem Stammplatz im Britischen Museum in Bloomsbury aus verfolgte Karl Marx in zunehmender Erregung diese Vorgänge. Im Oktober 1857 schrieb er an Engels, der sich aus Gesundheitsgründen auf den Kanalinseln aufhielt: »Die amerikanische Krise – von uns in der *Novemberrevue* 1850 als in New York ausbrechend vorhergesagt – ist beautiful. Der Rückschlag auf die französische Industrie war immediate, da die Seidenwaren jetzt wohlfeiler in New York verklopft als in Lyon produziert werden.«[10] Am 26. Oktober brach eine Liverpooler Bank zusammen. Zwei Tage später folgten zwei Glasgower Banken. »Der American crash ist herrlich und noch lange nicht vorbei«, schrieb Engels zurück. »Der Handel ist jetzt wieder auf 3–4 Jahre Klatsch, nous avons maintenant de la chance.«[11]

Aber Marx' und Engels' Hoffnung auf einen unmittelbar bevorstehenden Zusammenbruch des internationalen Kapitalismus wurde enttäuscht. Als die Finanzkrise sich vertiefte, griff auf beiden Seiten des Atlantiks der Staat ein. In den Vereinigten Staaten verkündete das Finanzministerium, dass es einen Teil der Goldreserven des Landes einsetzen würde, um die Banken mit neuem Kapital auszustatten und den Geld- und Kreditfluss in Gang zu halten. In Großbritannien suspendierte die Regierung das Bankgesetz von 1844, um es der Bank von England zu ermöglichen, mehr Geld zu drucken. Diese Maßnahmen verhinderten zwar nicht den Wirtschaftsabschwung, halfen aber, einen völligen finanziellen Zusammenbruch zu vermeiden. Schließlich stabilisierte sich das Bankensystem wieder, und die Wirtschaft begann erneut zu wachsen.

In den vergangenen zwei Jahrhunderten hat sich diese Geschichte in unterschiedlicher Weise ein ums andere Mal wiederholt und sowohl die Kraft des Kapitalismus, sich zu erholen, als auch die Fähigkeit der Staaten, als sein Krisenmanager zu agieren, demonstriert. Manche Ökonomen haben sogar die Auffassung vertreten, die wiederkehrenden Krisen des Kapitalismus seien die Art, wie das System einen Teil seiner inneren Widersprüche löse. Zwei von ihnen werden in diesem Buch behandelt: Der russische Ökonom Nikolai Kondratjew, nach dessen Theorie sich der Kapitalismus in rund 50 Jahre dauernden »langen Wellen« entwickelt, wird ausführlich gewürdigt, während der in Österreich geborene Bonvivant Joseph Schumpeter, dessen Theorie der »schöpferischen Zerstörung« von Silicon-Valley-Disruptors geliebt wird, mehrfach am Rande erwähnt wird.

Viele der anderen dargestellten Persönlichkeiten hoben die Unfähigkeit des Kapitalismus hervor, einige seiner beständigen Herausforderungen zu bewältigen, wie genügend Nachfrage nach all den von ihm produzierten Gütern und Dienstleistungen zu schaffen und genügend Investitionsgelegenheiten für all die von ihm generierten Profite und Ersparnisse anzubieten. Marx, Hobson, Luxemburg, Keynes und Robinson haben diese Entwicklungen untersucht. Bis auf Keynes haben sie alle das Grundproblem in der Spaltung der kapitalistischen Wirtschaft in Kapitalisten und Arbeiter gesehen, die zwei Klassen entstehen lasse, eine, deren Angehörige sich abmühen müssen, um die Dinge bezahlen zu können, die sie für ein menschenwürdiges Leben brauchen, und eine, deren Angehörige so viel Geld haben, dass sie sich abmühen müssen, es auszugeben. Marx und seine Anhänger glaubten, diese Spaltung werde letztendlich eine solche Ungleichheit und solche sozialen Verwerfungen erzeugen, dass die Arbeiter sich erheben und das System stürzen würden.

Bisher hat die Geschichte diese Voraussage widerlegt, und zwar aufgrund einer Entwicklung, die im 19. Jahrhundert niemand voraussehen konnte: des Aufstiegs von »Big Government«, des starken Staats. Die Rolle des modernen Staats als einer Kraft, die den Industriekapitalismus einschränkt und stützt, ist ein weiteres Hauptthema meiner Darstellung, angefangen mit dem Kapitel über Keynes. Die Geschichte des Aufstiegs und Falls des keynesianischen Sozialstaats, den ich auch als »gelenkten Kapitalismus« bezeichne, nimmt einen großen Teil der zweiten Hälfte des Buchs ein. In der Aufstiegsphase des gelenkten Kapitalismus in den Jahrzehnten nach dem Zweiten Weltkrieg kamen einige der einflussreichsten Kritiker des Systems von rechts. Deshalb haben Friedrich Hayek und Milton Friedman Eingang gefunden in eine Studie über Kritiker des Kapitalismus. Die Untersuchung der neoliberalen Gegenrevolution führt zurück zu ihren Ursprüngen in der Krise des Keynesianismus, die zwei andere Ökonomen, Michał Kalecki und Paul Sweezy, in den 1940er-Jahren verortet haben.

Bis zum Anfang des 21. Jahrhunderts mehrten sich die Herausforderungen des globalen Kapitalismus, und die Legitimität des Systems wurde, wie bereits angesprochen, zunehmend infrage gestellt. Die immer deutlicher sichtbar werdenden Folgen des Klimawandels brachten radikale Umweltschützer und eine wachstumskritische Bewegung auf den Plan, deren Wurzeln zu einem anderen meiner Protagonisten zurückreichen, dem rumänisch-amerikanischen Ökonomen Nicholas Georgescu-Roegen, der in den 1970er-Jahren die Ansicht vertrat, dass die Erde ihre wirtschaftliche Tragfähigkeitsgrenze erreicht habe. Weitere beunruhigende Entwicklungen waren eine zunehmende Ungleichheit, finanzielle Instabilität, die Entstehung riesiger Tech-Monopole, die nach eigenen Regeln zu handeln schienen, und die Gefahr massiver Arbeitsplatzverschiebungen aufgrund der künstlichen Intelligenz. Manche Beobachter sahen darin Vorzeichen einer sich verschärfenden, vielleicht sogar terminalen Krise. Nach Ansicht anderer markierten sie die historische Chance, ein neues ökonomisches Paradigma zu setzen, das nachhaltiger, egalitärer und inklusiver sei. Im letzten Kapitel dieses Buchs beschäftige ich mich mit einigen der in dieser Debatte vorgebrachten Argumente.

Schließlich einige Worte zur Terminologie und zu den Quellen. Obwohl das Wort »Kapital« bereits jahrhundertelang verwendet worden war, um verschiedene Formen von Geld und Reichtum zu bezeichnen, tauchte der Begriff des Kapitalismus, häufig in pejorativer Bedeutung, erst in der Mitte des 19. Jahrhunderts auf. 1850 beschrieb der führende französische Sozialist Louis Blanc den Kapitalismus als »Aneignung des Kapitals durch die Einen, unter Ausschaltung der Anderen«.[12] Marx betonte bei der Beschreibung der »kapitalistischen Produktionsweise« die Aneignung des von Arbeitern geschaffenen »Mehrwerts«, vertrat aber denselben Grundgedanken. Schließlich wurde das Wort »Kapitalismus« auf jedes marktbasierte Wirtschaftssystem angewandt, in dem die Produktionsmittel privaten Besitzern gehören, die Angestellte und Arbeiter beschäftigen.[13] Der Streit darüber, wann der Kapitalismus selbst – und nicht sein Name – sich herausbildete, dauert an. Ich folge in dieser Hinsicht dem deutschen Historiker Jürgen Kocka, der eine äußerst nützliche kurze Geschichte des Kapitalismus verfasst hat, und behandle Handelskapitalismus, Plantagenwirtschaft und Industriekapitalismus als Varianten ein und derselben Art, die durch die breite Mobilisierung von Kapital und die Erzeugung von Profiten in einem Umfeld mit gesicherten Eigentumsverhältnissen charakterisiert ist.[14] Der Konvention folgend, datiere ich den Ursprung des Industriekapitalismus auf die 1770er-Jahre in England.

Meine Hauptquellen sind die Schriften der Protagonisten meiner Erzählung, die ich ausführlich zitiere und paraphrasiere. In Bezug auf biografische Details und den historischen Kontext stütze ich mich auf Memoiren, Interviews und veröffentlichte Briefe. Außerdem habe ich Sekundärliteratur, wie Biografien und Geschichten des ökonomischen Denkens, zurate gezogen. Soweit möglich, wurden diese Quellen entweder im Text oder in den Anmerkungen nachgewiesen. Was die breitere Wirtschaftsgeschichte betrifft, habe ich für Daten wie Arbeitslosenraten, BIP-Wachstum und Reichtumsverteilung offizielle Statistiken benutzt. Häufig fasste ich auch eine Vielzahl von Informationen aus Sekundärquellen, wie Büchern, amtlichen oder halbamtlichen Berichten und akademischen Studien, zusammen und bemühte mich auch in diesen Fällen, die Quellen kenntlich zu machen.

Für dieses Buch zu recherchieren und es zu schreiben war eine Mammutaufgabe, allerdings eine sehr lohnende: Ich habe viel gelernt. Dennoch muss ich an Marx' berühmte Bemerkung denken: »Die Philosophen haben die Welt nur verschieden interpretiert, es kommt aber darauf an, sie zu verändern.« Ganz gleich, wie man zu Marx' Forderungen steht, ist es leicht, dem zuzustimmen. Aber die Geschichte hat gezeigt, dass die Aufgabe, sie in die Tat umzusetzen, gewaltig und dauerhaft ist. Wenn dieses Buch den einen oder anderen Leser anregt, neue Reformideen für die Wirtschaft und ihre Dienlichkeit für uns alle, einschließlich der kommenden Generationen, zu entwickeln, wäre es die Schreibarbeit doppelt wert gewesen.

1

»Die in dieser Abteilung praktizierte Gaunerei übersteigt jede Vorstellungskraft«

William Bolts und die Ostindien-Kompanie

Am 1. August 1777 pachtete der Erfinder Richard Arkwright aus Preston in Lancashire zusammen mit vier Geschäftspartnern bei Cromford, einem Dorf in Derbyshire, ein Stück Land. In dem von ihnen unterzeichneten Pachtvertrag bekundeten sie ihre Absicht, »eine oder mehrere Mühlen zum Spinnen, Wickeln und Werfen von Seide, Kammgarn, Leinen, Baumwolle und anderen Stoffen zu errichten und zu bauen«.[1] Zwei Jahre zuvor hatte Arkwright, der ursprünglich Perückenmacher war, eine Spinnmaschine patentieren lassen, einen gewaltigen Apparat, der mit Holz- und Metallrollen Baumwolle dehnte und zu Garn verspann. Es ist weiterhin umstritten, ob er ihn tatsächlich erfunden oder den Entwurf anderen gestohlen hat. Auf jeden Fall gelangte er nach Versuchsläufen mit Pferden als Antriebskraft zu dem Schluss, dass ein Wasserrad effektiver sei. Durch das Land, das er mit seinen Partnern bei Cromford pachtete, flossen sowohl ein Fluss, Bonsall Brook, als auch ein unterirdischer Kanal oder Tiefstollen, der Wasser aus nahe gelegenen Bleibergwerken ableitete.

Arkwright und seine Partner ließen ein fünfgeschossiges Fabrikgebäude und ein großes Wasserrad errichten. Mit einer Annonce in einer Lokalzeitung suchten sie erfahrene Handwerker – Uhrmacher, Drechsler, einen Schmied – und Hilfsarbeiter. Als Cromford Mill 1772 in Betrieb ging, beschäftigte sie rund 200 Menschen, darunter viele Frauen und Kinder, die bereit waren, für weniger Lohn zu arbeiten als erwachsene Männer.

Cromford Mill war nicht die erste mechanisierte Textilfabrik der Welt. Die nahe gelegene Seidenspinnerei Lombe's Mill, die ebenfalls mit Wasserkraft betrieben wurde, war bereits seit 1714 in Betrieb. Dennoch waren Arkwright und seine Partner echte Pioniere des Fabriksystems. Ihre Fabrik setzte in Bezug auf Technologie, Produktivität und Arbeitsdisziplin neue Maßstäbe. Sie wurde in zwei 12-Stunden-Schichten rund um die Uhr betrieben, und ihre Arbeiter mussten sich streng an die Arbeitszeit halten. Wenn sie zu spät kamen oder ihren Arbeitsplatz zu früh verließen, wurde ihr Lohn gekürzt. Als das Unternehmen wuchs, ließen seine Besitzer in der Nähe kleine Wohnhäuser bauen, sodass die Arbeiter zu Fuß zur Fabrik gehen konnten. 1776 errichteten sie auf demselben Gelände eine zweite Spinnerei.[2]

Heute gehört Cromford zum UNESCO-Weltkulturerbe. Es wird gemeinhin mit dem Beginn der industriellen Revolution verbunden, einem im späten 19. Jahrhundert von dem englischen Ökonomen Arnold Toynbee popularisierten Begriff. In den Jahrzehnten nach Inbetriebnahme der Cromford Mill errichteten andere britische Unternehmer nach ihrem Vorbild Dutzende von Spinnereien, insbesondere in Manchester und Städten in dessen Umgebung. Das auf Mechanisierung, unbelebter Antriebskraft und Lohnarbeit im Dienst kapitalistischer Unternehmer beruhende Fabriksystem breitete sich nach und nach auf andere britische Industrien, wie die Wollwarenfertigung, und andere Länder aus, einschließlich der jungen Vereinigten Staaten. Unter Hinweis auf die atemberaubende Steigerung von Produktion, Produktivität und Handel, die das neue System bewirkte, bezeichnete der Historiker Eric Hobsbawm seine Herausbildung als »vermutlich das wichtigste Ereignis der Weltgeschichte seit der Entwicklung der Landwirtschaft und der Städte«.[3]

Diese Einschätzung stammt von 1962, und spätere historische Forschungen haben sie relativiert. Die von der Baumwolle angetriebene Industrialisierung veränderte die übrige britische Wirtschaft nicht in dem Tempo, wie man einst dachte. Zwischen 1780 und 1820 lag das allgemeine Wachstum des BIP mit rund 1,5 Prozent pro Jahr weiterhin auf einem recht niedrigen Niveau.[4] Lang-

GLOBALES DURCHSCHNITTS-BIP PRO KOPF IN INTERNATIONALEN DOLLARS IN DEN JAHREN 1 BIS 2022

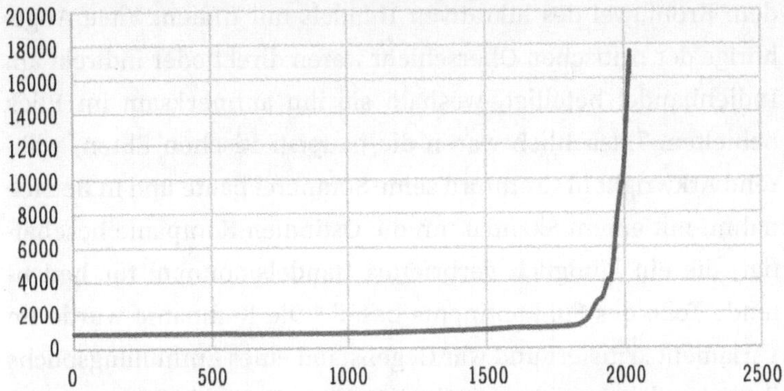

fristig gesehen, bleibt Hobsbawms Hauptaussage indes gültig, wie die Grafik der Entwicklung des globalen BIP in den letzten zwei Jahrtausenden zeigt.[5] Die Kurve sieht wie ein Hockeyschläger aus. Fast 1800 Jahre blieb das BIP nahezu gleich, bis es im ersten Jahrzehnt des 19. Jahrhunderts anzusteigen begann, erst flach, dann steiler und schließlich fast senkrecht. Da Produktion und Produktivität Jahr für Jahr zunahmen, konnte die Erde immer mehr Menschen ernähren. Die Weltbevölkerung wuchs zwischen 1750 und 2023 von rund 790 Millionen auf rund acht Milliarden Menschen.[6] Ohne Wirtschaftswachstum wäre diese Verzehnfachung nicht möglich gewesen.

Die Unternehmungen Arkwrights und seiner Partner wurden von hauptstädtischen Autoren und Journalisten kaum wahrgenommen. Derbyshire und Lancashire waren weit von London entfernt, und nur wenige seiner Bewohner beachteten, was dort geschah. Der Kapitalismus florierte bereits in Großbritannien, aber mehr als Handels- denn als Industriekapitalismus. Das Land hatte im Londoner Finanzdistrikt, der als City bekannt ist, Eigentumsrechte, umfangreiche Handelsverbindungen und eine Börse fest etabliert. Mit rund 750 000 Einwohnern hatte London Paris als größte europäische Metropole überholt.

Im Mittelpunkt des Handelssystems stand das Britische Empire, das ein weitgehend kommerzielles Unternehmen war, mit dem Kronjuwel des lukrativen Handels mit Indien. Viele Angehörige der britischen Oberschicht waren direkt oder indirekt am Indienhandel beteiligt, weshalb sie ihn aufmerksam im Blick behielten. Tatsächlich waren die hauptstädtischen Eliten, während Arkwright in Cromford seine Spinnerei baute und in Betrieb nahm, mit einem Skandal um die Ostindien-Kompanie beschäftigt, die ein königlich verbrieftes Handelsmonopol für bedeutende Teile des Subkontinents besaß.[7] Die Kompanie wurde im Parlament kritisiert und war Gegenstand eines Enthüllungsbuchs ihres langjährigen Angestellten William Bolts, der ihr vorwarf, sie treibe indische Produzenten in die Armut, indem sie diese zwinge, Niedrigstpreise für ihre Waren zu akzeptieren. Die Inder würden keineswegs von der britischen Präsenz profitieren, wie die Verteidiger der Kompanie behaupteten, vielmehr verwünschten sie »ihre drükkende Regierung, die sie niederschlägt, und verursacht, daß eine grosse Anzal von ihnen auswandern mus. Ihre Herrschaft ist in ganz Indien verhast [...].«[8]

Dass Bolts zum Firmen-Whistleblower wurde, war nicht unbedingt zu erwarten. Über sein frühes Leben ist wenig mehr bekannt, als dass er 1735 in Amsterdam zur Welt kam, mit 14 Jahren nach England ging und einige Zeit in Lissabon arbeitete. Als junger Erwachsener hatte er also in drei Ländern mit großen Handelsimperien gelebt: Holland, Großbritannien und Portugal.[9] 1759 stellte ihn die Ostindien-Kompanie als »Faktor« oder untergeordneten Angestellten ein, und er zog nach Bengalen, einen riesigen Staat in Nordostindien, der einen großen Teil des heutigen Westbengalen, Bangladesch, Jharkhand und Odisha umfasste. Als Großproduzent von Baumwollstoffen und vielen landwirtschaftlichen Produkten war Bengalen das Tätigkeitsgebiet der Kompanie und die Quelle ihrer Profite.

Die Ostindien-Kompanie war am 31. Dezember 1600 mit einer Charta Elisabeths I., die ihr das Monopol für den gesamten britischen Handel östlich des Kaps der Guten Hoffnung einräumte, gegründet worden. Anfangs war sie eine informelle Allianz von »Handelsabenteurern«, die ihr Geld zusammenlegten, um einzelne Handelsreisen zu finanzieren. Sie unterschied sich kaum von anderen in dieser Zeit gegründeten britischen Handelsunternehmen, wie der Muscovy Company, der Levant Company und zweier Unternehmen, die sich an der Schaffung der britischen Kolonien in Amerika beteiligten: der Virginia Company und der Plymouth Company. Lange Zeit stand die britische Ostindien-Kompanie im Schatten ihrer 1602 gegründeten niederländischen Konkurrentin, der VOC (Vereenigde Oostindische Compagnie). Die VOC war ebenfalls staatlich zertifiziert, gleichzeitig aber die erste öffentlich gehandelte Aktiengesellschaft der Welt: Sie gehörte also nicht einem einzelnen Unternehmer oder einer Gruppe von Partnern, sondern gab Anteilscheine aus, die an der neu geschaffenen Amsterdamer Börse gehandelt wurden. Die Ausgabe von Aktien war eine revolutionäre Neuerung, die es Investoren ermöglichte, ihr Risiko zu streuen. Statt ihr Geld in eine einzige Handelsreise zu investieren, die möglicherweise in einer Katastrophe enden würde, konnten wohlhabende Personen VOC-Aktien erwerben und damit ihren Einsatz auf alle Unternehmungen der Kompanie verteilen.

1619 richtete die VOC ihren asiatischen Hauptsitz im heutigen Jakarta ein, der Hauptstadt von Indonesien. Sie beherrschte den Handel mit Muskatnüssen, Muskatblüten, Nelken und anderen Gewürzen, die den Molukken ihren europäischen Namen gaben: Gewürzinseln. Aber ihre Vorherrschaft hatte nicht lange Bestand. Im Lauf des 17. und 18. Jahrhunderts investierte Großbritannien massiv in die Rüstung, insbesondere in die Marine, was die Ausweitung der britischen Handelstätigkeit in bisher niederländisch beherrschte Gebiete ermöglichte. Damals gab es keine strikte Trennung zwischen kommerziellen Unternehmungen und staatlichen Aktivitäten. Der britische Staat war im Grunde ein Instrument einer landbesitzenden Oligarchie, von deren Angehörigen viele in die Ostindien-Kompanie und andere imperiale Unternehmungen investierten. Die Royal Navy schützte die Schiffe der Kompanie und setzte deren Handelsmonopol durch, indem sie ausländische Konkurrenten ausschloss und, wenn nötig, mit ihnen Krieg führte. Außerdem besaß die Kompanie selbst eine beachtliche militärische Streitmacht, die zum großen Teil aus britischen Offizieren und indischen Soldaten bestand. Zusammengenommen bildeten die Kompanie und der britische Staat einen Furcht einflößenden militärisch-kommerziellen Komplex, der eine lukrative Form des Monopolkapitalismus etablierte. Nach dem Vorbild der VOC entwickelte sich die Kompanie zu einer Aktiengesellschaft mit ausgeklügelter Unternehmensstruktur. Ihre Aktionäre wählten ein Direktorium, das wöchentlich zusammentrat und als Leitungsorgan der Kompanie fungierte. Die Direktoren wählten einen Vorsitzenden, der die Kompanie führte. Ihm unterstanden zehn Exekutivausschüsse, unter anderem für Finanzen, Buchhaltung, Rechtsfragen und Schifffahrt. Aus dem Unternehmenssitz in der Leadenhall Street in London sandten die Angestellten der Kompanie Anweisungen an das weit gespannte Netz von Handelsniederlassungen, in denen ihnen mitgeteilt wurde, welche Waren sie – stets mit einem Blick auf die Kosten – kaufen sollten.

Im frühen 18. Jahrhundert verlagerte die Kompanie ihren Schwerpunkt von Indonesien nach Indien, wo sie Baumwollstoffe und andere Waren zu kaufen begann, um sie nach England zu verschiffen. Damals war Bengalen der größte Baumwollproduzent der Welt, und seine Produkte reichten von billigem weißem Kattun bis zu feinstem weichem Musselin. Diese Stoffe wurden bei den Briten, die erfreut waren, die von ihnen seit Jahrhunderten getragene kratzende Wollunterwäsche ablegen zu können, sehr beliebt. 1740 kamen rund zwei Drittel der von der Kompanie nach Großbritannien verschifften Waren aus Bengalen.[10] Ein Teil von ihnen wurde von dort in nichtbritische Gebiete, wie die Sklavenhandelshäfen in Westafrika, reexportiert.

Als Handelsunternehmen war die Kompanie bemüht, billig zu

kaufen und teuer zu verkaufen. Bis zur Mitte des 18. Jahrhunderts operierte sie von befestigten Küstenstützpunkten aus, den sogenannten Faktoreien. Obwohl diese Festungen von ihren eigenen Truppen beschützt wurden, handelte die Kompanie mit Duldung der indischen Herrscher, hauptsächlich der aus Zentralasien stammenden Mogulmonarchen. Die Moguln zwangen Ausländer, indische Mittelsmänner einzuschalten, und verboten Praktiken, die lokale Produzenten geschädigt hätten, wie Absprachen, um Preise zu drücken.

Als die Moguldynastie in innere Fehden versank, ergriff die Kompanie die Chance, ihre Stellung zu verbessern und die Macht an sich zu reißen.[11] 1757, zwei Jahre vor Bolts' Ankunft in Indien, besiegten britische Truppen unter dem Befehl von Robert Clive, einem zum Soldaten gewandelten ehemaligen Buchhalter, der als 19-Jähriger in die Kompanie eingetreten war, in der Schlacht von Plassey die Streitmacht des Nawab von Bengalen, des Provinzgouverneurs der Moguln. Nach diesem Sieg konnte die Kompanie ihre französischen und niederländischen Konkurrenten vertreiben und den Handel mit Gütern aufnehmen, die ihr bisher nicht zugänglich waren, wie Salz. Nach einem weiteren militärischen Sieg bewegte Clive 1765 den in Delhi residierenden Mogulherrscher Shah Alam II., der nominell immer noch über Bengalen herrschte, dazu, der Kompanie für die Staaten Bengalen, Bihar und Orissa das Diwani zu gewähren, das Recht, in seinem Namen Steuern zu erheben. Diese Rechteübertragung stellte einen außerordentlichen Fortschritt für die Briten dar. Gemäß dem Vertrag von Allahabad war die Kompanie verpflichtet, dem Mogulherrscher jährlich einen bestimmten Geldbetrag zu entrichten, aber Clive war zuversichtlich, dass sie die Steuern hoch genug ansetzen konnte, um dennoch einen beträchtlichen Gewinn zu erzielen.[12]

Clive ließ die formalen Insignien der Mogulherrschaft in Bengalen weiterbestehen und setzte einen neuen, gefügigeren Nawab ein. Aber die wirkliche Macht ging jetzt von der Faktorei in Kolkata aus, das die Briten Calcutta nannten. Indem sie im Grunde einen Unternehmensstaat schufen, gingen Clive und seine Kollegen vom traditionellen Handelskapitalismus zur umfassenden gewerbsmäßigen Plünderung über. Als Handelskonzern hatte die Kompanie regelmäßig große Mengen von Silberbarren von London nach Indien verschifft, um die dort erworbenen Waren bezahlen zu können. Nach der Gewährung des Diwani verwandte sie dafür indisches Geld, sodass sie »den gesamten Indienhandel drei Jahre lang betreiben konnte, ohne eine einzige Unze an Barren zu versenden«, wie sich einer von Clives Gefolgsleuten später erinnerte.[13]

Als William Bolts in Bengalen eintraf, war er noch keine 25 Jahre alt und bekam nur ein bescheidenes Salär. Was die Arbeit bei der Kompanie anziehend machte, war nicht das formale Gehalt. Verlockend war vielmehr die Möglichkeit, innerhalb von Indien auf eigene Rechnung mit Waren Handel zu treiben, was die Kompanie lange Zeit sogar förderte. Diese lukrativen Geschäfte ermöglichten es vielen ihrer Angestellten, ein persönliches Vermögen anzuhäufen, das sie schließlich nach England mitnahmen.[14] Die reichsten von ihnen wurden in Großbritannien als Nabobs bekannt, was wahrscheinlich eine Anglisierung des Hindiworts *nawab* für Gouverneur war.

Als Holländer war Bolts ein untypischer Angestellter der Kompanie, aber er war sprachbegabt, was ihm gut zupass kam. Nach der Ankunft in Kolkata lernte er Bengali. Obwohl er weit unten auf der Rangleiter stand, gründete er bald zusammen mit zwei höher gestellten Kollegen, William Hay und John Johnstone, eine private Handelsfirma, die mit vielen verschiedenen Dingen handelte, unter anderem mit Diamanten, Salpeter – dem Rohstoff für Dynamit –, Baumwolle und Opium. Nach der Schlacht von Plassey ignorierten britische Kaufleute die alten Mogulregeln weitgehend. Mithilfe indischer Mittelsmänner, den *banyans* und *gomasthas*, stießen sie in neue Regionen vor und nutzten die Rolle der Kompanie als De-facto-Regierung, um örtliche Produzenten zu zwingen, Niedrigpreise zu akzeptieren, was ihnen beim Weiterverkauf der Waren auf dem offenen Markt einen umso größeren Profit verschaffte. Eine andere einträgliche Geschäftsvariante war die sogenannte Steuerpacht, das heißt die Zusammenarbeit mit lokalen Steuereintreibern, den *zamindars,* um einen Teil der von ihnen eingesammelten Abgaben indischer Bauern abzuschöpfen.[15]

Da viele Mitarbeiter der Kompanie das permissive Umfeld dergestalt nutzten, nahmen die Missbräuche derart überhand und wurden für die Bengalen so belastend, dass selbst der von der Kompanie als Marionettenherrscher eingesetzte neue Nawab, Mir Qasim, sich beklagte. »Indem sie ihre Fahne aufpflanzen und ihre Kompaniepässe vorzeigen, üben [Vertreter der Kompanie] größten Druck auf Bauern, Kaufleute und andere Einwohner des Landes aus«, schrieb er 1762 an Henry Vansittart, der von 1740 bis 1764 an der Spitze der Kompanie in Bengalen stand. »Sie nehmen den Kaufleuten unter Zwang ihre Waren und Güter zu einem Viertel ihres Werts; und sie bringen die Bauern mit Gewalt und Unterdrückung dazu, ihnen fünf Rupien für Waren zu geben, die nur eine wert sind.«[16]

1765 kehrte Clive aus England nach Indien zurück, um Vansittarts Nachfolger zu werden. Er hatte den Auftrag, gegen die Korruption vorzugehen, die in London für Stirnrunzeln gesorgt hatte. William Dalrymple bemerkt in *The Anarchy,* einer 2019 erschienenen umfassenden Geschichte der Kompanie und ihrer Plünderungen, mit Clives Ernennung habe die Kompanie den Bock zum Gärtner gemacht. Nach seinem Sieg in der Schlacht von Plassey hatte Clive sich aus der Schatzkammer der Moguln eine Gratifikation von rund 234 000 Pfund (nach heutigem Wert über 25 Millionen Pfund) gegönnt. Außerdem hatte der Nawab ihm ein Landgut, ein Jagir, geschenkt, das einen jährlichen Pachtwert von fast 30 000 Pfund hatte. In der festen Überzeugung, dass diese Zuwendungen legitime Belohnungen für seine der Kompanie geleisteten Dienste seien, gab sich Clive bei seiner Rückkehr nach

Kalkutta empört über die Betrügereien und Privatgeschäfte, auf die er dort traf. »Ich kann nur sagen«, schrieb er in einem Brief an einen Direktorenkollegen, »dass man von solch einer Darbietung von Anarchie, Konfusion, Bestechung, Korruption und Erpressung noch nie gehört noch etwas dergleichen irgendwo gesehen hat, außer in Bengalen; noch, dass solche Vermögen in so großer Zahl auf so ungerechte und raubgierige Weise erworben wurden.«[17]

Allein 1756 schickten in Indien tätige Mitarbeiter der Kompanie aus ihren Handelsgewinnen schätzungsweise rund 80 000 Pfund nach England. In dem Jahrzehnt nach der Schlacht von Plassey stiegen diese jährlichen Geldsendungen auf mehr als das Sechsfache: auf 500 000 Pfund[18] (nach heutigem Wert mehr als 60 Millionen Pfund). Clive zwang Angestellte der Kompanie, die Verpflichtung zu unterschreiben, keine Bestechungsgelder oder »Geschenke« von lokalen Autoritäten mehr anzunehmen. Außerdem dämmte er den privaten Handel ein, indem er eine von der Kompanie geführte Handelsgesellschaft gründete, der er das Monopol für den Inlandshandel mit bestimmten Gütern, wie Salz, Betelnüssen und Tabak, einräumte.[19]

Darüber hinaus ging Clive gegen Einzelne vor, die er für besonders korrupt hielt, einschließlich Bolts' Geschäftspartner Johnstone. Dessen Besitz in Bengalen wurde konfisziert und das Direktorium der Kompanie aufgefordert, ihn wegen illegalen Handels zu belangen. Die Kompanie wies Bolts an, aus dem ebenfalls am Ganges liegenden Benares, wo er beträchtliche private Geschäftsinteressen hatte, nach Kalkutta zurückzukehren. Als er der Anweisung nicht Folge leistete, wurde er suspendiert. Statt sich der neuen Unternehmenspolitik zu beugen, kündigte Bolts im November 1766 und setzte seine Handelstätigkeit als Privatperson fort. Im folgenden Jahr ordneten seine ehemaligen Vorgesetzten seine Deportation nach England an und ließen nach seiner Abreise drei seiner indischen Mittelsmänner verhaften. Die Direktoren der Kompanie in London billigten die Entscheidung, Bolts abzuschieben, die ihrer Ansicht zufolge aufgrund seiner »auffallend oppressiven« Art zu handeln und der »wiederholten Fälle von Ungehorsams gegenüber den Anweisungen seiner Vorgesetzten im Ausland – und vor allem aufgrund der tiefen Undankbarkeit gegenüber der Kompanie, in der er ein beträchtliches Vermögen erworben hat«, gerechtfertigt war.[20] Bolts sollte sich bald dafür rächen.

Nach der Rückkehr nach London begann er eine öffentliche Kampagne gegen die Kompanie und deren Spitzenmanager – einschließlich Clive –, denen er vorwarf, ihm Unrecht getan zu haben. Sie seien die wahren Gauner. Sein alter Partner Johnstone schloss sich diesem Kreuzzug an, der sie zum Sitz der Kompanie in der Leadenhall Street, zur Presse und bis ins Parlament in Westminster führte, dessen Unterhaus zwei Brüder von Johnstone angehörten. Auch andere Angestellte der Kompanie, die das Vorgehen gegen den privaten Handel ablehnten und Clive für einen Heuchler hielten, schlossen sich der Kampagne an.[21]

In für die Kompanie guten Zeiten hätte Bolts' Kampagne kaum Beachtung gefunden. Zwischen 1769 und 1772 erlitt sie jedoch eine Reihe finanzieller Rückschläge. Nach der Gewährung des Diwani hatte sie ihre jährliche Dividende auf 12 Prozent erhöht, aber die Einnahmen stiegen nicht so stark, wie Clive und andere gehofft hatten, und die Dividendenzahlungen leerten ihre Kasse. Im Mai 1769 brachte ein Schiff der Kompanie die Nachricht mit, dass in Südindien erneut Kämpfe ausgebrochen waren. Schon zwei Jahre zuvor hatte Haidar Ali, der Herrscher über das Königreich Mysore, auf britische Übergriffe reagiert, indem er Handelsposten der Kompanie angriff. Die Investoren gerieten in Panik, und die Aktienkurse der Kompanie brachen ein, was zur Folge hatte, dass viele Angehörige der politischen Führungsschicht Großbritanniens, wie der Schriftsteller Edmund Burke und sein Bruder Richard, riesige Verluste erlitten.[22]

Doch es sollte noch schlimmer kommen. Im zweiten Halbjahr 1769 erlebte Bengalen eine schwere Dürre, die eine furchtbare Hungersnot im folgenden Jahr zur Folge hatte. Die menschlichen Verluste waren unfassbar hoch: Die Zahl der Todesopfer lag, nach Schätzungen, zwischen 1,2 Millionen, wie einige heutige Historiker meinen, und 10 Millionen, wie ein Zeitgenosse schätzte, Warren Hastings, ein ranghoher Mitarbeiter der Kompanie, der schließlich der erste Generalgouverneur von Bengalen wurde.[23] Die Rolle der Kompanie in der Hungersnot ist umstritten. Sie war zwar nicht für die jährlichen Monsunregen oder deren Ausbleiben verantwortlich, aber ihre Reaktion auf die resultierenden Missernten war äußerst herzlos. »Sobald die Trockenheit der Jahreszeit die nachfolgende Steigerung des Reispreises ankündigte«, schrieb ein anonymer Korrespondent der Londoner Monatszeitschrift *Gentleman's Magazine*, »beeilten sich unsere im Dienste der Kompanie stehenden Gentlemen, so viel aufzukaufen, wie sie konnten.«[24] Als der Reispreis auf das Vierzigfache gestiegen war, machte einem Bericht zufolge ein niedriger Angestellter der Kompanie einen Gewinn von 60 000 Pfund (nach heutigem Wert 9 Millionen Pfund).[25]

Wucher war nicht das einzige Vergehen der Kompanie. Obwohl die Dürre das Einkommen der indischen Bauern geschmälert hatte, trieb sie weiterhin Grundsteuern ein und erzwang fällige Zahlungen mit Gewalt, bis hin zur Hinrichtung von Indern, die sie nicht leisten wollten oder konnten. »Züge von Sepoys«, indischen Soldaten in britischen Diensten, »wurden, um Zahlungen einzutreiben, aufs Land geschickt, wo sie an prominenten Plätzen Galgen errichteten, an denen diejenigen gehängt wurden, die sich der Steuereintreibung widersetzten. Selbst von hungernden Familien wurde erwartet, dass sie zahlten; einen Nachlass aus humanitären Gründen gab es nicht.«[26]

Nicht all diese Einzelheiten wurden in Großbritannien bekannt, aber manche Zeitungen und Zeitschriften berichteten über hungernde Inder, die ihre Kinder für Lebensmittel verkauften. Als sich die öffentliche Meinung gegen die Kompanie wandte und im Parlament Fragen laut wurden, sah Bolts seine Chance gekommen. Anfang 1772 veröffentlichte er ein zweibändiges Werk über die Rolle der Kompanie in Indien. Sein Titel – *Gegenwärtiger Zustand von Bengalen. Historisch, politisch und statistisch vorgestellt* – war harmlos, aber nicht sein Inhalt. Nachdem die eng mit der Whig Party verbundene Zeitschrift *London Magazine* Auszüge daraus abgedruckt hatte, gingen sie im Parlament und in der City of London von Hand zu Hand.

Bolts unterstellte Clive und anderen hohen Angestellten der Kompanie, es sei ihnen, als sie gegen den privaten Handel vorgingen, nicht darum gegangen, die Korruption zu bekämpfen oder die Interessen der Inder zu schützen, sondern nur darum, sich selbst zu bereichern. Clive allein habe mit der neu gegründeten Handelsgesellschaft Zehntausende Pfund verdient. Darüber hinaus warf Bolts, wie der Marionetten-Nawab Mir Qasim, der Kompanie vor, in den Jahren seit der Schlacht von Plassey indische Produzenten systematisch auszubeuten. »[D]ie Engländer und ihre Gomosthas und Banianen«, schrieb er, »bestimmen wilkührlich den Preis und das Quantum der Waaren, welche die Fabrikanten abliefern sollen.«[27] Er behauptete sogar, die bengalische Hungersnot sei zum Teil auf Clives Maßnahmen zur Unterdrückung des Wettbewerbs und Schaffung eines Monopols für die Kompanie und die meisten ihrer Angestellten zurückzuführen.

Bolts' Ausführungen dienten überwiegend der Selbstrechtfertigung. So versicherte er, der von ihm und anderen betriebene private Handel sei der indischen Bevölkerung zugutegekommen, weil er auf freiem Wettbewerb und fairen Preisen beruhte. Angesichts der von Angestellten der Kompanie begangenen Betrügereien und der Vermögen, die viele von ihnen anhäuften, kann man diese Unschuldsbeteuerungen getrost als hohl abtun. Bolts' Darstellung der Ausbeutung der indischen Produzenten durch die Kompanie kam der Wahrheit schon näher. Als Beispiel beschrieb er die Behandlung bengalischer Baumwollweber, die lange Zeit auf ihre Unabhängigkeit und ihren relativen Wohlstand stolz gewesen waren. Der Ankauf der Stoffe geschehe durch einen sogenannten »Sonderer«, berichtete Bolts, und »wenn man nicht von den Ungerechtigkeiten, die bei seinem Posten vorfallen, Augenzeuge gewesen ist; so ists unmöglich, sich dieselben vorzustellen. Die Preise, welche die Gomosthas und die Sonderer der Kompagnie festsezen, sind wenigstens funfzehn, und manchmal vierzig fürs hundert geringer, als sie auf einem öffentlichen Bazar (Messe) seyn würden.«[28]

Wie war es dazu gekommen? Bolts gab darauf eine klare Antwort: Die Kompanie habe sich in einen außer Kontrolle geratenen Unternehmensleviathan verwandelt, der – hier zitierte er einen Brief von Clive an die Direktoren der Kompanie – zum »Beherrscher[] eines reichen und mächtigen Königreichs geworden« sei, dessen Regierung in Bengalen sich »sowol auf Kriegs- als bürgerliche Angelegenheiten erstreckt«.[29] Unweigerlich, betonte Bolts bereits im Vorwort, würden die »unterschiedlichen Interessen der Kompanie als Souverän von Bengalen und gleichzeitig als Monopolisierer des gesamten Handels und Gewerbes dieser Länder in direktem Widerspruch zueinander operieren und wechselseitig zerstörerisch aufeinander wirken«.[30] Als Verwalter des wertvollsten Territoriums des Britischen Empires sei die Kompanie verpflichtet, es zu hegen und für seine Bevölkerung zu sorgen, was der britischen Herrschaft langfristig nutzen würde. Aber als Monopolunternehmen sei sie bestrebt, ungeachtet der umfassenderen Folgen, so viel Profit wie möglich aus Land und Leuten herauszupressen. Seit der Schlacht von Plassey gleiche ihr Vorgehen demjenigen »jener Thörin, die ihre Henne tödtete, um ihre goldnen Eier auf einmal zu bekommen«. Die einzige realistische Lösung dieses Problems sei, dass die britische Krone die Souveränität über Bengalen und andere britische Hochburgen übernähme, sodass die Kompanie sich ganz ihren traditionellen Handelsgeschäften widmen könne. Es sei zum Nutzen beider »unumgänglich nötig, daß die Gesetzgebung den Kaufmann von dem Beherrscher trennt«.[31]

Bolts führte eine Vendetta. Er war aus Indien hinausgeworfen und einige seiner Geschäftspartner waren verhaftet worden, und wenige Monate, bevor sein Buch erschien, hatte die britische Regierung auf Drängen der Kompanie eine 30-prozentige Steuer auf die durch seine Handelstätigkeit erzielten Gewinne erhoben. (Da er sie nicht zahlen konnte, wurde er 1773 für bankrott erklärt.)[32] Historiker haben manche von Bolts' Behauptungen angezweifelt, wie diejenige, dass bestimmte indische Rohseidenspinner, die sogenannten *nagaads,* derart verärgert über ihre Behandlung durch die Kompanie gewesen seien, dass sie sich die Daumen abgeschnitten hätten, damit man sie nicht zur Arbeit zwingen konnte.[33] Bolts' Vorwurf, eine der Ursachen der bengalischen Hungersnot sei Clives Kampagne zur Ausschaltung des Wettbewerbs gewesen, war hanebüchen. 1772 erklärte Clive selbst in einer Unterhausdebatte: »Wie ein Monopol auf Salz, Betelnüsse und Tabak in den Jahren 1765 und 1766 [Jahre später] Regenmangel und Reisknappheit hervorgerufen haben soll, geht über mein Verständnis.«[34]

Gleichwohl sind viele der von Bolts beschriebenen Missbräuche, trotz seiner Unzuverlässigkeit als Zeitzeuge, später von anderen Autoren bestätigt worden, einschließlich dem Verfasser eines internen Berichts der Ostindien-Kompanie, der in den späteren 1770er-Jahren für einen ihrer leitenden Angestellten angefertigt wurde. In Bengalen, schrieb der anonyme Autor, sei »die Kompanie als Souverän und Tyrann auf den Markt« gegangen. Anstatt die Kooperation lokaler Produzenten zu gewinnen und ihnen Marktpreise zu zahlen, hätten ihre Vertreter »Fabrikanten gezwungen, für sie zu arbeiten, und zwar unter Preis, während sie gleichzeitig privaten Kaufleuten den Handel mit ihnen verboten«. Auf diese Weise hätten sie »mit einem Schlag rigoros ein allgemeines Monopol durchgesetzt«.[35]

Mit einem modernen Begriff ausgedrückt, enthält dieser interne Bericht der Kompanie ein Musterbeispiel einer besonderen Art des Monopols, des sogenannten Monopsons, einer Marktform, bei der ein einziger großer Käufer seine Marktmacht über viele kleine Anbieter, die keine andere Wahl haben, als an ihn zu verkaufen, ausnutzt. Nachdem die britische Ostindien-Kompanie ihre französischen und niederländischen Konkurrenten vertrieben hatte, besaß sie eine solche Marktmacht, und wie Bolts und der anonyme Bericht festgestellt haben, zögerte sie nicht, sie auszuüben.

Doch trotz ihrer vorteilhaften Stellung manövrierte sich die Kompanie, indem sie zu hohe Dividenden ausschüttete, in finanzielle Schwierigkeiten. Im Sommer 1772, kurz bevor Bolts' Buch erschien, waren ihre Direktoren angesichts des Einbruchs des Indiengeschäfts gezwungen, die britische Regierung um Finanzhilfe zu ersuchen – ein Darlehen in Höhe von mindestens einer Million Pfund. Die Nachricht, dass die mächtige Ostindien-Kompanie im Grunde bankrott war, löste eine Finanzpanik aus, die zum Kollaps mehrerer Banken führte. Und die Nachricht, dass sie das Parlament gebeten hatte, sie zu retten, rief in früher Vorwegnahme der globalen Finanzkrise von 2007 bis 2009 weithin Empörung hervor. Auch dass die Regierung von Lord North, dem Tory-Granden, der Großbritannien während des größten Teils der Amerikanischen Revolution führen sollte, die Kompanie für zu groß und wichtig hielt, um ihren Zusammenbruch zuzulassen, war ein Vorbote künftiger Ereignisse. Immerhin wickelte sie rund die Hälfte des britischen Außenhandels ab und war der bei Weitem größte Steuerzahler des Landes. Darüber hinaus waren viele Parlamentsmitglieder Aktionäre der Kompanie.

Die Verhandlungen zwischen der Kompanie und der Regierung zogen sich bis Mitte 1773 hin. Am Ende willigte die Regierung ein, das Darlehen für die Kompanie auf 1,4 Millionen Pfund zu erhöhen. Gleichzeitig sicherte sich das Parlament eine gewisse Aufsicht über ihre Operationen. Durch den Regulating Act von 1773 und den East India Act von 1784 schuf es den Posten des Generalgouverneurs von Bengalen, dessen Inhaber die letztendliche Autorität über die Tätigkeit der Kompanie in Bengalen, Madras und Bombay besitzen sollte. Außerdem begründeten die Gesetze einen von der Regierung zu besetzenden Verwaltungsrat in Kalkutta und ein Oberstes Gericht in Bengalen mit vier englischen Richtern, die in Handelsstreitigkeiten entscheiden sollten.[36]

Zum ersten Generalgouverneur von Bengalen ernannte die Regierung Warren Hastings, einen unabhängig denkenden Kompanie-Veteran, der in seiner Amtszeit die Geschäfte der Kompanie in Indien neu ordnete und einige grundlegende öffentliche Infrastruktureinrichtungen schuf, wie Getreidespeicher und einen Postdienst. Trotz dieser Verbesserungen lösten die Reformen nicht den von Bolts erkannten grundsätzlichen Interessenkonflikt. Außerdem blieben viele der drückenden Praktiken der Kompanie bestehen, wie die deftige Grundsteuer, die viele indische Bauern verarmen ließ. 1782 erhoben sich Bauern in Dinajpur und Rangpur, zwei Gebieten, die heute zu Bangladesch gehören. Im folgenden Jahr brach in Awadh ein gewalttätiger Aufstand aus. Eine weitere Dürre und kriegerische Auseinandersetzungen im Süden verstärkten die Schwierigkeiten der Kompanie zusätzlich. Nachdem sie das staatliche Darlehen zurückgezahlt hatte, geriet sie erneut in finanzielle Schieflage. Im März 1783 ersuchten ihre Direktoren das Parlament erneut um ein Darlehen, was wiederum öffentliche Proteste auslöste.

Zu diesem Zeitpunkt hatte Bolts England bereits verlassen. Nachdem er für bankrott erklärt worden war, hatte er auf der anderen Seite des Ärmelkanals mithilfe belgischer Finanziers begonnen, neue Handelsreisen nach Indien und Afrika zu organisieren. Doch keine seiner Unternehmungen hatte dauerhaften Erfolg. 1782 war er wieder pleite. Stets zuversichtlich, suchte er nach neuen Unterstützern für ein Handelsunternehmen, das Güter von der Nordwestküste Amerikas nach China und Japan verschiffen sollte. Aber auch dieser Plan scheiterte, und danach hatte er Schwierigkeiten, neue Finanziers zu finden. Er verbrachte einige Zeit in Portugal, wo seine geschäftliche Laufbahn begonnen hatte. Als er 1808 im Alter von 70 Jahren starb, war er in Vergessenheit geraten und lebte angeblich in einem Pariser Armenhaus.[37] Aber seine Kapitalismuskritik sollte, zumindest teilweise, weiterleben, auch wenn sie weithin nicht mit ihm in Verbindung gebracht wurde.

2

»Die niedrige Habsucht und der Monopolgeist der Kaufleute und Fabrikanten«

Adam Smith über Kolonialkapitalismus und Sklaverei

Am 27. Juni 1772 schickte der große schottische Philosoph David Hume aus Edinburgh einen Brief an seinen Freund Adam Smith, einen früheren Professor der Moralphilosophie an der University of Glasgow, der, wie er wusste, an einem Buch über die Wirtschaft arbeitete. »Wir haben hier eine sehr traurige Situation: ständige Bankrotte, allgemeiner Kreditausfall und endlose Verdächtigungen«, klagte er. »Finden diese Ereignisse in irgendeiner Weise Eingang in Ihre Theorie? Und nötigen Sie zur Revision mancher Kapitel?«[1] Zwei Wochen vorher hatte der Zusammenbruch eines als Ayr Bank bekannten schottischen Finanzinstituts eine Panik ausgelöst, welche die Finanzzentren von Edinburgh, London und Amsterdam erschütterte.[2] Auch die finanziellen Schwierigkeiten der Ostindien-Kompanie und ihr Ersuchen um staatliche Hilfe waren beunruhigende Nachrichten.

Was Smith auf Humes Brief antwortete, ist nicht bekannt. Als er ihn erhielt, lebte er in Kirkcaldy in Fife. Einige Jahre zuvor hatte er seine Professur für den besser bezahlten Posten eines Hauslehrers des jungen Herzogs von Buccleuch aufgegeben. Smith war zu diesem Zeitpunkt knapp 50 Jahre alt und hatte bereits ein hochgelobtes Buch veröffentlicht, die *Theorie der ethischen Gefühle*, in dem er die Grundlagen der Moralität untersuchte. Das neue Buch, an dem er arbeitete, beschäftigte sich mit der Frage, warum manche Länder reich wurden, während andere arm blieben. Trotz seines Rufs, ein geistesabwesender Professor zu sein, verfolgte Smith die aktuellen Ereignisse aufmerksam und war politisch vernetzt. Im vorangegangenen Jahrzehnt war er als informeller Berater von Charles Townshend tätig gewesen, dem vormaligen Präsidenten des Board of Trade, der zu diesem Zeitpunkt Schatzkanzler der Whig-Regierung unter William Pitt d. Ä. war. Townshend war derjenige, der in den amerikanischen Kolonien hohe Importzölle, einschließlich des Zolls auf den Tee, den die Ostindien-Kompanie aus Asien importierte, eingeführt und damit für große Unruhe gesorgt hatte. Smith hatte nichts mit den Zöllen zu tun, stand aber den Whigs weiterhin nahe.

1776, in dem Jahr, in dem die 13 amerikanischen Kolonien ihre Unabhängigkeit erklärten, veröffentlichte Smith schließlich sein Buch *Der Wohlstand der Nationen,* mit vollem Titel: *Untersuchung über das Wesen und die Ursachen des Volkswohlstandes.* Es war ein epochales Werk auf dem Gebiet der Wirtschaftstheorie. In den ersten Kapiteln vertrat Smith die Ansicht, dass der Schlüssel zu Produktivitätssteigerung und Wirtschaftswachstum in der »Teilung der Arbeit« zu suchen sei, das heißt der Aufteilung der Produktion in eine Reihe unterschiedlicher Aufgaben, von denen die Arbeiter jeweils nur eine ausführen. Um dies zu illustrieren, beschrieb er die Arbeitsorganisation in einer Stecknadelfabrik, deren Produktion in »ungefähr achtzehn verschiedene Tätigkeiten« geteilt sei: Der Draht werde gezogen, gestreckt, geschnitten, zugespitzt, geschliffen und nach weiteren Schritten schließlich mit einem Kopf versehen. Zehn Arbeiter, die jeweils alle Aufgaben erledigten, konnten pro Mann bestenfalls 20 Nadeln am Tag herstellen, während zehn Arbeiter, die sich jeweils auf eine Aufgabe spezialisierten, täglich etwa 48 000 Nadeln produzieren konnten – eine wahrhaft massive Produktivitätssteigerung.[3]

Smiths berühmte Beschreibung einer Nadelfabrik erinnert daran, dass Fabrikproduktion schon lange vor der Eröffnung der Cromford Mill verbreitet war, allerdings zumeist in kleinem Maßstab. Eine bis heute andauernde Debatte vorwegnehmend, vertrat Smith die Auffassung, dass die Früchte von gesteigerter Produktion und erhöhter Produktivität allen zugutekämen, auch den Armen. »Die große durch die Arbeitsteilung herbeigeführte Vervielfältigung der Produktion aller verschiedenen Künste«, erklärte er, »ist es, die in einer wohlregierten Gesellschaft jene allgemeine Wohlhabenheit hervorbringt, die sich bis auf die untersten Stände des Volkes erstreckt.«[4] Um dies zu erreichen, brauche es nur die Kräfte eines wettbewerbsorientierten Marktsystems, welche die Produktion ohne jede zentrale Kontrolle koordinierten und verhinderten, dass Einzelne oder Gruppen alle Erträge einstrichen. In einer Wettbewerbswirtschaft dieser Art lenke das Profitstreben die Tätigkeit von Unternehmern und Kaufleuten in eine Richtung, die dem »Interesse der Gesamtheit am besten entspricht«,[5] als würden sie »von einer unsichtbaren Hand geleitet, einen Zweck zu befördern, der [ihnen] keineswegs vorschwebte«.[6]

Aufgrund der Rolle, die er der Arbeitsteilung und der unsichtbaren Hand beimaß, wird Smith für gewöhnlich als Anhänger eines Kapitalismus des freien Markts oder der »Handelsgesellschaft«, wie er sie nennt, dargestellt.[7] Im Großen und Ganzen trifft diese Charakterisierung auch zu. Jahre vor dem Erscheinen von *Wohlstand der Nationen* schrieb er: »Um einen Staat von der niedrigsten Barbarei auf das höchste Niveau des Wohlstands zu bringen, ist wenig mehr nötig als Frieden, niedrige Steuern und eine erträgliche Verwaltung des Rechts; alles Übrige wird durch den natürlichen Verlauf der Dinge zuwege gebracht. Regierungen, die von diesem natürlichen Kurs abweichen […], sind unnatürlich, und um sich aufrechtzuerhalten, müssen sie unterdrückerisch und tyrannisch sein.«[8] Der Ökonom Branko Milanović, ein führender Experte auf dem Gebiet der globalen Einkommensunterschiede, weist in seinem 2023 erschienenen Buch *Visionen der Ungleichheit* darauf hin, dass Smiths Vertrauen in den freien Markt unter anderem auf der Überzeugung beruhte, dass er zu hohen Erträgen und Löhnen führen würde, die er als »Essenz des allgemeinen Wohlstands« betrachtete.[9] Außerdem markierte Smiths Betonung wachsender Löhne und eines steigenden Lebensstandards, wie Milanović ausführt, einen Bruch mit früheren Wirtschaftslehren, die Reichtum und Vermögen, insbesondere in

Form von Gold- und Silberbarren, als wichtigsten Maßstab für die Stärke und den Wohlstand eines Staats ansahen.

Aber Smith hatte, sosehr er an die Kraft des freien Handels und wettbewerbsorientierter Märkte glaubte, Wachstum und Wohlstand zu erzeugen, auch eine andere Seite, die häufig übersehen wird. Obwohl er das allgemeine Prinzip der Organisation der Gesellschaft auf der Grundlage des privaten Unternehmertums und Profitstrebens verteidigte, stand er den einzelnen Fabrikbesitzern und Kaufleuten wegen ihrer Neigung, die Konkurrenz auszuschalten und ihre Kunden zu übervorteilen, wann immer sie konnten, höchst misstrauisch gegenüber. »Leute desselben Gewerbes«, schrieb er, »kommen, selbst auch nur zur Erholung und zum Vergnügen, selten zusammen, ohne dass ihre Unterhaltung mit einer Verschwörung gegen das Publikum oder einem Plane zur Erhöhung der Preise endigt.«[10]

Sogar noch mehr Vorbehalte hatte Smith gegen Großunternehmen, insbesondere handelskapitalistische Gesellschaften wie die Ostindien-Kompanie, die auf der Grundlage einer königlichen Monopolgarantie gegründet worden waren. Zur Rechtfertigung der privilegierten, geschützten Stellung dieser Unternehmen verwiesen ihre Verteidiger darauf, sie führe dazu, dass Großbritannien eine positive Handelsbilanz verzeichnen und seinen Reichtum vergrößern könne. Obwohl die Handelsmonopole sich in privatem Besitz befanden und privat handelten, betrachtete man sie im Grunde als Instrumente des Staats. Der Kaufmann Thomas Munn, einer der Direktoren der Ostindien-Kompanie, hat dieses Argument in zwei Büchern ausgeführt. Smith beschäftigte sich mit der von Munn »Merkantilismus« genannten Wirtschaftsphilosophie und verfolgte mit dem *Wohlstand der Nationen* unter anderem die Absicht, sie infrage zu stellen. In einem mehrere Jahre vor der Veröffentlichung des Buchs geschriebenen Brief sprach er von einem »äußerst scharfen Angriff […] auf das gesamte kommerzielle System Großbritanniens«.[11] Wenn der Merkantilismus eine Form des Kapitalismus war – und das war er gewiss –, dann war Smith sowohl ein herausragender Kritiker des Kapitalismus als auch dessen größter Philosoph.

Mit Merkantilismus und Kolonialismus beschäftigte sich Smith vor allem im zweiten Teil des *Wohlstands der Nationen,* im vierten und fünften Buch. Viele Leser kommen jedoch nicht so weit, was bedauerlich ist. Smith war kein grundsätzlicher Gegner des Kolonialismus. Er bewunderte den raschen ökonomischen Fortschritt in den nordamerikanischen Kolonien, dessen Ursachen er in einem »Überfluss an gutem Land und [der] Freiheit, ihre Angelegenheiten selbst zu verwalten«, sah, wozu auch ein freier Handel untereinander und mit den britischen Kolonien in der Karibik gehörte: »Alle zusammengenommen bilden einen großen inneren Markt für die Erzeugnisse der andern.«[12] Aber allzu oft, fand Smith, hielt sich der Kolonialismus nicht an die liberalen Handelsgrundsätze und verkam zu Monopolisierung und Plünderung, was den britischen Konsumenten und Steuerzahlern letztlich große Kosten auferlege. Kein Land, wandte er gegen die Behauptung ein, die Eroberung von Kolonien bringe große wirtschaftliche Vorteile mit sich, habe bisher »etwas anderes für sich erlangt, als die Ausgaben für die Aufrechterhaltung seiner angemaßten Gewaltherrschaft über die Kolonien im Frieden und für ihre Verteidigung im Kriege. Die aus dem Besitze seiner Kolonien entspringenden Nachteile trägt jedes Land ausschließlich, die aus ihrem Handel hervorgehenden Vorteile dagegen hat es mit vielen anderen Ländern teilen müssen.«[13]

Die Hauptziele von Smiths Kritik waren die großen kolonialen Handelshäuser, insbesondere die Ostindien-Kompanie. Vor der Gründung der britischen Ostindien-Kompanie und ihres niederländischen Gegenstücks, der VOC, stellte Smith fest, hätten die Portugiesen »länger als ein Jahrhundert ohne eine privilegierte Gesellschaft, fast ganz allein« den Ostindienhandel beherrscht.[14] Indem sie den Wettbewerb durch staatlich geförderte Monopole ersetzten, hätten die niederländische und die britische Regierung diese Gesellschaften im Grunde ermächtigt, die Preise der Waren, die sie in ihre Heimatländer schickten, nach Belieben zu erhöhen. Im Fall der britischen Ostindien-Kompanie müssten die Konsumenten und Steuerzahler auf den Britischen Inseln nicht nur »die Extragewinne, die die Gesellschaft vermöge ihres Monopols an den Waren macht[]«, sondern auch »die Extravergeudung bezahlen, die der von der Verwaltung einer so großen Gesellschaft unzertrennliche Betrug und Missbrauch notwendig verursachen muss«.[15]

Es scheint keinen Beleg dafür zu geben, dass Smith Bolts' Schrift über die Ostindien-Kompanie gelesen hat. Aber mit seiner Beschreibung der parasitären Präsenz der Kompanie in Indien bewegte er sich auf demselben Terrain. In einer Passage beschäftigte er sich mit ihrem Handel mit Opium, das hauptsächlich in Bihar im Nordosten des indischen Subkontinents, das damals zu Bengalen gehörte, produziert und von ihr in andere asiatische Länder exportiert wurde. »Es ist, wie man mir versichert, gar nichts Ungewöhnliches«, schrieb Smith, »dass der Vorsteher, d. h. der erste Beamte einer Faktorei, einem Bauern befiehlt, ein fruchtbares Mohnfeld umzupflügen und es mit Reis oder anderen Kornfrüchten zu besäen. Angeblich geschah dies, um einem Mangel an Lebensmitteln vorzubeugen; der wahre Grund aber war der, dem Vorsteher Gelegenheit zu geben, einen großen Vorrat von Opium, den er liegen hatte, zu einem besseren Preis verkaufen zu können.« Solche Praktiken seien keineswegs untypisch, sondern gehörten zum Wesen des Rohstoffgeschäftsmodells der Ostindien-Kompanie und anderer zertifizierter Handelsmonopole. »Auf den Gewürzinseln«, führte Smith aus, »sollen die Holländer alle Gewürze verbrennen, die ein fruchtbares Jahr über die Menge hinaus hervorbringt, welche sie in Europa mit einem ihnen genügend erscheinenden Gewinn abzusetzen hoffen dürfen.« Auf diesen Inseln habe die Tätigkeit der VOC die einheimische Vegetation buchstäblich ausgerottet und zu einer Entvölkerung geführt. Die Engländer hätten »noch nicht Zeit gehabt, in Bengalen ein so entschieden verderbliches System einzuführen. Doch hat der Plan ihrer Verwaltung genau dieselbe Tendenz.«[16]

Aber Smith kritisierte nicht nur die Praktiken der Ostindien-Kompanie als solcher, sondern auch die lukrativen Privatgeschäfte ihrer Angestellten und bezweifelte, dass die Führungsspitze, insbesondere die in London ansässige, in der Lage war, sie einzuschränken. Buchstäblich alle Vertreter der Kompanie in Indien würden auch im eigenen Namen Handel treiben, erklärte er. Angesichts der Reichtümer, die sie anhäufen könnten, wäre es »vergeblich, ihnen dies zu verbieten. Nichts kann törichter sein, als zu erwarten, dass die Angestellten eines zehntausend Meilen entfernten und folglich fast unbeaufsichtigten großen Kontors es auf einen einfachen Befehl ihrer Herren aufgeben sollten, auf eigene Rechnung Geschäfte zu machen, dass sie auf immer aller Hoffnung entsagen sollten, Vermögen zu erwerben, wozu die Gelegenheit so günstig ist [...].«[17]

Smiths Darstellung der Vorgehensweise der Kompanie beruhte zumindest zum Teil auf persönlicher Kenntnis. Ein Cousin, Patrick Ross, arbeitete als Chefingenieur in deren Faktorei in Madras. Als Smith *Wohlstand der Nationen* schrieb, empfahl er, wie sein Biograf Ian Simpson Ross berichtet, einen seiner früheren Studenten, einen mittellosen Angehörigen des niederen schottischen Landadels, seinem Cousin zur Anstellung.[18] (Ob der junge Mann von der Kompanie eingestellt wurde, ist nicht bekannt.) 1773 war Smith als mögliches Mitglied einer parlamentarischen Untersuchungskommission, die herausfinden sollte, wie es dazu gekommen war, dass die Kompanie staatliche Hilfe benötigte, im Gespräch. Aber er drückte seine Gedanken lieber in seinem Buch aus.

Ein anderes unbewusstes Echo von Bolts' Ausführungen ist Smiths Argument, dass das Grundproblem der Kompanie nicht im schlechten Charakter ihrer Angestellten, sondern in den Konflikten zu suchen sei, die durch die Ausübung politischer Macht in Bengalen verursacht würden. Als De-facto-Landesherr sollten ihre

Interessen mit denen des Territoriums, das sie regierte, übereinstimmen, doch als Wirtschaftsunternehmen verfolge sie »ein entgegengesetztes Interesse«. Ihr Ziel sei es, in kürzester Zeit einen möglichst großen Gewinn zu erzielen. »Das ist eine sehr seltsame Regierung«, fuhr Smith fort, »deren Mitglieder alle so schnell wie möglich aus dem Lande zu kommen [...] wünschen, und nachdem sie das Land verlassen und ihr ganzes Vermögen mit sich genommen haben, völlig gleichgültig dagegen bleiben, ob auch das ganze Land durch ein Erdbeben verschlungen würde.«[19]

Smith konzentrierte sich auf die Ostindien-Kompanie, weitete seine Kritik aber auch auf andere staatlich zertifizierte Handelsmonopole aus: »Solche privilegierten Gesellschaften sind [...] in jeder Beziehung schädlich; immer mehr oder weniger nachteilig für die Länder, in denen sie errichtet werden, und verderblich für die, welche das Unglück haben, unter ihre Herrschaft zu geraten.«[20] Vom Glück begünstigt, könnten die Handelskompanien nach Belieben expandieren, ohne Wettbewerb oder wirksame Überwachung fürchten zu müssen. Um die Folgen dieses Systems zu beschreiben, bediente sich Smith einer medizinischen Metapher: Großbritannien gleiche »einem kranken Körper, in dem einige Lebensorgane übermäßig angeschwollen sind und der deshalb vielen gefährlichen Krankheiten unterworfen ist«.[21]

Smiths Kritik an den ökonomischen Kosten des Merkantilismus ging über Pfund und Penny hinaus. Er hob außerdem die Verbindung zwischen merkantilem Kapitalismus und Krieg hervor. In der zweiten Hälfte des 17. Jahrhunderts hatte das britische Parlament die Navigation Acts beschlossen, die Importe von ausländischen Lieferanten beschränkten, vorschrieben, dass so gut wie alle Waren des Kolonialhandels auf britischen Schiffen transportiert werden mussten, und Kolonien wie Indien zwangen, fast sämtliche Einfuhren aus Großbritannien zu beziehen. Um diese protektionistische Gesetzgebung durchzusetzen, wurde die Royal Navy ausgebaut, die eine Reihe von Kriegen mit Großbritanniens Handelsrivalen führte, insbesondere mit den Niederlanden. »Der

Verkehr«, bemerkte Smith, »der unter Nationen wie unter Individuen naturgemäß ein Band der Einigung und Freundschaft sein sollte, ist die furchtbarste Quelle der Zwietracht und Feindschaft geworden.«[22] Darüber hinaus beklagte er die Entstehung eines frühen militärisch-industriellen Komplexes, der die Kolonialpolitik dominierte und Reformbestrebungen abblockte. Vertreter von Kolonialinteressen, stellte er fest, hätten lange als »Hauptberater« von Politikern und Beamten gedient, die das Merkantilsystem errichtet hatten und aufrechterhielten.[23] Infolgedessen fänden sich in der Regierungspolitik häufig »die niedrige Habsucht und der Monopolgeist der Kaufleute und Fabrikanten« wieder.[24]

Trotz aller Kritik am Merkantilismus war Smith ein großer Verfechter der Entwicklung einer globalen Wirtschaftstätigkeit auf der Grundlage des Freihandels. In seinen Augen waren die Fahrten von Kolumbus nach Amerika und von Magellan um das Kap der Guten Hoffnung »die beiden größten und wichtigsten Ereignisse, die die Geschichte der Menschheit verzeichnet«. Indem sie die Möglichkeit des Handels zwischen Europa und fernen Kontinenten eröffneten, hätten diese Reisen für beide Seiten das Potenzial geschaffen, riesige Vorteile zu genießen »durch die Möglichkeit, sich gegenseitig in der Not beizustehen, wechselseitig ihre Genüsse zu vermehren und ihre Gewerbetätigkeit zu erhöhen«. Aber durch die von den europäischen Kolonisten, insbesondere den Spaniern in Lateinamerika, betriebene Ausplünderung sei diese historische Chance vertan worden, mit katastrophalen Folgen vor allem für die indigenen Völker. »Zu der Zeit, als jene Entdeckungen gemacht wurden«, fuhr Smith fort, »war die Überlegenheit der Macht aufseiten der Europäer zufällig so groß, dass sie sich in jenen fernen Ländern jede Art von Ungerechtigkeit ungestraft erlauben durften.«[25]

Eine weitere himmelschreiende Ungerechtigkeit war der transatlantische Sklavenhandel. Nach jüngsten wissenschaftlichen Schätzungen wurden zwischen 1501 und 1866 rund 12,5 Millionen

Afrikaner zwangsweise nach Nord- und Südamerika transportiert, etwa die Hälfte von ihnen in die Karibik und weitere rund 40 Prozent nach Brasilien.[26] Vorangetrieben wurde dieses schreckliche Phänomen von Gewinnstreben und Arbeitskräftebedarf. Im 15. Jahrhundert legten portugiesische Kolonisten auf einigen Inseln vor der afrikanischen Westküste, wie Madeira, Kap Verde sowie São Tomé und Príncipe, Zuckerrohrplantagen an. Um 1500 exportierten diese Plantagen Zucker nach Holland, Frankreich und Großbritannien, wo die Bevölkerung rasch Gefallen an Süßem fand. Die Zuckerproduktion war sehr einträglich, aber auch sehr arbeitsintensiv. Die Felder zu roden, Zuckerrohr zu pflanzen und zu ernten, es zu schneiden und zu pressen und den Zucker zum Endprodukt zu raffinieren, all dies bedeutete viele Stunden harte Arbeit. Vom afrikanischen Festland abgeschnitten, litten die Plantagenbetriebe unter ständigem Arbeitskräftemangel. Um ihn zu beseitigen, begannen einige ihrer Besitzer, Sklavenarbeiter aus dem Kongo und Ndongo (Angola) zu importieren.

In den 1530er-Jahren brachten die Portugiesen dieses Geschäftsmodell über den Atlantik und legten in den Küstenregionen Brasiliens Zuckerrohrplantagen an. Anfangs zwangen sie Eingeborene, auf ihnen zu arbeiten. Aber die Sterblichkeit unter den indigenen Arbeitern war sehr hoch, und es dauerte nicht lange, bis die Plantagenbesitzer versklavte Afrikaner ins Land holten. Nach Angaben von SlaveVoyages brachten portugiesische Sklavenschiffe zwischen 1600 und 1625 schätzungsweise 180 000 Afrikaner nach Brasilien, das zum größten Zuckerproduzenten der Welt wurde. (Bis 1866 stieg die Zahl der nach Brasilien verschifften afrikanischen Sklaven auf erstaunliche 5,5 Millionen, von denen 4,9 Millionen dort lebend an Land gingen.)[27]

Angesichts des kommerziellen Erfolgs der Portugiesen begannen einige ihrer europäischen Rivalen, ihr Vorgehen nachzuahmen. Spanien legte auf Hispaniola, das heute in die Dominikanische Republik und Haiti geteilt ist, Zuckerrohrplantagen an, Frankreich auf Martinique und Guadeloupe sowie auf dem Westteil von Hispaniola, den es 1697 von Spanien erworben hatte. Großbritannien schuf Plantagen auf Barbados und Jamaica sowie auf den kleineren Inseln über dem Winde Antigua, St. Kitts, Nevis und Montserrat. Auf manchen der britischen Plantagen arbeiteten anfangs britische Vertragsarbeiter, die ihre Überfahrt mit siebenjähriger Feldarbeit bezahlten. Aber sie hatten Schwierigkeiten, sich dem tropischen Klima anzupassen, und ihre Sterblichkeit war hoch, sodass auch die britischen Pflanzer afrikanische Sklavenarbeiter in großer Zahl einzuführen begannen. Binnen Kurzem beherrschten britische Händler den Sklavenhandel. Zwischen 1640 und 1807 brachten britische Schiffe schätzungsweise 3,1 Millionen versklavte Afrikaner über den Atlantik.[28]

Nach ihrer Ankunft in Amerika wurden die Überlebenden dieser Transporte auf Auktionen verkauft und an ihre endgültigen Bestimmungsorte gebracht. Mitte des 18. Jahrhunderts arbeiteten auf britischen Plantagen Hunderttausende Sklaven, rund 70000 allein auf Barbados. Die Plantagen exportierten jährlich über 40000 Tonnen Zucker nach England und Wales.[29] Nach damaligen Maßstäben muss man beim Zucker von einer Großproduktion sprechen. Manche Plantagen beschäftigten mehrere Hundert Sklaven; sie waren, wie die amerikanische Historikerin Joyce Appleby es 2010 ausdrückte, »Fabriken auf Feldern«.[30]

In Geschichten des Kapitalismus, die sich ausschließlich mit dem Aufstieg des Fabriksystems in Großbritannien und anderen westlichen Ländern beschäftigen, wird dies häufig übersehen. Obwohl die Plantagenwirtschaft nicht direkt mit dem auf Lohnarbeit und Maschinen gestützten Industriekapitalismus gleichzusetzen ist, beinhaltete sie doch eine Kapitalmobilisierung in großem Stil und die Produktion von mit Gewinn vermarktbaren Waren. Gemäß der Definition, die ich in der Einleitung aufgestellt habe, war sie eine Form des Kapitalismus, und dazu eine im Wesen globale. »Die Neue-Welt-Plantage«, erklärte der Historiker Richard Sheridan in seinem 1974 erschienenen Buch *Sugar and Slavery. An Economic History of the West Indies, 1623–1775,* »stellte eine

Kombination aus afrikanischen Arbeitern, europäischer Tierhaltung und amerikanischem Erdboden und Klima dar.«[31]

Insbesondere Zuckerrohrplantagen generierten hohe Profitraten. Im 17. Jahrhundert erzielte in britische Plantagen investiertes Kapital, nach Berechnungen von Wirtschaftshistorikern, eine Rendite von 30 Prozent. Selbst Mitte des 18. Jahrhunderts, als die Konkurrenz größer geworden war, lagen die Gewinne im zweistelligen Bereich, während Staatsanleihen nur eine Rendite von 3 Prozent erbrachten.[32] Die britischen Plantagenbesitzer transferierten einen Großteil ihrer Profite nach Großbritannien zurück, wo sie riesige Landsitze errichteten, von denen viele heute noch existieren. Im Parlament bildeten sie eine starke Lobbygruppe. Wie die Rentiers, die in der Ostindien-Kompanie zu Reichtum gelangt waren, wurden auch sie »Nabobs« genannt. Zu den bedeutenden englischen Familien, die ihren Reichtum teilweise oder ganz karibischen Plantagen verdankten, gehörten die Baylys, Beckfords, Codringtons, Fullers, Lascelles, Longs und Pennants.[33] 2013 wurde bekannt, dass ein entfernter Verwandter des damaligen britischen Premierministers David Cameron über 200 Sklaven besessen hatte.[34]

Smith nahm die enormen Gewinne, die karibische Plantagen erwirtschafteten, zur Kenntnis, ging aber nicht näher darauf ein, dass sie auf Sklavenarbeit beruhten. Er hielt es sogar für wahrscheinlich, dass sie mit Lohnarbeitern noch größere Gewinne abgeworfen hätten: »Die Erfahrung aller Zeiten und Länder beweist, glaube ich, dass die von Sklaven verrichtete Arbeit, obgleich sie nur deren Unterhalt zu kosten scheint, am Ende doch« – auf die Produktivität bezogen – »die teuerste von allen ist.« Da Lohnarbeiter Geld verdienten, für das sie Eigentum erwerben könnten, hätten sie einen Anreiz, hart zu arbeiten und mehr zu produzieren. Ein Sklave dagegen habe keine Rechte, erhalte keinen Lohn und könne kein Eigentum erwerben. Arbeit lasse sich ihm »nur mit Gewalt, nicht durch sein eigenes Interesse abzwingen«.[35]

In Abwandlungen wird diese Auffassung von manchen auch

heute noch vertreten, insbesondere in Debatten darüber, ob die Sklaverei in den Vereinigten Staaten die Entwicklung des amerikanischen Kapitalismus behinderte oder förderte. Aber sie hat zwei offensichtliche Mängel: Zum einen berücksichtigte Smith nicht, dass die Plantagenbesitzer enorme Schwierigkeiten gehabt hätten, bereitwillige Lohnarbeiter zu finden – was den Sklavenhandel überhaupt erst hatte entstehen lassen. Zum anderen unterschätzte er die Bedeutung der Sklaverei für die Entwicklung des globalen Handels und der Wirtschaft der Sklavenhandel betreibenden Nationen. Als er *Wohlstand der Nationen* veröffentlichte, war Liverpool der größte Sklavenhafen der Welt. Laut SlaveVoyages liefen allein 1776 mehr als 70 Schiffe in Richtung der Bucht von Benin, der Bucht von Bonny, Sierra Leone und anderer Ziele in Afrika aus ihm aus,[36] beladen mit Waren, die bei afrikanischen Sklavenhändlern hoch im Kurs standen: Woll- und Baumwolltextilien, Gewehren, Schießpulver, Messingwaren, Steingut und Alkohol. »Textilien kamen aus Lancashire und Yorkshire, Kupfer- und Messingwaren aus Warrington, North Cheshire und Staffordshire, Gewehre und Munition aus Birmingham«, zählte Anthony Tibbles, der vormals im National Museum Liverpool für die Geschichte der Sklaverei zuständig war, in einem Aufsatz aus dem Jahr 2000 auf. »Aber um manche Waren zu bekommen, mussten die Kaufleute der Stadt auch weitere Verbindungen knüpfen – so gab es in Westafrika eine starke Nachfrage nach ostindischer Kleidung. [...] Solche Waren mussten sie [...] aus London und manchmal auch aus Amsterdam beziehen.«[37] Andere britische Handelsschiffe segelten mit Gütern für die Sklavenplantagen aus ihren Heimathäfen direkt nach Amerika. Zu den Waren, die eine Zuckerrohrplantage in der Regel einführte, gehörten Werkzeuge für die Feldarbeit, Dampfmaschinen für die Zuckerrohrpressen, Gewehre für die Aufseher, Kleidung für die Arbeiter und Säcke für den fertigen Zucker.

Wie diese Auflistung erkennen lässt, war der Dreieckshandel ein großes interkontinentales Unternehmen, das einer Vielzahl von Wirtschaftszweigen Auftrieb gab, wie dem Schiffbau, der Handelsschifffahrt, dem Bank- und Versicherungswesen (die Sklavenschiffe wurden versichert), der Textilwirtschaft, der Rüstungsindustrie sowie Messing- und Eisenwerken. Die von Smith kritisierten merkantilistischen Autoren hoben den breiten ökonomischen Nutzen von Kolonialismus und Sklaverei für Großbritannien hervor. In einem 1745 erschienenen Buch zur Verteidigung des Dreieckshandels beschrieb der Ökonom und Lexikograf Malachy Postlethwayt Großbritanniens atlantisches Kolonialreich als »prächtigen Überbau amerikanischer Handels- und Seemacht auf afrikanischem Fundament«. Würde der Afrikahandel aufhören, würden »Hunderttausende von Briten, die Güter für den Dreieckshandel herstellen, ihre Arbeit verlieren und betteln gehen«. Darüber hinaus hätte man in Großbritannien »keinen Zucker, Tabak, Rum usw. mehr, was zur Folge hätte, dass die öffentlichen Einnahmen, die aus der Einfuhr von Plantagenprodukten erwachsen, ausblieben«.[38]

Smiths Landsmann James Steuart bekräftigte in seinem 1767 erschienenen Buch *An Inquiry into the Principles of Political Economy* die Standardbestandteile merkantilistischer Politik: Schutz heimischer Industrien, Unterstützung des Exports und staatlich geförderter Kolonialismus. Steuarts Analyse der Sklaverei war differenzierter als diejenige von Postlethwayt. Seiner Ansicht zufolge hing ihre Nützlichkeit von den Umständen ab, unter denen sie praktiziert wurde. Arbeiter zu versklaven, schrieb er, Smith vorwegnehmend, bewirke eine Hemmung des Erfindungs- und Einfallsreichtums. Deshalb riet er dazu, die Sklaverei aus dem verarbeitenden Gewerbe zu verbannen. Für »arbeitsintensive Tätigkeiten einfacher Art«, wie die Plantagenlandwirtschaft in tropischem Klima, sei die Sklavenarbeit jedoch die einzige praktikable Option. »Könnte man die Zuckerinseln«, fragte Steuart, »mit Lohnarbeit überhaupt vorteilhaft bewirtschaften?«[39]

Anstatt diese Frage direkt zu beantworten, erklärte Smith Kolonialismus und Sklaverei rundweg zu unnötigen Abirrungen vom freien Handel. Ihn beunruhigte die Aussicht, die amerikanischen Kolonien zu verlieren, weit weniger als viele seiner Landsleute. Sie würden »eines der größten und mächtigsten Reiche« werden, sagte er voraus.[40] Außerdem, stellte er fest, hätten koloniale Unternehmungen »allen anderen Handelszweigen fortwährend Kapital« entzogen, sodass »viele andere Zweige des auswärtigen Handels, besonders der Handel nach europäischen Ländern, fortwährend abnahmen«.[41] Statt in großem Maß Anstrengungen und Ressourcen darauf zu verwenden, den über weite Entfernungen betriebenen Kolonialhandel zu schützen und auszudehnen, riet er Großbritannien, sich auf den Ausbau der heimischen Märkte und den Handel mit näher gelegenen ausländischen Märkten zu konzentrieren. »Statt sich auf zahlreiche kleine Märkte einzurichten«, führte er aus, »ist die britische Industrie nun vorzüglich auf einen einzigen großen Markt eingerichtet.« Das ganze System von Handel und Industrie Großbritanniens sei »dadurch unsicherer, der ganze Zustand des Staatskörpers ungesünder geworden, als es sonst der Fall gewesen wäre«.[42]

Es ist schwer zu sagen, ob die von Smith bevorzugte Entwicklungsstrategie – auf Europa konzentrierter Freihandel – für Großbritannien ein gangbarer Weg gewesen wäre. Aber sein Argument, Kolonialismus und Merkantilismus hätten seine Wirtschaftsentwicklung behindert, ist kaum aufrechtzuerhalten. 1500 war Großbritannien, mit den Worten des Wirtschaftshistorikers Robert C. Allen, »kaum mehr als eine Schafweide«.[43] Bis zum Zeitpunkt des Erscheinens von *Der Wohlstand der Nationen* hatte sich der Anteil der britischen Bevölkerung, der in Städten lebte, verdreifacht, und der Anteil der Briten, die in der Landwirtschaft arbeiteten, war von drei Vierteln auf weniger als die Hälfte gesunken. Das Pro-Kopf-Einkommen war um rund 50 Prozent gestiegen – was ein nach modernen Maßstäben langsames, aber nach zeitgenössischen Maßstäben schnelles Wachstum war –, und die Alphabetisierungsrate der erwachsenen Bevölkerung hatte sich auf 53 Prozent verachtfacht. Das Land besaß ein weiträumiges Kolonialreich und war die beherrschende Seemacht.[44]

Für diese Entwicklung waren gewiss nicht nur Kolonialismus und Merkantilismus verantwortlich. Umwälzungen in Landwirtschaft, Naturwissenschaft und Politik waren ebenfalls bedeutende Faktoren. Aber die wirtschaftliche und politische Modernisierung fand in einem Umfeld von staatlich geförderter Globalisierung und Kolonialisierung statt. Der »fiskalisch-militärische Staat«, wie der Historiker John Brewer ihn nennt, stärkte bewusst seine Fähigkeiten, für kommerzielle Ziele Kriege führen zu können, insbesondere Seekriege.[45] Indem Smith den Merkantilismus bekämpfte und die Vorteile der unsichtbaren Hand hervorhob, spielte er diese Transformation herunter und unterschätzte ihre Auswirkungen.

Andererseits erwies sich seine Auffassung, dass der Verlust der nordamerikanischen Kolonien Großbritannien nicht in Armut stürzen würde, als ebenso weitblickend wie seine Betonung des Freihandels. Nachdem sie ihre Unabhängigkeit gewonnen hatten, wurden die Vereinigten Staaten rasch zu einem der bedeutendsten Handelspartner ihrer früheren Kolonialmacht. Und nachdem Großbritannien sich als führende Industriemacht und preiswertester Produzent der Welt etabliert hatte, war die Aufhebung der merkantilen Export- und Importbeschränkungen sinnvoll, weil es seine Handelskonkurrenten leicht unterbieten konnte. In strategischer Hinsicht war Smith mit seiner Analyse seiner Zeit weit voraus.

1784 erschien die dritte Auflage von *Der Wohlstand der Nationen* mit einem neuen Abschnitt über die Geschichte der staatlich zertifizierten Handelsmonopole, wie der britischen Ostindien-Kompanie, die aufgrund neuerlicher Finanzprobleme wieder in die Schlagzeilen geraten war.[46] Kaum ein Jahrzehnt nach der staatlichen Stützung in den frühen 1770er-Jahren war die Kompanie, wie Smith in der Neuauflage schrieb, »nochmals gezwungen, die Regierung um Unterstützung anzugehen«.[47] Ursache der Probleme war ein weiterer kostspieliger militärischer Konflikt, diesmal in Südindien, wo der Sultan von Mysore, Haidar Ali, bei Madras Truppen der Kompanie angegriffen hatte. Die Kosten der Auseinandersetzung hatten die Kompanie erneut an den Rand des Ruins gebracht, und Smith zweifelte daran, dass sie jemals »zur Regierung eines großen Reiches oder auch nur zur Teilnahme daran geeignet« sein könnte.[48]

In dem neuen Abschnitt nannte Smith noch einen weiteren Grund, warum staatlich privilegierte Handelsunternehmen für Finanzprobleme anfällig waren: Sie waren eher Aktiengesellschaften als traditionelle Geschäftspartnerschaften. In vielen modernen Handbüchern wird betont, dass die Investition in Aktien Investoren erlaube, das Risiko zu streuen und ihr Kapital zu schützen. Smith nahm einen völlig anderen Standpunkt ein. In einer Partnerschaft, erklärte er, setzten die Besitzer eines Unternehmens ihr gesamtes Vermögen aufs Spiel, was sie zu einer gewissen Vorsicht veranlasse, während die Direktoren von Aktiengesellschaften nur bedingt Verantwortung übernähmen, da ihr finanzielles Risiko auf den Wert ihres eigenen Aktienbesitzes beschränkt sei. Sie seien »mehr die Verwalter des Geldes anderer als des eigenen«, weshalb sich »nicht wohl erwarten [lasse], dass sie darüber mit derselben ängstlichen Sorgfalt wachen werden, mit der die Teilhaber einer Privatgesellschaft über das ihrige zu wachen pflegen«. Daher müssten »Nachlässigkeit und Verschwendung in der Geschäftsführung einer solchen Gesellschaft [...] immer mehr oder weniger herrschen«.[49]

Passagen wie diese widerlegen das verbreitete Bild von Smith als einem vorbehaltlosen Verteidiger des Kapitalismus. Seine Befürwortung der »Handelsgesellschaft« beruhte auf den Prinzipien von Wettbewerb, freiem Handel und individueller Verantwortung. Alles, was diese Tugenden bedrohte, lehnte er ab. Durch die Veröffentlichung von *Der Wohlstand der Nationen* wurde er zu einer öffentlichen Figur. 1778 berief ihn die britische Regierung auf den gut dotierten Posten des Zollkommissars von Schottland, und er zog mit seiner Mutter nach Edinburgh um. Ende 1783 wurde William Pitt d. J. Premierminister. Er hatte Smiths Werk gelesen und war entschlossen, einige der darin ausgedrückten Prinzipien umzusetzen. Seine Regierung reduzierte die Zölle auf Tee, Wein, Spirituosen und Tabak. Außerdem förderte sie den Handel mit dem europäischen Festland und schloss ein Handelsabkommen mit Frankreich. Als Reaktion auf die öffentliche Empörung über die neuerliche finanzielle Schieflage der Ostindien-Kompanie schuf er eine neue Aufsichtsbehörde, die deren Tätigkeit von London aus überwachen sollte, und stärkte die Befugnisse des Generalgouverneurs von Bengalen.

Pitts Reformen waren nur teilweise erfolgreich, aber sie läuteten den bedeutsamen Wechsel von Protektion und Handelskolonialismus zu Freihandel und einem formalen Kolonialreich ein. Der merkantile Kapitalismus, der den Hintergrund von Smiths *Der Wohlstand der Nationen* bildete, stand kurz davor, vom Industriekapitalismus ersetzt zu werden. In den Jahren nach der Eröffnung der Cromford Mill erteilte Richard Arkwright anderen Unternehmern Lizenzen für seine Wasserkrafttechnologie, und bis 1788 nahmen in Nordengland, Schottland und Wales weit über hundert nach dem Vorbild von Cromford errichtete Fabriken den Betrieb auf. Ein weiterer wichtiger Moment kam 1781, als der schottische Erfinder James Watt eine Dampfmaschine mit Kreisschubgetriebe zum Patent anmeldete. Vier Jahre später setzte eine Fabrik bei Nottingham als erste Baumwollspinnerei eine Watt-Dampfmaschine ein. Die Baumwollindustrie stand stellvertretend für die Zukunft, war aber zugleich tief in dem von Smith kritisierten alten Kolonialsystem verankert. Schon bevor sie begann, Rohbaumwolle von den Sklavenplantagen im amerikanischen Süden zu importieren, hatte sie ihre Waren von Plantagen auf den Westindischen Inseln und dem südamerikanischen Festland bezogen, insbesondere aus Brasilien. Manche von der Industrie produzierte Textilien wurden sowohl in die andere Richtung über den Atlantik als auch zu den Sklavenhandelshäfen in Afrika verschifft. Diese Exporte, bemerkt der Harvard-Historiker Sven Beckert in seinem 2014 erschienenen Buch *King Cotton*, »flossen letztlich über ebenjene Handelswege der atlantischen Wirtschaft, deren Aufbau 200 Jahre gedauert und Großbritannien ein unermessliches Vermögen gekostet hatte«.[50]

Welche Auswirkungen die Baumwolle und die Industrialisierung auf Wirtschaft, Gesellschaft und Politik haben sollten, konnte Smith, trotz all seines Scharfsinns, nicht ahnen. Er starb am 17. Juli 1790 im Alter von 67 Jahren in seinem Haus in Edinburgh. Im selben Jahr nahm die Piccadilly Mill als erste Baumwollspinnerei in Manchester eine von der Firma Boulton and Watt, die James Watt zusammen mit seinem Geschäftspartner Matthew Boulton gegründet hatte, hergestellte Dampfmaschine in Betrieb. Das rasch wachsende Manchester war dabei, Bengalen als Weltmarktführer in der Baumwollherstellung abzulösen, und sollte einer Schule von Ökonomen, die auf Smiths Gedanken aufbauten, den Namen geben: der Manchester School.

3

»An der Schwelle des letzten Gefechts«

Die Logik der Ludditen

Frühmorgens am 12. April 1812 näherten sich über 100 Männer der Rawfolds Mill in Liversedge in West Yorkshire, einem vierstöckigen Gebäude am Ufer des Flusses Spen. Rundum war Brontë-Land – eine Landschaft aus öden Mooren, tiefen Tälern und kleinen Städten und Weilern. Die Menge, die sich Stunden zuvor im Moor versammelt hatte, war mit Musketen, Stöcken, Äxten und schweren Schmiedehämmern bewaffnet. Als sie die Fabrik erreichten, schlugen die Männer an der Spitze Fenster ein, um sich Zutritt zu verschaffen. Einige von ihnen gaben Schüsse in die dunkle Fabrik ab. Was die Angreifer nicht wussten, war, dass der Fabrikbesitzer, William Cartwright, sich auf Ärger vorbereitet hatte.

In den vorangegangenen zwölf Monaten waren in Mittel- und Nordengland mehrere Textilfabriken und Werkstätten angegriffen worden. Der Aufruhr hatte Anfang 1811 in Nottinghamshire begonnen, als einige Strumpfwirker ihre Werkstatt überfallen und neue Maschinen zerstört hatten, die sie dafür verantwortlich machten, dass ihre Löhne herabgedrückt und sie ins Elend gestoßen wurden. Die Angriffe hatten sich auf die benachbarte Grafschaft Derbyshire, auf Lancashire, das Zentrum der Baumwollindustrie, und auf West Riding in Yorkshire, wo es viele Wollspinnereien gab, ausgedehnt. Cartwright und andere Fabrikbesitzer in Yorkshire hatten versucht, die uralte Kunst des »Appretierens« gewebter Wollstoffe, bei dem der Flor angehoben und der Stoff zudem in fertige Stücke geschnitten wurde, zu mechanisieren. Seit Jahrhunderten hatte eine eng verbundene Gruppe von Facharbeitern, die »Scherer« oder »Cropper« genannt wurden, diese Aufgabe mit dem stacheligen Kopf der Weberkarde und Handscheren manuell ausgeführt. Cartwright hatte nun versucht, einen Teil dieser Arbeiter durch neue mechanische Apparaturen zu ersetzen: Aufkratzmaschinen mit Metallrollen zum Anheben des Flors und Scherrahmen, die von einem einzigen Arbeiter mit einer Kurbel bedient wurden.

Einige Wochen vor dem Angriff auf seine Fabrik hatte eine Gruppe nicht identifizierter Männer ein Fuhrwerk überfallen, das mit neuen Maschinen für die Rawfolds Mill beladen war. Seitdem war Cartwright zusammen mit einigen seiner Angestellten und bewaffneten Reservisten der Cumberland Militia, einer von vielen Militäreinheiten, welche die britischen Behörden in die Zentren des Aufruhrs entsandt hatten, über Nacht in seiner Fabrik geblieben. Einem Historiker zufolge wurden für die Niederschlagung der Maschinenstürmer mehr Soldaten eingesetzt, als der Herzog von Wellington im Krieg gegen Napoleon auf der Iberischen Halbinsel unter seinem Kommando hatte.[1] Die Männer der Cumberland Militia hatten Befehl, jeden Angriff auf die Rawfolds Mill abzuwehren. Als der Überfall begann, eröffneten sie das Feuer auf die Menge, und einige von Cartwrights Männern warfen vom Dach der Fabrik Steine auf sie. Die Angreifer, die nicht mit starkem Widerstand gerechnet hatten, wichen hastig zurück, wobei sie einige Waffen und zwei Schwerverwundete zurückließen. Einer von ihnen hatte seine Arbeit in der Fabrik verloren, der andere war ein Sattlerlehrling aus der nahe gelegenen Stadt Huddersfield. Binnen zwei Tagen erlagen beide ihren Verletzungen. In der anschließenden Untersuchung entschied ein Coroner auf »gerechtfertigten Totschlag«.[2]

Monatelang suchten die Behörden, unter anderem mithilfe bezahlter Informanten, nach den Organisatoren des Angriffs. Im Januar 1813 wurden 14 Scherer im York Castle vor Gericht gestellt, denen Aufruhr und Maschinenstürmerei vorgeworfen wurden. Letztere hatte das von Grundbesitzern und Geschäftsleuten dominierte britische Parlament im vorangegangenen Jahr in einem speziellen Frame-Breaking Act als Kapitalverbrechen eingestuft.[3] Das Gericht in York sprach einige der Angeklagten frei, befand fünf von ihnen aber für schuldig und verurteilte sie zum Tod.[4] In Gerichtsverfahren wegen anderer Fälle von Gewalttätigkeit und Maschinenstürmerei in West Yorkshire wurden weitere neun Angeklagte schuldig gesprochen.

Am 16. Januar 1813 hängte der amtliche Henker von Yorkshire, ein früherer Schafdieb namens William Wilkinson, die 14 Verurteilten an einem Galgen außerhalb der Burg. »Ich glaube nicht, dass einer von ihnen ein richtiges Einsehen darin hatte, für welches Verbrechen sie starben«, erklärte ein Augenzeuge der Hinrichtung, ein Oberst Norton, später. »Ich meine die acht von ihnen, die ich als Ludditen ansehe.«[5]

Es ist nicht klar, woher der Begriff »Luddit« stammt. Manche führen ihn auf Ned Ludd zurück, einen jungen Textilarbeiter aus Leicestershire, einer im Süden an Nottinghamshire angrenzenden Grafschaft, der 1779 einen Strickrahmen zertrümmert haben soll, nachdem er wegen Faulheit ausgepeitscht worden war. Es gibt allerdings keinen Beleg dafür, dass Ludd überhaupt gelebt hat. Nach Ansicht des englischen Historikers Brian Bailey, auf dessen Buch *The Luddite Rebellion* sich meine Darstellung des Angriffs auf die Rawfolds Mill stützt, könnte der Begriff »Luddit« oder »Luddismus« auf im Volk verbreitete Erinnerungen an den angelsächsischen König Ludeca zurückgehen, der im Jahr 827 in einer Schlacht gefallen war.[6] Aber woher der Begriff auch stammen mag, viele der britischen Maschinenstürmer bezeichneten »General Ludd« oder »Captain Ludd« als ihren Anführer. Zwei Wochen nach dem Angriff auf die Rawfolds Mill im April 1812 wurde der Besitzer einer nahe gelegenen Wollspinnerei, ein gewisser William Horsfall, der ebenfalls neue Maschinen eingeführt hatte, erschossen, während er von einem Markt nach Hause ritt. Ein öffentlicher Brief, der am nächsten Tag erschien und »die Rache für den Tod der beiden tapferen Jungen, die am Rand von Rawfolds fielen«, lobte, begann mit den Worten: »Auf Befehl von General Ludd.«[7]

In den Augen vieler Mitglieder der britischen Regierung – die sich noch immer im Krieg mit Frankreich befand –, die das Treiben der Ludditen aus dem fernen London verfolgten, waren sie nichts anderes als jakobinische Aufrührer. Ihre Antwort war brutale Unterdrückung. Neben Hinrichtungen bedeutete dies die Deportation vieler Ludditen in Strafkolonien in Australien und anderswo. Aber der Luddismus war keine revolutionäre Bewegung, sondern eine Abwehrreaktion gegen ein neues Wirtschaftssystem, das an Orten wie Liversedge vielen Facharbeitern ihren Lebensunterhalt zu nehmen drohte. Die Ludditen versuchten keineswegs, das sozioökonomische System zu stürzen, sondern lediglich ihren Platz in ihm zu bewahren.

Aber genauso wenig wie Revolutionäre waren sie gedankenlose Gegner der Modernität, als die manche sie dargestellt haben. Ihren Aktionen lag eine klare, dem Wesen nach konservative Logik zugrunde. Buchstäblich ohne jede politische Vertretung oder Macht – das damalige Wahlrecht schloss die große Mehrheit der Bevölkerung aus –, sahen viele von ihnen in gewaltsamem Protest ihre einzige Option. »Wir wissen, dass es nicht recht ist, Fabriken niederzubrennen oder den Besitz von Menschen in Brand zu stecken, aber der Hunger zwingt die Natur, zu tun, was sie sonst nicht tun würde«, schrieb ein Scherer aus Yorkshire. »Wir haben alles versucht, um zu überleben, und unsere Kleider und bewegliche Habe verpfändet, sodass wir jetzt an der Schwelle zum letzten Kampf stehen.«[8]

Zur Industrialisierung gehörten die Schaffung neuer Technologien, Arbeitsplätze und Arbeitsnormen sowie eine neue geschlechtliche Arbeitsteilung, neue Muster der geografischen Entwicklung und neue Anhäufungen von Macht und Reichtum. In den ersten beiden Jahrzehnten nach Adam Smiths Tod hatte sich die Entwicklung beschleunigt, insbesondere in der Baumwoll- und Wollindustrie. 1812 beschäftigte sie in Manchester und den

Fabrikstädten der Umgebung Zehntausende von Menschen. Die am schnellsten wachsende Konzentration von Fabriken war in Ancoats zu beobachten, einem Stadtteil von Manchester am neu eröffneten Rochdale-Kanal. Die Murrays' Mill der schottischen Brüder Adam und George Murray bestand aus zwei achtstöckigen Gebäuden, und ihre Maschinen wurden von Dampfmaschinen von Boulton and Watt angetrieben.[9] Sie beschäftigte über 1200 Menschen und zog Besucher aus nah und fern an.

Als die Produktion der Textilfabriken in Lancashire wuchs, begann es in vielen Teilen der Welt Indien als führenden Lieferanten von Baumwollstoffen abzulösen. Zwischen 1780 und 1807 stieg der Wert der Exporte von Baumwollwaren aus Lancashire von weniger als einer halben Million Pfund auf über 10 Millionen.[10] Das Wachstum der Industrie in Lancashire beruhte sowohl auf lokalen Ressourcen (einschließlich der Kohle, mit der die Dampfmaschinen betrieben wurden) und lokalem Unternehmertum als auch auf importierten Arbeitskräften, wie irischen Einwanderern, und Rohstoffen, wie Rohbaumwolle von den karibischen Inseln und in zunehmendem Umfang den Sklavenplantagen im Süden der Vereinigten Staaten. Ein großer Teil der Baumwolle wurde über den Hafen von Liverpool eingeführt. Obwohl die britische Regierung nach langem Kampf der evangelikalen Bewegung unter Führung von William Wilberforce 1807 den Sklavenhandel verboten hatte, gab es keinerlei Restriktionen gegen den Transport von durch Sklavenarbeit hergestellten Produkten; tatsächlich hing das schnelle Wachstum der Baumwollindustrie von Lancashire davon ab, dass diese Schiffslieferungen fortgesetzt wurden.

Der Fortschritt der Mechanisierung war zwar in der Baumwollindustrie am auffälligsten, aber keineswegs auf sie beschränkt. Auf der anderen Seite der Pennine Hills, in West Riding in Yorkshire, erlebte die traditionelle Wollindustrie eine Umwälzung. In Leeds, am Ufer des Aire, errichtete der Kaufmann und Fabrikant Benjamin Gott die weltgrößte Wollspinnerei, in der er 1793 eine Dampfmaschine von Boulton and Watt installieren ließ. 1800 waren in Gotts Fabrik mehr als 1000 Menschen beschäftigt, deren Organisation ein realer Beleg für Smiths Ausführungen über die Arbeitsteilung war.[11] Von der ersten Arbeit des Sortierens und Reinigens des Rohgarns bis zum abschließenden Verpacken des fertigen Stoffs umfasste die Produktion 29 Arbeitsschritte, von denen einige rasch von dampfgetriebenen Maschinen übernommen wurden. Andere Tätigkeiten, wie das Weben des Garns, wurden weiterhin von Hand ausgeführt. Als sich Gotts Geschäftsbetrieb vergrößerte, versorgten seine Fabriken »einen großen Teil der Heere von England, Russland, Preußen und Schweden mit Kleidung und Decken«. Er »belieferte sowohl nordamerikanische Pelzhändler als auch die Bostoner Gesellschaft und verkaufte Stoffe nach Südamerika und China, von Deutschland und den Mittelmeerländern ganz zu schweigen«.[12] Wenige Kilometer vom Stadtzentrum von Leeds entfernt erwarb Gott ein großes Stück Land, auf dem er ein Herrenhaus im Stil des Greek Revival errichten ließ. (Heute dient es als Klubhaus eines nach ihm benannten städtischen Golfplatzes, auf dem der Autor dieses Buchs als Teenager gespielt hat.)

Die technologische Führungsposition Großbritanniens und seine wachsende Wirtschaftsmacht waren den Zeitgenossen vollauf bewusst. Kurz nach dem Ende der Napoleonischen Kriege unternahm der französische Ökonom und Verfechter des freien Markts Jean-Baptiste Say eine Reise durch das Land. »Es ist weder Englands militärische Macht«, erklärte er in seinem 1815 erschienenen Reisebericht, »und noch nicht einmal diejenige seiner Marine, die ihm einen beherrschenden Einfluss auf dem Kontinent verschafft hat, noch kann man sagen, dass es an seinem Gold liegt, denn seit 1797 hat es nichts als Papiergeld. Vielmehr haben sein Reichtum und sein Ansehen es ihm ermöglicht, einen solchen Einfluss auszuüben. Und da diese machtvollen Waffen das Resultat seiner gesamten Wirtschaft sind, ist sie es, die vor allem unsere Aufmerksamkeit verlangt.«[13] Watts Dampfmaschinen und das Ausmaß, in dem sie verwendet wurden, beeindruckten den

Franzosen besonders stark: »Sie spinnen und weben Baumwolle und Wolle; sie brauen Bier, und sie schneiden Glas. Ich habe welche gesehen, die Musselin besticken, und andere, die Butter herstellen. In Newcastle und Leeds zogen fahrende Dampfmaschinen Wagen mit Kohle hinter sich her; und nichts erstaunt den Reisenden beim ersten Anblick mehr, als diese langen Konvois zu sehen, die sich, ohne Unterstützung irgendeines lebendigen Geschöpfs, durch die Landschaft fortbewegen.«[14]

Die technologischen Wunder, die Say beschreibt, waren Produkte des Wettbewerbs und des Profitstrebens. Kapitalistische Unternehmer wie Cartwright und Gott hielten ständig Ausschau nach neuen Maschinen und Produktionsmethoden. In einem von Konkurrenz geprägten Umfeld waren die Nutzung neuer Technologien und die Umgestaltung von Arbeitsplätzen unternehmerische Imperative. Begrenzt wurde die Mechanisierung nur durch das Tempo, in dem die Wissenschaft fortschritt, und den Widerstand von Arbeitern, deren Lebensstandard der neue Leviathan bedrohte.

Zu diesen in Bedrängnis geratenen Arbeitern gehörten die Strumpfwirker der englischen Midlands, deren Zahl im frühen 19. Jahrhundert in die Zehntausende ging. Im Zuge des in der vorindustriellen Ära verbreiteten Verlagssystems arbeiteten viele von ihnen zu Hause, wo sie mit manuell bedienten Holzrahmen ihre Produkte herstellten. Andere waren in Werkstätten angestellt, die Strumpfwarenhändlern gehörten. Die Strumpfherstellung war keine Fabrikindustrie, aber die Verdichtung der Arbeit während des Aufstiegs des industriellen Kapitalismus betraf auch sie in zunehmendem Maß. Im späten 18. Jahrhundert tauchte eine neue Art kapitalistischer Kaufleute auf, die Maschinen an Strumpfhersteller vermieteten und deren Produkte kauften und vertrieben. Über diese Zwischenhändler wurden rasch Klagen laut: Sie würden die Strumpfwirker ausbeuten und den Preis ihrer Produkte drücken.

Ein kriegsbedingter Abschwung in der Textilindustrie verschärfte diese Spannungen zusätzlich. Die von Napoleon verhängte Kontinentalsperre blockierte den Weg britischer Waren aufs europäische Festland. Als Reaktion darauf erließ die britische Regierung eine Reihe von Verordnungen, welche die Blockade französischer Häfen verfügten und neutrale Mächte vom Handel mit Frankreich abhalten sollten. Die Nachfrage nach Strumpfwaren und anderen Gütern ließ stark nach. Viele Strumpfhändler ließen deshalb billigere neue Produkte herstellen, die sogenannten Zugeschnittenen (cut-ups), für die auf breiteren Wirkstühlen größere Stücke gestrickten Materials produziert wurden, die man dann zerschnitt und zu einzelnen Strümpfen vernähte. Im Vergleich zu traditionell hergestellten Strümpfen waren sie von minderer Qualität, aber aufgrund ihres niedrigen Preises verkauften sie sich gut. Doch während ihr Absatz stieg, schrumpfte das Einkommen der Strumpfwirker beträchtlich.[15] Einem Bericht zufolge sank ihr Lohn zwischen 1807 und 1812 um rund ein Drittel.[16] Gleichzeitig stiegen aufgrund des Kriegsdrucks die Preise für Getreide und andere Nahrungsmittel, sodass es vielen Strumpfwirkern schwerfiel, ihre Familien zu ernähren.

Die Strumpfwirker waren keine radikale Gruppe. Aber als Handwerker hatten sie ihrer Ansicht nach ein Anrecht auf Wettbewerbsschutz durch teilweise jahrhundertealte Beschränkungen, denn viele dieser Restriktionen waren gesetzlich verankert. 1663 hatte König Karl II. der Zunft der Strumpfwirker, die Framwork-Knitters Company genannt wurde, eine Charta gewährt, die sie ermächtigte, Konkurrenzwaren zu inspizieren und zu vernichten, wenn sie minderwertig oder betrügerisch hergestellt worden waren. Obwohl diese Charta lange nicht mehr benutzt worden war, beriefen sich die Strumpfwirker 1812 in einer Erklärung auf sie und behaupteten, sie gäbe ihnen das Recht, jegliche Wirkrahmen »zu zerbrechen und zu zertrümmern«, mit denen billige Imitate hergestellt wurden oder die Strumpfwarenhändlern gehörten, die nicht den »regulären Preis« bezahlten, »wie er zwischen Meistern und Arbeitern vereinbart« worden war.[17]

Im März 1811 brach eine Menschenmenge aus Wirkern in der Marktgemeinde Arnold in mehrere Werkstätten ein und zertrümmerte Dutzende breiter Wirkrahmen. Acht Monate später griffen Wirker in der Stadt Bulwell mit einem Mann an der Spitze, der sich Ned Ludd nannte, das Haus eines Strumpfwarenhändlers namens Edward Hollingsworth an, der eine große Zahl der verhassten breiten Wirkrahmen besaß. In dem Aufruhr wurde ein Wirker namens John Westley erschossen, was ihn zum ersten Todesopfer der Ludditenproteste machte.

Anfangs drückten manche Angehörige der herrschenden Schicht Großbritanniens ein gewisses Verständnis für die Protestierer aus. »Die hohen Preise für alle Dinge, die sie zum Leben brauchen, drücken jetzt noch schwerer auf diese armen Menschen«, schrieb der Herzog von Newcastle, der als Lord Lieutenant von Nottinghamshire der höchste Beamte dieser Grafschaft war, an Innenminister Richard Ryder. »Ich hoffe, wir können sie irgendwie unterstützen.«[18] Andere Behördenvertreter hatten weniger Mitgefühl. George Coldham, der Gemeindeschreiber von Nottingham, der zugleich ein führendes Mitglied des Strumpfhändlerverbandes war, forderte von Ryder, die Proteste gewaltsam niederzuschlagen, bevor sie sich weiter ausbreiteten. »Wenn die Menschen einmal erfahren haben, dass sie die Gegenstände ihrer Wünsche mit einem Gewaltsystem erlangen können«, argumentierte er, »werden sie, da bin ich mir sicher, über die Zerstörung von Wirkrahmen hinausgehen, und es ist schwer zu sagen, wer das nächste Ziel ihrer Wut sein wird.«[19]

In der Wollindustrie führten die Scherer den Widerstand gegen die neuen Produktionsmethoden an. Wie bei den Protestierern in Liversedge arbeiteten einige von ihnen in Fabriken; andere waren in Werkstätten angestellt, in denen unfertige Stoffe zu Fertigprodukten verarbeitet wurden. In beiden Fällen wurden Scherer gut bezahlt und waren in hohem Maß unabhängig. »Streng genommen ist der Scherer kein Knecht«, hieß es 1803 in einem Artikel des *Leeds Mercury.* »Er fühlt sich nicht so und nennt sich auch nicht anders als einen Tuchbereiter und hat eher etwas vom Charakter eines Schuhmachers, Tischlers, Schneiders usw. [...] Ebenso wie diese kommt und geht er, bleibt etwas länger oder kürzer [...], je nachdem, wie viel Arbeit er hat.«[20]

In den 1790er-Jahren hatten die Händlerfabrikanten von Leeds ihre Absicht bekannt gegeben, neue Maschinen einzuführen – Scher- und Aufkratzmaschinen –, die einige der Arbeitsgänge der Scherer automatisieren würden, aber die feindselige Reaktion hatte sie gezwungen, ihr Vorhaben aufzuschieben.[21] Dennoch stellte die neue Technologie für die Scherer eine ständige Bedrohung dar. In ihrem Bemühen, die Aufstellung neuer Maschinen zu verhindern, beriefen sie sich wie die Strumpfwirker auf uralte Regelungen, in ihrem Fall auf ein 1551 von König Eduard VI. erlassenes Verbot früher Vorläufer der Aufkratzmaschine. Einige Mitglieder des Parlaments in Westminster hatten Mitgefühl mit den in Bedrängnis geratenen Wirkern, aber letztlich stellte sich die Legislative auf die Seite der Fabrikbesitzer. 1809 hob sie alle gesetzlichen Regelungen für die Einführung von Scher- und Kratzmaschinen auf.[22]

Angesichts eines sich feindselig verhaltenden Staats führten die Scherer von West Riding ihren Widerstand im Untergrund weiter, indem sie Geheimgesellschaften gründeten, deren Mitglieder Treueeide schwören mussten. Aber erst nachdem die Angriffe von Maschinenstürmern in den Midlands begonnen hatten, griffen auch sie zu Gewalt. Im Januar 1812 steckte ein Unbekannter in Leeds eine Textilveredelungsfabrik in Brand, in der Aufkratzmaschinen benutzt wurden. Die Unruhen breiteten sich rasch in die mittelgroßen Städte Halifax und Huddersfield und ins Spen Valley aus, wo dem gescheiterten Angriff auf die Rawfolds Mill weitere Einschüchterungsversuche folgten. Ein Fabrikbesitzer aus Huddersfield erhielt einen Brief von »General Ludd«, in dem es hieß: »Gerade ist die Nachricht gekommen, dass Sie ein Besitzer dieser abscheulichen Scherrahmen sind. [...] Wenn sie bis zum Ende der nächsten Woche nicht abgebaut sind, werde ich einen meiner Lieutenants mit mindestens 300 Mann ausschicken, um sie zu zerstören […], und wenn Sie die Unverfrorenheit besitzen, auf einen meiner Männer zu schießen, haben sie den Befehl, Sie zu töten und Ihr Haus niederzubrennen.«[23] In Leeds erhielt der von den Scherern zutiefst verachtete Benjamin Gott folgende anonyme Mitteilung: »Ohne Zweifel haben Sie Kenntnis über das Vorgehen der Ludditen […]. Sehen Sie sich ein paar Wochen vor – ändern Sie Ihren üblichen Weg zu Ihrer Fabrik.«[24]

Drohungen wie diese wurden zwar häufiger ausgestoßen als ausgeführt. Aber zwischen 1811 und 1813 brachen in vielen Teilen Nordenglands Unruhen aus. In Lancashire standen die Weber im Mittelpunkt – Männer, Frauen und Kinder, die, häufig bei sich zu Hause an hölzernen Handwebstühlen, aus Baumwollgarn Stoffe herstellten. Ironischerweise war die Industrialisierung im Frühstadium ein Segen für die Weber gewesen, denn die von Richard Arkwright, James Hargreaves und anderen erfundenen Spinnmaschinen vergrößerten den Garnausstoß der britischen Baumwollindustrie erheblich, und der Vorgang des Webens erwies sich jahrzehntelang als zu kompliziert für die Mechanisierung, sodass die Nachfrage nach der Arbeit von Handwebern enorm zunahm. Zwischen 1780 und 1812 stieg die Zahl der Handwebstühle auf mehr als das Fünffache, von 37 000 auf 208 000.[25]

Die meisten Weber wurden stückweise entlohnt, sodass sie mehr verdienten, wenn sie mehr produzierten. Bis um 1800 scheinen sie steigende Einkommen verzeichnet zu haben. Viele von ihnen lebten in Häusern, in denen sich im ersten Stock, wo das Licht am besten war, Werkstätten mit Webstühlen befanden. Einem Zeitgenossen zufolge waren diese »Behausungen« mit ihren »kleinen Gärten […] sauber und hübsch – die ganze Familie gut gekleidet – alle Männer mit einer Uhr in der Tasche und die Frauen nach ihrem persönlichen Geschmack gekleidet«.[26]

Doch die Weber erhielten nur eine Galgenfrist, bevor die Härten des Industriekapitalismus sie trafen. 1785 patentierte der Geistliche und Erfinder Edmund Cartwright aus Nottinghamshire einen groben mechanischen Webstuhl, der mit Wasser- oder Dampfkraft betrieben werden konnte. Cartwright verbesserte seine Erfindung weiter und erhielt 1792 ein endgültiges Patent. Die neue Maschine entfaltete nicht sofort ihre Wirkung – sie war nicht leicht zu bedienen und erforderte einige Einarbeitung –, aber im frühen 19. Jahrhundert begannen einige Fabrikanten in Lancashire, mechanische Webstühle in beträchtlicher Zahl einzusetzen. Zusammen mit einem Einbruch der globalen Nachfrage nach Textilien während der Napoleonischen Kriege hatte diese Entwicklung eine erhebliche Verringerung des Einkommens der Weber zur Folge. Zwischen 1804 und 1810 sank es, einer Schätzung zufolge, um über 40 Prozent.[27]

Anfangs reagierten die Weber friedlich auf ihre Notlage. Nach den repressiven Combination Acts von 1799 und 1800 war die Bildung von Gewerkschaften und anderen Arbeitervereinigungen verboten. Doch selbst ohne eine formale Organisation sammelten die Weber rund 130 000 Unterschriften unter einer Petition, in der sie die Einführung eines Mindestlohns forderten. Sie wurde dem Unterhaus übergeben, im Mai 1808 aber zurückgewiesen, was eine sofortige Reaktion provozierte. In Baumwollstädten in ganz Lancashire brachen Streiks und Unruhen aus. Während einer dieser Protestaktionen wurde das Gefängnis von Rochdale niedergebrannt. Wie die Scherer gingen auch die Weber in den Untergrund, bildeten Geheimkomitees und schworen geheime Eide. Es kam zu gelegentlichen Gewalttätigkeiten, aber bis zum März 1812, einen Monat vor dem Angriff auf die Rawfolds Mill, zu keinen größeren Vorfällen. Im März steckten dann Unbekannte in Stockport, einer Stadt unmittelbar südöstlich von Manchester, eine Fabrik samt Lager in Brand, deren Besitzer, William Radcliffe, mechanische Webstühle eingeführt hatte.[28]

Im folgenden Monat griff eine Tausende zählende Menschenmenge in Middleton, nördlich von Manchester, eine Fabrik an, die mechanische Webstühle verwendete. »Ein Steinhagel zerschmetterte die Fenster. Das Innere des Gebäudes wurde bewacht, und eine Muskete wurde abgeschossen, um die Angreifer einzuschüchtern und zu vertreiben«, berichtete der *Manchester Guardian.* »Binnen kurzer Zeit waren die erschreckenden Folgen zu sehen, in Gestalt von drei Toten und, wie es heißt, ungefähr zehn Verwundeten.«[29] Am nächsten Tag zog erneut eine Menschenmenge zu der Fabrik, und als sie keinen Einlass erhielt, steckte sie das Wohnhaus des Besitzers, Daniel Burton, in Brand. Militär ging gegen die Aufrührer vor, und in den anschließenden Kämpfen wurden mindestens weitere sieben Menschen getötet.[30]

Mit angeheizt wurden die Proteste der Ludditen von einer allgemeineren Unzufriedenheit über die flaue Kriegswirtschaft und die steigenden Lebenshaltungskosten, die viele Arbeiter an den Rand des Verhungerns trieben. Im Frühjahr und Sommer 1812 brachen in Städten und Gemeinden überall in Nordengland Hungerunruhen aus, etwa in Leeds, Sheffield und Carlisle. Mitte April wurde in Stockport eine weitere Fabrik, die mechanische Webstühle einsetzte, niedergebrannt, und eine andere, die neue Maschinen zum Appretieren von Stoffen verwendete, bedroht. Der Besitzer der Letzteren, Thomas Garside, erhielt einen mit »General Justice« unterzeichneten anonymen Brief, in dem ihm gedroht wurde, man würde seine Fabrik in Brand setzen, wenn er die neuen Maschinen nicht aus ihr entfernte. »Denken Sie daran, wir haben Sie gewarnt, und wenn Ihre Fabrik brennt, ist es Ihre eigene Schuld«, fügte der »General« hinzu. »Wir haben nicht die Absicht, Ihnen auch nur die kleinste Verletzung zuzufügen, aber wir sind entschlossen, sowohl die Appreturmaschinen als auch die Dampfwebstühle zu zerstören.«[31]

Botschaften wie diese bestätigen, dass es die Ludditen in erster Linie auf das Industriesystem als Ganzes abgesehen hatten und nicht auf einzelne Fabrikbesitzer. Den Maschinenstürmern mag es an formaler Bildung gefehlt haben, aber sie sahen, wie der Industriekapitalismus sich auf ihr Leben auswirkte und dass sie weder von der Regierung noch von irgendeiner anderen mächtigen Institution Schutz erwarten konnten. In manchen Fällen weiteten die Ludditen ihre Drohungen auf Unternehmen aus, die die Fabrikbesitzer unterstützten. In Wigan bei Manchester schickte ein Unbekannter, der sich Falstaff nannte, einen Brief an eine Feuerversicherungsgesellschaft, in dem er sie unter Berufung auf »General Ludd« aufforderte, keine Fabriken mehr zu versichern, in denen »Spulmaschinen oder irgendwelche anderen derartigen Dinge« verwendet wurden. Der Briefschreiber zählte eine Reihe von anderen Unternehmen auf, um deren Gebäude man sich »in Kürze kümmern wird, wenn sie in genannter Weise fortfahren, die Armen ihres Brots zu berauben«.[32]

Ohne formale Organisation und mit einer herrschenden Elite konfrontiert, die nicht zögerte, die Staatsgewalt einzusetzen, kämpften die Ludditen für eine Sache, die weitgehend, wenn auch nicht gänzlich hoffnungslos war. Eine Zeit lang konnten die Strumpfwirker in Nottinghamshire und Derbyshire die Verbreitung der billigen Zugeschnittenen verhindern, und der Preis von Strümpfen stieg, wenn auch nur vorübergehend. Anderswo hatten die Einstufung der Maschinenstürmerei als Kapitalverbrechen und die nachfolgenden Gerichtsverfahren und Hinrichtungen von 1813 die von den Behörden beabsichtigte Abschreckungswirkung. Die Zahl der Angriffe auf Fabriken nahm deutlich ab, obwohl die Entwicklungen, die sie ausgelöst hatten, sich beschleunigten. Die ökonomische Stellung der Strumpfwirker und Scherer wurde von der Mechanisierung und dem Bestreben der Unternehmer, die Kosten zu senken, immer weiter untergraben, aber am schlimmsten traf es die Weber. Sie erlebten nach der Erholung in den Jahren zwischen 1810 und 1815 einen weiteren langen, diesmal endgültigen Niedergang ihrer Einkommen. 1820 lag ihr Wocheneinkommen rund 60 Prozent unter demjenigen von 1800, und bis 1830 sank es gegenüber demselben Jahr um 80 Prozent.[33]

Parlamentsberichte aus den 1820er- und 1830er-Jahren sind voller entsetzlicher Beschreibungen von zerlumpten Webern, denen es schwerfiel, sich und ihre Familien zu ernähren.

Ein Zeuge berichtete vor einem parlamentarischen Untersuchungsausschuss von einem Besuch bei einer hungernden Familie in der Kleinstadt Westhoughton, nordwestlich von Manchester: »Wir fanden dort an einer Seite der Feuerstelle einen sehr alten Mann, der offenbar im Sterben lag, und an der anderen Seite einen jungen Mann von ungefähr 18 Jahren mit einem Kind auf den Knien, dessen Mutter gerade gestorben und begraben war.«[34] Das war Verelendung, bevor dieser Begriff in Gebrauch kam. Als die Nachfrage nach den Diensten der Weber sank und ihr Einkommen schrumpfte, gaben viele von ihnen freiwillig oder gezwungenermaßen ihr Gewerbe auf. Zwischen 1820 und 1845 sank die Zahl der Weber von 240000 auf 60000.[35]

In Geschichtsbüchern wird die Ludditenbewegung häufig als Kampf gegen Mechanisierung und soziale Folge des technischen Fortschritts dargestellt. Aber dies ist nur ein Teil der Wahrheit, wie der Historiker E. P. Thompson in seinem Standardwerk *Die Entstehung der englischen Arbeiterklasse* betont, denn es ging nicht einfach nur um neue Maschinen und den Widerstand gegen sie, sondern um »die ›Freiheit‹ des Kapitalisten, die Gebräuche des Gewerbes zu zerstören, sei's durch neue Maschinen, durch das Fabriksystem oder durch uneingeschränkte Konkurrenz, Lohndruck, Unterbietung der Konkurrenten und Aushöhlung der handwerklichen Normen«. Mit anderen Worten, im Mittelpunkt stand die Moral oder Unmoral eines neuen Wirtschaftssystems, das in den Augen der Opfer gegen seit Langem bestehende gesellschaftliche Werte und gegenseitige Verpflichtungen verstieß. Die Ludditen »sahen im Laissez-faire keine Freiheit«, wie Thompson unterstreicht, »sondern ›faulen Betrug‹. Sie konnten nirgendwo ein natürliches Gesetz entdecken, das es einem Mann oder einigen wenigen Männern erlaubte, Praktiken anzuwenden, die ihren Mitmenschen offensichtliches Unrecht zufügten.«[36]

Selbst einige Angehörige der Oberschicht sympathisierten mit dieser Ansicht. Zu ihnen gehörte der romantische Dichter Lord Byron, der am 27. Februar 1812 in seiner Jungfernrede im britischen Oberhaus unter anderem die Ludditen verteidigte.[37] Byron war damals erst 24 Jahre alt und knapp neun Monate zuvor von einer Grand Tour durch Europa und die Levante ins Haus seiner Mutter in Nottinghamshire zurückgekehrt, wo Strumpfwirker gerade Fabriken und Werkstätten angriffen. »Während der kurzen Zeit, die ich jüngst in Nottinghamshire zubrachte«, erklärte er den versammelten Peers, »vergingen keine zwölf Stunden ohne irgendeine neue Gewalttat, & am Tag meiner Abreise aus der Grafschaft erfuhr ich, dass am Abend zuvor vierzig Webstühle zerstört worden waren [...]. Aber auch wenn diese Ausschreitungen zugegebenermaßen ein beängstigendes Ausmaß erreicht haben, lässt sich nicht leugnen, dass sie die Folge beispiellosen Elends sind.« Nur Verzweiflung habe »eine große Zahl einst ehrlicher & fleißiger Menschen« dazu bringen können, zu Gewalt zu greifen. Anschließend führte Byron aus, dass die heimischen Auswirkungen der Napoleonischen Kriege und die Einführung neuartiger Strickrahmen das Einkommen der Wirker schrumpfen ließen und vielen von ihnen die Arbeit nahmen. Er kritisierte die Regierung und ihre Unterstützer im Oberhaus dafür, dass sie Militär entsandt hatten, um die Proteste niederzuschlagen:

> »Sie nennen diese Männer Pöbel, verzweifelt, gefährlich & unwissend, & scheinen zu glauben, die einzige Methode, das ›Bellum multorum capitum‹ zum Schweigen zu bringen, bestehe darin, ein paar seiner überzähligen Köpfe abzuschlagen. [...] Ist uns bewusst, was wir dem Pöbel verdanken? – Es ist der Pöbel, der auf unseren Feldern arbeitet & in unseren Häusern dient, aus dem sich unsere Marine & unser Heer rekrutieren, der uns instand gesetzt hat, der ganzen Welt zu widerstehen, & der auch uns widerstehen kann, wenn Vernachlässigung & Not ihn zur Verzweiflung treiben! – Sie mögen das Volk Pöbel

nennen, aber vergessen Sie nicht, dass der Pöbel nur zu oft die Meinung des Volkes ausspricht.«

Das Maschinenstürmergesetz, um das es in der Debatte ging, in der Byron die Rede hielt, und die in ihm vorgesehene Bestrafung der Maschinenstürmerei als Kapitalverbrechen lehnte er ab. »Wie will man das Gesetz durchsetzen?«, fragte er. »Wollen Sie auf jedem Feld einen Galgen aufstellen & die Leute aufhängen wie Vogelscheuchen? Oder werden Sie (was Sie ja tun müssen, um die Maßnahme zu verwirklichen) die Dezimation anwenden, das Land unter Kriegsrecht stellen, alles ringsum entvölkern & verwüsten [...]?«

Schon während er um Verständnis für das Anliegen der Arbeiter warb, muss Byron gewusst haben, dass seine Rede die Politik nicht ändern würde. Die Strumpfwirker selbst hatten, bevor sie Fabriken und Werkstätten stürmten, vergeblich um ein parlamentarisches Eingreifen zu ihren Gunsten ersucht. Doch dies schreckte Byron nicht ab. 1816 erhob er erneut seine Stimme zur Verteidigung der Maschinenstürmer, diesmal mit Versen. Die erste Stanze seines Gedichts »Song für die Ludditen« lautet:

»Wie die Freiheitsmänner im Überseeland
Ihre Freiheit erkauften durch Blut,
Hebt, Burschen, die Hand,
Sterbt oder nehmt die Freiheit zum Pfand,
Und König sei nur König Ludd!«[38]

4

»Es ist an der Zeit, […] nach einem radikalen, dauerhaften Heilmittel zu suchen gegen die Übel, welche die Gesellschaft heimsuchen«

William Thompsons utilitaristischer Sozialismus

Die Verelendung der Handarbeiter war nicht die einzige Kehrseite der Industrialisierung. Zwei Jahre nachdem Byron in Versform seinen Tribut an die Ludditen entrichtet hatte, veröffentlichte die Londoner Untergrundzeitung *Black Dwarf* einen aus erster Hand stammenden Bericht über die Zustände in den Baumwollspinnereien von Manchester, in denen eine neue Schicht von Industriearbeitern, unter ihnen viele Frauen und Kinder, für geringe Löhne lange Arbeitszeiten auf sich nahm. Der anonyme Autor, der sich selbst als Baumwollspinnergeselle vorstellte, forderte seine Leser auf, einmal »kurz vor fünf Uhr morgens in einer der Straßen, die zu einer Fabrik führen, Posten [zu] beziehen und das erbärmliche Aussehen der kleinen Kinder und ihrer Eltern [zu] betrachten, die man zu so früher Stunde und bei jedem Wetter aus dem Bett geholt hat«.[1]

In den Spinnereien von Ancoats und anderen Bezirken mit Baumwollindustrie hatten die Arbeiter einen 12- bis 14-Stunden-Tag. Um zu verhindern, dass das Garn riss, wurden die Fabriken ständig feucht-warm gehalten, was bei den Arbeitern zu Atemwegserkrankungen führte. Außerdem unterlagen sie einer strengen Disziplin. »Da sind sie nun (und wenn sie ein paar Minuten zu spät kommen, wird ihnen ein Viertel vom Tageslohn abgezogen)«, berichtete der Baumwollspinner, »eingeschlossen, bis es Nacht wird, in Räumen, die heißer sind als der heißeste Tag des letzten Sommers, den ganzen Tag ohne freie Zeit, mit Ausnahme von drei Viertelstunden für das Mittagessen […].« Die Fabrikbesitzer würden sich im Privatleben »ein großes Ansehen [geben] durch prahlerische Zurschaustellung von eleganten Herrenhäusern, Equipagen, Livreen, Parks, Jägern, Jagdhunden usw.«, während sie in der Fabrik in erster Linie das Ziel verfolgten, »die Löhne niedrig zu halten, damit die Spinner arm und verzagt bleiben [...] und auch, um den Überschuss in die eigene Tasche zu stecken«.[2]

Dass der Baumwollspinner von »Überschuss« sprach, ist vielsagend. Von Byron und seinem Dichterkollegen Robert Southey bis zu den Tory-Patriziern Richard Oastler und Michael Sadler polemisierte eine ganze Reihe von Angehörigen der Oberschicht, Klagen der Ludditen aufgreifend, gegen die Verwüstungen, die der Industriekapitalismus mit sich brachte. Aber diese Kritik wurde zumeist in moralische Begriffe gekleidet, während eine Gruppe linker Kritiker sich auf die Ökonomie des neuen Systems konzentrierte und über die Möglichkeiten nachdachte, es durch ein gerechteres und kommunaleres zu ersetzen. Diese Denker hatten, wenn überhaupt, nicht viel Einfluss auf die Politik, die immer mehr zum Laissez-faire tendierte. Aber sie trugen zu den theoretischen Grundlagen einer politischen Gegenbewegung gegen den Industriekapitalismus bei: der sozialistischen.

William Thompson wurde 1775 in der irischen Hafenstadt Cork in eine wohlhabende Familie hineingeboren, die der protestantischen Oberschicht Irlands angehörte. Sein Vater, John Thompson, war ein Kaufmann, der unter anderem Zucker, Rum und Tee importierte und irische Butter exportierte. Außerdem war er Bürgermeister von Cork. Über William Thompsons frühe Jahre ist nicht viel bekannt, aber er scheint eine gute Bildung genossen und viel Zeit in Frankreich und den Niederlanden verbracht zu haben.[3] Dem irischen Historiker Fintan Lane zufolge wurde er 1800 Teilhaber des Familienunternehmens und übernahm es, als sein Vater sich fünf Jahre später in den Ruhestand zurückzog, ganz. Er war kein erfolgreicher Geschäftsmann, 1808 erklärte ihn ein Gericht – bei ausstehenden Schulden von 13000 Pfund – für bankrott. Zu seinem Glück gehörte seinem Vater ein großes Anwesen bei dem malerischen Küstendorf Glandore. Als John Thompson 1814 starb, erbte sein Sohn das Land, das von Pächtern bewirtschaftet wurde und ihm ein Jahreseinkommen von rund 600 Pfund einbrachte, sodass er in der Lage war, seiner wirklichen Passion nachzugehen: dem Lesen und Schreiben.[4]

Er wurde ein aktives Mitglied und Gönner der Royal Cork Institution, einer Bildungseinrichtung, die eine wissenschaftliche Bibliothek betrieb und öffentliche Vorträge ausrichtete. Sein Hauptinteresse galt der Philosophie und der politischen Ökonomie, aber er befasste sich auch mit Naturwissenschaften, Medizin und Landwirtschaft. Als bekennendem Atheisten scheint es ihm Vergnügen bereitet zu haben, Angehörige seiner Schicht in Wut zu versetzen, insbesondere die Kirchgänger unter ihnen, ob protestantisch oder katholisch. Manche Einwohner von Glandore sprachen von ihm als »der Philosoph« und betrachteten ihn als Zauberer. »Es heißt im Umkreis«, schrieb Thompsons erster Biograf, Richard Pankhurst, »dass er die neuesten Bücher über Medizin lese, deren Theorien bei kranken Nachbarn teste und, wenn eine Kur anschlug, seinen Patienten scherzend sagte, nicht Gott zu danken, sondern seinen Pillen und dem Teufel. Solche atheistischen Äußerungen wurden von einer durch und durch katholischen Gemeinde wegen seiner Freundlichkeit und Gutmütigkeit mit Nachsicht aufgenommen.«[5]

Anders als viele irische Grundbesitzer der damaligen Zeit kümmerte sich Thompson um das Wohlbefinden seiner Pächter, die, wie die große Mehrheit der irischen Bevölkerung unter britischer Herrschaft, arm und Analphabeten waren. Um sie zu fördern, setzte er sich für eine Bildungsreform ein. 1818 veröffentlichte er eine Streitschrift, in der er »ein preiswertes und liberales Bildungswesen« forderte, »das am aktiven Leben ausgerichtet und dem überlegen ist, was Schulen lehren können«.[6] Er war stark von dem Philosophen Jeremy Bentham und dessen Lehre des Utilitarismus beeinflusst, nach der alle Institutionen und Politiken danach bewertet werden müssen, ob sie zum »größten Glück der größten Zahl« beitrugen oder nicht.[7] Thompson schickte Bentham, der ebenfalls nachdrücklich für eine Bildungsreform eintrat, eine Reihe von Briefen, die diesen offenbar beeindruckten. 1819 lud Bentham seinen Korrespondenten zu einem Aufenthalt in seinem Haus am Queen's Square Place in Westminster ein, wo er freilich seinen geregelten Tagesablauf teilen müsste. »Abendessen um sechs«, schrieb Bentham an Thompson, »Tee zwischen neun und zehn; Bettruhe um Viertel vor elf. Abendessen und Tee in Gesellschaft; Frühstück nehmen meine Gäste, wer immer sie sein mögen, zu einer Stunde ihrer Wahl und unter sich ein.«[8]

Trotz seiner Bewunderung für Bentham nahm Thompson die Einladung nicht sofort an. Stattdessen wandte er seine Aufmerksamkeit einem Buch über die Verteilung von Reichtum und Einkommen zu. Dieses Projekt war, wie er später erklärte, von einem Vortrag inspiriert, den er in Cork gehört hatte, in dem »ein für sein Geschick in den Kontroversen der politischen Ökonomie gepriesener Gentleman es für richtig hielt, sich über die Segnungen der *Ungleichheit* des Reichtums, wie sie jetzt besteht, auszulassen; über die Abhängigkeit und dementsprechende Dankbarkeit, welche die Armen den Reichen entgegenbringen sollten; über die zu große Freiheit und zu große Gleichheit des Reichtums in den Vereinigten Staaten«.[9] Aus Verärgerung über diese Einstellung begann Thompson, sich mit politischer Ökonomie zu beschäftigen, anfangs mit der Absicht, einen kurzen öffentlichen Vortrag vorzubereiten. Doch das Projekt entwickelte sich zu einem mehrjährigen Unterfangen.

Im Herbst 1822 reiste Thompson nach London, wo er bei Bentham wohnte und bis zum Februar des nächsten Jahres blieb. Er war offenbar ein unterhaltsamer Gast. Eine junge Frau namens Henrietta Wheeler, deren Mutter den Iren kannte und die anwesend war, während Bentham für ein Porträt Modell saß, schrieb an ihre Schwester, Thompson habe verkündet, er könne die damals beliebte Theaterfigur des Harlekins spielen, und nachdem er sich seinen Mantel übergeworfen habe, sei er »eine Zeit lang herumgehüpft, habe getollt und getanzt wie ein Harlekin, während sein aufgeklärtes, kritisches Publikum sich vor Lachen krümmte«.[10]

Bentham riet Thompson, die Hazelwood School bei Birmingham zu besuchen, eine utilitaristische Institution, die von den Schülern nach einem Bentham'schen Regelwerk selbst geführt wurde. Außerdem lernte Thompson durch Bentham in der Öffentlichkeit stehende Persönlichkeiten kennen, wie das radikale Parlamentsmitglied Joseph Hume, den Chefredakteur der Whig-Zeitung *The Morning Chronicle*, John Black, und den schottischen Intellektuellen James Mill, dessen Lehrbuch *Elements of Political Economy* kürzlich erschienen war.[11] Mill war auch der Autor einer mehrbändigen Geschichte Indiens, in der er die Tätigkeit der Ostindien-Kompanie als zivilisierenden Einfluss auf eine rückständige und moralisch verkommene Gesellschaft darstellte. Zwei Jahre nach dem Erscheinen dieses Werks erhielt Mill von der Kompanie eine lukrative Anstellung als Rechtsanwalt und »Revisor der indischen Korrespondenz«.[12] (Später sollte auch Mills brillanter Sohn John Stuart Mill für die Ostindien-Kompanie arbeiten.)

Ob Thompson den ökonomischen Theoretiker David Ricardo, der ebenfalls zu Benthams Kreis gehörte, kennenlernte, ist nicht bekannt. Aber seine Schriften deuten darauf hin, dass er Ricardos Werke aufmerksam studiert hat, einschließlich des 1817 erschienenen Buchs *Über die Grundsätze der politischen Ökonomie und der Besteuerung*, in dem Ricardo die Auffassung vertrat, dass die Wirtschaft, wie die übrige Natur, von unverletzbaren Naturgesetzen bestimmt werde. Nach seinem Wirtschaftsmodell tragen drei Elemente zum Produktionsprozess bei – Arbeit, Kapital und Land –, aber nur die Arbeit schafft einen Wert. (Rohstoffe, Maschinen und Gebäude bringen lediglich ihren eigenen Wert ein.) Deshalb bestimmt die aufgewandte Arbeit den Wert einer Ware auf dem Markt. Wenn ein Produkt eine Arbeitsstunde und ein anderes zwei Arbeitsstunden erfordert, wird das zweite zum doppelten Preis des ersten verkauft werden. Die Wurzeln dieser Arbeitswerttheorie, wie sie genannt werden sollte, reichen zu Adam Smith und sogar bis zu dem Aufklärungsphilosophen John Locke zurück. Doch Ricardo hat sie am klarsten ausgedrückt.

Auch die Werke zweier kontinentaleuropäischer Denker studierte Thompson: Henri de Saint-Simon und Jean-Charles-Léonard Simonde de Sismondi.[13] Saint-Simon war ein französischer Aristokrat, der an der Seite von Lafayette in der Amerikanischen Revolution kämpfte, Bodenspekulation betrieb und in seinen Vierzigern Bücher zur Ökonomie zu veröffentlichen begann. Er teilte die Gesellschaft in zwei Gruppen ein: die produktive Industrieklasse (*les industriels*), die aus Unternehmern, Ingenieuren und Handarbeitern bestand, und die müßige Klasse (*les oisifs*), zu der Grundbesitzer, Rentiers und diverse Arten von Müßiggängern gehörten. In Saint-Simons technokratischer Zukunftsvision ersetzen aufgeklärte Geschäftsleute (*les grandes industriels*) die landbesitzende Elite als herrschende Schicht, die jedoch im Unterschied zur alten Aristokratie wohlwollend regiert und wissenschaftliche und technologische Fortschritte anwendet, um die Produktion zum Nutzen aller zu organisieren, einschließlich der Armen. Saint-Simons Ideen hatten kaum Einfluss auf die Politik, aber sie zogen eine Gruppe von Anhängern an, die Saint-Simonisten, die nach seinem Tod im Jahr 1825 fortfuhren, sie in verschiedenen Fassungen auszudrücken und zu verbreiten.

Der Schweizer Gelehrte Sismondi, anfangs ein Schüler von Adam Smith, ist am bekanntesten für sein 1819 erschienenes Buch *Neue Grundsätze der politischen Ökonomie oder vom Reichtum in seinen Beziehungen zur Bevölkerung*, in dem er seine Position änderte und die mit Smith und Jean-Baptiste Say assoziierten Laissez-faire-Ideen, die postulierten, dass eine Marktwirtschaft sich selbst organisiere und stabil sei, kritisierte. Angesichts des tiefen Abschwungs in Frankreich und anderen europäischen Ländern nach den Napoleonischen Kriegen wandte Sismondi den lateinischen Begriff *proletarii*, mit dem besitzlose römische Bürger bezeichnet wurden, auf die Industriearbeiter an, die unter Arbeitslosigkeit und großer Not litten.[14] Er forderte umfangreiche, mit Steuern finanzierte öffentliche Fürsorgeprogramme wie Arbeitslosen- und Krankengeld.

Außerdem warnte er davor, dass das neue System schon aufgrund seiner Produktivität potenziell instabil sei. Während der technische Fortschritt die Kapazität der Wirtschaft erhöhe, könne das Warenangebot die Nachfrage, die auf die Höhe der Löhne begrenzt sei, übertreffen, und dieses Ungleichgewicht könne zu einem lang anhaltenden Überangebot führen, das die Unternehmen zwänge, Arbeiter zu entlassen, was verbreitete Arbeitslosigkeit und Hunger zur Folge hätte. »Mögen wir vor der gefährlichen Theorie dieses Gleichgewichts bewahrt bleiben, das sich von selbst herstellt!«, schrieb Sismondi in Bezug auf die beruhigende Lehre vom Laissez-faire. »Ein gewisses Gleichgewicht stellt sich allerdings in der Länge der Zeit wieder her, aber nur nach einer erschreckenden Leidenszeit!«[15]

Den geplanten kurzen Vortrag über die politische Ökonomie hielt Thompson nie, aber 1824 erschien sein umfangreiches Werk *An Inquiry into the Principles of the Distribution of Wealth Most Conducive to Human Happiness.* Leser, die bis zum Ende durchhielten, wurden mit einer originellen, breit angelegten Analyse belohnt, die mit dem Phänomen begann, das Thompson als Hauptparadox der britischen Industrialisierung betrachtete: dem Widerspruch zwischen raschem technologischem Fortschritt und beispiellosem Produktionsvolumen auf der einen Seite und verbreiteter Armut und Not auf der anderen. »Wie kommt es«, fragte er, »dass eine Nation, die mehr als jede andere reich ist an den Rohstoffen des Reichtums, an Maschinen, Gebäuden und Essen, an Intelligenz und fleißigen Produzenten, an allen offensichtlichen Mitteln des Glücks, […] immer noch im Elend verharrt?« Die Antwort war, laut Thompson, in der Grundstruktur des neuen Wirtschaftssystems zu finden: in der strengen Trennlinie zwischen besitzlosen »Produzenten« des Reichtums, das heißt den Arbeitern, und der begüterten Elite der »Kapitalisten«, denen die Fabriken und die in der Produktion eingesetzten Maschinen gehörten. »Die Tendenz der existierenden Ordnung der Dinge in Bezug auf den Reichtum«, stellte Thompson rundheraus fest, »besteht darin, wenige auf Kosten der Masse der Produzenten zu bereichern.«[16]

Nachdem er das Problem, wie er es sah, benannt hatte, wechselte Thompson zum präskriptiven Modus und formulierte 15 »Naturgesetze«, auf denen »alle gerechte Verteilung des Reichtums beruhen« sollte. Die ersten beiden waren Neufassungen von Ricardos Arbeitswerttheorie und Benthams Forderung, das größte Glück der größten Zahl anzustreben. Das dritte Gesetz war origineller und stellt den Schlüssel zu Thompsons Philosophie dar: »Alle Mitglieder einer Gesellschaft [...] können, da sie in ihrer physischen Organisation ähnlich beschaffen sind, durch eine ähnliche Behandlung den gleichen Anteil an Glück genießen.«[17]

Diese drei Prinzipien reichten bereits aus, um eine egalitäre Weltsicht zu begründen. Doch Thompson verstärkte seine Argumentation weiter, indem er einen anderen Gedanken von Bentham übernahm, der in der Feststellung zusammengefasst werden kann, dass zusätzliche 100 Pfund für einen Armen weit wertvoller sind als für einen Reichen, weil die Bedürftigkeit des Armen weit größer ist. In Thompsons Worten lautet diese These, die heutige Ökonomen als abnehmenden Grenznutzen des Einkommens bezeichnen: »Von 1000 Teilen der Reichtumsmasse werden, sagen wir, die ersten 100 für die Stillung von Hunger und Durst und den Lebensunterhalt benötigt. Bei der Nutzung dieses ersten Teils geht es um Leben oder Tod«, während die Wirkung der »zweiten 100 auf die Intensität des Genusses so unendlich weit unter derjenigen der ersten 100 liegt, dass jeder Vergleich unmöglich ist. [...] Jedes hinzugefügte Hundert wird, was den absoluten Anstieg des Glücks des Besitzers betrifft, immer weniger ergiebig.«[18]

Nachdem dieser zentrale Punkt klargestellt war, fuhr Thompson fort, dass die Einkommensverteilung zwischen armen Arbeitern und reichen »Kapitalisten« aus logischen Gründen nicht zu rechtfertigen sei, weil das »*Übel* des Verlusts und *seiner Folgen* für den produktiven Arbeiter in einem sehr hohen Maß, auch wenn es sich nicht in Zahlen bestimmen lässt, die Vorteile des Gewinns für den Habgierigen übersteigt«.[19] Dies ist das klassische utilitaristische Argument für eine gleiche Verteilung von Einkommen und Vermögen. Man kann mathematisch zeigen, dass für die Menschen, wenn sie gleich effektive Glücksmaschinen wären und der Grenznutzen ihres Einkommens sich in gleicher Weise verringerte, eine egalitäre Reichtumsverteilung, in der jeder über das gleiche Maß an Reichtümern verfügt, diejenige mit dem höchsten Gesamtglück ist. Thompson führte dieses Argument nicht formal aus, aber indem er die Grundelemente bestimmte, dürfte er der erste Ökonom gewesen sein, der ein begründetes Argument für den Sozialismus ins Feld führte.

Im Unterschied zu manchen seiner sozialistischen Nachfolger forderte Thompson keine vollkommene Gleichheit, vielmehr akzeptierte er eine gewisse Ungleichheit, die er für gerechtfertigt hielt, wenn sie die Gesamtheit von Produktion und Reichtum vergrößerte. Aber er beharrte darauf, dass die enorme Kluft, die sich in der neuen Industriewirtschaft zwischen Arm und Reich auftat, damit nicht gerechtfertigt werden konnte. Sie sei nicht in der größeren Produktivität der Kapitalistenschicht begründet, sondern in ihrem Monopol auf Kapitalbesitz und der Bedürftigkeit der Arbeiter, die sie in die Lage versetze, niedrige Löhne zu zahlen und hohe Profite zu erzielen. »Was es an akkumuliertem Reichtum in einer solchen Gesellschaft gibt«, stellte Thompson fest, »befindet sich in den Händen von wenigen; und sowohl seine Anhäufung als auch sein Kontrast zur umgebenden Armut stechen jedem ins Auge. Bar jeden Kapitals, Werkzeugs, Hauses und Rohstoffs, schuften die produktiven Arbeiter aus Not, aus Lebensnotwendigkeit, während ihre Entlohnung auf dem niedrigsten Niveau gehalten wird, das mit der Aufrechterhaltung fleißigen Bemühens vereinbar ist. [...] Luxus und Pracht gehen ins Extrem. Die Übel der Ungleichheit werden bis zum Äußersten getrieben.«[20]

Dieser Passage liegt der in der klassischen Wirtschaftswissenschaft verbreitete Gedanke zugrunde, dass sich Löhne auf dem Niveau der Existenzsicherung oder in dessen Nähe bewegen müssten. Thompson wich jedoch von der Orthodoxie ab, indem er ihn mit der Arbeitswerttheorie verband, um eine allgemeine Theorie der Ausbeutung zu entwickeln. Er führte aus, dass Arbeiter, wenn ihre Löhne auf dem Niveau der Existenzsicherung gehalten wurden, während die Preise für die von ihnen produzierten Güter den von ihnen verkörperten Arbeitswert spiegelten, weniger erhielten als den von ihnen geschaffenen Wert. Die Spanne zwischen dem von den Arbeitern geschaffenen Wert und ihrem Lohn bezeichnete Thompson – anscheinend als Erster – als »Mehrwert«, den er als Hauptursache der ökonomischen Ungleichheit ausmachte.[21]

Damit richtete Thompson das Augenmerk auf eine Schlüsselfrage jeder Wirtschaft: Wie sollen individuelle Kapitalisten und Investoren oder Staaten dafür belohnt werden, dass sie die Mittel bereitstellen, die für den Kauf von Ausrüstung und Rohstoffen gebraucht werden, die Arbeiter benötigen, um Waren zu produzieren (oder Dienstleistungen zu erbringen), nach denen eine Nachfrage besteht? In Thompsons Zeit übergingen orthodoxe Ökonomen diese Frage mit der Annahme (und sie tun es heute noch), dass über die Produktionskosten hinausgehende Einnahmen eines Unternehmens dem Kapitalgeber gleichsam natürlich als Gewinn zuwüchsen. Thompson wandte dagegen ein, dass dies nicht die einzig mögliche Art der Organisation einer Industriewirtschaft und des Denkens über sie sei, und schlug vor, sie sich aus dem Blickwinkel der Produzenten, das heißt der Arbeiter, anzusehen, die den Wert schaffen, aber nicht über die für die Produktion marktfähiger Güter nötigen Rohstoffe und Maschinen verfügen. In einer idealen Welt laute die Frage dann: Wie sollten sie die Kapitalgeber für die Bereitstellung dieser Dinge bezahlen? Eine Option bestünde, meinte Thompson, darin, den Kapitalbesitzern eine Geldsumme zu geben, die groß genug ist, um »den Verbrauch und Wert des Kapitals zu ersetzen«, das sie zur Verfügung gestellt haben, und sie mit den Mitteln zu versorgen, die nötig sind, um ein Leben »in gleichem Komfort wie die aktiver beschäftigten produktiven Arbeiter« zu führen.[22]

Der Unterschied zwischen dieser und der bestehenden Ordnung sei »immens«, erklärte Thompson.[23] Wenn sie jemals geschaffen werden sollte, würden die Arbeiter einen größeren Teil des von ihnen geschaffenen Werts erhalten, der es ihnen ermöglichen würde, ihren Lebensstandard zu erhöhen. Die kapitalistischen Moguln würden zwar nicht alles verlieren – ihr Kapital würde weiterhin einen ständigen Gewinn einbringen –, aber sie wären »auf eine Stellung reduziert, die in Bezug auf den *Reichtum* in der Mitte zwischen ihrer gegenwärtigen Stellung und derjenigen der gegenwärtig erniedrigten Arbeiter läge«.[24] In einer bewegenden Passage stellte Thompson klar, welche Option er vorzog: Als »müßiger Besitzer dieser unbelebten Produktionsmittel«, wetterte er, beschaffe sich der Kapitalist »zehnmal, hundertmal, tausendmal so viele Reichtümer [...], als solche effizienten [Arbeiter] sich mit der angestrengtesten Arbeit beschaffen können«.[25]

Thompson stützte seine Forderung nach einer radikalen Veränderung nicht nur auf moralische Gründe, sondern verwies auch darauf, dass eine derjenigen der Kapitalisten entsprechende Entlohnung der Arbeiter sowohl die Produktion als auch die Produktivität steigern würde. Wenn die Arbeitslöhne auf dem Niveau der Existenzerhaltung oder in dessen Nähe stehen blieben, würden sie kaum einen Anreiz darstellen, neue Fähigkeiten zu erlernen und anzuwenden. Dagegen würde in einer Wirtschaft, in der die »Gesamtheit der Produkte der Arbeit den Produzenten zugesichert ist, [...] die äußerste Energie auf die Produktion und notwendigerweise auf den Erwerb und Erhalt der Mittel und Instrumente verwendet, die für die Produktivität der Arbeit unerlässlich sind«.[26] Der Wechsel zu diesem Kompensationssystem hätte dramatische Folgen, versicherte Thompson: »Insgesamt würde eine viermal, vielleicht auch zehnmal so große Produktion erreicht.«[27]

Diese Vervielfachung ist übertrieben: Schon eine Verdopplung der Produktion wäre bemerkenswert gewesen. Aber die Originalität von Thompsons Argumentation steht außer Frage. Einen auf Adam Smith zurückgehenden Anreizfaktor mit Ricardos Arbeitswerttheorie kombinierend, vertrat er die Auffassung, dass es möglich sei, gleichzeitig die Wirtschaft auszuweiten und die Ungleichheit zu verringern, womit zudem das utilitaristische Ziel der Steigerung des Glücks der Menschen erreicht wäre. »Die Masse des nationalen Reichtums«, führte Thompson aus, »wäre wesentlich größer als gegenwärtig, auch wenn niemand zehnmal so viel akkumuliertes Kapital besitzen würde wie sein Nachbar. Vorherrschend wäre die gesamte Zunahme des Glücks, die aus der Gleichheit der Verteilung entstünde; und die Menschen würden um der *absoluten* Annehmlichkeiten willen produzieren, die sich aus dem Reichtum ergeben, und nicht wegen der *relativen* Annehmlichkeiten aufgrund des Vergleichs ihrer Überlegenheit mit dem Elend ihrer Mitgeschöpfe.«[28]

Nach der ausführlichen theoretischen Untersuchung von Ungleichheit und Ausbeutung wandte sich Thompson der praktischen Frage zu, wie seine egalitären Vorstellungen realisiert werden konnten. Seine Antwort lautete: durch die Organisation der Wirtschaft um selbstbestimmte genossenschaftliche Gemeinschaften herum. Die Bildung kommunaler Einheiten dieser Art war aus seiner Sicht das beste Mittel, um eine von mehr Gleichheit geprägte Gesellschaft zu schaffen und das Glück der Menschen zu steigern. Mit dieser Argumentation folgte er den Fußstapfen zweier Visionäre von beiden Seiten des Ärmelkanals.

Der zumindest in Großbritannien und Irland weniger bekannte von ihnen war der Franzose Charles Fourier. 1772 in Besançon, unweit der Schweizer Grenze, als Sohn eines kleinen Geschäftsmanns geboren, verbrachte er die erste Hälfte seines Lebens als unauffälliger Kaufmann und Handlungsreisender. In seinen Dreißigern begann er zu schreiben und erwies sich als fantasiereicher Autor. In einem 1808 erschienenen Buch vertrat er die Ansicht, menschliche Gesellschaften würden durch 32 Stadien, von denen die Harmonie das höchste sei, auf- und wieder absteigen. Um das Idyll der Harmonie zu schaffen, sollte die Welt auf der Grundlage selbstbestimmter Gemeinden, die er »Phalanx« nannte, organisiert werden. Die jeweils 1600 Mitglieder dieser Phalangen sollten in einem großen Gebäude zusammenleben, dem »Phalansterium«, in dem es sowohl gemeinschaftliche Essräume und Bildungseinrichtungen als auch individuelle Wohnungen geben würde. Jede Phalanx sollte sich überwiegend selbst erhalten, und die Arbeit sollte gleich verteilt werden, wobei die Aufgaben rotieren sollten, um keine Langeweile aufkommen zu lassen.[29]

Fouriers ehrgeizige Vision weckte außerhalb Frankreichs anfangs kaum Interesse. Thompson war stärker von dem anderen Visionär beeinflusst, Robert Owen, einem walisischen Industriellen und Philanthropen, der im frühen 19. Jahrhundert eine herausragende Figur in Großbritannien war. 1817, als nach den Napoleonischen Kriegen eine große Zahl von Arbeitslosen durch das Land zog, forderte er die Schaffung von »Dörfern der Kooperation«, in denen Arbeitslose leben und ihre Nahrungsmittel selbst anbauen könnten, ohne dem Staat zur Last zu fallen. Owen betrachtete die von ihm vorgeschlagenen Gemeinden bald in einer breiteren Perspektive – als Basis einer Gesellschaft, die anstatt auf Wettbewerb auf Kooperation beruhen und Technik nicht nur zum Vorteil Einzelner, sondern zum Nutzen aller einsetzen würde. »Neue wissenschaftliche Macht wird bald dazu führen, dass menschliche Arbeit bei der Schaffung von Reichtum kaum noch von Nutzen ist«, erklärte er während einer Vortragsreise durch Europa. »Reichtum kann in solcher Fülle geschaffen werden, dass sich die Bedürfnisse aller befriedigen lassen.«[30] Die Aufgabe bestand darin, ihn richtig zu verteilen.

Owen war als philanthropischer Baumwollfabrikant zu Reichtum und Ansehen gelangt. Geboren war er 1771 in der kleinen Marktstadt Newtown in Montgomeryshire als Sohn eines Eisenwarenhändlers, der zugleich der örtliche Postmeister war. Nachdem er mit zehn Jahren von der Schule abgegangen war, hatte er eine Lehre in einem Textilgeschäft begonnen, wonach seine Laufbahn rasch Fahrt aufnahm. Mit 19 wurde er Manager einer Baumwollspinnerei in Manchester und bald darauf deren Miteigentümer. Die herzlose Behandlung der Arbeiter, die er in den neuen Fabriken beobachtete, stieß ihn ab. 1799 kaufte er zusammen mit mehreren Partnern eine Anlage aus mit Wasserkraft betriebenen Baumwollspinnereien in New Lanark, einem Dorf südlich von Glasgow. Dort wollte er zeigen, dass Arbeiter produktiver waren, wenn man sie menschenwürdig behandelte.[31]

Die Spinnereien in New Lanark zahlten keine besonders hohen Löhne, aber Owen kürzte den Arbeitstag, ließ für die Arbeiter feste Häuser errichten und versorgte sie in einem Betriebsladen mit preiswerten Gütern. Ferner beschäftigte er keine Kinder unter zehn oder elf Jahren, was nach damaligen Maßstäben eine fortschrittliche Einstellung war. Besucher aus nah und fern kamen nach New Lanark, und Owen wurde zu einer Person des öffentlichen Lebens. Nach den Napoleonischen Kriegen begann er eine Kampagne für die Einschränkung der Kinderarbeit, deren Höhepunkt 1819 die Verabschiedung des Cotton Mill and Factories Act bildete, der die Beschäftigung von Kindern unter neun Jahren verbot und den Arbeitstag für Kinder zwischen neun und sechzehn Jahren auf zwölf Stunden begrenzte. Obwohl dem Gesetz ein wirkungsvoller Durchsetzungsmechanismus fehlte, trug seine Verabschiedung zur Etablierung des Prinzips bei, dass der Fabrikkapitalismus Regeln erhalten sollte.

In der 1820 veröffentlichten Broschüre *Bericht an die Grafschaft Lanark* stellte Owen eine Vision vom kommunalen Leben dar, die einiges mit Fouriers Vision gemeinsam hatte. Die Einwohner seiner neuen Gemeinden, schrieb er, würden in zweckmäßig entworfenen Häusern wohnen, die um einen Platz herum angeordnet seien. Jede Familie besäße eine private Wohnung mit eigenen Schlafzimmern, während die Sitzbereiche und Küchen gemeinschaftlich genutzt würden. Owen war ein Anhänger der frühen

Bildung für Kinder beiderlei Geschlechts: »Die Menschen sind und werden immer das sein, was man aus ihnen in der Schule macht und machen wird.« In den von ihm vorgeschlagenen Gemeinden sollte der Schulbesuch Pflicht sein. Es sollten jeweils zwei dem Zweck entsprechende Schulgebäude gebaut werden, eines für Kinder von zwei bis sechs Jahren, das andere für Kinder von sechs bis zwölf Jahren.[32]

Owens Vorstellungen zogen die Aufmerksamkeit einiger Arbeitergruppen auf sich. 1821 gründeten Drucker und andere Handwerker in London eine Cooperative and Economical Society. Laut ihrem Statut war es ihr Ziel, ein »Dorf der Einheit und wechselseitigen Kooperation« aufzubauen, in dem »nach dem von Robert Owen aus New Lanark entworfenen Plan Landwirtschaft, Gewerbe und Handel zusammenwirken« sollten.[33] Das Projekt kam anfangs zu Owens Enttäuschung jedoch kaum voran. 1825, ein Jahr nach der Veröffentlichung von Thompsons *Inquiry*, segelte er zusammen mit seinem Sohn William nach Nordamerika, um in Harmony Township in Indiana, wo das Land billiger war als in Großbritannien, eine genossenschaftliche Gemeinschaft zu schaffen. Die Rappisten, eine aus Deutschland stammende Gemeinschaft von Bauern und Handwerkern, hatten ihre Siedlung am Ufer des Wabash River mit rund 8000 Hektar Land zum Verkauf ausgeschrieben. Owen erwarb sie im Januar 1825. Einige Wochen später reiste er nach Washington, um im Repräsentantenhaus sein ehrgeiziges Experiment mit dem Gemeinschaftsleben zu erläutern. Die im Sommer 1826 in New Harmony umbenannte Gemeinde zog Hunderte begeisterter Teilnehmer an.

Thompson pries Owen in seiner *Inquiry* als kühnen Visionär, dessen Ideen für unabhängige genossenschaftliche Gemeinschaften »das Ergebnis eines seltenen Zusammentreffens von tiefem Denken und beispiellosem praktischem Wissen« seien.[34] Außerdem stimmte er einigen konkreten Aspekten von Owens Plänen zu, wie dem Hausbau um Plätze oder Höfe und der Errichtung von Schulen und Sportplätzen. Gleichwohl entwickelte er eigene

Vorstellungen über ihre Verwirklichung. Thompson und Owen hatten zwar das gleiche Ziel, vertraten aber unterschiedliche politische und philosophische Anschauungen.

Obwohl ein Radikaler, glaubte Owen an die Möglichkeit von Reformen innerhalb des bestehenden politischen Systems. Er hegte die Hoffnung, dass der Staat seine neuen Gemeinschaften billigen und sich finanziell an ihrer Schaffung beteiligen würde. Thompson sah die Möglichkeit friedlicher Reformen weniger optimistisch. Er war jedoch kein Revolutionär und lehnte Gewalt ab. Die »Anwendung eines solchen Instruments würde die Produktion auslöschen« und jeden Gedanken an ökonomische Sicherheit zunichtemachen, schrieb er.[35] Aber er glaubte auch, dass Großbritanniens politisches System von Grund auf verdorben war und der Staat, weit davon entfernt, ein Agent des Fortschritts zu sein, vor allem dazu diente, die Eigentumsrechte der Reichen zu sichern.

Orthodoxere Gelehrte hatten diese Funktion natürlich auch erkannt, sie aber in positivem Licht gesehen. Adam Smith bezeichnete die Sicherung der Eigentumsrechte in seinen *Vorlesungen über Jurisprudenz* als Kennzeichen des menschlichen Fortschritts vom »Zeitalter der Jäger« zum »Zeitalter des Handels«. Die Väter der US-amerikanischen Verfassung hatten es ähnlich gesehen. Thompson dagegen erklärte: »Was bisher unter der falschen Bezeichnung Sicherheit angebetet wurde, war die Sicherheit von wenigen auf Kosten der Ausplünderung, der Erniedrigung der vielen, insbesondere der ganzen Masse der Tätigen, der wirklichen Produzenten von Reichtum.«[36] Einige Seiten weiter fügte er hinzu:

> »Solange zwei feindliche Interessenblöcke in der Gesellschaft vorhanden sind, die Besitzer von Arbeitskraft auf der einen Seite und die Besitzer der Arbeitsmittel auf der anderen, solange diese unnatürliche Verteilung zwangsweise aufrechterhalten wird – denn ohne von Ignoranz getriebenem Zwang wäre sie nicht aufrechtzuerhalten –, so lange werden vielleicht nicht weniger als neun Zehntel der erreichbaren menschlichen

Produktion nie Wirklichkeit werden, und so lange werden 99 Hundertstel erreichbaren menschlichen Glücks geopfert werden.«[37]

Anders als Marx und Engels ging Thompson nicht so weit, den Staat als Exekutivausschuss der Bourgeoisie zu bezeichnen. Seiner Ansicht nach führte übermäßiger Reichtum »notwendigerweise zur Usurpation sowohl der Gesetzgebungsmacht als auch der exekutiven und der juristischen Autorität durch solche, die nicht durch Bildung zu ihrer Ausübung berechtigt sind und die Interessen haben, die dem allgemeinen oder nationalen Interesse feindlich gegenüberstehen«.[38] Als Beispiel für diese Korruption führte Thompson das wiederholte Entgegenkommen der Regierung gegenüber der Ostindien-Kompanie trotz ihrer fortgesetzten Missbräuche und Finanzprobleme an. »Ganz legal plündert sie die Menschen aus, mit denen sie Handel treibt, um Verluste auszugleichen, die durch jede Art von Verschwendung und Missbrauch verursacht werden!«, schrieb Thompson. »Warum also gibt es diese Gesellschaft noch? Weil unlautere private Interessen und politische Erwägungen sie stützen.«[39]

In Thompsons Augen waren die Regierung und »das ganze System der menschlichen Beziehungen« – womit er Dinge wie Monopolstatuten meinte – »kaum mehr als ein Gewebe von Einschränkungen und Machtanmaßungen einer Klasse gegenüber einer anderen«.[40] Für jemanden, der dies glaubte, war es eine Illusion, zu erwarten, dass der Staat, zumindest in der damaligen Form, eine besonders produktive Rolle spielen konnte. Thompson stand allen Arten von Autorität skeptisch gegenüber. Seine Vorstellung vom Sozialismus hatte einen anarchistischen Zug, insofern er Dezentralisierung, individuelle Initiative und Selbstverwaltung hervorhob. In der zweiten Hälfte seiner *Inquiry* legte er seine Ideen für ein auf diesen Prinzipien der »wechselseitigen Kooperation« beruhendes »System freiwilliger Gleichheit« dar.[41]

Die zentrale Idee glich Owens Leitgedanken: die Schaffung

neuer Gemeinschaften mit zum größten Teil gemeinschaftlichem Besitz, einer auf gemeinschaftlicher Grundlage organisierten Produktion und einer gerechten, wenn auch nicht unbedingt gleichen Einkommensverteilung. In Thompsons Version sollten diese Gemeinschaften aus jeweils 500 bis 2000 Mitgliedern bestehen, die ihre Nahrungsmittel selbst erzeugen und eigene Werkstätten betreiben würden. Da jeder einzelne »Kooperateur« sowohl produktiver Arbeiter als auch Miteigentümer des Grund und Bodens und des Kapitals der Gemeinschaft wäre, würde es keine Klassenspaltung geben, denn es »gäbe keine anderen Interessen in der Gemeinschaft als diejenigen der Produzenten; es gäbe keine Kapitalisten«.[42] Die Mitglieder der Gemeinschaft wären »abwechselnd in der Landwirtschaft und im verarbeitenden Gewerbe« tätig, und die Verschiedenheit der Arbeit würde sie »produktiver, gesünder und freundlicher« machen.[43]

Trotz der offensichtlichen Anklänge an Fourier und Owen hatte Thompson auch einige eigenständige Ideen darüber, wie diese neuen genossenschaftlichen Gemeinschaften organisiert werden sollten. So sollten sie, um Dinge zu erwerben, die sie nicht selbst anbauen oder herstellen konnten, untereinander Handel treiben, wobei der Wert der ausgetauschten Waren auf der Grundlage der aufgewendeten Arbeit bemessen werden sollte. Bei allen Transaktionen sollten »die größeren Interessen, diejenigen der Arbeiter«, vorrangig berücksichtigt werden.[44] Innerhalb der Gemeinschaften sollte das Gemeinschaftsprinzip auch auf das häusliche Leben angewendet werden. Alle Mitglieder sollten »aus dem Gemeinschaftsladen ernährt und gekleidet« werden, und Kinder und Jugendliche sollten in »Gemeinschaftsschlafsälen für das jeweilige Geschlecht und Alter« schlafen. Alleinstehende Erwachsene und Ehepaare sollten private Wohnungen erhalten, aber fürs »Speisen, Lesen sowie für Vorträge, Vergnügungen etc.« würde es öffentliche Räume geben.[45] Als Atheist und Verfechter der Volksvertretung verpflichtete Thompson die neuen Gemeinschaften auf »völlige Freiheit des Denkens und Glaubens« und wollte ihre

Leitung Komitees anvertrauen, »die durch Wahlen oder Rotation oder Seniorität oder auf eine andere von solcher Gemeinschaft vorgeschlagene und vereinbarte Art und Weise bestimmt werden«.[46]

Nach Thompsons Vorstellung sollten die neuen Gemeinschaften schrittweise aufgebaut werden, wobei die ersten später gegründeten als Vorbild dienen sollten. Letztlich war es sein Ziel, die bestehende Organisation der Gesellschaft nicht nur durch eine genossenschaftliche Alternative zu ergänzen, sondern sie zu ersetzen. Gemäß seinem Eintreten für lokale Selbstverwaltung und seiner Skepsis gegenüber den bestehenden politischen Institutionen wollte er den Staat radikal zurechtstutzen. Wenn die Prinzipien von Kooperation und Selbstverwaltung eingeführt seien, sagte er voraus, würden sie nicht nur »die Leidenschaft für die individuelle Anhäufung und Zurschaustellung von Reichtum«, sondern auch das Bedürfnis nach »fast allen [...] gewöhnlichen Funktionen der Regierung« auslöschen. Die Zentralregierung würde weiterhin für die Landesverteidigung und andere öffentliche Güter sorgen, aber die einzelnen Gemeinschaften würden dafür auf freiwilliger Basis zahlen, und dieser finanzielle Beitrag werde »verschwindend gering« sein.[47]

Obwohl Thompson in der britischen Öffentlichkeit kaum bekannt war, erregten seine Ideen für genossenschaftliche Gemeinschaften in hauptstädtischen Zirkeln einige Aufmerksamkeit. 1825 nahm er in der Londoner Chancery Lane an einer öffentlichen Debatte mit John Stuart Mill und anderen teil. Mill, damals noch ein Wunderkind im Teenageralter und Verteidiger der orthodoxen Wirtschaftslehre, erinnerte sich in seiner Autobiografie an die Begegnung: »Hauptredner auf ihrer Seite [derjenigen der Oweniten] war ein sehr achtenswerter Mann, mit dem ich gut bekannt war, Mr. William Thompson aus Cork [...].« Über den Ausgang der Debatte sagte er nichts, aber einigen Darstellungen zufolge hatte Thompson die Debatte für sich entschieden.[48]

Thompson ließ sich auch auf einen Streit mit dem ehemaligen Marineoffizier Thomas Hodgskin ein, der 1825 ein Buch mit dem Titel *Verteidigung der Arbeit gegen die Ansprüche des Kapitals* veröffentlicht hatte, das in mancher Hinsicht auf der Linie der *Inquiry* lag. Wie Thompson stützte sich Hodgskin auf die Arbeitswerttheorie und argumentierte, dass die Arbeiter ausgebeutet würden, weil sie nicht den gesamten Gegenwert ihres Produkts erhielten. Die Figur des Kapitalisten war in seinen Augen eine »grausame Mittelsperson, die das Erzeugnis der Arbeit konsumiert«, und den Staat betrachtete er als Instrument der herrschenden Klasse, die, wie er behauptete, »kein Gesetz, das zum Schutze des Kapitals erlassen wird, für zu streng« halte.[49]

Bei allen Ähnlichkeiten unterschied sich Hodgskins Ansatz jedoch in einem wesentlichen Punkt von Thompsons Auffassungen. Er sah in der Monopolmacht der Arbeitgeber über die Arbeiter die Ursache der Ausbeutung. In vielen Fällen, führte er aus, weigerten sie sich, Personen zu beschäftigen, die eine andere Arbeitsstelle aufgegeben hatten, um eine besser bezahlte zu finden. Auf einem wirklich wettbewerbsorientierten Arbeitsmarkt, argumentierte Hodgskin, könnten Arbeiter wesentlich höhere Löhne verlangen. Thompson widersprach. Als anonymer »Angehöriger der müßigen Klasse« veröffentlichte er 1827 eine buchlange Erwiderung auf Hodgskin mit dem Titel *Labor Rewarded*, in der er darauf beharrte, der einzige Weg, wie die Arbeiter die Früchte ihrer Arbeit in vollem Umfang genießen könnten, seien die Abschaffung des Wettbewerbs – das heißt des Kapitalismus – und der Übergang zu einer genossenschaftlichen Produktionsweise. »Es ist an der Zeit«, schrieb er, »die kleinen Notbehelfe des Tages und Jahres aufzugeben und nach einem radikalen, permanenten Heilmittel für die Übel, unter denen die Gesellschaft leidet, zu suchen.«[50]

Obwohl die Genossenschaftsidee einen gewissen Widerhall fand, geriet die Genossenschaftsbewegung selbst in Schwierigkeiten. 1827 verließ Owen New Harmony, wo sich seine neue Gesellschaft bereits aufgelöst hatte. Sie hatte von Anfang an mit praktischen Problemen zu kämpfen gehabt, wie dem Fehlen detaillierter Pläne und einem Übermaß von Träumern und Abenteurern gegenüber produktiven Handwerkern und Landwirten. Als die Gemeinschaft in Splittergruppen zerfallen war und er sich mit seinem amerikanischen Partner, William Maclure, zerstritten hatte, beschloss Owen, das Unternehmen aufzugeben und nach England zurückzukehren. Dort spielte er nach seiner Rückkehr erneut eine führende Rolle in der Genossenschaftsbewegung, die in seiner Abwesenheit ein gemischtes Schicksal durchlebt hatte.[51]

Auf der positiven Seite war zu verzeichnen, dass nach der Gründung der London Co-operative Society im Jahr 1824 in anderen Städten, häufig in Verbindung mit örtlichen Gewerkschaftsgruppen, ähnliche Organisationen entstanden waren. Anfangs konzentrierten sich die neuen genossenschaftlichen Gesellschaften auf die Schaffung genossenschaftlich betriebener Geschäfte, in denen Arbeiter preiswerte, unverfälschte Waren kaufen konnten, und den Aufbau von Arbeitsvermittlungen. Einige dieser Einrichtungen entwickelten sich vielversprechend, aber Thompsons Idee unabhängiger genossenschaftlicher Gemeinden erwies sich als schwerer umzusetzen.

Das Hauptproblem war Geld. Wo sollten die Mittel für den Landerwerb und die Errichtung von Häusern und Werkstätten herkommen? In einem Artikel für das von der London Co-operative Society herausgegebene *Co-operative Magazine* schlug Thompson vor, damit anzufangen, dass Arbeiter jede Woche sechs Pence auf ein Bankkonto einzahlten. »Seid entschlossen, fangt an«, schrieb er. »Es wird euer eigenes Glück und dasjenige eurer Nachkommen sichern; und bald wird das eigensüchtige Wettbewerbsprinzip dem gutartigen Prinzip universaler Genossenschaft weichen.«[52] Thompson erklärte, dass nicht mehr als 200 Menschen nötig seien, um eine lebensfähige neue Gemeinschaft zu gründen, und dafür bräuchten sie – jedenfalls in Irland – als Mindestsumme nur 20 Pfund pro Kopf. Aber trotz dieser ermutigenden Versicherung gelang es ihm nicht, das Geld zusammenzubekommen, um auch nur eine einzige dieser Unternehmungen in Gang zu bringen. Das gelang niemandem.

Doch Thompson ließ sich nicht entmutigen. 1830 veröffentlichte er einen langen Ratgeber für Organisatoren genossenschaftlicher Gemeinschaften, der Tipps für Landbau und Fruchtwechsel, Ernährungsvorschläge, Empfehlungen dafür, welche Maschinen angeschafft werden sollten, und vieles mehr enthielt.[53] Er beharrte weiterhin darauf, dass Gemeinschaften von nur 200 Personen lebensfähig wären; ideal war in seinen Augen jedoch eine Zahl von 2000 Mitgliedern. Laut seinem Ratgeber würden die neuen Gemeinschaften das »Hauptübel« des Wettbewerbssystems überwinden: die erzwungene Arbeitslosigkeit und die von ihr verursachte Armut. Wenn genossenschaftliches Handeln das Profitmachen als grundlegende Organisationskraft abgelöst habe, werde Arbeit für alle garantiert und Armut ausgerottet sein. Dies sei die »einfache Basis der genossenschaftlichen politischen Ökonomie«.[54]

Mit seiner Begeisterung für den Aufbau kleiner Gemeinschaften trieb Thompson einen Keil zwischen sich und Owen, der nach dem Scheitern in Indiana überzeugt war, dass sich eine genossenschaftliche Wirtschaft nur durch die groß angelegte Mobilisierung von Menschen und Kapital mit umfangreicher staatlicher Unterstützung aufbauen ließ. Im März 1830 versuchte Thompson in einem Brief an Owen, ein herzliches Verhältnis aufrechtzuerhalten: »Während Sie kühn mit der gesamten Masse operieren, unternehme ich es, einen kleinen Teil der sozialen Maschine zu organisieren, ohne deren Verbindungen zum Ganzen zu vergessen.«[55] Doch die Differenzen zwischen den beiden ließen sich nicht übertünchen. Auf einem nationalen Genossenschaftskongress in London im April 1832 lehnte Owen es ab, mit neuen Gemeinschaften mit weniger als 240 000 Pfund Startkapital in Verbindung gebracht zu werden. Der Streit zwischen den beiden Anführern der Bewegung ging weiter. Auf dem nächsten Kongress im Herbst 1832 sprach sich Owen gegen Thompsons Pläne aus. Er habe »die größtmögliche Hochachtung vor ihm«, sagte er in einer Rede, müsse ihm aber, »mit Verlaub, versichern, dass er wenig von dieser Sache wisse«.[56]

Trotz Owens Ablehnung billigte der Kongress einen Antrag, den Plan voranzutreiben, irgendwo in England eine mittelgroße neue Gemeinschaft zu errichten. Theoretisch war dies ein großer Sieg für Thompson; in der Praxis konnten die örtlichen genossenschaftlichen Gesellschaften jedoch nicht genug Geld zusammenbringen, um seine Ideen zu verwirklichen.[57] Aber auch Owen konnte sein Ziel einer staatlich gelenkten Initiative für den Aufbau großer genossenschaftlicher Gesellschaften nicht erreichen. Als die bisher wohlwollenden Angehörigen der traditionell in Großbritannien herrschenden Schicht erkannten, dass Owen und die anderen Genossenschaftler beabsichtigten, das vorhandene Wirtschaftssystem nicht nur zu reformieren, sondern zu ersetzen, wandten sie sich gegen die Genossenschaftsbewegung. Selbstverständlich war auch die neue industrielle Elite, die rasch an politischer Macht gewann, gegen die Abschaffung des Industriekapitalismus. Durch das 1832 von der Whig-Regierung unter Lord Grey verabschiedete Reformgesetz wurde die Wählerschaft so ausgeweitet, dass viele männliche Angehörige der wohlhabenden Mittelschicht fortan wählen durften, aber faktisch die gesamte Arbeiterklasse weiterhin ausgeschlossen blieb. Zwischen 1832 und 1867, als das Zweite Reformgesetz beschlossen wurde, stellte das britische Unterhaus ein Bündnis aus Grundbesitz-, Finanz- und Industriekapital dar, dem die sozialistischen Pläne von Owen, Thompson und ihren Anhängern ein Gräuel waren.

Dass Owen und Thompson glaubten, die Wirtschaft und das Klassensystem ließen sich, anstelle politischer Massenaktion, durch Willenskraft und Appelle an die Vernunft transformieren, war naiv. Gleichwohl hinterließen die Genossenschaftler, trotz des Scheiterns des New-Harmony-Experiments und des Unvermögens, in Großbritannien ähnliche Unternehmungen auf die Beine zu stellen, ein beeindruckendes Erbe. Heute noch betreibt die britische Co-op (formell als Co-operative Group Limited firmierend) 2000 Einzelhandelsgeschäfte, eine Versicherungsgesellschaft, einen Anbieter von Rechtsdienstleistungen und ein Bestattungsunternehmen. Auch in vielen anderen Ländern gibt es genossenschaftliche Verbrauchervereinigungen, die Einzelhandelsgeschäfte, Banken, landwirtschaftliche Betriebe, Stromunternehmen und Fabriken betreiben. (Die größte derartige Vereinigung ist die Mondragon Corporation, ein Bund lokaler Genossenschaften im spanischen Baskenland.) Daneben hinterließ Thompson auch ein geistiges Erbe. Indem er die Arbeitswerttheorie mit einer Subsistenzlohntheorie verband, schuf er einen analytischen Rahmen, den Marx und seine Schüler übernehmen und weiterentwickeln sollten. Und indem er ein utilitaristisches Argument für Gleichheit und eine andere Reichtumsverteilung formulierte, legte er ein Fundament, auf dem sozial gesinnte Liberale, fabianische Sozialisten und Sozialdemokraten aufbauen konnten. In der Geschichte des Sozialismus sollten nur wenige den Spagat zwischen Revolutionismus und Sozialdemokratie hinbekommen: Thompson ist es gelungen. Und dies war nicht sein einziger Beitrag: Er war außerdem ein früher Feminist.

5

»Wenn ich von der erniedrigten Stellung meines Geschlechts spreche«

Anna Wheeler und die vergessene Hälfte der Menschheit

Irgendwann in den 1820er-Jahren, als Thompson an seinem ersten Buch arbeitete, lernte er die gebildete und gut vernetzte irische Witwe Anna Wheeler kennen. Wie es dazu kam, ist nicht klar. Wheeler, deren Ehemann, ein zügelloser irischer Adliger, einige Jahre zuvor gestorben war, lebte in Paris, wo sie einen literarischen Salon unterhielt, der von Anhängern Saint-Simons und Fouriers besucht wurde. Sie reiste regelmäßig nach London, wo sie sich in Owenitenkreisen bewegte und Jeremy Bentham zu ihren Bekannten zählte. Dessen Papieren ist zu entnehmen, dass sie im Mai 1824 zweimal zum Abendessen in seinem Haus weilte und er ihr mehrere Bücher schickte, unter anderem eines über Gefängnisreformen mit dem Titel *Panopticon*. Wahrscheinlich lernten sich Thompson und Wheeler durch Bentham kennen. Auf jeden Fall schlossen sie eine tiefe, dauerhafte Freundschaft, die auf ihrem gemeinsamen Interesse an progressiver Politik, der Genossenschaftsbewegung und den Frauenrechten beruhte.

In Großbritannien und Irland vermochten im frühen 19. Jahrhundert selbst Oberschichtfrauen wie Wheeler der systematischen Diskriminierung nicht zu entkommen. Familienvermögen wurden an männliche Erben weitergegeben, und Mädchen jeder Herkunft erhielten nur selten eine höhere Bildung. Wenn Frauen heirateten, was für gewöhnlich schon in jungen Jahren geschah, wurden sie völlig von ihrem Ehemann abhängig. Verdienten sie etwas Geld, gehörte es ihm. Obwohl von Müttern erwartet wurde, den Haushalt zu führen und die Kinder zu erziehen, lag die Entscheidungsmacht über deren Schicksal beim Vater. Frauen durften weder juristische Klagen einreichen noch Verträge schließen, die Scheidung verlangen oder auch nur ein eigenes Testament verfassen. Und sie durften nicht in Wahlen darüber mitentscheiden, dieses unterdrückerische System zu verändern, denn das Stimmrecht war auf Männer begrenzt.

1825, nur ein Jahr nach dem Erscheinen seiner *Inquiry*, veröffentlichte Thompson sein zweites Buch, das der Ungleichheit der Geschlechter und der Diskriminierung der »anderen Hälfte« der Menschheit gewidmet war. Wie das Vorgängerwerk hat auch diese Schrift einen langen Titel, der allerdings um einiges prägnanter ist: »Beschwerde der einen Hälfte der Menschheit, der Frauen, gegen die Ansprüche der anderen Hälfte, der Männer, sie in politischer und deshalb auch in ziviler und häuslicher Sklaverei zu halten; als Antwort auf einen Abschnitt in Mr. Mills gerühmtem Article on Government«, auf Deutsch als *Appell der Frauen* erschienen.[1] In ätzenden Worten zog er gegen das Patriarchat vom Leder, das die Frauen seit Jahrtausenden niedergehalten habe, und forderte grundlegende Veränderungen, wie die Abschaffung »jener Schande der Zivilisation, des gegenwärtigen Ehegesetzes«. Thompson war der alleinige Autor des *Appells*, teilte den Lesern in einem »Einleitenden Brief an Mrs Wheeler« aber mit, dass sein Inhalt auf Gesprächen mit ihr beruhe und er ihn als Gemeinschaftswerk betrachte. Wheeler direkt ansprechend, erklärte er, er habe »sich bemüht, den Ausdruck jener Gefühle, Empfindungen und Äußerungen zusammenzustellen, die Ihrem Geist entsprungen sind«.[2]

Wheeler war 1785 als Anna Doyle in Clonbeg Parish in der Grafschaft Tipperary geboren, etwa 80 Kilometer nordöstlich von Thompsons Geburtsstadt Cork. Ihre Mutter, Anna Dunbar, war Hausfrau, und ihr Vater, Nicholas Doyle, ein hoher Geistlicher der protestantischen Kirche von Irland. Er starb allerdings, als seine Tochter zwei Jahre alt war. Sie wuchs mit ihrer Mutter und zwei Geschwistern auf, Bessie und John. Ein Onkel, John Doyle, der als Offizier des britischen Heeres im Krieg gegen Napoleon auf der

Iberischen Halbinsel gedient hatte, wurde zum Ersatzvater der Familie. Obwohl nicht besonders reich, war die Familie Doyle gebildet und gesellschaftlich geachtet. Annas Pate, Henry Grattan, war ein irischer Patriot und Staatsmann, der das Unionsgesetz von 1800, durch das Irland offiziell zu einem Teil des Vereinigten Königreichs wurde, ablehnte.[3]

Trotz der sozialen Privilegien, die Annas Familie genoss, war sie immer noch eine Frau in einer zutiefst patriarchalen, konservativen Gesellschaft. »Anna Doyles Rollenmodelle für Erfolg, Freiheit und Mobilität in der Welt waren, wie nicht anders zu erwarten, Männer«, bemerkte Dolores Dooley, Philosophiedozentin am University College Cork, in ihrem gründlich recherchierten Buch *Equality in Community* von 1996, in dem sie die Schriften von Wheeler und Thompson untersuchte. »Früh lernte sie, dass sie mit Männern zusammenarbeiten musste, auch als später die Emanzipation der Frauen ihr Projekt wurde.«[4]

Als Anna 15 Jahre alt war, fiel sie bei den Pferderennen dem jungen Erben Francis Massey-Wheeler auf, dessen Familie ein Anwesen in der Nachbargrafschaft Limerick besaß. Laut Dooleys Darstellung hielt Annas Mutter den jungen Mann für reich, verwöhnt und verantwortungslos, doch trotz ihrer Einwände willigte Anna ein, ihn zu heiraten und seinen Namen anzunehmen. Die 1800 geschlossene Ehe erwies sich als das, was ihre Mutter befürchtet hatte. Massey-Wheeler war ein Spieler, Faulenzer und Trinker. Außerdem war er gewalttätig. Das Paar hatte sechs Kinder, von denen vier im Säuglingsalter starben. Die beiden überlebenden waren Mädchen, Henrietta und Rosina.[5]

Trotz ihrer häuslichen Probleme war Anna eine eifrige Autodidaktin mit einer Vorliebe für ernsthafte Bücher. Ihre Tochter Rosina erinnerte sich später daran, wie sie »auf einem Sofa lag und in die Lektüre irgendwelcher französischer oder deutscher philosophischer Werke versunken war, die sie aus London erhalten hatte«.[6] Laut Rosina waren die Ansichten ihrer Mutter »stark geprägt« von den Schriften Mary Wollstonecrafts, der frühen englischen Feministin, die in ihrem 1792 erschienenen Buch *Die Verteidigung der Frauenrechte* die Auffassung verfocht, dass Frauen geistig den Männern ebenbürtig seien und Gelegenheit erhalten sollten, in gleichem Maß wie diese ihren Beitrag zur Gesellschaft zu leisten.[7] Auch die Werke der französischen Aufklärer Baron d'Holbach und Denis Diderot las Wheeler; sie dürften sie in ihrer zunehmenden Skepsis gegenüber der organisierten Religion bestärkt haben.[8]

1812 verließ Wheeler ihren Ehemann und ging mit ihren Töchtern nach Guernsey, dem britischen Außenposten vor der Küste der Normandie, wo ihr inzwischen geadelter Onkel John Doyle als Vizegouverneur amtierte. Der Umzug in das Government House in Guernsey, ein Bau aus dem 18. Jahrhundert mit weitem Blick aufs Meer, eröffnete Anna eine neue Welt. Sie verkehrte mit bedeutenden Besuchern aus Paris und London und reiste selbst in die französische Hauptstadt. Nach dem Ende von Sir Johns Amtszeit zog sie ins nahe gelegene Caen in der Normandie, wo sie, einem ihrer Enkel zufolge, zum »*bel esprit* einer kleinen Gruppe von Sozialisten und Freidenkern« wurde.[9]

Als Massey-Wheeler 1820 starb, hinterließ er seiner Frau und seinen Töchtern praktisch nichts. Offenbar hatten Glücksspiel und Alkohol das Familienvermögen aufgebraucht. Deshalb war Anna, die den Nachnamen Wheeler beibehielt, fortan auf die Unterstützung ihres Onkels angewiesen. Daneben bemühte sie sich, selbst Geld zu verdienen. Eine Zeit lang lebte sie in London. Eine Arbeit, die sie annahm, war die Übersetzung fortschrittlicher französischer Autoren wie Fourier. Möglicherweise war es die Lektüre von dessen Schriften, die ihr Interesse an der Idee weckte, neue Gemeinschaften aufzubauen, in denen die Rolle der Frauen neu bestimmt werden würde. Wie Thompson beschrieb auch Fourier die damalige Rolle der Frauen als Sklavinnen der Männer. In seinen Phalansterien sollte die Arbeitsteilung zwischen den Geschlechtern weitgehend aufgehoben sein. Kochen und Kindererziehung sollten Gemeinschaftsaufgaben sein, Frauen sollten zu ihnen passende Arbeiten übernehmen, und die Institution der monogamen Ehe sollte nach und nach offeneren Beziehungen weichen.

Vor dem Hintergrund von Wheelers Erfahrungen mit der Ehe kann man verstehen, dass Fouriers Gedanken sie ansprachen. Thompson ging in seinem »Einleitenden Brief an Mrs Wheeler« ausführlich auf ihren Einsatz für Frauenemanzipation und sozialen Wandel ein:

> »Genau wie ich freuen Sie sich auf einen Zustand der Gesellschaft, der ganz anders ist als der, der jetzt besteht [...]. Sie freuen sich auf ein besseres Erscheinungsbild der Gesellschaft, in der das Prinzip des Wohlwollens das der Angst ersetzen soll; wo rastloser und ängstlicher individueller Wettbewerb der gegenseitigen Kooperation und dem gemeinschaftlichen Besitz Platz machen wird; wo Individuen in großer Zahl, männlich und weiblich, freiwillige Vereinigungen bildend, sich gegenseitig die Befriedigung aller nützlichen Bedürfnisse garantieren [...] werden; wo vollkommene Meinungsfreiheit und vollkommene Gleichheit unter den Kooperateuren herrschen wird; und wo die Kinder aller gleich erzogen und von allen versorgt werden [...].«

Thompson berichtete, dass er Wheeler ermuntert habe, selbst über Geschlechterpolitik zu schreiben – »die Sache Ihres verfemten Geschlechtes in die Hand [zu] nehmen und in Ihrem eigenen Namen der Welt gegenüber schriftlich dar[zu]legen«. Allerdings fehlten ihr, wie er hinzufügte, »Muße und Entschlusskraft, um die mühevolle Plackerei der Arbeit anzugehen«.[10] Damit ist nicht erschöpfend erklärt, warum Wheeler kein eigenes Buch schrieb. Sexismus mag eine Rolle gespielt haben. Trotz der bahnbrechenden Anstrengungen von Wollstonecraft war es für weibliche Autoren immer noch äußerst schwierig, einen Verleger zu finden oder ernst genommen zu werden. Als Wheeler Jahre später einige Essays veröffentlichte, tat sie es unter einem Pseudonym. Ein weiterer Faktor, der Wheeler behindert haben dürfte, war die Tatsache, dass sie im Unterschied zu Thompson nicht über ein großzügiges Familienerbe verfügte, das es ihr erlaubt hätte, eine literarische Laufbahn einzuschlagen. Wahrscheinlich hemmten diese Faktoren sie mindestens ebenso sehr wie eine Abneigung dagegen, die »Plackerei« auf sich zu nehmen.

Thompsons *Appell* war als Antwort auf einen 1820 als Beilage zur *Encyclopaedia Britannica* erschienenen Aufsatz des Philosophen und Historikers James Mill gedacht und aufgebaut, in dem dieser sich unter anderem gegen das Frauenwahlrecht aussprach. Im Rahmen seines Themas, der Regierung, betonte Mill zwar, dass die repräsentative Demokratie und eine breite Wählerschaft die besten Garantien für gutes Regieren seien. Bei der Definition der breiten Wählerschaft schloss er aber die Frauen aus und führte zur Begründung eine als »coverture« (vom französischen *couverture*, Decke, Umschlag) bekannte englische Rechtslehre an, der zufolge Männer am besten geeignet seien, die Interessen ihrer Frauen und Familien zu vertreten. Dass ein herausragender, zu den philosophischen Radikalen gehörender Gelehrter dieses vorsintflutliche Argument anbrachte, erboste Thompson und Wheeler. Sie erwarteten, dass jemand eine Gegenrede veröffentlichen würde. Doch Bentham und andere führende Utilitaristen versäumten es, die Herausforderung anzunehmen, und so beschloss Thompson, selbst eine Antwort zu verfassen.[11]

Er begann seinen *Appell* damit, dass er Mills *coverture*-Argument gegen ihn wandte. Wie, fragte er, könnten die Interessen aller Frauen im Parlament von Männern angemessen vertreten werden, wenn jede sechste Frau weder einen Vater noch einen Ehemann habe?[12] Nach Mills Logik, folgerte Thompson, müssten wenigstens die vaterlosen und alleinstehenden Frauen das Wahlrecht erhalten, während viele erwachsene Männer – diejenigen, die noch bei den Eltern wohnten und einen Vater hätten, der sich um sie kümmern könne – keine eigene Stimme bräuchten. Dies war ein stichhaltiger Einwand und typisch für Thompsons didaktischen Stil. Anschließend ging er über das logische Zerpflücken hinaus, indem er betonte, dass das männliche Monopol auf das Wahlrecht auf keinerlei anspruchsvoller Theorie beruhe: Vielmehr sei es einfach »ein Antrieb für weitere Unterdrückung« und dazu bestimmt, den Männern bei der Aufrechterhaltung ihrer Macht und ihrer Privilegien zu helfen.[13] Weit davon entfernt, ihre Wahlstimmen dafür einzusetzen, das Leben der weiblichen Mitglieder ihrer Familien zu verbessern, würden die Männer ihre Frauen auf »unfreiwillige Zuchtmaschinen und Haushaltssklavinnen« reduzieren und ihre Töchter in »künstlichen Käfigen der Zurückhaltung und Schwachsinnigkeit« aufziehen.[14]

Mit besonders beißenden Worten bedachte Thompson die Vorstellung, Frauen würden freiwillig die Ehe eingehen. »Jeder Mann spannt eine Frau in seinem Haushalt ins Joch und nennt es einen *Vertrag*«, schrieb er. »Unverfrorene Falschheit! Ein Vertrag! Wo findet man bei diesem Geschäft irgendwelche Merkmale von Verträgen, von gleichen und gerechten Verträgen? Ein Vertrag setzt die freiwillige Zustimmung beider Vertragsparteien voraus.« In Wirklichkeit seien Frauen, da sie keinerlei Aussicht hätten, selbst ihren Lebensunterhalt zu verdienen und finanziell unabhängig zu werden, gezwungen zu heiraten, »zu welchen Bedingungen auch immer ihre Herren es wollen, oder sie müssen verhungern: oder wenn nicht völlig verhungern, dann müssen sie zumindest auf jeden Genuss verzichten, den die Männer an sich gerissen haben«.[15] Mit Männern, die alle Macht in Händen hielten, einschließlich derjenigen über die Geldbörse, werde das familiäre Heim zum »ewigen Gefängnis der Frau«.[16]

Das Patriarchat war für Thompson kein neues Thema. Bereits in seiner *Inquiry* hatte er die »heimische Sklaverei der einen Hälfte der Menschheit« beklagt und gefordert: »Gebt Männern und Frauen gleiche bürgerliche und politische Rechte. [...] Lasst das Eigentum beim Tod der Eltern zu gleichen Teilen zwischen allen Kindern, männlichen und weiblichen, aufteilen.«[17] Im *Appell* dehnte er diese Forderung in viele Richtungen aus. Da offenbar kein Briefwechsel zwischen Thompson und Wheeler erhalten geblieben ist, fällt es schwer, bestimmte Bereiche auszumachen, in denen sie seine Ansichten geprägt hat, aber Thompson selbst deutet in seinem einleitenden Brief an, wie umfassend Wheelers Einfluss gewesen sein muss: »Es wäre mir jetzt unmöglich, Ihre Gedanken von den meinen zu trennen, so sehr sind sie mit meinen eigenen verschmolzen [...].«[18]

Seine scharfe Kritik an der Ehe dürfte Wheelers Ansichten und Erfahrungen widerspiegeln. Ein Gebiet, auf dem ihre Stimme besonders klar herauszuhören ist, ist Thompsons Forderung, dass rechtliche und institutionelle Reformen, bei aller Dringlichkeit, von einem grundlegenden Wandel der Anschauungen von Männern über Frauen sowie ihres Verhaltens ihnen gegenüber begleitet sein müssten. »Doch ich höre«, erteilte er Wheeler das Wort, wie »Sie empört den Segen der Gleichberechtigung mit solchen Geschöpfen [ablehnen], wie die Männern es jetzt sind«, mit ihrer »Dummheit und Eitelkeit« und ihren »rein animalischen Begierden«. »Mit Ihnen würde ich beide Geschlechter gleichermaßen erheben«, pflichtete er ihr bei.[19] Aber auch mit eigener Stimme wandte sich Thompson an seine Geschlechtsgenossen:

> »Drei- oder viertausend Jahre haben euren abscheulichen Mantel der Heuchelei fadenscheinig werden lassen. Sogar die Frauen, eure armen, schwachen, zufriedenen Sklavinnen, über deren mangelnde Fähigkeit zur Durchdringung, die Folge eurer schändlichen Ausgrenzungen, ihr zu lachen gewohnt wart, beginnen dies zu durchschauen und vor der darunter verborgenen Abscheulichkeit zu erschaudern. Werft diesen zerrissenen Mantel ab, bevor er euch nackt und bloßgestellt zurücklässt. Kleidet euch in das neue Gewand der Aufrichtigkeit. Seid vernünftige menschliche Lebewesen, nicht bloß männliche Sexualwesen. Legt die wilde Brutalität eurer Natur ab: Gebt die tierischen Freuden, die der bloßen Lust und des Befehls zugunsten der Vergnügungen eines vernünftigen Wesens auf.«[20]

Da der *Appell* als Antwort auf James Mills Aufsatz über das Regieren konzipiert war, befasste er sich überwiegend mit rechtlichen und politischen Themen. Aber Thompson und Wheeler waren sich auch der ökonomischen Entwicklungen bewusst, die die Rolle der Frauen in der Gesellschaft tiefgreifend veränderten. Gewiss waren auch in vorindustrieller Zeit viele Frauen erwerbstätig gewesen. Ein großes Arbeitsfeld von Frauen war die Hauswirtschaft, die Arbeit als Dienerin und Haushälterin bei reichen Leuten. Gleiches gilt für die vorindustrielle gewerbliche Fertigung. Unter dem »Verlagssystem« arbeiteten Frauen in Heimarbeit als Spinnerinnen, Weberinnen, Wirkerinnen und Näherinnen. Für gewöhnlich stellte ein Kaufmann die Rohstoffe bereit und zahlte den Frauen einen Stücklohn, das heißt, je mehr sie produzierten, desto mehr verdienten sie.

Im Zuge der Entstehung des Fabriksystems wurde Heimarbeit zu Außerhausarbeit, und Frauen waren in großer Zahl in den Textilfabriken tätig. Nach einer Schätzung des britischen Parlaments von 1834 waren 58 Prozent der Arbeitskräfte in der Baumwollindustrie Frauen. In der Seidenindustrie war ihr Anteil sogar noch größer: 78 Prozent. In der Wollindustrie betrug er 41 Prozent.[21] Die Mehrheit dieser Fabrikarbeiterinnen war jung. Demselben Bericht von 1834 zufolge waren 16 Prozent von ihnen unter 13 Jahre und 51 Prozent zwischen 13 und 20 Jahre alt. Tatsächlich ist die Geschichte der frühen industriellen Revolution zum großen Teil eine Geschichte junger Arbeiterinnen, auch wenn dies in manchen Geschichtsbüchern nicht so dargestellt wird. In den Fabriken von Manchester und anderer Regionen mit Baumwollindustrie arbeiteten Frauen in Tages- und Nachtschichten, und wenn sie über 16 Jahre alt waren, gab es keine gesetzlich festgelegte Obergrenze für ihre Arbeitszeit. (Erst 1844 beschloss das britische Parlament eine Obergrenze von zwölf Stunden für erwachsene Frauen.)

In den Vereinigten Staaten verlief die Entwicklung ähnlich. In der Textilindustriestadt Lowell in Massachusetts warben die

Fabrikbesitzer auf Farmen und in Dörfern in ganz Neuengland Mädchen im Teenageralter und junge Frauen an. Viele »Fabrikmädchen«, wie sie bald genannt wurden, lebten in großen wohnheimartigen Pensionen, die den Fabrikbesitzern gehörten.[22] Sie arbeiteten fünf Tage in der Woche 12 bis 14 Stunden und am Sonnabend einen halben Tag. Die Arbeit war anstrengend, die Disziplin streng, und die Arbeitsbedingungen waren beengt und ungeregelt. Aber für viele junge Frauen aus Neuengland war die Fabrikarbeit einträglicher als die Tätigkeit auf der elterlichen Farm.

Fabrikbesitzer auf beiden Seiten des Atlantiks schätzten Frauen und Kinder als Arbeitskräfte – wegen ihrer Geschicklichkeit, Nüchternheit und Bereitschaft, niedrigere Löhne als Männer zu akzeptieren. Die Historiker streiten noch immer über das Ausmaß, in dem sie finanziell ausgebeutet wurden. Laut der Wirtschaftshistorikerin Joyce Burnette vom Wabash College, die die dem Parlamentsausschuss von 1834 vorliegenden Zahlen analysiert hat, verdienten Frauen in den Baumwollfabriken von Lancashire 8,60 Shilling pro Woche, während Männer 19,12 Shilling erhielten – ein gewaltiger Unterschied.[23] Aber Burnette weist auch darauf hin, dass Frauen häufig weniger produktive Arbeiten ausführten und dafür in der Regel die marktüblichen Löhne bekamen. Andere Historiker haben diese Aussage mit dem Argument infrage gestellt, Frauen hätten Arbeitsplätze und Löhne häufig aufgrund von Einstellungen und Gewohnheiten erhalten, die sexistische Normen widerspiegelten. In manchen Fällen wurden sie aktiv von gut bezahlten Facharbeitertätigkeiten ausgeschlossen.

Von den Anfängen der industriellen Revolution an betrachteten viele in den Textilfabriken beschäftigte Männer Frauenarbeit als Bedrohung ihrer Arbeitsplätze und Löhne. Besonders ausgeprägt war diese Haltung bei Arbeitern an Spinning Mules, Maschinen zum Ausspinnen von Baumwolle. In Glasgow wurden Frauen, die in dieses Handwerk einstiegen, Opfer gewalttätiger Angriffe. Noch 1829 beschloss eine nationale Versammlung von Spinning-Mule-Arbeitern eine Resolution, in der gefordert wurde, den Zugang zu ihrer Tätigkeit auf »die Söhne, Brüder und verwaisten Neffen von Spinnern und die armen Verwandten der Fabrikbesitzer« zu beschränken.[24]

Niedrige Löhne und Beschäftigungsverbote waren nicht die einzigen Probleme, mit denen Fabrikarbeiterinnen konfrontiert waren. Auch wenn sie einer Lohnarbeit nachgingen, blieben sie für die Kindererziehung und die unbezahlte Hausarbeit verantwortlich. In wissenschaftlichen Aufsätzen und einem Buch aus dem Jahr 2010, *Childhood and Child Labour in the British Industrial Revolution*, hat die Historikerin Jane Humphries von der Oxford University ein fesselndes Bild des Familienlebens in einer Zeit des Umbruchs gezeichnet.[25] Bezahlte Kinderbetreuung war teuer, sofern man überhaupt welche fand. Deshalb mussten sich Mütter, während sie auf der Arbeit waren, häufig darauf verlassen, dass eines ihrer älteren Kinder sich um seine jüngeren Geschwister kümmerte. Um das Familieneinkommen aufzubessern, wurden ältere Kinder jedoch häufig arbeiten geschickt, und viele Väter, ob sie sich nun bei der Arbeit oder in der nächsten Kneipe aufhielten, glänzten in der Familie zumeist durch Abwesenheit.[26]

Als Oberschichtintellektuelle, die sich in hauptstädtischen Kreisen bewegten, kannten Wheeler und Thompson das Leben von Frauen in der neuen Industriewirtschaft kaum aus erster Hand. Thompson beschäftigte sich in seinem *Appell* nicht direkt mit ihrer Lage, insistierte jedoch auf ihrer Gleichbehandlung am Arbeitsplatz. Der erste dazu notwendige Schritt bestand seiner Ansicht nach darin, »alle verbietenden und ausschließenden Gesetze zu beseitigen«, insbesondere das Ehegesetz. »Frauen könnten dann in einer frei gewählten Karriere mit den Männern ihre geistigen und körperlichen Fähigkeiten, in welchem Grad sie auch immer entwickelt sind, im Streben nach Glück durch Anstrengung ausüben, genauso wie es die Männer tun.«[27]

Diese Worte finden sich am Ende von Thompsons einleitendem Brief an Wheeler, in dem er ihrer beider Botschaft über die

Gleichheit der Geschlechter zusammengefasst und mit dem übergreifenden utilitaristischen Projekt verknüpft hatte, der Schaffung einer gerechteren, vernünftigeren Gesellschaft, eines »umfassenderen Systems, das auf gleichem Wohlwollen, auf der wahrhaftigen Entwicklung des Prinzips der Nützlichkeit beruht«. Einfach nur die rechtlichen Rahmenbedingungen für Frauen und Männer einander anzugleichen, betonte er, sei nicht genug, um dieses Ziel zu erreichen, denn es würde andere nichtegalitäre Aspekte des »Wettbewerbs«, das heißt des Kapitalismus, unangetastet lassen. Orthodoxe Ökonomen würden diese Realität ignorieren und »die große Masse der Menschen der ewigen Unwissenheit und Mühsal« überlassen. Diese Passage endet mit beschwörenden Worten: »Einer neuen Wissenschaft, der *Sozialwissenschaft* oder der Wissenschaft von der Erzeugung des menschlichen Glücks muss jene der politischen Ökonomie oder der bloßen Wissenschaft von der Erzeugung des Wohlstands durch individuellen Wettbewerb Platz machen.«[28]

Wheeler setzte sich mit aller Kraft für beide Teile dieses großen Projekts ein, für die Frauenemanzipation sowie die Umgestaltung der Gesellschaft auf einer egalitäreren Basis. In den 1820er-Jahren kam sie in Kontakt mit Robert Owen und Charles Fourier. Die erhaltenen Briefe an sie zeigen, dass Wheeler ihre Ansichten ihnen gegenüber ebenso offen ausdrückte wie gegenüber Thompson. So klagte sie in einem Brief an Owen, den Menschen sei »bisher nichts gelehrt worden als die schädlichsten Fehler«, um anschließend die organisierte Religion, den Patriotismus und die Verfolgung »schrittchenweiser Reformen« zu kritisieren.[29] Eine Zeit lang lebte sie mit ihren beiden erwachsenen Töchtern in Paris, wo sie ein ähnliches politisches und intellektuelles Netzwerk aufzubauen versuchte, wie sie es in Caen geknüpft hatte. Sie lernte Fourier kennen, dessen Vorschläge unabhängiger genossenschaftlicher Gemeinschaften gerade erste Anhänger fanden, und wurde seine Übersetzerin vom Französischen ins Englische und umgekehrt.

Außerdem versuchte sie, die Genossenschaftler von beiden Seiten des Ärmelkanals zur Zusammenarbeit zu bewegen, dabei hatte sie wenig Erfolg. 1826 machte sie Fourier mit einigen Mitgliedern der London Co-operative Society bekannt, allerdings nur dem Ergebnis, dass er sich hinterher bei ihr beklagte: »Sie sind nicht sehr entschlossen und strotzen von Dogmatismus: Die Oweniten sind äußerst schwach.«[30]

Eines war Fourier und den britischen Genossenschaftlern jedoch gemeinsam: die beschwerliche Suche nach Investoren, die bereit waren, ihre ehrgeizigen Vorhaben zu finanzieren. (Erst nach Fouriers Tod im Jahr 1837 sollten einige seiner Anhänger in den Vereinigten Staaten und anderswo Phalansterien aufbauen.) Wie viele Visionäre glaubte Fourier, dass seine Erkenntnisse nicht in vollem Umfang gewürdigt wurden. Wheeler versuchte gelegentlich, ihm den Rücken zu stärken. »Sie empfinden eine gewisse Enttäuschung, wenn Sie sehen, wie wenig die Gesellschaft Ihre großen Anstrengungen wertschätzt«, schrieb sie ihm 1830, »aber ich denke, dies ist notwendigerweise das Schicksal der kleinen Zahl weiser Philanthropen, die sich in solch einen hoffnungslosen Kampf stürzen.«[31]

Zu diesem Zeitpunkt war sie nach dem frühen Tod ihrer älteren Tochter Henrietta – die Thompsons Harlekin-Auftritt in Benthams Haus beschrieben hatte – nach London zurückgekehrt. Die jüngere Tochter, Rosina, heiratete den englischen Aristokraten und Romancier Edward Bulwer-Lytton. Wheeler war jetzt Anfang 40, aber die Jahre hatten weder ihren Geist abgestumpft noch ihre Ansichten gemäßigt. Bei einem Abendessen mit Rosina und Bulwer-Lytton lernte sie den ehrgeizigen jungen Romancier – und späteren Premierminister – Benjamin Disraeli kennen, der sie in einem Brief an seine Schwester als eine Mischung aus Bentham und Meg Merrilies beschrieb, einer Figur aus dem gleichnamigen Gedicht von John Keats – »Old Meg war ne Zigeunerin / Und lebte auf dem Moor«.[32] Sie sei »sehr klug, aber schrecklich revolutionär«, fuhr er fort. »Sie goss all ihre Systeme in mein Novizenohr, und während sie für die Frauenrechte focht, schimpfte Bulwer auf Systembauer und das schöne Geschlecht, und Rosina spielte mit ihrem Hund.«[33]

Wenn Wheeler einst Hemmungen gehabt hatte, ihre Ansichten öffentlich mit eigener Stimme zu äußern, dann hatte sie diese überwunden. 1829 sprach sie auf einer öffentlichen Versammlung in einer Kapelle nahe dem Finsbury Square in der Mitte Londons über die »soziale Lage der Frauen«.[34] Sie begann ihre Rede mit einem Hinweis darauf, dass ihr schlechter Gesundheitszustand und »tiefer häuslicher Kummer« – Henriettas Tod – ihrem Geist »viel von seiner Energie und Spannkraft« genommen hätten. Außerdem, fuhr sie fort, falle es ihr schwer,

> »beim Sprechen über die erniedrigte Stellung meines Geschlechts eine gemäßigte Sprache zu verwenden. […] Aber was mir als freudlosester Teil meiner Aufgabe erscheint – ich würde fast sagen, als ›verlorene Hoffnung für mein Unterfangen‹ –, ist mein Zweifel daran, dass dieser und ähnliche Vorträge irgendeine materielle Verbesserung bewirken können, wenn ich sehe, von welcher Fäulnis unsere Institutionen befallen sind, und zwar besonders jene, die nach Rangungerechtigkeit riechen, weil sie Hindernisse für die Hälfte der Menschheit aufrichten: die FRAUEN!«

Auf Argumente eingehend, mit denen damals die Unterdrückung der Frauen gerechtfertigt wurde, wies Wheeler die Ansicht zurück, dass sie geistig und körperlich schwächer als Männer seien. »Alle anatomische Forschung konnte keinen Unterschied ihrer Gehirne feststellen«, erklärte sie. »Beide haben dieselben Wahrnehmungen, ordnen und bewahren Gedanken für das Gedächtnis und die Vorstellungskraft; beide beurteilen, vergleichen und analysieren; tatsächlich lässt sich kein Unterschied feststellen, außer dem, dass die Organe der Frauen im Allgemeinen kleiner sind, aber ebenso den Zwecken genügen, für die sie bestimmt sind.«

Die wahre Ursache für die untergeordnete Stellung der Frauen sei nicht die Biologie, sondern Diskriminierung.

Wie Mary Wollstonecraft hielt sie es für besonders schädlich, dass Mädchen kein angemessenes Bildungsangebot gemacht wurde, sodass sie ihr Potenzial nicht ausschöpfen konnten, worunter letzten Endes auch die Männer litten. »›Wissen ist Macht‹, sagen die Männer«, fuhr sie fort, »damit Frauen unsere Sklaven bleiben, müssen wir sie unwissend halten. Merkwürdig, dass Männer so schlecht kalkulieren! Wer hat nicht schon selbst bei den alltäglichsten Handlungen des Lebens bemerkt, dass Unwissen einen schlechten Diener und einen lästigen Gefährten erzeugt?« Daraus folgerte Wheeler: »Lasst einer Frau eine vernünftige Bildung angedeihen, und das einzige unüberwindliche Hindernis für einen Zustand gesellschaftlichen Glücks, der unserer bemitleidenswerten Spezies bisher unbekannt war, [...] ist beseitigt. Die Klugheit diktiert einen solchen Kurs, die Notwendigkeit erfordert ihn!«

Am Ende der Rede kam Wheeler auf Frances Wright zu sprechen, eine in Schottland geborene Freidenkerin und feministische Aktivistin, die 1825 in die Vereinigten Staaten ausgewandert war, wo sie in Nashoba in Tennessee eine genossenschaftliche Gemeinschaft gegründet hatte und später nach New Harmony in Indiana umgezogen war. Dort gab sie zusammen mit Robert Owens Sohn Robert Dale Owen, der nach der Rückkehr seines Vaters nach Großbritannien in den Vereinigten Staaten geblieben war, eine Zeitung heraus. Sie war bekannt dafür, dass sie sich für die verschiedensten progressiven Anliegen einsetzte, wie die Abschaffung der Sklaverei, Geburtenkontrolle, sexuelle Freiheit, ein liberales Scheidungsrecht und Allgemeinbildung für beide Geschlechter. Diese Anliegen waren auch Wheeler wichtig, und sie wünschte ihr: »Möge sie bei jeder unterrichteten Frau ein Echo finden und in jedem Mann einen Verbündeten!«

Wheelers Rede wurde in der owenitischen Zeitschrift *The British Co-Operator* abgedruckt. Auch mit einer anderen progressiven

Publikation stand sie in Verbindung, der Zeitschrift *The Crisis*, für die sie Artikel aus dem Französischen übersetzte und unter einem Pseudonym selbst einige Beiträge verfasste. In Paris versuchten einige junge Schriftstellerinnen, die Grundsätze des Feminismus mit den Genossenschaftsideen von Saint-Simon und Fourier zu vereinen. In einem Artikel, den Wheeler 1833 übersetzte, erklärte die Pariser Arbeiterin Jeanne Victoire, die mit den Saint-Simonisten verkehrte: »[D]ie Zeit ist gekommen, dass die Frau *ihren Platz* findet«, und dies sei nur unter der Bedingung zu erreichen, »dass wir eine *feste Einheit* bilden«, in der »Frauen aus der privilegierten Klasse« und der Arbeiterklasse zusammenstehen. Nur vereint könnten die Frauen die Macht erlangen, den Männern zu sagen, dass »das soziale Gebäude neu errichtet werden muss«.[35]

Es ist nicht klar, wie viel Kontakt Wheeler und Thompson hatten, als sie älter wurden und Thompsons Gesundheitszustand sich schrittweise verschlechterte. Er starb am 28. März 1833 im Alter von 57 Jahren in seinem Haus in Cork an Komplikationen einer Atemwegserkrankung. Später im selben Jahr schrieb Wheeler einen langen Brief mit einer Lobrede auf ihn, der in einem von Lord und Lady Hampden organisierten literarischen Salon verlesen wurde. Wheeler bezeichnete Thompson als »ergebenen Freund der Menschheit« und »kompromisslosen Unterstützer des Systems gleicher Interessen«. »Die Gesellschaft hat einen großen Mann verloren und die Menschheit einen Freund, einen großen Mann in einem sehr bescheidenen Bürger – einen ambitionierten Mann in einem, der im Verborgenen lebte und starb!« Wheeler pries Thompsons unermüdlichen Einsatz für die Verbesserung der Wohlfahrt der Massen. Das Prinzip des größten Glücks habe »nicht nur seinen Stift geführt, sondern noch die winzigste Handlung im nützlichen, arbeitsamen Leben von Mr Thompson bestimmt«.[36] Nach Ansicht der Historikerin Dolores Dooley belegt dieser Brief die »Innigkeit der Zuneigung«, die sich zwischen Wheeler und Thompson entwickelt hatte.[37]

In seinem Testament bedachte Thompson Wheeler mit einer jährlichen Rente von 100 Pfund. Sein Anwesen hinterließ er der Genossenschaftsbewegung, und seinen Leichnam stellte er der anatomischen Forschung zur Verfügung, »um den Kampf gegen das dumme und regelmäßig äußerst bösartige Vorurteil gegen die öffentliche Untersuchung von Leichen zu unterstützen«.[38] Zu dem Zeitpunkt, als das Testament verlesen wurde, war Thompsons Leichnam allerdings auf Anweisung eines Neffen bereits beerdigt worden. Ein letztes Mal war von der ehrenwerten Gesellschaft von Cork ein Aufschrei der Empörung zu vernehmen, als Dr. Donovan, ein örtlicher Arzt, ihn exhumieren ließ und der Forschung zuführte. Laut Thompsons Biograf Richard Pankhurst erklärte der Arzt später, der Leichnam sei ihm mit der Auflage hinterlassen worden, die »Knochen aufzufädeln« und »als ein Memento der Liebe« an Wheeler zu schicken.[39] Ob dies ein letzter Witz oder eine Provokation des Provokateurs von Glandore war, ist nicht klar. Auf jeden Fall war die Sache damit nicht zu Ende. Thompsons Verwandte fochten sein Testament an, und der Fall beschäftigte jahrzehntelang die irischen Gerichte. Schließlich gewann die Familie, und die Genossenschaftsbewegung konnte Thompsons Land nie in Besitz nehmen.

Wheeler blieb der Bewegung auch nach Thompsons Tod treu, obwohl deren ehrgeizige Pläne sich zerschlugen. Thompsons Bemühungen, in Cork eine prototypische Gemeinschaft zu schaffen, waren ebenso gescheitert wie ähnliche Anstrengungen in England und Frankreich. »Ich bedauere, dass es kein Phalansterium gibt, das es mir erlauben würde, nach Frankreich zurückzukehren und dort zu sterben«, schrieb Wheeler 1836, ein Jahr vor ihrem Tod, an Fourier.[40] Gleichzeitig versicherte sie ihm, dass sein Leben nicht vergeblich gewesen sei. Immerhin habe er die »Genugtuung zu wissen, dass Sie Ihre Rolle in der leidenden und dummen Menschheit, die nach einem langen Weg des Irrtums jetzt zu pervertiert und korrumpiert ist, um Ihren Erlösungsprojekten Hilfe zu leisten, auf edle Weise ausgefüllt haben«.[41]

In den 1830er-Jahren freundete sich Wheeler auch mit den beiden Pariser Feministinnen Desirée Veret und Flora Tristan an. Die Näherin und Saint-Simonistin Veret war Mitgründerin der *Tribune des Femmes*, eines bahnbrechenden Zeitschriftenprojekts, das von Frauen geleitet wurde und dessen Artikel von Frauen stammten. Tristan war eine peruanisch-französische Schriftstellerin, die sich mit einem Buch über eine Reise zu ihrer Familie in Peru einen Namen gemacht hatte. Als sie 1839 London besuchte, um sich ein Bild von der großen Metropole zu machen, führte Wheeler sie durchs Bethlem Royal Hospital, eine neuartige Nervenklinik, zu der auch ein Flügel für kranke Straftäter gehörte. In dem Buch, das Tristan anschließend über ihren Aufenthalt in England veröffentlichte, berichtete sie, dass sie von Wheeler »über alle ein wenig auffälligen Geisteskranken genaue Auskunft erhalten« konnte.[42]

Wheelers Interesse an sozialen Fragen ließ bis zuletzt nicht nach. Im Alter litt sie unter Krankheiten, aber es ist nicht klar, wann sie starb, laut Dooley irgendwann zwischen 1848 und 1851. Wie Thompson hatte auch Wheeler einen großen Teil ihrer Zeit auf Erden dem Ziel gewidmet, eine egalitärere Gesellschaft zu schaffen und die sozialen Spaltungen aufgrund der Klassen- oder Geschlechtszugehörigkeit zu überwinden. Während ihres Lebens wurde ihr nie viel Zustimmung und Anerkennung zuteil. Dennoch stellte ihr Weg vom ländlichen Irland in die Salons von London und Paris, wie Dooley anmerkt, »eine Herausforderung und Gegenposition zu jeder von einer Philosophie des kompetitiven Individualismus beherrschten Gesellschaft« dar.[43]

6

»Nun denn, tretet aus eurer Vereinzelung heraus: Vereinigt euch!«

Flora Tristan und die Universal Workers' Union

Als Flora Tristan London besuchte und mit Anna Wheeler das Bethlem Royal Hospital besichtigte, war sie 35 Jahre alt und lebte als Schriftstellerin in Paris. Einige Monate zuvor hatte sie bei einem Mordversuch ihres getrennt lebenden Ehemannes eine schwere Schussverletzung davongetragen. Die französischen Zeitungen hatten über den am helllichten Tag in der Rue du Bac ausgeführten Anschlag ausführlich berichtet, sodass sie zu breiter Bekanntheit gelangt war. In England war sie jedoch völlig unbekannt. Bei der Besichtigung des Bethlem Royal Hospital begegneten sie und Wheeler unter all den britischen Patienten auch einem Franzosen namens Chabrier, der in dem Krankenhaus festgehalten wurde, weil er glaubte, der Messias zu sein. Chabrier unterhielt sich höflich mit Tristan und versicherte ihr, er sei irrtümlich eingeliefert worden. Seine Äußerungen, erinnerte sich Tristan später, hatten »so viel Weitblick, seine Überlegungen so viel Tiefe, dass ich wirklich glaubte, er sei überhaupt nicht verrückt«.[1]

Einige Zeit später begegnete sie Chabrier erneut. Diesmal war er erregt, und sein Körper zitterte. »Hören Sie«, sagte er eindringlich. »Sie wissen, meine Schwester, *ich bin der Stellvertreter Ihres Gottes, der von Jesus Christus verheißene Messias.* Ich komme, das von ihm vorgezeichnete Werk zu vollenden. Ich komme, alle Knechtschaft zu beenden, die Frau aus der Sklaverei des Mannes, den Armen aus der des Reichen und die Seele aus der Knechtschaft der Sünde zu befreien.« Er hielt Tristan ein selbst gebasteltes Kruzifix entgegen, warf sich ihr weinend zu Füßen und erklärte, sie sei die Heilige Jungfrau. Auf Drängen der Wärter gingen die Besucherinnen hastig an ihm vorbei.[2]

Tristan war selbst eine gläubige Christin mit einem starken Sendungsbewusstsein, und Chabriers Ausbruch änderte ihre Meinung über ihn nicht. Tatsächlich stimmte sie mit der egalitären Einstellung, die er ausgedrückt hatte, zutiefst überein. »Diese Redeweise«, schrieb sie in ihrem Reisebericht, »deutet meiner Meinung nach nicht auf Irrsinn hin. Auch Jesus, Saint-Simon und Fourier hatten so gesprochen.« Bevor die Besucherinnen das Krankenhaus verließen, sahen sie Chabrier zum dritten Mal. Er kniete noch immer auf dem Fleck, auf dem sie ihn zurückgelassen hatten, und betete. »In dieser Haltung war er wirklich schön«, erinnerte sich Tristan. »Ich glaubte, einen neuen heiligen Johannes zu sehen. Ist dieser Mann wirklich verrückt? […] Seine Seele empört sich angesichts der Gemeinheit, der Verdorbenheit und der Scheinheiligkeit, und er kann seine heilige Entrüstung nicht für sich behalten. Ich stellte bei ihm viel Überschwänglichkeit fest, aber die Charakteristika des Wahnsinns konnte ich bei ihm nicht erkennen.«[3]

Flora Célestine Thérèse Henriette Tristán y Moscoso war am 7. April 1803 in Paris geboren. Ihre Mutter, Anne-Pierre Laisnay, war eine Französin aus der Mittelschicht, deren Familie während der Revolution aus Frankreich nach Spanien geflohen war, wo sie Mariano de Tristán y Moscoso heiratete, einen spanisch-peruanischen Offizier, der eine peruanische Division des spanischen Heeres befehligte. Seine Familie war im 17. Jahrhundert von Spanien in die südamerikanische Kolonie gezogen, wo sie zu Reichtum und Einfluss gelangte. 1802 zog das Ehepaar ins vornehme Vaugirard am Rand von Paris, das später ins 15. Arrondissement eingegliedert wurde. Dort kamen zwei Kinder zur Welt: Flora und ein jüngerer Sohn.[4]

Mehrere Jahre später verstarb Mariano plötzlich, ohne ein Testament und eine französische Heiratsurkunde zu hinterlassen, die bewiesen hätte, dass Anne-Pierre seine Frau war. Anscheinend war die Trauung von einem Flüchtlingspriester vollzogen worden, der sie nicht den Behörden gemeldet hatte. Formal war Anne-Pierre eine alleinstehende Mutter ohne Anspruch auf ihr Erbe. Sie war gezwungen, ihr Haus zu verlassen, und zog mit ihren Kindern aufs Land. 1818, als Flora 15 Jahre alt war, zogen sie wieder in die Stadt und mieteten eine Mansarde in der Nähe des Place Maubert auf dem linken Ufer der Seine, damals eine düstere, von Handwerkern, kleinen Ladenbesitzern und Studenten bewohnte Gegend.

Flora begann als Assistentin eines jungen Graveurs namens André Chazal zu arbeiten, dessen Bruder Antoine ein bekannter Künstler war. 1821, mit 17 Jahren, heiratete sie ihn. Später behauptete sie, ihre Mutter habe sie zu der Verbindung mit einem Mann, den sie nie geliebt habe, gezwungen. Aus der Ehe gingen zwei Kinder hervor, es herrschten jedoch bald ständiger Streit und Zank. Als sie Anfang 1825 entdeckte, dass sie zum dritten Mal schwanger war, verließ Flora ihren Ehemann und zog wieder zu ihrer Mutter. Da die Regierung der wiederhergestellten Bourbonenmonarchie unter Ludwig XVIII. das während der Revolution erlassene Scheidungsgesetz aufgehoben hatte, war eine rechtliche Trennung jedoch ausgeschlossen. 1828 starb ihr älterer Sohn, sodass sie mit der Tochter Aline und dem jüngeren Sohn Ernest zurückblieb.

Als uneheliche Tochter und mittellose Mutter, die ihren Ehemann verlassen hatte, begann Tristan, sich als von der respektablen Gesellschaft Ausgestoßene, als Paria zu fühlen. Einigen Berichten zufolge ließ sie ihre Kinder mehrmals für längere Zeit bei ihrer Mutter zurück, um in England als Zofe zu arbeiten.[5] Da ihr der Zugang zu einer höheren Bildung versperrt war, bildete sie sich durch umfangreiche Lektüre selbst. Auf dem linken Ufer der Seine begegnete sie unweigerlich Anhängern von Saint-Simon, der 1825 gestorben war, und nahm an einigen ihrer Versammlungen teil. Laut ihrer Biografin Dominique Desanti hörte sie dort auch Barthélemy-Prosper Enfantin reden, eine charismatische Persönlichkeit, die Saint-Simons technokratischen Ideen eine stärker spirituelle Richtung gegeben hatte.[6] Als früher Unterstützer der Frauenrechte forderte er die Legalisierung der Scheidung und die Ersetzung der »Tyrannei der Ehe« durch ein System »freier Liebe«. (1832 wurde er wegen Gefährdung der öffentlichen Moral zu einem Jahr Gefängnis verurteilt.)

Bei diesen Treffen kam die Katholikin Tristan mit radikalen, säkularen Lehren in Kontakt, und obwohl sie religiös blieb, sollte sie schließlich einige dieser progressiven Ideen in eine frühe Form des christlichen Sozialismus integrieren, der den Glauben an Gott mit einer tiefen Sorge um die Massen verband. Als lebensverändernd sollte sich die zufällige Begegnung mit einem Peruaner herausstellen, der die Familie ihres Vaters in Südamerika kannte.[7] Anschließend schrieb sie an ihren Onkel Juan Pío de Tristán y Moscoso, der einst provisorischer spanischer Vizekönig in Peru gewesen war. Sie stellte sich als seine Nichte vor, was sie mit einer beigefügten Kopie ihrer Geburtsurkunde belegte, und beschrieb ihre schwierigen Lebensumstände. Ihr Onkel akzeptierte sie in seinem Antwortschreiben als »natürliche Tochter meines Bruders« und versprach, ihr Silber aus dem Vermögen seiner Mutter zu schicken, das sie anlegen könne, um ihrer Familie ein bescheidenes Einkommen zu sichern; für die Zwischenzeit wolle er ihr außerdem 2500 Francs senden. Aber er weigerte sich, die Legitimität der Ehe von Floras Eltern anzuerkennen.[8]

Daraufhin beschloss Tristan, nach Peru zu reisen. Sie übergab Aline der Obhut einer Freundin (Ernest lebte damals bei Chazal) und begab sich in Bordeaux an Bord eines Schiffes, das am 7. April 1833, ihrem 30. Geburtstag, in See stach. Sie sollte erst Anfang 1835 nach Europa zurückkehren.[9] Sie war die einzige Frau an Bord, und nach ihrem späteren Reisebericht verliebte sich der Kapitän während der mehrmonatigen Überfahrt in sie und machte ihr einen Heiratsantrag. In Arequipa angekommen, lud ihr Onkel sie ein, bei seiner Familie zu wohnen. Die Legitimität der Ehe ihrer Eltern erkannte er trotz ihres Drängens weiterhin nicht an, erinnerte sie jedoch an das für sie bestimmte Silber, das beachtliche 15 000 Francs wert war. Obwohl Tristan nicht das ganze Erbe in Besitz nehmen konnte, auf das sie ein Anrecht zu haben glaubte, führte die Reise ihr ihre Oberschichtherkunft vor Augen und regte ihre Entwicklung zur Schriftstellerin an. Sie führte während der gesamten Reise ein Tagebuch, das zur Grundlage ihres ersten Buchs werden sollte, des 1838 erschienenen Reiseberichts *Meine Reise nach Peru. Fahrten einer Paria.*[10]

Das Peru, über das Tristan schrieb, hatte kurz zuvor seine Unabhängigkeit von Spanien erlangt, aber seine Gesellschaft spiegelte die brutale Geschichte des Landes unter der Herrschaft der Konquistadoren und ihrer Nachkommen wider. Die Unabhängigkeit hatte die strenge Trennung zwischen Kolonialelite und armer indigener Bevölkerung nicht aufgehoben. Peru war überwiegend ein Agrarland. Gleichwohl gab es in seinen Gebirgen reiche Silbervorkommen, die von indigenen Arbeitern ausgebeutet wurden, die gezwungen waren, ihre Heimat zu verlassen und in den Bergwerken zu arbeiten. In einem kurzen Vorwort »An die Peruaner« berichtete Tristan, dass sie herzlich aufgenommen worden sei, kündigte, direkt an die peruanischen Eliten gewandt, zugleich aber an, dass sie kein Blatt vor den Mund nehmen würde. »Die Oberschicht ist zutiefst verdorben«, schrieb sie, und »aus Habsucht, Machtlust und anderen Leidenschaften verführt ihr Egoismus sie zu den antisozialsten Unternehmungen«. Dagegen stünden Armut und »Erniedrigung« der gewöhnlichen Peruaner, weshalb sie deren reiche Landsleute aufrief, den Armen zu helfen, sich selbst zu helfen, anstatt sie zu unterdrücken und ihre potenzielle politische Macht zu fürchten. »Wenn jeder lesen und schreiben gelernt hat«, glaubte sie, »wenn die öffentliche Presse bis in die Hütten der Indianer vorgedrungen ist, werden Sie, nachdem Sie im Volk auf Richter gestoßen sind, deren Tadel Sie fürchten und deren Wählerstimmen Sie suchen, die Tugenden erwerben, die Ihnen jetzt fehlen.«[11]

Tristans Reisebericht enthält sowohl detaillierte Schilderungen ihrer Abenteuer, einschließlich eines kurzen Bürgerkriegs, dessen Augenzeugin sie wurde, als auch allgemeinere Analysen. So gab sie dem ausbeuterischen Charakter des spanischen Kolonialismus, der bei der Elite eine Geringschätzung produktiver Arbeit hervorgerufen habe, die Schuld an den Übeln der peruanischen Gesellschaft. Vor der Unabhängigkeit hätten viele Angehörige dieser Schicht ihre Vermögen mit »Ämterschacher, [...] Handel und besonders Schwarzhandel und schließlich [...] Ausbeutung der Edelmetallminen« gemacht, »nur ein sehr geringer Teil dieser Vermögen kam aus der Landwirtschaft«. Als Gegenbild zu diesem kolonialen Erbe führte sie das »englisch besiedelte Amerika« an, wo »entweder Landwirtschaft oder ordentlicher Handel Reichtum hervorbrachte« und er daher »einigermaßen gleichmäßig verteilt« sei.[12] Diese Analyse war zweifellos etwas zu einfach, aber 2001 sollten die Harvard-Wissenschaftler Daron Acemoglu, Simon Johnson und James A. Robinson in Bezug auf die ökonomischen Folgen des Kolonialismus einen ähnlichen Gegensatz konstatieren und zwischen extraktiven Institutionen, wie sie die Spanier in Lateinamerika geschaffen hatten, und inklusiveren Institutionen, einschließlich eines unabhängigen Rechtssystems, wie sie die Briten in Nordamerika und Australien aufgebaut hatten, unterscheiden.[13] Tristan war keine Akademikerin, sondern Autodidaktin, aber sie hatte einen scharfen Blick. (2024 erhielten Acemoglu, Johnson und Robinson den Wirtschaftsnobelpreis.)

In noch größerem Maß als die Briten in Indien waren die Spanier in Peru und anderen lateinamerikanischen Ländern in erster Linie daran interessiert, so schnell wie möglich deren Reichtümer zu heben und nach Spanien zu verschiffen, und nicht daran, die auf lange Zeit besetzten Gebiete zu entwickeln. Die spanische Krone vergab für bevorzugte Güter Monopole, erließ Handelsbeschränkungen, um Konkurrenten fernzuhalten, und zwang die indigene Bevölkerung unter dem berüchtigten Encomienda-System, ihren Kolonialherren Tribute zu zahlen, häufig in Form von

Zwangsarbeit. Offene Sklaverei war in Peru nie so verbreitet wie in anderen südamerikanischen Kolonien, insbesondere in Brasilien. Dennoch wurden für die Arbeit in den Silberbergwerken und der Landwirtschaft viele Tausend Afrikaner ins Land geholt. General José de San Martín, dessen Heer Peru befreit hatte, hatte 1821 den Sklavenhandel verboten, aber die bereits versklavten Menschen nicht befreit.

Tristan beschrieb ihren Besuch auf einer Zuckerplantage, die einem gewissen Monsieur Lavalle gehörte, der 900 Sklaven besaß, 400 Männer, 300 Frauen und 200 Kinder. Vor dem Verbot des Sklavenhandels, erfuhr Tristan von Lavalle, waren es 1500. Er verteidigte auch die routinemäßig gegen Sklaven eingesetzte Gewalt, denn es sei »leider nur allzu wahr, dass sie sich nur unter der Peitsche bewegen«. Bevor sie die Plantage verließ, besuchte sie noch eine Gefängniszelle, in der sie zwei junge schwarze Frauen antraf, deren Babys kurz nach der Geburt gestorben waren. »Die eine aß rohen Mais«, berichtete Tristan, »die andere, die noch jung und sehr schön war, richtete ihre großen Augen auf mich, als ob sie sagen wollte: ›Ich habe mein Kind sterben lassen, weil ich wusste, dass es nicht frei sein würde wie du; es sollte lieber tot als versklavt sein.‹«[14]

Zur selben Zeit, als Tristan Lavalles Plantage besuchte, war das Parlament in London dabei, die Sklaverei im Britischen Empire zu verbieten. Am 1. August 1834 trat das Gesetz über das Verbot der Sklaverei in Kraft, das den Besitz, Kauf und Verkauf von Sklaven untersagte. Natürlich galt das britische Gesetz nicht für Peru, aber Tristan erzählte, wie sie Lavalle – mit demselben Argument, das Adam Smith vorgebracht hatte – davon zu überzeugen versuchte, dass er produktivere Arbeiter bekäme, wenn er seine Sklaven freiließe und ihre Bildung förderte. »All diese schönen Träume sind wundervoll poetisch«, erwiderte Lavalle. »Aber was mich alten Pflanzer betrifft, so muss ich leider sagen, dass sich keine Ihrer schönen Vorstellungen verwirklichen lässt.«[15]

Positives über die peruanische Gesellschaft hatte Tristan fast nur in Bezug auf die Frauen zu berichten, die den Männern »an Verstand und seelischer Kraft überlegen« seien. Obwohl die meisten Peruanerinnen in traditionellen Ehen lebten, hätten sie ihren eigenen Namen und ihre Autonomie behalten; sie gingen allein in Theater, zu öffentlichen Versammlungen und sogar Stierkämpfen. Diese Eigenständigkeit führte Tristan zum Teil auf die traditionelle Kleidung zurück, die viele Peruanerinnen trugen: die *saya*, ein Tuch, das um Hüfte und Taille geschlungen wurde, und den *manto*, einen langen Schal, der den größten Teil des Oberkörpers, einschließlich des Gesichts, verhüllte. Europäische Frauen, bedauerte Tristan, würden »seit ihrer Kindheit durch Gesetze, Sitten, Gebräuche, Vorurteile, Moden, kurz: durch alles versklavt [...], während die Limanerin unter ihrer *saya frei* ist, ihre Unabhängigkeit genießt« und »nie [...] irgendeinem Zwang unterworfen« sei.[16]

Nach der Rückkehr nach Paris nutzte Tristan ihre neu gewonnene finanzielle Unabhängigkeit, um mit ihren Kindern in eine bessere Wohngegend zu ziehen. Sie fand eine Wohnung in der Rue du Bac im 7. Arrondissement, wo sie sich dem Schreiben widmete und erneut Kontakt zu einigen der freidenkerischen Gruppen der französischen Hauptstadt aufnahm. Neben Enfantin und seiner ergebenen Gefolgschaft gehörten die Anhänger des alternden Fourier dazu, die einen eigenen charismatischen Anführer hatten, Victor Prosper Considérant, einen ehemaligen Offizier, der seine militärische Laufbahn aufgegeben hatte, um sich ganz dem politischen Aktivismus zu widmen. Er war Mitgründer und Chefredakteur der politischen Zeitschrift *Le Phalanstère* sowie Autor eines dreibändigen Werks über Fouriers Ideen.[17]

Auch einige feministische Autorinnen, wie die Novelistin George Sand, lernte Tristan kennen. Sie befürwortete die Emanzipation der Frauen und die Neuorganisation der Gesellschaft auf genossenschaftlicher Basis, besaß aber noch keine Plattform, auf der sie ihre Ansichten hätte verbreiten können. Deshalb wurde sie im August 1835 aktiv und suchte Fourier, der damals Anfang 60 war, in seinem Haus in Montmartre auf und zeigte ihm den Entwurf einer Streitschrift, in der sie die Einrichtung öffentlicher Herbergen forderte, in denen ausländische Besucherinnen für einige Zeit unterkommen könnten. (Auf diese Idee war Tristan während ihrer Reisen gekommen.) Im folgenden Monat brachte sie Fourier auf den neuesten Stand und schickte ihm ein Exemplar des fertigen Pamphlets, dessen Druck sie selbst finanziert hatte. Gleichzeitig bot sie ihm ihre Dienste in der Genossenschaftsbewegung an. »Ich kann Ihnen versichern«, schrieb sie ihm, »dass Sie in mir eine für mein Geschlecht ungewöhnliche Stärke finden werden, ein *Bedürfnis*, Gutes zu tun, und eine tiefe Dankbarkeit denen gegenüber, die mir die Mittel bereitstellen, *nützlich* zu sein.«[18]

Sie war ehrgeizig und dachte praktisch. Obwohl sie die Debatten zwischen den Anhängern Saint-Simons und Fouriers verfolgte, war es ihr Hauptanliegen, progressive Ideen in die Tat umzusetzen. Im Oktober 1835 schickte sie Fourier eine weitere Nachricht, in der sie ihn bat, sie mit Considérant »und zwei, drei [...] Damen, die unsere Ideen teilen«, bekannt zu machen.[19] Daraufhin fand ein Treffen statt,[20] und am 1. September 1836 veröffentlichte *Le Phalanstère* einen langen Brief von Tristan, in dem sie einige Vorbehalte gegenüber der fourieristischen Bewegung und ihrer hochgestochenen Sprache äußerte. »Ich sage Ihnen, mein Herr«, schrieb sie, »dass viele, ich eingeschlossen, die Wissenschaft von Herrn Fourier sehr undurchsichtig finden.« Die Hauptaufgabe, vor der Progressive stünden, sei nicht intellektueller, sondern institutioneller Art: Sie müssten eine Massenorganisation schaffen, »eine Organisation, die es dem Menschen, indem sie alle Forderungen seiner Natur erfüllt, erlaubt, [...] sein Glück zu finden«.[21]

Owen besaß Erfahrung darin, eine öffentliche Bewegung aufzubauen. Während eines Besuchs in Paris lud Tristan ihn zu sich ein und diskutierte mit ihm über seine Ideen für die Gründung neuer Schulen für Arbeiterkinder.[22] Wie Owen war sie überzeugt, dass ein breiterer Zugang zur Bildung der Schlüssel zur Beseitigung sozialer und geschlechtlicher Ungleichheit sei. Aber obwohl sie einige Ideen Owens und anderer Gründungsfiguren der sozialistischen Bewegung teilte, wollte sie sich nicht auf eine Gruppe oder ein Glaubensbekenntnis festlegen. »Um jede Fehldeutung zu vermeiden«, schrieb sie später, »erkläre ich, dass ich weder Anhängerin von Saint-Simon, noch von Fourier oder Owen bin.«[23]

Anfang 1838 wurde ihre Reisebeschreibung *Meine Reise nach Peru*, an der sie jahrelang gearbeitet hatte, endlich veröffentlicht, und sie etablierte sich als Schriftstellerin. Aber die Wirkung auf ihre finanzielle Lage war verheerend. Die Zuwendungen, die sie jährlich von ihrem Onkel erhielt, ermöglichten ihr einen gutbürgerlichen Lebensstil: Sie hatte eine geräumige Wohnung, lud zu Soireen ein und ließ sich sogar von einem gerade beliebten jungen Maler porträtieren. Doch als Pío de Tristán von ihren ätzenden Beschreibungen seiner selbst, seiner Familie und seines Landes erfuhr, stellte er die Zahlungen ein und ließ auf einem öffentlichen Platz ein Exemplar der *Reise nach Peru* verbrennen. Sie war wieder zum Paria geworden.[24]

Zudem hatte sich die Beziehung zu ihrem Ehemann weiter verschlechtert. Jahrelang stritt sich das Paar vor Gericht über das Sorgerecht für seine Kinder. 1837 ließ Tristan ihren Mann wegen angeblicher sexueller Zudringlichkeit seiner Tochter gegenüber verhaften. Die Behörden behielten ihn für rund einen Monat in Haft, erhoben am Ende aber keine Anklage gegen ihn.[25]

Chazal war wütend über seine Verhaftung, und die Veröffentlichung der *Reise nach Peru* dürfte ihn zusätzlich aus dem Gleichgewicht gebracht haben. Im Sommer 1838 kaufte er zwei Pistolen und begann, Tristan zu verfolgen. Am Nachmittag des 10. September ging er vor einer Weinhandlung in der Rue du Bac auf sie zu und schoss aus nächster Nähe auf sie. Sie taumelte in ein Geschäft und forderte den Inhaber auf: »Nehmen Sie diesen Mann fest. Er ist derjenige, der mich ermordet hat. Er ist mein Ehemann.« Chazal wurde erneut inhaftiert. Irgendwie überlebte Tristan, trotz der Wunde in ihrer Brust. Die Zeitungsberichte über das Attentat machten sie zu einer Berühmtheit, und die Verkaufszahlen ihres Buchs stiegen an. Chazal wurde wegen versuchten Mordes zu 20 Jahren Zwangsarbeit verurteilt, und nach Verkündung des Urteils annullierte ein Gericht endlich Tristans Ehe.[26]

Während sich Tristan von ihrer Verletzung erholte, verfasste sie einen Roman mit dem Titel *Méphis*, in dem sie die Liebesgeschichte einer spanischen Sängerin namens Marequita, die eine gewisse Ähnlichkeit zur Autorin aufwies (die von einigen ihrer Freunde »die Andalusierin« genannt wurde), und einem geheimnisvollen Italiener namens Méphis, der die Arbeiterklasse repräsentierte, erzählte. Im Mai 1839 reiste Tristan für mehrere Wochen nach England, wo sie sich überwiegend in dessen expandierender Hauptstadt aufhielt. 1840 erschien dann ihr zweites Reisebuch, *Im Dickicht von London*, in dem sie ihre aktuellen Eindrücke schilderte und darüber hinaus Material einfügte, das sich von früheren Besuchen bei ihr angesammelt hatte.

Das Buch beginnt mit der Feststellung: »London – welch eine unermessliche Stadt! Diese Größe, die außerhalb jeder Proportion zur Fläche und Bevölkerung der Britischen Inseln steht, ruft einem sofort sowohl die Unterdrückung Indiens als auch die Überlegenheit des englischen Handels in Erinnerung.«[27] Anna Wheeler war nicht die einzige Einheimische, von der Tristan sich herumführen ließ. Als Türke verkleidet, beobachtete sie eine Nachtsitzung des Unterhauses, zu dem Frauen nicht zugelassen waren. Der irische Nationalist Daniel O'Connell, der die Catholic Association gegründet hatte, um die armen irischen Massen für eine Kampagne zu mobilisieren, die schließlich durchgesetzt hatte, dass Katholiken öffentliche Ämter antreten durften, beeindruckte sie stark.[28] Auch die Pferderennen in Ascot besuchte sie,[29] ebenso wie eines der West End »finishes« – Nachtbars, in denen sich Oberschichtmänner mit Prostituierten aus der Unterschicht trafen. Wie Tristan berichtete, bestand eine der beliebtesten Belustigungen dieser Männer darin, die Frauen betrunken zu machen, um ihnen dann mit Senf und Pfeffer vermengten Essig einzuflößen. Dieser Trank löse »fast immer entsetzliche Krämpfe aus, und die Zuckungen und Verrenkungen der Unglücklichen rufen Gelächter hervor und amüsieren die *ehrenwerte Gesellschaft* unendlich«. Das alles sei »ganz schrecklich! Dennoch ist dieses Leben, das die Freudenmädchen jede Nacht von neuem beginnen, ihre einzige Hoffnung auf ein besseres Los, da sie über einen Engländer in *nüchternem* Zustand keinerlei Macht haben. *Der nüchterne Engländer ist keusch bis zur Prüderie.*«[30]

Tristan war entschlossen, alles zu sehen, was London zu bieten hatte, einschließlich seiner von Menschen wimmelnden Arbeiterbezirke. In St Giles, einem armen irischen Viertel, sah sie »alte Männer, die auf einem Häufchen Mist kauerten, das einmal Stroh gewesen, junge Männer, in Lumpen gehüllt«, und »Bruchbuden«, »eine Art *Hundehütten*«, deren Fußboden »sehr selten [...] mit Steinen ausgelegt« war und in denen »Vater, Mutter, Söhne, Töchter und Freunde alle durcheinander schlafen«.[31] In der Horseferry Road in Westminster besichtigte sie das erste öffentliche Gaswerk der Welt, das den Brennstoff für Straßenlaternen lieferte. Das Gas wurde aus Koks gewonnen, der in großen Brennöfen verbrannt wurde. Tristan beobachtete, wie Heizer »mit langen Gabeln die Öfen [öffneten] und den Koks heraus[zogen], der in Sturzbächen noch ganz brennend in den Keller stürzte«. Ohne jeden Schutz vor Hitze und Staub wurden die Männer binnen weniger Jahre lungenkrank und starben an »Schwindsucht«, erfuhr Tristan von einem Vorarbeiter.[32]

Tristan dehnte ihren Besuch auch über London hinaus aus. »Man muss die Fabrikstädte besucht haben«, schrieb sie, »die Arbeiter in Birmingham, in Manchester, in Glasgow, in Sheffield, in Staffordshire usw. gesehen haben, um sich eine richtige Vorstellung von den körperlichen Leiden und dem moralischen Verfall dieser Klasse der Bevölkerung machen zu können.« Die Arbeiter würden schlecht bezahlt und seien »zwölf bis vierzehn Stunden am Tag in niedrigen Sälen eingeschlossen, wo man mit der abgestandenen Luft Fasern von Baumwolle, von Wolle, des Leinens, Partikel von Kupfer, Blei und Eisen usw. einatmet. Häufig gehen sie von einer unzureichenden Nahrung zur Unmäßigkeit des Trinkens über.« Sie sähen »siech, rachitisch und kränklich« aus, stellte Tristan fest und fügte hinzu: »Ich weiß nicht, ob man den schmerzlichen Gesichtsausdruck, der fast allen Arbeitern eigen ist, der Zermürbung durch die andauernde Müdigkeit oder der düsteren Verzweiflung ihrer Seele zuschreiben soll.«[33]

Tristan fiel die entmenschlichende Organisiertheit und Disziplin der britischen Fabriken auf: »Man hört in den englischen Fabriken nicht wie in den unseren Singen, Plaudern und Lachen. Der Dienstherr will nicht, dass eine Erinnerung an das Leben den Arbeiter auch nur eine Minute von seiner Aufgabe ablenke. Er verlangt Schweigen, und es herrscht Totenstille; so sehr verleiht der Hunger des Arbeiters dem Herren Macht über ihn.« Wenn der Fabrikbesitzer keine Arbeit für ihn habe, sterbe er vor Hunger, »wird er krank, geht er auf dem Stroh seines Elendslebens zugrunde, es sei denn, er wird, dem Tode nahe, in ein Hospital aufgenommen, denn dort aufgenommen zu werden, ist eine Gnade«.[34]

Obwohl Tristan die Behandlung der Arbeiter durch die englischen Fabrikbesitzer beklagte, erkannte sie doch die gewaltige Kraft der von diesen eingesetzten Maschinen. Ähnlich wie Jean-Baptiste Say eine Generation vor ihr war sie überwältigt: »Ich habe eine Dampfmaschine mit 500 Pferdestärken gesehen. Nichts ist schrecklicher und eindrucksvoller als der Anblick der auf solche Eisenmassen übertragenen Bewegung; Eisenmassen, deren kolossale Ausmaße die Vorstellungskraft erschrecken und die die Macht des Menschen zu übersteigen scheinen!« Wenn man sich von dieser Betroffenheit und diesem Schrecken erholt habe, sehe man sich nach dem Menschen um und stelle fest: »Durch die Ausmaße dessen, was ihn umgibt, auf die Größe einer Ameise reduziert, findet man ihn kaum heraus.«[35]

Als Anhänger des freien Markts hatte Say die Produktionskraft der Industrialisierung vorbehaltlos bewundert. Auch Tristan erkannte das enorme Potenzial der Mechanisierung, bezweifelte aber, dass ein auf dem Profitstreben beruhendes Wirtschaftssystem fähig war, neue Technologien zum Nutzen aller anzuwenden. »Wenn ich auch zunächst Demütigung empfand, den vernichteten Menschen vor Augen, der selbst nur mehr wie eine Maschine funktioniert«, bekannte sie, »sah ich doch bald die gewaltige Verbesserung, die eines Tages aus diesen Entdeckungen der Wissenschaft hervorgehen kann: Die Schwerstarbeit wird abgeschafft, die Handarbeit in kürzerer Zeit ausgeführt und dem Menschen bleibt mehr freie Zeit, die Fähigkeiten seines Verstandes zu pflegen.« Doch damit ließ sie es nicht bewenden: »Damit aber diese großen Wohltaten Wirklichkeit werden, ist eine soziale Revolution nötig. Und sie wird kommen! Denn Gott hat den Menschen diese bewunderungswürdigen Erfindungen nicht dazu geoffenbart, damit sie die Heloten einiger Fabrikanten oder Grundbesitzer würden.«[36]

Trotz der Töne, die sie manchmal anschlug, war Tristan jedoch keine Revolutionärin. In Paris gab es natürlich einige echte Umstürzler. Eine dieser Gruppen berief sich auf den Protokommunisten Gracchus Babeuf, der 1797 wegen Verschwörung zum Sturz des Direktoriums, einer Regierung des wohlhabenden Bürgertums, hingerichtet worden war. (»Wir streben von nun an danach, gleich zu leben und zu sterben, wie wir gleich geboren sind: Wir wollen die wirkliche Gleichheit oder den Tod«, hatten Babeuf und seine Genossen in ihrem »Manifest der Gleichen« erklärt.)[37] Im Mai 1839 versuchten Hunderte Mitglieder der babouvistischen Société des Saisons, die Nationalversammlung, das Pariser Rathaus und den Justizpalast zu stürmen. Ihr Ziel war der Sturz der Julimonarchie unter Louis-Philippe I., die 1830 an die Macht gekommen war und das wohlhabende Bürgertum, ihre wichtigste soziale Basis, gefördert hatte. Die Behörden schlugen den Aufstandsversuch ohne Schwierigkeiten nieder und verurteilten zwei seiner Anführer zum Tod, Auguste Blanqui, einen Journalisten italienischer Herkunft, und Armand Barbès, einen Rechtsanwalt. (Das Urteil wurde später in lebenslängliche Haft umgewandelt.) Tristan hatte wenig Sympathie mit Verschwörern. Als Christin lehnte sie Gewalt ab. Außerdem war sie überzeugt, dass der blanquistische Umsturzversuch und frühere gewalttätige Proteste in Lyon der französischen Regierung einen Vorwand geboten hatten, gegen legitime Protestgruppen vorzugehen.

Tristan glaubte an die massenhafte friedliche Organisation von Arbeitern beider Geschlechter. Ihre Vorbilder stammten von den Britischen Inseln, wo zweimal versucht worden war, gewöhnliche Menschen im großen Stil zu mobilisieren: einmal in Irland durch O'Connells Catholic Association und das zweite Mal, während ihres Englandaufenthalts im Jahr 1839, durch die Chartisten, eine Massenbewegung, die eine Petition ans Parlament richten wollte, die dieses aufforderte, die sechs Forderungen ihrer *People's Charter*, zu denen das allgemeine Wahlrecht von Männern und die geheime Wahl gehörten, in Gesetzesform zu gießen. In Dr. Johnson's Tavern, nahe der Fleet Street, nahm Tristan an einem Nationalkonvent der Chartisten teil. Zu den Teilnehmern gehörten der frühere irische Unterhausabgeordnete und Herausgeber des *Northern Star* Feargus O'Connor, der radikale irische Journalist James Bronterre O'Brien und der Mitgründer der London Working Men's Association William Lovett. »O'Connor spricht feurig, energisch«, schrieb Tristan in ihrem Buch über London, »er ist brillant; er regt an; er reißt mit. O'Brien zeichnet sich durch die Richtigkeit seiner Überlegungen, seine Klarheit, seine Besonnenheit und seine gründliche Kenntnis der vergessenen Ereignisse aus.«[38]

In Frankreich gab es nichts Vergleichbares zu den Chartisten, aber davon ließ sich Tristan nicht entmutigen. Sie besuchte Handwerker in ihren Werkstätten und korrespondierte mit Aktivisten, die Arbeiter in kleinerem Ausmaß zu organisieren versuchten.[39] Zu ihren Gesprächspartnern gehörten der Pariser Hufschmied

Jacques Gosset, der Schlosser Pierre Moreau aus Auxerre und der Tischler Agricol Perdiguier aus Avignon. Obwohl Tristan nicht aus der Arbeiterklasse stammte, war ihr Bemühen, die Trennlinien zwischen den Klassen und Geschlechtern zu überwinden, ernsthaft. Sie glaubte, dass die Arbeiter ein großes Potenzial besaßen und sich ihrer kollektiven Stärke nur nicht bewusst waren. Und sie sah ihre – religiös geweihte – Mission darin, ihre Anführerin und Lehrerin zu sein.

Zu diesem Zweck begann sie an einem kurzen Buch zu arbeiten, das 1843 unter dem Titel *Arbeiterunion* erschien. Obwohl französische Kritiker *Im Dickicht von London* als bedeutendes sozialkritisches Buch gefeiert hatten, fiel es ihr schwer, einen Verleger für ein Buch, das sich an die Arbeiter richtete, zu finden. Schließlich beschloss sie, es auf eigene Kosten zu veröffentlichen und Freunde und Bekannte um einen Beitrag zu bitten. Zu den Spendern gehörten Considérant, George Sand und Adolphe Blanqui, ein Bruder des inhaftierten Revolutionärs.[40] Als sie gut 1500 Franc zusammenhatte, brachte Tristan ihr Manuskript, das rund 125 Seiten umfasste, persönlich zur Druckerei.

Das Buch beginnt mit der Aufforderung: »Arbeiter und Arbeiterinnen, hört mir zu.« Seit 25 Jahren, fuhr Tristan fort, hätten einige der »intelligentesten und ergebensten Menschen« des Landes in Studien gezeigt, »dass sich die Arbeiterklasse, so wie die Dinge heute liegen, materiell und moralisch in einer unannehmbaren Lage des Elends und Leidens befindet«. Trotz dieser Mahnungen erkenne die Regierung die Krise nicht als solche an und unternehme nichts, um sie abzumildern. Deshalb falle diese Aufgabe jetzt den Arbeitern selbst zu. »Der Tag des *Handelns* ist gekommen«, schrieb Tristan, »und euch, *euch alleine*, kommt es zu, im Interesse eurer eigenen Sache zu handeln. Für euch geht es um Leben ... oder Tod – um jenen schrecklichen Tod, der jeden Augenblick zuschlägt: *Elend* und *Hunger*.«[41]

Aber was konnten die Arbeiter tun? Gewalt schloss Tristan aus: »Die euch gemäße Aktion ist nicht die Revolte mit der Waffe in der Hand, nicht der Aufruhr auf öffentlichen Plätzen, kein Brandschatzen noch Plündern. Nein, denn die Zerstörung kann eure Übel nicht heilen, sondern nur verschlimmern. Die Unruhen in Lyon und Paris haben dies neuerlich bewiesen.« Es gebe für die Arbeiter nur eine ihnen »gemäße legale, legitime und vor Gott und den Menschen gerechtfertigte Aktion: DIE UNIVERSELLE VEREINIGUNG DER ARBEITER UND DER ARBEITERINNEN«. Allein seien die Arbeiter schwach, aber zusammen seien sie eine Macht. »Nun denn«, forderte Tristan sie auf, »tretet aus eurer Vereinzelung heraus: Vereinigt euch! Die Einheit schafft Stärke. Auf eurer Seite steht die große Zahl, und das ist viel.«[42]

In den 1840er-Jahren waren in Frankreich, im Gegensatz zu Großbritannien, Gewerkschaften verboten. Arbeiter besaßen nicht einmal die Bewegungsfreiheit; sie waren verpflichtet, einen Arbeiterpass (*livret d'ouvrier*) mit sich zu führen, in dem ihre Arbeitsstelle verzeichnet war und beglaubigt wurde, dass sie keine Schulden hatten. Trotz dieses feindseligen Umfelds hatte es in den 1830er-Jahren Bemühungen gegeben, Arbeitervereinigungen aufzubauen, insbesondere in handwerklichen Branchen wie der Druck- und der Textilindustrie, in denen billige Arbeitskräfte und neue Technologien eine Bedrohung darstellten. Aber diese Initiativen waren lokal begrenzt und überwiegend auf Handwerker beschränkt. Sie brachten die Arbeiterbewegung nicht weit über die mittelalterlichen Zünfte hinaus.

Tristan wollte mit ihrem Vereinigungsaufruf die historische Spaltung zwischen Arbeitern verschiedener Berufe und Qualifikationsebenen überwinden. Ihre Union sollte allen Arbeitern offenstehen, die einen Jahresbeitrag von zwei Franc zu zahlen bereit waren. Dafür würde die Union in den Betrieben auf höhere Löhne und bessere Arbeitsbedingungen drängen. In der Politik würde sie sich für eine Vertretung der Arbeiter in der Nationalversammlung einsetzen. In jedem Departement würde sie »Paläste der Arbeiterunion« errichten, Gemeinschaftshäuser, in denen verletzte

Arbeiter medizinisch versorgt werden, Kinder Unterricht bekommen und Alte und Invalide Unterkunft finden sollten.[43]

Ein Schlüsselelement von Tristans Unionsaufruf war seine explizite Klassenbasis. Wenn die Arbeiter ihre inneren Spaltungen überwänden, erklärte sie, könnten sie sich als Klasse organisieren, so wie es die Bourgeoisie 1789 getan habe, als sie »die Rechtsgleichheit für alle anerkannte« und dann nach ihrem Sieg »*in der Praxis* alle Pfründe und Vorteile für sich allein in Beschlag« nahm. Die Universelle Arbeiterunion würde dieses Ungleichgewicht durch die Organisation der Arbeit überwinden und ein »RECHT AUF ARBEIT« fordern. Das einzige Eigentum, das Arbeiter besäßen, seien ihre Arme, und damit sie sich »ihres Eigentums *sicher* und *garantiert* erfreuen« könnten, müsse man ihnen »im *Prinzip* (und in der Wirklichkeit) die *freie Verfügung* und Garantie des Eigentums zugestehen«.[44]

Die Forderung nach einer Arbeitsgarantie war nicht völlig neu. Dass die Unsicherheit der Beschäftigung in einer profitorientierten Wirtschaft ein zentrales Problem darstellte, hatten auch andere sozialistische Autoren erkannt. In einer 1840 erschienenen Broschüre mit dem Titel *Organisation der Arbeit* hatte der Autor und zukünftige Politiker Louis Blanc an die französische Regierung appelliert, die von Konkurrenz zwischen Privatunternehmen geprägte Wirtschaft, die er als ruinös betrachtete, durch ein landesweites System von Werkstätten zu ersetzen, sogenannten Ateliers Sociaux, deren Arbeiter eine Arbeitsplatzgarantie haben und ihre Vorgesetzten selbst wählen sollten. Nach Blancs Vorstellung würden diese in öffentlichem Besitz befindlichen Werkstätten zunächst mit kapitalistischen Unternehmen konkurrieren, um sie schließlich aus dem Feld zu schlagen, weil Beschäftigte von Firmen, in denen sie selbst das Sagen hatten, härter arbeiten würden als diejenigen von Privatunternehmen. Tristans Vollbeschäftigungsvorschlag wies in eine andere Richtung. Statt auf neue, vom Staat geschaffene und von den Arbeitern geführte Werkstätten setzte sie darauf, dass die Beschäftigten der bestehenden Betriebe sich in einer allgemeinen Vereinigung organisieren und die Unternehmer ihr Recht auf Arbeit anerkennen würden.

»Aber, wird man sagen«, räumte sie ein, »was Sie für die Arbeiterklasse fordern, ist *unmöglich.*« Die Unternehmer würden sie »gar nicht anhören«, und da »die Lenker der Regierungsmaschine Eigentümer von Grundstücken und Kapital« seien, würden sie »der Arbeiterklasse niemals solche Rechte zugestehen«. An dieser Stelle kam die Organisierung der Arbeiter zu einer Klasse zum Tragen. »Beachtet«, forderte sie die Arbeiter auf – wiederum unter Verweis auf das Beispiel des Bürgertums nach der Revolution von 1789 –, »welch eine Kraft eine Körperschaft haben kann, die von denselben Interessen zusammengehalten wird. Vom Augenblick an, wo diese Klasse ORGANISIERT IST, wird sie so mächtig, dass sie alle Macht im Lande an sich reißen kann.«[45]

Durch seinen Universalismus unterschied sich Tristans Vorschlag von anderen Bemühungen, die Arbeiterklasse zu organisieren und zu vereinigen. Selbst in Großbritannien, wo Owen und seine Mitstreiter versucht hatten, eine landesweite Arbeiterorganisation aufzubauen, war das Ziel nur gewesen, eine Dachorganisation für verschiedene Vereinigungen zu bilden, nicht, sie zu einer einzigen zu verschmelzen. Tristan stellte sich eine solche einheitliche Organisation mit physischen Repräsentanzen – den Palästen der Arbeiterunion – in jedem Departement Frankreichs vor. Ein weiteres Element, das ihren Vorschlag transformativ machte, war, dass die Universelle Arbeiterunion nicht nur Männern, sondern auch Frauen offenstehen und die »*prinzipielle Rechtsgleichheit* von Mann und Frau als einziges Mittel, die EINHEIT DES MENSCHENGESCHLECHTS zu schaffen«, anerkennen sollte.[46]

In einem Kapitel mit dem Titel »Weshalb ich auf die Frauen zu sprechen komme« vertrat Tristan die Auffassung, dass die Organisierung der Arbeiterinnen notwendig sei, um die gesamte Arbeiterklasse zu vereinen und die Ungerechtigkeiten der Vergangenheit zu überwinden. »Bis jetzt hat die Frau in den menschlichen

Gesellschaften nichts gegolten«, stellte sie fest. »Was waren die Ergebnisse? Der Priester, der Gesetzgeber, der Philosoph haben sie wie eine *wirkliche Paria* behandelt. Die Frauen (die Hälfte der Menschheit) wurden außerhalb der Kirche, außerhalb des Gesetzes, außerhalb der Gesellschaft gestellt.«[47] Damit erwies sich Tristan als Nachfolgerin von Mary Wollstonecraft und Anna Wheeler, und wie diese frühen Feministinnen untermauerte sie ihre moralischen Argumente mit einem Appell an das Eigeninteresse der männlichen Arbeiter.

Unterschichtfrauen, schrieb Tristan, hätten »so viele Anlässe, sich zu ärgern« – überhebliche Männer, gierige Arbeitgeber, unartige Kinder –, dass sie häufig »hart, böse und manchmal brutal« seien, was ihre Ehemänner dazu bringe, in Kneipen Zuflucht zu suchen.[48] Direkt an die männlichen Arbeiter gerichtet erklärte sie, sie könnten diesen Zustand am besten auflösen, indem sie dafür sorgten, dass ihre Frauen und Töchter »eine vernünftige und gründliche Erziehung erhielten, die alle guten Neigungen in ihnen zu entwickeln geeignet ist«.[49] Wenn sie Frauen als Gleiche behandeln und ermuntern würden, ihre Talente zu entfalten, hätten sie »gebildete, gut erzogene Frauen zu Schwestern, zu Liebenden, zu Gattinnen, zu Freundinnen, und der tägliche Umgang mit ihnen wäre für [sie] um vieles angenehmer«.[50]

Diese Passage spiegelt unverkennbar Tristans Einsicht wider, dass ihr Vorschlag ohne die Unterstützung der männlichen Arbeiter zu nichts führen würde. Aber ihr Hauptaufruf an sie beruhte auf der Ökonomie und der harten Logik des rohen Kapitalismus. In vielen Berufen, erklärte sie, übten Frauen die gleiche Arbeit aus wie Männer, erhielten aber nur den halben Lohn. Die Männer würden diese Ungleichheit mit dem Argument rechtfertigen, dass sie produktiver seien, doch dies treffe nicht zu: Bei Arbeiten, die Geschicklichkeit und Fingerfertigkeit erforderten, wie das Spinnen, würden Frauen sie häufig übertrumpfen. »Was ist geschehen?«, fragte Tristan. »Die Industriellen sehen, dass die Arbeiterinnen *schneller* und *zum halben Lohn arbeiten* und entlassen daher jeden Tag Arbeiter aus ihren Werkstätten, um sie durch Arbeiterinnen zu ersetzen. Und die Männer kreuzen die Arme und sterben Hungers auf dem Pflaster! So sind die Bosse der Manufakturen in England vorgegangen.«[51]

Zurzeit, fuhr Tristan fort, würden die Männer die Folgen eines ungezügelten Wettbewerbs erleben, aber damit würde es nicht enden: »Wenn man diesen Weg einmal eingeschlagen hat, wird man bald die Frauen ersetzen und sie durch *zwölfjährige* Kinder ersetzen. Wieder spart man die *Hälfte der Löhne.* Schließlich geht man dann so weit, nur noch Kinder von *sieben* oder *acht Jahren* anzustellen. Lasst eine Ungerechtigkeit durchgehen, und ihr könnt sicher sein, dass sie tausend andere nach sich zieht.«[52] Die einzige dauerhafte Lösung dieses Problems, erklärte Tristan, sei die Schaffung einer Vereinigung, die stark genug sei, um alle Arbeiter zu schützen, Männer wie Frauen, und Vollbeschäftigung mit existenzsichernden Löhnen durchzusetzen. »Im Namen *eures eigenen Interesses, Männer*«, beschwor Tristan die Arbeiter, »*im Namen eurer Besserstellung,* schließlich im Namen des *allgemeinen Wohlergehens aller Männer und Frauen* fordere ich euch auf, Rechte für die Frau zu verlangen und sie ihr vorläufig zumindest *im Prinzip zuzugestehen.*«[53] Wenn die Arbeiter ihrem Aufruf folgten, sagte Tristan voraus, würde in 25 Jahren in den französischen Gesetzen die »ABSOLUTE GLEICHHEIT *von Mann und Frau*« festgeschrieben sein. »Söhne von [17]89«, beschwor sie die Männer, »dies ist das Werk, das auszuführen euch eure Väter hinterlassen haben!«[54]

Die Reaktionen auf Tristans *Arbeiterunion* waren gemischt. Manchen Gewerkschaftsaktivisten behagte es nicht, von einer Oberschichtfrau belehrt zu werden. Andere Leser waren empfänglicher für ihre Botschaft, wiesen aber die Charakterisierung mancher Arbeiter als Trinker zurück. Perdiguier, der Tischler aus Avignon, warf Tristan vor, die Autorschaft einer Idee zu beanspruchen, die auch andere, einschließlich seiner selbst, vorgebracht hätten.[55] Ein anonymer Rezensent der progressiven Zeitschrift

L'Atelier mokierte sich mit offen sexistischen Worten über Tristan: »O'Connell im Rock, wer weiß? […] Die Freie Frau, die Frau Messias, deren Kommen Enfantin der Offenbarer uns angekündigt hat.« Linksaußen tat Étienne Cabet, ein Schüler von Blanqui, Tristans Absicht, die Arbeiterklasse zu vereinen und auf friedlichem Wege die Macht zu erringen, als naiv ab.[56]

Andere nahmen das Buch besser auf. Considérant veröffentlichte in der Zeitschrift *Le Phalanstère* einen Auszug und eine Rezension.[57] Da Tristan Exemplare des Buchs an Werkstätten in ganz Paris verteilt hatte, weckten ihre Ideen das Interesse einiger Arbeiter und Aktivisten. Zu ihnen gehörte der deutsche Exilant Arnold Ruge, ein Mitarbeiter des jungen Karl Marx. Ruge, der an den wöchentlichen Treffen teilnahm, zu denen Tristan in ihre Wohnung in der Rue du Bac einlud, war überrascht, dort gewöhnliche Arbeiter vorzufinden, die *Arbeiterunion* gelesen hatten. Die Autorin beeindruckte ihn durch ihre »große Gestalt und ihre edlen Züge, belebt durch feurige schwarze Augen«, die »ihre Rede doppelt wirksam« machten.[58]

Die gemischte Reaktion auf Tristans Buch war nicht überraschend. Sie war eine Frau, ihr fehlte der Rückhalt einer politischen Organisation, und manche ihrer Ideen erschienen vielen als undurchführbar. Der Vorschlag, überall im Land Paläste der Arbeiterunion zu errichten, war durch keine richtige Kostenschätzung unterfüttert, und es war eher Wunschdenken, anzunehmen, man könnte durch individuelle Beiträge genügend Geld zusammenbringen. Bei einem der Treffen in Tristans Wohnung wies der Gewerkschaftsaktivist André Saive, der einen Hilfsverein auf Gegenseitigkeit für Hutmacher gegründet hatte, darauf hin, dass die meisten Arbeiter zu arm waren, um den von Tristan vorgeschlagenen Jahresbeitrag von zwei Francs leisten zu können. »Sie kennen die Arbeiter immer noch nicht gut genug, Madame«, fügte er hinzu. »Der Arbeiter verdient gerade so viel, wie er zum Überleben braucht.«[59]

Tristan ließ sich von solcher Kritik nicht beirren. In *Arbeiter-*

union gestand sie ein, dass ihr Vorhaben, die Arbeiter und Arbeiterinnen in einer einzigen Vereinigung zu organisieren, eine grandiose Vision war, die sie allerdings für gottgewollt hielt. Aber bloß »ein Buch für das Volk zu schreiben« bedeute, »einen Tropfen Wasser ins Meer zu gießen«. Sie habe immer gewusst, dass sie »nach Veröffentlichung des Buchs ein anderes Werk zu vollbringen« habe: »von Stadt zu Stadt zu gehen« und zu den Arbeitern direkt zu sprechen. »Ich sagte mir«, fuhr sie fort, »dass der Zeitpunkt zum Handeln gekommen ist; und wer die Arbeiter wirklich liebt, wer Leib und Seele ihrer Sache widmen will, kann eine schöne Mission erfüllen. Er muss nur dem Beispiel der ersten Apostel Christi folgen. […] Gott sagt mir, dass es Erfolg haben wird. Daher eröffne ich voll Vertrauen diesen neuen Weg.«[60]

Sie stand zu ihrem Wort. Am 12. April 1844 brach sie auf und fuhr auf Flussbooten und in Kutschen zunächst südöstlich nach Burgund und Dijon und von dort nach Lyon und in die Provence, bevor sie sich nach Nordwesten wandte und durch das Languedoc nach Toulouse und Bordeaux reiste. Wie auf ihrer Perureise war sie allein unterwegs. An manchen Stationen kam sie bei Freunden oder Bekannten unter, aber in vielen Orten musste sie mit einem bescheidenen Hotel vorliebnehmen. Wenn sie in einer neuen Stadt eintraf, sprach sie mit jedem, der bereit war, ihr zuzuhören: mit Arbeitergruppen, Gewerkschaftsaktivisten, Lokalpolitikern und sogar Fabrikbesitzern und Bischöfen.[61]

In dem Tagebuch, das sie während der Reise führte, beschrieb sie, mit welchen Schwierigkeiten sie zu kämpfen hatte. In manchen Städten konnte sie nur schwer Interesse an ihren Ideen wecken. In anderen zog sie große Menschenmengen an. Sie wurde von örtlichen Polizisten und Gerichten schikaniert, die sie als gefährliche Radikale betrachteten. Hinzu kamen Erschöpfung und Krankheit. Aber ihr unbeugsamer Charakter und ihr respektloser Geist trieben sie weiter. Ende September begab sie sich von Toulouse nach Bordeaux. In der Stadt Agen notierte sie ironisch: »Endlich habe ich, wonach ich mich lange gesehnt habe: den Apparat von Polizei und Armee – dreißig Mann, um eine unserer Versammlungen aufzulösen!«[62]

Es war ihr letzter Tagebucheintrag. Als sie in Bordeaux eintraf, der Stadt, von der sie elf Jahre zuvor nach Peru aufgebrochen war, war sie ernsthaft erkrankt, möglicherweise an einer Typhuserkrankung. Ein wohlmeinendes Lehrerehepaar nahm sie auf, und einige ihrer Freunde konnten noch an ihr Krankenbett eilen. Sie starb am 14. November 1844 im Alter von 41 Jahren. Ihr Leichnam wurde nicht nach Paris überführt, sondern auf dem Cimetière de la Chartreuse in Bordeaux beigesetzt. Einige örtliche Arbeiter dienten als Sargträger.

Posthum wurde Tristan als Tribun der Frauen- und der Arbeiterbewegung gefeiert. 1846 gab einer ihrer Bewunderer, der Schriftsteller Alphonse Constant, der später das Pseudonym Éliphas Lévi benutzte, ein Buch mit ihren Schriften heraus: *L'Émancipation de la femme ou le Testament de la paria* (Die Befreiung der Frau oder das Testament einer Paria). Zwei Jahre später wurde auf dem Friedhof in Bordeaux eine weiße Marmorsäule aufgestellt, auf der zu lesen war: »Zum Gedenken an Madame Flora Tristan, Autorin der Arbeiterunion, die dankbaren Arbeiter«.[63]

7

»[E]ins der schäbigsten Evangelien […], die jemals gepredigt worden«

Thomas Carlyle über Mammon und den Cash-Nexus

William Thompson und Flora Tristan glaubten an den Fortschritt. Obwohl sie ein System kritisierten, das die Gesellschaft in feindliche Lager teilte und Arbeitern den vollen Ertrag ihrer Arbeit vorenthielt, bemühten sie sich, neue Formen sozialer Organisation zu schaffen, die es der Menschheit erlauben würden, die moderne Wissenschaft und Technologie für den Aufbau einer gerechteren Welt zu nutzen. Aus den schottischen Lowlands war eine dunklere, schärfere Stimme zu vernehmen, die Industriekapitalismus und Laissez-faire-Ökonomie als moralische Wüstenei charakterisierte, aber auch den demokratischen und sozialistischen Heilmitteln wenig Vertrauen entgegenbrachte; die Mechanisierung, Naturwissenschaften und viele andere Aspekte der Modernität skeptisch beurteilte; die starke Autokraten verehrte und als Vorläufer des Faschismus gefeiert werden sollte. Dennoch wurde diese Stimme in ihrer Zeit von Charles Dickens, Ralph Waldo Emerson und vielen anderen prominenten Figuren geschätzt.

Thomas Carlyle wurde am 4. Dezember 1795 in Ecclefechan geboren, einem Dorf rund 30 Kilometer von Dumfries entfernt. Seine Eltern, ein Steinmetz und eine Hausfrau, waren fromme, gottesfürchtige Presbyterianer, die ihren neun Kindern täglich aus der Bibel vorlasen und hofften, dass ihr Ältester, Thomas, Pfarrer werden würde. Während er die Hügellandschaft um Ecclefechan durchstreifte, entwickelte Carlyle eine lebenslange Liebe zur Natur. Nach dem Besuch einer kostenpflichtigen örtlichen Oberschule studierte er an der University of Edinburgh Mathematik und Moralphilosophie, wonach er einige Jahre als Lehrer arbeitete. Irgendwann war ihm klar geworden, dass er die Pläne seiner Eltern nicht erfüllen konnte: Er glaubte zwar weiterhin an Gott, aber den Glauben an die christliche Kirche hatte er verloren.[1] Er kehrte nach Edinburgh zurück, lernte Deutsch und wurde zu einem Bewunderer der deutschen Literatur, insbesondere Goethes, eines anderen Naturliebhabers. Er beschloss, Schriftsteller zu werden. Um seinen Lebensunterhalt zu verdienen, übersetzte er deutsche Bücher und verfasste Lexikoneinträge. 1827 – er war inzwischen mit der Schottin Baillie Welsh verheiratet – veröffentlichte die *Edinburgh Review* seinen ersten Aufsatz. Sein Thema war der deutsche romantische Romanautor Jean Paul.

Carlyle war ein nervöser Bücherwurm, der unter chronischer Magenverstimmung und anderen Störungen litt, einschließlich Impotenz, von der industriellen Revolution und der Welt außerhalb Schottlands aber kaum einen unmittelbaren Eindruck gewonnen hatte. Er hatte allerdings Meinungen, mit denen er nicht hinterm Berg hielt. Als die *Edinburgh Review* ihn 1829 bat, drei Bücher über den gegenwärtigen Zustand und die künftige Entwicklung der Gesellschaft zu rezensieren, schrieb er einen Aufsatz mit dem Titel »Signs of the Times«, in dem er verkündete: »Würde man uns auffordern, dieses unser Zeitalter mit einem einzigen Epitheton zu charakterisieren, wären wir versucht, es nicht ein heroisches, andächtiges, philosophisches oder moralisches Zeitalter zu nennen, sondern vor allem ein mechanisches.« Dann beschrieb er die Zeichen der Zeit, wie er sie sah:

> »Überall wird der lebendige Handwerker aus seiner Werkstatt vertrieben, um einem schnelleren, unbelebten Platz zu machen. Das Weberschiffchen fällt dem Weber aus der Hand in Eisenfinger, die es schneller hin und her bewegen. Der Seemann rollt sein Segel ein und legt das Ruder nieder und gebietet einem starken, unermüdlichen Diener, ihn auf Dampfflügeln über die Wasser zu tragen. Menschen überqueren mit Dampf Ozeane; der Feuerkönig aus Birmingham [das Dampfschiff]

besucht den märchenhaften Osten [...]. Wir führen Krieg mit der rohen Natur; und gehen durch unsere rastlosen Maschinen stets siegreich und mit Beute beladen aus ihm hervor.«[2]

Natürlich war Carlyle nicht der Erste, der sich über die Wunder der Dampftechnologie und anderer technischer Fortschritte äußerte. Aber er brachte eine frische Perspektive in die Diskussion. Für den Augenblick, schrieb er, überlasse er den »politischen Ökonomen« die Frage, »wie der Reichtum immer größer geworden ist und sich gleichzeitig immer mehr in Massen angehäuft hat«, und konzentriere sich darauf, wie der »mechanische Genius unserer Zeit« ins Reich des »Inneren und Spirituellen« Eingang gefunden habe. Auf individueller wie auf kollektiver Ebene habe die mechanische Verfolgung von messbarem Fortschritt und monetärem Gewinn höhere Werte in den Hintergrund gedrängt. »Die Menschen sind sowohl im Kopf und im Herzen als auch in der Hand mechanisch geworden. Sie haben das Zutrauen in individuelles Streben und in Naturkräfte jeder Art verloren.« In Bildung, Politik und Wissenschaft habe sich dieser Trend verfestigt, und selbst die Religion sei nicht verschont geblieben. »Dies ist kein religiöses Zeitalter«, stellte Carlyle fest, »nur das Materielle, das unmittelbar Praktische, nicht das Göttliche und Spirituelle ist uns wichtig. Das unendliche, absolute Wesen der Tugend ist zu einem endlichen, bedingten geworden; sie ist nicht mehr Anbetung des Schönen und Guten, sondern Kalkulation des Profitablen.«[3]

Die Aufgabe der traditionellen Verankerungen der Gesellschaft, erklärte Carlyle, die Ersetzung des Transzendentalen durch das Praktische sei der Grund für das verbreitete Unbehagen beim Blick in die Zukunft. Einen guten Teil der Schuld daran gab er den utilitaristischen Denkern des mechanischen Zeitalters, den Anhängern von Bentham und Mill, deren Gleichsetzung des Glücks mit materiellem Fortschritt er in eine Reihe stellte mit den Versprechen verblendeter Chiliasten aus allen Zeiten. »In einer solchen Zeit«, fuhr er fort, »war zu erwarten, dass der Furor der Prophetie sich mehr als gewöhnlich regt. Dementsprechend sind auf der rechten Seite die Millenaristen auf den Plan getreten und auf der linken die Milliten, die Prophezeiung der Fifth Monarchy Men aus der Bibel und die Utilitaristen à la Bentham. Die einen verkünden, dass das fünfte Siegel bald gebrochen werde, genauer gesagt im Jahr 1860, und die anderen versichern, das ›Prinzip des größten Glücks‹ sei es, in noch kürzerer Zeit den Himmel auf Erden zu schaffen.«[4]

Die Lehren der Millenaristen und Utilitaristen seien derart unrealistisch, sagte Carlyle in seinem Aufsatz voraus, dass sie sich wahrscheinlich einfach »verflüchtigen und im All verschwinden« würden.[5] Doch im Verlauf der 1830er-Jahre wurde ihm klar, dass der Industriekapitalismus und der Utilitarismus weiter voranschritten. Das britische Große Reformgesetz von 1832 dehnte das Wahlrecht auf viele Angehörige der sich herausbildenden industriellen Schicht aus, und die Ergänzung zum Armengesetz von 1834 wandte die harten Regeln der politischen Ökonomie auf den Arbeitsmarkt an, sodass vielen mittellosen Angehörigen der unteren Schichten nur noch die Wahl blieb, entweder zu verhungern oder in einem der verhassten Arbeitshäuser zu leben, die Dickens in *Oliver Twist* verewigen sollte. Im weiteren Verlauf des Jahrzehnts schlossen sich viele Angehörige der Arbeiterklasse den Chartisten an und forderten politische Rechte, die das Reformgesetz ihnen vorenthalten hatte, darunter das allgemeine Wahlrecht (von Männern).

Während dieser Entwicklung wurde Carlyle zu einer bedeutenden, im In- und Ausland gefeierten literarischen Figur. Im Sommer 1830 erhielt er ein Päckchen von einem Mitglied der Saint-Simonistischen Gesellschaft aus Paris mit einem Exemplar von Saint-Simons *Neuem Christentum*, in dem der französische Philosoph eine neue christliche Brüderschaft der Menschen forderte. Nach der Lektüre von »Signs of the Times« glaubten manche Anhänger Saint-Simons, »in England eine verwandte Seele gefunden zu haben, und in gewissem Maß hatten sie recht«, bemerkt der amerikanische Carlyle-Biograf Fred Kaplan.[6] Wie die französischen utopischen Sozialisten lehnte Carlyle den Materialismus ab, wie sie kritisierte er die herrschende Schicht und forderte eine spirituelle Erneuerung. Im Gegensatz zu Saint-Simon hatte er jedoch kein Vertrauen in die Technologie als Heilmittel. Dennoch hatte er genug für das Anliegen der Franzosen übrig, um Saint-Simons Buch ins Englische zu übertragen.

Carlyles frühe Schriften wurden auch in den Vereinigten Staaten rezipiert, wo der Aufstieg der modernen Naturwissenschaft und die Industrialisierung eine Gegenreaktion in Form einer religiösen Neubelebung und des Romantizismus ausgelöst hatten. Es war die Ära der Zweiten Großen Erweckung, in der der Adventismus und das Mormonentum entstanden. In Intellektuellenkreisen Neuenglands missbilligten Mitglieder der Transzendentalistischen Bewegung das Mechanische und Routinemäßige und priesen die Herrlichkeit der natürlichen Welt, die Einheit zwischen Mensch und Natur und die Möglichkeit der individuellen spirituellen Erlösung.

Der transzendentalistische Dichter und Philosoph Ralph Waldo Emerson las und bewunderte Carlyles frühe Essays über deutsche Literatur. Wie dieser hatte er einen religiösen Hintergrund: Er hatte jahrelang als unitarischer Pastor gearbeitet. Während einer Europareise im Jahr 1833 lernte er John Stuart Mill kennen, der ihm riet, Carlyle aufzusuchen. Emerson reiste nach Schottland und klopfte unangemeldet an die Tür des entlegenen Bauernhauses, das Carlyle und seine Frau bewohnten. Der Mann, der ihm öffnete, war »groß und hager, mit einer klippenartigen Stirn«, erinnerte sich Emerson später, und erwies sich als jemand, der »voller lebendiger Anekdoten« war und einen »überschäumenden Humor« besaß, »der über allem schwebte, was er betrachtete«.[7] Dies war nicht der rührselige Mann, der Carlyles Frau und Familie vertraut war. Carlyle war dankbar, dass Emerson die Reise nach Schottland auf sich genommen hatte, und ging eine dauerhafte Freundschaft mit ihm ein.

Wie die Saint-Simonisten in Frankreich betrachteten Emerson und seine Freunde in den Vereinigten Staaten Carlyle als Seelenverwandten, der die Natur, den Individualismus und die Spiritualität wertschätzte. Man kann darüber streiten, wie weit Carlyle die Ideen der amerikanischen Transzendentalisten teilte, aber er pflegte eine lange Korrespondenz mit Emerson. 1831 veröffentlichte er den Roman, mit dem er seinen literarischen Ruf begründete, *Sartor Resartus*, eine geschliffene Satire, die vorgeblich die Lebensgeschichte eines deutschen Philosophen namens Diogenes Teufelsdröckh erzählt. Einige Jahre später sorgte Emerson dafür, dass das Buch in den Vereinigten Staaten erschien. Auch bei der amerikanischen Drucklegung von Carlyles dreibändiger Geschichte der Französischen Revolution im Jahr 1837 hatte er seine Hand im Spiel. Nachdem er sie gelesen hatte, stellte er fest, Carlyle besitze eine Einbildungskraft, »wie sie seit Shakespeare nie zuvor vor Gottes Angesicht erglänzte«.[8]

Als *Die Französische Revolution* erschien, waren Carlyle und seine Frau von Schottland nach London umgezogen, wo sie ein Haus in der Cheyne Row in Chelsea mieteten. Sie wurden zu festen Größen in der Literaturszene der britischen Hauptstadt und lernten Dickens, Coleridge, Tennyson und andere kennen. Obwohl Carlyle auch mit J. S. Mill und anderen philosophischen Radikalen verkehrte, die eine progressive Fraktion der herrschenden Whigs bildeten, schloss er sich keiner Gruppierung an. Im Unterschied zu vielen Radikalen stand er der Laissez-faire-Ökonomie, dem Utilitarismus und jeder anderen sozialen Verbesserungslehre skeptisch gegenüber. Außerdem setzte er keine großen Erwartungen in die vielen offiziellen und inoffiziellen Untersuchungen, die eine Vielzahl von Aspekten des britischen Lebens beleuchteten – von den Ehegesetzen über die Finanzierung der Kirche von England bis zu den Lebensumständen der Arbeiterklasse – und voluminöse, von Statistiken strotzende Berichte hervorbrachten. »Ein witziger Staatsmann hat gesagt, mit Zahlen könne man alles beweisen«, schrieb er in *Chartismus*, einem längeren Pamphlet von 1839. »Wir haben verschiedene statistische Werke, Flugschriften, Armenhausnachweise usw. durchgesehen [...] – leider mit so gut wie gar keinem Erfolg. [...] Wesentliche Tatsachen von unwesentlichen unterscheiden kann jemand, der die Sache schon kennt und versteht.«[9]

Die politische Bewegung, die Carlyle zum Titel seines Buchs verhalf, entstand aus dem Gefühl der politisch aktiven Elemente der Arbeiterklasse heraus, betrogen worden zu sein. Nach der Verabschiedung des Großen Reformgesetzes und der Ergänzung zum Armengesetz organisierten ihre Anführer eine große außerparlamentarische Bewegung mit dem Ziel, das oligarchische politische System Großbritanniens in eine Demokratie umzuwandeln. Die *People's Charter* von 1838 mit den Forderungen der Bewegung war von der Führung der 1836 gegründeten London Working Men's Association ausgearbeitet worden. Aber die große Stärke der Bewegung war, dass sie von vielen Seiten und aus dem ganzen Land unterstützt wurde, von Gewerkschaften, örtlichen Freundeskreisen, die häufig in Gasthäusern zusammenkamen, radikalen Zeitungen, wie Feargus O'Connors *Northern Star*, und zahllosen Einzelnen.

Im Juni 1839 legten die Chartisten dem Unterhaus eine von 1,3 Millionen Menschen unterschriebene Petition vor, welche die Kammer ohne Beratung zurückwies. Es folgten Großdemonstrationen, bei denen es gelegentlich zu Gewalttätigkeiten kam. In Wales marschierten Tausende von Chartisten durchs Zentrum von Newport und forderten die Freilassung ihrer verhafteten Genossen. Ihnen stellten sich Hunderte freiwilliger Polizisten und regulärer Soldaten eines in der Nähe stationierten Regiments entgegen. In den Kämpfen fielen auf beiden Seiten Schüsse, und über 20 Chartisten kamen ums Leben. Die Anführer des Newport-Aufstands, wie er genannt werden sollte, wurden wegen Hochverrats angeklagt und zum Tode verurteilt. Nach einem landesweiten Aufschrei der Empörung wurden die Strafen in Verbannung nach Australien umgewandelt.[10]

Anstatt auf die Gewalttätigkeiten in Newport oder die Ereignisse, die zu ihnen führten, einzugehen, wählte Carlyle eine breitere Perspektive auf die Bewegung. Im einleitenden Kapitel seiner Schrift mit dem Titel »Die Lage in England« beschrieb er den Chartismus als Folge der »bitteren Unzufriedenheit, die wild und toll geworden ist«. Den Zeitungen zufolge, schrieb er, habe »ein Reformministerium die ›Chimäre‹ des Chartismus auf die glücklichste und erfolgreichste Weise besiegt«. Aber in der Wirklichkeit sei der »lebendige Kern des Chartismus [...] nicht ertötet worden«. Seine Entstehungsgründe seien »schwerwiegend, tiefwurzelnd, weitausgreifend, er hat nicht erst gestern begonnen und wird sicher nicht heute oder morgen verschwinden«.[11]

Die offiziellen Bemühungen, das wirtschaftliche Elend der Arbeiterklasse herunterzuspielen, seien nicht überzeugend, befand Carlyle. Zahlen über die Löhne lägen kaum vor, und die vorhandenen würden nichts über Unterschiede des Einkommens und der Art der Anstellung aussagen, wobei »die zweite Frage, die nach der Beschaffenheit der Löhne, [...] vielleicht noch wichtiger [ist] als die erste nach der Höhe derselben«. Hinzu komme die psychische Belastung durch die Arbeit in der Industriewirtschaft. »Die Gefühle des Arbeiters, seine gesunde Gemütsruhe, seine Mäßigkeit, sein Wohlergehen in dem einen, seine bittere Stimmung, seine Frechheit, sein Branntweintrinken und sein allmählicher Ruin im anderen Falle – wie können Zahlen dies alles darstellen?«, fragte Carlyle. Trotz alldem hätten die Autoritäten ungerührt weitergemacht und eine drakonische Änderung des Armengesetzes beschlossen. Vielleicht hätten sie damit herausfinden wollen, ob arbeitswillige Arbeiter eine Anstellung mit existenzsicherndem Lohn finden könnten, spekulierte Carlyle, um sofort hinzuzufügen: »Der Chartismus ist die Antwort darauf – anscheinend keine bejahende Antwort!«[12]

Carlyle unterstrich, dass der wirkliche Grund für die öffentliche Unzufriedenheit die schlechte Regierung der herrschenden Schicht war, die ihre Pflicht versäumt habe, die sozialen

Normen und wechselseitigen Bindungen zu schützen, die einen wesentlichen Bestandteil der Zivilisation bildeten. Er bezeichnete diese neue Art der Regierung als »Laissez-faire«, das, »als es sein neues Armengesetz gab, den Punkt des Selbstmordes erreicht hat«.[13] Carlyle verstand den berühmten französischen Begriff nicht nur im ökonomischen Sinn, sondern auch in seiner buchstäblichen Bedeutung des Nichtstuns und Die-Dinge-laufen-Lassens, einschließlich der schlechten Dinge. In vorindustrieller Zeit, erklärte er, seien sich Aristokratie und niedere Stände nicht nur als Grundbesitzer und Pächter oder Arbeitgeber und Arbeitskraft gegenübergetreten, »sondern auch in manch anderer Weise, als Soldat und Feldherr, als Clansmann und Häuptling, als treuer Untertan und herrschender König«. In diesem paternalistischen System sei »Bargeld noch nicht das einzige Bindemittel zwischen Mensch und Mensch« gewesen. Doch »[m]it dem vollständigen Triumph des baren Geldes ist eine andere Zeit gekommen«.[14]

Hier beschwor Carlyle zum ersten Mal den Cash-Nexus als Basis der sozialen Beziehungen in der modernen Industriegesellschaft. »O Leser«, rief er aus, »zu welchen Winkelzügen ist die arme Gesellschaft verurteilt, die noch danach ringt, etwas Rechenschaft über sich zu geben, zu Zeiten, wo Barzahlung das einzige Band [»*nexus*«] zwischen Mensch und Mensch ist!«[15] Carlyle war nicht blind gegenüber dem Wohlstand und den neuen Konsumprodukten, die der Industriekapitalismus hervorbrachte, aber er bestand darauf, dass Geld und Materialismus die seelischen Bedürfnisse weder der Reichen noch der Armen befriedigen konnten. »Geld ist ein großes Wunderding«, schrieb er, »dennoch hat es nicht alle Macht im Himmel, selbst nicht auf Erden. ›Angebot und Nachfrage‹ wollen wir auch ehren; und doch, wie viele ganz unerlässliche Nachfragen gibt es, die anderswohin als in die Kaufläden gehen und etwas ganz Anderes als Geld aufweisen müssen, ehe sie ihr Angebot erhalten!«[16]

Wenn die Menschen mehr bräuchten, als Kapitalismus und Utilitarismus zu bieten hatten, woher sollten sie es bekommen? Nach Carlyles Dafürhalten nicht von ihren Herrschern, die im Grunde eingestanden hätten, »dass sie gar nicht dazu da sind, um zu regieren, sondern nur, man weiß nicht was zu tun«. Durch diese »Abdankung von Seiten der Regierenden« sei das Vakuum entstanden, in das die Chartisten und andere Volksbewegungen vorgestoßen seien:

> »Was bedeuten alle Volksaufstände und das tollste Gebrüll von Peterloo bis zur Place de Grève? Gebrüll, unartikuliertes Geschrei wie von einem in Wut geratenen stummen Geschöpf, dem Ohr der Weisheit aber sind sie ebenso viele unartikulierte Gebete: ›Leite mich, erziehe mich! Ich bin toll und elend und kann mich selbst nicht leiten!‹ Sicherlich ist von allen ›Menschenrechten‹ dies Recht des Unwissenden, von dem Weiseren geleitet und mit Sanftmut oder Strenge von ihm auf der rechten Bahn erhalten zu werden, das unbestreitbarste. Die Natur selbst verordnet es von Anfang her […].«[17]

Dies ist eine dunkle Seite von Carlyles politischer Philosophie – die unverblümte Verachtung für gewöhnliche Menschen, die er als »Menge« (*»the multitude«*) bezeichnet. Nach seiner Ansicht waren öffentliche Forderungen nach politischer Repräsentanz lediglich ein sublimierter Ausdruck der Sehnsucht nach effektiverer aristokratischer Herrschaft. Demokratie sei letztlich selbstzerstörerisch, glaubte er: »Es liegt in der Natur der Demokratie, sich selbst aufzuheben und endlich das Resultat ›Null‹ zu geben.« Bestenfalls könne sie eine Zwischenstation auf dem Weg zu einer dauerhafteren, autokratischeren Regierungsform sein: »Nicht nach der Unmöglichkeit: ›Selbst-Regierung einer Menge durch eine Menge‹, sondern nach einer Möglichkeit: ›Herrschaft der Weisesten‹, ringt das verwirrte Europa.«[18]

Der reaktionäre Charakter dieser Passage war offensichtlich. Aber für den Fall, dass Leser sie falsch verstanden hatten oder glaubten, ihr Autor habe sich von seiner eigenen Rhetorik mitreißen lassen, wiederholte Carlyle die zentrale Botschaft:

> »Kann man nicht auch durch allen demokratischen Lärm, durch das Klappern der Kugeln in der Wahlurne und unendlich traurigen Kampf, nötigen und unnötigen, hindurch hören, dass im Grunde überall und zu allen Zeiten dies der Wunsch und das Gebet aller menschlichen Herzen ist: ›Gebt mir einen Führer, einen wahren Führer, nicht einen falschen Scheinführer, einen wahren Führer, dass er mich leiten möge auf dem wahren Wege, dass ich ihm treu sein möge, dass ich ihm Treue schwören und ihm folgen könne und fühlen, dass es gut um mich steht!‹ Die Verbindung der Schüler mit ihrem Lehrer, des treuen Untertanen mit seinem ihn führenden König ist in der einen oder anderen Gestalt das Lebenselement der menschlichen Gesellschaft, ihr unentbehrlich, ihr bleibend. Ohne dies fällt sie wie ein seiner Seele beraubter Körper tot nieder und verschwindet in schrecklicher, abscheulicher Auflösung.«[19]

Carlyle war nicht nur ein Skeptiker, was die Demokratie betraf, sondern auch Rassist und Antisemit. In *Chartismus* sprach er von »pechschwarzen Afrikaner[n]« und »Massen von elenden Irländern« in ihren »Lumpen und [ihrer] lachenden Wildheit«,[20] anderswo von »unersättlichen jüdischen Wucherern«[21]. Dass ein solch prominenter Schriftsteller derart offen seine rassischen und ethnischen Vorurteile ausdrückte, verrät viel über das viktorianische Großbritannien. Anstatt wegen seiner Bigotterie gescholten zu werden, wurde Carlyle als »der Weise von Chelsea« verehrt.

1839 stürzte die britische Wirtschaft in eine Krise, die große Arbeitslosigkeit mit sich brachte und die Anhängerschaft der Chartisten erheblich vergrößerte. In den folgenden zwei Jahren führten Missernten zu steigenden Lebensmittelpreisen, die Arbeiter veranlassten, höhere Löhne zu fordern. In der Folgezeit brachen sporadisch immer wieder politische Unruhen aus. 1842 brachten die Chartistenführer eine zweite Petition ans Parlament auf den Weg, in der sie ihre politischen Forderungen wiederholten und verlangten, die Aufmerksamkeit auf die »elenden und beispiellosen Lebensbedingungen des Volks« zu lenken. Im Sommer 1842 traten in Lancashire und Yorkshire Zehntausende Textilarbeiter in Streik. Um sicherzustellen, dass die Produktion unterbrochen wurde, entfernten einige von ihnen Kesselspunde (*»boiler plugs«*) von Dampfmaschinen. Im August fanden in Manchester mehrere Massendemonstrationen von streikenden Textilarbeitern statt, die, obwohl sie weitgehend friedlich verliefen, als »Plug Riots« bekannt wurden. Die Streikenden forderten höhere Löhne, kürzere Arbeitszeiten und die gesetzliche Umsetzung ihrer Charter. Die Behörden reagierten mit Massenverhaftungen. In der Folgezeit wurden Hunderte von Demonstranten vor Gericht gestellt, und ihre Anführer, einschließlich des Zeitungsherausgebers O'Connor, wurden wegen Anstiftung zum Aufruhr angeklagt.[22]

In dieser unruhigen Atmosphäre beherrschte die von Carlyle aufgeworfene Frage nach der »Lage von England« die politischen Debatten. Er kam nicht sofort auf sie zurück. Nach der Vollendung von *Chartismus* arbeitete er an einer Vorlesungsreihe, die anschließend unter dem Titel *Über Helden und Heldenverehrung und das Heldentümliche in der Geschichte* als Buch veröffentlicht wurde. Am Anfang der ersten Vorlesung entwarf er eine Theorie der Geschichte als Werk von großen Männern: »[N]ach meiner Auffassung ist die Universalgeschichte, die Geschichte dessen, was der Mensch in dieser Welt vollbracht hat, im Grunde die Geschichte der großen Männer, welche darin gearbeitet haben.«[23] Entsprechend waren die Vorlesungen ausgerichtet und geordnet. Nach der ersten, »Der Held als Gottheit«, folgte eine Vorlesung, in der Carlyle unter dem Titel »Der Held als Prophet« Mohammed, den Begründer des Islams, behandelte. Dante und Shakespeare standen im Mittelpunkt von »Der Held als Dichter«, und die Vorlesung »Der Held als König« war Oliver Cromwell und Napoleon gewidmet.

Vor dem Hintergrund von Carlyles Herkunft aus einer calvinistischen Familie und seiner Bewunderung für Autokraten war es vielleicht unvermeidlich, dass er ein Buch über Cromwell, den diktatorischen Lord Protector von Großbritannien nach dem englischen Bürgerkrieg, verfassen würde. Ende 1842 unterbrach er jedoch die Arbeit an dem Projekt, das er nie zu Ende bringen sollte, um ein weiteres Buch über die Lage Englands zu schreiben. Laut seinem Biografen Kaplan wurde er dazu möglicherweise durch einen vom Unterhaus veröffentlichten »Bericht über die sanitäre Lage der arbeitenden Bevölkerung Großbritanniens« angeregt, der unter anderem zeigte, dass Arbeiter im industriellen Manchester deutlich kürzer lebten als Arbeiter im ländlichen Rutland. In einem Brief an den Autor des Berichts, den utilitaristischen Sozialreformer Edwin Chadwick, bezeichnete Carlyle diesen Unterschied in der Lebenserwartung als eine »der furchtbarsten Tatsachen [...] in der Geschichte der Mammon-Anbetung und des Laissez-faire«.[24]

Statt eines weiteren journalistischen Essays im Stil von *Chartismus* brachte Carlyle eine ausführliche Geschichtslektion zu Papier, die er von einer Reihe realer und erfundener Gestalten und einem gottgleichen Erzähler vortragen ließ. Als Titel wählte er *Vergangenheit und Gegenwart.* Mit einem schillernden Wortspiel und typischer Übertreibung erklärte er am Anfang, von den 15 Millionen Arbeitern Englands säßen »ungefähr zwei Millionen in Arbeitshäusern oder Armengefängnissen oder bekommen ein Almosen über die Mauer zugeworfen, weil die Arbeiterhaus-Bastille bis zum Bersten voll ist und das starke Armengesetz durch ein noch stärkeres zertrümmert wird«.[25] Diese wirtschaftliche Not sei eine vernichtende Anklage gegen das politische System. Das Große Reformgesetz und der Bentham'sche Radikalismus seien gescheitert, und der Chartismus sei auf den Plan getreten: »Ganz England steht die Hände ringend da und fragt sich fast mit Verzweiflung: Was soll nun werden?«[26]

Die Krise, betonte Carlyle, sei nicht bloß oder hauptsächlich ökonomischer Art. Vor allem sei es eine moralische Krise. Durch die Annahme der Religion des Geldes habe das Land den Pfad der Tugend verlassen, was unweigerlich katastrophale Folgen haben musste. Geld sei »etwas Wunderbares«, habe aber auch »nie geahnte Verwirrungen und Verdunkelungen der Begriffe« herbeigeführt, »fast bis zur gänzlichen Ausrottung des moralischen Gefühls in großen Massen der Menschheit«.[27] »Schauet«, warnte Carlyle, die biblische Stimme Gottes annehmend, »ihr sollt weiser werden, oder ihr müsst sterben. Ihr sollt der Tatsache der Natur treu bleiben, oder das Chaos wird euch verschlingen. In Wirbelwinden von Feuer sollt ihr mit euren Mammonismen, Dilettantismen, euren midasohrigen Philosophien und doppelläufigen Aristokratien verschwinden!«[28]

Nachdem er den Rahmen abgesteckt hatte, ging Carlyle in der Geschichte zurück in eine gesetztere Gesellschaft, jene der Benediktinermönche in der Bury St Edmunds Abbey in East Anglia im 12. Jahrhundert. Auf die kurz zuvor wieder veröffentlichte Chronik des Mönchs Jocelinus de Brakelonda gestützt, stellte er die Bewohner der Abtei als ergebene, wenn auch einfache Gläubige dar, die mit einer höheren spirituellen Macht im Austausch standen. Den Abt, Samson von Tottington, charakterisierte Carlyle als heroische Figur, die jene Art von Führerschaft an den Tag legte, die seiner Ansicht nach alle großen historischen Gestalten auszeichnete. Vor seinem Amtsantritt, erläuterte Carlyle, sei das Kloster verschuldet und verwahrlost gewesen; es habe in die Gebäude hineingeregnet, und die Mönche hätten sich häufig betrunken. Der strenge, asketische Samson sei zwar wortkarg, aber tatkräftig gewesen und habe die Abtei rasch wieder auf Vordermann gebracht. Die Dächer wurden repariert, die Schulden zurückgezahlt, und die Mönche kehrten zum Gebet und neuem moralischen Dasein zurück.

Carlyles Annahme war ebenso absurd wie klar: Im Klosterleben des fernen 12. Jahrhunderts finde man ein Heilmittel für die anarchische, gottlose Industriegesellschaft, die im 19. Jahrhundert in Großbritannien entstanden war – eine Gesellschaft, in welcher der Cash-Nexus die sozialen Beziehungen bestimme und Kapitalisten wie der fiktive Wurstfabrikant Bobus Higgins aus Houndsditch, der seine Schweine mit verdorbenem Fleisch fütterte, das Sagen hätten. »Mit einem Wort«, fasste Carlyle seine Sicht der Dinge zusammen, »all dieses Mammonevangelium von Angebot und Nachfrage, Konkurrenz, Laissez-faire und der Teufel hole den Letzten, beginnt eins der schäbigsten Evangelien zu werden, die jemals gepredigt worden, oder geradezu das allerschäbigste.« Und sich selbst aufs höchste Podest stellend, fuhr er fort:

> »Wir haben durch und durch und überall vergessen, dass *Barzahlung* nicht die einzige Wechselbeziehung menschlicher Wesen ist, und wir sind der festen Überzeugung, dass *damit* alle Verbindlichkeiten des Menschen abgemacht und erledigt werden. ›Meine hungernden Arbeiter?‹, antwortet der reiche Fabrikant. ›Habe ich sie nicht ehrlich auf dem Markte gemietet? Bezahle ich ihnen nicht bis auf den letzten Heller die bedungene Summe? Was habe ich weiter mit ihnen zu tun?‹ – In der Tat, die Anbetung des Mammons ist eine traurige Religion.«[29]

Carlyles Forderung, das Los der Armen zu verbessern, hatte die Saint-Simonisten dazu gebracht, ihn für einen der ihren zu halten, und mit seiner Beschwörung der »Natur« hatte er die Aufmerksamkeit der amerikanischen Transzendentalisten auf sich gezogen. *Vergangenheit und Gegenwart* überzeugte nun eine neue Generation von Radikalen und Sozialisten davon, dass er wohlmeinende Absichten verfolgte. Doch das tat er nicht. Er verzweifelte an den gewöhnlichen Menschen, an Politikern – wie seiner fiktiven Figur »Sir Jabesh Windbeutel« – und an den Aussichten demokratischer Reformen. Wenn sich etwas ändern sollte, dann war dies seiner Meinung nach nur als Initiative von oben durch eine autoritäre Heldenfigur möglich, einen modernen Cromwell oder Karl August von Sachsen-Weimar-Eisenach. »Oliver Cromwell«, schrieb er, »dessen ihrer Gruft entrissene Leiche man unter dem Galgen zu Tyburn verscharrte, weil er die christliche Religion in unserem Land unausführbar gefunden, bleibt mir bei weitem der merkwürdigste Regierer, den wir seit ungefähr den letzten fünfhundert Jahren gehabt haben.«[30] Auch Karl August, den reformerischen Weimarer Herzog, der Goethe in sein geheimes Consilium berief, sah er als Vorbild: »Ich glaube, dass dieser eine Herzog von Weimar für die Kultur seiner Nation mehr tat, als alle englischen Herzöge und Dukes, die jetzt leben oder gelebt haben, seitdem ihnen Heinrich VIII. die Kirchenländereien schenkte, für die ihre getan haben!«[31]

Carlyle forderte nicht offen eine Autokratie – vielleicht weil er dies für allzu provozierend hielt –, aber er schreckte nicht vor der Aussicht auf sie zurück und scheute sich nicht, vor den Folgen zu warnen, wenn die herrschende Klasse sich nicht besserte. Direkt an die »Hauptleute der Industrie« gerichtet – Bobus Higgins und Konsorten –, hielt er ihnen vor, dass ihre Arbeiter »nicht mehr für [sie] marschieren [wollten], für sechs Pence täglich und nach dem Prinzip von Angebot und Nachfrage. Sie wollen nicht, auch brauchen sie es nicht und können es auch nicht.« Wie die Dinge lägen, verfalle die Gesellschaft »unvermeidlich in grässliche selbstmörderische Zuckung [...]. Gütiger Himmel, genügt uns denn nicht *eine* französische Revolution und Schreckensregierung? Müssen wir deren zwei haben? Es werden auch zwei kommen, wenn sie nötig sind; es werden zwanzig kommen, wenn es nötig ist; es werden gerade so viele kommen, als nötig sind. Die Gesetze der Natur werden sich erfüllen. Das ist für mich Gewissheit.«[32]

Am Ende seines Buchs kehrt Carlyle zum Thema von Krise und Auflösung zurück. In einem Land, in dem »Millionen Menschen kein Getreide zu essen bekommen können«, schrieb er, werde das Volk sich erheben und das »letzte Rebhuhn Englands« – den beliebten Jagdvogel des britischen Adels – erschießen, um etwas zu essen zu haben. Verhindert werden könne dies nur, wenn das Land sich vom Mammon abkehre und unter der Herrschaft eines großen Mannes auf den Pfad der Tugend zurückkehre. Bevor er das Buch mit einer Strophe aus Goethes Gedicht »Symbolum« schloss, verwies er noch einmal auf den Herzog von Sachsen-Weimar-Eisenach: »In Hoffnung auf das letzte Rebhuhn und einen Herzog von Weimar unter unseren englischen Herzögen, wollen wir uns noch eine Weile gedulden.«[33]

In progressiven und literarischen Kreisen kam *Vergangenheit und Gegenwart* im Allgemeinen gut an. Carlyles reaktionäre politische Botschaft ignorierend oder missverstehend, konzentrierten sich die Rezensenten auf die Verurteilung des Industriekapitalismus und der Laissez-faire-Wirtschaft. George Owen, der Herausgeber der owenitischen Zeitschrift *The New Moral World*, zeigte sich erfreut darüber, »ins schillernde, eindrucksvolle Gewand des Carlyleismus gekleidet«, die »wahre Philosophie des Sozialismus« gefunden zu haben.[34] John Stuart Mill rechnete es Carlyle und seiner »entrüsteten Strafrede, die den höheren Klassen ihre Unterlassungssünden gegen die unteren vorhält«, in seinem Aufsatz »Die Rechtsansprüche der Arbeit« von 1845 hoch an, die Notlage der Arbeiterklasse in den Mittelpunkt der Debatte gerückt zu haben.[35]

Der Einfluss von *Vergangenheit und Gegenwart* war nachhaltig. Der viktorianische Kunstkritiker und Universalgelehrte John Ruskin besaß jahrzehntelang ein mit Anmerkungen versehenes Exemplar. Als er es schließlich weggab, erklärte er, dass er es nicht mehr brauche, »weil es ein Teil von mir selbst geworden ist«.[36] In seiner eigenen schonungslosen Untersuchung von Reichtum, Materialismus und politischer Ökonomie in der Aufsatzsammlung *Diesem Letzten* von 1860 ist Carlyles Einfluss unverkennbar. In einem anderen Essay über das Wesen von Wert und Reichtum erwähnte er dessen Schriften ausdrücklich und bemerkte über sie: »Alles, was zu sagen war, ist bereits gesagt worden, und weit besser, als ich es jemals wiederholen könnte.«[37] Auch Dickens, der sich auf seine eigene unnachahmliche Weise mit der Lage Englands befasste, gehörte zu Carlyles Bewunderern. Er widmete ihm seinen in einer fiktiven Textilfabrikstadt spielenden Roman *Harte Zeiten* von 1854.[38]

Auch in den Vereinigten Staaten stieß *Vergangenheit und Gegenwart* auf ein positives Echo. »Seit Burke und Milton gab es nichts Vergleichbares mehr«, schrieb Emerson in *The Dial*, dem Sprachrohr der Transzendentalisten. Er pries Carlyle als einen Schriftsteller, der »in einem Zeitalter von Mammon und Kritik« niemals zulasse, »dass sich das Auge seines Wunders schließt [...]. Er kann sein Auge nicht abwenden von der gütigen Unendlichkeit, die uns umgibt.« Einen gewissen Vorbehalt hatte Emerson allerdings gegen Carlyles hochtrabenden Stil: Die »gewohnheitsmäßige Übertreibung des Tons ist zwar anregend, ermüdet aber auch.« Auf seine »merkwürdige halbverrückte Weise« habe Carlyle dennoch das Reich literarischer Größe betreten und sei unbestreitbar zum »Verfechter Englands« geworden.[39] Emersons enger Freund Henry David Thoreau pflichtete ihm bei. »Was den Redefluss und die Beherrschung der englischen Sprache angeht, ist er ein unvergleichlicher Meister«, schrieb er in einem 1847 erschienenen Aufsatz über Carlyle und seine Werke. Er vergab ihm sogar seine Übertreibungen: »Wer nicht zu übertreiben vermag, ist nicht geeignet, die Wahrheit auszudrücken.«[40]

Die Transzendentalisten waren nicht die einzigen Amerikaner, die sich von Carlyle anregen ließen. Im Süden der Vereinigten Staaten priesen einige Verteidiger der Sklaverei einen Autor, der ihre Ansicht teilte, dass der auf freier Lohnarbeit und Profitstreben beruhende Industriekapitalismus einen ungerechtfertigten Eingriff in die natürliche Ordnung der Gesellschaft darstelle. 1848 veröffentlichte die Zeitschrift *The Southern Quarterly Review*, die in Charleston erschien, einen Artikel über Carlyles Werke, in dem es hieß: »Der Geist Thomas Carlyles ist im ganzen Land zu spüren.«[41] Im folgenden Jahr erschien in *Fraser's Magazine* anonym ein Aufsatz Carlyles mit dem Titel »Die Negerfrage«. Vorgeblich handelte es sich um eine öffentliche Ansprache, in der ein unbekannter Redner den wirtschaftlichen Niedergang der britischen

Westindischen Inseln seit der Aufhebung der Sklaverei beklagt hatte. Ihr Text sei in der Niederschrift eines unehrenhaften Reporters überliefert, wie der ebenfalls anonyme Herausgeber den Lesern mitteilte, eines »Dr. Phelim M'Quirk«, der ihn zurückgelassen habe, als er sich, ohne seine Miete zu zahlen, aus dem Staub gemacht habe. »Da die Kolonial- und Negerfrage noch lebt und wahrscheinlich für einige Zeit erst recht lebendig werden wird«, rechtfertigte der Herausgeber den Abdruck der Rede, »haben wir den Artikel zu einem billigen Marktpreise angenommen und veröffentlichen ihn, ohne die geringste Verantwortung für die seltsamen Lehren und Einfälle zu übernehmen, die darin zu Tage treten.«[42]

Vielleicht wollte sich Carlyle durch diese Einschränkung für den Fall absichern, dass er als Autor des Aufsatzes erkannt werden sollte, was aufgrund seines einzigartigen Stils nahezu unvermeidlich war. »Da sitzen sie«, beschrieb sein anonymer Redner das Leben der auf den Westindischen Inseln befreiten schwarzen Sklaven, »ihre holden Angesichter bis über die Ohren in Kürbisse vergraben, sie essen das süße Fleisch und schlürfen den Saft, ihre Mahl- und Schneidezähne sind zu immer neuer Arbeit bereit, und die Kürbisse sind billig wie Gras in diesem üppigen Klima. Indessen verfaulen die Zuckerrohrernten ungeschnitten um sie her, weil man keine Arbeiter dingen kann, so billig sind die Kürbisse.«[43] Die Schwarzen als »Wollkopf« diffamierend, sagte der Redner voraus: »Wenn unser Wollkopf nicht hilft, die Gewürze hervorzubringen, so wird er wieder zum Sklaven gemacht werden (ein Zustand, der ein klein wenig weniger hässlich sein wird als sein gegenwärtiger) und wird mit einer wohltätigen Peitsche zur Arbeit gezwungen werden, da andere Methoden wirkungslos blieben.«[44]

Obwohl der Artikel unverkennbar Carlyles rassistische Ansichten wiedergab, bestand sein Hauptzweck darin, die britischen Abolitionisten und Befürworter des freien Marktes wie Adam Smith, der die Ansicht vertreten hatte, freie Lohnarbeit sei effizienter und profitabler als Sklavenarbeit, zu kritisieren. Carlyles anonymer Redner behauptete, dass sich die Aufhebung der Sklaverei in der Karibik, aber nicht nur dort, als ökonomisch katastrophal erwiesen habe. »Ach«, seufzte er, »noch in vielen Provinzen außer den westindischen hat jene unglückselige Vermählung des philanthropischen Liberalismus und der ›trostlosen Wissenschaft‹ solche alles verschlingende Erscheinungen von der Mondkalbsart geboren und ungeheures Weh über uns und die arme zivilisierte Welt von heute gebracht.«[45]

Die Bezeichnung der Ökonomie als »trostlose Wissenschaft« ist eine weitere berühmte Begriffsbildung Carlyles. Es traf zu, dass die Produktion der britischen Zuckerplantagen nach der Verabschiedung des Abolitionsgesetzes stark zurückging, aber Carlyle ließ außer Acht, dass dies vor allem geschah, weil die Plantagenbesitzer sich weigerten, die von den befreiten Sklaven geforderten Löhne zu zahlen, und stattdessen Arbeitsverpflichtete aus dem Ausland, insbesondere aus Indien, einsetzten. Angesichts der Konkurrenz von Plantagen in Kuba und Brasilien, wo die Sklaverei weiterhin bestand, fühlten sich die britischen Plantagenbesitzer ungerecht behandelt. Wahrscheinlich stützte sich Carlyle bei seiner Beschreibung der Situation auf den Westindischen Inseln auf das, was er von einem von ihnen gehört hatte. Gegen Ende seiner Ansprache forderte der Redner die Schaffung neuer Arbeitsbeziehungen auf den Plantagen, die einer Wiedereinführung der Sklaverei gleichkamen. An die befreiten Sklaven gewandt, erklärte er:

> »Jetzt seid ihr keine ›Sklaven‹, und wenn es anders möglich ist, wünsche ich nicht, euch wieder als Sklaven zu sehen, entschieden aber werdet ihr Diener derer sein müssen, die von Natur *weiser* sind als ihr, die zu euren Herren geboren sind, Diener der Weißen, wenn sie (und welcher Sterbliche kann das bezweifeln) von Natur weiser sind als ihr. […] Und wenn ›Sklave‹ wirklich bedeutet ›ein Diener, der fürs Leben gemietet ist‹, fürs

Leben oder auf einen Kontrakt, der von langer Dauer und nicht leicht lösbar ist – so frage ich noch einmal, ob in allen menschlichen Verhältnissen der Kontrakt auf lange Dauer nicht gerade der wünschenswerteste ist, wenn nur erst die rechten Bedingungen für ihn gefunden sind.«[46]

Es dauerte nicht lange, bis Carlyle als Verfasser des Artikels identifiziert wurde. Mill, ein entschiedener Befürworter der Abschaffung der Sklaverei, reagierte umgehend auf den Artikel, indem er dem Herausgeber von *Fraser's Magazine* einen Brief schrieb, der im nächsten Heft der Zeitschrift erschien. »Lehren und Geist« des Artikels, betonte er, dürften »nicht ohne Widerspruch« hingenommen werden.[47] Im Süden der Vereinigten Staaten griffen Sklavereibefürworter den Artikel auf. 1850 druckte die in New Orleans beheimatete monatliche Wirtschaftszeitschrift *DeBow's Review* ihn unter dem Titel »Carlyle über die westindische Emanzipation« ab. In einer Anmerkung erklärte der Herausgeber: »Wenn britische Schriftsteller so sprechen können, ist es Zeit, dass der nördliche Fanatismus innehält und nachdenkt.«[48] Welche Absichten Carlyle mit dem Artikel auch verfolgt haben mag, in den amerikanischen Südstaaten wurde er als gleichgesinnter Verteidiger der Sklaverei gepriesen. Er hätte sich davon distanzieren können, aber er tat es nicht. Stattdessen willigte er 1853 in eine Neuveröffentlichung in England mit einem reißerischeren Titel, der ein rassistisches Beiwort enthielt, ein.

Im 20. Jahrhundert wurde Carlyle aufgrund seiner rassistischen Ansichten und seiner Verehrung von Autokraten zu einem Liebling der äußersten Rechten, einschließlich der nationalsozialistischen Führung in Deutschland. Im Führerbunker las Goebbels, Berichten zufolge, Hitler Auszüge aus Carlyles Biografie Friedrichs des Großen vor.[49] Zu Carlyles Lebzeiten fand indes seine Kritik von Kapitalismus und Materialismus die meiste Aufmerksamkeit. Im Januar 1844 veröffentlichten die *Deutsch-Französi-*

schen Jahrbücher, eine von linken deutschen Exilanten in Paris herausgegebene Zeitschrift, eine Besprechung von *Vergangenheit und Gegenwart*, die mit der Feststellung begann: »Unter allen dicken Büchern und dünnen Broschüren, die im vergangenen Jahr zur Belustigung oder Erbauung der ›gebildeten Welt‹ in England erschienen sind, ist die obige Schrift die einzige, die des Lesens wert ist.« Es folgten lange Auszüge aus dem Buch, nach denen der Rezensent feststellte: »So weit werden wir, wenn wir einige Ausdrücke, die durch Carlyles partikularen Standpunkt hereingekommen sind, abrechnen – ihm vollkommen recht geben müssen.« Die Mängel von *Vergangenheit und Gegenwart* lägen nicht in der Analyse, sondern in der Zukunftsperspektive, die bei Carlyle »unbestimmt und unklar« sei. Er spreche von einer geistigen Erneuerung und der Anerkennung des wahren Werts der Arbeit, erwähne aber die britischen Sozialisten mit keinem Wort; zudem sei seine Analyse mit dubiosen religiösen Argumenten durchsetzt. »Wie gesagt«, fuhr der Rezensent fort, »auch uns ist es darum zu tun, die Haltlosigkeit, die innere Leere, den geistigen Tod, die Unwahrhaftigkeit des Zeitalters zu bekämpfen; mit allen diesen Dingen führen wir einen Krieg auf Leben und Tod, ebenso wie Carlyle, und haben weit mehr Wahrscheinlichkeit des Erfolges für uns als er, weil wir wissen, was wir wollen.«[50]

Autor dieser Besprechung war Friedrich Engels, ein junger deutscher Sozialist, der vor Kurzem nach einem zweijährigen Aufenthalt in Manchester in seine Heimatstadt Barmen zurückgekehrt war. In der Zeit, als er die Rezension über *Vergangenheit und Gegenwart* schrieb, arbeitete er gerade an einem eigenen Buch.

8

»Der Krieg der Armen gegen die Reichen wird der blutigste sein, der je geführt worden ist«

Friedrich Engels und das *Kommunistische Manifest*

In den frühen 1840er-Jahren war Manchester die zweitgrößte Stadt Großbritanniens.[1] Zusammen mit dem angrenzenden Salford hatte es über eine Viertelmillion Einwohner. Seine Skyline war von den hohen Schornsteinen dampfbetriebener Spinnereien geprägt, aus denen schwarze Rauchwolken in den Himmel über Lancashire aufstiegen. Allein in diesen Fabriken arbeiteten Zehntausende Männer, Frauen und Kinder, und neben den Spinnereien gab es noch viele andere Produktionsstätten: Gerbereien, Gießereien, Glaswarenhersteller, Metallwerkstätten. Als Zentrum der Baumwollindustrie war die Stadt außerdem ein florierendes Handelszentrum mit zahllosen Lagerhäusern und einer großen Börse, an der Kaufleute und Händler mit Garnen aller Art handelten. In einer Zeit, in der die Eisenbahn gerade erst zu ihrem Siegeszug ansetzte, hatte Manchester bereits Schienenstränge nach Liverpool (die erste Städteverbindung der Welt) und Leeds vorzuweisen. Eine Trasse über Birmingham nach London befand sich im Bau.[2]

Gegen Ende 1842 traf der 22-jährige Friedrich Engels in Salford ein, um dort in einer Baumwollspinnerei zu arbeiten, deren Miteigentümer sein Vater war. Er stammte aus der Industriestadt Barmen im damals zu Preußen gehörenden Rheinland. Seine fromme lutheranische Familie besaß eine gut gehende Garnbleicherei, aber in den 1830er-Jahren hatte sich Engels' Vater, Friedrich Engels senior, mit seinen Brüdern zerstritten und war eine Partnerschaft mit den niederländischen Brüdern Godfrey und Peter Ermen eingegangen. Anfang der 1840er-Jahre hatte die Firma Ermen und

Engels eine Fabrik in Salford eröffnet, die zu Ehren der damals erst wenige Jahre regierenden britischen Monarchin Victoria Mill getauft wurde.[3]

Engels war ein Kapitalist wider Willen. Als er 17 Jahre alt war, hatte ihn sein Vater gezwungen, vom Gymnasium abzugehen und eine kaufmännische Lehre zu beginnen, zuerst in Barmen und dann in Bremen. Zum Entsetzen seines Vaters vertrat er progressive Ansichten und wollte Schriftsteller werden. In einem 1839 unter dem Pseudonym Friedrich Oswald erschienenen Zeitungsartikel beschrieb er die Bedingungen in den Fabriken im heimatlichen Tal der Wupper, in denen die Arbeiter in »niedrigen Räumen […] mehr Kohlendampf und Staub einatmen als Sauerstoff«.[4] 1841 ging der junge Engels nach Berlin, um seinen Militärdienst abzuleisten. Jenseits des Exerzierplatzes besuchte er Philosophievorlesungen an der Berliner Universität und verkehrte mit einer als Junghegelianer bekannten Gruppe von Radikalen, die das organisierte Christentum und die in Preußen herrschende Hohenzollernmonarchie kritisierten. Der Idealismus Georg Wilhelm Friedrich Hegels, der 1831 gestorben war, bildete den Rahmen ihrer geistigen Erkundungen, aber die Schlachtfelder, auf denen sie fochten, waren Vernunft, Freiheit und Modernität. Obwohl in manchen philosophischen Schlüsselfragen unterschiedlicher Ansicht, waren die Junghegelianer sich in ihrer Ablehnung von religiösem Aberglauben und altem Denken allgemein einig. Engels passte gut in die Gruppe hinein. Statt in der Kaserne wohnte er in einem Privatquartier, legte sich einen Hund zu und betrank sich mit seinen Bekannten. Der Philosoph Bruno Bauer, einer der prominenteren Junghegelianer, bezeichnete die Gruppe als »Bierliteraten«.[5]

Entsetzt über das Verhalten seines Sohns beschloss Engels senior, ihn nach England zu schicken, wo er mit Peter Ermen, der die Victoria Mill leitete, zusammenarbeiten sollte. Sein Sohn gehorchte seinem Befehl, legte aber auf der Reise nach England einen Zwischenstopp in Köln ein, um die Redakteure der linken

Rheinischen Zeitung zu treffen, die bereits anonym einige seiner Artikel veröffentlicht hatte. Ihr jüngst ernannter Chefredakteur war ein ernster junger Mann aus Trier namens Karl Marx. Die beiden verstanden sich offenbar nicht auf Anhieb. Jahrzehnte später beschrieb Engels die erste Begegnung als »sehr kühl«.[6]

Engels bearbeitete im Kontor der Victoria Mill Bestellungen und Rechnungen. Auch wenn er das Geschäftliche gelegentlich als »ein wahres Hundeleben« bezeichnete,[7] konnte er gut mit Zahlen umgehen. Abends und an Wochenenden besuchte er Vorträge in der Hall of Science in Manchester, einer owenitischen Einrichtung, die sich der Erwachsenenbildung, der Selbstvervollkommnung und dem genossenschaftlichen Sozialismus widmete. Zu den Rednern gehörte John Watts, ein ehemaliger Weber, der es zum Schuldirektor gebracht hatte und Autor eines Buchs über die *Facts and Fictions of Political Economists* war, in dem er über die Reglementierung der Fabrikarbeit schimpfte und ausführte, dass ein nur auf pekuniäre Werte gestütztes Wirtschaftssystem zur »Verderbtheit« führen müsse.[8] Laut Tristram Hunt, der 2009 eine höchst informative Engels-Biografie veröffentlichte, wurde »Marx' General«, wie er ihn nannte, außerdem von dem chartistischen Aktivisten und früheren Weber James Leach beeinflusst, der anonym eine Polemik gegen die Bedingungen in den Spinnereien veröffentlicht hatte.[9]

Ein dritter Kritiker des frühindustriellen Kapitalismus, der Engels stark beeindruckte, war Carlyle. Obwohl er dessen konservative Einstellung zu Religion und Politik nicht teilte, bewunderte er ihn dafür, dass er die Heuchelei aufs Korn nahm und kritisierte, was er, Engels, als »die Haltlosigkeit, die innere Leere, den geistigen Tod, die Unwahrhaftigkeit des Zeitalters« bezeichnete.[10]

Neben der Arbeit und der Hall of Science ging Engels eine Beziehung mit der jungen irischen Einwanderin Mary Burns ein, die möglicherweise in der Victoria Mill arbeitete. (Sie wird, je nach Quelle, als Arbeiterin oder Hausmädchen bezeichnet.)[11] Die Beziehung sollte über 20 Jahre bestehen bleiben. (Nach Marys Tod im Jahr 1863 heiratete Engels ihre Schwester Lizzy.) Eine kenntnisreiche lokale Begleiterin an der Seite zu haben muss Engels sehr geholfen haben, insbesondere als er aus journalistischem Interesse einige der ärmsten Viertel der Stadt zu besuchen begann. Das Ergebnis dieser Erkundungen war das 1845 in Leipzig veröffentlichte Buch *Die Lage der arbeitenden Klasse in England*, das heute weithin als klassische Beschreibung der frühen Industrialisierung betrachtet wird.

Es beginnt mit der Darstellung der industriellen Revolution und des Aufstiegs des »Industrieproletariats« in England. Anschließend werden verschiedene Teile von Manchester beschrieben, wie die Old Town, ein am Fluss Irk gelegenes überfülltes Viertel, in dem viele irische Einwanderer lebten. Die Iren gehörten zu den bedürftigsten Einwohnern der Stadt, und für Engels lagen an den zum Irk hinunterführenden schmalen Höfen »unbedingt die scheußlichsten Wohnungen«, die er jemals gesehen hatte. Am Ende eines überdachten Zugangs zu einem der Höfe sah er »einen Abtritt, der keine Tür hat und so schmutzig ist, dass die Einwohner nur durch eine stagnierende Pfütze von faulem Urin und Exkrementen [...] in den Hof heraus können«. Der Irk selbst war »ein schmaler, pechschwarzer, stinkender Fluss, voll Unrat und Abfall« der örtlichen Fabriken und Wohnhäuser. An seinem Ufer erstreckte sich ein »Chaos kleiner, einstöckiger und einstubiger Hütten, von denen die meisten ohne allen künstlichen Fußboden sind – Küche, Wohn- und Schlafzimmer, alles vereinigt. In einem solchen Loche, das kaum sechs Fuß lang und fünf breit war«, berichtete Engels weiter, »sah ich zwei Betten – und was für Bettstellen und Betten –, die nebst einer Treppe und einem Herd gerade hinreichten, um das ganze Zimmer zu füllen. In mehreren andern sah ich *gar nichts,* obwohl die Tür weit offenstand und die Einwohner an ihr lehnten.«[12]

In Vierteln wie der Old Town gab es weder fließendes Wasser noch ein richtiges Abwassersystem. Engels bemerkte, dass es regelmäßig zu Choleraausbrüchen kam. Er beschrieb aber auch etwas gesündere Viertel, wie Ancoats, wo »die meisten und größten Fabriken von Manchester an den Kanälen angelegt [sind] – kolossale sechs- bis siebenstöckige Gebäude, die mit ihren schlanken Rauchfängen hoch über die niedrigen Arbeitercottages emporragen«.[13] In diesem Viertel waren die Straßen gepflastert und besaßen Gullys, und den Einwohnern ging es besser als denjenigen der Old Town, von denen viele nur Tagelöhner und keine fest angestellten Fabrikarbeiter waren. In einem Artikel für die *Rheinische Zeitung* von 1842 räumte Engels ein, dass in Vollzeit arbeitende männliche Fabrikarbeiter in Manchester höhere Löhne erhielten als Arbeiter in Deutschland. »Dort hat der Arbeiter knapp genug, um von Kartoffeln und Brot leben zu können; glücklich, wer einmal die Woche Fleisch bekommt«, stellte er fest. »Hier isst er täglich sein Rindfleisch und bekommt für sein Geld einen kräftigern Braten als der Reichste in Deutschland. Zweimal des Tages hat er Tee, und behält immer noch Geld genug übrig, um mittags ein Glas Porter und abends brandy and water trinken zu können. Das ist die Lebensart der meisten Arbeiter in Manchester bei einer täglich zwölfstündigen Arbeit.«[14]

Diese Passage fügte Engels nicht in sein Buch ein, das er, während er es schrieb, als scharfe Anklage gegen die britische Bourgeoisie charakterisierte, nicht als ausgewogene Darstellung seines Themas.[15] Aber die Anklage war gespickt mit lebendigen Details. Zu den Dingen, die in Ancoats und anderen Arbeitervierteln fehlten, gehörten, wie Engels anmerkte, Mittel- und Oberschichteinwohner. Manchesters Grundeigentümer, er selbst eingeschlossen, wohnten in neu erschlossenen Vierteln am Stadtrand – »in einer freien, gesunden Landluft, in prächtigen, bequemen Wohnungen, an denen halbstündlich oder viertelstündlich die nach der Stadt fahrenden Omnibusse vorbeikommen«.[16] Der Gegensatz der Lebensbedingungen in den beiden Manchesters spiegelte sich, laut Engels, auch in der äußeren Erscheinung ihrer Einwohner wider. Ähnlich wie Flora Tristan und der anonyme Autor des

Black Dwarf vor ihm schrieb er: »Wenn man morgens früh um die Zeit, wo alles an die Arbeit geht, ein wenig durch die Straßen streicht, so erstaunt man über die Menge halb oder ganz schwindsüchtig aussehender Leute, denen man begegnet [...], dieser bleichen, hochaufgeschossenen, engbrüstigen und hohläugigen Gespenster, an denen man jeden Augenblick vorüberkommt, dieser schlaffen, kraftlosen, aller Energie unfähigen Gesichter.«[17]

Aus unerfindlichem Grund beschrieb Engels nicht die Arbeitsbedingungen in der Victoria Mill, die er gut gekannt haben musste. (In Barmen war die Familie Engels als wohlwollender Arbeitgeber bekannt.) Stattdessen unterfütterte er seine Ausführungen mit Material aus amtlichen Berichten und Parlamentsdebatten über die Industrialisierung, deren Zahl in den 1830er- und 1840er-Jahren zunahm. So stützte er sich bei der folgenden Aussage auf eine Rede Lord Ashleys, der sich für einen kürzeren Arbeitstag einsetzte: »Von den 419 560 [später berichtigt zu 419 590] Fabrikarbeitern des britischen Reichs (1839) waren 192 887, also beinahe die Hälfte, unter 18 Jahren, und 242 296 weiblichen Geschlechts, von denen 112 192 unter 18 Jahren waren.«[18] Parlamentarische Aussagen von Ärzten veranlassten Engels zu dem Ausruf: »Eine schöne Reihe Krankheiten, bloß durch die scheußliche Geldgier der Bourgeoisie erzeugt!« Er zählte einige körperliche Arbeitsfolgen auf, von gebärunfähigen Frauen über verkrüppelte Kinder bis zu Männern mit zerquetschten Gliedern.[19] An anderer Stelle schilderte er, dass er einem örtlichen Geschäftsmann, mit dem er zusammen nach Manchester hineingegangen sei, den maroden Zustand der Arbeiterviertel vor Augen gehalten habe, mit dem Ergebnis: »Der Mann hörte das alles ruhig an, und an der Ecke, wo er mich verließ, sagte er: And yet, there is a great deal of money made here – und doch wird hier enorm viel Geld verdient – guten Morgen, Herr!«[20]

Neben den lebendigen Beschreibungen Manchesters und seiner Einwohner, für die Engels' Buch vor allem bekannt ist, enthält es auch eingehende ökonomische Analysen. Tatsächlich formulierte Engels, zumindest in keimhafter Form, einige der Schlüsselargumente, die schließlich unter der »marxistischen« Wirtschaftslehre subsumiert werden sollten. Sie gingen überwiegend auf die englischen Sozialisten und die sozialistische Literatur zurück, die Engels in der Hall of Science kennengelernt hatte, oder waren Folgerungen aus ihren Gedanken, spiegelten aber auch eigene Beobachtungen wider. Jahrzehnte später erinnerte er sich, während seines Aufenthalts in Lancashire sei er »mit der Nase darauf gestoßen worden, dass die ökonomischen Tatsachen, die in der bisherigen Geschichtsschreibung gar keine oder nur eine verachtete Rolle spielen, wenigstens in der modernen Welt eine entscheidende geschichtliche Macht sind«. Er habe gelernt, »dass sie die Grundlage bilden für die Entstehung der heutigen Klassengegensätze; dass diese Klassengegensätze in den Ländern, wo sie vermöge der großen Industrie sich voll entwickelt haben, also namentlich in England, wieder die Grundlage der politischen Parteibildung, der Parteikämpfe und damit der gesamten politischen Geschichte sind«.[21]

Für einen in der Hegel'schen Tradition, in deren Mittelpunkt die Macht des Geistes stand, groß gewordenen Deutschen stellte die Erkenntnis der zentralen Rolle materieller Faktoren einen bedeutenden Schritt dar. Engels machte sie sich, während er sein Buch schrieb, konsequent zu eigen. Vor 60 oder 80 Jahren, führte er aus, sei England ein überwiegend agrarisches Land gewesen. Jetzt sei es »ein Land wie kein anderes, [...] mit kolossalen Fabrikstädten, mit einer Industrie, die die ganze Welt versorgt und die fast alles mit den kompliziertesten Maschinen macht«.[22] 1834 habe England »556 Millionen Yards gewebter Baumwollenstoffe, 76 1/2 Millionen Pfund Baumwollengarns und für 1 200 000 Pfd. St. baumwollene Strumpfwaren« exportiert.[23] Gleichzeitig aber habe der Aufschwung, den die englische Wirtschaft aufgrund der Fortschritte der Wissenschaft und der Industrialisierung genommen habe, die Gesellschaft in zwei einander antagonistisch gegenüberstehende Gruppen gespalten: die Bourgeoisie, der die Produktionsmittel gehörten, und das besitzlose Proletariat. »Die Geschichte der arbeitenden Klasse in England«, stellte Engels rundweg fest, »beginnt mit der letzten Hälfte des vorigen Jahrhunderts, mit der Erfindung der Dampfmaschine und der Maschinen zur Verarbeitung der Baumwolle.«[24] Um zu überleben, habe der Fabrikarbeiter keine andere Wahl, als seine Arbeitskraft zu verkaufen: »Der Proletarier ist hülflos; er kann für sich selbst nicht einen einzigen Tag leben. Die Bourgeoisie hat sich das Monopol aller Lebensmittel im weitesten Sinne des Worts angemaßt.«[25]

Nichts davon wäre für William Thompson oder andere Frühsozialisten neu gewesen. Wie einige von ihnen verglich Engels die Fabrikarbeit mit Sklaverei. Der Hauptunterschied, befand er, bestehe darin, »dass der heutige Arbeiter frei zu sein scheint, weil er nicht auf einmal verkauft wird, sondern stückweise, pro Tag, pro Woche, pro Jahr, und weil nicht ein Eigentümer ihn dem andern verkauft, sondern er sich selbst auf diese Weise verkaufen muss, da er ja nicht der Sklave eines einzelnen, sondern der ganzen besitzenden Klasse ist«.[26] Modernen Lesern mag dieser Vergleich überzogen erscheinen, aber Engels macht einen wichtigen Punkt deutlich: In einem kapitalistischen System ist der Zwangsaspekt in der Beziehung zwischen Arbeitgeber und Arbeitnehmer durch eine scheinbar freiwillige Markttransaktion verschleiert. Engels wollte diesen Schleier wegreißen:

> »Der Proletarier ist also rechtlich und tatsächlich der Sklave der Bourgeoisie; sie kann über sein Leben und seinen Tod verfügen. Sie bietet ihm ihre Lebensmittel an, aber für ein ›Äquivalent‹, für seine Arbeit; sie lässt ihm sogar noch den Schein, als ob er aus freiem Willen handelte, mit freier, zwangloser Einwilligung, als mündiger Mensch einen Vertrag mit ihr abschlösse. Schöne Freiheit, wo dem Proletarier keine andere Wahl bleibt, als die Bedingungen, die ihm die Bourgeoisie

stellt, zu unterschreiben oder – zu verhungern, zu erfrieren, sich nackt bei den Tieren des Waldes zu betten!«[27]

Engels war ein stolzer Klassenverräter. 1844 schrieb er in einem Brief über sein Buch: »[I]ch klage die englische Bourgeoisie vor aller Welt des Mordes, Raubes und aller übrigen Verbrechen in Masse an [...].«[28] Neben dem begrifflichen Rahmen von Klassenkonflikt und Ausbeutung hob er aber auch ein anderes wesentliches Element des Industriekapitalismus hervor: die Konkurrenz innerhalb der Klassen. Kapitalisten mussten miteinander um Profite kämpfen, Arbeiter um Arbeitsplätze. »Die Konkurrenz«, erklärte er, »ist der vollkommenste Ausdruck des in der modernen bürgerlichen Gesellschaft herrschenden Kriegs Aller gegen Alle.« Theoretisch könnten sich die Arbeiter in jedem Berufszweig zusammentun und höhere Löhne fordern. In der Praxis aber konkurriere der »mechanische Weber [...] gegen den Handweber, der unbeschäftigte oder schlecht bezahlte Handweber gegen den beschäftigten oder besser bezahlten und sucht ihn zu verdrängen«.[29]

Dass Engels die Arbeitslosigkeit erwähnte, war kein Zufall. In einem Kapitel über die Funktionsweise der Konkurrenz kam er auch auf das Vorhandensein einer »unbeschäftigten Reserve von Arbeitern« zu sprechen, die auch dann vorhanden war, wenn sich die Wirtschaft nicht in einer Krise befand, und entlassene Arbeiter, irische Einwanderer, Bettler und andere Beschäftigungslose umfasste. Diese »überflüssige Bevölkerung« sorge dafür, dass »fortwährend die Konkurrenz unter den Arbeitern größer [ist] als die Konkurrenz um Arbeiter«.[30] Das ständige Gerangel um Arbeitsplätze habe zur Folge, dass die Löhne höchstens knapp über dem existenzsichernden Niveau lagen. In Boomzeiten, in denen Arbeitskräfte Mangelware seien, mochten Arbeitgeber höhere Löhne anbieten, aber dies sei ein vorübergehendes Phänomen. Mit dem Ende des Booms würden sie die Oberhand zurückgewinnen, und die Löhne würden wieder sinken.

Engels' Buch enthält auch eine kurze, aber prägnante Beschreibung der im frühen Industriekapitalismus regelmäßig ablaufenden Konjunkturzyklen. Am Anfang eines Aufschwungs, führte er aus, würden die Preise in der Regel steigen, was Fabrikanten in der Hoffnung auf einen weiteren Anstieg ermutigte, ihre Produktion zu erhöhen. Während die Produktion zunehme, steigere »die Spekulation [...] die Preise noch mehr, da sie andere zum Kaufen ermutigt«. Auf dem Höhepunkt der wirtschaftlichen Erhitzung würden sich »›unsolide‹ Spekulanten, die mit fiktivem Kapital arbeiten«, in das »allgemeine unordentliche Wettrennen nach Geldgewinn« stürzen und »die Unordnung und Hast durch ihre eigne zügellose Leidenschaft« vermehren. Schließlich geschehe das Unvermeidliche: Die Preise würden fallen, und »der Markt ist in Unordnung, der Kredit ist erschüttert, ein Haus nach dem andern stellt die Zahlungen ein, Bankrott folgt auf Bankrott, und man findet, dass dreimal mehr Ware am Platze und unterwegs ist, als der Konsum erfordern würde«. Dies sei das Krisenstadium des Zyklus. Die Produktion breche ein, Arbeiter würden entlassen, und Not breite sich aus, bis der Überhang an Waren abgebaut sei, die Preise wieder stiegen und der Zyklus von Neuem beginne. »So geht es in einem fort: Blüte, Krisis, Blüte, Krisis, und dieser ewige Kreislauf, in dem sich die englische Industrie bewegt, pflegt sich [...] in je fünf oder sechs Jahren zu vollenden.«[31]

Auf den ersten Blick scheint Engels' Darstellung des wirtschaftlichen Auf und Abs – die wir heute ein »Modell« nennen würden – zu implizieren, dass der Kapitalismus ewig so weitermachen und sich endlos wiederholen könne. Im letzten Kapitel seines Buchs verweist er jedoch darauf, dass das System eine grundlegende Schwäche aufweise, die sich letztlich als fatal herausstellen würde: zunehmende Ungleichheit und Klassengegensätze. Selbst wenn Großbritannien sein »industrielles Monopol« behalte, schrieb er, würde das Proletariat »durch den fortschreitenden Ruin der kleinen Mittelklasse, durch die mit Riesenschritten sich entwickelnde Zentralisation des Kapitals in den Händen weniger, in geometrischer Proportion zunehmen und bald die ganze Nation, mit Ausnahme weniger Millionäre, ausmachen«. In dieser Entwicklung werde schließlich eine Stufe erreicht, auf der »das Proletariat sieht, wie leicht es ihm wäre, die bestehende soziale Macht zu stürzen, und dann folgt eine Revolution«.[32]

Engels hatte sogar einen provisorischen Zeitrahmen dafür im Auge. Auf der Grundlage des fünf- bis sechsjährigen Konjunkturzyklus sagte er die nächste Krise für 1846/47 voraus. Der vom Wirtschaftsabschwung ausgelöste politische Druck werde zur Umsetzung der *People's Charter* führen, aber die wirkliche Abrechnung werde erst mit der anschließenden Rezession erfolgen, die 1852 oder 1853 beginnen werde. Dann werde es »das englische Volk wahrlich überdrüssig sein, zum Vorteil der Kapitalisten sich ausbeuten zu lassen und, wenn die Kapitalisten seiner nicht mehr bedürfen, zu verhungern. [...] Der Krieg der Armen gegen die Reichen wird der blutigste sein, der je geführt worden ist.«[33]

Im Sommer 1844 verließ Engels Manchester und kehrte nach Deutschland zurück. Er reiste über Paris, wo er sich mit Marx traf, der im vorangegangenen Jahr in die französische Hauptstadt gezogen war, nachdem die preußischen Behörden die *Rheinische Zeitung* verboten hatten. Marx war jetzt für eine neue radikale Zeitschrift tätig, die *Deutsch-Französischen Jahrbücher,* die er zusammen mit einem anderen deutschen Emigranten gegründet hatte. Trotz der kühlen ersten Begegnung in Köln hatten Marx und Engels viel zu besprechen. Engels hatte Marx aus England einen Aufsatz geschickt, in dem er einige Themen seines Buchs näher ausführte.[34] Unter dem Titel »Umrisse einer Kritik der Nationalökonomie« behandelte Engels zunächst Adam Smiths Versuch, die restriktive Praxis des Merkantilismus zu überwinden, den er als historisch notwendig betrachtete, »damit die wahren Folgen des Privateigentums ans Licht treten konnten« und »der Kampf unserer Zeit ein allgemeiner, menschlicher werden konnte«. Während die Industrialisierung voranschritt, würden das Großkapital und der große Grundbesitz ihre kleinere Konkurrenz schlucken.

Dieses »Gesetz« der »Zentralisation des Besitzes« habe zur Folge, dass »die Mittelklassen […] immer mehr verschwinden, bis die Welt in Millionäre und Paupers, in große Grundbesitzer und arme Taglöhner geteilt ist«.[35]

Der Aufsatz beeindruckte Marx, der zusagte, ihn in den *Deutsch-Französischen Jahrbüchern* zu veröffentlichen. (In späteren Jahren sollte er ihn als »geniale Skizze zur Kritik der ökonomischen Kategorien« preisen und wiederholt aus ihm zitieren.)[36] Er traf sich mit Engels im Café de la Régence, nahe dem Palais Royal. Der Legende zufolge sprachen und tranken sie zehn Tage lang miteinander. Sicherlich hatten sie viele gemeinsame Bezugspunkte. Marx stammte wie Engels aus einer wohlhabenden Familie. Er war am 5. Mai 1818 in Trier geboren. Sein Vater, ein Rechtsanwalt, hatte seinen Vornamen von Herschel in Heinrich umgewandelt, als er vom Judentum zum Christentum konvertierte. Seine Mutter, Henriette Marx, kam aus einer holländischen jüdischen Kaufmannsfamilie. Nach dem Schulabschluss studierte Marx ein Jahr in Bonn, bevor er nach Berlin wechselte, wo er, wie Engels nach ihm, mit den Junghegelianern verkehrte und an deren Gelagen teilnahm. Aber er war ein wesentlich ernsthafterer Student als Engels. Auf Geheiß seines Vaters studierte er Jura, aber seine wirkliche Leidenschaft galt der Philosophie. Er verschlang die Werke von Ludwig Feuerbach, der in seinem 1841 erschienenen Buch *Das Wesen des Christentums* den christlichen Gottesbegriff als Illusion bezeichnete. Marx schloss sein Studium mit einer Dissertation über die »Differenz der demokritischen und epikureischen Naturphilosophie« ab.

Unter anderen äußeren Umständen wäre Marx wahrscheinlich Philosophieprofessor geworden. Aber die junghegelianische Kritik an Kirche und Staat hatte die preußische Regierung zu hartem Durchgreifen an den Universitäten veranlasst, sodass ihm die akademische Laufbahn versperrt war. 1842 ging er nach Köln, wo er als Redakteur der *Rheinischen Zeitung* zu arbeiten begann. Als er Engels in Paris traf, war er bereits mit der vier Jahre älteren

Jenny von Westphalen verheiratet, deren Vater, ein Landrat, dem niederen preußischen Adel angehörte. Außerdem hatte er wegen ihres exzessiven Antiklerikalismus mit einigen Junghegelianern gebrochen und ein starkes Interesse an politischer Ökonomie entwickelt, das ihn dazu brachte, die Schriften sowohl von Adam Smith, James Mill und Jean-Baptiste Say als auch einiger französischer und englischer Sozialisten zu studieren. In einer Reihe von Notizbüchern, die er zwischen April und August 1844 führte, begann er seine eigene ökonomische Analyse zu entwerfen, angefangen mit einem, wie er es nannte, »nationalökonomischen, *gegenwärtigen* Faktum«: der Entfremdung und Verelendung der Arbeiter.[37] Die bürgerlichen Ökonomen hätten bei ihrer vorgeblichen Analyse der Funktionsweise einer Konkurrenzwirtschaft vorausgesetzt, was eigentlich untersucht werden müsse: »Die Nationalökonomie geht vom Faktum des Privateigentums aus.« Seine Analyse – Marx fehlte es nie an Selbstvertrauen – würde tiefer gehen und danach trachten, »den wesentlichen Zusammenhang zwischen dem Privateigentum, der Habsucht, der Trennung von Arbeit, Kapital und Grundeigentum, von Austausch und Konkurrenz, von Wert und Entwertung der Menschen, von Monopol und Konkurrenz etc., von dieser ganzen Entfremdung mit dem *Geld*system zu begreifen«.[38]

Was Marx nicht wissen konnte, war, dass sein intellektuelles Projekt viele Schritte erfordern und den größten Teil seines weiteren Lebens in Anspruch nehmen sollte. In seinen Notizbüchern, die erst fast ein Jahrhundert später unter dem Titel *Ökonomisch-philosophische Manuskripte aus dem Jahre 1844* veröffentlicht wurden, beschäftigte er sich vor allem damit, wie sich die Lohnarbeit auf die Arbeiter auswirkt. Auf dem Hegel'schen Begriff der Entfremdung aufbauend, der den Zustand bezeichnet, in dem das menschliche Bewusstsein das eigene wahre Wesen nicht versteht, identifizierte er mehrere Mechanismen, durch die das Industriesystem Menschen ihrer Individualität und Menschlichkeit beraubt: weil Fabrikarbeiter im Gegensatz zu Bauern und Handwerkern keine Kontrolle über den Produktionsprozess haben (»Der Gegenstand, den die Arbeit produziert, ihr Produkt, tritt ihr als ein *fremdes Wesen*, als eine von dem Produzenten *unabhängige Macht* gegenüber«, weshalb »der Arbeiter zum *Produkt seiner Arbeit* als einem *fremden* Gegenstand sich verhält«), ihre reglementierte Arbeitsumgebung der Natur und ihrem »Gattungswesen« widerspricht und die monolithische Art des Fabriksystems sie von anderen Menschen isoliert. In all diesen Formen der Entfremdung geht es, laut Marx, im Kern darum, dass der Arbeiter, da er keine Kontrolle über seine Umgebung hat, selbst »zur Ware und zur elendesten Ware herabsinkt«.[39] Die einzige nachhaltige Antwort auf dieses Problem sah Marx im »Kommunismus als *positiver* Aufhebung des *Privateigentums* als *menschlicher Selbstentfremdung* und darum als wirklicher *Aneignung* des *menschlichen* Wesens durch und für den Menschen«.[40]

Mit dieser Forderung nach Abschaffung des Privateigentums schien Marx dem französischen anarchosozialistischen Philosophen Pierre-Joseph Proudhon zu folgen, der in seinem 1840 erschienenen Buch *Was ist Eigentum?* den berühmten Slogan »Eigentum ist Diebstahl!« geprägt hatte. Marx hatte die Schriften der älteren französischen Sozialisten gelesen, einschließlich derjenigen von Fourier, und kannte Proudhon persönlich; angeblich hatte er ihm den deutschen Idealismus erklärt.[41] Aber obwohl er sich Proudhons Forderung nach Abschaffung des Privateigentums anschloss, wies er die von ihm angebotene Alternative zurück: Arbeitergenossenschaften, in denen das Kapital Gemeineigentum sein sollte, Arbeiter aber immer noch Lohnarbeit zu leisten hätten. Marx tat dies als »rohen Kommunismus« ab, stellte aber nicht klar, was er demgegenüber bevorzugte; er sollte es nie wirklich tun. Dennoch beschrieb er den Kommunismus abstrakt als »die wahre Auflösung des Streits zwischen Existenz und Wesen, zwischen Vergegenständlichung und Selbstbestätigung, zwischen Freiheit und Notwendigkeit, zwischen Individuum und Gattung. Er ist das aufgelöste Rätsel der Geschichte und weiß sich als diese Lösung.«[42]

Nach ihrem Treffen im Café de la Régence befanden sich Engels und Marx auf derselben Wellenlänge. »[I]m Sommer 1844 in Paris [...] stellte sich unsere vollständige Übereinstimmung auf allen theoretischen Gebieten heraus, und von da an datiert unsre gemeinsame Arbeit«, erinnerte sich Engels später.[43] Nach der Rückkehr ins heimatliche Barmen, wo er *Die Lage der arbeitenden Klasse in England* vollendete, hielt er eine Reihe von Vorträgen, mit denen er die Aufmerksamkeit der preußischen Behörden, die demokratische Aktivisten und andere Subversive beobachteten, auf sich zog. »Friedrich Engels [sen.] aus Barmen«, war in einem Polizeibericht zu lesen, »ist ein durchaus zuverlässiger Mann; aber er hat einen Sohn, der ein arger Kommunist [ist] und sich als Literat umhertreibt [...].«[44] Auch auf deutsche Emigranten in Paris hatten die preußischen Behörden ein Auge. Auf ihr Betreiben wies die französische Regierung Anfang 1845 eine Reihe von Journalisten aus, die mit der radikalen deutschsprachigen Zeitung *Vorwärts* verbunden waren, unter ihnen Marx, der nach Brüssel ging.[45]

Nachdem er die Arbeit an seinem Buch beendet hatte, begab sich auch Engels in die belgische Hauptstadt. Dort fing die gemeinsame Autorentätigkeit wirklich an, ebenso wie die gemeinsamen politischen Aktivitäten. »[D]ie Deutschen [...] – und vor allen Marx«, schrieb der zum Anarchismus neigende russische Sozialist Michail Bakunin, der ebenfalls in Brüssel Zuflucht gesucht hatte, an einen Bekannten, »treiben hier ihr gewöhnliches Unheil. Eitelkeit, Gehässigkeit, Klatscherei, theoretischer Hoch mut und praktische Kleinmütigkeit, [...] und das Wort *Bourgeois* [ist] zu einem bis zum Überdruss wiederholten Stichworte geworden, – alle selbst aber von Kopf zu den Füßen durch und durch kleinstädtische Bourgeois.«[46]

Auf der Flucht vor heimischer Repression hatten sich deutsche Linke über Westeuropa verteilt. Marx und Engels hatten die Idee, eine Dachorganisation zu gründen, um sie zu vereinen. Während einer Studienreise nach London und Manchester im Jahr 1845 trafen sie sich mit Mitgliedern einer Untergrundgruppe, die sich Bund der Gerechten nannte. Sie waren aus Frankreich ausgewiesen worden, weil sie am blanquistischen Aufstand von 1839 teilgenommen hatten, und hatten in London den Deutschen Arbeiterbildungsverein gegründet. Der Gedanke, sich mit revolutionären Gruppen in anderen Ländern zusammenzutun, stieß bei ihnen auf offene Ohren. Nach ihrer Rückkehr nach Brüssel schufen Marx und Engels ein Kommunistisches Korrespondenz-Komitee, um ihr Vorhaben voranzutreiben. Während eines Londonbesuchs im Juni 1847 bewegten sie die Londoner Gruppe dazu, ihren Namen in Bund der Kommunisten zu ändern.[47] Als kleine Gruppe von Exilanten stellte diese in den Kinderschuhen steckende Organisation keine Gefahr für irgendjemanden dar, aber Marx und Engels fanden, dass sie ein Manifest verdient hatte. Auf einer weiteren Versammlung im November 1847 legten sie eine von Engels verfasste Erklärung der »Grundsätze des Kommunismus« vor. Sie war wie ein erläuternder Zeitungsartikel aufgebaut und bestand aus 25 Fragen und Antworten. Auf die erste Frage, »Was ist der Kommunismus?«, lautete die Antwort: »Der Kommunismus ist die Lehre von den Bedingungen der Befreiung des Proletariats.«[48]

Darüber, wie diese Befreiung vonstatten gehen sollte, waren die Mitglieder des Bundes der Kommunisten unterschiedlicher Meinung. Wilhelm Weitling, ein charismatischer Schneider mit einer kleinen, aber ergebenen Gefolgschaft, forderte einen sofortigen Aufstand, in dem eine Armee ehemaliger Sträflinge die Macht erkämpfen und eine neue, auf Gemeinschaftseigentum beruhende Gesellschaft aufbauen sollte. Engels und Marx teilten Weitlings letztendliches Ziel, das, in Engels' Worten, darin bestand, ein System zu schaffen, in dem »alle [...] Produktionszweige durch die ganze Gesellschaft, d.h. für gemeinschaftliche Rechnung, nach gemeinschaftlichem Plan und unter Beteiligung aller Mitglieder der Gesellschaft«, betrieben würden.[49]

Dies war die erste und vielleicht klarste Erklärung, die Marx und Engels über die Art der künftigen kommunistischen Gesellschaft abgaben. 1847 waren sie allerdings überzeugt, dass sie erst geschaffen werden konnte, wenn der Kapitalismus eine ausreichende materielle Basis für ein egalitäreres System hervorgebracht hatte. »Die aller Wahrscheinlichkeit nach eintretende Revolution des Proletariats«, schrieb Engels in seinem Frage-und-Antwort-Papier, »wird also nur allmählich die jetzige Gesellschaft umgestalten und erst dann das Privateigentum abschaffen können, wenn die dazu nötige Masse von Produktionsmitteln geschaffen ist.« Dies bedeutete, dass die einzelnen Länder dieses Ziel, je nach Entwicklungsstand, unterschiedlich schnell erreichen würden. Die Revolution würde daher »in Deutschland am langsamsten und schwierigsten, in England am raschesten und leichtesten durchzuführen sein«. Im überwiegend ländlichen Deutschland bestehe die erste Aufgabe darin, »eine demokratische Staatsverfassung und damit direkt oder indirekt die politische Herrschaft des Proletariats her[zu]stellen«. Diese demokratische Regierung könne dann eine progressive Besteuerung, eine Erbschaftssteuer und ein nationales Bildungsprogramm für alle Kinder beschließen sowie die »[a]llmähliche Expropriation der Grundeigentümer, Fabrikanten, Eisenbahnbesitzer und Schiffsreeder, teils durch Konkurrenz der Staatsindustrie, teils direkt gegen Entschädigung in Assignaten«, in Gang setzen.[50]

Manchen Mitgliedern des Bundes der Kommunisten gefiel dieser schrittweise Ansatz zwar nicht, aber im November 1847 billigte er Engels' Grundsatzerklärung trotzdem und beschloss, sie in *Manifest der Kommunistischen Partei* umzubenennen. Außerdem beauftragte er Engels und Marx, eine Druckfassung herzustellen. Marx übernahm die Aufgabe, einen ersten Entwurf zu verfassen. Typischerweise hatte er Schwierigkeiten, ihn termingerecht fertigzustellen. Nach einer eindringlichen Mahnung des Vorstands des Bundes vollendete er den Entwurf im Januar 1848. Einen Monat darauf ging das 23-seitige *Manifest* in London in Druck, wenn auch nur auf Deutsch. Von seinem berühmten Eröffnungssatz –

»Ein Gespenst geht um in Europa – das Gespenst des Kommunismus« – bis zu seinem nachhallenden Schluss – *»Proletarier aller Länder, vereinigt euch!«* – war er, wie ein politischer Aufruf zur Tat sein sollte: direkt, leidenschaftlich und substanziell.[51]

Der erste Abschnitt des *Manifests* über »Bourgeois und Proletarier« enthält dessen Kernaussage. Er beginnt mit den Worten: »Die Geschichte aller bisherigen Gesellschaft ist die Geschichte von Klassenkämpfen.« In den Anfangspassagen untersuchen die Autoren, wie sich die »Produktionsweise der Bourgeoisie« – der Industriekapitalismus – aus dem Feudalismus entwickelte, wobei sie die Auswirkungen des europäischen Kolonialismus hervorheben, der »dem Handel, der Schifffahrt, der Industrie einen nie gekannten Aufschwung und damit dem revolutionären Element in der zerfallenden feudalen Gesellschaft eine rasche Entwicklung« ermöglichte. Als der Markt für Güter aller Art gewachsen sei, habe die feudale Werkstattwirtschaft mit ihren geschlossenen Zünften nicht mehr Schritt halten können, und kleine Manufakturen seien an die Stelle der Werkstätten getreten. Aber auch dieses System habe den Anforderungen nicht genügt: »Da revolutionierte der Dampf und die Maschinerie die industrielle Produktion. An die Stelle der Manufaktur trat die moderne große Industrie, an die Stelle des industriellen Mittelstandes traten die industriellen Millionäre, die Chefs ganzer industrieller Armeen, die modernen Bourgeois.«[52]

Dies entspricht weitgehend der materialistischen Geschichtstheorie, die Engels in Manchester entwickelt hatte. Starke Wirtschaftskräfte würden die soziale Evolution vorantreiben, und ihre jüngste Verkörperung, die Bourgeoisie, beschleunige den historischen Zeitlauf und fege alles Vorherige beiseite. »Die Bourgeoisie, wo sie zur Herrschaft gekommen«, fuhren Marx und Engels fort,

> »hat alle feudalen, patriarchalischen, idyllischen Verhältnisse zerstört [...] und kein anderes Band zwischen Mensch und

Mensch übriggelassen als das nackte Interesse, als die gefühllose ›bare Zahlung‹. Sie hat die heiligen Schauer der frommen Schwärmerei, der ritterlichen Begeisterung, der spießbürgerlichen Wehmut in dem eiskalten Wasser egoistischer Berechnung ertränkt. Sie hat die persönliche Würde in den Tauschwert aufgelöst und an die Stelle der zahllosen verbrieften und wohlerworbenen Freiheiten die eine gewissenlose Handelsfreiheit gesetzt. Sie hat, mit einem Wort, an die Stelle der mit religiösen und politischen Illusionen verhüllten Ausbeutung die offene, unverschämte, direkte, dürre Ausbeutung gesetzt.«[53]

Weiter führten die Autoren aus:

»Die Bourgeoisie kann nicht existieren, ohne die Produktionsinstrumente, also die Produktionsverhältnisse, also sämtliche gesellschaftlichen Verhältnisse fortwährend zu revolutionieren. […] Die fortwährende Umwälzung der Produktion, die ununterbrochene Erschütterung aller gesellschaftlichen Zustände, die ewige Unsicherheit und Bewegung zeichnet die Bourgeoisepoche vor allen anderen aus. […] Alles Ständische und Stehende verdampft, alles Heilige wird entweiht, und die Menschen sind endlich gezwungen, ihre Lebensstellung, ihre gegenseitigen Beziehungen mit nüchternen Augen anzusehen.«[54]

Dies war eine Sprache, welche die Mitglieder des Bundes der Kommunisten aufzustacheln vermochte. Aber sosehr das *Manifest* das gottlose Wesen der Bourgeoisepoche anprangerte, erkannte es doch deren beispiellose Produktivität an. Nach der Feststellung, dass sie »ganz andere Wunderwerke […] als ägyptische Pyramiden, römische Wasserleitungen und gotische Kathedralen« vollbracht habe, wurden ihre Leistungen aufgezählt: »Unterjochung der Naturkräfte, Maschinerie, Anwendung der Chemie auf Industrie und Ackerbau, Dampfschifffahrt, Eisenbahnen, elektrische Telegraphen, Urbarmachung ganzer Weltteile, Schiffbarmachung der Flüsse, ganze aus dem Boden hervorgestampfte Bevölkerungen – welches frühere Jahrhundert ahnte, dass solche Produktionskräfte im Schoß der gesellschaftlichen Arbeit schlummerten.«[55]

In seinem Frage-und-Antwort-Papier hatte Engels das globale Wesen der Bourgeoisepoche hervorgehoben und den Schluss gezogen, die kommunistische Revolution werde ebenfalls ein globales Ereignis sein müssen. Das *Manifest* griff das Thema der Globalisierung auf und ging auf deren ökonomische Grundlagen ein:

> »Das Bedürfnis nach einem stets ausgedehnteren Absatz für ihre Produkte jagt die Bourgeoisie über die ganze Erdkugel. Überall muss sie sich einnisten, überall anbauen, überall Verbindungen herstellen. Die Bourgeoisie hat durch ihre Exploitation des Weltmarkts die Produktion und Konsumtion aller Länder kosmopolitisch gestaltet. Sie hat zum großen Bedauern der Reaktionäre den nationalen Boden der Industrie unter den Füßen weggezogen. Die uralten nationalen Industrien sind vernichtet worden und werden noch täglich vernichtet. Sie werden verdrängt durch neue Industrien, deren Einführung eine Lebensfrage für alle zivilisierten Nationen wird [...].«[56]

Diese Passagen wurden in einer Zeit geschrieben, als Großbritannien sich als industrielle Supermacht etabliert hatte, die Vereinigten Staaten sich anschickten, zu ihm aufzuholen, und Frankreich und Deutschland (noch) hinterherhinkten. Als kostengünstiger Hersteller von Fertigprodukten trat Großbritannien im eigenen Interesse für den Freihandel ein. Viele seiner wirtschaftlichen Konkurrenten, einschließlich der Vereinigten Staaten, errichteten Zollmauern, um ihre sich herausbildenden Industrien zu schützen. Marx und Engels gingen nicht genauer auf diese ökonomischen Strategien ein, unterstrichen aber die sozialen und kulturellen Folgen der fortgesetzten globalen Ausbreitung des Kapitalismus:

> »An die Stelle der alten, durch Landeserzeugnisse befriedigten Bedürfnisse treten neue, welche die Produkte der entferntesten Länder und Klimate zu ihrer Befriedigung erheischen. An die Stelle der alten lokalen und nationalen Selbstgenügsamkeit und Abgeschlossenheit tritt ein allseitiger Verkehr, eine allseitige Abhängigkeit der Nationen voneinander. Und wie in der materiellen, so auch in der geistigen Produktion. Die geistigen Erzeugnisse der einzelnen Nationen werden Gemeingut. Die nationale Einseitigkeit und Beschränktheit wird mehr und mehr unmöglich, und aus den vielen nationalen und lokalen Literaturen bildet sich eine Weltliteratur.«[57]

Wie weit konnten Globalisierung und Angleichung gehen? Im *Manifest* hieß es dazu unzweideutig:

> »Die Bourgeoisie reißt durch die rasche Verbesserung aller Produktionsinstrumente, durch die unendlich erleichterten Kommunikationen alle, auch die barbarischsten Nationen in die Zivilisation. Die wohlfeilen Preise ihrer Waren sind die schwere Artillerie, mit der sie alle chinesischen Mauern in den Grund schießt, mit der sie den hartnäckigsten Fremdenhass der Barbaren zur Kapitulation zwingt. Sie zwingt alle Nationen, die Produktionsweise der Bourgeoisie sich anzueignen, wenn sie nicht zugrunde gehn wollen; sie zwingt sie, die sogenannte Zivilisation bei sich selbst einzuführen, d.h. Bourgeois zu werden. Mit einem Wort, sie schafft sich eine Welt nach ihrem eigenen Bilde.«[58]

Es ist verständlich, wenn sich manche Mitglieder des Bundes der Kommunisten angesichts dieser Beschreibung des Kapitalismus und seiner Wunder fragten, wie ein solch mächtiges System jemals gestürzt werden könne. Die Antwort des *Manifests* auf diese Frage gemahnt an Goethes Ballade »Der Zauberlehrling«, mit der Bourgeoisie als Lehrling und dem Kapitalismus als Besen. Allerdings ist es im *Manifest* der »Hexenmeister« selbst – die »bürgerliche Gesellschaft« –, »der die unterirdischen Gewalten nicht mehr zu beherrschen vermag, die er heraufbeschwor«.[59] Sie sind, anders als in Goethes Gedicht, nicht aufzuhalten.

Eine der unbeabsichtigten Folgen der immensen Produktivität des Kapitalismus war, dem *Manifest* zufolge, der regelmäßige Ausbruch von Handelskrisen: Unverkaufte Güter würden sich häufen, Arbeiter entlassen, und »eine Hungersnot, ein allgemeiner Vernichtungskrieg scheinen [der Gesellschaft] alle Lebensmittel abgeschnitten zu haben«. Durch »erzwungene Vernichtung einer Masse von Produktivkräften« einerseits und »die Eroberung neuer Märkte und die gründlichere Ausbeutung alter Märkte« andererseits gelinge es dem System zwar immer wieder, aus diesen wirtschaftlichen Einbrüchen herauszukommen, aber jede Erholung bereite »allseitigere und gewaltigere Krisen« vor und vermindere »die Mittel, den Krisen vorzubeugen«.[60]

Diese Passage entsprach weitgehend Engels' Analyse der Konjunkturzyklen in *Die Lage der arbeitenden Klasse in England*, doch das *Manifest* ging darüber hinaus und identifizierte als das zugrunde liegende Problem die Überproduktion, die als Produkt der Bourgeoisie beschrieben wurde, das für sie potenziell tödlich sei: »Aber die Bourgeoisie hat nicht nur die Waffen geschmiedet, die ihr den Tod bringen; sie hat auch die Männer gezeugt, die diese Waffen führen werden – die modernen Arbeiter, die *Proletarier*.«[61] Auch hier folgte das *Manifest* Engels' Buch, aber es erläuterte die Entstehung des Proletariers als revolutionäre Klasse genauer. Am Anfang hätten sie »eine über das ganze Land zerstreute und durch die Konkurrenz zersplitterte Masse« gebildet. Ihre Machtlosigkeit gegenüber der Mechanisierung habe sie zu ohnmächtigen Aktionen veranlasst: »[S]ie vernichten die fremden konkurrierenden Waren, sie zerschlagen die Maschinen, sie stecken die Fabriken in Brand, sie suchen die untergegangene Stellung des mittelalterlichen Arbeiters wiederzuerringen.« (Marx und Engels hatten sich mit den Ludditen beschäftigt.) Im Zuge der Industrialisierung seien dann »mehr und mehr die Unterschiede der Arbeit verwischt« worden. Das Proletariat »vermehrt sich nicht nur [...]; es wird in größeren Massen zusammengedrängt, seine Kraft wächst, und es fühlt sie mehr [...]; immer mehr nehmen die Kollisionen zwischen dem einzelnen Arbeiter und dem einzelnen Bourgeois den Charakter von Kollisionen zweier Klassen an«.[62]

Um höhere Löhne und bessere Arbeitsbedingungen zu erreichen, hieß es im *Manifest* weiter, würden die Arbeiter sich in Gewerkschaften organisieren. Sie würden sogar einige Erfolge erzielen; als Beispiel führte das *Manifest* das britische Fabrikgesetz von 1847 an, das den Arbeitstag für Frauen und unter 18-Jährige auf zehn Stunden begrenzte. Letztlich, so das *Manifest*, seien diese Fortschritte jedoch illusorisch: »Der moderne Arbeiter [...], statt sich mit dem Fortschritt der Industrie zu heben, sinkt immer tiefer unter die Bedingungen seiner eigenen Klasse herab. Der Arbeiter wird zum Pauper, und der Pauperismus entwickelt sich noch schneller als Bevölkerung und Reichtum. Es tritt hiermit offen hervor, dass die Bourgeoisie unfähig ist, noch länger die herrschende Klasse der Gesellschaft zu bleiben [...]. Sie ist unfähig zu herrschen, weil sie unfähig ist, ihrem Sklaven die Existenz selbst innerhalb seiner Sklaverei zu sichern [...].«[63]

Dies ist die berühmte Verelendungsthese. Während Engels in *Die Lage der arbeitenden Klasse in England* einschränkend angemerkt hatte, dass manche Fabrikarbeiter mehr als andere verdienten und Löhne, zumindest eine Zeit lang, steigen könnten, fanden sich im *Manifest* keine derartigen Nuancierungen. Es stellte die Verelendung der Proletarier als gnadenlosen Vorgang dar, der letztlich das System, das ihn hervorgebracht hatte, zerstören würde, weil das unterdrückte Proletariat, da es keine andere Wahl hatte, sich in eine revolutionäre Klasse verwandeln würde: Die Bourgeoisie »produziert vor allem ihren eigenen Totengräber.

Ihr Untergang und der Sieg des Proletariats sind gleich unvermeidlich.«[64]

Das *Kommunistische Manifest* ist bemerkenswert polemisch. Sogar heute noch springen einem die Lebendigkeit und Voraussicht des Texts von den Seiten entgegen, insbesondere bei der Beschreibung der Globalisierung und des Weltmarkts. Dabei befanden sich zum Zeitpunkt, als es geschrieben wurde, die modernen Transport- und Kommunikationstechnologien noch ganz am Anfang. Die Eisenbahn war kaum über Großbritannien und die Vereinigten Staaten hinausgekommen. Der Telegraf, den Samuel Morse kürzlich erfunden hatte, war noch eine absolute Neuheit. Obwohl Isambard Brunels Great Western Steamship Company Passagiere zwischen Bristol und New York hin und her fuhr, wurden die meisten Schiffe noch von Windkraft angetrieben. Der Industriekapitalismus selbst war keineswegs allgegenwärtig. In seiner Einleitung zur Jubiläumsausgabe des *Kommunistischen Manifests* anlässlich des 150. Jahrestages seines Erscheinens im Jahr 1998 wies Eric Hobsbawm darauf hin, dass die Wirtschaften in Kontinentaleuropa und Nordamerika noch überwiegend agrarisch geprägt gewesen seien. Er hatte sicherlich recht, wenn er anmerkte, dass die Beschreibungen von Industrialisierung und Globalisierung in ihm nicht als Aussagen über die Realität der Mitte des 19. Jahrhunderts gelesen werden dürfen, sondern als »Einsicht in die unvermeidlichen *langfristigen* Tendenzen der kapitalistischen Entwicklung«.[65]

Könnte man dies auch über die im *Manifest* präsentierte binäre Taxonomie von Bourgeoisie und Proletariat sagen? Bis zu einem gewissen Punkt, ja. In Industriestädten wie Manchester setzte sich die Arbeiterklasse aus Vertretern vieler Berufe zusammen, von Fabrikarbeitern über Bauarbeiter und Hausangestellte bis zu Handwerkern. In den Baumwollspinnereien selbst gab es viele verschiedene Arbeitsplätze, die jeweils andere Fertigkeiten erforderten, unterschiedlich entlohnt wurden und mit unterschiedlichen gesellschaftlichen Stellungen verbunden waren. Bei den Besitzenden gab es erhebliche Unterschiede zwischen der unteren Mittelschicht, zu der die Inhaber kleiner Geschäfte und Betriebe gehörten, der selbstständigen Mittelschicht, die unter anderem Rechtsanwälte und Kaufleute umfasste, und den neureichen Fabrikbesitzern. Nach Ansicht von Marx und Engels würden diese internen Klassenunterschiede rasch eingeebnet werden. Doch in Wirklichkeit geschah dies nur langsam und ungleichmäßig.

Um zu erklären, warum sich die im *Manifest* selbstgewiss geäußerte Voraussage eines Klassenkriegs bisher als Wunschdenken herausgestellt hat, muss man diese Komplikationen in Rechnung stellen. Ähnliches gilt für die Verelendungsthese. Die Wirtschaftshistoriker streiten seit Langem darüber, wie sich der Lebensstandard der Arbeiterklasse während der industriellen Revolution entwickelt hat. Weitgehend einig sind sie sich jedoch darüber, dass die Löhne englischer Arbeiter etwa seit Mitte der 1840er-Jahre stetig gestiegen sind. Laut Daten der Bank von England stieg ihr durchschnittlicher Wochenlohn zwischen 1845 und 1865 inflationsbereinigt um 30 Prozent.[66] 1900 waren die Löhne um die Hälfte höher als 1850. In anderen Teilen Westeuropas verlief die Entwicklung weitgehend ähnlich. Die Organisation für wirtschaftliche Zusammenarbeit und Entwicklung (OECD), eine internationale Forschungsorganisation mit Sitz in Paris, verglich 2014 in einer Studie die Löhne von Arbeitern in sechs Ländern mit den Kosten für einen »Subsistenzwarenkorb« mit überlebensnotwendigen Lebensmitteln. Auf dieser Basis fanden die Forscher heraus, dass die Löhne zwischen den 1850er- und 1900er-Jahren um über 70 Prozent gestiegen waren.[67]

Marx selbst war schließlich gezwungen, sich mit der Tatsache abzufinden, dass die Löhne vieler britischer Arbeiter stiegen. Als er und Engels das *Kommunistische Manifest* schrieben, beruhte ihre Analyse jedoch auf den Erfahrungen der frühen Industrialisierung, die ihre Verelendungsthese zu stützen schienen. Adam Smith hatte vorausgesagt, dass sich die Löhne im Zuge der kapitalistischen Entwicklung stetig erhöhen und die Menschen zu »Wohlstand« gelangen würden. Aber in dem halben Jahrhundert von 1790 bis 1840 stiegen die Löhne britischer Arbeiter, laut dem englischen Wirtschaftshistoriker Charles Feinstein, inflationsbereinigt nur um 12 Prozent – was, aufs Jahr umgelegt, eine kaum wahrnehmbare Größe war –, obwohl Produktion und Produktivität zunahmen.[68] 2009 wies ein anderer Wirtschaftshistoriker, Robert Allen, in einem Aufsatz mit dem Titel »Engels' Pause« darauf hin, dass die Profite im selben Zeitabschnitt steil anstiegen und der Anteil der Kapitalbesitzer am Gesamteinkommen um 5 Prozent wuchs, während derjenige der Arbeiter um denselben Prozentsatz schrumpfte. Mit anderen Worten, Arbeiter hatten keinen Anteil an den Früchten des Wachstums von Kapitalinvestitionen und Produktivität; die Löhne stagnierten, während die Kapitalisten reicher wurden. »Engels' Beschreibung der industriellen Revolution«, folgerte Allen, »war in vieler Hinsicht hellsichtig.«[69]

Es muss angemerkt werden, dass Feinsteins Zahlen umstritten sind. Andere Historiker haben das Wachstum der britischen Löhne in dieser Zeitspanne deutlich höher angesetzt. Schätzungen von wirtschaftsweiten Reallöhnen hängen stark davon ab, welche Arbeiter in die Kalkulation einbezogen und welche Lebenskostenindizes für die Inflationsbereinigung der Nominallöhne verwendet werden. Aber auch wenn Feinsteins Zahlen nur ungefähr zutreffen, ist festzuhalten, dass Industrialisierung und technischer Fortschritt sich lange Zeit nicht in einer deutlichen Erhöhung des Lebensstandards der Arbeiterklasse niederschlugen.

Doch die Verelendungsthese hat sich nicht gut gehalten. Seit den 1840er-Jahren stiegen die Löhne britischer Arbeiter mit dem Produktivitätszuwachs, in manchen Perioden sogar schneller. Zwischen 1860 und 1900 nahm die Produktion pro Arbeiter, laut Allen, jährlich um 1 Prozent zu, während die Reallöhne um 1,6 Prozent zulegten. Dementsprechend wuchs der Anteil der Arbeiter am Gesamteinkommen um 10 Prozent, während sich der Anteil der Kapitalbesitzer um diesen Prozentsatz verkleinerte.[70]

Die grundlegende ökonomische Idee, auf der das *Kommunistische Manifest* fußte, war, dass Arbeiter an den Gewinnen von technischem Fortschritt und Produktivitätssteigerung nicht beteiligt werden. Ab etwa 1850 traf diese Annahme nicht mehr zu, wie Alfred Marshall in seinem 1879 erschienenen Buch *The Economics of Industry* hervorgehoben hat.[71] Wenn die Löhne der Produktivitätssteigerung hinterherhinken, wie in der ersten Hälfte des 19. Jahrhunderts (und erneut im späten 20. Jahrhundert), kann die Geschichte aber der Voraussage des *Manifests* nahekommen.

Als Marx und Engels das *Manifest* schrieben, konnten sie nicht wissen, dass sie einen historischen Wendepunkt für den Lebensstandard von Arbeitern erlebten. Die Not und finanzielle Unsicherheit, die den frühen Industriekapitalismus prägten, bestanden fort. 1847 hatte ein spekulativer Eisenbahnboom mit einer Bankenkrise geendet, welche die gesamte City of London erschütterte und erst abebbte, als die Regierung die Bankcharter von 1844 suspendierte, damit die Bank von England mehr Geld drucken konnte. In Irland wütete die Große Hungersnot. In Frankreich war nach einer Missernte im Jahr 1846 die Wirtschaft eingebrochen, was zu Aufständen auf dem Land und Hungerunruhen in Paris und Lyon führte. Überall in Frankreich und Deutschland forderten Vertreter der aufstrebenden Mittelschicht mehr politische Rechte, mitunter einschließlich des allgemeinen Wahlrechts.

In vielen Teilen Europas schuf dieses aufgeheizte Zusammentreffen unterschiedlichen Unmuts die Gelegenheit für ein Zweckbündnis zwischen bürgerlichen Radikalen und aufgebrachten Arbeitern. In der letzten Woche des Februar 1848, noch bevor der Bund der Kommunisten Exemplare des frisch gedruckten *Kommunistischen Manifests* verteilen konnte, brach in Paris ein gewalttätiger Aufstand aus. Die Menschen versammelten sich auf den Straßen und errichteten Barrikaden. Am 24. Februar dankte König Louis-Philippe ab. Am nächsten Tag rief eine provisorische Regierung die Republik aus. Binnen weniger Wochen verbreitete sich der revolutionäre Impuls nach Berlin, Wien und in viele andere europäische Städte, aber nicht, wie Marx und Engels gehofft hatten, nach Großbritannien. Das Große Reformgesetz hatte bereits einem erheblichen Teil der britischen Mittelschicht das Wahlrecht gebracht, weshalb sich die Situation stark von derjenigen auf dem Kontinent unterschied. Und die britische Arbeiterbewegung blieb, trotz der repressiven Maßnahmen, die während der chartistischen Unruhen gegen sie ergriffen worden waren, weitgehend der Gewaltlosigkeit verpflichtet.

Die beiden deutschen Exilanten, die sich keine derartigen Schranken auferlegten, reisten von Brüssel nach Paris und schließlich ins heimische Deutschland, um sich ein Bild von den Geschehnissen zu machen. Obwohl sie den anfänglichen Aufstand als bürgerliche Revolution betrachteten, hofften sie, dass er den Auftakt zu einer den ganzen Kontinent umspannenden Arbeiterrevolte darstellte. In Köln gründeten sie eine neue Version der Zeitung, für die sie einige Jahre zuvor gearbeitet hatten, die *Neue Rheinische Zeitung*. Von den Ereignissen erschüttert, willigten die absolutistischen Herrscher der deutschen Fürstentümer ein, Wahlen für eine Nationalversammlung abzuhalten. Die Versammlung, die dann in Frankfurt am Main zusammentrat, bestand überwiegend aus Vertretern der Mittelschicht, denen es genügte, mit den herrschenden Monarchen zusammenzuarbeiten.

In Paris ging es dramatischer zu. Die provisorische Regierung verbot im gesamten französischen Reich die Sklaverei, und in der Heimat verabschiedete sie eine Version von Louis Blancs Vorschlag, »Nationalwerkstätten« zu schaffen, in denen Arbeitslose Arbeit oder Unterstützung erhalten konnten. Diese Politik zog eine Menge mittelloser Menschen in die französische Hauptstadt. Aber die auf der Grundlage des allgemeinen Wahlrechts gewählte verfassungsgebende Nationalversammlung wurde von Gemäßigten und Konservativen aus der Provinz dominiert. Am 22. Juni erließ die Regierung auf Drängen von Parlamentsmitgliedern eine Verordnung, die die Schließung der Pariser Werkstätten anordnete und um Unterstützung bittende Arbeiter aufforderte, ins Heer einzutreten oder in die Provinz zu gehen.

Im überfüllten Osten der Stadt gingen Arbeiter und Linke mit Transparenten mit der Parole »Arbeit oder Tod!« auf die Straße. Barrikaden wurden errichtet, und die Demonstranten lieferten sich Gefechte mit der Nationalgarde.[72] Marx und Engels versetzte die Nachricht über den Aufstand in freudige Erregung. In einer Herausgebernotiz in der *Neuen Rheinischen Zeitung* vom 27. Juni 1848 jubelten sie atemlos: *»Paris in Blut schwimmend, die Insurrektion* entwickelt zur *größten Revolution, die je stattgefunden,* zur *Revolution des Proletariats gegen die Bourgeoisie [...].«*[73] Die französische Regierung handelte, als stimmte sie mit dieser Lagebeurteilung überein, und beauftragte General Louis-Eugène Cavaignac, der lange im kolonialen Algerien gedient hatte, die Rebellion niederzuschlagen. Unter Einsatz von Kanonen durchbrachen seine Truppen die Barrikaden und metzelten die Aufständischen nieder, von denen Tausende fielen oder verwundet wurden.[74] Ende Juni hatte Engels' »größte Revolution« ein frühes Ende gefunden. Weitere Rückschläge im übrigen Europa folgten.

9

»Als bewusster Träger dieser Bewegung wird der Geldbesitzer Kapitalist«

Karl Marx' Bewegungsgesetze des Kapitalismus

Am 24. August 1849 reiste der 31-jährige Karl Marx von Paris nach London, wo er bis zu seinem Tod leben sollte.[1] Die Hoffnung, die er und Engels in die Revolutionen von 1848 gesetzt hatten, war zerstoben. Von Paris über Berlin bis Wien befanden sich die reaktionären Kräfte wieder im Aufwind. Nachdem die preußische Regierung die *Neue Rheinische Zeitung* verboten hatte, war Marx nach Frankreich gegangen, wo Louis Napoleon, ein Neffe des früheren Kaisers, zum Präsidenten gewählt worden war und rechtsgerichtete Kräfte ihre Macht in der Nationalversammlung festigten. Die französischen Behörden brauchten nicht lange, um Marx aus Paris auszuweisen. Er beschloss, nach London zu ziehen, wohin viele seiner Genossen vom Bund der Kommunisten emigriert waren. Wenige Wochen später folgte ihm seine Frau Jenny, die zu diesem Zeitpunkt schwanger war. Am 5. November 1849 wurde ihr viertes Kind geboren, ein Sohn, den sie Heinrich Edward Guy tauften, aber Guido oder Föxchen nannten.

Marx und seine Familie, der es ständig an Geld fehlte, hatten es in London nicht leicht. Nachdem sie zunächst in Chelsea gewohnt hatten, zogen sie in eine armselige Zweizimmerwohnung in der Dean Street 64 in Soho, das damals ein armes, von Einwanderern bewohntes Viertel war. In der Folgezeit bezogen sie im selben Block in Haus Nummer 28 eine andere schäbige Wohnung. »[I]n der ganzen Wohnung«, berichtete 1853 ein preußischer Polizeispitzel, »ist nicht *ein* reines und gutes Stück Möbel zu finden; alles ist zerbrochen, zerfetzt und zerlumpt; überall klebt fingerdicker Staub, überall die größte Unordnung […].«[2] In den gut sieben Jahren, welche die Familie Marx in Soho wohnte, waren sowohl Marx als auch seine Frau regelmäßig krank. Drei ihrer sieben Kinder, einschließlich Guido, starben als Kleinkinder. Im Juni 1851 brachte die Haushälterin des Paares, eine Deutsche namens Helene »Lenchen« Demuth, die einst für Jennys Eltern gearbeitet hatte, ein Kind zur Welt. Wie Engels' letzte Haushälterin, die mit Demuth befreundet war, 1898 in einem Brief offenbarte, hatte Engels auf dem Totenbett zugegeben, dass Marx der Vater war. Dafür sprechen auch andere Indizien, wie ein Brief von Marx an Engels vom Juli 1851, in dem er klagte, zu Hause sei »alles immer im Belagerungszustand«, und »Tränenbäche«, vermutlich Jennys, würden ihn »ganze Nächte durch ennuyieren«.[3] Das Kind wurde zu einer Pflegefamilie abgeschoben, und Demuth blieb bei der Familie.

Wenn Marx der Vater war, wirft das Fragen über sein Verhältnis zu Frauen und Hausangestellten auf, die in seiner ökonomischen Analyse beide keine herausragende Rolle spielen. Im Juni 1850 erhielt er eine Eintrittskarte für die Benutzung des Lesesaals des British Museum im nahe gelegenen Bloomsbury, der zu seinem Arbeitszimmer werden sollte. Schon vorher hatte er zusammen mit Genossen vom Deutschen Arbeiterbildungsverein die Herausgabe einer weiteren deutschsprachigen Zeitschrift vorbereitet, der *Neuen Rheinischen Zeitung – Politisch-ökonomische Revue,* deren erstes Heft Anfang 1850 erschienen war. In einer Artikelserie für die neue Publikation untersuchte Marx das Scheitern der französischen Revolution von 1848. Die blutige Niederschlagung des Juniaufstands, behauptete er, habe »alle Bedingungen geschaffen, innerhalb deren Frankreich die Initiative der europäischen Revolution ergreifen kann«.[4] Auch die Hoffnung auf eine Revolution in Großbritannien hatte er nicht aufgegeben. In einem im Februar 1850 erschienenen Artikel sagte er eine weitere große Handelskrise voraus, die »vielleicht schon gegen Ende des Frühjahrs, spätestens im Juli oder August« ausbrechen und »ganz andre Früchte tragen [werde] als alle bisherigen«.[5]

Marx' Analyse der zu den Revolutionen von 1848 führenden Klassenkonflikte traf den Punkt, aber seine Voraussagen waren zweifelhaft. In Paris und anderen europäischen Städten war die Linke geschlagen. Louis Napoleon blieb fest im Sattel. (Im Dezember 1851 führte er einen Militärputsch an und ließ sich später zum Kaiser Napoleon III. ausrufen.) In Großbritannien waren die »Hungervierziger« überwunden, und ein starker mittelviktorianischer Aufschwung hatte begonnen. Der britische Kapitalismus trat in eine neue Ära ein, in der die Schwerindustrie – Eisenbahn, Stahl und Dampfschiff – die Führungsrolle einnahm. 1850 umfasste das britische Eisenbahnnetz bereits rund 10 000 Kilometer, und bis 1870 sollte es sich nahezu verdreifachen.[6] Im selben Zeitraum von 20 Jahren stieg die Jahresproduktion der britischen Werften, während stählerne Dampfschiffe die Weltmeere übernahmen, von 13 000 auf über 250 000 Bruttoregistertonnen,[7] und die britischen Exporte von Eisenbahnmaschinerie, einschließlich Lokomotiven, verzehnfachten sich nahezu.[8] Während Marx im Lesesaal des British Museum alte Ausgaben des *Economist* durchforstete, bereitete sich das Land darauf vor, sich als »Werkbank der Welt«, wie Benjamin Disraeli es formuliert hatte, zu feiern, indem es zu einer riesigen Weltausstellung in den Londoner Hyde Park einlud. Auf der »Großen Ausstellung der Werke der Industrie aus aller Welt« wurden 13 000 Ausstellungsstücke gezeigt, darunter James Nasmyths Dampfhammer, Cyrus McCormicks Mähmaschine und Charles Goodyears vulkanisierter Gummi. Obwohl formal kein Ausstellungsstück, wurde der Welt im Hyde Park auch die erste kostenpflichtige öffentliche Toilette präsentiert.

Kontinentaleuropa hinkte Großbritannien bei der Industrialisierung immer noch weit hinterher, bewegte sich aber in dieselbe Richtung. In den Vereinigten Staaten verbreiteten sich kapitalistische Unternehmen rasch über den Kontinent. Durch die in jüngster Zeit erfolgte Angliederung von Texas und Kalifornien und die Schaffung des Territoriums von New Mexico war ein zusammenhängender Warenmarkt geschaffen worden, der sich vom Atlantik bis zum Pazifik erstreckte. Nachdem 1848 beim Bau der Sägemühle Sutter's Mill, östlich von Sacramento, Gold gefunden worden war, begann der große kalifornische Goldrausch. Angesichts des Verbots der Sklaverei im Britischen Empire, im französischen Kolonialreich und in einem großen Teil Südamerikas wirkte ihre Beibehaltung im Süden der Vereinigten Staaten immer stärker wie eine Verirrung. Allerdings war Zwangsarbeit auch außerhalb der Vereinigten Staaten nicht verschwunden. Um ihren Arbeitskräftebedarf zu decken, warben europäische Kolonien in der Karibik, Lateinamerika und Südafrika in großer Zahl Vertragsarbeiter an, häufig aus Asien, die unter harschen Bedingungen lange Arbeitstage absolvierten. Aufs Ganze gesehen, wich der Plantagenkapitalismus indes dem Industriekapitalismus als Hauptform der Wirtschaftsorganisation.

Marx und Engels erkannten die Bedeutung dieser Entwicklung. Über die Weltausstellung in London schrieben sie in ihrer *Politisch-ökonomischen Revue*: »Die Bourgeoisie der Welt errichtet durch diese Ausstellung im modernen Rom ihr Pantheon, worin sie ihre Götter, die sie sich selbst gemacht hat, mit stolzer Selbstzufriedenheit ausstellt.«[9] In einem früheren Artikel hatten sie prophezeit: »Dank dem kalifornischen Golde und der unermüdlichen Energie der Yankees werden beide Küsten des Stillen Meers bald ebenso bevölkert, ebenso offen für den Handel, ebenso industriell sein, wie es jetzt die Küste von Boston bis New Orleans ist.«[10] Gegen Ende 1850 gestanden sie ein, dass die von ihnen erwartete Krise nicht eingetreten war: »Bei dieser allgemeinen Prosperität, worin die Produktivkräfte der bürgerlichen Gesellschaft sich so üppig entwickeln, wie dies innerhalb der bürgerlichen Verhältnisse überhaupt möglich ist, kann von einer wirklichen Revolution keine Rede sein.« Zu einer *»neuen Revolution«* könne es nur *»im Gefolge einer neuen Krisis«* kommen, stellten sie fest, um zur Beruhigung ihrer Leser sofort hinzuzufügen: *»Sie ist aber auch ebenso sicher wie diese.«*[11]

Unterdessen intensivierte Marx auf seinem Sitzplatz G7 im Lesesaal des British Museum sein Studium der »Produktivkräfte«. Ursprünglich hatte er vorgehabt, ein vielbändiges Werk über die politische Ökonomie zu verfassen, aber erst 1859 erschien in einem Berliner Verlag unter dem Titel *Zur Kritik der Politischen Ökonomie* eine dichte, unvollständige Schrift, die Marx als bloße Vorarbeit betrachtete. Acht Jahre darauf veröffentlichte er sein Hauptwerk: *Das Kapital. Kritik der politischen Ökonomie.* Nach seinem Tod im Jahr 1883 stellte sich heraus, dass er neben diesen beiden Büchern noch vieles mehr geschrieben hatte. 1885 und 1893 gab Engels auf der Grundlage von Notizen, die Marx in den 1860er-Jahren angehäuft hatte, zwei weitere Bände des *Kapitals* heraus. 1905 veröffentlichte der deutsche sozialistische Theoretiker Karl Kautsky die *Theorien über den Mehrwert*, ein Mammutmanuskript, an dem Marx 1862/63 gearbeitet hatte und das manchmal als vierter Band des *Kapitals* bezeichnet wird. 1939 und 1941 schließlich gab ein sowjetischer Verlag die *Grundrisse der Kritik der politischen Ökonomie* heraus, ein weiteres umfangreiches Werk, das sich auf Notizbücher stützt, die Marx in den 1850er-Jahren führte. Viele Bestandteile dieses riesigen Materialberges wiederholen sich. Marx überdachte und überarbeitete seine Theorien immer wieder aufs Neue.

Dass er acht Jahre benötigte, um zwei Bücher zu veröffentlichen – die *Kritik* und das *Kapital* –, beruhte auf mehreren Faktoren: seinem Perfektionismus, wiederkehrenden Perioden gesundheitlicher Probleme und Geldmangel, der ihn zwang, viel Zeit auf journalistische Arbeiten zu verwenden. Von 1852 bis 1862 war er ein europäischer Korrespondent der *New-York Daily Tribune*, einer von dem Journalisten und Sozialreformer Horace Greeley gegründeten liberalen Zeitung. Geschäftsführender Herausgeber war Charles Dana, ein früherer Bewohner der fourieristischen Gemeinschaft Brook Farm in West Roxbury in Massachusetts, der Marx 1848 in Köln kennengelernt hatte und so beeindruckt von ihm war, dass er ihn einlud, für die *Tribune* zu schreiben, die für die Abschaffung der Sklaverei eintrat und den Freihandel ablehnte. Über 400 Artikel von Marx, manche mit Engels als Coautor, erschienen in der Zeitung. Laut Dana war Marx einer der bestbezahlten Beiträger der *Tribune,* was darauf hindeutet, dass seine Armutsklagen möglicherweise übertrieben waren.[12]

Marx entwickelte eine Abneigung gegen seine journalistische Tätigkeit, da sie ihn von seinen Studien ablenkte. »Das beständige Zeitungsschmieren«, schrieb er 1853 einem Freund, »ennuyiert mich. Es nimmt mir viel Zeit weg, zersplittert und ist schließlich doch nichts.«[13] Das war ein hartes Urteil über ein beachtliches Konvolut von Artikeln mit einem breiten Themenspektrum, von der britischen Politik über Louis Napoleon bis zum Indischen Aufstand von 1857. Der erste von Marx, Artikeln über Indien erschien 1853, als die Erneuerung der Charter der Ostindien-Kompanie durch das britische Parlament anstand. Das Monopol der Kompanie im Handel mit dem Subkontinent war zwar aufgrund von Protesten anderer Exporteure und Importeure schon vor Jahrzehnten aufgehoben worden, aber sie kontrollierte immer noch große Teile von ihm, einschließlich der größten Städte.

Marx analysierte die britischen Motive in Indien mit ätzender Schärfe. »Die Aristokratie wollte es erobern, die Plutokratie ausplündern, die Millokratie verschleudern«, konstatierte er in einem Artikel vom August 1853.[14] Wie William Bolts, Adam Smith und andere Kritiker der Ostindien-Kompanie vor ihm warf er ihr vor, dass es in Indien »gar keine Ausgaben für öffentliche Arbeiten« gebe, dafür aber »ein abscheuliches Steuersystem und einen nicht weniger abscheulichen Zustand von Recht und Gesetz«.[15] Doch trotz seiner Kritik an der Habgier und Heuchelei der britischen Kolonialherren war er der Meinung, dass ihre Anwesenheit letztlich den Fortschritt voranbringe: »England hat in Indien eine doppelte Mission zu erfüllen: eine zerstörende und eine erneuernde – die Zerstörung der alten asiatischen Gesellschaftsordnung und die Schaffung der materiellen Grundlagen einer westlichen Gesellschaftsordnung in Asien.«[16]

Der englische Historiker Gareth Stedman Jones weist in seiner 2016 erschienenen fesselnden Biografie von Marx darauf hin, dass er von anderen europäischen Denkern, wie Hegel und James Mill, ein irreführendes »Bild Asiens als einer durch Stillstand geprägten, geschichtslosen Weltregion« geerbt habe.[17] Tatsächlich ging Marx weiter als seine Vorgänger, indem er die »asiatische« Produktionsweise auf »orientalischen Despotismus« und isolierte Dorfgemeinschaften zurückführte, die »den menschlichen Geist auf den denkbar engsten Gesichtskreis beschränkten, ihn zum gefügigen Werkzeug des Aberglaubens machten«.[18] Aus seiner Perspektive, letztlich also derjenigen der europäischen Aufklärung, würden Länder wie Indien und China erst Fortschritte machen, wenn sie mit westlicher Wissenschaft und westlichen Produktionsmethoden in Berührung kämen. Marx erkannte die »verheerenden Wirkungen« der britischen Industrie auf indische Produzenten, erklärte aber auch, dass das Eisenbahnnetz, das die Briten zu bauen begannen, »ganz naturgemäß zum Vorläufer einer modernen Industrie werden« würde. Als andere Beispiele von Modernisierungstrends nannte er die Schaffung eines großen inneren Markts, die Aufstellung eines Berufsheers und die Herausbildung einer neuen Schicht von Indern, die »europäisches Wissen in sich aufgenommen« hätten.[19]

Dies alles bedeutet jedoch nicht, dass Marx den britischen Kolonialismus verteidigte. Er wies zwar auf dessen Modernisierungsaspekt hin, stellte aber gleichzeitig klar, dass die Ausbeutung und Ausplünderung, auf denen er beruhte, gewöhnliche Inder daran hinderten, die Vorteile des wirtschaftlichen und technologischen Fortschritts zu genießen. »Die Inder«, schrieb er, »werden die Früchte der neuen Gesellschaftselemente, die die britische Bourgeoisie in ihrem Lande ausgestreut, nicht eher ernten, bis in Großbritannien selbst die heute herrschenden Klassen durch das Industrieproletariat verdrängt oder die Inder selbst stark genug geworden sind, um das englische Joch ein für allemal abzuwerfen. Auf jeden Fall aber können wir mit aller Bestimmtheit erwarten, in mehr oder weniger naher Zukunft Zeugen einer Erneuerung dieses großen und interessanten Landes zu sein […].«[20]

Wenn Marx nicht für die *Tribune* schrieb oder von körperlichen Leiden behindert wurde, beschäftigte er sich mit seiner Kritik der orthodoxen Wirtschaftslehre. Wie oben in der Einleitung erwähnt, brach 1857 in New York nach dem Zusammenbruch der Ohio Life Insurance and Trust Company eine Finanzpanik aus, die rasch auf das Vereinigte Königreich übergriff. Die Krise spornte Marx an. In fieberhafter Tätigkeit füllte er zwischen Oktober 1857 und März 1858 die sieben Notizbücher, aus denen später die *Grundrisse der Kritik der politischen Ökonomie* entstanden.[21] Vieles, was er in ihnen behandelte, sollte er im *Kapital* wieder aufgreifen, aber sie enthalten auch viel Material, das nirgendwo sonst zu finden ist, wie die prägnante Charakterisierung des Industriekapitalismus als eines sich »beständig revolutionierenden« Systems, das »alle Schranken niederreiß[t], die die Entwicklung der Produktivkräfte […] hemmen«.[22]

Einige der eindrücklichsten Passagen behandeln die Automatisierung. Marx unterschied zwischen der Mechanisierung in einem auf Lohnarbeit und Profitstreben beruhenden System, in dem das Wissen »in der Maschinerie als fremdes« dem Arbeiter gegenübertrete, und der Mechanisierung in einer künftigen Gesellschaft, in der die Maschinen »Eigentum der assoziierten Arbeiter« sein würden. In dieser würde der Verringerung der Arbeitszeit aufgrund der Produktivitätssteigerung »die künstlerische, wissenschaftliche etc. Ausbildung der Individuen durch die für sie alle freigewordne Zeit und geschaffnen Mittel« entsprechen.[23] Anders gesagt, der Feind war nicht die Technologie, sondern das kapitalistische System, in das sie eingefügt war.

Was die ökonomische Theorie anbelangt, war die größte Neuerung in den *Grundrissen* Marx' Behauptung, ein »Gesetz« vom tendenziellen Fall der Profitrate entdeckt zu haben, das den Schlüssel zum Verständnis der Dynamik des Kapitalismus darstelle. »Übrigens finde ich hübsche Entwicklungen«, schrieb er im Januar 1858 an Engels. »Z. B. die ganze Lehre vom Profit, wie sie bisher war, habe ich über den Haufen geworfen.«[24]

Bruchstückhaft, weitschweifig, in Buchform über 900 Seiten lang, waren die Notizen, aus denen die *Grundrisse* entstanden, nicht für die Veröffentlichung bestimmt. Anfang 1859 stellte Marx das kürzere Manuskript fertig, das in Berlin unter dem Titel *Zur Kritik der Politischen Ökonomie* veröffentlicht wurde. Heute ist vor allem das Vorwort bekannt, in dem Marx ausführte, dass es die grundlegenden »Produktionsverhältnisse« seien, die »die ökonomische Struktur der Gesellschaft [bilden], die reale Basis, worauf sich ein juristischer und politischer Überbau erhebt, und welcher bestimmte gesellschaftliche Bewusstseinsformen entsprechen«. Dies ist die berühmte Zweiteilung von Basis und Überbau, wobei Erstere Letzteren prägt. »Die Produktionsweise des materiellen Lebens«, schrieb Marx, »bedingt den sozialen, politischen und geistigen Lebensprozess überhaupt. Es ist nicht das Bewusstsein der Menschen, das ihr Sein, sondern umgekehrt ihr gesellschaftliches Sein, das ihr Bewusstsein bestimmt.«[25]

Andere Teile der *Kritik*, wie die langen Ausführungen über das Wesen der Ware und des Geldes, waren schwerer zugänglich. Selbst Engels klagte, dass das Buch »sehr abstrakt« sei.[26] Zu Marx' Enttäuschung wurde es von linken Publikationen in Deutschland völlig ignoriert. Er machte sich sofort daran, einen zweiten Band zu schreiben, der jedoch nie erscheinen sollte. Über ein Jahr verstrickte er sich in einen erbitterten Streit mit dem früheren linken Abgeordneten der Frankfurter Nationalversammlung Karl Vogt, dem Marx vorwarf, in Diensten Louis Napoleons zu stehen. Außerdem dachte er daran, nach Deutschland zurückzukehren, wo Ferdinand Lassalle, einer seiner Genossen aus der Revolution von 1848, mit ihm zusammen eine neue Arbeiterzeitung herausgeben wollte. Doch aus der Idee wurde nichts, und Marx wandte sich wieder seiner ursprünglichen Idee eines vielbändigen Werks über die Ökonomie zu.[27]

Während er an dem Projekt arbeitete, war er, da es kein Einkommen generierte, auf Engels' Wohltätigkeit angewiesen, zumal die journalistische Arbeit ausblieb. 1862 beendete die *Tribune*, die zu diesem Zeitpunkt vor allem vom Amerikanischen Bürgerkrieg in Anspruch genommen wurde, die Zusammenarbeit mit ihm. Zum Glück für Marx und seine Familie ging es Engels gut. 1850, als die Enttäuschung über die gescheiterten Revolutionen noch lebendig war, war er nach Manchester zurückgekehrt und wieder bei Ermen and Engels eingestiegen. Aufgrund des anhaltenden viktorianischen Booms konnte die Firma eine zweite Spinnerei erwerben, und Engels erhielt als Juniorpartner neben einem großzügigen Salär einen Anteil am Unternehmensgewinn. Er unterhielt zwei Häuser, eines für sich selbst und eines für Lizzy, und schickte Marx regelmäßig Bargeld. (Aus Sicherheitsgründen zerschnitt er die Banknoten in zwei Hälften, die er getrennt schickte.) Seinem Biografen Tristram Hunt zufolge ließ er Marx »regelmäßig über die Hälfte seiner Jahreseinkünfte zukommen«, im Lauf der Jahre insgesamt zwischen 3000 und 4000 Pfund (450 000 Pfund oder 600 000 Dollar nach heutigem Geldwert).[28]

Wenn Marx Gewissensbisse hatte, weil er von Profiten lebte, die von Baumwollarbeitern in Lancashire erarbeitet wurden, dann erwähnte er sie in seinen Briefen an Engels nicht. Im Januar 1857, kurz nachdem Jenny eine Erbschaft erhalten hatte, die es der Familie erlaubte, aus der beengten Wohnung in Soho in ein Haus in Kentish Town zu ziehen, klagte er: »Ich sitze also vollständig auf dem Sand, in einer Wohnung, worin ich mein weniges Bares gesteckt und worin es unmöglich ist, sich von Tag zu Tag durchzupissen wie in Dean Street 111, ohne Aussicht und mit wachsenden Familienausgaben. […] Ich glaubte die Quintessenz des Drecks verschluckt zu haben. Mais non.«[29] Mit Engels' Hilfe und einem Erbe von Marx' Seite der Familie konnten er und Jenny schließlich in ein größeres Haus in einem neuen Viertel am Haverstock Hill ziehen, in dem Marx ein Arbeitszimmer mit Blick auf einen Park hatte. Aber der Umzug beendete weder seine

Geldsorgen noch seine gesundheitlichen Probleme, zu denen schmerzhafte Geschwüre am Unterleib gehörten. »[V]on *allen* Arbeiten«, jammerte er in einem Brief an Engels, »sind […] rein theoretische am unpassendsten, wenn man diesen Teufelsdreck im Leib hat.«[30] Ein andermal verkündete er: »Jedenfalls hoffe ich, dass die Bourgeoisie ihr ganzes Leben lang an meine Karbunkeln denken wird.«[31]

Langsam, aber sicher machte sein Mammutprojekt Fortschritte. Inzwischen hatte er es auf vier Bände angelegt, drei theoretische und einen historischen. Im März 1865 unterschrieb er einen Vertrag mit dem Hamburger Verlag Meissner & Behre. »Es sind noch 3 Kapitel zu schreiben, um den theoretischen Teil (die 3 ersten Bücher) fertigzumachen«, schrieb er Engels einige Monate später.[32] Im Februar des folgenden Jahres teilte er Engels mit, dass das Manuskript zwar fertig sei, aber »riesig […], nicht herausgebbar für irgend jemand außer mir, selbst nicht für Dich«.[33] Bis November 1866 hatte er es dann genug gekürzt, um ein Manuskript abzuschicken, das den größten Teil des ersten Bandes enthielt. Im April 1867, nachdem Engels ihm 35 Pfund für die Reisekosten geschickt hatte, fuhr Marx nach Hamburg, um den Rest des Manuskripts persönlich zu überbringen. Fünf Monate später erschien der Erstdruck des ersten, dem »Produktionsprozess des Kapitals« gewidmeten Bandes des *Kapitals*.[34]

Im Vorwort erklärte Marx, sein Ziel sei es, »das ökonomische Bewegungsgesetz der modernen Gesellschaft zu enthüllen«. Zur Illustration seiner Analyse werde er sich auf Großbritannien konzentrieren, die »klassische Stätte« der »kapitalistischen Produktionsweise«. Wenn deutsche Leser dächten, in ihren Fürstentümern lägen die Dinge nicht so schlimm, da der Industriekapitalismus dort noch nicht weit entwickelt sei, sollten sie noch einmal darüber nachdenken. Die Schlüsselfrage sei nicht, ob die »gesellschaftlichen Antagonismen, welche aus den Naturgesetzen der kapitalistischen Produktion entspringen«, einen niedrigeren oder höheren Entwicklungsstand erreicht hätten. Es handle sich vielmehr »um diese Gesetze selbst, um diese mit eherner Notwendigkeit wirkenden und sich durchsetzenden Tendenzen. Das industriell entwickeltere Land zeigt dem minder entwickelten nur das Bild der eignen Zukunft.«[35]

Die erste (und wohl fundamentalste) Gesetzmäßigkeit, die Marx festgestellt hatte, war das Mehrwertgesetz, wie ich es nenne. Es besagt, dass die einzige Quelle neuen ökonomischen Werts die Tätigkeit der Arbeiter ist und die Kapitalisten die Arbeiter ausbeuten, indem sie ihnen weniger zahlen als den von ihnen produzierten Wert. Marx' Erkenntnis fußte auf den Gedanken von Hodgskin, Thompson und anderen britischen Sozialisten, aber er präsentierte das Mehrwertgesetz als Rätsel. Während die ausbeuterische Art der Beziehung zwischen Arbeitgeber und Arbeiter in Sklaverei und Feudalismus offen zutage lag, willigten Arbeiter im kapitalistischen System ein, ihre »Arbeitskraft« zu verkaufen. Darüber hinaus sorgte die Konkurrenz dafür, dass alle Waren, einschließlich der Arbeitskraft, zu ihrem wahren Marktwert verkauft wurden. Diese beiden Elemente – Lohnarbeit und Konkurrenz – betrachtete Marx als die definierenden Elemente der kapitalistischen Produktionsweise. Aber wie ist dann Ausbeutung möglich? »Unser nur noch als Kapitalist vorhandner Geldbesitzer«, fasste Marx das Rätsel zusammen, »muss die Waren zu ihrem Wert kaufen, zu ihrem Wert verkaufen und dennoch am Ende des Prozesses mehr Wert herausziehn, als er hineinwarf. Seine Schmetterlingsentfaltung muss in der Zirkulationssphäre und muss nicht in der Zirkulationssphäre vorgehn. Dies sind die Bedingungen des Problems.«[36]

Als er in den 1840er-Jahren über die Ausbeutung schrieb, hatte Engels den Ansatz von Thompson und Hodgskin übernommen und eine asymmetrisch verteilte Verhandlungsstärke angenommen: Wenn es Kapitalisten nicht gelinge, mit ihren Arbeitern eine Lohnvereinbarung zu schließen, könnten sie eine Zeit lang von ihren angesammelten Profiten überleben. Dagegen seien Arbeiter, die keine Arbeit fanden, schnell mittellos. Dieser Hebel ermögliche es Arbeitgebern, niedrige Löhne durchzusetzen und einen Teil der Produktionserträge für sich selbst zu behalten. Marx war mit dieser Erklärung nicht zufrieden, und er verwandte einen großen Teil der ersten Hälfte des ersten Bandes des *Kapitals* auf den Vorgang der Profitgewinnung.

Seine Darstellung der kapitalistischen Ausbeutung ruht auf zwei Säulen: der Arbeitswerttheorie, die er von Smith und Ricardo übernahm, und der Macht der Arbeitgeber, die Länge des Arbeitstages festzulegen. Da Arbeitskraft eine marktfähige Ware sei, führte Marx aus, sei ihr Tauschwert – das heißt der Lohnsatz – »gleich dem jeder andren Ware, [...] bestimmt durch die zur Produktion, also auch Reproduktion, dieses spezifischen Artikels notwendige Arbeitszeit«.[37] In klaren Worten: Arbeiter erhalten gerade genug Lohn für eine einfache Ernährung und Unterkunft, damit sie am nächsten Tag wieder zur Arbeit erscheinen können. Betrügen die Kosten des täglichen Lebensunterhalts eines erwachsenen Arbeiters drei Schilling, würde er einen Tageslohn von drei Schilling erhalten. Erarbeitete der Arbeiter nun aber, führte Marx das Beispiel weiter, einen Marktwert von einem halben Schilling pro Stunde, bräuchte er sechs Stunden, um den Wert seines Lebensunterhalts zu produzieren.[38] In den meisten Fabriken dauerte der Arbeitstag erwachsener Männer zwölf Stunden, was bedeutet, dass der Arbeiter den halben Arbeitstag einen Wert schaffe, der in Gänze dem Arbeitgeber zufalle. Marx nannte diesen Teil der Arbeit »Mehrarbeit« und den durch sie geschaffenen Wert »Mehrwert«.

Das war die Lösung für das Rätsel, vor dem der Geldbesitzer stand. Selbst wenn er weitere zwei Schilling pro Arbeiter und Tag für Rohmaterial und Instandhaltung seiner Maschinen aufbringen musste, strich er bei einem Zwölfstundentag einen Gewinn von einem Schilling pro Arbeiter und Tag ein. »Das Kunststück ist endlich gelungen. Geld ist in Kapital verwandelt«, konstatierte Marx. »Alle Bedingungen des Problems sind gelöst und die Gesetze des Warenaustausches in keiner Weise verletzt.« Mit den Worten von Voltaires Dr. Pangloss frohlockte er ironisch: »Alles ist aufs Beste bestellt in der besten der möglichen Welten.«[39]

Um das Mehrwertgesetz zu illustrieren, schuf Marx einen algebraischen Rahmen, der seiner Zeit weit voraus war. Fast 70 Jahre, bevor John Maynard Keynes in seinem Buch *Allgemeine Theorie der Beschäftigung, des Zinses und des Geldes* die moderne Makroökonomie erfand, entwickelte Marx eine kohärente Methode, ökonomische Größen wie Profit, Lohn und Produktion zu analysieren. Nachdem er erklärt hatte, wie Wert geschaffen wird, teilte er ihn in drei Komponenten auf: das »konstante Kapital« (c), das Material- und Instandhaltungskosten umfasste; das variable Kapital (v), der Wert der eingekauften Arbeitskraft; und den Mehrwert (m). Mit Angaben für diese Größen kann man den Gesamtausstoß einer Wirtschaft (c + v + m) ebenso berechnen wie die Profitrate (m / [c + v]), die Mehrwertrate (m / v), die Marx als »Exploitationsgrad« bezeichnet, und die Lohnquote am Gesamteinkommen (v / [c + m + v]).[40] Heute verlassen sich buchstäblich alle Regierungen auf das keynesianische System der nationalen Buchhaltung, weshalb die Marx'schen Größen nicht viel benutzt werden, dennoch bieten auch sie ein Gesamtbild der Wirtschaft. Wie der japanische Ökonom Shigeto Tsuru 1942 bemerkte, ist es relativ einfach, in algebraischen Begriffen ihre Entsprechung zu den keynesianischen Pendants zu zeigen.[41]

Die zweite von Marx festgestellte Gesetzmäßigkeit war das Akkumulationsgesetz, das er im 25. Kapitel des ersten Bandes des *Kapitals* behandelt. Da es mehrere unterschiedliche Elemente enthält, sollte man vielleicht besser von Akkumulationsgesetzen sprechen. Die Grundidee ist, dass die Konkurrenz Kapitalisten zwingt, ihre Profite in neue Fabriken und Ausrüstungen zu reinvestieren. Sie kommen nie zur Ruhe: »Akkumuliert, Akkumuliert! Das ist Moses und die Propheten!«[42] Unternehmen, deren Besitzer dem Akkumulationsgesetz nicht gehorchten, würden hinter ihre Konkurrenten zurückfallen und möglicherweise vom

Markt gedrängt. Um dies zu verhindern, würden Kapitalisten ständig mehr Kapital akkumulieren, das mehr Produktion und Profit generiere, der weitere Investitionen finanziere und so weiter.

Aber wie wirkt sich das Wachstum des Ausmaßes und der Kapitalintensität der Produktion auf den Lebensstandard der Arbeiter aus? Im *Kommunistischen Manifest* hatten Marx und Engels behauptet, er könne nur schlechter und die Not der Arbeiterklasse nur größer werden. In modernen Begriffen kann man diese These als Gesetz der absoluten Verelendung bezeichnen. Mitte der 1860er-Jahre musste Marx jedoch eingestehen, dass in Großbritannien, dem am weitesten entwickelten kapitalistischen Land, die Löhne der Arbeiter stiegen. In einer wachsenden kapitalistischen Wirtschaft, erklärte er, in der Unternehmen und Märkte expandierten, »können die Akkumulationsbedürfnisse des Kapitals das Wachstum der Arbeitskraft oder der Arbeiteranzahl, die Nachfrage nach Arbeitern ihre Zufuhr überflügeln und daher die Arbeitslöhne steigen«. Wenn dies geschehe, könnten die Arbeiter »den Kreis ihrer Genüsse erweitern, ihren Konsumtionsfonds von Kleidern, Möbeln usw. besser ausstatten und kleine Reservefonds von Geld bilden«.[43]

Im Gegensatz zur allgemeinen Wahrnehmung war Marx also nicht der Auffassung, dass eine Erhöhung des Lebensstandards von Arbeitern im Kapitalismus unmöglich sei. Er betonte jedoch, dass Lohnsteigerungen »nie bis zum Punkt fortgehn [könnten], wo sie das System selbst bedrohen« würden. Wenn steigende Löhne begännen, den Profit zu beschneiden, würden die Kapitalisten ihre Expansionspläne überdenken und zur Bestandssicherung übergehen. In diesem Fall würde der Arbeitskräftebedarf zurückgehen, und der Arbeitspreis falle »wieder auf ein den Verwertungsbedürfnissen des Kapitals entsprechendes Niveau, ob dieses nun unter, über oder gleich mit dem Niveau, welches vor Eintritt des Lohnzuwachses als normal galt«.[44]

Marx benannte auch einen weiteren wichtigen Faktor, der den Lohnzuwachs bremste: das Vorhandensein einer »industriellen

Reservearmee« von Arbeitslosen. Wie Engels betrachtete er die ständige Präsenz von Arbeitern, die verzweifelt nach einer Arbeit suchen, als grundlegendes Element des Industriekapitalismus. Tatsächlich beschrieb er den Trend, dass bei hoher Arbeitslosigkeit und entsprechend angeschwollener Reservearmee die Verarmung zunahm, als *»das absolute, allgemeine Gesetz der kapitalistischen Akkumulation«.*[45] Aber die Reservearmee wirkte, laut Marx, nicht nur in Krisenzeiten disziplinierend, sondern während des gesamten Konjunkturzyklus: »Die industrielle Reservearmee drückt während der Perioden der Stagnation und mittleren Prosperität auf die aktive Arbeiterarmee und hält ihre Ansprüche während der Periode der Überproduktion und des Paroxysmus im Zaum.« Ihr Vorhandensein bilde also den »Hintergrund, worauf das Gesetz der Nachfrage und Zufuhr von Arbeit sich bewegt. Sie zwängt den Spielraum dieses Gesetzes in die der Exploitationsgier und Herrschsucht des Kapitals absolut zusagenden Schranken ein.«[46]

Woher kommt die Reservearmee? »Jede Verbesserung der Maschinerie«, hatte Engels in *Die Lage der arbeitenden Klasse in England* geschrieben, »wirft Arbeiter außer Brot, und je bedeutender die Verbesserung, desto zahlreicher die arbeitslos gewordene Klasse [...].«[47] Marx entwickelte diese Feststellung weiter. Er merkte an, dass der Arbeitsplatzabbau nicht nur Handwerker betreffe. Da die Unternehmer in arbeitssparende Maschinen investierten, würden auch viele Fabrikarbeiter ersetzt: »Das Kapital agiert auf beiden Seiten zugleich. Wenn seine Akkumulation einerseits die Nachfrage nach Arbeit vermehrt, vermehrt sie andrerseits die Zufuhr von Arbeitern durch deren ›Freisetzung‹ [...]. Die Bewegung des Gesetzes der Nachfrage und Zufuhr von Arbeit auf dieser Basis vollendet die Despotie des Kapitals.«[48]

Diese Untersuchung der Folgen des technischen Fortschritts lässt einerseits unweigerlich an die Ludditen denken und deutet andererseits auf die heutigen Ängste in Bezug auf die künstliche Intelligenz voraus. In einem langen Kapitel über »Maschinerie und große Industrie« verweist Marx ausdrücklich auf die

Ludditen, wenn er von der »massenhaften Zerstörung von Maschinen in den englischen Manufakturdistrikten während der ersten 15 Jahre des 19. Jahrhunderts« spricht. Weiter schrieb er: »Die Weltgeschichte bietet kein entsetzlicheres Schauspiel als den allmählichen, über Dezennien verschleppten, endlich 1838 besiegelten Untergang der englischen Handbaumwollweber.« Wie viele andere Beobachter stellte Marx die Ludditen als Protestler dar, denen eine übergreifende Ideologie und Kritik des neuen Wirtschaftssystems, das für ihre Nöte verantwortlich war, fehlte. Dies traf allerdings nicht ganz zu. »Es bedarf Zeit und Erfahrung«, räumte Marx ein, »bevor der Arbeiter die Maschinerie von ihrer kapitalistischen Anwendung unterscheiden und daher seine Angriffe vom materiellen Produktionsmittel selbst auf dessen gesellschaftliche Exploitationsform übertragen lernt.«[49]

Für Marx, der seit Langem die enorme produktive Kraft des Industriekapitalismus erkannt hatte, bestand ein grundlegender Unterschied zwischen der Wissenschaft der Mechanisierung und ihrer ökonomischen Manifestation. Es war nicht seine Absicht, den technischen Fortschritt aufzuhalten. Er wollte vielmehr seine Nutzung und die Verteilung des von ihm generierten Reichtums ändern. Nach seiner Ansicht verwehrte es der Kapitalismus, während er die technologische Basis für materiellen Überfluss schuf, der großen Mehrheit der Menschen, seine Früchte zu genießen. Bescheidene Lohnsteigerungen und eine ebenso bescheiden wachsende Fähigkeit, Konsumprodukte zu erwerben, »ändern […] nichts am Grundcharakter der kapitalistischen Produktion«: »So wenig […] bessere Kleidung, Nahrung, Behandlung und ein größeres Feculium das Abhängigkeitsverhältnis und die Exploitation des Sklaven aufheben, so wenig die des Lohnarbeiters.«[50]

In vieler Hinsicht, betonte Marx, werde der Kapitalismus sogar immer ausbeuterischer. Die Kapitalisten würden die Produktion beschleunigen, arbeitssparende Maschinen einführen und ihre Beschäftigten zu strengerer Disziplin anhalten. Diese Verdichtung des Arbeitsprozesses habe zur Folge, dass die Arbeitsproduktivität schneller wachse als die Löhne, sodass zusätzlicher Mehrwert entstehe, den sich die Kapitalisten aneignen würden. (Den auf diese Weise produzierten Mehrwert bezeichnete Marx als »relativen Mehrwert«.) Aber die Ausbeutung ging, laut Marx, über die Wertschöpfung als Kern des Geldzusammenhangs hinaus. An seine frühen Aufzeichnungen über Entfremdung anknüpfend, beklagte er die sozialen und psychologischen Auswirkungen der unermüdlichen Anstrengungen der Unternehmer, Produktivität und Profit zu steigern. Diese Anstrengungen

> »verstümmeln den Arbeiter in einen Teilmenschen, entwürdigen ihn zum Anhängsel der Maschine, vernichten mit der Qual seiner Arbeit ihren Inhalt, entfremden ihm die geistigen Potenzen des Arbeitsprozesses im selben Maße, worin letzterem die Wissenschaft als selbständige Potenz einverleibt wird; sie verunstalten die Bedingungen, innerhalb deren er arbeitet, unterwerfen ihn während des Arbeitsprozesses der kleinlichst gehässigen Despotie, verwandeln seine Lebenszeit in Arbeitszeit, schleudern sein Weib und Kind unter das Juggernaut-Rad des Kapitals.«[51]

Dies war Marx, der Donnerer. Da diese Übel untrennbar mit dem Vorgang der Mehrwertschaffung verbunden seien, fuhr er fort, müsse die Lage des Arbeiters »im Maße wie Kapital akkumuliert, [...] welches immer seine Zahlung, hoch oder niedrig, sich verschlechtern [...]. Die Akkumulation von Reichtum auf dem einen Pol ist also zugleich Akkumulation von Elend, Arbeitsqual, Sklaverei, Unwissenheit, Brutalisierung und moralischer Degradation auf dem Gegenpol [...].«[52]

Indem er die Kluft zwischen den beiden Enden der kapitalistischen Gesellschaft und die zunehmende Erniedrigung der Arbeiter in den Vordergrund rückte, vertrat Marx eine nuanciertere These als diejenige, die er zusammen mit Engels im *Kommunis-*

tischen Manifest verfochten hatte. Tatsächlich kann man den ersten Band des *Kapitals* als Ablösung der Theorie der absoluten Verelendung durch eine Theorie der relativen Verelendung, die das Augenmerk auf die zunehmende Ungleichheit richtet, interpretieren. In der häufig ignorierten zweiten Hälfte des 25. Kapitels untersuchte Marx die Entwicklung der Löhne und Profite sowie der Armut in Großbritannien zwischen 1846 und 1866. Am Ende dieser Zeitspanne bekamen ungelernte Arbeiter in London rund 1 Pfund pro Woche, während Handwerker 1,75 Pfund pro Woche oder 90 Pfund im Jahr verdienten.[53] Zum Kontrast gab Marx einige Zahlen der britischen Steuerbehörde wieder, denen zufolge 1865 107 der reichsten Unternehmer des Landes Jahreseinnahmen von durchschnittlich 103 526 Pfund hatten (nach heutigem Geldwert rund 10,7 Millionen Pfund).[54]

Nachdem er die riesige Einkommenslücke offengelegt hatte, die das viktorianische England kennzeichnete, zitierte Marx den liberalen Politiker William E. Gladstone, der jüngst bemerkt hatte: »[W]ährend die Reichen reicher, sind die Armen jedenfalls weniger arm geworden.« – »Welch lahmer Antiklimax!«, kommentierte Marx. »Wenn die Arbeiterklasse ›arm‹ geblieben ist, nur ›weniger arm‹ im Verhältnis, worin sie eine ›berauschende Vermehrung von Reichtum und Macht‹ für die Klasse des Eigentums produzierte, so ist sie relativ gleich arm geblieben. Wenn die Extreme der Armut sich nicht vermindert haben, haben sie sich vermehrt, weil die Extreme des Reichtums.«[55] Mit anderen Worten, die relative Verelendung hat zugenommen.

Eine andere empirische Entwicklung, die Marx hervorhob, war der Aufstieg von Großunternehmen und Massenproduktion. Während der Eisenbahnmanie der 1840er-Jahre hatte der »Eisenbahnkönig« George Hudson viele der Strecken, die London mit Nordengland verbanden, zu einer einzigen Gesellschaft vereint. (Hudsons zweifelhaftes Finanzgebaren trieb ihn schließlich in den Bankrott.) 1856 hatte der Industrielle John Brown seine Stahlwerke in Sheffield auf einem zwölf Hektar großen Gelände zusammengeführt, auf dem er diverse Schwergüter wie Eisenbahnschienen, Stahlfedern und Panzerplatten für Kriegsschiffe produzierte. »Der Konkurrenzkampf wird durch Verwohlfeilerung der Waren geführt«, erklärte Marx. »Die Wohlfeilheit der Waren hängt [...] von der Produktivität der Arbeit, diese aber von der Stufenleiter der Produktion ab. Die größeren Kapitale schlagen daher die kleineren.«[56] Um zu expandieren, konnten Unternehmen größere Produktionsstätten bauen, was Marx als »Konzentration« von Kapital bezeichnete, oder schwächere Konkurrenten und ihre Fabriken übernehmen, was Marx »Zentralisation« von Kapital nannte. Beide Vorgehensweisen führten zum selben Ziel, der Schaffung größerer kapitalistischer Unternehmen, die in zunehmendem Maß mit technokratischen Methoden organisiert waren.

In Marx' Zeit waren die meisten britischen Unternehmen eigenfinanziert; sie setzten ihre eigenen Profite für Investitionen ein. Doch eine andere beachtenswerte neue Entwicklung, insbesondere in Frankreich und Deutschland, war die Entstehung von Banken, wie der Crédit mobilier und der Darmstädter Bank, die wachsenden Unternehmen langfristige Kredite gewährten. Marx beobachtete, wie das Kreditwesen »durch unsichtbare Fäden die über die Oberfläche der Gesellschaft in größern oder kleinern Massen zersplitterten Geldmittel in die Hände individueller oder assoziierter Kapitalisten zieht, aber bald eine neue und furchtbare Waffe im Konkurrenzkampf wird und sich schließlich in einen ungeheuren sozialen Mechanismus zur Zentralisation der Kapitale verwandelt«. Wie weit konnte diese Entwicklung gehen? »In einem gegebnen Geschäftszweig«, lautete Marx' Antwort, »hätte die Zentralisation ihre äußerste Grenze erreicht, wenn alle darin angelegten Kapitale zu einem Einzelkapital verschmolzen wären. In einer gegebnen Gesellschaft wäre diese Grenze erreicht erst in dem Augenblick, wo das gesamte gesellschaftliche Kapital vereinigt wäre in der Hand, sei es eines einzelnen Kapitalisten, sei es einer einzigen Kapitalistengesellschaft.«[57]

Da Marx zunehmende Ungleichheit, Kapitalkonzentration und

Finanzialisierung als Grundeigenschaften des Industriekapitalismus betrachtete, kann man sie als dessen Bewegungsgesetze ansehen. In seiner Darstellung werden sie jedenfalls im Rahmen des allgemeinen Gesetzes der Akkumulation behandelt. Aber trotz aller in diesen Passagen ausgebreiteten tiefen Einsichten erklären sie nicht, warum der Industriekapitalismus zum Untergang verdammt ist, zumal dessen Fähigkeit, sich weiterzuentwickeln und anzupassen, hervorgehoben wird. Im letzten Abschnitt des Kapitels über die »ursprüngliche Akkumulation« mit dem Titel »Geschichtliche Tendenz der kapitalistischen Akkumulation« versuchte Marx, diese Spannung zu lösen, indem er denselben Deus ex Machina bemühte, den er und Engels im *Kommunistischen Manifest* hatten eingreifen lassen: Da die Zentralisation des Kapitals mit der »Verschlingung aller Völker in das Netz des Weltmarkts« einhergehe, usurpiere und monopolisiere eine abnehmende Zahl von »Kapitalmagnaten [...] alle Vorteile dieses Umwandlungsprozesses«, während »die Masse des Elends, des Drucks, der Knechtschaft, der Entartung, der Ausbeutung, aber auch die Empörung der stets anschwellenden und durch den Mechanismus des kapitalistischen Produktionsprozesses selbst geschulten, vereinten und organisierten Arbeiterklasse« wachse. Dieser Auftritt eines revolutionären Proletariats signalisiere, dass das Ende nahe:

> »Das Kapitalmonopol wird zur Fessel der Produktionsweise, die mit und unter ihm aufgeblüht ist. Die Zentralisation der Produktionsmittel und die Vergesellschaftung der Arbeit erreichen einen Punkt, wo sie unverträglich werden mit ihrer kapitalistischen Hülle. Sie wird gesprengt. Die Stunde des kapitalistischen Privateigentums schlägt. Die Expropriateurs werden expropriiert.«[58]

Als das *Kapital* erschien, fiel einigen Lesern auf, dass Marx keinen Zeitpunkt für den vorausgesagten Untergang des Kapitalismus nannte. Andere erhoben theoretische Einwände. Engels wollte nach der Lektüre der Fahnen des Buchs von Marx wissen, warum Kapitalisten, wenn die Nutzung der Arbeitskraft die einzige Quelle der Mehrwerterzeugung darstelle und fixes Kapital keinen Mehrwert hervorbringe, fortfahren sollten, in arbeitssparende Maschinen zu investieren. Marx erwiderte, dass es sich bei seinem Buch lediglich um den einführenden Band handle und er die Analyse absichtlich einfach gehalten habe. In den Folgebänden werde er alle Zweideutigkeiten ausräumen.[59]

Marx veröffentlichte jedoch zu Lebzeiten kein Buch zur Ökonomie mehr. Während der Arbeit am *Kapital* in den frühen 1860er-Jahren hatte er umfangreiche Notizen für einen zweiten – der Kapitalzirkulation – und einen dritten – der Höhe und Verteilung der Profite gewidmeten – Band angefertigt. Aber abgesehen davon, dass er in den 1870er-Jahren einen Teil des Materials überarbeitete, unternahm er wenig, um es in Buchform zu bringen. Kurz vor seinem Tod, der ihn 1883 infolge einer Bronchitis ereilte, erklärte er seiner Tochter Eleanor, dass es Engels überlassen sei, »etwas daraus zu machen«.[60] Als Marx' Nachlassverwalter redigierte Engels dessen Notizbücher und gab sie als zweiten und dritten Band des *Kapitals* heraus, die jedoch nicht alle Probleme lösten, die der erste Band aufgeworfen hatte. In manchen Fällen verkomplizierten sie diese noch.

Der 1885 veröffentlichte zweite Band mit dem Titel *Der Zirkulationsprozess des Kapitals* enthält das mathematische Modell einer in zwei Sektoren geteilten Wirtschaft. Der eine – »Abteilung I« – produziert Investitionsgüter, der andere – »Abteilung II« – Konsumgüter, wie Kleidung und Spielzeug. Mithilfe dieses einfachen Grundgerüsts untersuchte Marx, ob eine kapitalistische Wirtschaft in der Lage ist, sich von Jahr zu Jahr selbst zu reproduzieren (»einfache Reproduktion«) und stetig zu wachsen (»erweiterte Reproduktion«). Begrifflich stellte diese Spielzeugökonomie einen bedeutenden Fortschritt dar und ist für Wirtschaftstheoretiker immer noch interessant. Tatsächlich schien sie die Aussicht zu eröffnen, dass sich Kapitalstock und Produktion unter bestimmten

Bedingungen in einem endlosen Wachstumsprozess unbegrenzt vermehren könnten.

Der erst 1894 veröffentlichte dritte Band mit dem Titel *Der Gesamtprozess der kapitalistischen Produktion* bot im Gegensatz zu den beiden vorigen Bänden eine ökonomische Erklärung dafür, warum der Kapitalismus letztlich zusammenbrechen müsse: das »Gesetz des tendenziellen Falls der Profitrate«.[61] Dieses Gesetz hatte Marx bereits in den *Grundrissen* behandelt, es aber aus Platzgründen nicht in den ersten Band des *Kapitals* aufgenommen. Wie die Arbeitswerttheorie hatte er auch diese Idee von den klassischen Ökonomen übernommen und auf seine Weise weiterentwickelt. Adam Smith hatte vorausgesagt, dass der Profit schließlich abnehmen würde, weil den Unternehmen die lohnenden Investitionsprojekte ausgehen würden. Ricardos Erklärung beruhte dagegen auf der Annahme, dass das Bevölkerungswachstum letztlich zu einer Verknappung von Land führen würde, sodass die Pachten der Bauern steigen würden. Steigende Pachten würden zu höheren Lebensmittelpreisen und Subsistenzlöhnen führen, die wiederum die Profite schmälern würden.

Marx' Erklärung beruhte auf der Arbeitswerttheorie und der Tatsache, dass die Kapitalintensität der Produktion im Zuge der Kapitalakkumulation zunimmt. Laienhaft gesprochen: Die Maschinerie ersetzt die Arbeit. Da aber die Arbeitskraft die einzige Quelle von Mehrwert ist, sinkt der Mehrwert in Relation zur von den Unternehmen aufgewendeten Kapitalmenge, was mit anderen Worten nichts anderes bedeutet, als dass die Profitrate sinkt. Um dies zu illustrieren, spielte Marx ein arithmetisches Beispiel durch, indem er zwei Länder verglich, in denen der Kapitalismus unterschiedlich weit entwickelt war: ein weniger weit entwickeltes mit einem niedrigen Verhältnis von Kapital zu Arbeit und ein weiter entwickeltes mit einem hohen Verhältnis von Kapital zu Arbeit. In seinem Beispiel läge die Profitrate im ersten Land bei 66 2/3 Prozent, während im zweiten Land nur eine Rate von 20 Prozent erzielt würde.[62]

Marx unterstrich, dass eine fallende Profit*rate* nicht unbedingt eine Schrumpfung der Profit*menge* bedeute. Wenn Produktivität und Kapitalintensität zunähmen, würde auch das absolute Niveau der Profite weiter steigen. Mit anderen Worten, der Fortschritt des Kapitalismus resultiert »einerseits in einer Tendenz zu fortschreitendem Fall der Profitrate und andrerseits in beständigem Wachstum der absoluten Masse des angeeigneten Mehrwerts oder Profits«. Daher sei das Gesetz des tendenziellen Falls der Profitrate »zwieschlächtig«.[63] Dies gilt, laut Marx, auch langfristig. Er widmete den »Entgegenwirkenden Ursachen«, die den Fall verlangsamen oder aufhalten konnten, ein ganzes Kapitel. Letztlich glaubte er jedoch, dass der tendenzielle Fall der Profitrate nicht aufzuhalten sei. In den *Grundrissen* hatte er ihn als »das wichtigste Gesetz der modernen politischen Ökonomie« bezeichnet.[64] Im dritten Band des *Kapitals* wiederholte er diese Aussage nicht explizit, stellte die fallende Profitrate aber als einen der Hauptwidersprüche des Kapitalismus dar. Da Kapitalisten danach strebten, ihre Profite zu erhöhen, indem sie immer mehr Kapital akkumulierten, würden ihre Anstrengungen mit dem Gegenteil enden: »Die *wahre Schranke* der kapitalistischen Produktion ist *das Kapital* selbst […].«[65]

In den anderthalb Jahrzehnten nach der Veröffentlichung des ersten Bandes des *Kapitals* verbrachte Marx viel Zeit mit politischem Engagement und dem Verfassen politischer Kommentare. Nach der Gründung der Ersten Internationalen, einem Bund linker Arbeitergruppen aus Großbritannien, Frankreich, Deutschland und anderen Ländern, im Jahr 1864 betätigte er sich in ihrem Zentralkomitee und als ihr Cheftheoretiker. In beiden Rollen wurde er in Fraktionskämpfe verwickelt. Anfang der 1870er-Jahre zogen der Deutsch-Französische Krieg und die Pariser Kommune seine Aufmerksamkeit auf sich. Im Juni 1870 veröffentlichte er unter dem Titel *Der Bürgerkrieg in Frankreich* eine kurze, aber bittere Polemik, die zu derjenigen seiner Schriften wurde, die zu seinen Lebzeiten am meisten gelesen wurde.

Für Marx und andere Revolutionäre war die Niederschlagung der Pariser Kommune ein herber Schlag. In Großbritannien deutete unterdessen immer noch nichts auf einen bevorstehenden Arbeiteraufstand hin. Der 1868 gegründete Trades Union Congress konzentrierte sich auf die Forderung nach höheren Löhnen und kürzeren Arbeitszeiten. Im 1871 von Otto von Bismarck vereinigten Deutschland trat die 1869 von zwei Mitstreitern von Marx, Wilhelm Liebknecht und August Bebel, gegründete Sozialdemokratische Arbeiterpartei (SDAP) 1875 zu einem Parteitag in Gotha zusammen, der ein Programm annahm, das das allgemeine Wahlrecht und Arbeiterrechte forderte, aber vor dem Aufruf zu einer Arbeiterrevolution zurückschreckte. Marx war außer sich und tat das Programm als »die aller Welt bekannte demokratische Leier« ab.[66] Die Annahme des Gothaer Programms warf erneut die Frage auf, wo und wie die letzte Krise des Kapitalismus ausbrechen würde.

Die Aufgabe, diese Frage zu beantworten, fiel Engels zu, der nach seinem Ausscheiden aus Ermen and Engels nach London umgezogen war und ein Haus in der Nähe von Marx gekauft hatte. Im Gegensatz zu seinem alten Freund erfreute er sich noch bester Gesundheit. 1878 veröffentlichte Eugen Dühring, ein Philosophiedozent an der Berliner Universität, ein Buch, in dem er das *Kapital* kritisierte und Marx als »wissenschaftliche Jammergestalt« verhöhnte.[67] Engels verfasste eine Antwort, die in linken Kreisen als *Anti-Dühring* bekannt wurde. Darin bezeichnete er den Untergang des Kapitalismus, über Marx' nuancierte Ausführungen im *Kapital* hinweggehend, als unvermeidliche Folge einer Reihe immer schärfer werdender Wirtschaftskrisen. »Dicke Bücher wie das *Kapital* zu lesen, dazu sind die meisten zu faul, und so wirkt so ein dünnes Büchlein viel rascher«, bemerkte er.[68] Er sollte recht behalten. 1880 veröffentlichte er unter dem Titel *Die Entwicklung des Sozialismus von der Utopie zur Wissenschaft* eine Kurzfassung des *Anti-Dühring*, die für viele Marxisten rund um die Welt eine Art Katechismus wurde.

Außerhalb der sozialistischen Bewegung betrachtete man Marx' Analyse ebenso wie die klassische Ökonomie, auf der sie beruhte, schließlich als anachronistisch. Nach 1890, als der Cambridge-Professor Alfred Marshall sein *Handbuch der Volkswirtschaftslehre* veröffentlichte, nutzten die meisten Ökonomen anstelle der Arbeitswerttheorie Angebots- und Nachfragekurven, um zu erklären, wie Marktpreise bestimmt werden. 1925 tat John Maynard Keynes das *Kapital* als »veraltetes wirtschaftliches Textbuch« ab.[69] Angemessener beschreibt man es vielleicht als bunte Mischung.

Gewiss irrte sich Marx in manchem. Sein größtes Manko war wohl sein Unvermögen zu erkennen, dass im Zuge der fortgesetzten Akkumulation von Kapital und der Ausstattung der Arbeitsplätze mit immer mehr Maschinen mit der Produktivität der Arbeiter auch ihre Löhne schrittweise steigen würden. In Marx' Wirtschaftsmodell werden die Löhne durch die Kosten der Reproduktion der Arbeitskraft bestimmt. Da diese sich im Lauf der Zeit nicht wesentlich erhöht, tun dies auch die Löhne nicht. Die Kapitalisten streichen buchstäblich den gesamten Mehrwert ein. Offensichtlich ist diese Theorie nur schwer mit dem Aufwärtstrend der Löhne seit 1870 zu vereinbaren. Die Geschichte legt den Schluss nahe, dass Löhnen und Profiten durch den Produktivitätszuwachs eine Obergrenze gesetzt wird, während die tatsächliche Verteilung des Mehrwerts von mehreren Faktoren abhängt, wie der Stärke von Gewerkschaften, der Höhe der Arbeitslosigkeit und der Intensität der Konkurrenz auf Produktmärkten. Marx hat über all diese Dinge geschrieben, aber seine Theorie des Subsistenzlohns, die auch andere klassische Ökonomen vertraten, führte ihn letztlich in die Irre.

Doch trotz seiner Irrtümer war sein Bild des Kapitalismus als eines von Klassenkonflikten und technologischen Fortschritten vorangetriebenen Systems, das unablässig expandiert und sich verändert, ein überzeugendes Gesamtkonzept. Und er lenkte den Blick auf einige wichtige Elemente, die bis heute Bestand haben.

Die Rolle der Reservearmee von Arbeitslosen bei der Zügelung der Lohnforderungen der Beschäftigten ist ein Beispiel dafür. Andere sind die Konzentrationstendenz von Kapital und die trotz eines stetig steigenden allgemeinen Lebensstandards weiterbestehende Einkommens- und Eigentumskluft. Auch die Arbeitswerttheorie sollte man nicht ganz abschreiben. Obwohl der Arbeitsaufwand einen schlechten Maßstab für die alltägliche Preisfestlegung darstellt, hält die Konkurrenz die Preise langfristig – und genau daran war Marx interessiert – tendenziell in der Nähe der durchschnittlichen Produktionskosten. Und da die Löhne für viele Unternehmen der größte Einzelkostenfaktor sind, bewegen sich die Preise tatsächlich in etwa auf dem Niveau der Arbeitskosten. Der Ökonom Anwar Shaikh von der New School for Social Research hat diese Tendenz in den 1980er-Jahren als Erster dokumentiert.[70] Zwei seiner Schüler, Güney Işıkara von der New York University und Patrick Mokre von der Arbeiterkammer Wien, haben sie 2021 in einer Studie bestätigt, in der sie auf der Grundlage einer Datenbasis, die die Entwicklung in 42 Ländern im Zeitraum von 2000 bis 2017 umfasst, zeigten, dass die Preise tendenziell den Arbeitskosten folgen.[71]

Marx irrte sich, als er die Ausbeutung der Arbeit als einzige dauerhafte Quelle des Mehrwerts ausmachte. Die Geschichte hat gezeigt, dass technologische Innovationen, wenn sie durch staatliche Patente unterstützt werden, Unternehmen genügend Marktmacht verleihen können, um über lange Zeit Monopolprofite zu erzielen. Aber die Ausbeutung von Arbeitern ist auch eine nur allzu verbreitete Realität. Ohne starke Arbeitsgesetze können Unternehmen ihre Marktmacht über ihre Beschäftigten nutzen, um ihre Löhne niedrig zu halten. In manchen arbeitsintensiven Branchen sind Hungerlöhne und eine schlechte Behandlung von Arbeitern hervorstechende Eigenschaften des kapitalistischen Geschäftsmodells geblieben, was natürlich völlig mit dem Mehrwertgesetz übereinstimmt.

Gleichwohl hat die Theorie der absoluten Verelendung, wenn

man die Löhne aller Arbeiter in kapitalistischen Ländern betrachtet, dem Test der Geschichte nicht standgehalten. Jüngsten Forschungen zufolge hat sich der durchschnittliche Wochenlohn in Großbritannien in den anderthalb Jahrhunderten zwischen 1867 und 2015 inflationsbereinigt nahezu verzehnfacht.[72] Aber die Theorie der relativen Verelendung – große Steigerungen von Einkommen und Eigentum auf der einen Seite und um ihr Auskommen kämpfende Arbeiterfamilien auf der anderen – hat sich als dauerhafter herausgestellt.

Und sogar Marx' größte Gegner können die Grundaussage seines Akkumulationsgesetzes nicht leugnen: das stetige Wachstum des Kapitalstocks; die Menge des Kapitals pro Arbeiter gilt heute als grundlegende Kennzahl kapitalistischer Wirtschaften. In der Zeitspanne von 1867 bis 1913 stieg der britische Bruttoanlagekapitalstock, der Maschinen, Gebäude, Schiffe und Fahrzeuge umfasst, auf mehr als das Doppelte.[73]

Schließlich zum Gesetz des tendenziellen Falls der Profitrate, das ebenfalls für viel Streit gesorgt hat. In der Theorie war Marx' Erklärung, dass diese Tendenz aus von Kapitalisten vorgenommenen arbeitssparenden Investitionen in Maschinen und andere Formen von fixem Kapital resultiere, alles andere als wasserdicht. Mithilfe der Algebra zeigt sich rasch, dass die von Marx hervorgehobene Beziehung zweideutig ist. Unter gewissen Umständen kann steigende Kapitalintensität einen Fall der Profitrate mit sich bringen, unter anderen Umständen aber auch eine Zunahme. Das Resultat ist nicht abzusehen. Mit den Worten des deutschen Politologen Michael Heinrich aus seiner nützlichen Einführung ins *Kapital*: »Eine dauerhafte *Tendenz* zum Profitratenfall lässt sich auf der allgemeinen Ebene, auf der Marx im ›Kapital‹ argumentiert, nicht begründen.«[74]

Auch die empirischen Belege sind zweideutig. Einer Grafik, die der britische Ökonom Michael Roberts in seinem Buch *Marx 200* präsentiert, ist zu entnehmen, dass die Profitrate im Vereinigten Königreich zwischen den 1860er-Jahren und 2009 von rund 14 Prozent auf 8 Prozent gefallen ist.[75] Esteban Ezequiel Maito, ein Ökonom der Universität von Buenos Aires, kam 2014 in einer 14 Länder umfassenden Studie zu einem ähnlichen Ergebnis.[76] Es gibt indes auch entgegengesetzte Befunde. So stellte Ivan Trofimov, ein Ökonom der KYS Business School in Malaysia, bei der Untersuchung von Daten aus 21 hoch entwickelten Ländern für den Zeitraum von den 1960er- bis zu den frühen 2000er-Jahren für manche Länder, wie die Vereinigten Staaten, einen negativen und für andere, wie Griechenland und Norwegen, einen positiven Trend fest. In wieder anderen Ländern, wie Australien und Schweden, war kein eindeutiger Trend auszumachen. »Insgesamt erwies sich das Verhalten der Profitrate als recht unterschiedlich«, fasste Trofimov seine Erkenntnisse 2017 zusammen. »Es ist daher unwahrscheinlich, dass allgemeine Profitratengesetze aufrechtzuerhalten sind oder nur eine Hypothese korrekt ist.«[77] Dies war jedoch nicht das letzte Wort, denn eine Gruppe von Ökonomen, die mit der University of Massachusetts in Amherst und dem St. Francis College verbunden sind, hat 2022 in einem Arbeitspapier auf der Grundlage von Daten aus Dutzenden Ländern eine Weltprofitrate errechnet und festgestellt, dass sie »für die Periode von 1960 bis 1980 einen stark negativen und von 1980 bis 2019 einen schwächeren negativen linearen Trend« aufwies.[78]

Diese Studien stützen zwar einerseits Marx' These vom langfristig tendenziellen Fall der Profitrate, verweisen aber auch auf zahlreiche Abweichungen von diesem »Gesetz«. Aufs Ganze gesehen, legt die historische Entwicklung den Schluss nahe, dass Marx die Fähigkeit der kapitalistischen Wirtschaften, fallenden Profitraten mit technologischen Neuerungen, Unternehmenskonsolidierungen und Angriffen auf die Gewerkschaftsbewegung entgegenzutreten, unterschätzte. In den Jahrzehnten nach 1870 spielten diese Gegenmaßnahmen eine immer größere Rolle, insbesondere in einem Land, das für Marx' Theorien stets ein gewisses Problem dargestellt hatte: den Vereinigten Staaten.

10

»Wir müssen Land in Gemeineigentum überführen«

Henry Georges moralischer Kreuzzug

Von Promontory in Utah, rund 110 Kilometer nordwestlich von Salt Lake City, erstrecken sich die Weiten des amerikanischen Westens in alle Richtungen. Hier stieß am 10. Mai 1869 Leland Stanford, ein Mitgründer der Central Pacific Railroad, einen symbolischen goldenen Nagel ins letzte Stück des Schienenstrangs, der die von Sacramento nach Osten verlaufende Trasse seiner Firma mit derjenigen von Union Pacific Railroad verband, die von Omaha aus nach Westen verlief. Nachdem Stanford, der auch schon Gouverneur von Kalifornien gewesen war, seine Aufgabe erfüllt hatte, brach die Zuschauermenge aus Eisenbahnarbeitern und Würdenträgern in Jubel aus. Schließlich wurde eine Telegrafennachricht aus vier Buchstaben nach New York und San Francisco geschickt: »D-O-N-E« – erledigt.[1]

Die Fertigstellung der transkontinentalen Eisenbahnverbindung markierte einen weiteren Sieg der expandierenden amerikanischen Republik über Geografie und Topografie. Außerdem stellte sie einen erneuten Sieg des amerikanischen Industriekapitalismus dar, der nur vier Jahre zuvor im Bürgerkrieg die Oberhand über den Plantagenkapitalismus gewonnen hatte. Aus dem fernen London sah Karl Marx dies deutlich. Solange die Sklaverei in Nordamerika bestand, war er überzeugt, würde sie die industrielle Entwicklung behindern und die Herausbildung der revolutionären Klasse der Lohnarbeiter verlangsamen. »Die Arbeit in weißer Haut kann sich nicht dort emanzipieren, wo sie in schwarzer Haut gebrandmarkt wird«, schrieb er im ersten Band des *Kapitals*. »Aber aus dem Tod der Sklaverei entspross sofort ein neu verjüngtes Leben. Die erste Frucht des Bürgerkriegs war die Achtstundenagitation, mit den Siebenmeilenstiefeln der Lokomotive vom Atlantischen bis zum Stillen Ozean ausschreitend, von Neuengland bis nach Kalifornien.«[2] Im August 1866 forderten Gewerkschaftsaktivisten auf einem Kongress in Baltimore den Achtstundentag. Die neue Organisation brachte es nicht weit und löste sich 1873 wieder auf, aber Marx' Perspektive war breiter; ihn interessierte die Transformation der Vereinigten Staaten von einer Republik von Farmern und kleinen Geschäftsleuten zu einer klassengeprägten Industriewirtschaft.

Jahrzehntelang hatte er sich bemüht, die Vereinigten Staaten in seine materialistische Geschichtstheorie einzupassen. Da war ein junges Land mit einer schnell wachsenden kapitalistischen Wirtschaft, moderner Technologie und einem hoch entwickelten politischen System, das die Unantastbarkeit des Privateigentums garantierte. Aber ihm fehlten die strikten Klassenspaltungen Europas. Als Hauptgründe für die amerikanische Ausnahmestellung betrachtete Marx die offenen Grenzen, die Verfügbarkeit von billigem Land und die Arbeitskräfteknappheit. Er glaubte, dass die Vereinigten Staaten, wenn diese Faktoren wegfielen, in zunehmendem Maß die normalen Bewegungsgesetze des Industriekapitalismus spüren würden, und war überzeugt, dass der Bürgerkrieg diesen Prozess beschleunigt hatte. Die umfangreiche Ausgabe von Kriegsschuldanleihen habe die »allergemeinste Finanzaristokratie« entstehen lassen, und die Vergabe öffentlichen Landes an Eisenbahn- und andere »Spekulanten-Gesellschaften« habe »die rascheste Zentralisation des Kapitals« mit sich gebracht: »Die große Republik hat also aufgehört, das gelobte Land für auswandernde Arbeiter zu sein.«[3]

Inwieweit die Sklaverei den Aufstieg des Industriekapitalismus behinderte oder förderte, ist unter Historikern weiterhin umstritten. Vertreter der New History of Capitalism heben hervor, dass die Plantagenwirtschaft des Südens der Vereinigten Staaten in mancher Hinsicht höchst kapitalistisch war, auch wenn sie Marx'

Definition des Kapitalismus nicht erfüllte. Die Historikerin Caitlin Rosenthal von der University of California in Berkeley verweist in ihrem 2018 erschienenen Buch *Sklaverei bilanzieren. Herrschaft und Management* darauf, dass die Plantagenbesitzer moderne Managementtechniken einsetzten, wie detaillierte Kontobücher, in denen sie die Arbeitsleistung ihrer Sklaven festhielten, und deren Verwendung je nach Bedarf, um die Gesamtproduktivität zu steigern.[4] Außerdem nutzten sie Sklaven als Sicherheit für Bankkredite, und gelegentlich schlossen sie Lebensversicherungen für sie ab, um sich vor Verlusten zu schützen.[5]

Aber auch wenn diese Forschungen das Verständnis der Plantagenwirtschaft vertieft haben, trifft sicherlich zu, dass ihr Untergang, wie Marx und andere meinen, ein transformatives Moment in der US-amerikanischen Geschichte war. Nach dem Sieg über die Südstaatenaristokratie vertrat die Republikanische Partei, die Partei Abraham Lincolns, die Interessen der Nordstaaten-Industriellen, und das von diesen gehaltene finanzielle und physische Kapital hatte eine transformative Wirkung auf das Land. »Das Zeitalter von Pony-Express, Überlandkutschen und Planwagenzügen war vorbei«, stellen die Historiker Charles und Mary Beard in ihrem zweibändigen Standardwerk *The Rise of American Civilization* fest. »Dampf und Stahl waren die Herren des Kontinents.«[6]

Diese Feststellung stammt von 1927, gilt aber noch immer. Binnen weniger Jahrzehnte nach dem Bürgerkrieg und der Zeremonie in Promontory wurde das Territorium westlich des Mississippi von europäischen Siedlern in Besitz genommen und entwickelt. Teils durch staatlich finanzierte Ansiedlungsprogramme, teils durch ethnische Säuberung und Landlotterien vertrieb dieser hastige Zug zum Pazifik bis 1900 die verbliebenen indigenen Völker, von kleinen Landstreifen abgesehen, aus allen Gebieten, in denen sie gelebt hatten. Der »Pacific Rush« erweiterte die Union um neun neue Staaten: Colorado, Idaho, Montana, Nebraska, North Dakota, South Dakota, Utah, Washington und Wyoming. In Erfüllung ihres »manifesten Schicksals« – dieser Begriff war in den 1840er-Jahren aufgekommen –, sich von Küste zu Küste zu erstrecken, schufen die Vereinigten Staaten eine Marktwirtschaft von kontinentalen Ausmaßen, die in der Lage war, den Lebensunterhalt einer rasch wachsenden Bevölkerung zu garantieren. 1870 zählte die US-amerikanische Bevölkerung knapp 40 Millionen Menschen und hatte damit diejenige Großbritanniens bereits überholt. Bis 1915 sollte sie auf 100 Millionen anwachsen.[7]

Wie Charles und Mary Beard festgestellt haben, florierte die Industrie. Zwischen 1865 und 1900 stieg die amerikanische Industrieproduktion, gemäß einem Index des Ökonomen Joseph H. Davis, volumenmäßig auf mehr als das Sechsfache.[8] Die Stahlproduktion schoss förmlich in die Höhe, von 380000 Tonnen im Jahr 1870 auf 28,4 Millionen Tonnen im Jahr 1913.[9] Am Vorabend des Ersten Weltkriegs kam rund ein Drittel der weltweiten Industrieproduktion aus den Vereinigten Staaten, womit sie den Anteil Großbritanniens auf dessen Höhepunkt im 19. Jahrhundert übertrafen.[10] Die schnelle Industrialisierung verwandelte Städte wie Chicago und New York in vibrierende Metropolen, die nach immer mehr Landwirtschaftsprodukten verlangten. Die Entwicklung arbeitssparender Agrartechnik, wie Dreschmaschinen, erhöhte die Produktivität, und der Ausbau des Eisenbahnnetzes verringerte die Transportkosten von Getreide und anderen Nahrungsmitteln, was die Farmer im Mittelwesten in die Lage versetzte, Märkte an beiden Küsten und sogar in Europa zu beliefern. Zwischen 1860 und 1880 stieg der US-Export von Weizen und Mehl von rund 435000 auf rund 4760000 Tonnen.[11] Sogar im Süden stieg die Agrarproduktion steil an, während die Zunahme von Verpachtungen, kleinbäuerlichen Betrieben und Lohnarbeit auf Plantagen zeigte, dass bedeutende Agrarprodukte wie Baumwolle ohne Sklaverei angebaut und geerntet werden konnten. Bis 1890 stieg die Baumwollproduktion der USA auf nahezu das Doppelte ihres Höchststands vor dem Bürgerkrieg.[12]

Überall, schien es, beschleunigte sich die Geschichte. Von den 12,2 Millionen beschäftigten Amerikanern im Alter von mindestens 16 Jahren arbeiteten 1870 noch 6,3 Millionen – also die Mehrheit – in der Landwirtschaft, während 5,9 Millionen andere Berufe ausübten. 1880 hatte sich die Zahl nichtagrarischer Arbeiter verdreifacht, und die in der Landwirtschaft Tätigen – Farmer, Pächter, Landarbeiter – waren in der Minderheit.[13] In den Jahrzehnten nach dem Bürgerkrieg entstanden die Konsumgesellschaft, das Amerika der Konzerne und das moderne Banksystem. 1872 nahm Aaron Montgomery Wards nach ihm benannter Versandhandel den Betrieb auf. Das Lebensmittelunternehmen Heinz wurde 1869 gegründet. Im folgenden Jahr gründete John D. Rockefeller die Standard Oil Company in Ohio. 1872 errichtete Andrew Carnegie in Braddock in Pennsylvania seinen ersten Hochofen. 1876 patentierte der schottisch-kanadische Wissenschaftler Alexander Graham Bell das Telefon, und ein Jahr später gründete er die Bell Telephone Company, den späteren Konzern AT&T. 1876 eröffnete Thomas Edison mit den Mitteln aus dem Verkauf seines Quadruplextelegrafen in Menlo Park in New Jersey ein Forschungslabor mit angegliederter Werkstatt. Während des Bürgerkriegs verabschiedete der Kongress in Washington Gesetze, durch die eine nationale Währung eingeführt und ein System staatlich zugelassener Banken geschaffen wurde. Die National City Bank, die Vorgängerin der Citibank, erhielt 1865 ihre Zulassung; die Chase National Bank, die spätere JPMorgan Chase, wurde 1877 gegründet.

Die rasche Industrialisierung brachte viele Probleme mit sich, auf die Marx und andere Kritiker in Großbritannien und weiteren europäischen Ländern bereits hingewiesen hatten: finanzielle Instabilität, städtische Armut, zunehmende Ungleichheit und Klassenkonflikte. Im September 1873 brach das in Philadelphia ansässige Finanzinstitut Jay Cooke and Company, das stark mit Eisenbahnpapieren spekuliert hatte, zusammen und löste eine Welle von Bankzusammenbrüchen aus, welche die New Yorker Börse veranlasste, für zehn Tage ihre Tore zu schließen. Dutzende von Eisenbahngesellschaften gingen ebenfalls bankrott, und die US-Wirtschaft insgesamt trat in eine Deflationsphase ein, die bis 1879 dauerte, weshalb manche sie als »lange Depression« bezeichnen. 1882–1885, 1887/88 und 1890/91 folgten weitere Rezessionen.[14] Unabhängig davon, welchen Stand der Konjunkturzyklus gerade erreicht hatte, lebten und arbeiteten in Städten wie New York und Chicago viele unter Bedingungen, die an das Manchester der 1840er-Jahre erinnerten: Armut und Krankheiten waren endemisch. Gleichzeitig bildete sich eine Schicht von Industrie- und Finanzmagnaten heraus, deren unvorstellbarer Reichtum und pompöser Lebensstil eher zu einer europäischen Aristokratie als zu einer notleidenden Republik zu passen schienen. Krasse ökonomische Unterschiede hatten zunehmende soziale Spannungen zur Folge. Mitte der 1870er-Jahre traten in Pennsylvania Bergarbeiter in Streik, um gegen Lohnkürzungen zu protestieren. 1877 unterbrachen Eisenbahner, die um höhere Löhne und bessere Arbeitsbedingungen kämpften, den Zugverkehr in der gesamten Osthälfte der Vereinigten Staaten. Die Streiks führten zu Gewalttätigkeiten und harten Maßnahmen der Behörden. Unterdessen taten im Süden reiche und arme Weiße alles, um die Auswirkungen des 13. Zusatzartikels zur Verfassung, der die Sklaverei abgeschafft hatte, zu untergraben.

Neue ökonomische Bedingungen erforderten neue Analysemethoden, aber die amerikanischen Ökonomen waren nicht weit über Adam Smith hinausgelangt. Der Ökonom Arthur Latham Perry vom Williams College hob in seinem 1865 erschienenen, weitverbreiteten Lehrbuch *Elements of Political Economy* die traditionellen Tugenden hervor: Wettbewerb, Freihandel, Arbeitsteilung. Wie viele amerikanische Ökonomen seiner Zeit hatte er einen religiösen Hintergrund – sein Vater war Pastor –, und so tränkte er seine Darstellung der »Wissenschaft« der Ökonomie mit moralischer Gewissheit und erbaulichen Plattitüden. In einem vom Wettbewerb geprägten Wirtschaftssystem, schrieb er, könne »natürlich jeder Kapitalist werden; die ökonomischen Gesetze stellen kein Hindernis dafür dar, dass alle Menschen reich werden«. Bewusste Anstrengungen, das Los von Arbeitern zu verbessern, waren nach Perrys Ansicht für gewöhnlich kontraproduktiv. Gesetze zur Begrenzung der Arbeitszeit würden die Wirtschaftsfreiheit beschneiden. Streiks seien »theoretisch falsch«, weil sie gegen die Normen des freien Austauschs verstießen, und »praktisch schädlich«, weil sie die Einnahmen verringerten, aus denen Arbeit und Kapital ihre Vergütung erhielten. »Die politische Ökonomie«, erklärte Perry, »ist in der Lage zu zeigen, dass es keinen natürlichen Interessengegensatz von Kapitalisten und Arbeitern gibt; dass das Kapital ebenso von der Arbeit abhängt wie die Arbeit vom Kapital; dass der eine gleichermaßen am Wohlergehen des anderen interessiert ist und dass daher in diesem wie in jedem anderen Teil des sozialen Organismus eine tiefe, bewundernswerte Harmonie herrscht.«[15]

Eine durchdringendere Analyse war unerlässlich, und sie kam von einer auf den ersten Blick unwahrscheinlichen Seite, nämlich von einem unbekannten kalifornischen Journalisten, der nicht einmal die Highschool beendet hatte. Henry George war am 2. September 1839 in Philadelphia geboren worden. Sein Vater, Richard George, war ein gläubiger evangelikaler Episkopaler, der religiöse Bücher verlegte und seinen Sohn auf die örtliche episkopale Akademie schickte. Im Februar 1853 trat George in die Philadelphia High School ein, aber er interessierte sich mehr für Abenteuerbücher als für seinen Schulstoff. Einige Monate vor seinem 14. Geburtstag brach er die Schule ab und begann eine Bürolehre. Aber auch die sagte ihm nicht zu. Mit 15 ging er zur See und arbeitete 15 Monate als Schiffsjunge auf einem Frachtschiff, dessen Kapitän der Kirchengemeinde seines Vaters angehörte. 1857, in dem Jahr, in dem er 18 Jahre alt wurde, verließ er sein Zuhause erneut und trat ins Lighthouse Bureau ein, die Vorgängerorganisation der US-Küstenwache. Er sollte in San Francisco stationiert werden, gab aber kurz nach der Ankunft in Nordkalifornien seine Staatsanstellung auf und begab sich nordwärts nach British Columbia, wo ein Goldrausch ausgebrochen war. Er hatte vor, zusammen mit einem Cousin, der in San Francisco lebte, ein Geschäft für Bergleute zu eröffnen, aber daraus wurde nichts. Einige Monate später ging George wieder in den Süden und begann beim *California Home Journal*, einer Wochenzeitung mit dem Schwerpunkt Kunst, als Drucker zu arbeiten.[16]

1861 heiratete er eine junge Frau namens Annie Corsina Fox. Im folgenden Jahr wurde das erste Kind des Paares, Henry George Jr., geboren. George blieb in Nordkalifornien und arbeitete in einer Reihe von Anstellungen als Drucker. 1864, als seine Frau mit ihrem zweiten Kind schwanger war, deutete nichts auf ein außergewöhnliches Leben hin. Der Familie fehlte es häufig an Geld, und George befriedigte die Arbeit als Drucker nicht. In der Freizeit schrieb er lange Einträge in sein Tagebuch und verfasste Kurzgeschichten und nichtfiktionale Artikel, die er bei Zeitungen einreichte. Im April 1865, nach dem Attentat auf Abraham Lincoln, veröffentlichte San Franciscos älteste Zeitung, *Alta California*, zwei Nachrufe auf den toten Präsidenten, die beide von George stammten. »Danken wir Gott für ihn«, schrieb er in einem von ihnen. »Stellen wir ihn in das Pantheon, das keine Statue eines Tyrannen je besudelt hat – ins Herz eines freien Volkes.«[17] Im folgenden Jahr ergatterte er eine Anstellung als Kommentator der *Daily Times*, einer neuen Zeitung, die der radikale Republikaner James McClatchy gegründet hatte, der bisher in der kalifornischen Hauptstadt die *Sacramento Bee* herausgegeben hatte. Binnen eines Jahres wurde George zum leitenden Kommentarredakteur befördert.

In dieser Funktion musste er auch über die Wirtschaft schreiben. Die redaktionelle Linie der *Daily Times* war unternehmerfreundlich, aber antimonopolistisch und gegen die Landspekulation gerichtet. In den westlichen Bundesstaaten der USA waren die Verfügbarkeit und Verteilung von Land ein hochexplosives politisches Thema. Nach dem Heimstättengesetz von 1862 konnte theoretisch jeder amerikanische Bürger (oder Bewerber um die amerikanische Staatsbürgerschaft), der mindestens 21 Jahre alt war und keine Waffen gegen die Vereinigten Staaten geführt hatte, die Zuteilung eines Grundstücks beantragen – für gewöhnlich 65 Hektar –, um sich darauf anzusiedeln und es zu bewirtschaften. Hunderttausende nutzten diese Chance, aber, wie Marx angemerkt hatte, nicht nur Einzelpersonen erhielten Land. Durch eine Reihe in den 1860er-Jahren verabschiedeter Pacific-Railway-Gesetze übertrug der US-Kongress den Eisenbahngesellschaften Union Pacific und Central Pacific riesige Gebiete. Viele Kalifornier, unter ihnen George, glaubten, dass die Eisenbahngesellschaften zusammen mit reichen Landspekulanten diese Gesetze missbrauchten, um sich auf Kosten gewöhnlicher Bürger zu bereichern. Der junge Kommentator verfasste zahlreiche Kolumnen, in denen er die korrupten reichen Interessengruppen kritisierte. In einer von ihnen schrieb er am 4. Juli 1868 unter der Überschrift »To What Are We Drifting«: »Kapital wird auf Kapital gehäuft, unter Ausschluss der Menschen mit geringeren Mitteln und völliger Niederwerfung der persönlichen Unabhängigkeit und des Unternehmertums der weniger erfolgreichen Massen.«[18]

Später im selben Jahr verließ George die *Daily Times* und begann, wieder unter eigenem Namen zu schreiben. Erstmals erregte er mit einem Artikel mit dem Titel »What The Railroad Will Bring Us« breite Aufmerksamkeit, der in einer neuen Zeitschrift, *The Overland Monthly,* erschien. Darin sagte George voraus, dass San Francisco einmal ebenso groß und wohlhabend werden würde wie New York, mit seinen eigenen Astors und Vanderbilts, aber auch einer großen Zahl von Armen. »Die Wahrheit ist«, erklärte er, »dass die Fertigstellung der Eisenbahn und der nachfolgende große Anstieg von Wirtschaft und Bevölkerung nicht allen nutzen werden, sondern nur einem Teil von uns.« Während Kalifornien reich werde, dürfe man nicht vergessen, »dass der Charakter eines Volks mehr zählt als seine Zahl, dass die Verteilung des Reichtums sogar noch wichtiger ist als seine Produktion«.[19]

Manche Historiker haben Georges populistische Politik auf den niederkirchlichen Evangelikalismus, in dem er aufwuchs, zurückgeführt. George selbst sah die Quelle seines Radikalismus und seiner Fokussierung auf die Landverteilung in seinen eigenen Erfahrungen. In seinem späteren Leben erzählte er oft von einem Vorfall während eines Ausritts in die Hügellandschaft von Oakland, das damals eine kleine Gemeinde an der Bucht von San Francisco war. Bei einer Rast erfuhr er von einem Zufallsbekannten, dass jemand nahe gelegene Grundstücke zum stolzen Preis von 1000 Dollar pro 4000 Quadratmeter verkaufte. »Wie ein Blitz kam mir der Gedanke«, erinnerte sich George, »dass der Grund für die Zunahme der Armut die Zunahme des Reichtums war. Mit dem Wachstum der Bevölkerung steigt der Wert des Bodens, und die Menschen, die ihn bearbeiten, müssen für das Privileg bezahlen. Ich wandte mich in Gedanken wieder der Erkenntnis zu, die ich damals hatte und die mich seither nicht losgelassen hat.«[20]

1871 veröffentlichte George seine erste längere ökonomische Analyse. In der Broschüre *Our Land and Land Policy, National and State* untersuchte er die Geschichte der Bodenordnung auf nationaler und bundesstaatlicher Ebene. In »allen neuen Staaten der Union ist die Bodenmonopolisierung in beunruhigendem Tempo vorangeschritten«, stellte er fest, »aber in keinem von ihnen so schnell wie in Kalifornien, und in keinem dürften die bösartigen Auswirkungen so offenkundig sein«.[21] In einem Land von der Größe der Vereinigten Staaten bestand die Gefahr nicht darin, dass Land knapp werden würde, sondern darin, dass der Preis so weit anzog, »dass der Arme es nicht kaufen kann«.[22] Die weitergehende Vereinnahmung des Bodens durch Spekulanten und Unternehmen sei nicht nur falsch, schloss George, sondern auch antiamerikanisch: »Zu sagen, der Boden eines Landes solle einer kleinen Schicht gehören, heißt so viel wie, diese Schicht soll es beherrschen; zu sagen – und das ist das Gleiche –, das Volk eines Landes solle aus sehr Reichen und sehr Armen bestehen, heißt so viel wie, der Republikanismus ist unmöglich.«[23]

Der Widerstand gegen die Landmonopolisierung war nicht Georges einziges Anliegen. Er schrieb auch Artikel gegen den

Zustrom chinesischer Einwanderer nach Kalifornien, die beim Eisenbahnbau und anderen Bauprojekten sowie in Bergwerken arbeiteten. Eine unter kalifornischen Arbeitern verbreitete Einstellung aufgreifend, behauptete George, die zugewanderten Chinesen würden die Löhne amerikanischer Arbeiter unterbieten. Außerdem machte er einige abstoßende Bemerkungen darüber, dass Chinesen eine fremde Kultur hätten und sich nicht anpassen könnten. 1869 äußerte er diese Ansichten in einem langen Artikel über die Einwanderung von Chinesen in der *New-York Tribune*, in dem er ihre Beendigung forderte.[24] Er schrieb sogar an den prominenten englischen Ökonomen John Stuart Mill und entlockte ihm eine Antwort, in der Mill ihm zustimmte, dass die »chinesische Einwanderung, wenn sie größere Ausmaße annimmt, der Masse der gegenwärtigen Bevölkerung ökonomischen Schaden« zufüge. Mill schränkte aber ein, dass Kalifornien genügend Platz habe, den man mit Einwanderern teilen könne, und wenigstens einige Chinesen, die aus eigenem Antrieb kämen, hereinlassen solle, weil es vorteilhaft für sie sei.[25]

Im Dezember 1871 gründete George zusammen mit einigen Geschäftspartnern in San Francisco eine neue Abendzeitung, die *Daily Evening Post*, die sich an die Arbeiter richtete und für nur einen Penny verkauft wurde. Der große Erfolg der Zeitung verleitete George und seine Partner zu einer überzogenen Expansion. Ab Anfang 1875 gaben sie eine Wochenausgabe heraus – die rasch zur meistverkauften Zeitung in Kalifornien wurde –, dann eine Morgenzeitung, den *Morning Ledger*. Als die Wirtschaftskrise, die mit dem Zusammenbruch von Jay Cookes Bank in Philadelphia begonnen hatte, die Westküste erreichte, erlitt die *Daily Post* große Verluste und musste ihr Erscheinen schließlich einstellen.[26]

George sah sich nach einer anderen Tätigkeit um. Durch die politischen Kontakte, die er in Sacramento geknüpft hatte, erhielt er einen bequemen, gut bezahlten Staatsposten als Inspektor von Gasuhren. Da er jetzt mehr Zeit hatte, las er mehr über Ökonomie, wobei ihm die Vernachlässigung der moralischen Dimension bitter aufstieß. Er beschloss, diesen Mangel in einem Buch zu beheben, in dem er der Landfrage auf den Grund gehen würde. In seinem Haus in Rincon Hill in San Francisco arbeitete er bis Anfang 1879 an dem Manuskript, das schließlich über 500 Seiten umfasste. Ursprünglich hatte er den sperrigen Titel »Politische Ökonomie des sozialen Problems« ins Auge gefasst, den er jedoch etwas leserfreundlicher umformulierte in *Fortschritt und Armut*. Nachdem drei New Yorker Verlage das Manuskript abgelehnt hatten, beschloss er, auf seine Erfahrung als Verleger gestützt, auf eigene Kosten eine »Autorenausgabe« von zunächst 500 Exemplaren drucken zu lassen.[27]

Als das Buch im Sommer 1879 vorlag, schickte George Exemplare an mehrere Berühmtheiten, so auch an den britischen Politiker William E. Gladstone. Sein resolutes Handeln zahlte sich aus. Als er von dem Druck im Eigenverlag erfuhr, änderte William H. Appleton, einer der New Yorker Verleger, die das Manuskript abgelehnt hatten, seine Meinung. »Mir scheint, dass [das Buch] auf jeden Fall einiges Aufsehen erregen wird, und ich glaube nicht, dass wir etwas verlieren werden, wenn wir es verlegen«, erklärte er einem Freund von George.[28] Im Januar 1880 erschien im Verlag Appleton and Co. die erste kommerzielle Ausgabe von *Fortschritt und Armut*. Es wurde zu einem der meistverkauften Sachbücher des 19. Jahrhunderts und in viele Sprachen übersetzt.[29] Der erstaunliche Erfolg seines Buchs machte George berühmt und regte eine neue politische Bewegung an, die Single-Tax-Kampagne, die bis heute Anhänger hat.

In der Einleitung zu *Fortschritt und Armut* erkannte er, wie viele vor ihm, die Wunder der Industriewirtschaft an:

> »[…] wie die Bäume des Waldes fast ohne Zutun der menschlichen Hand in fertige Türen, Fenster, Laden, Kisten und Fässer umgewandelt werden; wie die großen Werkstätten kistenweise Stiefel und Schuhe mit weniger Arbeit anfertigen als der

altmodische Schuster zum Auflegen einer Sohle brauchte; […] wie der Diamantbohrer das Herz der Felsen durchdringt und Kohlenöl den Walfisch schonen lässt; […] wie in Australien geschlachtete Schafe frisch in England gegessen werden und der am Nachmittag gegebene Auftrag des Londoner Bankiers in San Francisco am Morgen desselben Tages ausgeführt wird […].«[30]

Das große ökonomische Rätsel war George zufolge, dass man in den Ländern, »wo der materielle Fortschritt älteren Datums ist […], weit verbreitete Armut inmitten größten Überflusses« fand. »Mit der Lokomotive kommt auch der Vagabund«, schrieb er weiter. »Armenhäuser und Gefängnisse sind ebenso sichere Kennzeichen ›materiellen Fortschritts‹ wie kostbare Wohnhäuser, reiche Läden und prächtige Kirchen.« Gerade in den älteren und reicheren Teilen der Vereinigten Staaten seien »Pauperismus und Not unter den arbeitenden Klassen am schmerzlichsten sichtbar«. Georges Absicht war es nun, »das Gesetz zu suchen, welches die Armut an den Fortschritt kettet«.[31]

Nachdem er das Problem der Armut ausführlich beschrieben hatte, schloss George zwei von orthodoxen Ökonomen vorgebrachte Erklärungen aus: die Lohnfondstheorie und die Übervölkerungsthese. »[D]er Lohn rührt […] nicht aus dem Kapital her«, erklärte er, »sondern ist der unmittelbare Ertrag der Arbeit. Jeder produktive Arbeiter erzeugt seinen Lohn in dem Maße, wie er arbeitet, und mit jedem neuen Arbeiter findet eine Vermehrung des wahren Lohnfonds, eine Vermehrung des allgemeinen Güterwerts statt […].«[32] Was die Bedrohung durch Übervölkerung betraf, vor welcher der englische Ökonom und Geistliche Thomas Malthus am Anfang des 19. Jahrhunderts gewarnt hatte, wies George sie als Schimäre zurück, mit der die Reichen jede Anstrengung, den Lebensstandard der Arbeiterklasse zu verbessern, ausschließen wollten. »Ich behaupte«, schrieb er, »dass die Ungerechtigkeit der Gesellschaft, nicht die Kargheit der Natur die Ursache des Mangels und Elends ist, welche die herrschende Theorie der Übervölkerung zuschreibt. Ich behaupte, dass die von einer zunehmenden Bevölkerung ins Dasein gerufenen neuen Münder nicht mehr Nahrung als die alten brauchen, während die Hände, welche sie mit sich bringen, im natürlichen Verlauf der Dinge mehr erzeugen.«[33]

Was also war für den Fortbestand von Armut und Elend in einer wachsenden Wirtschaft verantwortlich? Georges Antwort war jene, auf die er Jahre zuvor in der Nähe von Oakland gestoßen war: steigende Bodenpreise und Pachten – George spricht von »Renten«. Mit der fortschreitenden Entwicklung von Industrie und Handel nehme die Nachfrage nach Land zu, auf dem Fabriken, Wohnhäuser und Bürogebäude errichtet werden konnten, was die Bodenpreise in die Höhe treibe. Diese Preissteigerung ziehe höhere Mieten nach sich, unter denen Arbeiter, die Wohnungen, und Unternehmer, die Bauland bräuchten, gleichermaßen litten. Andererseits würden die steigenden Preise einer Gruppe nutzen, die nichts zur Produktion beitrage und bloß das Glück ausnutze, das ihnen den Besitz eines gut gelegenen Stücks Natur beschert habe: Grundbesitzern. Dies sei die fundamentale Spaltung der Gesellschaft: »[D]er Antagonismus der Interessen [besteht] nicht, wie man gewöhnlich glaubt, zwischen der Arbeit und dem Kapital, sondern vielmehr zwischen der Arbeit und dem Kapital einerseits und dem Grundbesitz andererseits [...].«[34]

Nach Georges Auffassung sollten Ökonomen bei ihrer Analyse »vom Grund und Boden ausgehen«.[35] Da moderne Gesellschaften wüchsen, seien Grundbesitzer in der Lage, in Form höherer »Renten« einen immer größeren Anteil am gesellschaftlichen »Gesamtertrag« zu erhalten.[36] Mit dem Begriff »Rente« unterstrich George, dass er im Unterschied zur üblichen Verwendung des Begriffs monatliche Zahlungen sowohl für Grund und Boden als auch für die Nutzung von auf ihm errichteten Gebäuden und anderen vorgenommenen Verbesserungen, wie Landschaftsgestaltung und Drainage, meinte. Diese Komponenten der »Rente« sollten, laut

George, besser als Zins auf das Kapital, das Grundbesitzer für ihr Land ausgegeben hatten, verstanden werden. Ein anderer Teil der »Rente« spiegele die Lage und die Knappheit des Grund und Bodens wider. Diese Komponente sei die eigentliche »Grundrente«, die im Zuge der wirtschaftlichen Entwicklung unweigerlich steige. Um den Lesern zu verdeutlichen, was er meinte, stellte George eine einfache Gleichung dafür auf, wie sich der Gesamtertrag zusammensetzt: »Da das Produkt = Grundrente + Lohn + Zins ist, so ist das Produkt – Grundrente = Lohn + Zins.«[37]

Diese Gleichung zeige, erläuterte George, dass »Löhne und Zinsen nicht von dem Produkt der Arbeit und des Kapitals ab[hängen], sondern von dem, was übrig bleibt, nachdem die Grundrente vorabgenommen ist […]. Und hieraus folgt, dass, wie groß auch die Vermehrung produktiver Kraft sei, weder die Löhne noch die Zinsen steigen können, wenn die Steigerung der Grundrente mit derselben gleichen Schritt hält.«[38] Für George war dies das Grundgesetz der politischen Ökonomie, das erklärte, wieso Fortschritt und Armut nebeneinander bestehen konnten. Selbst wenn die Gesamtproduktion der Wirtschaft ständig zunehme, werde ein großer Teil des Zuwachses, wenn nicht der gesamte Zuwachs für Zahlungen an Grundbesitzer aufgebraucht. Darunter litten Arbeiter und Unternehmer gleichermaßen. »Von dem Augenblick, wo diese einfache Beziehung erkannt worden ist«, schreibt George, »strömt eine Flut von Licht auf das vorher Unerklärliche, und anscheinend unvereinbare Tatsachen reihen sich von selbst ein unter ein offenbares Gesetz. Die in fortschreitenden Ländern vor sich gehenden Grundrentenerhöhungen erscheinen sofort als der Schlüssel, der erklärt, warum die Löhne und die Zinsen mit der Zunahme produktiver Kraft sich nicht gleichfalls erhöhen.«[39]

George war nicht der Erste, der steigende Bodenpreise und Pachten als ernstes ökonomisches Problem erkannte. In Großbritannien hatte David Ricardo die Aufmerksamkeit auf den unverhofften Gewinn gelenkt, den Grundbesitzer aufgrund eines Bevölkerungswachstums einstrichen. Deren privilegierte Stellung war ein herausragender Aspekt des großen politischen Kampfs um die Aufhebung der Korngesetze, einer protektionistischen Maßnahme, welche die Preise erhöhte und Grundbesitzer bevorteilte. Georges einstiger Briefpartner John Stuart Mill hatte vorgeschlagen, den »unverdienten Zuwachs«, den Grundbesitzer durch steigende Bodenpreise ohne eigene Anstrengung erlangten, zu besteuern. Später brachte er verschiedene Landreformen ins Gespräch, scheute aber vor der von einigen radikalen britischen Gruppen, wie der Land and Labour League, erhobenen Forderung nach Verstaatlichung des Grund und Bodens zurück.[40]

George zitierte Mill in *Fortschritt und Armut* mehrfach, doch mit seiner eigenen Lösung der Landfrage schien er sich auf den ersten Blick den britischen Radikalen anzuschließen. In einem Kapitel mit dem Titel »Das wahre Heilmittel« führte er aus:

»Es gibt nur einen Weg, ein Übel zu entfernen, und der ist, dessen Ursache zu beseitigen. [...] Um die Armut auszurotten, um die Löhne zu dem zu machen, was sie von Rechts wegen sein sollten, zum vollen Ertrag der Arbeit, müssen wir daher an die Stelle des individuellen Grundbesitzes den gemeinsamen Besitz setzen. Nichts Anderes wird bis zur Ursache des Übels reichen, in nichts Anderem sonst ist die geringste Hoffnung. *Wir müssen den Grund und Boden zum Gemeingut machen.*«[41]

Kämpferische Worte, aber George meinte sie nicht buchstäblich. Nachdem er die Idee der Übertragung allen Landes in Gemeinbesitz vorgetragen hatte, rückte er von ihr ab. So zu verfahren, wandte er ein, »würde nutzlos die Verwaltungsmaschine ausdehnen – was zu vermeiden ist«. Besser sei es, Grund und Boden beträchtlich zu besteuern, ihn aber den Grundbesitzern zu lassen: »Mögen sie fortfahren, es ihr Land zu nennen«, gestand George ihnen zu. »Mögen sie es kaufen und verkaufen, vermachen und vererben. Wir können ihnen ruhig die Schale lassen, wenn wir den Kern nehmen. *Es ist nicht nötig, das Land zu konfiszieren; es ist nur nötig, die Rente zu appropriieren.*«[42]

Dieser Vorschlag sollte George berühmt machen und eine politische Bewegung begründen, deren Ziel als »Single Tax« bekannt wurde, weil die von ihm vorgeschlagene neue Steuer seiner Ansicht nach alle bisherigen Steuern – überwiegend Waren- und Verbrauchssteuern – ersetzen konnte. (Erst 1913 führte der US-Kongress durch den 16. Zusatzartikel zur Verfassung eine nationale Einkommensteuer ein.) In modernen Begriffen ausgedrückt, schlug George eine Grundsteuer vor, die mit steigenden Bodenpreisen ebenfalls steigen sollte. Er legte nicht fest, wie hoch sie sein sollte, aber seine gesamte Argumentation beruhte darauf, dass er eine beträchtliche Abgabe im Auge hatte, die verhindern sollte, dass Grundbesitzer allein von der Steigerung der Bodenpreise profitierten. Die Vorteile seines Vorschlags, versicherte er, würden »immer bedeutender [erscheinen], je mehr man sie erwägt«.[43]

Obwohl George seinen Vorschlag einer einzigen Steuer in erster Linie moralisch begründete, behauptete er auch, dass die Verlagerung der Steuerlast auf die Grundbesitzer das Wirtschaftswachstum anregen würde. »[D]ie Nadel der Näherin und die große Fabrik«, schwärmte er, »das Karrenpferd und die Lokomotive, das Fischerboot und das Dampfschiff, des Landmanns Pflug und des Kaufmanns Lager würden gleichermaßen unbesteuert sein.« Nach Beseitigung »aller der Auflagen, die jetzt die Erwerbstätigkeit beengen und den Austausch einschnüren, würde die Güterproduktion mit einer ungeahnten Schnelligkeit fortschreiten«. Die Steuerlast von den Arbeitern und Unternehmern auf die Grundbesitzer zu verlagern würde »ähnlich wirken wie die Entfernung eines ungeheuren Gewichtes von einer mächtigen Springfeder«.[44] In mancher Hinsicht nahm George das Anreizargument vorweg, mit dem sein kalifornischer Landsmann Ronald Reagan ein Jahrhundert nach ihm die Forderung nach Steuersenkungen begründen sollte. Allerdings schlug George im Gegensatz zu Reagan vor, zumindest die Steuern auf wenigstens eine Form des Kapitals und dessen reiche Besitzer zu erhöhen.

Dennoch zeigen Passagen wie diese, dass George Kapitalismus und privates Unternehmertum nicht grundsätzlich ablehnte. Obwohl er manchmal als Sozialist etikettiert wird, betrachtete er sich selbst als Individualist à la Jefferson, der gegen die Korruption des auf Konkurrenz beruhenden freien Markts durch Grundbesitzhäufung und andere monopolistische Missbräuche ankämpfte. Sein Hauptargument erinnerte an dasjenige, das britische Radikale ein halbes Jahrhundert vor ihm verfochten hatten: dass Arbeiter nicht den vollen Wert ihres Arbeitsprodukts erhielten. Aber während Thompson, Hodgskin und andere den Kapitalisten vorwarfen, mehr als ihren gerechten Anteil einzustreichen, beschuldigte George die Grundbesitzer. Die Einführung einer einzigen Steuer, glaubte er, würde das Problem lösen: »Ein neues Gleichgewicht würde sich herstellen, bei dem der gewöhnliche Satz der Löhne und Zinsen viel höher als jetzt sein würde.« Der Reichtum würde »dem Grade gemäß verteilt [...], in welchem Fleiß, Geschicklichkeit, Kenntnisse oder Klugheit jedes Einzelnen zum Gesamtvermögen beitragen«. Denn die »Hauptursache, welche den Reichtum in den Händen derjenigen konzentriert, die nicht produzieren und ihn aus den Händen derjenigen nimmt, die es tun, würde verschwunden sein«.[45]

Dies waren, laut George, noch nicht alle Vorteile einer einzigen Steuer. Die Einnahmen aus ihr könnten »zum allgemeinen Besten verwendet werden, wie es mit den Einkünften Spartas geschah«. George zählte einige der Dinge auf, die mit ihnen finanziert werden könnten: »öffentliche Bäder, Museen, Bibliotheken, Gärten, Musik- und Tanzhallen, Theater, Universitäten, technische Schulen, Schießstände, Spielgründe, Turnanstalten«. Auch Versorgungseinrichtungen wie »Hitze, Licht und motorische Kraft ließen sich so gut wie Wasser auf öffentliche Kosten durch unsere Straßen führen, unsere Wege könnten mit Fruchtbäumen bepflanzt, Entdecker und Erfinder belohnt, wissenschaftliche Forschungen unterstützt und die öffentlichen Einkünfte auf tausenderlei Weise den Bemühungen für das Allgemeinwohl dienstbar gemacht werden«. In Georges Vision sollten die Maßnahmen auf lokaler Ebene in Gang gesetzt werden und die Beamten, die sie verwirklichten, der lokalen Wählerschaft verantwortlich sein. Der ehemalige Gasuhreninspektor entwarf im Grunde das Programm eines kommunalen Sozialismus als Gegenstück zum konkurrenzgeprägten Privatsektor. »Wir würden das Ideal des Sozialisten erreichen«, fasste er zusammen, »aber ohne den Druck der Regierung.« Diese würde »ihren Charakter ändern und die Verwaltung einer großen Produktionsgenossenschaft werden. Sie würde nur die Agentur werden, durch welche das allgemeine Eigentum zum gemeinschaftlichen Besten verwaltet würde.«[46]

Um für sein Buch zu werben, zog George von San Francisco nach New York, wo er eine billige Wohnung in einem heruntergekommenen Viertel mietete. Es zog anfangs nicht viel Aufmerksamkeit auf sich, und George fühlte sich einsam und mutlos. Seine Situation begann sich zu bessern, als die New Yorker *Sun* sein Buch als beachtenswerte Wortmeldung pries. In der Folgezeit erschien in *The Nation* eine ausführliche Besprechung, und *Atlantic Monthly* brachte gleich zwei Rezensionen, die insgesamt acht Seiten einnahmen. Als Georges Argumente an Zugkraft gewannen, fühlten sich Vertreter der orthodoxen Ökonomie bemüßigt, auf sie zu reagieren. In der anspruchsvollen Zeitschrift *Scribner's* veröffentlichte der bedeutende Yale-Ökonom William Graham Sumner eine scharfe Kritik, die George einem Freund gegenüber zu der erfreuten Feststellung veranlasste: »Das Ding beginnt, ins Kreuzfeuer der Kritik zu geraten.«[47]

Das Interesse an *Fortschritt und Armut* war nicht auf Intellektuelle beschränkt. Einer der ersten Multiplikatoren war *The Irish World*, die führende irische Zeitung in Amerika, die den englischen Grundbesitzern in Irland äußerst kritisch gegenüberstand. Die *Irish World* druckte einen Artikel nach, den George über die irische Landfrage geschrieben hatte. George traf sich mit Michael Davitt, dem hitzköpfigen Vorsitzenden der Irish National

Land League, der zu Besuch in New York weilte. Davitt versprach ihm, in Irland für sein Buch zu werben. Georges Forderung, dass Arbeiter die Früchte ihrer Arbeit in vollem Umfang erhalten sollten, weckte ferner das Interesse der New Yorker Gewerkschaften, die in den Jahrzehnten nach dem Bürgerkrieg rasch wuchsen. Sein progressives Ausgabenprogramm sprach viele reformorientierte Mittelschichtangehörige an. Auch bei manchen Industriellen, wie A. B. Du Pont, einem in Cleveland ansässigen Spross der berühmten Familie, und Joseph Fels, einem Seifenfabrikanten aus Philadelphia, fand sein Vorschlag einer massiven Grundsteuer Anklang.

Gegen Ende 1880 gab Appleton, der ahnte, dass er einen Renner in der Hand hatte, eine Volksausgabe zum Preis von einem statt zwei Dollar heraus. Verlage in Großbritannien und Deutschland erwarben Lizenzen. George wurde eingeladen, bezahlte Vorträge zu halten, und der reformistische demokratische Kongressabgeordnete Abram S. Hewitt stellte ihn als Forschungsassistenten ein. Aufgrund seiner verbesserten finanziellen Situation konnte George seine Familie nach New York holen und mit ihr in ein komfortables Haus in der Kingsbridge Road in der Bronx ziehen. Er wurde zu einer öffentlichen Figur.

Ende 1881 bezahlte ihm die *Irish World* eine Reise nach Irland, wo die britischen Behörden einige führende Nationalisten verhaftet hatten, unter ihnen Michael Davitt und Charles Stewart Parnell. Aus ihren Gefängniszellen heraus veröffentlichten die irischen Anführer ein »No Rent Manifesto«, in dem sie die irischen Pachtbauern aufforderten, ihren Grundbesitzern keine Pacht mehr zu zahlen. George stand voll und ganz auf ihrer Seite. »Dies ist die verdammenswerteste Regierung, die es außerhalb Russlands gibt«, schrieb er kurz nach seiner Ankunft in Irland an einen Freund.[48]

George besuchte auch London, wo der Verleger Kegan Paul eine englische Ausgabe von *Fortschritt und Armut* herausgebracht hatte und er von Henry Mayers Hyndman in dessen Haus eingeladen wurde. Hyndman war ein reicher Geschäftsmann, der zum Sozialismus konvertiert war und in Gestalt der Social Democratic Federation die erste erklärtermaßen linksgerichtete Partei Großbritanniens gegründet hatte. Außerdem hatte er 1881 ein Buch mit dem Titel *England for All* veröffentlicht, in dem er Marx' und Engels' Grundideen ins Englische übertragen hatte. Während er wie George den irischen Widerstand unterstützte, war er in der Ökonomie anderer Meinung als sein Gast. Später sagte er, George sei »so anstrengend wie [der russische Anarchist] Kropotkin« gewesen. George seinerseits beklagte, dass sich Hyndman ganz dem »geistigen Einfluss« des marxistischen Dogmas ergeben habe.[49]

Marx selbst befand sich während Georges Londonbesuch auf einer Reise durch Deutschland. Ein Treffen zwischen ihnen wäre wahrscheinlich nicht gut verlaufen. Am 20. Juni 1881 schrieb Marx an den nach Amerika ausgewanderten deutschen Kommunisten Friedrich Adolph Sorge, er habe drei Exemplare von *Fortschritt und Armut* erhalten, von denen er zwei weggegeben habe. »Der Mann ist theoretisch total arrière«, also zurückgeblieben, urteilte er über George. »Von der Natur des Mehrwerts hat er nichts verstanden und treibt sich daher, nach englischem Vorbild, in dabei noch hinter den Engländern zurückgebliebnen Spekulationen über die verselbständigten Stücke des Mehrwerts um [...].« Marx tat Georges Vorschlag einer Grundsteuer als *»Übergangsmaßregel«* ab, welche »die *Lohnarbeit,* also auch die *kapitalistische Produktion* bestehn« lasse. Das Ganze sei »also nur ein sozialistisch verbrämter Versuch, *die Kapitalistenherrschaft zu retten* und in der Tat auf *noch weiterer Basis* als der jetzigen *neu zu begründen*«. Er gestand George zu, ein »Schriftsteller von Talent« zu sein, der allerdings »auch die widerliche Anmaßung und Überhebung, die alle solche Panaceahecker unverbrüchlich auszeichnet«, an den Tag lege.[50]

Als George im Oktober 1882 nach New York zurückkehrte, richtete die New Yorker Central Labor Union ihm im Cooper Union, einem von dem Philanthropen Peter Cooper gestifteten kostenlosen College, ein Festessen aus. Die Central Labor Union war während seiner Abwesenheit als Dachorganisation gegründet worden und hatte als einen ihrer Grundsätze das George'sche Prinzip gewählt: »Der Grund und Boden jedes Landes ist das gemeinschaftliche Erbe des Volks.«[51] Außerdem hatten die Gewerkschaften eine neue Partei gegründet, die United Labor Party, deren Kandidaten in den Wahlen von 1882 und 1883 jedoch vom Apparat der regierenden Tammany-Hall-Demokraten beiseitegefegt wurden. Als 1886 überall im Land Arbeiter bei Streiks und Demonstrationen den Achtstundentag forderten, traten die Gewerkschaftsaktivisten jedoch wieder auf den Plan.

In Chicago wurden die Auseinandersetzungen gewalttätig. Am 3. Mai schoss die Polizei vor einer Fabrik der McCormick Harvesting Machine Company auf Streikende und tötete zwei von ihnen. Als sie am nächsten Tag eine Protestversammlung von Arbeitern und Anarchisten auf dem Haymarket Square aufzulösen versuchte, warf jemand eine selbst gebaute Bombe in ihre Reihen. Am Ende des Zusammenstoßes waren sieben Polizisten und mindestens vier Demonstranten tot. Die Behörden stellten vier Anarchisten wegen Verschwörung vor Gericht – unter ihnen sechs Deutschstämmige und ein britischer Einwanderer. Obwohl einige der Angeklagten überhaupt nicht auf dem Haymarket Square gewesen waren, wurden sie alle für schuldig befunden; vier wurden gehängt, und einer beging Selbstmord.[52]

In New York gab es keine Gewalttätigkeiten und Vergeltung von diesem Ausmaß. Aber im ersten Halbjahr 1886 fanden mehrere Boykotte und Streiks statt, einschließlich eines Ausstands der Straßenbahnfahrer, denen ein 14- oder 16-stündiger Arbeitstag ohne Pause aufgezwungen wurde. Angesichts der vereinigten Gegnerschaft von Straßenbahnunternehmern, Gerichten und korrupten Tammany-Hall-Politikern war ihre Niederlage zwar unvermeidlich, aber ihre Aktion stärkte die Gewerkschaftsbewegung.[53] Die Central Labor Union ließ die United Labor Party wieder aufleben und stellte sich in der Wahl im November 1886 der Tammany Hall entgegen. Als Bürgermeisterkandidaten nominierte sie George.[54]

Anfangs zögerte er, die Herausforderung anzunehmen. Aber nachdem ein Tammany-Vertreter versucht hatte, ihn von der Kandidatur abzubringen, indem er ihm vorgehalten hatte, er könne sowieso nicht gewinnen, sondern nur Krach schlagen, änderte er seine Meinung. »Ich will zwar die Verantwortung der Arbeit des Bürgermeisteramts von New York nicht«, erklärte er, »aber ich will Krach schlagen!«[55] Nachdem er auf einem Parteitag der United Labor Party im September 1886 formell zum Kandidaten gekürt worden war, gewann er die Unterstützung eines Bündnisses aus Arbeitern, Mittelschichtreformern und Weltverbesserern. Zu seinem Gegenspieler wählten die Demokraten Abram Hewitt, den Kongressabgeordneten, für den George Jahre zuvor gearbeitet hatte. Hewitt führte einen Wahlkampf, wie er sich für einen Tammany-Hall-Kandidaten gehörte, nämlich fast keinen. George dagegen trat überall in der Stadt auf, in Gewerkschaftssitzungen, Reformklubs, ethnischen Vereinen und so weiter. Er sprach an Kreuzungen von einem Pferdewagen aus. Außerdem stellten die Gewerkschaften Wahlkämpfer und halfen mit Spenden; sie gaben sogar eine tägliche Wahlkampfzeitung heraus, den *Leader.*

Obwohl er von der organisierten Arbeiterschaft aufgestellt worden war, versprach George, Bürgermeister aller New Yorker sein zu wollen und die Stadt von ihrer korrupten Führung zu befreien. Wie in *Fortschritt und Armut* warf er der Wirtschaftselite, insbesondere den Grundbesitzern, vor, die Bevölkerung auszusaugen. Das Wahlprogramm der United Labor Party trug George'sche Züge: So forderte es die Abschaffung aller Steuern, außer derjenigen auf Grund und Boden, die nach dessen vollem Marktwert berechnet werden sollte. Tammany Hall und ihre Verbündeten, zu denen unter anderen die lokalen Würdenträger der katholischen Kirche gehörten, stellten George als gefährlichen Klassenkämpfer dar. In der Rede, mit der er seine Nominierung annahm, antwortete er darauf: »Wenn dies eine Klassenbewegung ist, dann ist es eine Bewegung der Arbeiterklasse gegen Schurken und Diebe [...]. Es ist eine Bewegung der Massen gegen die Ausraubung durch Klassen.«[56]

Letztlich reichten Georges energischer Wahlkampf und sein populistisches Wahlprogramm nicht aus. Am Sonntag vor der Wahl redete der Generalvikar der katholischen Erzdiözese New York, die eng mit der Tammany Hall verbunden war, den Kirchgängern ins Gewissen: Georges Vorhaben seien »unsolide und unsicher und widersprächen den Lehren der Kirche«.[57] Als regierende Partei hatte Tammany Hall auch Wahlleiter und Stimmenzähler auf ihrer Seite. Die Auszählung der Stimmen am Abend des Wahltags, dem 2. November, ergab, dass Hewitt 90552, George 68110 und der republikanische Kandidat, der junge Teddy Roosevelt, 60435 Stimmen erhalten hatten. George hatte offiziell den zweiten Platz belegt, blieb aber bis an sein Lebensende überzeugt, dass er um den Sieg betrogen worden sei. Zwei Monate nach der Wahl schrieb er an einen Freund: »In einer ehrlichen Wahl wäre ich zweifellos gewählt worden.«[58]

Nach der Aufregung der New Yorker Bürgermeisterwahl verebbte Georges politische Karriere. Im folgenden Jahr beteiligte er sich an einem erfolglosen Versuch, eine landesweite Labor Party zu gründen. Danach zog er sich weitgehend aufs Schreiben und Werben für seine politische Agenda zurück, zu der inzwischen neben der »Single Tax« auch Maßnahmen gegen monopolistische Missbräuche nicht nur der Grundbesitzer, sondern überall in der Großwirtschaft gehörten. »Die große Fabrik vernichtet die kleine«, hatte er in einer 1883 veröffentlichten Aufsatzsammlung mit dem Titel *Soziale Probleme* geschrieben. »Das große Magazin unterbietet den kleinen Laden, bis es dessen Konkurrenz losgeworden ist.« In Aussagen wie dieser hallen Marx' Warnungen vor der zunehmenden Kapitalkonzentration wider, aber George verbindet sie mit einer Verteidigung wettbewerbsgeprägter Privatunternehmen: »Das Kapital ist eine Wohltat; der Kapitalist ist ein Helfer, wenn er nicht zugleich ein Monopolist ist.«[59]

Die »Wahrheit des Sozialismus«, erklärte George weiter, bestehe darin, dass der Staat, um die Wirtschaft zum Nutzen aller zu gestalten, eine größere Rolle spielen müsse.[60] Die Vorschläge aus *Fortschritt und Armut* ausweitend, forderte er das öffentliche Eigentum an grundlegenden Versorgungseinrichtungen, wie Wasser-, Strom- und Telegrafieunternehmen. Viele der Dienste, die diese Unternehmen anböten, müssten kostenlos zur Verfügung gestellt werden. 1885 schlug er in einem Artikel zudem vor, einen Teil der Einnahmen aus der »Single Tax« für staatliche Renten und eine Invaliditätsversicherung zu verwenden, und vielleicht sogar für »die Zahlung einer festen Summe an jeden Bürger, der ein bestimmtes Alter erreicht hat«.[61] Manche heutige Georgisten verstehen diesen Vorschlag als frühe Forderung nach einem allgemeinen Grundeinkommen, obwohl er bei genauerem Hinsehen einer allgemeinen einmaligen Kapitalzuweisung ähnelt.

Auf jeden Fall war George mit einigen seiner Vorstellungen seiner Zeit weit voraus. Indem er eine Grundsteuer forderte, verlangte er im Grunde eine jährliche Steuer auf nicht realisierte Kapitalerträge, eine Idee, die im frühen 21. Jahrhundert wieder aufs Tapet kommen sollte. Georges Steuer wäre auf Grund und Boden beschränkt gewesen und nicht auf Reichtum allgemein angewendet worden, aber im Kontext seiner Zeit war dies durchaus sinnvoll. Modernen Schätzungen zufolge machten die Ausgaben von Bund, Einzelstaaten und Kommunen in den Vereinigten Staaten 1880 zusammengenommen nur rund 3 Prozent des Bruttoinlandsprodukts (BIP) aus.[62] Die Steuerlast auf Grund und Boden zu verlagern wäre damals weit eher möglich gewesen als heute, da die Staatsausgaben in hoch entwickelten Ländern – einschließlich der kommunalen Ausgaben – in der Regel über ein Drittel des BIP ausmachen. Selbst massive Steuern auf Grund und Boden sowie Mieten würden diese Größenordnung nicht erreichen. (Laut nationaler Einkommensstatistik der USA wurden 2020 Pachten und Mieten in Höhe von rund 750 Milliarden Dollar oder 3,5 Prozent des BIP eingenommen.)[63]

So wie Georges Grundprinzip der Besteuerung unverdienten Reichtums findet auch seine breitere Kritik an Monopolbildung und Pacht- beziehungsweise Mieterträgen mächtiger Wirtschaftsinteressen immer noch Anklang. Selbst außerhalb des monopolistischen Tech-Sektors werden viele große Wirtschaftszweige der USA, wie Energie, Fluggesellschaften und elektronische Bezahlsysteme, von jeweils einer Handvoll von Großunternehmen beherrscht. Und sogar in traditionell von Konkurrenz geprägten Wirtschaftssektoren sind private Beteiligungsgesellschaften dabei, kleinere Unternehmen aufzukaufen und zu einem größeren Unternehmen zusammenzuführen, um eine beherrschende Stellung aufzubauen. Der Ökonom und Geschäftsmann Andrew Mazzone, ein später Georgist, hat die US-amerikanische Einkommensstatistik von 2016 nach »den größeren Fällen von Monopolbildung in der heutigen Wirtschaft« durchforstet und herausgefunden, dass sie »zusammengenommen annähernd 22 Prozent des BIP« ausmachten.[64] Auch Ökonomen, die nicht in Georges Tradition stehen, warnen vor einem Niedergang des Wettbewerbs. Während der Regierungszeit von Barack Obama gelangte eine Studie des Wirtschaftsberaterstabs des Weißen Hauses zu dem Schluss, dass »in vielen Wirtschaftszweigen die Konzentration zunimmt [...], der Zuwachs neuer Firmen abnimmt und [...] manche Unternehmen Gewinne generieren, die weit über historischen Maßstäben liegen«.[65]

Erkenntnisse wie diese bestätigen die fortdauernde Aktualität von Georges Botschaft, auch wenn bei ihrer Reduzierung auf statistische Tabellen sicherlich ein Teil ihres Wesens verloren geht. »Die moralische Betrachtung bildet das Fundament von Georges Wirtschaftslehre«, unterstreicht der New-School-Ökonom Edward Nell, ein weiterer Georgist, in seinem 2018 erschienenen Buch *Progress and Poverty in Economics.* »Er befürwortete grundlegende Gleichheit: Jeder hat das gleiche Recht, an dem beteiligt zu sein, was die Erde zu bieten hat.«[66] In Georges Weltsicht verstößt wachsende Monopolmacht gegen dieses moralische Grundprinzip, und die von ihr bewirkte massive Anhäufung von Reichtum schadet nicht nur der Wirtschaft, sondern auch der Demokratie. Gegen Ende von *Fortschritt und Armut* sprach George folgende zeitlose Warnung aus:

> »In der Theorie sind wir ganze Demokraten. [...] Aber wächst nicht unter uns eine Klasse auf, die die ganze Macht ohne irgendeine der Tugenden der Aristokratie hat? Wir haben einfache Bürger, die Tausende von Meilen Eisenbahnen, Millionen von Morgen Land, die Mittel des Unterhalts von Legionen von Menschen beherrschen, die die Gouverneure souveräner Staaten ernennen, wie sie ihre eigenen Angestellten ernennen, die Senatoren wählen, wie sie sich Anwälte aussuchen, und deren Wille in den gesetzgebenden Versammlungen so maßgebend ist, wie der eines französischen Königs, der im lit de justice saß.«[67]

Wenn Freiheit und Demokratie bewahrt werden sollten, fuhr George fort, müssten alle die »Freiheit haben, um sich die Gelegenheiten und Mittel des Lebens zu Nutze machen zu können; sie müssen der Freigebigkeit der Natur gegenüber auf gleichem Fuße stehen«. Unter Verweis auf das Beispiel des antiken Roms hob er »die Tendenz zur ungleichen Verteilung des Reichtums und der Macht« als das hervor, »was jede frühere Zivilisation zerstört hat«. Dies sei das »allgemeine Gesetz«, verkündete er. »Dies ist die Lehre der Jahrhunderte. Das soziale Gebäude kann nicht bestehen, wenn dessen Grundlagen nicht auf Gerechtigkeit beruhen.«[68]

11

»Der ideale Finanzmann gleicht nämlich dem idealen Kriminellen«

Thorstein Veblen und die Industriekapitäne

Mark Twain und sein Koautor Charles Dudley Warner gaben 1873 mit ihrem Romantitel *Das vergoldete Zeitalter* einer von politischer Korruption und vulgärer Zurschaustellung von Reichtum geprägten Epoche der amerikanischen Geschichte einen Namen.[1] Und der Ökonom Thorstein Veblen prägte in seinem 1899 erschienenen Buch *Theorie der feinen Leute* einige der denkwürdigsten Begriffe zur Beschreibung der Gesellschaft jener Zeit, wie »Geltungskonsum« und »müßige Klasse«. Obwohl die Bücher von Veblen und Twain im Abstand von über einem Vierteljahrhundert erschienen, behandelten sie dasselbe Thema: den Werteverfall in einer Gesellschaft, die in zunehmendem Maß auf der manischen Jagd nach Reichtum und dem Verlangen, ihn öffentlich zur Schau zu stellen, beruhte.

Als Veblen sein bekanntestes Buch veröffentlichte, hatte die beschleunigte kapitalistische Entwicklung, deren Zeuge Henry George in der Zeit nach dem Amerikanischen Bürgerkrieg geworden war, einige der größten Anhäufungen privaten Reichtums hervorgebracht, welche die Welt jemals gesehen hatte. Industrielle wie Cornelius Vanderbilt, John D. Rockefeller und Andrew Carnegie hatten riesige Industriekonzerne geschaffen. Vanderbilt hinterließ bei seinem Tod im Jahr 1877 ein Vermögen von gut 100 Millionen Dollar (knapp 3 Milliarden Dollar nach heutigem Geldwert). Rockefeller hatte 1882 durch das Standard Oil Trust Agreement 40 Unternehmen, die Erdöl förderten, raffinierten oder vertrieben, unter dem Dach eines gemeinsamen Verwaltungsrats vereinigt. Obwohl dies noch keine vollgültige Fusion darstellte, versetzte es Standard Oil in die Lage, Preiskämpfe und andere Wettbewerbsgefahren auszuschließen. Der Erfolg von Rockefellers Trust veranlasste andere Industrielle, seinem Beispiel zu folgen. So schuf Henry Osborne Havemeyer 1887 die Sugar Refineries Company, den sogenannten Sugar Trust, der bald 98 Prozent des in den Vereinigten Staaten hergestellten Zuckers produzierte. 1890 gründete J. B. Duke die American Tobacco Company, deren Kerngeschäftsbereich 90 Prozent des Zigarettenmarkts beherrschte.[2]

Die Schöpfer dieser Giganten behaupteten, deren Größe und hierarchische Organisation ermöglichten es ihnen, die Produktion zu koordinieren, den Größenvorteil zu nutzen und Waren und Dienstleistungen preiswerter anzubieten. Manche heutige Gelehrte, wie der Wirtschaftshistoriker Alfred D. Chandler von der Harvard University, stimmen diesem Argument zu. In seinem 1977 erschienenen einflussreichen Buch *The Visible Hand. The Managerial Revolution in American Business* verfocht Chandler die These, dass kleine Unternehmen weder die Kapazität noch das Know-how besäßen, um etwa ein landesweites Erdölvertriebsnetz zu organisieren oder eine Fließbandproduktion aufzubauen. »Moderne Unternehmen«, erklärte Chandler, »werden erst zu überlebensfähigen Institutionen, wenn die sichtbare Hand des Managements sich bei der Koordination des Materialflusses durch die Wirtschaft als effizienter erweist als die unsichtbare Hand der Marktkräfte.«[3]

In jüngerer Zeit hat der Wirtschaftshistoriker James Bradford DeLong von der University of California die Rolle von Großunternehmen auf beiden Seiten des Atlantiks bei der Förderung von Innovationen hervorgehoben. »Was sich seit 1870 verändert hatte, war, dass die am weitesten fortgeschrittenen nordatlantischen Wirtschaften die Erfindung erfunden hatten«, schreibt DeLong in seinem 2022 erschienenen Buch *Slouching Towards Utopia*, einer umfassenden Wirtschaftsgeschichte der modernen Welt. »Sie hatten nicht nur Textilmaschinen und die Eisenbahn erfunden, sondern auch das industrielle Forschungslabor und die Bürokratieformen, die den Aufbau von Großunternehmen ermöglichten. Danach konnte das, was in den Forschungslabors erfunden wurde, im nationalen oder kontinentalen Maßstab eingesetzt werden.«[4] DeLong ist kein Verteidiger der Trusts und ihrer Monopolbildung. Sein Augenmerk gilt Unternehmen, die auf konkurrenzgeprägten Märkten operieren und in Forschung und Produktentwicklung als Wettbewerbsinstrumente investieren. Auf lange Sicht, sagt er voraus, werde diese Praxis in vielen Wirtschaftszweigen üblich werden, und die Systematisierung der Innovation werde das Wirtschaftswachstum und den Lebensstandard tiefgreifend verändern.

Für viele Zeitgenossen von Carnegie und Rockefeller waren die organisatorischen und wissenschaftlichen Fortschritte, die der Aufstieg der Großunternehmen mit sich brachte, nicht sofort offensichtlich. Sie sahen nur, dass die großen Zusammenschlüsse kleinere Konkurrenten verdrängten, den Markt monopolisierten und ihre Profite steigerten. Auf öffentlichen Druck verabschiedete der US-Kongress 1890 das Sherman-Antitrust-Gesetz, das jegliche Monopolisierungsanstrengungen verbot, einschließlich von Verbindungen »in Form eines Trusts oder anderer Art oder einer Verschwörung zur Beschränkung des Handels oder der Geschäfte zwischen verschiedenen Staaten«.[5] Auf dem Papier wirkt das Gesetz streng, aber die Industriegiganten fanden rasch Schlupflöcher. Einige folgten dem Beispiel der Standard Oil Company, die sich von einem Trust zu einer Holding umorganisierte. Der Sugar Trust wehrte sich juristisch, und 1895 hob der Oberste Gerichtshof eine Bundesentscheidung gegen sein Monopol auf. Nach diesem Urteil folgten weitere Zusammenschlüsse, deren Höhepunkt 1901 die Fusion von Carnegie Steel und einiger bisheriger Konkurrenten zu US Steel durch J. P. Morgan bildete. Bei seiner Gründung kontrollierte US Steel zwei Drittel des amerikanischen Stahlmarkts und war mit einem Kapitalwert von 1,4 Milliarden Dollar das erste Milliarden-Dollar-Unternehmen der Welt.[6]

Während die Vermögen der Räuberbarone – dieser Begriff wurde erstmals auf Vanderbilt angewendet – zuvor unvorstellbare Ausmaße annahmen, wurde ihr Ausgabeverhalten immer spektakulärer. Cornelius Vanderbilt II., der älteste Enkel des Familiengründers, ließ sich in Newport in Rhode Island einen italienisierenden Palast mit Blick auf den Atlantik errichten, der über 48 Zimmer verfügte und mit einer reich geschmückten 15 Meter hohen Halle protzte. Aber das war nur das Sommerhaus. In der Fifth Avenue in Manhattan hatte William H. Vanderbilt, der älteste Sohn von Cornelius Sen. und Vater von Cornelius II., zwei aneinandergrenzende riesige Stadthäuser bauen lassen – eines für sich und seine Frau und eines für seine beiden Töchter –, die zwischen der 51. und der 52. Straße einen ganzen Block einnahmen. Vanderbilts »Tripelpalast« glänzte mit numidischen Marmorsäulen, Bleiglasoberlichtern, verzierten Bronzetüren und Eichenvertäfelungen aus französischen Schlössern. Zur Dekoration gehörten italienische Tapeten, japanische Stickereien und Kunstschätze aus Europa. Am Abend des 26. März 1883 gaben die Vanderbilts einen Kostümball, bei dem Alva Vanderbilt, die Frau von William K. Vanderbilt, dem zweiten Sohn von William H., als venezianische Prinzessin auftrat. Andere Gäste waren als Ludwig XIV., König Lear oder Jeanne d'Arc verkleidet.[7]

Der Aufstieg der Plutokratie und die Transformation der US-Wirtschaft, die ihn herbeigeführt hatte, schrien geradezu nach einer eingehenden ökonomischen Analyse. Einige jüngere amerikanische Ökonomen erkannten, dass ihre Profession der Herausforderung nicht gerecht wurde. Im September 1885 kamen sie in Saratoga Springs im Staat New York zusammen und gründeten die American Economic Association. In einem Manifest für die neue Organisation erklärte der Ökonom Richard T. Ely von der Johns Hopkins University, der in Deutschland studiert hatte und den angloamerikanischen Theorien des freien Markts skeptisch gegenüberstand: »Wir betrachten den Staat als erzieherische und ethische Instanz, deren positive Unterstützung eine unverzichtbare Bedingung menschlichen Fortschritts ist. Obwohl wir die Notwendigkeit individueller Initiative im tätigen Leben anerkennen, sind wir der Ansicht, dass die Lehre des Laissez-faire in der Politik gefährlich und in der Moral schädlich ist.«[8] Elys Kollegen schwächten zwar seine Formulierungen ab, übernahmen aber einen Teil seiner Ausführungen in ihre Grundsatzerklärung.

Während der Erfolg von Georges *Fortschritt und Armut* den moribunden Berufsstand der amerikanischen Ökonomen von außen herausforderte, hauchten Ely und andere ihm von innen neues Leben ein. Ely wechselte schließlich an die University of Wisconsin, wo er an der Schaffung einer institutionalistischen Schule der Ökonomie mitwirkte, die Geschichte und Struktur über abstrakte Theorie stellte. Aber der junge Ökonom, der die herrschende Orthodoxie auf originellste Weise infrage stellen sollte, war in Saratoga Springs nicht vertreten.

Im Sommer 1885 war Veblen ein 29-jähriger Bummelant, der auf der Veranda des elterlichen Farmhauses in Nerstrand in Minnesota, rund eine Fahrstunde südlich von Minneapolis, herumlungerte. Er war das sechste von zwölf Kindern einer norwegischen Einwandererfamilie, die zu Hause einen norwegischen Dialekt sprach, aber alles andere als ein typischer Bauernjunge. Ein Jahr zuvor war er an der Yale University in Philosophie promoviert worden. Aber trotz eines Empfehlungsschreibens des Universitätspräsidenten, des Philosophen Noah Porter, der seine Dissertation über Immanuel Kant betreut hatte, war es Veblen nicht gelungen, eine akademische Anstellung zu finden. Deshalb war er nach Nerstrand zurückgekehrt, wo er offenbar damit zufrieden war, seine Tage mit Lesen zu verbringen.[9] »Er las und lungerte herum«, erinnerte sich einer seiner Brüder später, »und am nächsten Tag lungerte er herum und las.«[10]

Es gibt Hinweise darauf, dass Veblen eine Krankheit schwächte; er sprach später von Malaria. 1888 riss er sich jedoch so weit zusammen, dass er Ellen Rolfe heiraten konnte, die Nichte des Präsidenten des Carleton College, die er als Student dort kennengelernt hatte. Das Paar zog auf die Farm der Familie Rolfe in Stacyville in Iowa. Einige von Veblens Verwandten bemühten sich, eine einträgliche Arbeit für ihn zu finden, doch ein Versuch, die Santa Fe Railroad zu bewegen, ihn einzustellen, schlug fehl. Schließlich nahm Veblen eine zweite Promotion in Angriff, diesmal in Wirtschaftswissenschaft, die lebendiger war als die Philosophie. Anfang 1891 schrieb er sich an der Cornell University in Ithaca im Staat New York ein.

Trotz seiner langen Abwesenheit von der akademischen Welt kehrte er gut vorbereitet in sie zurück. Am Carleton College in Northfield in Minnesota, seiner ersten Alma Mater, hatte er bei dem aufstrebenden jungen Gelehrten John Bates Clark, der Veblen später als brillanten »Außenseiter« bezeichnete, Wirtschaft studiert. (Einer seiner Vorträge im Carleton College trug den Titel »A Plea for Cannibalism«).[11] An der Johns Hopkins University hatte er Vorlesungen von Ely belegt, und in Yale war Ökonomie sein Nebenfach.

Der Leiter der Wirtschaftsfakultät der Cornell University war der orthodoxe Ökonom James Laurence Laughlin, der eine gekürzte Fassung von Mills *Grundsätzen der Politischen Ökonomie* herausgegeben hatte und Experte für das Währungs- und Bankwesen war. Unter seiner Betreuung brachte Veblen rasch drei akademische Artikel hervor, die alles andere als radikal waren. In »The Overproduction Fallacy« von 1892 schätzte er die Möglichkeit einer »allgemeinen« Überproduktion als »offensichtlich absurd« ein.[12] In »Some Neglected Points in the Theory of Socialism« aus dem Jahr zuvor erklärte er, die jüngste kapitalistische Entwicklung habe zum »schnellsten Fortschritt des durchschnittlichen Wohlstands und der industriellen Effizienz, den die Welt jemals gesehen hat«, geführt und darüber hinaus eine wesentliche »Verbesserung des Loses der weniger Begünstigten« mit sich gebracht. Veblen erkannte zwar die zunehmende Anziehungskraft des Sozialismus in manchen Kreisen, schrieb sie aber »Neid« und

»Eifersucht« aufgrund des Wunsches nach »ökonomischer Nachahmung« zu.[13]

Im Herbst 1892 verließ Laughlin die Cornell University, um an die kürzlich gegründete University of Chicago zu wechseln, die ihn als Gründungsleiter einer Abteilung für politische Ökonomie angeworben hatte. Das Land für die neue Universität im Wohnvorort Hyde Park hatte der Warenhausunternehmer Marshall Field gespendet. Das Geld für die Gebäude stammte von John D. Rockefeller, der mit dem neuen Campus Harvard, Yale und Princeton Konkurrenz machen wollte. Als Universitätspräsidenten heuerte er den jungen Yale-Professor William Rainey Harper an und ließ ihm bei der Anwerbung akademischer Stars freie Hand. Rainey war es, der Laughlin den neuen Posten angeboten hatte.

Laughlin hatte seine Zusage mit der Bedingung verknüpft, drei junge Kollegen, unter ihnen Veblen, mitbringen zu dürfen.[14] Kurz nach der Ankunft in Chicago gründete Laughlin eine neue Wirtschaftszeitschrift, das *Journal of Political Economy*, deren Geschäftsführung er Veblen übertrug. Neben seiner Herausgebertätigkeit veröffentlichte Veblen auch eigene Aufsätze in der Zeitschrift. Außerdem übernahm er eine Lehrtätigkeit und übersetzte ein Buch des deutschen Ökonomen Gustav Cohn über öffentliche Finanzen ins Englische. In Chicago als »Senior Fellow« eingetroffen, wurde er bald zum »Reader« befördert, was ein Jahresstipendium von 600 Dollar mit sich brachte. Obwohl es keine feste Anstellung war, verschaffte sie Veblen doch eine gewisse finanzielle Sicherheit.[15]

Außerhalb der Abgeschiedenheit von Hyde Park erlebte die US-Wirtschaft eine weitere Krise. Am 20. Februar 1893 erklärte sich die hoch verschuldete Philadelphia and Reading Railroad, eine der größten Eisenbahngesellschaften des Landes, für bankrott, was die Finanzmärkte in Aufruhr versetzte. Anfang Mai steigerte sich der Aufruhr zur Panik, als die National Cordage Company mit Sitz in New Jersey, der größte Seilhersteller des Landes, unvermittelt in Konkursverwaltung ging. In einer Neuauflage der Panik von 1873 brachen, mit Auswirkungen auf die gesamte Wirtschaft, mehrere Banken zusammen. »Nie zuvor hat es eine solch plötzliche und drastische Einstellung der Industrietätigkeit gegeben«, bemerkte der *Commercial and Financial Chronicle* im September 1893. »Und noch nie war jeder Sektor von der Lähmung betroffen: So gut wie überall haben Fabriken, Werkstätten, Hochöfen, Bergwerke in großer Zahl ihre Tore geschlossen [...] und Hunderttausende Menschen um ihre Arbeit gebracht.«[16]

Ohne Arbeitslosenversicherung und staatliche Notfallfonds stürzten viele Arbeitslose ins Elend. Im Frühjahr 1894 versammelte Jacob Coxey, ein populistischer Geschäftsmann aus Ohio, rund 500 Arbeiter zu einem Marsch auf Washington, um für die Schaffung eines durch Bargeldemission finanzierten nationalen öffentlichen Arbeitsbeschaffungsprogramms zu demonstrieren. Seit den 1870er-Jahren galt in den Vereinigten Staaten der Goldstandard, der die Geldumlaufmenge an die Größe der Goldreserve band. Seit Jahren forderten die Farmer aus dem Westen die Einführung einer neuen, von Silber gedeckten Währung, durch die, wie sie hofften, die niedrigen Preise von Landwirtschaftsprodukten steigen würden. »Coxeys Armee« ging jedoch über die Verfechter von »freiem Silber« hinaus: Sie forderte den Druck von Papiergeld, das nur durch das Wort des Ausgebenden, also des Staats, gedeckt war.[17]

Veblen hatte für diese Forderungen nicht viel übrig. Im Juni 1894 verwarf er in einem Kommentar im *Journal of Political Economy* die Vorschläge der Ausgabe von Papiergeld und der Auflage eines nationalen Arbeitsbeschaffungsprogramms als »ausgesprochene Halluzinationen«, welche »die Praktikabilität von Paternalismus oder Sozialismus in einem Maß« annähmen, »das durch keinerlei bisherige Erfahrung gestützt« werde. Dennoch seien die Proteste ein »neuer Aufbruch«, in dem sich die Ablehnung des amerikanischen individualistischen Glaubensbekenntnisses und die zunehmende Erkenntnis widerspiegelten, dass »die gesamte Gemeinschaft ein einziger tätiger Organismus« sei, »dessen Integration, ungeachtet jeder traditionellen oder konventionellen Trennlinien oder Demarkationen, ob nun zwischen Klassen oder Orten, Tag für Tag voranschreitet«.[18]

In der Metapher von der Gesellschaft als Organismus spiegelte sich Veblens Faszination von Evolutionismus und Anthropologie wider, die sein gesamtes Werk beeinflusste. Er war natürlich nicht der Einzige, der Charles Darwins geistiges Erbe aufgriff. »Evolutionismus, Organizismus, Wissenschaftsgläubigkeit«, konstatiert der Soziologe Charles Camic in seiner 2020 erschienenen bewundernswerten Biografie Veblens, »waren in der geistigen Landschaft Amerikas im letzten Viertel des 19. Jahrhunderts bekannte und häufig vertretene Standpunkte.«[19] Indem sie eine evolutionäre Perspektive einnahmen, gerieten einige von Veblens progressiven Zeitgenossen auf hässliche Abwege, auf denen sie die eugenische Sorge übernahmen, dass die Fortpflanzung »untauglicher« Elemente der Bevölkerung die Aussichten der US-Wirtschaft untergrabe. In einem Artikel über die Einwanderung schrieb Ely 1894, die Amerikaner sollten »gut überlegen, welche Auswirkungen eine große Beimengung niederer ausländischer Elemente wahrscheinlich auf die amerikanische Nationalität haben wird«.[20] Nach Ansicht des Soziologen Edward A. Ross, der an der Johns Hopkins University bei Ely studiert hatte, konnte die niedrige Geburtenrate angelsächsischer Amerikaner bedeuten, dass »die höhere rassische Qualität still und ohne Aufhebens sich selbst auslöscht«, ein Phänomen, das er »Rassensuizid« nannte.[21]

Veblen hatte zwar ein anhaltendes Interesse für Ethnologie und Rasse, schloss sich dieser Auffassung aber nicht an. Er stand simplifizierenden Argumenten skeptisch gegenüber, einschließlich des Versuchs mancher Sozialdarwinisten, den Aufstieg des Kapitalismus mit dem Überleben der Bestangepassten gleichzusetzen. Das »Wettbewerbssystem«, schrieb er 1896 in einer Rezension der kürzlich erschienenen französischen Ausgabe von *Socialismo e scienza positiva (Darwin, Spencer, Marx)* des italienischen Kriminologen Enrico Ferri, würde »keineswegs grundsätzlich durch den Prozess der natürlichen Selektion zu günstigen Ergebnissen führen«.[22] (Neben Norwegisch und Englisch konnte Veblen Französisch, Deutsch und Latein lesen.)

Doch obwohl Veblen reduktionistische evolutionäre Rechtfertigungen des Kapitalismus ablehnte, schätzte er Darwin und seinen Schüler Herbert Spencer, weil sie der Physik, der Biologie und der Psychologie neues Leben eingehaucht hatten. In Bezug auf seine eigene Fachrichtung zitierte er Ferris Feststellung, dass der evolutionäre Ansatz »kaum die Oberfläche der stillen Wasser jenes Teichs der Orthodoxie in der Sozialwissenschaft und der politischen Ökonomie gekräuselt« habe.[23] Er war entschlossen, dies zu ändern. In seinen Kursen, zu deren Themen die Geschichte der politischen Ökonomie, die ökonomischen Faktoren der Zivilisation und der Sozialismus gehörten,[24] vertrat er einen evolutionären Ansatz und verwies seine Studenten auf Monografien über antike Gesellschaften. »Die Ökonomie muss auf den Stand der modernen evolutionären Wissenschaft gebracht werden, was bisher nicht geschehen ist«, schrieb er im Januar 1896 an Sarah Hardy, eine seiner Graduiertenstudentinnen. »Der Ausgangspunkt oder, besser, die Grundlage für diese Rehabilitation sind die moderne Anthropologie und Psychologie, am direktesten vielleicht [...] die Volkspsychologie.«[25]

Veblen dachte daran, in einem mehrbändigen Werk die evolutionären Ideen auf die Ökonomie anzuwenden. Im November 1895 teilte er Hardy mit, er habe einen Teil des einführenden Kapitels des ersten Bandes, der den Titel *Die Theorie der müßigen Schicht* tragen sollte, geschrieben. Einen Monat später war er, wie er in einem weiteren Brief an Hardy, in die er sich verliebt hatte, schrieb, noch nicht bei der »Lehre von der demonstrativen Verschwendung« angekommen, die den »substanziellen Kern der Schrift bilden« werde.[26] Mit demonstrativer Verschwendung meinte er Ausgaben, die nicht der Befriedigung akuter physischer Bedürfnisse galten.

Veblens geistige Interessen spiegelten seine Zeit wider. Mit steigendem Einkommen entwickelte sich in den Vereinigten Staaten rasch eine Konsumkultur. Überall im Land boten Kaufhäuser alle möglichen Güter an, von Kleidung bis zu Haushaltswaren: Wanamaker's in Philadelphia, Marshall Field's in Chicago, Filene's in Boston. In den weiten Prärielandschaften Nordamerikas durchstöberten Farmer und Kleinstädter den jährlich erscheinenden Katalog des Versandhauses Sears, Roebuck and Co. nach Neuheiten und Sonderangeboten. Die Ausgabe von 1897 umfasste 700 Seiten und wurde selbst als »Kunstwerk, das den Mund wässrig macht«, angepriesen.[27] In Reaktion auf die starke Nachfrage der Kunden errichtete Sears auf der West Side von Chicago eine Gilded-Age-Version der heutigen Amazon-Verteilzentren. Während Versandhäuser die Massen bedienten, kümmerten sich gehobene New Yorker Einzelhändler, wie der Juwelier Tiffany, das Warenhaus B. Altman und der Möbelhändler W&J Sloane, um die Neureichen.

Diese Entwicklungen faszinierten Veblen. 1894 veröffentlichte er in *Popular Science Monthly* einen Aufsatz über »Die ökonomische Theorie des Damenkleids«. Viele vornehme Konsumenten, schrieb er, würden Kleidung nicht mehr nur für die Arbeit oder Bequemlichkeit tragen; sie habe sich vielmehr in einen »Index von Reichtum« verwandelt. Damit Kleidung als Signalträger wirke, führte Veblen aus, müsse sie drei Hauptprinzipien erfüllen: »Kostspieligkeit«, »Neuheit« und »Ungeeignetheit«. Jedem Betrachter müsse vollkommen klar sein, dass die Trägerin des Kleides »offenkundig unfähig ist, irgendetwas Nützliches zu tun«, und das für das Kleid ausgegebene Geld reine »Verschwendung« sei, eine »demonstrativ unproduktive Ausgabe«.[28]

Dieses Argument passte weder zur Arbeitswerttheorie, auf die sich Marx und andere klassische Ökonomen gestützt hatten, noch zu den neueren mathematischen Wirtschaftstheorien des Engländers William Stanley Jevons und des Franzosen Léon Walras, die den Wert von Gütern auf ihre zunehmende Nützlichkeit (oder

Befriedigung von Wünschen) zurückführten. Genau das war Veblens Absicht: mit allen Orthodoxien zu brechen. Im Unterschied zu den meisten amerikanischen Ökonomen nahm er Marx ernst und sympathisierte mit einigen Zielen des Sozialismus – trotz aller Zweifel, die er in dieser Phase seines Lebens an ihrer Realisierbarkeit hegte. Letztlich betrachtete er die materialistische Geschichtstheorie jedoch als teleologisch und »für die Zwecke der modernen Wissenschaft ungeeignet«.[29] Was die orthodoxe Theorie betraf, hielt er ihre Grundlagen für völlig falsch. Seiner Ansicht nach war es unhistorisch und psychologisch unrealistisch, die Menschen als atomistische und ausschließlich rationale Entscheider zu betrachten.

Veblen führte diesen Gedanken in einem Zeitschriftenartikel mit dem Titel »Why Is Economics Not an Evolutionary Science?« näher aus. »Das hedonistische Konzept des Menschen«, schrieb er, »sieht ihn als einen blitzschnellen Kalkulator von Freuden und Schmerzen, der wie ein homogenes Kügelchen des Glücksverlangens durch den Impuls von Reizen, die ihn herumrollen, aber unversehrt lassen, oszilliert.« Aber Menschen seien nicht »nur ein Bündel von Wünschen«, wandte Veblen ein. Ihr Verhalten ergebe sich aus »einer kohärenten Struktur von Neigungen und Gewohnheiten«; jeder von ihnen sei von Ererbtem, Erfahrungen und gegenwärtigen materiellen Umständen geprägt. Aufgabe der Ökonomie sei es, folgerte Veblen, diese Faktoren und die Institutionen, die sie in einem Prozess kumulativen »kulturellen Wachstums« hervorbringen, zu analysieren.[30]

Veblen wollte dies in seinem Buch tun, doch er wurde durch eine Ehekrise, die erste von vielen, abgelenkt. Der Grund war seine Beziehung zu Hardy. Im Februar 1896 schrieb er an sie: »Ich liebe Dich über alle Maßen.«[31] Allerdings war nicht nur er verheiratet, sie war auch mit einem anderen verlobt. Im März gestand Veblen seiner Frau, Ellen, dass er eine andere Frau liebe, und bat um die Scheidung. Als sie ihm diese verweigerte und Hardy an ihren Heiratsplänen festhielt, brach er zusammen. »Mr. Veblens

Gesundheit liegt völlig darnieder«, schrieb Ellen im April 1897 an Hardy. »Er sagt oft, dass er das Jahr nicht überleben wird.«[32] Doch trotz seines Liebeskummers stellte er das Manuskript schließlich fertig. Im September 1898 schickte er die Endfassung an das Verlagshaus Macmillan, das unter der Bedingung, dass er die Hälfte der Druckkosten trage, zugesagt hatte, es zu veröffentlichen. Fünf Monate später erschien die *Theorie der feinen Leute.*[33]

In den ersten Kapiteln des Buchs entwickelte Veblen seinen evolutionären Ansatz. Wie Smith, Marx und viele andere europäische Gelehrte teilte er die Geschichte der Menschheit in einzelne Epochen ein, in seinem Fall in die »wilde«, die »barbarische« und die »zivilisierte«. In der wilden Epoche, als die Menschen in Jägergruppen umherzogen, habe es »keine wirtschaftlich bedingte Hierarchie von Klassen« gegeben; alle partizipierten an den Gemeinschaftsaktivitäten und teilten sich deren Ausbeute.[34] Die Entstehung einer müßigen Klasse, die keine produktive Arbeit leistet, fiel laut Veblen mit der Herausbildung der barbarischen Gesellschaft zusammen, in der eine privilegierte Oberschicht vom wirtschaftlichen Überschuss lebte, den sie den Menschen raubte, die ihn produzierten. Er unterschied eine frühe, niedere und eine späte, höhere Form dieser Gesellschaften. Als Beispiele für Letztere nannte er das feudale Europa und das feudale Japan.[35] In diesen Gesellschaften sei ein »Kampf zwischen Menschen um den Besitz von Gütern« ausgebrochen. Schrittweise »ersetzt das Anhäufen von Reichtum […] die Trophäe der räuberischen Heldentat, die bisher das konventionelle Symbol von Erfolg und Überlegenheit darstellte«.[36]

Veblens Stadientheorie der Geschichte war im Grunde technokratischer Art. Wenn er von »zivilisierten« Gesellschaften sprach, bedeutete es nicht, dass er die moderne Epoche guthieß; immerhin teilte sie seiner Ansicht nach einige Schlüsseleigenschaften der »barbarischen«. Seinem Narrativ zufolge bildeten sich im Zuge der Entstehung der sesshaften Agrarwirtschaft Gesellschaften heraus, die produktiv genug waren, um eine müßige Elite von Häuptlingen und Priestern zu unterhalten. Später sei die Menschheit ins Zeitalter des Handwerks und schließlich in dasjenige der Maschinen eingetreten, in dem der wirtschaftliche Überschuss groß genug war, um eine größere müßige Schicht zu unterhalten, die aus direkten Nachfahren antiker Priester und feudaler Adliger bestand, die überwiegend von der Arbeit anderer lebten.

Anstatt das räuberische Tun und die Exzesse der Vanderbilts und anderer individueller Angehöriger dieser neuen Elite aufs Korn zu nehmen, wie es andere Kritiker des vergoldeten Zeitalters taten, beschäftigte sich Veblen mit der Gruppe als Ganzer und identifizierte zwei ihrer Haupteigenschaften. Zum einen gab es, da die Angehörigen der müßigen Schicht durch die Anhäufung von Reichtum danach strebten, »sich eine hohe Stellung in der Gesellschaft zu erobern, die an der Menge des Geldes gemessen wird«, keinen absoluten Reichtum, wie groß er auch sein mochte, der das Verlangen nach mehr stillen konnte. In Veblens Worten: »Da […] der Kampf in erster Linie in einem Wettlauf nach Ansehen und Ehrbarkeit besteht, die beide auf einem diskriminierenden Vergleich beruhen, so kann dieses Ziel niemals erreicht werden.« Zum anderen war selbst bei großem Reichtum ein hohes gesellschaftliches Ansehen nicht garantiert. Es genüge nicht, so Veblen, Reichtum oder Macht zu besitzen, denn »Hochachtung wird erst ihrem Erscheinen gezollt«, weshalb jeder das Vorhandensein seines Reichtums zur Schau stellen müsse.[37]

Ein Weg, seinen Reichtum zu demonstrieren, bestehe darin, keinerlei produktive Tätigkeit auszuüben und sich dem »demonstrativen Müßiggang« hinzugeben. Seit dem antiken Griechenland war, laut Veblen, in den Augen »aller zivilisierten Menschen […] ein Leben der Muße an sich und in seinen Folgen schön und adelt denjenigen, der es lebt«.[38] Wie bereits in seinem Artikel über das Damenkleid machte er ein weiteres Signalelement aus: verschwenderische Einkäufe und »Geltungskonsum«. Beides seien wirkungsvolle Taktiken: »Im einen Falle handelt es sich um eine

Verschwendung von Zeit und Mühe, im anderen um die Vergeudung von Gütern. Beides sind Methoden, um den persönlichen Besitz zur Schau zu stellen, und beide gelten als gleichwertig.«[39] Laut Veblen setzten viele Angehörige der müßigen Schicht sie gleichzeitig ein. Beispielhaft führte er den »müßigen Herrn der scheinbar friedlichen Epoche« an, der »[f]rei und ungehemmt [...] das Beste [genießt], was an Esswaren, Getränken, Narkotika, Häusern, Bedienung, Schmuck, Bekleidung, Waffen, Vergnügen, Amuletten, Idolen und Gottheiten zu haben ist«. Ein solcher Zeitgenosse sei »nicht mehr nur der erfolgreiche, aggressive Mann [...]. Um nicht zum Narren gehalten zu werden, muss er seinen Geschmack pflegen, denn es gehört nun zu seinen Obliegenheiten, genau zwischen edlen und gemeinen Konsumgütern zu unterscheiden.«[40]

In einer Zeit, in der Räuberbarone und ihre Familien die Schlösser Burgunds und der Provence plünderten, um ihre Herrenhäuser zu möblieren und zu schmücken, trafen Veblens Spitzen ins Schwarze. Aber seine Ausführungen über Statusstreben und Geltungskonsum waren nicht auf die Superreichen beschränkt. Obwohl ein solches Verhalten vor allem in der Elite vorherrsche, stellte er fest, habe es sich die soziale Leiter hinunter verbreitet, denn da die »müßige Oberklasse [...] an der Spitze der gesellschaftlichen Ordnung« stehe, gälten »ihre Lebensform und ihre Wertungen als Normen für die gesamte übrige Gesellschaft«. Offensichtlich würden die Mittel- und die Unterschicht nicht über das Geld verfügen, um bei Tiffany einkaufen oder Teppiche aus Asien importieren zu können, aber auch sie fühlten sich genötigt, den Schein zu wahren und die ihnen Gleichgestellten zu beeindrucken. Die Angehörigen jeder Schicht würden »die jeweilige Lebensweise der nächsthöheren zu ihrem Schicklichkeitsideal machen und ihre Energie darauf verwenden, diesem Ideal gemäß zu leben. Wenigstens dem Schein nach müssen sie der übernommenen Norm entsprechen, wenn sie nicht Ansehen und Selbstachtung verlieren wollen.« Selbst Angehörige der untersten Schicht seien nicht immun gegen den Drang nach verschwenderischer Zurschaustellung: »Keine Klasse, nicht einmal die allerärmste, versagt sich jeglichen demonstrativen Verbrauch. […] Unglaubliches Elend und unsagbare Entbehrungen werden erlitten, bevor der letzte Schmuck, der letzte Schein der Wohlanständigkeit weggegeben wird.«[41]

Von allen Beiträgen Veblens zur Wirtschaftswissenschaft ist die Theorie des Geltungskonsums am berühmtesten, und dies aus gutem Grund. Im Lauf der Zeit und mit steigenden Einkommen machen die Ausgaben, die Veblen als verschwenderisch und demonstrativ eingestuft hätte, in jeder kapitalistischen Gesellschaft einen immer größeren Anteil der Gesamtausgaben aus. Aber Veblens Ausführungen über den Geltungskonsum stellen nur einen Teil der Kritik dar, die er in der *Theorie der feinen Leute* ausgebreitet hat. Ein anderes Angriffsziel war die Produktion.

Angesichts der Situation in den Vereinigten Staaten in den 1890er-Jahren, die von monopolistischen Trusts und einem immer mächtiger werdenden Finanzsektor, wie ihn der Wall-Street-Banker J. P. Morgan verkörperte, geprägt war, unterschied Veblen zwei Wirtschaftssektoren: »Industrie« und »Geschäfte«. Die führenden Vertreter der ersteren, der industriellen Klasse, stellten Dinge her und entwickelten innovative neue Produkte und Produktionsprozesse. Im Gegensatz dazu bestand die geschäftliche oder »pekuniäre« Klasse aus abwesenden Fabrikbesitzern, passiven Aktionären, Finanziers und anderen Kapitalbesitzern, die nur damit beschäftigt waren, Geld zu machen oder, besser gesagt, den produktiven Klassen zu rauben. »Ihre Funktion ist parasitär«, befand Veblen, »und ihr Interesse besteht darin, von den vorhandenen Mitteln soviel als möglich für den eigenen Nutzen abzuzweigen und alles zu behalten, was einmal unter ihre Kontrolle gelangt ist. Die Konventionen der Geschäftswelt sind unter dem Einfluss dieses räuberischen oder parasitären Prinzips entstanden. Es handelt sich dabei um Konventionen, die das Eigentum betreffen, um mehr oder weniger entfernte Ableitungen und Übernahmen aus der alten räuberischen Kultur.«[42]

Die von Veblen getroffene Unterscheidung zwischen produktiver und unproduktiver Arbeit war nicht wirklich neu. Der oben bereits erwähnte französische Sozialtheoretiker Henri de Saint-Simon hatte eine Idealgesellschaft vor Augen, in der *les industriels,* die produktive Klasse von Arbeitern und Industriellen, die Führung innehatten. Veblen stand mit seiner Unterscheidung in dieser Tradition, aber sein Augenmerk lag darauf, wie es der pekuniären Klasse gelungen war, die Dinge so einzurichten, dass sie mit möglichst wenig Anstrengung möglichst viel Geld machen konnte. Er führte eine Reihe von Gesetzesänderungen an, die dieser Klasse genutzt hatten, wie »Bestimmungen über den Bankrott und den Steuereinzug, die beschränkte Haftung, Bankgeschäfte und Währung, Zusammenschlüsse zwischen Arbeitnehmern oder Arbeitgebern, Trusts und Pools«. Institutionen dieser Art seien »nur für die wohlhabenden Klassen von unmittelbarem Interesse, und dieses Interesse verhält sich bei den Mitgliedern dieser Klasse ungefähr proportional zur Höhe des jeweiligen Besitzes […]. Doch mittelbar besitzen diese geschäftlichen Konventionen auch schwerwiegende Folgen für den Arbeitsprozess und das Leben der gesamten Gesellschaft.«[43]

Inwiefern? Laut Veblen untergruben sie die Effizienzgewinne, von denen der ökonomische und soziale Fortschritt letztlich abhingen. »Der Schwerpunkt der kollektiven Interessen jeder modernen Gesellschaft«, schrieb Veblen, »liegt in der industriellen Leistungsfähigkeit«, und dieser sei am besten gedient mit »Ehrlichkeit, Fleiß, Friedfertigkeit, gutem Willen, Altruismus«. Doch der »räuberische Mensch« besitze diese produktiven Eigenschaften »in viel geringerem Grad, als für die Ziele des modernen kollektiven Lebens nötig ist«.[44] Deshalb vermindere die bloße Existenz der müßigen Klasse »die industrielle Leistungsfähigkeit der Gesellschaft und verzögert die Anpassung der menschlichen Natur an die Forderungen des modernen industriellen Lebens«.[45]

Wiederum nennt Veblen keine Namen, stellt aber klar, dass die »Industriekapitäne« – wie Unternehmer wie Carnegie und Rockefeller gelegentlich genannt wurden – der parasitären pekuniären Klasse angehörten, weil sie fernab vom Produktionsprozess agierten. Der Industriekapitän sei »eher verschlagen als erfindungsreich«, stellte Veblen fest, »und seine Führerstellung nimmt er eher im Reich der Finanzen als im Bereich der Produktion ein. Der Einfluss, den er auf diese ausübt, beschränkt sich meist darauf, dass er sie billigt. Die Ausführung der für Produktion und Organisation technisch wichtigen Einzelheiten überlässt er Untergebenen, die weniger ›praktisch‹ veranlagt sind, das heißt Männern, die mehr technisches als administratives Können besitzen.«[46]

Ob dieses beißende Porträt der neuen Plutokraten als Evangelium oder Satire oder eine Mischung aus beidem gemeint war, ließ Veblen offen. In der *Theorie der feinen Leute* nimmt er durchweg die Haltung eines Entomologen im weißen Kittel ein, der durch eine Lupe schaut und sorgfältig notiert, was er sieht. In einem Kapitel mit dem Titel »Archaische Züge der Gegenwart« erklärte er, dass die »Tendenz eines auf das Geld ausgerichteten Lebens« darin bestehe, »das barbarische Temperament zu bewahren, jedoch die Vorliebe für physische Aggressionen, die den frühen Barbaren kennzeichnete, durch Betrug, Klugheit und administrative Fähigkeiten zu ersetzen«. Doch obwohl die moderne Gesellschaft zumeist die »quasi-friedliche oder bürgerliche« Variante des barbarischen Temperaments an den Tag lege, besitze sie weiterhin in gewissem Maß auch »seine räuberische« Variante. Nach Veblens Ansicht war es ungewiss, »wie weit Schikanen und Intrigantentum die frühere Zerstörungslust verdrängt haben«. Aber er machte auch einige Charakterzüge aus, welche die Angehörigen der pekuniären Klasse mit den Taugenichtsen und Kriminellen, die sich am unteren Ende der sozialen Leiter mehr schlecht als recht durchschlugen, gemeinsam hatten: »Der ideale Finanzmann gleicht nämlich dem idealen Kriminellen insofern, als beide in skrupelloser Weise Güter und Personen für ihre eigenen Zwecke ausbeuten, die Gefühle und Wünsche anderer rücksichtslos missachten und für die Folgen ihrer Taten unempfindlich sind […].«[47] Anders gesagt, er ist ein Monster.

Die *Theorie der feinen Leute* stieß bei den Rezensenten auf ein gemischtes Echo. Ein orthodoxer Ökonom bezeichnete sie als »bösartig«; andere hielten sie für eine wertvolle Sozialstudie. Der linksgerichtete Soziologe Charles Henderson verärgerte Veblen damit, dass er ihn einen verkappten Sozialisten nannte. Die beiden wichtigsten Rezensionen stammten von dem bedeutenden Romancier und Literaturkritiker William Dean Howells und dem Harvard-Ökonomen John Cummings. Howells pries in der Zeitschrift *Literature* Veblens »kalten, wissenschaftlichen« Ansatz und fand, sein Buch biete Stoff für einen guten Roman.[48] Durch diese Rezension wurden viele Nichtökonomen auf Veblen, der bisher ein weithin unbekannter Akademiker gewesen war, aufmerksam. Die Rezension, die Veblen selbst am ernstesten nahm, war jedoch diejenige von Cummings, die in seinem eigenen *Journal of Political Economy* erschien. Für Cummings war die *Theorie der feinen Leute* ein »höchst origineller« Beitrag zur »allgemeinen soziologischen Theorie«. Aber er bezeichnete ihren Autor auch als »Meister spitzfindiger Dialektik« und stellte die beiden wichtigsten Elemente seines Buchs aus wirtschaftswissenschaftlicher Sicht infrage: die Theorie des Geltungskonsums und die des unproduktiven Geschäftsmanns.[49]

Cummings leugnete nicht, dass die Angehörigen der Plutokratie demonstrativ unglaublich teure Dinge erwarben. Wie hätte er das auch tun können? Aber er bezweifelte Veblens Unterstellung, dass diese Dinge an sich wertlos seien und ihre Wünschbarkeit allein in ihrem Trophäenwert bestehe. Viele kostspielige Dinge, wandte er ein, würden bei ihrer Herstellung eine Menge Arbeit erfordern, die zum Teil ihren hohen Preis erkläre: »Aus der Tatsache, dass Dinge von bleibendem Wert für gewöhnlich teuer sind, mag die Vorstellung abgeleitet worden sein, dass kostspielige Dinge bleibenden Wert besitzen, ohne dass das abschätzige Element in unser ästhetisches Urteil einfließt.«[50] In Bezug auf Veblens »Industriekapitäne« war Cummings der Ansicht, dass ihr hohes Einkommen den Wert der produktiven Dienste widerspiegle, die sie der Wirtschaft leisteten – und die allen nützten, auch den Arbeitern. »Der Anstieg der Löhne während des letzten Vierteljahrhunderts«, erklärte er, »ist zu einem beträchtlichen Teil, wenn nicht gänzlich, darauf zurückzuführen, dass die Allgemeinheit den Zuwachs von Produktion und Arbeitseffizienz, der sich aus Verbesserungen, Erfindungen und dem industriellen Genie einiger weniger ergeben hat, beschlagnahmt hat.« Großer Reichtum sei keineswegs ein Zeichen von Parasitismus und Raubtierhaftigkeit, sondern vielmehr »ein Beleg von ökonomischer Effizienz und Geschick bei der Wahrnehmung und Aneignung produktiverer Nutzungsmöglichkeiten von Arbeit und Umwelt«.[51]

Diese Verteidigung der pekuniären Klasse traf den Kern von Veblens Kritik an Kapitalismus und wirtschaftswissenschaftlicher Orthodoxie. Wie Charles Camic in seiner Biografie Veblens hervorhebt, wollte dieser mit der *Theorie der feinen Leute* in erster Linie die These erschüttern, das Einkommen der Reichen spiegle deren hohe Produktivität wider.[52] Im selben Jahr wie Veblen brachte auch John Bates Clark, sein Professor am Carleton College, ein Buch heraus, *The Distribution of Wealth*, in dem er die Auffassung vertrat, der Wettbewerb sorge dafür, dass das Niveau von Profiten und Zinsen in der Wirtschaft der »Grenzproduktivität« des Kapitals entspreche, so wie die Löhne der »Grenzproduktivität« der Arbeit entsprächen. Diese Theorie lief auf die Rechtfertigung der Ungleichheit hinaus, und viele amerikanische Ökonomen, einschließlich Cummings, übernahmen sie vorbehaltlos. »Reichtum ist das Produkt der Industrie«, befand er, »so gut wie möglich dem Wert der von ihnen jeweils ausgeführten Dienste gemäß aufgeteilt zwischen den Agenten seiner Produktion.« Die von Veblen gezogene Trennlinie zwischen einer produktiven industriellen Klasse und einer unproduktiven Geschäftsklasse sei »eine Unterscheidung, die in der Praxis nicht aufrechterhalten werden kann«.[53]

Veblen fühlte sich bemüßigt, auf Cummings' Rezension zu erwidern. Die erste Salve schoss er in einem Artikel in der nächsten Ausgabe des *Journal of Political Economy* ab, in dem er seine Unterscheidung zwischen industrieller und pekuniärer Beschäftigung verteidigte. Cummings' »Unvermögen, die Unterscheidung nachzuvollziehen, ändert nichts an ihrer Realität«.[54] Er erweiterte diese Argumentation in einer Abhandlung für eine Konferenz in Harvard, die er dann als schmales Buch mit dem Titel *The Captain of Industry and His Work* zu veröffentlichen versuchte. Im Sommer 1901 stellte er das Manuskript fertig, doch sein Verlag, Macmillan, lehnte es ab. Daraufhin arbeitete Veblen weitere zwei Jahre daran, bevor er es mit einem neuen Titel, *The Theory of Business Enterprise,* bei einem anderen Verlag, C. Scribner's Son, unterbrachte, der es im September 1904 veröffentlichte.[55]

Dem neuen Buch fehlte etwas vom Funkeln der *Theorie der feinen Leute*; dafür war es fokussierter und durch Fallstudien untermauert. Veblen stützte sich in großem Maß auf einen mehrbändigen Bericht der Industriekommission, die Präsident William McKinley 1898 einberufen hatte, um die Eisenbahnpreise, das breitere Thema der Monopolbildung und die Folgen der Einwanderung zu untersuchen. In der *Theory of Business Enterprise* wurde der Konsum, der demonstrative wie der sonstige, nur kurz erwähnt, was vielleicht der Grund war, weshalb das Buch weit weniger Aufmerksamkeit erregte als die *Theorie der feinen Leute.* Dennoch bleibt es eine wichtige Lektüre.

In der Frühzeit des industriellen Kapitalismus, schrieb Veblen, sei der individuelle Unternehmer der Werkstatt nahe geblieben und habe »die mechanischen Prozesse ebenso im Auge behalten wie die pekuniären Transaktionen« seines Unternehmens. Er habe ein Gespür für das »handwerkliche Können« besessen und sei auf die Qualität seiner Produkte stolz gewesen. Im Lauf der Zeit seien die Unternehmen jedoch größer und die Produktionsprozesse komplizierter geworden, und das Augenmerk des »Geschäftsmanns« habe sich »auf die aufmerksame Umverteilung von weniger einträglichen zu einträglicheren Unternehmungen und die strategische Kontrolle der Geschäftskonjunkturen durch geschickte Investitionen und Koalitionen mit anderen Geschäftsmännern« verlagert.[56] Die Finanzialisierung der Wirtschaft, fuhr Veblen fort, habe den Moralkodex, auf dessen Grundlage Unternehmen operierten, verändert: Der schnelle Gewinn sei zum Hauptziel geworden. Obwohl der einzelne Geschäftsmann sich »ein Gefühl für Gerechtigkeit, faires Handeln und Handwerkerehre« bewahrt haben mochte, bewirkten diese Werte lediglich »eine konventionelle Beschränkung des pekuniären Vorteils, nicht seine Aufhebung«. Ätzend fügte Veblen hinzu: »Immerhin besteht der Kodex der Geschäftsethik aus Abschwächungen der Maxime ›caveat emptor‹«, möge der Käufer sich in Acht nehmen.[57]

Um dies zu illustrieren, verwies Veblen auf das Beispiel der Konsolidierung der Eisenbahngesellschaften, die er als »ein Spiel« beschrieb, »in dem das von den Spielern angestrebte Ziel ihr eigener pekuniärer Ertrag ist und für das die industrielle Gebrauchstauglichkeit des Ergebnisses nur zufällig ist«. Die Praxis, den Wettbewerb auszuschalten, eine Monopolstellung aufzubauen und die Preise zu erhöhen, fuhr er fort, habe sich weit über die Eisenbahnen hinaus verbreitet. »Es ist zu bezweifeln«, erklärte er, »dass es auch nur eine einzige erfolgreiche Unternehmung im Bereich der modernen Industrie gibt, bei der das Monopolelement völlig fehlt. Auf jeden Fall gibt es nur wenige und keine von größerem Umfang. Und das Bestreben all dieser Unternehmen, die auf eine permanente Fortdauer ihres Geschäfts aus sind, ist es, sich so weit wie möglich ein Monopol zu sichern.«[58]

Diese Ausführungen über die Monopolisierung waren zeitgemäß, wenn auch nicht unbedingt bahnbrechend. 1904 war in *McClure's Magazine* Ida Tarbells berühmte Artikelserie über Standard Oil erschienen, und Präsident Theodore Roosevelt hatte ein

Wirtschaftsministerium geschaffen, in dem ein Bureau of Corporations damit betraut war, die Trusts zu untersuchen. Roosevelts Justizministerium hatte eine Klage mit dem Ziel eingereicht, Northern Securities, eine von J. P. Morgan und mehreren Eisenbahnbaronen gegründete Holding von drei großen Eisenbahngesellschaften, zu zerschlagen. Im März 1904 entschied der Oberste Gerichtshof im Sinne des Justizministeriums, wobei er Northern Securities als »illegalen Zusammenschluss zur Beschränkung des zwischenstaatlichen Handels« bezeichnete.[59]

Neu an Veblens Ausführungen über die Monopolbildung war, dass er sie nicht als Verirrung, sondern als natürliche Entwicklung des Industriekapitalismus ansah. Die Schaffung von Trusts und die förmliche Ausschaltung des Wettbewerbs waren, laut Veblen, jedoch nur ein Aspekt dieser Entwicklung. Andere Aspekte waren der Aufstieg der Werbung und die Schaffung von Marken, die ein »Monopol von Gewohnheit und Prestige« genossen und daher Höchstpreise erzielen konnten. Das Geld, das Unternehmen für Werbung ausgaben, betonte Veblen, »fügt nichts zur Gebrauchstüchtigkeit der Produkte hinzu, es sei denn zufällig und unbeabsichtigt«. Es dient der Verkaufsanstrengung, »die dem Verkäufer nutzt, aber für den Endkäufer keinen Nutzen hat«. Für Werbung ausgegebenes Geld sei daher eine »verschwenderische« Ausgabe und Werbung ein »parasitärer« Wirtschaftszweig.[60]

Ein anderer Wirtschaftssektor, den Veblen mit großer Skepsis betrachtete, war die Finanzwirtschaft. In Adam Smiths Zeit, erinnerte er seine Leser, habe sich der Begriff »Kapital« auf den Bestand an Maschinen, Ausrüstungen und Rohstoffen, die bei der Produktion verwendet wurden, bezogen. Im Zeitalter von weitgespannten Partnerschaften, Aktiengesellschaften und Holdings, denen viele unterschiedliche Unternehmen gehörten, verstünden die Angehörigen der Geschäftsklasse unter Kapital das von Unternehmen ausgegebene Finanzkapital – Aktien, Anleihen, Schuldverschreibungen und so weiter –, dessen Wert auf Finanzmärkten bestimmt werde. Während der einzelne Unternehmer den produktivsten Nutzen aus seinem physischen Kapital zu schlagen versuche, bestehe das Hauptziel der korporativen oder pekuniären Kapitalisten darin, den Wert des Finanzkapitals ihrer Firmen zu maximieren.

Die Ereignisse haben diese Analyse bestätigt. Im Februar 1901 schuf J.P. Morgan durch die Fusion von Andrew Carnegies nach ihm benanntem Unternehmen aus Pittsburgh mit Elbert H. Garys National Steel Company aus Chicago und einigen anderen Metallfirmen zu US Steel einen Giganten mit 168 000 Beschäftigten und Produktionsstätten in über einem Dutzend Bundesstaaten. Die Zentrale des neuen Konzerns befand sich am unteren Broadway, unweit der Wall Street. Bei seiner Gründung gab der Konzern Stammaktien im Wert von 508 Millionen Dollar, Vorzugsaktien im Wert von 510 Millionen Dollar und Obligationen im Wert von 391 Millionen Dollar aus, was einen Gesamtwert von 1,4 Milliarden Dollar ergab. Der Buchwert der zugrunde liegenden Anlagegüter – seiner Stahlhütten, Walzwerke und so weiter – war nur halb so groß. Am 1. April 1901 begann an der New Yorker Börse der Handel mit US-Steel-Aktien.

Veblen führte die Gründung von US Steel als Beispiel dafür an, wie Unternehmen durch Zusammenschlüsse ihren Marktwert weit über den realen Wirtschaftswert ihrer zugrunde liegenden Anlagegüter steigern können. Dieser überschüssige Wert wurde »Goodwill«, Geschäftswert, genannt. »Auf diesem höheren Niveau des Unternehmertums«, bemerkte Veblen beißend, habe der Geschäftswert »eine gewisse Unerschöpflichkeit, so dass seine Nutzung und Kapitalisierung in einem Unternehmen andere Unternehmen nicht hindern muss, und in der Tat nicht hindert, ihn zu nutzen und zu kapitalisieren, oder das Ausmaß verringert, in dem sie es tun«.[61] Auch auf einen anderen Finanztrick, mit dem Unternehmensinsider sich bereicherten, wies Veblen hin: die Rekapitalisierung durch die Ausgabe beziehungsweise Tilgung großer Aktien- oder Obligationspakete, manchmal im Zusammenhang mit einer Fusion, aber häufig auch um ihrer selbst willen. Dieser

Handel mit verkäuflichem Kapital, betonte Veblen, »ist der zentrale und dominante Faktor in der modernen Welt von Geschäft und Industrie«.[62]

Seine Darstellung der neuen finanzialisierten, »trustifizierten« US-Wirtschaft und der Männer an ihrer Spitze hätte kaum düsterer sein können. Während Ökonomen wie Cummings den Größenvorteil und andere Effizienzsteigerungen, die Industriegiganten und Aktiengesellschaften ermöglichten, anführten, porträtierte er ihre Schöpfer als Rentiers, die der Wirtschaft große Reichtümer entzogen, ohne einen entsprechenden Beitrag zur Produktivität zu leisten. Wie Adam Smith hob er hervor, dass die Aktiengesellschaft wesensmäßig Interessenkonflikte und Missbrauch fördere. Da die Manager weit mehr über ihre Unternehmen wüssten als außenstehende Aktionäre, schrieb Veblen, könnten sie mit »bekannten und für diesen Zweck bewährten Mitteln« leicht »eine Diskrepanz zwischen der mutmaßlichen und der aktuellen Einnahmekapazität« herbeiführen. »Teil- sowie Fehlinformationen, klug zu einem kritischen Zeitpunkt weitergegeben«, fuhr er fort, »können viel dazu beitragen, eine günstige vorübergehende Diskrepanz dieser Art zu erzeugen und die Manager so in die Lage zu versetzen, die Wertpapiere des Unternehmens zu ihrem Vorteil zu kaufen oder zu verkaufen.«[63] Angesichts eines möglichen schnellen Gewinns hätten Manager, laut Veblen, sogar ein Interesse daran, wirtschaftliche Störungen hervorzurufen, von denen sie profitieren konnten, etwa, indem sie Vermögenswerte von Konkurrenzunternehmen billig aufkauften.

1921, als Veblen alt und berühmt war, sollte er die Aktivitäten der pekuniären Klasse in seinem Buch *The Engineers and the Price System* als »Sabotage« bezeichnen. In der *Theory of Business Enterprise* war seine Sprache weniger aufgeladen, meinte aber dasselbe. Sobald das Kapital als Finanzkapital verstanden werde, erklärte er, sei es »unvermeidlich«, dass »die Geschäftsleute, in deren Händen die Leitung liegt, gegeneinander arbeiten und die Industrie zu stören versuchen«. Tatsächlich habe »diese Schicht von Geschäftsleuten […] ein Interesse daran, die Störungen des Systems zu vergrößern und häufig auftreten zu lassen, da ihre Gewinne aus den Konjunkturen des Wandels stammen«.[64] In einem System, fügte Veblen hinzu, in dem »die materiellen Prozesse der Industrie […] von Männern kontrolliert werden, deren Interesse um die Steigerung des Werts der immateriellen Vermögenswerte kreist«, träten Probleme dieser Art zwangsläufig auf.[65]

Als die *Theory of Business Enterprise* erschien, war Veblen 46 Jahre alt und immer noch untergeordneter Assistenzprofessor. Mit seinem ersten Buch hatte er öffentliche Aufmerksamkeit erregt, aber in Fachkreisen war er nach wie vor ein Außenseiter, der von manchen sogar als Sozialist verdächtigt wurde. Sein persönliches Leben blieb kompliziert. 1906 ging er von Chicago nach Stanford, wo ihm eine Beförderung in Aussicht gestellt worden war, aber sein Ruf als Schürzenjäger folgte ihm nach Westen. In Palo Alto ging er weitere außereheliche Affären ein, und 1909 zwang ihn die Universität, zu kündigen. (Zwei Jahre später ließ sich seine Frau schließlich von ihm scheiden.) Es fiel ihm schwer, eine neue akademische Stelle zu finden, und letztendlich nahm er eine Stelle als Dozent an der weniger ehrwürdigen University of Missouri in Columbia an.

Dort blieb er sieben Jahre, in denen er weiter fleißig über neue und alte Themen schrieb. An H. L. Menckens Kritik, dass Veblen sich oft wiederhole, war etwas dran, aber seine Themen waren zeitlos. Das letzte Kapitel der *Theory of Business Enterprise* war dem »Natürlichen Verfall von Unternehmen« gewidmet, den er mit deren expansionistischer und kriegerischer Tendenz verband. »Geschäftsinteressen drängen auf eine aggressive nationale Politik«, stellte er fest, »und Geschäftsleute steuern sie.«[66]

Seit dem Spanisch-Amerikanischen Krieg von 1898 gerierten sich die Vereinigten Staaten offen als imperiale Macht mit Ambitionen in der Karibik, in Lateinamerika und im Pazifik. Die Geschäftswelt unterstützte diese Politik aus Veblens Sicht, weil sie die »Begeisterung der Geschäftsleute der Nation für kommerzielle Vergrößerung« widerspiegelte. Mit dieser Einstellung gingen sie einen faustischen Pakt mit militaristischen und absolutistischen Kräften ein. Selbst wenn die »Politik kriegerischer Unternehmungen aus geschäftlichen Gründen betrieben« werde, bestehe die Tendenz, dass die Initiative »sich von den Geschäftsinteressen zu den kriegerischen und dynastischen Interessen verschiebt, wofür die Geschichte des Imperialismus in Deutschland und England ein Beispiel gibt«. Und diese Entwicklung könne »leicht so weit gehen, dass die Profite von Geschäftsleuten den Zwängen der höheren Politik geopfert werden«, was letztendlich zum »Niedergang der Wirtschaftsunternehmen selbst« führe. Veblen sagte nicht, dass dieses katastrophale Ergebnis unausweichlich sei, sondern verwies auf mächtige gegenläufige Interessen. Das letztendliche Resultat sei »eine Art blinde Vermutung«.[67] Doch trotz aller Einschränkungen lief Veblens Argumentation darauf hinaus, dass der Triumph der pekuniären Werte der Vorbote einer Rückkehr zur Barbarei sein konnte. Ein Jahrzehnt nachdem er diese Warnung ausgesprochen hatte, stürzten sich die westlichen kapitalistischen Länder in die Hölle des Ersten Weltkriegs.

12

»Eine besonders rohe Form des Kapitalismus«

John Hobsons Theorie des Imperialismus

Im Sommer und Herbst 1899 besuchte der 40-jährige englische Ökonom und Autor John Atkinson Hobson im Auftrag des liberalen, von dem legendären C. P. Scott herausgegebenen *Manchester Guardian* Südafrika. Obwohl Hobson mehrere Wirtschaftsbücher und eine Biografie des viktorianischen Kunstkritikers und Universalgelehrten John Ruskin geschrieben hatte, war er dem breiteren britischen Publikum kaum bekannt. 1898 hatte er in der anspruchsvollen Zeitschrift *Contemporary Review* einen Aufsatz veröffentlicht, in dem er die Argumente von Imperialisten wie dem britischen Kolonialminister Joseph Chamberlain und dem in England geborenen südafrikanischen Politiker und Bergbaumagnaten Cecil Rhodes zerpflückte. Nach deren Ansicht war die weitere Expansion des bereits riesigen britischen Kolonialreichs der beste Weg, Märkte für britische Waren und Arbeitsplätze für britische Arbeiter zu schaffen.[1] »Ich habe immer gesagt«, hatte Rhodes einige Jahre zuvor erklärt, nachdem er im Londoner Westend an einer Versammlung von Arbeitslosen teilgenommen hatte, »dass es sich beim Empire um eine Brot-und-Butter-Frage handelt. Wenn man einen Bürgerkrieg vermeiden will, muss man Imperialist werden.«[2] Hobson verwarf dieses Argument nun als Schimäre. Um den Handel zu fördern, schrieb er, bedürfe es keiner territorialen Eroberungen. Die Ursache für die mangelnde Nachfrage nach britischen Produkten sei hausgemacht: Sie bestehe in der ungleichen Einkommensverteilung, welche die Kaufkraft der Massen begrenze.[3]

Hobsons ökonomische Kapitalismuskritik zog die Aufmerksamkeit des bekannten liberalen Philosophen und Leitartiklers des *Manchester Guardian* L. T. Hobhouse auf sich. Auf seine Anregung hin hatte Scott Hobson nach Südafrika geschickt, das sich am Rand eines Kriegs zwischen rivalisierenden Kolonialgebieten zu befinden schien: der britischen Kapkolonie, deren Premierminister Rhodes von 1890 bis 1896 gewesen war, einerseits und zwei kleinen Republiken, dem Oranje-Freistaat und dem Transvaal, die niederländische Siedler, die sogenannten Buren oder Afrikaaner, früher im 19. Jahrhundert nach ihrer Flucht vor der britischen Herrschaft in der Kapkolonie gegründet hatten, andererseits. Zwischen den britischen und den niederländischen Gebieten hatte es seit Jahrzehnten Spannungen gegeben, aber die Hauptursache für die Kriegsangst war Gold, das man in Witwatersrand (kurz Rand genannt) im Transvaal in großer Menge entdeckt hatte. Rhodes und andere Bergbaumagnaten und Finanziers – die Randlords, wie sie zusammengenommen genannt wurden – waren entschlossen, die Goldabbaugebiete unter ihre Kontrolle zu bringen. Unter der Führung von Paul Krüger, dem Präsidenten des Transvaal, leisteten die niederländischen Kolonisten ihnen jedoch erbitterten Widerstand.

Zu Hobsons Freude hatte Scott Hobhouses Vorschlag, ihn als Korrespondenten einzustellen, angenommen. »Obwohl ich keine Erfahrung mit der Zeitungsarbeit hatte«, schrieb er Jahre später, »ergriff ich die Gelegenheit, die Funktionsweise des Imperialismus aus nächster Nähe zu beobachten.«[4] Als er in Kapstadt eintraf, marschierten britische Truppen gerade im Norden an der Grenze zu den Burenrepubliken auf. Kämpfe schienen unmittelbar bevorzustehen. Kurz nach seiner Ankunft begab sich Hobson zum historischen Gut Groote Schuur, das die niederländische Ostindien-Kompanie im 17. Jahrhundert gebaut hatte, als sie das Kap als Zwischenstation auf ihren Handelsrouten nach Asien nutzte. Rhodes hatte das Gut gepachtet und empfing auf ihm seine Gäste. Seit er 1870 als kränklicher 17-jähriger Sohn eines niederen Geistlichen der Kirche von England in Südafrika eingetroffen war, hatte er ein riesiges Vermögen angehäuft. Nachdem er in den Diamantenhandel im Norden der Kapkolonie, wo die Edelsteine 1868 entdeckt worden waren, eingestiegen war, hatte er mithilfe der Rothschild-Bank das größte Diamantenunternehmen der Welt geschaffen: De Beers. Danach war er als skrupelloser Imperialist mit dem Ehrgeiz, die britische Kolonialherrschaft von Kapstadt bis nach Kairo auszudehnen, in die Politik eingetreten.[5]

Als Premierminister der Kapkolonie führte Rhodes Gesetze ein, die noch mehr Afrikaner von ihrem Land vertrieben und ihnen das Wahlrecht nahmen. In Stammesgebieten, die heute zu Simbabwe gehören, erhielt er für seine British South Africa Company unschätzbare Bergbaulizenzen. Doch die Buren hatten sich seiner Kontrolle über das Land widersetzt. 1895 entsandte er unter dem Vorwand, die Rechte in den Burenrepubliken lebender ausländischer Arbeiter, der sogenannten Uitlander, zu schützen, Hunderte bewaffnete Polizisten in den Transvaal, um einen Aufstand zu provozieren. Der Jameson Raid, wie die Aktion genannt werden sollte, scheiterte schmählich und kostete Rhodes das Amt des Premierministers. Aber er und die anderen Randlords gaben ihre Absicht, die Buren zu besiegen und ihre Territorien zu annektieren, nicht auf. Darüber hinaus wurden sie von hohen britischen Beamten wie Alfred Milner, dem Gouverneur der Kapkolonie, und Kolonialminister Joseph Chamberlain begeistert unterstützt.

Als zu Gast im Land weilender Journalist konnte Hobson mit vielen der Hauptakteure am Kap sprechen, einschließlich Milner, der ihm erklärte, dass militärisches Handeln notwendig werden könne, um »die Herrschaft des Afrikaanertums zu brechen«. Er besuchte auch die Burenrepubliken, wo er feststellte, dass die Bedrohung der Uitlander »gewaltig übertrieben« wurde. Während seines Besuchs von Groote Schuur hatte Rhodes Zweifel daran geäußert, dass die zahlenmäßig unterlegenen Buren einer britischen Invasion aktiv Widerstand leisten würden.[6] Diese Voraussage sollte sich als großer Irrtum herausstellen.

Der Krieg, der im Oktober 1899 begann, dauerte zweieinhalb Jahre und kostete über 50000 Menschen das Leben – Niederländer, Afrikaner und Briten. Nachdem die Buren zur Guerillakriegführung übergegangen waren, sperrten die Briten ihre Familien und viele native Afrikaner in miserabel gebaute Internierungslager, in denen Zehntausende an Krankheiten und Unterernährung starben. Kurz nach Ausbruch der Kämpfe kehrte Hobson ins sichere England zurück, wo er eine Reihe von Artikeln veröffentlichte, in denen er den Randlords, imperialistischen britischen Beamten und einer chauvinistischen Presse die Schuld an dem Konflikt gab. »Die Lektion, die ich aus dieser Erfahrung gelernt habe«, schrieb er später, »war die beherrschende Macht einer besonders groben Form des Kapitalismus, wenn er auf einem verworrenen politischen Feld agiert. Es wurde deutlich, dass die Kapitalisten des Rand geradewegs den Krieg geplant und die britische Presse von Südafrika als Instrument benutzt hatten, um die Kriegsstimmung in England zu entfachen.«[7]

Wie die Geschichte von Groote Schuur illustriert, war der vom Kommerz angetriebene europäische Kolonialismus in Afrika und Asien nicht neu. In einem Brief an Lord Rothschild, seinen Hauptfinanzier, bezeichnete Rhodes selbst De Beers als eine »weitere Ostindien-Kompanie«.[8] Anders am Imperialismus des späten 19. Jahrhunderts waren sein Ausmaß und Tempo sowie der unverhüllte Rassismus, mit dem er gerechtfertigt wurde. (»Ich behaupte, dass wir die vortrefflichste Rasse der Welt sind und es für die Menschheit umso besser ist, je mehr der Welt wir bewohnen«, schrieb Rhodes 1877.)[9] 1870 waren rund 10 Prozent Afrikas europäisch besetzt. 30 Jahre später, nach dem monumentalen Landraub, den Historiker »Wettlauf um Afrika« nennen, waren nur noch rund 10 Prozent Afrikas *nicht* besetzt. In rascher Abfolge hatten vier europäische Mächte – Großbritannien, Frankreich, Deutschland und Italien – ihre Besitzungen auf dem Kontinent erheblich ausgedehnt und Territorien gebildet mit Namen wie Anglo-Ägyptischer Sudan, Französisch-Westafrika, Deutsch-Südwestafrika, Italienisch-Somaliland und Belgisch-Kongo. Die imperialistische Woge erfasste auch Asien und Amerika. Unter Einsatz der Macht ihrer neuen Schlachtschiffe und des Maxim-Maschinengewehrs dehnten die Briten ihre Besitzungen auf der Malaiischen Halbinsel und im Pazifik aus, Frankreich kolonisierte einen großen Teil Indochinas, Deutschland besetzte Teile Neuguineas und Dutzende nahe gelegene Inseln im Pazifik, Russland und Japan fielen in China ein, und nach dem Spanisch-Amerikanischen Krieg von 1898 annektierten die Vereinigten Staaten die Philippinen, Guam und Puerto Rico und besetzten vorübergehend Kuba.

Unter allen liberalen Denkern, die sich mit dieser Entwicklung beschäftigten, dürfte Hobson der wichtigste gewesen sein. Er wurde 1858 in Derby geboren, einer alten Marktstadt in den englischen Midlands, die im Zuge der industriellen Revolution zu einem Zentrum der Produktion von Baumwolltextilien und anderer Güter geworden waren. Sein Vater war der fromme Besitzer einer Lokalzeitung, der an Frieden, Wohlstand und Fortschritt glaubte, und sein Sohn trat keineswegs als Radikaler auf den Plan. »Geboren und aufgewachsen in der mittleren Schicht der Mittelklasse in einer mittelgroßen Industriestadt in den Midlands«, erinnerte er sich in seinen Memoiren, »hatte ich alle Voraussetzungen, um selbstzufrieden die existierende Gesellschaftsordnung hinzunehmen. Nirgends gab es Stillstand, sondern überall schrittweise Verbesserung des Lebensstandards, der Arbeitsbedingungen und des Verhaltens der meisten Schichten.«[10] Hobsons Oberschule bot keinen Ökonomieunterricht an, aber er belegte einen Anfängerkurs des Cambridge University Extension Movement, der sich unter anderem mit Adam Smith und John Stuart Mill beschäftigte. Nach der Schule besuchte er das Lincoln College in Oxford, an dem er einen Abschluss in Altphilologie machte und gelegentlich an politischen Debatten der Oxford Union Society teilnahm, in denen er, seiner eigenen Aussage zufolge, nichts hörte, was seine »selbstzufriedene Akzeptanz der wohltätigen, gerechten Funktionsweise der Gesetze von Angebot und Nachfrage in ihrer Laissez-faire-Umgebung« gestört hätte.[11]

Nachdem er die Universität verlassen hatte und Lehrer in Exeter geworden war, begann sich seine Einstellung zu ändern. Er lernte nicht nur seine spätere Frau kennen, die amerikanische Schriftstellerin Florence Edgar, sondern auch den bekannten Bergsteiger und Geschäftsmann Albert Mummery, der sich für die Wirtschaftswissenschaft interessierte und sich, laut Hobson, durch »eine feine Missachtung geistiger Autoritäten« auszeichnete.[12] Eine der orthodoxen Auffassungen, die Mummery infrage stellte, war der Gedanke, Sparen – der verweigerte Konsum – sei der Schlüssel zum Wohlstand. Nach seiner Ansicht war übermäßiges Sparen im Gegenteil die Ursache der anhaltenden Deflation und Misere, von denen Großbritannien und andere westliche Länder seit der großen Finanzpanik von 1873 erfasst worden waren. In diesem ökonomischen Umfeld hatte Henry Georges *Fortschritt und Armut* in England Furore gemacht, aber Hobson fand dessen Argumentation nicht überzeugend. Indem sie sich »auf eine einzige Form des unverdienten Reichtums konzentrieren« – den Grund und Boden –, könnten ihre Anhänger den »weiter gehenden Forderungen des Sozialismus ausweichen und sie verdrängen«.[13]

Hobsons Meinung nach waren die von der Industrialisierung verursachten Probleme anders zu erklären, insbesondere Arbeitslosigkeit und Armut, die dank des Sozialforschers Charles Booth und anderer in England einige Aufmerksamkeit auf sich zogen. Mummery führte diese Defizite auf übermäßiges Sparen der Reichen zurück. »Lange Zeit«, schrieb Hobson später, »habe ich versucht, mit orthodoxen ökonomischen Waffen seinen Argumenten entgegenzutreten. Aber auf die Dauer überzeugte er mich, und ich führte mit ihm zusammen das Argument des übermäßigen Sparens in einem 1889 erschienenen Buch mit dem Titel *The Physiology of Industry* näher aus.«[14]

In diesem Buch warfen die beiden Autoren den orthodoxen Ökonomen vor, sie hätten einen Fehler begangen, indem sie sich hauptsächlich auf die Produktivität der Wirtschaft konzentrierten. Aus dieser Perspektive, räumten sie ein, erscheine das Sparen in großem Umfang als notwendig, weil es die Mittel beschaffe, die man für Investitionen in Fabriken, Maschinen und andere Kapitalanlagen benötige. Aber Sparsamkeit und Kapital, fuhren sie fort, seien nur insoweit nützlich, als sie die Produktion von Gütern ermöglichten, welche die Menschen kaufen wollten und für deren Kauf sie die nötigen Mittel besäßen. Seien diese Bedingungen nicht erfüllt, könne ein hohes Sparniveau »eine Akkumulation von Kapital bewirken, die über das für die Nutzung benötigte Maß hinausgeht, und dieses Übermaß wird die Form einer allgemeinen Überproduktion annehmen«, die wiederum »Arbeiter arbeitslos macht, die Löhne drückt und in der Geschäftswelt jene Düsternis und Niedergeschlagenheit verbreitet, die man als Handelsdepression kennt; kurz, die erfüllte Liebe zum Geld ist die Ursache aller ökonomischen Übel«.[15]

Indem sie übermäßiges Sparen als chronischen Fehler des Kapitalismus identifizierten, vertraten Mummery und Hobson im Grunde dasselbe Argument wie John Maynard Keynes, der 40 Jahre später schrieb: »Man sollte sich jedoch darüber klar sein, dass der bloße Konsumverzicht als solcher nicht genügt, um Städte zu bauen und Sümpfe auszutrocknen.«[16] Dieses »Sparparadoxon«, wie man es heute nennt, bildet ein Hauptelement der keynesianischen Ökonomie und taucht in vielen Lehrbüchern auf. 1889 war die Sorge über eine allgemeine Überproduktion und übermäßiges Sparen jedoch weitgehend auf Marxisten und einige wenige Anhänger Sismondis, des Schweizer Dissidenten vom Anfang des 19. Jahrhunderts, und seines britischen Pendants Thomas Malthus beschränkt. Die meisten Ökonomen glaubten fest an Says Gesetz, nach dem eine Güterschwemme unmöglich sei, weil die Preise, sobald das Angebot die Nachfrage übersteige, sinken würden, bis die Lücke zwischen beiden beseitigt sei. Das Angebot würde also seine eigene Nachfrage schaffen, und übermäßiges Sparen wäre kein Problem. Hobson und Mummery drehten diese Logik um: »Im normalen Zustand der modernen Industriegesellschaften begrenzt der Konsum die Produktion und nicht die Produktion den Konsum.«[17]

The Physiology of Industry fand nicht viele Leser, hatte allerdings zur Folge, dass Hobson praktisch aus der Profession der Ökonomen ausgeschlossen wurde. Als das Buch erschien, war er nach London umgezogen, wo er sich um eine Stelle als Dozent für Universitätskurse, die sich an berufstätige Erwachsene richteten, bewarb. Doch seine Bewerbung wurde auf Anraten eines Wirtschaftsprofessors abgelehnt, der die *Physiology* gelesen hatte und der Meinung war, wie Hobson es ausdrückte, »sie käme, was die Rationalität betraf, einem Versuch gleich, die Flachheit der Erde zu beweisen«.[18] Obwohl er weiterhin Zusatzkurse an der University of Oxford gab, sollte ihm nie ein regulärer akademischer Posten angeboten werden.

Er ließ sich jedoch nicht beirren und veröffentlichte, auf Regierungsberichte und Charles Booths eingehende Studie über das Leben der Arbeiterklasse in London gestützt, ein zweites Buch: *Problems of Poverty: An Inquiry into the Industrial Condition of the Poor.* Es war eine kurze Schrift mit recht engem Fokus. Im Gegensatz dazu war Hobsons drittes Buch, *The Evolution of Modern Capitalism. A Study of Machine Production*, das 1894 erschien, ein umfangreicher Band in der Tradition von Marx' *Kapital.* Wie Marx hob Hobson die Rolle des technischen Fortschritts in der Entwicklung des Kapitalismus hervor. Außerdem lenkte er die Aufmerksamkeit auf die Monotonie der Fabrikarbeit. Das Ziel einer fortschrittlichen Gesellschaft, erklärte er, sollte »nicht die Abschaffung der Maschinen, sondern die Verringerung der Maschinenbedienung sein, was die ständige Vervollkommnung der Maschinen erfordert, damit die Künste einen größeren Teil der menschlichen Anstrengung beanspruchen können«.[19]

Zu diesem Zeitpunkt hatte Hobson begonnen, sich in intellektuellen Kreisen in London einen Namen zu machen. Er verkehrte mit Sozialisten fabianistischer, christlicher und marxistischer Couleur, rechnete sich selbst aber keiner dieser Gruppen zu.[20] Als er die erste britische Ausgabe des *Kapitals* las, die 1887 erschien, war er von der Arbeitswerttheorie und einer »hegelschen Dialektik« abgestoßen, »die ein leeres intellektuelles Paradox benutzt, um einem ziemlich verständlichen historischen Prozess einen Hauch von Mystizismus zu verleihen«.[21] Wie viele andere liberale Intellektuelle seiner Zeit suchte Hobson nach einem Mittelweg zwischen Sozialismus und den alten individualistischen Lehren. Von 1896 bis 1898 war er mit der Zeitschrift *The Progressive Review* verbunden, deren Autorenspektrum von dem liberalen Politiker Herbert Samuel bis zu dem unabhängigen Sozialisten (und künftigen Gründer der Labour Party) Keir Hardie reichte. Außerdem war er, trotz seiner religiösen Erziehung, aktives Mitglied der Londoner Ethical Society, einem britischen Ableger der New Yorker Society for Ethical Culture, die sich dem säkularen Humanismus und der Verbesserung der Lebensbedingungen der Armen verschrieben hatte.[22]

Hobson sah sein Hauptziel darin, die Wirtschaftswissenschaft zu humanisieren und über trockene Abstraktionen hinauszubringen. Wie George und Veblen betonte er die Bedeutung von Institutionen und der Vereinnahmung des Staats durch private Interessen. Als die Machenschaften von Rhodes und anderen einen Krieg in Südafrika unvermeidlich zu machen schienen, wurde er in die politische Debatte über den Imperialismus hineingezogen, die die Liberale Partei in zwei einander feindlich gegenüberstehende Lager gespalten hatte, den alten, gladstonischen Flügel auf der antiimperialistischen und Joseph Chamberlains Liberale Unionisten auf der anderen Seite. 1895 war Chamberlain eine Regierungskoalition mit Salisburys Konservativen eingegangen, was ihm den Posten des Kolonialministers eintrug, als der er sich dafür einsetzte, das weit gespannte Britische Empire in eine förmliche Föderation umzuwandeln und den Freihandel zugunsten imperialen Schutzes aufzugeben. Fest auf Rhodes' Seite stehend, unterstützte er den Jameson Raid und sorgte später für die britische Beteiligung am Burenkrieg.

Hobson war über diese Politik entsetzt. Nachdem er aus Südafrika zurückgekehrt war und seine im *Guardian* erschienene Artikelserie als kurzes Buch über die Hintergründe des Krieges herausgegeben hatte, begann er, an einer umfassenderen Studie über den Imperialismus und seine wirtschaftlichen Wurzeln zu arbeiten.

Der Imperialismus erschien 1902 in London, nur wenige Monate nach dem Ende des Burenkriegs. »Diejenigen Leser«, erklärte Hobson im Vorwort, »nach deren Meinung ein wohlausgewogenes Urteil darin besteht, stets genauso viel zugunsten irgendeines politischen Kurses zu sagen wie gegen ihn, wird diese Darstellung nicht befriedigen.« Denn sein Buch sei »entschieden eine Studie über Sozialpathologie, und es wird kein Versuch unternommen, die Natur der Krankheit zu verschleiern«.[23] Nach dieser Warnung nahm er die Behauptung von Rhodes und anderen Imperialisten aufs Korn, neu erworbene koloniale Märkte in Afrika und anderen Weltgegenden seien für die britische Wirtschaft von lebenswichtiger Bedeutung. In Wirklichkeit, wandte er ein, sei der Handel »mit unseren tropischen und subtropischen Regionen [...] minimal, unstabil und ohne Vorwärtsentwicklung«.[24] (Hobson bezog sich auf Territorien wie Nigeria, Aschanti [Ghana], Ägypten und Kenia.) Am schnellsten gewachsen sei der britische Handel im selben Zeitraum mit anderen entwickelten Ländern, wie Frankreich, Deutschland und den Vereinigten Staaten, und alten, sich selbst regierenden Kolonien wie Australien und Kanada. Daraus folgerte Hobson, »dass der Imperialismus der letzten drei Jahrzehnte als Wirtschaftspolitik dadurch eindeutig verurteilt ist, dass er unter enormen Kosten einen geringfügigen, unguten, unsicheren Zuwachs an Märkten verschafft und zugleich den gesamten Reichtum der Nation in Gefahr gebracht hat, indem er bei den anderen Nationen ein starkes Ressentiment hervorrief«.[25]

Diese Passage ist ein Nachhall von Adam Smiths Kritik des Kolonialismus in *Der Wohlstand der Nationen*. Außerdem warf sie erneut die Frage auf, wie es dazu gekommen war, dass die britische Regierung sich auf derart viele imperialistische Unternehmungen eingelassen hatte. »Die einzig mögliche Antwort«, befand Hobson, »lautet, dass die geschäftlichen Interessen der Nation als Ganzes denen gewisser Sondergruppen untergeordnet sind, die sich die Kontrolle über die Hilfsquellen des Landes verschaffen und sie für ihren privaten Nutzen ausbeuten.« Dies sei »keine sonderbare oder monströse Anklage; es ist die allergewöhnlichste Krankheit aller Regierungsformen. Die berühmten Worte von Sir Thomas More sind heute noch genauso wahr wie zu der Zeit, als sie von ihm niedergeschrieben wurden: ›Überall sehe ich eine gewisse Konspiration von reichen Leuten, die im Namen und unter dem Vorwand des Gemeinwohls ihren eigenen Vorteil suchen.‹«[26]

Zu den offensichtlichen Nutznießern des Imperialismus zählte Hobson Waffenproduzenten, Schiffsbauer, Schifffahrtsgesellschaften und Militärangehörige. »Diese Männer sind Imperialisten aus Überzeugung«, erklärte er, »eine unternehmungslustige Außenpolitik ist gut für sie.« Auch die »Großproduzenten für den Exporthandel« zählte er zu den Profiteuren. Trotz der geringen Größe der neuen Kolonialmärkte seien »Manchester, Sheffield, Birmingham – um drei repräsentative Orte zu nennen – [...] voll von Firmen, die sich gegenseitig Konkurrenz machen, um Textilien und Metallwaren, Dampfmaschinen, Werkzeuge, sonstige Maschinerie, geistige Getränke und Geschütze auf den neuen Märkten abzusetzen«.[27] Zusammengenommen bildeten diese kommerziellen Interessen Hobson zufolge eine beachtliche imperialistische Lobby, deren Einfluss auf die Regierungspolitik jedoch von demjenigen einer anderen Gruppe deutlich übertroffen wurde: der Finanzkapitalisten aus der City of London und von anderswo. »Bei weitem der wichtigste wirtschaftliche Faktor im Imperialismus ist der mit den Investitionen zusammenhängende Einfluss«, unterstrich Hobson. »Der zunehmende Kosmopolitismus des Kapitals ist das bedeutendste neue Phänomen auf ökonomischem Gebiet in der letzten Generation. Jede fortgeschrittene Industrienation zeigt die Tendenz, einen größeren Anteil ihres Kapitals außerhalb ihrer eigenen politischen Grenzen, in fremden Ländern oder in Kolonien anzulegen und aus dieser Quelle ein steigendes Einkommen zu beziehen.«[28]

Auf Einkommensteuerdaten und Schätzungen des irischen Journalisten und Statistikers Michael George Mulhall gestützt, verwies Hobson darauf, dass die britischen Auslandsinvestitionen sich zwischen 1862 und 1893 mehr als verzehnfacht und die jährlichen Einnahmen aus ihnen sich zwischen 1884 und 1900 nahezu verdoppelt hatten.[29] Diese Entwicklung hatte seiner Ansicht nach nicht nur den Charakter des britischen Kapitalismus, sondern auch die britische Außenpolitik verändert:

> »Es ist nicht zu viel gesagt, wenn man behauptet, dass die moderne Außenpolitik Großbritanniens an erster Stelle ein Kampf um gewinnbringende Investierungsmärkte ist. In einem alljährlich steigenden Ausmaß wird Großbritannien ein Land, das von Tribut aus dem Ausland lebt, und die Klassen, die diesen Tribut genießen, haben einen ständig zunehmenden Anreiz, die öffentliche Politik, die öffentliche Geldbörse und die öffentliche Gewalt zu benutzen, um das Feld ihrer privaten Kapitalanlagen auszudehnen und ihre bestehenden Anlagen abzuschirmen und zu verbessern. Dies ist vielleicht das wichtigste Faktum in der modernen Politik, und das Dunkel, in das es gehüllt wird, bildet die ernsteste Gefahr für unseren Staat.«[30]

Auch hierin hallt Adam Smiths Kritik an der Ostindien-Kompanie und anderen staatlich anerkannten Monopolen nach. Aber Hobson führte das Argument der Vereinnahmung des Staats weiter und verallgemeinerte es: »Was auf Großbritannien zutrifft, gilt auch für Frankreich, Deutschland und die Vereinigten Staaten und alle Länder, in denen der moderne Kapitalismus große Überschusssparmittel in die Hände einer Plutokratie oder einer sparsamen Mittelklasse gelegt hat.«[31] Dass Hobson die Vereinigten Staaten in die Liste der imperialistischen Mächte aufnahm, war kein Zufall. Er betrachtete die rasche Expansion der amerikanischen Industrie und Finanzwirtschaft nach dem Bürgerkrieg als wichtigen Vorläufer des imperialistischen Vorstoßes, der seinen politischen Vorkämpfer in Theodore Roosevelt fand. Man dürfe sich, schrieb Hobson, von der »Begeisterung des amerikanischen Präsidenten Theodore Roosevelt und seiner Partei für waghalsige Unternehmungen, seinen Reden über ›offenbare Bestimmung‹ und ›Zivilisationsmission‹« nicht täuschen lassen, und fuhr fort:

> »Es sind die Herren Rockefeller, Pierpont Morgan und ihre Geschäftsfreunde, die den Imperialismus brauchen und ihn der großen Republik des Westens aufbürden. Sie brauchen den Imperialismus, weil sie die öffentlichen Hilfsmittel ihres Landes benutzen wollen, um gewinnbringende Verwendung für ihr Kapital zu finden, das sonst überflüssig wäre. […] Der amerikanische Imperialismus ist das natürliche Produkt des wirtschaftlichen Druckes eines plötzlich vorrückenden Kapitalismus, der zu Hause nicht mehr genug Beschäftigung findet und für seine Erzeugnisse und Investitionsmittel fremde Absatzgebiete braucht.«[32]

Nach der Darlegung dieser ökonomischen Theorie des Imperialismus untersuchte Hobson seine Fundamente, wobei er einige der in seinen früheren Büchern vorgebrachten Gedanken über Unterkonsumtion und übermäßiges Sparen weiterentwickelte. »Sämtliche Geschäftsleute«, schrieb er, »geben zu, dass der Zuwachs an Produktionsmitteln in ihrem Lande die Zunahme der Konsumtion übertrifft, dass mehr Güter hervorgebracht als mit Gewinn abgesetzt werden können, dass mehr Kapital vorhanden ist, als lohnend angelegt werden kann.« Diese Situation sei »die Hauptwurzel des Imperialismus«. Sie sei allerdings nicht unvermeidlich, betonte Hobson, und die Lösung sei offensichtlich – die Erhöhung der Kaufkraft der Massen: »[W]enn das konsumierende Publikum in unserem Lande seinen Konsumtionsstandard derartig steigern würde, dass er mit jeder Steigerung der Produktivkräfte Schritt hielte, dann könnte es gar keinen Überschuss an Waren, könnte es gar kein Kapital geben, das laut nach dem Imperialismus ruft, damit er ihm Absatzgebiete verschaffe.«[33] Man würde weiterhin in gewissem Maß Außenhandel betreiben, fügte Hobson hinzu, aber der Inlandsmarkt wäre in der Lage, die meisten Produkte der heimischen Industrie aufzunehmen.

Damit hatte Hobson das Grundproblem seiner Theorie erreicht: die chronisch ungleiche Verteilung der Einkommen und des Reichtums, die den Imperialismus hauptsächlich vorantrieb. Würde das Einkommen nach den Bedürfnissen verteilt, schrieb er, »so würde zweifellos die Konsumtion mit jedem Wachstum der Produktionskraft ansteigen. Die menschlichen Bedürfnisse sind nun einmal unbegrenzt, und es könnte demnach kein Übermaß an Sparen geben.« Aber in einem »wirtschaftlich-gesellschaftlichen Zustand, wo die Verteilung in keinem fixen Verhältnis zu den Bedürfnissen steht, sondern von anderen Bedingungen bestimmt wird«, verhalte es sich anders: »Diese verleihen einigen Leuten eine Konsumkraft, die weit über ihre Bedürfnisse oder Verwendungsmöglichkeiten hinausgeht; andere hingegen haben nicht einmal genügend Konsumkraft, um sich ihre volle körperliche Leistungsfähigkeit zu erhalten.« Unter Verweis auf den Sozialforscher und Industriellen Seebohm Rowntree, der jüngst eine detaillierte Studie über die Armut im englischen York veröffentlicht hatte, beklagte Hobson, »dass mehr als ein Viertel der Bewohner unserer Städte einen Lebensstandard hat, der unterhalb der Grenzen einer normalen körperlichen Leistungsfähigkeit liegt«. Wenn es gelänge, »die Produkte, die aus den Überschussersparnissen der Reichen hervorgehen und den Überlaufstrom anschwellen lassen, so umzuleiten, dass sie die Einkommen und den Konsumtionsstandard dieses körperlich untüchtigen Viertels erhöhten«, bestünde »keinerlei Notwendigkeit für einen aggressiven Imperialismus, und die Sache der Sozialreform hätte ihren größten Sieg errungen«.[34]

Auf die Vereinigten Staaten zurückkommend, erklärte Hobson, übermäßiges Sparen und mangelnde Nachfrage seien insbesondere in einer Gesellschaft ein ernstes Problem, »wo einzelne rasch Multimillionäre werden und plötzliche Einkommen haben, welche die finanziellen Erfordernisse irgendeines beliebigen Verlangens, das sie hegen mögen, weit übersteigen«. Aber er betonte auch, dass das Sparproblem nicht auf ein Land beschränkt sei: Es trete in allen kapitalistischen Ländern auf, sobald ihre Wirtschaft eine bestimmte Entwicklungsstufe von Industrie, Ungleichheit und Rentierdasein erreicht habe. »Nicht der industrielle Fortschritt erfordert die Erschließung neuer Märkte und Investitionsgebiete«, stellte er fest,

> »sondern die mangelnde Verteilung der Konsumkraft. Nur sie verhindert die Absorbierung der Waren und der Kapitalien im Lande selbst. Bei näherer Analyse finden wir, dass die Überersparnisse, welche die wirtschaftliche Hauptwurzel des Imperialismus sind, aus Zinsen, Monopolgewinnen und sonstigen unverdienten oder exzessiven Elementen des Einkommens bestehen. Sie haben keinerlei Daseinsberechtigung, weil sie nicht durch Kopf- oder Handarbeit verdient werden.«[35]

Bis zu diesem Punkt seiner Analyse hatte Hobson keine detaillierten Lösungsrezepte angeboten, doch jetzt forderte er eine massive Umverteilung von Einkommen und Reichtum, die er sowohl mit praktischen als auch mit moralischen Gründen rechtfertigte. Eine Wirtschaft, in der ein großer Teil der Konsumkraft auf eine winzige Minderheit beschränkt ist, sei »selbst von dem exklusiven Standpunkt des Kapitals aus [...] selbstmörderisch«, denn »[n]ur echter Konsum verleiht dem Kapital Leben und versetzt es in die Lage, Gewinne abzuwerfen. Eine Wirtschaft, die den ›besitzenden‹ Klassen ein Übermaß an Konsumkraft zuweist, das sie nicht zu benutzen und auch nicht in wirklich nützliches Kapital umzuwandeln vermögen, verfolgt eine Neidhammelpolitik.«[36]

Angesichts dieses Ungleichgewichts, das auch Marx und einige seiner Anhänger als einen der inneren Widersprüche des Kapitalismus erkannt hatten, würden »Sozialreformen, welche die Besitzenden um ihren Überschuss erleichtern«, wie Hobson weiter ausführte, ihnen »nicht den empfindlichen Schaden zufügen, den sie so sehr befürchten«. Im Gegenteil würden sie die heimische Nachfrage nach den von der Wirtschaft produzierten Waren stärken und die ökonomischen Argumente für den Imperialismus schwächen, den er mit Blick auf die wachsenden militärischen Spannungen zwischen den imperialistischen Mächten als eine für alle Beteiligten »ruinöse Politik« charakterisierte. »Die einzige Sicherheit der Nationen«, schlussfolgerte er, »liegt darin, den besitzenden Schichten den unverdienten Einkommenszuwachs wegzunehmen und ihn den Lohneinkommen der arbeitenden Klassen oder dem öffentlichen Einkommen zuzuleiten, damit er zur Erhöhung des Verbrauchsstandards verwendet werden kann.«[37]

Besonders auf die Linke übte Hobsons Imperialismustheorie enormen Einfluss aus. Indem sie Armut, übermäßiges Sparen und Vereinnahmung des Staats zusammenbrachte, schien sie eine einheitliche Feldtheorie der kapitalistischen Krankheitssymptome zu bieten. Außerdem lieferte sie eine ökonomische Erklärung für den Wechsel vom handelsbasierten Kolonialismus, wie er von der Ostindien-Kompanie und ähnlichen Unternehmen betrieben worden war, zur tatsächlichen imperialistischen Landnahme des späten 19. Jahrhunderts: Dieser formelle Imperialismus, wie er genannt werden sollte, war ein Produkt des Industriekapitalismus und der von ihm generierten riesigen Kapitalüberschüsse.

Wie viele große Theorien vereinfachte auch diese manches und ließ anderes außer Acht. Hobson wies mit Recht auf den erheblichen Kapitalabfluss aus Großbritannien im späten 19. und frühen 20. Jahrhundert hin. Heutige Historiker ergänzen jedoch, dass die meisten dieser Investitionen nicht in die neuen britischen Kolonien in Afrika und Asien flossen, sondern nach Nord- und Südamerika. Aber auch wenn diese Kritik an Hobsons Theorie zutrifft, ändert sie nichts an seinem Argument, dass das Finanzkapital eine bedeutende Rolle im Wettlauf um Afrika und Asien spielte. Hobson wusste durchaus, dass die meisten Investitionen aus Großbritannien nicht in seinen Kolonien erfolgten, sondern in den Vereinigten Staaten und anderen unabhängigen Ländern. In seinem Buch von 1902 führte er zeitgenössische Schätzungen an, die zeigten, dass in den 1890er-Jahren der größte Teil britischer Einnahmen aus Auslandsinvestitionen in diesen Ländern kam. Aber er betonte auch, dass die Einnahmen aus jüngst erworbenen Kolonien gewachsen waren. »Die investierenden und spekulierenden Schichten«, bemerkte er, »haben im allgemeinen auch den Wunsch, dass Großbritannien andere ausländische Gebiete unter seine Flagge bringe, damit ihnen auf diese Art neue Gebiete für einträgliche Investitionen und Spekulationen verschafft würden.«[38]

Eine tiefer gehende Kritik an Hobsons Analyse lautet, dass sie durch Antisemitismus getrübt sei. In *The War in South Africa,* der 1900 erschienenen Sammlung seiner Zeitungsartikel zum Thema, beschrieb er den Konflikt als »jüdisch-imperialistischen Plan, der jetzt ausgeführt wird«.[39] In *Der Imperialismus* sprach er davon, dass die internationalen Bankhäuser, die »den Hauptnerv des internationalen Kapitalismus« bildeten, sich, »soweit Europa in Frage steht, vornehmlich in den Händen von Angehörigen einer einzigen und besonderen Rasse« befänden, die aufgrund »vieler Jahrhunderte von Finanzerfahrung […] in einer einzigartigen Lage« sei, »um die Politik der Völker zu manipulieren«.[40] Es ist bekannt, dass Rhodes De Beers mit Unterstützung der Rothschild-Bank gründete und einige bekannte Randlords, wie Alfred Beit und Sigismund Neumann, jüdischer Abstammung waren. Aber viele andere Bergbaumagnaten waren es nicht, wie Rhodes selbst, sein Partner Charles Rudd, Julius Wernher, ein Partner von Beit, und Joseph Robinson, der Gründer von Randfontein Estates. Insoweit Hobsons Ausführungen implizierten, imperialistische Politiker wie Joseph Chamberlain, Jules Ferry und Theodore Roosevelt seien von jüdischen Bankeninteressen gesteuert, widersprachen sie ebenfalls den Tatsachen. Indem er jüdische Bankiers aufs Korn nahm und behauptete, sie seien die Herren über den globalen Kapitalismus, benutzte Hobson eine Trope, die Hitler und andere antisemitische Hetzer später aufgreifen sollten.

So abstoßend diese Passagen sind, sie sind für Hobsons Analyse nicht wesentlich. Seine ökonomische Theorie des Imperialismus drehte sich um die Suche nach profitablen Investitionen durch das Finanzkapital im Allgemeinen, nicht durch dessen von jüdischen Bankiers kontrollierte Untermenge. Nichts in dieser Theorie hängt von der Religion oder ethnischen Zugehörigkeit der Kapitalbesitzer ab. Allerdings ließ Hobson, indem er eine spezielle Gruppe hervorhob, seine Argumentation weniger allgemein erscheinen und schwächte sie dadurch.

Aufs Ganze gesehen, waren Hobsons Imperialismustheorie und seine anderen Schriften zum Industriekapitalismus und zum übermäßigen Sparen Reaktionen auf die »soziale Frage«, wie Spätviktorianer sie nannten: auf die Entstehung der Industriearbeiterschaft und das damit zusammenhängende Problem von Armut, Ungleichheit und sozialen Konflikten. Nach Ansicht von Marx' Anhängern war es töricht zu glauben, diese Probleme könnten innerhalb des bestehenden Wirtschaftssystems gelöst werden. Hobson und andere progressive Liberale hatten sich dagegen, auch wenn sie manche Aspekte des liberalen Glaubensbekenntnisses infrage stellten, den Glauben an Reform und Fortschritt bewahrt. Dieser britische »Neue Liberalismus«, dem auch die Schriften von Hobhouse und des Philosophen T. H. Green zuzurechnen sind, wollte den alten Individualismus überwinden, aber nicht völlig abschaffen. Die neuen Liberalen sahen die Gesellschaft als Organismus, der nicht auf seine einzelnen Bestandteile reduziert werden konnte. In der Praxis setzten sie sich dafür ein, durch Gewerkschaftsarbeit und staatliche Programme, wie vermehrte Schulbildung, Sozialwohnungen und Altersrenten, den Lebensstandard (und die Kaufkraft) der Arbeiterklasse zu erhöhen. Finanziert werden sollten die Sozialreformen durch die Besteuerung des »unverdienten Einkommens«, das in den Augen der neuen Liberalen einen beträchtlichen Teil aller großen Vermögen ausmachte.[41] Nach Hobsons Ansicht blockierten der Imperialismus und die kostspieligen Militärausgaben, die er mit sich brachte, diese progressive Ausgabenpolitik, da sie »ganz offensichtlich dem Staatssäckel das Geld ab[schöpften], das für solche Zwecke ausgeworfen werden könnte«.[42]

Die Imperialisten taten dieses Argument geringschätzig ab und behaupteten weiterhin, die Ausweitung des Kolonialhandels sichere britische Arbeitsplätze. Chamberlain, der sich als radikaler Bürgermeister von Birmingham einen Namen gemacht hatte, vertrat die Auffassung, die Einführung eines Systems von Empiresteuern würde die Einnahmen erbringen, mit denen die von Hobson und anderen geforderten Sozialreformen finanziert werden könnten. Aber durch den öffentlichen Abscheu gegen die Gräuel des Burenkriegs wendete sich das Blatt gegen die imperiale Lobby. In der Wahl von 1906 erzielte die Liberale Partei, die mit der Forderung nach Sozialreformen und der Ablehnung des Imperialismus Wahlkampf betrieben hatte, einen Erdrutschsieg. Außerdem errang die jüngst gegründete Labour Party 29 Unterhaussitze.

1908 brachte der führende Liberale Herbert Henry Asquith, der kürzlich als Nachfolger des schwer kranken Henry Campbell-Bannerman vom Posten des Schatzkanzlers auf den des Premierministers befördert worden war, ein Rentengesetz ein, das Menschen über 70 Jahren eine wöchentliche Zahlung zusagte. Nach Asquiths Aufstieg hatte der Waliser David Lloyd George, ein feuriger Redner und eiserner Gegner des Burenkriegs, das Schatzamt übernommen. Sein berühmter »Volksetat« von 1909 enthielt eine

Reihe von Steuererhöhungen, um die neuen Renten und andere Sozialleistungen, einschließlich einer Krankenversicherung, zu finanzieren. So sah er eine Erhöhung der Steuer auf hohe Einkommen von 3,75 auf 5 und von sehr hohen Einkommen auf 7,5 Prozent vor.[43] In Anlehnung an Henry George und John Stuart Mill schlug Lloyd George außerdem eine 20-prozentige Steuer auf Steigerungen des Bodenpreises beim Verkauf von Land vor. Doch das von grundbesitzenden Aristokraten dominierte Oberhaus nahm eine Verfassungskrise in Kauf und lehnte den Etat ab. Die Regierung rief Neuwahlen aus, die zu einem handlungsunfähigen Parlament führten, in dem die Liberalen auf die Stimmen der Labour Party und der irischen Nationalisten angewiesen waren. Lloyd George machte ungerührt weiter, und im April 1910 gab das Oberhaus inmitten einer schweren Verfassungskrise schließlich nach und billigte die von ihm vorgeschlagenen Maßnahmen.

Die von den Liberalen durchgeführten Reformen, zu denen 1911 das Nationale Versicherungsgesetz hinzukam, waren nicht ohne Mängel, so kamen sie etwa nicht allen zugute. In historischer Perspektive markierten sie gleichwohl die Schaffung des britischen Sozialstaats, wenn auch nur in Anfängen. Geistig bezeugten sie den Übergang vom individualistischen Liberalismus von Smith und Mill zum sozialen Liberalismus von Hobson und Hobhouse, den Ersterer in seinem 1909 erschienenen Buch *The Crisis of Liberalism* mit den Worten begrüßte: »Der alte Laissez-faire-Liberalismus ist tot.«[44]

Anzumerken ist, dass die durch den Volksetat erzielten Einnahmen nicht vollständig in Sozialreformen flossen. Ein Teil wurde für den Bau neuer Schlachtschiffe verwendet, die das britische Verteidigungsestablishment für notwendig hielt, um der zunehmenden Bedrohung durch das wilhelminische Deutschland zu begegnen. Seit er 1888 die Nachfolge seines Vaters angetreten hatte, hatte Wilhelm II. eine als »Weltpolitik« bezeichnete aggressive Außenpolitik betrieben, die Deutschland zu einer Weltmacht machen und die britische Seeherrschaft infrage stellen sollte. Am

31. März 1905 ging er mit seiner Jacht im Hafen von Tanger in Marokko vor Anker und begab sich an Land, um seine Unterstützung für die Unabhängigkeit des Landes zu demonstrieren. Damit verstieß er gegen ein seit Langem bestehendes Übereinkommen der europäischen Mächte, sich bei der Aufteilung des afrikanischen Kontinents auf die eigene »Einflusssphäre« zu beschränken. Marokko lag in der französischen Einflusssphäre. Der anschließende Aufruhr legte sich erst, als Großbritannien, Russland, Italien und die Vereinigten Staaten sich auf Frankreichs Seite stellten und Deutschland zum Nachgeben zwangen.

Dynastisch betrachtet, waren die zunehmenden Spannungen zwischen Großbritannien und Deutschland absurd. König Eduard VII., der am Beginn des neuen Jahrhunderts die Nachfolge seiner Mutter, Königin Viktoria, angetreten hatte, war der Onkel Kaiser Wilhelms II. 1908 kamen die beiden Monarchen in der alten deutschen Stadt Kronberg zu einem familiären Treffen zusammen. Aber Familienbande konnten die Tatsache nicht verschleiern, dass das beachtliche Wachstum der deutschen Industrie und die Stärke ihrer wissenschaftlichen Basis die junge Nation in eine Wirtschaftsmacht verwandelt hatten, die inzwischen auf einer Stufe mit Großbritannien stand oder ihm sogar überlegen war. 1870 war das Bruttoinlandsprodukt Großbritanniens fast 40 Prozent größer gewesen als das deutsche, und 1880 war sein Anteil an der Weltproduktion nahezu dreimal so groß gewesen. 1913 war die deutsche Wirtschaft geringfügig größer als die britische, und auch was den Produktionsanteil betraf, hatte Deutschland aufgeholt.[45] In manchen Sektoren der Schwerindustrie, insbesondere in der Stahl- und Chemieindustrie, hatte es Großbritannien bereits weit hinter sich gelassen.

Wie die meisten Liberalen konnte Hobson sich nicht wirklich vorstellen, worauf die englisch-deutsche Rivalität zusteuerte. Imperialistische Auseinandersetzungen in Afrika waren eine Sache, aber ein totaler Konflikt zwischen den Großmächten wäre eine Katastrophe, die jeder Vernunft widersprach – ebenso wie dem

Profitstreben: Deshalb war er ausgeschlossen. Während das Wettrüsten weiterging und neue potenzielle Krisenherde hinzukamen, wandten sich Hobson und viele seiner Freunde dem Pazifismus zu, ohne ganz zu begreifen, wie gefährlich die Situation war. »Niemand glaubte wirklich an die Möglichkeit eines baldigen großen Krieges oder eines solchen Zusammenbruchs der Demokratie, wie er folgte«, schrieb er später. »Die lange Friedenszeit in Westeuropa und der stete Fortschritt der Selbstregierung des Volks in den meisten zivilisierten Ländern hatten diese Errungenschaften in unserer Vorstellung als dauerhafte Zeugnisse von Rationalismus und Ethik in der Politik verankert.«[46]

Dieses beruhigende Bild war eine Illusion, die auf der äußersten Linken keinen großen Eindruck machte. Sie interpretierte die zunehmenden Spannungen zwischen den imperialistischen Mächten als Zeichen dafür, dass die lange vorausgesagte Implosion des Kapitalismus bevorstand und gewaltsam vonstattenging. Überall auf dem europäischen Kontinent wurden unterschiedliche Fassungen dieser Überzeugung vorgebracht. Die innovativste kam von der Parteischule der SPD, der deutschen Arbeiterpartei, in Berlin, an der eine brillante Ausbilderin und Aktivistin lehrte. Ihr Name war Rosa Luxemburg.

13

»Das Kapital kennt keine andere Lösung der Frage als Gewalt«

Rosa Luxemburg über Kapitalismus, Kolonialismus und Krieg

Rosa Luxemburg war 1871 im polnischen Zamość als fünftes Kind einer gebildeten jüdischen Familie geboren worden, die wohlhabend genug war, um Bedienstete zu beschäftigen. Ihr Großvater hatte einen Holzhandel gegründet und seine Kinder, einschließlich des Vaters von Rosa, zur Ausbildung nach Deutschland geschickt. Die Osthälfte Polens, mitsamt dem 240 Kilometer südöstlich von Warschau gelegenen Zamość, gehörte damals zu Russland. Als Rosa noch ein Kleinkind war, zogen ihre Eltern nach Warschau, wo die Schulen besser waren als in ihrer Geburtsstadt. Ungefähr mit drei Jahren zeigte sich bei ihr ein Hüftleiden, das sie für ein Jahr ans Bett fesselte und zur Folge hatte, dass sie ihr Leben lang hinkte. Ihren Lebensmut und ihre geistige Entwicklung hatte die Krankheit nicht beeinträchtigt. Laut ihrem ersten Biografen, Paul Frölich, konnte sie mit fünf Jahren lesen und schreiben; wenig später begann sie, den Hausangestellten das Lesen beizubringen.[1] Das Schreiben war eine frühe Passion. Sie reichte mindestens einen Beitrag bei einer Kinderzeitschrift ein. Als 13-Jährige schrieb sie aus Anlass eines Besuchs von Kaiser Wilhelm I. in Warschau ein Gedicht, das mit den Versen endete:

> »Nur eines möchte ich Dir, lieber Wilhelm, sagen:
> Sage Deinem listigen Lumpen Bismarck,
> Tue es für Europa, Kaiser des Westens,
> Befiehl ihm, dass er die Friedenshose nicht zuschanden macht.«[2]

Nach der Grundschule trat Luxemburg in ein von der russischen Beamtenelite bevorzugtes Mädchengymnasium ein, in dem alle Fächer in Russisch gelehrt wurden und alle Gespräche russisch geführt werden mussten; Polnisch war verboten. Sie erhielt bei Klassenarbeiten regelmäßig Bestnoten, und auch das Abschlussjahr schloss sie als Beste ab. Aus irgendeinem Grund zeichnete die Schule sie nicht mit der jährlich verliehenen Goldmedaille für akademische Leistungen aus. Vielleicht war es ein Fall von Diskriminierung, die selbst wohlhabende Juden zu erleiden hatten. Es könnte allerdings, wie Frölich vermutet, auch an ihrer »oppositionellen Haltung gegenüber den Behörden« gelegen haben.[3] Entweder in den letzten Oberschuljahren oder unmittelbar nach dem Schulabschluss im Jahr 1887 – die Einzelheiten sind unklar – schloss sie sich einer Gruppe junger Radikaler an, die mit einer verbotenen Partei verbunden war, der Internationalen Revolutionären Partei Proletariat, kurz Proletariat genannt. Die Gruppe vereinte eine antizaristische Einstellung mit arbeiterfreundlichen Ansichten und Gewaltbereitschaft. In mancher Hinsicht ähnelte sie der Narodnaja Wolja, der russischen revolutionären Gruppe, die im März 1881 den Anschlag auf Zar Alexander II. verübt hatte.

Welche Rolle Luxemburg bei den Aktivitäten des Proletariats spielte, ist nicht ganz klar; sie scheint hauptsächlich unter Studenten agitiert zu haben. Bekannt ist, dass sie mit dem Anführer der Gruppe, einem Arbeiter namens Martin Kasprzak, in regelmäßigem Kontakt stand und ihre Aktivitäten die Aufmerksamkeit der Behörden weckten. Als ihr 1889 die Verhaftung drohte, beschloss sie, nach Deutschland zu gehen. Laut Frölich organisierte Kasprzak ihren Grenzübertritt. Als die beiden das Grenzgebiet erreichten, erklärte er einem katholischen Priester, »ein jüdisches Mädchen habe den heißen Wunsch, Christin zu werden, könne dies aber nur im Ausland vollbringen, da ihre Angehörigen sich heftig widersetzten«. Der Priester versprach zu helfen, und auf »einem Bauernwagen, im Stroh versteckt, fuhr Rosa Luxemburg über die Grenze, hinaus in die Freiheit«.[4]

Deutschland war jedoch nur eine Zwischenstation für Luxemburg. Letztlich ging sie in die Schweiz, die ein bekannter Zufluchtsort jüdischer Flüchtlinge und sozialistischer Exilanten war. 1890 schrieb sie sich an der Zürcher Universität ein, einer fortschrittlichen Lehranstalt, die weibliche Studenten akzeptierte. Nachdem sie zunächst Naturwissenschaften studiert hatte, wechselte sie zur juristischen Fakultät, die auch Ökonomie und andere Sozialwissenschaften umfasste. Letztendlich begann sie, an ihrer Dissertation über die Industrialisierung Polens zu arbeiten. Ihr Doktorvater war der bekannte orthodoxe Ökonom Julius Wolf, der ihre Begabung rasch erkannte, auch wenn er mit ihren politischen Ansichten nicht übereinstimmte. Sie sei schon als vollständige Marxistin aus Polen zu ihm gekommen, erinnerte sich Wolf später. Aber er bezeichnete sie auch als »begabtesten der Schüler meiner Züricher Jahre«.[5]

In ihrer Doktorarbeit beschrieb sie aus marxistischer Perspektive den Eintritt Polens, wie des restlichen Russischen Reichs, ins Industriezeitalter. Weil sie erkannten, wie weit Russland hinter anderen europäischen Mächten zurückgefallen war, hätten sich mehrere aufeinanderfolgende russische Regierungen bemüht, die industrielle Entwicklung anzuregen. Sie hätten Binnenzölle aufgehoben, um einen nationalen Markt zu schaffen, äußere Zollmauern errichtet, um ausländische Konkurrenten fernzuhalten, und Eisenbahnen gebaut, um die Isolation vieler Teile des Landes zu verringern. Die Aufhebung der Leibeigenschaft im Jahr 1861 habe zudem ein Reservoir an Lohnarbeitern geschaffen. »Auf diese Weise«, schrieb Luxemburg, »nachdem in den Jahren 1860–1877 alle Hauptbedingungen der industriellen Entwicklung – ein innerer Markt, Verkehrsmittel, eine industrielle Reservearmee – ins Leben gerufen worden waren, schuf die hinzugetretene Zollpolitik eine Treibhausatmosphäre der Monopolpreise, welche die russische und polnische Industrie in ein förmliches Dorado der primitiven kapitalistischen Akkumulation versetzte.« Sie belegte mit Statistiken, dass sich die polnische Industrieproduktion zwischen 1870 und 1890 vervierfacht hatte, mit Woll- und Baumwolltextilien als Vorreitern. Das zentral gelegene Łódź habe sich zu einem »polnischen Manchester« entwickelt, und nahe der preußischen Grenze »schoss, wie aus der Erde hervorgezaubert, ein ganzer neuer Industrierayon auf«, während sich in Warschau der »Handel des ganzen Landes [...] auf der Börse und in zahlreichen Bank- und Kommissionsgeschäften« konzentrierte.[6]

Bald nach ihrer Ankunft in Zürich hatte Luxemburg Leo Jogiches kennengelernt, einen anderen jungen Radikalen, der vor der zaristischen Polizei aus Vilnius geflohen war. Auch Jogiches kam aus einer wohlhabenden jüdischen Familie. Wie Frölich berichtet, hatte er bereits im Gymnasium »mit revolutionärer Propaganda unter den Kameraden« begonnen und wenig später eine revolutionäre Gruppe gegründet, was zu seiner Inhaftierung führte. Er war vier Jahre älter als Luxemburg und 1890 in Zürich eingetroffen, wo er sich einer Gruppe russischer Marxisten anschloss, zu der auch der bekannte Theoretiker Georgi Plechanow gehörte, ein Bekannter von Engels. Jogiches war selbstbewusst und streitbar, aber, laut Luxemburgs langjähriger Freundin Clara Zetkin, auch »eine jener heute sehr seltenen Mannespersönlichkeiten, die neben sich in treuer, beglückender Kameradschaft eine große Weibspersönlichkeit ertragen können, ohne deren Wachsen und Werden als eine Fessel des eigenen Ichs zu empfinden«.[7] Er und Luxemburg sollten anderthalb Jahrzehnte Genossen und Liebende bleiben.

Jogiches gründete mit Geld seiner Familie die polnischsprachige sozialistische Zeitschrift *Sprawa Robotnicza*, für die Luxemburg schrieb und deren Chefredakteurin sie schließlich wurde. In der polnischen Exilgemeinde wurde sie rasch zu einer umstrittenen Figur, weil sie dagegen war, dass sich die 1892 gegründete Polnische Sozialistische Partei (PPS) für die nationale Selbstbestimmung einsetzte. Angesichts der Abhängigkeit der polnischen Industrie vom russischen Markt, argumentierte sie, wäre die Unabhängigkeit ökonomisch nicht tragfähig. Und auf jeden Fall stelle der Nationalismus eine Abirrung von der Hauptaufgabe, eine Arbeiterbewegung aufzubauen, dar. Als auf dem im August 1893 in Zürich abgehaltenen Kongress der Zweiten Internationale, der Nachfolgeorganisation von Marx' Erster Internationale, versucht wurde, sie und ihre Mitstreiter aus der polnischen Delegation auszuschließen, erhob sie sich – damals eine völlig unbekannte 22-Jährige – und verkündete, *Sprawa Robotnicza* müsse als »Ausdruck des polnischen sozialistischen Proletariats betrachtet werden«. Laut einem Anwesenden »verfocht sie ihre Sache mit einem solchen Magnetismus im Blick und mit so flammenden Worten, dass die Masse des Kongresses, erobert und bezaubert, die Hand für ihre Zulassung erhob«.[8]

In der nationalen Frage konnte sich Luxemburg indes nicht durchsetzen. Kurz nach dem Kongress traten sie, Jogiches und einige ihrer Verbündeten aus der PPS aus und gründeten eine eigene, auf den Internationalismus eingeschworene Partei, die Sozialdemokratie des Königreichs Polen (SDKP). Die SDKP blieb zwar eine Splittergruppe, aber Luxemburg hatte durch ihren Streit mit den Nationalisten die Aufmerksamkeit Karl Kautskys auf sich gezogen, eines führenden Theoretikers der deutschen Sozialdemokratie, der in seiner Zeitschrift *Die Neue Zeit* einige ihrer Artikel über die politische Lage in Polen veröffentlichte. Nachdem sie Anfang 1897 promoviert worden war, beschloss sie, nach Berlin zu ziehen. Jogiches versuchte vergeblich, sie davon abzuhalten. Um in Preußen zu leben, brauchte sie allerdings eine Aufenthaltserlaubnis. Einfallsreich wie immer überredete sie eine ältere polnische Freundin, die mit einem Deutschen verheiratet war, ihren Sohn zu bitten, sie zu heiraten. Die Hochzeit, die Luxemburg zu Frau Gustav Lübeck machte, fand im April 1897 in Basel statt. Nachdem sie im folgenden Jahr in die deutsche Hauptstadt umgezogen war, sah sie ihren Ehemann nie wieder. Berlin machte anfangs den »widrigsten Eindruck« auf sie: »kalt, geschmacklos, massiv – die richtige Kaserne; und die lieben Preußen mit ihrer Arroganz, als hätte jeder von ihnen den Stock verschluckt, mit dem man ihn einst geprügelt«.[9]

Als sie in Berlin eintraf, war in der SPD gerade ein erbitterter ideologischer Streit im Gange, in dem sich Eduard Bernstein, ein sozialistischer Theoretiker, der viele Jahre im Exil in Großbritannien gelebt hatte, und Karl Kautsky sowie ein großer Teil der führenden Intellektuellen der Partei gegenüberstanden. Bernstein war zwar ein langjähriger Mitstreiter von Engels (der 1895 gestorben war), hielt es mittlerweile aber für höchste Zeit, einzusehen, dass viele Behauptungen des *Kommunistischen Manifests* und des *Kapitals* widerlegt worden waren, einschließlich der Aussage, dass sich der Kapitalismus am Rand des Zusammenbruchs befinde. Zwischen 1896 und 1898 schrieb Bernstein für die *Neue Zeit* eine Artikelserie über »Probleme des Sozialismus«, und 1899 erläuterte er seine Auffassung in einem Buch mit dem Titel *Die Voraussetzungen des Sozialismus und die Aufgaben der Sozialdemokratie.*[10]

Seit Marx' Tod im Jahr 1883 hatten schon einige seiner Anhänger bestimmte Aspekte seiner Theorie infrage gestellt, aber Bernsteins Ausführungen liefen auf einen Frontalangriff hinaus. Er zog die Grundannahme des Marxismus, dass der Kapitalismus die Gesellschaft in zwei Klassen teile – die Bourgeoisie und das Proletariat – und die besitzende Mittelschicht zerquetsche, in Zweifel. »Die Zahl der Besitzenden ist nicht kleiner, sondern größer geworden«, stellte er fest. Wie die Tatsachen zeigten, änderten die Mittelschichten im Zuge der kapitalistischen Entwicklung »ihren Charakter, aber sie verschwinden nicht aus der gesellschaftlichen Stufenleiter«. Auch Marx' Annahme, dass die Konzentration des Kapitals und die Entstehung großer monopolistischer Zusammenschlüsse zum Untergang der Kleinunternehmen führen würden, hielt nach Bernsteins Ansicht nicht stand: »Die Gewerbestatistik weist eine außerordentlich abgestufte Gliederung der Betriebe auf; keine Größenklasse macht Anstalt, aus ihr zu verschwinden.«[11]

Damit endete Bernsteins Häresie aber noch nicht. Er widersprach auch der Auffassung, die dem Kapitalismus wesenseigenen zyklischen Krisen würden sich verschärfen und eine von ihnen schließlich zum Zusammenbruch führen. Nach seiner Ansicht dämmte die Entstehung von Kartellen und Monopolen die Anarchie des Markts; einen weiteren stabilisierenden Faktor sah er in der vermehrten Verfügbarkeit von Krediten. Was die Politik betraf, wies er darauf hin, dass in vielen Ländern das Wahlrecht auf Arbeiter ausgedehnt und Gewerkschaften legalisiert worden seien, und Genossenschaften befänden sich im Aufwind. Mancherorts sei der Lebensstandard der Massen zudem durch neue staatliche Maßnahmen verbessert worden. Bismarcks Deutschland, wo in den 1880er-Jahren eine Sozialversicherung für Krankheit, Unfall und Alter geschaffen worden war, sei auf diesem Weg vorangegangen. Angesichts dieser Entwicklung, folgerte Bernstein, laute die Schlüsselfrage, ob schrittweise Reformen oder die Festlegung auf Gewaltanwendung in einer Wirtschaftskrise die bessere Strategie sei, um der Arbeiterklasse die Kontrolle über den Staat zu verschaffen. Nach seiner Ansicht lag »im stetigen Vormarsch eine größere Gewähr für dauernden Erfolg [...] wie in den Möglichkeiten, die eine Katastrophe bietet«.[12]

Kautsky hatte zwar zugestimmt, Bernsteins Artikel in der *Neuen Zeit* zu veröffentlichen, war aber entsetzt über deren Inhalt. »Dein Marxismus ist zusammengefallen«, schrieb er seinem alten Genossen. »Du hast ihn nicht zu höheren Formen entwickelt, sondern vor Deinen Kritikern kapituliert.«[13] Anfangs sahen Kautsky und andere SPD-Führer von einer öffentlichen Kritik an Bernstein ab; immerhin war er ein verehrter Parteiveteran. Ihre Zurückhaltung bot Luxemburg die Gelegenheit, sich in Berlin bekannt zu machen. Im Sommer 1898, in dem sie im Auftrag der SPD in Schlesien Wähler mobilisierte, begann sie eine längere Antwort auf Bernsteins Argumente niederzuschreiben. Der Zeitpunkt war entscheidend. Im September sollte ein Parteitag stattfinden, und sie wollte vorher etwas veröffentlichen. »Ich bin bereit«, schrieb sie an Jogiches, »mein halbes Leben für diesen Artikel zu geben, so versessen bin ich auf ihn.«[14]

Im September 1898 erschien in einer linken Leipziger Zeitung eine Artikelserie, in der Luxemburg Bernsteins Argumente aus der *Neuen Zeit* unter die Lupe nahm. Als am Anfang des folgenden Jahres sein Buch herauskam, veröffentlichte dieselbe Zeitung weitere kritische Artikel von Luxemburg. In der Folgezeit fasste sie ihre Stellungnahmen in einem Buch mit dem Titel *Sozialreform oder Revolution?* zusammen. Kernpunkt ihrer Kritik war, dass die von Bernstein angeführten Entwicklungen den ausbeuterischen Charakter des Kapitalismus, der auf dem Privatbesitz an den Produktionsmitteln beruhte, nicht verändert hätten. Gewerkschaften und Genossenschaften könnten vielleicht »die herabdrückende Tendenz der wirtschaftlichen Entwicklung in ihrer Wirkung« abmildern, seien aber »gänzlich unfähig, die kapitalistische *Produktionsweise* umzugestalten«.[15]

Außerdem wies Luxemburg darauf hin, dass eine Ausweitung des Kredits das System destabilisieren könne, und verwarf Bernsteins Kritik an der Theorie der Kapitalkonzentration als naiv. Viele Kleinunternehmen würden zwar noch existieren, erklärte sie, spielten aber lediglich die Rolle von Vorreitern, die neue Produktionsmethoden oder Produkte entwickelten, bevor sie von Großunternehmen geschluckt würden. Die Herausbildung rivalisierender Kapitale sei kein einmaliger Kampf, in dem »der Trupp des schwächeren Teiles direkt und quantitativ mehr zusammenschmilzt, sondern vielmehr als ein periodisches Abmähen der Kleinkapitale, die dann immer wieder rasch aufkommen, um von neuem durch die Sense der Großindustrie abgemäht zu werden«.[16] Es gab Belege für Luxemburgs Argument. Während die deutsche Wirtschaft in atemberaubendem Tempo wuchs, nahm auch die Konzentration rasch zu. In der Stahlindustrie hatten sich die vertikal integrierten Konzerne Krupp und Thyssen als dominierende Spieler etabliert. In der Chemieindustrie operierten BASF, Bayer und Hoechst bereits auf der Weltbühne und exportierten den größten Teil ihrer Produkte.

Die schärfste Kritik hob sich Luxemburg für Bernsteins schrittweise politische Strategie auf, die sich, wie sie sarkastisch anmerkte, vornehme, »das Meer der kapitalistischen Bitternis durch flaschenweises Hinzufügen der sozialreformerischen Limonade in ein Meer sozialistischer Süßigkeit zu verwandeln«.[17] Da sich Bernsteins Theorie auf die kleinen materiellen Fortschritte, welche die Arbeiter verzeichnen könnten, konzentriere, laufe sie »praktisch auf nichts anderes als den Rat hinaus, die soziale Umwälzung, das Endziel der Sozialdemokratie, aufzugeben und die Sozialreform umgekehrt aus einem *Mittel* des Klassenkampfes zu seinem *Zwecke* zu machen«. Der revolutionäre Wille, den Kapitalismus durch den Sozialismus zu ersetzen, sei aber »das einzige entscheidende Moment [...], das die sozialdemokratische Bewegung von der bürgerlichen Demokratie und dem bürgerlichen Radikalismus unterscheidet«.[18]

Sozialreform oder Revolution? stärkte Luxemburgs Ruf als aufstrebende linke Theoretikerin. Schließlich veröffentlichten auch Kautsky und andere führende Sozialdemokraten Kritiken an Bernsteins Argumenten und bestätigten damit den durch die SPD gehenden Riss zwischen »Radikalen« und »Revisionisten«. Luxemburg hatte sich früh auf eine Seite gestellt. 1900 siedelte auch Jogiches nach Berlin über. Zu diesem Zeitpunkt nahm die von ihm und Luxemburg gegründete SDKP – sie war inzwischen in SDKPiL, Sozialdemokratie des Königreichs Polen und Litauen, umbenannt worden – immer noch einen großen Teil ihrer Zeit in Anspruch. 1903 gründete Jogiches nach dem Vorbild der *Neuen Zeit* eine Parteizeitschrift, für die Luxemburg Beiträge verfasste. Außerdem publizierte sie weiterhin in der deutschen Presse. Eine Zeit lang arbeitete sie als Chefredakteurin der Leipziger Zeitung, in der sie ihre Bernstein-Kritik zuerst veröffentlicht hatte. Aber die Einstellung eines solchen Heißsporns führte zu einem Aufschrei anderer Publikationen, und so behielt sie den Posten nur wenige Monate. 1905 wurde sie in die Redaktion der SPD-Zeitung *Vorwärts* berufen, zu der sie bisher ein gespanntes Verhältnis gehabt hatte.[19]

Die Tatkraft und Hingabe, die Luxemburg und Jogiches der sozialistischen Sache widmeten, waren grenzenlos. Später im Jahr 1905, nach dem Ausbruch einer Revolution in Russland, reisten sie mit falschen Identitäten nach Warschau, wo ihnen Festnahme und Haft drohten. Im März 1906 wurden sie tatsächlich festgenommen. Luxemburg bewahrte, wenigstens am Anfang, Haltung. »Hier sitze ich im Rathaus, wo ›Politische‹, Gemeine und Geisteskranke zusammengepfercht sind«, schrieb sie an Kautsky und dessen Frau Luise. »Meine Zelle, die ein Kleinod in dieser Garnitur ist, [...] enthält 14 Gäste, zum Glück lauter Politische.« Sie wurde zunächst in ein reguläres Gefängnis überstellt, dann jedoch in eine Hochsicherheitseinrichtung für langjährige politische Häftlinge, die Warschauer Zitadelle, verlegt. Ihr Gesundheitszustand verschlechterte sich, auch weil sie vorübergehend in einen Hungerstreik trat. Sie blieb monatelang in Haft, bis schließlich ihre Familie und Freunde durch Bestechung ihre Freilassung aus Gesundheitsgründen erwirken konnten.[20]

Statt direkt nach Berlin zurückzukehren, reiste Luxemburg zunächst nach Kuokkala in Finnland, wo Wladimir Lenin, der Vorsitzende der Sozialdemokratischen Arbeiterpartei Russlands (Bolschewiki), und einige seiner Anhänger Zuflucht gefunden hatten. Anfangs hatte sie die politischen Rivalen der Bolschewiki auf der russischen Linken, die Menschewiki, unterstützt. Aber der kühne Versuch Lenins und seiner Genossen, in der Revolution von 1905 einen großen Arbeiteraufstand zu entfachen, hatte sie trotz seines Scheiterns tief beeindruckt. In Kuokkala führte sie lange Gespräche mit dem Anführer der Bolschewiki, und sie gingen eine politische Freundschaft ein, die einige Jahre halten sollte. Unterdessen wurde Jogiches weiterhin in Warschau festgehalten. In seinem Prozess im Januar 1907, an dem teilzunehmen er sich weigerte, wurde er zu acht Jahren Zwangsarbeit in Sibirien verurteilt. Seine Aussichten schienen trübe zu sein, aber mithilfe eines Genossen, der einen Polizisten bestach, gelang es ihm, vor seinem Abtransport zu fliehen.[21]

Als Luxemburg und Jogiches nach Berlin zurückkehrten und ihre reguläre politische Tätigkeit wiederaufnahmen, war ihr Ansehen in der deutschen Linken aufgrund ihrer Haft in Warschau gestiegen. Aber ihre persönliche Beziehung war an einem Endpunkt angelangt. Der österreichisch-britische Historiker J. P. Nettl vermutete in seiner 1966 erschienenen monumentalen Biografie von Luxemburg, dass Jogiches sie in Polen betrogen und sie umgehend die Beziehung zu ihm beendet hatte. Nach der Trennung, erzählte Nettl, nahm sie sich einen jüngeren Geliebten, Konstantin »Kostja« Zetkin, den zweiten Sohn ihrer Freundin Clara Zetkin. Als Jogiches davon erfuhr, geriet er derart in Wut, dass er drohte, sie und ihren Geliebten zu erschießen, woraufhin sie sich selbst einen Revolver kaufte.[22]

1907 lud die zentrale Parteischule der SPD, die politische Kandidaten und Parteifunktionäre ausbildete, Luxemburg ein, in ihren Lehrkörper einzutreten. Die Einladung hatte sie Kautsky zu verdanken, der dem Direktor der Schule versichert hatte, sie sei einer der besten Köpfe in Deutschland.[23] Die Rückkehr in die akademische Welt gefiel ihr gut. Zu ihren Pflichten gehörte es, Kurse in politischer Ökonomie und Wirtschaftsgeschichte zu geben. Daneben begann sie, an einer Einführung in die Marx'sche Theorie zu arbeiten, in der sie die Geschichte des Kapitalismus und einige grundlegende ökonomische Begriffe, wie Warenproduktion und Lohnarbeit, behandeln wollte.

Angesichts der Spannungen zwischen Deutschland und anderen europäischen Ländern beschäftigte sie sich außerdem mit den Ursachen des Imperialismus. Dies war für sie kein neues Thema. Schon 1899 hatte sie in einem Brief an Jogiches vor der Gefahr von durch »kapitalistische und staatliche Interessen« ausgelösten Eroberungskriegen gewarnt und hinzugefügt: »Klar ist, dass die Aufteilung Asiens und Afrikas das letzte Ziel ist, jenseits dessen es für die europäische Politik kein weiteres Feld gibt, um sich zu entwickeln.«[24] Auf dem siebten Kongress der Zweiten Internationale im Jahr 1907 stellte sie sich auf Lenins Seite, der eine antiimperialistische Resolution durchsetzen wollte, in der es hieß: »Kriege zwischen kapitalistischen Staaten sind in der Regel Folgen ihres Konkurrenzkampfes auf dem Weltmarkt.«[25]

Gegen Ende 1911, dem Jahr der Agadir-Krise, brach Luxemburg die Arbeit an ihrem Lehrbuch ab, um sich ganz auf ein Buch über den Imperialismus zu konzentrieren. »Ich bin in meiner ökonomischen Arbeit, und zwar gleich im letzten Kapitel, wo ich den Imperialismus begründen will«, schrieb sie am 16. November 1911 an Konstantin Zetkin. »Ich arbeite an der ökonomischen Seite des Gedankens [...].« Am Ende, fügte sie einen Tag später hinzu, werde »eine neue, streng wissenschaftliche Begründung des Imperialismus und seiner Widersprüche« stehen.[26] Die Recherchen und das Schreiben des Buchs, dem sie den Titel *Die Akkumulation des Kapitals. Ein Beitrag zur ökonomischen Erklärung des Imperialismus* gab, nahmen ein Jahr in Anspruch. Doch sie empfand die Arbeit als höchst befriedigend. »Die Zeit, als ich die ›Akkumulation‹ schrieb«, erinnerte sie sich später, »gehört zu den glücklichsten meines Lebens. Ich lebte wirklich wie im Rausch, sah und hörte Tag und Nacht nichts als dieses eine Problem, das sich so schön vor mir entfaltete, und ich weiß nicht zu sagen, was mir höhere Freude gewährte: der Prozess des Denkens, wenn ich eine verwickelte Frage im langsamen Hin- und Herwandeln durch das Zimmer wälzte ... oder das Gestalten, das literarische Formen mit der Feder in der Hand. Wissen Sie, dass ich damals die ganzen 30 Druckbogen in einem Zug in vier Monaten – unerhörte Sache! – niedergeschrieben habe [...]?«[27]

Im Vorwort des Buchs, das 1913 erschien, schrieb Luxemburg, sie hoffe, dass es »einige Bedeutung für unseren praktischen Kampf mit dem Imperialismus« haben werde. Außerdem betonte sie, dass es in erster Linie eine theoretische Studie sei, die aufgrund von Schwierigkeiten entstanden sei, die sie mit Marx' Behandlung der »Reproduktion des gesellschaftlichen Gesamtkapitals« – die wir heute Wirtschaftswachstum nennen würden – gehabt habe.[28]

Zwei Aspekte der *Akkumulation des Kapitals* waren jedem, der das Buch aufschlug, sofort offensichtlich, zum einen, dass es ein gelehrtes Werk war. Neben Marx' *Kapital* werden die Schriften vieler anderer Ökonomen untersucht, von dem Ukrainer Michail Tugan-Baranowski bis zurück zu Sismondi, Malthus und Ricardo. Zum anderen war es selbst für Kenner des marxistischen Idioms eine schwere Lektüre.

In der marxistischen Welt gehörte es zu einer »wissenschaftlichen Erklärung« des Imperialismus, zu untersuchen, wie er in den von Marx im *Kapital* entwickelten ökonomischen Rahmen passte. Im Mittelpunkt von Luxemburgs Theorie stehen die berühmten »Reproduktionsschemata« in den Schlusskapiteln des zweiten Bandes des *Kapitals.* Marx hatte diese analytischen Werkzeuge, die die Wirtschaft in zwei Sektoren teilen – einen Anlagegütersektor (»Abteilung I«) und einen Konsumgütersektor (»Abteilung II«) –, benutzt, um herauszufinden, ob es einem kapitalistischen System möglich ist, beständig und in einem ausgeglichenen Verhältnis von Einsparungen und Kapitalakkumulation zu wachsen. Tugan-Baranowski und andere hatten darauf hingewiesen, dass Marx' Analyse eher die Möglichkeit eines ständigen ausgeglichenen Wachstums als die Annahme eines katastrophalen Zusammenbruchs stütze.

Luxemburg wies diesen Gedanken zurück, da er die kapitalistische Ökonomie als »unermüdliches Karussell im leeren Luftraum« behandle.[29] Wer, fragte sie, solle all die von Abteilung I Jahr für Jahr produzierten neuen Maschinen kaufen, die Drehbänke, Hochöfen, Pressereien und so weiter. Die logische Antwort sei: die Kapitalisten aus Abteilung II, die die neue Ausrüstung bräuchten, um ihre Konsumgüterproduktion stetig zu vergrößern. Aber dies werfe eine weitere Frage auf: Wer würde all die zusätzlichen Konsumgüter kaufen? Sich in dieser Hinsicht auf die Arbeiter zu verlassen, sei sicherlich ausgeschlossen, denn sie verdienten weniger, als sie produzierten, und ihre Kaufkraft sei eng begrenzt. Eine andere Möglichkeit sei, dass die Kapitalisten aus beiden Abteilungen ihren Konsum ständig vergrößerten. Dies sei mathematisch durchaus möglich, widerspreche aber der empirischen Realität, dass Kapitalisten einen großen Teil des Überschusswerts, den sie sich aneigneten, reinvestierten oder sparten. Außerdem bleibe bei dieser Möglichkeit »der tiefe fundamentale Widerstreit zwischen Produktionsfähigkeit und Konsumtionsfähigkeit« außer Acht, »der sich gerade aus der Kapitalakkumulation ergibt, der sich periodisch Luft macht und der das Kapital zur beständigen Markterweiterung antreibt«.[30]

Wie Sismondi und Hobson vor ihr zielte Luxemburg auf das Problem von Überproduktion und mangelnder Nachfrage. Aber sie behandelte es aus marxistischer Sicht und erklärte, dass der Kapitalismus langfristig nur überleben und expandieren könne, wenn er eine äußere Nachfragequelle finde. »Das Entscheidende«, stellte sie fest, »ist, dass der Mehrwert weder durch Arbeiter noch durch Kapitalisten realisiert werden kann, sondern durch Gesellschaftsschichten oder Gesellschaften, die selbst nicht kapitalistisch produzieren.«[31] An dieser Stelle kam der Imperialismus ins Spiel. Durch die Verwandlung bisher unentwickelter Gebiete in neue Märkte und ihrer Bewohner in neue Konsumenten handle der Kolonialismus im Grunde als eine Abteilung III, die einen Teil des Produktionsüberschusses der anderen beiden Abteilungen aufnehme und so zur Aufrechterhaltung ihres Gleichgewichts beitrage. »Historisch aufgefasst«, erklärte Luxemburg,

> »ist die Kapitalakkumulation ein Prozess des Stoffwechsels, der sich zwischen der kapitalistischen und den vorkapitalistischen Produktionsweisen vollzieht. Ohne sie kann die Akkumulation des Kapitals nicht vor sich gehen, die Akkumulation besteht aber, von dieser Seite genommen, im Zernagen und im Assimilieren jener. Die Kapitalakkumulation kann demnach so wenig ohne die nichtkapitalistischen Formationen existieren, wie jene neben ihr zu existieren vermögen. Nur im ständig fort-

schreitenden Zerbröckeln jener sind die Daseinsbedingungen der Kapitalakkumulation gegeben.«[32]

Die Akkumulation, bekräftigte Luxemburg ihre Aussage, »ist nicht bloß ein inneres Verhältnis zwischen den Zweigen der kapitalistischen Wirtschaft, sondern vor allem ein Verhältnis zwischen Kapital und dem nichtkapitalistischen Milieu«.[33]

Marx und Engels hatten im *Kommunistischen Manifest* festgestellt, dass das Verlangen nach neuen Märkten »die Bourgeoisie über die ganze Erde« jage.[34] Im *Kapital* hatte Marx seine theoretische Analyse jedoch weitgehend auf eine begrenzte Wirtschaft beschränkt, und dieser Ansatz konnte nach Luxemburgs Ansicht die langfristige Dynamik des Kapitalismus, einschließlich der Entstehung des Imperialismus, nicht erklären.

Ein anderer Punkt, in dem sich die *Akkumulation des Kapitals* vom *Kapital* abhebt, ist die Betonung des Schadens, den Kapitalismus und Imperialismus indigenen Völkern und Gesellschaften zufügten. Im ersten Band des *Kapitals* hatte Marx die »Versklavung und Vergrabung der eingebornen Bevölkerung in die Bergwerke« Amerikas und »die Verwandlung von Afrika in ein Geheg zur Handelsjagd auf Schwarzhäute« angesprochen und erwähnt, dass die Engländer »durch den Aufkauf von allem Reis und durch Weigerung des Wiederverkaufs außer zu fabelhaften Preisen« in Bengalen eine Hungersnot »fabriziert« hatten.[35] Luxemburg pflichtete ihm bei, merkte aber an, dass Marx dies alles »nur unter dem Gesichtswinkel der sogenannten ›primitiven Akkumulation‹« betrachtet habe: »Die angegebenen Prozesse illustrieren bei Marx nur die Genesis, die Geburtsstunde des Kapitals, sie bezeichnen die Geburtswehen bei dem Heraustreten der kapitalistischen Produktionsweise aus dem Schoße der feudalen Gesellschaft.«[36]

Darüber, ob dies eine zutreffende Wiedergabe von Marx' Auffassung ist, lässt sich streiten. Außer Frage steht jedoch, dass nach Luxemburgs Ansicht der Imperialismus und die Ausbeutung indigener Völker permanente und notwendige Aspekte der kapitalistischen Entwicklung darstellten. Es gehe nicht nur um die Expansion von Märkten für Waren, betonte sie und verwies wie Hobson darauf, dass Kolonien und unterentwickelte Länder im Allgemeinen auch wertvolle Absatzorte für Überschusskapital seien. Wichtig seien zudem der Zugang zu Rohstoffen und potenziellen Arbeitskräften:

> »Das Kapital kann ohne die Produktionsmittel und die Arbeitskräfte des gesamten Erdballes nicht auskommen, zur ungehinderten Entfaltung seiner Akkumulationsbewegung braucht es die Naturschätze und die Arbeitskräfte aller Erdstriche. Da diese sich *tatsächlich* in überwiegender Mehrzahl in den Banden vorkapitalistischer Produktionsformen befinden [...], so ergibt sich daraus der ungestüme Drang des Kapitals, sich jener Erdstriche und Gesellschaften zu bemächtigen.«[37]

Aufgrund der Bedürfnisse des Kapitals, so Luxemburg weiter, sei die gewaltsame Unterjochung indigener Völker unvermeidlich. Wohin westliche Kolonisten auch gingen, träfen sie auf eine althergebrachte »Naturwirtschaft« mit sozialistischen Zügen, wie Gemeineigentum, mächtigen Dorfverbänden und kommunaler Landwirtschaft. Da diese Institutionen und Sitten die kapitalistische Entwicklung behinderten, würden Kolonialmächte sie als Erstes zerstören: »Jede neue Kolonialerweiterung wird naturgemäß von diesem hartnäckigen Krieg des Kapitals gegen die sozialen und ökonomischen Zusammenhänge der Eingeborenen begleitet sowie von dem gewaltsamen Raub ihrer Produktionsmittel und ihrer Arbeitskräfte.« Das Kapital, fuhr Luxemburg fort, kenne »keine andere Lösung der Frage als Gewalt, die eine ständige Methode der Kapitalakkumulation als geschichtlicher Prozess ist, nicht bloß bei der Genesis, sondern bis auf den heutigen Tag«.[38]

In drei Kapiteln gegen Ende ihres Buchs beschrieb Luxemburg, wie dieser Prozess rund um die Welt vonstatten ging. Während der großen Westexpansion der Vereinigten Staaten seien die indigenen Völker, die ihr im Weg standen, den »Gemetzeln der 40 Indianerkriege« ausgesetzt worden, und die Überlebenden seien »wie Büffelherden nach dem Westen getrieben [worden], um hier wie das Wild im Gatter der ›Reservationen‹ eingepfercht zu werden«.[39] In Bezug auf China führte sie aus, dass Großbritannien und Frankreich die geschwächte Qing-Dynastie während des Opiumkrieges gezwungen hätten, europäischen Drogenhändlern Zugang zum chinesischen Markt zu gewähren. »Von den mehr als 40 chinesischen Treaty ports«, fügte sie hinzu, »ist jeder mit Blutströmen, Gemetzel und Ruin erkauft worden.«[40]

Während Marx auf einige zufällige Nutzeffekte der britischen Herrschaft über Indien hingewiesen hatte, beschrieb Luxemburg sie als totale Katastrophe für die einheimische Bevölkerung. »Die Engländer«, erklärte sie, »waren die ersten Eroberer Indiens, die eine rohe Gleichgültigkeit für die öffentlichen Kulturwerke wirtschaftlichen Charakters mitbrachten. Araber, Afghanen wie Mongolen leiteten und unterstützten in Indien großartige Kanalanlagen, durchzogen das Land mit Straßen, überspannten Flüsse mit Brücken, ließen wasserspendende Brunnen graben.« Dagegen seien die Briten nicht darauf aus gewesen, »die indischen Gemeinwesen lebensfähig zu erhalten und wirtschaftlich zu stützen, sondern im Gegenteil, sie zu zerstören, ihnen die Produktivkräfte zu entreißen«.[41] Ähnlich kritisch sah Luxemburg die Herrschaft der französischen Kolonisten in Algerien, die durch »planmäßige, bewusste Vernichtung und Aufteilung des Gemeineigentums« zwei Ziele verfolgten: Zum einen wollten sie »die Macht der arabischen Geschlechter als sozialer Verbände zertrümmern und damit ihren hartnäckigen Widerstand gegen das französische Joch brechen«; zum anderen ging es ihnen darum, »den seit einem Jahrtausend von den Arabern besessenen Grund und Boden ihren Händen zu entreißen und in die Hände französischer Kapitalisten zu bringen«.[42]

Nach der Analyse der Ursachen und Folgen des Imperialismus gelangte Luxemburg zu dem Schluss, dass er die Industriemächte in Konfrontation, Konflikt und letztlich Selbstzerstörung treibe. »Der Imperialismus«, schrieb sie, »ist ebenso sehr eine geschichtliche Methode der Existenzverlängerung des Kapitals wie das sicherste Mittel, dessen Existenz auf kürzestem Wege objektiv ein Ziel zu setzen.«[43] Je aggressiver das System den Militarismus einsetze, »um die Produktionsmittel und Arbeitskräfte nichtkapitalistischer Länder und Gesellschaften durch die Welt- und Kolonialpolitik sich selbst zu assimilieren«, umso mehr »verwandelt sich die Tagesgeschichte der Kapitalakkumulation auf der Weltbühne in eine fortlaufende Kette politischer und sozialer Katastrophen und Konvulsionen, die zusammen mit den periodischen wirtschaftlichen Katastrophen in Gestalt der Krisen die Fortsetzung der Akkumulation zur Unmöglichkeit, die Rebellion der internationalen Arbeiterklasse gegen die Kapitalherrschaft zur Notwendigkeit machen werden, selbst ehe sie noch ökonomisch auf ihre natürliche selbstgeschaffene Schranke gestoßen ist«.[44]

Mit diesem Katastrophenargument forderte Luxemburg erneut die sozialistischen Revisionisten heraus. Aber dies reichte angesichts ihrer sonstigen Abweichungen von der marxistischen Orthodoxie nicht aus, um der *Akkumulation des Kapitals* eine positive Aufnahme zu sichern. Im *Vorwärts* schrieb Gustav Eckstein, ein österreichischer Mitarbeiter Kautskys, Luxemburg habe Marx falsch verstanden und vertrete widersprüchliche Ansichten. In der *Neuen Zeit* äußerte sich Otto Bauer, ein weiterer österreichischer Theoretiker, ähnlich. Auch Lenin, der zu der Zeit in Krakau im damals zu Österreich-Ungarn gehörenden Teil Polens lebte, nahm das Buch kritisch auf. In seinen Augen war Luxemburgs Argument, dass dauerhafte Akkumulation und anhaltendes Wachstum in einer geschlossenen Wirtschaft unmöglich seien, ein »grundlegender Fehler«. Ebenso wenig überzeugten ihn die Kapitel über die Auswirkungen des Imperialismus auf unterentwickelte Gesellschaften: »Die Beschreibung der Qualen der Neger in Südafrika ist schreiend, grell und sinnlos. Vor allem ist sie ›unmarxistisch‹.«[45]

Als Lenin Luxemburgs Buch las, lag er mit ihr gerade in einem ihrer regelmäßig aufflammenden Streite über die revolutionäre Taktik. Nach ihrer Ansicht waren spontane Massenaktionen der Schlüssel zum Erfolg, während er darauf beharrte, dass die Arbeiterklasse eine disziplinierte Partei brauche, um sie anzuführen und ihr die Richtung zu weisen. Dieser Streit mag sein Urteil über Luxemburgs Buch beeinflusst haben. Doch die Frage, ob ihre theoretischen Argumente zusammenpassten, blieb bestehen. 1942 erklärte der in Harvard ausgebildete marxistische Ökonom Paul Sweezy in seiner *Theorie der kapitalistischen Entwicklung*, Luxemburg habe einen grundlegenden Fehler gemacht, indem sie in ihrer Kritik der Marx'schen Reproduktionsschemata angenommen habe, dass die Gesamtnachfrage, während die Wirtschaft wachse, gleich bleibe. Tatsächlich würden Kapitalisten, wenn sie in mehr Anlagegüter investierten und die Kapazität ihrer Fabriken vergrößerten, zumeist auch mehr Arbeiter einstellen, die dann ihre Einkommen ausgäben, wodurch sich das Nachfrageniveau in der gesamten Wirtschaft erhöhe. Wenn man dies erkenne, schloss er, »bricht die ganze Theorie [Luxemburgs] zusammen«.[46]

Aber Luxemburgs Theorie fand auch einige prominente Verteidiger. 1951 verfasste Joan Robinson, die in Cambridge bei Keynes studiert hatte und selbst eine bedeutende Theoretikerin war, ein Vorwort zu einer englischen Neuausgabe der *Akkumulation des Kapitals*, in dem sie feststellte, dass Luxemburg zwar einige theoretische Details durcheinandergebracht habe, ihre Fehler aber von ihrer Erkenntnis, dass der westliche Industriekapitalismus einen äußeren Absatzmarkt für seine Überschüsse an Kapital und Produkten brauche, mehr als aufgewogen würden. »[N]ur wenige werden bestreiten«, schrieb sie, »dass die Ausbreitung des Kapitalismus auf neue Territorien die Haupttriebfeder dessen war, was ein akademischer Nationalökonom den ›großen säkularen Aufschwung‹ der letzten zweihundert Jahre genannt hat […]. Trotz aller Verworrenheit und Übertreibungen«, fasste Robinson ihr Urteil zusammen, »beweist das Buch von Rosa Luxemburg mehr Voraussicht, als jeder beliebige orthodoxe Zeitgenosse von sich behaupten könnte.«[47]

Kaum war *Die Akkumulation des Kapitals* erschienen, begann Luxemburg, eine Erwiderung auf ihre Kritiker zu verfassen. Der Ausbruch des Ersten Weltkriegs Ende Juli 1914 unterbrach jedoch ihre Arbeit daran. Am 4. August, eine Woche nach dem Beginn des ruinösen Konflikts zwischen den Alliierten und den Mittelmächten, stimmten die SPD-Abgeordneten im Reichstag geschlossen für die von der Regierung unter Reichskanzler Theobald von Bethmann Hollweg beantragten Kriegskredite. Luxemburg war empört. Zusammen mit Clara Zetkin und Karl Liebknecht, der sich als Abgeordneter der SPD nur widerstrebend dem Fraktionszwang gebeugt hatte, bildete sie innerhalb der Partei die Gruppe Internationale, die weitere Kriegskredite ablehnte. Die Gruppe warb intensiv um neue Mitglieder, aber als im Dezember 1914 eine weitere Kreditvorlage zur Abstimmung kam, stimmte Liebknecht als einziger SPD-Abgeordneter gegen sie.

Während sich die deutsche politische Klasse hinter die Kriegsanstrengungen stellte, verfolgte die Regierung aktive Kriegsgegner. Liebknecht wurde zum Militär einberufen und Luxemburg von Februar 1915 bis Februar 1916 und noch einmal von Juli 1916 bis November 1918 ins Gefängnis gesperrt, wo sie jedoch weiterschrieb. »Ich habe endlich nach zwei Wochen meine Bücher und die Erlaubnis gekriegt zu arbeiten«, teilte sie einem Freund aus dem Frauengefängnis in der Barnimstraße in Berlin mit. »Sie können sich denken, dass ich's mir nicht zweimal sagen ließ.«[48] In einer Streitschrift mit dem Titel *Die Krise der Sozialdemokratie,* die sie 1915 schrieb und die im folgenden Jahr unter dem Pseudonym Junius erschien – eine Referenz an einen republikanischen Helden des antiken Rom –, warf sie der SPD-Führung die Unterstützung des Krieges vor. Die öffentliche Begeisterung bei dessen Ausbruch, erklärte sie, sei bereits verdrießlichen Gesichtern, »Granaten, Drehbänken, Patronentaschen, Heiratsvermittlungen für Witwen der Gefallenen« gewichen.[49]

Während manche Kriegsgegner die preußische Junkerschicht oder die »perfiden« Engländer beschuldigten, Europa in die Katastrophe geführt zu haben, waren nach Luxemburgs Ansicht alle im Kapitalismus und Imperialismus für ihn verantwortlich. »Die Geschichte, aus der der heutige Krieg geboren wurde«, betonte sie, »begann nicht erst im Juli 1914, sondern sie reicht Jahrzehnte zurück, wo sich Faden an Faden mit der Notwendigkeit eines Naturgesetzes knüpfte, bis das dickmaschige Netz der imperialistischen Weltpolitik fünf Weltteile umstrickt hatte [...].«[50] Der Krieg stelle die Apotheose dieser Entwicklung dar: »Hier enthüllt der Kapitalismus seinen Totenschädel, hier verrät er, dass sein historisches Daseinsrecht verwirkt, seine weitere Herrschaft mit dem Fortschritt der Menschheit nicht mehr vereinbar ist.« In einem derart zerstörerischen Konflikt, erklärte Luxemburg, sei für beide Seiten durch einen Sieg nichts zu gewinnen. Die einzige Hoffnung sei, dass die Arbeiter aller beteiligten Länder zur Vernunft kämen, den Krieg ablehnten und das System, das ihn hervorgebracht habe, stürzten. »Dieser Wahnwitz wird erst aufhören und der blutige Spuk der Hölle wird erst verschwinden«, beschwor Luxemburg ihre Leser, »wenn die Arbeiter in Deutschland und Frankreich, in England und Russland endlich aus ihrem Rausch erwachen, einander brüderlich die Hand reichen und den bestialischen Chorus der imperialistischen Kriegshetzer wie den heiseren Schrei der kapitalistischen Hyänen durch den alten mächtigen Schlachtruf der Arbeit überdonnern: ›Proletarier aller Länder, vereinigt euch!‹«[51]

Die *Junius-Broschüre*, wie sie genannt werden sollte, kann mit einigem Recht als Luxemburgs stärkste Schrift bezeichnet werden. Während sich der Krieg hinzog, war sie allerdings nicht die einzige Linke, die einen Sinn in dem Gemetzel suchte. In Zürich, wo seine Frau Nadeschda Krupskaja im Exil lebte, recherchierte Lenin für ein Buch über die Ökonomie des Imperialismus. Er las John Hobsons Abhandlung von 1902 über das Thema ebenso wie die Schriften des österreichischen marxistischen Ökonomen Rudolf Hilferding, der in seinem 1910 erschienenen Buch *Das Finanzkapital* zwei Unterscheidungsmerkmale des modernen Kapitalismus festgestellt hatte: die Vermischung von Industrie- und Finanzkapital durch das Bankensystem und die Entstehung von Monopolen und Kartellen. Seiner Auffassung nach war dieser neue, monopolistische Kapitalismus noch ausbeuterischer als die alte, kompetitive Version, aber er wies auch auf einen potenziellen Vorteil für Sozialisten hin, die das System überwinden wollten: »Sobald das Finanzkapital die wichtigsten Produktionszweige unter seine Kontrolle gebracht hat, genügt es, wenn die Gesellschaft durch ihr bewusstes Vollzugsorgan, den vom Proletariat eroberten Staat, sich des Finanzkapitals bemächtigt, um sofort die Verfügung über die wichtigsten Produktionszweige zu erhalten.«[52]

Hobson und Hilferding lieferten Lenin die Grundlagen für seine Darstellung des Imperialismus. Obwohl er Luxemburgs *Die Akkumulation des Kapitals* gelesen und rezensiert hatte, erwähnte er das Buch nicht. Sein intellektueller Gegenspieler war Kautsky, der ihn 1914 mit seiner Weigerung, mit der SPD-Führung zu brechen, in Wut versetzt hatte. In jüngerer Zeit hatte Kautsky zudem die von Lenin, Luxemburg und vielen anderen vertretene Ansicht infrage gestellt, dass der Krieg die Todeszuckungen der imperialistischen Ordnung ankündige. In der *Neuen Zeit*, die er 30 Jahre zuvor gegründet hatte, schrieb er, dass nach dem Ende des Konflikts auch ein neues System des »Ultraimperialismus« entstehen könne, in dem »eine heilige Allianz der Imperialisten«, statt einander zu bekämpfen, die Welt friedlich untereinander aufteilen werde, so, wie es Trusts und Kartelle im nationalen Rahmen täten. »Je länger der Krieg dauert«, schloss Kautsky, »je mehr er alle Beteiligten erschöpft und vor einer baldigen Wiederholung des Waffenganges zurückschaudern lässt, desto näher rücken wir der letzteren Lösung, so unwahrscheinlich sie jetzt noch scheinen mag.«[53] In Lenins Augen war dies Verrat und obendrein Häresie.

Lenin schrieb sein Traktat im Frühjahr 1916 (es erschien im folgenden Jahr in St. Petersburg). Seine Grundthese war schon im Titel enthalten: *Der Imperialismus als höchstes Stadium des Kapitalismus.* Am Anfang stattete er dem Nichtmarxisten Hobson seinen Dank ab, dessen Buch »eine sehr gute und ausführliche Beschreibung der grundlegenden ökonomischen und politischen Besonderheiten des Imperialismus« enthalte.[54] Nachdem er auch Hilferding seine Referenz erwiesen hatte, erklärte er, dass dieses letzte Stadium des Kapitalismus aus fünf Grundelementen bestehe:

»1. Konzentration der Produktion und des Kapitals, die eine so hohe Entwicklungsstufe erreicht hat, dass sie Monopole schafft, die im Wirtschaftsleben die entscheidende Rolle spielen;
2. Verschmelzung des Bankkapitals mit dem Industriekapital und Entstehung einer Finanzoligarchie auf der Basis dieses ›Finanzkapitals‹;
3. der Kapitalexport, zum Unterschied vom Warenexport, gewinnt besonders wichtige Bedeutung;
4. es bilden sich internationale monopolistische Kapitalistenverbände, die die Welt unter sich teilen, und
5. die territoriale Aufteilung der Erde unter die kapitalistischen Großmächte ist beendet.«[55]

Als Beispiele der Monopolisierung führte Lenin Kartelle in Deutschland und Trusts in den Vereinigten Staaten an, von denen er Tobacco Trust, Rockefellers Standard Oil, dessen Zerschlagung der Oberste Gerichtshof der Vereinigten Staaten einige Jahre zuvor verfügt hatte, und die 1901 von J. P. Morgan geschaffene US Steel Corporation ausdrücklich nannte. Diese Unternehmen waren allesamt Lehrbuchmonopole, insofern sie einen ganzen Markt beherrschten und die Preise auf ihm diktierten. Aber Lenin verwandte den Begriff »Monopol« auch für das, was heutige Ökonomen »Oligopol« nennen, einen von wenigen riesigen Unternehmen beherrschten Markt. Er verwies auf die deutsche Chemieindustrie, die sich fest in der Hand von BASF, Bayer und Hoechst befand. Auf monopolistischen Märkten, schrieb er, »wird eine annähernde Berechnung der Größe des Marktes vorgenommen, der durch vertragliche Abmachungen unter diese Verbände ›aufgeteilt‹ wird. [...] In seinem imperialistischen Stadium führt der Kapitalismus bis dicht an die allseitige Vergesellschaftung der Produktion heran [...].«[56]

Je weiter die Monopolisierung in den kapitalistischen Ländern voranschreite, fuhr Lenin fort, desto schärfer werde der internationale Konkurrenzkampf um Rohstoffe und neue Märkte: »Je höher entwickelt der Kapitalismus, je stärker fühlbar der Rohstoffmangel, je schärfer ausgeprägt die Konkurrenz und die Jagd nach Rohstoffquellen in der ganzen Welt sind, desto erbitterter ist der Kampf um die Erwerbung von Kolonien.« Nachdem er Cecil Rhodes' Bemerkung, das Empire sei eine »Brot-und-Butter-Frage«, zitiert hatte, mokierte er sich über Kautskys Annahme, kapitalistische Unternehmen könnten Rohstoffe auf dem freien Markt erwerben: Dieser rücke »immer mehr in die Vergangenheit, monopolistische Syndikate und Trusts engen ihn von Tag zu Tag mehr ein«.[57] Wie Hobson (und Luxemburg) betrachtete auch Lenin Kolonien als dringend benötigte Absatzmärkte für Überschusskapital. In manchen führenden Ländern sei der Kapitalismus »überreif« geworden, und dem Kapital fehle »(unter der Voraussetzung der Unentwickeltheit der Landwirtschaft und der Armut der Massen) ein Spielraum für ›rentable‹ Betätigung«.[58]

Während Lenins Beschreibung des Imperialismus weitgehend derjenigen von Hobson entsprach, stützte er sich bei seiner Analyse des »Finanzkapitals« stärker auf Hilferding, den er ausführlich zitiert. In Deutschland, führte er aus, seien die sechs größten Banken durch ihre Direktoren in den Aufsichtsräten von 344 und durch Vorstandsmitglieder in denjenigen weiterer 407 Unternehmen vertreten, zu denen die verschiedensten Industrie- und Handelsgesellschaften, vom Verkehrswesen bis zu Restaurantbetrieben, gehörten. Während das Finanzkapital seine Herrschaft über die Wirtschaft festige, ziehe es »kolossale und stets zunehmende Profite aus Gründungen, aus dem Emissionsgeschäft, aus Staatsanleihen usw., verankert die Herrschaft der Finanzoligarchie und legt der gesamten Gesellschaft einen Tribut zugunsten der Monopolisten auf«. Außerdem hob Lenin die zunehmende Bedeutung von Aktiengesellschaften hervor, in denen das Eigentum am Kapital von dessen Management getrennt sei und professionelle Manager im Auftrag der Aktionäre die Unternehmen führten: »Der Imperialismus oder die Herrschaft des Finanzkapitals ist jene höchste Stufe des Kapitalismus, wo diese Trennung gewaltige Ausdehnung erreicht.«[59]

Was die politischen Grundlagen des Imperialismus betraf, stellte Lenin die herrschende Meinung auf der Linken infrage, nach der er ein ausschließlich von den Eliten vorangetriebenes Projekt sei, während die Arbeiter bloß passive Zuschauer oder von einer chauvinistischen Presse Verleitete seien. Dieser Auffassung lag die Annahme zugrunde, dass der Imperialismus den Massen nichts von Wert zu bieten habe. Lenin wies diese Behauptung zurück. Manche Arbeiter würden an der Beute imperialistischer Unternehmungen beteiligt, betonte er, was ihre Unterstützung imperialistischer Politiker erkläre. Da die Kapitalisten »hohe Monopolprofite herausschlagen«, fuhr er fort, »bekommen sie ökonomisch die Möglichkeit, einzelne Schichten der Arbeiter, vorübergehend sogar eine ziemlich bedeutende Minderheit der Arbeiter zu bestechen und sie auf die Seite der Bourgeoisie des betreffenden Industriezweiges oder der betreffenden Nation gegen alle übrigen hinüberzuziehen«.[60] In Großbritannien geschehe dies seit Jahrzehnten. Letzten Endes könne indes auch der »Opportunismus« von Teilen der Arbeiterklasse die unvermeidlichen Konflikte zwischen rivalisierenden nationalen Kapitalen nicht verhindern. Kautskys Vision eines friedlichen »Ultraimperialismus« sei »*völlig* von einem mit dem Marxismus absolut nicht zu vereinbarenden Geist« durchdrungen.[61] Man finde in ihr »nichts anderes [...] als reaktionäre Einstellung und bürgerliches Reformertum«.[62]

Lenin untermauerte seine Darstellung der Entwicklung des Kapitalismus seit Marx' Zeit mit Statistiken aus amtlichen Berichten und akademischen Studien. Vielleicht mit Blick auf die zaristische Zensur mäßigte er seine revolutionäre Sprache und sparte sich sein Gift zum größten Teil für Kautsky und andere »Opportunisten« in der Arbeiterbewegung auf. Ironischerweise sollte die Geschichte aber nicht nur seine ökonomische Analyse zum Teil bestätigen, sondern auch Kautskys These. Es brauchte einen weiteren zerstörerischen Krieg und die Niederlage des Faschismus, um die wichtigsten kapitalistischen Länder zusammenzubringen. Aber letztlich gelangten sie zu der Einsicht, dass internationale Übereinkommen, welche die Weltmärkte für ihre Exportunternehmen und Investoren offen hielten, militärischen Konflikten vorzuziehen seien. Aus linker Perspektive sollte Kautskys »heilige Allianz der Imperialisten« Früchte tragen.

Was den Verrat Kautskys und anderer SPD-Führer anbelangte, war Luxemburg mit Lenin einer Meinung. Anfang 1916 benannte sich die von ihr und Clara Zetkin gegründete Antikriegsgruppe Internationale in Spartakusbund um (nach dem thrakischen Gladiator, der im Römischen Reich einen Sklavenaufstand angeführt hatte), der sich im April 1917 mit einer anderen Antikriegsgruppe, die sich von der SPD abgespalten hatte, der Unabhängigen Sozialdemokratischen Partei, zusammenschloss. Zu diesem Zeitpunkt hatte die russische Februarrevolution im selben Jahr in Luxemburg die Hoffnung aufkeimen lassen, dass der Krieg endlich zu Ende gehen würde. Später im Jahr begrüßte sie die Machtergreifung der Bolschewiki. Trotz aller theoretischen und taktischen Differenzen bewunderte sie die Schnelligkeit und Rücksichtslosigkeit, mit denen Lenin und seine Genossen handelten. »Die ganze revolutionäre Ehre und Aktionsfähigkeit, die der Sozialdemokratie im Westen gebrach, war in den Bolschewiki vertreten«, bemerkte sie in einem 1918 geschriebenen Pamphlet.[63]

Während sie die Ereignisse in Russland verfolgte, gab sie jedoch ihre Kritikfähigkeit nicht auf. Sie war nicht nur sozialistische Revolutionärin, sondern auch Demokratin. Als die Bolschewiki im Januar 1918 die gewählte Verfassunggebende Versammlung auflösten, kritisierte sie dies scharf, denn »ohne eine freie, ungehemmte Presse, ohne ungehindertes Vereins- und Versammlungsleben [ist] gerade die Herrschaft breiter Volksmassen völlig undenkbar«. Andernfalls schlafe »das öffentliche Leben [...] allmählich ein«, während »einige Dutzend Parteiführer von unerschöpflicher Energie und grenzenlosem Idealismus dirigieren und regieren«.[64]

Diese prophetische Analyse wurde nicht sofort veröffentlicht. Luxemburg verbrachte den größten Teil des Jahres 1918 im Gefängnis. Als im Spätsommer eine alliierte Gegenoffensive die deutschen Linien durchbrach, war die Moral der Truppe am Boden, und das Regime in Berlin zerfiel von innen. Am 9. November verkündete Reichskanzler Max von Baden, der gerade erst einen guten Monat im Amt war, die Abdankung Kaiser Wilhelms II. und übergab die Macht an Friedrich Ebert und Philipp Scheidemann, die Führer der stärksten Reichstagsfraktion, der SPD. Scheidemann rief umgehend die Republik aus. Am selben Tag wurde Luxemburg aus dem Gefängnis in Breslau entlassen, und sie reiste eilig nach Berlin. Am 11. November trat der Waffenstillstand in Kraft.

Der Krieg war vorüber, aber Deutschland befand sich in Aufruhr. Enttäuschte Soldaten strömten von der Front zurück in die Heimat. In vielen Städten beanspruchten Arbeiterräte die Macht. Um mit den Ereignissen Schritt zu halten und die Gelegenheit zu nutzen, gründeten Liebknecht, Luxemburg und andere eine neue Tageszeitung, die *Rote Fahne*. »Die Abschaffung der Kapitalherrschaft, die Verwirklichung der sozialistischen Gesellschaftsordnung«, schrieb Luxemburg in ihrem ersten Artikel nach der Entlassung aus dem Gefängnis, »dies und nichts Geringeres ist das geschichtliche Thema der gegenwärtigen Revolution.«[65] Sie zählte einige Sofortforderungen auf, wie die Entwaffnung der Polizei, die Bildung einer Arbeitermiliz – einer »Roten Garde« –, die Übergabe der Macht an Arbeiter- und Bauernräte und die Enteignung von Familienvermögen. Die von Ebert und Scheidemann angeführte provisorische Regierung hatte nicht die Absicht, irgendetwas davon zu tun. Sie wollte nur die Ordnung wiederherstellen. Zu diesem Zweck traf Ebert eine geheime Vereinbarung mit dem Generalquartiermeister des deutschen Heeres, General Wilhelm Groener, dem er versprach, dass die neue Regierung die Unabhängigkeit des Heeres aufrechterhalten werde, während Groener der Regierung die Unterstützung des Heeres zusicherte.

Im Spartakusbund forderten einige Radikale den sofortigen Aufstand. Da Ebert die Unterstützung des Heeres besaß, sah Luxemburg die Siegeschancen einer Revolution skeptisch. An den letzten beiden Tagen des Jahres 1918 schloss sich der Spartakusbund mit anderen revolutionären Gruppen zur Kommunistischen Partei Deutschlands (KPD) mit Liebknecht als Vorsitzendem zusammen. In einer Rede auf dem Gründungsparteitag vertrat Luxemburg die Ansicht, dass der revolutionäre Zeitplan sich länger hinziehen könnte: »Ich übernehme es nicht zu prophezeien, wie viel Zeit dieser Prozess braucht.«[66] Viele jüngere Spartakisten wollten jedoch nicht warten. Am 5. Januar 1919 begannen sie in Berlin einen bewaffneten Aufstand, woraufhin die Regierung Freikorps zu Hilfe rief.

Nach dem Ausbruch der Kämpfe schloss Luxemburg sich dem Aufstand an. Unter großer persönlicher Gefahr eilte sie durch die Stadt, um den spartakistischen Kämpfern zu helfen. Außerdem schrieb sie aufmunternde Artikel für die *Rote Fahne.* Aber die Spartakisten zählten nur einige Tausend und wurden weder von der örtlichen Polizei noch von Heereseinheiten unterstützt. Als die Freikorps begannen, führende Spartakisten festzunehmen, gingen Liebknecht und Luxemburg in den Untergrund. In einem Versteck in Berlin-Wilmersdorf schrieb Luxemburg einen weiteren Artikel für die *Rote Fahne*, die immer noch in geringer Auflage gedruckt wurde. Der auf den 14. Januar 1919 datierte Artikel trug den Titel »Die Ordnung herrscht in Berlin« und endete mit der trotzigen Erklärung: »›Ordnung herrscht in Berlin!‹ Ihr stumpfen Schergen! Eure ›Ordnung‹ ist auf Sand gebaut. Die Revolution wird sich morgen schon ›rasselnd wieder in die Höh' richten‹ und zu eurem Schrecken mit Posaunenklang verkünden: *Ich war, ich bin, ich werde sein!*«[67]

Es waren ihre letzten zu ihren Lebzeiten veröffentlichten Worte. Am 15. Januar nahm eine Freikorpseinheit sie und Liebknecht gefangen. Der Anführer der Einheit verhörte sie in einem vornehmen Hotel im Zentrum von Berlin und übergab sie dann seinen Männern, vorgeblich zum Transport in ein Gefängnis. Doch stattdessen schlug ein Freikorpsmann Luxemburg bewusstlos, schoss ihr in den Kopf und warf sie in den Landwehrkanal. Liebknecht wurde getrennt von ihr aus dem Hotel gebracht, zusammengeschlagen und durch Schüsse in den Rücken getötet.[68]

Die Morde lösten in mehreren deutschen Städten Unruhen aus, doch als linke Kräfte Aufstände zu entfachen versuchten, wurden sie von Armee- und Freikorpseinheiten niedergeschlagen. In Berlin versuchte Jogiches, Luxemburgs ehemaliger Lebenspartner, der ebenfalls im Spartakusbund aktiv war, diejenigen zu identifizieren, die letztlich für die Morde verantwortlich waren, aber er kam nicht weit. Anfang März wurde auch er verhaftet und in Polizeigewahrsam ermordet.[69] Er war 51 Jahre alt, Luxemburg 47. Ihr Leben war auf brutale Weise verkürzt worden. Doch im Tod sollte ihre Legende stetig wachsen.

14

»Die langen Wellen der Konjunktur«

Nikolai Kondratjew und die Dynamik der kapitalistischen Entwicklung

Eine Woche nachdem Demonstranten am 23. Februar 1917 (nach dem alten julianischen Kalender) in Petrograd (heute St. Petersburg) auf die Straße gegangen waren, dankte Zar Nikolaus II. ab, und eine provisorische Regierung übernahm die Macht. Sie bestand aus Gemäßigten aus der Konstitutionell-Demokratischen Partei und einigen Vertretern radikalerer Gruppen, einschließlich der Partei der Sozialrevolutionäre (SR), agrarischen Sozialisten mit einer Basis auf dem Land. Während Lenins Bolschewiki die staatliche Kontrolle über Landwirtschaft und Industrie anstrebten, sahen die Sozialrevolutionäre in der *mir*, der selbstverwalteten russischen Dorfgemeinschaft aus Bauernhaushalten, das Modell der künftigen Gesellschaftsordnung. Im Mai 1917 trat der langjährige Sozialrevolutionär Viktor Tschernow als Landwirtschaftsminister in die provisorische Regierung ein, die in heikler Doppelherrschaft mit in Petrograd und anderen Städten entstandenen Arbeiterräten (Sowjets) amtierte. Einer von Tschernows Beratern war ein junger Ökonom namens Nikolai Dmitrijewitsch Kondratjew.

Die Aufgabe, vor der Tschernow, Kondratjew und ihre Kollegen standen, war gewaltig. Die akute Lebensmittelknappheit in großen Teilen des Landes, die zum Sturz des Zarenregimes beigetragen hatte, bestand weiterhin. Zu den ersten Maßnahmen der provisorischen Regierung gehörten die Rationierung von Brot und die Errichtung eines staatlichen Monopols auf die Beschaffung und Verteilung von Getreide. Ein weiteres drängendes Problem war die Frage, was mit dem Grund und Boden geschehen sollte. Viele Bauern forderten eine Aufteilung der großen feudalen Güter. In manchen Gegenden nahmen sie die Dinge selbst in die Hand, indem sie Land beschlagnahmten und unter sich aufteilten.

Kondratjew kannte die ländliche Wirtschaft Russlands aus eigener Erfahrung. Er wurde am 17. März 1892 nahe der Stadt Witschuga, rund 310 Kilometer nordöstlich von Moskau, als ältestes von zehn Kindern einer armen Bauernfamilie geboren. An der Schule, die er in dem Dorf Chrenowo besuchte, entwickelte er radikale Ansichten und wurde mit 14 Jahren in ein örtliches Parteikomitee der Sozialrevolutionäre gewählt. Laut dem unschätzbaren Buch des englischen Historikers Vincent Barnett über Kondratjews Leben und Schaffen wurde er aufgrund seiner politischen Aktivitäten der Oberschule verwiesen und kam für sieben Monate ins Gefängnis. 1908 ging er nach St. Petersburg, wo er einige Jahre später in die juristische Fakultät der Universität aufgenommen wurde. Er studierte politische Ökonomie und schloss das Studium 1915 mit einem ausgezeichneten Diplom ab. Im selben Jahr veröffentlichte er eine Abhandlung über die wirtschaftlichen Auswirkungen der Semstwos, der gewählten lokalen und regionalen Selbstverwaltungsräte, die Zar Alexander II. 1864 nach der Aufhebung der Leibeigenschaft ins Leben gerufen hatte. Kondratjew hob die Rolle der Semstwos bei der Bereitstellung öffentlicher Dienstleistungen, wie Bildung und Gesundheitswesen, hervor. Ihre Tätigkeit konstituierte nach seiner Ansicht eine »öffentlich-rechtliche« Wirtschaft, die anstatt auf Marktanreize auf öffentliche Bedürfnisse reagierte.[1]

Der emsige, gelehrte Kondratjew schien für ein ruhiges Akademikerleben bestimmt zu sein. Doch die Februarrevolution und ihre Folgen änderten alles. Er beriet nicht nur SR-Politiker in der Ernährungspolitik, sondern schrieb auch für die SR-Zeitung *Narodnaja Wolja* (Volkswille). Zu diesem Zeitpunkt trat er für die Aufteilung der großen Landgüter und die Vergesellschaftung von Grund und Boden ein, den er als Mitgift der Natur betrachtete. In einer

Broschüre mit dem Titel *Die Agrarfrage. Land und Landordnung* schlug er vor, den Bauern Stücke des Gemeindelandes zuzuweisen, die groß genug sein sollten, um sich selbst und ihre Familien ernähren zu können. Nachdem er in den Staatsdienst eingetreten war, musste er seine Ansichten über die Landreform hinter die unmittelbare Aufgabe zurückstellen, eine angemessene Lebensmittelversorgung zu sichern und eine Hungersnot zu verhindern. Zu diesem Zweck unterstützte er die Rationierung und die staatliche Getreideverwaltung. Aber er befürchtete, dass sich die Maßnahmen der Regierung, wenn sie zu weit gingen, nachteilig auf die Lebensmittelproduktion auswirken würden. »Wir sehen, dass unter dem Druck der sich herausbildenden Krise ein schrittweiser Übergang zu festen Preisen und staatlichem Lebensmittelankauf stattfindet«, schrieb er. »Wir befinden uns also auf dem gefährlichen Weg einer Ausweitung der staatlichen Regulierung des Wirtschaftslebens hin zu einem Staatssozialismus in Kriegszeiten.«[2]

Im Juni 1917 wurde Kondratjew ins Exekutivkomitee des Allrussischen Rats der Bauerndeputierten gewählt. Einen Monat später wurde Alexander Kerenski, der charismatische Führer der moderaten Sozialrevolutionäre, der zugleich stellvertretender Vorsitzender des Petrograder Sowjets war, Chef einer neuen Koalitionsregierung der linken Rivalen der Bolschewiki – SR, Liberale und Menschewiki –, was auch Kondratjew weiter voranbrachte. Im Frühherbst wurde er zum für Ernährung zuständigen stellvertretenden Landwirtschaftsminister ernannt – eine schwere Verantwortung für einen 25-Jährigen.

Er konnte nicht wissen, dass seine politische Karriere damit schon ihren Höhepunkt erreicht hatte. Da Kerenski auf der Fortführung des Krieges beharrte, verlor die provisorische Regierung jede Unterstützung im Volk, und während die öffentliche Wut wuchs, wurde sie von Lenin und den Bolschewiki, die »Frieden, Land und Brot« zu bringen versprachen, ausmanövriert. Entscheidend war schließlich, dass sich die mit dem Petrograder Sowjet verbundenen Arbeiter gegen die Regierung wandten und den Bolschewiki anschlossen, indem sie den Altbolschewiken Leo Trotzki zum Vorsitzenden des Sowjets wählten.

Als die Bolschewiki in der letzten Oktoberwoche die Macht eroberten, spielte Trotzki die führende Rolle. Obwohl Lenin die Parole »Alle Macht den Sowjets!« ausgegeben hatte, wurde bald klar, dass die Bolschewiki als Erstes ihre eigene Herrschaft festigen wollten. Das neue Regime schuf eine neue Behörde, das Volkskommissariat für Ernährung, und als Kondratjew und seine Kollegen aus dem Landwirtschaftsministerium sich weigerten, ihre Büros zu verlassen, wurden sie festgenommen und zum Gehen gezwungen. Im Dezember 1917 wurde Kondratjew als Abgeordneter seiner Heimatprovinz in die Russische Konstituierende Versammlung gewählt, welche die provisorische Regierung für die Ausarbeitung einer demokratischen Verfassung einberufen hatte. Doch als sie im Januar 1918 zusammentrat, lösten die Bolschewiki sie nach dem ersten Tag auf und beendeten damit Russlands kurzen Flirt mit der parlamentarischen Demokratie.[3]

Während Lenin und seine Genossen ihre Herrschaft konsolidierten, kehrte Kondratjew zu seinen Studien zurück. 1918 zog er von St. Petersburg nach Moskau, wo er in die 1860 zur Förderung der ländlichen Entwicklung gegründete Petrow-Landwirtschaftsakademie eintrat. Von seiner neuen Nische in der akademischen Welt aus beteiligte er sich weiterhin an politischen Debatten. Obwohl die Bolschewiki die Regierung dominierten, war das Land noch keine monolithische Diktatur, die abweichende Ansichten unterdrückte. 1920 gründete Kondratjew innerhalb der Petrow-Landwirtschaftsakademie eine Forschungseinrichtung, die er Konjunkturinstitut nannte. Anfangs untersuchte es nur den riesigen russischen Landwirtschaftssektor, aber bald erweiterte es sein Forschungsgebiet auch auf andere Wirtschaftszweige. Es gab ein monatliches Bulletin mit ökonomischen Statistiken und Analysen heraus, das sowohl von Ökonomen als auch von Regierungsbeamten gelesen wurde.

1920 trat Kondratjew aus der SR aus, in der manche den Sturz der Bolschewiki und die Wiederherstellung der parlamentarischen Demokratie forderten. Eine Zeit lang schloss er sich einer anderen politischen Randgruppe an, der Union zur Erneuerung Russlands, die aber wenig Einfluss hatte. Trotz seines Hintergrunds als ehemaliges SR-Mitglied konnte sein Konjunkturinstitut enge Verbindungen zu mehreren Regierungsstellen knüpfen, wie dem Volkskommissariat für Finanzen (NKF) und dem Volkskommissariat für Landwirtschaft. Ab 1922, dem Jahr, in dem die Sowjetunion offiziell gegründet wurde, stand der Altbolschewik Grigori Sokolnikow, ein langjähriger Weggefährte des marxistischen Theoretikers und prominenten Parteifunktionärs Nikolai Bucharins, an der Spitze des NKF. Sokolnikow, der an einer französischen Universität in Wirtschaftswissenschaft promoviert hatte, schätzte die Bulletins von Kondratjews Institut. 1922 wurde es zu einer offiziellen Forschungseinrichtung des NKF, was es blieb, bis es Ende der 1920er-Jahre vom Stalin-Regime geschlossen wurde. Der Mitarbeiterstab des Instituts schwoll auf über 50 Personen an,[4] unter ihnen einige brillante junge Ökonomen wie Jewgeni Sluzki, der bereits die Sluzki-Gleichung entwickelt hatte, die heute noch in der formalen Theorie der Verbrauchernachfrage benutzt wird.

Ökonomische Debatten tobten innerhalb und außerhalb der Kommunistischen Partei Russlands (Bolschewiki), KPR (B), wie sie sich jetzt nannte. Als orthodoxer Marxist hatte Lenin zunächst geglaubt, Russland müsse eine längere Phase der kapitalistischen Industrialisierung durchmachen, bevor es für den Übergang zum Sozialismus bereit sei. Nach der Februarrevolution hatte er diesen Gedanken jedoch bald aufgegeben. In seiner im August und September 1917 geschriebenen Broschüre *Staat und Revolution* empfahl er die Pariser Kommune von 1871 als Vorbild und forderte die sofortige Verstaatlichung der Schwerindustrie und die Enteignung der Kapitalisten, denen die Unternehmen gehörten. Nach diesem Besitzwechsel sollten Arbeiterkomitees die Organisation der Produktion übernehmen, was Lenin als simple Aufgabe ansah. »*Alle* Bürger«, schrieb er,

> »werden Angestellte und Arbeiter eines das gesamte Volk umfassenden Staats›syndikats‹. Es handelt sich nur darum, dass sie alle gleichermaßen arbeiten, das Maß der Arbeit richtig einhalten und gleichermaßen Lohn bekommen. Die Rechnungsführung und Kontrolle darüber ist durch den Kapitalismus bis zum äußersten *vereinfacht*, in außergewöhnlich einfache Operationen verwandelt worden, die zu verrichten jeder des Lesens und Schreibens Kundige imstande ist, er braucht nur zu beaufsichtigen und zu notieren, es genügt, dass er die vier Grundrechnungsarten beherrscht und entsprechende Quittungen ausstellen kann.«[5]

Nach der Machtübernahme stellten Lenin und seine Mitstreiter rasch fest, dass die Dinge nicht so einfach waren. Der Erste Weltkrieg war noch im Gange, und die russische Wirtschaft befand sich im Chaos. Im März 1918 beendete Lenin Russlands Kriegsteilnahme, indem er im Friedensvertrag von Brest-Litowsk die niederdrückenden Bedingungen der Mittelmächte akzeptierte. Die Erholung vom Krieg erwies sich als kurzzeitig, denn binnen weniger Monate kämpften Weiße Armeen an mehreren Fronten gegen das neue Regime. In Reaktion auf die neue Krise stellten die Bolschewiki eine Rote Armee unter Führung Trotzkis auf und führten eine drakonische zentrale Wirtschaftssteuerung ein, die als Kriegskommunismus bekannt wurde. Das Regime konfiszierte Getreide direkt bei den Bauern und ermächtigte seine Geheimpolizei, die Tscheka, diese Maßnahme durchzusetzen. In den Städten übernahm es die Kontrolle über die Schwerindustrie, einschließlich des Kohlebergbaus, und verschmolz die Banken zu einem einzigen staatlichen Finanzinstitut. Außerdem verbot es den privaten Handel und Streiks.

Die Rote Armee schlug die Weißen Armeen schließlich zurück,

aber die harte Wirtschaftspolitik der Bolschewiki erwies sich als kontraproduktiv. Die Getreideproduktion ging weiter zurück, und die Lebensmittelpreise auf dem Schwarzmarkt stiegen unablässig an. Das Papiergeld verlor seinen Wert, und viele Russen nahmen zum Tauschhandel Zuflucht. Viele städtische Arbeiter verließen die Städte und kehrten in ihre Dörfer zurück: Bis Ende 1920 verlor Moskau 44,5 und Petrograd 57,5 Prozent seiner Einwohner.[6] Im selben Jahr lag die russische Industrieproduktion bei rund einem Siebentel derjenigen von 1913,[7] und die Getreideernte war gerade einmal halb so groß wie vor dem Krieg.[8] Der britische Schriftsteller H. G. Wells schrieb nach einer Russlandreise im Jahr 1920: »Was immer wir in Russland zu sehen bekamen, wir hatten stets nur den einen Eindruck, den grenzenlosen, hoffnungslosen Zusammenbruch.«[9]

Kondratjew blickte voller Verachtung auf die aus seiner Sicht mangelnde ökonomische Expertise der bolschewistischen Führer. Er glaubte, sie würden ohne jeden größeren Plan nur improvisieren. »Sie geben den Slogan heraus, diesen oder jenen Teil der Wirtschaftsstruktur ›zu beschlagnahmen‹, und ignorieren dabei völlig, wie dies geschehen soll und welche Folgen es hat«, schrieb er 1918.[10] Als sich die ökonomische Situation weiter verschlechterte, verstärkte sich die öffentliche Unruhe. Anfang März 1921 brach in der Hafenstadt Kronstadt ein Aufstand von Matrosen, Soldaten und Zivilisten aus, die freie Wahlen, Pressefreiheit, die Freilassung politischer Gefangener und die Lockerung der Kontrollen von Bauern forderten. Die Bolschewiki schlugen den Aufstand mithilfe von Luft- und Bodentruppen der Roten Armee nieder. Aber Lenin erkannte, dass ein drastischer Kurswechsel vonnöten war.

Auf ihrem X. Parteitag, der während der Niederschlagung des Aufstands stattfand, beschlossen die Bolschewiki eine Neue Ökonomische Politik (NÖP), die einige der Forderungen der Aufständischen erfüllte. Die Regierung beendete die Beschlagnahme der Getreideernte und ersetzte sie durch eine Steuer in Form von Sachleistungen. Außerdem erlaubte sie privaten Handel; nach

Entrichtung der neuen Steuer und Abzug ihres Eigenbedarfs war es den Bauern jetzt gestattet, Überschüsse auf dem offenen Markt zu verkaufen. Darüber hinaus nahm die Regierung die Verstaatlichung von Kleinunternehmen zurück und wandelte einige verstaatlichte Großunternehmen in unabhängige Trusts um. Vervollständigt wurde die Kehrtwende durch die Einführung einer neuen, goldgedeckten Währung.

Der politische Richtungswechsel zeitigte rasch die gewünschte Wirkung. Die Produktion von Fabriken und Bauernhöfen stieg wieder, die Inflation ging zurück, und Händler aller Art traten wieder auf den Plan. Manche missmutigen Bolschewiki klagten über das Auftreten von Kulaken (wohlhabenden Bauern) und »NÖP-Männern« (privaten Händlern), konnten aber nicht bestreiten, dass die Wirtschaft sich erholte. Bis 1925 stieg die Getreideproduktion im Vergleich zu 1920 auf mehr als das Doppelte, während die Industrieproduktion sich mehr als vervierfachte.[11]

Kondratjew, der die NÖP befürwortete, beteiligte sich weiterhin an öffentlichen Debatten, insbesondere innerhalb des Semplan, der Planungsabteilung des Volkskommissariats für Landwirtschaft. Wie buchstäblich alle russischen Ökonomen in den 1920er-Jahren hielt er Planung für notwendig, weil man die langfristige Wirtschaftsentwicklung nicht gänzlich der Anarchie des Markts überlassen könne. Im Unterschied zu vielen bolschewistischen Ökonomen setzte er Planung jedoch nicht mit zentraler Kontrolle von Produktion und Preisen gleich. Er warnte davor, dass dieser Ansatz ein Maß an Wissen und Voraussicht erfordere, das Ökonomen und Regierungsbeamte nicht besäßen. Seiner Ansicht nach bestand die richtig verstandene Aufgabe der Planung darin, das unabhängige Wachstum verschiedener Sektoren mithilfe von Werkzeugen wie Steuern, Subventionen und öffentlichen Aufträgen zu koordinieren, aber auch die objektiven Tendenzen der Wirtschaft, wie Rohstoffressourcen, das Arbeitskräftereservoir und bisherige Entwicklungen, ins Kalkül zu ziehen.[12]

1924 begann Kondratjew im Auftrag von Semplan, an einem umfassenden Plan für den Agrarsektor zu arbeiten. Darin erklärte er, dass die russische Landwirtschaft nicht durch eine verstockte Bauernschaft, sondern vor allem durch eine Reihe struktureller Probleme behindert werde: fehlende moderne Ausrüstung, schlechte Verkehrsverbindungen, einen überwerteten Wechselkurs und einen Mangel an wissenschaftlichem Fachwissen. Um diese Probleme zu lösen, waren laut Kondratjew umfangreiche staatliche Eingriffe und regionale Spezialisierung nötig; die einzelnen Regionen der Sowjetunion sollten jeweils die für ihren Boden, ihr Klima und ihre Arbeitskräfte passendsten Pflanzen anbauen.[13] Eine offensichtliche Herausforderung für jede Wirtschaftsentwicklungsplanung in dieser Zeit war der Mangel an Finanzmitteln: Das Land befand sich immer noch in der Erholungsphase nach Krieg und Chaos. Um diesen Mangel zu beheben, empfahl Kondratjew den Import ausländischen Kapitals, um es in die sowjetische Landwirtschaft zu investieren. Dieser Vorschlag war nicht so verschroben, wie er klingen mag. Kurz vor seinem Tod unterstützte Lenin die Idee, ausländischen Kapitalisten in manchen Teilen der Wirtschaft Konzessionen zu gewähren. Selbst die Landwirtschaftsabteilung von Gosplan, der 1921 gegründeten staatlichen Planungsbehörde, hatte sich dafür ausgesprochen, sich um Kapital aus anderen Ländern zu bemühen.[14]

Kondratjews Ratschläge waren Teil einer größeren Vision. Viele Bolschewiki wollten so schnell wie möglich die Industrialisierung vorantreiben, wodurch die Sowjetunion, wie sie glaubten, zum kapitalistischen Westen aufschließen würde. Kondratjew riet dagegen dazu, sich zumindest vorerst auf die Nutzung der riesigen Landflächen und natürlichen Ressourcen für die Ausweitung der Landwirtschaft zu konzentrieren. Durch den Export von Agrarprodukten und anderen Primärgütern könne man ländliche Einkommen generieren, die ihrerseits einen Markt für die heimische Industrie schaffen würden. Für die vielversprechendsten Exportgüter hielt er unter anderem Reis, Weizen, Schweine, Butter und Geflügel.

1924/25 unternahm Kondratjew im Auftrag des Volkskommissariats für Landwirtschaft eine Informationsreise nach Großbritannien und Deutschland und in die Vereinigten Staaten, während der er die Gelegenheit ergriff, mit einigen der bekanntesten westlichen Ökonomen zu sprechen. In Großbritannien traf er sich mit dem Cambridge-Ökonomen John Maynard Keynes, der durch seine Kritik an den scharfen Bedingungen des Versailler Vertrags berühmt geworden war. In New York diskutierte er mit Wesley Mitchell, einem Professor der Columbia University und Experten für Konjunkturzyklen, über die Arbeit seines Konjunkturinstituts. Während des Aufenthalts in den Vereinigten Staaten besuchte er auch Farmen, Agrarinstitute und das Landwirtschaftsministerium in Washington. Nach der Rückkehr nach Russland schrieb er einen Bericht über die massive Unterstützung der US-Regierung für die Farmer, zu der neben subventionierten Krediten auch wissenschaftliche Forschungen und lokale Bildungsprogramme gehörten. Er zitierte eine Studie, der zufolge über 80 Prozent der amerikanischen Farmen aufgrund dieser Programme die von ihnen verwendeten Techniken verändert hatten.[15] Seine Botschaft war klar: Die Sowjetunion konnte von den Vereinigten Staaten und anderen westlichen Ländern viel lernen.

Trotz der ökonomischen Vorzüge war Kondratjews Entwicklungsplan politisch explosiv, weil er auf privat betriebene bäuerliche Betriebe setzte. Inzwischen war er von der Vision der Sozialrevolutionäre von kleinen, genossenschaftlichen Dorfgemeinschaften abgekommen. Um die Agrarproduktion zu erhöhen und die Verbreitung der neuesten wissenschaftlichen Erkenntnisse zu fördern, schlug er vor, den Bauern zu gestatten, weitere Arbeitskräfte einzustellen und zusätzliches Land zu pachten. In einem Artikel von 1926 erklärte er eine auf der Verachtung für Kulaken und die kommerzielle Landwirtschaft beruhende Wirtschaftspolitik für einen schweren Fehler. Diese Verachtung gehörte allerdings zur Grundeinstellung vieler Bolschewiki. »Wenn dieser Irrweg beschritten wird«, schrieb er, »muss man all seine Konsequenzen erkennen und sich mit der Dominanz der familiären Verbrauchsordnung auf den Bauernhöfen mit ihrer geringen Marktfähigkeit und geringen Akkumulation und ihrem langsamen Wachstum der Produktivkräfte abfinden.«[16]

Viele Bolschewiki betrachteten die mit der NÖP einhergehende Liberalisierung als Notbehelf, der baldmöglichst beendet werden musste. Solange Lenin lebte, vermochte er die verschiedenen Fraktionen zusammenzuhalten. Obwohl er die NÖP als Abkehr von sozialistischen Grundsätzen charakterisiert hatte, wies er die Forderung nach ihrer Beendigung eisern zurück. Nach seinem Tod im Januar 1924 stand die Zukunft der NÖP in den Sternen. Innerhalb der Parteiführung war Bucharin, der einst als linker Hardliner angetreten war, zu ihrem prominentesten Verteidiger geworden. Auf einem Parteitag im April 1925 erklärte er: »Wir müssen den Bauern, allen Bauern sagen, *bereichert euch,* entwickelt eure Betriebe weiter und habt keine Angst, dass Zwang auf euch ausgeübt werden wird.« Auf der Gegenseite standen Trotzki und der Altbolschewik Jewgeni Preobraschenski, der 1919 zusammen mit Bucharin ein Buch mit dem Titel *Das ABC des Kommunismus* geschrieben hatte. Nach ihrer Ansicht war die Sowjetunion, wenn man die NÖP beibehielt, zu langsamem Wachstum verdammt und Geisel der Kulaken. Preobraschenski zitierte Marx' Analyse, der zufolge die frühe kapitalistische Akkumulation in England die Auflösung des Gemeineigentums der Bauern durch die Enclosure-Bewegung erfordert habe, kurz, primitive Akkumulation. Die sozialistische Akkumulation könne ebenso wenig »ohne die Enteignung eines Teils der Überschussproduktion der ländlichen […] Arbeit auskommen«, das heißt die Enteignung der Kulaken.[17]

Während die hitzige Debatte über die NÖP weiterging, verfolgte Kondratjew eine zweite Forschungsrichtung, die ihn noch weiter von den Autoritäten entfremdete. 1922 veröffentlichte er über sein Institut eine längere Studie mit dem Titel *Die Weltwirtschaft und ihre Konjunkturen während des Krieges und danach.* Sie behandelte den Abschwung, den viele Industrieländer, wie Großbritannien und Deutschland, nach dem Waffenstillstand erlebt hatten. Manche linke Beobachter hatten ihn als Beginn des terminalen Niedergangs des globalen Kapitalismus begrüßt. Kondratjew interpretierte ihn dagegen als zyklisches Phänomen, von dem sich das System, wie schon viele Male zuvor, wieder erholen würde, und unterfütterte seine Voraussage mit bis in die Zeit der beginnenden industriellen Revolution zurückreichenden Beispielen der wirtschaftlichen Aufs und Abs in Großbritannien und anderen Ländern.

Damit trat er in die Fußstapfen von Tugan-Baranowski, seinem einstigen Lehrer in St. Petersburg, der unter anderem eine Schrift über die Konjunkturzyklen in Großbritannien verfasst hatte. Tugan-Baranowski sah in Produktionskrisen unvermeidliche Bestandteile des Kapitalismus, bezweifelte jedoch, dass sie Vorboten seines endgültigen Zusammenbruchs seien.[18] Kondratjews Analyse der Nachkriegskrise stand in dieser Tradition, enthielt aber auch ein neues Element: Neben den für kapitalistische Wirtschaften typischen »kleinen Zyklen« von rund zehn Jahren machte er »große Zyklen« von rund 50 Jahren aus.

Seit dem Beginn der kapitalistischen Ära im späten 18. Jahrhundert, führte Kondratjew aus, habe es drei dieser großen Zyklen gegeben, die jeweils aus einer »steigenden« und einer »sinkenden Welle« bestanden. Der erste Zyklus habe sich von 1789 bis 1849 erstreckt und seinen Wendepunkt im Jahr 1809 gehabt; der zweite habe von 1849 bis 1896 gedauert, mit dem Wendepunkt im Jahr 1873. Und der dritte habe 1896 begonnen, 1913 – kurz vor Ausbruch des Ersten Weltkriegs – den Höhepunkt erreicht und sei jetzt, mit zu erwartenden erheblichen Auswirkungen auf die Wirtschaftsentwicklung und die sozialen Beziehungen, dabei abzusinken.[19]

In den frühen 1920er-Jahren gab es keine BIP-Statistiken, und die Angaben für die Produktion einzelner Industriezweige reichten nicht weit zurück. Kondratjew räumte ein, dass die Belege für seine Theorie der »langen Wellen« dürftig seien. Sie stammten hauptsächlich aus einer Analyse der Zinsentwicklung in westeuropäischen Ländern seit 1800. Doch trotz der löchrigen Beweislage war die weitreichende Implikation von Kondratjews Theorie klar: Wenn der Kapitalismus ausgedehnte Auf- und Abschwünge durchlief, besaß er kein vorbestimmtes Enddatum. Zumindest in der Theorie konnten die langen Wellen endlos rollen.

Wäre Kondratjews Studie in London oder New York veröffentlicht worden, hätte man sie als interessanten akademischen Beitrag betrachtet. Im bolschewistischen Russland jedoch wurde sie in manchen Kreisen als Infragestellung des Parteidogmas vom unvermeidlichen endgültigen Zusammenbruch des Kapitalismus verstanden. Als einer der ersten Vertreter des bolschewistischen Regimes kritisierte Trotzki, der sich schon lange für die Ökonomie interessierte, Kondratjews Theorie. Auf einem Kongress der neu gegründeten Kommunistischen Internationale (Komintern) im Jahr 1921 hatte er die Annahme, der globale Kapitalismus würde sich von seinem Nachkriegstief erholen, als das »für den Opportunismus [...] wichtigste Charakteristikum« bezeichnet.[20] Seine Erfahrungen als Befehlshaber der Roten Armee im Bürgerkrieg hatten seine Freude am intellektuellen Disput nicht gedämpft. 1923 wies er in einem langen Brief an die Redaktion einer sozialistischen akademischen Zeitschrift Kondratjews Theorie von großen Zyklen, die sich in demselben »strengen gesetzmäßigen Rhythmus« bewegten wie kleine Zyklen, als »sichtlich falsche Generalisierung, die aus einer formalen Analogie herrührt«, zurück. Während kurze Zyklen von der inneren Dynamik der kapitalistischen Wirtschaft hervorgebracht würden, schrieb er, werde die langfristige Entwicklung des Systems zum großen Teil von »externen Faktoren« bestimmt, wie kolonialem Landraub, Konflikten zwischen den imperialistischen Nationen und politischem Aufruhr: »Die Einverleibung neuer Länder und Kontinente durch den Kapitalismus, die Entdeckung neuer natürlicher Ressourcen und in deren

Gefolge solche Hauptereignisse im Bereich des ›Überbaus‹ wie Kriege und Revolutionen determinieren den Charakter und das Abwechseln von ansteigenden, stagnierenden oder niedergehenden Epochen der kapitalistischen Entwicklung.«[21]

Versuche, diesen breiten historischen Ansatz wie Kondratjew durch »Formalismus« zu ersetzen, fuhr Trotzki fort, führten zum »Aufteilen leerer Abstraktionen in genauso banale Teilstücke«.[22] Statt in den Daten nach großen Zyklen zu suchen, bestehe die wirkliche geistige Herausforderung darin, eine einzige Kurve zu finden, welche die langfristige Entwicklung des Kapitalismus »mit ihren nichtperiodischen (grundlegenden) und periodischen (sekundären) Phasen« wiedergebe. Um dies zu illustrieren, präsentierte Trotzki eine Grafik, die eine einzelne Linie zeigte, die zunächst langsam, dann schneller anstieg und, nachdem sie einen Höhepunkt erreicht hatte, wieder abwärts verlief. Sie beschrieb, laut Trotzki, »20 Jahre einer sehr geradlinigen Entwicklung des Kapitalismus […]; 40 Jahre eines energischen Aufschwungs […]; 30 Jahre verlängerter Krisen und des Niedergangs«. Er räumte ein, dass seine Kurve nicht auf irgendwelchen aktuellen Daten beruhte, glaubte aber, dass sie als »Ausgangspunkt von unschätzbarem Wert für historisch-materialistische Untersuchungen« sein könne.[23]

Kondratjew gab nicht nach. 1925 veröffentlichte er einen neuen Artikel mit dem Titel »Die langen Wellen der Konjunktur«, in dem er seine Theorie mit frischen Daten untermauerte und, ohne Trotzki namentlich zu nennen, die Kritik an ihr zurückwies. Dieser Artikel, der in der Zeitschrift des Moskauer Wirtschaftsforschungsinstituts erschien, stieß bei russischen Ökonomen auf großes Interesse und wurde wenig später ins Deutsche und Englische übersetzt. Die neuen Belege, die er enthielt, waren historische Daten über Warenpreise, Löhne, Kohleförderung und Außenhandel aus Großbritannien, Frankreich, Deutschland und den Vereinigten Staaten. Dabei hatte Kondratjew zunächst mittels der Methode der kleinsten Quadrate den langfristigen säkularen

Aufwärtstrend aus den Daten eliminiert und sie dann in neunjährige gleitende Durchschnitte umgerechnet, um die Auswirkungen kurzer Zyklen auszuschließen,[24] bevor er sie in Grafiken eintrug, deren Kurven eine deutliche Wellenbewegung zeigten, deren Auf- und Abschwünge jeweils rund 25 Jahre dauerten. Aufgrund dieser Muster identifizierte Kondratjew dieselben drei großen Zyklen wie in seiner früheren Studie. Die einzige bedeutende Veränderung gegenüber 1922 bestand darin, dass er den Höhepunkt der ersten langen Welle von 1809 auf 1814 verlegt hatte.[25]

Ein sofort gegen den Artikel vorgebrachter Kritikpunkt war, dass er keine überzeugende Erklärung dafür enthielt, wovon die langen Wellen erzeugt wurden. Aber sowohl in dem Artikel von 1925 als auch in dem Folgeartikel, den er am Anfang des nächsten Jahres fertigstellte, beschrieb Kondratjew einige wiederkehrende Eigenschaften.[26] Eine von ihnen war, dass grundlegende Veränderungen in der Wirtschaftsstruktur, wie die Einführung neuer leistungsfähiger Technologien, in der Regel in der abschwellenden Phase der langen Welle stattfanden, während soziale Unruhen, wie Kriege und Revolutionen, in der anschwellenden Phase auftraten. Außerdem untersuchte Kondratjew die Mechanik der langen Zyklen, wobei er die Rolle von Investitionen hervorhob: »Die materielle Grundlage der langen Zyklen ist der Verschleiß, die Ersetzung und Vergrößerung des Fonds an grundlegenden Investitionsgütern, deren Produktion enorme Investitionen erfordert und ein langer Vorgang ist.« Zu den grundlegenden Investitionsgütern zählte Kondratjew unter anderem »große Fabriken, wichtige Eisenbahnstrecken, Kanäle, große Bodenverbesserungsprojekte«.[27]

Aufgrund dieser Regelmäßigkeiten stellte Kondratjew die Behauptung infrage, die langfristige Entwicklung des Kapitalismus sei »durch zufällige, von außen hinzutretende Verhältnisse und Ereignisse bedingt«. (Es war vielleicht klug, dass er Trotzki nicht beim Namen nannte.) Die Ursachenkette verlaufe vielmehr in umgekehrter Richtung – von der Wirtschaft zu den äußeren Entwicklungen. Kriege und Revolutionen, führte er aus, würden »den

Verlauf der wirtschaftlichen Entwicklung sehr stark beeinflussen. Aber Kriege und Revolutionen fallen nicht vom Himmel und entspringen nicht der Willkür einzelner Persönlichkeiten. Sie entstehen auf dem Boden der realen, vor allem der ökonomischen Verhältnisse.« In die gleiche Richtung zielte sein Argument, dass der Erwerb neuer Territorien und die Öffnung neuer Märkte »nicht als der äußere Faktor gelten [können], welcher die Entstehung der langen Wellen in der Dynamik des Wirtschaftslebens befriedigend zu erklären vermöchte«. Vielmehr mache »ein neuer Aufschwung, indem er das Tempo der wirtschaftlichen Dynamik der kapitalistischen Länder beschleunigt, die Ausnutzung neuer Länder, neuer Absatz- und Rohstoffmärkte notwendig und möglich«.[28]

Selbst bedeutende technologische Neuerungen waren nach Kondratjews Ansicht nicht völlig vom wirtschaftlichen Umfeld getrennt. Verbesserungen von Produktionstechniken »üben auf den Gang der kapitalistischen Dynamik unstreitig einen mächtigen Einfluss aus«, schrieb er. »Aber niemand hat bewiesen, dass diese Änderungen der Technik zufälligen und äußeren Ursprunges sind.« Wissenschaftliche Entdeckungen und Erfindungen ergäben sich üblicherweise aus vorausgegangenen Forschungen und den »Anforderungen der praktischen Wirklichkeit«. Sie würden jedoch erst in der gesamten Wirtschaft angewandt, wenn die Umstände für große Investitionen günstig seien, das heißt während des Aufschwungs der Welle. Deshalb, schlussfolgerte Kondratjew, sei »die Entwicklung der Technik selbst in den Rhythmus der langen Wellen eingefügt«.[29]

In modernen Begriffen gesprochen, vertrat Kondratjew die Auffassung, dass in einem kapitalistischen System langfristiges Wachstum selbsttragend oder endogen sei. Das System alterniert zwischen langen Phasen ober- beziehungsweise unterhalb des Wachstumstrends, aber das Grundmuster ist durch fortdauernde Expansion bestimmt. Während der langen Aufschwünge wird das Wachstum von Investitionen in Großprojekte angetrieben, wie neue Fabriken, Bodenverbesserungsmaßnahmen und Verkehrsverbindungen. Während der Abschwünge verringern sich die großen Investitionen, und das Wirtschaftswachstum sinkt. In diese langen Zyklen eingebettet sind kurze Zyklen von rund zehn Jahren Dauer. Aber im Gegensatz zur mittlerweile orthodoxen marxistischen Lehre gibt es keine ihnen zugrunde liegende Entwicklung hin zum endgültigen Zusammenbruch des Systems.

Am 6. Februar 1926 kamen einige der führenden Ökonomen der Sowjetunion im Konjunkturinstitut zusammen, um sich einen Vortrag Kondratjews über seine Theorie und neue Daten, die sie untermauerten, anzuhören. Nach dem Vortrag zerpflückten sowohl einige seiner Kollegen vom Konjunkturinstitut als auch Ökonomen von anderen Institutionen seine Argumente. Damit endete die Kritik jedoch nicht. Eine Woche später legte einer der Kritiker, der Ökonom Dmitri Oparin, der mit Kondratjews Institut verbunden war und als Berater für Gosplan arbeitete, eine längere, ins Detail gehende Kritik vor.

Der englische Wirtschaftsjournalist Paul Mason stellt in seinem fesselnden Buch *Postkapitalismus. Grundrisse einer kommenden Ökonomie* fest, dass im Protokoll des Treffens vom 6. Februar 1926 »noch nichts von der Furcht und Irrationalität zu bemerken war, welche die stalinistischen Säuberungen der wissenschaftlichen Gemeinde der Sowjetunion bald darauf einflößen« sollten.[30] Aber obwohl es eine offene Diskussion war, fand Kondratjew nur wenige Verteidiger. Oparin behauptete, durch die Methode, mit der er die kurzen Zyklen eingeebnet habe – die Methode der kleinsten Quadrate –, habe er seine Daten über die großen Zyklen verzerrt. Selbst wenn diese Zyklen existierten, habe es seit der Herausbildung des Kapitalismus erst zweieinhalb von ihnen gegeben, was nicht ausreiche, um ihre Wendepunkte und andere Charakteristika zu bestimmen.

Auch der Ökonomieprofessor V. E. Bogdanow von der Moskauer Universität nahm Kondratjews Methodologie aufs Korn. Dessen lange Wellen seien ein Produkt statistischer Manipulationen.[31]

Außerdem stellte er Kondratjews ökonomische Analyse infrage. Investitionen in Kapitalprojekte, selbst in große, wie Eisenbahnstrecken und Stahlfabriken, könnten nicht die Entwicklungskurve der gesamten Weltwirtschaft über einen derart langen Zeitraum wie 50 Jahre bestimmen. Wie Trotzki betonte Bogdanow, dass äußere Faktoren, wie der Untergang des Osmanischen Reichs, und große wissenschaftliche Entdeckungen als Triebkräfte des langfristigen Wachstums eine größere Rolle spielten. Selbst wenn es die langen Wellen geben sollte, erklärte er, wären sie das Ergebnis der »zufälligen Überschneidung von zwei Kausalreihen« – des Gangs der historischen Ereignisse und des wissenschaftlichen Fortschritts. Darüber hinaus äußerten einige Teilnehmer der Versammlung, ebenfalls in Übereinstimmung mit Trotzki, ideologische Einwände gegen die Theorie der langen Wellen. »Kondratjew rechtfertige die Krise als normalen Zustand«, wandte der Agrarökonom Miron Nachimson ein, »und behaupte, man habe es ›mit einem im Grunde unendlichen Auf und Ab des Kapitalismus zu tun, weshalb es noch nicht angemessen ist, von der sozialen Revolution zu träumen‹«.[32]

Kondratjew nahm sich die Kritik nur teilweise zu Herzen. Er hatte vom Beginn seiner Forschungen an bereitwillig zugegeben, dass das begrenzte Datenmaterial ihm nicht erlaube, die Existenz langer Wellen abschließend nachzuweisen. 1923 hatte er in der Zeitschrift *Sozialistitschesko jechosjaistwo* (Sozialistische Wirtschaft) geschrieben: »Wir sehen den langen Zyklus der kapitalistischen Konjunktur nur als wahrscheinlich an.«[33] In seiner Erwiderung auf seine Kritiker wiederholte er diesen Vorbehalt, beharrte aber auch darauf, dass die Existenz langer Wellen sehr wahrscheinlich sei.

Während die Debatte über Kondratjews lange Wellen weiterging, veränderte sich das politische Umfeld. Zwei Monate vor der Versammlung im Konjunkturinstitut im Februar 1926 hatten die Bolschewiki auf ihrem XIV. Parteitag die Industrialisierung als

Hauptpfeiler der Wirtschaftsentwicklung bekräftigt. Josef Stalin verlas in seiner Eigenschaft als Generalsekretär der Partei den Rechenschaftsbericht des Zentralkomitees, in dem die Auffassung kritisiert wurde, »dass unser Land noch lange ein Agrarland bleiben müsse, dass es landwirtschaftliche Erzeugnisse ausführen und Maschinen einführen« müsse. Diesem Kurs zu folgen würde bedeuten, »dass unser Land niemals oder fast niemals zu einer richtigen Industrialisierung kommen könnte«.[34] Stalins Stellungnahme lief auf eine glatte Zurückweisung der von Kondratjew empfohlenen Entwicklungsstrategie hinaus.

Für Stalin, der darum kämpfte, sich als Lenins unumstrittener Nachfolger zu etablieren, und viele andere Bolschewiki bedeutete Kondratjews Ansatz eine zu große Abhängigkeit vom globalen kapitalistischen Handelssystem. Außerdem störten sie sich daran, dass er eine schrittweise Entwicklung vorsah. Viele Parteimitglieder, mit Trotzki an der Spitze, waren fest entschlossen, eine weltweite Revolution zu entfachen, da der globale Kapitalismus ihrer Ansicht nach nur auf diese Weise überwunden werden konnte. Stalin begann dagegen eine stärker nach innen gerichtete Strategie zu erwägen, die als Theorie des »Sozialismus in einem Land« bekannt werden sollte. Sie beruhte auf der Annahme, dass die Sowjetunion unabhängig davon, was anderswo geschah, in der Lage sei, im eigenen Land eine sich selbst tragende sozialistische Gesellschaft aufzubauen. Anfang 1926 forderte das Zentralkomitee der KPR »die Stärkung des Planungsprinzips und die Einhaltung der Planungsdisziplin«, was für viele Bolschewiki gleichbedeutend war mit rascher Industrialisierung.[35] Später im selben Jahr senkte das Regime die Beschaffungspreise, die es Bauern zahlte, und führte eine gegen die »NÖP-Männer« gerichtete neue Steuer auf Superprofite ein.[36] Der Politikwechsel wurde von einem Personalwechsel begleitet. Auf dem XIV. Parteitag der KPR (B) wurde Grigori Sokolnikow aus dem Politbüro, dem höchsten Führungsgremium der Partei, ausgeschlossen. Nach dem Sturz seines Hauptförderers in der Politik gerieten Kondratjews ökonomische Vorschläge ins Feuer öffentlicher Kritik. 1926 erklärte der hohe Gosplan-Funktionär P. I. Popow, die Idee, Bauern zu gestatten, Arbeitskräfte einzustellen und ihren Betrieb durch gepachtetes Land zu vergrößern, zeuge von kapitalistischem Geist.[37]

Der politische Kurswechsel trat immer deutlicher zutage. Im Juni 1927 forderte der Rat der Volkskommissare einen »einheitlichen Allunionsplan« der Industrialisierung. Bis zu diesem Zeitpunkt hatte sich Stalin in Wirtschaftsfragen als Zentrist positioniert und zwischen Trotzki und Preobraschenski auf der einen Seite und Bucharin und Verfechtern der NÖP auf der anderen Seite eine Mittelstellung eingenommen. Die enttäuschende Ernte von 1927 erwies sich als Wendepunkt. Stalin warf den Kulaken vor, Getreide zu horten, und hetzte gegen sie. Einige Wochen vor dem XV. Parteitag der KPR (B) im Dezember 1927 wurden Trotzki und der Altbolschewik und frühere Vertraute Lenins Grigori Sinowjew aus dem Zentralkomitee der Partei ausgeschlossen. Trotzki wurde in der Folgezeit nach Alma-Ata in Zentralasien deportiert. Nachdem er seinen Hauptrivalen ausgeschaltet hatte, vollendete Stalin die wirtschaftspolitische Kehrtwende. 1928 setzte Gosplan unter seiner Schirmherrschaft den ersten Fünfjahresplan in Kraft, der eine Steigerung der Industrieproduktion um 180 Prozent vorsah.[38]

Obwohl Kondratjew politisch zunehmend isoliert war, setzte er seine Forschung fort. 1928 veröffentlichte er einen weiteren Aufsatz über lange Wellen, der neue Daten über Preise von Agrarprodukten und Industriegütern enthielt.[39] Anders als seine früheren Veröffentlichungen löste diese Studie in der Sowjetunion kaum Debatten aus. Je diktatorischer Stalins Herrschaft wurde, desto weiter schloss sich das Fenster für offene Diskussionen. Am 2. Mai 1928 setzte die Regierung Kondratjew »wegen Einführung einer der sowjetischen Politik fremden Ideologie in seine Arbeit« als Direktor des Konjunkturinstituts ab.[40] Er blieb zwar noch eine Zeit lang als stellvertretender Direktor am Institut, aber in offiziellen Kreisen wurde er rasch zur Unperson. Am Anfang des folgenden

Jahres verdammte die *Große Sowjetische Enzyklopädie* seine Theorie mit sechs Worten: »Diese Theorie ist falsch und reaktionär.«[41]

Im Januar 1928 reiste Stalin persönlich an der Spitze einer Gruppe von Staats- und Parteifunktionären nach Westsibirien, um bei dortigen Bauern zwangsweise Getreide zu konfiszieren, Privatmärkte zu schließen und jeden, der Widerstand leistete, gefangen zu nehmen. Dieser Rückgriff auf Methoden des Kriegskommunismus war Vorbote eines umfassenderen Angriffs auf die Bauernschaft. Im Januar 1930 segnete das Zentralkomitee der KPR offiziell eine Politik ab, die darauf abzielte, riesige staatliche Agrarbetriebe zu schaffen. Um sicherzustellen, dass die Bauern den neuen Kollektivwirtschaften beitraten, ging das Regime mit Zuckerbrot und Peitsche vor. Letztere bestand aus hohen Steuern und Verbannung nach Sibirien für diejenigen, die sich weigerten.

Die NÖP war vorüber und Kondratjews mittlerer Weg endgültig verlassen. Vor dem Hintergrund von Stalins Absicht, alle wirklichen oder eingebildeten Feinde auszuschalten, dauerte es nicht lange, bis der innere Sicherheitsapparat ihn aufs Korn nahm. Im Juni 1930 wurde er unter der Anklage, einer (fiktiven) konterrevolutionären Organisation anzugehören, der sogenannten »Partei der werktätigen Bauern«, festgenommen und ins Moskauer Butyrka-Gefängnis gesperrt, wo schon viele andere politische Gefangene einsaßen. Laut Vincent Barnett, der im 1993 geöffneten KGB-Archiv recherchiert hat, wurde Kondratjew von einem berüchtigten Schergen des Staatssicherheitsdienstes NKWD namens Jakow Agranow einem langen Verhör unterzogen, in dem er ihm das falsche Geständnis abpresste, dass es die Partei der werktätigen Bauern tatsächlich gebe und sie das Ziel verfolge, wieder kapitalistische Elemente in die sowjetische Wirtschaft einzuführen.[42]

Es gibt schriftliche Belege dafür, dass Stalin selbst ein hartes Vorgehen gegen Kondratjew und andere Ökonomen, die seine Politik nicht enthusiastisch genug unterstützten, gefordert hatte. »Die Herren Kondratjew, Jurowski, Tschajanow u. a. [...] müssen durch die Mangel gedreht werden«, schrieb er im Oktober 1930 an den Chef der sowjetischen Geheimpolizei OGPU.[43] In einem Brief an seinen langjährigen Gefolgsmann Wjatscheslaw Molotow, die Nummer zwei in seinem Regime, verfügte er: »Kondratjew, Groman und einige andere Halunken müssen unbedingt erschossen werden.«[44]

Eine Zeit lang entgingen Kondratjew und der frühere Menschewik Wladimir Groman, der für Gosplan arbeitete, diesem Schicksal. Aber im März 1931 wurde Groman im Menschewiki-Schauprozess zu zehn Jahren Gefängnis verurteilt. Im Januar des nächsten Jahres wurde der damals 39-jährige Kondratjew vor Gericht gestellt und als »Kulaken-Professor« zu acht Jahren Haft verurteilt, die er in einem Gefängnis für politische Häftlinge in Susdal, 220 Kilometer nordöstlich von Moskau, verbüßte.[45] In Gefangenschaft arbeitete er, so gut es ging, weiter. »Ich lese die Bücher, die man mir zu haben erlaubt«, schrieb er am 7. März 1934 an seine Frau. »Ich habe mich der Mathematik zugewandt, und ich schreibe weiter an dem Buch über Trends.« In seinen Gefängnisbriefen wirkte Kondratjew zumeist einigermaßen gefasst, aber die schreckliche Realität seiner Lebensumstände war doch deutlich zu spüren. »Es ist vier Jahre her, seit man mich in diese Atmosphäre monotoner, dumpfer Stumpfheit versetzt hat, die sowohl die körperliche als auch die geistige Gesundheit beeinträchtigt«, schrieb er am 11. April 1934. »Genau genommen glaube ich, dass ich für weitere wissenschaftliche Arbeit verloren bin. All die neuen und vielleicht nicht unvorteilhaften Ideen, die mir hier eingefallen sind, sind dazu verdammt, nach und nach in Vergessenheit zu geraten. Die heutzutage am meisten entwerteten Werte sind das menschliche Leben und das menschliche Denken.«[46]

Wie für so viele Opfer Stalins gab es auch für Kondratjew keine Hoffnung. Als 1938 das Ende seiner achtjährigen Haftzeit gekommen war, befand sich der Große Terror des Kremlherrn auf seinem wahnwitzigen Höhepunkt. Anstatt freigelassen zu werden, wurde Kondratjew erneut vor Gericht gestellt, diesmal vor ein Militärgericht, das ihn am 17. September 1938 zum Tode verurteilte.

Noch am selben Tag wurde der 46-Jährige zum Schießplatz Kommunarka südwestlich von Moskau gebracht, den das sowjetische Innenministerium häufig für Hinrichtungen nutzte, und ein Erschießungskommando vollzog das Urteil.

In den folgenden Jahrzehnten wurde der Name Kondratjew weitgehend aus den sowjetischen Lehrbüchern getilgt. Sie stellten Stalins Politik der Zwangskollektivierung und Industrialisierung als entscheidend und höchst erfolgreich dar. Obwohl die genauen Zahlen immer noch umstritten sind, herrscht Einigkeit darüber, dass das Bruttoinlandsprodukt und die Industrieproduktion der Sowjetunion zwischen 1928 und 1940 rasch wuchsen. Wie der britische Historiker Orlando Figes, gewiss kein Verteidiger des bolschewistischen Regimes, schreibt, gab es »beeindruckende Zuwächse in der Schwerindustrie, im Bergbau und in der Bauwirtschaft. Die Sowjetunion wurde zum größten Produzenten von Erdöl, Kohle, Eisenerz und Zement und zu einem weltweit bedeutenden Produzenten von Mangan, Gold, Erdgas und anderen Mineralien.«[47] Aber die menschlichen Kosten von Stalins Politik, insbesondere der Zwangskollektivierung der Landwirtschaft, waren, wie Figes und auch andere Historiker betonen, unfassbar hoch. In vielen Gegenden wehrten sich die Bauern gegen die Beschlagnahme ihres Eigentums und schlachteten ihr Vieh. 1932/33 herrschte eine furchtbare Hungersnot, der allein in der Ukraine, heutigen Schätzungen zufolge, rund 3,3 Millionen Menschen zum Opfer fielen. »Betrachtet man die Sowjetunion insgesamt, muss die Zahl«, wie Ian Kershaw in seinem 2015 erschienenen Buch *Höllensturz. Europa 1914 bis 1949* bemerkt, »annähernd verdoppelt werden.«[48]

Trotz der Tragödie der Kollektivierung betrachteten viele westliche Ökonomen die sowjetische Industrialisierung als erfolgreiches, wenn auch brutales Beispiel für die Modernisierung einer rückständigen Wirtschaft durch einen »großen Schub« in Form massiver staatlicher Investitionen, die durch die Auspressung der

Bauernschaft und der Arbeiterklasse finanziert wurden. In jüngerer Zeit haben jedoch einige Ökonomen Kondratjews Argument wiederbelebt, dass in der jungen Sowjetunion auch andere Entwicklungsstrategien anwendbar gewesen wären. »Die Kollektivierung der Landwirtschaft war für ein schnelles Wachstum nicht nötig gewesen«, stellte der Wirtschaftshistoriker Robert Allen 2005 fest. »Die industrielle Entwicklung wäre genauso schnell vorangekommen, wenn der Fünfjahresplan im Rahmen der NÖP umgesetzt worden wäre.«[49] Auch die langfristigen Auswirkungen von Stalins Wirtschaftspolitik warfen Fragen auf. 2017 haben der bekannte russische Ökonom Sergei Guriev und drei seiner Kollegen in der *Review of Economic Studies* einen Aufsatz veröffentlicht, in dem sie erklärten, »dass Stalins Industrialisierung zwar bei der Verschiebung von Arbeitskräften vom Land in Fabriken auf brutale Weise erfolgreich war, dadurch aber die Produktivität sowohl der Landwirtschaft als auch der Industrie enorm untergraben hat, sodass sie insgesamt den zaristischen Trend nur leicht übertraf«.[50]

Diese revisionistischen Aussagen sind nicht schlüssig, denn es gibt keine Garantie dafür, dass Kondratjews exportbasierte Entwicklungsstrategie funktioniert hätte. In den späten 1920er-Jahren hielten sich viele westliche Länder aus politischen Gründen vom Handel mit der Sowjetunion zurück, und selbst wenn diese Zurückhaltung hätte überwunden werden können, hätte in Form der Weltwirtschaftskrise der 1930er-Jahre und des von ihr ausgelösten weltweiten Wirtschaftsabschwungs das nächste Problem gewartet. Dennoch ist die Auffassung, die Industrialisierung im sowjetischen Stil sei für ein zurückgebliebenes Land wie Russland die einzige Option gewesen – was in Entwicklungsländern weithin als zutreffend betrachtet wurde –, zumindest teilweise auf der Verdrängung von Kondratjews Vorschlag aufgebaut, den Agrarsektor zu entwickeln und die Sowjetunion in die Weltwirtschaft zu integrieren.

Während seine Theorie der langen Wellen in der Sowjetunion

unterdrückt wurde, fand sie im Westen weiterhin Beachtung, insbesondere nachdem der herausragende österreichische Ökonom und Harvard-Professor Joseph Schumpeter sie in einem 1939 erschienenen Buch über Konjunkturzyklen ausführlich behandelt hatte. Schumpeter prägte den – häufig in Kondratjew-Welle abgewandelten – Begriff des Kondratjew-Zyklus.[51] Die Faszination von Kondratjews Theorie überdauerte auch die Kritik einiger von Schumpeters Kollegen an amerikanischen Universitäten, die manche der methodologischen Einwände wiederholten, die sowjetische Ökonomen in den 1920er-Jahren geäußert hatten. 1943 erschien in der *Review of Economics and Statistics* – die schon eine Übersetzung von Kondratjews Studie über die langen Wellen veröffentlicht hatte – ein Aufsatz, in dem der amerikanische Ökonom George Garvy vom National Bureau of Economic Research Kondratjews Daten im Einzelnen untersuchte und am Ende feststellte, dass er die Existenz der langen Wellen »nicht erfolgreich nachgewiesen« habe.[52]

Diese Kritik wird weiterhin vorgebracht. Selbst mit den modernsten statistischen Methoden fällt es schwer, in ökonomischen Zeitreihen tiefer liegende Entwicklungen von kurzfristigen Bewegungen zu unterscheiden. Dennoch haben in jüngster Zeit einige Ökonomen Erkenntnisse im Sinne Kondratjews gewonnen. Auf der Grundlage einer Analyse von Daten über das BIP und geistige Patente aus Frankreich, Deutschland, Großbritannien und den Vereinigten Staaten schlussfolgerten drei griechische Ökonomen 2018 im *Journal of Applied Economics*: »Unsere Ergebnisse bestätigen das Vorhandensein von langen Wellen, die einen erheblichen Teil der Gesamtvariabilität der aktuellen Daten sowohl für die Wirtschaftstätigkeit als auch für die möglicherweise zugrunde liegende Ursache der angewandten technologischen Entwicklung erklären.«[53]

In der Wirtschaftswissenschaft sind statistische Ergebnisse selten abschließend. Der Hauptgrund für die anhaltende Faszination von Kondratjews Theorie ist, dass sie, allgemein gesprochen, zu unserem intuitiven Bild der Wirtschaftsgeschichte passt. Die erste Hälfte des 20. Jahrhunderts war derart von Kriegen und wirtschaftlichen Katastrophen geplagt, dass sie nur schwer zu interpretieren ist. Nach 1945 indes entwickelten sich die westlichen Wirtschaften 30 Jahre lang stark, bevor sie in eine schwächere Wachstumsphase von ungefähr 25 Jahren eintraten. War dies die vierte Kondratjew-Welle? Manche Ökonomen sind davon überzeugt und haben eine fünfte Welle identifiziert, die Mitte der 1990er-Jahre mit massiven Investitionen in die kommerzielle Entwicklung des Internets und des Onlinehandels begann. Im Gegensatz zu manchen seiner späteren Anhänger war Kondratjew kein technologischer Determinist. Er glaubte vielmehr, dass der Industriekapitalismus starke Erholungskräfte besitze. Ironischerweise traf er diese Aussage gerade zu einem Zeitpunkt, als die Fähigkeit des Systems, sich von Krisen zu erholen, in höchstem Maß auf die Probe gestellt wurde. In den acht Jahren von Kondratjews Haft erlebten die großen kapitalistischen Wirtschaften einen derart tiefen und langen Abschwung, dass manche westliche Kommentatoren und Gelehrte das Ende des Kapitalismus gekommen glaubten. Selbst jene westlichen Ökonomen und politischen Entscheidungsträger, die das System für rettbar hielten, stimmten ihnen insoweit zu, dass es, um zu überleben, stabiler und egalitärer gestaltet werden müsse. Dieses Streben sollte sich auf die Gedanken und politischen Empfehlungen eines Ökonomen stützen, den Kondratjew in England kennengelernt hatte: John Maynard Keynes.

15

»Je schwieriger die Zeiten, desto weniger funktioniert ein Laissez-faire-System«

John Maynard Keynes' Blaupause für einen gelenkten Kapitalismus

Im Sommer 1922 klopfte Roy Harrod, ein junger Engländer, der kurz zuvor sein Studium an der University of Oxford mit Auszeichnung abgeschlossen hatte, an die Tür des Hauses Gordon Square 46, eines hübschen georgianischen Reihenhauses im Londoner Viertel Bloomsbury, in das er zum Mittagessen eingeladen worden war. Der Hausherr, der Ökonom John Maynard Keynes, begrüßte den Besucher, der sich einen beruflichen Ratschlag von ihm erhoffte, herzlich. Außer ihm waren zwei weitere Gäste anwesend, einer von ihnen ein französischer Ökonom. »Das Gespräch begann sofort; es war schnell und lebendig«, erinnerte sich Harrod viele Jahre später. »Keynes unterhielt sich mit dem Franzosen über den letzten Klatsch über kontinentale Staatsmänner, ihre Geliebten, ihre Neurosen wie ihre politischen Manöver. [...] Man sprach über Finanzfragen, die letzten Entwicklungen an den Börsen, Etatpositionen, internationale Währungsbewegungen. Das alles ging noch weit über meinen Horizont.«[1]

Keynes war 1919 mit seiner Streitschrift *Die wirtschaftlichen Folgen des Friedensvertrages* zu Berühmtheit gelangt. In dem Buch verriss er den Versailler Vertrag, in dem die Sieger des Ersten Weltkriegs auf Drängen Frankreichs und Belgiens Deutschland schwere Reparationen auferlegt hatten. Als Wirtschaftsberater des britischen Finanzministeriums hatte er zur britischen Delegation in Versailles gehört, die Konferenz aber aus Protest gegen den Strafcharakter des Vertrags frühzeitig verlassen. Wenn die Alliierten darauf abzielten, Deutschland und das übrige Mitteleuropa in

Armut zu halten, dann werde, wage er zu prophezeien, »die Vergeltung nicht ausbleiben. Nichts«, fügte er hinzu, »kann dann auf längere Zeit den letzten inneren Kampf zwischen den Kräften des Rückschritts und den verzweifelnden Zuckungen des Umsturzes aufschieben, vor dem die Schrecken des letzten deutschen Krieges in nichts verschwinden werden und der, wer auch immer Sieger bleiben mag, die Kultur und den Fortschritt des bestehenden Geschlechts vernichten wird.«[2] Die Kritik war begründet. 1922 setzte die bedrängte deutsche Regierung der Weimarer Republik die Gelddruckmaschinen in Gang und löste eine Hyperinflation aus. Bis zum Herbst 1923 stiegen die Preise im Vergleich zum Vorkriegsniveau auf das Billionenfache, das Papiergeld wurde buchstäblich wertlos, und viele Angehörige der Mittelschicht verloren ihre Ersparnisse. Auch in anderen europäischen Ländern, wie Österreich, der Tschechoslowakei und Griechenland, schossen die Preise in die Höhe, was zu verbreitetem Elend führte und die politische Stabilität untergrub.

Großbritannien und Frankreich waren in besserer Verfassung als Deutschland, litten aber ebenfalls unter der Last der enormen Kriegskosten. Großbritannien, das als weltgrößter Kreditgeber mit riesigen Überseeinvestitionen in den Konflikt eingetreten war, ging als massiver Schuldner der Vereinigten Staaten, des wirtschaftlichen Hauptnutznießers der Katastrophe, aus ihm hervor. Während die amerikanischen Banken den Alliierten Kredite zur Verfügung stellten, belieferte die amerikanische Industrie sie mit Waffen und anderen Gütern, die auf dem kriegszerrissenen europäischen Markt nicht zu erhalten waren. Im Lauf des Krieges stiegen die US-Exporte auf mehr als das Doppelte, und die Produktion der amerikanischen Wirtschaft wuchs um 160 Prozent. Diese Entwicklung setzte sich in den 1920er-Jahren, in denen die Vereinigten Staaten einen Boom erlebten, fort. 1914 war die US-Wirtschaft bereits die größte der Welt gewesen, aber die vier größten europäischen Wirtschaften – die britische, französische, deutsche und belgische – produzierten zusammengenommen noch mehr als sie. Ende der 1920er-Jahre war die US-Wirtschaft um nahezu 50 Prozent größer als die anderen vier genannten.[3]

Auch in den weniger entwickelten Ländern hatte der Erste Weltkrieg die bestehende Ordnung erschüttert. Viele Inder, Iren und Algerier hatten in dem Konflikt in alliierten Armeen gekämpft, und die Einwohner ihrer Länder forderten von ihren Kolonialmächten immer lauter politische Rechte. Nationalistische Bewegungen verzeichneten auch in Ägypten, dem Irak und Vietnam Zulauf. Über die 1919 gegründete Komintern fachte die Sowjetunion diese Bestrebungen an. Auf ihrem zweiten Kongress im Jahr 1920 verabschiedete die Komintern eine Resolution, in der sie alle zu ihr gehörenden linken Organisationen verpflichtete, »jede Freiheitsbewegung in den Kolonien nicht nur mit Worten, sondern durch Taten zu unterstützen«.[4] In den Vereinigten Staaten und der Karibik setzten sich unterdessen schwarze Aktivisten für die Unabhängigkeit der afrikanischen Völker ein. Im August 1921 erklärte der jamaikanische Politiker und Publizist Marcus Garvey Jr. auf einer Tagung der 1914 gegründeten Universal Negro Improvement Association in New York: »Diese Versammlung glaubt an die Rechtmäßigkeit von Europa für die Europäer, von Asien für die Asiaten und von Afrika für die Afrikaner, jene in der Heimat und jene im Ausland.«[5]

In Ägypten und Südirland führten diese Bemühungen Anfang der 1920er-Jahre zur Unabhängigkeit. Anderswo waren die nationalistischen Bewegungen noch zu schwach, um die Kolonialherrschaft zu stürzen, aber der Krieg und seine Folgen hatten die koloniale Ordnung und die von ihr gestützten Handelsbeziehungen erheblich geschwächt. Zwischen 1914 und 1921 schrumpfte der Welthandel um rund ein Fünftel. Viele Länder, einschließlich der Vereinigten Staaten und Großbritanniens, ergriffen Maßnahmen zum Schutz ihrer Industrien und lösten sich ganz oder teilweise vom Goldstandard, jenem internationalen Währungsregime, das den Wechselkurs der Währungen an dieses Edelmetall band. Nachkriegsanstrengungen, das ökonomische Vorkriegssystem wieder zu errichten, schlugen fehl. Solange der Demokrat Woodrow Wilson im Weißen Haus residierte, schien es möglich, dass die USA Großbritanniens Rolle als Hauptförderer von Freihandel und internationaler wirtschaftlicher Koordination übernehmen könnten. Aber die Vereinigten Staaten waren ein widerwilliger Hegemon. Im November 1919 fiel der Versailler Vertrag im US-Senat durch, hauptsächlich aufgrund der Ablehnung der Mitgliedschaft im neu gegründeten Völkerbund, und nach der Wahl von 1920 beherrschte die protektionistische Republikanische Partei sowohl das Weiße Haus als auch beide Kammern des Kongresses, der sich beeilte, die Zölle auf Importe von Industrie- und Agrargütern weit über das Vorkriegsniveau zu erhöhen.

Als liberaler Internationalist unterstützte Keynes dagegen Freihandel und globale Integration. Er war am 5. Juni 1883 als Sohn des Cambridge-Ökonomen John Neville Keynes geboren worden, hatte das Eton College, den Tummelplatz der britischen Elite, besucht und am King's College in Cambridge studiert. Dem äußeren Anschein nach war er ein typischer Engländer der oberen Mittelschicht: groß, gepflegt redend, konservativ gekleidet und patriotisch. Nachdem er das Studium mit einem ausgezeichneten Abschluss in Mathematik beendet hatte, trat er in den Staatsdienst ein und arbeitete zwei Jahre im Reichsamt für Indien. Es gibt keinen Beleg dafür, dass er Einwände gegen die britische Herrschaft hatte. »Er glaubte, das Regime beschütze die Armen gegen habgierige Geldverleiher, brächte Gerechtigkeit und materiellen Fortschritt und gäbe dem Land ein gesundes Geldsystem, kurz, führe gutes Regieren an Orten ein, die es selbst nicht entwickeln könnten«, bemerkte der Historiker Robert Skidelsky in seiner großartigen dreibändigen Biografie von Keynes.[6]

Als Harrod ihn am Gordon Square besuchte, hielt Keynes sich abwechselnd in Oxford, wo er am King's College einen Lehrauftrag hatte, und London auf, wo er als produktiver Journalist und Wirtschaftsberater der Labour Party tätig war und einer eng verbundenen Gemeinschaft von Künstlern und Intellektuellen angehörte, die als Bloomsbury-Gruppe bekannt wurde. Die postimpressionistische Malerin Vanessa Bell, die Schwester von Virginia Woolf, und ihr Ehemann, der Kunstkritiker Clive Bell, bewohnten die oberen Geschosse des Hauses Nr. 46 am Gordon Square. Der Schriftsteller Lytton Strachey, der ebenfalls zur Bloomsbury-Gruppe gehörte, wohnte wenige Häuser weiter in Nummer 51. Nebenan, in der Nr. 50, wohnte der Psychoanalytiker Adrian Stephen, der jüngere Bruder von Vanessa Bell und Virginia Woolf. Letztere, die mit ihrem Ehemann Leonard Woolf weitab in einer Vorstadt lebte, verglich den Gordon Square mit einem Löwenhaus im Zoo: »Man geht von Käfig zu Käfig. All die Tiere sind gefährlich, misstrauen einander ziemlich und sind voller Faszination und Geheimnis.«[7]

Keynes war ein liberaler Progressiver, aber ein sehr britischer. Für kontinentaleuropäische Doktrinen, einschließlich des Marxismus, den er für verworren und überholt hielt, hatte er ebenso wenig übrig wie für das ungebildete Proletariat. (»Ein *Klassenkrieg* würde mich auf der Seite der gebildeten Bourgeoisie finden«, bemerkte er 1925 in einem Vortrag.)[8] Seine Grundeinstellung zum Kapitalismus änderte sich zeit seines Lebens kaum. Sie entsprach Churchills berühmtem Aphorismus, die Demokratie sei die schlechteste aller Regierungsformen, abgesehen von all den anderen, die von Zeit zu Zeit ausprobiert würden. Nach Keynes' Überzeugung würde ein richtig geführtes Welthandelssystem auf der Grundlage privaten Unternehmertums zu steigendem Lebensstandard führen, die Zivilisation fördern (die in seinen Augen aus hoher Bildung und Kunst bestand) und die individuelle Freiheit (die für ihn sakrosankt war) besser sichern als jedes andere Wirtschaftssystem. Der Zusatz »richtig geführt« ist entscheidend. Keynes' Vertrauen ins Marktsystem schloss das Laissez-faire nicht ein, das er für ein weiteres überholtes Dogma hielt. Im Gegensatz zu seinem intellektuellen Sparringspartner (und Sammlerkollegen antiquarischer Bücher), dem österreichischen Ökonomen

Friedrich Hayek, schrieb er weder dem Profitmotiv eine höhere Moral noch den Märkten eine magische Macht der Selbstorganisation zu. Nach seiner Ansicht war der Kapitalismus nur insofern gerechtfertigt, als er materielle Güter lieferte und die Freiheit bewahrte.

In dem 1930 geschriebenen berühmten Essay *Wirtschaftliche Möglichkeiten für unsere Enkel* schaute Keynes ein Jahrhundert voraus auf eine Welt, in der – unter der Voraussetzung einer steten Zunahme von Kapitalakkumulation und Produktivität – »es uns allen in wirtschaftlicher Hinsicht [...] achtmal so gut gehen wird wie heute«. In dieser Welt des Überflusses sei das grundlegende ökonomische Problem, jedem einen anständigen Lebensstandard zu garantieren, gelöst. Die Menschen würden wesentlich weniger arbeiten, vielleicht 15 Stunden pro Woche, und die übrige Zeit mit dem verbringen, was sie wollten. »Die Liebe zum Geld als Besitz – anders als die Liebe zum Geld als Mittel für die Genüsse und Realitäten des Lebens – wird als das erkannt werden, was sie ist«, erwartete Keynes, »nämlich eine ziemlich ekelerregende Absonderlichkeit, eine jener halb kriminellen, halb krankhaften Neigungen, die man mit Schaudern den Spezialisten für Geisteskrankheiten überlässt.« Dann werde man »endlich frei sein, alle möglichen gesellschaftlichen Gewohnheiten und wirtschaftlichen Praktiken bezüglich der Wohlstandsverteilung und der wirtschaftlichen Belohnungen und Strafen zu verwerfen, an denen wir jetzt noch um jeden Preis festhalten, wie widerwärtig und ungerecht sie an sich sein mögen, weil sie ungeheuer nützlich für die Kapitalakkumulation sind«. Keynes betonte jedoch ausdrücklich, dass es sich bei diesem Bild einer über die kapitalistischen Werte hinausgelangten Welt um eine ferne Vision handle: »Doch Vorsicht! Die Zeit für all das ist noch nicht gekommen. [...] Habgier und Wucher und Misstrauen müssen noch für eine kleine Weile unsere Götter bleiben. Denn nur sie können uns aus dem Tunnel der wirtschaftlichen Notwendigkeit ins Tageslicht führen.«[9]

Die unmittelbare Herausforderung bestand darin, die Produktivkräfte des Kapitalismus einzuspannen und gleichzeitig seine dunklen Seiten einzudämmen. Zum Zeitpunkt von Harrods Besuch dachte Keynes bereits darüber nach, wie diese Aufgabe zu bewältigen sei. Als er 1946 starb, wurde sein Name mit einem wirtschaftspolitischen Rahmenwerk verknüpft, dessen Einführung die erfolgreichste Epoche des westlichen Kapitalismus einläutete und selbst einige seiner entschiedensten Gegner veranlasste, ihre Auffassungen zu überdenken.

Dieses Rahmenwerk wurde in drei Etappen entwickelt: In den 1920er-Jahren entwarf Keynes den grundlegenden monetären und fiskalischen Apparat, den Regierungen zur Steuerung kapitalistischer Wirtschaften nutzen konnten. In den 1930er-Jahren verfeinerte er diesen Apparat und unterfütterte ihn mit einer theoretischen Rechtfertigung, die heute als »Keynesianismus« bekannt ist. Und in den 1940er-Jahren, während der Zweite Weltkrieg überwunden wurde, spielte er als britischer Staatsbeamter eine wichtige Rolle dabei, sein Rahmenwerk auf die internationale Sphäre auszuweiten, in der es unter der globalen Führung der Vereinigten Staaten verwirklicht wurde.

Keynes begann sein großes Projekt mit einem Angriff auf den Goldstandard. In Großbritannien und anderen Ländern glaubten viele Politiker, Bankiers und Ökonomen, dass eine nachhaltige Rückkehr zur Prosperität nur möglich sei, wenn man das alte Währungssystem wiederherstellte. Hatte ein Land den Goldstandard eingeführt, war seine Geldmenge durch seinen Goldvorrat begrenzt, was, so war man überzeugt, inflationäres Gelddrucken, wie man es in der Weimarer Republik erlebt hatte, ausschloss. Keynes leugnete nicht, dass das System in der Vorkriegsära eine Stütze der Finanzstabilität gewesen war, wandte aber ein, dass es zu streng sei und in die Nachkriegswelt nicht mehr passe. In Großbritannien hatten sich die Preise seit 1914 mehr als verdoppelt, was den Wert des Sterlings drückte. Die Goldparität der Vorkriegszeit konnte nur wiederhergestellt werden, wenn die Regierung die Zinssätze hoch genug ansetzte, um eine Preisdeflation zu bewirken. Angesichts einer aufgrund des wirtschaftlichen Nachkriegsabschwungs immer noch hohen Arbeitslosigkeit hätte diese Politik erhebliche zusätzliche wirtschaftliche Belastungen zur Folge gehabt, die Keynes für ebenso unnötig wie gefährlich hielt.

Im Dezember 1923 veröffentlichte er *Ein Traktat über Währungsreform,* in dem er den Goldstandard als »barbarisches Überbleibsel« bezeichnete.[10] Er forderte die britische Regierung auf, die Verantwortung für die Bekämpfung der Inflation der Bank von England zu übertragen, die Zinssätze festlegen könne, die sowohl dem Züstand der heimischen Wirtschaft als auch der Notwendigkeit, die Preisstabilität aufrechtzuerhalten, Rechnung trügen. Wenn die Wirtschaft ins Stocken gerate, könne sie die Zinssätze verringern, um ihr einen Schub zu geben, und wenn sie sich überhitze, könne sie die Zinssätze erhöhen, um sie abzukühlen und die Inflation zu dämpfen. Kurz, Keynes forderte die britische Regierung auf, eine unabhängige Geldpolitik zu betreiben.

Ein weiteres Problem des Goldstandards war, laut Keynes, dass die Vereinigten Staaten während des Krieges und danach derart viel Gold angehäuft hatten, dass er im Grunde zu einem »Dollarstandard« geworden war.[11] Wenn Großbritannien wieder in das System eintrete, würde es »die Regulierung [seines] Preisniveaus und die Beeinflussung des Konjunkturverlaufs« dem 1913 geschaffenen Federal Reserve System der Vereinigten Staaten (kurz Fed) überantworten, das sich vor allem um deren wirtschaftliche Situation kümmere.[12] Weit besser sei es, die Verantwortung den »Leitern und dem Beirat der Bank von England« anzuvertrauen. Die goldene Zwangsjacke wirke nicht mehr zum Vorteil Großbritanniens, es sei an der Zeit, den Staat umfassend zu ermächtigen, »zu ändern, was unerträglich geworden ist«.[13]

Keynes' Angriff auf den Goldstandard war Teil eines umfassenderen Arguments, dem zufolge es nötig war, über den Individualismus und das Laissez-faire des 19. Jahrhunderts hinauszugehen. Zwei Tage nach dem Erscheinen des *Traktats* hielt er vor dem National Liberal Club einen Vortrag, in dem er feststellte: »Es ist offensichtlich, dass eine sich selbst überlassene individualistische Gesellschaft nicht gut oder auch nur annehmbar funktioniert. Je unruhiger die Zeiten, desto schlechter funktioniert das Laissez-faire-System.«[14] Man brauche keinen »veralteten« Sozialismus, fuhr er fort, sondern gut durchdachte, auf spezifische Probleme abzielende Eingriffe. Sein Vorschlag, den Goldstandard zu ersetzen, falle in diese Kategorie, und er warne »die Gentlemen der City [von London] und der Hochfinanz«: Wenn sie die Notwendigkeit des Wandels nicht einsähen, werde »das System, von dem sie leben, derart schlecht funktionieren, dass sie von unaufhaltbaren Dingen überwältigt werden, die sie noch weit mehr hassen werden als die milden, begrenzten Heilmittel, die ihnen jetzt angeboten werden«.[15]

Die Warnung wurde in den Wind geschlagen. Im April 1925 verkündete Winston Churchill, der trotz einer erschreckenden Ignoranz die Wirtschaft betreffend den Posten des Finanzministers bekleidete, die Wiedereinführung des Goldstandards zum Vorkriegskurs des Pfunds von 4,86 Dollar. Keynes verfasste daraufhin ein vernichtendes Pamphlet mit dem Titel *The Economic Consequences of Mr. Churchill,* in dem er voraussagte, dieser Schritt verurteile Großbritannien zu vielen weiteren Jahren von Stagnation und Deflation. Aber wenn die Regierung schon den Goldstandard wiedereinführen wolle, dann solle sie es in Anbetracht des Rückgangs der Wettbewerbsfähigkeit des Vereinigten Königreichs seit 1914 mit einer deutlich niedrigeren Parität tun.

Als eine aktive Geldpolitik als politische Option ausschied, hatte sich Keynes bereits der zweiten Waffe in seinem Arsenal zugewandt: der Fiskalpolitik. Im April 1924 hatte der ehemalige liberale Premierminister David Lloyd George in einem Brief an die Zeitschrift *The Nation and Athenaeum,* deren Miteigentümer Keynes inzwischen war, die Regierung aufgefordert, Arbeitslose für nützliche Projekte, wie den Bau öffentlicher Einrichtungen, einzusetzen. Damit hatte Lloyd George eine lebhafte Debatte ausgelöst, an der sich auch Keynes beteiligte. Am 24. Mai erschien in der Zeitschrift sein Artikel »Does Unemployment Need a Drastic Remedy?«. Seiner Ansicht nach war dies der Fall. Das britische Finanzministerium, schrieb er, solle »pro Jahr bis zu, sagen wir, 100 000 000 Pfund Sterling für den Bau von Großprojekten«, wie günstigen Wohnungen, neuen Straßen und Stromleitungen, bereitstellen. Um das Geld aufzubringen, könne die Regierung Anleihen ausgeben und einen Teil des Finanzkapitals abschöpfen, das sonst im Ausland angelegt würde. »Durch die Verwendung von nationalem Vermögen für große Entwicklungsvorhaben könnten wir unsere Wirtschaft wieder ins Gleichgewicht bringen«, versprach er. »Lassen Sie uns kühn auf diese Weise experimentieren – auch wenn manche der Vorhaben sich als Fehlschläge herausstellen sollten, was sehr wahrscheinlich ist.«[16]

Mit diesem Vorschlag stellte Keynes zwei Pfeiler des Liberalismus des 19. Jahrhunderts infrage: fiskalische Zurückhaltung und die Freiheit des Kapitals, den höchstmöglichen Gewinn zu suchen, wo auch immer es ihn finden mochte. Nachdem Keynes einige Kritik in Bezug auf den zweiten Punkt hatte einstecken müssen, schrieb er einen zweiten Artikel zum Thema, in dem er erklärte, das Festhalten an alten Grundsätzen müsse hinter dem Imperativ der Verringerung der Arbeitslosigkeit und der Nutzung brachliegender Ressourcen zurückstehen. »Wenn wir überlegen, wie dies geschehen kann, gelangen wir zu meiner Häresie – wenn es denn eine Häresie ist«, fuhr er fort. »Ich ziehe den Staat hinzu; ich gebe das Laissez-faire auf – nicht begeistert, nicht aus Verachtung für diese gute alte Doktrin, sondern weil, ob es uns nun gefällt oder nicht, die Bedingungen für ihren Erfolg verschwunden sind.«[17] Mit dieser Aussage erwies sich Keynes als hellsichtiger als viele seiner Zeitgenossen, die glaubten, der Schlüssel zur Wiedererlangung der Prosperität sei die Restauration der Vorkriegsverhältnisse. Er erkannte, dass dies, zumindest aus britischer Sicht, nicht durchführbar war. Der Krieg hatte die Finanzen des Landes zerrüttet, seine internationale Führungsrolle untergraben und sein Gesellschaftssystem umgestülpt. Um in einer veränderten

Welt die wirtschaftliche Stabilität aufrechtzuerhalten und die wesentlichen Elemente der kapitalistischen liberalen Demokratie zu stützen, brauchte man ein neues Denken und neue Maßnahmen.

Keynes stellte diesen Denkansatz in einem Vortrag vor, den er anschließend in eine Broschüre mit dem Titel *Das Ende des Laissez-faire* umwandelte. »Für die Regierung«, betonte er darin, »ist es wichtig, nicht Dinge zu tun, die die Einzelnen ohnehin selbst übernehmen, nur ein bisschen besser oder ein bisschen schlechter, sondern jene Dinge, die gegenwärtig überhaupt nicht getan werden.« Zu Letzteren zählte Keynes unter anderem das Sammeln und Verbreiten von Wirtschaftsdaten, die Bevölkerungspolitik und die Verteilung von Ersparnissen »auf die im Inland als am produktivsten angesehenen Sparten«. Da er für die klassischen liberalen Sorgen angesichts von Ausweitungen des Staats immer noch empfänglich war, erklärte er, dass viele dieser Maßnahmen von halbautonomen Institutionen wie der Bank von England und der Londoner Hafenbehörde durchgeführt werden könnten. Er beharrte darauf, dass keiner seiner Vorschläge »zwangsläufig unvereinbar« sei »mit dem, was mir das wesentliche Merkmal des Kapitalismus zu sein scheint, nämlich die Abhängigkeit von jenen Instinkten, die zum Erwerb sowie zur Wertschätzung von Geld antreiben, jenen Hauptantriebskräften der Wirtschaftsmaschine«.[18]

Ende der 1920er-Jahre hatte Keynes das respektable mittlere Alter erreicht. 1925 hatte er seine Freunde allerdings durch die Heirat mit der russischen Ballerina Lydia Lopokova, die mit Nijinsky getanzt hatte, mit Strawinsky bekannt war und zu Diaghilevs Ballets Russes gehörte, in Erstaunen versetzt. Trotz aller Skepsis der Bloomsbury-Gruppe erwies sich die Verbindung als glücklich und dauerhaft. In einem alten Landhaus in Tilton in East Sussex, das Keynes gemietet hatte, übte Lydia ihre Tanzfiguren, während er an einem zweiten Buch über die Währungstheorie arbeitete, das 1930 unter dem Titel *Vom Gelde* erschien. Außerdem blieb er politisch aktiv. Vor der britischen Wahl im Mai 1929 half er Lloyd

George bei seinem Buch *We Can Conquer Unemployment,* in dem der frühere Premierminister seine Forderung nach einem mit Staatsanleihen finanzierten umfangreichen staatlichen Beschäftigungsprogramm erläuterte. Zusammen mit Hubert Henderson, einem früheren Kollegen aus Cambridge, verfasste Keynes zudem eine Broschüre mit dem Titel *Can Lloyd George Do It?,* in der er die Vorschläge des Vorsitzenden der Liberalen Partei unterstützte. In der Wahl gewannen die Liberalen zwar nur 59 der 615 Sitze im Unterhaus, aber die von Ramsay MacDonald und seiner Labour Party gebildete Minderheitsregierung hing von ihrer Unterstützung ab.

Binnen weniger Monate wurde die neue Regierung, wie viele andere überall auf der Welt, von den Wellen des Börsenkrachs vom Oktober 1929 und seinen verheerenden Folgen überrollt. Keynes unterschätzte den Schwarzen Freitag an der Wall Street zunächst. In einem Artikel für die *New York Evening Post* sagte er voraus, dass er weltweit zu niedrigeren Zinsen führen und dies die Investitionstätigkeit bald neu beleben werde.[19] Diese Annahme erwies sich als allzu optimistisch. Auf beiden Seiten des Atlantiks sank die Industrieproduktion drastisch, und die Unternehmen entließen Arbeiter in großer Zahl. Die Primärgüterpreise, die schon seit einiger Zeit gesunken waren, stürzten ins Bodenlose, was eine Agrardepression auslöste. Der Weizenpreis fiel zwischen Sommer 1929 und Ende 1932 von 1,50 Dollar auf 0,49 Dollar pro Bushel.[20] Bis Mai 1930 hatte Keynes seine Prognose geändert: »[W]ir befinden uns«, schrieb er in *The Nation and Athenaeum,* »im Abgrund eines sehr schweren internationalen Konjunktureinbruchs, der als einer der stärksten, die es je gab, in die Geschichte eingehen wird. Um uns aus einer Depression dieser Größenordnung herauszuheben, sind mehr als passive Bewegungen von Zinssätzen erforderlich, nämlich eine sehr aktive, entschlossene Politik.«[21] Die nachfolgenden Ereignisse bestätigten diese Diagnose. Bis Ende 1930 kletterte die britische Arbeitslosenrate auf rund 20 Prozent; in Deutschland lag sie noch höher. In den Vereinigten Staaten waren Ende 1931 16 Prozent der arbeitsfähigen Bevölkerung ohne Beschäftigung, mit steigender Tendenz.[22]

Während Preise, Einkommen und Beschäftigung rapide sanken, konnten viele Schuldner - Haushalte, Unternehmen und Farmer - ihre Kredite nicht mehr abbezahlen. Der Druck auf die Banken, die aufgrund des Fehlens jeglicher Einlagensicherung für Runs nervöser Kunden anfällig waren, nahm zu. In den letzten Monaten des Jahres 1930 gingen Hunderte amerikanischer Banken bankrott, einschließlich der Bank of United States, der viertgrößten New Yorker Geschäftsbank.[23] Im Mai 1931 griff die Bankenkrise auf Europa über. Die Creditanstalt, die größte österreichische Bank, brach unter der Last fauler Kredite zusammen. Die Schockwellen erschütterten Ungarn und dann auch Deutschland. Die Zentralbanken wurden der Lage nicht mehr Herr. Im Juli ergriff die deutsche Regierung drastische Maßnahmen und hob die Konvertibilität der Mark in Gold auf. Für manche sah es so aus, als würde der globale Kapitalismus implodieren.

Keynes verfolgte die Ereignisse mit zunehmender Beunruhigung. Im November 1929 bildete die britische Labour-Regierung ein unabhängiges Komitee für Finanzen und Industrie unter dem Vorsitz des herausragenden Juristen Hugh Macmillan, das untersuchen sollte, wie die Wirtschaft neu belebt werden konnte. Zu den ins Komitee berufenen Ökonomen gehörte auch Keynes. Im ersten Halbjahr 1930 fanden mehrere vertrauliche Anhörungen statt, in denen Keynes und andere Komiteemitglieder Experten befragten, wie Montagu Norman, den Gouverneur der Bank von England, und Richard Hopkins, einen hohen Beamten des Finanzministeriums. Letzterer erklärte in seiner Anhörung, das grundlegende ökonomische Problem sei eine Vertrauenskrise, die nur beendet werden könne, wenn der Staat die Ausgaben kürze und den Haushalt ausgleiche. Wenn sich die Finanzlage des Staats verbessere, würden der Optimismus zurückkehren und die Geschäftstätigkeit wieder zunehmen.

Keynes hielt die Auffassung, dass Wirtschaftsinvestitionen und

Beschäftigung sich aus eigener Kraft erholen würden, wenn man eine Austeritätspolitik einführte, für falsch. In seiner Abhandlung *Vom Gelde* hatte er die Lücke zwischen Ersparnissen und Investitionen (mit denen er Kapitalinvestitionen meinte) als den Schlüssel zum Verständnis von Wirtschaftsabschwüngen identifiziert. Waren die Investitionen geringer als die Ersparnisse, war ein Abschwung unvermeidlich. Um die Wirtschaft wiederzubeleben, war es aus Keynes' Sicht daher nötig, die Unternehmen zu ermuntern, ihre Kapazitäten auszuweiten, was sie jedoch nur tun würden, wenn sie sicher waren, dass sie ihre Produkte gewinnbringend verkaufen konnten, was in einer Wirtschaftskrise schwierig war. »Denn die Kraft, welche die Unternehmungstätigkeit treibt«, stellte Keynes fest, »ist nicht die Ersparnis, sondern der Gewinn.«[24] Auch wenn der Gedanke noch nicht ganz ausformuliert war, enthielt *Vom Gelde* den Keim des keynesianischen Handels zwischen Staat und Wirtschaft, in dem Ersterer verspricht, seine politischen Hebel einzusetzen, um die Bedingungen für profitable Akkumulation aufrechtzuerhalten, und Letztere zusagt, Kapitalinvestitionen zu tätigen und Arbeitsplätze zu schaffen. Nach dem Zweiten Weltkrieg sollte dieser Handel in vielen hoch entwickelten Ländern, einschließlich Großbritanniens und der Vereinigten Staaten, geschlossen werden. Anfang der 1930er-Jahre jedoch folgten die Regierungen der westlichen Länder noch alten Wirtschaftslehren und scheuten davor zurück, die staatlichen Eingriffe in die Wirtschaft auszuweiten.

In Großbritannien bedurfte es einer tiefen Finanzkrise, um die politische Lähmung zu beenden. Im Sommer 1931, nachdem Deutschland den Goldstandard aufgegeben hatte, begannen internationale Investoren, Sterling gegen Gold einzutauschen, was den Goldvorrat der Bank von England schrumpfen ließ. Daraufhin erhöhte die Bank die Zinssätze, um Sterlinganlagen attraktiver zu machen, doch der Verkauf ging weiter. Ende Juli empfahl ein Komitee unter Vorsitz von George May, dem Geschäftsführer der Versicherungsgesellschaft Prudential Insurance Company, der Regierung eine Reihe von Sparmaßnahmen, wie die Kürzung des Straßenbauprogramms und die Verringerung des Arbeitslosengeldes um ein Fünftel. Der Premierminister bat Keynes in einem Brief persönlich um Rat. In seiner Antwort bezeichnete Keynes die Vorschläge des Komitees als »gröbste Perversion der sozialen Gerechtigkeit« und erklärte sie für sinnlos, weil es »jetzt nahezu *sicher* [ist], dass wir in nicht allzu ferner Zukunft die derzeitige Goldparität abschaffen werden«.[25] Da die Gewerkschaften und viele Labour-Abgeordnete Sparmaßnahmen entschieden ablehnten, konnten MacDonald und sein Kabinett sich nicht darauf einigen, was sie tun sollten. Am 24. August 1931 überreichte MacDonald König Georg V. sein Rücktrittsgesuch, doch der König bat ihn, zu bleiben und zusammen mit Konservativen und Liberalen eine Nationale Regierung zu bilden. Zum Ärger vieler Labour-Mitglieder willigte MacDonald ein, und Anfang September billigte das Unterhaus ein Sparpaket. Investoren und Spekulanten trennten sich trotzdem weiterhin von Pfundreserven. Über das Wochenende vom 19. / 20. September gaben die Bank von England und Downing Street nach einer weiteren Woche massiver Goldverluste den Kampf schließlich auf, und am Montag, den 21., verkündete der Finanzminister, dass Großbritannien die Goldkonvertibilität des Sterlings suspendiere. Keynes, der in Tilton geblieben war, während die Krise sich vertiefte, konnte sich bestätigt fühlen. Seine Frau schrieb an ihre Schwiegermutter: »M. ist hocherfreut und sagt, es sei ein ›neues Kapitel‹.«[26]

Keynes hatte recht: Die Aufhebung des Goldstandards markierte einen historischen Augenblick. Kurzfristig verschärfte sich die Wirtschaftskrise auf beiden Seiten des Atlantiks jedoch weiter. Einige der Bilder aus ihrem Abgrund sind heute noch vertraut: von »Hoovervilles«, Elendsvierteln von Obdachlosen, die in vielen amerikanischen Städten entstanden; von britischen Arbeitern mit Schiebermützen auf dem Kopf, die im September und Oktober 1932 auf einem nationalen Hungermarsch Hunderte von

Kilometern nach London marschierten; vom deutschen Reichspräsidenten und Weltkriegsveteranen Hindenburg bei der Vereidigung Adolf Hitlers als Reichskanzler am 30. Januar 1933. Auch im 19. Jahrhundert hatte es finanzielle Zusammenbrüche gegeben, und die Depression nach dem Ersten Weltkrieg war lang und schmerzlich gewesen, aber jetzt war der Industriekapitalismus mit seiner größten Krise konfrontiert – ebenso wie seine Verteidiger und Möchtegernreformer.

Fünf Wochen nach Hitlers Vereidigung verkündete der neu gewählte Präsident der Vereinigten Staaten, der Demokrat Franklin Delano Roosevelt, in seiner Antrittsrede: »Das Einzige, was wir fürchten müssen, ist die Furcht selbst.« Sein Vorgänger, der Republikaner Herbert Hoover, hatte nach einigem Zögern eine Reihe von Maßnahmen ergriffen, um die angeschlagene US-Wirtschaft zu stabilisieren. Dazu gehörte die Gründung der Reconstruction Finance Corporation, die in Schieflage geratenen Banken Kredite gewähren und öffentliche Bauprojekte finanzieren sollte. Aber diese Initiativen waren zu spät gekommen. Roosevelt und seinem Küchenkabinett, dem auch einige progressive Akademiker angehörten, war klar, dass es drastischerer Maßnahmen bedurfte. Am zweiten Tag nach seiner Amtseinführung rief Roosevelt nationale Bankferien aus. Am 9. März verabschiedete der Kongress ein Banken-Notfallgesetz, mit dem praktisch eine föderale Einlagensicherung eingeführt wurde, sodass Bankkunden ihr Geld nicht mehr verlieren konnten. Diese Maßnahme stellte das öffentliche Vertrauen ins Bankensystem wieder her und beendete die Runs auf Banken, welche die Regierung Hoover belastet hatten. Später im März gab Roosevelt die Bildung eines Civilian Conservation Corps bekannt, das überall im Land Arbeitsprogramme für arbeitslose junge Männer auflegen sollte. Und im April suspendierte er per Verordnung die Teilnahme der USA am Goldstandard, was Keynes als »vollkommen richtig« begrüßte.[27]

Obwohl Keynes Roosevelts Tatkraft bewunderte, waren seine Beziehungen zu dessen Regierung und sein Einfluss auf sie nicht ganz spannungsfrei. Der US-Präsident war zwar entschlossen, die Massenarbeitslosigkeit zu bekämpfen, aber nicht gerade ein typischer »Keynesianer«. Im Wahlkampf war er mit einem Programm angetreten, das eine Verringerung des Haushaltsdefizits forderte, und zu seinen ersten Maßnahmen als Präsident gehörte eine Kürzung der Beamtengehälter. Nach Ansicht vieler seiner Berater würde man die Wirtschaft am schnellsten wiederbeleben, indem man den Verdrängungswettbewerb zwischen Unternehmen beendete sowie die Löhne anhob und so die stark gesunkenen Preise stabilisierte. Diese Auffassung stand hinter dem National Industrial Recovery Act, den der Kongress im Juni 1933 verabschiedete. Im Mai 1934 wurde Keynes während eines Amerikabesuchs im Weißen Haus empfangen. Hinterher sagte Roosevelt zu seinem Freund und Rechtsberater Felix Frankfurter, er »habe sich großartig mit Keynes unterhalten und möge ihn sehr«, aber viel mehr folgte nicht aus der Begegnung.[28] Keynes drängte Roosevelts Berater, wenn möglich, den Umfang der nationalen Hilfsleistungen zu vergrößern. Ein Jahr später schlug die Regierung tatsächlich diesen Kurs ein. Im April 1935 billigte der Kongress die Bereitstellung von 4,9 Milliarden Dollar für ein landesweites Programm von Soforthilfen und öffentlichen Bauvorhaben, wie Schulen, Krankenhäuser, Autobahnen und dergleichen. Rund 1,4 Milliarden dieser Mittel gingen an die Works Progress Administration (WPA), die Roosevelt wenig später per Verordnung ins Leben rief.[29] Das Ausmaß dieser Ausgaben war beispiellos, aber die Schöpfer der WPA sahen ihr Ziel vorrangig darin, Arbeitslose in Beschäftigung zu bringen, und nicht darin, die allgemeine Nachfrage anzukurbeln.

Zum ersten Mal bewusst angewendet wurden keynesianische Anreize, wie sie genannt werden sollten, in Schweden, das im September 1931 wie Großbritannien gezwungen war, den Goldstandard aufzugeben. Zwei Jahre später bildete die Sozialdemokratische Arbeiterpartei Schwedens, deren politisches Gewicht ungefähr demjenigen der deutschen SPD und der britischen Labour Party entsprach, eine Regierungskoalition mit der Bauernpartei. Um die enorm hohe Arbeitslosigkeit abzubauen, setzte die neue Regierung ein ehrgeiziges Programm öffentlicher Bauprojekte in Gang, das sie mit Schuldverschreibungen und einem laufenden Haushaltsdefizit finanzierte. Der politische Vorkämpfer dieser expansionistischen Politik war Finanzminister Ernst Wigforss, der von Keynes' Broschüre *Can Lloyd George Do It?* beeinflusst war. Eine zusätzliche Rechtfertigung dieser Politik kam von einigen jungen schwedischen Ökonomen, insbesondere von Gunnar Myrdal und Bertil Ohlin. Tatsächlich hatten sie Keynes' Argument vorweggenommen, dass Staatshaushalte über den gesamten Konjunkturzyklus ausgeglichen werden sollten, das heißt, in Rezessionen angehäufte Defizite sollten mit Überschüssen aus Jahren mit starkem Wachstum kompensiert werden.[30] Die schwedische Arznei schien zu wirken. Zwischen 1932 und 1937 sank die Arbeitslosenquote nach zeitgenössischen Angaben von 22,4 auf 10,8 Prozent.[31]

Keynes arbeitete unterdessen an einer umfassenderen theoretischen Rechtfertigung der kontrazyklischen staatlichen Ausgabenpolitik. In seinem vorherigen Buch, *Vom Gelde,* hatte er nicht erklärt, welche Faktoren das Gesamtniveau von Produktion und Beschäftigung bestimmten. Da er die Regierung aufforderte, die Geld- und Fiskalpolitik zu nutzen, um Vollbeschäftigung zu erreichen, war dies eine erhebliche Lücke. Die Arbeit, sie zu füllen, sollte Keynes ab 1932 fast vier Jahre in Anspruch nehmen. Zu ihr gehörten intensive Diskussionen mit seinen Kollegen und Studenten in Cambridge und mehrere Stadien des Schreibens und Bearbeitens. Anfang 1935 hatte er schließlich ein Manuskript fertiggestellt, das ihn im Großen und Ganzen zufriedenstellte. Auch auf einen Titel hatte er sich festgelegt: *Allgemeine Theorie der Beschäftigung, des Zinses und des Geldes.* »Um meinen Geisteszustand zu verstehen«, schrieb er an den sozialistischen Dramatiker George Bernard Shaw, »müssen Sie wissen, dass ich selbst glaube, ein wirtschaftstheoretisches Buch zu schreiben, das die Art, wie die Welt über ökonomische Probleme denkt, revolutionieren wird –

vermutlich nicht sofort, aber im Lauf der nächsten zehn Jahre.« So unbescheiden diese Voraussage war, sie sollte sich bewahrheiten.[32]

Die *Allgemeine Theorie*, wie sie bald kurz genannt wurde, erschien im Februar 1936. Obwohl sie einige lebendige Passagen und brillante Einsichten enthielt, wie den Vergleich des Investierens auf dem Aktienmarkt mit Zeitungswettbewerben, in denen aus hundert Fotos die hübschesten Gesichter ausgewählt werden sollten, war sie selbst für professionelle Ökonomen keine leichte Lektüre. Tatsächlich sind manche Teile des Buchs so dicht geschrieben, dass selbst heute noch heftig darüber gestritten wird, was wirklich gemeint ist. Keynes hatte eine Interpretation, einige seiner jüngeren und radikaleren Kollegen hatten eine andere, und der größte Teil der ökonomischen Zunft hatte eine dritte. Gegenüber Shaw deutete er an, dass er ein theoretisches Rahmenwerk gefunden zu haben glaubte, in das sich die »klassische Ökonomie« als Sonderfall einfügte. Dieses neue Rahmenwerk bestand aus vier Grundelementen: dem Prinzip der wirksamen Nachfrage, dem keynesianischen Multiplikator, der Theorie des Liquiditätsstrebens und dem Konzept des Grenznutzens des Kapitals. Am wichtigsten waren die ersten beiden Elemente, weil sie Keynes' Überzeugung untermauerten, dass der Kapitalismus erfolgreich gelenkt werden könne und die Weltwirtschaftskrise nicht aus einem unheilbaren Systemmangel, sondern aus schweren politischen Fehlern resultierte.

Das Prinzip der wirksamen Nachfrage besagt, dass das Gesamtniveau von Produktion und Beschäftigung von der Gesamtnachfrage – der Summe aller individuellen Nachfragen nach Gütern und Dienstleistungen – bestimmt wird. Heute wird dieses Prinzip als Binsenwahrheit betrachtet, doch 1936 stellte es eine Abkehr von der ökonomischen Orthodoxie dar, die Faktoren auf der Angebotsseite betonte, wie das Lohnniveau, den Stand der Technik und die Profitrate. Entgegen manchen Darstellungen ignorierte

Keynes die Angebotsseite nicht. Im dritten Kapitel der *Allgemeinen Theorie* stellte er ausdrücklich fest, dass die Wirtschaft an dem Punkt zur Ruhe kommt, an dem »die Funktion der gesamten Nachfrage sich mit der Funktion des gesamten Angebotes schneidet«.[33] Angebotsfaktoren bestimmen die potenzielle Produktion der Wirtschaft. Keynes weist jedoch die als Saysches Theorem bekannte klassische Behauptung zurück, dass das Angebot seine eigene Nachfrage schaffe. In seinem neuen Rahmenwerk bestimmte die Gesamtnachfragekurve, wo die Wirtschaft zur Ruhe kam, und deren Lage wurde durch das Niveau von Konsumausgaben, Geschäftsinvestitionen, Staatsausgaben und Nettoexporten bestimmt.

Indem er seine Analyse in Form von Angebots- und Nachfragekurven darstellte, nutzte er eine Methode, die bei Ökonomen üblich war, seit Alfred Marshall 1890 sein *Handbuch der Volkswirtschaftslehre* veröffentlicht hatte. Marshalls Angebots- und Nachfragediagramme gaben das Verhalten eines einzelnen Produktmarkts wieder – sagen wir des Markts für Betonschlackensteine in Cleveland. Keynes' Kurven stellten dagegen die gesamte Wirtschaft dar – daher der Begriff Makroökonomie. Abhängig vom Verlauf der Kurven für Gesamtnachfrage und Gesamtangebot konnte ihr Schnittpunkt bei einem hohen, mittleren oder niedrigen Beschäftigungsniveau liegen. »Aber es besteht kein allgemeiner Grund«, betonte er, »anzunehmen, dass es *gleich* der Vollbeschäftigung sei. Die wirksame Nachfrage, verbunden mit Vollbeschäftigung, ist ein Sonderfall, der nur verwirklicht wird, wenn der Hang zum Verbrauch und die Veranlassung zur Investition in einem besonderen Verhältnis zueinander stehen.«[34] Schlimmer noch, wenn die Wirtschaft in einem Zustand zur Ruhe kam, in dem keine Vollbeschäftigung vorhanden war, konnte sie leicht auf diesem Niveau stecken bleiben. Selbst sinkende Löhne – das traditionelle Heilmittel in schweren Zeiten – würden nicht wieder zur Vollbeschäftigung führen, weil Unternehmen angesichts einer schwachen Nachfrage nach ihren Produkten immer noch keinen Grund hätten, mehr Arbeiter einzustellen. Tatsächlich konnten sinkende Löhne zu höherer Arbeitslosigkeit führen, wenn sie die Gesamtnachfrage weiter schrumpfen ließen.

In einer solchen Situation ist die Gesamtnachfrage offensichtlich entscheidend. Aber wovon wird sie bestimmt? Dafür bot der Multiplikator die Antwort. Keynes übernahm dieses Konzept von einem seiner begabtesten Schüler, Richard Kahn, der 1930 zum Fellow des King's College gewählt wurde. Im folgenden Jahr veröffentlichte Kahn im *Economic Journal* einen Aufsatz über das Verhältnis von heimischer Investition und Arbeitslosigkeit, in dem er zeigte, dass in einem Land mit hoher Arbeitslosigkeit und überschüssigen Kapazitäten eine Neuinvestition von einem Dollar (im öffentlichen oder privaten Sektor) durch die Wirtschaft zirkulieren und eine zusätzliche Produktion und Beschäftigung im Wert von mehr als einem Dollar generieren kann. Erneuert beispielsweise eine Gemeinde für zehn Millionen Dollar eine alte Brücke, schafft sie Einkommen für diejenigen, welche die Reparatur ausführen, die dann einen Teil ihres Lohns für von anderen Personen angebotene Güter und Dienstleistungen verwenden, die ihrerseits das Gleiche tun und so weiter. Auf diese Weise bringt die ursprüngliche Kapitalinvestition nacheinander diverse Ausgabenrunden hervor: Sie hat einen Multiplikatoreffekt.[35]

Wie groß der Multiplikator ist, hängt laut Keynes vom Umfang der Wirtschaftsflaute ab. Wenn Vollbeschäftigung herrscht und die meisten Unternehmen mit voller Kapazität produzieren, führen zusätzliche Ausgaben zu höheren Preisen: Der Multiplikator sinkt gegen null. Aber 1936 waren Großbritannien und die meisten anderen hoch entwickelten Länder weit von der Vollbeschäftigung entfernt. Auf Daten des russisch-amerikanischen Ökonomen Simon Kuznets gestützt, schätzte Keynes, dass der US-amerikanische Multiplikator in den späten 1920er-Jahren bei rund 2,5 lag und jetzt, Mitte der 1930er-Jahre, wahrscheinlich noch höher war, da sich die Wirtschaft in einem Tief befand und viele Ressourcen brachlagen.[36] In Großbritannien, erklärte er, sei das Niveau der Arbeitslosigkeit und der ungenutzten Kapazitäten derart hoch, dass es kaum eine Rolle spiele, auf welche Weise der Staat die Ausgaben steigere: Wichtig sei nur, dass die Gesamtnachfrage erhöht würde. »Wenn das Schatzamt alte Flaschen mit Banknoten füllen und sie in geeigneten Tiefen in verlassenen Kohlenbergwerken vergraben würde, sie dann bis zur Oberfläche mit städtischem Kehricht füllen würde und es dem privaten Unternehmungsgeist nach den erprobten Grundsätzen des *laissez-faire* überlassen würde, die Noten wieder auszugraben [...], brauchte es keine Arbeitslosigkeit mehr zu geben [...]. Es wäre zwar vernünftiger, Häuser und dergleichen zu bauen, aber wenn dem politische und praktische Schwierigkeiten im Wege stehen, wäre das obige besser als gar nichts.«[37]

Es überrascht nicht, dass Keynes häufig als Prophet des ökonomischen Mittelwegs angesehen wird. Zumindest in der Theorie beschritt er mit seinem Politik-Rahmenwerk einen Mittelweg zwischen Laissez-faire und dem mit Kommunismus und Faschismus assoziierten staatlichen Diktat. Im letzten Kapitel der *Allgemeinen Theorie* behandelte er einige ihrer politischen Implikationen. Angesichts des Imperativs, zu Kapitalinvestitionen anzuregen, erklärte er, müsse der Staat die Zinssätze auf einem niedrigen Niveau halten, und zwar einem weit niedrigeren als bisher. »Obwohl dieser Zustand nun sehr wohl mit einem gewissen Maß von Individualismus vereinbar wäre«, fuhr er fort, »würde er doch den sanften Tod des Rentners bedeuten« – des Rentiers, der von Zinsen lebt –, »und folglich den sanften Tod der sich steigernden Unterdrückungsmacht des Kapitalisten, den Knappheitswert des Kapitals auszubeuten.« Die Knappheit hielt die Zinsen hoch, aber es gab in Keynes' Augen keinen Grund, es dabei zu belassen. Wenn die privaten Ersparnisse zu gering seien, um jenes Maß an Investitionen zu erreichen, das für die Vollbeschäftigung vonnöten wäre, könne man »die gemeinsame Ersparnis durch die Vermittlung des Staates« für den Fehlbetrag verwenden. Entscheidend sei, dass der Staat, um das Niveau der Gesamtnachfrage zu halten, alle ihm zur Verfügung stehenden Mittel nutzen müsse, wie niedrige Zinssätze, steuer- und ausgabenpolitische Maßnahmen und sogar eine »ziemlich umfassende Verstaatlichung der Investition«.[38]

Diese Passage sorgte für viel Verwirrung. Trotz einiger der verwendeten Begriffe hatte Keynes keine Kehrtwende vollzogen und sich zum Verfechter staatlicher Wirtschaftslenkung gewandelt. Die stärkere Investitionsförderung durch den Staat, fügte er eilig hinzu, müsse jedoch »nicht alle Arten von Zwischenlösungen und Verfahren ausschließen [...], durch welche die öffentliche Behörde mit der privaten Initiative zusammenarbeiten wird«. Zudem könnten die »notwendigen Maßnahmen der Verstaatlichung [...] allmählich eingeführt werden, und ohne einen Bruch in den allgemeinen Überlieferungen der Gesellschaft«. Keynes verstand die von ihm empfohlene politische Vorgehensweise als »in ihren Folgerungen gemäßigt konservativ«. Sobald der Staat die Nachfrage auf ein Niveau gehoben habe, das die Vollbeschäftigung sichere, könne er es weitgehend den Marktkräften überlassen, zu bestimmen, welche Dinge produziert und konsumiert wurden. Die Vorteile der Dezentralisierung für die Leistungsfähigkeit seien »vielleicht noch größer, als das neunzehnte Jahrhundert annahm«, fügte er hinzu. »Vor allem aber ist der Individualismus, wenn er von seinen Mängeln und Missbräuchen gereinigt werden kann, die beste Gewähr der persönlichen Freiheit, in dem Sinne, dass er im Vergleich zu anderen Systemen das Feld für die Ausübung der persönlichen Auswahl stark erweitert.«[39]

Bei der Interpretation dieser Passagen ist es wichtig, den Kontext, in dem Keynes sie niederschrieb, zu beachten. 1936 hatten die faschistischen Staaten Deutschland und Italien das Laissez-faire durch zentrale Steuerung und den Freihandel durch Autarkiestreben ersetzt. In der Sowjetunion hatte das stalinistische Regime die brutale Kollektivierung der Landwirtschaft abgeschlossen und investierte massiv in die Schwerindustrie. Manche von Keynes' Kollegen und Studenten in Cambridge hatten sich dem Kommunismus zugewandt. Seiner Ansicht nach waren

Kapitalismus und Demokratie nur zu retten, wenn man das kapitalistische System der Arbeitslosigkeit überwand, selbst wenn dies eine erhebliche Ausweitung staatlicher Eingriffe bedeutete. »Es ist sicher«, unterstrich er, »dass die Welt die Arbeitslosigkeit, die, von kurzen Zeiträumen der Belebung abgesehen, – nach meiner Ansicht unvermeidlich – mit dem kapitalistischen Individualismus verbunden ist, nicht viel länger dulden wird.« Doch durch eine »richtige Analyse des Problems sollte es [...] möglich sein, die Krankheit zu heilen und gleichzeitig Leistungsfähigkeit und Freiheit zu bewahren«.[40]

In der Auffassung, der westliche Kapitalismus würde, wenn man ihn sich selbst überließe, letztlich zu Stagnation und hoher Arbeitslosigkeit führen, spiegelten sich linke Argumente wider. Aber Keynes war alles andere als ein Marxist. Er beschrieb den Kapitalismus nicht als Unterdrückungssystem, das zum Untergang verurteilt sei, sondern als zuverlässiges altes Fahrzeug, das ein Problem mit dem Anlasser hatte, ein Versagen der Zündkerzen, wie er es in einem Zeitschriftenartikel über den großen Wirtschaftssturz genannt hatte.[41] Nach seiner Ansicht lag das Problem nicht beim Fahrzeug, sondern daran, dass die Werkstatt nicht erkannt hatte, woran das Fahrzeug krankte, und nicht bereit war, neue Ideen für seine Reparatur anzuwenden. In der berühmten Schlusspassage der *Allgemeinen Theorie* schrieb er, von der zeitgenössischen Stimmung abgesehen, seien

> »die Gedanken der Ökonomen und Staatsphilosophen, sowohl wenn sie im Rechte, als wenn sie im Unrecht sind, einflussreicher, als gemeinhin angenommen wird. Die Welt wird in der Tat durch nicht viel anderes beherrscht. Praktiker, die sich ganz frei von intellektuellen Einflüssen glauben, sind gewöhnlich die Sklaven irgendeines verblichenen Ökonomen. Wahnsinnige in hoher Stellung, die Stimmen in der Luft hören, zupfen ihren wilden Irrsinn aus dem, was irgendein akademischer Schreiber ein paar Jahre vorher verfasste.«[42]

Auf lange Sicht sollte sich die *Allgemeine Theorie* als überaus einflussreich erweisen. Unmittelbar hatte sie jedoch kaum eine Wirkung auf die Politik. 1936 begann die Arbeitslosenquote auf beiden Seiten des Atlantiks zu sinken, und der politische Druck, weitere Hilfsleistungen auf den Weg zu bringen, ließ nach. In Großbritannien konzentrierte sich Stanley Baldwins Nationale Regierung, die seit 1935 im Amt war, überwiegend auf die Außenpolitik und die von Hitler und Mussolini ausgehende Gefahr. In Washington und an der Wall Street nahm die Sorge über das Haushaltsdefizit zu, das während Roosevelts Regierungszeit zumeist über 4 Prozent des BIP lag.[43] Aufgrund dieser Sorge senkte die Regierung Roosevelt 1936/37 die Bundesausgaben. Nach diesem negativen Schock fiel die US-Wirtschaft, wie von Keynes' Theorie vorhergesagt, in die Rezession zurück.

Endgültig beendet wurde die Weltwirtschaftskrise auf beiden Seiten des Atlantiks schließlich durch die enormen Rüstungsausgaben vor Beginn und während des Zweiten Weltkriegs. Diese Ausgaben waren ein keynesianischer Stimulus im großen Stil, wurden damals aber als solcher weder verstanden noch bezeichnet. Erst im Lauf des Zweiten Weltkriegs und danach bekannte man sich offiziell zu einem keynesianischen Vorgehen. 1944 gab die britische Regierung unter Winston Churchill ein Weißbuch über die Beschäftigungspolitik nach dem Krieg heraus, das mit den Worten begann: »Die Regierung betrachtet als eines ihrer obersten Ziele und ihre Verantwortlichkeit die Aufrechterhaltung eines hohen und stabilen Beschäftigungsniveaus nach dem Krieg. […] Ein Land wird nicht unter Massenarbeitslosigkeit leiden, solange die Gesamtnachfrage nach Gütern und Dienstleistungen auf einem hohen Niveau gehalten wird.«[44] Diese Feststellung hätte auch aus der *Allgemeinen Theorie* stammen können.

In den Vereinigten Staaten verlief die Entwicklung ähnlich. 1944 verfasste der Harvard-Ökonom Alvin Hansen, der eine einflussreiche Einführung in die *Allgemeine Theorie* für das amerikanische Publikum geschrieben hatte, eine Denkschrift für Entscheidungsträger in der Roosevelt-Administration, in der er sie aufforderte, durch eine beträchtliche Ausweitung öffentlicher Investitionen und Sozialausgaben »ein adäquates Maß an Kaufkraft und wirksamer Nachfrage« sicherzustellen.[45] Dieser keynesianische Ansatz spiegelte sich dann auch im amerikanischen Beschäftigungsgesetz von 1946 wider, in dem es hieß, es sei »die nachhaltige Politik und Verantwortung der Bundesregierung [...], all ihre Vorhaben, Funktionen und Ressourcen zu koordinieren und zu nutzen, [...] um ein Höchstmaß an Beschäftigung, Produktion und Kaufkraft zu erreichen«.[46]

Während des Zweiten Weltkriegs beschäftigte sich Keynes zumeist mit internationalen Fragen und dachte insbesondere darüber nach, wie eine Wiederholung der Zwischenkriegszeit verhindert werden konnte. Damals hatten viele Länder auf ökonomischen Nationalismus, die Einführung von Zöllen und konkurrierende Währungsabwertungen zurückgegriffen, was zu Finanzchaos und zum Zusammenbruch des Welthandels geführt hatte. Um dies in Zukunft zu vermeiden, entwickelte Keynes den ehrgeizigen Plan, ein neues internationales Zahlungsmittel einzuführen, das Länder, die in Schwierigkeiten geraten waren, sich von einem neuen internationalen Kreditinstitut leihen könnten. Da Großbritannien aufgrund der Kosten des Krieges praktisch bankrott war und die Vereinigten Staaten als ökonomische Supermacht aus ihm hervorgegangen waren, war ihm jedoch klar, dass jedes neue internationale Rahmenwerk nur mit Unterstützung Washingtons geschaffen werden konnte.

Auch dort strebte man ein offenes Handelssystem an, das den US-Exporteuren nutzen würde. Da sich der Dollar jetzt im Aufwind befand, stand man Plänen für ein neues internationales Zahlungsmittel allerdings ablehnend gegenüber. Keynes führte mit dem hohen Finanzbeamten Harry Dexter White eine Reihe von Gesprächen, und auf einer internationalen Konferenz in Bretton Woods in New Hampshire im Juli 1944, auf der Keynes und White die britische beziehungsweise amerikanische Delegation leiteten, einigten sich Vertreter von über 40 Ländern auf die Schaffung eines Systems fester, aber anpassungsfähiger Wechselkurse. Damit dieses System funktionierte, sollte ein Internationaler Währungsfonds (IWF) gegründet werden, der fähig (aber nicht verpflichtet) sein sollte, Ländern zu helfen, die Schwierigkeiten hatten, den festen Wechselkurs aufrechtzuerhalten. Außerdem sollte eine Internationale Bank für Wiederaufbau und Entwicklung, die spätere Weltbank, Länder bei der Beseitigung der Kriegsschäden unterstützen, und eine Internationale Handelsorganisation sollte die Zollschranken und andere Handelsbarrieren senken. Der Vorschlag, eine förmliche Handelsinstitution zu schaffen, scheiterte im US-Senat, in dem immer noch viele Protektionisten saßen. Aber im Oktober 1947 schlossen 23 Länder, einschließlich der Vereinigten Staaten, ein Allgemeines Zoll- und Handelsabkommen (GATT), das die Unterzeichner verpflichtete, ihre Märkte zu öffnen, und später in langen Verhandlungsrunden erweitert wurde.

Das Bretton-Woods-Abkommen erfüllte nicht alle von Keynes' Erwartungen, und er verübelte einigen der amerikanischen Amtsträger, dass sie entschlossen schienen, die Reste der britischen Führungsrolle zu untergraben. Aber mit dem neuen internationalen Rahmenwerk waren seine Hauptziele erreicht: die Wiedererrichtung einer offenen Handelsordnung und Maßnahmen gegen einige Mängel des internationalen Kapitalismus, unter denen man in den Zwischenkriegsjahren gelitten hatte, wie die unbegrenzten spekulativen Ströme von Finanzkapital. Obwohl das Bretton-Woods-Abkommen die langfristige Verpflichtung zur grenzüberschreitenden Bewegungsfreiheit von Finanzkapital enthielt, erlaubte es den Unterzeichnern, auf absehbare Zeit Kapitalkontrollen aufrechtzuerhalten. »Was einst als Häresie galt, wird jetzt als Orthodoxie betrachtet«, bemerkte Keynes anerkennend.[47]

Obwohl sich diese Worte auf das relativ eng begrenzte Thema der Kontrolle von Fluchtkapitalströmen bezogen, trafen sie auch auf die politische Entscheidungsfindung allgemein zu. Nach den Katastrophen der Zwischenkriegszeit waren Politiker in vielen

Ländern empfänglich für die Idee, eine neue Wirtschaftsordnung zu gestalten, die den globalen Kapitalismus festigen, einige seiner anstößigen und selbstzerstörerischen Eigenschaften eliminieren und es mehr Ländern ermöglichen würde, seine Vorteile zu genießen. Sowohl linke als auch rechte Kritiker bezweifelten, dass diese Ordnung Bestand haben konnte, aber Keynes glaubte bis zum letzten Atemzug an sie. Er tat ihn, als er am 2. April 1946 in seinem Landhaus in Tilton einen Herzinfarkt erlitt. In den ersten drei Jahrzehnten nach seinem Tod, die häufig als keynesianische Ära bezeichnet werden, schien die Geschichte ihm recht zu geben: Die westlichen Länder genossen ein beispielloses Wirtschaftswachstum und ebensolchen Wohlstand. Aber manche blieben skeptisch, wie ein damals wenig bekannter österreichisch-ungarischer Autor und Gelehrter, der in der Zwischenkriegszeit den Abstieg in den Faschismus persönlich miterlebt hatte.

16

»Die Zeit war reif für die faschistische Lösung«

Karl Polanyis Warnungen an Kapitalismus und Demokratie

So wie Keynes' Glaube an die Rettbarkeit des Industriekapitalismus und der liberalen Demokratie seine Herkunft aus England, dem edwardianischen Liberalismus und der Oberschicht eines Weltreichs widerspiegelte, wurzelte Karl Polanyis wesentlich düsterere Weltsicht im Aufruhr und Extremismus Mitteleuropas in den Jahren nach dem Ersten Weltkrieg. Er wurde 1886 in Wien geboren, damals eine der Hauptstädte der weitläufigen österreichisch-ungarischen Monarchie. Wie Keynes stammte er aus der gebildeten oberen Mittelschicht. Sein Vater, Mihály Pollacsek, war ein in Ungarn geborener jüdischer Unternehmer, dessen Firma Eisenbahnstrecken baute. Polanyi war noch ein kleines Kind, als die Familie nach Budapest umzog, wo sie sich in einem wohlhabenden, überwiegend von assimilierten Juden bewohnten Viertel niederließ. Die ungarische Hauptstadt besaß eine lebendige Kunstszene, an der sich Polanyis Mutter, Cecilia Wohl, eine Feministin und ein Freigeist, begeistert beteiligte. Sie gründete eine private Frauenuniversität und eine Akademie für Eurythmie und war Gastgeberin eines literarischen Salons.

In der Familie Pollacsek-Polanyi – der Vater hatte den Nachnamen seiner Kinder magyarisiert, während er ihn behielt – schätzte man Bildung. Karl und seine fünf Geschwister erhielten Hausunterricht in Englisch, Latein und Griechisch. (Einer seiner Brüder, Michael Polanyi, wurde später ein bedeutender Naturwissenschaftler und Philosoph.) Nachdem er mit einem Stipendium das Minta-Gymnasium absolviert hatte, studierte er an der Budapester Universität Jura und Philosophie und gründete zusammen mit anderen eine Studentenvereinigung namens Galilei-Kreis, die sich der »Verteidigung und Propagierung vorurteilsfreier Wissenschaft« widmete.[1] Ungarn erkannte Juden zwar dieselbe Rechtsstellung wie Christen zu, aber der Antisemitismus war dennoch weit verbreitet, insbesondere in der alten ungarischen Elite. Einmal versuchte eine Gruppe konservativer Studenten, eine Versammlung von Polanyis Galilei-Kreis zu stören, und er geriet in ein Handgemenge mit ihnen. Daraufhin wurde er von der Universität verwiesen, wonach er sein Studium an der Universität von Klausenburg in Siebenbürgen, das damals zu Ungarn gehörte, abschloss.

Als junger Mann neigte Polanyi politisch nach links. Allerdings stand er wie der deutsche revisionistische Sozialist Eduard Bernstein der Voraussage des bevorstehenden Endes des Kapitalismus skeptisch gegenüber. »Die nächste Phase des kapitalistischen Zeitalters«, schrieb er 1910 in einem Aufsatz mit dem Titel »Die Krise unserer Ideologien«, »wird weitgehend stabile Verhältnisse der materiellen Existenz hervorbringen.«[2] Sein Mentor war der charismatische ungarische Soziologe Oszkár Jászi, der eine progressive Zeitschrift gegründet hatte und für das allgemeine Wahlrecht kämpfte. Im Juni 1914 half Polanyi ihm bei der Gründung der Bürgerlich-Radikalen Partei, die sich für das Wahlrecht, die staatliche Kontrolle des Bildungswesens und die Verteilung von Großgrundbesitz an Kleinbauern einsetzte. Nur wenige Wochen nach der Gründung der Partei brach der Erste Weltkrieg aus. Die Ära kapitalistischer Stabilität war eher zu Ende gegangen, als Polanyi (und viele andere) erwartet hatten.

Als ungarischer Patriot meldete sich Polanyi zur Armee, in der er fast drei Jahre als Kavallerieoffizier diente. Er gehörte zu einer Einheit, die an der russischen Front Trassen für Pferdeeisenbahnen baute, die militärischen Nachschub transportierten. Das Gemetzel und die Banalität des Krieges stießen ihn ab. »Die Menschheit ist ein Golem, der voller Schrecken auf seine eigene gefrorene Maske schaut, die gefolterte Seele auf die schreckliche Maschine«, schrieb er an seine Tante Irma.[3] 1917 erkrankte er schwer an Typhus und wurde zur Genesung nach Hause geschickt. Er überstand die lebensgefährliche Erkrankung, litt aber weiter unter ihren Nachwirkungen. Als der Krieg im November 1918 endlich zu Ende ging, löste Ungarn seine traditionelle Bindung an Österreich und erklärte sich zur Republik, mit dem reichen Aristokraten Mihály Graf Károlyi als Ministerpräsident.

Polanyi unterstützte vom Krankenbett aus Károlyis Koalitionsregierung, der Vertreter der Sozialdemokraten und von Jászis Bürgerlich-Radikalen angehörten. Das neue Regime war schweren Angriffen der Ungarischen Partei der Kommunisten ausgesetzt, die der ehemalige Journalist Béla Kun, der enge Beziehungen zu den russischen Bolschewiki unterhielt, kurz zuvor gegründet hatte. Als sich Polanyi weit genug erholt hatte, um einen Vortrag an der Budapester Universität halten zu können, warnte er vor der »steigenden kommunistischen Flut«.[4]

Während sich in Wien und anderen Städten Arbeiterräte bildeten und ein großer Teil des Landes immer noch von ausländischen Truppen, die aufseiten der Alliierten gegen die Mittelmächte gekämpft hatten, besetzt war, fiel es der Regierung Károlyi schwer, effektiv zu regieren, und sie hielt sich denn auch nur wenige Monate. Im März 1919 schlossen sich die Sozialdemokraten mit den Kommunisten zusammen, um die Macht zu übernehmen und eine ungarische Räterepublik zu errichten. Angesichts der schwierigen Lage war Polanyi klar, dass das Land eine von den Massen unterstützte Regierung brauchte, und er nahm die Berufung ins neue Volkskommissariat für Soziale Produktion an.[5]

Das neue linke Regime führte eine Reihe progressiver Dinge ein, wie das Recht auf Arbeit, eine Liberalisierung des Scheidungsrechts, kostenlose ärztliche Behandlung und kostenloses Schulessen. Außerdem organisierte es eine militärische Gegenoffensive, welche die ausländischen Truppen, zu denen Rumänen, Serben und Tschechoslowaken gehörten, eine Zeit lang zurückdrängte. Polanyi, der zu diesem Zeitpunkt wieder im Krankenhaus lag, schien begeistert gewesen zu sein. »Ich werde in die

[Kommunistische] Partei eintreten«, eröffnete er am 2. Mai 1919 einem Kollegen.[6] Doch dies geschah nie. Der britische Politologe Gareth Dale hat in seiner 2016 erschienenen, sorgfältig recherchierten Biografie Polanyis Belege dafür angeführt, dass Polanyi die Wirtschaftspolitik von Kuns Regime, zu der die Verstaatlichung Tausender Betriebe gehörte, als kontraproduktiv ansah.[7]

Im Juni 1919 begab sich Polanyi zur weiteren medizinischen Behandlung nach Wien, weshalb er nicht in Budapest war, als die ungarische Räterepublik unterging. Ihre Anführer hatten vergeblich gehofft, dass die Alliierten eingreifen würden, um die Republik zu retten. In ländlichen Gebieten wandten sich viele Bauern und Grundbesitzer gegen die Regierung Kun, und das Land stürzte in Gewalt und Terror. Als im August rumänische Truppen vor den Toren Budapests standen, flohen Kun und andere hochrangige Kommunisten nach Österreich.

Nachdem die Rumänen die Hauptstadt erobert hatten, entfachten konservative Paramilitärs und ihre politischen Verbündeten eine Gewaltkampagne, in deren Verlauf viele Unterstützer der vorigen Regierung ohne Gerichtsverfahren hingerichtet wurden. Anfang 1920 stellte die Nationalversammlung das Königreich Ungarn wieder her und wählte den ultrakonservativen Admiral Miklós Horthy, der für den Kampf gegen die Regierung Kun eine antikommunistische »Nationalarmee« aufgestellt hatte, zu seinem Regenten. Das neue Regime war erklärtermaßen nationalistisch, christlich und antisozialistisch. Es setzte den sogenannten weißen Terror fort, der Tausende Todesopfer und Verletzte forderte. Zudem verübten Unterstützer des neuen Regimes antijüdische Pogrome. Ungarn befand sich auf dem abschüssigen Weg zum Bündnis mit Mussolinis Italien und schließlich auch Hitlers Deutschland.

Polanyi wollte mit dieser Gegenwart oder Zukunft nichts zu tun haben. Er ließ sich in Wien nieder und verdiente seinen Lebensunterhalt als Journalist. Anfangs arbeitete er für eine von Jászi, der ebenfalls nach Österreich gegangen war, herausgegebene ungarische Exilzeitschrift. Schließlich begann er jedoch für die österreichische wirtschaftspolitische Wochenzeitung *Der österreichische Volkswirt* zu arbeiten, zunächst als freier Buchrezensent und dann ab 1925 als Redakteur, was seine finanzielle Situation erheblich verbesserte. Inzwischen war er verheiratet und Vater. Seine Frau, Ilona Duczyńska, war eine unerschütterliche Ungarin mit polnischen Wurzeln, die ihr Studium der Mathematik und Physik abgebrochen hatte, um sich ganz dem revolutionären Kampf zu widmen. Sie hatte für die Regierung Kun und kurzzeitig für die Komintern in Moskau gearbeitet. In der Folgezeit war sie aus der Kommunistischen Partei Ungarns ausgeschlossen worden, weil sie deren Vorgehen kritisiert hatte. 1923 hatte sie Polanyi geheiratet und noch im selben Jahr eine Tochter zur Welt gebracht, Kari.

Wie in Deutschland die Weimarer Republik war Österreich als von Klassenauseinandersetzungen, hohen Inflationsraten und rechtsgerichteten paramilitärischen Gruppen gebeutelte Republik aus dem Ersten Weltkrieg hervorgegangen; das österreichische Gegenstück zu den deutschen Freikorps war die Heimwehr. In den 1920er-Jahren waren auf nationaler Ebene mehrere Mitterechts-Regierungen an der Macht, während in Wien die Sozialdemokratische Arbeiterpartei Deutschösterreichs (SDAP) ein einzigartiges Experiment des kommunalen Sozialismus in Gang setzte. Im »roten Wien«, wie man es bald nannte, wurden der Achtstundentag, Arbeitslosenhilfe und umfangreiche öffentliche Dienstleistungen eingeführt. Die Stadt baute öffentliche Gesundheitszentren, Kindergärten und große Wohnkomplexe wie den berühmten Karl-Marx-Hof. Polanyi lebte über ein Jahrzehnt im roten Wien, das ihm zu einer moralischen und geistigen Inspirationsquelle wurde. Obwohl Ilona politisch weiter links stand als er, traten sie beide in die SDAP ein. Polanyi stellte später fest, Wien habe unter seiner sozialistischen Verwaltung »einen der aufsehenerregendsten kulturellen Triumphe in der Geschichte des Westens« erzielt.[8]

Wien war in der Zwischenkriegszeit außerdem ein vibrierendes geistiges Zentrum, insbesondere der Sozialwissenschaften, und Polanyi beteiligte sich an einigen damaligen Debatten. Während seiner Genesung vom Typhus am Ende des Ersten Weltkriegs war er vom Judentum zum Christentum konvertiert, und nach seiner Übersiedlung nach Wien freundete er sich mit einigen britischen christlichen Sozialisten an, die sich in der Stadt niedergelassen hatten. Besonders stark beeinflussten ihn die Schriften des Historikers und Gildensozialisten G. D. H. Cole, dessen Vision einer idealen Gesellschaft politische Demokratie mit Selbstkontrolle der Arbeiter über ihre Arbeitsplätze verband. »Die englische sozialistische Praxis«, schrieb Polanyi 1921 an seinen Bruder Michael, »bestätigt die Richtung meiner Arbeit. Soziale Probleme vom christlichen Standpunkt aus zu behandeln – das ist mein Sozialismus.«[9] In einem Artikel für Jászis Exilzeitschrift pries Polanyi den Gildensozialismus wegen seines Pluralismus und der Ermutigung unabhängiger Gruppen wie Gewerkschaften, Genossenschaften, kirchlicher Vereinigungen und Gemeinderäte.[10] Er stellte sich eine Gesellschaft vor, in der Klassenauseinandersetzungen durch Verhandlungen zwischen Gruppen, die Produzenten (Arbeiter) und Konsumenten vertraten, beigelegt würden.[11] Er bildete sogar eine gildensozialistische Arbeitsgruppe, zu der, laut Gareth Dale, der junge Philosoph Karl Popper und der Journalist Peter Drucker, der später als Autor von Schriften über Management bekannt wurde, gehörten.[12]

Aus allen Teilen Europas zog es Progressive nach Wien, die dort die neuesten Errungenschaften der sozialistischen Verwaltung in Augenschein nehmen wollten. Österreich als Ganzes blieb tief gespalten: Es war ein konservatives Agrarland mit einer kosmopolitischen, linksregierten Hauptstadt. Während der gesamten 1920er-Jahre kam es immer wieder zu Zusammenstößen zwischen Rechten und Linken. Wie in Deutschland erhöhte die Weltwirtschaftskrise die politischen Spannungen und führte schließlich zum Untergang der Demokratie. Nachdem im Mai 1931 die größte Bank des Landes, die Creditanstalt, zusammengebrochen war, verschärfte sich der Wirtschaftsabschwung, und die Arbeitslosenquote stieg auf 25 Prozent. Im Mai 1932 wurde der 39-jährige Geschäftsmann und frühere Armeeoffizier Engelbert Dollfuß zum Kanzler einer neuen rechtsgerichteten Koalition aus Christlich-Sozialer Partei, der Bauernpartei Landbund und dem Heimatblock, dem politischen Arm der Heimwehr. Dollfuß strebte die Errichtung eines autoritären Regimes an, wobei er sich mehr an Mussolini als an Hitler orientierte, obwohl die Ereignisse in Deutschland die Verwirklichung seines Vorhabens beschleunigen sollten.

Am 30. Januar 1933 ernannte der deutsche Reichspräsident Paul von Hindenburg, ein früherer Generalfeldmarschall, der im Ersten Weltkrieg das kaiserliche Heer befehligt hatte, Hitler zum Reichskanzler einer Koalitionsregierung. Er handelte auf Anraten des konservativen Aristokraten Franz von Papen, der zuvor selbst Kanzler gewesen war. Papen glaubte, Hitler und die Nationalsozialistische Partei in der Regierung »einrahmen« und so die Linken von der Macht fernhalten zu können. Beunruhigt über den Aufstieg der zur Komintern gehörigen Kommunistischen Partei Deutschlands (KPD), die in der Reichstagswahl im Juli 1932 rund 13 Prozent der Stimmen erhalten hatte, unterstützten manche führende Wirtschaftsvertreter diese Strategie, die sich als katastrophal herausstellen sollte. Binnen zwei Monaten nach seiner Ernennung hatte Hitler eine Diktatur errichtet, die bis zu seinem Selbstmord im »Führerbunker« am 30. April 1945 bestehen bleiben sollte.

Während Hitlers Braunhemden dabei waren, ihre Gegner im Reichstag und anderswo auszuschalten, unternahm Dollfuß am 4. März 1933 seinerseits einen Putsch. Als das Parlament in Wien sich in der Frage, wie es auf einen Streik der Eisenbahnarbeiter reagieren sollte, nicht einigen konnte, rief er den Notstand aus. Mit Unterstützung von Polizei, Armee und einem großen Teil der Wirtschaft beanspruchte er die Befugnis, ohne Zustimmung des

Parlaments zu regieren, und verbot drei Organisationen, die er für gefährlich hielt: die Kommunistische Partei Österreichs, den Republikanischen Schutzbund (den paramilitärischen Arm der SDAP) und die österreichische Deutsche Nationalsozialistische Arbeiterpartei (DNSAP), die von Hitler ermuntert wurde, ihrerseits die Macht zu ergreifen. Als österreichischer Nationalist war Dollfuß gegen den von den Nationalsozialisten verlangten »Anschluss« an Deutschland. Im August 1933 unterzeichnete er einen Verteidigungspakt mit Mussolinis Italien, und im folgenden Monat verschmolz er die Parteien, die seine Koalition bildeten, nach dem Vorbild von Mussolinis Nationaler Faschistischer Partei zur Vaterländischen Front.

Obwohl die Regierung Dollfuß die linke Verwaltung von Wien vorläufig im Amt beließ, war sie ein unverhohlen autoritäres Regime, das die Presse zensierte und unabhängig denkende Journalisten verfolgte. Polanyi, mittlerweile leitender Redakteur des *Österreichischen Volkswirts*, sah, wohin die Entwicklung ging, und beschloss, nach London zu emigrieren und dort ein neues Leben für sich und seine Familie aufzubauen. Er reiste im Januar 1934 ab und ließ seine Frau und seine Tochter vorerst in Wien zurück. Wenige Wochen nach seiner Abreise kam es dort und in anderen Städten zu gewalttätigen Auseinandersetzungen, als Heimwehreinheiten sozialistische Politiker festzunehmen versuchten. Mitglieder des verbotenen Schutzbunds verbarrikadierten sich in Wiener Wohnbauprojekten wie dem Karl-Marx-Hof und schlugen Polizei und Heimwehr zurück. Daraufhin befahl Dollfuß der Armee, gegen die Sozialisten vorzugehen, was sie mit Begeisterung tat. Als der Aufstand niedergeschlagen war, verbot Dollfuß die SDAP, sodass seine Vaterländische Front als einzige erlaubte politische Organisation des Landes übrig blieb. Außerdem erließ er eine neue Verfassung, die die parlamentarische Demokratie durch einen autoritären Ständestaat nach italienischem Vorbild ersetzte. Der Austrofaschismus war geboren.

Damit hatte Polanyi zweimal in 15 Jahren miterlebt, wie eine demokratische linke Regierung durch Rechte gestürzt wurde. Da der Faschismus in einem großen Teil Westeuropas, einschließlich des größten Landes, fest im Sattel saß, beschloss er, über das Phänomen zu schreiben. Vorher brauchte er jedoch eine bezahlte Arbeit in seiner neuen Heimat, London. Die Suche war mühselig, aber schließlich wurde ihm durch Vermittlung seiner Kontakte zu christlichen Sozialisten angeboten, einen Essayband mit dem Titel *Christianity and the Social Revolution* mit herauszugeben, was ihm auch Gelegenheit gab, einen eigenen Aufsatz beizusteuern.

Zu diesem Zeitpunkt herrschte einige Verwirrung über die Beziehungen zwischen Faschismus, Christentum und Kapitalismus. 1929 hatte Mussolini mit dem Vatikan den Lateranvertrag geschlossen, in dem er die Souveränität des Papstes über die Vatikanstadt anerkannte, während die italienischen Bischöfe zusagten, einen Treueid auf den italienischen Staat zu leisten. In Deutschland hatte die katholische Kirche anfangs gegen Hitler und die Nationalsozialisten Stellung bezogen. Kurz nach deren Machtübernahme hatte der Vatikan jedoch einen Vertrag mit dem Regime ausgehandelt, das »Reichskonkordat«, in dem die deutsche katholische Kirche im Gegenzug für die Garantie der freien Religionsausübung versprach, sich aus der Politik herauszuhalten. Polanyi fand diese Anbiederung an den Faschismus abscheulich. Am Anfang seines Essays, der 1935 unter dem Titel »Das Wesen des Faschismus« veröffentlicht wurde, schrieb er: »Ein siegreicher Faschismus bedeutet nicht nur den Untergang der sozialistischen Bewegung, er bedeutet auch das Ende des Christentums in allen Formen außer in seinen extrem verfälschten.«[13]

Polanyis Auffassung beruhte nicht einfach nur auf den üblen Absichten Hitlers, Mussolinis und ihrer Anhänger, sondern auf einem philosophischen Fundament. Da Christentum und Sozialismus – zumindest seine Version des Sozialismus – die individuelle Entwicklung und das Naturrecht an erste Stelle setzten, bauten beide, so sein Argument, auf dem Individualismus auf, während der Faschismus dessen Negation repräsentiere. Unter Verweis auf die Schriften des damals populären konservativen österreichischen Philosophen Othmar Spann führte er aus, dass viele mit dem Faschismus sympathisierende Intellektuelle den Aufstieg des Sozialismus mit der Herausbildung von Individualismus und Demokratie assoziierten und es daher, wenn man die sozialistische Gefahr ausräumen wollte, für nötig hielten, das Phänomen zu beseitigen, das sie hervorgebracht habe. »Wenn also der Sozialismus nicht kommen soll«, schlussfolgerte Polanyi, »dann muss die Demokratie verschwinden. Das ist der *raison d'être* der faschistischen Bewegungen in Europa.«[14]

Zum Verhältnis von Faschismus und Kapitalismus bemerkte Polanyi, dass die faschistische Propaganda zwar häufig einzelne Kapitalisten zusammen mit Sozialisten als Feinde der patriotischen gewöhnlichen Menschen darstelle, Großunternehmen aber in der Regel von jeder Kritik ausspare. »Die in der Bevölkerung verbreiteten Ressentiments gegen den liberalen Kapitalismus«, schrieb Polanyi, »werden damit auf höchst wirksame Weise gegen den Sozialismus gelenkt, ohne dass man auf den Kapitalismus in seinen nichtliberalen, das heißt korporativen Formen eingeht. Das ist ein zwar unbewusst angewandter, aber äußerst schlauer Trick. Erst wird der Liberalismus mit dem Kapitalismus gleichgesetzt, dann wird er über Bord geworfen; aber unbeschadet dessen lebt der Kapitalismus unter einem neuen Namen ungeschoren weiter« – dem des Faschismus.[15] In der Frühzeit des Kapitalismus, fuhr Polanyi fort, sei man davon ausgegangen, dass Kapitalismus und Demokratie miteinander vereinbar seien, weil sie ungefähr zur selben Zeit entstanden waren. Diese beruhigende Annahme sei jetzt infrage gestellt.

»Die Unvereinbarkeit von Demokratie und Kapitalismus«, stellte Polanyi fest, »wird heute fast allgemein als Hintergrund der sozialen Krise unserer Zeit anerkannt.« Auf der Linken nehme man weithin an, die Demokratie würde zu irgendeiner Form des Sozialismus führen. Auch auf der Rechten würden viele glauben, dass die Demokratie den Kapitalismus gefährde, weil Arbeiterparteien nach und nach die geheiligten Eigentumsrechte untergrüben. Polanyi zitierte eine Äußerung Mussolinis, der zufolge die Demokratie ein Anachronismus sei, weil »nur der autoritäre Staat [...] mit den inneren Widersprüchen des Kapitalismus fertig werden« könne.[16] In anderen Aufsätzen aus der Mitte der 1930er-Jahre ging Polanyi auf einige dieser Widersprüche ein, wie die Tendenz demokratischer Parteien, in Marktmechanismen einzugreifen und die Profitabilität von Unternehmen zu beschneiden. In einem von ihnen erklärte er, Demokratie und Kapitalismus hätten »eine Sackgasse erreicht, weil sie zu Instrumenten zweier unterschiedlicher Klassen mit entgegengesetzten Interessen geworden« seien.[17]

In »Das Wesen des Faschismus« hob Polanyi die übereinstimmende Auffassung von Linken und Rechten hervor, dass es für dieses Problem nur zwei Lösungen gebe: »die Ausweitung des demokratischen Prinzips von der Politik auf die Wirtschaft oder die völlige Abschaffung des ›politischen Bereichs‹ der Demokratie«. Bei der ersten Option würde der Privatbesitz an Produktionsmitteln abgeschafft, und die Wirtschaft würde aufhören, als eigenständige, von der Politik getrennte Einheit zu existieren. »Dies ist dem Wesen nach Sozialismus«, erklärte Polanyi. Bei der zweiten Option würde die »demokratische politische Sphäre« abgeschafft und so eine Situation hergestellt, in der »nur mehr das Wirtschaftsleben übrig« bleibe und »der in den verschiedenen Industriezweigen organisierte Kapitalismus [...] zur Gesamtgesellschaft« werde: »Das ist die faschistische Lösung.«[18]

Obwohl Polanyi in dieser Zeit das katastrophistische Urteil, dass die liberale kapitalistische Demokratie dem Untergang geweiht sei, nicht teilte, deutete sein Aufsatz doch darauf hin, dass die Geschichte sich in diese Richtung bewegte. Bisher, stellte er fest, sei weder die Demokratie/Sozialismus- noch die Faschismus/Kapitalismus-Option in vollem Umfang Wirklichkeit geworden. In Russland befinde sich der Sozialismus »noch in der diktatorischen Phase, obwohl die Entwicklung in Richtung Demokratie bereits deutlich sichtbar geworden« sei (wie viele europäische Linke zögerte er anfangs, die Realität des Stalinismus wahrzunehmen), während in Deutschland und Italien Hitler und Mussolini, »wenn auch nur ungern, an die Schaffung eines Ständestaates« gingen, anscheinend, weil sie glaubten, »dass eine Generation, die die Demokratie kennengelernt hat, noch keineswegs reif sei für eine ständestaatliche Grundeinstellung«.[19]

Polanyis englische Freunde und Kollegen nahmen seinen Artikel gut auf. Aber er brachte ihm nicht die akademische Vollanstellung, auf die er gehofft hatte. Nachdem Ilona und Kari 1936 nach England nachgekommen waren, steckte die Familie ständig in finanziellen Schwierigkeiten. Schließlich fand Polanyi eine Anstellung als Dozent für Sozial- und Wirtschaftsgeschichte beim Arbeiterbildungsverein, der Abendkurse für Menschen ohne höhere Bildung anbot. Er gab Kurse in Sussex und Kent. Die mit der Arbeit verbundenen Verpflichtungen waren anstrengend und die Bezahlung bescheiden, aber Polanyi nutzte seine Vorträge, um seine Gedanken über die historischen Ursachen des Faschismus auszufeilen, denn er hatte vor, sie in einem Buch darzulegen.

In der Zwischenzeit verwendete er einen Teil seines historischen Materials in einem Aufsatz mit dem Titel »Der faschistische Virus«, den er Ende der 1930er-Jahre verfasste. Unter anderem unter Verweis auf den Aufstieg und Fall des Chartismus in Großbritannien führte er darin aus, dass die Spannungen zwischen Demokratie und Kapitalismus bis in die frühe Industrieära zurückreichten. Während des raschen Wirtschaftswachstums im späten 19. Jahrhundert habe es den Anschein gehabt, als könnten beide Phänomene friedlich koexistieren. In dieser kurzen Periode »schien es, als florierten Kapitalismus und Demokratie Seite an Seite. Die Illusion von Harmonie war das Resultat vergänglicher Faktoren, wie der enormen Expansion der Märkte, der Beteiligung von Gewerkschaften und Arbeiterparteien an den Wohltaten des Fortschritts wie auch des falschen Eindrucks, der durch die prosperierende amerikanische Szenerie erweckt wurde.«[20]

Während Polanyi, seine Frau, seine Tochter und sein Bruder Michael jetzt in England in Sicherheit waren, stellte die Expansion der krankhaftesten Form des Faschismus, des deutschen Nationalsozialismus, für einige seiner Angehörigen, die in Wien geblieben waren, eine tödliche Gefahr dar, insbesondere für seine jüngere Schwester Sophie, ihren Ehemann Egon Szécsi und ihren Sohn Karl, der eine Entwicklungsstörung aufwies. 1938 beugte sich der Austrofaschismus dem NS-Regime, und im März marschierten deutsche Truppen in Österreich ein, um seinen »Anschluss« an Deutschland zu erzwingen. Bald danach wurde Szécsi, wie Gareth Dale schildert, bei einer Zufallsrazzia festgenommen und ins Konzentrationslager Dachau bei München gebracht. Kurz vor Ausbruch des Zweiten Weltkriegs stellte das NS-Regime Sophie und ihrem Mann, trotz dessen Haft, Pässe aus, wollte Szécsi aber nur freilassen, wenn das Ehepaar seinen Sohn zurückließ oder ein Visum für ihn vorweisen konnte. Da sie ihren Sohn nicht verlassen wollte, blieb Sophie in Wien.[21]

Unterdessen stand für Polanyi ein weiterer Umzug bevor. Dass es ihm in Großbritannien nicht gelungen war, eine akademische Vollzeitanstellung zu erhalten, hatte ihn enttäuscht, und 1940, in dem Jahr, als Hitlers Truppen in die Niederlande und Frankreich einfielen, lud ihn das Bennington College in Vermont als Gastdozent ein. Sein alter Mentor Jászi lehrte bereits seit Jahren am Oberlin College in Ohio. Polanyi nahm die Einladung an und ließ seine Frau, die kein Visum für die Vereinigten Staaten besaß, erneut zurück, während er nach Amerika reiste. Nachdem er sich in den Ausläufern der Green Mountains niedergelassen hatte, begann er, ernsthaft an seinem Buch zu arbeiten, in dem er den Zusammenstoß von Kapitalismus und Demokratie im 19. Jahrhundert in Großbritannien und die Herausbildung einer nach den Prinzipien des Laissez-faire organisierten Gesellschaft nachvollziehen wollte. Die »gegenwärtige Weltkrise«, schrieb er im November 1940 an seine Frau, »ist letztlich auf die *Marktwirtschaft* als der ersten Phase der industriellen Zivilisation zurückzuführen. Das letzte Vierteljahrhundert war ein Resultat der Auflösung des internationalen, auf der Ökonomie beruhenden Wirtschaftssystems.«[22]

Im folgenden Jahr erhielt Polanyi ein Stipendium der Rockefeller-Stiftung, das es ihm erlaubte, in Bennington zu bleiben und sich auf sein Buch zu konzentrieren. Zu seiner Freude bot das College seiner Frau eine Dozentur in Mathematik und Physik an, und Ilona traf im Dezember 1941 in Vermont ein. Andere Aspekte von Polanyis Privatleben waren alles andere als glücklich. Im März 1941, als die Nationalsozialisten die Verfolgung der Juden in Deutschland und Österreich verschärften, waren seine Schwester und ihr kleiner Sohn nach Polen verschleppt worden. Einen Monat später wurde ihr Ehemann in Dachau ermordet. Laut Dale war Sophies letzter bekannter Aufenthaltsort das Judenghetto in Kielce. »Meine liebste kleine Schwester wurde von einem Verrückten ermordet«, schrieb Polanyi später.[23]

Physisch und psychologisch war Bennington weit entfernt von den Schrecken in Mitteleuropa. Polanyi arbeitete weiter an seinem Manuskript, dem er den vorläufigen Titel »Ursprünge der Katastrophe. Eine politische und ökonomische Untersuchung« gegeben hatte. Als es 1944 druckfertig vorlag, änderte sein Verlag, Farrar & Rinehart, den Titel in *The Great Transformation. The Political and Economic Origins of Our Time* (später auf Deutsch unter dem Titel *The Great Transformation. Politische und ökonomische Ursprünge von Gesellschaften und Wirtschaftssystemen* veröffentlicht). »Die Welt des 19. Jahrhunderts ist zusammengebrochen«, begann das erste Kapitel. »Das vorliegende Werk befasst sich mit den politischen und wirtschaftlichen Ursachen dieses Geschehens sowie mit der großen Transformation, die es einleitete.«[24]

Polanyi kam rasch auf seine Kernthese zu sprechen, dass die verschwundene Zivilisation, die er weitgehend mit dem industriellen Großbritannien gleichsetzte, auf einem instabilen Fundament erbaut worden sei: der Laissez-faire-Wirtschaft. »Wir vertreten die These«, schrieb er, »dass die Idee eines selbstregulierenden Marktes eine krasse Utopie bedeutete. Eine solche Institution konnte über längere Zeiträume nicht bestehen, ohne die menschliche und natürliche Substanz der Gesellschaft zu vernichten; sie hätte den Menschen physisch zerstört und seine Umwelt in eine Wildnis verwandelt.« Angesichts der vom freien Markt verursachten Verheerungen habe die Gesellschaft zwangsläufig Schritte zu ihrem Schutz unternehmen und soziale Reformen und andere Dinge einführen müssen. Aber »alle diese Maßnahmen beeinträchtigten die selbstregulierende Funktion des Marktes, führten zu einer Desorganisation der industriellen Entwicklung und gefährdeten damit die Gesellschaft auch in anderer Weise. Dieses Dilemma zwang die Entwicklung des Marktsystems in eine bestimmte Richtung und zerrüttete schließlich die darauf beruhende Gesellschaftsstruktur.«[25]

Diese These, deren Ausführung sich durch das gesamte Buch zieht, besteht letztlich aus zwei getrennten Behauptungen, die beide die Rolle des Staates betreffen. Bis zurück zu Adam Smith hatten orthodoxe Ökonomen stets ein Narrativ präsentiert, das den Aufstieg der freien Marktwirtschaft als Abkehr von einem überbordenden merkantilen Staat und spontane Herausbildung einer dezentralen, selbsterhaltenden Ordnung auf der Grundlage des individuellen Eigeninteresses darstellte. Polanyi dagegen hielt dieses Narrativ für einen Mythos. Seiner Ansicht nach war der freie Markt den Gesellschaften von einem starken Staat aufgezwungen worden. »Nichts war natürlich an der Praxis des Laissez-faire«, stellte er fest, »freie Märkte wären niemals bloß dadurch entstanden, dass man den Dingen ihren Lauf ließ. So wie die Baumwollfabriken – die führende Freihandelsindustrie – mit Hilfe von Schutzzöllen, Exportprämien und indirekten Lohnsubventionen geschaffen wurden, wurde sogar der Grundsatz des Laissez-faire selbst vom Staat durchgesetzt.« Der Weg zu freien Märkten sei »durch eine enorme Zunahme eines ständigen, zentral organisierten und kontrollierten Interventionismus geöffnet und offen gehalten« worden. »Adam Smiths ›einfache und natürliche Freiheit‹ mit den Erfordernissen einer menschlichen Gesellschaft vereinbar zu machen, war eine höchst komplizierte Angelegenheit.«[26]

Zur Erläuterung dieser Aussage verwies Polanyi darauf, dass der britische Staat in der Zeit von den Napoleonischen Kriegen bis zur Abschaffung der Korngesetze und Niederschlagung des Chartismus, also etwa zwischen 1800 und 1848, drei grundlegende Elemente des Laissez-faire-Systems eingeführt habe: einen freien Arbeitsmarkt, den Freihandel und eine stabile Währung. Besondere Betonung legte Polanyi auf die Ergänzung zum Armengesetz von 1834, mit der die letzten Reste des alten Speenhamland-Sozialrechts, das in Schwierigkeiten geratenen Arbeitern eine Unterstützung außerhalb geschlossener Einrichtungen gewährte, abgeschafft worden waren. Zur Abschreckung hatten müßige Arbeitslose danach die Wahl, für sich selbst zu sorgen oder in einem der spartanischen Arbeitshäuser, wie Charles Dickens sie in seinem Roman *Oliver Twist* beschrieben hat, unterzukommen, wo sie von ihren Familien getrennt waren und für Unterkunft und täglich Brot arbeiten mussten. »Das kritische Stadium wurde mit der Errichtung eines Arbeitsmarktes in England erreicht, auf dem die Arbeiter vom Verhungern bedroht waren, wenn sie sich nicht an die Regeln der Lohnarbeit hielten«, schrieb Polanyi. »Sobald dieser drastische Schritt getan war, schnappte der Mechanismus des selbstregulierenden Marktes ein.«[27] Die Arbeiter wurden »physisch entmenscht«, und die »besitzenden Klassen« verkamen moralisch: »An die Stelle der traditionellen Gemeinsamkeit einer christlichen Gesellschaft trat nun aufseiten der Wohlhabenden die Ablehnung jeglichen Verantwortungsgefühls für die Lebensverhältnisse ihrer Mitmenschen.«[28]

In den 1830er-Jahren, erklärte Polanyi, sei »das Prinzip des Laissez-faire [...] zu einem Prozess von kompromissloser Härte geworden«.[29] Die Verabschiedung der Ergänzung zum Armengesetz und andere Maßnahmen auf der Grundlage der Prinzipien des Laissez-faire, betonte er, seien nur möglich gewesen, weil Großbritannien noch keine richtige Demokratie gewesen sei. Obwohl das Große Reformgesetz von 1832 die Wählerschaft geringfügig vergrößert habe, sei die überwiegende Mehrheit der Bevölkerung weiterhin von ihr ausgeschlossen gewesen. In den nachfolgenden Jahren, als die Chartisten das allgemeine Wahlrecht (für Männer) forderten, habe man deren Anführer ins Gefängnis geworfen, und »ihren acht Millionen zählenden Anhängern sprach eine gesetzgebende Versammlung, die nur einen Bruchteil der Bevölkerung repräsentierte, Hohn, und schon die einfache Forderung nach dem Wahlrecht wurde von den Behörden häufig als krimineller Akt behandelt«. Dieses repressive Vorgehen sei unvermeidlich gewesen, denn es wäre »ein Wahnsinnsakt gewesen, die Anwendung des neuen Armenrechtsgesetzes mit seinen wissenschaftlichen Methoden der seelischen Tortur den Vertretern eben jener Menschen zu überlassen, denen diese Behandlung zugedacht war«. Erst später im Lauf des 19. Jahrhunderts, nachdem der Industriekapitalismus Zeit gehabt habe, sich zu entwickeln, und die Löhne gestiegen seien, hätten auch die britischen Arbeiter das Wahlrecht erhalten. Viele eherne Verfechter des freien Markts, fügte Polanyi hinzu, seien über diese Entwicklung alles andere als begeistert gewesen: »Innerhalb und außerhalb Englands, von Macaulay bis Mises, von Spencer bis Sumner, gab es keinen Liberalen, der nicht seiner Überzeugung Ausdruck verlieh, dass die Volksherrschaft eine Gefahr für den Kapitalismus darstelle.«[30]

Polanyis zweite Behauptung lautete, dass das Laissez-faire letztlich nicht aufrechterhalten werden könne, weil seine Härten die Forderung nach abmildernden Gegenmaßnahmen hervorbrächten. Auch wenn das nichtrepräsentative britische Parlament den Chartismus abgewehrt habe, verabschiedete es 1846 das Zehnstundengesetz zur Begrenzung des Arbeitstages, 1848 das Gesetz für öffentliche Gesundheit, das den Bau von ordentlichen Wasser- und Abwasserleitungen voranbrachte, und in den nachfolgenden Jahrzehnten Gesetze, die Gewerkschaften legalisierten und die

Gasversorgung regulierten. Keine dieser Maßnahmen sei geplant oder im Vorhinein koordiniert gewesen, unterstrich Polanyi. Sie seien vielmehr auf den Druck verschiedener Reform- und Interessengruppen hin erfolgt – von Tory-Patriarchen über Arbeiterorganisationen bis zu benthamitischen Technokraten –, die auf die Erniedrigung reagiert hätten, die der Gesellschaft durch eine ungezügelte kapitalistische Entwicklung aufgenötigt worden sei. »Während die Wirtschaft des Laissez-faire das Ergebnis bewussten staatlichen Eingreifens war«, bemerkte Polanyi, »wurde dieses Laissez-faire später auf spontane Art und Weise eingeschränkt. Das Laissez-faire wurde geplant, die Planung selbst aber nicht.«[31]

In Bezug auf die von oben aufgezwungene Marktentwicklung und die anschließend von unten durchgesetzten sozialen Reformen sprach Polanyi von einer »Doppelbewegung«. Obwohl er sich auf das britische Beispiel konzentrierte, erklärte er, dass dieses Muster für jede kapitalistische Gesellschaft gelte, in der dem Markt und Profitstreben freie Hand gelassen würde. Im letzten Drittel der *Great Transformation* behandelte er das späte 19. Jahrhundert und die durch das Dampfschiff und andere technologische Neuerungen angeregte enorme Ausweitung des internationalen Handels und Geschäftsverkehrs. Während der Industriekapitalismus sich im Weltmaßstab entwickelte, erklärte Polanyi, sei gleichzeitig eine Zunahme von Protektionismus, Staatseingriffen und Imperialismus zu beobachten gewesen. »Diese Bedingungen wurden durch die ›Doppelbewegung‹ geschaffen«, schrieb er. »Die Entwicklung des internationalen Handels, der sich nun mit beschleunigtem Tempo ausbreitete, traf mit der Einführung protektionistischer Institutionen zusammen, die bestrebt waren, die allumfassenden Auswirkungen des Marktes einzuschränken.« Außerdem habe die sogenannte Lange Depression von 1873–1886, die viele Industrieländer erfasste, die sozialen und politischen Spannungen vertieft. Am Ende der Krise habe sich »Deutschland hinter einer Mauer von Schutzzöllen verschanzt, eine allgemeine Kartellorganisation gegründet, ein umfassendes Sozialversicherungssystem errichtet und praktizierte eine aggressive Kolonialpolitik«.[32]

Nach Polanyis Auffassung konnte kein Industrieland den Strömungen und Gegenströmungen der Doppelbewegung entgehen. »Staaten und Völker«, erklärte er, »waren nunmehr Figuren auf einem Schachbrett, das völlig ihrer Kontrolle entzogen war. Sie schützten sich vor Arbeitslosigkeit und Instabilität mit Hilfe von Zentralbanken und Schutzzöllen, ergänzt durch Migrationsgesetze.« Ein weiteres Element der Doppelbewegung sei der Aufstieg des europäischen und US-amerikanischen Imperialismus gewesen: »Imperialismus und kaum bewusste Autarkievorbereitungen waren die Linie jener Mächte, die sich in zunehmendem Maße von einem immer unzuverlässiger werdenden Weltwirtschaftssystem abhängig sahen.« Am Anfang des 20. Jahrhunderts habe die Doppelbewegung das Wesen des Systems grundlegend verändert: »Märkte konnten immer weniger als autonome und automatische Mechanismen konkurrierender Atome betrachtet werden.« Das Laissez-faire und das mit ihm assoziierte individualistische Gesellschaftsmodell wurden abgelöst, und »Kriege beschleunigten bloß diesen Prozess«.[33]

Dieses umfassende Narrativ bereitete die Bühne für Polanyis Darstellung der Zwischenkriegszeit. Seiner Ansicht nach hatte der große Fehler der politischen Entscheidungsträger in den führenden Industrieländern darin bestanden, das Freie-Markt-Modell des Kapitalismus neu zu beleben. »Der Wirtschaftsliberalismus«, schrieb er, »bemühte sich nach Kräften, die Selbstregulierung des Systems wiederherzustellen, indem alle interventionistischen Maßnahmen, die die Freiheit der Märkte für Arbeit, Boden und Geld beeinträchtig[t]en, ausgeschaltet w[u]rden.« Im Inland habe dieses Restaurationsprojekt einen ausgeglichenen Staatshaushalt, den Abbau von Schulden, die Dämpfung der Inflation und die Begrenzung der Löhne gemäß dem Marktwert der Arbeit bedeutet. International habe es die Stabilisierung der Währungen durch die

Wiedereinführung des Goldstandards mit sich gebracht, ein Vorgehen, dem »Fragen der gesellschaftlichen Organisation [...] völlig untergeordnet« worden seien.[34]

Wie Keynes war Polanyi der Auffassung, dass diese deflationären Maßnahmen zu einer »Akkumulierung der Defizite verschiedener Volkswirtschaften bis zu einem Grad« geführt hätten, »an dem ein Zusammenbruch der Reste der internationalen Arbeitsteilung unvermeidlich wurde«. In der Politik würden die Maßnahmen die Spannungen zwischen Kapital und organisierter Arbeit verschärfen. »Die Industriekapitäne«, beschrieb Polanyi die Entwicklung,

> »untergruben die Treue der Bevölkerung zu ihren freigewählten Regierungen, während die demokratischen Körperschaften einen Krieg gegen das Industriesystem führten, von dem der Lebensunterhalt aller abhing. Schließlich musste der Augenblick kommen, in dem sowohl die ökonomischen als auch die politischen Systeme von völliger Lähmung bedroht waren. Die Bevölkerung wurde von Angst ergriffen, und die Führung musste jenen zufallen, die einen leichten Ausweg versprachen, welch Preis auch immer dafür zu bezahlen sei. Die Zeit war reif für die faschistische Lösung.«[35]

Nachdem er in den 1930er-Jahren viel über den Faschismus geschrieben hatte, verwandte er in *The Great Transformation* nicht viel Platz für dessen philosophische Grundlagen, sondern stellte lediglich fest, dass er »ebenso wie der Sozialismus in einer Marktgesellschaft verwurzelt« sei. Wenn die wirtschaftlichen Bedingungen dafür reif seien, warnte er, könne der Autoritarismus in den unterschiedlichsten kulturellen und »rassischen« Umgebungen breite Zustimmung finden, vom katholischen Portugal bis zum protestantischen Holland, vom militaristischen Preußen bis zum zivilen Österreich und vom »arischen« Belgien bis zum »nichtarischen« Japan. »Es gab in der Tat keine Art von Tradition religiöser, kultureller oder nationaler Art«, betonte Polanyi, »die ein Land gegen den Faschismus immunisiert hätte, sobald die Bedingungen für sein Entstehen gegeben waren.«[36]

Dies war der Kernpunkt von Polanyis Theorie. In seinen Augen waren Anstrengungen, die Gesellschaft dem Diktat des freien Markts zu unterwerfen, und das Profitstreben nicht bloß destabilisierend, sondern letzten Endes auch nicht mit der Demokratie vereinbar. Was die Praxis betraf, konnte man die faschistische Lösung für die Lähmung der kapitalistischen Demokratie aus seiner Sicht als »eine Reform der Marktwirtschaft bezeichnen, erreicht um den Preis der Auslöschung aller demokratischen Institutionen sowohl im wirtschaftlichen als auch im politischen Bereich«. Wirtschaftlich umfasse das Reformprogramm die Zerschlagung der unabhängigen Gewerkschaftsbewegung und den Ausstieg aus dem Welthandelssystem, um eine selbsttragende Wirtschaft zu schaffen, ein kapitalistisches Pendant zu Stalins Sozialismus in einem Land.[37]

In Bezug auf die wirtschaftlichen Maßnahmen des NS-Regimes in Deutschland, die das Autarkiestreben mit öffentlichen Großprojekten zur Verringerung der Arbeitslosigkeit und der Kartellbildung in verschiedenen Wirtschaftssektoren verbanden, bemerkte Polanyi, dass sie weithin missverstanden würden. Viele Ausländer, einschließlich Montagu Norman, der Chef der Bank von England, würden weiterhin glauben, die nationalsozialistische Wirtschaftspolitik sei eine vorübergehende Verirrung, und Reichsbankpräsident Hjalmar Schacht würde schließlich »wieder zu den traditionellen Methoden der Nationalökonomie in Deutschland zurückkehren«. (Anfang der 1920er-Jahre hatte Schacht die Währungsreform durchgeführt, durch die die Hyperinflation beendet worden war.) Diese Illusion, erklärte Polanyi, habe sich »in der Downing Street bis zur Zeit von München und danach« gehalten.[38] Außerdem kritisierte er die Marktliberalen dafür, dass sie die deflationären Maßnahmen der 1920er-Jahre unterstützt und alle Versuche, den freien Markt zu zügeln, abgelehnt hatten. Von ihrer eigenen Ideologie gefangen, hätten diese liberalen Denker und Politiker nicht gesehen, dass ihre Vision einer sich selbst regulierenden freien Marktwirtschaft unweigerlich in einer Tragödie enden würde. »In Wirklichkeit«, stellte Polanyi fest, »ist es den Liberalen nirgends gelungen, das freie Unternehmertum, das aus wesentlichen Gründen zum Scheitern verurteilt war, wiederherzustellen. [...] Somit«, schlussfolgerte er, »wurde der Sieg des Faschismus durch den Widerstand der Liberalen gegen jegliche Reform, die Planung, Regelung und Kontrolle beinhaltete, praktisch unvermeidlich.«[39]

Es war eine düstere These, welche die Grundfesten der kapitalistischen Demokratie infrage stellte, die Polanyi in *The Great Transformation* darlegte. Am Ende des Buchs schlug er beim Blick in die Zukunft jedoch einen optimistischeren Ton an. Durch all die Wechselfälle des Lebens – den Zusammenbruch des roten Wiens, die bedrückenden Jahre in Großbritannien und den Umzug in die Vereinigten Staaten – hatte er sich den Glauben an den demokratischen Sozialismus als einer vernünftigen, zivilisierten Alternative zum Faschismus bewahrt. Selbst die Vorgänge in der Sowjetunion hatten ihn nicht von diesem Glauben abgebracht. Trotz der Schauprozesse der 1930er-Jahre verteidigte er Stalins kollektivistische Maßnahmen weiterhin als notwendig und ökonomisch produktiv.

Bei seinem ersten Besuch in den Vereinigten Staaten Mitte der 1930er-Jahre hatte er einen neuen Grund für Optimismus gefunden. Er war hingerissen vom New Deal, seinen großen öffentlichen Bauprojekten und seinem Schöpfer, Franklin D. Roosevelt, den er als »großen Führer« verehrte, der in den Vereinigten Staaten eine »große Transformation« vollbringe. Als die Roosevelt-Administration nach Pearl Harbor die US-Wirtschaft im Eiltempo auf den Krieg ausrichtete, indem sie mittels Verordnungen große Teile der Industrie in eine riesige Rüstungsfabrik verwandelte, beeindruckte dies Polanyi sogar noch mehr. Er pries die rasche Mobilmachung der Wirtschaft für den Kampf gegen die Achsenmächte als Demonstration einer »Demokratie in ihrer besten Form«.[40] Er hoffte inständig, dass der im Krieg auf beiden Seiten des Atlantiks vollzogene Wechsel zu wirtschaftlicher Planung und Intervention einen historischen Wendepunkt markierte. Im letzten Kapitel von *The Great Transformation* schrieb er:

> »Das Ende der Marktwirtschaft könnte den Anfang einer Ära nie dagewesener Freiheit bedeuten. Rechtslehre und praktische Freiheiten könnten größer und allgemeiner werden als je zuvor; Regelung und Kontrolle könnten Freiheit nicht nur für die wenigen, sondern für alle verwirklichen; Freiheit nicht nur als ein schon vom Ansatz her pervertiertes Recht der Privilegierten, sondern als ein verbrieftes Recht, das weit über die engen Grenzen des politischen Bereichs in die innere Struktur der Gesellschaft schlechthin reicht. So werden alte Freiheiten und Bürgerrechte dem Fundus der neuen Freiheit hinzugefügt, der durch die Muße und die Sicherheit geschaffen wird, die eine Industriegesellschaft allen zu bieten vermag. Eine solche Gesellschaft kann es sich leisten, gleichermaßen gerecht und frei zu sein.«[41]

Diese eindringlichen Worte erschienen im selben Jahr, in dem Friedrich Hayek, Polanyis berühmterer österreichischer Zeitgenosse, unter dem Titel *Der Weg zur Knechtschaft* ein Lamento gegen Sozialismus, Sozialdemokratie und die Wirtschaftsplanung der Kriegszeit anstimmte. In den 1920er-Jahren in Wien hatte Polanyi mit Hayeks Mentor, Ludwig von Mises, über die Praxistauglichkeit sozialistischer Planung gestritten. Als Demokrat reagierte er empfindlich auf das von Mises, Hayek und ihren Anhängern vorgebrachte Argument, Planung führe zur Beschneidung der Freiheit und letztlich in die Diktatur. Er hielt dagegen, dass in der von ihm angestrebten Art von gildensozialistischer Wirtschaft die Entscheidungsfindung größtenteils dezentral stattfinden könne, wobei Konflikte durch Verhandlungen zwischen Gruppen, die alle bedeutenden Wirtschaftsinteressen repräsentierten, beigelegt würden. Mitten im Zweiten Weltkrieg mochten Polanyi die Debatten der 1920er-Jahre fern erschienen sein, dennoch kam er in *The Great Transformation* am Rande auf das Thema von sozialistischer Planung und Freiheit zurück: Solange der Mensch »sich seiner Aufgabe, mehr Freiheit für alle zu schaffen, widmet, braucht er nicht zu befürchten, dass sich Macht oder Planung gegen ihn wenden und die Freiheit, die er mittels ihrer errichtet, zerstören werden. Dies ist die Bedeutung der Freiheit in einer komplexen Gesellschaft; sie gibt uns die ganze Gewissheit, derer wir bedürfen.«[42]

Im Gegensatz zu *Der Weg zur Knechtschaft* erregte *The Great Transformation* bei seinem Erscheinen kaum Aufmerksamkeit. Während Hayek zu einer Lesereise durch die Vereinigten Staaten eingeladen wurde, auf der er in dicht gefüllten Hallen auftrat, und *Reader's Digest* eine gekürzte Fassung des Buchs herausbrachte, konnte Polanyi lediglich über die gemischte Reaktion der akademischen Rezensenten seines Buchs nachgrübeln. »Trotz aller Brillanz ist *The Great Transformation* von schweren Mängeln beeinträchtigt«, urteilte einer von ihnen in *The American Historical Review*.[43] Aber immerhin wurde das Buch in den USA besprochen, während es die britischen akademischen Zeitschriften anfangs völlig ignorierten, was zum Teil daran gelegen haben mochte, dass ihre Herausgeber Polanyi immer noch als Außenseiter ohne prestigeträchtige Zugehörigkeit betrachteten. Aber noch etwas anderes spielte eine Rolle: G. D. H. Cole bezeichnete Polanyis Behauptung, das bis 1834 vorhandene Speenhamland-Fürsorgesystem außerhalb von Armen- und Arbeitshäusern habe die Entstehung eines auf Konkurrenz beruhenden Arbeitsmarkts verhindert, als »monströse Übertreibung«.[44]

Unter dieser Kritik ging die Wahrnehmung verloren, dass *The Great Transformation* kein Geschichtsbuch ist, sondern ein nationalökonomisches Werk, das ein strenges, reduziertes Modell der kapitalistischen Entwicklung entwirft. Bei der Beurteilung eines solchen Modells ist die angemessene Frage nicht, ob es richtig ist – jedes derartige Modell widerspricht gewissen Einzelheiten –, sondern ob es geeignet ist, widerstreitende Tatsachen zu ordnen und Gesamttrends zu erklären. Hobsons Modell des Imperialismus erfüllte diese Anforderungen ebenso wie Kondratjews Modell der »langen Wellen« kapitalistischer Entwicklung und Keynes' Modell einer im Unterbeschäftigungsgleichgewicht gefangenen Wirtschaft. Polanyis »Doppelbewegung« ist eine weitere Theorie, die mit wenig viel erklärt. Ihre Betonung der Rolle des Staats bei der Schaffung der Marktwirtschaft und des Reformdrucks, den diese ungeregelte Wirtschaft zwangsläufig erzeugt, hat dem Test der Zeit standgehalten.

Es war unglücklich für Polanyis Stellung als öffentlicher Intellektueller, dass *The Great Transformation* zum Zeitpunkt seiner Publikation nicht besonders relevant zu sein schien. Die katastrophalen Erfahrungen der Zwischenkriegszeit hatten den Kapitalismus des freien Markts in den Augen vieler diskreditiert, und nichts sprach dafür, dass er in naher Zukunft in der Form, die er vor der Weltwirtschaftskrise angenommen hatte, wiederbelebt würde. Wie Hayek beklagte, schien die Geschichte in die entgegengesetzte Richtung zu weisen. Während des Zweiten Weltkriegs bildete sich ein breiter politischer Konsens zugunsten einer zentralen Steuerung der Produktion und anderer Notmaßnahmen, wie der Besteuerung hoher Einkommen und Zufallsprofite, heraus. Und nach dem Krieg gewannen auf beiden Seiten des Atlantiks verschiedene Formen von Keynesianismus und Sozialdemokratie die Oberhand.

In diesem politischen Umfeld fand Polanyis Werk außerhalb der akademischen Welt wenig Beachtung. Er wurde weit weniger gefeiert als sein jüngerer Bruder Michael, der 1944 aufgrund seiner wissenschaftlichen Leistungen in die Royal Society aufgenommen wurde. Ende 1944 kehrten Polanyi und seine Frau nach London zurück, wo es ihm wieder nicht gelang, eine akademische Vollzeitstellung zu erhalten. Nach zwei Jahren als Teilzeitdozent beschloss er, in die Vereinigten Staaten zurückzukehren, und bewarb sich an der Columbia University in New York, die eine starke Tradition der Institutionenökonomik aufzuweisen hatte. Sie bot ihm für das Frühjahrssemester 1947 eine Gastprofessur an, die er mit Freuden annahm. Seine Kollegen in Morningside Heights waren beeindruckt von ihm. Als sich seine Gastprofessur dem Ende näherte, boten ihm sowohl die Columbia University als auch die University of Chicago und die New School for Social Research in New York einen längerfristigen Lehrauftrag an. Er nahm das Angebot der Columbia University an.

Endlich, mit mehr als 60 Jahren, konnte Polanyi das Leben eines geachteten Akademikers führen. Er wohnte in der Nähe des Campus der Universität, leitete ein Graduiertenseminar über Wirtschaftsgeschichte, arbeitete an seinen eigenen Forschungsprojekten und verkehrte mit anderen geflüchteten Intellektuellen aus Mittel- und Osteuropa. Das einzige größere Problem seines neuen Lebens war, dass die US-Regierung seiner Frau wegen ihrer kommunistischen Vergangenheit kein dauerhaftes Aufenthaltsrecht gewähren wollte. Er überredete sie, nach Toronto zu ziehen, wo er sie an den Wochenenden besuchte. Nach dem Ende seiner Lehrtätigkeit an der Columbia University im Jahr 1953 zog auch er nach Kanada, von wo er allerdings regelmäßig nach New York zurückkehrte, um an Seminaren und anderen Veranstaltungen teilzunehmen.

In diesen Jahren beschäftigte sich Polanyi hauptsächlich mit vorkapitalistischen Gesellschaften, spielte aber auch mit dem Gedanken, eine Fortsetzung von *The Great Transformation* zu schreiben. Er hatte sogar schon einen vorläufigen Titel im Blick: »Freiheit von der Wirtschaft«. An einen Kollegen schrieb er im Januar 1952, in seinem neuen Buch werde er »über die Anpassung der Welt an eine Gesellschaft nach dem Markt mit einer bewusst in nichtwirtschaftliche Institutionen ›eingebetteten‹ Wirtschaft theoretisieren«.[45] Er stellte das Buch nicht fertig, und sein Optimismus bezüglich der Überwindung des Markts schwand. Er hatte das

Vertrauen in die britische Labour-Regierung unter Clement Attlee verloren, die sich nach anfänglichen Reformen als zu gemäßigt herausgestellt hatte. Er verabscheute den Kalten Krieg und seine beunruhigenden Folgen für die geistige Freiheit. In Wirklichkeit waren Regierungen auf beiden Seiten des Atlantiks jedoch weitgehend von der Religion des Laissez-faire abgefallen und hatten die Notwendigkeit eines sozialen Sicherheitsnetzes, finanzieller Regularien und kontrazyklischer makroökonomischer Maßnahmen eingesehen. Auch wenn die Einbettung wirtschaftlicher Aktivitäten in nichtwirtschaftliche Institutionen nicht so schnell vor sich ging, wie Polanyi es gehofft hatte, *waren* sich die westlichen Politiker weithin darin einig, dass die Entfesselung des Kapitalismus in seiner Rohform die Gefahr einer Wiederholung der Katastrophen der 1930er-Jahre heraufbeschwören würde. Bis dieser Konsens zerbrach und die Verfechter des Laissez-faire wieder politische Macht erlangten, blieben Polanyi und andere Kritiker der Nachkriegsordnung Randgestalten, was jedoch nicht bedeutete, dass ihre Argumente nicht verfingen. Die moderne Geschichte war 1945 oder 1955 nicht beendet. In vielen Teilen der Welt begann sie erst.

17

»Der Bankrott der Reform«

Zwei Skeptiker des Keynesianismus: Paul Sweezy und Michał Kalecki

Es ist verständlich, dass die ersten drei Jahrzehnte nach dem Zweiten Weltkrieg häufig als goldenes Zeitalter des Industriekapitalismus betrachtet werden. In den Vereinigten Staaten wuchs das BIP zwischen 1950 und 1973 inflationsbereinigt um durchschnittlich 4 Prozent pro Jahr,[1] und die Arbeitslosenquote lag im Durchschnitt bei 4,7 Prozent.[2] In Westeuropa entwickelte sich die Wirtschaft sogar noch besser: Das BIP wuchs inflationsbereinigt um jährlich durchschnittlich 4,8 Prozent, und die Arbeitslosenquote lag bei 2,6 Prozent.[3] In Japan, wo die Westalliierten nach der Besetzung des Landes im Jahr 1945 ein demokratisches System geschaffen hatten, grenzte das Wirtschaftswachstum an ein Wunder: Japan verzeichnete zwischen 1950 und 1973 ein Wachstum von über 9 Prozent im Jahr, während die Arbeitslosenquote im Durchschnitt gerade einmal 1,6 Prozent betrug.[4] In allen hoch entwickelten Wirtschaften wuchsen Produktivität, Löhne und Lebenserwartung stetig. In den Vereinigten Staaten beispielsweise verdoppelte sich das inflationsbereinigte durchschnittliche Familieneinkommen zwischen 1947 und 1975.[5]

Die amtlichen Statistiken geben nicht an, wie sich die durchschnittliche amerikanische Familie zusammensetzte, aber wahrscheinlich war der Haushaltsvorstand ein Fabrikarbeiter oder Angestellter. Wenigstens im westlichen Kern der Weltwirtschaft brachte der keynesianisch gelenkte Kapitalismus vielen Arbeitern einen stetig wachsenden Lebensstandard, insbesondere Gewerkschaftsmitgliedern. In zwei richtungsweisenden Verträgen, die General Motors 1948 und 1950 mit der Gewerkschaft United Auto

Workers schloss, garantierte der Autobauer seinen Arbeitern sowohl eine an die Steigerung der Lebenshaltungskosten und der Produktivität gekoppelte jährliche Lohnsteigerung als auch eine Betriebsrente und eine Krankenversicherung. Den zweiten dieser Tarifverträge, die andere Unternehmen sich zum Vorbild nahmen, bezeichnete die Wirtschaftszeitschrift *Fortune* als »Vertrag von Detroit«. Der Nachkriegswohlstand war allerdings nicht gleichmäßig verteilt. Die Vereinigten Staaten waren regional und »rassisch« immer noch tief gespalten. Die Diskriminierung von Schwarzen in Beschäftigung, Bildung, Wohnverhältnissen und vielen anderen Aspekten des Alltags blieb ein Schandfleck der US-Gesellschaft. Aber der Gesamttrend wies aufwärts, und er bevorzugte jenen Teil der Gesellschaft, den man in Amerika Mittelschicht und anderswo besitzende arbeitende Schicht nennt. Während Löhne und Lebensstandard stiegen, nahm die Einkommensungleichheit ab. 1950 erhielt das oberste Prozent der US-Haushalte rund 16 Prozent des gesamten Vorsteuereinkommens, 1973 dagegen nur noch rund 11 Prozent.[6]

Die Statistiken für Löhne und Einkommen erfassen nicht das gesamte Ausmaß der Nachkriegstransformation, denn zu ihr gehörte auch eine beträchtliche Ausweitung der Rolle des Staats. In Großbritannien beschloss die von 1945 bis 1951 amtierende Labour-Regierung unter Clement Attlee die allgemeine Rente, Kindergeld, Arbeitslosenhilfe und Krankengeld. Durch das noch von Churchills Kriegskoalition auf den Weg gebrachte Bildungsgesetz von 1944 war die allgemeine höhere Bildung eingeführt worden. Und 1948 nahm der steuerfinanzierte National Health Service (NHS) seine Arbeit auf, der eine allgemeine Gesundheitsversorgung bot. Außerdem stärkte die Regierung Attlee die Verhandlungsrechte der Arbeiter, setzte ein umfangreiches Wohnungsbauprogramm in Gang und verstaatlichte einige große Industriezweige wie Kohle, Eisen und Stahl, Stromerzeugung und -leitung sowie die Eisenbahnen.

Attlee und seine Kollegen betrachteten diese Maßnahmen als

Verwirklichung eines demokratischen Sozialismus britischer Prägung, der ein »neues Jerusalem« errichten wollte, das keynesianische Ökonomie mit aktiver Sozialpolitik, einem fabianischen Glauben an neue öffentliche Institutionen (wie den NHS) und einer Verpflichtung auf begrenztes Staatseigentum und staatliche Kontrolle verband. Die Nachkriegsreformen waren aus dem Wunsch geboren, zum einen die Opfer, welche die britische Bevölkerung im Zweiten Weltkrieg gebracht hatte, zu ehren, und zum anderen eine stabilere, inklusive Wirtschaft zu schaffen, die das individualistische Modell überwand, das in den 1920er- und 1930er-Jahren so katastrophal versagt hatte. Die Maßnahmen der Regierung Attlee gingen über den amerikanischen New Deal hinaus, spiegelten aber dieselbe kommunitaristische Philosophie wider, die Roosevelt 1941 in seiner Rede über »Vier Freiheiten« ausgedrückt hatte, in der er zum traditionellen Mantra von Rede- und Religionsfreiheit die Freiheit von Not und Furcht hinzugefügt hatte. In einer Rede, die Attlee bei der Vorstellung des Wahlprogramms der Labour Party für die Unterhauswahl von 1951 hielt, war dieser transatlantische Anklang deutlich zu vernehmen:

> »Wir wollen eine Gesellschaft freier Männer und Frauen – frei von Armut, frei von Angst, fähig, ihre Fähigkeiten in Gemeinschaft mit ihren Mitmenschen in vollem Umfang zu entwickeln, in der jedem Gelegenheit gegeben wird, der Gemeinschaft zu dienen, jeder sein eigenes Privatinteresse im Licht der Interessen anderer und der Gemeinschaft betrachtet; eine Gesellschaft, die von Rechten und Pflichten zusammengehalten wird, in der Rechte Pflichten bringen und erfüllte Pflichten Rechte; eine Gesellschaft, die frei ist von großer Ungleichheit und doch weder reglementiert noch uniformiert.«[7]

Obwohl der Bruch mit der Vorkriegsära in Großbritannien besonders offensichtlich war, wurden staatliche Eingriffe und Ausgaben auch anderswo hochgefahren. In Frankreich, Westdeutschland, dem Vereinigten Königreich und den Niederlanden zusammengenommen stieg der Anteil der Staatsausgaben am BIP zwischen 1950 und 1973 in einem in Friedenszeiten beispiellosen Sprung von 29,8 auf 42 Prozent. In den Vereinigten Staaten war der steile Anstieg der Bundesausgaben anfangs großteils dem Verteidigungsetat zu verdanken, aber in den 1960er-Jahren stiegen auch die Ausgaben für zivile Zwecke stark an. Zwischen 1950 und 1973 wuchs der Anteil der gesamten Staatsausgaben – des Bundes, der Einzelstaaten und der Kommunen – am US-BIP von 21,4 auf 31,1 Prozent.[8] In buchstäblich allen Industrieländern waren die Sozialausgaben der am schnellsten wachsende Etatposten; ihr Anteil am BIP wuchs zwischen 1950 und 1973 im Durchschnitt von 7 auf 15 Prozent.[9]

Besonders in Großbritannien war man sich weithin bewusst, dass die Schaffung eines umfassenden Wohlfahrtsstaats und die Ausweitung der staatlichen Eingriffe in andere Bereiche der Wirtschaft eine historische Entwicklung darstellten. Manche linke Denker priesen ihren zutiefst transformativen Charakter. »Die charakteristischsten Aspekte des Kapitalismus«, stellte der Labour-Abgeordnete und Autor Anthony Crosland 1951 in einem Essay über die »Abkehr vom Kapitalismus« fest, »sind allesamt verschwunden: die absolute Herrschaft des Privateigentums, die Unterordnung des gesamten Wirtschaftslebens unter Markteinflüsse, die Dominanz des Profitstrebens, die Neutralität des Staats, die typische Laissez-faire-Teilung des Einkommens und die Ideologie der individuellen Rechte.«[10] Dieses abschließende Urteil war verfrüht. Aber Crosland hatte insofern recht, als er auf einen Epochenwechsel hinwies. In Großbritannien hatte der Staat die Verantwortung dafür übernommen, ein ausreichendes soziales Sicherheitsnetz zu knüpfen, die Arbeitslosigkeit auf einem niedrigen Niveau zu halten, den Finanzsektor zu zügeln, die Versorgungseinrichtungen in öffentliche Hand zu überführen, die Reichen zu besteuern und einige Schlüsselindustrien zu verstaatlichen. Diese neue Form des gelenkten Kapitalismus war mehr als ein Trugbild, und manche der klügeren linken Kritiker des Kapitalismus erkannten rasch, dass er eine ernsthafte Bedrohung ihrer eigenen Doktrin darstellte.

1942 veröffentlicht Paul Sweezy, ein junger Wirtschaftsdozent an der Harvard University, ein Buch mit dem Titel *Theorie der kapitalistischen Entwicklung*, das bis heute die vielleicht verständlichste Einführung in die marxistische und postmarxistische Wirtschaftstheorie ist. Sweezy behandelte sowohl Marx' Mehrwerttheorie als auch verschiedene Vorstellungen vom Zusammenbruch des Kapitalismus, einschließlich der Theorien der fallenden Profitrate und der Unterkonsumtion, um sich schließlich dem Imperialismus und Faschismus zuzuwenden. Es war eine Rundumsicht, die sich von früheren Darstellungen unter anderem dadurch unterschied, dass Sweezy klar war, wie sehr die keynesianische Ökonomie einige klassische linke Theorien infrage stellte. Es könnte scheinen, schrieb er, »dass der Staat durch Einführung und Aufrechterhaltung einer genügend hohen Rate des Staatsverbrauchs [...] in der Lage ist, die Wirtschaft auf den Stand der Vollbeschäftigung zu bringen«. Sei diese erreicht, könne der Staat »durch Veränderungen in Art und Volumen der Steuern und Ausgaben den Gesamtkonsum und die Gesamtakkumulation in jeder gewünschten Weise beeinflussen«. In diesem neuen politischen Rahmenwerk werde aus der Tendenz zur Unterkonsumtion, anstatt »an einem bestimmten Punkt der Entwicklung zu einer chronischen Depression« zu führen, »lediglich eine Tendenz, der durch eine neue Kraft – [...] bewusst eingesetzte Politik des Staates – begegnet werden kann«. Aber wenn man »der Tendenz zur ökonomischen Stagnation wirkungsvoll begegnen kann«, fragte Sweezy, »warum müssen wir dann annehmen, dass der Kapitalismus Arbeitslosigkeit, Unsicherheit und internationale Konflikte zu erwarten hat? Warum ist nicht eher eine ›gelenkte‹ kapitalistische Gesellschaft zu erwarten, die durch Regierungspolitik ihren ökonomischen Wohlstand aufrechterhält und vielleicht sogar zu einer ausgewachsenen sozialistischen Ordnung entwickelt?«[11]

In seinen Antworten auf diese Fragen ging Sweezy über die Mechanismen der keynesianischen Maßnahmen hinaus und zog, ganz im Sinne seiner marxistischen Einstellung, deren politische Grundlagen in Zweifel. »Man kann den Staat nicht einfach wie einen *deus ex machina* auftreten lassen, um die […] Widersprüche des Akkumulationsprozesses zu lösen«, betonte er. »Man muss untersuchen, was man vom Staat in seiner Stellung und Funktion innerhalb der kapitalistischen Gesellschaft erwarten kann, und was nicht.«[12] Nicht theoretische Mängel, erklärte Sweezy in einer späteren Passage seines Buchs, machten die keynesianische Grundidee angreifbar: »Allgemein kann man ihre logische Folgerichtigkeit nicht angreifen, weder auf ihrer eigenen Ebene noch auf der Grundlage der Marxschen Analyse des Reproduktionsprozesses.« Das Problem der keynesianischen Politikrezepte seien »ihre fehlerhaften (und in der Regel stillschweigenden) Annahmen über die Beziehung (oder vielleicht sollte man vielmehr sagen: über das Fehlen einer Beziehung) zwischen der Ökonomie und der Sphäre politischen Handelns. Die Keynesianer behandeln das ökonomische System außerhalb seines sozialen Zusammenhangs, als ob es eine Maschine wäre, die in eine Reparaturwerkstatt geschickt wird, um dort von einem Stab von Ingenieuren überholt zu werden.«[13]

Dies war eine erstaunliche Beobachtung. Für viele Mainstream-Ökonomen war gerade die Möglichkeit, die keynesianischen Ideen in mathematische und technische Begriffe zu übersetzen, anziehend. Während des Zweiten Weltkriegs entwickelte der Ökonom Lawrence Klein, der am Massachusetts Institute of Technology (MIT) promovierte, ein statistisches Modell der US-Wirtschaft, das keynesianische Konzepte wie den Multiplikator und das Prinzip der wirksamen Nachfrage einschloss. Auf der Grundlage der verfügbaren Daten (über Arbeit, Kapital und Rohstoffe) und der verfolgten Geld- und Fiskalpolitik konnte mit seiner Hilfe die Entwicklung von BIP, Beschäftigung und Inflation vorausgesagt werden. An der London School of Economics baute der in Neuseeland geborene Ökonom Bill Phillips, ein ausgebildeter Ingenieur, ein analoges, kühlschrankgroßes Computermodell der Wirtschaft, das mit Wasserbehältern, Röhren, Schwimmern und Hydraulikhebeln demonstrierte, wie Staatsausgaben und Änderungen der Steuern (die durch Wasser dargestellt wurden) durch die Wirtschaft zirkulierten. Auf beiden Seiten des Atlantiks war man begeistert über den Einsatz der neuen keynesianischen Methoden der Politikgestaltung. 1948 veröffentlichte Paul Samuelson, Kleins Doktorvater am MIT, ein berühmtes Lehrbuch für Ökonomiestudenten, in dem er mit einfachen Diagrammen zeigte, wie keynesianische Politiker das Niveau der Gesamtnachfrage bestimmen konnten, um Vollbeschäftigung zu erreichen.

Ironischerweise war Keynes selbst skeptisch, was die Umwandlung der Ökonomie in eine mathematische Wissenschaft betraf. Seiner Ansicht nach enthielt die Wirtschaft von Natur aus zu viele Ungewissheiten, und psychologische Faktoren spielten eine zu große Rolle, als dass Ökonomen und Politiker in der Lage sein könnten, die quantitativen Beziehungen zwischen Schlüsselvariablen, wie zwischen Zinssätzen und dem Niveau von Kapitalinvestitionen oder Staatsausgaben und der Gesamtbeschäftigung, mit Sicherheit zu bestimmen. In den Jahrzehnten unmittelbar nach dem Erscheinen der *Allgemeinen Theorie* wurden Keynes' Einschränkungen kaum beachtet. Mit neuen statistischen Modellen und Schätzungen der Nationaleinkommen und ihrer Komponenten ausgestattet – einem weiteren wichtigen Produkt der 1930er- und 1940er-Jahre –, glaubten die Nachkriegskeynesianer, die Wirtschaftsmaschine zu verstehen und bedienen zu können. Die Erforschung ihrer historischen und politischen Grundlagen schien dagegen zweitrangig zu sein.

Sweezys Perspektive war eine völlig andere. Als Sohn eines New Yorker Bankiers und Absolvent der Phillips Exeter Academy und der Harvard University, an der er eine Collegezeitung namens *Crimson* herausgegeben hatte, schaute er von oben auf das amerikanische Klassensystem herab. In den 1930er-Jahren, während seines Graduiertenstudiums in Harvards Fachbereich Wirtschaftswissenschaften, wurde er wissenschaftlicher Mitarbeiter von Joseph Schumpeter, dem bedeutenden Ökonomen und früheren österreichischen Finanzminister, der 1932 in die Vereinigten Staaten gegangen war. Obwohl ihre politischen Ansichten stark voneinander abwichen – Schumpeter war ein liberaler Verfechter des freien Markts, Sweezy bekennender Linker –, kamen sie gut miteinander aus. Sweezy schrieb später, er sei für Schumpeter »vielleicht [...] so etwas wie ein Ersatzsohn gewesen«.[14]

Zu den Dingen, die Sweezy und Schumpeter gemeinsam hatten, gehörte das Interesse an Marx' Darstellung des Kapitalismus als dynamisches System, in dem Kapitalisten in ihrem Bemühen, Kosten zu sparen und den Profit zu vergrößern, ständig überholte Produkte und Produktionstechniken durch neue ersetzten. Der »Prozess der ›schöpferischen Zerstörung‹«, schrieb Schumpeter in seinem 1942 erschienenen Buch *Kapitalismus, Sozialismus und Demokratie,* »ist das für den Kapitalismus wesentliche Faktum«.[15] Aber während Schumpeter in Bezug darauf, wie sich der Kapitalismus entwickelte, mit Marx übereinstimmte, schätzte er die Ergebnisse der Entwicklung völlig anders ein. In seinen Augen war die schöpferische Zerstörung der Motor von Wirtschaftswachstum und steigendem Lebensstandard. Dem Klassenkonflikt maß er keine große Bedeutung bei, da Arbeitgeber und Arbeitnehmer für gewöhnlich ein gemeinsames Interesse am Erfolg und an der Profitabilität ihrer Unternehmen hätten (weshalb es kaum verwundert, dass sich Generationen innovativer Unternehmer für Schumpeters Thesen begeisterten).

Sweezy folgte in der *Theorie der kapitalistischen Entwicklung* mehr Marx als Schumpeter, indem er sich auf die Missstände und Widersprüche des Kapitalismus konzentrierte: Ausbeutung, Monopolbildung, Imperialismus und Instabilität. Bei der Behandlung des Potenzials der keynesianischen Nachfragesteuerung für die Stabilisierung der kapitalistischen Wirtschaft stützte er sich auf einen weiteren Grundpfeiler der Marx'schen Analyse: die Unterordnung des politischen Systems unter die Interessen der Wirtschaft. Der Staat, schrieb er in Anlehnung an das *Kommunistische Manifest*, sei »in der kapitalistischen Gesellschaft immer und in erster Linie der Garant der kapitalistischen Besitzverhältnisse gewesen. In dieser Eigenschaft war er unmissverständlich das Instrument der kapitalistischen Klassenherrschaft.«[16]

Darauf aufbauend kehrte Sweezy zu seiner Beobachtung zurück, die grundlegende Schwäche des Keynesianismus bestehe in der stillschweigenden Annahme, demokratische Regierungen könnten sich über die Klasseninteressen erheben und der Wirtschaft Ordnung und Rationalität aufzwingen. Diese Feststellung schränkte er umgehend ein, indem er anmerkte, dass sich die Beziehung zwischen Staat und Kapitalistenschicht in einer Zeit »relativ unbegrenzter Möglichkeiten für die Ausdehnung des Kapitals« herausgebildet habe. In einer Ära, in der die Investitionsmöglichkeiten begrenzter seien und die Kapitalisten sich als unfähig erwiesen hätten, das Investitionsniveau hoch genug zu halten, damit die Arbeitslosigkeit gering blieb, sei es zumindest vorstellbar, räumte Sweezy ein, dass sich die »Normen der staatlichen Politik« verschieben könnten. Aber er beharrte darauf, dass diese Verschiebung nur bis zu einem gewissen Punkt möglich sei, an dem die Wirtschaftslenkung im öffentlichen Interesse mit dem Drang der Kapitalisten, Kapital zu akkumulieren und ihre Profite zu steigern, in Konflikt gerate.[17]

Um über diesen Punkt hinauszukommen, müsste, laut Sweezy, eine Massenarbeiterpartei die Macht übernehmen und Kapitalisten und ihre Vertreter aus allen politischen Entscheidungspositionen entfernen. Dies sei, fuhr er fort, auf kurze Sicht nicht zu erwarten, denn »[in] der Realität hält das Kapital die strategischen Positionen. Geld, soziales Prestige und die bewaffneten Streitkräfte des Staates, die Wege des öffentlichen Kontakts – all dies ist durch das Kapital kontrolliert« und werde jetzt und in Zukunft

»bis zum äußersten benutzt werden, um die Stellung des Kapitals zu behaupten«. Angesichts dieses Würgegriffs sei kaum mit nachhaltigen Änderungen der Politik zu rechnen. Sollte eine ernste Bedrohung für die Kapitalisten auftauchen, würden sie reformistische Politiker kaufen und mit medialer Propaganda die Massen in Zaum halten. »Das ist weder ein Zufall«, schloss Sweezy, »noch ein Zeichen der Unmoral der menschlichen Natur; es ist ein Gesetz der kapitalistischen Politik.«[18]

Sweezy war nicht der einzige linke Ökonom, der die politischen Grundlagen des Keynesianismus infrage stellte. In einem im Oktober 1943 in der britischen Zeitschrift *Political Quarterly* erschienenen Aufsatz ergänzte der polnische Denker Michał Kalecki, der in den 1930er-Jahren nach England ausgewandert war, unter dem Titel »Politische Aspekte der Vollbeschäftigung« Sweezys Argumentation durch die Voraussage, dass sich die Wirtschaftsführer letztlich gegen eine keynesianische Politik wenden würden, weil sie fürchteten, dass eine geringe Arbeitslosigkeit ihnen die Fähigkeit nehmen würde, ihre Arbeiter zu disziplinieren und die Löhne zu bestimmen. »Der Klasseninstinkt sagt ihnen, dass permanente Vollbeschäftigung von ihrem Standpunkt aus ›ungesund‹ ist und dass Arbeitslosigkeit einen integralen Bestandteil der normalen kapitalistischen Wirtschaft darstellt.«[19]

Kalecki wurde lange Zeit weithin ignoriert. Er war am 22. Juni 1899 in Łódź in eine assimilierte polnisch-jüdische Familie hineingeboren worden. Laut Jan Toporowski, der eine gut recherchierte zweibändige Biografie über Kalecki verfasst hat, die viele Lücken unseres Wissens über sein Leben gefüllt hat, besaß sein Vater, Abram Kalecki, eine Wollspinnerei. Die Familie bewohnte ein stattliches Haus und beschäftigte eine Haushälterin, lebte aber keineswegs sorglos. Als Kalecki zehn Jahre alt war, verließ seine Mutter, Klara, die Familie, und nach der russischen Revolution von 1905 geriet die Firma seines Vaters in Schwierigkeiten.[20] 1917 schrieb sich Kalecki am Warschauer Polytechnikum ein, um Bauingenieurwesen zu studieren. Nachdem er im Heer des unabhängig gewordenen polnischen Staats seinen Wehrdienst abgeleistet hatte, wechselte er an das Polytechnikum von Danzig. Als sein Vater finanziell in Bedrängnis geriet, verließ er die Universität ohne Abschluss und begann, als Buchhalter und Wirtschaftsjournalist zu arbeiten. Er war ein begabter Mathematiker und überzeugter Sozialist (aber nicht Leninist), und sein Interesse an der Ökonomie war durch die Lektüre von Rosa Luxemburg und Michail Tugan-Baranowski, dem Lehrer des jungen Kondratjew, geweckt worden. Auch Marx' Schriften studierte er. 1929 nahm er eine Stelle am Forschungsinstitut für Konjunkturzyklen und Preise in Warschau an.

In den folgenden Jahren schrieb er Kommentare über die Weltwirtschaftskrise. Außerdem arbeitete er theoretisch und veröffentlichte 1933 eine Studie über Konjunkturzyklen, die nach Ansicht von Lawrence Klein »alles Wichtige des keynesianischen Systems« enthielt.[21] Andere Ökonomen haben diese Einschätzung bestritten. Aber Kaleckis Aufsatz war zweifellos höchst originell. (1935 erschien in der Zeitschrift *Econometrica* eine englische Fassung.)[22] In auf die Gesamtwirtschaft bezogenen Begriffen verband er Verteilungskonzepte, die bis zu Marx zurückverfolgt werden konnten, mit einem Multiplikatormechanismus, der das Produktionsniveau zum Umfang des von Unternehmen aufgewendeten Kapitals in Beziehung setzte. Für theoretische Zwecke teilte Kalecki die Protagonisten der Wirtschaft in zwei Gruppen ein: Arbeiter, die ihren gesamten Lohn verbrauchen und keine Ersparnisse haben, und Kapitalisten, die einen Teil ihres Einkommens für Konsumgüter ausgeben und den Rest sparen. In dieser Aufstellung waren Kapitalinvestitionen von Unternehmen die Triebkraft der Wirtschaft. Mit einigen ziemlich abschreckenden mathematischen Verfahren zeigte Kalecki, dass Änderungen des Investitionsvolumens eine Reihe von Konjunkturzyklen in Gang setzten, die jeweils aus einer Prosperitätsphase und einer nachfolgenden Depression bestanden.

Mit einigen seiner Analysen nahm Kalecki Keynes' *Allgemeine Theorie* vorweg, insbesondere mit seinem Multiplikatormechanismus, über den Zuwächse der Kapitalinvestitionen in die Wirtschaft ausstrahlten und Zweitrundeneffekte auslösten, die ihrerseits die Produktion steigerten. Nach Ansicht mancher Bewunderer von Kaleckis Arbeiten war seine Studie weiter fortgeschritten als Keynes' Analyse, weil sie ein explizit dynamisches Modell entwarf. Kaleckis Gleichungen, die Bestellungen für Anlagegüter wie Fabrikmaschinen und deren Lieferungen darstellten, enthielten Zeitverzögerungen, deren Interaktionen die Konjunkturzyklen auslösten. Im Gegensatz dazu verwendete Keynes vor allem die marshallsche Methodologie der vergleichenden Statistik, die verschiedene Zeitpunkte, an denen die Wirtschaft zur Ruhe kommen könnte, vergleicht, ohne mathematisch zu erklären, wie sie von einem zum anderen gekommen ist.

Andererseits trifft es zu, dass die *Allgemeine Theorie* umfassender ist als Kaleckis Studie von 1933, die weder den Arbeitsmarkt noch den Staatssektor explizit behandelte. Letztlich dürfte der Vergleich beider Ansätze indes nicht viel bringen, da Keynes und Kalecki unterschiedliche Ziele verfolgten. Kalecki, der in der Marx'schen Tradition stand, versuchte zu zeigen, dass eine von Kapitalakkumulation angetriebene, rein kapitalistische Wirtschaft zwischen Phasen der Expansion und der Schrumpfung hin- und herpendelt, während Keynes darlegte, dass die Wirtschaft in einem Tief stecken bleiben kann, in dem ihre Selbstheilungskräfte versagen, und dass der Staat sie durch höhere öffentliche Ausgaben aus dieser Lage befreien kann. Beide Ökonomen erreichten ihr Ziel, wobei Keynes' *Allgemeine Theorie* mehr unmittelbare politische Implikationen hatte als Kaleckis Studie; außerdem war er bei ihrem Erscheinen schon weit berühmter als Kalecki.

Als Kalecki die *Allgemeine Theorie* las, erkannte er, dass seine eigene theoretische Arbeit wahrscheinlich von ihr überschattet werden würde. Sie half ihm allerdings, ein Reisestipendium der Rockefeller Foundation zu erhalten, das er 1936 nutzte, um Schweden und anschließend Großbritannien zu besuchen. Nachdem er einige Zeit an der London School of Economics verbracht hatte, zog es ihn nach Cambridge, wo er sich mit einigen jüngeren Ökonomen aus Keynes' Umkreis anfreundete, wie Joan und Austin Robinson, Richard Kahn und Piero Sraffa. Sie bildeten eine eng verbundene Gruppe, die Neuhinzukommende nicht unbedingt willkommen hieß. Doch Kaleckis geistige Wendigkeit half ihm, sich einzufügen. Joan Robinson beschrieb ihn später als »merkwürdigen Besucher, der nicht nur unsere brandneuen Theorien kannte, sondern sogar einige unserer privaten Witze prägte«. Ihr Ehemann Austin erinnerte sich, dass Kalecki »eine eigene Art Englisch sprach und lauthals schrie«.[23] Kalecki lernte auch Keynes kennen und steuerte Artikel zum *Economic Journal* bei, die Keynes von oben herab redigierte. Obwohl die beiden sich nie wirklich nahekamen, scheint Keynes Kaleckis scharfen Verstand und herausragende mathematische Fähigkeiten anerkannt zu haben. Dem englischen Ökonomen Malcolm Sawyer zufolge, der ein wertvolles Überblickswerk über Kaleckis Arbeit geschrieben hat, versuchte Keynes sogar, wenn auch vergeblich, ihm eine Forschungsstelle in Cambridge zu vermitteln.[24]

1940 zog Kalecki weiter nach Oxford, wo man ihm eine Stelle am Statistischen Institut der Universität, das regelmäßig Kommentare über die britische Wirtschaft herausgab, angeboten hatte. Aufgrund der Wehrpflicht und der hohen Rüstungsausgaben war die Arbeitslosenquote auf 3 Prozent gesunken, und Keynes hatte die Herausbildung einer »inflationären Lücke« zwischen Gesamtnachfrage und Gesamtangebot festgestellt. Um die Kaufkraft zu verringern und diese Lücke zu schließen, forderte er von der Regierung, sie solle Arbeiter, deren Löhne bisher vom Steuersystem nicht erfasst wurden, mit einer Einkommensteuer belegen. Gewerkschaften und Labour Party sahen in dem Vorschlag einen Versuch, den Krieg auf Kosten der Arbeiterklasse zu finanzieren. Auch Kalecki gefiel er nicht. Seiner Ansicht nach war er ungerecht und beruhte auf einer falschen Auffassung der Inflation. Obwohl er anerkannte, dass eine inflationäre Lohn-Preis-Spirale entstehen konnte, wenn die Arbeiter versuchten, mit dem Preisanstieg Schritt zu halten, bestand er darauf, dass die Inflation vor allem dadurch angetrieben wurde, dass Unternehmen, um ihren Profit zu steigern, die Preise schneller anhoben, als ihre Kosten stiegen.[25] In einem im Juni 1941 im *Bulletin of the Oxford University Institute of Economics and Statistics* erschienenen Aufsatz schrieb er: »Der einzige gerechte und effiziente Weg, die inflationären Tendenzen zu stoppen, ist eine wie immer geartete umfassende Rationierung.«[26]

Aus dieser politischen Debatte ging Kalecki schließlich als Sieger nach Punkten hervor. Als sich im weiteren Verlauf des Krieges der Inflationsdruck verstärkte, beschloss die britische Regierung Steuererhöhungen *und* Rationierungsmaßnahmen. Für den Erwerb ihres täglichen Bedarfs erhielt die Bevölkerung Bezugsscheine, und der Lohn gewöhnlicher Arbeiter wurde besteuert, allerdings nicht so hoch wie die Einkommen von Großverdienern und Unternehmen. Der Höchststeuersatz wurde auf 97,5 Prozent angehoben und eine Übergewinnsteuer von 60 Prozent eingeführt. Keynes nahm diese drückenden Maßnahmen als Kriegsnotwendigkeiten hin, während Kalecki sie begrüßte. Ebenso begeistert war er über den Beveridge-Bericht von 1942 über die Sozialversicherung, in dem der liberale Ökonom William Beveridge die Bereitstellung allgemeiner Sozialleistungen forderte, wie Kranken- und Arbeitslosengeld, Renten und Kindergeld. In einem Kommentar zu dem Bericht erklärte Kalecki, ein solches Programm würde dem doppelten Zweck dienen, den Lebensstandard zu erhöhen und die Gesamtnachfrage zu stärken, um die Vollbeschäftigung sicherzustellen. Den Einwand, das Vorhaben würde die Kosten der Unternehmen erhöhen und den Arbeitsanreiz für Niedriglohnbeschäftigte verringern, wies er zurück. Wenn das letztere Problem auftrete, bemerkte er, gebe es eine einfache Lösung: höhere Löhne.[27]

Aufgrund seiner eigenen theoretischen Überlegungen und derjenigen anderer Keynesianer war Kalecki überzeugt, dass es Regierungen kapitalistischer Länder technisch möglich war, durch

Anpassung ihrer Geld- und Fiskalpolitik Vollbeschäftigung zu erreichen. Wie Sweezy zog er am Keynesianismus insbesondere dessen soziale und politische Fundamente in Zweifel. 1942 behandelte Kalecki dieses Thema in einem Vortrag vor der Marshall Society in Cambridge, den er zu dem bereits erwähnten Aufsatz verarbeitete, der im folgenden Jahr in der Zeitschrift *Political Quarterly* erschien. Er begann mit einer kurzen Zusammenfassung der keynesianischen Haltung zur Politik: Die vom Staat geschaffene effektive Nachfrage wirke »wie jede andere Nachfragesteigerung. Wenn Arbeit, Fabriken und ausländische Rohstoffe in großer Menge verfügbar sind, wird die erhöhte Nachfrage durch eine Erhöhung der Produktion erfüllt.« Solange die Anstrengungen zur Verringerung der Arbeitslosigkeit nicht dazu führten, dass die effektive Nachfrage die Vollbeschäftigungsmarke überstieg, müsse man sich keine Sorgen über die Inflation machen.[28]

Wirklich beschränkt würden auf Vollbeschäftigung abzielende staatliche Maßnahmen nicht durch die Inflationsgefahr, sondern durch den Widerstand von Teilen der Großwirtschaft. Selbst auf dem Höhepunkt der Weltwirtschaftskrise hätten sich große Unternehmen überall gegen Anstrengungen, der Massenarbeitslosigkeit durch höhere Staatsausgaben Herr zu werden, widersetzt, außer in Deutschland. Doch Deutschland sei ein Sonderfall, weil deutsche Großunternehmen mit dem NS-Regime, das einerseits die Vollbeschäftigung anstrebe, andererseits aber die Gewerkschaften unterdrücke, eine »Partnerschaft« eingegangen seien. »Der Faschismus in seiner nationalsozialistischen Ausprägung«, erklärte er, »hatte unter anderem die wichtige Funktion, den kapitalistischen Widerstand gegen die Vollbeschäftigung zu beseitigen.«[29] In anderen Ländern hätten sich führende Wirtschaftsvertreter gegen eine expansionistische Fiskalpolitik starkgemacht, auch wenn diese Politik vermutlich die Nachfrage nach den Produkten ihrer Unternehmen erhöht hätte. Wie war diese selbstschädigende Haltung zu erklären?

Kalecki bot drei mögliche Gründe an. Der erste lautete, dass

Unternehmen eine drastische Abnahme ihrer politischen Macht fürchteten, wenn der Staat für Vollbeschäftigung sorgte. In einem nichtgelenkten kapitalistischen System, erläuterte Kalecki, hänge die Beschäftigungsquote weitgehend vom Maß der Zuversicht der Unternehmen ab. Wenn die Zuversicht schwinde, verringerten sie ihre Kapitalinvestitionen, was zu einem Rückgang von Produktion und Beschäftigung führe, also zu einer Depression. »Den Kapitalisten gibt dies die Möglichkeit, über die staatliche Politik eine mächtige indirekte Kontrolle auszuüben: Alles, was das ›Klima des Vertrauens‹ stören könnte, ist peinlich zu vermeiden, weil es eine Wirtschaftskrise auslösen würde.« Sobald jedoch der Staat, fuhr Kalecki fort, »den Trick beherrscht, mit staatlichen Käufen die Beschäftigung zu erhöhen«, verliere dieses »machtvolle Instrument« seine Wirksamkeit. Um dieses Ergebnis zu verhindern, würden Unternehmen auf alle Bemühungen, die Gesamtnachfrage zu steigern, mit übertriebenen Warnungen vor den Gefahren reagieren, die ein Haushaltsdefizit mit sich bringe. »Die gesellschaftliche Funktion der Doktrin der ›gesunden Staatsfinanzen‹«, bemerkte Kalecki bissig, »ist es, das Beschäftigungsniveau vom ›Klima des Vertrauens‹ abhängig zu machen.«[30]

Als zweiten Grund führte Kalecki an, dass Kapitalisten über die Möglichkeit von Staatseingriffen in bisher Privatunternehmen vorbehaltene Bereiche besorgt seien. Auch wenn Politiker zusätzliche öffentliche Mittel zunächst für Dinge wie das Gesundheitswesen, Bildung und Straßenbau bereitstellten, bei denen Kommunen und andere nicht profitorientierte Institutionen seit Langem eine herausragende Rolle spielten, würden Wirtschaftsführer befürchten, dass es dabei nicht bleiben werde. »Aber die Möglichkeiten für öffentliche Investitionen dieser Art sind ziemlich beschränkt«, fügte Kalecki hinzu, »und es besteht daher die Gefahr, dass der Staat im Rahmen dieser Politik zuletzt versucht sein könnte, das Transportwesen und die öffentlichen Versorgungsunternehmen zu verstaatlichen, um für seine Investitionen neue Anlagemöglichkeiten zu eröffnen.«[31]

Der dritte und wichtigste Grund, aus dem Wirtschaftsführer jede Vollbeschäftigungspolitik hartnäckig bekämpften, war laut Kalecki, dass sie die Kontrolle über den Arbeitsplatz nicht verlieren wollten. In Wirtschaften, in denen es reichlich Arbeitsplätze gebe und Arbeiter leicht eine Beschäftigung fänden, würde die Entlassungsgefahr »aufhören, als Disziplinierungsmaßnahme eine Rolle zu spielen. Die soziale Position des Chefs würde unterminiert, und gleichzeitig würden in der Arbeiterklasse Selbstsicherheit und Klassenbewusstsein wachsen. Streiks zur Erreichung höherer Löhne und verbesserter Arbeitsbedingungen würden politische Spannungen schaffen.« Auf den ersten Blick scheint diese Passage eine direkte Anwendung von Marx' Argument zu sein, dass das Vorhandensein einer Reservearmee von Arbeitslosen nötig sei, um die Arbeiter zu disziplinieren und die Unternehmensgewinne auf hohem Niveau zu halten. Aber Kalecki ging es um eine subtilere Beobachtung: Im Rahmen einer auf hohe Nachfrage und Vollbeschäftigung abzielenden Politik, erklärte er, könnten die Profite im Durchschnitt tatsächlich höher sein als bei einer Laissez-faire-Politik. Wirtschaftsführer würden sie trotzdem ablehnen, denn von ihnen würden »›Arbeitsdisziplin‹ und ›politische Stabilität‹ höher bewertet als die Profite«.[32]

Dieses Argument illustriert, dass Kalecki wie Keynes überzeugt war, dass ökonomisches Denken nicht gänzlich auf Dollars und Cents reduziert werden könne, sondern psychologische und politische Faktoren ebenfalls eine Rolle spielten. Angesichts der Sorgen der Unternehmer über die Einschnitte, die ihren ökonomischen Vorrechten, ihrer politischen Macht und ihrer Kontrolle über ihre Fabriken durch die Vollbeschäftigung drohten, müsse jede Anstrengung, sie für längere Zeit aufrechtzuerhalten, früher oder später eine Gegenbewegung auslösen. »In der Depression«, erklärte er,

> »werden – entweder aufgrund des Druckes der Massen oder auch ohne ihn – kreditfinanzierte staatliche Investitionen ge-

tätigt werden, um einer Arbeitslosigkeit großen Ausmaßes vorzubeugen. Heftigen Widerstand der wirtschaftlich Mächtigen wird es jedoch wahrscheinlich dann geben, wenn es zu Versuchen kommt, diese Methode auch zur Aufrechterhaltung des hohen Beschäftigungsniveaus einzusetzen, das während des (der Depression folgenden) Booms erreicht worden ist. […] In dieser Situation wird sich wahrscheinlich eine mächtige Phalanx aus den Interessen des ›Big Business‹ und der Rentiers formieren, und sie wird vermutlich mehr als bloß einen Nationalökonomen finden, der verkündet, dass die Situation sichtlich ungesund ist. Der Druck dieser Kräfte, insbesondere der des ›Big Business‹, würde die Regierung höchstwahrscheinlich dazu bringen, dass sie zu einer orthodoxen Politik zurückkehrt und das Budgetdefizit zurückschraubt.«[33]

Das keynesianische Heilmittel würde aufgegeben, aber damit habe es noch nicht sein Bewenden, betonte Kalecki. Wenn der Staat seine Ausgaben reduziere, würde die Gesamtnachfrage sinken, Unternehmen würden Beschäftigte entlassen, und die Wirtschaft würde in eine Rezession abgleiten. Doch dann würde angesichts der zunehmenden Arbeitslosigkeit die öffentliche Forderung nach Stützungsmaßnahmen laut, was eine neue politische Situation schaffe, in der »die Politik der Staatsausgaben wieder in ihrem Element« sei. Keynesianische Mittel zur Anregung von Wachstum und Beschäftigung kämen wieder zur Anwendung, und die Rezession würde zu Ende gehen. Aber auch diese politische Situation sei nicht von Dauer. Irgendwann würden die Ablehnung der Vollbeschäftigung durch die Großwirtschaft und die Forderung nach einer Rückkehr zu verantwortungsvoller Haushaltsführung die Politiker bewegen, auf die Bremse zu treten und eine Kehrtwende einzuleiten. Kurz, die Wirtschaft werde einem »politischen Konjunkturzyklus« unterworfen. Dieses Phänomen war, laut Kalecki, »nicht gänzlich frei erfunden. Genau etwas in der Art nämlich gab es in den Jahren 1937 und

1938 in den USA.«[34] In Zukunft werde diese Art von Kreislauf sich wahrscheinlich ständig wiederholen: »Die Herrschaft des politischen Konjunkturzyklus wäre eine künstliche Wiederherstellung der Situation, wie sie im Kapitalismus des 19. Jahrhunderts vorhanden war. Vollbeschäftigung würde nur auf dem Höhepunkt des Booms erreicht, aber die Abschwünge wären relativ mild und kurz.«[35]

Der Aufsatz in *Political Quarterly* fand bei seinem Erscheinen kein großes Echo, aber manche Leser stimmten seinen Argumenten zu. »Ich habe gerade mit viel Sympathie und Interesse Ihren Artikel über Politische Aspekte der Vollbeschäftigung in Pl. Q. gelesen«, schrieb Keynes in einer auf den 20. Dezember 1943 datierten handschriftlichen Mitteilung an Kalecki. »Ein außerordentlich guter Artikel und sehr aktuell.«[36] Der Empfänger dürfte erfreut gewesen sein, war aber enttäuscht darüber, dass es ihm nicht gelang, in England einen Vollzeitlehrauftrag zu bekommen. 1945 kündigte er seine Stellung im Oxford Institute of Statistics und ging nach Paris und von dort weiter nach Montreal, wo er für die Internationale Arbeitsorganisation arbeitete. 1946 erhielt er eine angesehenere Anstellung als stellvertretender Leiter einer Sektion der Wirtschaftsabteilung der gerade erst gegründeten Vereinten Nationen in New York. Er blieb fast ein Jahrzehnt in New York, arbeitete an den jährlichen UN-Berichten über die Weltwirtschaft mit und setzte seine eigenen Forschungen fort.

Auch Sweezy war eine Zeit lang in öffentlichen Diensten. Während des Zweiten Weltkriegs arbeitete er als Wirtschaftsforscher des Office of Strategic Services (OSS), der Vorgängerorganisation der CIA, in Washington. Bei Kriegsende hoffte er, an die Harvard University zurückkehren zu können. Nachdem er bei der Vergabe einer Daueranstellung übergangen worden war, kündigte er seinen Lehrauftrag und betätigte sich fortan mit ganzer Kraft als Autor, Journalist und politischer Aktivist. 1949 gründete er mit anderen zusammen die unabhängige sozialistische Zeitschrift *Monthly Re-*

view, die in New York erschien. Die erste Ausgabe enthielt einen Artikel von Albert Einstein mit dem Titel »Warum Sozialismus?« und einen Essay von Sweezy über die jüngste Entwicklung des US-Kapitalismus, in dem er zwei Argumente vorbrachte, die in linken Kritiken des sogenannten Goldenen Zeitalters eine bedeutende Rolle spielen sollten: »(1) dass der amerikanische Kapitalismus ohne die Unterstützung durch enorme Ausgaben für imperialistische, militaristische Unternehmungen rasch im Sumpf chronischer Depression und Massenarbeitslosigkeit versinken würde; und (2) dass der amerikanische Kapitalismus in zunehmendem Maß unter die Herrschaft einiger riesiger Unternehmen gerät, die ihrerseits einer Handvoll extrem reicher Kapitalisten gehören und von ihnen kontrolliert werden.«[37]

Die Verteidigungsausgaben der USA stiegen tatsächlich an, in den folgenden beiden Jahrzehnten aufgrund des Kalten Krieges mit der Sowjetunion und der heißen Kriege in Korea und Vietnam sogar noch deutlich schneller. Wie Sweezy in seinen weiteren Kommentaren in der *Monthly Review* unterstrich, stärkten die Militärausgaben die Gesamtnachfrage in den Vereinigten Staaten. Hinzu kam der Bau von Autobahnen und anderen Straßen, der eine auf dem Autoverkehr beruhende Vorstadtgesellschaft entstehen ließ. 1945 fuhren auf den amerikanischen Straßen bereits 30 Millionen Privatautos und kommerzielle Fahrzeuge; bis 1970 stieg ihre Zahl auf über 100 Millionen.[38] Während um die amerikanischen Großstädte herum Vorstädte entstanden, statteten Mittelschichtamerikaner ihre neuen Häuser mit den neuesten Haushaltsgeräten aus, wie Waschmaschinen, Klimaanlagen und Schallplattenspielern. In Europa, wo amerikanische internationale Konzerne wie Ford, General Motors und General Electric Fabriken bauten, um die lokalen Märkte zu bedienen, vollzog sich eine ähnliche Entwicklung. Angesichts steigender Haushaltseinkommen und expandierender heimischer und globaler Märkte schien die Nachkriegspartnerschaft zwischen öffentlichem und privatem Sektor zu florieren.

Je länger die Nachkriegsexpansion anhielt, desto mehr wurde sie von einem politischen Konsens getragen. In Großbritannien behielten die konservativen Regierungen, die von 1951 bis 1964 an der Macht waren, die meisten Reformen der Regierung Attlee bei. Selbst in den Vereinigten Staaten erkannten einige konservative Politiker, dass die New-Deal-Maßnahmen zu populär waren, um sie rückgängig machen zu können. Im Präsidentschaftswahlkampf von 1956 trat der amtierende Präsident Dwight D. Eisenhower mit einem Programm an, das versprach, den Bundeshaushalt auszugleichen, aber auch darauf hinwies, dass in seiner Amtszeit die Sozial- und Arbeitslosenversicherung ausgebaut, der Bundesmindestlohn erhöht, zu Verhandlungslösungen zwischen Arbeitnehmern und Arbeitgebern ermuntert und als erstes neues Bundesministerium seit 40 Jahren das Ministerium für Gesundheit, Erziehung und Wohlfahrt geschaffen worden war.[39]

Im Lauf der Zeit akzeptierten auch Unternehmen und Unternehmensgruppen das Nachkriegsarrangement. Solange die Nachfrage nach ihren Produkten hoch blieb und die Produktivität schneller wuchs als die Löhne, war der Keynesianismus mit höheren Unternehmensgewinnen vereinbar. Zwischen 1950 und 1965 verdoppelten sich, in Dollar gemessen, die Gewinne US-amerikanischer Unternehmen,[40] und der Anteil der Unternehmensgewinne am BIP der Vereinigten Staaten stieg von 5,7 auf 7,4 Prozent.[41] In Großbritannien wuchsen die jährlichen Bruttounternehmensgewinne zwischen 1948 und 1965 von 2 auf 7,6 Milliarden Pfund.[42]

Oberflächlich betrachtet, schienen diese Entwicklungen Sweezys und Kaleckis Skepsis zu widerlegen. In seinem Aufsatz von 1943 hatte Letzterer geschrieben: »Wenn der Kapitalismus sich der Vollbeschäftigung anpassen kann, wird er sich einer fundamentalen Reform unterziehen. Wenn nicht, wird er sich als überholtes System erweisen, das ausrangiert werden muss.«[43] Ende der 1950er-Jahre schien die Anpassung des Kapitalismus, zumindest in der westlichen Welt, relativ glatt zu verlaufen. Kalecki konnte es nicht mehr persönlich beobachten. 1954 gab er seinen Posten bei den Vereinten Nationen auf und kehrte nach Polen zurück, das sich jetzt unter kommunistischer Herrschaft befand und zum Ostblock gehörte. Er blieb dort bis zu seinem Tod im Jahr 1970.

Sweezy verfasste weiter Wirtschaftskommentare und erkannte in den 1960er-Jahren die politische Wirkung von zwei Jahrzehnten Keynesianismus an. »Die herrschende Klasse Amerikas, jedenfalls ihr Vortrupp: die Manager der riesigen Kapitalgesellschaften«, habe ihre Einstellung zu Steuern und Staatsausgaben »grundlegend geändert«, bemerkten Sweezy und sein Co-Autor Paul Baran in ihrem 1966 erschienenen Buch *Monopolkapital,* das zu einem Schlüsselwerk einer ganzen Generation von Linken wurde. Sie hätten die alte Ablehnung jeglichen Ausbaus des Staats nicht aufgegeben, fuhren sie fort, aber »der moderne Großindustrielle nimmt das nicht mehr so ernst, mag er auch manchmal noch die alte Sprache sprechen. Für ihn sind Staatsausgaben gleichbedeutend mit größerer Effektivnachfrage, und er sieht zu, dass er von den damit verbundenen Steuern das meiste auf die Konsumenten oder auf die Arbeiter abwälzen kann.«[44]

Während Sweezy in den 1940er-Jahren, als der Keynesianismus am Anfang stand, dessen politische Grundlagen und die Fähigkeit von Staaten, sie beizubehalten, infrage gestellt hatte, hob er jetzt zusammen mit Baran die Rolle hervor, die Staatsausgaben, insbesondere die Militärausgaben, beim Abschöpfen der riesigen Gewinne von Unternehmensgiganten wie General Motors, General Electric und IBM spielten. Diese Gewinne, argumentierten die beiden Autoren, würden die Gefahr heraufbeschwören, dass das Sparen die Investitionen überwiege und die Wirtschaft in einen Abschwung gerate: »Wofür kann der Staat so viel ausgeben, dass das System davor bewahrt wird, in den Sumpf der Stagnation zu sinken? Für Waffen, mehr Waffen und noch mehr Waffen.«[45] Sie führten Zahlen an, denen zufolge die US-Verteidigungsausgaben zwischen 1929 und 1957 von 0,7 auf 10,3 Prozent des BIP gestiegen waren.[46]

Sweezy und Baran waren erklärtermaßen Marxisten – ihr Buch hatten sie Che Guevara gewidmet – und in der ökonomischen Zunft Randfiguren. Aber auch einige bekannte keynesianische Ökonomen beklagten den Ausbruch des Kalten Krieges und die Entstehung eines Pentagon-Keynesianismus, wie man ihn nennen könnte. Zu ihnen gehörte eine Ökonomin, die sowohl Keynes als auch Kalecki persönlich kannte und ihre Theorien intensiv mit ihnen diskutierte. Sie war selbst eine bedeutende Theoretikerin und eine der wenigen Frauen in den oberen Rängen einer von Männern dominierten Zunft. Tatsächlich zählt sie zu den herausragenden Ökonomen des 20. Jahrhunderts.

18

»Die Nationalökonomie wurde wieder einmal zur Politischen Ökonomie«

Joan Robinson und die »Bastard-Keynesianer«

Joan Violet Robinson hatte »blaues Blut«, wie man in England sagt. Ihr Vater war hoher Offizier in der britischen Armee und hatte in Indien und Südafrika gedient. Einer ihrer Urgroßväter mütterlicherseits war der Tory-Politiker Spencer Perceval, der 1809 bis 1812 Premierminister war und als einziger Inhaber dieses Amts einem Attentat zum Opfer fiel. (Der Mörder war ein verärgerter Kaufmann.) Interessanterweise gab es unter ihren Vorfahren auch einen nonkonformistischen Gelehrten. Ihr Urgroßvater väterlicherseits, Frederick Denison Maurice, war ein bedeutender christlich-sozialistischer Theologe, der seine Stelle am King's College in Cambridge verlor, nachdem er bekannt hatte, dass er nicht an die ewige Verdammnis glaube. Robinson wurde am 31. Oktober 1903 in Camberley in Surrey geboren, einer wohlhabenden Stadt 45 Kilometer südwestlich von London, die schon lange mit der nahe gelegenen Militärakademie Sandhurst in Verbindung gebracht wurde, an der ihr Vater lehrte. Sie besuchte die 1904 gegründete private St Paul's Girls' School in West London. Dort entdeckte sie ihre Liebe zur Poesie, insbesondere zu den Dichtungen von Shelley und Byron. Aber ihr Hauptfach war Geschichte. 1921 erhielt sie ein Stipendium des Girton College in Cambridge, des ersten Oxbridge-College für Frauen, an dem sie zur Ökonomie wechselte. »Ich hatte kaum eine Vorstellung davon, worum es bei ihr ging«, bekannte sie später. »Ich hatte nur eine vage Hoffnung, dass sie mir helfen würde zu verstehen, was Armut ist und wie sie überwunden werden kann. Und ich hoffte, dass sie mehr Gelegenheiten für rationale Argumente bieten würde als die Geschichte (mein Schulfach), wie sie damals gelehrt wurde. Ich wurde in beiden Punkten einigermaßen enttäuscht.«[1]

Als Studentin las Robinson Alfred Marshalls *Handbuch der Volkswirtschaftslehre* und hörte Vorlesungen bei dessen auserwähltem Nachfolger Arthur Cecil Pigou. Wie viele Studenten vor und nach ihr fand sie Marshalls Theorie – die Konsumenten und Unternehmen als rationale Automaten darstellte, die in einer Welt des »perfekten Wettbewerbs« ihren »Nutzen« und ihre Profite zu maximieren versuchten – abstrakt und bizarr. In einem Vortrag vor der studentischen Marshall Society verlasen sie und eine Freundin einen parodistischen Aufsatz mit dem Titel »Beauty and the Beast«, in dem sie die Geschichte eines reichen Kaufmanns erzählten, der seine Lieblingstochter versehentlich einem Ungeheuer übergibt, das sich daraufhin in einen schönen Prinzen verwandelt. »Nach dieser glücklichen Vereinigung von Produzenten- und Konsumentenmehrwert«, schloss der Aufsatz, »lebten sie glücklich bis ans Ende ihrer Tage, ohne jemals ihre höheren Ideale und die Maximierung ihrer Zufriedenheit durch den Ausgleich des Grenznutzens jedes Ausgabenobjekts aus den Augen zu verlieren.«[2]

Das Wirtschaftsstudium in Cambridge war in zwei Abschnitte unterteilt, eine einjährige Einführung und ein zweijähriges intensiveres Studium. Zu Robinsons Enttäuschung erhielt sie in beiden Prüfungsrunden keine Bestnoten und schloss das Studium nur mit einem mittleren Prädikat ab. Kurz nach dem Abschluss heiratete sie den Ökonomen Austin Robinson, einen Stipendiaten des Christ's College, und ging mit ihm nach Indien, wo ihm die Stelle eines Hauslehrers des Maharadschas von Gwalior, einer Stadt in der Mitte des Subkontinents, angeboten worden war. Die frisch Verheirateten blieben zwei Jahre in Indien und kehrten 1928 nach Cambridge zurück, wo Austin Robinson als Fellow ans Sidney Sussex College berufen worden war. Joan, die den Nachnamen ihres Mannes angenommen hatte, wurde keine förmliche Anstellung angeboten. Doch sie war entschlossen, ihren Weg als professionelle Ökonomin zu machen, und begann, unregelmäßig zu lehren und eigene Forschungen, mit Schwergewicht auf dem Thema des Monopols, zu betreiben.

In den 1930er-Jahren wurden viele Industriezweige von Konzernen wie Ford und General Motors in den Vereinigten Staaten oder Krupp und Siemens in Deutschland beherrscht, die den gesamten Produktionsprozess kontrollierten, von Forschung und Design über die Herstellung bis zu Marketing und Vertrieb. Aber in den orthodoxen Lehrbüchern spielten diese Industriegiganten kaum eine Rolle. Sie analysierten immer noch Märkte mit vielen Konkurrenten, die zu klein waren, um Preise und Löhne bestimmen zu können. Eine Ausnahme wurde nur für Unternehmen gemacht, die auf einem bestimmten Markt, wie der Stromversorgung, der einzige Anbieter waren. Marshall hatte diesen Monopolen in seinem *Handbuch* ein Kapitel gewidmet. Aber eine Theorie über Industriezweige, die von einer Handvoll großer Unternehmen dominiert wurden, fehlte völlig. Dies war die Lücke, die Robinson und andere ehrgeizige junge Ökonomen zu füllen gewillt waren.

1926 veröffentlichte das *Economic Journal* einen Aufsatz, in dem der 28-jährige italienische Ökonom Piero Sraffa auf einige Mängel der orthodoxen Preistheorie hinwies, wie die Tatsache, dass die Stückkosten bei wachsender Produktion nicht stiegen, sondern sanken.[3] (In den Lehrbüchern zeigten die Kostenkurven nach oben.) 1927 ging Sraffa auf Einladung von Keynes nach Cambridge. (Als Jude und guter Freund Antonio Gramscis, des inhaftierten Vorsitzenden der Kommunistischen Partei Italiens, war er in Mussolinis Italien in großer Gefahr.) Robinson und ihr eng verbundener Kreis befreundeter Ökonomen – zu denen neben ihrem Ehemann auch Richard Kahn gehörte, der sein Studium am King's College gerade abgeschlossen hatte – waren von Sraffas Auffassungen stark beeinflusst. Aber am meisten beeindruckte Robinson in dieser Zeit Arthur Cecil Pigou, der in seinem 1920 erschienenen Buch *The Economics of Welfare* ausführlich auf die

Monopolbildung einging. Außerdem untersuchte er die »Ausbeutung« der Arbeit, die er als Situation definierte, in der Unternehmen ihre Beschäftigten zwängen, »der Bezahlung ihrer Dienste zu einem geringeren Wert als demjenigen des Nettogrenzertrags dieser Dienste für die Arbeitgeber« zuzustimmen.[4] Aber Pigou behandelte diese Situation als Ausnahme vom Normalfall.

Pigou bewegte sich durchweg im üblichen Marshall'schen Rahmenwerk von Angebots- und Nachfragekurven, Kostenkurven, »Grenznutzen« und so weiter. Wie Marshall betrachtete er diese Konzepte als wissenschaftliche Werkzeuge, die zur »Verbesserung des menschlichen Lebens« und Ausrottung der Armut angewandt werden könnten.[5] Robinson sollte sich schließlich vom Marshall'schen Rahmenwerk lösen, weil es die wirkliche Dynamik des Kapitalismus verschleierte, anstatt sie zu offenbaren. Vorläufig hielt sie sich jedoch bei ihrer Forschung über Monopole an die orthodoxen Techniken. Das Ergebnis war ein Buch mit dem Titel *The Economics of Imperfect Competition*, das 1933 erschien. So wie Marx das Ricardo'sche Rahmenwerk benutzt hatte, um Ricardos Verteidigung des Laissez-faire zu unterminieren, benutzte Robinson Marshalls Werkzeuge, um seine These zu untergraben, dass das Marktsystem eine effiziente Ressourcenzuweisung und ein gerechtes Einkommen hervorbringe.

Im orthodoxen Standardmodell eines perfekten Wettbewerbs können Unternehmen beliebig viele Güter zum Marktpreis produzieren und verkaufen und beliebig viele Arbeiter zum allgemein üblichen Lohn einstellen. Robinsons Ausgangspunkt war der Einwand, dass diese Vorstellung unrealistisch sei und viele Unternehmen groß genug seien, um durch ihr Handeln Preise und Löhne beeinflussen zu können. »Die gesamte Werttheorie«, betonte sie, »sollte im Rahmen der Monopolanalyse behandelt werden.«[6] Auf einem Markt, auf dem Unternehmen mit Monopolmacht agierten, könnten diese Preise oberhalb ihrer Kosten festsetzen, ohne ihren gesamten Marktanteil zu verlieren. Wenn sie mehr Güter verkaufen wollten, müssten sie ihre Preise senken, und wenn sie mehr

Arbeiter einstellen wollten, müssten sie höhere Löhne anbieten. Diese Feststellungen mögen Nichtökonomen evident erscheinen, aber Robinson zeigte, dass sie das übliche Effizienzargument für eine wettbewerbsorientierte kapitalistische Wirtschaft auf den Kopf stellten.

Der Grund, aus dem perfekte Wettbewerbsmärkte Ressourcen einigermaßen effizient verteilen, ist, dass sie Konsumenten und Unternehmen zwingen, ihren Grenznutzen mit ihren Grenzkosten auszugleichen. Wenn Letztere die Preise ihrer Güter festlegen, tun sie es zum Ausgleich der Grenzkosten der Produktion eines weiteren Guts. Und da die Mehreinnahme aus dem Verkauf dieses zusätzlichen Guts der Marktpreis ist, ist der Grenzertrag des Unternehmens gleich den Grenzkosten. Das ist effizient. Aber in einer modernen Industriewirtschaft funktionieren die meisten Märkte nicht auf diese Weise. Wenn Ford den Preis für den Truck F-150 senkt, um mehr Exemplare zu verkaufen, erhält das Unternehmen nicht nur für die zusätzlichen Verkäufe, sondern für alle verkauften F-150 den niedrigeren Preis. Seine Grenzeinnahme aus einem neuen Verkauf wird daher geringer sein als der Kaufpreis und die Grenzkosten. Am Ende könnte das Unternehmen sogar Verluste machen. Sobald die Ford-Manager dies erkennen, werden sie die Produktion drosseln, die Fabriken unterhalb ihrer Kapazitäten betreiben und die Preise erhöhen. Im Vergleich mit dem Ergebnis in einem perfekten Wettbewerb ist die Produktion niedriger, und die Preise sind höher. Das ist ineffizient.

Robinson untermauerte diesen Gedankengang mit einigen cleveren neuen Diagrammen. Mit Richard Kahns Hilfe hatte sie zudem einige algebraische Ableitungen eingefügt, aber was die Aufmerksamkeit der ökonomischen Zunft erregte, waren ihre grafischen Analysen. Die entscheidende Neuerung war eine abwärts gerichtete »Grenzertragskurve« unterhalb der Marktnachfragekurve. Verlauf und Lage der Kurve gaben genau an, wo der Markt ins Gleichgewicht kommen würde.[7]

Was Robinson nicht wusste, war, dass der junge Harvard-Ökonom Edward Chamberlin einige Jahre zuvor in seiner Dissertation, die unter dem Titel *The Theory of Monopolistic Competition* ebenfalls 1933 veröffentlicht wurde, eine ganz ähnliche Analyse vorgelegt hatte. Trotz der formalen Ähnlichkeiten der beiden Untersuchungen betrachteten ihre Autoren sie völlig unterschiedlich. Chamberlin verstand seine Analyse als Modifikation des Wettbewerbsmodells, die dessen grundsätzliche Gültigkeit in keiner Weise unterminierte. Später sollte er in die Mont Pelerin Society eintreten, eine von Friedrich Hayek nach dem Zweiten Weltkrieg gegründete internationale Vereinigung von Verfechtern des freien Markts. Robinson hatte eine andere Perspektive auf die Theorie des unvollkommenen Wettbewerbs. Nach ihrer Ansicht hatte sie die herrschende Orthodoxie erfolgreich widerlegt, insbesondere in einem Abschnitt ihrer Studie, in dem sie den Arbeitsmarkt untersuchte und die seit Langem kolportierte Behauptung infrage stellte, die Löhne von Arbeitern würden deren Produktivität widerspiegeln.

Veblens Lehrer John Bates Clark hatte diese These an der Wende zum 20. Jahrhundert formalisiert. Seiner Ansicht nach pendelten sich die Löhne von Arbeitern auf einem perfekten Wettbewerbsmarkt auf einem Niveau ein, das dem Wert ihres »Grenzprodukts« entsprach. Wenn ein Unternehmen durch die Einstellung eines weiteren Arbeiters zwei zusätzliche Güter pro Tag produzieren könne, die für jeweils 10 Dollar verkauft wurden, würde der Arbeiter mit 20 Dollar pro Tag entlohnt werden. Aber der Wettbewerbslogik zufolge ist das Unternehmen zu klein, als dass seine Einstellungs- und Produktionsentscheidungen sich auf Löhne und Preise auswirken würden. Robinson analysierte die Situation, in der Unternehmen groß genug sind, dass ihre Einstellungsentscheidungen die Löhne beeinflussen – eine Situation, die sie »Monopson« nannte. Mit einem weiteren cleveren Diagramm zeigte sie, dass die entscheidende Grenzbedingung in diesem Umfeld nicht mehr galt.[8] Unternehmen würden ihren Beschäftigten weniger als den Wert ihres Grenzprodukts zahlen, weniger Neueinstellungen als Konkurrenzunternehmen vornehmen und höhere Gewinne einstreichen. Robinson bezeichnete dieses Verhalten als »monopsonistische Ausbeutung der Arbeit« und widmete ihm ein ganzes Kapitel.[9] Darüber hinaus zeigte sie, dass dieses Problem teilweise behoben werden kann, indem man einen Mindestlohn einführt, der den Unternehmen die Monopolmacht auf dem Arbeitsmarkt nimmt sowie zu höheren Löhnen *und* einem höheren Beschäftigungsniveau führen kann.

Robinsons Abhandlung hob daneben auch andere Eigenschaften einer monopolistischen Wirtschaft hervor. Da Unternehmen höhere Gewinne als in einem Wettbewerbsumfeld erzielten, erklärte sie, sei die Ungleichheit der Vermögensverteilung größer.[10] Veblen oder Luxemburg hätte diese Schlussfolgerung kaum überrascht. Auf beiden Seiten des Atlantiks hatten Sozialisten und Linksliberale den Aufstieg von Monopolen, Trusts und anderen kapitalistischen Großunternehmen schon seit Langem mit intensivierter Ausbeutung der Arbeiter und größerer Ungleichheit verbunden. Robinsons Leistung bestand darin, diese Beziehung mit Techniken nachgewiesen zu haben, deren Resultate die ökonomische Zunft nicht beiseitewischen konnte. Selbst in »Pigous Begriffen«, schrieb sie später, sei es »nicht wahr, dass Löhne gleich dem Wert des Grenzprodukts der Arbeit« seien.[11] Sie erkannte indes auch an, dass Großunternehmen effizienter sein können als kleine, weil sie den Größenvorteil nutzen und die neuesten Produktionstechnologien einsetzen können. »Um sich ein Urteil über den heutigen Trend zur Monopolbildung zu bilden«, schrieb sie, »muss man entscheiden, ob es die Produktivitätssteigerung, die sie herbeizuführen versprechen, wert ist, Macht in die Hände von Großunternehmen zu legen. Bei der Lösung dieses Problems hilft kein noch so großes Maß an abstrakter Analyse.«[12]

Kurz nach dem Erscheinen von *The Economics of Imperfect Competition* bot die University of Cambridge Robinson eine feste Anstellung an. Wenn sie sich dafür entschieden hätte, sich auf ihren

Lorbeeren auszuruhen, hätte schon dieses Buch ihr einen prominenten Platz in der Geschichte der Wirtschaftstheorie gesichert. Doch sich zurückzulehnen war nicht ihre Sache. 1934/35, als Keynes einen Entwurf der *Allgemeinen Theorie* nach dem anderen verfertigte, hatten sie und Kahn als seine Leser und Resonanzböden fungiert. »Bei diesen beiden konnte er sicher sein, dass sie verstanden, worauf er hinauswollte«, erklärte Roy Harrod, der Autor der ersten umfassenden Keynes-Biografie.[13] Ein Jahr nach der Veröffentlichung der *Allgemeinen Theorie* verfasste Robinson eine Einführung für alle, die Keynes' esoterische Art der Darstellung vielleicht verwirrte. Außerdem schrieb sie ein zweites Buch, *Essays on the Theory of Unemployment*, in dem sie einige knifflige Fragen behandelte, die sich aus Keynes' Opus magnum ergaben, wie diejenige, ob eine längere Phase der Vollbeschäftigung zu steigender Inflation führt.

Die Arbeitslosigkeit auf ein niedriges Niveau zu senken und dort zu halten, führte Robinson aus, würde die Verhandlungsmacht der Arbeiter stärken und die Bereitschaft der Arbeitgeber, höhere Löhne zu zahlen, fördern. »Wenn Arbeitskräfte knapp sind«, fügte sie hinzu, »sind nicht nur die Gewerkschaften stark, auch die Arbeitgeber selbst setzen auf steigende Löhne.« Stiegen die Löhne, fuhr sie fort, würden die Arbeitgeber versuchen, einen Teil der zusätzlichen Kosten durch Preiserhöhungen auf die Konsumenten abzuwälzen, was wiederum die Gewerkschaften veranlasse, höhere Löhne zu fordern. Obwohl Robinson den Begriff der Lohn-Preis-Spirale nicht benutzte, der erst in den späten 1970er-Jahren aufkam, hatte sie eindeutig diesen Mechanismus im Sinn. Da sie wusste, dass die Inflation die Kaufkraft zersetzen konnte, warnte sie: »Der Punkt der Vollbeschäftigung scheint, weit davon entfernt, ein Ruhepunkt des Gleichgewichts zu sein, eine Klippe zu bilden, über die der Wert des Geldes, sobald er den Rand erreicht hat, in einen bodenlosen Abgrund stürzen muss.«[14]

Wenn die Preise zu steigen begännen, schrieb Robinson weiter, hänge viel davon ab, wie die politischen Entscheidungsträger reagierten. Wenn sie umgehend die Zinssätze erhöhten, könnte es die Gesamtnachfrage sowie die Nachfrage nach Arbeit verringern und die Inflationsgefahr beseitigen. Rentiers und andere Bezieher fixer Einkommen würden von einer solchen Politik profitieren, aber sie würde auch zu einem Anstieg der Arbeitslosigkeit führen. »Wir haben es hier mit einem Interessenkonflikt zu tun, den man mit deduktiven Argumenten nicht lösen kann«, betonte Robinson. Eine denkbare Lösung wäre, dass der Staat bei den Gewerkschaften durchsetzte, ihre Lohnforderungen zurückzuschrauben. Aber dies wäre nur schwer zu erreichen, da die Politik der Gewerkschaften »nur locker koordiniert« sei, und »da es die Aufgabe jeder Gewerkschaft ist, allein die Interessen ihrer Mitglieder zu verfolgen, sind die Erträge und Verluste unter den Industriezweigen sehr ungleich verteilt«.[15] In der Krise der 1930er-Jahre, als die Deflation eine größere Gefahr darstellte als die Inflation, war die Bedeutung dieser Analyse nicht sofort ersichtlich.

Im Unterschied zu einigen anderen Keynesianern betrachtete Robinson eine nachfrageorientierte Politik nie als Lösung für alle Widersprüche einer kapitalistischen Wirtschaft. Aber sie war überzeugt, dass Keynes die ökonomische Zunft vom Dogma des Laissez-faire befreit hatte. »Indem sie den Glauben an eine automatische Ausgleichung widerstreitender Interessen zu einem harmonischen Ganzen fürderhin unmöglich machte«, schrieb sie später, »brachte die *General Theory* das Problem der Auswahl und des Werturteils wieder ans Licht, das die Neoklassiker hatten verschwinden lassen. Die Ideologie zur Abschaffung der Ideologien brach zusammen. Die Nationalökonomie wurde wieder einmal zur Politischen Ökonomie.«[16] Dieser Ansatz führte dazu, dass Robinson in zunehmendem Maß von marxistischen Gedanken beeinflusst wurde, die sie bisher weitgehend ignoriert hatte. Im Dezember 1940 schrieb sie an Kahn: »Mein nächstes Projekt ist ein Wörterbuch für Marx, sodass er von Ökonomen gelesen werden kann. ›Wert = Arbeitsstunden, Mehrwert = Produkt-Reallohn etc.‹.« In einem anderen Brief an Kahn bemerkte sie: »Es gibt eine

Menge ausgezeichneter Dinge bei Marx, z. B. dass die Geldmenge von den Preisen bestimmt wird und nicht umgekehrt. Aber keiner der Marxisten scheint ihn zu verstehen.«[17]

Ihr Interesse an Marx veranlasste Robinson, ein kurzes Buch zu schreiben, das 1942 mit dem Titel *An Essay on Marxian Economics* (*Grundprobleme der Marxschen Ökonomie*) erschien und Marxisten wie orthodoxe Ökonomen gleichermaßen verärgerte. Einer der Kritikpunkte der treuen Linken war, dass sie die von Marx extensiv genutzte Arbeitswerttheorie verwarf, weil sie »nicht ausreicht, um eine Preistheorie zu liefern«[18] – was schon Kritiker im späten 19. Jahrhundert bemängelt hatten. Außerdem zog Robinson Marx' Theorie des tendenziellen Falls der Profitrate in Zweifel, die sie »verworren und überflüssig« fand.[19] Obwohl sie diese Elemente des *Kapitals* über Bord warf, stellte sie zugleich fest, dass moderne Ökonomen von seinem Verfasser »viel [...] zu lernen« hätten,[20] wie die hellsichtige Erkenntnis der Beziehung zwischen ökonomischer Zunft und Kapitalismus:

> »Die orthodoxen Nationalökonomen identifizieren sich im Großen und Ganzen mit dem bestehenden System und übernehmen die Rolle seiner Verteidiger, während Marx sich die Aufgabe setzte, die Funktionsweise des kapitalistischen Systems zu verstehen, um seine Überwindung und Ablösung beschleunigen zu können. Marx war sich seines Ziels bewusst. Die Ökonomen dagegen blieben sich im Allgemeinen über ihre Rolle im Unklaren. Sie schrieben in der Art, die ihnen selbstverständlich erschien, und sie glaubten dabei von sich selbst, mit wissenschaftlicher Objektivität vorzugehen.«[21]

Ferner pries Robinson Marx dafür, dass er in seiner Analyse der Konzentration von Kapital die moderne Monopoltheorie vorweggenommen, Says Gesetz zurückgewiesen und auf die Möglichkeit von Nachfragemangel und unfreiwilliger Arbeitslosigkeit hingewiesen hatte. Nachdem sie das von Marx im zweiten Band des

Kapitals präsentierte Zwei-Sektoren-Modell der Wirtschaft dargestellt hatte, schrieb Robinson:

»Marx entwickelt keine vollständige Theorie des Konjunkturzyklus oder der langfristigen Bewegungen des Kapitalismus, aber er zeigt, in welcher Richtung eine solche Theorie zu entwickeln ist. Die primitive Unterkonsumtionstheorie, die in seinen Tagen populär war, lehnt er ab. Aber seine eigene Analyse führt eindeutig zu der Auffassung, dass in der falschen Verteilung der Kaufkraft die Wurzel der Schwierigkeiten zu sehen ist.«[22]

Angesichts der kleinteiligen Forschungen vieler Akademiker beeindruckten Robinson auch die Breite von Marx' Perspektive und sein Bestreben, die großen Fragen der kapitalistischen Entwicklung anzupacken: »Die orthodoxen Ökonomen haben sich viel damit beschäftigt, eindrucksvolle und bis ins kleinste Detail gehende Untersuchungen weniger bedeutender Probleme vorzunehmen, die die Aufmerksamkeit ihrer Schüler von den unschönen Erscheinungen der modernen Welt ablenken; die Entwicklung abstrakter Begriffe ist dabei den Möglichkeiten der empirischen Prüfung der Untersuchungsergebnisse weit vorausgeeilt. Die Forschungsinstrumente Marxens sind zwar weit gröberer Art, aber sein Wirklichkeitssinn ist weitaus stärker und sein gedankliches Gebäude überragt die gekünstelten Konstruktionen der orthodoxen Schule in einer achtunggebietenden Größe.«[23]

Robinson stand den orthodoxen Methoden der Wirtschaftswissenschaft und ihrer Anwendbarkeit auf die moderne Wirklichkeit mit zunehmender Skepsis gegenüber. In einem 2022 erschienenen erhellenden Aufsatz über *Grundprobleme der marxistischen Ökonomie* schrieb die Ökonomin Carolina Alves vom University College London, eine ehemalige Joan-Robinson-Forschungsstipendiatin der Heterodoxen Ökonomie in Cambridge: »Marx' politische Ökonomie vermittelte Robinson die Einsichten und den Antrieb, die sie brauchte, um sich von der Marshallschen Ökonomie abzuwenden und einem klassischeren Ansatz anzunähern.«[24] Dieser Wandel wurde auch in anderen Aufsätzen Robinsons deutlich.

In »Control of Monopoly« von 1943 hob sie hervor, dass monopolistische Unternehmen die Preise auf einem zu hohen Niveau hielten, ihre Ausgaben für Kapitalinvestitionen begrenzten und die Einführung neuer Technologien behinderten. Im selben Jahr veröffentlichte sie eine Broschüre mit dem Titel *Private Enterprise or Public Control,* in der sie sich für die Schaffung einer nationalen Investitionsbehörde aussprach, um gemäß einem umfassenden nationalen Plan in der gesamten Wirtschaft Kapitalinvestitionen zu mobilisieren. Außerdem forderte sie die Verstaatlichung großer Unternehmen, die keinen Wettbewerber hatten, wie öffentliche Versorgungsunternehmen. Zeitweise schien sie sogar die Verstaatlichung der gesamten Industrie zu befürworten, aber sie nahm diese Haltung nicht durchweg ein.[25]

Ihr zentrales Argument, in dem einige der subversiveren Passagen der *Allgemeinen Theorie* nachhallten, lautete, dass Umfang und Ausrichtung der Kapitalakkumulation dem Privatsektor zu überlassen keine praktikable Option mehr sei. Das Aufkommen der modernen Wissenschaft habe das Wesen der industriellen Innovation verändert, indem sie sie in eine kollektive Anstrengung verwandelt habe, welche die Unterstützung des Staats erfordere. »Das Zeitalter der brillanten Ideen ist vorüber«, erklärte sie. »Der moderne Wissenschaftler arbeitet in einem reich ausgestatteten Laboratorium in einem Team. [...] In einem Plansystem würden Wissenschaftler und Techniker, angemessene Einrichtungen vorausgesetzt, neue Entdeckungen im Überfluss hervorbringen.« Auf diese wie auch auf andere Weise überwinde die Geschichte das Modell des freien Markts für kapitalistische Unternehmen.[26]

Für die britische Kriegswirtschaft schien dies in der Tat zuzutreffen, aber nach Kriegsende fand der von Robinson geforderte Übergang zu umfassender Wirtschaftsplanung und Verstaatlichung von Kapitalinvestitionen nicht statt – jedenfalls nicht so, wie sie es gehofft hatte. In den Vereinigten Staaten wurde die staatliche Wissenschaftsförderung überwiegend durch den ausgeweiteten Verteidigungshaushalt kanalisiert. In Großbritannien überließ die Labour-Regierung, auch wenn sie rund ein Fünftel des Industriesektors verstaatlichte, die Mehrzahl der Investitionsentscheidungen dem Privatsektor. Und die Kapitalausstattung der verstaatlichten Unternehmen war aus Rücksicht auf die öffentlichen Haushalte häufig begrenzt.

Zu Robinsons Unmut betrieb die Regierung Attlee zudem eine entschieden antikommunistische Politik, unterstützte die Schaffung der NATO, um Stalins Sowjetunion, die Teile Osteuropas besetzt hatte, einzudämmen, und testete, nachdem die Vereinigten Staaten am Ende des Zweiten Weltkriegs gegen Japan Atombomben eingesetzt hatten, erfolgreich eigene atomare Waffen. Anfang der 1950er-Jahre nahm Robinsons Enttäuschung weiter zu. 1951 wurde sie von einer Studentenzeitschrift um die »Ansicht einer Ökonomin« über die Weltlage gebeten. In Korea, das in eine sowjetische und eine von den Vereinigten Staaten unterstützte Zone geteilt worden war, hatte ein Stellvertreterkrieg zwischen Ost und West begonnen, und Amerika hatte (im Auftrag der Vereinten Nationen) Truppen und Material auf die Halbinsel geschickt, um seinem südkoreanischen Verbündeten zu helfen. Robinson willigte ein, einen Artikel zu schreiben, in dem sie in typischer Weise direkt und unverblümt Stellung nahm: »Die große Frage, die alles überschattet, ist, ob Russland eine Aggression plant; wenn nicht, ist unsere ganze Politik unsinnig.« Die gemeinhin gezogene Parallele zwischen Stalin und Hitler »scheint mir völlig falsch zu sein«, fuhr sie fort. »Die Russen haben keines der ökonomischen Motive für eine Aggression, die Hitler hatte. Sie haben *Lebensraum* und ungenutzte natürliche Ressourcen, die erschlossen werden können, in Hülle und Fülle.« Darüber hinaus müsse Russland, im Gegensatz zu Deutschland nach dem Ersten Weltkrieg, »nicht mit einer demütigenden Niederlage fertigwerden«. Deshalb, schloss sie, könne sie »keinen objektiven Grund sehen, aus dem Russland aggressiv sein sollte«. Die Hauptgefahr, die ihrer Meinung nach von ihm ausgehe, sei, »dass unser eigenes Säbelrasseln (und

Atombombenklappern) es derart in Schrecken versetzt, dass es zu Gewalt greift«.[27]

Wie Sweezy hob auch Robinson die wirtschaftlichen Folgen des wachsenden Pentagonbudgets hervor. Zwischen 1948 und 1951 hatte der US-Kongress, um der vermeintlichen Bedrohung durch den Kommunismus entgegenzutreten, deutliche Steigerungen der Verteidigungsausgaben bewilligt. In der Folge hatte sich das US-amerikanische Wachstum beschleunigt, und die Arbeitslosenquote war drastisch gesunken – auf nur 3,1 Prozent im August 1951.[28] »Der auf der Rüstung beruhende große Boom in Amerika«, schrieb Robinson, »ist bedrohlich weit fortgeschritten, [...] und doch stellt die Aussicht auf eine friedliche *détente* und eine plötzliche Einstellung der Rüstungsausgaben eine Gefahr für seine Wirtschaft dar.« Ihr ging es darum, dass für das weitere Wirtschaftswachstum nationale Förderung nötig war und angesichts der Schwierigkeit, die politische Zustimmung zur Ausweitung nichtmilitärischer Ausgaben zu gewinnen, die Erhöhung des Verteidigungshaushalts und internationale Konfrontationen der Weg des geringsten Widerstands waren: »Dies scheint mir in der gegenwärtigen Situation die größte Gefahr zu sein.«[29]

Robinsons Buch über den unvollkommenen Wettbewerb und ihre Rolle in der keynesianischen Revolution hatten sie zu einer weithin geachteten Wissenschaftlerin gemacht. In den 1950er- und 1960er-Jahren wurde sie jedoch in einen erbittert geführten transatlantischen Disput mit einigen führenden amerikanischen Ökonomen verwickelt. Auf einer Ebene war die sogenannte Kapitalkontroverse, wegen der Beteiligung von Repräsentanten der englischen University of Cambridge und des MIT im amerikanischen Cambridge auch Cambridge-Cambridge-Kontroverse genannt, eine tiefgründige theoretische Debatte über das Wesen von physischem Kapital. Aus Robinsons Sicht drehte sie sich jedoch letztlich darum, dass die ökonomische Orthodoxie benutzt wurde, um die existierenden ökonomischen Arrangements zu rechtfertigen.

Die theoretischen Ursprünge des Streits lassen sich bis 1939 zurückverfolgen, als der Oxford-Ökonom Roy Harrod, der Keynes seit 17 Jahren persönlich kannte, einen Aufsatz veröffentlichte, in dem er das analytische Rahmenwerk der *Allgemeinen Theorie* auf das langfristige Wachstum ausdehnte. Mithilfe eines täuschend einfachen Modells zeigte er, dass sich die Wirtschaft, wenn man seine Annahmen zugrunde legte, ständig auf Messers Schneide zwischen Boom und Abschwung befand.[30] Dieses Ergebnis beruhte auf einer Haupterkenntnis Keynes', der zufolge in einer kapitalistischen Wirtschaft die Entscheidungen, ob Geld gespart oder in Kapitalgüter investiert wird, von verschiedenen Personen getroffen werden und es keinen zwingenden Grund gibt, warum sich ihr Handeln ausgleichen sollte. Harrod zeigte, dass die Wirtschaft ohne einen solchen Ausgleich in die eine oder andere Richtung abdreht – in einen nicht nachhaltigen Boom oder eine verheerende Krise.

1948 legte Harrod seine Analyse in einem Buch dar, das Robinson in einer Rezension als interessantes, bedeutendes Werk einschätzte, das allerdings »äußerst schwer zu verstehen« sei. In manchen Kreisen in Cambridge, Massachusetts, wurde Harrods Modell (ebenso wie ein ähnliches des russisch-amerikanischen Ökonomen Evsey Domar, der in Harvard lehrte) kühler aufgenommen. Einer der Skeptiker war der mathematisch begabte junge MIT-Professor Robert Solow, ein Protegé von Paul Samuelson. Für Solow klang Harrods Darstellung des Kapitalismus als chronisch instabil nicht glaubhaft. »Eine Expedition vom Mars, die nach der Lektüre dieses Werks auf der Erde eingetroffen wäre«, erklärte er später, »hätte erwartet, nur die Trümmer eines Kapitalismus vorzufinden, der sich vor langer Zeit selbst zerschmettert hatte. Tatsächlich ist die Wirtschaftsgeschichte eine Abfolge von Fluktuationen und Wachstum, aber die meisten Konjunkturzyklen scheinen selbstbegrenzend gewesen zu sein. Nachhaltiges, wenn auch unterbrochenes Wachstum war keine Seltenheit.«[31]

Bei genauerer Prüfung von Harrods Modell stellte Solow fest, dass die Instabilität von der Annahme abhing, dass die Technologie von besonders restriktiver Art war, ohne jede Möglichkeit, Arbeit durch Kapital zu ersetzen – indem man etwa zwei Maschinen und zehn Arbeiter statt einer Maschine und zwanzig Arbeiter einsetzt. In einem 1956 erschienenen Aufsatz wies er nach, dass das Messerschneidenproblem bei einer flexibleren Technologie verschwinde. Dafür verwendete er eine »Produktionsfunktion«, eine mathematische Gleichung, die das Produktionspotenzial einer Wirtschaft erfasst und eine praktisch unbegrenzte Eingabesubstitution erlaubt. Indem er diese Gleichung mit einer Nationaleinkommensidentität und der Annahme, dass die Märkte wettbewerbsorientiert waren, kombinierte, konnte Solow ein Wirtschaftsmodell mit stetem Wachstum konstruieren, in dem Produktion, Kapital und Arbeit (gemessen in Effizienzeinheiten) langfristig im selben Maß wachsen. »Das System«, schrieb er, »kann sich auf jedes gegebene Maß an Wachstum der Arbeiterschaft einstellen und sich schließlich einem Zustand stetiger proportionaler Expansion annähern.«[32]

Heute nimmt das Solow-Wachstumsmodell einen prominenten Platz in Lehrbüchern der Makroökonomik ein. Robinson indes hatte wenig Freude an ihm. Schon vor dem Erscheinen von Solows Aufsatz im Jahr 1956 hatte sie einen Artikel geschrieben, in dem sie das Konzept einer Produktionsfunktion als »mächtiges Instrument der Fehlerziehung« abtat. Sie untermauerte ihre Auffassung mit einfacher Algebra:

> »Studenten der Wirtschaftstheorie wird gelehrt, O = f(L, C) zu schreiben, wobei L eine Arbeitsmenge, C eine Kapitalmenge und O eine Rate der Warenproduktion ist. Sie werden angewiesen, alle Arbeiter gleich zu behandeln und L in Mannstunden zu messen; man erzählt ihnen etwas über das Indexnummernproblem, das bei der Auswahl einer Produktionseinheit auftritt; und dann werden sie eiligst zum nächsten Thema geleitet, in der Hoffnung, dass sie nicht fragen werden, in welcher

Einheit C gemessen wird. Bevor sie dazu kommen, danach zu fragen, sind sie Professoren, und so werden schludrige Denkgewohnheiten von einer Generation zur nächsten weitergegeben.«[33]

1956 veröffentlichte Robinson ihrerseits ein Buch über das Wachstum, *Die Akkumulation des Kapitals*, dessen Titel sie sich von Rosa Luxemburg entliehen hatte. (1951 hatte Robinson zu einer englischen Neuausgabe von Luxemburgs Abhandlung von 1913 eine schmeichelhafte Einleitung beigesteuert.)[34] Unter Verzicht auf die von Solow und seinen Kollegen bevorzugten neoklassischen Methoden entwickelte Robinson eine Theorie des Wirtschaftswachstums, in der das Niveau der Kapitalinvestition von der Profitrate bestimmt wird, die wiederum vom Klassenkampf zwischen Kapital und Arbeit um Löhne und Gewinne abhängt. (In mancher Hinsicht lässt dies an Kaleckis frühere Schriften denken.) Anders als in Solows Modell war die Dynamik von Robinsons Wirtschaft weder vorbestimmt noch selbststabilisierend. Das Ergebnis hing von institutionellen Kräften, Erwartungen und der Geschichte ab.

Damit war die intellektuelle Schlacht eröffnet. Auf britischer Seite hatten Robinson und ihr Kollege Nicholas »Nicky« Kaldor das Kommando, genau zum richtigen Zeitpunkt von einer Intervention Sraffas unterstützt, der 1960 nach jahrzehntelanger Arbeit eine antineoklassische Abhandlung veröffentlichte: *Warenproduktion mittels Waren.* Das amerikanische Cambridge-Bataillon, in dessen Reihen auch einige orthodoxe britische Ökonomen kämpften, führten Solow und Samuelson an. Grob gesprochen, stritt man sich in der ersten Hälfte des Konflikts über das Wesen des physischen Kapitals und die Frage, ob man es für theoretische und empirische Zwecke zu einem einzigen Ganzen zusammenfügen könne, was Solow und andere neoklassische Ökonomen gewohnheitsmäßig taten. Die zweite Phase des Streits war noch abstruser: In ihr bezog er sich darauf, ob zwischen Kapitalintensität (der Kapitalausstattung pro Arbeiter) einerseits und Profitrate beziehungsweise Zinsen andererseits, wie im neoklassischen Modell angenommen, eine streng einseitige Beziehung existiert.

So obskur der Disput erscheinen mag, drehte er sich doch um einige grundsätzliche methodologische Differenzen. Solow, Samuelson und ihre Mitstreiter betrachteten sich selbst als wissenschaftliche Pragmatiker, welche die neuesten technischen Werkzeuge benutzten, so unvollkommen sie sein mochten, um die Wirtschaft zu verstehen und zu regulieren. Sie glaubten, Keynes' Diktum zu erfüllen, in Zukunft sollten Ökonomen wie Zahnärzte sein. Nach Robinsons Ansicht andererseits ignorierten die amerikanischen Keynesianer die Kernbotschaft der *Allgemeinen Theorie,* nach der man die Lenkung produktiver Investitionen nicht einem kapitalistischen Kasino überlassen könne. Außerdem sah sie in der Benutzung von Produktionsfunktionen einen Versuch, unter der Hand J. B. Clarks Auffassung zu rehabilitieren, Löhne und Profite spiegelten den produktiven Betrag von Arbeit und Kapital wider und seien nicht das Ergebnis von durch historische Umstände und institutionelle Strukturen geschlichteten Klassenkämpfen um den wirtschaftlichen Mehrwert. Allgemein gesprochen, war Robinson überzeugt, dass das neoklassische Glaubensbekenntnis ihrer Gegner, obwohl viele von ihnen als Keynesianer angesehen wurden, dazu diente, das wahre Wesen des Kapitalismus zu verschleiern, und sie war entschlossen, sie mit allen Mitteln zu bekämpfen.

Während der gesamten sich hinziehenden Kontroverse unterhielt Robinson eine ätzende Korrespondenz mit Solow und Samuelson. »Ich möchte sagen«, schrieb Solow im Mai 1962 an Robinson, »dass Sie mit Ihrem Kommentar über meine Arbeit völlig falschliegen.« Robinson erwiderte: »Lieber Bob, Sie sind für mich ein faszinierendes Studienobjekt: ein kluger Mann, der einen einfachen Punkt nicht sieht. Ich nehme an, ich bin für Sie nur eine dumme Frau. Aber wir hätten schon einen gewissen Fortschritt gemacht, wenn Sie mir jetzt zustimmten, dass Ihr Modell es erfordert, die Lohnverhandlungen in der Praxis zu führen. Mit freundlichen Grüßen, Joan.« Das Hin und Her ging während der gesamten 1960er-Jahre weiter, häufig aus Anlass der Veröffentlichung eines neuen Aufsatzes oder Vortrags. Doch am Ende verloren beide Seiten die Geduld miteinander. »Ich schreibe nur aus reiner, altertümlicher Höflichkeit. Bitte lassen Sie uns mit diesem Unsinn aufhören«, schrieb Solow im Mai 1971, worauf Robinson antwortete: »Ich pflichte Ihnen bei, dass es hoffnungslos ist, also adieu. Ihre Joan.«[35]

Um auf den Faden der Erzählung zurückzukommen, so erzielte die britische Cambridge-Truppe einige bedeutende theoretische Siege, insbesondere nachdem sie eine Reihe von Wirtschaftsmathematikern, unter ihnen einige italienischer Herkunft, rekrutiert hatte, um die MIT-Professoren auf ihrem eigenen Gebiet zu attackieren. Samuelson räumte schließlich ein, dass die Gesamtproduktionsfunktion lediglich eine »Parabel« sei und in manchen Fällen die einseitige Beziehung zwischen Kapitalintensität und Profitraten zusammenbreche – was als »Reswitching« bezeichnet wird. In der Praxis ging jedoch das amerikanische MIT-Team als Sieger aus der Kontroverse hervor. Robinson und ihre Mitstreiter konnten ihr Ziel, die Produktionsfunktion und die auf ihr beruhenden Theorien von ihrem zentralen Platz im ökonomischen Kanon zu verdrängen, nicht erreichen. Die von ihr, Kaldor und anderen entwickelten Konkurrenzmodelle überlebten hauptsächlich im Unterbereich der »postkeynesianischen Ökonomie«. Orthodoxe Ökonomen betrachteten sie als Irrlehren und ignorierten sie weitgehend.

Ein Grund für dieses Ergebnis war, dass sich Solows wachstumstheoretischer Ansatz als für die empirische Analyse offen erwies und zu einigen interessanten Resultaten führte. In einem Aufsatz von 1957 untersuchte er mit seiner Wachstumsgleichung Gesamtdaten über das BIP, den Produktionsfaktor Arbeit und den Kapitalbestand der Vereinigten Staaten aus den Jahren 1909–1949, in denen sich das pro Arbeitsstunde erzielte BIP mehr als verdoppelt hatte.[36] Seine statistische Analyse ergab, dass das Wachstum des Kapitaleinsatzes nur für einen Bruchteil dieses Anstiegs verantwortlich war – 12,5 Prozent von ihm, um genau zu sein. Die übrigen 87,5 Prozent gingen auf das Konto des technischen Fortschritts.[37] Auf den ersten Blick legt dieses Ergebnis den Schluss nahe, dass sowohl die Kapitalakkumulation als auch der Klassenkampf zwischen Kapital und Arbeit Nebenattraktionen der Wirtschaftsentwicklung seien, da die Haupttriebkraft die Technologie ist.

Im Lauf der Zeit eroberte Solows Methode der »Wachstumsbuchhaltung« eine zentrale Rolle in empirischen und politischen Debatten über das Wirtschaftswachstum. Es wäre jedoch falsch, den Sieg des MIT-Teams in der Cambridge-Cambridge-Kontroverse allein ihren überlegenen empirischen Analysen zuzuschreiben. Anfang der 1970er-Jahre zeigte der pakistanisch-amerikanische Ökonom Anwar Shaikh, damals noch ein Graduiertenstudent an der Columbia University, in einem Aufsatz mit dem Titel »The Humbug Production Function«, dass Solows neoklassische Produktionsfunktion im Grunde eine buchhalterische Identität darstellt – eine mathematische Beziehung, die per Definition wahr ist – und buchstäblich zu jedem Datensatz für Kapital pro Kopf und Produktion pro Kopf passt, einschließlich demjenigen, der, in ein Diagramm eingetragen, das Wort *Humbug* buchstabiert.[38] Trotz dieses ärgerlichen Resultats fand Shaikhs Aufsatz in der ökonomischen Zunft kaum Beachtung, was vielleicht darauf hindeutet, dass in der lang andauernden Kapitalkontroverse größere Kräfte am Werk waren als die Erklärungsmacht der Statistik.

Robinson jedenfalls war davon überzeugt. Ihrer Ansicht nach war das Wiederaufleben der neoklassischen Makroökonomie, einschließlich Samuelsons mechanistischer Interpretation der *Allgemeinen Theorie* und Solows Wachstumstheorie, untrennbar mit dem Aufstieg des US-amerikanischen Kapitalismus zur global dominierenden Kraft verbunden. Seit den frühen 1960er-Jahren bezeichnete sie ihre neoklassischen Gegner als »Bastard-Keynesianer«.[39] Laut Marjorie S. Turner, die 1989 ein Buch über *Joan Robinson and the Americans* veröffentlicht hat, benutzte Robinson diese Bezeichnung im Druck zum ersten Mal in einer 1962 erschienenen Rezension eines Buchs über Handel und Wirtschaftswachstum des kanadischen Ökonomen Harry Johnson. Danach habe sie »den Begriff ›Bastard-Keynesianer‹ häufig und nicht nur auf Amerikaner beschränkt verwendet«.[40] Tatsächlich hat sie ihn auf praktisch jeden Ökonomen angewandt, der die neoklassische Methodologie benutzte oder glaubte, die Anwendung der Hebel der Geld- und Steuerpolitik zur Stärkung der Nachfrage würde ausreichen, um die von Keynes erkannten Widersprüche des Kapitalismus zu überwinden. 1976 erklärte sie in einem Vortrag im Barnard College in New York, Keynes und Kalecki hätten einen »inhärenten Defekt des Laissez-faire-Systems« identifiziert, »aber die Bastard-Keynesianer haben das Argument in eine Verteidigung des Laissez-faire zurückverwandelt, vorausgesetzt, dass nur ein einziger Makel beseitigt werden würde«.[41] In einem Aufsatz aus dem folgenden Jahr klagte sie: »Die in den Vereinigten Staaten entwickelte Doktrin der Bastard-Keynesianer hat auf den Flügeln des allmächtigen Dollars die Wirtschaftsfakultäten der Welt erobert. (Selbst unter Intellektuellen in den sogenannten Entwicklungsländern, die es eigentlich besser wissen müssten, hat sie sich breitgemacht.)«[42]

Eine mögliche Interpretation der Cambridge-Cambridge-Kontroverse ist, dass es keine einzelne Theorie gibt, die jeden Aspekt der Wirtschaftsentwicklung erklären könnte. Bei der Untersuchung der Frage, warum Länder wie Deutschland und Frankreich in den Nachkriegsjahren zu schnellem Wachstum in der Lage waren oder warum Japan und Südkorea sich so gut entwickelten, ist das Solow-Modell nützlich, weil es zeigt, wie Länder, die einen leichten Zugang zu Technologie haben, aber hinter die Länder an der vorderen technologischen Front zurückgefallen sind, rasch aufholen können. Die postkeynesianischen Modelle, wie das Harrod-

Domar-Modell und dessen moderne Varianten, sind für die Erklärung der ökonomischen Herausforderungen von Nutzen, vor denen sowohl arme Länder stehen, die nicht über genug Ersparnisse für große Kapitalinvestitionen verfügen, als auch hoch entwickelte Länder, die an der technologischen Front agieren, wie die Vereinigten Staaten.

Robinson sah die Kapitalkontroverse aus einem anderen Blickwinkel. Sie hielt sie letztlich für einen ideologischen Wettbewerb. Als sie sich hinzog, beteiligte sie sich auch an der breiteren Debatte über den Fortschritt in *Les Trente Glorieuses*, wie der französische Demograf Jean Fourastié die 30 Jahre zwischen 1945 und 1975 nennen sollte. 1957 prägte der konservative britische Premierminister Harold Macmillan das berühmte Bonmot: »Den meisten Menschen bei uns ging es noch nie so gut.« Fünf Jahre später stellte John F. Kennedy im Wirtschaftsbericht des US-Präsidenten fest: »Die wirtschaftliche Bilanz seit 1946 verzeichnet eine gewaltige Verbesserung gegenüber der Massenarbeitslosigkeit der 1930er-Jahre.« Ausgearbeitet hatte den Bericht der Rat der Wirtschaftsberater, dessen Vorsitzender, Walter Heller, an der University of Minnesota lehrte. Zusammen mit seinen Kollegen hatte er ein erklärtermaßen keynesianisches »dreiteiliges Programm für anhaltende Prosperität« entworfen, das eine vorübergehende Senkung der Einkommensteuer, eine Ausweitung der Kapitalausgaben des Bundes und eine Stärkung der Arbeitslosenversicherung vorsah. »Diese drei Maßnahmen«, versicherten die Autoren des Berichts, »werden die Regierung in die Lage versetzen, Wechselfällen in der Geschäftstätigkeit schneller und machtvoller als jemals zuvor entgegenzutreten.«[43]

Die wirtschaftliche Nachkriegsbilanz prägte auch Robinsons Ansichten, aber sie interpretierte sie völlig anders als Heller und andere Optimisten. 1962 bemerkte sie in einem Aufsatz über den »Spätkapitalismus«, der in der Londoner Zeitschrift *New Left Review* erschien, dass es 1944, als der Beveridge-Bericht das Ziel der Vollbeschäftigung vorgab, »nach Utopie« geklungen hätte, über

Jahre hinweg mit einer Arbeitslosenquote von durchschnittlich 3 Prozent zu rechnen. Tatsächlich habe sie seit Kriegsende kaum einmal 2 Prozent erreicht. »Welche Wünsche unsere Zeit auch offenlassen mag«, fuhr sie fort, »das ist ein Tatbestand, der nicht zu verachten ist«, doch »obschon wir für diese Segnungen dankbar sein sollten, ist es noch zu früh für die Behauptung, dass die Vollbeschäftigung den Spätkapitalismus rechtfertige. Zunächst müssen wir fragen, wie sie überhaupt zustande gekommen ist.«[44]

Nach dieser Feststellung hob sie erneut die Rolle der Militärausgaben bei der Stützung der Gesamtnachfrage hervor. In den Vereinigten Staaten lägen die Verteidigungsausgaben bei nahezu 10 Prozent des BIP und rund 60 Prozent der Bruttoinvestitionen. »Was immer stattdessen gewesen sein könnte«, konstatierte sie, »Tatsache ist, dass die Keynessche ›Prosperität‹ ein Nebenprodukt des Kalten Krieges gewesen ist.«[45] In ihrem Buch *Doktrinen der Wirtschaftswissenschaft*, einem prägnanten Abriss der Geschichte der Wirtschaftslehren, schrieb sie ganz ähnlich, dass die Herstellung von Waffensystemen zum Ersatz für Keynes' halb ironischen Vorschlag aus der *Allgemeinen Theorie* geworden sei, Staaten sollten absichtlich verschwenderische Ausgaben tätigen, wie es die Ägypter mit dem Bau der Pyramiden getan hätten. »Heutzutage werden die Paradoxa« des Keynesianismus ernst genommen, fuhr sie fort, »und die Herstellung von Waffen, die schneller veralten als sie gebaut werden können, hat sich allen Pyramiden, die jemals gebaut wurden, als überlegen erwiesen, um den Profit aufrechtzuerhalten, ohne den Wohlstand zu erhöhen. Der Rückschlag an der Wall Street, der jedem Anzeichen einer Entspannung im Kalten Krieg folgt, ist ein klarer Beweis für die Richtigkeit der Keynesschen Theorie; aber er ist gleichzeitig ein Beweis für die Unrichtigkeit seiner optimistischen Annahme, dass das Verständnis der Theorie zum Sieg der Vernunft führen würde.«[46]

Für Robinson war die Nachhaltigkeit des Nachkriegsbooms keineswegs offensichtlich. In einem 1961 in der *Monthly Review* veröffentlichten Aufsatz führte sie Rosa Luxemburgs Argument an, dass der Kapitalismus nur durch die Ausweitung seines Territoriums überleben könne. Im Zeitalter der Entkolonialisierung, in dem der Aufstieg der Sowjetunion und Chinas einen beträchtlichen Teil der Erdoberfläche für kapitalistische Einfälle gesperrt habe, stehe das System vor neuen Herausforderungen. »Der Kapitalismus des neunzehnten Jahrhunderts war ein buchstäblich expandierendes System«, erklärte sie. »Er brauchte sich nicht mit den Fallstricken seiner inneren Dynamik aufzuhalten; er setzte seinen Fuß auf neue Gebiete, die zu bevölkern und deren reiche Bodenschätze auszubeuten waren. Rosa Luxemburgs Prophezeiung, der Kapitalismus werde, sobald er nicht mehr geographisch expandiere, nichts mehr mit sich anfangen können, enthält sehr viel Wahrheit.«[47]

In den Vereinigten Staaten, schrieb Robinson in dem Aufsatz in der *New Left Review*, habe sich die jährliche Wachstumsrate des inflationsbereinigten BIP bereits auf rund 2 Prozent verringert, weit unterhalb der potenziellen Wachstumsrate, die Ökonomen auf der Grundlage des Wachstums von Arbeitskräfteangebot und Produktivität geschätzt hätten. »Es ist klar«, stellte sie fest, »dass bei jeder Erholung von einer milden Rezession die Kluft zwischen der erreichten Bestleistung und dem Potential größer wird.«[48] In Großbritannien sah sie eine andere Herausforderung heraufdämmern, die Kalecki in den 1940er-Jahren vorausgesagt hatte: einen politischen Konjunkturzyklus, in dem man als Reaktion auf die Behauptung der Industrie, dass sie die Arbeiter aufgrund der Vollbeschäftigung »nicht mehr in der Hand« habe, die Zinssätze heraufsetzen würde. In jüngster Zeit seien die »Zeitschrift *Economist* und zahlreiche Professoren […] oft für eine größere ›Flexibilität‹ eingetreten, die die Wirtschaft durch ein *wenig mehr* Arbeitslosigkeit erreichen würde«.[49] Der konservative Rückschlag war im Gange.

All diese Überlegungen bezogen sich auf die Frage, ob der Keynesianismus sein Versprechen halten konnte, ein anhaltendes Wirtschaftswachstum zu erreichen und eine Massenarbeitslosigkeit wie in den 1930er-Jahren auszuschließen. Nach Robinsons Ansicht musste jedoch eine weitere, tiefer reichende Frage bedacht werden, nämlich »ob der Kapitalismus, selbst wenn er prosperiert, uns mit dem versorgen kann, was wir wirklich wünschen«. Um ein erfülltes Leben führen zu können, bräuchten die Menschen eine anständige Unterkunft, eine zuverlässige Gesundheitsversorgung und eine gute Bildung, »doch der wachsende Wohlstand beschert uns gerade in dieser Hinsicht einen immer größeren Mangel«. Dies sei kein Zufall, betonte sie: Es sei alles eine Frage von Wirtschaftlichkeit und Profit. »Die kapitalistische Industrie ist erstaunlich tüchtig, wenn es darum geht, Güter zu produzieren, die zum Verkauf in den Läden bestimmt sind«, schrieb sie in dem Aufsatz in der *New Left Review*, »und die Profite werden nun einmal, direkt oder indirekt, durch den Verkauf realisiert. Dienstleistungen zur Befriedigung menschlicher Grundbedürfnisse eignen sich nicht zur Massenproduktion – sie sind kein Feld zum leichten Profitmachen, besonders da sie, nach unsren egalitär-demokratischen Ansichten, ohne Rücksicht auf Zahlungsmittel angeboten werden müssen. Folglich müssen sie hauptsächlich durch Steuern finanziert werden.« Angesichts des Widerstands von Unternehmen und Reichen gegen höhere Steuern stelle dies ein ernstes Problem dar. »Die Versorgung mit Gütern ist eine Quelle des Profits, die Versorgung mit Dienstleistungen eine ›Belastung der Industrie‹. Daran liegt es also«, schloss Robinson, »wenn wir heute feststellen müssen, dass es uns zwar ›noch nie so gut gegangen‹ ist, wir uns aber gerade das ›nicht leisten können‹, was wir am meisten benötigen.«[50]

Robinson vertrat ihre Ansichten leidenschaftlich, manchmal bis zur Verblendung. Davon überzeugt, dass eine staatlich gelenkte Industrialisierung für unterentwickelte Länder der gangbarste Weg zu Wirtschaftswachstum und Befreiung aus dem Joch des Kolonialismus sei, »verteidigte sie Stalin bis in die 1950er- und 1960er-Jahre«, wie die mit Cambridge verbundenen Ökonomen Geoffrey Harcourt und Prue Kerr in einem 2009 erschienenen Buch über Robinson feststellten.[51] Nach einer Chinareise im Jahr 1967 schrieb sie ein kurzes wohlwollendes Buch über die ersten Stadien von Maos Kulturrevolution, die sie nicht als »innerparteiliche Säuberung« sah, sondern als »Volksaufstand«.[52] In der Folgezeit gab sie diese Haltung widerstrebend auf. »Sie suchte immer nach Utopia«, erinnerte sich Harcourt, der sie persönlich kannte, 1995 in einem Interview. »Sie fand es in Russland nicht, sie fand es in Osteuropa nicht, letztlich fand sie es auch in China nicht, und so wandte sie sich von China ab.«[53]

Auch wenn sie ihr Überschwang manchmal in die Irre führte, sollte sich vieles von dem, was sie am Nachkriegskeynesianismus kritisierte, als hellsichtig erweisen. »Das Keynessche Rezept zur Verhütung von Rezessionen«, schrieb sie in ihrem Aufsatz über den »Spätkapitalismus« von 1962, »ließ ein wichtiges Problem ungelöst: die Inflation.« Außerdem wies sie darauf hin, dass sie schon in ihrem Buch über die keynesianische Beschäftigungstheorie von 1936 ausgeführt habe, dass es, wenn man Vollbeschäftigung mit einem unregulierten Lohnsystem verknüpfe, wahrscheinlich einen »Teufelskreis« schaffen würde, in dem Löhne und Preise sich gegenseitig hochtrieben.[54] 1962 war dies in Großbritannien zwar noch nicht Wirklichkeit geworden, aber die Inflation war, zur Bestürzung offizieller Kreise, um 4 Prozent gestiegen.[55] Im vorangegangenen Jahr hatte die konservative Regierung widerstrebend eine »Lohnpause« verkündet, um die Lohninflation zu begrenzen. »Wie es aussieht«, bemerkte Robinson dazu, »haben die Staatsbehörden [...] in der Konfusion verharrt, um nicht einer peinlichen politischen Situation entgegentreten oder zugeben zu müssen, dass die Mechanismen eines ›freien‹ kapitalistischen Systems sich nicht selbst sinnvoll regulieren können.«[56]

Diese Analyse implizierte, dass es alles andere als leicht sein würde, das heraufdämmernde Problem beschleunigter Lohn- und Preissteigerungen zu bewältigen. Eine Einschätzung wiederholend, die sie Jahrzehnte zuvor geäußert hatte, erklärte Robinson, die britischen Gewerkschaften würden höchst unabhängig handeln, weshalb es eine schwierige Aufgabe sei, sie zur Begrenzung ihrer Lohnforderungen zu bewegen.[57] In einem Vortrag wies sie später zudem darauf hin, dass Keynes selbst kein einfaches Heilmittel für das Inflationsdilemma vorgeschlagen habe. »Es waren die Bastard-Keynesianer«, fügte sie hinzu, »die aus seiner ätzenden Behandlung orthodoxen Unsinns Plattitüden herausgefiltert haben.«[58]

Als im Lauf der 1960er- und 1970er-Jahre angesichts der steigenden Inflation vorkeynesianische ökonomische Doktrinen zu neuem Leben erweckt wurden, verfolgte Robinson beides, die Entwicklung ihres Fachgebiets und der Welt, mit zunehmender Enttäuschung. 1970 zog sie sich von ihrer Professur in Cambridge zurück, äußerte sich aber weiter zu sie interessierenden Themen. 1976 erinnerte sie in ihrem später gedruckten Vortrag im Barnard College an Kaleckis Feststellung von 1943, dass bei niedriger Arbeitslosigkeit neue Institutionen geschaffen werden müssten, um der größeren Macht der Arbeiterklasse gerecht zu werden. »Genau deshalb, weil keine Veränderungen der sozialen und politischen Institutionen vorgenommen wurden«, fuhr sie fort, »ist das Zeitalter des Wachstums so unruhig und jetzt in Gefahr, sich selbst ein Ende zu bereiten.« Im selben Vortrag kam sie auch auf die Sorge über die Verschlechterung der Umweltbedingungen und das Unvermögen der Ökonomen, angemessen auf sie zu reagieren, zu sprechen. »Die bastard-keynesianische Theorie«, erklärte sie, »hat nie auch nur vorgegeben, die Ressourcennutzung zu diskutieren. Sie fiel auf die alte Verteidigung des Laissez-faire zurück: Was profitabel ist, ist richtig. […] Den Großunternehmen müsse gestattet werden, den Planeten weiter zu zerstören, ansonsten wären sie nicht in der Lage, Profite zu machen und Beschäftigung zu bieten.«[59]

In den frühen 1980er-Jahren verschlechterte sich Robinsons Gesundheitszustand, und sie war über vieles deprimiert, wie die Wahl Margaret Thatchers und Ronald Reagans und die anschließende Verschärfung des Kalten Krieges. »Sie sah das Wettrüsten außer Kontrolle geraten«, erinnerte sich Harcourt. »Ich denke, es war eine Häufung von Dingen, die sie eine nihilistische Haltung einnehmen ließ.«[60] Anfang 1982 lud die studentische ökonomische Gesellschaft des University College in Oxford Robinson ein, einen Vortrag zu halten, bei dem sie sich, trotz ihres gebrechlichen Aussehens, mit einem durchdringenden Blick und scharfen Geist präsentierte. Aber ihre Enttäuschung war unverkennbar. Ein Student fragte sie, was sie tun würde, wenn sie ihr Leben noch einmal leben könnte. Sie würde etwas Nützlicheres studieren, antwortete sie, etwa Biologie.[61] Später im selben Jahr nahm sie eine Gast-Fellowship am Williams College in Massachusetts an. Die Ökonomin Juliet Schor, die an dem College lehrte, erinnerte sich später, dass Robinson einmal eine Studentin an der Schulter rüttelte und sie beschwor: »Was immer Sie tun, versprechen Sie mir, nicht in die Ökonomie zu gehen.«[62] Jean Robinson starb am 5. August 1983 im Alter von 79 Jahren.

19

»Die Natur ist denen gegenüber, die sie respektieren, treu und unterwürfig«

J. C. Kumarappa und die Ökonomie der Beständigkeit

Am 9. Mai 1929 reiste der 37-jährige Buchhalter und Ökonom J. C. Kumarappa aus Mumbai (das damals Bombay hieß) nach Ahmedabad in Gujarat, um sich mit Mahatma Gandhi, dem Vorsitzenden des für die Unabhängigkeit Indiens kämpfenden Indischen Nationalkongresses, zu treffen. Kumarappa war kürzlich aus New York, wo er an der Columbia University einen Master in öffentlicher Finanzwirtschaft erworben hatte, nach Indien zurückgekehrt. Als er in Gandhis Aschram am Ufer des Flusses Sabarmati eintraf, stieß er auf einen winzigen älteren Mann, der in einem einfachen Dhoti (dem traditionellen indischen Beinkleid) unter einem Baum saß und Baumwolle spann.[1] Gandhi, der für Hunderte Millionen Inder sowohl ein spiritueller als auch politischer Führer war, lud Kumarappa ein, sich zu ihm zu setzen. Mit 59 Jahren befand sich der Mahatma (»große Seele«) auf dem Höhepunkt seines Einflusses. Im vorangegangenen Jahrzehnt war er durch seine Strategie des friedlichen Protests gegen die britische Herrschaft – die Satyagraha – im In- und Ausland zu einer ikonischen Figur geworden.

Im folgenden Jahr sollte er den berühmten Salzmarsch von seinem Aschram nach Dandi, einem Dorf am Arabischen Meer, unternehmen, wo er und seine Anhänger offen gegen die Kolonialgesetze verstießen, indem sie am Strand Salz ernteten. (Durch das Salzgesetz von 1882 hatte sich Großbritannien das Monopol der Salzproduktion gesichert und erhob seither eine Salzsteuer, die besonders die Armen belastete.) Als Gandhi Kumarappa empfing, dachte er jedoch mehr über die Wirtschaft als über Politik nach.

Indische Nationalisten behaupteten schon lange, dass die britische Kolonialpolitik, insbesondere das Steuersystem, die Mehrheit der einheimischen Bevölkerung in Armut stürze. Gandhi suchte nach jemandem, der eine detaillierte Studie über Matar Taluka, eine arme ländliche Region im Bezirk Kheda in Gujarat, erstellen konnte. Es sei seine Absicht gewesen, erklärte er später, eine »indische Ökonomie« von Grund auf neu aufzubauen, und zwar »mit der A-posteriori-Methode einer Erhebung der grundlegenden Tatsachen, um aus ihnen durch den strengsten Denkprozess Folgerungen zu ziehen, die durch keinen Taschenspielertrick mehr angefochten werden können«.[2] In mancher Hinsicht unterschieden sich Gandhi und Kumarappa stark: Gandhi war ein hinduistischer Asket aus Gujarat, Kumarappa ein christlicher Geschäftsmann aus Tamil Nadu im Süden des Subkontinents. Aber sie verstanden sich gut, und Gandhi bot Kumarappa die Leitung der Matar-Taluka-Studie an.

Kumarappa schickte Studenten einer von Gandhi gegründeten Universität in 54 Dörfer, in denen sie mithilfe von Fragebögen jeden Aspekt des Alltagslebens erfassten, von der Saatauswahl und den Bewässerungsmethoden über das Einkommens- und Schuldenniveau bis zu Hygiene und Gesundheit. Auf der Grundlage der gesammelten Daten verfasste Kumarappa einen Bericht, in dem er eine von bitterer Armut geprägte Gesellschaft beschrieb, in der über 90 Prozent der Familien nicht einmal genug verdienten, um die Grundbedürfnisse zu decken, und die »aufgrund einer höheren Sterblichkeitsrate infolge mangelnder Vitalität und großer Armut« stetig schrumpfte. Von Kleinbauern, führte Kumarappa aus, würden Steuern verlangt, die sich mancherorts auf 70 bis 215 Prozent des Werts ihrer Jahresernte beliefen: »Das heißt, einfach gesagt, die Bauern müssen das Doppelte dessen, was sie von den Feldern holen, an den Staat abführen.« Viele von ihnen seien gezwungen, bei örtlichen Geldverleihern zu hohen Zinsen Darlehen aufzunehmen, was ihre Not noch weiter verschlimmere. »In anderen Teilen der Welt, wo Menschen mit so geringer Produktivität arbeiten«, heißt es in dem Bericht mahnend, »unterstützt der Staat sie mit Zuschüssen, um sie vor dem Verhungern zu bewahren. Aber nicht in Indien, wo der Staat sie nur noch mehr besteuert und in den Treibsand der Verschuldung treibt.«[3]

Kumarappa gab einige Ratschläge für die Erhöhung des Lebensstandards in Matar Taluka, wie die – unter den Moguln einst mögliche – Ratenzahlung von Steuern, die Erlaubnis, Ödland zu bebauen, die Förderung des örtlichen Handwerks und die Schaffung einer neuen Organisation, um Überschusskapital aus den Städten abzuschöpfen und den Bauern zu vertretbaren Zinsen zur Verfügung zu stellen. Die Bauern wurden aufgefordert, ihre »Anbaumethoden durch die Vermeidung jeglichen Abfalls zu verbessern«, aber die Hauptlast sollten die Behörden tragen. So sollte der Staat »den Versuch aufgeben, aus Steinen Blut zu pressen, und sein Augenmerk darauf richten, Mittel und Wege zu finden, wie den Menschen aus dem ›Sumpf der Verzweiflung‹ geholfen werden kann, in dem sie sich heute befinden«.[4]

Der mit Fakten und Zahlen gespickte Bericht stellte der britischen Kolonialherrschaft ein vernichtendes Urteil aus. Zugleich markierte er den Beginn einer langen Beziehung zwischen Kumarappa und Gandhi, die bestand, bis Letzterer im Januar 1948, nur fünf Monate nachdem Indien unabhängig geworden war, dem Attentat eines fanatischen Hindu-Nationalisten zum Opfer fiel. Während dieser langen Verbindung arbeitete Kumarappa an vielen von Gandhis Projekten mit und entwickelte eine eigenständige Herangehensweise an die Wirtschaftsentwicklung, die er »Gandhische Ökonomie« nannte. In einer Reihe von Broschüren und Büchern legte er eine Vision der indischen Wirtschaft dar, die auf selbstversorgenden lokalen Gemeinschaften beruhte, die ihre Lebensmittel selbst anbauten und eigene Handwerksbetriebe besaßen. In einer Zeit, als Gandhis Nachfolger an der Spitze der indischen Nationalbewegung, Jawaharlal Nehru, eine staatlich gelenkte Industrialisierung mit dem Ziel, zum Westen aufzuschließen, befürwortete, wies Kumarappa jede ökonomische

Strategie – ob staatssozialistischer oder kapitalistischer Art –, die auf ein größtmögliches Wachstum abzielte und materielle Werte in den Vordergrund stellte, zurück. »Moderne weltliche Schlauberger«, schrieb er in seinem in Gandhis Todesjahr erschienenen Buch *Economy of Permanence*, »mögen billigen Spott über die andere Weltlichkeit und die religiösen Strömungen des Orients ausgießen. Die beständigen Qualitäten dieser Zivilisationen sind ein Hinweis auf die großen weitsichtigen Wertmaßstäbe, die unsere Vorväter angelegt haben, als sie die Fundamente einer dauerhaften Gesellschaft schufen.«[5]

Joseph Chelladurai Cornelius, der später den Namen seines Großvaters, Kumarappa, annahm, wurde am 4. Januar 1892 in der alten Stadt Thanjavur, deren Tempel teilweise aus dem 11. Jahrhundert stammten, in eine gebildete Familie hineingeboren. Sein Großvater war anglikanischer Geistlicher (im 19. Jahrhundert erlebte Indien eine umfangreiche britische Missionstätigkeit), sein Vater Beamter im indischen Staatsdienst, den die britische Regierung in den Jahrzehnten nach 1858, als sie formal die Herrschaft von der Ostindien-Kompanie übernahm, nach und nach für begabte Inder geöffnet hatte. Kumarappa besuchte das Doveton College, eine christliche Schule in Chennai (dem damaligen Madras). Nach dem Schulabschluss ging er 1912 nach London, wo er eine Ausbildung zum Buchprüfer absolvierte, in der er seine Vorgesetzten beeindruckte. »Ich muss Mr. Cornelius das Kompliment machen«, schrieb einer von ihnen, »dass nur wenige Briten einen solch klugen Blick fürs Detail besitzen.«[6]

1919 kehrte Kumarappa nach Indien zurück und begann, in Mumbai zu arbeiten. Sechs Jahre später gründete er mit einem Partner die Wirtschaftsprüfungskanzlei Cornelius and Davar. Daneben engagierte er sich in der örtlichen Organisation der Young Men's Christian Association. 1927 ging er aus nicht ganz geklärten Gründen in die Vereinigten Staaten, wo einer seiner Brüder promovierte. Nach einem Wirtschaftsstudium an der Syracuse University wechselte er für ein Masterstudium in öffentlicher Finanzwirtschaft an die New Yorker Columbia University, wo er Kurse über Steuerrecht, Fiskalpolitik, Geld und Kredit, Weltwirtschaft und Geschichte der Wirtschaftswissenschaft besuchte. Zu seinen Lehrern gehörten zwei bedeutende amerikanische Ökonomen: Herbert J. Davenport, der bei Thorstein Veblen studiert hatte, und Edwin Seligman, ein Experte für öffentliche Finanzen, progressiver Aktivist und früherer Vorsitzender der Society for Ethical Culture.

Seligman betreute auch Kumarappas Masterarbeit mit dem Titel »Der Beitrag der öffentlichen Finanzen zu der gegenwärtigen wirtschaftlichen Lage Indiens«. In dieser ersten längeren gelehrten Schrift führte Kumarappa aus, dass der Subkontinent über eine große, fleißige Bevölkerung und viel fruchtbares Land verfüge. Warum, fragte er, sei er dann so rückständig und arm? Er gab der britischen Herrschaft die Schuld daran: Anstatt Indien und seine Bevölkerung voranzubringen, hätten die Kolonisten das Land als tributpflichtigen Staat behandelt, als Quelle ausbeutbarer Reichtümer. Er wies darauf hin, dass die Ostindien-Kompanie ein westliches Eigentumsrecht und feste jährliche Steuern eingeführt habe, die viele Bauern nur unter Schwierigkeiten zahlen konnten. »Im großen Ganzen«, schrieb er, »wurde die Ausbeutungspolitik der Ostindien-Kompanie fortgesetzt, als die britische Krone die Verantwortung für Indien übernahm, auch wenn sie kein nacktes Geschäftsinteresse mehr ausdrückte, sondern mit hochtrabenden Trompeten göttlicher Vorsehung verkündet wurde.«[7]

Kumarappas Urteil über die Briten war eindrücklich, aber nicht ganz neu. 1901 hatte der Journalist und Geschäftsmann Dadabhai Naoroji aus Gujarat, der nach England gegangen und dort 1892 als Kandidat der Liberalen Partei als erster Asiate ins Unterhaus gewählt worden war, ein Buch mit dem Titel *Poverty and Un-British Rule in India* veröffentlicht, in dem er feststellte, dass die Briten seit Langem Reichtum von dem Subkontinent abzögen. Im Jahr darauf veröffentlichte der pensionierte indische Beamte

Romesh Chunder Dutt den ersten Band einer bahnbrechenden zweibändigen Wirtschaftsgeschichte Indiens, in dem er erklärte, die Briten hätten »keinen einzigen Schilling« zur Verwaltung ihres indischen Reichs beigetragen. Während der jahrhundertelangen Herrschaft der Ostindien-Kompanie und des Britischen Raj sei ein ständiger Strom von Profiten und Steuereinnahmen nach London geflossen, der die Kosten des Eisenbahnbaus in Indien, den Verteidiger der britischen Herrschaft als Beispiel kolonialer Wohltaten anführten, mehr als ausgeglichen habe. Und als der britische Staat im 19. Jahrhundert die Geschäfte der Ostindien-Kompanie übernahm, habe er die finanzielle Last der Entschädigung ihrer Aktionäre in Form von Schuldverschreibungen der Kolonialregierung den indischen Steuerzahlern aufgebürdet. »Das Reich ging von der Kompanie auf die Krone über, aber den Kaufpreis zahlte das indische Volk«, und dies tue es »in Gestalt der Zinsen der Schulden bis heute«.[8]

Kumarappa zitierte Dutt in seiner Masterarbeit und legte seine eigene Analyse der indischen Staatsfinanzen dar. Nach seiner Schätzung wurden rund 95 Prozent des Staatshaushalts für die indische Armee (die von den Briten für die Niederschlagung von Aufständen eingesetzt wurde), andere administrative Aufgaben und den Schuldendienst ausgegeben. Dies bedeute, schrieb Kumarappa, dass für öffentliche Arbeiten und die Verbesserung des Loses gewöhnlicher Inder kaum noch Geld übrig sei. Außerdem hob er hervor, dass sich die Öffnung Indiens für den internationalen Handel und die Konkurrenz durch britische Produkte, wie Baumwollstoffe aus Lancashire, auf viele ländliche Gebiete negativ ausgewirkt habe: »Die altbewährten, erfahrenen Handwerker haben ihr Geschäft verloren, und keine Industrie ist an ihre Stelle getreten, sondern diese Menschen sind aufs Land vertrieben worden, wo sie sich mühsam durchschlagen. […] Einen Teil des Jahres arbeiten sie, aber wenn die Trockenzeit beginnt, haben sie nichts mehr zu tun.«[9]

Nach Kumarappas Rückkehr nach Indien im Jahr 1929 druckte

Gandhis Wochenzeitung *Young India* in mehreren Folgen Auszüge aus seiner Studie ab. Möglicherweise waren sie es, die den Kongressvorsitzenden, der sich stets auf die Seite der Armen auf dem Land gestellt hatte, auf ihn aufmerksam gemacht hatten. Im Mittelpunkt von Gandhis moralischem Glaubensbekenntnis standen *satya* (Wahrheit), *ahimsa* (Gewaltlosigkeit), *aparigraha* (Verzicht auf Besitz) und *sarvodaya* (die Wohlfahrt aller). In seiner zwischen 1925 und 1929 in mehreren Folgen veröffentlichten Autobiografie berichtete er von dem großen Einfluss, den die Essaysammlung *Diesem Letzten* des viktorianischen Sozialkritikers John Ruskin auf ihn ausgeübt hatte. 1908 hatte er Ruskins Buch ins Gujarati übersetzt und dabei Kommentare über Implikationen der Essays für die indische Selbstregierung (*swaraj*) hinzugefügt, die er sowohl mit moralischen als auch mit politischen Konnotationen versah. »Swaraj kann nicht erreicht werden, indem man sündigt oder Engländer ermordet«, betonte er, »aber auch nicht dadurch, dass man riesige Fabriken errichtet. Man kann Gold und Silber anhäufen, aber das führt nicht zu Swaraj. Das hat Ruskin klar und deutlich gezeigt.«[10]

Wie Ruskin wies Gandhi den Gedanken zurück, dass die Wirtschaft ein separates Reich mit eigenen Gesetzen und eigener Moral darstelle. Seiner Ansicht nach sollte jedes menschliche Handeln, einschließlich des wirtschaftlichen, nach seinen Auswirkungen auf andere Menschen, insbesondere schwächere, beurteilt werden. In der Praxis suchte er ständig nach Mitteln, um die ländliche Armut abzumildern. 1918 brachte er seine Bewegung für Khadi, handgesponnenen Stoff, in Gang und wählte das alte Holzspinnrad als Symbol des Stolzes und der Selbstversorgung der Menschen auf dem Land. Laut dem englischen Historiker Percival Spear, der in den 1920er- und 1930er-Jahren in Indien lebte, stellte sich Gandhi eine »Bauerngesellschaft aus selbstversorgenden Arbeitern« vor, »deren Ideal Einfachheit und deren Kennzeichen Reinheit sein würde: Der Staat sollte ein lockerer Verbund von Dorfrepubliken sein.«[11] Aber Gandhis öffentliche Äußerungen über die Wirtschaft waren widersprüchlich. Einerseits bezeichnete er die Gesetze von Angebot und Nachfrage als »Gesetze des Teufels«, andererseits kritisierte er die Preiskontrolle, und trotz seiner Klagen über die Industrialisierung war er politisch mit der aufsteigenden Schicht indischer Industrieller verbündet, die die Kongresspartei unterstützten.

Gandhi war kein Ökonom, sondern Rechtsanwalt. Außerdem war er tiefreligiös. In Kumarappa fand er einen indischen Ökonomen mit westlicher Ausbildung und eigenen Erfahrungen mit der kapitalistischen Wirtschaft, der dennoch eine spezifisch indische, nichtmaterialistische Auffassung der Wirtschaftsentwicklung vertrat. Als die britischen Behörden Gandhi 1930 wegen der Anzettelung der Salzproteste, die sich über den gesamten Subkontinent ausgebreitet hatten, inhaftierten, übertrug er Kumarappa die Herausgeberschaft von *Young India.* Im folgenden Jahr ließen die Briten Gandhi frei und luden ihn zu Gesprächen mit der Labour-Regierung unter Ramsay MacDonald – der, wenigstens theoretisch, mit der indischen Forderung nach Selbstregierung sympathisierte – nach London ein. Gandhi bat Kumarappa, ihm dafür einen Bericht über die Finanzbeziehungen zwischen Indien und Großbritannien anzufertigen. Die Gespräche in London führten allerdings nicht sehr weit. Nach dem Scheitern der Labour-Regierung und ihrer Ersetzung durch eine konservativere »Nationale Regierung« griffen die britischen Behörden in Indien 1932 erneut hart durch, und Kumarappa, der inzwischen als Mitarbeiter Gandhis bekannt war, wurde festgenommen und für zwei Jahre ins Gefängnis gesteckt.

1934 wurde Gandhi 65 und verkündete seinen Austritt aus der Kongresspartei. Dies bedeutete jedoch nicht, dass er sich aus dem öffentlichen Leben zurückzog. Im Dezember 1934 gründete er die All-India Village Industries Association, AIVIA (All-Indischer Verband der Dorfindustrien), die sich »die Wiederbelebung, Ermutigung und Verbesserung der Dorfindustrien sowie die moralische und physische Förderung der Dörfer Indiens« zum Ziel setzte.[12] Um die Bindung des Verbandes an die ländlichen Regionen zu betonen, wählte Gandhi die zentralindische Kleinstadt Wardha, in der sich die Eisenbahnstrecken von Bombay nach Kalkutta und Madras nach Neu-Delhi kreuzten, als ihren Sitz. Seinem Plan zufolge sollte dort ein Campus mit Werkstätten, Laboratorien und Schulungsräumen entstehen, in denen manuelle Produktionstechniken entwickelt und studiert werden konnten. Zum Leiter der AIVIA ernannte Gandhi Kumarappa, der daraufhin von Bombay nach Wardha umzog und seinen neuen Posten nutzte, um seine Gedanken über die wirtschaftliche Entwicklung, die er in seiner Magisterarbeit und seinem Bericht über Matar Taluka dargelegt hatte, weiter auszuführen.

Wie Gandhi betrachtete Kumarappa das traditionelle indische Dorf als wirtschaftliche Schlüsselinstitution des Subkontinents. Im Gegensatz zu den Sozialisten der Kongresspartei, die das Land nach sowjetischem Vorbild schnellstmöglich urbanisieren und industrialisieren wollten, suchten Gandhi und Kumarappa nach einem Weg, die Dörfer zu erhalten und das Leben ihrer Einwohner zu verbessern. Dafür war es offensichtlich vor allem nötig, die unzähligen Bauernhöfe Indiens produktiver zu machen, aber Kumarappa wollte auch kleine Produktionsstätten und Handwerksbetriebe auf lokaler Ebene errichten. Eines der Hauptziele der AIVIA war, kommerziell produzierte Güter durch in Dörfern hergestellte, wie den von Gandhi lange beworbenen handgesponnenen Stoff, zu ersetzen. »Khadi anstelle von Fabrikstoff«, hieß es in einer Veröffentlichung des Verbandes, »dörfliche Tonschalen anstelle von Fabrikporzellan, Schilffeder anstelle von Stahlfeder, handgeschöpftes Papier [...], in Dörfern hergestellte Lederwaren aus in ihnen gehäutetem Material anstelle von gegerbten Tierhäuten, gewöhnlicher dörflicher Gur anstelle von Fabrikzucker, handgemahlener Vollkornreis [...].« Um diesen Prozess anzustoßen, stellte die AIVIA im ganzen Land Agenten ein, welche die wirtschaftlichen Stärken und Schwächen ihrer Regionen untersuchen und Vorschläge für ihre Entwicklung unterbreiten sollten. Ihre Aufgabe ging über die bloße Berichterstattung hinaus; sie sollten zudem »zuverlässige Kaufleute dazu bewegen, Dorfprodukte zu einem zwischen ihnen und den Agenten ausgehandelten Preis für den Verkauf einzulagern«, und »intensive Werbung betreiben, um in ihrem Gebiet eine dem Programm günstig gesinnte öffentliche Meinung zu schaffen«.[13]

1936 legte Kumarappa seine Gedanken in einem im Eigenverlag der AIVIA erschienenen Buch mit dem Titel *Why the Village Movement? A Plea for a Village Centered Economic Order in India* dar. Er wies darauf hin, dass Indien in vielen Handwerkszweigen über eine reiche Tradition von Fähigkeiten und Wissen verfüge. Die Aufgabe bestehe darin, sie wiederzubeleben und zu fördern. Zu diesem Zweck solle die Zentralregierung in jedem Dorf berufsbildende Schulen einrichten, in denen indische Kinder zwischen 7 und 14 Jahren nicht nur Lesen, Schreiben und Rechnen, sondern auch handwerkliche Fähigkeiten, wie Spinnen, Korbflechten, Sticken, Töpfern, Imkern und Tischlern, lernen konnten. Aus diesen Schulen würden »Männer und Frauen mit einem Rückgrat von Charakterstärke und Selbstachtung« hervorgehen, »die nicht um die Füße ausländischer Herren herumstreifen werden, um auf Seidensofas liegen zu können«. Vielmehr würden sie »den Kopf hochhalten, unabhängig handeln und bereit sein, das bescheidene Leben der Mehrheit der Menschen zu teilen«.[14]

Gandhi, ein leidenschaftlicher Verfechter der Selbstständigkeit, hatte einigen Streit mit der Forderung ausgelöst, dass die neuen Dorfschulen sich selbst tragen sollten, was weithin so verstanden wurde, dass ihre Kosten durch den Verkauf von durch ihre Schüler hergestellten Waren gedeckt werden sollten. Laut Kumarappa hatte man den Mahatma jedoch missverstanden. »Dies wäre ein zu enger finanzieller Standpunkt, der gar nicht wahr sein kann«, erklärte er. »Gemeint ist vielmehr ein weit allgemeinerer Wert, der nicht nur in Geld zu messen ist, sondern in der Währung der künftigen Dienstleistungen, die das Kind als gut ausgebildeter Staatsbürger leisten wird.«[15] Gandhi unterstützte seit Jahrzehnten die Selbstversorgungsbewegung (Swadeshi), die darum kämpfte, Importgüter durch einheimische Produkte zu ersetzen. Kumarappa sah die Mission der AIVIA, die indischen Dörfer und ihre Einwohner produktiver zu machen, in dieser Tradition. Fertiggüter, die aus einheimischen Rohstoffen hergestellt werden könnten, einzuführen schaffe Arbeitslosigkeit, schrieb er. »Damit haben wir aber auch sofort die Lösung des Problems: Je mehr lokal hergestellte Produkte wir benutzen, desto weniger Arbeitslose wird es geben.«[16]

Die Vision, für die die AIVIA stand, beruhte auf dezentraler Produktion und der Delegierung von Verwaltungsautorität. Aber Kumarappa forderte auch die technische und finanzielle Unterstützung der lokalen Produzenten durch die Zentralregierung. Als Beispiel führte er das Gerben von Leder an, ein Handwerk, das lange von Angehörigen der niedrigen Chamars-Kaste ausgeübt wurde. »Der Kadaver muss gehäutet und die Haut umgehend gesalzen werden«, schrieb Kumarappa. »Jede Verzögerung des Salzens würde zur Fäulnisbildung führen.« Um dieses Problem zu bewältigen, forderte er vom Staat, den Gerbern abgabenfreies Salz und preiswerte Gerbmittel zur Verfügung zu stellen und »die Industrie vor auswärtiger Konkurrenz [zu] schützen«. Mithilfe dieser Maßnahmen könnten die verschiedenen Elemente einer effektiven Produktion »zwischen dem Staat und den Menschen koordiniert und aufgeteilt werden, wobei beide Seiten jene Aufgaben übernehmen, für die sie am besten geeignet sind«.[17]

Kumarappa erkannte aber auch, dass der Zentralregierung eine wichtige Rolle bei größeren Projekten zukam, die über Fähigkeiten der lokalen Gemeinschaften hinausgingen, wie Verkehrsverbindungen, Staudämme, Bewässerungskanäle und Stromversorgung. Er bezeichnete seine Vision der dezentralen Produktion mit teilweiser staatlicher Unterstützung als »Planung«, jedoch nicht als zentrale Planung nach sowjetischer Art, für die sich in den 1930er- und 1940er-Jahren viele Mitglieder der Kongresspartei aussprachen, einschließlich Nehrus, der sie seit 1929 führte. Kumarappa stand dem sowjetischen Experiment stets skeptisch gegenüber. 1935 pries er das bolschewistische Regime in einem Aufsatz über den »Kommunismus und das einfache Volk« dafür, dass es Russland modernisiert und Frauen den Zugang zu Bildung und Arbeit geöffnet hatte, warnte aber auch davor, dass »ökonomischer Militarismus [...] jede Freiheit des Denkens, der Rede und des Handelns« zerstöre. Seiner Ansicht nach war jedes auf der Maximierung der Produktion beruhende System letztlich unmenschlich, und insofern setzte er den Kommunismus mit dem Kapitalismus gleich. »Unter der Massenproduktion, ob im Kapitalismus oder im Kommunismus, wird jeder zu einer ›Hand‹ oder einem ›Mund‹«, bemerkte er. »Wir haben Maschinen erfunden, die zu Herren geworden sind [...]. Erfinder sollten [...] Werkzeuge und Maschinen entwerfen, die von einer oder zwei Personen bedient werden können und die der Diener des Menschen bleiben und jeden Besitzer in die Lage versetzen, seinen eigenen bescheidenen Lebensunterhalt zu verdienen, ohne seinen Mitmenschen das Lebensblut herauszupressen.«[18]

Im August 1935 verabschiedete das britische Parlament ein Gesetz über die Regierung Indiens, das dem indischen Staat mehr politische Autonomie zugestand und die Gründung einer gesamtindischen Zentralbank gestattete. Das Gesetz ging zwar nicht so weit, Indien den Dominion-Status zuzugestehen, wie er Australien, Kanada und Südafrika gewährt worden war, machte aber die Unabhängigkeit Indiens vorstellbar. 1938 bot Nehru Kumarappa die Mitgliedschaft in einem Nationalen Planungskomitee an, das einen Wirtschaftsplan für die Selbstregierung ausarbeiten sollte. Kumarappa nahm das Angebot an, trat wenige Monate später aber aus dem Komitee aus. Die meisten seiner Mitglieder waren überzeugt, dass der Aufbau der Schwerindustrie der Schlüssel zu Indiens künftigem wirtschaftlichem Erfolg war, was Kumarappa für grundsätzlich falsch hielt. »Wir sind arm, aber wir haben einen

Ozean an Arbeitskraft«, schrieb er 1939 in einem Artikel. »Deshalb würde ein kluger Plan feststellen, dass die Heimarbeitsmethode zu unserem Land passt.«[19] In mancher Hinsicht argumentierte Kumarappa ähnlich wie Kondratjew einst in Russland, als er dazu riet, das riesige Reservoir an Land und Arbeitskräften zu nutzen und anstelle der Schwerindustrie das Wachstum der Landwirtschaft an erste Stelle zu setzen. Im Unterschied zu Kondratjew dachte Kumarappa jedoch kaum daran, sein Land in die Weltwirtschaft zu integrieren. Sein Ziel war auf lokaler wie auf nationaler Ebene die Selbstversorgung.

Der Ausbruch des Zweiten Weltkriegs unterbrach die Debatte über die ökonomische Entwicklungspolitik. Im September 1939 gab Vizekönig Linlithgow, der höchste britische Beamte auf dem Subkontinent, den Eintritt Indiens und der indischen Armee in den Krieg gegen Hitler bekannt. Nehru teilte dem Vizekönig mit, dass die Kongresspartei diese Politik nur mittragen werde, wenn Großbritannien versprach, Indien bei Kriegsende die Unabhängigkeit zu gewähren. Gandhi unterstützte diese Haltung, und eine Zeit lang herrschte eine unruhige Pattsituation. Im Oktober 1940 begann die Kongresspartei jedoch eine Kampagne des friedlichen Ungehorsams, und im August 1942 forderte Gandhi den sofortigen Abzug der Briten und rief seine Landsleute auf, sich hinter diese Forderung zu stellen. »Das *mantra* lautet: ›Handle oder stirb‹«, verkündete er. »Wir werden entweder Indien befreien oder bei dem Versuch sterben; wir werden nicht leben, um Zeuge der Verewigung unserer Sklaverei zu sein.«[20] Nach dieser dramatischen Rede verabschiedete das Zentralkomitee der Kongresspartei eine Resolution, in der es Gandhis Forderungen formalisierte. Die britische Regierung reagierte mit der Verhaftung Gandhis, Nehrus und anderer führender Kongressmitglieder, was zu verbreiteten Protesten, Unruhen und weiteren Festnahmen führte.

Auch Kumarappa, der sich an den Protesten beteiligt hatte, wurde verhaftet und zu siebeneinhalb Jahren Zwangsarbeit verurteilt. Am Anfang seiner Haftzeit in der Stadt Jabalpur gestand man ihm als einzige Lektüre die *Bibel* zu. Er machte das Beste daraus und schrieb ein kurzes Buch mit dem Titel *Practice and Precepts of Jesus.* Außerdem begann er an einem zweiten Buch zu arbeiten, das er 1944, nachdem er aus Gesundheitsgründen (er hatte Bluthochdruck) aus der Haft entlassen worden war, fertigstellte. Dieses Buch, *Economy of Permanence,* das zuerst als AIVIA-Broschüre erschien, war Kumarappas ehrgeizigste und am längsten nachwirkende Schrift. Sie begann mit drei Kapiteln über die Natur, in denen er das Konzept der ökonomischen Nachhaltigkeit einführte, ohne den Begriff zu benutzen. Die Welt, schrieb er, bestehe aus zwei Arten natürlicher Gaben: Rohstoffen wie Erdöl, Kohle und anderen Bodenschätzen, die man, da sie »in fester Menge vorhanden sind, als ›vergänglich‹ bezeichnen kann«, und Ressourcen, wie »dem reißenden Strom eines Flusses oder dem ständig wachsenden Holz eines Waldes«, die man als »›dauerhaft‹ bezeichnen kann, da ihr Vorrat im Dienst des Menschen unerschöpflich ist, wenn nur der Strom oder Zuwachs genutzt wird«.[21] Um eine im Gleichgewicht befindliche dauerhafte Wirtschaft zu schaffen, erklärte Kumarappa, müsse man sich nicht auf die vergänglichen, sondern auf die dauerhaften Ressourcen stützen.

In der Natur, fuhr er fort, bedeute der Begriff der Arbeit ein Handeln, welches das System erhält und reproduziert: die Versorgung der Pflanzen geschehe aus der Luft und durch Sonnenschein; Regenwürmer lockerten die Erde; Bienen bestäubten Blumen; Tiere verschlängen sich gegenseitig. All dies geschehe ohne jeden äußeren Anstoß. Die menschliche Tätigkeit unterscheide sich von der übrigen Natur durch den freien Willen derjenigen, die sie ausübten, und ihre Fähigkeit, in das natürliche Gleichgewicht einzugreifen. Werde diese Fähigkeit richtig genutzt, schrieb Kumarappa weiter, könne die Menschheit »eine wesentlich größere Kooperation und Koordination der Einheiten der Natur zustande bringen als jedes andere Lebewesen. Umgekehrt kann sie, wenn diese Fähigkeit falsch genutzt wird, die Ökonomie der

Natur erheblich stören und am Ende sich selbst vernichten.« Die Natur sei »denen gegenüber, die sie respektieren, treu und unterwürfig«, aber jenen gegenüber, die sich »aus eigenem ›freien Willen‹ dafür entscheiden, ihre Anforderungen zu ignorieren, ist sie strenger als das Recht und belegt solche Übeltäter als Lohn für ihre Sünden mit unerbittlichen Gewaltstrafen und dem Tod«.[22]

Kumarappa konnte in den 1940er-Jahren, als er sein Buch schrieb, Umweltkatastrophen wie massive Entwaldung, Meeresverschmutzung und Klimawandel nicht vorhersehen. Aber er führte verschiedene Wege an, kleine und große, wie die Natur kurzsichtiges Verhalten bestrafte: Übermäßiges Essen schade der Gesundheit; sexuelle Promiskuität verbreite Krankheiten – in mancher Hinsicht blieb er zeitlebens ein konservativer Christ –; durch das Bleichen von Reis und anderem Getreide entziehe man ihnen den Nährwert, was beim Menschen zu Vitaminmangel und anderen Leiden führe. All diesen negativen Erscheinungen, fuhr Kumarappa fort, liege der Austausch ewiger menschlicher Werte gegen hedonistische und monetäre Werte zugrunde. »Unser Wirtschaftssystem entwickelt sich einseitig«, diagnostizierte er. »Unser Grund und Boden wird, statt für den Anbau von Nahrungsmitteln, für die Produktion von Rohstoffen für Fabriken genutzt. Menschen hungern aufgrund der Reisknappheit, während auf Reisfeldern Öl für die Seifenherstellung produziert wird. [...] Diese Lage der Dinge beweist, dass Geldwerte keine geeigneten Maßstäbe für menschliche Bedürfnisse sind.«[23]

»Eine Wirtschaft, die allein auf monetäre und materielle Maßstäbe gegründet ist«, betonte Kumarappa, »nimmt keine realistische Perspektive auf Raum und Zeit ein. Dieser Mangel führt in eine Sackgasse aus Gewalt und Zerstörung, aus der es kein Entkommen gibt.« Die Herrschaft von materiellen Werten und profitorientierter Massenproduktion sei nicht nur wirtschaftlich schädlich; sie erniedrige auch die Gesellschaft und die Menschen, die in ihr lebten. Wie Ruskin und andere frühe Kritiker des Industriekapitalismus mahnte er: »An jedem auf dem Markt zum Kauf angebotenen Artikel haften moralische Werte. Wir können diese Werte nicht ignorieren und sagen: ›Geschäft ist Geschäft.‹ Unter Bedingungen von Sklaverei oder Ausbeutung produzierte Güter sind von der Schuld der Unterdrückung befleckt. Wer von uns solche Güter erwirbt, wird zur Stütze der üblen Verhältnisse, unter denen sie hergestellt wurden.«[24]

Zeit seines Lebens wurde Kumarappa immer wieder vorgeworfen, ein Luddit oder Utopist oder eine Mischung aus beidem zu sein. Die Kritik an ihm kam von zwei Flügeln der Kongresspartei: der wirtschaftsfreundlichen Rechten, die sich nachdrücklich für die Industrialisierung einsetzte, und der neomarxistischen Linken, die die Vision einer dezentralen ländlichen Wirtschaft als reaktionär und utopisch betrachtete. »Sie ist reaktionär, weil sie die Produktivkräfte der Gesellschaft zurückwendet«, bemerkte der prominente sozialistische Aktivist und Gewerkschaftsführer Jayaprakash Narayan zu einem von Kumarappas Aufsätzen. »Sie ist illusorisch, weil sie keine Klassenbasis hat und deshalb nicht realisiert werden kann. Darüber hinaus bedeutete sie einen niedrigen Lebensstandard für die Menschen.«[25]

In *Economy of Permanence* hatte Kumarappa versucht, einigen der gegen ihn vorgebrachten Argumente zuvorzukommen, indem er die Produktivitätsvorteile der industriellen Produktion anerkannte und eine Zukunft beschrieb, in der Staatsbetriebe die Schwerindustrie dominierten, also Bergbau, Stromversorgung und Chemieproduktion. Die übrige Wirtschaft sollte jedoch rund um überwiegend selbstversorgende Einheiten erheblich kleinteiliger organisiert sein. Die einzelnen Regionen würden nach Kumarappas Vorstellung untereinander Handel treiben, das heißt Dinge, die sie im Überfluss hatten, gegen solche tauschen, die ihnen fehlten, und zwar nicht über anonyme monetäre Transaktionen, sondern im direkten Gütertausch.

Außerdem vertrat Kumarappa die Ansicht, dass ein Übergang zu Massenproduktion und globaler Integration nicht notwendigerweise eine Steigerung des menschlichen Wohlergehens mit sich bringen würde. In einem Kapitel mit dem Titel »Lebensstandard« verglich er den Lebensstil eines gehobenen indischen Staatsbeamten, eines Dewan, mit demjenigen eines englischen Gärtners oder amerikanischen Fabrikarbeiters. Der Dewan wohne in einem kleinen Haus mit wenigen Möbeln, in dem er barfuß gehe, und kaufe überwiegend Produkte aus der Region, wie Schlafmatten aus Schilf. Der englische Gärtner schlafe dagegen auf einer Federkernmatratze, und der amerikanische Fabrikarbeiter wohne in einer mit bequemen Möbeln und den neuesten arbeitssparenden Haushaltsgeräten ausgestatteten Wohnung. Aber ob Letzterer sein Konsumniveau aufrechterhalten könne, hänge davon ab, dass er seine Arbeit nicht verlor. »Daher sind seine Bewegungsfreiheit und seine Verhandlungsmacht begrenzt«, schlussfolgerte Kumarappa, »und der Arbeiter ist an seine Werkbank gefesselt.« Rein monetär betrachtet, mochte der Dewan einen geringeren Lebensstandard haben, aber er führe ein freieres und erfüllteres Leben. Darüber hinaus komme das Geld, das er für seine Schlafmatten ausgebe, »direkt dem Unterhalt der Handwerker und ihrer Familien zugute und bilde auf diese Weise einen Kreislauf mit dem örtlich verfügbaren Schilf, das den Rohstoff liefert«.[26]

Wie Veblen vor ihm war auch Kumarappa der Ansicht, dass in modernen Gesellschaften ein großer Teil des Konsums nicht von echten Bedürfnissen, sondern von Mode und sozialem Druck angetrieben werde. »Eine Zeit lang will es die Mode, Suppe aus Tellern mit einem Rand um die Schale und mit einem ovalen Löffel zu essen«, schrieb er. »Einige Jahre später hat sich die Mode verändert. Jetzt sind Teller ohne Rand und kreisrunde Löffel der richtige Stil. Diese ständigen Veränderungen produzieren Snobismus und sind gut fürs Geschäft.« Obwohl diese Art des Konsums für gewöhnlich mit Ländern wie Großbritannien und Frankreich verbunden werde, klagte Kumarappa, breite sie sich auch in Indien aus. In Bombay »weiß man rasch, was man in allen anderen Häusern zu erwarten hat«, schrieb er. »Die gleichen furnierten Holzmöbel und Glasplatten auf den Tischen […]. Es gibt keine Variationen, keine Phantasie, keine eigenständigen Ideen. […] Diese Wohnungen sind toter als Gräber. Alles ist dem Konsumenten vom Hersteller unter dem Vorwand, das Leben bequem und leicht zu machen, vorgegeben. Wenn das Leben schöpferisch sein soll, muss solche tödliche Standardisierung weg.«[27]

Wohl auch unter dem Eindruck des kurz zuvor zu Ende gegangenen zweiten katastrophalen Weltkriegs innerhalb von 30 Jahren betonte Kumarappa, dass eine dezentrale, lokal verortete Wirtschaft ihrem Wesen nach friedlicher sei als eine global integrierte Massenproduktionswirtschaft, die er mit Imperialismus und internationalen Konflikten gleichsetzte. Zurückkommend auf sein Beispiel des indischen Beamten, der mit seinen Einkäufen örtliche Hersteller unterstützt, schrieb er: »Solch eine Wirtschaft erfordert keine Armee, keine Kriegsmarine und keine Luftwaffe, um ihre Rohstoffe zu sichern. Daher bedarf sie keiner Gewalt, wie es der Fall wäre, wenn der Dewan in Großbritannien hergestellte Federkernmatratzen bevorzugte und in seinen ›Lebensstandard‹ einschlösse.«[28]

Wie Smith, Marx und Veblen ordnete Kumarappa seine ökonomische Analyse in die Geschichte ein. Im Rückblick auf die menschliche Evolution identifizierte er fünf Arten sozialer Organisation: die »parasitäre Wirtschaft«, die »Raubtierwirtschaft«, die »unternehmerische Wirtschaft«, die »Gemeindewirtschaft« und die »Wirtschaft des Dienstes«.[29] Die auf Sklavenarbeit beruhenden Wirtschaften der griechischen und römischen Antike seien parasitär gewesen. Als Beispiele von Raubtierwirtschaften führte er den britischen Opiumhandel in Asien und die Ausplünderung des Kongos durch den belgischen König Leopold an. Aber auch New Yorker Finanziers, die Geld an südamerikanische Republiken verliehen, und Aktionäre moderner Unternehmen, die beide ohne »jede persönliche Produktionsanstrengung« Gewinne einstrichen, zählte er zur Raubtierart. Auch »große Kartelle, Trusts und Konzerne, die durch monopolistische Herrschaft im Vergleich zu ihrem Beitrag unverhältnismäßig große Gewinnanteile einstreichen, sind weitgehend raubtierhaft«. Als Beispiele für unternehmerisches Wirtschaften verwies Kumarappa auf die alten Kulturen Indiens und Chinas, die »zum großen Teil von Handwerkern getragen wurden, die ihre Berufe auf friedliche Weise gewinnorientiert ausübten«. Als »Gemeindewirtschaft« definierte er eine Ordnung, in der die Menschen ihr Eigeninteresse dem Interesse des Kollektivs unterordnen, wofür er als Beispiel die Aktivitäten von Dorfkooperativen nannte.[30]

Das Ideal war in Kumarappas Augen jedoch die fünfte und letzte Form sozialer Organisation, die »Wirtschaft des Dienstes«, weil sie alle Menschen in interesseloser, friedlicher Arbeit für das Gemeinwohl vereinte. Bisher, erklärte er, habe noch keine menschliche Gesellschaft dieses Stadium erreicht, das er auch als »fortgeschrittenen oder spirituellen Zustand« bezeichnete. Mit Blick auf die AIVIA und die 1925 von Gandhi gegründete All India Spinners' Association, AISA (Allindischer Verband der Spinner), bezeichnete er diesen Zustand als »das Ziel, das Gandhi mit aller Kraft anstrebt«. Wenn man ihn erreiche, werde man »eine gewaltlose Wirtschaft der Beständigkeit aufgebaut haben und in eine Zivilisation dauerhaften Friedens oder das Ram Raj oder Königreich Gottes auf Erden eingetreten sein«.[31]

Zum Zeitpunkt des Erscheinens von *Economy of Permanence* waren die in ihm dargelegten Gedanken nicht mehr gefragt. Als Indien im August 1947 unabhängig geworden war, war Nehru der erste Ministerpräsident des Landes geworden. Der Historiker Mark Lindley führt in seinem 2007 veröffentlichten bewundernswerten Buch über Kumarappa, auf das ich mich in Bezug auf die biografischen Daten vor allem gestützt habe, Quellen an, denen zufolge Gandhi es gern gesehen hätte, wenn Kumarappa zum Finanzminister ernannt worden wäre. Doch dies geschah nicht, und Gandhis Ermordung beraubte Kumarappa seines wichtigsten politischen Förderers. Die neue indische Regierung berief ihn in ein wirtschaftliches Planungskomitee, das radikale Vorschläge für eine Landreform vorlegte, wie die Verteilung eines Teils des Grund und Bodens großer Anwesen an Dorfgemeinschaften und die Einführung stärker gestaffelter Steuersätze für Bauern. Aber sie blieben weitgehend unbeachtet. Nehrus Regierung wollte in erster Linie die chronische Lebensmittelknappheit überwinden und der raschen Industrialisierung des Landes den Weg ebnen. 1950 bildete sie eine Planungskommission, die den ersten Fünfjahresplan mitformulierte, der Kapitalinvestitionen im Wert von 35 Milliarden Rupien vorsah, hauptsächlich in die grundlegende Infrastruktur: Bewässerung, Strom und Verkehr. Der zweite Fünfjahresplan (1956–1961) vergrößerte den Investitionsrahmen auf 62 Milliarden Rupien, jetzt mit dem Fokus auf der Schwerindustrie, insbesondere der Stahlproduktion. Nehru erklärte, das Ziel der Kongresspartei sei der Sozialismus, und tatsächlich führte die Regierung Verstaatlichungen durch – der Eisenbahnen 1951, von Air India 1953 und der Imperial Bank of India 1955. Doch diese Politik war weit davon entfernt, eine Kommandowirtschaft sowjetischer Art einzuführen. Ein großer Teil der indischen Wirtschaft, wie die zahllosen Kleinbauernhöfe, blieb in Privatbesitz. Das unabhängig gewordene Indien wurde kein kommunistischer, sondern eher ein bürokratischer Staat.

Kumarappa befürwortete einige der Infrastrukturinvestitionen der Regierung Nehru, forderte aber eine stärkere Betonung des ländlichen Entwicklungsprogramms, für das er und Gandhi schon lange geworben hatten. 1949 ernannte ihn die Kongresspartei zum Vorsitzenden eines neuen Komitees, das Vorschläge für weitere Agrarreformen erarbeiten sollte. Der Bericht des Komitees enthielt Kumarappas bereits bekannte Forderungen, Bauern billige Kredite zur Verfügung zu stellen, die ländliche Verschuldung zu verringern und moderne landwirtschaftliche Methoden zu fördern. Außerdem empfahl es, vom Staat konfisziertes Land nicht direkt Bauern, sondern lokalen Landwirtschaftsgenossenschaften zu übergeben. Trotz solcher Vorschläge führte die Regierung

Nehru keine radikale Landreform durch, und Kumarappa war zunehmend von dem neuen Regime enttäuscht.

Da Gandhi nicht mehr da war, nahm Kumarappas politischer Einfluss, der nie sehr groß gewesen war, rasch ab. Er war fast 60 Jahre alt und bei schlechter Gesundheit. 1954 zog er sich in den heimatlichen Süden zurück, wo er von Büchern umgeben in einem bescheidenen Haus lebte. Bevor er die politische Bühne verließ, verfasste er jedoch noch ein weiteres Buch: *Gandhian Economic Thought.* Es erschien 1951, im selben Jahr, in dem der erste Fünfjahresplan der Regierung Nehru in Kraft trat. In dem kurzen Buch wiederholte Kumarappa seine Kritik an Massenproduktionsgesellschaften und würzte sie mit einigen provokanten Äußerungen. »Großindustrien führen politisch in die Diktatur«, stellte er fest. »Selbst sogenannte demokratische Länder wie Amerika, Russland usw. sind unter dem Druck des Krieges praktisch zu Diktaturen geworden. […] Zwischen Stalin, Roosevelt, Churchill, Hitler und Mussolini gibt es kaum einen Unterschied. Der eine ist so gut oder so schlecht wie der andere.« Damit, dass er die Kriegshelden Großbritanniens und der Vereinigten Staaten mit faschistischen und kommunistischen Diktatoren gleichsetzte, machte er sich im Westen keine Freunde. Aber es spiegelte seine Überzeugung wider, dass jedes auf Großproduktion und ungezügeltem Wachstum beruhende Wirtschaftssystem letztlich Frieden und Demokratie auslöschen werde. Dagegen boten Dorfindustrien seiner Ansicht nach »die Bedingungen für die Entwicklung der Demokratie. Dorfindustrien zu nutzen bedeutet nicht, zur Wildheit zurückzukehren, es sei denn, Demokratie ist Wildheit, sondern führt zu Zivilisation und Kultur, bringt die Würde und Unabhängigkeit des Menschen hervor und holt ihn aus der Sklaverei seiner eigenen Mitmenschen heraus.«[32]

Darüber hinaus beschrieb Kumarappa genauer, wie sein Modell ländlicher Gemeinschaften funktionieren sollte. Jede von ihnen würde ihren Bedarf an Lebensmitteln, Unterkünften und Konsumgütern schätzen und dementsprechend ihre Herstellung planen. »Angenommen, wir wollen 6000 Personen ausgewogen ernähren«, schrieb er. »Wir haben den Speiseplan und bräuchten 6000 Pfund Weizen, wenn wir [1]6 Unzen pro Person annehmen. Ähnlich berechnen wir alle anderen Bedarfe. Nachdem der Gesamtbedarf ermittelt ist, planen wir die Größe der Ackerflächen, auf denen Weizen usw. angebaut werden soll.«[33] Wie diese Passage andeutet, ging es Kumarappa bei der dezentralen Organisation nicht um die Maximierung der Produktion um ihrer selbst willen. Im Gegenteil trat er dafür ein, sie sorgfältig abzustimmen, um ein ökologisches Gleichgewicht aufrechtzuerhalten und Abfall zu vermeiden. Die Gemeinschaften sollten ihre Tätigkeiten im Rahmen einer lokalen Genossenschaft organisieren, die einige Schlüsselressourcen, wie die Bewässerungstanks und Brennstoff, verwalten würde. Größere Infrastrukturprojekte, wie Kraftwerke, Stromleitungen und Verkehrsnetze, sollten auf regionaler oder nationaler Ebene organisiert werden. Diese Industrien, die Kumarappa als »notwendige Übel« betrachtete, »gehören unter staatliche Kontrolle und nicht in Privatbesitz und dürfen nicht um des Profits willen, sondern nur als Versorgungsunternehmen betrieben werden«. Manchen Herstellern könne man zwar gestatten, auf nationaler Ebene tätig zu sein, aber es müsse verhindert werden, dass sie »den Markt mit unnötigen Dingen überfluten«.[34] Auch eine politische Struktur entwarf Kumarappa für seine neue Gesellschaft. Die kleinste Verwaltungseinheit – die Panchayat – sollte 20 oder 30 Dörfer umfassen. Größere, mit geschulten Beamten besetzte administrative Einrichtungen sollte es auf Bezirks- und Provinzebene geben.

Bei der Behandlung dieser praktischen Details klang Kumarappa fast wie William Thompson oder Charles Fourier, als sie über ein Jahrhundert vor ihm erklärt hatten, wie ihre neuen Gemeinschaften funktionieren würden, und er erlebte es ebenso wenig wie die frühsozialistischen Intellektuellen, dass seine ehrgeizigen Pläne Wirklichkeit wurden. Er starb 1960 im Alter von 68 Jahren in Madras in seinem Heimatstaat Tamil Nadu. Die Kongresspartei war immer noch an der Macht und verfolgte weiterhin eine Strategie staatlich gelenkten Wachstums, auch wenn sich ihre Ergebnisse verschlechterten. (Während des zweiten Fünfjahresplans stieg das BIP im Jahresdurchschnitt um über 4 Prozent, während des dritten Fünfjahresplans von 1961–1966 nur noch um weniger als 3 Prozent.) Am Ende des 20. Jahrhunderts, nach dem Zusammenbruch der Sowjetunion, sollte Indien eine Kehrtwende machen und auf Deregulierung und die Marktkräfte setzen, aber die grundlegenden politischen Ziele blieben dieselben: die Maximierung des Wirtschaftswachstums und die Steigerung des Wohlstands oder wenigstens die Verringerung der Armut im Land.

Im Lauf der Zeit wurde dieses Ziel erreicht. Daten der Weltbank zufolge wuchs Indiens BIP pro Kopf inflationsbereinigt zwischen 1960 und 2023 von 305,80 auf 2239 Dollar, wobei der größte Anstieg in der Zeit der Liberalisierung erfolgte.[35] Die sozialen und ökologischen Folgen dieser Entwicklung waren jedoch ebenfalls dramatisch. Die Einkommensungleichheit nahm zu, und es kam zu einer ganzen Reihe von Umweltkatastrophen, wie dem berüchtigten Unglück von Bhopal im Jahr 1984, als aus dem Chemiewerk Union Carbide eine hochgiftige Gaswolke entwich, was in unmittelbarer Folge zum Tod von fast 4000 Menschen führte. »Ob in der Vergangenheit unter staatlicher Planung oder jetzt unter einem wirtschaftsfreundlichen Regime«, konstatierte der Historiker Ramachandra Guha in seiner 2018 erschienenen maßgeblichen Gandhi-Biografie, »Indiens Wirtschafts- und Technologiepolitik hat auf die Ressourcen des Landes und die allgemeinere Frage der ökologischen Nachhaltigkeit stets wenig (oder gar keine) Rücksicht genommen.« Infolge dessen, fuhr Guha fort, sei Indien »ein ökologisches Katastrophengebiet, das geprägt ist von Entwaldung, Artensterben, chemischer Kontamination des Erdbodens, nachlassender Bodenfruchtbarkeit, erschöpften Grundwasserspeichern und extrem hoher Luft- und Flussverschmutzung.«[36]

Dieses Ergebnis hätte Kumarappa nicht überrascht. Trotz seiner Nähe zu Gandhi hatten seine ökonomischen Ideen während seines Lebens und in den Jahrzehnten nach seinem Tod keinen großen Einfluss. Erst als ein neues Jahrtausend anbrach, pries eine neue Generation von Umweltaktivisten und Progressiven ihn verdientermaßen als Propheten von Nachhaltigkeit und Wachstumsrücknahme. »Was wir anstreben, ist kein unmöglicher ›Himmel auf Erden‹«, schrieb er am Ende von *Gandhian Economic Thought.* »Die Menschheit wird von der Macht der Umstände in Richtung Selbstversorgung mit Lebensmitteln und Grundbedarf getrieben. Wenn man dieser Kraft beharrlich Widerstand leistet, ist die Alternative die Auslöschung der Menschheit durch Wettrüsten und fortschreitende Zerstörung und Vernichtung der Nationen untereinander. Wird der Mensch die Weitsicht besitzen, den richtigen Weg zu wählen?«[37]

20

»Riesige Zuckerfabriken im Besitz einer Kamarilla von abwesenden kapitalistischen Magnaten, die von einer Masse ausländischer Proletarier betrieben werden«

Eric Williams über Sklaverei und Kapitalismus

Im Sommer 1935, als Keynes in Cambridge letzte Hand ans Manuskript der *Allgemeinen Theorie* legte, absolvierte der 23-jährige Trinidader Eric Williams an der anderen alten Universität Englands, Oxford, die letzten Prüfungen seines Studiums der modernen Geschichte. Drei Jahre zuvor hatte er das Trinidad's-Island-Stipendium erhalten, die höchste an Oberschüler der kleinen britischen Kolonie in der südlichen Karibik, nahe Venezuela, vergebene Auszeichnung. Trotz der sozialen, ethnischen und geografischen Kluft, die Oxford von Trinidad trennte, hatte sich Williams gut in das Leben in England eingefügt, erfolgreich studiert und für die Universität Kricket gespielt. Sein Tutor am St Catherine's College, der walisische Geistliche R. Trevor Davies, ein Experte für das imperiale Spanien, war ihm ein Mentor und Freund. Doch die Abschlussprüfungen in Oxford waren für jeden eine zermürbende Herausforderung, die in Williams' Fall noch dadurch verlängert wurde, dass er nach den schriftlichen Arbeiten zu einer mündlichen Prüfung bestellt wurde, dem sogenannten »viva voce«. Als er zu der Prüfung erschien, wurde er jedoch angenehm überrascht: Anstatt ihn zu seinen schriftlichen Antworten zu befragen, teilte ihm der Prüfungsleiter nur mit, dass er mit Auszeichnung bestanden habe, und erkundigte sich nach seinem Interesse an der Kolonialgeschichte, die er als Wahlfach gewählt hatte. »Nun, ich bin ein Kolonialbürger«, antwortete Williams. Der Prüfer fragte ihn, ob er glaube, dass es eine Beziehung zwischen dem Umfeld von Gelehrten und ihren Studien gebe, worauf Williams erwiderte, dass er ohne eine solche Beziehung keinen Wert im Studium sehe. Danach, erinnerte sich Williams später, habe der Prüfer ihm zu seiner »ausgezeichneten Leistung in der Prüfung« gratuliert, eine Bemerkung über seine regelmäßige Handschrift und das Tempo, mit dem er offenbar schreiben könne, gemacht und ihm Erfolg in seinem Berufsleben gewünscht.[1]

Hinter ihm lag bereits ein langer Weg. Er war 1911 als ältestes von zwölf Kindern, von denen eines als Säugling starb, in Trinidads Hauptstadt, Port of Spain, geboren worden. Sein Vater, Thomas Williams, war Postbeamter, der seine Hoffnungen auf ein berufliches Fortkommen aufgrund mangelnder »sozialer Qualifikationen« begraben musste. »Die nötigen Qualifikationen waren Hautfarbe, Geld und Bildung – in dieser Reihenfolge«, erläuterte Williams in seiner Autobiografie. »Meinem Vater fehlten alle drei.« Seine Mutter, Eliza Williams, war Hausfrau und besserte den Lohn ihres Mannes auf, indem sie Brot und Torten buk und verkaufte. Ständig darum kämpfend, sich über Wasser zu halten, zog die Familie von einer Wohnung in die nächste, »und in einem schlimmen Fall erschien der Gerichtsvollzieher«.[2] Solche Not war auf einer Insel, die lange zum Vorteil der Kolonialherren organisiert worden war, nicht ungewöhnlich. (Bevor Großbritannien 1802 die Souveränität über die Insel beanspruchte, hatte sich Trinidad in spanischem Besitz befunden.) Ihre Wirtschaft war vom Export von Kakao, Zucker und Öl geprägt und wurde überwiegend von britischen Unternehmen dominiert.

In der heterogenen sozialen Situation auf der Insel spiegelte sich ihre Kolonialgeschichte wider. Ihre Bevölkerung bestand aus Nachfahren afrikanischer Sklaven, die im Dreieckshandel auf die Insel gelangt waren; Indern (und einigen Chinesen), deren Vorfahren nach der Aufhebung der Sklaverei als Vertragsarbeiter angeworben worden waren; weißen Kolonialbeamten und Grundbesitzern sowie vielen Mischlingen. Die Familie Williams hatte afrikanische und französische Wurzeln, und sie zählte sich trotz ihrer finanziellen Probleme zur Mittelschicht. Unter ihnen auf der sozialen Leiter standen Handarbeiter und am untersten Ende indische Vertragsarbeiter, die in Armut und Elend lebten.

Mit elf Jahren erhielt Williams ein Stipendium für die beste Oberschule der Insel, das Queen's Royal College, in dem die Schüler Uniformen trugen, Wettkampfsportarten ausübten und einem strengen Lehrplan nach dem Vorbild englischer Privatschulen unterworfen waren. Williams schlug sich beachtlich, insbesondere in Latein. Einer seiner Geschichtslehrer war der nur zehn Jahre ältere trinidadische Autor C. L. R. James, ein Absolvent des Colleges. Außerhalb der Schule war James ein aufstrebender Schriftsteller und antikolonialistischer Aktivist. Williams teilte mit ihm die Liebe zum Kricket, schrieb aber in seiner Autobiografie, dass ein anderer Lehrer, W. D. Inniss, ihn stärker beeinflusst habe.[3]

Nach dem Abschluss seines Geschichtsstudiums in Oxford blieb Williams auf Anraten seiner Tutoren in England, um ein Aufbaustudium zu beginnen. Er bewarb sich um ein prestigeträchtiges Stipendium des Graduierten vorbehaltenen All Souls College, doch das Bewerbungsverfahren, zu dem die Teilnahme an einem formellen »High Table«-Abendessen gehörte, lief nicht gut – was er dem Rassismus anlastete. »Es war nicht so, dass ich glaubte, ich hätte das Stipendium erhalten«, schrieb er später. »Ich wusste, dass es nicht so war. Aber ich wusste auch, dass ich nie eines erhalten würde. Dies ist eine der Schwierigkeiten, die Weiße nicht verstehen können. Das können nur Neger und andere Rassenvorurteilen ausgesetzte rassische Gruppen.«[4] Trotz dieser Enttäuschung blieb Williams in Oxford und begann, an seiner Dissertation zu arbeiten. Die Regierung von Trinidad sagte zu, ihn ein weiteres Jahr zu unterstützen. Als Forschungsgegenstand wählte er das britische Sklavereiverbot, das der gängigen Darstellung zufolge zustande kam, weil William Wilberforce und seine Mitstreiter in der Antisklavereibewegung des frühen 19. Jahrhunderts das Unterhaus überzeugten, dass diese Institution eine moralische

Abscheulichkeit sei. Nach Williams' Ansicht war diese Erzählung selbstbeschönigend und unrichtig, weil sie die Rolle wirtschaftlicher Faktoren ausblendete, insbesondere den Rückgang der Profitabilität der britischen Sklavenplantagen in der Karibik in der nachnapoleonischen Zeit. Nach intensiven Recherchen in Archiven in Oxford und London verfasste er eine Dissertation mit dem Titel *The Economic Aspect of the Abolition of the West Indian Slave Trade and Slavery.* Die Arbeit an ihr dauerte länger, als er gehofft hatte, und ihm ging das Geld aus. Aber im Dezember 1938 erlangte er schließlich die Doktorwürde.

Im August des folgenden Jahres, einen Monat bevor Hitler Polen überfiel, reiste Williams in die Vereinigten Staaten, wo ihm die Howard University in Washington eine Stelle in der Abteilung für Politikwissenschaft angeboten hatte. Howard war die angesehenste schwarze Universität im Land. In den neun Jahren, die Williams an ihr blieb, gab er einen Anfängerkurs über die Geschichte der Zivilisation und schrieb zwei Bücher. Das erste, *The Negro in the Caribbean,* war eine Einführung in die Geschichte des Kolonialismus und der Sklaverei auf den karibischen Inseln. Es erschien 1942 und wurde dafür gelobt, eine Lücke in der vorhandenen Literatur zu schließen. Dieser Erfolg bereitete den Weg für Williams' zweites Buch, eine breiter angelegte Untersuchung der Sklavenwirtschaft, die seine Dissertation um das Thema der Beziehung zwischen Dreieckshandel und industrieller Revolution erweiterte. Als das Manuskript Anfang 1943 fertig war, reichte er es bei der University of North Carolina Press ein, zusammen mit einer einseitigen Zusammenfassung, in der er erklärte, seine Studie versuche, »das Verhältnis zwischen dem Frühkapitalismus in Europa – am Beispiel Großbritanniens – und dem Sklavenhandel mit schwarzen Menschen und der schwarzen Sklaverei auf den Westindischen Inseln in einen historischen Kontext zu setzen«.[5] Nachdem sich einige bekanntere Akademiker positiv über das Manuskript geäußert hatten, willigte der Verlag ein, es herauszubringen, allerdings unter der Bedingung, dass

Williams 700 Dollar – was damals eine stattliche Summe war – zur Begleichung der Druckkosten beitrug. Man könne mit dem Verkauf von allenfalls 400 oder 500 Exemplaren rechnen, erklärte der Verlagsdirektor. Da er das Buch unbedingt veröffentlicht sehen wollte und hoffte, das Geld irgendwie auftreiben zu können, stimmte Williams zu, und nach einigem Hin und Her akzeptierte der Verlag seinen Titel: *Capitalism and Slavery* (*Kapitalismus & Sklaverei*). Das Buch erschien im November 1944, und obwohl einige Behauptungen weiterhin umstritten sind, gilt es heute als Standardwerk.

Als Williams begann, sich mit dem britischen Kolonialismus zu beschäftigen, trat er in eine Debatte ein, die mindestens bis 1776 zurückverfolgt werden kann, als Adam Smiths *Wohlstand der Nationen* erschien, in dem er das Kolonialsystem, einschließlich der beiden bedeutenden Elemente Sklavenarbeit und merkantilistische Politik, eher als Hindernis denn als Antrieb der Wirtschaftsentwicklung beschrieb.[6] Marx hatte im ersten Band des *Kapitals* einen anderen Standpunkt eingenommen, dem zufolge kolonialistische Plünderung und Sklaverei dazu beitrugen, die Grundlagen des Industriekapitalismus hervorzubringen, was er »ursprüngliche Akkumulation« nannte.[7] In der Folgezeit sind die meisten britischen Wirtschaftshistoriker Smith gefolgt, indem sie jegliche Verbindung zwischen Sklaverei und industrieller Revolution bestritten und für die Genesis der Industrialisierung innere Faktoren verantwortlich machten, wie technologische Fortschritte, Bevölkerungswachstum, die Verfügbarkeit von aus Kohle gewonnener Energie und eine Kultur des Unternehmertums. Williams war zwar kein Marxist, aber sein Ansatz stand mehr in der Marx'schen Tradition, denn er verknüpfte Großbritanniens Industrialisierung mit seiner Rolle im von Kolonialismus und Sklaverei geprägten internationalen Wirtschaftssystem.

Er war nicht der einzige schwarze Gelehrte, der die Sklaverei und deren Nachwirkungen neu bewertete. In dem Jahrzehnt zwischen 1935 und 1945 erschienen drei bemerkenswerte Bücher zu dem Thema: *Black Reconstruction* von dem afroamerikanischen Soziologen, Historiker und Bürgerrechtler W. E. B. Du Bois, *Die schwarzen Jakobiner,* eine Geschichte der haitianischen Revolution, von Williams' früherem Lehrer C. L. R. James, und Williams' *Kapitalismus & Sklaverei.* Die drei Autoren behandelten unterschiedliche Themen, hoben aber alle die Bedeutung der Sklavenarbeit hervor und widersprachen bisherigen Interpretationen. Du Bois schrieb über das Scheitern der amerikanischen Reconstruction nach dem Bürgerkrieg aufgrund des entschlossenen (und häufig gewaltsamen) Widerstands der weißen Südstaatler. James erzählte die romanhafte Geschichte des haitianischen Generals Toussaint Louverture, dessen Armee aus früheren Sklaven die französischen Kolonialisten aus Saint-Domingue vertrieben hatte, das er als »integralen Bestandteil des Wirtschaftslebens der Zeit, größte Kolonie der Welt und Stolz Frankreichs, um den es alle anderen imperialistischen Nationen beneideten«, beschrieb.[8]

Es war sicherlich kein Zufall, dass diese drei bahnbrechenden Bücher innerhalb von zehn Jahren erschienen. Alle drei Autoren waren Anhänger der Entkolonialisierungsbewegung, die seit dem Ersten Weltkrieg, in dem die Kolonialmächte in großer Zahl Kolonialsoldaten aus Asien, Afrika und Nord- und Südamerika rekrutiert hatten, stärker geworden war. Der antikoloniale Kampf richtete sich vor allem gegen die Kolonialherrschaft, beinhaltete aber auch eine neue Sicht auf die Kolonialgeschichte, eine bewusste Anstrengung, die von weißen Historikern stammenden Narrative und Interpretationen durch eine kritischere Beurteilung der Beziehung zwischen Kapitalismus und rassistischer Ausbeutung zu ersetzen. Die Katastrophen, die das globale System zwischen 1914 und 1945 ereilten, verliehen der antikolonialen Bewegung zusätzliche Schubkraft. Im Jahr 1900 waren die europäischen Kolonialreiche unangreifbar erschienen. Doch in den 1930er- und 1940er-Jahren wurden sie bis ins Mark erschüttert, was ihren kolonialen Untertanen neue Aussichten eröffnete, die unter anderem durch

Autoren wie Du Bois, James und Williams eine öffentliche Stimme fanden, die ihnen lange Zeit verwehrt war.

Du Bois wuchs in Great Barrington in Massachusetts auf und war eine Generation älter als James und Williams. Er war nicht nur Gründungsmitglied des Nationalen Verbands zur Förderung von Farbigen, sondern auch ein führender Vertreter der panafrikanischen Bewegung, die sich für die Unabhängigkeit der afrikanischen Nationen und die Einheit aller schwarzen Völker einsetzte. James verließ Trinidad in den frühen 1930er-Jahren und ging nach England, wo er seinen Lebensunterhalt als Kricketreporter verdiente. Daneben arbeitete er an seinen eigenen Schriften, schloss sich einer trotzkistischen Gruppe an und gab das Nachrichtenblatt einer panafrikanischen Gruppe heraus. Williams äußerte in seinen prägenden Jahren keine starken politischen Ansichten, aber seine gesamte Weltsicht war, wie seine Antworten im »viva voce« in Oxford andeuteten, von seiner Herkunft aus einer britischen Kolonie geprägt. Der kalifornische Politologe Cedric Robinson ging in seinem 1983 erschienenen Buch *Black Marxism*, in dem er den Begriff des Rassenkapitalismus in den intellektuellen Diskurs einführte, auf Du Bois, James und Williams ein, die er zu einer Gruppe hochgebildeter »schwarzer Radikaler« zählte, deren Kritik, wie er unter Verweis auf den schwarzen Schriftsteller Richard Wright hinzufügte, »im Bewusstsein der schwarzen Massen verwurzelt« sei.[9] Ungeachtet dessen, ob diese Lesart akzeptiert wird oder nicht, waren *Black Reconstruction*, *Die schwarzen Jakobiner* und *Kapitalismus & Sklaverei* zweifelsohne Produkte ihrer Zeit, in welcher der globale Kapitalismus von der Doppelkrise von Depression und Faschismus erschüttert war und so die Entkolonialisierung zu einer realistischeren Perspektive wurde und frisches Denken gebraucht wurde.

Du Bois wurde in den Jahrzehnten seit Erscheinen seines Klassikers *Die Seelen der Schwarzen* im Jahr 1903 in zunehmendem Maß von der klassenbasierten Analyse von Marx und anderen sozialistischen Denkern beeinflusst. 1926 hatte er die Sowjetunion besucht, deren Anstrengungen, eine klassenlose Gesellschaft aufzubauen, ihn beeindruckten. Als er *Black Reconstruction* schrieb, tat er es aus weitgehend materialistischer Perspektive, indem er die Rolle ökonomischer Faktoren bei der Herausbildung und Aufrechterhaltung der rassistischen Ideologie weißer Südstaatler vor und nach dem Amerikanischen Bürgerkrieg hervorhob. »Dass der Süden die Doktrin von der Minderwertigkeit der Neger annahm, war in erster Linie in ökonomischen Motiven und dem mit ihnen verknüpften politischen Drang, die Sklavenwirtschaft zu erhalten, begründet«, schrieb er. Nach der Emanzipationsproklamation hätten die weißen Pflanzer in den Südstaaten verzweifelt nach billigen Arbeitskräften gesucht, und die weißen Arbeiter hätten befürchtet, dass die freien Schwarzen ihre Löhne unterbieten und ihnen die Arbeitsplätze wegnehmen würden: »Man muss daran erinnern und darf nie vergessen, dass der Bürgerkrieg im Süden, der die Reconstruction über den Haufen warf, eine entschlossene Anstrengung war, schwarze Arbeitskräfte so weit wie möglich auf einen Zustand unbegrenzter Ausbeutung zu beschränken und auf dieser Grundlage eine neue Schicht von Kapitalisten hervorzubringen.«[10]

Aber obwohl Du Bois einen Klassenstandpunkt einnahm, erklärte er auch, dass man die Geschichte der Südstaaten nicht verstehen könne, ohne den Rassismus in den Blick zu nehmen, und zwar nicht nur als Produkt des Kapitalismus, sondern auch als unabhängigen Faktor, der unterhalb der Marx'schen Zweiteilung von Kapitalisten und Proletariat wirke. In den Südstaaten gebe es zwei getrennte Proletariate – ein schwarzes und ein weißes. Diese Spaltung habe die Entstehung einer von Klassenbewusstsein und Ablehnung kapitalistischer Ausbeutung geeinten Arbeiterbewegung, die im marxistischen Modell der Hauptakteur der Geschichte sei, verhindert. »Die meisten Menschen erkennen nicht, wie wenig [diese Vereinigung] im Süden funktionierte«, fuhr Du Bois fort, »und sie funktionierte nicht, weil durch eine sorgfältig geplante und langsam gesteigerte Anstrengung die Rassentheorie durchgesetzt und ein Keil zwischen weiße und schwarze Arbeiter getrieben wurde, sodass es heute wahrscheinlich nirgends auf der Welt noch zwei Gruppen von Arbeitern mit praktisch identischen Interessen gibt, die einander so tief hassen und fürchten und die so weit voneinander ferngehalten werden, dass keine von beiden irgendein gemeinsames Interesse sieht.«[11]

Dieser Rassenantagonismus war nach Du Bois' Ansicht ein Schlüsselfaktor der Verfestigung der weißen Herrschaft durch die Jim-Crow-Gesetze und der faktischen Entrechtung vieler Schwarzer. Die Hauptnutznießer dieses wiederhergestellten Systems der Rassenherrschaft seien frühere Pflanzer aus dem Süden und kapitalistische Spekulanten aus dem Norden gewesen, die auf der Suche nach schnellem Profit in den Süden gezogen seien. Auch weiße Arbeiter, betonte Du Bois, hätten das System unterstützt und von ihm profitiert, denn »obwohl sie niedrige Löhne erhielten, wurden sie zum Teil durch eine Art öffentlichen und psychologischen Lohn entschädigt. Weil sie weiß waren, wurden ihnen öffentliche Ehrerbietung und Höflichkeitstitel zuteil. Sie hatten wie alle Schichten weißer Menschen Zugang zu öffentlichen Ämtern, öffentlichen Parks und den besten Schulen.« Auf der anderen Seite der Rassenschranke sei der schwarze Südstaatler »Gegenstand öffentlicher Kränkungen« gewesen, »lebte in Angst vor Mobs, war dem Hohn weißer Kinder und der unbegründeten Angst weißer Frauen ausgesetzt und fast ständig gezwungen, sich auf die eine oder andere Weise unterwürfig zu verhalten«.[12]

Indem Du Bois die Rassentrennung innerhalb der Arbeiterklasse hervorhob und den Begriff des »psychologischen Lohns« einführte, den weiße Arbeiter den Strukturen der Rassenunterdrückung verdankten, ging er weit über traditionelle marxistische Anschauungen hinaus. Seine Analyse kann als Antwort auf eine Frage über den Kapitalismus verstanden werden, die linke Denker seit Langem beschäftigt hatte: Wieso war ein derart ausbeuterisches System so schwer zu beseitigen? Du Bois' Antwort lautete, dass jede kohärente Darstellung der Dauerhaftigkeit des Kapitalismus, zumindest für den Süden der Vereinigten Staaten, Rassentrennung und Rassendiskriminierung in die grundlegende ökonomische Spaltung zwischen besitzlosen Arbeitern und Kapitalbesitzern einbeziehen müsse.

Dieser Ansatz hatte unverkennbare Implikationen für die Interpretation anderer multiethnischer Gesellschaften sowie des kapitalistischen Weltsystems, in denen die Arbeitsteilung teilweise oder weitgehend von Rassenspaltungen überlagert wurde. Es ist verständlich, dass Robinson und andere Du Bois als Vorreiter der Theorie des Rassenkapitalismus betrachteten, der zufolge kapitalistische Eliten den Rassismus benutzen, um ihre Macht zu festigen, und Kapitalismus und Rassismus seit der Entstehung des Ersteren miteinander verknüpft sind. Du Bois war seiner Zeit voraus, obwohl auch angemerkt werden muss, dass er die Rassenperspektive in dieser Phase seines Lebens nicht als Alternative zur Klassenanalyse betrachtete, sondern als einen ihrer wesentlichen Bestandteile. Die Folge der Rassentrennung in den amerikanischen Südstaaten, schrieb er in *Black Reconstruction*, sei gewesen, »dass die Löhne beider Klassen« – der schwarzen und der weißen Arbeiterklasse – »niedrig gehalten werden konnten, da die Weißen fürchteten, von Schwarzen ersetzt zu werden, und den Negern mit der Verdrängung durch weiße Arbeitskräfte gedroht wurde«.[13]

Williams war während seiner Zeit als Wissenschaftler weniger offen politisch als Du Bois und James, aber ebenso bemüht, ein neues, realitätsnahes Narrativ zu entwickeln. »Jedes Zeitalter schreibt die Geschichte neu, aber auf das unsere, das durch die Ereignisse gezwungen ist, seine Vorstellungen von Geschichte, Ökonomie und politischer Entwicklung neu zu bewerten, trifft dies ganz besonders zu«, stellte er im Vorwort von *Kapitalismus & Sklaverei* fest. Im ersten Kapitel des Buchs, »Der Ursprung der Negersklaverei«, behandelte er die ökonomischen Wurzeln des transatlantischen Sklavenhandels, wobei er hervorhob, dass europäische Plantagenbesitzer in Amerika zunächst einheimische Sklaven und weiße Vertragsarbeiter beschäftigt hätten, bevor sie sich Afrika als Quelle von Arbeitskräften zuwandten. »Bei der Sklaverei in der Karibik fokussiert man sich zu stark auf die Schwarzen«, fuhr er fort. »So wurde einem eigentlich wirtschaftlichen Phänomen ein ethnischer Drall verliehen. Die Sklaverei entspross nicht dem Rassismus: vielmehr war der Rassismus eine Konsequenz der Sklaverei. Unfreie Arbeitskräfte in der Neuen Welt waren braun, weiß, schwarz und gelb; katholisch, protestantisch und heidnisch.« Williams berichtete, dass man weiße Vertragsarbeiter, unter ihnen Strafgefangene und irische Rebellen, für die Überfahrt über den Atlantik in die Karibik und nach Nordamerika auf von Krankheiten geplagten Schiffen zusammenpferchte »wie Sardinen in einer Büchse«. Der Hauptgrund, aus dem die Plantagenbesitzer sich schließlich für afrikanische Arbeitskräfte entschieden, sei wirtschaftlicher Art: »Mit dem Geld, das einem die Dienste eines weißen Mannes für zehn Jahre erwarb, konnte man sich einen Schwarzen für die Dauer seines Lebens kaufen. Wie der Gouverneur von Barbados erklärte, machten barbadische Pflanzer die Erfahrung, dass ›drei Schwarze besser und billiger arbeiten als ein Weißer‹.«[14]

Williams verfügte nicht über die heutigen Datenbanken, die das enorme Ausmaß des transatlantischen Sklavenhandels genau dokumentieren. Auf der Grundlage der ihm zur Verfügung stehenden Belege führte er aus, dass allein 1760 146 Schiffe mit einem Fassungsvermögen von 36 000 Sklaven aus britischen Häfen in Richtung Afrika ausgelaufen seien, und bis 1771 sei »die Anzahl der Schiffe auf 190 und die Anzahl der Sklavinnen und Sklaven auf 47 000 gestiegen«. Nach Jamaika seien zwischen 1700 und 1786 610 000 Sklaven verschleppt worden, und Schätzungen gingen davon aus, »dass der Gesamtimport aller britischen Kolonien zwischen 1680 und 1786 sich auf über zwei Millionen belief«.[15]

Williams' Darstellung des Dreieckshandels war schonungslos. »Der Kauf von Sklav*innen erforderte einen Sinn fürs Geschäft und ein scharfsinniges Urteilsvermögen«, schrieb er. »Ein angolanischer Schwarzer stand sprichwörtlich für Wertlosigkeit; Coromantee (Aschanti) von der Goldküste waren gute Arbeiter*innen, aber zu aufmüpfig; Mandingos (Senegal) waren zu diebisch; die Ebos (Nigeria) waren schüchtern und mutlos; die Pawpaws oder Whydahs (Dahomey) waren am fügsamsten und am besten geeignet.« Bei der Ankunft in der Karibik wurden die afrikanischen Gefangenen, die die oft tödliche Überfahrt überlebt hatten, auf Auktionen an Plantagenbesitzer verkauft, insbesondere an Zuckerrohranbauer, von denen manche Hunderte von Sklavenarbeitern beschäftigten. Auf manchen Inseln wurden durch die Ausbreitung der Plantagen kleinere Pflanzer verdrängt, sodass die weiße Bevölkerung schrumpfte. »König Zucker hatte mit seinen Plünderungen begonnen«, konstatierte Williams, »und verwandelte florierende Gemeinwesen kleiner Farmer*innen in gewaltige Zuckerfabriken, die Eigentum einer Kamarilla absenter kapitalistischer Magnaten waren und in denen Massen ausländischer Proletarier*innen arbeiteten.«[16]

Durch die Bezeichnung der Sklavenarbeiter als Proletarier erfasste Williams den Kernpunkt, dass Sklaverei und Fabrikarbeit aus ökonomischer Sicht alternative Wege waren, eine große Zahl von Arbeitskräften zu erhalten. Nach Adam Smiths Ansicht war Lohnarbeit die billigere und effizientere Option, aber diese Einschätzung warf die Frage auf, ob sie für Plantagen in Amerika, die ihre Arbeitskräfte von weit her holen mussten, jemals praktikabel sein konnte. Außerdem wurde die Tatsache ausgeblendet, dass der auf Sklavenarbeit beruhende Plantagenkapitalismus lange Zeit große Profite erwirtschaftete. Williams beschrieb, wie auf Barbados, einer der größeren britischen Kolonien, der Landpreis im Zuge der Entwicklung der Zuckerindustrie in die Höhe schoss und enorme Vermögen aufgebaut wurden. Die Plantagenbesitzer beherrschten die Inselwirtschaften, und in ihren Heimatländern bildeten sie eine Schicht von Neureichen, die ihren Reichtum zur Schau stellten, indem sie grandiose Landhäuser für sich errichteten, wie Fonthill Mansion der Familie Beckford in Wiltshire und Bromley Hill Place der Familie Long in Kent.[17]

Bei der Darstellung der wirtschaftlichen Funktionsweise des Sklavenhandels hielt sich Williams nicht lange bei dem grenzenlosen menschlichen Elend und der Grausamkeit, die ihm zugrunde lagen, auf. Aber er beschönigte auch nicht den tief sitzenden Rassismus der Sklavenhändler und Plantagenbesitzer, der sie gegen die schreckliche Wirklichkeit ihres Geschäfts abhärtete. »Die Sklavenhändler zählten zu den führenden Humanisten ihrer Zeit«, bemerkte er ironisch. »John Cary, ein Befürworter des Sklavenhandels, stach ob seiner Integrität und Humanität hervor und war der Gründer einer Gesellschaft, die als Incorporation of the Poor (›Gesellschaft der Armen‹) bekannt war. [...] Bryan Blundell aus Liverpool, [...] sowohl am Sklaven- als auch am Westindienhandel beteiligt, war lange Jahre Treuhänder, Schatzmeister, Schirmherr und aktivster Unterstützer einer Armenschule [...].« – »Seltsam«, merkte er mit bitterem Spott an, »dass ein Produkt wie Zucker, das so süß und notwendig für die menschliche Existenz ist, zu solchen Verbrechen und solchem Blutvergießen führte.«[18]

Andere Gelehrte, wie die englischen Historiker Herman Merivale und V. T. Harlow sowie ihre amerikanischen Kollegen Charles McLean Andrews und Lowell J. Ragatz, hatten bereits maßgebliche Arbeiten über die Sklaverei und die karibischen Plantagen veröffentlicht. Williams bezog sich nicht nur auf einige davon, sondern widmete sein Buch auch Ragatz, der an der George Washington University lehrte und dessen »monumentale Arbeit auf diesem Gebiet« er hervorhob.[19] Aber er ging über die früheren Historiker hinaus, indem er die ökonomischen Folgen der Sklaverei und des Plantagenkapitalismus für die gesamte Wirtschaftsentwicklung Großbritanniens in seine Untersuchung einbezog. Sklavenarbeit, erklärte er, habe nicht nur einzelnen Plantagenbesitzern zu großem Reichtum verholfen, sondern sei auch eine der Hauptstützen des Aufstiegs des Industriekapitalismus gewesen. Dieses Argument wurde später als Williams-These bekannt.

Er behauptete nicht, dass Kolonialismus und Sklaverei die einzigen Triebkräfte der britischen Wirtschaft waren: »Man darf daraus aber nicht folgern«, warnte er, »dass für die wirtschaftliche Entwicklung einzig und allein der Dreieckshandel verantwortlich gewesen wäre. Das Wachstum des englischen Binnenmarktes und die Reinvestition der Gewinne aus der Industrie, um noch mehr Kapital anzuhäufen und noch weiter zu expandieren, leisteten einen beträchtlichen Beitrag.«[20] Aber er beharrte darauf, dass der Dreieckshandel das britische Wirtschaftswachstum erheblich beschleunigt hatte, und begründete diese Aussage im Einzelnen damit, dass er zu zeigen versuchte, wie er spezifische Wirtschaftszweige in Großbritannien, insbesondere die Baumwollindustrie in Lancashire, angekurbelt hatte, und beschrieb, wie die durch Sklavenhandel und Plantagenkapitalismus generierten Profite in die übrige britische Wirtschaft durchsickerten und sie »befruchteten«.

Die Argumentationskette begann mit der ersten Seite des Dreiecks: »Das Sklavenschiff segelte mit einer Ladung verarbeiteter Produkte vom Heimatland los.« Weiter ging es damit, dass diese »mit Gewinn an der Küste Afrikas gegen Schwarze getauscht [wurde], die wiederum mit Gewinn auf den Plantagen gegen koloniale Rohstoffe getauscht wurden. Diese schiffte man dann zurück in das Heimatland. Als das Handelsvolumen zunahm, wurde der Dreieckshandel durch einen direkten Handel zwischen dem Heimatland und den Westindischen Inseln ergänzt – aber nie ersetzt […].« Auf eine 1776 von dem Staatsbeamten Charles Whitworth verfasste bahnbrechende Studie über die britische Handelsbilanz gestützt, schätzte Williams, dass zwischen 1714 und 1773 rund 20 Prozent der britischen Einfuhren aus der Karibik kamen und der Austausch mit ihr rund 12 Prozent des gesamten britischen Außenhandels ausmachte. Der Handel mit dem nordamerikanischen Festland, einschließlich der Sklavenkolonien im

Süden, hatte einen Anteil von weiteren 10 Prozent. Der Austausch mit Indien dürfte noch größer als der transatlantische Handel gewesen sein, räumte Williams ein, und es sei »sogar wahrscheinlich, dass die Profite aus dem Sklavenhandel geringer waren als die, die die Britische Ostindien-Kompanie erwirtschaftete«. Doch diese Handelszweige seien »von weit geringerer Bedeutung als der Sklavenhandel« gewesen.[21]

Wie das? Das Geschäftsmodell der Ostindien-Kompanie, erklärte Williams, sei es gewesen, mit britischem Gold und Silber indische Produkte zu kaufen – wie Gewürze, Seide und Baumwolle –, sie nach Großbritannien zu verschiffen und dort mit großem Preisaufschlag zu verkaufen. Nach Williams' Ansicht war »der Indienhandel vom merkantilistischen Standpunkt aus abträglich«, denn der »Kauf unnötiger Waren führte dazu, dass Edelmetalle aus Großbritannien abflossen«.[22] Der Dreieckshandel dagegen schuf neue Märkte für britische Fertigwaren und versorgte Großbritannien mit wichtigen Rohstoffen für seine Industrie, insbesondere Baumwolle. Um dies zu illustrieren, beschrieb Williams die Fracht eines britischen Sklavenschiffs, das 1787 nach Afrika ausgelaufen war:

> »Baumwolle und Leinenwaren, Seidentaschentücher, blaue und rote Stoffe aus grober Wolle, gemaserte scharlachrote Tuche, grobe und feine Hüte, Mützen aus Kammgarn, Gewehre, Pulver, Schrot, Säbel, Bleibarren, Eisenbarren, Zinnbecher, Kupferkessel und Pfannen, eiserne Töpfe, verschiedene Metallwaren, Ton- und Glaswaren, Haar- und Goldlederkoffer, verschiedene Perlen, Ringe und Ornamente aus Silber und Gold, Papier, grobe und feine Karostoffe, Rüschenhemden und -mützen aus Leinen, britischer und ausländischer Schnaps und Tabak.
>
> Diese bunte Mischung war die typische Fracht des Sklavenhändlers. Schmuck für Afrikaner*innen, Haushaltswaren, Stoffe aller Art, Eisen und andere Metalle, zusammen mit Ge-

wehren, Handschellen und Ketten: Die Produktion dieser Waren gab dem Kapitalismus Impulse, schaffte Beschäftigung für britische Arbeitskräfte und brachte England gewaltige Profite.«[23]

Zu den direkten Nutznießern des Dreieckshandels gehörten die britischen Hafenstädte, über die er abgewickelt wurde, wie Bristol, Glasgow und Liverpool. Zwischen 1700 und 1773 wuchs Liverpools Einwohnerschaft von 5000 auf 34 000 Menschen.[24] Das erste Sklavenschiff lief dort 1709 nach Afrika aus. 1730 waren es 15 und 1771, wie Williams hervorhob, über 100.[25] Außerdem identifizierte er einige örtliche Profiteure des Handels, wie John Gladstone, den Vorsitzenden der Liverpooler West India Association, einer Händlervereinigung für am Dreieckshandel beteiligte Pflanzer und Kaufleute. Dessen Sohn, William Ewart Gladstone, sollte im späten 19. Jahrhundert viermal britischer Premierminister werden. Der ältere Gladstone hatte als Kaufmann angefangen und »durch Zwangsvollstreckungen große Plantagen in Britisch-Guayana und Jamaika« erworben, »während er sich gleichzeitig intensiv am Westindienhandel beteiligte. Der Zucker und die anderen Erzeugnisse, die er an der Liverpooler Börse handelte, stammten von seinen eigenen Plantagen und wurden auf seinen eigenen Schiffen transportiert. Das Vermögen, das er so anhäufte, erlaubte es ihm, Handelsbeziehungen nach Russland, Indien und China zu knüpfen und erfolgreich und in großem Maßstab in Grundbesitz und Immobilien in Liverpool zu investieren.«[26]

Neben den Kaufleuten und Werften der Hafenstädte, unterstrich Williams, profitierten auch viele andere Personen und Regionen in Großbritannien vom Dreieckshandel. In Bristol habe es 1799 20 Zuckerfabriken gegeben und in London 80.[27] In der Binnenstadt Birmingham und ihrer Umgebung stellten Metallfabriken Waren her, die nach Afrika exportiert wurden, wie Besteck, Messingpfannen und -töpfe, Eisenstangen (aus denen die Sklavenhändler Ketten, Schlösser und Brenneisen herstellten) und Kanonen. »Die Waffen aus Bristol wurden im 18. Jahrhundert gegen Menschen eingetauscht«, stellte Williams fest, »und laut einem gängigen Sprichwort war eine Waffe aus Birmingham der Preis für einen Schwarzen.« Manche Unternehmen produzierten speziell für den afrikanischen Markt bestimmte Waren. Williams griff die Cheadle Company heraus, die *manelloes* (Ringe) aus Messing herstellte, die häufig als Währung für den Kauf von Sklaven benutzt wurden. Zwischen 1734 und 1780, strich er heraus, habe sich das Kapital des Unternehmens auf das Elffache vergrößert.[28]

Aus diesen Beispielen folgerte Williams, dass der Dreieckshandel die gesamte britische Wirtschaft durchdrungen habe. »Um 1750«, schrieb er, »gab es in England kaum noch eine Handels- oder Industriestadt, die nicht in irgendeiner Weise im Dreieckshandel oder dem direkten Kolonialhandel involviert war.« Diese Verbindungen seien nicht auf Fabrikation und Schifffahrt beschränkt gewesen, auch Banken und andere Finanzinstitute, einschließlich des berühmten Versicherungsmarkts Lloyd's of London, hätten verschiedene Aspekte des Sklavenhandels mitfinanziert. Williams beschrieb, wie in der Frühzeit von Lloyd's, als der Markt kaum mehr als ein von Kaufleuten und Schiffseignern besuchtes Kaffeehaus im Londoner Finanzdistrikt war, »viele Anzeigen über entlaufene Sklav*innen in der London Gazette Lloyd's als den Ort [nannten], an den sie zurückgebracht werden sollten«. Später, als er buchstäblich das Monopol auf Seefahrtsversicherungen errichtet hatte, »versicherte Lloyd's auch Sklav*innen und Sklavenschiffe und besaß ein großes Interesse an den rechtlichen Entscheidungen darüber, was unter ›natürlichen Tod‹ und was unter ›Seerisiken‹ fiel«.[29]

Williams wies nicht als Erster darauf hin, dass der Sklavenhandel und der Plantagenkapitalismus die Kolonialmächte bereicherten und ihre Wirtschaften anregten. James verwies in seinem Buch *Die schwarzen Jakobiner*, das vor *Kapitalismus & Sklaverei* erschienen war, auf das Wachstum von Nantes, dem wichtigsten französischen Hafen für den Sklavenhandel, Marseille, von wo aus viel Handel mit der Karibik betrieben wurde, und Bordeaux, von wo aus Wein und Weinbrand in die Kolonien geliefert wurde. »Nantes, Bordeaux und Marseille waren die Hauptzentren der Handelsbourgeoisie«, stellte er fest, »aber Orleans, Dieppe, Bercy-Paris sowie ein Dutzend großer Städte raffinierten Rohzucker und hatten in abhängigen Industriezweigen Fuß gefasst. Eine große Menge der Häute, die in Frankreich verarbeitet wurden, kam aus San Domingo. Die florierende Baumwollindustrie der Normandie bezog einen Teil ihrer Baumwolle aus Westindien, und die Bevölkerung von mehr als hundert französischen Städten war im Baumwollhandel mit all seinen Verästelungen beschäftigt.«[30]

Williams trat mit seiner Untersuchung der wirtschaftlichen Auswirkungen des Sklavenhandels in James' Fußstapfen. Sein wichtigster Beitrag bestand darin, dass er dessen Analyse ausweitete und auf die Herausbildung der ersten industriekapitalistischen Wirtschaft der Welt anwandte. Der mächtige Motor der industriellen Revolution in Großbritannien war natürlich die Baumwollindustrie in Lancashire, bei deren Entwicklung Sklaverei und Dreieckshandel, laut Williams, eine bedeutende Rolle gespielt hatten. Seine Argumentation bestand aus drei Teilen, von denen die ersten beiden auf dem grundlegenden ökonomischen Konzept von Angebot und Nachfrage beruhten.

In den Sklavenhandelshäfen an der afrikanischen Westküste, erklärte Williams, sei die Nachfrage nach Baumwoll- und Leinenwaren besonders groß gewesen, und die Baumwollfabrikanten in Lancashire seien nur zu gern bereit gewesen, diesen Markt zu bedienen, auf dem ihre Waren mit billigen Baumwollwaren aus Indien konkurrierten. Baumwollprodukte aus Lancashire seien auch in die britischen Kolonien in der Karibik und auf dem amerikanischen Festland verschifft worden, wo man unter anderem Sklavenarbeiter mit ihnen eingekleidet habe. Manche dieser Waren seien über Afrika auf Sklavenschiffen, andere auf direktem Weg über den Atlantik transportiert worden. »Was der Bau von

Schiffen für den Sklaventransport Liverpools im 18. Jahrhundert war, war im selben Jahrhundert die Herstellung von Baumwollwaren für den Sklavenkauf Manchesters«, stellte Williams fest. »Der erste Wachstumsimpuls für Cottonopolis kam von den afrikanischen und westindischen Märkten.« In den 40 Jahren zwischen 1739 und 1779 sei der Export aus Manchester, dem Warenwert nach, von 14000 auf 303000 Pfund gestiegen. »Bis 1770 ging ein Drittel dieses Exports an die Sklavenküste und die Hälfte an die Kolonien in Amerika und auf den Westindischen Inseln.«[31]

Nachdem er die Nachfrage abgehandelt hatte, wandte sich Williams der Angebotsseite zu. Um Baumwollstoffe in großer Menge herstellen zu können, brauchten die Baumwollspinnereien verlässliche Lieferquellen großer Mengen von Rohbaumwolle, die sie sich zum großen Teil von den Plantagen in der Karibik und auf dem amerikanischen Festland beschafften. Im frühen 18. Jahrhundert, führte Williams aus, seien drei Viertel der nach Großbritannien eingeführten Baumwolle von den Westindischen Inseln gekommen, und bis 1780 sei dieser Anteil auf zwei Drittel gestiegen.[32] In den nachfolgenden Jahrzehnten habe sich die Baumwollbeschaffung langsam von dort aufs amerikanische Festland verlagert.

In Lancashire konnte die Produktion der Baumwollspinnereien mithilfe von Wasserkraft und später von Dampfkraft erheblich gesteigert werden, womit sich auch ihr Bedarf an Baumwolle erhöhte. In den Vereinigten Staaten erhielt der Erfinder Eli Whitney aus Massachusetts 1794 das Patent für seine Cotton Gin, eine Maschine für die schnelle Ernte und Säuberung von kurzstapeliger Baumwolle, die viel leichter anzubauen war als die in der Karibik angebaute langstapelige Variante. Mithilfe von Whitneys Maschine konnten Plantagenbesitzer im nordamerikanischen Süden sowohl die Preise der westindischen Pflanzer unterbieten als auch größere Mengen produzieren. Die schrittweise Verdrängung der karibischen Baumwollproduzenten durch nordamerikanische Konkurrenten sollte für beide Regionen erhebliche historische Folgen haben. Aus der Perspektive der Baumwollindustrie von Lancashire, betonte Williams, habe es sich lediglich um den Wechsel zu einem günstigeren ausländischen Anbieter gehandelt. »Als die Egreniermaschine den Anbau kurzstapeliger Baumwolle ermöglichte, indem sie die Reinigungsarbeit erleichterte, verlagerte sich der Schwerpunkt von den Inseln auf das Festland, um den immensen Bedarf der neuen Maschinen in England zu decken.«[33]

Auf Drängen der Abolitionisten unter Führung des evangelikalen Politikers William Wilberforce aus Yorkshire verbot das britische Parlament 1807 den Sklavenhandel innerhalb des Britischen Empires. Aber das neue Gesetz befreite weder die Sklaven, noch ächtete es den Kauf von ihnen hergestellter Waren. Zwischen 1784 und 1832 wuchs der britische Import von Rohbaumwolle seinem Wert nach von 11 auf 283 Millionen Pfund. Am Ende dieser Zeitspanne kamen drei Viertel der von den Baumwollspinnereien in Lancashire verarbeiteten Rohbaumwolle von nordamerikanischen Plantagen. »Der Kapitalist Manchesters betrachtete von seinem Berge aus das Gelobte Land, wie Moses vom Berg Nebo«, schrieb Williams. »Die Neue Welt war, dank Eli Whitney, der Alten Welt zur Rettung geeilt – und das nicht zum letzten Mal.«[34]

Das dritte Element von Williams' auf die Baumwollindustrie angewandter These sollte zum Gegenstand einer anhaltenden Debatte werden: die Behauptung, dass der Sklavenhandel direkt und indirekt auch einen beträchtlichen Teil des Kapitals einbrachte, mit dem der Aufstieg der britischen Industrie finanziert wurde, insbesondere derjenigen in Lancashire. Mit Blick auf die geografische Nähe von Liverpool zu Manchester – die beiden Städte liegen nur gut 50 Kilometer auseinander – bemerkte er:

> »Es lag ausschließlich an der Akkumulation von Kapital in Liverpool, die die Bevölkerungszunahme Lancashires hervorrief und die Produktion in Manchester ankurbelte. Die Grundlage dieser Kapitalakkumulation war der Sklavenhandel, des-

sen Bedeutung von Zeitgenoss*innen mehr gewürdigt wurde als von späteren Historiker*innen.«[35]

Doch Williams schränkte diese Behauptung sofort ein: »Zwischen den Baumwollfabrikanten Manchesters und den Sklavenhändlern bestanden keine solch engen Verbindungen, wie wir sie bereits im Fall der Schiffsbauer Liverpools bemerkt haben.« Es gebe »allerdings zwei Ausnahmen«, fuhr er fort: William Fazackerly und Samuel Touchet, zwei Geschäftsleute aus Manchester, die »beide Mitglieder der Company of Merchants Trading to Africa« gewesen seien. Touchet sei gemeinsam mit seinem Bruder Teilhaber von etwa 20 Schiffen im Westindienhandel gewesen, und die ebenfalls aus Manchester stammende Kaufmannsfamilie Hibbert »besaß Zuckerrohrplantagen in Jamaika und lieferte bei einer Gelegenheit Karostoffe und [Baumwollwaren] für den Sklavenhandel an die African Company«.[36]

Sein Argument über Lancashire hinaus ausdehnend, verwies er auf einige andere britische Industrielle, die von im Dreieckshandel generiertem Kapital profitierten. Der berühmteste unter ihnen war der schottische Erfinder James Watt, dessen Dampfmaschine eine der Schlüsselerfindungen der industriellen Revolution war. »Es war das Kapital, das im Westindienhandel angehäuft worden war, das James Watt und die Dampfmaschine finanzierte«, schrieb Williams. Watt und Matthew Boulton, sein Partner in dem berühmten Maschinenbauunternehmen Boulton and Watt, hätten vom Bankhaus Lowe, Vere, Williams and Jennings, das auch Kredite an Schiffe im Karibikhandel vergab, »Vorschüsse« erhalten. Außerdem erwähnte Williams den Eisenhändler Anthony Bacon, der in Merthyr Tydfil in Südwales zusammen mit einem westindischen Pflanzer eine große Eisenhütte gegründet hatte und selbst an lukrativen afrikanischen Unternehmungen beteiligt war, »indem er die Truppen an der Küste mit Lebensmitteln versorgte und dann Aufträge der Regierung annahm, erfahrene und fähige Schwarze an die Westindischen Inseln zu liefern«. Zusammenfassend schrieb Williams: »Der Dreieckshandel leistete zur industriellen Entwicklung Großbritanniens einen enormen Beitrag. Die Profite aus diesem Handel belebten das gesamte Produktionssystem des Landes.«[37]

Williams' Buch wurde allgemein positiv aufgenommen. Ein Rezensent stellte in *The Times Literary Supplement* fest, es sei »wunderbar geschrieben, wohlüberlegt und ein originelles Werk«. In der *New York Herald Tribune* lobte der amerikanische Historiker Henry Steele Commager es als die »gründlichste und originellste Monographie, die bisher zu diesem Feld der Geschichte erschienen ist«. In *The Barbados Advocate* wurde es als »nichts Geringeres als ein Meisterwerk« gepriesen.[38] Williams wurde als Redner zu Konferenzen in New York, Boston, Chicago und anderen Städten eingeladen, und die Zeitschrift *Foreign Affairs* bat ihn um einen Artikel über Puerto Rico und die amerikanischen Virgin Islands.

In manchen Wirtschafts- und Wirtschaftsgeschichtsfakultäten fiel die Reaktion auf Williams' Buch skeptischer aus. 1948 veröffentlichte T. S. Ashton von der University of Manchester eine viel gelesene Darstellung der industriellen Revolution in Großbritannien, in der er die Rolle technologischer Fortschritte, des raschen Bevölkerungswachstums und kultureller Veränderungen in den Vordergrund rückte. Die Sklaverei erwähnte er nicht. In den 1970er-Jahren bezweifelte eine neue Generation quantitativ orientierter Wirtschaftshistoriker einige von Williams' Aussagen, insbesondere seine Behauptung, Profite aus dem Sklavenhandel hätten die Fabriken in Lancashire mitfinanziert. Diese Gelehrten wiesen darauf hin, dass viele der Schlüsselerfindungen der Baumwollindustrie – wie Richard Arkwrights Waterframe-Spinnmaschine, James Hargreaves' Spinning Jenny, Samuel Cromptons Spinning Mule und Edmund Cartwrights Power Loom – das Werk von Tüftlern gewesen seien, die wenig, wenn überhaupt von außen finanziert wurden. Darüber hinaus seien die frühen Spinnereien in Lancashire, in denen die neuen Erfindungen genutzt wurden, nach modernen Maßstäben klein gewesen und hätten nicht viel, wenn überhaupt finanzielle Zuwendungen von außen benötigt, da sie große Gewinne erwirtschafteten. »Die Reinvestition der hohen Profite, die in den neuen Sektoren erzielt wurden«, erläuterte der Wirtschaftshistoriker Larry Neal von der University of Illinois in Urbana-Champaign in einer 1994 erschienenen Studie über die Unternehmensfinanzierung während der industriellen Revolution, »versetzte erfolgreiche Unternehmen in die Lage, das physische Ausmaß ihrer Produktion zu erweitern, ohne auf Finanzquellen außerhalb ihres unmittelbaren Kreises von Familie, Freunden und engen Geschäftspartnern zurückgreifen zu müssen.«[39]

Andere Wirtschaftshistoriker stellten Williams' allgemeinere Behauptung, Profite aus dem Dreieckshandel hätten die gesamte britische Wirtschaft »befruchtet«, infrage. Stanley Engerman von der University of Rochester schätzte in einem 1972 erschienenen Aufsatz, dass die gesamten Profite aus dem britischen Sklavenhandel 1770 gerade einmal 0,54 Prozent des britischen Nationaleinkommens und weniger als 10 Prozent der industriellen Kapitalinvestitionen ausgemacht hatten. »Sogar unter einigen unwahrscheinlichen Annahmen«, fasste Engerman seine Ergebnisse zusammen, »kann der Gesamtbeitrag der Profite aus dem Sklavenhandel zur Finanzierung der britischen Kapitalbildung im 18. Jahrhundert nicht so groß gewesen sein, dass man ihn als *die* oder *eine* wesentliche Einflussgröße bezeichnen kann. Seine Rolle war insofern positiv, als er einige Profite erbrachte, die zu einigen neuen Investitionen in industrielle Aktivitäten genutzt worden sein mögen, aber im Vergleich zur gesamten Kapitalbildung hatten sie einen relativ geringen Umfang.«[40] 1982 erweiterte der Wirtschaftshistoriker Patrick O'Brien, der damals an der Oxford University lehrte, die Kritik über die Sklaverei hinaus auf den gesamten europäischen Kolonialismus, indem er der Auffassung widersprach, er habe eine wesentliche Rolle für das europäische Wirtschaftswachstum gespielt. Dieses sei vielmehr »hauptsächlich durch endogene Kräfte« zu erklären, wie Technologie, heimische Ressourcen und innereuropäischen Handel. »[D]ie Peripherie war peripher«, schloss er.[41]

Diese Kritik an der Williams-These wurde, ob zufällig oder nicht, in einer Zeit laut, als die neoklassische Wirtschaftslehre ihre Dominanz über viele Bereiche der Wirtschaftswissenschaft, einschließlich der Wirtschaftsgeschichte, ausdehnte. In jüngerer Zeit ist eine radikale Neubewertung der Rolle von Sklaverei und Kolonialismus in der westlichen Wirtschaftsentwicklung vorgenommen worden, die ironischerweise mit einem Anfang der 1990er-Jahre erschienenen Aufsatz von Engerman und O'Brien begann, in dem sie zeigten, dass zwischen 1700 und 1773 rund 95 Prozent des Wachstums der britischen Güterexporte auf Kolonialmärkte zurückgingen.[42] Der Sklavenhandel selbst, stellten sie fest, habe zwar nur einen kleinen Teil des britischen Kolonialhandels ausgemacht, aber ihre Erkenntnisse ließen Zweifel an O'Briens früherer Behauptung aufkommen, die Peripherie sei unwichtig gewesen. Durch nachfolgende Forschungen wurde sie weiter untergraben. 2015 wiesen der amerikanische Ökonom Ronald Findlay und der irische Wirtschaftshistoriker Kevin H. O'Rourke nach, dass der britische Fernhandel im 18. Jahrhundert doppelt so schnell wie das Nationaleinkommen gewachsen war. »Der Kolonialhandel«, lautete ihre Schlussfolgerung, »war zweifellos eine Haupttriebfeder des Wachstums der gesamten britischen Wirtschaft.«[43]

Schon in ihrem 2007 erschienenen Buch *Power and Plenty*, einer maßgebenden Darstellung des Handels und der Weltwirtschaft des gesamten 2. Jahrtausends, hatten Findlay und O'Rourke die Bedeutung des Kolonialismus für das britische Wirtschaftswachstum hervorgehoben: »Die bemerkenswerten Erfindungen der industriellen Revolution hätten nicht die tiefen und nachhaltigen Folgen gehabt, die sie hatten, wenn die britische Industrie nicht in dem in der Blütezeit des Merkantilismus entwickelten globalen Rahmen von Rohstoffquellen und Märkten für Fertigprodukte agiert hätte.«[44] Obwohl diese Aussage nicht Williams' Behauptung, die Profite aus dem Dreieckshandel hätten eine Schlüsselrolle bei der Finanzierung der industriellen Revolution gespielt, untermauerte, stärkte sie doch das allgemeinere Argument, dass der Kolonialismus wesentlich zur Schaffung des Umfelds beigetragen habe, in dem der Industriekapitalismus sich herausbilden konnte. Ein anderer bekannter Wirtschaftshistoriker, Robert C. Allen, hob diesen Punkt ebenfalls hervor. In einer 2011 erschienenen fundierten Einführung in die globale Wirtschaftsgeschichte rückte er die Veränderungen, die zwischen 1500 und 1750 stattfanden, in den Vordergrund, als Großbritannien und die Niederlande ihre weitgespannten Handelsreiche aufbauten. Der Handel mit ihren Kolonien habe die Entwicklung ihrer Volkswirtschaften beschleunigt. »Städte und die exportorientierte Industrie wuchsen. Dementsprechend veränderte sich die Beschäftigungsstruktur.« Am Vorabend der industriellen Revolution hätten »weitreichende Veränderungen stattgefunden. England hatte sich am meisten gewandelt« und sei das »sich am raschesten urbanisierende Land Europas« geworden.[45]

Manche Wissenschaftler bezweifelten auch die in vielen Kritiken der Williams-These implizite Annahme, Kolonialismus und Sklaverei hätten nichts mit den technischen Neuerungen, welche die industrielle Revolution vorantrieben, zu tun gehabt. Der Wirtschaftshistoriker Joseph E. Inikori von der University of Rochester wies in seinem 2002 erschienenen Buch *Africans and the Industrial Revolution in England* darauf hin, dass britische Hersteller durch die Konkurrenz billiger indischer Baumwollwaren auf dem afrikanischen Kontinent gezwungen waren, sich nach kostensparenden Neuerungen umzuschauen, und die wachsende Nachfrage der Kolonialmärkte die Entwicklung und Verbreitung der neuen Technologien förderte.[46] »Baumwolle«, betonte der Historiker Giorgio Riello von der Warwick University in einem Aufsatz von 2013, »wurde keine globale Handelsware, weil ihre Produktion mechanisiert und industrialisiert war, sondern umgekehrt: Ihre

Produktion wurde mechanisiert und industrialisiert, weil sie eine globale Handelsware war.«[47] 2014 hob die Historikerin Pat Hudson von der University of Cardiff einen anderen Weg hervor, auf dem die Sklaverei die britische Wirtschaft voranbrachte: durch die Anregung von Finanzneuerungen. Die Kaufleute und Befrachter im Dreieckshandel, schrieb sie, hätten sich stark auf Eigenwechsel gestützt, die privat ausgestellt und häufig von Finanzhäusern abgesichert waren. Die zunehmende Vertrautheit mit diesen Instrumenten habe dazu beigetragen, die Geldmärkte in London und anderen britischen Städten zu integrieren und ein nationales Netz aus Kreditgebern zu knüpfen, von dem die industrielle Revolution, laut Hudson, »völlig abhängig« war.[48]

In einem Aufsatz von 2020 stellte der Wirtschaftshistoriker Gavin Wright von der Stanford University fest, dass die Wende der Expertenmeinung über die Williams-These »so gut wie vollkommen« sei. »Sklavenhandel und sklavenbasierter Handel«, erklärte er in abschließendem Tonfall, »waren Hauptbeiträger zur britischen Wirtschaftsentwicklung im 18. Jahrhundert.« Er erklärte aber auch, dass im 19. Jahrhundert, als sich neue Märkte und neue Quellen für Rohstoffe auftaten, die Sklaverei für die britische Wirtschaft weit weniger wichtig war. Diese Feststellung, betonte Wright, widerspreche nicht der Williams-These.[49] Tatsächlich passte sie auch zu einer anderen umstrittenen Behauptung aus Williams' Dissertation, die er in *Kapitalismus & Sklaverei* wiederholt hatte: dass das Verbot der Sklaverei weniger aus moralischer Empörung als vielmehr aus ökonomischen Gründen erfolgt sei. »Der Handelskapitalismus des 18. Jahrhunderts entwickelte den Reichtum Europas durch die Mittel der Sklaverei und des Monopols«, schrieb Williams im Schlusskapitel seines Buchs. »Aber damit half er auch bei der Schaffung des Industriekapitalismus des 19. Jahrhunderts, der sich umwandte und die Macht des Handelskapitalismus, die Sklaverei und all ihrer Werke vernichtete. Ohne Verständnis dieser ökonomischen Veränderungen ist die Geschichte dieser Periode ohne Bedeutung.«[50]

Wie Marx, Luxemburg und auch Keynes erkannte Williams, dass der Kapitalismus ein globales System und nur als solches zu verstehen ist. Als er *Kapitalismus & Sklaverei* schrieb, wurde dieses System gerade in Erwartung des Sieges über die Achsenmächte auf den Kopf gestellt. Alte Machtstrukturen wurden erschüttert und neue Möglichkeiten diskutiert. Dies traf für die Entwicklungsländer ebenso zu wie für London und Washington. Gegen Ende seines Buchs bemerkte Williams, dass über Geschichte zu schreiben keine gegenwärtigen Probleme lösen könne, berichtete aber auch von einer weiteren Äußerung, die er Jahre zuvor in der mündlichen Prüfung in Oxford getan hatte. »Die Historiker*innen machen keine Geschichte, noch weisen sie ihr die Richtung«, stellte er fest. »Ihr Anteil an ihr ist so gering, dass er fast zu vernachlässigen ist. Aber wenn sie nichts aus der Geschichte lernen, sind ihre Taten nicht mehr als kulturelles Dekor oder ein angenehmer Zeitvertreib – beide gleichermaßen nutzlos in diesen turbulenten Zeiten.«[51]

Williams war entschlossen, nicht zuzulassen, dass seine eigene Arbeit zu bloßer Dekoration verkam. In seinem 1942 erschienenen Buch *The Negro in the Caribbean* hatte er das gemeinsame Erbe der Karibik hervorgehoben und sich für die Bildung einer gesamtkaribischen Föderation als nachhaltige Lösung der wirtschaftlichen und politischen Probleme der Region ausgesprochen. Er machte sich keine Illusionen darüber, dass eine kleine Insel wie Trinidad allein gedeihen konnte, wenn sie schließlich die Unabhängigkeit erlangte. 1943 organisierte er an der Howard University eine Konferenz über die wirtschaftliche Zukunft der Karibik, auf der er hervorhob, dass die Westindischen Inseln ökonomisch völlig von Großbritannien abhängig seien. »[A]uch wenn Williams dies noch nicht in Begriffen des Neokolonialismus formulierte«, schrieb die Politologin Adom Getachew von der University of Chicago in ihrem 2019 veröffentlichten Buch *Die Welt nach den Imperien. Aufstieg und Niedergang der postkolonialen Selbstbestimmung,* »so brachte er damit doch zum Ausdruck, dass ein Transfer der Macht an die Nationalist:innen, der diese wirtschaftlichen Strukturen intakt ließe, es den metropolitanen Mächten ermöglichen würde, die Politik der Inselstaaten in ihrem Sinne zu beeinflussen.«[52]

In der regionalen Zusammenarbeit hoffte Williams, ein Mittel gefunden zu haben, mit dem die Bindungen kolonialer Abhängigkeit gelöst werden konnten. Er beteiligte sich an der 1942 von den Vereinigten Staaten und Großbritannien zur Förderung der regionalen Entwicklung gebildeten Anglo-American Caribbean Commission und unternahm nach dem Krieg viele Reisen, um mit anderen künftigen politischen Führern der Region zu sprechen, wie dem Führer der jamaikanischen Unabhängigkeitsbewegung, Michael Manley, und dem puerto-ricanischen Schriftsteller und Aktivisten Luis Muñoz Marín. 1948 ging er nach Trinidad zurück und nahm eine Vollzeitstelle als stellvertretender Vorsitzender des Karibischen Forschungsrats an, einer Unterorganisation der Caribbean Commission.

Der Rat sollte die Westindischen Inseln (sowie Britisch- und Französisch-Guayana und Surinam auf dem südamerikanischen Festland) auf wirtschaftlichem Gebiet beraten. Gelegentlich überkam Williams Enttäuschung über seine kolonialen Vorgesetzten, die sich einem schnelleren Übergang zur Selbstregierung widersetzten. In Trinidad hatten die Briten 1946 das allgemeine Wahlrecht und eine begrenzte Selbstregierung eingeführt, aber es gab immer noch kein richtiges Parteiensystem, und der Generalgouverneur hatte weiterhin das letzte Wort. 1954 und 1955 hielt Williams in der Trinidad Public Library eine Reihe von Vorträgen über Geschichte und Politik der Westindischen Inseln, die sein Ansehen weiter stärkten. »Die Aufgabe, eine westindische Nation aufzubauen«, erklärte er, »ist die für die Gegenwart und Zukunft entscheidende Aufgabe.«[53] Er verlangte, die Schulen auf der Insel unter örtliche Aufsicht zu stellen und die bisher vernachlässigte Geschichte der Westindischen Inseln an ihnen zu lehren.

Im Juni 1955 warf die Caribbean Commission ihn, wie er erwartet hatte, hinaus. Er beschloss, in die Politik zu gehen. Im Januar 1956 verkündete er auf einer Massenversammlung auf dem Woodford Square in Port of Spain die Gründung einer neuen Partei namens People's National Movement (PNM), die sich am Vorbild von Manleys People's National Party in Jamaika orientierte. Sie hatte eine lange Liste von Forderungen: volle Selbstregierung für Trinidad und seine Schwesterinsel Tobago, eine demokratisch gewählte Legislative, einen nationalen Wirtschaftsplan, die Verpflichtung zur Errichtung bezahlbaren Wohnraums, eine bessere Schulbildung, eine staatliche Krankenversicherung, die Gründung einer karibischen Föderation. Williams verfasste viele der Programme der Partei und gab ihre Zeitung heraus. Durch seine gelehrten öffentlichen Vorträge setzte er sich von anderen Politikern der Insel ab. In allgemeinen Wahlen im September 1956 gewann die PNM eine Mehrheit im Parlament, und Williams wurde zum Hauptminister. Außerdem ernannte er sich selbst zum Wirtschaftsminister und zum Minister für Tobago-Angelegenheiten.

Unter seiner Führung gewann die PNM eine ganze Reihe von Wahlen, und er stand bis zu seinem Tod im Jahr 1981 an der Spitze der Regierung. 1962 wurden Trinidad und Tobago unter seiner Führung politisch unabhängig. (14 Jahre später löste der Inselstaat die verbliebenen Bindungen an Großbritannien und wurde zur Republik.) Wie viele charismatische Unabhängigkeitsführer blieb Williams zu lange an der Macht, und manche seiner Kritiker warfen ihm diktatorische Ambitionen vor. 1962 schrieb C. L. R. James, der ihn seit seiner Kindheit kannte und in den frühen Jahren der PNM ein enger politischer Verbündeter, inzwischen aber über seine Führung verärgert war: »Letztlich könnte Trinidad und Tobago ein Staat wie Singapur werden.«[54] James wurde später von Williams' Regierung eine Zeit lang unter Hausarrest gestellt.

Trotz der Kritik von links blieb Williams bei vielen gewöhnlichen Bewohnern von Trinidad und Tobago beliebt. »Er schickte all diese Weißen zurück und gab unseren schwarzen Menschen, unseren schwarzen Fachleuten, die Jobs«, erinnerte sich

C. L. R. James' Nichte Erica 2012 in einem Interview. »So wurde die staatliche Eisenbahn stets von Weißen betrieben, von Engländern, und als Eric Williams an die Macht kam, war es damit vorbei [...]. Deshalb liebten die Menschen Eric Williams so sehr.«[55] Nachdem er das Land friedlich in die Unabhängigkeit geführt hatte, stand es vor erheblichen wirtschaftlichen Herausforderungen. Nachdem das BIP in den Jahren unmittelbar nach dem Ende des Zweiten Weltkriegs aufgrund der stark angestiegenen Erdölförderung rasch gewachsen war, ging das Wachstum in den 1960er-Jahren ebenso rapide zurück. Da gleichzeitig die Bevölkerung schnell zunahm, war die Schaffung von genügend Arbeitsplätzen ein Dauerproblem.[56] In weiten Teilen des Landes herrschte weiterhin Armut.

Wie viele Dependenztheoretiker aus den Entwicklungsländern sah auch Williams viele der Probleme, die Trinidad und Tobago seit der Unabhängigkeit plagten, in der Hinterlassenschaft des Kolonialismus begründet. »Die Unabhängigkeit brachte uns keinen sauberen Schnitt«, schrieb er in seinen 1968 erschienenen Memoiren. »Unsere Wirtschaft war im Wesentlichen in ausländischer Hand, das Kapital kam von auswärts, die Gewinne wurden ins Ausland verbracht.« Auf den Inseln gab es immer noch schlechte Wohnungen, ein unzureichendes Bildungssystem und die von den Kolonialisten eingeführte Rassentrennung. »Das Wesen des Kolonialsystems war innere Uneinigkeit«, erklärte er.[57] 1958 gründeten einige karibische Inseln, wie Barbados, Jamaika und Trinidad und Tobago, tatsächlich eine Westindische Föderation, was die Aussicht darauf eröffnete, dass sich die neue Gruppierung letztlich zu einem einzigen Staat entwickeln könnte. Aber die Föderation hatte nicht viel Macht, und nach nur drei Jahren entschieden sich die Jamaikaner in einer Volksabstimmung dafür, aus ihr auszutreten, womit sie das Ende des gesamten Projekts besiegelten. In der Folgezeit wurden viele Inseln als eigenständige Staaten unabhängig, wonach sie, wie Williams vorausgesagt hatte, vor enormen Wirtschaftsproblemen standen.

Williams und seine Regierung fuhren fort, Initiativen in Gang zu setzen, um die Infrastruktur des Landes auszubauen, einheimische Unternehmen zu fördern, die Landwirtschaft zu modernisieren, die weiterführende Schulbildung auszubauen und den Export zu steigern. Aber für all diese Dinge brauchte man Geld, und das war knapp. Da Großbritannien nur symbolische Finanzhilfe anbot, blieb dem frisch unabhängig gewordenen Land keine andere Wahl, als die Weltbank und die Interamerikanische Entwicklungsbank, ein 1959 gegründetes multilaterales Kreditinstitut, um Finanzmittel zu bitten. Beide Institutionen hatten ihren Sitz in Washington und wurden überwiegend von den Vereinigten Staaten getragen. Um von ihnen Kredite zu erhalten, war Trinidad und Tobago gezwungen, einem teilweise von seinen auswärtigen Gläubigern bestimmten politischen Kurs zuzustimmen.

Nach Jahrhunderten der Unterdrückung regierten sich die karibischen Inseln und ihre Nachbarn jetzt zwar selbst, waren aber überall mit Einschränkungen und Herausforderungen konfrontiert. »Dies ist die Realität unserer Unabhängigkeit«, schrieb Williams.[58]

21

»Die Peripherie des Wirtschaftssystems«

Aufstieg und Fall der Dependenztheorie in Lateinamerika

Wie in der Karibik gab es auch in der Geschichte Lateinamerikas koloniale Ausplünderung, Ressourcenausbeutung und Sklaverei. Gleichwohl blickten viele lateinamerikanische Länder 1945 auf eine mehr als hundertjährige Selbstregierung zurück. Kolumbien und Chile waren 1810, Venezuela 1811, Argentinien 1816, Mexiko und Peru 1821, Brasilien 1822 und Uruguay 1825 unabhängig geworden. Die Unabhängigkeit hatte sich jedoch als gemischter Segen herausgestellt. Überall in der Region besaßen grundbesitzende Eliten mit historischen Verbindungen zu den Kolonisten weiterhin erhebliche politische Macht, und die Wirtschaften waren stark von der Landwirtschaft und dem Export von Basisgütern wie Kakao, Zucker und Nitraten abhängig geblieben. Im Rahmen der internationalen Arbeitsteilung, die sich im 19. Jahrhundert herausgebildet hatte, war den Entwicklungsländern die Rolle von Produzenten von Primärgütern zugedacht. Mit der bemerkenswerten Ausnahme Argentiniens, das in der Zeit vor dem Ersten Weltkrieg ein rasches, vom Export angeregtes Wachstum zu verzeichnen hatte, bedeutete diese Arbeitsteilung für den größten Teil Lateinamerikas Armut und Unterentwicklung. Während der Weltwirtschaftskrise verschärfte der Zusammenbruch der Rohstoffpreise die Probleme der Region und unterstrich ihre andauernde Abhängigkeit von den Gegebenheiten in den industrialisierten Ländern. Wirtschaftskrisen schufen neue politische Strömungen. In Brasilien förderte die Regierung von Getúlio Vargas – und zwar vor und nach dem Selbstputsch von 1937, der Vargas zu einem echten Diktator machte – mithilfe von Importquoten, Zöllen und Krediten der staatlichen Banco do Brasil das

Wachstum der einheimischen Industrie.[1] In Mexiko verstaatlichte die populistische Regierung von Lázaro Cárdenas die von ausländischen Unternehmen betriebene Erdölindustrie des Landes.[2]

Als die neu gegründeten Vereinten Nationen 1948 die Wirtschaftskommission für Lateinamerika und die Karibik (ECLAC auf Englisch, CEPAL auf Spanisch) bildeten, war die Debatte darüber, welche Wirtschaftsstrategie die Region anwenden sollte, in vollem Gang. Auf der Linken vertraten viele, in Anlehnung an die Imperialismustheorien von Luxemburg und Lenin, die Ansicht, dass Unterentwicklung das unvermeidliche Produkt eines ausbeuterischen globalen Systems sei. Manche orthodoxe Ökonomen empfahlen unterentwickelten Ländern mit großen Land- und Arbeitskräftereserven, ähnlich wie Ricardo und Kondratjew vor ihnen, sich auf die Landwirtschaft und andere Formen der Primärproduktion zu konzentrieren. Die neue Kommission, mit Sitz in Santiago de Chile, ließ in Vorbereitung auf eine Konferenz, die sie 1949 in Havanna abhalten wollte, einen Expertenbericht über die wirtschaftlichen Aussichten Lateinamerikas erstellen. Den Auftrag dafür vergab sie an den bekannten argentinischen Ökonomen und früheren Zentralbanker Raúl Prebisch, der kurz zuvor ein Buch über Keynes veröffentlicht hatte.

Prebisch hatte einen konservativen Hintergrund. Er wurde 1901 in Tucumán im Norden Argentiniens geboren. Sein Vater war ein deutscher Einwanderer, der eine Druckerei aufgebaut hatte, und seine Mutter stammte aus einer Familie, die ihre Wurzeln bis zu den Konquistadoren zurückverfolgen konnte. Nach einem Wirtschaftsstudium an der Universität von Buenos Aires arbeitete er kurzzeitig als Forschungsdirektor der Sociedad Rural Argentina, die eng mit Argentiniens Grundbesitzeroligarchie verbunden war. Von 1927 bis 1930 war er bei der Banco de la Nación Argentina, der größten Geschäftsbank des Landes, tätig. Anschließend wurde er zum Staatssekretär im Finanzministerium ernannt. Von 1935 bis 1943 war er unter einer Reihe von Militärregierungen Direktor der neu geschaffenen Zentralbank.[3]

Bis zur Weltwirtschaftskrise war Prebisch seiner eigenen Aussage zufolge »ein überzeugter Anhänger neoklassischer Theorien«.[4] Er trat für Freihandel, den Goldstandard und das Ricardo'sche Argument ein, der Wettbewerbsvorteil sich entwickelnder Länder liege im Export von Landwirtschaftsprodukten. Aus argentinischer Perspektive gab es historische Belege für die Richtigkeit dieser Behauptung. In den Jahrzehnten vor dem Ersten Weltkrieg hatten die Entwicklung des Dampfschiffs und der Kühltechnik Argentinien in die Lage versetzt, seinen Export von Rindfleisch, Weizen und anderen Agrarprodukten erheblich zu steigern. Ein Zufluss von ausländischem Kapital, insbesondere aus Großbritannien, ermöglichte den Bau eines umfangreichen Eisenbahnnetzes, und Einwanderer strömten ins Land. Aufgrund dieser Entwicklungen wurde Argentinien zum reichsten Land Lateinamerikas. 1913 war es, nach Schätzung des Wirtschaftsdatenexperten Angus Maddison, am BIP pro Kopf gemessen viermal reicher als sein Nachbar Brasilien.[5] Tatsächlich zeigen Maddisons Zahlen, dass Argentinien ebenso vermögend wie einige europäische Länder war und nicht weit hinter Großbritannien zurücklag. Gewiss floss ein großer Teil der Gewinne aus diesem raschen Wachstum an die Grundbesitzeroligarchie, aber auch die Löhne und der allgemeine Lebensstandard waren deutlich gestiegen. Die Weltwirtschaftskrise und der nachfolgende Einbruch der Rohstoffpreise führten dann jedoch zu einer erheblichen Verschlechterung der argentinischen »Terms of Trade«, das heißt des Verhältnisses zwischen Export- und Importpreisen. Um dieselbe Menge an Gütern wie vor der Krise zu kaufen, bemerkte Prebisch in einem Aufsatz von 1934, müsse das Land jetzt fast drei Viertel mehr exportieren.[6] Während eines globalen Konjunktureinbruchs war dies offensichtlich unmöglich. Das System des internationalen Kapitalismus, das Argentinien reich gemacht hatte, bestrafte es jetzt dafür, dass es ein Primärproduzent war.

Prebisch blieb bei der Zentralbank, bis sich 1943 eine dem Faschismus zuneigende Regierung unter General Pedro Pablo Ramirez an die Macht putschte und ihn entließ. Er kehrte daraufhin an die Universität von Buenos Aires zurück, wo er Vorlesungen hielt und an dem Konzept für ein Buch über Geldpolitik und Argentiniens wirtschaftliche Notlage arbeitete. Auf einer Konferenz von Zentralbankern und Akademikern im Jahr 1946 bezeichnete er die Vereinigten Staaten als »Konjunkturzentrum« der Weltwirtschaft und Lateinamerika als »Peripherie des Wirtschaftssystems«.[7] Die Zweiteilung in Zentrum und Peripherie war nicht neu: Der deutsche Ökonom Werner Sombart hatte sie in seiner mehrbändigen Geschichte des Kapitalismus schon vorgenommen. Aber Prebisch war derjenige, der Wirtschaftspolitiker und Zentralbanker mit ihr bekannt machte. Wie er ausführte, konnten die Vereinigten Staaten, als Kernland des internationalen Geldsystems und Emittent der Reservewährung, die Zinssätze nach Belieben anpassen, um die Vollbeschäftigung aufrechtzuerhalten, während den Ländern an der Peripherie diese Möglichkeit nicht offenstünde. Die Auf- und Abschwünge ihrer Wirtschaften würden von der Konjunktur und der Politik der USA bestimmt. Sie seien Geiseln äußerer Entwicklungen.

In seinem fast 60 Seiten umfassenden Bericht für die CEPAL erwähnte Prebisch zwar diese monetäre Abhängigkeit, konzentrierte sich aber weitgehend auf den internationalen Handel und die globalen Produktionsmuster. »In Lateinamerika«, begann der Bericht, »unterminiert die Realität das überholte Schema der internationalen Arbeitsteilung, das im 19. Jahrhundert große Bedeutung erlangte.« Dieses Schema habe »keinen Platz für die Industrialisierung der neuen Länder, diese wird ihnen aber durch die Ereignisse aufgezwungen«.[8] Anhand von Zahlen des deutsch-britischen Ökonomen Hans Singer, der im New Yorker Hauptquartier der UNO arbeitete, führte Prebisch aus, dass die Preise für Primärprodukte zwischen 1870 und 1939 – also über fast 70 Jahre – erheblich schneller gesunken waren als die Preise für Fertigerzeugnisse, mit einem kumulativen Unterschied von über 30 Prozent. Die Zahlen, unterstrich Prebisch, zeigten, dass zwar sowohl die industriellen als auch die landwirtschaftlichen Produzenten Produktivitätserträge zu verzeichnen hätten, aber das internationale Handelssystem diese Erträge nicht gleichmäßig verteile. Die Länder an der Peripherie würden die Vorteile der steigenden agrarischen Produktivität in Form niedrigerer Preise ihrer Produkte an die Konsumenten in der entwickelten Welt weitergeben. Aber in den Industrieländern würde ein großer Teil der Produktivitätserträge in Form steigender Löhne an die einheimischen Arbeiter verteilt, was bedeute, dass die Preise der in sich entwickelnde Regionen exportierten Güter weniger schnell sänken. »Mit anderen Worten«, fasste Prebisch zusammen, »während die Zentren den ganzen Gewinn der technischen Entwicklung ihrer Industrien für sich behalten, transferieren die peripheren Länder einen Teil der Früchte ihres eigenen technischen Fortschritts in die Zentren.«[9]

Prebisch kleidete seine Argumentation in die trockene Sprache der Wirtschaftswissenschaft, aber ihre Botschaft war klar: Anstatt allen Ländern zu nutzen, wie die Wirtschaftslehrbücher behaupteten, leitete das globale Handelssystem ökonomische Werte von der armen Peripherie ins reiche Zentrum. Aufgrund dieser Terms of Trade funktionierte es wie ein umgekehrter Robin Hood. Als die CEPAL-Führung Prebischs Bericht erhielt, hielt sie ihn für zu brisant, um ihn als offizielle Publikation zu veröffentlichen, die den Standpunkt der Kommission wiedergeben würde. Stattdessen leitete sie ihn als Forschungsarbeit mit dem Titel *The Economic Development of Latin America and Its Principal Problems* unter Prebischs Namen an den UN-Generalsekretär weiter. In einem Vorwort erklärte die Kommission, sie hoffe, der Aufsatz werde »weiteres Interesse an ökonomischen Untersuchungen in den lateinamerikanischen Ländern« wecken.[10]

Der Bericht stieß tatsächlich auf Interesse. Er wurde als Aufruf an die lateinamerikanischen Länder gefeiert, durch Schutz und Ausbau der eigenen Industrien das Wirtschaftsmodell von Zentrum und Peripherie zu erschüttern. 1950 wurde Prebisch als Geschäftsführer an die Spitze der CEPAL berufen, in der er in der Folgezeit ein Team begabter Ökonomen aus der gesamten Region um sich versammelte. Die »Cepalistas«, wie sie bald genannt wurden, setzten sich für Importzölle und die staatliche Förderung einheimischer Industrien ein, eine Strategie, die als »importsubstituierende Industrialisierung« (ISI) bekannt wurde. Das Ziel der Cepalistas war jedoch weder der Staatssozialismus noch Autarkie: Nach ihrer Ansicht sollten die Länder an der Peripherie sich weiterhin am globalen Kapitalismus beteiligen. Aber sie wollten diese Beteiligung zugunsten der sich entwickelnden Länder umgestalten. Außerdem befürwortete Prebisch, wie Eric Williams, die regionale Kooperation als einen Weg, um mit den entwickelten Ländern auf eine Stufe zu kommen. Er rief zusammen mit seinen Kollegen dazu auf, eine regionale Freihandelszone mit äußeren Handelsbarrieren zu schaffen – ein lateinamerikanisches Gegenstück zur 1957 gegründeten Europäischen Wirtschaftsunion. »Innerhalb der Zone ist eine Vorzugsbehandlung nötig, um die Spezialisierung bei Industrieprodukten und Primärgütern zu fördern«, erklärte Prebisch 1959 in einem Aufsatz. »Lateinamerika braucht Präferenzen, um neue Formen des gegenseitigen Handels zu entwickeln, hauptsächlich mit Industrieprodukten, die es vorher praktisch nicht gab.«[11]

Obwohl manche Kritiker der CEPAL sie als radikal beschrieben, empfahl sie weitgehend dieselbe Entwicklungsstrategie, welche die Vereinigten Staaten und Deutschland verfolgt hatten, als sie im 19. Jahrhundert von Zollschranken umgebene vereinigte Binnenmärkte schufen. In den 1950er-Jahren spielten die Vereinigten Staaten als produktivste Wirtschaft der Welt jedoch die Rolle, die zuvor Großbritannien ausgefüllt hatte, und setzten sich für den Freihandel ein. In diesem Umfeld stach Prebisch als abweichende Stimme heraus. Kurz nachdem er die Leitung der CEPAL übernommen hatte, versuchten die Vereinigten Staaten, sie mit der von ihnen dominierten Organisation Amerikanischer Staaten zu verschmelzen. Mithilfe lateinamerikanischer Regierungen konnte Prebisch dies verhindern, doch die Vereinigten Staaten setzten ihre Bemühungen, die Kommission zu untergraben, über den Internationalen Währungsfonds fort, der Zölle und Staatseingriffe ablehnte. Prebisch erzählte später, dass der frühere IWF-Direktor Pierre-Paul Schweitzer einmal gesagt hatte: »Weißt du, Raúl, als ich zum Fonds kam, wurdest du mir als der Teufel beschrieben.«[12]

Trotz US-amerikanischer Einwände kamen die Argumente der CEPAL überall in Lateinamerika gut an. Nationalistische Gefühle verbanden sich mit dem Eigeninteresse einheimischer Kapitalisten und bildeten ein starkes Bündnis für eine staatlich gelenkte ISI. In den 1960er-Jahren erhob Mexiko einen Zollaufschlag von 74 Prozent auf importierte Fertigerzeugnisse, in Argentinien lag der Zollsatz bei 84 Prozent, in Brasilien bei 184 Prozent.[13] Außerdem stellten lateinamerikanische Regierungen, um die heimische Produktion zu unterstützen, Kredite bereit und hielten ihre Wechselkurse hoch, was den Import von Maschinen und anderen Kapitalgütern verbilligte. Diese protektionistischen Maßnahmen waren ausgesprochen wirkungsvoll. Einer Studie zufolge stellten Anfang der 1960er-Jahre in Brasilien produzierende Fabriken »99 Prozent der Konsumgüter des Landes, 91 Prozent der Zwischenerzeugnisse (wie Stahl und Chemikalien) und 87 Prozent der Kapitalgüter (Maschinen und Ausrüstung)« her.[14] Außerdem folgten viele lateinamerikanische Länder dem Beispiel Mexikos unter Cárdenas und verstaatlichten Schlüsselbereiche der öffentlichen Versorgung wie das Stromnetz, die Eisenbahnen, die Häfen und die Telekommunikation. Manche Regierungen bauten auch in Sektoren, die als strategisch wichtig galten, wie die Energie-, Chemie- und Stahlwirtschaft, Industrieunternehmen auf oder übernahmen welche. In Brasilien beispielsweise schuf Vargas' Kriegsregierung einen staatlichen Stahlkonzern, und in seiner zweiten Amtszeit in den 1950er-Jahren wurde die nationale Ölgesellschaft Petrobras gegründet und mit einem Produktionsmonopol ausgestattet.

Was das Wachstum des BIP betrifft, waren die Resultate der ISI ziemlich beeindruckend. Laut Maddison stieg das BIP pro Kopf in Lateinamerika zwischen 1950 und 1973 um jährlich 2,5 Prozent.[15] Obwohl sich dies nicht mit dem Quantensprung in Japan und Westeuropa messen konnte, war es im Vergleich zum vorangegangenen Jahrhundert ein großer Schritt voran, zumal in einer Zeit, in der die Bevölkerung Lateinamerikas rasch wuchs (zwischen 1950 und 1973 von 165,8 auf 308,4 Millionen).[16] Besonders schnell war das Wachstum in Brasilien und Mexiko, wo sich das BIP pro Kopf in dieser Zeitspanne mehr als verdoppelte.[17] Der Wachstumsschub in Mexiko wurde als »mexikanisches Wunder« bekannt.

Die Erträge des rascheren Wachstums waren jedoch ungleich verteilt. Die Wirtschaftsentwicklung ballte sich in den Städten, wo die Unternehmen ihren Sitz hatten, und die ländlichen Gebiete blieben chronisch arm. Selbst in den Städten tendierte die Entwicklung dazu, dass sich die Einkommenssteigerung in wenigen kapitalintensiven Industrien mit relativ hoch bezahlten Arbeitern konzentrierte. Außerhalb dieser Sektoren lebten Massen von Armen auf oder unter dem Niveau des Existenzminimums, während sich an der Spitze der Pyramide die neuen Industriellen mit der alten Agraroligarchie zu einer abgeschotteten besitzenden Elite vereinten. Kurz, die ISI löste das akuteste Problem Lateinamerikas nicht: seine tiefverwurzelte Ungleichheit und rigide Klassentrennung, häufig mit einem rassistischen Beiklang. Nach einer Schätzung des chilenischen Ökonomen André Hofman stieg der durchschnittliche Gini-Koeffizient (ein weithin genutztes Maß der Einkommensungleichheit) in sechs großen lateinamerikanischen Ländern, einschließlich Argentiniens, Brasiliens und Mexikos, zwischen 1950 und 1970 leicht an.[18]

Die ISI brachte neue Probleme mit sich, wie hohe Preise und steigende Arbeitslosigkeit. Da lateinamerikanische Hersteller vor ausländischer Konkurrenz geschützt waren, konnten sie für Waren, die nicht unbedingt von hoher Qualität waren, hohe Preise verlangen. Im Lauf der Zeit wurden auch stetig steigende

Preise – Inflation – ein Problem. Darüber hinaus schuf der industrielle Sektor in Ländern, die eine ISI betrieben, trotz eines raschen Wachstums nicht genügend Arbeitsplätze, um mit dem Bevölkerungswachstum Schritt zu halten. Einer Schätzung zufolge wuchs die Beschäftigung in der Industrie in der Region zwischen 1945 und 1960 jedes Jahr um 2,8 Prozent, während die städtische Bevölkerung jährlich um 4,4 Prozent zunahm.[19] In vielen lateinamerikanischen Städten wurde die Armut immer schlimmer. Ein anderes drängendes Problem der ISI war ein steigendes Handelsbilanzdefizit. Der expandierende industrielle Sektor importierte Rohstoffe, Treibstoff und industrielle Komponenten, exportierte aber nicht viele seiner Produkte. Dies führte zu einer Anfälligkeit für Währungskrisen, wenn die Länder nicht genug Einnahmen in ausländischen Währungen hatten, um die Importe zu bezahlen. »Deshalb ist das Nettoergebnis der ISI«, wie der Ökonom Werner Baer, der damals an der Vanderbilt University lehrte, 1972 in einem Artikel über die unsteten Fortschritte von Prebischs Agenda schrieb, »ironischerweise, dass sie die lateinamerikanischen Länder in eine neue und noch gefährlichere Abhängigkeit von den weiter entwickelten Ländern brachte als jemals zuvor.«[20]

Prebisch selbst pflichtete schließlich einigen der Kritikpunkte an der ISI zu. Bis zu den frühen 1960er-Jahren, erinnerte er sich Jahre später, habe er »dem Problem der Einkommensungleichheit nicht genug Aufmerksamkeit geschenkt, außer im Fall der überholten Bodenbesitzstruktur«. Auch die »Tatsache, dass das Wachstum großen Massen der unteren Einkommensschichten nichts brachte, während am anderen Ende des sozialen Spektrums hohe Einkommen erzielt wurden«, habe er in den frühen CEPAL-Jahren nicht genug beachtet.[21] Linke Kritiker hatten sich insbesondere auf dieses Phänomen eingeschossen, dessen Grund sie darin sahen, dass die ISI die Bindungen Lateinamerikas an das internationale kapitalistische System nicht annähernd radikal genug gekappt habe, um wirklich eigenständig zu werden. Diese

Kritik wurde als Dependenztheorie bekannt. Grob gesprochen, unterteilten sich ihre Anhänger in zwei Gruppen: Strukturalisten und Neomarxisten.[22] Bei genauerem Hinsehen verschwimmt die Trennlinie zwischen beiden allerdings. Der grundlegende Unterschied zwischen ihnen war ihre Haltung in der Frage, ob periphere Wirtschaften innerhalb des bestehenden globalen Systems bedeutende Fortschritte machen können: Die Strukturalisten glaubten an die Möglichkeit von Reform und Fortschritt, die Neomarxisten nicht.

Die strukturalistische Strömung der Dependenztheorie lässt sich auf den brasilianischen Wirtschaftshistoriker Celso Furtado zurückführen, der von 1950 bis 1957 die Entwicklungsabteilung der CEPAL leitete, aber schließlich mit Prebisch brach. Furtado stammte aus dem von Armut geplagten Bundesstaat Paraíba im Nordosten Brasiliens. Nach einem Jurastudium an der Bundesuniversität in Rio de Janeiro kämpfte er in der brasilianischen Expeditionstruppe aufseiten der Alliierten im Zweiten Weltkrieg. Als Hitler besiegt war, begann er ein Aufbaustudium der Wirtschaftswissenschaft an der Sorbonne in Paris. Nachdem er 1949 mit einer Studie über die brasilianische Wirtschaft während der Kolonialzeit promoviert hatte, begann er bei der CEPAL zu arbeiten, wo er zum Leiter der Abteilung für wirtschaftliche Entwicklung aufstieg. Unter seiner Führung legte die Abteilung besonderes Gewicht auf die Tatsache, dass das große Ungleichgewicht und die soziale Ausgrenzung die wirtschaftliche Entwicklung in ganz Lateinamerika behinderten. Überall auf dem Halbkontinent, erklärte er, würden viele Menschen außerhalb der formalen Wirtschaft leben; die Löhne seien zu niedrig, um die Gesamtnachfrage zu stützen, und die Reichen gäben ihr Geld für Geltungskonsum aus, anstatt es in produktiven Kapitalinvestitionen anzulegen. Um diese Mängel zu beheben, forderte Furtados Team umfangreiche staatliche Eingriffe, wie Einkommenszuschüsse für Arme und eine detaillierte Wirtschaftsplanung. Ferner bezweifelte es die Nützlichkeit der orthodoxen Wirtschaftstheorie bei der Bewältigung komplizierter, in der Geschichte und in Klassenkonflikten wurzelnder Entwicklungsfragen. Innerhalb der CEPAL nannte man Furtados Team die »Rote Abteilung«.[23]

Mitte der 1950er-Jahre verschlechterte sich das Verhältnis zwischen Furtado und Prebisch. Ein Grund für die Spannungen innerhalb der CEPAL war Prebischs Bereitschaft, der Militärjunta, die 1955 den populistischen Präsidenten Juan Perón gestürzt hatte, als Wirtschaftsberater zu dienen. Das Regime behauptete, das Land befände sich in der »schwersten Wirtschaftskrise seiner Geschichte«,[24] und beschloss einen mit Prebischs Namen versehenen drakonischen Sparplan. Abgesehen davon, dass Prebisch seine intellektuelle Autorität einem nichtdemokratischen Regime zur Verfügung gestellt hatte, war auch die Wirtschaftsdiagnose der Junta zweifelhaft. »Die Cafés von Buenos Aires florierten wie üblich«, bemerkte Prebischs Biograf Edgar J. Dosman trocken. »Das argentinische Pro-Kopf-Vermögen war größer als dasjenige Brasiliens, Mexikos und Chiles – und übrigens auch Japans, Frankreichs und Italiens.«[25] Furtado lehnte die ins Auge gefassten Ausgabenkürzungen ab und vermutete später, Prebisch sei möglicherweise »zu sehr mit seiner alten Freundesgruppe in Argentinien verbunden« gewesen.[26] Zum Bruch kam es jedoch erst wegen eines ausführlichen Berichts über die mexikanische Wirtschaft, in dem Furtado und sein Team feststellten, dass die ISI Ungleichheit und Monopolisierung verstärkt habe. Die mexikanische Regierung erhob gegen die Veröffentlichung des Berichts Einspruch, und nach einigem Hin und Her willigte Prebisch ein, ihn zu unterdrücken, woraufhin Furtado kündigte.

Er ging zum Studienjahr 1957/58 ins englische Cambridge, wo er, aufbauend auf seine Doktorarbeit, eine Wirtschaftsgeschichte Brasiliens seit der Kolonialzeit verfasste. 1959 kehrte er auf Einladung des reformerischen Präsidenten Juscelino Kubitschek in sein Heimatland zurück, wo er die Leitung einer neuen Entwicklungsagentur für seine Herkunftsregion im Nordosten übernahm, die immer noch eine erschreckend hohe Armut und Kindersterblichkeit aufwies. Furtado erarbeitete einen ehrgeizigen, auf fünf Jahre angelegten Entwicklungsplan, der sowohl die Landwirtschaft als auch die Industrie umfasste und von der brasilianischen Bundesregierung und ausländischen Hilfsorganisationen finanziert werden sollte. Der Plan brachte ihm eine Einladung der Regierung Kennedy nach Washington ein, wurde jedoch nie umgesetzt. 1961 wurde Furtado in der linksgerichteten Regierung von João Goulart Planungsminister. Drei Jahre später trieb ihn ein mit Unterstützung Washingtons unternommener Militärputsch ins Exil.

In seinem gesamten Werk betonte Furtado die fortdauernde Erblast des Kolonialismus. In dem 1964 auf Englisch erschienenen Buch *Development and Underdevelopment* stellte er der Industrialisierung in fortgeschrittenen Ländern, die er als »autonom« bezeichnete, die Industrialisierungsbemühungen in »abhängigen Wirtschaften« ärmerer Regionen, wie Lateinamerika, gegenüber.[27] In Westeuropa, schrieb Furtado, habe sich die industrielle Revolution in einem Umfeld, in dem Arbeitskräftemangel und hohe Löhne Kapitalisten veranlassten, arbeitssparende Technologien einzuführen, organisch entwickelt. Aufgrund eines hohen Niveaus der Kapitalakkumulation und rascher technischer Fortschritte sei der Anstieg von Produktivität und Löhnen schließlich zu einem selbstverstärkenden Prozess geworden. Dagegen herrschten in den lateinamerikanischen Ländern gegenwärtig völlig andere Umstände, fuhr Furtado fort. Sie seien keine *un*entwickelten Gebiete, sondern »*unter*entwickelte« Teile eines globalen Systems (des Kolonialismus), das ihnen eine untergeordnete Rolle als Lieferanten von Primärprodukten zugewiesen habe. »Das Studium der Unterentwicklung muss damit beginnen, die vom internationalen Arbeitsteilungssystem in der Peripherie des kapitalistischen Systems geschaffenen Strukturen zu identifizieren«, schrieb Furtado in einem anderen Aufsatz. »Eine unterentwickelte Wirtschaft isoliert vom allgemeinen Kontext des expandierenden kapitalistischen Systems zu betrachten bedeutet, von

Anfang an das Grundproblem [...] solcher Wirtschaften, nämlich ihre globale Abhängigkeit, zu verdrängen.«[28]

Diese Auffassung entsprach sowohl Eric Williams' Äußerungen in Bezug auf die Karibik als auch Rosa Luxemburgs Ansicht, dass der Kolonialkapitalismus nicht zum Nutzen der indigenen Völker, sondern zu demjenigen der Kolonialisten organisiert worden sei. Als eine seiner Haupthinterlassenschaften identifizierte Furtado ein rigides Klassensystem aus grundbesitzender Oligarchie, kleinem einheimischem Bürgertum und einer Masse armer Arbeiter, ländlicher wie städtischer. Andauernde Spannungen zwischen diesen Gruppen hätten Bemühungen, Regierungen zu bilden, die eine breit angelegte Entwicklung in Gang bringen könnten, vereitelt. Als weitere koloniale Hinterlassenschaft nannte er einen Mangel an Fachwissen und Technologie in der Produktion, weshalb lateinamerikanische Länder Maschinen und Produktionstechniken importieren müssten, die nicht unbedingt zu den örtlichen Gegebenheiten passten. So wie Kumarappa die Wirtschaftspolitik der Kongresspartei im frisch unabhängig gewordenen Indien kritisiert hatte, bemängelte Furtado, dass die lateinamerikanischen Länder sich auf den Aufbau kapitalintensiver Industrien, wie der Stahl- und Autoindustrie, konzentrierten, statt auf jenen arbeitsintensiver Industrien, wie die Textilindustrie, die mehr Arbeitsplätze für die Massen geboten hätten.

Außerdem hob er das Paradox hervor, dass die ISI dazu tendierte, Kapital und Produktion in den Händen großer, in ausländischem Besitz befindlicher Unternehmen, wie Ford und General Motors, zu konzentrieren, die lokale Niederlassungen errichteten, um regionale Schutzmaßnahmen zu umgehen. Diese Multis würden ihre Technologie für sich behalten und einen großen Teil der von ihnen erzielten Gewinne in ihr Mutterland transferieren. Darüber hinaus würden sie von den Regierungen der gastgebenden Länder finanzielle Zugeständnisse, wie eine günstige steuerliche Behandlung und Ausnahmen von Importkontrollen, erlangen. Furtado betrachtete diese Entwicklungen als Beispiele dafür, wie der US-Kapitalismus beständig seine Hegemonie über die Entwicklungsländer ausübte. Durch die Errichtung von Niederlassungen im Ausland oder die Übernahme dortiger Unternehmen könnten die großen US-Multis sogar bei ungünstigen ökonomischen Bedingungen expandieren. »So fiel die wirtschaftliche Stagnation in Lateinamerika«, schrieb Furtado 1968, »mit einer erheblichen Expansion in dieser Region operierender amerikanischer Unternehmen zusammen.«[29]

Um ein integrativeres Wachstum zu erreichen, forderte Furtado, die Aktivitäten von Multis zu beschränken, und weitere Maßnahmen, für die er sich schon in seiner Zeit bei der CEPAL eingesetzt hatte, wie Entwicklungsprogramme für zurückgebliebene Gebiete und eine Wirtschaftsplanung auf nationaler Ebene. In manchen lateinamerikanischen Ländern, insbesondere den kleineren, die ihre Schwäche gegenüber dem internationalen Kapital nicht ignorieren konnten, fanden Furtados Ideen Anklang. Den Höhepunkt erreichte der Einfluss des strukturalistischen Entwicklungsansatzes 1969, als fünf lateinamerikanische Länder – Bolivien, Chile, Kolumbien, Ecuador und Peru – die Grupo Andino (Andengemeinschaft) gründeten, ein ehrgeiziges Unterfangen mit dem Ziel, durch gemeinsame Zollschranken den intraregionalen Handel zu stärken und das Wachstum heimischer Industrien, wie der Metallverarbeitung, der Autoindustrie, der Zellstoff- und Papierherstellung sowie der Chemie- und Düngemittelproduktion, zu koordinieren. Im August 1972 beschloss die Grupo Andino einen ersten, sehr detaillierten Entwicklungsplan: Beispielsweise wies er 72 Produktlinien der Metallverarbeitung einzelnen Ländern zu.[30] Um Investitionen im staatlichen und privaten Sektor zu fördern, gründeten die Mitgliedsstaaten außerdem eine regionale Entwicklungsbank, die Andean Development Corporation.

Der bekennende marxistische Flügel der Dependenzbewegung stand allen Anstrengungen, lateinamerikanische Wirtschaften innerhalb der Grenzen des globalen kapitalistischen Systems zu entwickeln, skeptisch gegenüber. Seit der Kubanischen Revolution von 1959, in der Fidel Castro und seine Guerillagruppe die von den Vereinigten Staaten gestützte korrupte Diktatur Fulgencio Batistas gestürzt hatten, priesen lateinamerikanische Linke Castros Regime als Brückenkopf des Sozialismus in Amerika. Und als die US-Administration unter Kennedy im April 1961 durch die gescheiterte Landung in der Schweinebucht Castro zu stürzen versucht hatte, sahen sich viele von ihnen in ihrer Meinung bestätigt, dass der globale Kapitalismus unverbesserlich sei. (Schon vor der Kubanischen Revolution hatte die CIA verdeckt den Sturz einer demokratisch gewählten Regierung in Guatemala organisiert, die es gewagt hatte, große ungenutzte Landflächen, von denen einige der US-amerikanischen Multi United Fruit Company gehörten, zu enteignen.)

Zu denjenigen, die von Castros Kuba inspiriert waren, gehörte der in Deutschland geborene Ökonom André Gunder Frank, der in den Vereinigten Staaten eine orthodoxe Ausbildung erhalten hatte, bevor er sich 1964 in Chile niederließ. In einem Brief, den er im Sommer jenes Jahres an seine Freunde und früheren Kollegen in den USA schrieb, berichtete er, dass er gerade einige marxistische Texte lese und als jemand gelte, der wie ein marxistischer Dialektiker argumentiere. »Ob es nun marxistisch ist oder nicht«, schrieb er, »ich selbst denke, dass ich sowohl als Person als auch als Wissenschaftler die soziale, ökonomische und politische Realität um mich herum derart anders als meine liberalen Freunde und einstigen Kollegen betrachte und analysiere, dass wir kaum in derselben Welt zu leben scheinen.« Er unterstütze »die gegenwärtige chinesische Haltung zu den großen Weltproblemen und [...] diejenige der meisten militanten schwarzen Nationalisten, wie Malcolm X und Robert Williams, zu den inneramerikanischen«. Sein Ziel sei es, die für die Befreiung der unterentwickelten Welt nötige »Wissenschaft, Politik und Strategie« zu entwickeln: »Dies könnte natürlich Kämpfe mit mehr als einem Stift beinhalten.«[31]

Frank war 1929 in Berlin geboren worden. Sein Vater, der pazifistische Schriftsteller Leonhard Frank, ging nach Hitlers Machtantritt mit seiner Familie ins Exil in die Schweiz und von dort in die Vereinigten Staaten, wo er unter anderem für die Filmindustrie in Hollywood arbeitete. Frank junior ging in Ann Arbor in Michigan zur Schule und studierte am Swarthmore College. Anschließend wechselte er zum Aufbaustudium an die University of Chicago, wo er Kurse bei Milton Friedman besuchte, der damals noch nicht annähernd so berühmt war, wie er später werden sollte. Franks Dissertation war eine kritische Studie über Stalins Kollektivierung der Landwirtschaft in der Ukraine. Nach seiner Promotion bekam er eine Stelle als Assistenzprofessor an der Michigan State University. 1959 war er eine Zeit lang am Zentrum für internationale Studien des MIT tätig, wo er den Wirtschaftshistoriker und ehernen Kalten Krieger Walt Rostow kennenlernte, der gerade an seinem Buch *Stadien wirtschaftlichen Wachstums. Eine Alternative zur marxistischen Entwicklungstheorie* arbeitete. Frank kolportierte später ein Bonmot Rostows, dem zufolge sein Lebenswerk der Welt eine bessere Wahl als Karl Marx biete.[32] Frank bewegte sich schon in die entgegengesetzte Richtung.

Vom Kalten Krieg und dessen unheilvoller Wirkung auf die Sozialwissenschaften in den Vereinigten Staaten radikalisiert, gab Frank seine Stelle an der Michigan State University auf und ging auf Reisen. 1962 fuhr er durch Mexiko, Guatemala, Venezuela, Peru und Chile. Er wollte nach Kuba ziehen und sich die nachrevolutionäre Situation in dem Land anschauen, doch dazu kam es nicht. In Santiago de Chile lernte er eine Chilenin namens Martha Fuentes kennen, und die beiden heirateten bald darauf. Anfang 1963 zogen sie nach Brasilien, wo Frank einen Lehrauftrag an der neuen Universität von Brasília erhalten hatte. Lateinamerika faszinierte ihn. In einer Buchbesprechung in der von Paul Sweezy mitherausgegebenen New Yorker Zeitschrift *Monthly Review* widersprach er der Ansicht des Romanciers Carlos Fuentes, der die Region als »baufällige feudale Burg mit kapitalistischer Pappfassade« beschrieben hatte: Sie sei eher »eine baufällige kapitalistische Burg mit feudal aussehender Fassade«. Die lateinamerikanischen Gesellschaften, fuhr er fort, seien »im Zuge der weltweiten Expansion von ›westlichem‹ Merkantilismus, Kapitalismus und Imperialismus entstanden« und nur als Produkte der »dialektischen Entwicklung eines einzigen kapitalistischen Systems« zu verstehen.[33]

Während Frank diese Auffassung in weiteren Aufsätzen und Studien zu einzelnen Ländern näher ausführte, erkannte er freimütig an, dass er von einem anderen amerikanischen Linken beeinflusst war, Paul Baran von der Stanford University, der in seinem 1957 erschienenen Buch *Politische Ökonomie des wirtschaftlichen Wachstums* die Auffassung vertreten hatte, dass die reichen kapitalistischen Länder es mithilfe verschiedener Methoden verstünden, die unabhängige Entwicklung armer Länder zu verhindern. Baran hatte einen kosmopolitischen Hintergrund. Er wurde 1909 in der ukrainischen Stadt Nikolajew (Mykolajiw) geboren, die damals zum Russischen Reich gehörte, und hatte 1933 kurz nach Hitlers Machtantritt in Berlin promoviert. Er floh vor den Nationalsozialisten nach Frankreich, Litauen und Russland, bevor er am Beginn des Zweiten Weltkriegs in die Vereinigten Staaten auswanderte. Dort lernte er an der Harvard University, wo er ein Graduiertenstudium der Wirtschaftswissenschaft aufnahm, Sweezy kennen, der damals an seiner *Theorie der kapitalistischen Entwicklung* arbeitete, und freundete sich mit ihm an. Als die Vereinigten Staaten in den Krieg eintraten, begann er für das Office of Price Administration (Amt für Preisverwaltung) und die CIA-Vorgängerorganisation Office for Strategic Services (Amt für strategische Dienste), die viele europäische Intellektuelle beschäftigte, zu arbeiten. Nach dem Krieg wechselte er zur Federal Reserve Bank of New York. Aber es zog ihn in die akademische Welt, und 1949 nahm er ein Angebot der Stanford University an.

1952 veröffentlichte Baran in der britischen Zeitschrift *The Manchester School* einen Aufsatz, in dem er der Frage nachging, warum so viele Kolonien und ehemalige Kolonien trotz ihrer Zugehörigkeit zum kapitalistischen System arm blieben. Marx hatte den Kolonialismus in seinen Artikeln über Indien als Rammbock beschrieben, der die feudalen Traditionen zertrümmere und die wirtschaftliche Entwicklung anrege. In Wirklichkeit, hielt Baran dagegen, habe die »Überlagerung alter Unterdrückung durch grundbesitzenden Landadel mit [westlichen] Geschäftssitten zu verschärfter Ausbeutung, noch haarsträubenderer Korruption und noch krasserer Ungerechtigkeit« geführt.[34] Diese Entwicklung sei darin begründet, dass in vielen Entwicklungsländern die Angehörigen der Mittelschicht, die kleinen Gewerbetreibenden und Freiberufler »ein Bündnis mit der aristokratischen und monopolistischen Formation« – den Großgrundbesitzern und Großunternehmern – eingegangen seien und Regierungen an die Macht gebracht hätten, die in erster Linie dafür da gewesen seien, »die bestehenden Eigentumsrechte und Privilegien abzusichern und zu begünstigen«. Mit anderen Worten, die einheimische Bourgeoisie in der Peripherie hatte es versäumt, die ihnen von Marx und Engels zugewiesene historische Aufgabe zu erfüllen: die kapitalistische Entwicklung zu beschleunigen. Um die soziale und wirtschaftliche Entwicklung in diesen Ländern voranzubringen, musste nach Barans Ansicht das »Bündnis zwischen feudalen Grundbesitzern, industriellen Royalisten und der kapitalistischen Mittelschicht« aufgebrochen werden. Wenn die Bourgeoisie »ihrer Verantwortung nicht gerecht« werde, warnte er, würden sich »die zurückgebliebenen Länder der Welt unweigerlich ökonomischer Planung und sozialem Kollektivismus zuwenden«.[35]

In seinem Buch *Politische Ökonomie des wirtschaftlichen Wachstums* legte er diese Argumente ausführlicher dar. Außerdem führte er einen neuen ökonomischen Begriff ein, den »potenziellen volkswirtschaftlichen Überschuss«, den er als Differenz zwischen dem größten Produktionsumfang, der einer Wirtschaft aufgrund ihrer Technologie und ihrer natürlichen Ressourcen möglich ist, und dem Mindestmaß des Konsums, das ihre Bürger für ihr Überleben und ihre Reproduktion benötigen, definierte. Das Wesen des Kolonialismus, erklärte er, bestehe darin, einen Teil dieses Überschusses aus den armen Ländern ins kapitalistische Zentrum zu transferieren.

Als Beispiel dieses Ausbeutungskolonialismus führte Baran die britische Herrschaft in Indien an, die, wie er mit Verweisen auf so unterschiedliche Autoritäten wie den britischen Historiker Thomas Macaulay und dessen indischen Kollegen Romesh Dutt erklärte, unter der Ostindien-Kompanie »systematisch Struktur und Grundlage der indischen Gesellschaft« zerstört habe, einschließlich seiner Dorfwirtschaften und handwerklichen Baumwollspinner. Gleichzeitig habe sie »neue Klassen und Interessen [geschaffen], die dieser Herrschaft verpflichtet waren und deren Vorrechte von ihrem Weiterbestehen abhingen« (Macaulay), wie Klientelfürsten, Großgrundbesitzer und Steuereintreiber. Baran stellte Indien Japan gegenüber, wo die Meiji-Restauration »die für die kapitalistische Entwicklung unerlässlichen politischen und ökonomischen Voraussetzungen schuf«, einschließlich eines zentralisierten Staats, der die Eigentumsrechte schützte, in öffentliche Infrastruktur investierte und einheimischen Kapitalisten Kredite gewährte sowie Aufträge erteilte. Dies werfe die Frage auf, wieso Japan einen solchen Modernisierungskurs einschlagen konnte. Die Antwort darauf, erklärte Baran, sei ebenso komplex wie »außergewöhnlich einfach«. Einfach sei sie, »weil sie im Grunde auf die Tatsache führt, dass Japan das einzige Land in Asien (und in Afrika und Lateinamerika) ist, das nicht in eine Kolonie oder in ein unter der Schutzherrschaft des westeuropäischen oder amerikanischen Kapitalismus stehendes Gebiet verwandelt wurde und dem die Möglichkeit zu unabhängiger, nationaler Entwicklung gegeben war«.[36]

Frank verwendete einen ähnlichen analytischen Rahmen wie Baran, um die Geschichte einzelner lateinamerikanischer Länder zu untersuchen. In dem 1966 in der *Monthly Review* erschienenen Aufsatz »The Development of Underdevelopment« führte er aus, dass die portugiesischen Kolonisten in Brasilien anfangs bestimmte Teile des Landes, wie den Nordosten und das südliche Zentrum, entwickelt und dort eine Exportwirtschaft aufgebaut hätten, diese jedoch weitgehend aufgegeben hätten, als die Märkte, für die sie produzierten, wegbrachen. »Unterentwicklung ist nicht auf das Überleben archaischer Institutionen und auf Kapitalmangel in Regionen zurückzuführen, die vom Strom der Weltgeschichte isoliert geblieben sind«, schrieb Frank. »Im Gegenteil, Unterentwicklung wurde und wird durch denselben historischen Prozess hervorgerufen, der auch die wirtschaftliche Entwicklung hervorgebracht hat: die Entwicklung des Kapitalismus selbst.«[37]

Zu diesem Zeitpunkt verfolgte Frank das Ziel, die Kubanische Revolution auf ganz Lateinamerika auszudehnen, und duldete keinen Widerspruch gegen seinen radikalen Ansatz. In einem Aufsatz für eine Konferenz, die 1968 in Havanna stattfand, bezeichnete er die mit der CEPAL verbundenen Strukturalisten, einschließlich Prebisch und Furtado, als »Ideologen der nationalen Bourgeoisie«. Außerdem behauptete er – was Furtado betraf, ungerechtfertigterweise –, sie würden die inneren Klassenstrukturen Lateinamerikas nicht analysieren und ihre intellektuelle Einstellung unterscheide sich »nicht grundsätzlich, sondern nur oberflächlich vom imperialistischen Modell«. Er kritisierte sogar einige »Marxisten« (seine Anführungszeichen), denen er unbegründeten Revisionismus vorwarf. In Wirklichkeit, verkündete er, gebe es nur zwei politische Alternativen, die er bereits im Titel seines Aufsatzes ausgedrückt habe: »Kapitalistische Unterentwicklung oder sozialistische Revolution«.[38]

In Europa und den Vereinigten Staaten markierten die Studenten- und Antikriegsproteste von 1968 den Höhepunkt des linken Aktivismus. Die Proteste breiteten sich auf Lateinamerika, etwa nach Mexiko und Brasilien, aus, wo sie das Interesse an der Dependenztheorie und anderen Strömungen des Antikolonialismus verstärkten. Nach Franks Ansicht schien die Bewegung, wie er im Rückblick erklärte, eine Alternative zu bieten »zu den orthodoxen Weisheiten der ›Modernisierer‹ wie Rostow, die Vietnam in die Steinzeit zurückbomben wollten, und zu anderen, die argumentierten, dass ›wir es zerstören müssen, um es zu retten‹«.[39] Ein Jahr bevor die Proteste ausbrachen, trat er eine Stelle am *Centro de Estudios Socioeconómicos*, CESO (Zentrum für Sozioökonomische Studien), der Universität von Santiago de Chile an, wo bereits eine ganze Reihe neomarxistischer Dependenztheoretiker tätig war. Einer von ihnen war der brasilianische Soziologe Theotônio dos Santos, der während Franks kurzem Abstecher an die Universität von Brasília bei ihm studiert hatte. Dos Santos stammte aus Carangola im Bundesstaat Minas Gerais. Als Student hatte er eine linksradikale Partei mitgegründet, später aber mit deren Mitgliedern gebrochen, weil sie im Gegensatz zu ihm glaubten, eine kleine Vorhut bewaffneter Rebellen könne eine sozialistische Revolution auslösen.

Am CESO leitete dos Santos ein Forschungsprojekt, das Abhängigkeit nicht aus nationaler, sondern aus regionaler Perspektive untersuchte. Er entwickelte die Theorie eines »abhängigen Kapitalismus«, die zwar unter anderem auf Barans Ansatz zurückging, aber eine neue Erklärung dafür bot, warum die zentralen Länder in der Lage waren, Mehrwert von der Peripherie abzuschöpfen. Während sich viele frühe Dependenzanalysen überwiegend um den Außenhandel drehten, richtete dos Santos den Fokus auf die Produktion in den Entwicklungsländern und den dortigen Klassenkampf zwischen Kapitalisten und Arbeitern. Im Januar 1970 hielt er auf der Jahrestagung der American Economic Association, die in jenem Jahr in New York stattfand, einen Vortrag (die Einladung dazu hatte er Paul Sweezy zu verdanken, der immer noch einige Beziehungen zum wirtschaftswissenschaftlichen Establishment in den Vereinigten Staaten hatte), der anschließend in der *American Economic Review* abgedruckt wurde. Darin führte er aus, dass es in der Geschichte Lateinamerikas drei Arten der

Abhängigkeit gegeben habe: koloniale Abhängigkeit, finanziell-industrielle Abhängigkeit und technologisch-industrielle Abhängigkeit. Obwohl diese Abhängigkeiten sich unterschieden, teilten sie doch ein Element, nämlich dass das Zentrum »den im Inland erzeugten Mehrwert zum Teil abführt und einen Kontrollverlust über dessen produktive Ressourcen bewirkt«. Bei der kolonialen Abhängigkeit, fuhr dos Santos fort, sei die Mehrwertextraktion offensichtlich. Die Kolonisten würden ein Monopol auf den Außenhandel etablieren, das durch ein »koloniales Monopol auf Land, Bergwerke und Arbeitskräfte (Leibeigene oder Sklaven)« ergänzt worden sei. Die finanziell-industrielle Abhängigkeit habe sich am Ende des 19. Jahrhunderts verfestigt, als die jetzt abhängigen lateinamerikanischen Länder ihre Wirtschaften mithilfe ausländischen Kapitals um die Produktion von Primärerzeugnissen herum organisiert hätten. Der Schlüssel zur Mehrwertextraktion in dieser Version der Abhängigkeit habe darin bestanden, dass die Löhne künstlich niedrig gehalten wurden. Diese »Superausbeutung« habe dem in- und ausländischen Kapital riesige Gewinne beschert, während sie gleichzeitig das Wachstum der heimischen Einkommen begrenzt und die heimische Wirtschaftsentwicklung behindert habe.[40] Die letzte Abhängigkeitskategorie, die technologisch-industrielle, definierte dos Santos als ein Phänomen, das überwiegend erst nach dem Zweiten Weltkrieg auftrat und mit der von der CEPAL geförderten importsubstituierenden Industrialisierung verbunden war.

Dies war ein direkter Angriff auf Prebischs politische Hinterlassenschaft, der weit über Furtados frühere Kritik hinausging. Dos Santos hob die Tatsache hervor, dass die ISI den Import komplexer und überaus kostspieliger Maschinen und anderer moderner Technologien erfordert habe. Theoretisch hätte der im Primärgütersektor erzielte Überschuss für die Finanzierung dieser Importe verwendet werden können. Da jedoch ein großer Teil dieses Überschusses von ausländischen Eigentümern abgeschöpft worden sei, habe sich eine »Auslandsfinanzierungslücke« aufgetan, die durch ausländisches Kapital in Form von Investitionen multinationaler Konzerne oder Entwicklungshilfe geschlossen werden musste. Beide dieser Finanzquellen, fuhr dos Santos fort, hätten neue Formen von Ausbeutung und Abhängigkeit hervorgebracht. Die Multis hätten große Gewinne generiert, die überwiegend außer Landes transferiert wurden. Unter Bezug auf Zahlen des US-Handelsministeriums führte dos Santos aus, dass sich die US-amerikanischen Direktinvestitionen von Kapital in Lateinamerika zwischen 1946 und 1967 auf insgesamt rund 5,4 Milliarden Dollar belaufen hätten, während von dort Gewinne in Höhe von rund 14,8 Milliarden Dollar in die Vereinigten Staaten abgeführt wurden. »Das Verhältnis zwischen überwiesenem Kapital und neuem Kapitalzufluss betrug im Zeitraum von 1946–1967 rund 2,7«, schloss dos Santos, »das heißt, für jeden hereingekommenen Dollar gingen 2,70 Dollar hinaus.« Auch die Entwicklungshilfe habe Nachteile mit sich gebracht, fuhr er fort, wie den Druck, Märkte zu öffnen und Staatshaushalte auszugleichen, und die Forderung, einen Teil der Gelder für Technologieimporte aus den Geberländern zu verwenden. Zudem seien die Hilfen keine Geschenke gewesen, sondern in Form von Krediten gewährt worden, die letzten Endes zurückgezahlt werden mussten. »Die bittere Wahrheit ist«, so dos Santos' Fazit, »dass unterentwickelte Länder für alle Hilfen, die sie erhalten, bezahlen müssen.«[41]

Aufgrund dieser Analyse gelangte er zu dem Schluss, dass die von Institutionen wie der CEPAL und der Interamerikanischen Entwicklungsbank vorgeschlagenen Maßnahmen es »nicht zu erlauben scheinen, diese durch die abhängige Entwicklung angelegten schrecklichen Ketten zu zerbrechen«. Weit davon entfernt, Rückständigkeit, Elend und soziale Marginalisierung zu beenden, reproduziere der von ihnen verfestigte »abhängige Kapitalismus« diese historischen Phänomene. »Heute weist alles darauf hin, dass man einen langen Prozess scharfer politischer und militärischer Auseinandersetzungen und tiefer sozialer Radikalisierung zu erwarten hat, der diese Länder vor ein Dilemma stellen wird:

Regierungen der Gewalt, die dem Faschismus den Weg ebnen, oder volksrevolutionäre Regierungen, die den Weg zum Sozialismus ebnen. Zwischenlösungen haben sich in einer derart gegensätzlichen Realität als leer und utopisch herausgestellt.«[42]

Die Dependenztheorie entstand aufgrund einer Reihe spezifisch lateinamerikanischer historischer Umstände. Gleichwohl hatte sie Implikationen für andere Teile der sich entwickelnden Welt, insbesondere für die neu unabhängig gewordenen Länder in Afrika und Asien. 1972 veröffentlichte der junge guyanische Historiker und politische Aktivist Walter Rodney ein Buch mit dem Titel *Wie Europa Afrika unterentwickelte,* in dem er die Geschichte und die Folgen des Kolonialismus untersuchte, einschließlich des Sklavenhandels und des Landraubs im 19. Jahrhundert. Wie die lateinamerikanischen Dependenztheoretiker vertrat er die Ansicht, dass die Unterdrückungsstrukturen und der extraktive Charakter der kolonialen Ausbeutung direkt für den niedrigen wirtschaftlichen Entwicklungsstand in Afrika verantwortlich seien. »Alle Länder der Welt, die als ›unterentwickelt‹ bezeichnet werden, werden von anderen ausgebeutet«, stellte er fest, »und die Unterentwicklung, die die Welt heute beschäftigt, ist ein Produkt kapitalistischer, imperialistischer und kolonialistischer Ausbeutung. Afrikanische und asiatische Gesellschaften verfolgten eine unabhängige Entwicklung, bis sie direkt oder indirekt von den kapitalistischen Mächten übernommen wurden. Als das geschah, nahm die Ausbeutung zu, begann der Export von Überschüssen, wodurch den jeweiligen Gesellschaften die Erträge aus ihren natürlichen Ressourcen und ihrer Arbeit entzogen wurden. Das ist ein wesentlicher Bestandteil der Unterentwicklung im heutigen Sinne.«[43]

Rodney hatte an der SOAS University of London mit einer Arbeit über den Sklavenhandel an der oberguineischen Küste promoviert. Während seines Aufenthalts in England hatte er sich einer von C. L. R. James, dem Autor von *Die schwarzen Jakobiner,* gegründeten Studiengruppe angeschlossen. Später lehrte er an der Universität von Daressalam in Tansania und der Universität der Westindischen Inseln in Jamaika. In seinem Buch *Wie Europa Afrika unterentwickelte,* das er in Daressalam schrieb, stellte er fest, dass ein großer Teil der wirtschaftswissenschaftlichen Literatur über Entwicklung und Unterentwicklung »versucht, den Kapitalismus zu rechtfertigen«.[44] Die Schriften von James, Williams, Du Bois, Frank und Furtado sah er jedoch in positiverem Licht. Außerdem hob er hervor, dass koloniale Aktivitäten, wie Bergbau und Marktfruchtanbau, wenig zur Entwicklung der übrigen Wirtschaft in afrikanischen Ländern beitrugen. Im Gegenteil habe die Ankunft der Kolonisten in vielen Fällen den Niedergang einheimischer Wirtschaftszweige, wie Handwerk und kleinbäuerliche Landwirtschaft, zur Folge gehabt. Aber Rodney kritisierte auch die erste Generation postkolonialer afrikanischer politischer Führer, von denen viele, wie er beklagte, »bekennend kapitalistisch« seien und »vollumfänglich die Ideologie ihrer bürgerlichen Herren« teilten.[45] Politisch war Rodney revolutionärer Sozialist und panafrikanischer Aktivist. Seiner Ansicht nach konnte nur eine vereinigte afrikanische Arbeiterklasse das bestehende System stürzen und einen weithin geteilten wirtschaftlichen Fortschritt in Gang bringen. In seinem Beitrag zum 6. Panafrikanischen Kongress, der 1974 in Daressalam stattfand, rief er die Teilnehmer auf zu erkennen, dass »der Hauptfeind [...] die Kapitalistenklasse in den USA, Westeuropa und Japan« sei und die »afrikanische Freiheit und Einheit [...] nur durch den Kampf gegen die afrikanischen Verbündeten des internationalen Kapitals verwirklicht werden« könnten.[46] (Rodney kam 1980 in Georgetown in Guyana bei einer Autoexplosion ums Leben, die das Parlament des Landes schließlich als »staatlich organisiertes Attentat« einstufte.)[47]

Am 4. September 1970 fand in Chile, dem Ursprungsland der Dependenztheorie, eine allgemeine Wahl statt, in der Salvador Allende, der sozialistische Anführer eines linken Bündnisses, der Unidad Popular, 36,6 Prozent der Stimmen erhielt, womit er knapp vor einem Mitte-rechts-Kandidaten lag. Nach einen Monat dauernden Verhandlungen, unschlüssigem Hin und Her und der Ermordung eines hohen Militärs, der rechte Forderungen, Allendes Präsidentschaft zu verhindern, zurückgewiesen hatte, bestätigte der chilenische Kongress ihn im Amt. Der 62-jährige frühere Arzt schwor, das Programm, mit dem er den Wahlkampf bestritten hatte, zu verwirklichen: »La via chilena al socialismo«, den chilenischen Weg zum Sozialismus.[48] Zu den Programmpunkten gehörten die Verstaatlichung der Kupferbergwerke und der Großbanken des Landes, die Erweiterung des Bildungszugangs für Arme, der Bau bezahlbarer Wohnungen, die Umverteilung von Land an Kleinbauern und Arbeitsplätze für alle.

Allendes Wirtschaftsminister war der Ökonom Pedro Vuskovic, der viele Jahre in der CEPAL gearbeitet hatte. Als Keynesianer und Strukturalist wollte Vuskovic die Staatsausgaben und die Arbeiterlöhne steigern, was, wie er glaubte, den Wohlstand erhöhen und die Nachfrage anregen würde. Inflation und Außenhandelsbilanz sah er als zweitrangige Probleme an. In den ersten Monaten von Allendes Amtszeit führte die neue Regierung einen Mindestlohn ein, verringerte die Steuern für Geringverdiener und Kleinunternehmen, versorgte Schulkinder kostenlos mit Milch und Mittagessen, legte einen festen Brotpreis fest, gewährte indigenen Kindern Bildungszuschüsse und verkündete ein Wohnungsbauprogramm. Dies war nur der Anfang. In den nächsten zwei Jahren vermehrte die Regierung die Zahl der Schüler in Grund- und Oberschulen, schaffte Studiengebühren ab, erhöhte Sozialleistungen und Familienzuschüsse erheblich und verdoppelte den Mutterschaftsurlaub. Außerdem verstaatlichte sie Kupferbergwerke, einen Schlüsselsektor der chilenischen Wirtschaft, und enteignete Großgrundbesitz, den sie anschließend, zum großen Ärger der Landbesitzer, aufteilte. Um das Management von Staatsbetrieben zu erleichtern, nahm sie ein neuartiges Informationsverarbeitungssystem in Betrieb, Projekt Cybersyn, in dem über ein Fernschreibernetz Produktionsdaten an einen zentralen Großrechner übermittelt wurden, der seinerseits automatisch Mitteilungen an Fabriken und deren Manager verschickte.

Eine Zeit lang schien sich dieser Sprung in den demokratischen Sozialismus auszuzahlen. Allendes Ausgabenprogramme erhöhten den Lebensstandard und führten zu einem Anstieg der Industrieproduktion und des BIP. Von 1970 bis 1971 stieg das BIP inflationsbereinigt um 8 Prozent.[49] Doch dann wendete sich das Blatt. 1972 schoss die Inflationsrate gegenüber dem Vorjahr auf über 150 Prozent, was den Lohnzuwachs der Arbeiter auffraß und wirtschaftliche Not verursachte. Die Regierung reagierte mit einer Ausweitung der Preiskontrolle, was jedoch zu Lebensmittelknappheit führte und einen schwarzen Markt entstehen ließ. Hinzu kam, dass der Weltmarktpreis von Kupfer, das rund die Hälfte der chilenischen Exporte ausmachte, absackte. Dies verstärkte den Druck auf die chilenische Währung, den Escudo, sodass die Regierung gezwungen war, ihn um 50 Prozent abzuwerten – was wiederum die Kosten von Importen erhöhte und den Inflationsdruck weiter verstärkte.

Andere Länder in einer solchen Lage wären Kandidaten für eine Finanzhilfe des IWF gewesen. Aber die US-Regierung unter Richard Nixon, der es gegen den Strich ging, dass Fidel Castro auf dem südamerikanischen Festland einen Verbündeten gewonnen hatte, ordnete einen verdeckten Wirtschaftskrieg gegen Chile an und veranlasste die Weltbank und andere Geldgeber, den Kreditfluss dorthin einzuschränken. Im Juni 1972 löste Allende Vuskovic durch einen neuen Wirtschaftsminister ab, aber die Probleme blieben bestehen. Im zweiten Halbjahr 1972 lähmte eine Protest- und Streikwelle von Speditionsfirmen, Kleinunternehmen und Berufsverbänden das Land. (Später wurde enthüllt, dass der Fuhrunternehmerstreik von der CIA finanziert worden war.) Anfang 1973 stieg die Inflation weiter – sie sollte schließlich 500 Prozent erreichen[50] –, und ein weiterer Streik brach aus. Während die politischen Spannungen wuchsen, schloss sich die der rechten Mitte zugerechnete Christdemokratische Partei dem Vorwurf der rechtsgerichteten Nationalpartei an, Allende wolle eine Einparteienherrschaft schaffen. Mitte August verabschiedete der Nationalkongress eine Resolution, die der Regierung unterstellte, sie würde die absolute Macht anstreben und eine marxistische Indoktrination durchführen. Die Streitkräfte des Landes wurden aufgerufen, ihre Anstrengungen »auf die volle Wiederherstellung der verfassungsmäßigen Herrschaft zu richten«.

Allende bot an, ein Referendum über die Zukunft des Landes abzuhalten. Aber da zwei der drei größten Parteien praktisch zum Militärputsch aufgerufen hatten, steuerten die Ereignisse auf ein düsteres Ende zu. Am Morgen des 11. September befahl eine Gruppe hoher Offiziere unter Führung des Armeechefs General Augusto Pinochet ihren Truppen, Schlüsselorte in der Hauptstadt einzunehmen, die Fernsehsender außer Betrieb zu setzen und den Präsidentenpalast zu umstellen. Als Allende sich weigerte, seinen Amtssitz zu verlassen, befahl Pinochet den Angriff. Die Leibwächter des Präsidenten kämpften tapfer, wurden aber überrannt. Allende, der nicht gefangen genommen werden wollte, erschoss sich.[51]

Eine Militärjunta mit Pinochet an der Spitze übernahm mit aktiver Unterstützung der CIA die Macht.[52] Da das neue Regime seine politischen Gegner, tatsächliche wie vermeintliche, verfolgte, war Santiago für linke Intellektuelle kein sicherer Aufenthaltsort mehr. Dos Santos, der fürchtete, auf der Suchliste der Junta zu stehen, floh in die panamaische Botschaft und gelangte schließlich nach Mexiko. Als die Flughäfen wieder geöffnet wurden, floh Frank mit seiner Familie nach Deutschland. Er war überzeugt, dass die Dependenzbewegung zu Ende war. »General Pinochet«, schrieb er später, »hat sie am 11. September mit seinem Schwert enthauptet. Danach hat er eine ultrarechte Gegenrevolution und Gegenreform etabliert.«[53]

22

»Schockbehandlung«

Milton Friedman und der Aufstieg des Neoliberalismus

Am 23. April 1964 verstarb in Toronto Karl Polanyi. Sein Name war keineswegs allgemein bekannt. Die *New York Times* widmete ihm einen einspaltigen Nachruf, in dem er als »ehemaliger ungarischer Politiker« bezeichnet wurde, der an der Columbia University gelehrt habe.[1] Polanyi starb zu einem Zeitpunkt, als die Geschichte über die Freimarktversion des Industriekapitalismus, vor der er in seinem Buch *The Great Transformation* von 1944 gewarnt hatte, hinweggegangen zu sein schien. Trotz früher Anzeichen für eine Inflation in Großbritannien und anderen Teilen des Westens befand sich das keynesianische Modell des gelenkten Kapitalismus in den westlichen Ländern immer noch im Aufstieg. Seit dem Ende des Zweiten Weltkriegs hatte es für rasches Wirtschaftswachstum, steigenden Lebensstandard für die Mehrheit und geringer werdende Einkommensungleichheit gesorgt.

Da vom Weißen Haus bis zur Harvard University und darüber hinaus gemäßigte Keynesianer – Joan Robinsons »Bastard-Keynesianer« – das Heft in der Hand hielten, konnten Anhänger des alten Laissez-faire kaum mehr tun, als Klagelieder anzustimmen und Senator Barry Goldwaters weltfremden Präsidentschaftswahlkampf von 1964 zu unterstützen. Der erwähnenswerteste dieser rechtsgerichteten Dissidenten war der Ökonom Milton Friedman von der University of Chicago, der in seinem 1962 erschienenen Buch *Kapitalismus und Freiheit* eine Lanze für den freien Markt und einen schlanken Staat gebrochen hatte. Seit seiner Highschoolzeit im Arbeiterort Rahway in New Jersey war Friedman ebenso frühreif wie eigensinnig. Nachdem er 1932 sein Studium abgeschlossen hatte, absolvierte er ein Graduiertenstudium an der University of Chicago und an der Columbia University. Anschließend hatte er allerdings Schwierigkeiten, eine akademische Anstellung zu erhalten, was er später zum Teil dem Antisemitismus zuschrieb. (Seine Eltern waren jüdische Einwanderer aus dem Osten von Österreich-Ungarn.) Schließlich ergatterte er eine Anstellung beim National Research Committee in Washington, einer New-Deal-Agentur, und während des Zweiten Weltkriegs arbeitete er für das Finanzministerium. Sein Aufenthalt in der Bundeshauptstadt machte ihn nicht zum Freund des föderalen Systems. Nach Kriegsende verbrachte er ein Jahr an der University of Minnesota, bevor er an die wirtschaftswissenschaftliche Abteilung der University of Chicago zurückkehrte, die sich standhaft gegen die keynesianische Flut gewehrt hatte.

In *Kapitalismus und Freiheit* bezeichnete Friedman die Konzentration der Staatsmacht als »die große Gefahr für die Freiheit«. Aber seine libertäre Abneigung gegen Bundesausgaben und Bundesregularien ging weit über die Besorgnis vor dem Totalitarismus hinaus. Er stellte die staatliche Rolle beim Autobahnbau, in der öffentlichen Bildung, bei der sozialen Sicherheit, dem öffentlichen Wohnungsbau, bei Bankenvorschriften und sogar Nationalparks, wie dem Yellowstone Park und dem Grand Canyon, infrage. »Wenn der Bevölkerung an derlei Einrichtungen so sehr gelegen ist, dass sie bereit ist, dafür zu bezahlen«, meinte Friedman, »werden sich Privatunternehmen bemühen, solche Parks zur Verfügung zu stellen.«[2] Seine Oden an den freien Markt waren damals jedoch unzeitgemäß. Sein Buch wurde weder in der *New York Times* noch in *Newsweek* oder *Time* besprochen. Selbst die Lokalzeitung *Chicago Tribune* ignorierte es. »Diejenigen von uns, die über die vom Wachstum der Regierung, vom Triumph des Wohlfahrtsstaats und von keynesianischen Ideen ausgehende Gefahr für Freiheit und Prosperität zutiefst beunruhigt waren«, schrieb er im Vorwort zu einer späteren Ausgabe seines Buchs, »bildeten eine kleine, bedrängte Minderheit, die von der großen Mehrheit unserer intellektuellen Kollegen als Exzentriker betrachtet wurden.«[3]

Aber Friedman blieb nicht lange Außenseiter. In den zwei Jahrzehnten nach der Veröffentlichung seines Manifests für den freien Markt wurde er zu einem der berühmtesten, wenn auch umstrittensten Ökonomen der Welt und zum Berater politischer Führer auf drei Kontinenten, einschließlich des US-Präsidenten Ronald Reagan. Dieser Aufstieg zum Status einer intellektuellen Koryphäe kam nicht aus heiterem Himmel. Er war Teil eines konservativen Rückschlags gegen den Keynesianismus auf heimischer wie internationaler Ebene. Diese Konterrevolution sollte derart erfolgreich sein, dass in den 1980er-Jahren manche einem ungelenkten Kapitalismus kritisch gegenüberstehende Beobachter die Schriften von Karl Polanyi mit ihren Warnungen vor den zerstörerischen Auswirkungen einer ungezügelten Marktwirtschaft und deren Verbindung mit dem Autoritarismus ausgruben. Endlich, 40 Jahre nach seinem Erscheinen, fand *The Great Transformation* ein breites Publikum – weil tatsächlich eine große Transformation stattfand.

Eine Reihe von Faktoren schuf die Voraussetzungen für diese Metamorphose. Der wichtigste war ein stetiger Anstieg der Inflation, der die politischen Grundlagen und die intellektuelle Hegemonie des Keynesianismus erschütterte. 1965 lag die US-amerikanische Inflationsrate bei 1,6 Prozent, bis 1970 war sie auf 5,8 Prozent gestiegen.[4] Ein Grund dafür waren gestiegene Staatsausgaben. Die Vereinigten Staaten führten unter Präsident Lyndon B. Johnson einen kostspieligen Krieg in Vietnam und setzten gleichzeitig teure innenpolitische Programme in Gang. Der Anteil der Bundesausgaben am BIP stieg zwischen 1965 und 1970 von 15,9 auf 18,2 Prozent.[5] Die starke Gesamtnachfrage ließ die Arbeitslosenquote 1969 auf 3,5 Prozent sinken.[6] Als die Löhne und Einkaufspreise stiegen, gaben die Unternehmen ihre steigenden Kosten in Form höherer Preise für die von ihnen angebotenen Güter und Dienstleistungen weiter.

Ab Ende 1967 erhöhte die Fed die Zinssätze, um die Wirtschaft abzukühlen und die Inflation zu senken. Die steigenden Kreditkosten führten schließlich zu einer Rezession. Anfang 1971 brachte Johnsons Nachfolger Richard Nixon einen expansiven Haushalt ein, um die Wirtschaft wieder anzukurbeln. Gegenüber Fernsehjournalisten bemerkte er dazu jenseits der Kamera, er sei »jetzt wirtschaftlich ein Keynesianer«.[7] Monate später führte er als Notmaßnahme eine Lohn- und Preiskontrolle ein, um die hartnäckig hoch gebliebene Inflationsrate zu senken, die unter anderem den Druck auf den Dollar auf den ausländischen Devisenmärkten erhöhte. Vertreter des Finanzministeriums und des Weißen Hauses hielten eine Abwertung der Währung für nötig, um den Druck zu verringern und die Wettbewerbsfähigkeit der US-Exporte zu erhöhen – ein schwächerer Dollar würde amerikanische Waren im Ausland billiger machen –, aber dafür würde man die seit Langem bestehende Goldparität aufgeben müssen. Am Sonntag, dem 15. August, nachdem er mehrere Tage in Camp David mit Wirtschaftsexperten beratschlagt hatte, gab Nixon bekannt, dass die Vereinigten Staaten das Goldfenster schlössen, was bedeutete, dass ausländische Investoren ihre Dollars nicht mehr gegen Gold eintauschen konnten. Einige Tage später zirkulierte beim IWF folgende Nachricht: »Ruhe in Frieden. Zu unserem Bedauern teilen wir das nicht unerwartete Hinscheiden von Bretton Woods nach langer Krankheit am letzten Sonntag um 21 Uhr bekannt. Bretton war 1944 in New Hampshire geboren worden und starb wenige Tage nach seinem 27. Geburtstag.«[8]

Eine Zeit lang schien Nixons expansive Politik zu wirken. In der Präsidentschaftswahl von 1972 schlug er seinen demokratischen Opponenten George McGovern haushoch. Als er im Januar 1973 seine zweite Amtszeit als Präsident antrat, wuchs die amerikanische Wirtschaft wieder, die Arbeitslosenquote war unter 5 Prozent gesunken, und die Inflation lag bei nur 3,6 Prozent. Doch dann fand im Oktober 1973 der Jom-Kippur-Krieg statt, der die arabischen Erdölproduzenten veranlasste, ein Embargo gegen die westlichen Unterstützer Israels zu verhängen. Binnen weniger Monate stieg der Rohölpreis auf mehr als das Dreifache, was die benzinsüchtige US-Wirtschaft in die tiefste Rezession seit den 1930er-Jahren stürzte. Anders als bei früheren Krisen stiegen Inflation und Arbeitslosigkeit gleichzeitig steil an. Anfang 1975 lag die Inflationsrate bei rund 12 Prozent, und die Arbeitslosenquote war auf 8,1 Prozent geklettert. Jahrzehnte zuvor hatte der konservative Politiker Iain Macleod im britischen Unterhaus die Kombination von hoher Inflation und stagnierendem Wirtschaftswachstum als »Stagflation« bezeichnet. Der Ölpreisschock brachte eine moderne Version der Stagflation hervor und stellte den Keynesianismus vor ein ernstes Problem.

Laut Phillips-Kurve, deren erste Version Bill Phillips von der London School of Economics Ende der 1950er-Jahre vorgestellt hatte, hätten Arbeitslosigkeit und Inflation sich gegenläufig entwickeln müssen: Bei sinkender Arbeitslosenquote hätte die Inflationsrate steigen müssen, und umgekehrt. Dies ermöglichte es politischen Entscheidungsträgern, sich um den Preis einer steigenden Inflation für eine niedrige Arbeitslosigkeit zu entscheiden. Aber jetzt stiegen beide Variablen gleichzeitig. Wie war dies zu erklären? Die Antwort war nicht offensichtlich, aber einer hatte eine Erklärung: Friedman. Im Dezember 1967 hatte er in einer Festansprache auf der 80. Jahrestagung der American Economic Association erklärt, dass es ein »natürliches Unterbeschäftigungsniveau« gebe und Politiker, die ein niedrigeres Niveau anstrebten, eine höhere Inflation in Kauf nehmen müssten. Anders ausgedrückt, lautete Friedmans Argument, dass die langfristige Phillips-Kurve senkrecht verlaufe, sodass man nicht die Wahl habe, die Arbeitslosigkeit niedrig zu halten, indem man eine höhere Inflation zulasse. Es bestehe »immer eine vorübergehende Diskrepanz zwischen Inflation und Unterbeschäftigung, es gibt jedoch keine permanente«.[9] Angesichts dessen waren keynesianische Anstrengungen, mithilfe fiskalischer und monetärer Maßnahmen die Gesamtnachfrage zu stärken und so die Arbeitslosigkeit auf einem niedrigen Niveau zu halten, laut Friedman zum

Scheitern verurteilt. Das Beste, was die Politik tun könne, sei eine langsame, aber stete Ausweitung der verfügbaren Geldmenge, die die Inflation im Zaum halten würde. Diese Doktrin sollte als »Monetarismus« bekannt werden.

Damals war nicht allen sofort klar, dass Friedman zwei höchst problematische vorkeynesianische Wirtschaftstheorien wiederbelebte. Die eine war die Behauptung, dass Wirtschaften automatisch auf ein Gleichgewicht zusteuerten: In Friedmans Modell bildete das »natürliche Unterbeschäftigungsniveau« diesen Ruhepunkt. Wodurch dieses Niveau bestimmt wurde, erklärte er nicht wirklich. Er sagte lediglich, es würde sich aus dem »Walrasianischen Gleichgewichtssystem« ergeben,[10] was im wirtschaftswissenschaftlichen Jargon nicht mehr hieß, als dass es von vielen anderen Wirtschaftsfaktoren abhänge. Als zweite Theorie erweckte Friedman die uralte Quantitätstheorie des Geldes zu neuem Leben, die in ihrer einfachsten Form besagt, dass das Preisniveau in kausalem Verhältnis zur Geldmenge stehe. Ein Vorteil dieser Theorie ist, dass sie unterstellt, die Politik könne die Inflation einfach dadurch unter Kontrolle halten, dass sie die Geldmenge beschränkt. Doch in der Realität sind die Dinge nicht so einfach. In modernen Wirtschaften wird die Geldmenge hauptsächlich vom Bankensystem bestimmt und nicht von der Politik. Bankeinlagen machen den größten Teil der Geldmenge aus, und die Beziehung zwischen Geldmenge und Inflation ist bestenfalls schwach. Aber trotz ihrer theoretischen und empirischen Schwächen hatte Friedmans Wiederbelebung vorkeynesianischer Wirtschaftstheorien einen großen Vorteil: Sie schien in die Zeit zu passen.

In den späten 1960er- und frühen 1970er-Jahren hatte die Politik in den Vereinigten Staaten versucht, die Arbeitslosigkeit gering zu halten, und die Preise hatten, wie von Friedmans Modell der natürlichen Arbeitslosenquote vorhergesagt, angezogen. Dann waren Arbeitslosigkeit und Inflation gleichzeitig gestiegen, was die abwärts zeigende Phillips-Kurve und die Formen des Keynesianismus, die sich auf sie stützten, diskreditiert hatte. Angesichts dieser Bilanz waren viele Ökonomen und Politiker bereit, über die Einzelheiten von Friedmans theoretischem Rahmenwerk hinwegzusehen. In den Vereinigten Staaten wurden die natürliche Arbeitslosenquote und die senkrechte langfristige Phillips-Kurve rasch zu festen Elementen der verbreiteten Wirtschaftslehrbücher, und die Lehrbuchautoren anderer Länder folgten bald ebenfalls dem Trend.

Auf politischer Ebene schien der Beginn der Stagflation die Keynesianer mattgesetzt zu haben, und Mitte der 1970er-Jahre hatten selbst manche linksgerichtete Politiker das Vertrauen in ihre Rezepte verloren. 1976 sagte der neue britische Premierminister James Callaghan auf dem jährlichen Parteitag seiner regierenden Labour Party: »Wir dachten, man könne sich durch Steuersenkungen und höhere Staatsausgaben aus der Rezession freikaufen und die Beschäftigung erhöhen. Ich sage Ihnen in aller Offenheit, dass es diese Option nicht mehr gibt und dass sie, sofern es sie überhaupt jemals gab, bei jeder Gelegenheit seit dem Krieg nur durch die Injektion einer größeren Dosis Inflation in die Wirtschaft funktioniert hat, der als nächste Stufe ein höheres Niveau der Arbeitslosigkeit folgte.«[11]

Wenn der Wirtschaftsbericht des US-Präsidenten von 1962 den Höhepunkt des Nachkriegskeynesianismus darstellte, markierte Callaghans Rede seine Existenzkrise. Einen Tag nachdem er sie gehalten hatte, unternahm die britische Regierung den demütigenden Schritt, den IWF um ein Notfalldarlehen zu ersuchen, das das britische Finanzministerium aufgrund eines großen Haushaltsdefizits und des Abwertungsdrucks auf das Pfund für erforderlich hielt. In Cambridge verfolgte Joan Robinson mit Bedauern, was vor sich ging. »Die von der keynesianischen Revolution geweckte Hoffnung, durch eine Reformierung des Kapitalismus fortdauernde Prosperität und Vollbeschäftigung sichern zu können, ist geplatzt«, schrieb sie zusammen mit einem Kollegen 1977. »Der Abstieg in die Krise in der kapitalistischen Welt hat die vorkeynesianische Orthodoxie sowohl auf nationaler als auch auf internationaler Ebene erneut zur vorherrschenden Meinung in der Wirtschaftspolitik gemacht. Die unvermeidlichen Folgen daraus sind ein wesentlich höheres allgemeines Niveau der Arbeitslosigkeit und wiederkehrende Krisen, die eine massive Ressourcenverschwendung und beträchtliches menschliches Elend mit sich bringen.«[12]

Steigende Inflation war der Knüppel, mit dem konservative Ökonomen und Politiker auf den Keynesianismus einprügelten, aber sie kann nicht ganz erklären, wieso der politische Nachkriegskonsens zerbrach. Letztlich ist eine anhaltende Inflation das Ergebnis eines Verteilungskampfs darum, wer was in einer Wirtschaft bekommt. Steigen die Preise, versuchen die Arbeitnehmer, ihren Lebensstandard zu halten, indem sie höhere Löhne fordern, und die Unternehmen versuchen, ihre Gewinnspannen zu schützen, indem sie die Preise erhöhen. Friedmans Lösung dieses Dilemmas war die Anhebung der Arbeitslosenquote auf ein Niveau, auf dem Gewerkschaften und Arbeitnehmer nicht genügend Verhandlungsmacht besitzen, um ihre Lohnforderungen durchzusetzen. Er bezeichnete dieses Niveau der Arbeitslosigkeit als »natürlich«, obwohl nichts Natürliches an ihm ist. Im Grunde rief er die Politik auf, Marx' »Reservearmee« von Arbeitslosen in solchem Umfang wiederherzustellen, dass sie ihre traditionelle Rolle erfüllt, die Arbeitnehmer zu disziplinieren, und die Unternehmen die Kontrolle über die Arbeitsplätze behalten.

Schon bevor die Inflation zu einem ernsten Problem wurde, gab es Hinweise darauf, dass die lange Phase geringer Arbeitslosigkeit das industrielle Machtgleichgewicht zugunsten der Arbeitnehmer verschoben hatte, einschließlich abnehmender Profitraten der Unternehmen. Zu den Ersten, die dieses Thema behandelten, gehörten die beiden linksgerichteten englischen Ökonomen Andrew Glyn und Bob Sutcliffe. »Als in den späten 1950er- und frühen 1960er-Jahren der Außenhandel zunahm und die Lage auf den Arbeitsmärkten sich anspannte«, schrieben sie in ihrem 1972 erschienenen Buch *Capitalism in Crisis,* »war die Tendenz, dass der Profitanteil zwischen Lohndruck und internationaler Konkurrenz zerquetscht wurde, in immer mehr Ländern unübersehbar.« Das Ausmaß der »Profitklemme« sei von Land zu Land unterschiedlich, fuhren sie fort. Am deutlichsten sei sie in Großbritannien, aber insbesondere seit der zweiten Hälfte der 1960er-Jahre trete sie auch anderswo zutage. Als älteste kapitalistische Wirtschaft sei Großbritannien »ein Beispiel für den Weg, auf dem ihm andere kapitalistische Wirtschaften möglicherweise bald folgen« würden. Die beiden Autoren machten dies anhand eines Diagramms deutlich, das zeigte, dass zwischen 1950 und 1970 der Anteil von Löhnen und Gehältern am Gesamteinkommen – das Gegenstück zum Profitanteil – sowohl in Großbritannien als auch in den Vereinigten Staaten, Deutschland, Frankreich, Italien, den Niederlanden und Japan gestiegen war. In der Anfangsphase dieses Zeitraums, erklärten Glyn und Sutcliffe, habe das rasche Produktivitätswachstum den Druck auf die Profitabilität abgemildert und die Unternehmen in die Lage versetzt, massive Kapitalinvestitionen zu tätigen, was wiederum hohe Wachstumsraten der Produktion pro Arbeiter und des BIP zur Folge gehabt habe. Jetzt jedoch falle es ihnen aufgrund des Rückgangs des Produktivitätswachstums und der Profitabilität schwer, ein hohes Niveau der Kapitalakkumulation aufrechtzuerhalten: »[D]ie Grundlagen der langen Nachkriegsexpansion sind unterminiert.«[13]

Nicht nur linke Ökonomen bemerkten die Profitklemme. 1970 veröffentlichte der Ökonom Arthur Okun von der Yale University, der gerade eine zweijährige Amtszeit als Vorsitzender des Wirtschaftsberaterstabs des Weißen Hauses hinter sich hatte, zusammen mit seinem Kollegen George L. Perry von der Brookings Institution einen Artikel über den Rückgang des Profitanteils am BIP der Vereinigten Staaten, der zwischen 1966 und 1970 von 11 auf 8 Prozent geschrumpft war. Die Autoren führten diese Entwicklung auf das geringer gewordene Produktivitätswachstum zurück, mit der Folge, dass die Löhne schneller zulegten als die

Produktion, sodass die Profitrate sank. Okun und Perry drückten die Hoffnung aus, dass diese Entwicklung »vorübergehenden Faktoren zuzuschreiben« sei, insbesondere einer Verlangsamung des Wirtschaftswachstums. Wenn das Wachstum wieder anziehe, würden sich Produktivitätswachstum und Profite erholen.[14] Diese Voraussage erwies sich als allzu optimistisch. Nach einer Belebung in den Jahren 1971–1973 ging der Anteil der Unternehmensprofite am BIP 1974 erneut zurück.

Dass die 1970er-Jahre für den westlichen Kapitalismus so schwierig waren, lag an einigen Sonderfaktoren wie dem OPEC-Ölpreisschock. Aber der Rückgang der Profitrate reichte weiter zurück, und Glyn und Sutcliffe hatten sicherlich recht, wenn sie darauf hinwiesen, dass in ihm einige tiefer liegende Trends zutage träten. In den späten 1930er- und frühen 1940er-Jahren, am Anfang der keynesianischen Ära, hatten Sweezy und Kalecki davor gewarnt, dass eine lange Phase geringer Arbeitslosigkeit die Wirtschaft und ihre politischen Repräsentanten gegen eine keynesianische Politik einnehmen könnte, und Robinson hatte auf die Gefahr einer steigenden Inflation hingewiesen. Die Entwicklung zeigte, dass diese Warnungen berechtigt waren.

Theoretisch gab es einen kooperativen Weg, Verteilungskonflikte zu lösen und die Entstehung einer Lohn-Preis-Spirale zu verhindern. Wenn die Arbeitnehmer moderate Lohnforderungen erhoben, Unternehmen moderate Preiserhöhungen vornahmen und der Staat das Niveau der Gesamtnachfrage aufrechterhielt, konnte die Inflation ohne eine Rezession gesenkt werden. Aber wie sollte man die Arbeitnehmer ohne die Gefahr höherer Arbeitslosigkeit zur Zurückhaltung bewegen? Ende der 1970er-Jahre gab die OECD einen Bericht über die Inflation heraus, in dem dieses Thema behandelt wurde. »Die Umstände unterscheiden sich von Land zu Land erheblich«, hieß es darin, »aber das Grundproblem ist, wie man Menschen dazu bewegt, die Mäßigung zu üben, die sie an den Tag legen würden, wenn sie eine große Rezession für möglich hielten, ohne die Lektion tatsächlich erteilen zu müssen.«[15]

Eine mögliche Lösung war eine wirtschaftsweite »Einkommenspolitik« der Art, dass der Staat nach Beratungen mit Vertretern von Kapital und Arbeit eine dem Produktivitätswachstum entsprechende jährliche Steigerung des Lohn- und Preisniveaus vorschlagen (oder diktieren) würde. Aus gesellschaftlicher Sicht ist die Verknüpfung der Lohnsteigerungen mit dem Produktivitätswachstum klar. Aber für einzelne Gewerkschaften oder Beschäftigte einer einzelnen Fabrik ist die Durchsetzung eines höheren Lohnanstiegs stets ein Vorteil, weshalb sie kaum zur Zurückhaltung neigen werden. Das Gleiche gilt für die Preisfestlegung einzelner Unternehmen. Spieltheoretisch gesprochen, steht der Spieler vor einem Gefangenendilemma, und die vorherrschende Strategie ist, sich von der kooperativen Lösung abzusetzen. Oder, wie es in dem OECD-Bericht heißt: »Anführer beider Seiten lassen sich daher nur allzu leicht dazu verleiten, im Namen ihrer Mitglieder überambitionierte Verpflichtungen einzugehen.«[16] Einkommenspolitische Maßnahmen wären schwer aufrechtzuerhalten.

Die andere mögliche Lösung des Inflationsproblems war das von Friedman und anderen konservativen Ökonomen empfohlene konfrontative Vorgehen: die Entmachtung der Gewerkschaften durch Erhöhung der Arbeitslosigkeit, Schwächung der Arbeitsgesetze und Abschaffung anderer Geschäftshindernisse. Als Anstrengungen, Preiskontrollen und einkommenspolitische Maßnahmen einzuführen, fehlschlugen, griff eine Reihe westlicher Länder auf diese Option zurück. Mitte der 1970er-Jahre hatte sich bereits ein Land außerhalb des westlichen Kerngebiets mit Friedmans ausdrücklicher Billigung für eine solche Strategie entschieden: Pinochets Chile.

Nach dem Sturz Allendes, des ersten sozialistischen Präsidenten des Landes, im September 1973 verhaftete das Pinochet-Regime viele seiner Anhänger und brachte eine große Zahl von ihnen um. Die linken Parteien seines Bündnisses wurden verboten und Gewerkschaften unterdrückt. Der neue Wirtschaftsminister war ein General, Rodolfo González, aber die entscheidende Berufung in diesem Bereich war die Ernennung des Freimarktökonomen Sergio de Castro zu González' Hauptberater. De Castro gehörte zu den »Chicago Boys«, einer Gruppe junger Chilenen, die im Rahmen einer Vereinbarung mit der Katholischen Universität von Chile an der University of Chicago Wirtschaft studiert hatten. (De Castro hatte dort promoviert.) Pinochet und andere Mitglieder der neuen Junta in Santiago wussten nicht viel über Wirtschaftstheorien, aber angesichts einer zweistelligen Arbeitslosenquote und einer Inflation von rund 700 Prozent waren sie erpicht darauf, die Wirtschaft wieder in Gang zu bringen. De Castro hatte zusammen mit anderen Chicago Boys einen umfangreichen Wirtschaftsplan erarbeitet, der als *El Ladrillo* (Der Backstein) bekannt wurde.

Dem 2023 erschienenen Buch *The Chile Project: The Story of the Chicago Boys and the Downfall of Neoliberalism* des in Chile geborenen und an der University of California in Los Angeles lehrenden Ökonomen Sebastian Edwards zufolge hatten ein ehemaliger Marinekommandant und ein aktiver Admiral, die vorhatten, Allende zu stürzen, den *Backstein* schon vor dem Putsch in Auftrag gegeben. Laut Edwards ist immer noch nicht klar, wie viele der elf Ökonomen, die an ihm mitgearbeitet haben – und von denen neun in Chicago studiert hatten –, über seinen Ursprung in Putschplänen Bescheid wussten. Auf jeden Fall wurde der Bericht vor Allendes Sturz fertiggestellt. Nach heutigen Maßstäben, bemerkte Edwards, würden seine politischen Empfehlungen »milde und ziemlich alltäglich« wirken,[17] aber so erschienen sie weder den Autoren selbst noch einigen von Pinochets Generälen, die den Freimarktökonomen misstrauten.

Die Autoren des *Backsteins* rieten, einige von Allendes Sozialleistungen zurückzunehmen und die Armutsbekämpfung auf die Allerärmsten zu beschränken. Allgemeiner forderten sie einen historischen Bruch mit der Importsubstituierung und der in den Nachkriegsjahrzehnten eingeführten staatlichen Wirtschaftsförderung. Statt auf staatliche Planung zu setzen, sollte das Land Marktkräften die Ressourcenverteilung überlassen. Ferner verlangten sie die Abschaffung staatlicher Kontrollen, einschließlich der praktisch allgegenwärtigen Preiskontrolle (die nur für Monopole bestehen bleiben sollte), die Privatisierung von Staatsunternehmen, die Ersetzung des staatlichen Rentensystems durch individuelle Sparpläne und die Liberalisierung des Finanzsektors. Um den Wettbewerb und den Handel zu fördern, sollten die pauschalen Quoten, die Importe einschränkten und einheimische Produzenten schützten, durch einen einheitlichen Zolltarif von 30 Prozent ersetzt werden.

Die Generäle waren nicht die einzigen einflussreichen Chilenen, die die Vorschläge der Chicago Boys anfangs zurückhaltend aufnahmen. Vielen führenden Geschäftsleuten, die daran gewöhnt waren, auf geschützten Märkten mit staatlicher Lenkung zu agieren, widerstrebte es zunächst, eine radikale Wende zu vollziehen. Es war also nicht klar, ob Pinochet und seine Mitstreiter diesen Kurs verfolgen würden. Im März 1975 kam Friedman für sechs Tage nach Santiago. Begleitet wurde er von Arnold »Al« Harberger, einem Kollegen von der wirtschaftswissenschaftlichen Abteilung der University of Chicago, der Spanisch sprach, mit einer Chilenin verheiratet war und einen Aufsatz über die Inflation in Chile veröffentlicht hatte. Die Inflationsrate lag immer noch bei fast 350 Prozent, und die Arbeitslosigkeit war seit dem Putsch stark angestiegen.[18] Bei einem rund dreiviertelstündigen Treffen der beiden Ökonomen mit Pinochet riet Friedman dem chilenischen Diktator zu einer »Schockbehandlung« mit tiefen Haushaltseinschnitten und Maßnahmen zur Liberalisierung der Wirtschaft. Pinochet war »von der Idee einer Schockbehandlung angetan, aber offenbar beunruhigt über die vorübergehende Arbeitslosigkeit, die sie möglicherweise auslösen würde«, wie Friedman in seinen Memoiren berichtete.[19]

Nach der Rückkehr nach Chicago schrieb Friedman dem chilenischen Diktator einen langen Brief, in dem er ihn als »Lieber

Herr Präsident« ansprach und ihm riet, ein Acht-Punkte-Programm anzunehmen, das »die Inflation in Monaten beenden und der Lösung Ihres zweiten großen Problems – der Förderung einer effektiven sozialen Marktwirtschaft – den Weg ebnen« würde. Außerdem forderte er Pinochet auf, die Anstrengungen zur Liberalisierung des Handels fortzusetzen, und versicherte ihm: »Wenn Chile jetzt den richtigen Weg einschlägt, kann es meiner Meinung nach ein weiteres Wirtschaftswunder erreichen.«[20]

Später behauptete Friedman, die Chicago Boys hätten bereits vor seiner Chilereise ein Programm für eine Schockbehandlung beschlossen und seine und Harbergers Rolle habe lediglich darin bestanden, diesem Programm ihr »Gütesiegel aufzudrücken und dabei zu helfen, es der Öffentlichkeit und der Militärjunta nahezubringen«.[21] Die Werbeaktion hatte Erfolg. Einen Monat nach Friedmans Besuch beschloss das Pinochet-Regime einen Plan zur wirtschaftlichen Wiederbelebung und ernannte de Castro zum Wirtschaftsminister.[22] Der neue Plan, den Pinochet per Präsidialverordnung in Kraft setzte, enthielt das Ziel, die Staatsausgaben um 15 Prozent zu verringern, was nicht ganz die von Friedman empfohlenen 25 Prozent waren, aber immer noch einen enormen Einschnitt bedeutete. Außerdem sah er die Abschaffung der Preis- und Importkontrollen, die Privatisierung von Staatsunternehmen und des staatlichen Rentensystems sowie die Deregulierung des Finanzsektors vor. Es war in der Tat eine Schockbehandlung.

In mancher Hinsicht funktionierte die Kombination von massiver Sparpolitik und radikaler Liberalisierung wie geplant. In den späten 1970er-Jahren sank die Inflationsrate rapide: 1981 lag sie bei unter 10 Prozent. Die Unternehmensinvestitionen kamen wieder in Gang, die Exporte stiegen, und in den vier Jahren von 1977 bis 1980 wuchs das inflationsbereinigte BIP jährlich um 8,5 Prozent.[23] Andererseits hatte die Schockbehandlung schwere soziale und ökonomische Folgen. Bei den Armen im Land schufen die Einschnitte in die staatlichen Hilfsprogramme großes Elend. Bis 1978 sanken die Löhne inflationsbereinigt um fast ein Viertel, und nahezu 20 Prozent der Arbeitskräfte waren arbeitslos oder zu Mindestlöhnen bei staatlichen Notprogrammen beschäftigt.[24]

Darüber hinaus hielt das starke Wachstum des BIP nicht lange an. Ende 1981 geriet Chile in eine Auslandsschuldenkrise. In den Wachstumsjahren hatte das Land große Auslandsschulden angehäuft. Aber jetzt stürzte der Wert seiner Währung ab, und die Regierung war gezwungen, eine Reihe von Großbanken zu übernehmen, die am Rand des Zusammenbruchs standen, woraufhin einige Witzbolde vom »Chicagoer Weg in den Sozialismus« sprachen.[25] Die Wirtschaft trat in eine tiefe Rezession ein, in der die Arbeitslosenquote auf über 25 Prozent zunahm und die Inflation erneut zu steigen begann.[26]

Verteidiger Friedmans und der Chicago Boys verweisen darauf, dass zwischen 1973 und 1990, als Chile zur Demokratie zurückkehrte, das BIP pro Kopf um rund ein Drittel gewachsen war, was im Vergleich zu anderen Ländern eine beachtliche Leistung sei.[27] Dass sie nur möglich war, weil Pinochet seine politischen Gegner ausschaltete, die Gewerkschaftsbewegung unterdrückte und mit brutaler Gewalt seine absolute Macht durchsetzte, ist den Anhängern der Schockbehandlung kaum der Beachtung wert. (Laut einem späteren Bericht wurden in den 17 Jahren der Militärdiktatur aus politischen Gründen 2279 Menschen ermordet und Zehntausende gefoltert.)[28] Einer von Pinochets früheren Ministern räumte im Rückblick die politische Realität, die die Schockbehandlung ermöglicht hatte, ein: Das chilenische Experiment, sagte er, »konnte nur so revolutionär sein, weil wir ein sehr autoritäres Regime hatten«.[29]

Nichts von alldem hätte Karl Polanyi überrascht. In *The Great Transformation* hatte er geschrieben, dass es in der Geschichte starker Staaten bedurft habe, um die Bedingungen zu schaffen, unter denen sich ein Marktkapitalismus konsolidieren und gedeihen konnte: Eine Smith'sche Wirtschaft entstehe nicht auf natürliche Weise.

In den großen westlichen Demokratien geschah der Rechtsruck in der Wirtschaftspolitik zwar schrittweise, wurde aber auch dort immer deutlicher. Im US-Präsidentschaftswahlkampf von 1976 kritisierte der gemäßigte demokratische Kandidat Jimmy Carter den republikanischen Amtsinhaber Gerald Ford, Nixons Nachfolger, wegen des großen Haushaltsdefizits und der steigenden Inflation unter seiner Präsidentschaft. Nach Carters Wahlsieg und Einzug ins Weiße Haus konzentrierte er sich auf die Beschränkung der Ausgaben und die Verringerung des Defizits. Tatsächlich sank Letzteres in seiner vierjährigen Amtszeit von 4 auf 2,6 Prozent des BIP.[30] Die fiskalische Strenge verringerte den Preisdruck indes nicht dauerhaft. In den ersten beiden Jahren von Carters Amtszeit lag die Inflationsrate bei durchschnittlich 7 Prozent, und die Arbeitslosenquote sank nur knapp unter 6 Prozent. 1979, nachdem die iranische Revolution den Rohöl- und den Gaspreis erneut in die Höhe getrieben hatte, stieg die Inflationsrate in den zweistelligen Bereich.[31] Am 5. Juli 1979 erklärte Carter vor dem Hintergrund einer sich verschlechternden öffentlichen Stimmung in einer Fernsehansprache: »Der Verlust unseres Vertrauens in die Zukunft droht das soziale und politische Gefüge Amerikas zu zerstören.«[32] Er schwor, die Vereinigten Staaten von Energieimporten unabhängig zu machen, doch nicht dafür blieb seine Rede in Erinnerung. Obwohl er das Wort nicht benutzte, wurde sie als »Malaise-Rede« bekannt.

In diesem Umfeld fanden Friedmans politische Rezepte, insbesondere aufseiten der Wirtschaft, immer mehr Anhänger. Manche von ihnen behaupteten, die Inflation durch eine Begrenzung der Geldmenge zu senken werde relativ schmerzfrei vonstatten gehen. Sobald Arbeitnehmer und Unternehmen erkannt hätten, dass die jeweilige Zentralbank entschlossen sei, diesen Kurs beizubehalten, würden ihre Inflationserwartungen nachlassen, und dies würde zu niedrigeren Lohnforderungen und Preissteigerungen führen. Unter dem Deckmantel der Theorie der »rationalen Erwartungen«, die sich Mitte der 1970er-Jahre in den wirtschaftswissenschaftlichen Abteilungen amerikanischer Universitäten wie ein Virus ausbreitete, trieben manche konservative Ökonomen (nicht jedoch Friedman) dieses Argument ins Extrem, indem sie behaupteten, die Inflation werde rasch drastisch zurückgehen, wenn der Wille, sie zu senken, nur glaubwürdig genug demonstriert werde. Nachdem die Zentralbank verkündet habe, das Geldmengenwachstum auf, sagen wir, 3 Prozent zu beschränken, würden Lohnverhandler diese Zahl als ihre Schätzung der zu erwartenden Inflation übernehmen und ihre Lohnforderungen entsprechend anpassen. Die Inflation würde ohne Zunahme der Arbeitslosigkeit sinken.

Viele Politiker standen der Theorie der rationalen Erwartungen skeptisch gegenüber, aber der Gedanke, dass ein glaubwürdiges Auftreten der Zentralbank die Inflation relativ leicht dämpfen könne, war für gewählte Politiker, die sich nur ungern für die Steigerung der Lebenshaltungskosten verantwortlich machen ließen, ausgesprochen anziehend. 1977 wies der US-Kongress mit Zustimmung beider in ihm vertretenen Parteien die Fed an, ein Ziel für das Geldmengenwachstum festzulegen und zu melden, ob es erreicht wurde. Das monetaristische Dogma bot auch eine bequeme Tarnung für Inflations-Hardliner alter Schule, die die Lohn-Preis-Spirale um jeden Preis brechen wollten. Die Schlüsselfigur dieses Lagers war Paul Volcker, ein Zwei-Meter-Hüne aus New Jersey, den Carter 1979 an die Spitze der Federal Reserve berief. Im September 1979 verpflichtete Volcker die Fed formell auf den Monetarismus, obwohl viele, einschließlich Friedmans, dies für eine Täuschung hielten, die davon ablenken sollte, dass die Fed die Zinssätze hochtreiben wollte. Tatsächlich erhöhte sie zwischen September 1979 und März 1980 den Diskontsatz von 10,7 auf 13 Prozent.[33] Anfang 1980 setzte eine Rezession ein.[34]

Auch Friedmans Abneigung gegen Gewerkschaften und staatliche Regelungen war für viele Politiker und Wirtschaftsgruppen attraktiv. Seit dem Erscheinen von *Kapitalismus und Freiheit* hatte die Regierung Nixon zwei neue große Aufsichtsbehörden geschaffen, die Umweltschutzagentur (Environmental Protection Agency, EPA) und die Arbeitsschutzbehörde (Occupational Safety and Health Administration, OSHA), die beide mit erheblichen Kompetenzen für die Durchsetzung alter und neuer Regelungen ausgestattet worden waren. Als Reaktion auf diese Entwicklung suchten die amerikanischen Unternehmen und Finanzinteressen nach Wegen, ihren politischen Einfluss zu stärken. 1972 gründete eine Reihe von Unternehmenschefs die Lobbygruppe Business Roundtable. Bestehende Organisationen, wie die Handelskammer der Vereinigten Staaten und der Nationale Unternehmerverband, und einzelne Unternehmen vergrößerten ihre Politikbudgets und verstärkten ihre Präsenz in Washington. Nach dem Bundeswahlkampfgesetz von 1971 war es Unternehmen und Gewerkschaften erlaubt, zur Unterstützung von Kandidaten politische Aktionskomitees zu bilden und zu finanzieren. 1976 gab es über 100 solcher Komitees.[35] Gleichzeitig finanzierten einige sehr reiche rechtsgerichtete Einzelpersonen neue konservative Publikationen und Denkfabriken. So gehörte der Biermagnat Joseph Coors aus Colorado zu den Financiers, die 1973 die Gründung der Heritage Foundation ermöglichten, die umgehend damit begann, einen Strom kritischer Artikel über Regulierung, Sozialhilfe und Keynesianismus hervorzubringen.

Verfechter der Deregulierung gab es in den Vereinigten Staaten nicht nur in der Republikanischen Partei. 1974 wurde Edward »Ted« Kennedy, der »liberale Löwe« aus Massachusetts, Vorsitzender eines neuen Senatsunterausschusses für »Verwaltungspraxis und Verfahren«, der öffentliche Anhörungen über die Luftfahrtindustrie durchführte, deren Preise und Flugrouten lange vom Civil Aeronautics Board (CAB) kontrolliert worden waren. Als Chefberater des Ausschusses zog Kennedy den Rechtsprofessor Stephen Breyer von der Harvard University hinzu, den Bill Clinton später für den Obersten Gerichtshof nominieren sollte. Breyer war wie Kennedy Demokrat, aber mit guten Gründen der Ansicht, dass die Regulierung des Flugverkehrs nicht im Interesse der Konsumenten war, die hohe Preise für Flüge zahlten, die von einem Kartell großer Gesellschaften ausgeführt wurden. »Die CAB sollte die Öffentlichkeit schützen«, erklärte er später. »Aber die Regulierung hatte höhere Preise zur Folge. Die CAB verbrachte 95 Prozent ihrer Zeit damit, die Preise davor zu bewahren, zu tief zu fallen, statt darauf zu drängen, dass sie gesenkt würden.«[36]

1977 berief Carter einen anderen regulierungskritischen Demokraten, den Ökonomen Alfred Kahn von der Cornell University, an die Spitze des CAB. Kahn war ein unabhängig denkender Akademiker, der für Einlassungen der großen Fluggesellschaften nichts übrighatte. 1978 half er, ein Luftfahrtderegulierungsgesetz durch den Kongress zu bringen, das die Zuständigkeit der Bundesregierung für die Preise aufhob und es Neulingen erleichterte, von den großen Gesellschaften dominierte Routen zu fliegen. Die Reform revolutionierte die Luftfahrtbranche und läutete eine Ära niedrigerer Preise, voller Flugzeuge und Lohnkürzungen für Beschäftigte alteingesessener Fluggesellschaften ein. Die dieser Deregulierung zugrunde liegende Philosophie brachte Breyer mit den Worten auf den Punkt: »Warum etwas regulieren, wenn es besser vom Markt erledigt wird?«[37] Nach dem Praxistest in der Luftfahrtbranche wandten US-Regierungen beider Parteien diese Philosophie nach und nach auf immer mehr Wirtschaftszweige an, wie die Telekommunikation, den Energiesektor und die Finanzwirtschaft – allesamt in der Nachkriegszeit stark regulierte Bereiche. Die Ära der Deregulierung hatte begonnen.

1980 drehten Friedman und seine Frau, Rose, für den nichtkommerziellen Fernsehsender Public Broadcasting Service (PBS) eine zehnteilige Fernsehserie mit dem Titel *Free to Choose*, die, dem Journalisten Thomas Edsall zufolge, zum Teil mit einer Spende der Scaife Foundation in Höhe von 650 000 Dollar finanziert wurde.[38] Von der gebundenen Ausgabe des Begleitbuchs zur Serie wurden 400 000 Exemplare verkauft, und es wurde in 17 Sprachen übersetzt. In ihm breitete Friedman zusammen mit seiner Frau viele seiner alten Themen aus, wie die Behauptung, staatliche Regulierungen seien fast immer schädlich und unnötig. Zu den Bundesbehörden, die er angriff, gehörten die Umweltschutzbehörde, die Kommission für die Sicherheit von Konsumprodukten, die Börsenaufsicht und die Behörde für Lebensmittel und Arzneimittel, deren Vorschriften angeblich »mehr Schaden gestiftet haben, indem sie den Fortschritt in der Produktion behindert und die Verwendung wertvoller Medikamente verhindert haben, als sie Nutzen brachten, indem sie die Verwendung gefährlicher oder unwirksamer Medikamente verhinderten«. Geschickt präsentierte das Ehepaar Friedman seine radikale Freimarktagenda als Wiederherstellung traditioneller amerikanischer Werte: »Wir haben die grundlegende Wahrheit vergessen, dass die größte Bedrohung der menschlichen Freiheit die Konzentration der Macht ist, ob diese Machtkonzentration nun in der Hand der Regierung liegt oder in der Hand von irgendjemand anderem.« Aber sie sahen einen Hoffnungsschimmer: »Glücklicherweise wachen wir jetzt auf.«[39]

Solche Äußerungen waren es, die Ronald Reagan auf Friedman aufmerksam machten. Ihre Beziehung hielt viele Jahre. Friedman lernte den früheren Schauspieler während dessen Amtszeit als Gouverneur von Kalifornien (1967–1975) kennen, beriet ihn in seinem erfolglosen Präsidentschaftswahlkampf von 1976 und in dem erfolgreichen Wahlkampf vier Jahre später und wurde von ihm nach seinem Einzug ins Weiße Haus in eine Gruppe außenstehender Wirtschaftsberater berufen, mit denen er sich regelmäßig traf. Am politischen Tagesgeschäft war Friedman nicht beteiligt, aber er musste nicht persönlich anwesend sein, um Einfluss auszuüben. Die politischen Vorhaben der Regierung Reagan stimmten weitgehend mit seinen Vorschlägen überein: Steuersenkungen, Deregulierung, Entschärfung der Arbeitsgesetze und, wo immer möglich, Verschlankung des Staats (natürlich mit Ausnahme des Pentagon-Budgets) – kurz, die Aufkündigung der

Nachkriegsarrangements und die Förderung des Kapitalismus des freien Markts. Und Reagan schätzte Friedman weiterhin sehr. »Er konnte einfach Friedmans ansteckender Begeisterung nicht widerstehen«, bemerkte sein politischer Berater Martin Anderson später, »und seine Augen strahlten jedes Mal vor Freude, wenn er sich mit ihm unterhielt.«[40]

Angesichts der Überflutung praktisch des gesamten politischen Feldes der Vereinigten Staaten durch eine konservative Wirtschaftslehre und die Deregulierungsbewegung äußerte sich eine Reihe von eher skeptischen Ökonomen besorgt. Zu ihnen gehörte Hyman Minsky von der Washington University in St. Louis, ein Experte für das Geld- und Bankwesen. Als Linksliberaler, dessen eingewanderte Eltern in der Gewerkschaftsbewegung aktiv waren, lehnte er Friedmans konservative Empfehlungen aus politischen Gründen ab, war aber auch überzeugt, dass sie auf einer veralteten Wirtschaftslehre beruhten. Besonders kritisch sah er Friedmans Annahme, die kapitalistische Wirtschaft würde, wenn man sie sich selbst überließe, einem Gleichgewicht zustreben.

Minskys Ansicht nach wurden Unternehmen und Finanzinstitute in einer modernen finanzialisierten Wirtschaft wie derjenigen der Vereinigten Staaten dazu verleitet, zu große Risiken einzugehen und zu viele Schulden anzuhäufen, weshalb das Finanzsystem ausgesprochen störanfällig sei. Wenn man ihm zu weit freie Hand gebe – und die Verfechter der Deregulierung wollten dies weitestmöglich –, neige es dazu, zusammenzubrechen und die gesamte Wirtschaft in eine Rezession, wenn nicht sogar Depression hineinzuziehen. »Dies bedeutet, dass Maßnahmen zur Kontrolle und Steuerung der Entwicklung des Finanzsystems nötig sind«, schrieb er in einem Aufsatz von 1978.[41] Er drückte sich zurückhaltend aus, aber sein Argument war für die Politik der Deregulierung des Finanzsektors, die schon vor Reagans Amtsantritt mit der Verabschiedung des Gesetzes zur Deregulierung der Einlageninstitute und der Währungskontrolle im Jahr 1980 begonnen hatte, potenziell verheerend. (Das Gesetz hob eine seit Langem geltende Deckelung der Zinssätze auf, die Banken ihren Kunden gewähren konnten.)

Minsky, der 1996 starb, bezeichnete sich manchmal als »Finanz-Keynesianer«. Ebenso zutreffend kann man ihn als Institutionsökonomen bezeichnen, denn seiner Ansicht nach waren Wirtschaftstheorien nicht in ihrer Lehrbuchform, sondern nur in der Anwendung auf die aktuellen Institutionen einer kapitalistischen Wirtschaft nützlich. Mit seinen Erfahrungen im Bankensystem bildete er eine Ausnahme unter den akademischen Ökonomen. Nach dem Studium an der University of Chicago und der Promotion an der Harvard University im Jahr 1954, wo Schumpeter sein Doktorvater war, lehrte er an der Brown University und in Berkeley. 1965 ging er nach St. Louis, wo er neben der Lehrtätigkeit an der Washington University eine langjährige Verbindung zur örtlichen Mark Twain Bank einging, deren Direktor er schließlich wurde. In den 1970er-Jahren veröffentlichte er mehrere Fassungen seiner Theorie, die er »finanzielle Instabilitätshypothese« nannte, bevor er sie in einem Aufsatz von 1978 zusammenfassend neu formulierte. In seinen Augen war sie eine »Alternative zur neoklassischen Synthese, das heißt zur heutigen ökonomischen Standardtheorie. Sie soll die Instabilität als Ergebnis des normalen Funktionierens der kapitalistischen Wirtschaft erklären.«[42]

Die Instabilitätstheorie stand, Minskys eigener Aussage zufolge, in der Tradition von Keynes, der ebenfalls über Erfahrungen in der Finanzwirtschaft verfügte. In einer modernen Wirtschaft, erklärte Minsky, gebe es zwei parallele Strukturen: den Unternehmenssektor, der in Gebäude und Kapitalgüter investiere, und den Bankensektor, der Unternehmen auf der Grundlage ihres erwarteten Cashflows Geld leihe. Die Standardlehrbücher konzentrierten sich auf die Produktionsseite der Wirtschaft. Minsky betonte dagegen die Verfügbarkeit von Krediten und untersuchte, wie sie sich im Lauf der Zeit veränderte. In der Anfangszeit eines Konjunkturzyklus, führte er aus, würden Finanzinstitute dazu neigen, nur für solche Unternehmensprojekte Geld bereitzustellen, von deren Cashflow sie erwarteten, dass er die finanziellen Verpflichtungen, einschließlich der Zinszahlungen, deutlich übersteigen werde. Minsky bezeichnete diese auf Sicherheit bedachte Kreditvergabe als »Hedge-Finanzierung«. Das Problem war, dass sie nicht von Dauer war.

Im weiteren Verlauf des Konjunkturzyklus, wenn die Preise von Vermögenswerten wie Aktien und Immobilien steil anstiegen, würden Banken und andere Kreditgeber ihre Vergabeanforderungen aufweichen und beginnen, in Vorhaben zu investieren, die zwar genug Geld generierten, um die Zinsen zu zahlen, aber nicht genug, um die sonstigen finanziellen Verpflichtungen zu erfüllen. Solche Kreditnehmer müssten ihre Schulden regelmäßig umschichten, um handlungsfähig zu bleiben. Minsky nannte diese Art der Kreditvergabe »spekulative Finanzierung«. Sie ist offensichtlich riskanter als die Hedge-Finanzierung, aber noch nicht das letzte Wort in Sachen finanziellen Leichtsinns, das, laut Minsky, üblicherweise in der Spätphase eines Konjunkturzyklus gesprochen wird – in Form der »Ponzi-Finanzierung«.

In diesem Stadium sind die Vergabeanforderungen so weit gesenkt, dass Banken Kredite an Projekte vergeben, die nicht einmal genug Geld generieren, um die Zinsen zu zahlen. Dies ist Kreditvergabe basierend auf reinem Wunschdenken. Während spekulative und Ponzi-Finanzierung im Verhältnis zur Hedge-Finanzierung zunähmen, bemerkte Minsky, werde immer deutlicher, wie fragil das Finanzsystem sei. Wenn der Nachschub an neuen Krediten aus irgendeinem Grund versiege, vielleicht wegen gestiegener Zinsen oder sinkender Profite, seien Ponzi-Unternehmen gezwungen, Vermögenswerte zu verkaufen, um an Geld zu kommen, müssten dann aber feststellen, »dass ihre Vermögenswerte nicht zu einem Preis verkauft werden können, der auch nur annähernd ihre Schulden deckt«. Verkäufe führten zu mehr Verkäufen, die Vermögenspreise brächen ein, und Schuldnern falle es noch schwerer, ihren Schuldendienst zu leisten. »Der Weg in die Finanzkrise ist vorgezeichnet«, fasste Minsky das Ergebnis zusammen.[43]

Als Minsky diese Worte schrieb, war er kaum bekannt, und sie hatten keine große Wirkung. Anders als Friedman wurde Minsky nicht ins Weiße Haus eingeladen und trat auch nicht in Fernsehserien auf. Aber im weiteren Verlauf des großen Experiments der Deregulierung und der Entfesselung des Finanzsektors sollte seine Instabilitätshypothese schließlich wiederentdeckt werden.

23

»Jede Nutzung der natürlichen Ressourcen für die Befriedigung nicht lebensnotwendiger Bedürfnisse bedeutet eine geringere Lebensmenge in der Zukunft«

Nicholas Georgescu-Roegen und die Grenzen des Wachstums

In den Nachkriegsjahrzehnten sahen alle großen Wirtschaftssysteme – westlicher Kapitalismus, sowjetischer und chinesischer Sozialismus sowie das von vielen ehemaligen Kolonien verwirklichte Hybridmodell staatlich gelenkter Industrialisierung – ihr oberstes Ziel in einem hohen Wirtschaftswachstum, und sie beurteilten sich selbst danach, wie weit sie es erreichten. Jedes Anzeichen für ein Schrumpfen des BIP war ein Grund zur Beunruhigung. »In den letzten Jahren haben wir nicht mehr die für die frühe Nachkriegszeit typische Wachstumsrate von 4 bis 4 ½ Prozent erreicht«, klagte der Wirtschaftsberaterstab des Weißen Hauses in dem bereits erwähnten Wirtschaftsbericht des US-Präsidenten von 1962. »Wir sollten uns auf nicht weniger als das Erreichen einer der frühen Nachkriegsbilanz entsprechenden langfristigen Wachstumsrate festlegen.«[1]

Die Ökonomen, die dies geschrieben hatten, waren an der Harvard University oder am MIT ausgebildete Keynesianer, aber das Ziel eines höchstmöglichen BIP-Wachstums teilten sozialistische Planer, postkoloniale Nationalisten und Freimarktkonservative mit ihnen. Die Wirtschaftsberater des Kremls und der indischen Regierung glaubten ebenso fest an das ewige Wirtschaftswachstum wie die Keynesianer im Weißen Haus und die Mitarbeiter der Wirtschaftsabteilung der University of Chicago. »Wirtschaftswachstum ist das große Ziel«, stellte der englische Ökonom Roy

Harrod 1965 fest. »Es ist das Ziel der gesamten Wirtschaftspolitik.«[2] Ökonomen der unterschiedlichsten Schulen teilten den Glauben, der einfachste und effektivste Weg zur Steigerung des menschlichen Wohlergehens und Befreiung der Armen aus der Not sei die Vergrößerung des Wirtschaftskuchens. Sozialisten und Liberale strebten danach, ihn gerechter zu verteilen; Konservativen und Verfechtern des freien Markts war dies in der Regel weniger wichtig. Aber nur wenige politische Entscheidungsträger stellten die Notwendigkeit infrage, den Kuchen zu vergrößern.

Die Gläubigen dieser Wachstumsökumene betrachteten die BIP-Kurve als Grundbestandteil der modernen Welt. Die Debatte unter ihnen drehte sich lediglich darum, wie man erreichen konnte, dass sie steiler anstieg. Man war sich allgemein darin einig, dass die armen Länder, wenn sie ungenutzte Arbeitskräfte und importierte Technologie mobilisierten, eine Zeit lang schneller wachsen konnten als fortgeschrittene Länder – ein Phänomen, das »Aufholeffekt« genannt wurde. Die Wachstumsrate reicher Länder hing, wie man allgemein glaubte, vom Tempo des technologischen Fortschritts ab. Wenn Ökonomen auf den scheinbar endlosen Strom von Erfindungen schauten, die Wissenschaftler seit dem Zweiten Weltkrieg entwickelt hatten – Weltraumraketen, Großrechner, Düngemittel, Wunderarzneien und Impfseren, um nur einige zu nennen –, gelangten die meisten von ihnen zu dem Schluss, dass das Wachstum endlos weitergehen könne, insbesondere wenn die Politik Forschung und Entwicklung förderte.

Umweltbedenken fehlten in diesem Konsens nicht völlig. Man erkannte in zunehmendem Maß, dass ein unbegrenztes Wirtschaftswachstum schädliche Nebenwirkungen, wie Boden- und Luftverschmutzung, haben konnte. 1948 hatte der US-Kongress ein Gesetz zur Kontrolle der Wasserverschmutzung verabschiedet, und 1955 war ein Luftverschmutzungsgesetz hinzugekommen. 1963 hatte der Bundesstaat Kalifornien erste Emissionsstandards für Autos eingeführt. 1962 dokumentierte Rachel Carson in ihrem Buch *Der stumme Frühling* die schädlichen Nebenwirkungen giftiger Pestizide, wie DDT, von denen die Chemieindustrie behauptet hatte, sie seien ungefährlich. Im folgenden Jahr erklärte Stewart Udall, der Innenminister der Regierung Kennedy, in seinem Buch *The Quiet Crisis*: »Amerika steht heute souverän auf dem Höhepunkt von Reichtum und Macht, und dennoch leben wir in einem Land schwindender Schönheit, zunehmender Hässlichkeit, schrumpfender offener Räume und insgesamt einer Umwelt, die täglich durch Verschmutzung, Lärm und Zerstörung beeinträchtigt wird.«[3]

Mit ihren Warnungen konnten sich Carson und Udall auf eine lange Tradition von Naturverbundenheit und Bürgersinn in Amerika stützen. Benjamin Franklin hatte als junger Mann für den Wegzug von Färbereien aus Philadelphia gekämpft, weil sie mit ihren giftigen Abwässern die örtlichen Flüsse und Bäche verseuchten. 1864 hatte der Diplomat und Philanthrop George Perkins Marsh mit *Man and Nature* ein bahnbrechendes Werk veröffentlicht, in dem er auflistete, wie die Menschen Teile der natürlichen Umwelt durch ihre Tätigkeit verändert hatten, häufig mit verheerenden Folgen. »Der Mensch«, klagte Marsh, »hat zu lange vergessen, dass ihm die Erde lediglich zum Nießnutz gegeben wurde, nicht zum Verbrauch und noch viel weniger zur hemmungslosen Verschwendung.«[4] Unter anderem behauptete er, Waldrodung und Bodenverschlechterung hätten zu den Ursachen des Niedergangs der antiken mediterranen Kulturen gehört. Sein viel gelesenes Buch trug zur Entstehung der modernen Umweltschutzbewegung bei, die bis zum Ende des 19. Jahrhunderts eine Reihe bedeutender Erfolge erzielte, wie die Schaffung des Adirondack-Parks im Staat New York und anderer Nationalparks in vielen Teilen der Vereinigten Staaten.

Auch in Großbritannien hatten Kritiker, zurückgehend auf William Morris und John Ruskin im 19. Jahrhundert, auf die schädlichen Nebenwirkungen der kapitalistischen Entwicklung hingewiesen. Selbst unter Ökonomen waren einige dieser Übel seit Langem anerkannt. Schon John Stuart Mill, ein eifriger Botaniker, hatte in seinen *Grundsätzen der Politischen Ökonomie* von 1848 unberührte Landschaft als »ursprüngliches Erbteil des gesamten Menschengeschlechts« bezeichnet und die Aussicht darauf beklagt, dass sie als Privateigentum angeeignet und mit menschlichen Entwicklungen gefüllt würde.[5] In den 1920er-Jahren hatte Arthur Cecil Pigou, Alfred Marshalls Nachfolger in Cambridge, dessen Konzept der Externalitäten oder Spillover-Effekte weiterentwickelt, um zu beschreiben, dass manche wirtschaftliche Aktivitäten, wie der Rauchausstoß, schädliche Wirkungen hatten, die im Preissystem nicht in vollem Umfang berücksichtigt wurden. Pigous Lösung dieses Problems, das Ökonomen heute als »Marktversagen« bezeichnen, bestand darin, Umweltverschmutzer zu besteuern und Anreize für ihr schädliches Verhalten zu beseitigen. Andere Ökonomen bevorzugten die direkte Regulierung.

In der Nachkriegszeit entwickelten Ökonomen einige neue Instrumente für den Umgang mit der komplexen Umweltproblematik, wie die Kosten-Nutzen-Analyse, mit deren Hilfe die ökonomischen Gewinne und Verluste, einschließlich der Umwelteffekte, von Entwicklungsprojekten – wie neuen Flughäfen – eingeschätzt werden konnten. Woran es Ökonomen und politischen Entscheidungsträgern, zumindest nach Ansicht ihrer Kritiker, mangelte, war die Integration dieser *mikro*ökonomischen Techniken in ihre *makro*ökonomischen Analysen, die sie großteils weiterhin vornähmen, als spielten Umweltbelange keine Rolle oder seien mit Steuern und Regulierungen hinreichend in den Griff zu bekommen. In der 1964 erschienenen sechsten Auflage von Paul Samuelsons Wirtschaftslehrbuch suchte man die Begriffe »Umwelt« und »Umweltverschmutzung« im Register vergeblich.[6] Die Vernachlässigung von Umweltthemen war nicht auf die kapitalistische Welt beschränkt. Auch die Sowjetunion war ein bedeutender Umweltverschmutzer. Einer Studie von 1964 zufolge erzeugte sie pro Einheit des BIP anderthalbmal so viel Verschmutzung wie die Vereinigten Staaten.[7] Die erste postkommunistische russische Regierung räumte ein, dass rund 40 Prozent des Landes ökologisch mittelstark oder hoch belastet waren.[8]

Während man in Ost und West nach dem Gral des Wachstums strebte, blieb es weitgehend Nichtökonomen überlassen, dessen physische und theoretische Grundlagen infrage zu stellen. Einer der wenigen häretischen Insider der ökonomischen Zunft war der meinungsstarke Rumäne Nicholas Georgescu-Roegen, der in den 1930er-Jahren, von Joseph Schumpeter gefördert, zu einem Forschungsaufenthalt an der Harvard University weilte und später an der Vanderbilt University lehrte. 1971 veröffentlichte er *The Entropy Law and the Economic Process*, eine umfangreiche Studie über den raschen Schwund des natürlichen Ressourcenvorrats der Erde als Faktor, der dem Wachstum eine Grenze setze. Darin hieß es: »Der nahezu märchenhafte Komfort [...], den viele vergangene und gegenwärtige Gesellschaften erlangt haben, ließ uns die grundlegendste Tatsache des Wirtschaftslebens vergessen, nämlich dass von allen Lebensnotwendigkeiten nur die rein biologischen für unser Überleben absolut unverzichtbar sind.«[9] Georgescu-Roegens Buch hatte zwar kaum unmittelbare Auswirkungen auf die politischen Debatten, gilt heute aber weithin als Grundlagenwerk der ökologischen Ökonomie.

Georgescu-Roegen wuchs in bescheidenen Verhältnissen auf. Er war 1906 in der alten Hafenstadt Constanţa am Schwarzen Meer, 200 Kilometer von Bukarest entfernt, geboren worden. Die Stadt »war damals ein ethnisches Mosaik aus Rumänen, Griechen, [...] Deutschen, Juden, Armeniern, Türken, Tataren und einigen Bulgaren«, erinnerte er sich im Alter. »Weil die Umgebung meiner Kindheit wahrhaft kosmopolitisch war, ist mein Ethos es seither geblieben.«[10] Rumänien war ein unterentwickeltes Land voller armer Bauern. Georgescu-Roegens Familie war allerdings etwas weiter oben auf der sozialen Leiter angesiedelt: Sein Vater war ein pensionierter Armeehauptmann, seine Mutter Handarbeitslehrerin. Georgescu-Roegen erhielt ein Stipendium für eine Militäroberschule, an der er zum Klassenbesten wurde. Nachdem er als Schüler mehrere nationale Preise in Mathematik gewonnen hatte, studierte er an der Universität von Bukarest Mathematik, wiederum mit hervorragendem Ergebnis. 1926 schloss er das Studium ab und erhielt anschließend ein Stipendium für ein Aufbaustudium an der Pariser Sorbonne.

Dort hörte Georgescu-Roegen Vorlesungen bei bedeutenden französischen Mathematikern, wie Émile Borel, Henri Lebesgue und Édouard Goursat. Er spezialisierte sich auf mathematische Statistik und entwickelte in seiner Dissertation eine neue Technik für die Isolation zyklischer Bewegungen in Zeitreihen, zum Beispiel jährlicher Geburten, täglicher Niederschläge oder vierteljährlicher Einzelhandelsumsätze. (Das von ihm benutzte Beispiel waren Regenfälle in Paris.) Nach der Promotion ging er ans University College in London, wo er mit Karl Pearson zusammenarbeitete, einem der führenden mathematischen Statistiker. Er hatte nicht die Absicht, Ökonom zu werden, doch seine Arbeit über Zeitreihen erregte Aufmerksamkeit, und ein Vertreter der Rockefeller Foundation fragte ihn, ob er an einem Forschungsstipendium in den Vereinigten Staaten interessiert sei, wo man für das Economics Barometer der Harvard University begonnen hatte, neue statistische Methoden für die Analyse von Konjunkturzyklen anzuwenden.

Georgescu-Roegen bewarb sich um das Stipendium und bekam es. Als er 1934 mit seiner Frau, Otilia, einer Berufskollegin, die er während des Studiums kennengelernt hatte, in Cambridge in Massachusetts eintraf, musste er jedoch feststellen, dass das Economics Barometer aufgegeben worden war, nachdem es die Weltwirtschaftskrise nicht vorausgesagt hatte. Da er nicht weiterwusste, wandte er sich an Schumpeter, Harvards berühmten Österreicher, der einen Kurs über Konjunkturzyklen gab. Schumpeter interessierte sich für Georgescu-Roegens Forschungen und stellte ihn dem russischen mathematischen Ökonomen Wassily Leontief vor, der einige Jahre zuvor nach Cambridge gekommen war. Von Leontief ermutigt, stürzte er sich in die mathematische Theorie der Konsumentenwahl. Obwohl ihm ein formaler ökonomischer Hintergrund fehlte, schrieb er rasch hintereinander mehrere Aufsätze, die seinen Ruf als »Wunderkind« festigten. Schumpeter war derart beeindruckt, dass er ihn einlud, in die Wirtschaftsfakultät von Harvard einzutreten. Doch Georgescu-Roegen fühlte sich verpflichtet, nach Rumänien zurückzukehren, und lehnte das Angebot ab – eine Entscheidung, die er später bereuen sollte.

Er blieb über ein Jahrzehnt in Rumänien, wo er zunächst an der Universität von Bukarest lehrte und das zentrale Statistikamt des Landes beriet. Im Zweiten Weltkrieg kämpfte Rumänien unter General Ion Antonescu, dessen faschistisches Regime sich am Holocaust beteiligte, auf der Seite der Nationalsozialisten. Nach Kriegsende und Antonescus Sturz ernannte die neue, demokratische Regierung Georgescu-Roegen zum Generalsekretär der rumänischen Waffenstillstandskommission. Doch die Rote Armee besetzte einen großen Teil des Landes, das so unter die Kontrolle der Sowjetunion geriet. 1948, kurz nach der Bildung eines marxistisch-leninistischen Einparteienstaats, floh das Ehepaar Georgescu-Roegen mit einem Frachtschiff in die Türkei, und nach einer Reise quer durch Europa ging es in Cherbourg an Bord eines Schiffs, das in die Vereinigten Staaten fuhr. In Cambridge wurden Georgescu-Roegen und seine Frau von der ökonomischen Gemeinde willkommen geheißen, und er bekam einen zeitlich befristeten Lehrauftrag; Schumpeters Angebot einer Daueranstellung war jedoch schon lange hinfällig. 1949 nahm Georgescu-Roegen schließlich eine Einladung an die Vanderbilt University in Nashville an, wo er für den Rest seines Lebens blieb.

Als reifer Wissenschaftler beschäftigte sich Georgescu-Roegen hauptsächlich mit praktischen Fragen der Entwicklung und des Wachstums von Wirtschaften. Die Nützlichkeit der orthodoxen Wirtschaftslehren, von denen viele auf den Axiomen der individuellen Wahl und der Doktrin des Ausgleichs von Grenznutzen und Kosten beruhten, erschien ihm fraglich. In armen Gesellschaften wie der rumänischen, in der er aufgewachsen war, arbeiteten viele Menschen, wie er einmal bemerkte, ungeachtet solcher Überlegungen so lange sie konnten. »In Mangelgebieten«, erklärte er, »geschieht die Einkommensverteilung nicht gemäß der Grenzpreisbildung, sondern nach institutionellen Regeln (wie in den meisten Familien, Ihrer auch, nehme ich an).«[11]

Ein zweites von Georgescu-Roegen angesprochenes Problem der orthodoxen Ökonomie war, dass sie die natürlichen Ressourcen und die Gefahr ihrer Verschlechterung oder Erschöpfung weitgehend ignorierte. In einem Aufsatz von 1965 über »Prozesse in der Landwirtschaft versus Prozesse in der Produktion« unterschied er zwischen zwei Arten von Produktionsfaktoren (Inputs): »Flows« und »Funds«.[12] Flows waren Inputs, die im Produktionsprozess verbraucht wurden und Outputs und Abfall (oder Verschmutzung) generierten, wie Kohle, Eisenerz und industrielle Komponenten wie Schrauben und Nieten. Funds waren »Produktionsagenten« wie Arbeitskräfte und physisches Kapital, die halfen, Inputs in Outputs zu verwandeln, aber selbst nicht verbraucht wurden. Mit dieser Unterscheidung der Produktionsfaktoren pflichtete er im Wesentlichen Joan Robinson und ihren Kollegen im englischen Cambridge darin bei, dass die neoklassische »Produktionsfunktion«, die nur Arbeit und Kapital als Inputs kannte, allzu stark vereinfacht und nicht allgemein anwendbar war. Aber erst mit seinem Buch *The Entropy Law and the Economic Process* weitete er seine Kritik auf das ökonomische Ziel des ewigen Wachstums aus.

The Entropy Law and the Economic Process ist eine Tour de Force, die sich praktisch willkürlich zwischen den Gebieten von Ökonomie, Physik, Biologie, Mathematik und Wissenschaftstheorie hin und her bewegt. Abschnitten über statistische Mechanik und das arithmetische Kontinuum folgt eine Darstellung von Marx' Zwei-Sektoren-Modell oder Georgescu-Roegens Antwort auf seine eigene Frage, warum die Ökonomie keine theoretische Wissenschaft sei.[13] (Ihre »Gesetze« seien nicht wirklich allgemein, befand er. Unter bestimmten Bedingungen, wie einer kapitalistischen Wirtschaft mit Lohnarbeit und privatem Kapitalbesitz, würden sie gelten, unter anderen, wie in einer Bauernwirtschaft, nicht.) Zwischen all den intellektuellen Erkundungen legte Georgescu-Roegen seine Grundauffassung dar, der zufolge alle Formen der wirtschaftlichen Produktion – kapitalistische, sozialistische und vorindustrielle – physische Aktivitäten sind und daher den Naturgesetzen unterliegen.

Genauer gesagt, gilt für sie der Zweite Hauptsatz der Thermodynamik – das Gesetz der Verschlechterung oder Entropie –, der besagt, dass jede Energieübertragung mit dem Verlust einiger nutzbarer Energie einhergeht, sodass mit der Zeit die Menge nutzbarer Energie in dem System abnimmt und die Menge nicht nutzbarer Energie, des Abfalls, zunimmt. Georgescu-Roegen veranschaulichte dies mit dem Betrieb einer Dampflokomotive, die Waggons durch die Gegend transportiert und dabei Brennstoff, Kohle, in nutzlose Asche verwandelt. Ökonomen, fuhr er fort, die die Wirtschaft als geschlossenes System darstellen, in dem Geld in einem endlosen Kreislauf von Haushalten zu Unternehmen und zurück fließt, würden einen großen Fehler machen: »Selbst wenn nur die physische Facette des Wirtschaftsprozesses in Betracht gezogen wird, ist dieser Prozess nicht kreisförmig, sondern *unidirektional.* Soweit es diese Facette allein betrifft, besteht der ökonomische Prozess aus einer fortdauernden Umwandlung von niedriger Entropie in hohe Entropie, das heißt in *irreversiblen Abfall* oder, mit einem aktuellen Begriff ausgedrückt, in Umweltverschmutzung.«[14]

Eine Interpretation von Georgescu-Roegens Bezug auf das Entropiegesetz lautet, dass es, da jedes Wirtschaftssystem auf Energie beruht und viele Energiequellen begrenzt sind, der ökonomischen Produktion eine Obergrenze setzt, die letztlich – mit potenziell katastrophalen Folgen für die Menschheit – erreicht werden wird. Dies ist die Lehre, die viele Kommentatoren aus Georgescu-Roegens Hauptwerk gezogen haben, und es ist sicherlich eine Aussage, die er vermitteln wollte. Mit Blick darauf, dass sich die ökonomische Entwicklung in immer größerem Maß auf fossile Brennstoffe stützte, mahnte er, dass »jeder irgendwann produzierte Cadillac [...] weniger Leben in der Zukunft« bedeute. Und angesichts des zunehmenden Drucks durch das Bevölkerungswachstum fügte er hinzu: »Bevölkerungsdruck und technologischer Fortschritt bringen die Laufbahn der menschlichen Spezies *ceteris paribus* näher an ihr Ende, schon weil beide Faktoren einen schnelleren Abbau ihrer Mitgift verursachen.«[15]

Aber Georgescu-Roegen beschränkte seine Aussage über die zunehmende Entropie nicht auf die Energieressourcen, sondern wandte sie auf die Wirtschaft als Ganze an. Der gesamte Produktionsprozess, führte er aus, vollziehe die Umwandlung von Niedrig-Entropie-Stoffen wie Baumwolle, Bauholz und Metallerzen in Hoch-Entropie-Güter wie Stahlrahmen, Autos und Haushaltsgeräte. Nach dem Erscheinen des Buchs wandten manche Physiker ein, dies sei, streng genommen, ein Missbrauch des Verschlechterungsgesetzes, das auf solche Dinge nicht anwendbar sei. Aber die Überschreitung des Anwendungsbereichs des Entropiegesetzes ändert nichts an der Gültigkeit von Georgescu-Roegens breiterer Aussage, dass die Wirtschaftsentwicklung physische Grenzen besitze und von der Erschöpfung der Ressourcen bedroht sei. Seine Grundfeststellung, unterstrich er später, laute, dass die Ressourcen nicht endlos neu geschaffen oder recycelt werden könnten – womit er, wissenschaftlich betrachtet, recht hatte. »Es lässt sich zeigen«, schrieb der dänische Naturwissenschaftler John Schmitz, Autor eines Buchs über den Zweiten Hauptsatz der Thermodynamik, 2007 in einem Aufsatz über Georgescu-Roegen, »dass wir selbst durch Recyceln (zum Beispiel von Glasflaschen) nicht zur ursprünglichen Situation zurückkehren können, ohne die Qualität der natürlichen Ressourcen, die wir verbrauchen können, zu verschlechtern.«[16]

Georgescu-Roegen gab in seinem Buch nicht an, wann die Ressourcenverknappung einen kritischen Punkt erreichen würde, aber seine Formulierungen legten nahe, dass der Augenblick der Wahrheit nicht fern sei. Die Intensivierung und Mechanisierung der Landwirtschaft könnten »die Menschheit in die Lage versetzen, im Jahr 2000 sogar mehr als sieben Milliarden Menschen zu ernähren«, schrieb er, aber dies werde nur möglich sein, »indem man sich schneller ins ›Kapital‹ der niedrigen Entropie, mit dem unser Planet ausgestattet ist, hineinfrisst«.[17] In den beiden Jahrhunderten seit dem Beginn der industriellen Revolution habe die Menschheit sich »in die Lage eines fantastischen Verschwenders« gebracht, und der Verbrauch von Schlüsselressourcen werfe die Frage auf, wie viel noch für die Ausbeutung durch künftige Generationen übrig bleiben werde. »Es kann kein Zweifel daran bestehen«, so sein Fazit: »Jede Nutzung der natürlichen Ressourcen für die Befriedigung nicht lebensnotwendiger Bedürfnisse bedeutet eine geringere Lebensmenge in der Zukunft. Wenn wir das Problem richtig verstehen, werden unsere Eisenressourcen am besten für Pflüge oder Eggen verwendet, denn die werden gebraucht, nicht für Rolls-Royces, und noch nicht einmal für Traktoren.«[18]

Im Grunde erklärte Georgescu-Roegen, dass die meisten seiner Berufskollegen in der existenziellen Frage des Ressourcenverbrauchs schlechte Ratgeber seien. Sie seien auf Abwege geraten, indem sie die industrielle Produktion als einen Prozess beschrieben, der »weder irgendeine qualitative Veränderung bewirkt noch von qualitativen Veränderungen der Umwelt, in der er verankert ist, beeinflusst« wird. Gelegentlich würden Ökonomen auf die natürlichen Ressourcen zu sprechen kommen, räumte er ein, »doch die Tatsache bleibt bestehen, dass keines der zahlreichen vorhandenen Wirtschaftsmodelle, sosehr man auch danach sucht, eine Variable für den ständigen Beitrag der Natur enthält.«[19]

Georgescu-Roegens Buch erschien zu einem Zeitpunkt, als – wenigstens außerhalb der ökonomischen Zunft – die Sorge über

Bevölkerungswachstum, Ressourcenverknappung und Umweltverschlechterung wuchs. Am 22. April 1970 nahmen Millionen Amerikaner an Kundgebungen und anderen Veranstaltungen aus Anlass des ersten Earth Day teil, den der demokratische Senator Gaylord Nelson und der Harvard-Student Denis Hayes organisiert hatten. 1972 veröffentlichte eine mit dem MIT verbundene Gruppe von Umweltschützern und Systemanalytikern mit dem Ehepaar Donella und Dennis Meadows an der Spitze einen längeren Bericht mit dem Titel *Die Grenzen des Wachstums*, in dem sie unter Verweis auf umfangreiche Computersimulationen warnten: »Wenn die gegenwärtige Zunahme der Weltbevölkerung, der Industrialisierung, der Umweltverschmutzung, der Nahrungsmittelproduktion und der Ausbeutung von natürlichen Rohstoffen unverändert anhält, werden die absoluten Wachstumsgrenzen auf der Erde im Laufe der nächsten hundert Jahre erreicht.« Um ein solch katastrophales Ende zu verhindern, riefen die Autoren die Menschheit auf, sich der »riesigen Aufgabe« des »Übergangs vom Wachstum zum Gleichgewicht« zu stellen.[20]

Das Buch über *Die Grenzen des Wachstums* war mehr als nur eine akademische Wehklage. Es war im Auftrag einer internationalen Gruppe von Politikern und Wirtschaftsvertretern entstanden, die als Club of Rome bekannt ist. Mit dieser halbamtlichen Imprimatur zog der Bericht viel Medienaufmerksamkeit auf sich – und viel Ablehnung von Ökonomen, die alles in ihm infrage stellten: seine methodologische Grundlage, seine Simulationen und die angebliche Vernachlässigung elementarer ökonomischer Erkenntnisse. In der *New York Times* bemängelten Peter Passell, Marc Roberts und Leonard Ross, »das beeindruckende Instrumentarium aus Computertechnologie und Systemjargon« verschleiere »eine Art intellektuelle Rube-Goldberg-Maschine, die willkürliche Annahmen macht, sie durchschüttelt und willkürliche Schlussfolgerungen auswirft, die einen Anschein von Wissenschaftlichkeit haben«.[21] In der Zeitschrift *Challenge* kanzelte Robert Solow – derselbe Solow, der anderthalb Jahrzehnte mit Joan

Robinson im Streit gelegen hatte – unter dem ironischen Titel »Is the End of the World at Hand?« die Studie seiner MIT-Kollegen mit den Worten ab: »Weltuntergangsmodelle sind schlechte Wissenschaft und daher schlechte Ratgeber der öffentlichen Politik.« Das größte Problem ihrer Simulationen sei, dass sie das Marktpreissystem und den technischen Fortschritt außer Acht ließen. Wenn wichtige Rohstoffe wie Erdöl und Eisen knapper würden, würden die Preise steil ansteigen, was den Anreiz verstärken werde, sie effektiver zu nutzen und Ersatz für sie zu finden. Tatsächlich geschehe dies bereits, behauptete Solow. Er führte Zahlen an, um zu zeigen, dass in Relation zu jedem Dollar des BIP, den die US-amerikanische Wirtschaft generiere, der Einsatz von Eisen und Kupfer in den vorangegangenen zwei Jahrzehnten deutlich abgenommen habe. »Ich hänge nicht dem Glauben an, dass der Markt immer recht hat«, fügte Solow hinzu, »und ich spreche mich, wenn es um die Umwelt geht, ganz sicher nicht für ein Laissez-faire aus. Aber das Preissystem ist immerhin die wichtigste von kapitalistischen (und in zunehmendem Maß auch sozialistischen) Wirtschaften entwickelte soziale Institution für die Wahrnehmung relativer Knappheit und die Reaktion darauf.«[22]

Die Ökonomen, die *Die Grenzen des Wachstums* kritisierten, und es waren viele, beschränkten ihre Einwände nicht auf die Computersimulationen und die ökonomische Logik, sondern stellten auch die Forderung nach einem neuen globalen Gleichgewicht infrage. Die Simulationen des Berichts zeigten, dass, um es zu erreichen, die Weltbevölkerung und der globale Kapitalbestand letztlich konstant gehalten werden müssten.[23] Dies erfordere natürlich eine Verringerung der Geburtenrate und eine Kapitalakkumulationsrate auf dem Niveau der Kapitalentwertung. Nach zwei Jahrhunderten kapitalgestützter industrieller Expansion würde die Nettokapitalakkumulation aufhören, ebenso wie zwangsläufig das exponentielle Wirtschaftswachstum – auch wenn nach Ansicht der Autoren der *Grenzen des Wachstums* der technologische Fortschritt den Lebensstandard weiter steigern würde.

Viele Ökonomen waren fassungslos. Einen Grundsatz des Nachkriegskeynesianismus wiederholend, betonte der Ökonom Wilfred Beckerman von der University of Oxford die Rolle, die Wirtschaftswachstum und steigender Wohlstand bei der Abmilderung sozialer Spaltungen und der Abwehr von politischem Extremismus gespielt hatten. »Wenn das Wachstum aufgegeben wird«, schrieb er in seinem 1974 erschienenen Buch *In Defence of Economic Growth*, »müsste auch die Demokratie aufgegeben werden. [...] Die Kosten eines absichtlichen Nichtwachstums, die durch den in der Gesellschaft erforderlichen politischen und sozialen Umbau verursacht würden, wären astronomisch.«[24]

Auf kurze Sicht behielten die Ökonomen im Streit über die Ressourcenverknappung die Oberhand. Im Oktober 1973 verhängte die OPEC ihr Embargo über westliche Länder, und der Rohölpreis verdreifachte sich. Die hohen Energiepreise führten in fortgeschrittenen Ländern zu intensiveren Umweltschutzbemühungen, einschließlich der Entwicklung sparsamerer Motorfahrzeuge und der größeren Förderung von Forschungen über erneuerbare Energien. Wenigstens in diesem Punkt hatte Solow recht behalten: Preissystem und Profitstreben führten zu einer Veränderung von Technologie und Verhalten. Hausbesitzer und Unternehmer begannen, ihre Gebäude zu dämmen, und die steigenden Benzinkosten veranlassten die Detroiter Autobauer, ihre größten Spritschlucker wenigstens zeitweise vom Markt zu nehmen (Jahrzehnte später sollten sie sie in Gestalt der SUVs wieder anbieten). Laut der Organisation Our World in Data erreichte der Kohlendioxidausstoß pro Kopf in Großbritannien und den USA Anfang der 1970er-Jahre seinen Höhepunkt und geht seither kontinuierlich zurück. Da die US-Bevölkerung jedoch weiter wuchs, stieg der Gesamtausstoß der Vereinigten Staaten bis ins neue Jahrtausend an, bevor er zu sinken begann.[25] Global gesehen, nahm er auch danach weiter zu – mit Auswirkungen aufs Klima, die immer schwieriger abzutun sind.

Bei aller Kritik an den *Grenzen des Wachstums* aus der ökonomischen Zunft gab es einen ihrer Vertreter, der den Bericht verteidigte: Georgescu-Roegen. Als jemand, der formalen Modellen skeptisch gegenüberstand, fand er die in ihm präsentierte Zeitschiene mit der Ankündigung der ökologischen Katastrophe innerhalb der nächsten 100 Jahre zwar nicht überzeugend, aber die Grundaussage stimmte unverkennbar mit der These überein, die er in *The Entropy Law and the Economic Process* vertreten hatte. Im November 1972 bat er Dennis Meadows in einem Brief, ihm alle kritischen Kommentare von Ökonomen über seinen Bericht zu schicken, damit er eine Entgegnung verfassen konnte. In seinem Antwortschreiben erklärte Meadows: »Ihre Analyse der entropischen Natur von Ressourcen hat tiefen Einfluss auf das Denken der Mitglieder meiner Gruppe gehabt.«[26] Georgescu-Roegen befasste sich in seiner Entgegnung, die 1975 mit dem Titel »Energy and Economic Myths« im *Southern Economic Journal* erschien, vor allem mit Solows Einwänden gegen die *Grenzen des Wachstums.* Selbst wenn die Ressourcenintensität mancher Produktionsprozesse abnehme, betonte er, bedeute das rasche Wachstum des BIP, dass der Gesamtverbrauch natürlicher Ressourcen weiterhin steil ansteige: Der US-amerikanische Stahlverbrauch hätte sich in einem einzigen Jahrzehnt um fast 50 Prozent erhöht. Solows Argument, höhere Preise würden die Länder veranlassen, knappe Ressourcen sparsamer zu nutzen und zu reichhaltiger vorhandenen zu wechseln, bezeichnete er als den »Trugschluss endloser Substitution«. Er räumte ein, dass es manchmal möglich sei, eine Ressource gegen eine andere einzutauschen (beispielsweise Aluminium statt Kupfer bei der Herstellung von Küchengeräten und Stromkabeln), aber die Ersatzstoffe (in diesem Fall Bauxit) gebe es ebenfalls nur in begrenzter Menge, sodass auch sie letzten Endes ausgehen würden. Diese grundlegende Tatsache der Natur zu übersehen hieße, »den Unterschied zwischen der wirklichen Welt und dem Garten Eden zu ignorieren«.[27]

Auch auf die Möglichkeit, alternative Energiequellen zu entwickeln, ging Georgescu-Roegen ein. Die einzige unendliche oder praktisch unendliche Energiequelle, erklärte er, sei die Sonnenenergie, aber deren Nutzung sei noch nicht weit gediehen. Deshalb werde sich die Menschheit für absehbare Zeit auf fossile Brennstoffe und andere knappe Ressourcen stützen müssen. Die in den *Grenzen des Wachstums* angesprochenen Probleme könnten von Ökonomen, »die schon immer unter Wachstumsmanie gelitten haben«, nicht weggewünscht werden. Auch wenn es für die Behauptung des Club of Rome, dass die Fortsetzung des aktuellen Wachstumstrends innerhalb eines Jahrhunderts zur finalen Krise führen werde, keine wissenschaftliche Grundlage gebe, wäre es »verrückt, die allgemeinen Warnungen der Studie in Bezug auf Bevölkerungswachstum, Umweltverschmutzung und Ressourcenverknappung zu ignorieren«.[28]

Mitte der 1970er-Jahre betrat die Umweltbewegung als bedeutende Kraft die internationale Bühne. 1972 hielten die Vereinten Nationen ihre erste Konferenz über die Umwelt des Menschen ab. Drei Jahre später verabschiedete der US-Kongress das Energiepolitik- und Energiespargesetz, das neue Energiesparstandards für Haushaltsgeräte und Treibstoffeffizienzanforderungen für Autos festlegte. Die wachsende Sorge über Umweltfragen führte zu einer kritischen Neubewertung des Industriekapitalismus aus unterschiedlichen Perspektiven. 1973 veröffentlichte der deutsch-britische Ökonom Ernst Friedrich Schumacher ein Buch mit dem Titel *Small is Beautiful. Die Rückkehr zum menschlichen Maß*, in dem er sich für einen Wechsel von fabrikmäßiger Massenproduktion zu kleineren, weniger energieintensiven Produktionsmethoden aussprach. Unter Verweis auf Carlyle, Marx und andere Kapitalismuskritiker ging Schumacher von der Annahme aus, dass die moderne Industriewirtschaft nicht nur ökologisch untragbar, sondern auch entmenschlichend und psychologisch unbefriedigend sei: »Vernunft verlangt eine neue Hinwendung der Wissenschaft und Technik zum Organischen, Sanften, Gewaltlosen, Anmutigen und Schönen.« Wie Kumarappa hatte Schumacher indische Dorfwirtschaften untersucht. Er zitierte dessen Bücher zustimmend, und seine allgemeine Philosophie der Ablehnung des Materialismus und Ermutigung zur Produktion in kleinem Maßstab hatte viel mit dem Ansatz von Gandhis Wirtschaftsberater gemein. Tatsächlich benutzte Schumacher sogar einige von Kumarappas Begriffen. So schrieb er: »Vom wirtschaftlichen Standpunkt aus gesehen, ist Stetigkeit der zentrale Begriff der Vernunft. [...] Nichts ist wirtschaftlich sinnvoll, wenn seine Langzeitwirkung nicht voraussehbar ist, ohne dass man dabei an das Sinnlose stößt.«[29]

Unter Umweltschützern wurde viel darüber diskutiert, wie viel Wachstum, wenn überhaupt welches, zulässig sei. Nach Schumachers Ansicht ist »›Wachstum‹ auf ein endliches Ziel hin [...] möglich, doch nicht ein unbegrenztes, allgemeines Wachstum«.[30] In *Die Grenzen des Wachstums* war ein Szenario beschrieben worden, in dem die Nettokapitalakkumulation aufhört. Aber manche Mitglieder des Club of Rome vertraten die Auffassung, dass ein niedrigeres Wachstum des BIP mit dem ökologischen Gleichgewicht vereinbar sei, wenn genügend Anstrengungen unternommen würden, um Energie zu sparen, Emissionen zu verringern und saubere Energiequellen, wie Solar- und Wasserenergie, zu entwickeln. Dieses Konzept wurde als »nachhaltige Entwicklung« bekannt und sollte breite Zustimmung finden.

Georgescu-Roegen und seine Anhänger wiesen es jedoch rundweg zurück. In seinem 1977 erschienenen Buch *Steady-State Economics* entwarf der amerikanische Weltbank-Ökonom Herman E. Daly, der bei Georgescu-Roegen an der Vanderbilt University studiert hatte, eine Zukunft, in der die Weltbevölkerung gleich groß blieb und das Wirtschaftswachstum praktisch aufgehört hatte. Das Konzept einer stationären Wirtschaft war nicht neu. Aber als John Stuart Mill und andere klassische Ökonomen im 19. Jahrhundert über sie schrieben, glaubten sie, sie würde von selbst entstehen, nachdem alle produktiven Investitionsmöglichkeiten ausgeschöpft seien. Daly stellte sie dagegen als grundlegendes Ziel dar, als Alternative zu »Geldfetischismus und Wachstumsmanie«, welche die Ressourcen der Erde erhalten und eine ökologische Katastrophe verhindern würde.[31] Um sie Wirklichkeit werden zu lassen, forderte er Geburtenquoten zur Begrenzung des Bevölkerungswachstums und strenge Grenzen für die Nutzung erschöpfbarer Ressourcen.

Georgescu-Roegen selbst nahm eine absolute Haltung ein. Eine Zeit lang schloss er sich dem Club of Rome an, zerstritt sich aber mit dessen Führung, weil sie ein begrenztes Wachstum zuließ. Sogar die Idee einer stationären Wirtschaft lehnte er ab. In seinem Aufsatz »Energy and Economic Myths« bezeichnete er sie als »Fata Morgana« und fügte hinzu: »Der entscheidende Fehler besteht darin, nicht zu erkennen, dass nicht nur Wachstum, sondern auch Null-Wachstum [...] in einer endlichen Umwelt nicht für immer existieren kann.«[32] Zwei Jahre später erweiterte er dieses Argument in einem technischer ausgerichteten Aufsatz, der in der Zeitschrift *BioScience* erschien.[33] Um die globale Wirtschaft im aktuellen Umfang zu erhalten, führte er aus, müsse man auf Dauer fortfahren, fossile Brennstoffe und Rohstoffe auszubeuten, die schließlich zur Neige gehen würden. Zur Veranschaulichung enthielt der Aufsatz eine Zeichnung des Universums als Sanduhr, deren Ressourcenvorrat verrinnt.

Georgescu-Roegen ging über die Vorstellung einer stationären Wirtschaft hinaus. Ihm schwebte ein drastischer neuer Ansatz für die Aufrechterhaltung des ökologischen Gleichgewichts vor, den er Bioökonomie nannte. »Der Begriff«, erläuterte er in einem Aufsatz von 1977, »soll uns ständig an die biologische Herkunft des Produktionsprozesses erinnern und so das Problem der Existenz der Menschheit mit einem begrenzten Vorrat *zugänglicher* Ressourcen, die ungleichmäßig verteilt sind und ungleich angeeignet werden, in den Blick rücken.«[34] Was die Praxis betraf, verlangte Georgescu-Roegen gemeinsame Anstrengungen zur Entwicklung der Solarenergie, »der einzigen sauberen und praktisch unbegrenzten Energiequelle«, und schlug ein »bioökonomisches Minimalprogramm« vor, durch das die Verwendung erschöpfbarer Ressourcen begrenzt werden sollte. Zu seinen Maßnahmen gehörten die schrittweise Verringerung der Weltbevölkerung auf ein Niveau, auf dem sie »allein mit organischer Landwirtschaft angemessen ernährt werden« könne; strenge Regeln für den Energieverbrauch; die Beendigung der Produktion von »Kriegsinstrumenten« und die Bereitstellung der bisher von ihr verbrauchten Ressourcen für unterentwickelte Länder; ein Ende der »morbiden Sucht nach extravaganten Spielereien« und die Ersetzung von Arbeitszeit durch Freizeit. »Wir müssen begreifen«, betonte er, »dass ein beträchtliches Maß an auf intelligente Weise verbrachter Freizeit eine wichtige Voraussetzung eines guten Lebens ist.«[35]

In der letzten Forderung hallte zwar Keynes' berühmter Essay über die *Wirtschaftlichen Möglichkeiten für unsere Enkel* wider, aber Georgescu-Roegens übriges Programm ging weit über das hinaus, was Ökonomen für gewöhnlich in Erwägung zogen. Seiner Ansicht nach konnten orthodoxe Überlegungen über die Ressourcenverknappung, die sich um Marktpreise und Marktkräfte drehten, »nicht einmal davon träumen, das Problem zu bewältigen«, weil sie die Interessen zahlloser Generationen von Menschen ignorierten, die in ferner Zukunft leben würden, »sagen wir diejenige des Jahres 3000, ganz zu schweigen von denjenigen, die möglicherweise in 100 000 Jahren leben werden«. Die rasche und sich beschleunigende Verknappung natürlicher Ressourcen komme einer Diktatur der Gegenwart über die Zukunft gleich, da »künftige Generationen, einfach weil sie es nicht können, auf den heutigen Märkten nicht vertreten sind«.[36]

1976 ging Georgescu-Roegen in Pension. Im Alter hatte er sich immer weiter von seinen Kollegen in der wirtschaftswissenschaftlichen Fakultät entfremdet. Einer Darstellung zufolge nahm keiner von ihnen an seiner Abschiedsfeier teil. Als Emeritus fuhr er fort zu schreiben, blieb aber weitgehend für sich und im Kreis seiner Familie. Wer ihn kannte, für den waren seine Enttäuschung und Verbitterung offensichtlich. »Wie andere seiner Freunde auch«, schrieb Herman Daly in einem 1994 erschienenen Aufsatz, ein Jahr, nachdem Georgescu-Roegen im Alter von 88 Jahren verstorben war, »war ich traurig, dass seine späten Jahre derart von Bitterkeit und Zurückgezogenheit geprägt waren, die zum Teil darauf zurückzuführen waren, dass seine Arbeit von seiner Zunft nicht die Anerkennung erfuhr, die sie verdient hätte, aber auch auf seine aufbrausende und allgemein anspruchsvolle Persönlichkeit.«[37]

Aber während Georgescu-Roegens Kollegen aus der ökonomischen Zunft seinen geistigen Beitrag nicht zu würdigen wussten, wuchs in seinen letzten Lebensjahren vor dem Hintergrund zunehmender Sorgen über Umweltverschmutzung und Klimawandel sein Ansehen in anderen Kreisen. 1979 übertrug der französische Autor und Umweltaktivist Jacques Grinevald *The Entropy Law and the Economic Process* ins Französische. Grinevald gab seiner Übersetzung den Titel *La décroissance. Entropie – Écologie – Économie.* Der Begriff *décroissance*, der Abnahme oder Rückgang bedeutet, traf einen Nerv. 2001 rief eine Gruppe von ökologischen und politischen Aktivisten eine Décroissance-Bewegung ins Leben, die unter anderem autofreie Städte, die Schaffung von Lebensmittelgenossenschaften und die Beendigung von Firmenwerbung forderte. Vier Jahre später wurde die wachstumskritische Zeitschrift *La Décroissance* gegründet.[38] Außerhalb Frankreichs waren ähnliche Entwicklungen im Gang. In vielen Ländern schlossen sich Umweltaktivisten und junge Menschen der Forderung an, die Wirtschaftsentwicklung zu verlangsamen und die Ressourcenintensität der Wirtschaft zu verringern. Eine »Postwachstumsbewegung« entstand.

Georgescu-Roegen hätte diese Entwicklung, deren geistiger Pate er in vieler Hinsicht war, sicherlich begrüßt. Aber sie hätte ihn nicht unbedingt beruhigt. Er hegte, vielleicht wegen seiner Erfahrungen mit dem Faschismus als junger Mann, keine großen Hoffnungen auf eine Erlösung der Menschheit. »Wird die Menschheit auf ein Programm hören, das ihrer Abhängigkeit von exosomatischem Komfort Grenzen setzt?«, fragte er 1975. »Vielleicht ist es das Schicksal des Menschen, anstelle einer langen, ereignislosen und vegetativen Existenz ein kurzes, aber feuriges, aufregendes und extravagantes Leben zu führen. Sollen andere Spezies – die Amöben zum Beispiel –, die keine spirituellen Ambitionen haben, eine immer noch in viel Sonnenschein gebadete Erde erben.«[39]

24

Ein »wahres Meisterstück auf Kosten der Frauen«

Silvia Federici und die »Lohn für Hausarbeit«-Kampagne

Im November 1975 eröffnete eine Gruppe von Frauen im Brooklyner Stadtteil Park Slope in der Eighth Street Nr. 288b, unweit der Fifth Avenue und des zwei Jahre zuvor gegründeten berühmten Park Slope Food Coop, eine Geschäftsstelle mit Ladenfront. Die Mitglieder des New Yorker Lohn-für-Hausarbeit-Komitees, einer Basisorganisation, die vom Staat die Bezahlung von Hausarbeit verlangte, wollten eine Zentrale besitzen, wo sie Versammlungen abhalten, Plakate und Literatur verteilen und Angehörige der Ortsgemeinde empfangen konnten. Um die Eröffnung bekannt zu machen, spannten sie Transparente über die Fifth Avenue und veranstalteten ein Straßenfest mit Erfrischungen und Musik.[1] Eine der Gründerinnen des Komitees, die junge, aus Italien stammende Feministin Silvia Federici, hielt eine Rede, in der sie ihr Misstrauen gegenüber Politikern und Journalisten ausdrückte, die die Mutterschaft feierten und die harten wirtschaftlichen Realitäten ignorierten, mit denen viele Mütter zu kämpfen hatten, die sich auf ihre Ehemänner oder Sozialhilfe verlassen mussten, um ihre Familien durchzubringen. »Uns scheint«, erklärte Federici, »dass wir eher etwas zu feiern hätten, wenn sie uns am Monatsende einen Scheck schicken würden, anstatt unsere Opfer zu preisen.« Außerdem hob sie die grundlegende Rolle von Hausarbeit und Kinderbetreuung bei der Unterstützung und Regeneration der Arbeitskräfte in der bezahlten Wirtschaft hervor. »Wenn wir nicht zu Hause die Hausarbeit erledigen würden«, sagte sie, »würde keine ihrer Fabriken, Minen, Schulen, keines ihrer Krankenhäuser funktionieren und keiner ihrer Profite fließen. Mit unserer Arbeit ermöglichen wir es anderen, arbeiten zu gehen; wir malochen, damit unsere Ehemänner und Kinder malochen können. Kein Wunder, dass die Familie zur Stütze der Gesellschaft erklärt wird.«[2]

Neben dem Betreiben der Geschäftsstelle und dem Verteilen von Flugblättern steckten Federici und ihre Mitstreiterinnen viel Arbeit in Plakate, die ihre Botschaft in Alltagssprache verbreiteten. Auf einem von ihnen war die Freiheitsstatue zu sehen, mit einem Besen in der einen Hand und einem Bündel Dollarscheine in der anderen, während sich drei Kinder an ihr Kleid klammern. »DIE FRAUEN DER WELT KÜNDIGEN!«, lautete die Botschaft. »WIR WOLLEN LOHN FÜR JEDE SCHMUTZIGE TOILETTE, JEDE SEXUELLE NÖTIGUNG, JEDE SCHMERZHAFTE GEBURT, JEDE TASSE KAFFEE UND JEDES LÄCHELN. UND WENN WIR NICHT BEKOMMEN, WAS WIR WOLLEN, WERDEN WIR EINFACH AUFHÖREN ZU ARBEITEN!«[3] Ein anderes Plakat zeigte ein dampfendes Bügeleisen auf einer auf einem Bügelbrett liegenden Hose. Der Text verkündete: »STREIK! SOLANGE DAS EISEN NOCH HEISS IST! LOHN FÜR HAUSARBEIT!«[4]

Trotz ihrer geringen Größe war die Lohn-für-Hausarbeit-Bewegung international, mit Zweigen in ihrem Ursprungsland Italien sowie in Kanada und Großbritannien. In den Vereinigten Staaten war sie neben New York auch in anderen Städten, wie Boston, Philadelphia und Cleveland, vertreten. Die meisten Mitglieder dieser Gruppen waren gebildete weiße Frauen. Ab 1976 gab es zudem eine Reihe von Gruppen Schwarzer Frauen für Lohn für Hausarbeit, zu deren Gründerinnen die afroamerikanische Aktivistin Wilmette Brown aus New Jersey und die aus Barbados stammende Margaret Prescod, die am Queens College in New York lehrte, gehörten. Prescod gründete die erste New Yorker Gruppe, der bald Ableger in anderen Städten folgten.[5] 1975 entstand innerhalb der internationalen Lohn-für-Hausarbeit-Kampagne eine »Wages Due Lesbians«-Bewegung, die schließlich Gruppen in mehreren Städten, wie London, Philadelphia und San Francisco, gründete.[6]

Die Lohn-für-Hausarbeit-Kampagne gehörte nicht zum Kern

der Frauenbewegung, die seit der Entstehung der Zweiten Welle des Feminismus in den 1960er-Jahren in den Vereinigten Staaten und anderswo große Fortschritte bewirkt hatte. Tatsächlich war die Beziehung zwischen beiden Bewegungen angespannt. Gruppen wie die 1966 von Betty Friedan und anderen amerikanischen Feministinnen gegründete National Organization for Women (NOW) kämpften für Reproduktionsrechte und Gleichheit der Geschlechter am Arbeitsplatz. Lohn für Hausarbeit unterstützte zwar auch Reproduktionsrechte und höhere Löhne für Frauen, konzentrierte sich aber vor allem auf die Hausarbeit und die wirtschaftliche Notlage von im Haushalt Arbeitenden, ungeachtet ihres Geschlechts oder ihrer Hautfarbe. »Wie andere Feministinnen waren wir überzeugt, dass Hausarbeit die Wurzel unserer Unterdrückung als Frau war«, schrieb Federici in einem 2018 erschienenen Buch über das New Yorker Komitee. »Aber im Unterschied zu ihnen glaubten wir, dass sie genau aus diesem Grund unser Hauptkampfplatz sein sollte und dass das wirkungsvollste Mittel, um uns von ihr zu befreien, die Weigerung sei, sie kostenlos auszuführen.«[7]

Ein anderer Unterschied der Lohn-für-Hausarbeit-Bewegung war ihre historische Herkunft. Während die Zweite Welle des Feminismus in den frühen 1960er-Jahren zusammen mit der Bürgerrechtsbewegung in den Vereinigten Staaten entstanden war, bildete sie sich im Kontext der Studenten- und Arbeiterproteste in den späten 1960er-Jahren heraus und vertrat einen explizit linken Standpunkt. Als Studentin in Italien in der Mitte der 1960er-Jahre hatte Federici die unbezahlte Hausarbeit als zentrales Zahnrad des globalen Kapitalismus und ihre Anstrengungen, sie abzuschaffen, als Teil eines größeren Unterfangens gesehen. »Wir müssen zugeben«, schrieb sie 1974 in einer Streitschrift mit dem Titel *Lohn gegen Hausarbeit*,

> »dass das Kapital sehr erfolgreich damit war, unsere Arbeit unsichtbar zu machen. Es hat ein wahres Meisterstück auf Kosten der Frauen geschaffen. […] Erst einmal bekam es eine Un-

menge Arbeit fast umsonst, und darüber hinaus brachte es die Frauen dazu, statt dagegen anzugehen, diese Arbeit als die beste Sache der Welt zu erstreben (die magischen Worte: ›Liebling, du bist eine richtige Frau‹). Außerdem hat es gleichzeitig auch den männlichen Arbeiter diszipliniert, indem es *seine* Frau von *seiner* Arbeit und *seinem* Lohn abhängig gemacht hat, und es fing ihn in der Falle dieser Disziplin, indem es ihm – nach so viel Knechtschaft in der Fabrik oder im Büro – eine Magd zur Verfügung stellte.«[8]

Intellektuell bestand der wichtigste Beitrag der Lohn-für-Hausarbeit-Bewegung darin, dass sie die Ausbeutung der Frauen im Zuhause mit der kapitalistischen Ausbeutung am Arbeitsplatz verknüpfte. Die Vertreterinnen der Zweiten Welle des Feminismus sahen den Kapitalismus als potenziell befreiend an: Wenn die Geschlechtergleichheit am Arbeitsplatz durchgesetzt würde, könnten Frauen ihre historische Rolle als Unterdrückte abwerfen. Die Spannung zwischen beiden Positionen reichte in die Frühzeit des Industriekapitalismus zurück, als viele junge Frauen ihr Zuhause verließen, um in Textilfabriken zu arbeiten, und viele männliche Handwerker, wie die Weber, ihren Lebensunterhalt verloren. Engels hatte 1840 in *Die Lage der arbeitenden Klasse in England* darauf hingewiesen, dass es in Manchester nicht ungewöhnlich war, dass in Familien Frauen und Kinder die Hauptverdiener waren.[9] Als jedoch die Schwerindustrie, wie Stahl, Maschinenbau und Chemie, die Industriewirtschaft zu dominieren begann, wurde die Arbeiterschaft überwiegend männlich. Eine neue Geschlechterarbeitsteilung bildete sich heraus, wobei die Frauen, sobald sie Kinder hatten, aus dem bezahlten Arbeitsleben ausschieden. 1911 gingen in Großbritannien nur noch 10 Prozent der verheirateten Frauen, aber über 70 Prozent der unverheirateten Frauen einer bezahlten Arbeit nach.[10] In den Vereinigten Staaten verlief die Entwicklung ähnlich. Laut einer Umfrage des US Census Bureau von 1900 waren nur 20,6 Prozent der amerikanischen Frauen über 16 Jahre

»Brotverdiener« und von diesen nur 16 Prozent verheiratet.[11] Die meisten verheirateten Frauen wurden Vollzeitmütter und -hausfrauen, die Hausarbeit leisteten und sich für ihren Lebensunterhalt auf ihre Ehemänner verließen.

Die amerikanische Feministin, Schriftstellerin und Sozialreformerin Charlotte Perkins Gilman hielt in ihrem 1892 erschienenen Buch *Mann und Frau. Die wirtschaftlichen Beziehungen der Geschlechter als Hauptfaktor der socialen Entwicklung* zwei grundlegende Tatsachen über die untergeordnete Stellung der Frauen fest: erstens, dass wirtschaftlicher Fortschritt und steigende Produktivität überwiegend männliche Angelegenheiten waren, weil die »Funktionen, in denen sich zu betätigen, den Frauen bisher gestattet war, [...] von untergeordneter, primitiver Art« waren; und zweitens, dass Frauen »– welches immer der Wert der häuslichen Arbeit [...] sein möge – [...] die entsprechende Entlohnung dafür *nie erhalten.* Die Frauen, die am meisten arbeiten, erhalten dafür das wenigste Geld, und die Frauen, die das meiste Geld haben, arbeiten am wenigsten. [...] Es wird einfach für ihre Pflicht angesehen, sich der Hausarbeit zu unterziehen, und ihre wirtschaftliche Stellung steht in keinem Verhältnis zu ihren Leistungen, höchstens in einem umgekehrten.«[12] Perkins Gilman forderte keine staatliche Entlohnung von Hausarbeit, trat aber dafür ein, dass die Gesellschaft neu organisiert werden sollte, um sie weniger beschwerlich zu machen. Sie schlug vor, in Mehrfamilienhäusern Gemeinschaftsküchen einzurichten, eine Idee, die sie vielleicht von den frühsozialistischen Genossenschaftlern entlehnt hatte. Außerdem rief sie Männer und Frauen auf, sich die Hausarbeit zu teilen, und sie ermunterte Frauen, wann immer möglich, einer bezahlten Arbeit nachzugehen.

In einer Zeit, als amerikanische Frauen noch nicht einmal wählen durften, fanden diese Vorschläge kein Echo. 1920, in dem Jahr, in dem in den Vereinigten Staaten der 19. Verfassungszusatz beschlossen wurde, der das Frauenwahlrecht einführte, schlug die Frauenrechtlerin Crystal Eastman eine direktere Hilfe für Hausarbeiterinnen vor. In einem Aufsatz mit dem Titel »Now We Can Begin« forderte sie ein staatliches Mutterschaftsgeld, das Mütter und Kinder weniger von einem männlichen Verdiener abhängig machen würde. »Wo liegt das Problem der Freiheit von Frauen?«, fragte sie und antwortete sich selbst:

> »Mir scheint es darin zu liegen, die Welt so zu gestalten, dass Frauen menschliche Wesen sein können, die eine Chance haben, ihre unendlich unterschiedlichen Gaben auf unendlich unterschiedliche Weise zu nutzen, anstatt durch den Zufall ihrer Geschlechtszugehörigkeit für ein einziges Tätigkeitsgebiet bestimmt zu sein: Hausarbeit und Kinderbetreuung. Und zweitens, wenn sie sich für Hausarbeit und Kinderbetreuung entscheiden, dass dieser Beruf von der Welt als Arbeit anerkannt wird, die eine bestimmte ökonomische Entlohnung erfordert und nicht bloß dazu berechtigt, von irgendeinem Mann abhängig zu sein.«[13]

Diese frühen Feministinnen erkannten den ökonomischen Wert der Hausarbeit und wie sehr die kapitalistische Industriegesellschaft von ihr abhing. Die in Kentucky geborene Schriftstellerin und Aktivistin Mary Inman erklärte in ihrer 1939 erschienenen Essaysammlung *In Women's Defense,* dass das Zuhause für das Wirtschaftssystem von entscheidender Bedeutung sei, weil »das wertvollste aller Güter immer noch dort produziert wird: Arbeitskraft«. Als Beispiel führte sie die Hausarbeit der Frauen männlicher Arbeiter der Firestone-Reifenfabrik in Kalifornien an, die »so unauflöslich in diese Reifen verwoben« sei »wie die Arbeit ihrer Männer«.[14] Unterdessen kämpfte in Großbritannien die Frauenrechtlerin und Sozialarbeiterin Eleanor Rathbone, die 1929 als unabhängige Kandidatin ins Unterhaus gewählt wurde, unermüdlich dafür, dass Müttern unabhängig von ihren Männern eine staatliche monatliche Zahlung gewährt wurde. Nur solch ein System, erklärte sie, könne Frauen für ihre Hausarbeit entschädigen und ihnen finanzielle Eigenständigkeit verschaffen. Sie setzte sich jahrelang für diese Idee ein, unter anderem in dem 1924 erschienenen Buch *The Disinherited Family.* Manche Gewerkschaften lehnten sie ab, weil dies, wie sie vermuteten, Arbeitgeber veranlassen würde, die Löhne der männlichen Brotverdiener zu kürzen. Während des Zweiten Weltkriegs schlug das liberale Oberhausmitglied William Beveridge jedoch in seinem berühmten Bericht über die Sozialversicherung eine abgeschwächte Variante von Rathbones Idee vor, die 1945 in Gestalt des Familienbeihilfegesetzes umgesetzt wurde.

In den Nachkriegsjahrzehnten veränderten wissenschaftliche und soziale Entwicklungen die wirtschaftliche Stellung der Frauen. Die Antibabypille wurde allgemein verfügbar, die Geburtenrate sank, und immer mehr Frauen gingen außerhäusig arbeiten. Zwischen Dezember 1948 und Dezember 1970 stieg der Anteil erwachsener amerikanischer Frauen, die einer bezahlten Arbeit nachgingen, von 33 auf 43,4 Prozent.[15] (Bis 1997 sollte dieser Anteil auf 60 Prozent steigen.) Doch während Frauen auf den Arbeitsmarkt strömten, erhielten sie deutlich niedrigere Löhne als ihre männlichen Kollegen, und die Führungsetagen von Unternehmen blieben eine rein männliche Domäne. Nach und nach stellte sich das politische System der Vereinigten Staaten auf diese Entwicklungen ein. Im Juni 1963 unterzeichnete US-Präsident Kennedy ein Gesetz zur Lohngleichstellung, das ungleiche Löhne aufgrund der Geschlechtszugehörigkeit verbot. Im folgenden Jahr ächtete das Bürgerrechtsgesetz in vielen anderen Bereichen die Diskriminierung aufgrund von »Rasse«, Hautfarbe, Religion, Geschlecht oder nationaler Herkunft. 1965 bekräftigte der Oberste Gerichtshof im Fall *Griswold v. Connecticut* das »Recht auf eheliche Privatsphäre«, das dem Staat untersagte, die Anwendung von Verhütungsmitteln zu beschränken. Eine unmittelbar auftretende Frage war, ob die neuen Bürgerrechtsgesetze auch durchgesetzt wurden. Mit der Gründung von NOW verfolgten Friedan und ihre Mitstreiterinnen in erster Linie die Absicht, dies sicherzustellen.

Die Zweite Welle des Feminismus erzielte einige bedeutende Erfolge. 1973 erweiterte der Oberste Gerichtshof der Vereinigten Staaten durch seine Entscheidung im Fall *Roe v. Wade* den Zugang zur Abtreibung erheblich. Ein Jahr später verabschiedete der Kongress ein Gesetz über gleiche Bildungschancen für Frauen, das Geschlechterdiskriminierung an Colleges und Universitäten verbot. Auf Druck von NOW und anderen Frauengruppen beschlossen viele US-Bundesstaaten Gesetze über die verschuldensunabhängige Scheidung, die es Frauen ermöglichten, ihre Ehen aus eigenem Entschluss zu beenden. Das Thema bezahlter Hausarbeit fand indes weit weniger Beachtung. Manche Feministinnen standen Ansätzen, die Frauen mit Heim und Herd in Verbindung brachten, grundsätzlich ablehnend gegenüber. Friedan erklärte in ihrem 1963 erschienenen Buch *Der Weiblichkeitswahn*, dass Frauen, die arbeiten gingen und eine Karriere hätten, glücklicher seien und ein erfüllteres Leben führten als Vollzeithausfrauen. Aber wo blieben dann die zahllosen Frauen insbesondere aus der Arbeiterklasse, die in der unbezahlten Rolle von Kinderbetreuerinnen und Hausarbeiterinnen feststeckten?

Federici war 1942 im norditalienischen Parma als Tochter eines Philosophieprofessors an der dortigen Universität geboren worden. Nach ihrem Schulabschluss studierte sie an der Universität von Bologna Literatur und Philosophie und engagierte sich in linksgerichteter Politik. Mitte der 1960er-Jahre war die italienische Linke zwar immer noch von der marxistisch-leninistischen Kommunistischen Partei beherrscht, aber es gab Anzeichen für einen Wandel, wie die Entstehung von Potere Operaio (Arbeitermacht), einer linken Konkurrenzorganisation, welche die Arbeiter direkt in den Fabriken organisieren wollte. Nach Studienabschluss nahm Federici ein Aufbaustudium auf, musste aber aus Geldmangel zu Hause wohnen. 1967 erhielt sie ein Fulbright-Stipendium für ein Graduiertenstudium an der State University of New York in Buffalo, an der einige bekannte Marxisten lehrten. »Als ich 1967 in die USA kam, war ich bereits eine natürliche Rebellin«, erinnerte sie sich 2022 in einem Interview.[16]

Eine ihrer Zimmergenossinnen in Buffalo organisierte feministische Versammlungen auf dem Campus, mit deren Anliegen sie sympathisierte. In Italien hatte sie aus erster Hand erlebt, wie eine patriarchale Gesellschaft funktionierte und dass linke Männer, wie sie selbst und viele andere Aktivistinnen erfahren mussten, alles andere als immun gegen Sexismus waren. Anfangs hatte sie jedoch Mühe, die amerikanische Art des Feminismus mit ihrer in Bologna erworbenen linken Perspektive zu verbinden, in der die fundamentale gesellschaftliche Spaltung diejenige zwischen Kapital und Arbeit war. Später erzählte sie, dass sich ihre Haltung zum Feminismus 1972 während einer Zugfahrt von Boston nach New York änderte, auf der sie einen Essay von Mariarosa Dalla Costa las, einer anderen italienischen Linken, die an der Universität von Padua Politologie lehrte. In dem Aufsatz mit dem Titel »Die Frauen und der Umsturz der Gesellschaft« analysierte Dalla Costa die von ihr so genannte Frauenfrage im Rahmen der kapitalistischen Arbeitsteilung. Die Unterdrückung der Frau, schrieb Dalla Costa, habe »bekanntlich keineswegs mit dem Kapitalismus begonnen. Aber was mit dem Kapitalismus begann, war die noch intensivere Ausbeutung der Frauen *als Frauen* – und schließlich die Möglichkeit ihrer Befreiung.«[17] Federici kannte Dalla Costa nicht persönlich, war von ihrem Aufsatz jedoch gefesselt. »Als ich auf der letzten Seite angekommen war«, erzählte sie später, »wusste ich, dass ich mein Zuhause, meinen ›Stamm‹ und mein eigenes Selbst gefunden hatte, als Frau und Feministin.«[18]

Dalla Costa, die 1943 im norditalienischen Treviso geboren wurde, gehörte der Potere Operaio in Padua an. Bevor sie an der Universität ihre Kurse gab, verteilte sie im nahe gelegenen Industriegebiet Porto Margherita an Werktoren Flugblätter an Arbeiter – die fast ausschließlich Männer waren. In dem Aufsatz, den Federici während der Zugfahrt nach New York las, führte sie aus, dass der Aufstieg des modernen Kapitalismus viele Frauen in ihrem Zuhause isoliert habe, wo sie zwar von der Industrieproduktion abgeschnitten seien, aber als Ernährerinnen und Betreuerinnen aktueller und Erzieherinnen künftiger Arbeiter dennoch einen integralen Bestandteil des ökonomischen Systems darstellten. An ältere Linke wie Mary Inman anknüpfend, bezeichnete Dalla Costa diese Hausarbeit als »gesellschaftliche Produktion«, die einen erheblichen ökonomischen Wert schaffe. Die Kernfamilie war für sie eine »gesellschaftliche Fabrik«, in der Hausarbeiterinnen eine parallele Existenz zu derjenigen der Industriearbeiter ertrügen, ausgebeutet und entmenschlicht wie sie. Man müsse mit Nachdruck dafür kämpfen, »den Frauen den gesamten Umfang ihrer elementaren physischen Funktionen zurückzugeben, in erster Linie die sexuellen, die ihr zuerst zusammen mit der produktiven Kreativität geraubt worden« seien. »Entweder ist die Vagina vor allem Durchgang zur Reproduktion der Arbeitskraft, verkauft als Ware – die kapitalistische Funktion des Uterus –«, betonte sie, »oder aber sie ist Teil unserer natürlichen Fähigkeiten, unserer sozialen Ausstattung.« Indem sie diese Realität ignorierten oder herunterspielten, hätten linke Denker, einschließlich Marx, einen analytischen Fehler begangen. Sie hätten ihrer Sache eine mächtige Waffe genommen: die Aussicht darauf, dass Frauen ihre Hausarbeit einstellten und die traditionelle Familieneinheit sprengten, welche »die hauptsächliche Stütze der kapitalistischen Organisation der Arbeit« sei. »Fassen wir zusammen«, resümierte Dalla Costa: »Die Rolle der Hausfrau, hinter deren Isolierung sich gesellschaftliche Arbeit verbirgt, muss zerstört werden.«[19]

Dies war das kritische theoretische Rahmenwerk, nach dem Federici gesucht hatte, denn es verband die Verurteilung des Patriarchats mit einer linken Wirtschaftsanalyse. Als sie »Die Frauen und der Umsturz der Gesellschaft« las, lebte sie in Brooklyn und war dabei, ihre Dissertation zu beenden. Sie schrieb Dalla Costa, und die beiden begannen einen Briefwechsel. Im Juli 1972 reiste Federici nach Italien, um ihre Eltern zu besuchen. Während ihres Aufenthalts fuhr sie nach Padua, wo Dalla Costa im vorangegangenen Jahr zusammen mit einigen Mitstreiterinnen eine neue feministische Gruppe, Lotta Femminista (Feministischer Kampf), gegründet hatte. Federici nahm in Padua an einem zweitägigen Treffen mit Dalla Costa und anderen Mitgliedern ihrer Gruppe sowie einigen Feministinnen aus anderen Ländern teil. Unter Letzteren war Selma James vom Londoner Notting Hill Women's Liberation Workshop, die Dalla Costa geholfen hatte, die Druckfassung ihres Essays zu erstellen. Am Ende des Treffens konstituierten sich die rund 20 Teilnehmerinnen als Internationales Feministisches Kollektiv und verabschiedeten eine Deklaration, in der es hieß: »Wir verstehen uns als marxistische Feministinnen und sehen darin eine neue Klassendefinition [...] auf der Grundlage der Unterordnung des unbezahlten Arbeiters unter den bezahlten Arbeiter, hinter der sich die Produktivität, das heißt die Ausbeutung der Arbeit von Frauen im Haushalt verbirgt.«[20] Die Mitglieder des Kollektivs gelobten, in ihren Ländern Lohn-für-Hausarbeit-Kampagnen zu starten. Ihnen war klar, dass sie viele Herausforderungen zu gewärtigen hatten, einschließlich der Skepsis des Hauptstroms der Frauenbewegung und männlicher Linker. »Trotz der absehbaren Schwierigkeiten«, sagte Federici im Rückblick, »hatte ich das Projekt, als ich aus Italien abreiste, zu meinem gemacht.«[21]

Kurz nach ihrer Rückkehr in die Vereinigten Staaten gründete sie mit einigen Mitstreiterinnen das New Yorker Lohn-für-Hausarbeit-Komitee. Am Muttertag verteilten sie im Prospect Park Flugblätter, in denen es hieß: »Nennen wir Mütter, Ehefrauen, Singles, Großmütter, Töchter, Schwestern bei ihrem wahren Namen: HAUSARBEITERINNEN.«[22] Viele der Frauen, die sie ansprachen, erzählten von ihren eigenen Problemen mit Kindern und Haushalt und der mangelnden Anerkennung, die sie erfuhren. »Wir waren damals alle Ende 20 oder Anfang 30, Weiße, die Arbeit hatten, wenn auch häufig prekäre, und keine von uns entsprach dem klassischen Bild der Hausfrau«, schrieb Federici in ihrer Geschichte des New Yorker Komitees. »Nur wenige von uns waren verheiratet, und noch weniger hatten Kinder. Dennoch schämten wir uns nicht, zuzugeben, dass wir weder der Hausarbeit noch den gesellschaftlichen Erwartungen, die sich aus ihrer Naturalisation als ›Frauenarbeit‹ ergeben, entkommen waren.«[23] Ungeachtet seiner immer noch geringen Größe versuchte das New Yorker Komitee, Kontakte zu anderen linken Aktivisten zu knüpfen, wie Gewerkschaftern und Mieterrechtsaktivisten. Obwohl Federici sich ganz für die Lohn-für-Hausarbeit-Gruppe engagierte und sie als Organisation mit großem Potenzial ansah, verstand sie sie immer auch als Teil einer breiteren Bewegung für die Stärkung von Arbeitern und Arbeiterinnen.

Federici war nicht nur eine unermüdliche Organisatorin, sondern auch eine begabte Autorin, die die moralischen und ökonomischen Argumente, die der Bewegung zugrunde lagen, in eindrückliche Worte zu kleiden verstand. In *Lohn gegen Hausarbeit*, ihrem Pamphlet von 1974, erklärte sie, dass Hausarbeiterinnen in mancher Hinsicht noch stärker unterdrückt seien als Lohnarbeiter, die wenigstens die Arbeit wechseln konnten. »Der Unterschied«, schrieb sie,

> »liegt in der Tatsache, dass Hausarbeit uns Frauen nicht nur aufgezwungen wurde, sondern auch noch zu einer natürlichen Eigenschaft unseres weiblichen Körpers und Charakters erklärt wurde, zu einem inneren Bedürfnis, zu einem Streben, das angeblich aus der Tiefe unserer weiblichen Persönlichkeit stammt. [...] Umgekehrt wurde das Unbezahltsein der Hausarbeit die mächtigste Waffe, um die gängige Annahme zu bestärken, dass *Hausarbeit keine Arbeit sei.* So wurden die Frauen davon abgehalten, gegen sie zu kämpfen, es sei denn in den privatisierten Küchen-und-Schlafzimmer-Streitereien, die die ganze Gesellschaft übereinstimmend lächerlich und damit die Akteure eines Kampfes verächtlich macht. Wir gelten als nörgelnde Frauen, nicht als kämpfende Arbeiterinnen.«[24]

Was die praktischen Forderungen der Bewegung betraf, betonte Federici, dass die Forderung nach Bezahlung der Hausarbeit »nur der Anfang« sei. Obwohl das Geld für die Frauen äußerst nützlich sei, insbesondere für diejenigen der Arbeiterklasse, bestehe das größere Ziel in der Entmystifizierung und Unterminierung des ökonomischen Systems, das die Hausarbeiterinnen in unbezahlter Unterdrückung halte. »Wenn wir Lohn für Hausarbeit fordern«, betonte Federici, »legen wir die Tatsache offen, dass Hausarbeit bereits Geld, und zwar Geld für das Kapital ist, dass das Kapital aus unserem Kochen, Lächeln, Vögeln schon immer Geld herausgeschlagen hat. Gleichzeitig zeigt diese Forderung, dass wir all die Jahre nicht deshalb gekocht, gelächelt und gevögelt haben, weil es uns leichter fiel als anderen, sondern weil wir keine andere Wahl hatten.«[25]

Im Herbst 1974 hielt die Lohn-für-Hausarbeit-Bewegung in Brooklyn ihre erste internationale Konferenz ab, zu der Teilnehmerinnen aus Kanada, England und Italien sowie aus anderen Städten der Vereinigten Staaten anreisten. Sie verabschiedeten eine längere Erklärung mit dem Titel »Theses on Wages for Housework«, in der die Rolle unbezahlter Hausarbeit als Stütze des kapitalistischen Systems hervorgehoben wurde. »Unser unbezahlter Zustand«, heißt es in der Erklärung,

> »ist die materielle Grundlage unserer Abhängigkeit von Männern in Familie und Gesellschaft. Die Familie ist eine Kolonie, in der die Macht an Männer delegiert ist, um unsere Arbeit zu überwachen. Die Macht, die sie über uns haben, ist die Macht des Lohns. Aber ihre Macht über uns ist letztlich ihre Schwäche gegenüber dem Kapital, denn unsere Abhängigkeit von ihnen ist eine Disziplinierung ihrer Arbeit. Sie ist die Kette, die sie an ihre Jobs fesselt.«[26]

Eine der Schlüsselfiguren der internationalen Expansion der Lohn-für-Hausarbeit-Bewegung war Selma James, die seit Langem gegen Kapitalismus und Kolonialismus kämpfte. Sie war 1930 als Selma Deitch im Ocean Hill-Brownsville-Viertel von Brooklyn geboren worden. Ihr Vater war ein polnisch-jüdischer Einwanderer, der sich selbst Englisch zu lesen beigebracht hatte, als Lastwagenfahrer arbeitete und sich als Organisator der Teamsters Union engagierte. Nachdem sie mit 15 Jahren von der Schule abgegangen war, zog James nach Los Angeles, wo sie in einer Fabrik arbeitete, heiratete, einen Sohn gebar und schließlich Autorin wurde. 1952 schrieb sie einen Aufsatz über die Stellung der Frauen, »Der Platz einer Frau«, der auf ihren eigenen Erfahrungen und Interviews mit Nachbarinnen und Kolleginnen über die Hausarbeit beruhte. Darin betonte sie die Machtlosigkeit und Frustration vieler Frauen: »So wie der Haushalt eingerichtet ist, können weder der Mann noch die Kinder sich vorstellen, wie viel wirkliche harte Arbeit, Zeit und Anstrengung es kostet, so einen Haushalt sauber zu halten. So wie der Haushalt eingerichtet ist, gibt es keine Möglichkeit, die Zahl der Arbeitsstunden, die Art der Arbeit und die Menge der Arbeit zu bestimmen. Das ist es aber, worüber die Frauen bestimmen wollen.«[27]

Noch in Brooklyn hatte Deitch in der trotzkistischen Splittergruppe Johnson-Forest Tendency den jamaikanischen Schriftsteller und Historiker C. L. R. James kennengelernt. Nach der Trennung von ihrem ersten Ehemann und dem Beginn ihrer Laufbahn als Autorin nahm sie wieder Kontakt zu James auf, der inzwischen ein bekannter Autor und antikolonialistischer Aktivist war. 1955 zogen die beiden nach London, wo sie ihn im folgenden Jahr heiratete und seinen Namen annahm. Sie waren in vielem einer Meinung, doch Selma James blieb eine eigenständige Denkerin und Autorin. Anfang 1972 schrieb sie für die dritte National Women's Liberation Conference, die in jenem Jahr in Manchester stattfand, eine Abhandlung über »Women, the Unions and Work, or … What is Not to Be Done«. Darin beklagte sie, dass die britischen Gewerkschaften die Interessen der Frauen ignorierten, und stellte sechs Forderungen auf, um diesen Mangel zu beheben. Die ersten beiden lauteten: »WIR FORDERN DAS RECHT, WENIGER ZU ARBEITEN, UND WIR FORDERN EIN GARANTIERTES EINKOMMEN FÜR FRAUEN UND MÄNNER, ARBEITENDE UND NICHT ARBEITENDE; VERHEIRATETE UND NICHT VERHEIRATETE.« Die herrschende Klasse habe die Mutterschaft nur dann glorifiziert, wenn sie unbezahlte Arbeit beinhaltete. »Sie sollen uns bezahlen«, verlangte James, »oder wir gehen in die Fabriken und Büros und setzen unsere Kinder ihren Vätern auf den Schoß. Schauen wir mal, ob sie gleichzeitig Ford-Autos herstellen und Windeln wechseln können. WIR FORDERN LOHN FÜR HAUSARBEIT.«[28] Zunächst fand James' Agenda in der britischen Frauenbewegung kaum Widerhall. Manche Feministinnen fürchteten, die Bezahlung der Hausarbeit würde die Hausfrauenrolle der Frauen institutionalisieren. Andere sahen in Lohnarbeit außerhalb des Zuhauses den Weg zur Befreiung. Doch James ließ sich nicht beirren. Als entschlossene Aktivistin war sie sich sicher, dass die Lohn-für-Hausarbeit-Bewegung eine bedeutende Erweiterung sowohl des Feminismus als auch der antikapitalistischen Bewegung darstellte.

Das New Yorker Komitee zog durch seine Aktivitäten die Aufmerksamkeit der Medien auf sich. Im Januar 1975 veröffentlichte die *New York Times* unter dem Titel »Brooklyn Women Seek Wages for Housework« einen Bericht über die Bewegung, in dem Federici mit den Worten zitiert wurde: »Niemand arbeitet so hart für nichts wie Frauen. [...] Würden wir aufhören, wäre die Wirtschaft gelähmt.« Auf die Frage, was ihre Organisation genau fordere und wie sie sich die Lohnzahlung vorstelle, antwortete sie: »Bevor wir eine Massenbasis aufgebaut haben, wäre es unklug, zu sehr ins Detail zu gehen.«[29] Auch in anderen Zeitungen, wie der New Yorker *Daily News*, der *Los Angeles Times* und der englischen *Western Daily Press*, erschienen Artikel über die Lohn-für-Hausarbeit-Bewegung. Im April 1976 veröffentlichte die Zeitschrift *Life* ein Foto, das Federici zusammen mit einem Dutzend ihrer Mitstreiterinnen in der Küche ihrer Brooklyner Wohnung hinter einem Tisch voller Töpfe und Pfannen zeigte.[30]

Die Eröffnung der Geschäftsstelle in der Eighth Street markierte einen weiteren Fortschritt des New Yorker Komitees. »Es war ein armseliger kleiner Raum«, erinnerte sich Federici Jahrzehnte später, »aber es war großartig. Eine Ladenfront mit einem Schaufenster zur Straße. Es war typisch New York. Der Raum war also klein, aber wir füllten ihn mit all unseren Plakaten. Wann immer möglich, stand die Tür offen, sodass Frauen hereinkommen und Flugblätter mitnehmen konnten, und dann hatten wir regelmäßig Versammlungen, die wir in der Gemeinde ankündigten. Auf diese Weise verbreiteten wir die Informationen.«[31] Trotz der Medienaufmerksamkeit und des Aufbaus einer Anhängerschaft gewann die Lohn-für-Hausarbeit-Bewegung nie eine Massenbasis. Zum Teil war dies auf ihre Radikalität zurückzuführen. Während ihre Forderung nach Bezahlung der Hausarbeit viel Anklang fand, traf ihr breiteres Ziel der grundsätzlichen Änderung des Wesens der Arbeit in einem kapitalistischen System bei unter Druck stehenden Frauen, insbesondere solchen aus der Arbeiterklasse, denen revolutionäre Politik fernlag, nicht unbedingt auf offene Ohren.

Zudem agierte die Lohn-für-Hausarbeit-Bewegung national und international im Schatten der breiteren Frauenbewegung, deren Forderung nach gleicher Bezahlung und gleichen Bedingungen am Arbeitsplatz von großen Parteien und internationalen Organisationen unterstützt wurde. 1975 veranstalteten die Vereinten Nationen in Mexiko-Stadt eine Weltfrauenkonferenz, auf der ihre Mitgliedsstaaten aufgerufen wurden, Geschlechtergleichheit zu garantieren und die volle Integration von Frauen ins Wirtschaftsleben zu fördern. Federici stand der Konferenz skeptisch gegenüber. In ihren Augen waren die UNO und andere internationale Organisationen, wie IWF und Weltbank, Stützen des globalen Kapitalismus. Nach ihrer Ansicht erfüllte der »liberale Feminismus«, wie sie ihn nannte, letztlich eine ähnliche Rolle, da ihm eine angemessen kritische Perspektive fehlte und er seine Vereinnahmung zuließ. »Mit dem Eingreifen der Vereinten Nationen in die feministische Politik«, erklärte sie im Rückblick, »haben wir erlebt, wie versucht wurde, die Bewegung zu institutionalisieren, um ihre Kämpfe und ihr subversives Potenzial abzuschwächen und zu neutralisieren.«[32]

Eine andere Herausforderung, vor der das New Yorker Komitee stand, war die Wirtschaftskrise in der Mitte der 1970er-Jahre, die alle Arbeiter- und Linksbewegungen vor große Probleme stellte. Als sich der Ölpreis nach dem OPEC-Ölpreisschock von 1973 verdreifachte, stürzte die US-Wirtschaft in eine Rezession, und New York erlebte eine Haushaltskrise, die die Stadt bei einigen ihrer Schuldverschreibungen an den Rand der Zahlungsunfähigkeit brachte. Im September 1975 schuf die New Yorker Stadtregierung einen Notfallfinanzkontrollrat, der die Finanzen der Stadt übernahm. Um den Haushalt auszugleichen, beschnitt der Rat viele Ausgabenposten drastisch, einschließlich der Sozialhilfe für Arbeiterfrauen und Kinder. Außerdem entließ er städtische Angestellte und verfügte für viele andere einen Lohnstopp und Kürzungen von Lohnnebenleistungen. Federici verglich diese Sparmaßnahmen mit den Strukturanpassungen, die IWF und Weltbank in Schwierigkeiten geratenen Entwicklungsländern aufnötigten. Während die Gewerkschaften städtischer Angestellter vergeblich gegen die Maßnahmen kämpften, wurden auch sie und ihre Mitstreiterinnen, von denen viele auch als Organisatorinnen für Gewerkschaften und andere linke Anliegen tätig waren, in diese politische Auseinandersetzung hineingezogen. Federici schrieb im Rückblick auf die gescheiterte Anstrengung der Krankenhausgewerkschaft Local 1199, Tausende von Pflegekräften zu organisieren: »Die Niederlage war mit Händen zu greifen, da jeder das Gefühl hatte, dass dies der Beginn einer Ära war, in der nur Rückschritte möglich sein würden. Darüber hinaus wurde bald klar, dass die Disziplinierung der New Yorker Arbeitnehmer Teil einer Neustrukturierung der Weltwirtschaft war, durch die auf Jahre hinaus ein Sparregime eingeführt wurde.«[33]

Während sich die fiskalische und politische Krise verschärfte, setzte das New Yorker Komitee seine Tätigkeit fort. Im April 1976 organisierte es eine Konferenz über Sozialhilfe, an der Dutzende von Frauen von Lohn-für-Hausarbeit-Gruppen und verbündeten Organisationen in den gesamten Vereinigten Staaten teilnahmen. In dieser Zeit verunglimpften konservative Politiker Sozialhilfeempfängerinnen, insbesondere solche mit dunkler Hautfarbe, als »Sozialhilfeköniginnen«, um Wählerstimmen zu gewinnen und Great-Society-Programme, die armen Familien Beihilfen gewährten, zu unterminieren. Nach Federicis Ansicht war die Reaktion der breiteren Frauenbewegung auf diese Attacken völlig unzureichend. Aber sie und ihre Mitstreiterinnen waren, trotz allen Engagements des New Yorker Komitees und der Proteste anderer Gruppen, machtlos und konnten die Kürzung von öffentlichen Haushalten und Sozialausgaben nicht verhindern. Darüber hinaus verschärften die Wirtschaftskrise und ihre Nachwirkungen die innerhalb der Lohn-für-Hausarbeit-Bewegung aufgetauchten Differenzen in Bezug auf Strategie und Taktik, einschließlich Spannungen zwischen dem New Yorker Komitee und Mitgliedern der jüngst gegründeten Gruppe Schwarze Frauen für Lohn für Hausarbeit. 2021 berichtete deren Mitgründerin Margaret Prescod auf einer Veranstaltung in Toronto, dass einige weiße Mitglieder des New Yorker Komitees sie nicht unterstützt hätten, als sie und ihre Mitstreiterinnen am Queens College dafür kämpften, dass Studentinnen mit Kindern, die Sozialhilfe erhielten, sowohl diese Zahlung als auch ihr Stipendium behalten konnten. »Sie betrachteten dies nicht als Lohn für Hausarbeit«, erklärte Prescod, »aber wir taten es.«[34] Daneben traten auch andere Risse auf, und 1977 löste sich das New Yorker Komitee auf.

Federici sprach später nur ungern über die Umstände der Auflösung. Sie hatte sich rasch anderen Projekten zugewandt, wie der Gründung der politischen Zeitschrift *Tap Dance.* Außerdem forschte sie über die historischen Ursprünge der geschlechtsspezifischen Arbeitsteilung, über die sie 1984 zusammen mit der italienischen feministischen Theoretikerin Leopoldina Fortunati ein einflussreiches Buch veröffentlichte, *Il Grande Calibano. Storia del corpo sociale ribelle nella prima fase del capitale* (Der große Caliban. Die Geschichte des rebellischen Sozialkörpers in der ersten Phase des Kapitals). 1984 löste sich auch Dalla Costas Lohn-für-Hausarbeit-Gruppe in Padua auf. Andere Gruppen blieben bestehen, wie die Internationale Lohn-für-Hausarbeit-Kampagne und die Schwarzen Frauen für Lohn für Hausarbeit. Aber die Auflösung des New Yorker Komitees und der Gruppe am Ursprungsort der Bewegung markierten dennoch ein Ende.

Wie viele radikale Bewegungen erreichte Lohn für Hausarbeit ihr Hauptziel nicht und endete in Spaltung. Dies bedeutet jedoch nicht, dass sie gescheitert ist. Anfangs stieß der Gedanke, dass Hausarbeit in ökonomischem Sinn produktiv sei, weil sie das kapitalistische Arbeitskräftepotenzial zu erhalten und zu reproduzieren helfe, bei einigen linken Intellektuellen auf Ablehnung. »Die Theoretiker des Operaismus bestanden darauf«, erinnerte sich Dalla Costa in einem Interview mit der kanadischen Politologin Louise Toupin, die 2018 eine aufschlussreiche Geschichte der internationalen Lohn-für-Hausarbeit-Bewegung geschrieben hat, »dass das, was wir als Produktion bezeichneten, also die Erzeugung und Reproduktion der Arbeitskraft, eher in die Sphäre der Zirkulation gehört, wie es von Marx in *Das Kapital* beschrieben wurde.«[35]

Im Lauf der Zeit erkannte die Linke jedoch die Bedeutung der »sozialen Reproduktion«, wie die Hausarbeit genannt werden sollte. »Ich denke, dass es heute ein Gespür dafür gibt, dass das, was wir Hausarbeit nennen, die Produktion des Arbeitskräftepotenzials ist«, sagte Federici 2022 in einem Interview mit der Londoner Zeitschrift *The White Review*. »Und dies gab der radikalen feministischen Analyse der sexuellen und persönlichen Beziehungen, der Idee, dass das Persönliche politisch ist, weil das, was zu Hause passiert, mit der breiteren Organisation der Arbeit verbunden ist, eine materielle Grundlage. Tatsächlich verschleiert die Privatisierung des Zuhauses die Ausbeutung.«[36]

Aber nicht nur linke Intellektuelle erkannten die ökonomische Bedeutung der Hausarbeit. Die Lohn-für-Hausarbeit-Bewegung trug dazu bei, dass in der Welt von Wirtschaft und Politik eine Debatte darüber entbrannte, wie die Hausarbeit in der Wirtschaftsstatistik zu behandeln sei. Da Hausarbeit und Kinderbetreuung nicht bezahlt und in Geld umgerechnet wurden, wurden sie im BIP nicht berücksichtigt, was einen Mangel darstellte, der zu einigen Absurditäten führte. Eine von ihnen fiel sofort ins Auge: Wenn ein Mann eine Haushaltshilfe einstellte, die sein Haus putzte und seine Wäsche wusch, wurde ihr Lohn ins BIP einberechnet. Heiratete derselbe Mann die Haushaltshilfe, und sie fuhr fort, die gleiche Arbeit zu tun, aber ohne Bezahlung, tauchte sie im BIP nicht auf, obwohl ihr wirtschaftlicher Beitrag gleich geblieben war. Offensichtlich zogen die amtlichen Statistiken einige bedeutende wirtschaftliche Beiträge nicht ins Kalkül. 1975 versuchten Forscher des US-amerikanischen Sozialversicherungssystems, diesen Mangel zu beheben, indem sie einen Geldwert der Hausarbeit kalkulierten. Sie schätzten, wie viel es auf dem Markt kosten würde, die Dienstleistungen zu kaufen, die Hausfrauen typischerweise ausführten, wie Kochen und Putzen. Sie stellten fest, dass Hausfrauen im Alter zwischen 25 und 29 Jahren, die Kinder hatten, Arbeit erledigten, die durchschnittlich 6417 Dollar pro Jahr wert war, was nicht allzu weit von den 7495 Dollar entfernt war, die außer Haus arbeitende Frauen desselben Alters im Durchschnitt verdienten.[37]

Ein weiterer bedeutender Schritt wurde 1980 unternommen, als auf einer UN-Konferenz in Kopenhagen eine Resolution eingebracht wurde, die – gegen den Widerstand Indiens, der Sowjetunion und des Vatikans – die Anerkennung unbezahlter Hausarbeit forderte.[38] Zu den Delegierten, die der Resolution zustimmten, gehörte die junge neuseeländische Politologin Marilyn Waring, die mit 23 Jahren jüngste Abgeordnete des Parlaments in

Wellington. Sie gehörte der zur rechten Mitte zählenden Nationalpartei an, vertrat aber in vielen Fragen, wie den Frauenrechten und dem Umweltschutz, liberale Ansichten. Nach der Rückkehr aus Kopenhagen begann sie, über die nationale Einkommenserfassung, die Datensammlung für die Erstellung der BIP-Statistiken, zu forschen. Ihre Ergebnisse veröffentlichte sie 1988 in einem Buch mit dem Titel *If Women Counted. A New Feminist Economics,* das heute weithin als geistiger Meilenstein gilt.

Im Prolog zu ihrem Buch sprach Waring die Lohn-für-Hausarbeit-Bewegung an und erklärte, dass sie Dalla Costas »ursprüngliche Absicht, ein Instrument zu schaffen, um das Bewusstsein zu wecken und Frauen überall zu mobilisieren«, teile.[39] Außerdem erwähnte sie die dänische Ökonomin Ester Boserup zustimmend, deren 1970 erschienenes Buch *Die ökonomische Rolle der Frau in Afrika, Asien, Lateinamerika* den positiven ökonomischen Beitrag hervorhob, den Frauen in Entwicklungsländern durch bezahlte und unbezahlte Hausarbeit in ihrem Zuhause und außer Haus zur Wirtschaftsentwicklung ihrer Länder geleistet hatten. Sie stehe in der Tradition dieser und anderer Feministinnen, erklärte Waring. Ihr Ziel sei es, das UN-System der volkswirtschaftlichen Gesamtrechnungen, das die meisten Länder verwendeten, um ihr BIP zu berechnen, zu entmystifizieren. »Es ist meine feste Überzeugung«, schrieb sie, »dass dieses System im Sinne der Ideologie des Patriarchats die universale Unterdrückung von Frauen und Mutter Erde in ihrer produktiven und reproduktiven Tätigkeit aufrechterhält.«[40]

Waring führte den Ursprung der nationalen volkswirtschaftlichen Gesamtrechnung auf den englischen Universalgelehrten William Petty zurück, der 1665 Schätzungen über den Reichtum seines Landes vorlegte, wobei er zwischen Stocks (Vermögen) und Flows (Einkommen) unterschied. Weiter führte sie aus, dass die amerikanischen und britischen Ökonomen, die in den 1930er- und 1940er-Jahren die ersten detaillierten Schätzungen des Nationaleinkommens der Vereinigten Staaten und des Vereinigten

Königreichs errechneten, unbezahlte Arbeit nicht berücksichtigt hätten. Dies sei zum Teil in praktischen Erwägungen und weniger in bewusstem Sexismus begründet gewesen. Die Regierungen hätten die Wirtschaften im Auge behalten wollen, um einschätzen zu können, wie viel Steuern sie einnehmen würden; unbezahlte Arbeit habe man jedoch nicht besteuern können und deshalb fortgelassen. 1953 habe dann die UNO internationale Richtlinien für die volkswirtschaftliche Gesamtrechnung herausgegeben, die auf dem anglo-amerikanischen Modell beruhten und die Festlegung einer »Produktionsgrenze« zwischen »produzierenden und konsumierenden Einheiten« in den einzelnen Wirtschaften empfohlen, wodurch unbezahlte Hausarbeit in die nichtproduktive Kategorie fiel. In den Jahrzehnten seit 1953, fuhr Waring fort, seien diese Richtlinien zwar geringfügig modifiziert worden, insbesondere in Bezug auf die Heimproduktion in Entwicklungsländern. Aber Putzen, Kochen und Kinderbetreuung – die Grundformen der Hausarbeit – seien weiterhin als nichtproduktiv eingestuft worden. Die »von Männern genannten Gründe für die Nichtbeachtung der Frauenarbeit sind 1) begriffliche Probleme und 2) die praktischen Schwierigkeiten der Datenerfassung. Ihnen scheint nicht aufzufallen, dass man, wenn man ein begriffliches Problem mit der Tätigkeit der Hälfte der Menschheit hat, ein begriffliches Problem mit der ganzen hat.«[41]

Waring verband die Kritik, die sie wegen der Nichtbeachtung der Hausarbeit an den BIP-Zahlen und den diese zusammenstellenden Regierungen übte, mit der Forderung, daneben auch die von natürlichen Ressourcen, wie frischer Luft, sauberem Wasser und Naturschönheit, geschaffenen enormen Wertströme in den Statistiken zu berücksichtigen. Wie der wirtschaftliche Ertrag der Hausarbeit seien auch diese Wertströme viel zu lange unbeachtet geblieben. Im letzten Kapitel ihres Buchs rief sie zu einer weltweiten Kampagne der Bewusstseinsbildung in diesen Fragen auf und verwies auf die Tätigkeit von Dalla Costa und der Lohn-für-Hausarbeit-Bewegung als Vorbilder, die »mitgeholfen haben, zwölf Millionen italienischen Hausfrauen feministische Anliegen nahezubringen – was keine kleine Leistung ist«.[42]

Diesen Erfolg auf globaler Ebene zu wiederholen sei eine gewaltige Herausforderung, räumte Waring ein. Aber es gebe Anzeichen für Fortschritte, wie eine Welle von Streiks und Ausständen im Oktober 1985 in über 20 Ländern, die die Einbeziehung der unbezahlten Hausarbeit ins BIP forderten. »Wir Frauen sind sichtbar und füreinander wertvoll«, erklärte sie, »und wir müssen, jetzt Milliarden zählend, diese Sichtbarkeit und diesen Wert kundtun. Und wenn immer noch Verwirrung darüber herrscht, wer dies erreichen soll, dann müssen wir, jede von uns, zu einem klaren Teich gehen: Schaut *auf* das Wasser. Es hat einen Wert. Jetzt schaut *ins* Wasser. Die Frau, die wir dort sehen, zählt auch. Sie kann dazu beitragen, die Welt zu verändern.«[43]

25

»Es ist eine Form regressiver Modernisierung«

Theoretiker des Thatcherismus: Stuart Hall versus Friedrich Hayek

Am 11. Februar 1975 wählte die britische Konservative Partei, nachdem sie zwei allgemeine Wahlen hintereinander verloren hatte, die 49-jährige Margaret Thatcher als erste Frau zur Vorsitzenden. Einige Zeit danach besuchte sie das Institute of Economic Affairs (IEA), eine konservative Denkfabrik mit Sitz in einem georgianischen Reihenhaus in der Londoner Lord North Street. Der IEA-Direktor, Lord Ralph Harris, stellte ihr den österreichisch-britischen Ökonomen Friedrich Hayek vor, der 1974 zusammen mit einem Kollegen den Alfred-Nobel-Gedächtnispreis für Wirtschaftswissenschaften erhalten hatte. Seit während des Krieges sein Lamento gegen die Sozialdemokratie *Der Weg zur Knechtschaft* erschienen war, hatte der inzwischen 75-jährige Hayek seine Ansichten zum freien Markt von Lehrstühlen an der London School of Economics, der University of Chicago und, seit 1962, der Universität von Freiburg in Westdeutschland aus verkündet. Außerdem hatte er die Mont Pelerin Society gegründet, eine dem »Privateigentum und dem Wettbewerbsmarkt« verpflichtete internationale Organisation, die Milton Friedman und andere konservative Koryphäen zu ihren Mitgliedern zählte. In den prosperierenden Nachkriegsjahrzehnten kam Hayek jedoch außer Mode. Während sich die Wirtschaftsphilosophie seiner alten geistigen Feinde Keynes und Beveridge auf beiden Seiten des Atlantiks durchsetzte, wurde er in den Hintergrund gedrängt.

Die Verleihung des Nobelpreises, die viele Ökonomen überraschte, brachte Hayek zurück ins Rampenlicht der Öffentlichkeit, und in Thatcher fand er eine eifrige Schülerin. »Obwohl sie eher als übermächtige Frau bekannt ist, saß sie wie ein kleinlautes Schulmädchen da und hörte zu«, erinnerte sich Harris später an die Begegnung im IEA.[1] Hayek war hingerissen von der neuen Chefin der Konservativen. »Sie ist so schön«, sagte er, nachdem sie gegangen war.[2] Während ihrer Zeit als Bildungsministerin in Edward Heaths Kabinett von 1970–1974 galt Thatcher nicht als rechte Ideologin, aber die Arbeitskämpfe der 1970er-Jahre radikalisierten sie. Anfang 1972 traten die Arbeiter in den staatlichen Kohlebergwerken in einen Streik und forderten höhere Löhne, die mit der Inflation Schritt hielten. Als die Kohlevorräte zur Neige gingen, gab es große Stromausfälle. Nach sieben Wochen endete der Streik mit einem Sieg für die Bergleute: Das National Coal Board (NCB, der Staatliche Nationale Kohlerat) gestand ihnen einen Lohnanstieg von 20 Prozent zu. Von diesem Erfolg ermutigt, stellte die National Union of Mineworkers (NUM, Bergarbeitergewerkschaft) 1973 neue Lohnforderungen, und ihre Mitglieder weigerten sich, Überstunden zu leisten. Aus Furcht vor einem vollständigen Stromausfall führte die Regierung Heath für viele Betriebe die Drei-Tage-Woche ein, um Strom zu sparen. Im Februar 1974 stimmten die Bergleute erneut für Streik. Heath rief daraufhin vorgezogene Neuwahlen aus, die er als Wahl zwischen Ordnung und von den Gewerkschaften verursachtem Chaos darstellte. Ein konservativer Slogan lautete: »Wer regiert Britannien?« Die Wähler entschieden, dass es nicht länger die Konservativen sein sollten; die Partei verlor ihre Mehrheit im Unterhaus. Die Labour Party bildete eine Minderheitsregierung und legte den Konflikt mit der NUM rasch bei, indem sie den Bergarbeitern eine weitere beträchtliche Lohnsteigerung zugestand.

Thatcher verfolgte all dies voller Abscheu. Als Tochter eines Lebensmittelhändlers in der Marktstadt Grantham in Lincolnshire teilte die Oxford-Absolventin viele der typischen Überzeugungen und Vorurteile des Kleinbürgertums. Sie misstraute den Gewerkschaften, einem starken Staat und sogar der Großindustrie, insbesondere jener in öffentlicher Hand wie Kohle und Stahl, die

die Labour-Regierung der Vorkriegszeit verstaatlicht hatte. »Sie brauchte keine Bücher von Milton Friedman oder Friedrich Hayek zu lesen, um zu erkennen, dass solides Geld wichtig und der Staat der Feind der Freiheit war«, schrieb der englische politische Journalist Peter Jenkins. »Sie hatte diese selbstverständlichen Wahrheiten in jungen Jahren von ihrem Vater gelernt.«[3] Hayek und Friedman lieferten Thatcher die ökonomischen Argumente, mit denen sie ihre instinktiven Einstellungen begründen und sich der keynesianischen Orthodoxie entgegenstellen konnte. Von Hayek stammte die Aussage, dass hauptsächlich die mächtigen Gewerkschaften für die Probleme der britischen Wirtschaft verantwortlich seien. »Den Gewerkschaften«, schrieb er im August 1977 in einem Brief an die Londoner *Times*, »die politisch unantastbar sind, ist erlaubt worden, die britische Wirtschaft zu zerstören. […] Es ist höchste Zeit, dass jemand den Mut aufbringt, dieses Krebsgeschwür der britischen Wirtschaft auszumerzen.«[4]

Hayek war gewiss nicht der erste Ökonom, der die Ansicht vertrat, dass die zerrütteten britischen Arbeitgeber-Arbeitnehmer-Beziehungen Kapitalinvestitionen, Innovationen und Produktivitätswachstum behinderten. Im Vergleich zu Deutschland und den Vereinigten Staaten war die Produktion pro Kopf in Großbritannien wesentlich geringer, insbesondere im verarbeitenden Gewerbe. Wiederholte Anstrengungen, dieses Problem zu lösen, waren an der Weigerung lokaler Gewerkschaftsorganisationen gescheitert, auf nationaler Ebene getroffene Vereinbarungen, die Lohnerhöhungen mit der Produktivitätssteigerung verknüpften, einzuhalten. In Deutschland waren die Gewerkschaften ebenfalls mächtig, aber sie waren national organisiert, verfügten über Vertreter in Aufsichtsräten großer Unternehmen, und wenn sie mit deren Management eine Vereinbarung erzielten, wurde sie von ihren Mitgliedern in der Regel akzeptiert. In Großbritannien sah die Sache anders aus. Dort waren die Gewerkschaften auf Betriebsebene organisiert, und örtliche Gewerkschaftsfunktionäre, die Vertrauensmänner, bestanden auf ihrer Unabhängigkeit und

Militanz. Einer von ihnen, der Automobilarbeiter Derek Robinson, von den Zeitungen »Red Robbo« genannt, führte in einem Zeitraum von 30 Monaten 523 Arbeitsniederlegungen an.[5]

Lange bevor Thatcher Premierministerin wurde, hatte es politische Versuche gegeben, diese Probleme anzugehen. Sie waren jedoch erfolglos geblieben. 1969 hatte Harold Wilsons Labour-Regierung ein Konsultationspapier mit dem Titel *In Place of Strife* (Anstelle von Streit) herausgegeben, in dem sie empfahl, die Autonomie der Betriebsgewerkschaften zu verringern und einen nationalen Industrierat zu bilden, der mit Richtlinienkompetenz ausgestattet sein sollte, um zwischen Unternehmen und Gewerkschaftsführern ausgehandelte Lohnvereinbarungen durchsetzen zu können. Doch angesichts des massiven Widerstands des Trade Unions Congress ließ die Regierung das Vorhaben fallen. 1971 wurde unter der Regierung Heath ein Gesetz über Arbeitsbeziehungen verabschiedet, das theoretisch betriebliche Vereinbarungen, die Arbeiter zur Gewerkschaftsmitgliedschaft verpflichteten, schwächte, wilde Streiks begrenzte und Tarifverträge rechtlich durchsetzbar machte. Aber das Gesetz stieß auf derartige Ablehnung, dass es nie in vollem Umfang angewendet wurde. Als 1974 wieder eine Labour-Regierung an die Macht kam, wurde es aufgehoben.

Hayeks Auffassungen hoben sich weniger durch die Beschreibung der britischen Gewerkschaften als Krebsgeschwür der britischen Wirtschaft hervor – viele konservative Parlamentsabgeordnete und Zeitungskommentatoren stimmten mit ihm überein – als durch seine Forderung, ihre Macht zu zerstören. Nachdem die Gewerkschaften die Regierung Heath in die Knie gezwungen hatten, glaubten viele Konservative, dass das Land nur mit ihrer Zustimmung regiert werden könne. Hayek indes war auf einer Mission. Er betrachtete die Gewerkschaften schon lange nicht nur als Bremse der ökonomischen Effektivität, sondern auch als Gefahr für die politische Freiheit. In seinem 1960 erschienenen Buch *Die Verfassung der Freiheit* hatte er geschrieben, der Öffentlichkeit sei »noch nicht bewusst geworden, dass [...] das ganze Fundament unserer freien Gesellschaft durch die Macht, die sich die Gewerkschaften anmaßen, schwer bedroht ist«. Außerdem forderte er ein Verbot von Massenstreikposten, mit denen Arbeiter Fabriktore blockierten, und gewerkschaftspflichtiger Betriebe (»closed shops«).[6] Im Gegensatz zu den Vereinigten Staaten, wo sie durch das Taft-Hartley-Gesetz von 1947 verboten worden war, war die verpflichtende Gewerkschaftsmitgliedschaft in Großbritannien erlaubt.

Hayeks politischer Ansatz stand in diametralem Widerspruch zu demjenigen seines Wiener Landsmanns Karl Polanyi, aber beide erkannten die Bedeutung der wachsenden Macht der Arbeit gegenüber dem Kapital und anderer Anstrengungen, den freien Markt in ein institutionelles Rahmenwerk einzuspannen, das seinen Handlungsspielraum einschränkte. Für Polanyi gehörte diese Entwicklung zur »Doppelbewegung«, die seiner Ansicht nach sowohl unvermeidlich als auch notwendig war, um die zerstörerische Kraft des Markts einzudämmen. Für Hayek stellte sie eine Krankheit dar, die sich für das System und die Demokratie selbst als fatal herausstellen würde. Thatcher teilte viele von Hayeks instinktiven Einstellungen und begrüßte seine kühnen Aussagen. Einer häufig wiederholten Geschichte zufolge unterbrach sie einmal die Präsentation eines Mitglieds der Rechercheabteilung der Konservativen Partei, indem sie ein Exemplar von Hayeks *Verfassung der Freiheit* auf den Tisch knallte und sagte: »*Das hier* ist, was wir glauben.« Laut Webseite der Margaret Thatcher Foundation, auf der viele Briefe zwischen Hayek, Thatcher und ihren Mitstreitern zu finden sind, ist diese Geschichte »vielleicht etwas zu perfekt, um wahr zu sein«. Aber die Administratoren der Seite räumen ein, dass Thatcher Hayeks Gedanken »tief verinnerlicht« habe, dass man »mit dem Sozialismus keinen Kompromiss eingehen kann, selbst nicht in milden sozialdemokratischen Formen, weil der Sozialismus, ungeachtet der vorgeblichen oder wirklichen Absichten seiner Verfechter, letztlich immer zum Totalitarismus tendiert«.[7]

In den mittleren und späten 1970er-Jahren setzten sich die britischen Wirtschaftsprobleme fort, und die Labour-Regierung von James Callaghan hatte Schwierigkeiten, sie im Zaum zu halten. Um den Inflationsdruck zu verringern, handelte sie mit dem Trades Union Congress einen »Sozialvertrag« aus, nach dem Lohnerhöhungen auf ein vereinbartes Maß beschränkt werden sollten. Dieser Pakt trug dazu bei, dass die Inflation auf unter 10 Prozent sank, aber die Preise stiegen weiter stärker als die Lohnzuwächse, und 1978 forderten viele Gewerkschaften Nachholzahlungen. Gegen Ende des Jahres traten die Lastwagenfahrer in Streik, was zur Schließung von Tankstellen, Fabriken und anderen Unternehmen führte. In den ersten Monaten des Jahres 1979 legten auch Arbeitnehmer im öffentlichen Sektor, wie Eisenbahner, Krankenschwestern und Sanitäter, ihre Arbeit nieder. In manchen Städten schlossen sich ihnen Müllmänner, Totengräber und Krematoriumsmitarbeiter an.

Die Konservativen und ihre Anhänger in der Presse stürzten sich auf die Ereignisse, die als »Winter der Unzufriedenheit« bekannt werden sollten, und warfen den Gewerkschaften vor, das Land in Geiselhaft zu nehmen. Thatcher forderte Callaghan auf, den Notstand auszurufen. Außerdem schlug sie eine Reihe von Arbeitsrechtsreformen vor, von denen sich viele direkt auf die *Verfassung der Freiheit* zurückführen ließen. Zu ihnen gehörten das Verbot von Massenstreikposten und der Gewerkschaftspflicht in Betrieben, die Pflicht, vor einem Streik eine geheime Abstimmung abzuhalten, und eine Streikverbotsklausel in den Arbeitsverträgen in einigen Bereichen des öffentlichen Sektors. Nach einem Jahrzehnt voller Arbeitskämpfe traf Thatchers harte Linie bei vielen britischen Wählern einen Nerv, insbesondere nachdem die Auseinandersetzungen von Ende 1978 und Anfang 1979 das Land teilweise lahmgelegt hatten.

Hatte die Labour Party Ende Oktober 1978 – laut einer Gallup-Umfrage – noch 5,5 Prozent vor den Konservativen gelegen, war sie Mitte Februar 1979, nach all den Streiks, demselben Meinungsforschungsinstitut zufolge auf 20 Prozent hinter die Konservativen zurückgefallen.[8] Im Wahlkampf für die Parlamentswahl, der Anfang April begann, verringerte sich der Abstand in den Umfragen zwar etwas, aber als die Wahl am 3. Mai stattfand, besiegten die Konservativen Labour mit einem Vorsprung von 7 Prozentpunkten und gewannen eine Mehrheit von 44 Mandaten im Unterhaus.

Nach ihrem Einzug in die Downing Street Nr. 10 blieb Thatcher, wenn auch unregelmäßig, in Kontakt mit Hayek. In einem Brief, den er im August 1979 an sie schrieb, schlug er vor, ein Referendum über die Reform der Gewerkschaften abzuhalten.[9] Obwohl Thatcher mit seinen Ansichten übereinstimmte, hatte sie eine unmittelbarere Priorität: die Inflationsrate zu senken, die bei ihrem Amtsantritt im zweistelligen Bereich lag.[10] In dieser Phase hatte Friedmans Monetarismus mehr Gewicht für ihre Politik als Hayeks Forderung nach institutionellen Reformen. Anfang 1980 beschloss die Regierung eine mittelfristige Finanzstrategie, die vorsah, das Geldmengenwachstum zu begrenzen und das Haushaltsdefizit zu verringern. Die unmittelbaren Folgen dieser Strategie waren katastrophal. Die strengere Geldpolitik trieb die Zinssätze in die Höhe, der Pfundkurs auf ausländischen Finanzmärkten stieg steil an, und die Wettbewerbsfähigkeit der britischen Industrie nahm ab. Die Wirtschaft stürzte in die tiefste Rezession seit den 1930er-Jahren. Zwischen Januar 1980 und Januar 1982 stieg die Arbeitslosenquote von 5,8 auf 10,4 Prozent,[11] und die Zahl der Arbeitslosen wuchs auf über drei Millionen.[12]

Im Herbst 1981 hatte Thatcher in Umfragen die niedrigste Zustimmungsrate aller britischen Premierminister seit dem Zweiten Weltkrieg.[13] Doch anstatt ihren Kurs zu ändern, säuberte sie ihr Kabinett von internen Kritikern – den »Waschlappen« – und machte ungerührt weiter. Mit dem Beschäftigungsgesetz von 1980, in dem das Aufstellen von Streikposten vor nicht direkt an einem Arbeitskampf beteiligten Betrieben verboten wurde, begann sie, Hayeks gewerkschaftsfeindliche Agenda umzusetzen. Aber für einen Frontalangriff war sie noch nicht bereit. 1981 gab das National Coal Board (NCB), das die Zahl der Kohlebergwerke schon stetig verringert hatte, indem es Bergwerke schloss, die es für zu alt für eine wirtschaftliche Kohleförderung hielt, seine Absicht bekannt, weitere 23 Gruben zu schließen. Die Bergarbeitergewerkschaft NUM drohte daraufhin mit Streik. Thatcher und ihre Kollegen wussten, dass ein längerer Bergarbeiterstreik nur durchzuhalten war, wenn die Kohlekraftwerke weiterliefen. Aber es gab nur einen Kohlevorrat für sechs Wochen. Deshalb gab das NCB sein Vorhaben auf.

Hayek, der die Vorgänge von Deutschland aus verfolgte, war enttäuscht über das langsame Reformtempo. Er fuhr fort, auf den Leserbriefseiten der *Times* seine Ansichten zu verbreiten, und wenn er London besuchte, traf er sich gelegentlich mit Thatcher. Anfang 1982 hielt er bei einem von einem Investmentbanker veranstalteten Abendessen, an dem auch die Premierministerin teilnahm, einen Vortrag, in dem er Pinochets Wirtschaftsprogramm in Chile als Vorbild für Großbritannien empfahl. Am 17. Februar 1982 schrieb Thatcher Hayek, dass sein Vortrag ihr gefallen habe und sie mit ihm darin übereinstimme, dass »die Entwicklung von Allendes Sozialismus zur kapitalistischen Wirtschaft freier Unternehmen der 1980er-Jahre […] ein schlagendes Beispiel von Wirtschaftsreformen« sei, »von dem wir viel lernen können«. Dennoch, fuhr sie fort, werde er ihr sicherlich darin beipflichten, »dass in Großbritannien mit unseren demokratischen Institutionen und der Notwendigkeit eines größeren Maßes an Konsens einige der in Chile ergriffenen Maßnahmen unannehmbar sind. Unsere Reform muss unseren Traditionen und unserer Verfassung gemäß erfolgen.« Thatcher kannte die politischen Grenzen, innerhalb derer sie handeln konnte. Das Vereinigte Königreich der 1980er-Jahre war nicht mehr dasjenige vom Anfang des 19. Jahrhunderts, als ein oligarchisches Parlament aggressive Maßnahmen durchdrücken konnte, ohne auf die öffentliche Meinung zu achten. »Manchmal mag der [Reform-]Prozess quälend langsam erscheinen«, fuhr sie in dem Brief an Hayek fort, »aber ich bin mir sicher, dass wir auf unsere eigene Weise und zu unserem eigenen Zeitpunkt unsere Reformen erreichen werden. Dann werden sie Bestand haben.«[14]

Dieser Zeitpunkt ließ nicht lange auf sich warten. Nachdem sie 1982 gestärkt aus dem Falklandkrieg hervorgegangen war, in dem eine britische Marineeinsatzgruppe Tausende von argentinischen Soldaten, die zwei britische Überseegebiete im Südatlantik besetzt hielten, besiegt hatte, ernannte Thatcher den beinharten schottisch-amerikanischen Manager Ian McGregor zum Vorsitzenden des NCB. In seinem vorigen Job bei British Steel hatte er die Beschäftigtenzahl halbiert. Seine Berufung an die Spitze des Kohlerats war ein Signal dafür, dass auch die Bergarbeiter weitere Arbeitsplatzverluste zu erwarten hatten. Der linke Heißsporn Arthur Scargill aus Yorkshire, der 1981 zum Vorsitzenden der Nationalen Bergarbeitergewerkschaft gewählt worden war, wetterte, Ziel der Regierung sei es, »die Kohleindustrie und die NUM zu zerstören«.[15] Letzteres traf sicherlich zu. Bis zurück zum Generalstreik von 1926 repräsentierte die NUM die Vorhut der britischen Gewerkschaftsbewegung. Thatcher wusste, konnte sie die Gewerkschaft besiegen, wie sie die argentinische Militärjunta besiegt hatte, hätte dies Auswirkungen weit über die Kohleindustrie hinaus.

Ihre Anhänger im Parlament dachten genauso. Schon vor ihrem Amtsantritt hatte einer von ihnen, Nicholas Ridley, einen Geheimplan für die Niederschlagung eines landesweiten Bergarbeiterstreiks ausgearbeitet. Er sah vor, Kohlevorräte anzulegen, für den Transport der Kohle zu Kraftwerken nicht gewerkschaftlich gebundene Lastwagenfahrer einzusetzen und die Polizei für die Auseinandersetzung mit einer großen Zahl von Streikposten und ihre Zerstreuung auszubilden und auszurüsten.[16] Thatcher bildete in aller Stille ein Ministerkomitee, das diesen Plan aus der Schublade hervorholte. Außerdem wies die Regierung die Kraftwerke an, einen Kohlevorrat für mindestens ein halbes Jahr anzulegen, und schuf in Zusammenarbeit mit Polizeipräsidenten im ganzen Land große, mit Schutzausrüstung ausgestattete mobile Einheiten, die bei Streiks an Brennpunkten zur Unterstützung lokaler Kräfte eingesetzt werden konnten. Einige von Thatchers Beratern arbeiteten sogar einen Plan für den Einsatz der Armee zur Sicherstellung der Kohletransporte zu den Kraftwerken aus.[17]

Im März 1984 gab das NCB die unmittelbar bevorstehende Schließung von 20 Bergwerken bekannt, die den Verlust von rund 2000 Arbeitsplätzen bedeutete. Scargill tappte in Thatchers Falle. Mit der Behauptung, die Regierung plane insgeheim, über 70 Gruben zu schließen, rief er ohne vorherige Abstimmung zu einem landesweiten Streik auf. In Yorkshire und Südwales traten Arbeiter in Massen in den Ausstand. Aber in einigen Bergbaugebieten, insbesondere in Derbyshire und Nottinghamshire, missachteten viele Arbeiter Scargills Aufruf und arbeiteten weiter. Als die Streikenden Postenketten aufstellten, um Kohletransporte zu Kraftwerken zu verhindern, setzte die Regierung Tausende von Polizisten in voller Schutzmontur ein, um sie zu sprengen. Es kam zu zahlreichen gewalttätigen Zusammenstößen, einschließlich eines besonders brutalen vor einer Kokerei in South Yorkshire, bei dem die Polizei mit Schilden und Schlagstöcken gegen die Streikenden vorging und viele von ihnen verletzte.

Der Einsatz der Staatsgewalt in einem Ausmaß, das an das staatliche Vorgehen gegen Protestierer nach den Napoleonischen Kriegen erinnerte, löste einen Aufschrei der Empörung aus. Im Parlament und in den Medien wurden die Maßnahmen der Polizei infrage gestellt. Thatcher blieb davon völlig ungerührt. Auf dem Höhepunkt der Auseinandersetzung verglich sie die streikenden Bergleute in einer Rede vor Tory-Abgeordneten mit General Galtieris Diktatur in Argentinien: Sie seien »innere Feinde«. Im Kampf gegen diese innere Gefahr zapfte der britische Inlandsgeheimdienst MI5 die Telefone von Gewerkschaftsführern an, einschließlich desjenigen von Scargill.

Die Bergleute blieben fast ein Jahr im Streik. In vielen Bergarbeitergemeinden gab es beeindruckende Solidaritätsbekundungen: Tausende von Bergarbeiterfrauen richteten Suppenküchen ein oder reihten sich neben ihren Ehemännern in Streikpostenketten ein. Aber gegenüber der vollen Macht des Staats, einschließlich der Gerichte, die den Streik als illegal einstuften, hatten die Bergleute keine Chance. Anfang 1985 war die Streikkasse der NUM erschöpft. Viele Gewerkschaftsmitglieder standen buchstäblich ohne einen Penny da, und manche von ihnen kehrten widerstrebend zur Arbeit zurück.

Im März 1985 beendeten NUM-Delegierte schließlich den Streik. Nach dem Sieg über die Gewerkschaft hatten das Grubenmanagement und die Regierung freie Hand, die staatliche Kohleindustrie zu rationalisieren. Scargill behielt mit seiner Vorhersage einer massenhaften Grubenschließung recht. In dem Jahrzehnt zwischen 1984 und 1994 sank die Zahl der Beschäftigten in der britischen Kohleindustrie um über 90 Prozent, von 139 000 auf 7000.[18] 1987 wandelte die Regierung das NCB in die British Coal Corporation um, die sieben Jahre später ihre Bergwerke an ein Privatunternehmen verkaufte.

Thatchers Sieg über die Bergleute markierte den entscheidenden Augenblick des Übergangs von der sozialdemokratischen Nachkriegszeit zur neoliberalen Ära, der Auswirkungen weit über das Vereinigte Königreich hinaus hatte. Immerhin war Großbritannien die erste Industrienation gewesen. Die Gewerkschaften hatten dort ihren Ursprung, sie waren auf dem Höhepunkt der viktorianischen Ära legalisiert worden, und im 20. Jahrhundert waren sie ein Hauptakteur in der britischen Politik und Wirtschaft. Obwohl die betriebsorientierte Struktur und innere Spaltungen verhinderten, dass sie dem deutschen Modell eines zentralisierten Korporatismus folgten, begrenzten ihre Massenbasis und Militanz die Handlungsfreiheit von Politikern und Wirtschaftsbossen gleichermaßen.

Durch ihr hartes Vorgehen gegen die NUM signalisierte Thatcher, dass dieses Konsensmodell des Kapitalismus, zumindest in Großbritannien, ausgedient hatte. Sie bekräftigte den Vorrang des Markts, stigmatisierte die Gewerkschaftsbewegung und entwertete die letzten Reste des Tory-Paternalismus, der bis zu den Sozialreformern am Anfang des 19. Jahrhunderts, wie Michael Thomas Sadler und Lord Ashley, zurückreichte. »Es bricht mir das Herz«, sagte einer der wenigen Überlebenden dieser Tradition, der 90-jährige Konservative Harold Macmillan, der 1957–1963 Premierminister gewesen war, im November 1984 im Oberhaus, »zu sehen – ohne eingreifen zu können –, was heute in unserem Land geschieht. Dieser schreckliche Streik der besten Männer der Welt, die die Armeen des Kaisers und Hitlers besiegt und nie aufgegeben haben.«[19] Während Macmillan Thatcher oder das harte Vorgehen der Polizei nicht direkt kritisierte, beklagte er doch die zunehmenden regionalen Spaltungen, lehnte den Monetarismus als amerikanische Erfindung ab und rief zu einem moralischen und spirituellen Umdenken auf.

Macmillans Rede hatte keine Auswirkungen auf die Politik. In den Monaten und Jahren nach dem Ende des Bergarbeiterstreiks weitete die Regierung Thatcher ihren Angriff auf die Gewerkschaftsbewegung aus, indem sie deren rechtliche Immunität weitgehend aufhob, ihr die Möglichkeit, Massenstreikposten aufzustellen, nahm und den Gewerkschaftszwang in Betrieben abschaffte. Gewerkschaftsorganisatoren wurden in die Defensive gedrängt. Zwischen 1979, als Thatcher gewählt wurde, und 2000 sank die Zahl der Gewerkschaftsmitglieder in Großbritannien um rund 40 Prozent von etwa 13,2 auf 7,8 Millionen.[20] Historisch betrachtet, war die Zerschlagung des Bergarbeiterstreiks eine moderne Version der Verabschiedung der Ergänzung zum Armengesetz im Jahr 1834: ein Signal dafür, dass sich ein neues Regime etabliert hatte, das Arbeit als Ware behandeln, die Marktkräfte entfesseln und die Staatsmacht für die Durchsetzung neuer harter Spielregeln einsetzen würde.

Die Schwächung der Gewerkschaften versetzte Thatcher in die Lage, andere Teile der konservativen Konterrevolution voranzutreiben. Eine Priorität waren Steuererleichterungen für Spitzenverdiener. In den 1970er-Jahren lag der höchste Einkommensteuersatz auf Erwerbseinkommen bei 83 Prozent, 1990 nur noch bei 40 Prozent.[21] Am anderen Ende des Einkommensspektrums beschnitt die Regierung das Arbeitslosengeld und beschränkte den Zugang zu ihm. Außerdem deregulierte sie den Finanzsektor, ersetzte lokale Grundsteuern durch eine einheitliche landesweite Kopfsteuer und gab Millionen Mietern von Sozialwohnungen die Chance, diese mit einem Abschlag vom Marktwert zu kaufen. Letzteres war bei Mietern, die ihre Wohnungen billig erwerben konnten, beliebt, führte aber zu einem Mangel an erschwinglichen Mietwohnungen.

Einem Rat folgend, den Milton Friedman in den 1970er-Jahren und während eines Englandbesuchs im Jahr 1980 erteilt hatte, verkaufte die Regierung Thatcher Dutzende von Staatsbetrieben, wie British Aerospace, British Airways, British Gas, British Steel und Rolls-Royce.[22] Der verstaatlichte Autohersteller British Leyland, die Domäne von »Red Robbo«, wurde zerschlagen und an verschiedene andere Autohersteller verkauft. Trotz öffentlicher Proteste wurden sogar die regionalen Wasserwerke und Abwasserentsorger verkauft und an die Börse gebracht. Thatcher rechtfertigte diese »Privatisierungen« – dieser Begriff stammte von David Howell, einem ihrer Minister – mit Argumenten direkt aus Friedmans Schriften: Marktkräfte würden besser funktionieren als Regulierungen, und Wirtschaftsmanager würden bessere Arbeit leisten als staatliche Bürokraten.

Darüber hinaus hatte Thatcher auch eine langfristige politische Agenda: Sie wollte die Reihen der Bürger mit Aktienbesitz aufstocken, die bei Wahlen eher zu den Tories tendierten. Als die Privatisierungen in Gang kamen, startete die Regierung eine massive Werbekampagne, die weniger wohlhabenden Briten den Gedanken näherbringen sollte, in Aktien zu investieren. 1984 erwarben über zwei Millionen Briten, zum großen Teil Erstanleger, Aktien des nationalen Telefonkonzerns British Telecom, die absichtlich unter Wert angeboten worden waren.[23] Zwei Jahre später kauften rund 1,5 Millionen Menschen Anteile des nationalen Gasversorgers British Gas.[24] Thatcher behauptete später, der Verkauf von British Telecom, mit dem das Privatisierungsmodell eingeführt worden war, habe »mehr als alles andere die Grundlage geschaffen für einen von Aktienbesitz getragenen Volkskapitalismus in Großbritannien«.[25]

Ebenso bemerkenswert wie Thatchers tatsächliche Reformen war die Auswirkung ihrer langen Amtszeit als Premierministerin auf die Einstellung zu Wirtschaft und Wirtschaftspolitik. Als 1997 wieder ein Vertreter der Labour Party in die Downing Street einzog, hatte sie sich zu New Labour gewandelt, die die alte (überwiegend symbolische) Verpflichtung auf das Gemeineigentum an den Produktionsmitteln aufgegeben hatte und sich offen zu den Marktkräften bekannte, einschließlich von Maßnahmen zur Förderung von Arbeit statt Sozialhilfe. Mitte-links-Parteien in anderen Ländern, bis hin zu den Demokraten in den Vereinigten Staaten, hatten sich ebenfalls in diese Richtung bewegt. »Bill Clinton und Tony Blair«, sagte ein weiterer ehemaliger Minister unter Thatcher, Lord Young, in einem Interview für die PBS-Dokumentarserie *The Commanding Heights,* »haben so viel gemein, dass sie all die Geschichten, all die Gedanken, die Maßnahmen, die ursprünglich von Keith Joseph und Margaret Thatcher stammen, übernommen haben, und das ist die große Veränderung gewesen.«[26] Das war übertrieben. Blairs New Labour war entschlossen, bedeutende öffentliche Mittel in Schulen, Krankenhäuser und andere soziale Infrastruktur zu investieren. Sie forderte einen Mindestlohn, den es in Großbritannien noch nicht gab, die Schaffung regionaler Entwicklungsagenturen, ein größeres Entwicklungshilfebudget und Steuern auf die Gewinne der von Thatcher privatisierten Versorgungsunternehmen.

Dennoch hatten Thatcher und der Thatcherismus den Schwerpunkt der wirtschaftspolitischen Debatten in Großbritannien zweifellos nach rechts verschoben. Im Wahlkampf von 1997 versprach Blair, die wichtigsten Arbeitsreformen unangetastet zu lassen, die Individualbesteuerung auf einem niedrigen Niveau zu halten und die Unternehmenssteuern zu senken, das Wachstum der Staatsausgaben zu begrenzen und das Unternehmertum zu ermutigen. 1999, nach zwei Jahren in Downing Street Nr. 10, sagte Blair einem Interviewer vom *The New Yorker*, dass der Sozialismus alten Stils tot sei.[27]

Als Thatcher 1979 ins Amt kam, hielten nur wenige eine solche Umwälzung für möglich und schon gar nicht für wahrscheinlich. In akademischen Kreisen war es in den 1970er-Jahren Mode, festzustellen, dass Großbritannien dabei sei, unregierbar zu werden, und kein Premierminister an den Ergebnissen der Politik viel ändern könne. In der Konservativen Partei betrachteten viele Tories alter Schule Thatchers rechte Politik als Verirrung und sagten voraus, dass die Partei am Ende zu Macmillans pragmatischem Eine-Nation-Ansatz zurückkehren werde. In der Labour Party erkannten zwar viele, dass Thatchers Aufstieg auf das Versagen der Partei bei der Bekämpfung von Stagflation und Arbeitsunruhen zurückzuführen war, aber sie trösteten sich damit, dass auch sie keine tragfähige Lösung hatte. Im gesamten politischen Spektrum unterschätzten viele die Nachhaltigkeit des Thatcherismus.

Ein Beobachter, der diesen Fehler nicht machte, war der in Jamaika geborene Soziologe und langjährige Direktor des Centre for Contemporary Cultural Studies der University of Birmingham Stuart Hall. Er gehörte zwar keiner Partei an, veröffentlichte aber im Januar 1979, vier Monate bevor Thatcher gewählt wurde, in *Marxism Today*, der Zeitschrift der Kommunistischen Partei Großbritanniens, einen Artikel mit dem Titel »The Great Moving Right Show«, in dem er den Aufstieg des »Thatcherismus« untersuchte – der Begriff war damals noch nicht allgemein gebräuchlich. Er begann mit der Feststellung, dass der Rechtsruck in der britischen

Politik »nicht mehr wie ein vorübergehender Ausschlag des politischen Pendels, eine kurzzeitige Verschiebung des Kräftegleichgewichts« aussehe. Vielmehr habe er sich seit den späten 1960er-Jahren angekündigt, und »obwohl er eine Reihe unterschiedlicher Stadien durchlaufen hat, scheinen seine Dynamik und sein Momentum dauerhaft zu sein«. Das Kernelement des Thatcherismus, fuhr Hall fort, sei die Feindschaft gegenüber der Gewerkschaftsbewegung, die im Nachkriegsmodell des britischen Kapitalismus eine zentrale Rolle gespielt habe. Mit der »Verbreitung des Diskurses über ›Nation‹ und ›Volk‹ anstelle von ›Klasse‹ und ›Gewerkschaften‹« habe Thatcher »nicht auf diesen oder jenen Aspekt ›unverantwortlichen Handelns‹ einer bestimmten Gewerkschaft« abgezielt, sondern einen Angriff »auf die Grundlagen und die *raison d'être* der organisierten Arbeit« unternommen. Ferner wies Hall darauf hin, wie erfolgreich Thatcher bereits um die Unterstützung elitärer Kreise für einen scharfen Bruch mit der Vergangenheit geworben hatte. In »einigen der mächtigsten und einflussreichsten Apparate von Staat, Forschung und Universitäten« den Keynesianismus diskreditiert und »an seiner Stelle Friedman und Hayek wiedererweckt zu haben, ist allein schon eine bemerkenswerte Umkehr«.[28]

Wie C. L. R. James und Eric Williams stammte auch Hall aus der karibischen Mittelschicht, nur dass er nicht aus Trinidad, sondern aus Kingston in Jamaika kam. Seine Familie hatte afrikanische, englische und indische Wurzeln, und sein Vater arbeitete bei der United Fruit Company.[29] Er hatte das elitäre Jamaica College besucht und 1951 mit 19 Jahren ein Rhodes-Stipendium für Oxford bekommen, wo er am Merton College Anglistik studierte. Nach dem Studienabschluss blieb er in England, um seine Studien fortzusetzen. In den 1970er-Jahren war er ein einflussreicher Kulturtheoretiker, dessen Untersuchungen darüber, dass in der Populärkultur, etwa in Spielfilmen, politische Botschaften und Narrative kodiert sein konnten, die dann von unterschiedlichen Auditorien dekodiert wurden, bei anderen Wissenschaftlern viel Anklang fanden.

Er war ein prominenter Vertreter der britischen Neuen Linken, die sich in den 1960er-Jahren herausgebildet hatte, und gehörte zu den Gründern des Organs der Bewegung, der *New Left Review*.

Wie viele Linke der 1960er-Jahre war Hall stark von den Schriften des italienischen marxistischen Philosophen Antonio Gramsci beeinflusst, den Mussolinis faschistisches Regime bis zu seinem Tod im Jahr 1937 über ein Jahrzehnt gefangen gehalten hatte. In den im Gefängnis niedergeschriebenen Notizen hob Gramsci die Rolle kultureller Werte und Institutionen bei der Aufrechterhaltung der kapitalistischen Herrschaft hervor. Indem sie den Massen den Glauben eingab, dass der Status quo und ihre untergeordnete Stellung in ihm die natürliche Ordnung der Dinge darstellten, behaupte die Bourgeoisie eine kulturelle Hegemonie, die ihre politische und ökonomische Macht stärke. Ferner betonte er, dass Krisen des Kapitalismus Jahrzehnte dauern könnten und nicht notwendigerweise, wie von früheren Marxisten vorausgesagt, zu seinem Zusammenbruch führten. Stattdessen schüfen sie eine im Fluss befindliche Situation, in der kapitalistische Eliten versuchten, einen neuen »historischen Block« politischer Kräfte und ein neues ideologisches Narrativ zu schaffen, die ihre Macht sichern konnten. Das Endergebnis der Krisen sei ungewiss.

In seinem Artikel über die große Rechtsruck-Show bezog sich Hall auf einige von Gramscis Schriften über kapitalistische Krisen und interpretierte den Thatcherismus durch ihre Brille als Anstrengung, eine neue Hegemonie zu errichten. »Um seine potenzielle Glaubwürdigkeit als Regierungspartei in einer Krise des Kapitals zu bewahren«, schrieb er, »behält der ›Thatcherismus‹ einige fadenscheinige, ambivalente Verbindungen [...] zur Mitte bei.« Aber sein eigentliches Ziel sei »die Herausbildung eines eigenen nationalen Konsenses«. Innerhalb dieses Gesamtrahmens hob Hall zwei Faktoren hervor, welche die späten 1970er-Jahre einzigartig machten: eine beispiellose Krise der Kerninstitutionen der sozialen Demokratie, insbesondere der Labour Party, und eine aggressive Anstrengung der Rechten, die Grundlagen der politischen und ökonomischen Debatte zu ändern und über die traditionellen Klassenzuordnungen hinauszugehen. Durch ihre Bemühungen, in Verteilungskämpfen zwischen Kapital und Arbeit zu vermitteln, schrieb Hall, seien die Labour-Regierungen von Harold Wilson und James Callaghan von der historischen Rolle ihrer Partei als politische Vertretung der britischen Arbeiter abgewichen, und dies habe »tiefgreifende Auswirkungen gehabt, da es die Reaktion der Arbeiterklasse auf die Krise desorganisierte und fragmentierte«. In dieser aufgewühlten Situation hätten Elemente der Rechten versucht, traditionelle Labour-Wähler für sich zu gewinnen, indem sie kulturelle Argumente wie Einwanderung, Recht und Ordnung, den angeblichen Zusammenbruch der sozialen Disziplin und die »Verwässerung des britischen Stamms durch fremde schwarze Elemente« ins Feld führten.[30]

Dieser Rechtsruck, erinnerte Hall seine Leser, habe sich seit den späten 1960er-Jahren herausgebildet. Er verwies auf die Entstehung rechtsextremer Gruppen wie der National Front (NF), einer rein weißen, einwandererfeindlichen Partei, die in den 1970er-Jahren in vielen britischen Städten provokative Demonstrationszüge veranstaltete. Die NF war eine Splittergruppe, die nie einen Parlamentssitz errang und deren 90 Kandidaten in der allgemeinen Wahl im Oktober 1974 jeweils nur rund 1200 Stimmen erhielten. Aber trotz ihrer geringen Größe konnte man sie nicht einfach abtun. Mit ihrer rassistischen Ideologie, ihrem Hypernationalismus und ihrer Straßenschlägerattitüde erinnerte sie an Oswald Mosleys faschistische Bewegung der 1930er-Jahre. Darüber hinaus war sie nicht völlig vom politischen Mainstream abgeschnitten. Einige Mitglieder der Konservativen Partei, allen voran der frühere Abgeordnete und Minister Enoch Powell, hatten Teile der rechtsextremen Botschaft übernommen, insbesondere die rassische Stigmatisierung in jüngster Zeit nach Großbritannien gekommener Einwanderer, von denen viele aus Südasien und der Karibik stammten, und die Forderung nach einer drastischen Verringerung der Einwanderung.

Mit dem Angriff auf Einwanderer verbunden, fuhr Hall fort, seien Medienmeldungen, die Angst vor Verbrechen verbreiteten und schwarze Jugendliche in den Innenstädten als potenzielle Straßenräuber darstellten. 1978, ein Jahr vor dem Rechtsruck-Show-Artikel, veröffentlichte Hall zusammen mit Kollegen ein Buch mit dem Titel *Policing the Crisis. Mugging, the State, and Law and Order* (Polizeiliche Krisenbewältigung. Straßenraub, der Staat und Recht und Ordnung), in dem diese Entwicklung und die aggressive Reaktion der Polizei behandelt wurden. Dazu gehörte, dass Polizisten unter Berufung auf das Landstreichergesetz Personen (insbesondere junge schwarze Männer) einfach aufgrund des Verdachts, sie beabsichtigten, Straftaten zu begehen, anhielten, durchsuchten und verhafteten. Hall und seine Mitautoren brachten die Furcht vor Verbrechen und den verbreiteten Rassismus mit den umfassenderen Problemen Großbritanniens und der »Krise der Hegemonie« in Verbindung, mit der die etablierte Ordnung konfrontiert war, und dies nicht nur in wirtschaftlicher Hinsicht, sondern auch durch das Aufkommen einer Gegenkultur, zu der Studentenunruhen, Feminismus, Umweltbewusstsein und eine permissive Gesellschaft gehörten. Die »Rasse« bildete nach Ansicht der Autoren »das objektive Korrelat der Krise – die Arena, in die komplexe Befürchtungen, Spannungen und Ängste, die durch die Totalität der Krise ausgelöst werden, am einfachsten und explizitesten projiziert werden können«.[31]

In seinem Rechtsruck-Show-Artikel bemerkte Hall, dass viele der von Thatcher und ihren Mitstreitern behandelten kulturellen Themen – Recht und Ordnung, soziale Disziplin, Furcht vor »Überfremdung« durch nichtweiße Einwanderer – schon lange vor der Wirtschaftskrise der zweiten Hälfte der 1970er-Jahre angesprochen worden waren.[32] (Powell hatte seine berüchtigte Rede über »Ströme von Blut« im April 1968 gehalten.) Deshalb wäre es ein grober Fehler, den Aufstieg des Thatcherismus bloß als Symptom der wirtschaftlichen Notlage und des fehlenden Vertrauens in die Labour-Regierung anzusehen. »Was wir erklären müssen«, betonte Hall, »ist eine Hinwendung zum ›autoritären Populismus‹ – einer Sonderform des kapitalistischen Staats –, der anders als der klassische Faschismus die meisten (wenn auch nicht alle) formal repräsentativen Institutionen behält und gleichzeitig in der Lage ist, eine aktive Zustimmung des Volks aufzubauen. Dies stellt zweifelsohne eine entscheidende Verschiebung des Gleichgewichts der Hegemonie dar.«[33] Ein Schlüsselelement des Erfolgs der Rechten, fuhr Hall fort, sei die Verwendung kultureller Botschaften, um breite Unterstützung für einen radikalen Kurswechsel in der Wirtschaftspolitik zu gewinnen. »Weder der Keynesianismus noch der Monetarismus«, schrieb er,

> »gewinnt auf dem Wahlmarkt Stimmen. Aber in den Doktrinen und Diskursen der ›sozialen Marktwerte‹ – der Wiederherstellung von Wettbewerb und persönlicher Verantwortung für Leistung und Gegenleistung, der Vorstellung des übermäßig besteuerten, durch wohlfahrtsstaatliche Verhätschelung geschwächten Einzelnen, dessen Initiative durch staatliche Zuwendungen untergraben wird – hat der ›Thatcherismus‹ ein wirkungsvolles Mittel gefunden, um die Prinzipien einer monetaristischen Philosophie zu popularisieren – und im Bild des Wohlfahrts-›Parasiten‹ einen wohlfeilen Volksteufel.«[34]

Nach dem Erscheinen des Artikels warfen linke Kritiker Hall vor, er würde die Wirtschaft und den Klassenkampf herunterspielen und die Kultur überbewerten, aber dieser Vorwurf war ungerecht. Hall behauptete nicht, dass die Anziehungskraft des Thatcherismus allein auf kulturellen Faktoren beruhe oder die Kultur die Wirtschaft als bestimmende historische Kraft aussteche. In der Nachfolge Gramscis (und auch Marx') vertrat er vielmehr die Auffassung, dass kulturelle und politische Auseinandersetzungen zwar eine Eigendynamik entwickelten und ihr Ausgang nicht vorherbestimmt sei, sie aber in einem von Wirtschaft und Klasse geprägten Rahmen stattfänden. »Gramsci bestand stets darauf, dass

Hegemonie *nicht* ausschließlich ein ideologisches Phänomen sei«, schrieb Hall in dem Aufsatz »Gramsci and Us«, der im Juni 1987, als Thatcher ihren dritten Wahlsieg errang, in *Marxism Today* erschien. »Ohne den entscheidenden Nukleus der Wirtschaft kann es keine Hegemonie geben.«[35]

Im Fall des britischen Keynesianismus war der ökonomische Nukleus in der Wirtschaftskrise der 1970er-Jahre, die den Normalbürger hart getroffen und sein Vertrauen darin erschüttert hatte, dass das System Wohlstand und Stabilität sichern konnte, zu Bruch gegangen. Am Ende seines Rechtsruck-Show-Artikels unterstrich Hall diesen Punkt im Zusammenhang mit der Frage, warum sich rechter Populismus von der Art, wie Thatcher ihn vertrat, tatsächlich als populär erwies. »Dies ist kein rhetorisches Instrument und kein Trick«, betonte er, »denn dieser Populismus operiert mit echten Widersprüchen, und er hat einen rationalen materiellen Kern. Sein Erfolg und seine Wirkung beruhen nicht auf der Fähigkeit, ahnungslose Menschen zu übertölpeln, sondern auf der Art, wie er reale Probleme anspricht, reale und gelebte Erfahrungen, reale Widersprüche – und darauf, dass er trotzdem in der Lage ist, sie in einer Diskurslogik darzustellen, die sie systematisch in Übereinstimmung mit der Politik und der Klassenstrategie der Rechten bringt.«[36]

Dieses Argument sollte indes nicht zu weit getrieben werden. Obwohl Thatcher als erster britischer Premierminister seit Einführung des allgemeinen Wahlrechts dreimal nacheinander gewählt wurde, blieb sie äußerst umstritten. In vielen Teilen Großbritanniens wurde sie während ihrer gesamten Amtszeit missbilligt, und ihre Regierungen gewannen nie eine Mehrheit für sich. In den drei allgemeinen Wahlen, die sie gewann, erhielt die Konservative Partei zwischen 42 und 44 Prozent der Stimmen, doch das britische Mehrheitswahlrecht verwandelte die Pluralität der Wählerschaft in große Mehrheiten im Unterhaus.

Gleichwohl wirkten Thatchers scharfer Nationalismus und ihre harte Ansage gegen Gewaltverbrechen und Sozialhilfeempfänger auf einen Teil der britischen Arbeiterklasse anziehend, ebenso wie ihre »Volkskapitalismus«-Maßnahmen, wie Mietern von Sozialwohnungen die Möglichkeit zu geben, sie zu erwerben, und der Verkauf verbilligter Aktien von British Telecom und British Gas. »Käufer von Sozialwohnungen und Aktien privatisierter Unternehmen und berufstätige ehemalige Gewerkschafter hatten eine entschiedene Einstellung zu Verstaatlichung und Umverteilung«, stellte der Politologe Geoffrey Garrett 1992 in einer Studie über Umfrageergebnisse aus den 1980er-Jahren fest. »In allen Fällen unterstützten die direkt von den Reformen der Konservativen Betroffenen die Freimarktpositionen von mehr Privatisierung und weniger Umverteilung des gesellschaftlichen Reichtums. Tatsächlich glichen ihre Ansichten stärker denen der traditionellen konservativen Wähler.«[37]

Hall sah diese Entwicklungen ebenfalls. In seinem Gramsci-Artikel erklärte er, dass ein großer Teil der Verwirrung der Linken über die Wirkung des Thatcherismus darauf zurückgeführt werden könne, dass er »gleichzeitig regressiv und progressiv« sei. Dass er versuche, eine politische Ökonomie nach Art des 19. Jahrhunderts umzusetzen, wie Hayek und Friedman sie liebten, bedeute einen Rückschritt für das Land. »Aber man darf dies nicht missverstehen«, fügte Hall hinzu. »Es ist auch ein ›Modernisierungsprojekt‹. Es ist eine Art *regressiver Modernisierung*.« Wie von Hayek und anderen Kritikern des gelenkten Nachkriegskapitalismus gefordert, gehöre es zum Thatcher-Projekt, Bindungen, die den britischen Kapitalismus an die Vergangenheit fesselten und seinen Handlungsspielraum einschränkten, zu kappen. Der Thatcherismus habe »ein wachsames Auge auf eine der grundlegenden historischen Tatsachen der britischen Gesellschaftsformation gerichtet: nämlich dass sie nie richtig in die Ära der modernen bürgerlichen Zivilisation eingetreten ist«. Sie habe nie »den Transfer in die Moderne vollzogen« und »nie im eigentlichen Sinn die Zivilisation und die Strukturen des fortgeschrittenen Kapitalismus – dessen, was Gramsci ›Fordismus‹ nennt – institutionalisiert«. Nach Halls Ansicht hatte Großbritannien es versäumt, auf gleiche Weise wie die Vereinigten Staaten, Deutschland und Japan die kapitalistische Massenproduktion einzuführen. Thatcher sei sich dieses Versäumnisses bewusst, und dies gelte, tief im Innern, auch für viele ihrer Landsleute. »Mrs. Thatcher weiß, dass es heute in Großbritannien kein ernst zu nehmendes politisches Projekt gibt, bei dem es nicht auch darum geht, eine Politik und ein Bild dessen zu schaffen, was *Modernität* für unser Volk bedeuten soll. Und der Thatcherismus hat, indem er sich auf seine regressive Weise auf die Vergangenheit stützt und auf früheren Ruhm zurückblickt, anstatt vorwärts in eine neue Epoche zu schauen, das Projekt einer reaktionären Modernisierung in Angriff genommen.«[38]

Hall war mehr Kulturtheoretiker als Ökonom, aber mit seiner Behauptung, der britische Kapitalismus habe Schwierigkeiten gehabt, dem fortgeschrittenen Kapitalismus entsprechende »Strukturen« auszubilden, traf er einen wichtigen Punkt. Das Problem war jedoch nicht einfach nur, dass er es versäumt hatte, die Massenproduktion zu übernehmen. Multinationale Unternehmen wie Ford und General Motors (GM) betrieben ebenso wie britische Konzerne wie British Leyland und British Steel jahrzehntelang große Fabriken in Großbritannien. Das Problem war, wie auch Hall andeutete, institutioneller Art: die Beziehung oder Nichtbeziehung zwischen Arbeitern und Management. Die britischen Ford- und GM-Fabriken waren von den gleichen Arbeitskonflikten geplagt wie die Autofabriken von British Leyland. Zwischen den Ford-Fabriken in Essex und Detroit, in denen die gleichen Maschinen benutzt wurden, bestand aber ein deutlicher Produktivitätsunterschied. In mancher tiefreichender Hinsicht hinkte der britische Kapitalismus seinen Hauptkonkurrenten hinterher.

Wie ist dieses Problem zu erklären? Die überzeugendste Antwort lautet, dass die britische Nachkriegswirtschaft, zum einen wegen der frühen Führungsrolle bei der Industrialisierung und zum anderen aufgrund des kolonialen Erbes, es mit einer Reihe von Institutionen zu tun hatte, die schlecht angepasst waren an eine Ära, in der die internationale Konkurrenz zunahm und kommerzieller Erfolg von ständiger Innovation und unablässigem Produktivitätswachstum abhing. Eine der Institutionen, welche die britische Wirtschaftsentwicklung behinderten, war die City of London, deren Vertreter häufig eine transaktionale Sicht auf die Finanzen und einen kurzfristigen Horizont hatten. Beides ließ sie vor den semipermanenten Investitionen zurückschrecken, die zum Beispiel deutsche Banken an großen deutschen Industrieunternehmen hielten. In der britischen Industrie wurde ständig über den Mangel an langfristigen Kapitalanlagen geklagt.

Ein weiteres ererbtes Handicap Großbritanniens war das fragmentierte System der Arbeitsbeziehungen. In vielen global operierenden Industrien sind regelmäßige Investitionen in die Modernisierung von Fabriken und Ausrüstung erforderlich, um wettbewerbsfähig zu bleiben. Aufgrund der Macht und Unabhängigkeit der betrieblich organisierten britischen Gewerkschaften fiel es Firmen (oder ganzen Industrien) jedoch schwer, dauerhafte Vereinbarungen zu erreichen, die im Gegenzug für höhere Kapitalinvestitionen und Löhne eine Verringerung des Personalbestands vorsahen. »Dies war keine Wirtschaft mit großer Geduld, weder bei Investoren noch bei Arbeitern«, befand Nicholas Crafts, einer der führenden britischen Wirtschaftshistoriker, in einem 2018 erschienenen Buch über das britische Wirtschaftswachstum seit der industriellen Revolution. »Sowohl das gänzliche Fehlen von Gewerkschaften als auch eine stark korporatistische Gewerkschaftsbewegung wäre dem eigenartigen britischen System der Arbeitsbeziehungen vorzuziehen gewesen.«[39]

Spieltheoretisch ausgedrückt, steckte die britische Wirtschaft in einem Gleichgewicht mit geringem Vertrauen und geringer Produktivität fest. Der Thatcherismus kann als brutaler Versuch betrachtet werden, die Spielregeln zu ändern, indem ein Mitspieler lahmgelegt wurde: die organisierte Arbeit. Sobald die Gewerkschaften genügend geschwächt wären, hätten die Manager die Macht, unproduktive Fabriken zu schließen, Beschränkungen zu beseitigen und in mehr arbeitssparende Maschinen zu investieren. Das Ergebnis wäre einerseits eine Verringerung der Beschäftigtenzahl, andererseits aber eine Erholung des Wirtschaftswachstums, das auf lange Sicht zu steigender Prosperität führen würde. So jedenfalls die Theorie.

In den 1980er-Jahren sprang das Wirtschaftswachstum tatsächlich wieder an, was Crafts in einem Aufsatz von 2011 zu der Aussage veranlasste, der Thatcherismus habe die britische Wirtschaft anpassungsfähiger und innovativer gemacht. »Als das Zeitalter der Informations- und Kommunikationstechnologie anbrach«, schrieb er, »war Großbritannien besser als seine kontinentaleuropäischen Pendants in der Lage, die Chancen zu ergreifen, welche die rasche Verbreitung der neuen Technologien, die große Veränderungen in den Arbeitsmethoden und Managementhierarchien erforderten, mit sich brachte. Mit Arbeitsbeziehungen wie in den 1970er-Jahren und einem stark regulierten Dienstleistungssektor wäre dies nicht möglich gewesen.«[40]

In nuce ist dies das Argument für den Thatcherismus: Er hat Großbritannien modernisiert. Gegen ihn wird vorgebracht, dass er enorme soziale Kosten verursacht und einige der Grundprobleme des britischen Kapitalismus, wie die chronisch zu geringen Investitionen in physisches und menschliches Kapital sowie in Forschung und Entwicklung, nicht gelöst hat. Der offensichtlichste Preis des Thatcherismus war eine hohe Arbeitslosigkeit. Zwischen 1960 und 1979 lag die britische Arbeitslosenquote durchschnittlich bei 3,7, zwischen 1980 und 1999 bei 9,1 Prozent.[41] In diesen Zahlen sind Millionen britischer Arbeiter nicht berücksichtigt, die aus dem Arbeitskräftereservoir ausschieden und als arbeitsunfähig in Rente gingen. Aufgrund des hohen Pfundkurses und aggressiver Gesundschrumpfung verwandelten sich manche Teile Großbritanniens, insbesondere in Nordengland und Südwales, in Rust Belts mit entleerten Fabrikgebäuden und verfallenden Städten. Die Armutsrate stieg zwischen 1979, als Thatcher Premierministerin wurde, und 1990, dem Jahr, in dem ihre konservativen Abgeordnetenkollegen sie aus dem Amt wählten, von 13,4 auf 22,2 Prozent. Andererseits nahmen Vermögen und Einkommen rapide zu. Zwischen 1980 und 1990 stieg der Anteil des Nachsteuereinkommens des obersten Prozents der britischen Spitzenverdiener von 6 auf 10 Prozent des Gesamteinkommens.[42]

So sah Halls »reaktionäre Modernisierung« in der Praxis aus. Die Marktkräfte waren entfesselt, und der britische Kapitalismus war transformiert. Das Ergebnis war eine Wirtschaft, die flexibler und offener für Innovationen war, aber immer noch mit vielen der Probleme zu kämpfen hatte, die der keynesianische gelenkte Kapitalismus zu eliminieren versuchte: wirtschaftlicher Unsicherheit, hohen Arbeitslosen- und Armutsquoten, größer werdender Ungleichheit und finanziell bedingter Instabilität. Hall verabscheute die vom Thatcherismus geschaffene Gesellschaft, stand aber auch seinen linken Genossen kritisch gegenüber, weil sie es versäumt hatten, eine alternative Version der Modernität zu entwerfen, die über das traditionelle, auf die Klasse bezogene Rahmenwerk hinausging und die Heterogenität und Fragmentierung der zeitgenössischen Gesellschaften berücksichtigte. Die organisierte Linke »sieht nicht, dass es zum Wesen der modernen kapitalistischen Zivilisation gehört, die Machtzentren zu vermehren und so immer mehr Lebensbereiche in die sozialen Antagonismen einzubeziehen«, schrieb er in seinem Gramsci-Artikel. »Sie erkennt nicht, dass die Identitäten, welche die Menschen im Kopf haben – ihre Subjektivität, ihr kulturelles Leben, ihr Sexualleben, ihr Familienleben, ihre ethnische Identität, ihre Gesundheit –, massiv *politisiert* worden sind.«[43]

Aussagen wie diese illustrieren, warum Hall häufig als einer der Begründer des Multikulturalismus und der Identitätspolitik betrachtet wird. Angesichts der Bedeutung, die er »Rasse« und Kultur beimaß, hat er diese Einstufung sicherlich verdient, aber sie ist mit Vorsicht aufzunehmen. In »Gramsci and Us« schrieb er: »Zum Wesen der Macht in der modernen Welt gehört es, dass sie auch in Bezug auf politische, moralische, intellektuelle, kulturelle, ideologische und sexuelle Fragen konstruiert ist.«[44] Man beachte das Wort »auch«. Im Unterschied zu manchen seiner Anhänger übersah Hall die ökonomischen Faktoren nicht. Seiner Ansicht nach waren ökonomische und kulturelle Faktoren gleichermaßen Antriebskräfte der Geschichte. Tatsächlich warf er der Labour Party und anderen Linken vor, nicht begriffen zu haben, dass von technischem Fortschritt und Globalisierung bewirkte wirtschaftliche Veränderungen die traditionellen Sozialstrukturen und kulturellen Werte unterminierten und eine Gesellschaft von kaleidoskopischer Komplexität und Vielfalt schufen.

In dieser neuen Welt war es nach Halls Ansicht nötig, »das gesamte soziale Projekt im Kontext des modernen sozialen und kulturellen Lebens« zu überdenken und zu erneuern. Was die politischen Aussichten der Labour Party betraf, war er pessimistisch, da sie, wie er schrieb, insgeheim immer noch zu glauben schien, »das alte, ökonomisch-korporative, schrittweise keynesianische Spiel besitze noch einen Rest von Handlungsmöglichkeit«. Er sei jedoch überzeugt, fuhr er fort, »dass diese Option nicht mehr vorhanden ist. Sie ist ausgeschöpft. Niemand glaubt noch an sie. Ihre materiellen Voraussetzungen sind verschwunden. Die gewöhnlichen Briten werden nicht mehr für sie stimmen, weil sie instinktiv wissen, dass das Leben nicht mehr so ist.«[45]

26

»Gesellschaftliche Desintegration ist kein Zuschauersport«

Globalisierungsanalyse: Samir Amin, Dani Rodrik und Joseph E. Stiglitz

Im Juli 1993 eröffnete am Südrand von Budapest ein neues Freilichtmuseum seine Tore, der Memento Park, in dem Dutzende Denkmäler aus kommunistischer Zeit ausgestellt wurden, die einige Jahre zuvor eingelagert worden waren, als in Ungarn die jahrzehntelange Einparteienherrschaft endete. Unter ihnen waren eine Bronzestatue von Lenin, die lange im Stadtzentrum zu bewundern war, und ein Granitdenkmal von Marx und Engels, das vor dem Sitz der Ungarischen Kommunistischen Partei gestanden hatte. Das Museum, im Grunde ein kommunistischer Themenpark, war vom Budapester Stadtrat nicht als Ehrung der Säulenheiligen des Marxismus-Leninismus gedacht, vielmehr wollte man die lokale Wirtschaft ankurbeln. »Es ist für Touristen interessanter als für Ungarn«, erklärte Bürgermeister Gábor Demszky. »Wir wollen, dass es zu einer internationalen Attraktion wird.«[1]

Ungarn hatte im Oktober 1989, einen Monat vor dem Fall der Berliner Mauer, eine Mehrparteiendemokratie eingeführt. In den folgenden zwei Jahren war die Sowjetunion auseinandergebrochen, und der Kalte Krieg war zu Ende gegangen. 1993 war Bürgermeister Demszky nicht mehr der Einzige, der nach vierzigjährigem ideologischem Kampf weiterziehen wollte. Seinen Höhepunkt hatte dieser Kampf in den 1980er-Jahren mit den dramatischen Bildern erreicht, die Margaret Thatcher und Ronald Reagan, nachdem sie riesige Aufrüstungsprogramme durchgesetzt hatten, im Gespräch mit dem reformorientierten Sowjetführer Michail Gorbatschow zeigten. Anfang 1992 setzte der chinesische Führer Deng Xiaoping das wirtschaftliche Reformprogramm, das er und seine Kollegen in der Führung der Kommunistischen Partei Chinas 1989 nach der Niederschlagung der Proteste auf dem Tiananmen-Platz gestoppt hatten, wieder in Gang. Bei einem Besuch in Shenzhen, einer Sonderwirtschaftszone in Südchina, die geschaffen worden war, um ausländische Investoren anzuziehen, sagte Deng: »Entwicklung ist die einzige harte Wahrheit. Es spielt keine Rolle, ob eine Maßnahme als sozialistisch oder kapitalistisch etikettiert wird, solange sie nur die Entwicklung stärkt.«[2] Auch Indien unternahm Schritte, um seine darniederliegende Wirtschaft neu zu beleben. Auf Anraten von Finanzminister Manmohan Singh, einem in Oxford und Cambridge ausgebildeten Ökonomen, liberalisierte die regierende Kongresspartei den Handel, hob Beschränkungen von ausländischen Investitionen auf und strich den »Licence Raj« zusammen, ein bürokratisches Ungeheuer, das von Unternehmen verlangte, vor der Erschließung eines neuen Marktes oder der Eröffnung einer neuen Fabrik die Zustimmung zahlreicher Ämter und Behörden einzuholen.

Auch in Lateinamerika öffnete man sich dem globalen Kapitalismus. In Brasilien kam 1995 eine Mitte-links-Partei unter dem ehemals marxistischen Soziologieprofessor Fernando Henrique Cardoso an die Macht. Cardoso hatte zusammen mit einem Kollegen ein Buch mit dem Titel *Abhängigkeit und Entwicklung in Lateinamerika* geschrieben, das zu einem wichtigen Text der Unabhängigkeitsbewegung geworden war. Inzwischen war er Verfechter eines marktorientierten Wachstums. Seine Regierung verkaufte Staatsbetriebe, senkte Zölle, warb um ausländische Investitionen und führte einen monatlichen Zuschuss für arme Familien ein. Wie Tony Blair in Großbritannien war er der Ansicht, dass eine marktfreundliche Politik zusammen mit einer gemäßigten Umverteilung die Zukunft progressiver Politik darstelle. »In diesem Sinn müssen wir weiterhin Sozialisten sein, die sich um das Soziale kümmern«, sagte er 1997. »Aber dies kann nicht auf die altmodische Art getan werden, als wäre es durch einen Akt politischen Willens möglich, auf einen Knopf zu drücken und die Dinge geschehen zu lassen.«[3]

Während Mitte-links-Politiker versuchten, mit der Globalisierung zurechtzukommen, ergriffen multinationale Unternehmen die doppelte Chance, die sie ihnen bot: neue Märkte und billige Arbeitskräfte. Von Shanghai über Mumbai bis Moskau eilten ausländische Unternehmen und Bankiers herbei, um Investitionsgelegenheiten zu erkunden. Anderthalb Jahrhunderte nach dem Erscheinen des *Kommunistischen Manifests* ließen sich Repräsentanten des internationalen Kapitals tatsächlich überall nieder und formten die Welt nach ihrem Bild um. Die globale Integration schien unaufhaltbar zu sein. Zwischen 1985 und 1995 verdoppelte sich das internationale Handelsvolumen nahezu,[4] und der Wert der täglichen Devisentransaktionen stieg auf mehr als das Achtfache.[5] Die Finanzmärkte waren das pochende Herz des globalen Kapitalismus und arbeiteten buchstäblich rund um die Uhr. Der Handelstag begann in Asien. Wenn die Märkte in Hongkong und Singapur schlossen, übergaben die Trader internationaler Banken ihre Positionen an ihre Kollegen in London und Frankfurt, die ihrerseits das Heft des Handelns an New York und Chicago weitergaben, bevor es über den Pazifik nach Asien zurückkehrte. Der überstrapazierte Begriff der Globalisierung beschreibt diese Entwicklung nicht ganz zutreffend, denn der Kapitalismus verbreitete sich nicht nur über den Globus, sondern vertiefte sich auch, veränderte seine Form und verwandelte sich in einen universellen Hyperkapitalismus.

Diese Transformation umfasste mehr als den Zusammenbruch der Sowjetunion und die Diskreditierung des Staatssozialismus. Tatsächlich lassen sich diese Vorgänge sowohl als Folge wie auch als Ursache des umfassenderen Phänomens der Globalisierung verstehen. Die zugrunde liegenden Ursachen waren technologischer und politischer Art. Nach der Inflations- und Profitkrise, die den westlichen Kapitalismus in den 1970er-Jahren erschüttert hatte, wollten viele Großunternehmen und konservative Politiker aus dem gelenkten Kapitalismus ausbrechen. In Ländern wie China und Indien hegten politische Entscheidungsträger ähnliche Gedanken über die staatlich gelenkte Wirtschaftsentwicklung. Freimarktökonomen wie Hayek und Friedman lieferten eine Strategiekarte für die Metamorphose, aber ihre Verwirklichung wurde erst durch eine Reihe von technologischen Entwicklungen möglich. Eine Schlüsselentwicklung war die Containerisierung der Frachtschifffahrt, die den Transport von Rohstoffen, Fertigprodukten und Industriekomponenten rund um die Welt erheblich verbilligte. Ein weiterer entscheidender Faktor war der Aufstieg der Informationstechnologie, insbesondere der Telekommunikationstechnologie, die den raschen Austausch von Geschäftsinformationen, wie Teilebestellungen, Produktionsplänen und betriebsinternen Mitteilungen, ermöglichte. Mitte der 1990er-Jahre hatten die meisten multinationalen Unternehmen internationale Kommunikationsnetze gemietet. All dies erleichterte es Unternehmen, ihre Beschaffungs- und Lieferketten zu entflechten und über die Welt auszubreiten: Die Entfernungen schrumpften.

Einzeln betrachtet, hatten die neoliberale Wende im Westen, die Akzeptanz der Marktkräfte in unterentwickelten Ländern und der Aufstieg der Informationstechnologie und globaler Versorgungsketten jeweils enorme Auswirkungen. (Allein die Öffnung Chinas und Indiens vergrößerte das globale Arbeitskräftereservoir um mehr als eine Milliarde Menschen.) Zusammengenommen liefen diese drei Entwicklungen auf eine neue industrielle Revolution hinaus und schufen, in Kondratjews Begriffen, die Grundlage für eine neue lange Welle der globalen Wirtschaftskonjunktur. Anfangs hatten viele Ökonomen Mühe, die Implikationen dieser Transformation in vollem Umfang zu erkennen, was zum Teil daran lag, dass sie sie aus ihrer eigenen Domäne heraus betrachteten. Handelsökonomen, die in Begriffen dachten, die schon Ricardo kannte, betonten die vom wachsenden globalen Handel und einer weiterentwickelten globalen Arbeitsteilung generierten Erträge; Arbeitsökonomen hoben die Lohnstagnation in den Vereinigten Staaten und anderen Industrieländern hervor, gaben dafür aber weniger der Globalisierung als vielmehr dem »fähigkeitsbasierten technischen Wandel« die Schuld. Makroökonomen begrüßten den Anbruch einer Ära der Preisstabilität, die nach ihrer Ansicht der Tatsache zu verdanken war, dass die westlichen Staaten die Aufgabe der Inflationsbekämpfung unabhängigen Zentralbanken übertragen hatten.

Diese Erklärungen waren nicht falsch, aber unvollständig. Die Veränderungen der Handels- und Produktionsweisen hatten in China und Indien eine beispiellose Einkommenssteigerung zur Folge. In vielen Entwicklungsländern führten sie außerdem zur Entstehung von Sweatshops, Ausbeuterbetrieben mit Arbeitsbedingungen, die an die Verhältnisse im England des frühen 19. Jahrhunderts erinnerten. Fähigkeitsbasierter technischer Fortschritt war ein neues Phänomen, aber das war auch die Produktionsauslagerung, die die Verhandlungsmacht der Arbeiter untergrub und die Löhne drückte. Inflationsbekämpfende Zentralbanken handelten nicht in einem Vakuum. Ihre Inflationsziele waren einfacher zu erreichen, wenn die Arbeiter aufgrund einer gewerkschaftsfeindlichen Gesetzgebung und der Gefahr von Automatisierung und Auslagerung in einer schwachen Position waren.

Als der von Marx und Engels vorausgesagte Weltmarkt Wirklichkeit zu werden begann und die Arbeitslöhne in manchen entwickelten Ländern vom Produktivitätswachstum auf eine Weise abwichen wie in Großbritannien während der ersten industriellen Revolution, hätte es vielleicht nicht überraschen dürfen, dass einige der frühesten Versuche, Ausmaß und Bedeutung der Globalisierung zu erfassen, Linksaußen unternommen wurden, wo eine globale Perspektive seit Langem zum analytischen Werkzeugkasten gehörte. Ein Theoretiker, der sowohl mit dem Dependenzmodell von Zentrum und Peripherie als auch mit der von dem amerikanischen Soziologen Immanuel Wallerstein in den 1970er-

Jahren entwickelten »Weltsystemtheorie« verbunden wurde, war der ägyptisch-französische Ökonom Samir Amin, der von 1970 bis 1980 Direktor des African Institute for Economic Development and Planning der UNO (IDEP) mit Sitz in Dakar im Senegal war. Amin, seit seiner Oberschulzeit revolutionärer Kommunist, interpretierte die Globalisierung im Rahmen der Marx'schen Mehrwerttheorie, die er auf die globale Ebene ausdehnte. »Ein neuer Widerspruch charakterisiert jetzt den Weltkapitalismus«, schrieb er in seinem 1997 erschienenen Buch *Capitalism in the Age of Globalization*. »Auf der einen Seite haben sich die Schwerpunkte der die Akkumulation bestimmenden Wirtschaftskräfte außerhalb der Grenzen einzelner Staaten verlagert; auf der anderen Seite gibt es auf der Weltebene kein politisches, soziales, ideologisches und kulturelles Rahmenwerk, das dem Gesamtmanagement des Systems Kohärenz verleihen könnte.« Vorgeblich steuerten die in Bretton Woods geschaffenen multilateralen Institutionen – IWF und Weltbank – und die 1995 gegründete Welthandelsorganisation (WTO) die Globalisierung im Interesse aller. In Wirklichkeit, erklärte Amin, seien sie jedoch »bloß Instrumente der Marktsteuerung durch das Kapital«.[6] Indem er alle internationalen Institutionen in einen Topf warf, dürfte Amin die Dinge allzu stark vereinfacht haben; so übersah er, dass die Weltbank Anstrengungen unternahm, die Armut in unterentwickelten Ländern zu verringern. Aber mit dem Hinweis darauf, dass es kein effektives politisches Steuerungsinstrument der Globalisierung gebe, sprach er ein Problem an, das selbst für ihre Verteidiger immer schwerer zu ignorieren sein sollte.

Amin war 1931, neun Jahre nachdem Ägypten die Unabhängigkeit von Großbritannien erlangt hatte, in Kairo in eine gebildete Familie koptischer Christen teils französischer Herkunft hineingeboren worden. Seine Eltern waren beide Ärzte; sein Vater leitete das staatliche Gesundheitswesen in Port Said am Nordende des Suezkanals. 1947 zog Amin nach Paris, wo er das elitäre Lycée Henri-IV besuchte. Nach dem Schulabschluss begann er, am

Institut für politische Studien Paris, Sciences Po genannt, zu studieren, wo er ein aktives Mitglied der Studentensektion der Kommunistischen Partei Frankreichs wurde. »Wir verbrachten viel Zeit in der Eingangshalle von Sciences Po, diskutierten über Gott und die Welt, organisierten Petitionen, versuchten andere Studenten dazu zu bringen, zu Demonstrationen zu kommen«, erinnerte er sich in seinen 2006 erschienenen Memoiren.[7] Nach einem Abschluss in Rechts- und Politikwissenschaften wandte er sich für die Promotion der Ökonomie zu und studierte neben Marx auch Smith, Ricardo, Keynes und viel Geschichte. »Dies bedeutete jedoch auch«, schrieb er später, »dass ich wenig Zeit auf ökonomische Mainstreamliteratur verschwendete, deren Pflichtlektüre heute eine, ich möchte fast sagen, geisttötende Wirkung hat.«[8] Seine Dissertation mit dem Titel »Die strukturellen Auswirkungen der internationalen Integration vorkapitalistischer Volkswirtschaften«[9] war im Wesentlichen eine frühe Darstellung der Dependenztheorie: Amin beschrieb, wie die armen Ländern zugewiesene periphere Rolle ihre Entwicklung hemmte. (»Der Bruch mit dem Weltmarkt ist die erste Voraussetzung für Entwicklung«, erklärte er in einem späteren Buch, das auf seiner Dissertation aufbaute. »Jede Entwicklungsstrategie, die den Rahmen der Eingliederung in diesen Markt akzeptiert, muss scheitern.«)[10] Nach der Promotion ging Amin für einige Jahre nach Ägypten zurück, bevor er nach Mali und dann in den Senegal zog, wo ihm ein Forschungsstipendium am IDEP angeboten worden war, das die UNO kurz zuvor gegründet hatte, um die Anstrengungen, die Wirtschaften der neu unabhängig gewordenen afrikanischen Staaten zu entwickeln, zu fördern.

In den 1970er-Jahren konzentrierten sich diese Anstrengungen auf eine Initiative zum Aufbau einer Neuen Weltwirtschaftsordnung (NWWO), die im Rückblick wie ein kühner, wenn auch zum Scheitern verurteilter Versuch wirkt, eine Alternative zur Globalisierung zu schaffen, die den globalen Süden gestärkt hätte.[11] Die Absichten der Initiative sind in einer Resolution der UN-Vollversammlung vom Mai 1974 zusammengefasst, die neben gleicher Souveränität für alle Staaten, einschließlich der vollständigen Souveränität über die natürlichen Ressourcen, die Regulierung und Überwachung der Tätigkeit multinationaler Unternehmen, die bevorzugte Behandlung von Entwicklungsländern im internationalen Handelssystem und die Aufstockung der von reichen Ländern geleisteten Entwicklungshilfe forderte.[12] Im Jahr zuvor hatten 77 blockfreie Staaten auf einer Konferenz in Algier einen »Aktionsplan« mit dem Ziel verabschiedet, die NWWO Wirklichkeit werden zu lassen und ihren Anteil am globalen BIP von unter 10 auf 25 Prozent zu steigern.[13]

Amin stand dem NWWO-Projekt mit gemischten Gefühlen gegenüber. In einem Artikel von 1982 befand er, dass seine Forderungen angesichts der »widersprüchlichen Natur der Kapitalakkumulation im Weltmaßstab« ein »kohärentes Programm« darstellten.[14] Andererseits war er vom Start des Projekts an der Ansicht, dass es nicht scharf genug mit dem internationalen Kapitalismus brach und politisch ein Rohrkrepierer war, weil die westlichen Länder es pauschal ablehnen würden. »Tatsache ist, dass zu den Elementen der neuen Ordnung der Anspruch gehört, die natürlichen Ressourcen zu kontrollieren und die Nationalstaaten zu stärken, und dieser wird vom Imperialismus nicht akzeptiert«, schrieb er 1977.[15] Diese Skepsis erwies sich als hellsichtig. Die blockfreien Staaten waren über die Endziele der NWWO uneins, und im globalen Norden attackierten Konservative das Projekt, was zusammen bewirkte, dass es Ende der 1970er-Jahre im Grunde nur noch auf dem Papier existierte.

Das Scheitern des NWWO-Projekts bestärkte Amin in seiner Überzeugung, dass die Entlassung früherer Kolonien in die Unabhängigkeit nicht das Ende des Imperialismus markierte, sondern lediglich seine Rekonstruktion in neuen Formen. In einigen Teilen der Welt, insbesondere im von der Apartheid geprägten Südafrika, schrieb Amin, sei ein rassistischer Kapitalismus geschaffen worden, der große Teile der einheimischen schwarzen Bevölkerung in Proletarier verwandelt habe, die gezwungen seien, »ihre Arbeitskraft in europäischen Bergwerken, Fabriken oder Pflanzungen« zu verkaufen.[16] Überall in den Entwicklungsländern, erklärte er, hätten sich die kapitalistischen Kernländer in den Bereichen Technologie, Finanzkapital, Medien und Kommunikation, Bodenschätze und Massenvernichtungswaffen Monopole gesichert. »Diese fünf Monopole bilden, zusammengenommen, das Rahmenwerk, in dem das Gesetz des globalisierten Werts funktioniert«, stellte er in *Capitalism in the Age of Globalization* fest. »Das Ergebnis ist eine neue Hierarchie der Einkommensverteilung im Weltmaßstab, die noch ungleicher ist als jemals zuvor, die Industrien der peripheren Länder unterdrückt und auf die Rolle von Subunternehmen reduziert.«[17]

Amins Bekenntnis zur internationalen sozialistischen Revolution ließ ihn einige extreme Positionen einnehmen. In seinen Memoiren von 2006 berichtete er, dass er bis nach 1980, das heißt weit über den Zeitpunkt hinaus, in dem die Wahrheit über die Kulturrevolution enthüllt worden war, hinter den Positionen der Kommunistischen Partei Chinas stand.[18] 1981 veröffentlichte er einen Artikel, in dem er erklärte, das Regime der Roten Khmer in Kambodscha habe eine »antiimperialistische Volksrevolution, die den Weg zum Sozialismus eröffnet hat«, angeführt.[19] Was den globalen Kapitalismus betraf, machte er sich, sosehr er ihn verabscheute und ihn von inneren Widersprüchen geplagt sah, keine Illusionen über einen baldigen Zusammenbruch. »Kapitalismus und Krise sind alles andere als unvereinbar«, schrieb er in *Capitalism in the Age of Globalization,* »denn die Logik des Kapitals bringt notwendigerweise Krisen hervor. Sich selbst überlassen, kann der Kapitalismus die Krisen verwalten, aber nicht überwinden.«[20] In seinen Augen war die Globalisierung ein Weg für multinationale Unternehmen, um an billige Arbeitskräfte zu gelangen, und für den Kapitalismus insgesamt, den von Hobson und Luxemburg beschriebenen Widerspruch zu verwalten: die Tendenz der kapitalistischen Produktion, die Nachfrage zu übertreffen und das immer drängendere Verlangen nach neuen Märkten und neuen Anlagemöglichkeiten für Überschusskapital hervorzubringen.

Amin betrachtete Luxemburgs Auffassung, dass der Kapitalismus expandiere, indem er nichtkapitalistische Gesellschaften zerstöre, als grundlegend. Obwohl die Industrialisierung in manchen Entwicklungsländern rasche Fortschritte machte, beharrte er darauf, dass die Nord-Süd-Spaltung aufgrund der westlichen Monopole in Bereichen wie Technologie und Finanzen perpetuiert werde. Allerdings musste er anerkennen, dass das asiatische Wirtschaftswunder – das in den 1990er-Jahren frühere Kolonien wie Indonesien, Malaysia, Singapur und Südkorea umfasste – kaum mit der traditionellen Dependenztheorie in Übereinstimmung zu bringen war. Die ostasiatischen Länder, angefangen mit Japan, seien den »Politikrezepten des Liberalismus nicht gefolgt«, betonte er. »Tatsächlich haben sie das Gegenteil getan.«[21] Das traf nur teilweise zu. Zum Entwicklungsmodell der asiatischen Tigerstaaten gehörten weitgehende staatliche Eingriffe und Unterstützungsmaßnahmen für einheimische Fertigungsindustrien. Aber zugleich beruhte die gesamte Entwicklungsstrategie auf einem exportorientierten Wachstum, das davon abhing, dass diese Industrien sich erfolgreich in den kapitalistischen Weltmarkt integrierten, also die Option wählten, die Amin früher als nicht praktikabel abgetan hatte. In seinem Buch von 1997 bestritt er den offensichtlichen Erfolg der Tigerstrategie nicht, stellte aber ihre langfristige Nachhaltigkeit in einer Welt infrage, in der insbesondere der Aufstieg Chinas eine Bedrohung für die Hegemonie der Vereinigten Staaten darstellte. »Es versteht sich fast von selbst«, schrieb er, »dass die künftige Entwicklung Chinas alle globalen Gleichgewichte bedroht. Deshalb werden die Vereinigten Staaten sich von seiner Entwicklung bedroht fühlen. Meiner Ansicht nach werden die Vereinigten Staaten und China die Hauptantagonisten in jedem künftigen globalen Konflikt sein.«[22]

In den westlichen Korridoren der Macht waren in den Jahren nach dem Fall der Berliner Mauer selten Mahnungen zur Vorsicht zu hören. Das vorherrschende Narrativ lautete, dass der Kapitalismus, die Marktkräfte und die liberale Demokratie für immer triumphiert hätten. Der amerikanische Politologe Francis Fukuyama, damals stellvertretender Leiter des Strategieplanungsstabs des US-Außenministeriums, fasste diesen Moment in seinem berühmten Essay in der Feststellung zusammen, das Ende des Kalten Kriegs markiere »das Ende der Geschichte schlechthin: das heißt, das Ende der ideologischen Entwicklung der Menschheit«.[23] Während Ivy-League-Ökonomen nach Moskau und in andere osteuropäische Hauptstädte jetteten, um Ratschläge darüber zu geben, wie man eine Marktwirtschaft aufbaut, war es leicht, den Zusammenbruch des Staatssozialismus und den Aufstieg der Globalisierung als Neuanfang für die Menschheit anzusehen.

Als einer der ersten in den Vereinigten Staaten tätigen Ökonomen stellte Dani Rodrik, der an der Kennedy School of Government der Harvard University lehrte, diesen Konsens infrage. In seinem 1997 erschienenen kurzen Buch *Grenzen der Globalisierung* rückte er die zunehmenden sozialen Kosten der von ihm so genannten »Hyperglobalisierung« in den Vordergrund. Unter Verweis auf Streiks in Frankreich und Südkorea, politische Auseinandersetzungen über Rentenkürzungen in Deutschland und Pat Buchanans protektionistisches Programm im US-Präsidentschaftswahlkampf von 1996 schrieb Rodrik: »Die internationale Integration der Märkte für Güter, Dienstleistungen und Kapital setzt Gesellschaften unter Druck, ihre traditionellen Verfahrensweisen zu verändern, und im Gegenzug wächst in breiten Gruppen dieser Gesellschaften die Kampfbereitschaft.« Außerdem hob er die Auslagerung von Arbeitsplätzen aus den westlichen Staaten, einschließlich der Vereinigten Staaten, in Länder wie China und Thailand hervor, wo die Löhne niedriger und Arbeitsvorschriften schwach oder nicht vorhanden waren. »Der Sachverhalt«, erklärte Rodrik, »dass Arbeitsleistungen leichter über Grenzen hinweg ersetzt werden können, unterminiert, was viele als einen Nachkriegs-Sozialvertrag zwischen Arbeitnehmern und Arbeitgebern ansehen, einen Vertrag, der vorsieht, dass die Arbeitnehmer als Gegenleistung für den Arbeitsfrieden ständig steigende Löhne und Sozialleistungen beziehen.«[24]

Rodrik war 1957 in Istanbul in eine wohlhabende Familie hineingeboren worden. Sein Vater betrieb eine Kugelschreiberfabrik. Nach dem Besuch einer privaten Eliteschule ging er in die Vereinigten Staaten und studierte an der Harvard University Politikwissenschaft. Anfang der 1980er-Jahre promovierte er in Princeton in Wirtschaftswissenschaft und spezialisierte sich auf den internationalen Handel, ein Gebiet, das damals wie heute von Anhängern des Freihandels dominiert wurde beziehungsweise wird. Rodrik stand dem, was an der Universität gelehrt wurde, skeptisch gegenüber. »Ich wusste aus eigener Erfahrung«, erinnerte er sich 2019 in einem Interview, »dass es ohne ein gewisses Maß an Protektionismus in der Türkei einen großen Teil der Mittelschicht und der oberen Mittelschicht, aus der ich stamme, nicht gegeben hätte. Das war in vielerlei Hinsicht der Anfang meiner unorthodoxen Ansichten über die Wirtschaftsentwicklung.«[25] Nach der Promotion im Jahr 1985 ging Rodrik zurück an die Harvard University, wo er sich mit einer ganzen Reihe von Themen beschäftigte, unter anderem mit den Auswirkungen der Liberalisierung des Handels auf Entwicklungsländer.

Es war die Ära des »Washington-Konsenses«. Mit diesem Begriff hatte John Williamson, ein Fellow des Instituts für Internationale Wirtschaft in Washington, ein Bündel von marktfreundlichen Maßnahmen beschrieben, die der IWF und andere internationale Institutionen hoch verschuldeten Ländern in Lateinamerika und anderswo vorschrieben.[26] Mitte der 1990er-Jahre wurde der Begriff auf ein breiteres politisches Rahmenwerk angewandt, das der IWF und die US-Regierung allen sich entwickelnden Ländern aufdrängten, einschließlich der Übergangsländer in Osteuropa. Zu diesen Maßnahmen gehörten die Verringerung der Staatsausgaben und ausgeglichene Haushalte, die Senkung der Grenzsteuersätze, die Abschaffung von Zöllen und anderen Handelshindernissen, die Privatisierung von Staatsbetrieben, die Ermutigung ausländischer Unternehmen zu Direktinvestitionen und die Liberalisierung der Finanzkapitalströme. In mancher Hinsicht ähnelte das Maßnahmenpaket des Washington-Konsenses der Freimarkt-»Schockbehandlung«, zu der Milton Friedman Mitte der 1970er-Jahre General Pinochet geraten hatte. Sein erklärtes Ziel war es, in Schwierigkeiten geratene Wirtschaften zu stabilisieren und die Grundlage für ein nachhaltiges marktorientiertes Wachstum zu schaffen. Kritiker warfen ihm dagegen vor, tiefere Abschwünge, größere Not und mehr finanzielle Instabilität zu erzeugen.

Nach Rodriks Ansicht ignorierte der im Washington-Konsens verkörperte Freimarktfundamentalismus die entscheidende Rolle, die staatliche Vorschriften und Finanzhilfen bei der raschen Entwicklung Japans, Südkoreas und anderer ostasiatischer Wirtschaften gespielt hatten. Außerdem widersprach Rodrik der bei amerikanischen Ökonomen verbreiteten Auffassung, dass der internationale Handel für die Entstehung der Lohnstagnation in den Vereinigten Staaten, die in den frühen 1970er-Jahren begonnen und über 20 Jahre angehalten hatte, kaum eine Rolle spielte. Der Ökonom Paul Krugman, der damals am MIT lehrte, wies 1995 darauf hin, dass die Skepsis über die Auswirkungen des Handels auf die Löhne zu einem großen Teil auf der Tatsache beruhe, dass der Umfang des internationalen Handels »trotz seines Wachstums [...] im Vergleich mit den Wirtschaften fortgeschrittener Nationen immer noch ziemlich gering ist«. Die Importe von Fertigerzeugnissen aus Entwicklungsländern würden nur rund 2 Prozent des Gesamt-BIP der OECD-Länder ausmachen.[27] Rodrik wandte dagegen ein, dass der Umfang des Handels nicht unbedingt die ganze Geschichte erzähle.

Unter Bezug auf die Schriften des britischen Ökonomen Adrian Wood, der 1994 ein Buch über Handel, Beschäftigung und Ungleichheit veröffentlicht hatte, bemerkte Rodrik, dass die ständige Bedrohung durch ausländische Niedriglohnkonkurrenz amerikanische Unternehmen veranlassen könne, arbeitssparende Technologien einzuführen. Wenn dieses Phänomen sich verbreite, habe Wood unterstrichen, könne der »auf Qualifikation ausgerichtete technische Wandel«, den viele Ökonomen als Ursache der Lohnstagnation ansähen, tatsächlich eine Folge der Globalisierung sein. Rodrik verwies auch auf Forschungen, die zeigten, dass die Möglichkeit von Unternehmen, ihre Produktion ins Ausland zu verlegen, die Verhandlungsmacht der Arbeiter geschwächt und es ihnen erleichtert hatte, Lohnkürzungen durchzusetzen.[28] Zudem höhle die Globalisierung, fuhr Rodrik fort, die Steuerbasis vieler Länder aus. Da das Kapital mobiler werde, falle es den Staaten schwerer, Unternehmen und reiche Bürger effektiv zu besteuern. Multinationale Unternehmen könnten ihre Tätigkeit oder wenigstens ihre Buchgewinne in Niedrigsteuerländer wie Irland oder Singapur verlagern, und reiche Bürger konnten ihr Vermögen im Ausland verstecken.

Rodrik wies darauf hin, dass zeitgleich mit der Aushöhlung der Steuerbasis der sich verschärfende internationale Wettbewerb die Arbeitsplatzsicherheit untergrabe und den Ausbau des sozialen Sicherheitsnetzes nötig mache. Im Gegensatz zur verbreiteten Wahrnehmung, Handel und Offenheit seien mit Laissez-faire und schlankem Staat verbunden, betonte er: »In den offensten Ländern wie Schweden, Dänemark und den Niederlanden sind die Ausgaben für Einkommenstransfers am stärksten angestiegen.« Aber jetzt stünden sogar die skandinavischen Länder unter dem Wettbewerbsdruck, den Sozialstaat zu beschneiden. Wenn sich dieser Trend fortsetze, werde die Zustimmung zum freien Markt wahrscheinlich abnehmen, und zwar »schließlich bis zu dem Punkt […], an dem die Wiederauferstehung des Protektionismus eine realistische Möglichkeit wird«. Um in einem demokratischen Zeitalter zu überleben, müsse jedes Wirtschaftssystem ein Mindestmaß an politischer Legitimität besitzen. Unter Verweis auf Karl Polanyis *The Great Transformation* erklärte Rodrik, dies sei für ein globalisiertes System eine besondere Herausforderung, da »der internationale Markt der einzige [ist], der nicht von einer übergeordneten Autorität reguliert wird. Infolgedessen haben Transaktionen auf dem internationalen Markt die schwächste innere Legitimation.« Wenn die Globalisierung ihre Legitimität gänzlich verliere, werde niemand, nicht einmal die reichsten Bürger, die ihre größten Profiteure seien, von den Folgen verschont bleiben, warnte Rodrik.[29] »Gesellschaftliche Desintegration ist kein Zuschauersport«, betonte er. »Letztlich können die sich verschärfenden gesellschaftlichen Verwerfungen allen schaden.«[30]

Die Administration von US-Präsident Bill Clinton war ein großer Anhänger der Globalisierung. Im Dezember 1993 unterzeichnete Clinton das Nordamerikanische Freihandelsabkommen (NAFTA), das buchstäblich alle Zölle zwischen den Vereinigten Staaten, Kanada und Mexiko beseitigte. »NAFTA bedeutet Arbeitsplätze, amerikanische Arbeitsplätze, gut bezahlte amerikanische Arbeitsplätze«, verkündete Clinton bei der Unterzeichnungszeremonie von NAFTA-Nebenabkommen.[31] Später trug seine Regierung dazu bei, langjährige umfassende Verhandlungen über den Welthandel, die sogenannte Uruguay-Runde, 1994 zu einem positiven Abschluss zu bringen. Die Uruguay-Runde führte unter anderem zur Gründung der Welthandelsorganisation mit Sitz in Genf, die den globalen Handel fördern und als Vermittler und Schlichter auftreten sollte. Ein weiteres Ergebnis der Runde waren die Aufhebung von Restriktionen des Handels mit Dienstleistungen und neue Maßnahmen für den Schutz geistigen Eigentums großer multinationaler Unternehmen. Der erfolgreiche Abschluss der Uruguay-Runde wurde weithin als bedeutendste Ausweitung des Welthandels seit dem Allgemeinen Zoll- und Handelsabkommen von 1947 (GATT) begrüßt.

Es gab jedoch auch Freihandelsskeptiker. Im US-amerikanischen Präsidentschaftswahlkampf von 1992 hatte der texanische Unternehmer Ross Perot, der als unabhängiger Kandidat antrat, davor gewarnt, dass der Abschluss des NAFTA-Abkommens ein »gigantisches Sauggeräusch« nach sich ziehen werde, während Betriebe und Arbeitsplätze nach Mexiko verlegt würden. Auch viele Gewerkschaftsgruppen lehnten NAFTA ab, obwohl dessen Folgen weniger dramatisch waren, als von Perot vorausgesagt. Einige US-Unternehmen, insbesondere Autohersteller, verlagerten ihre Produktion und gut bezahlte Arbeitsplätze ins Ausland, aber insgesamt blieb die Beschäftigung im herstellenden Gewerbe in den acht Jahren von Clintons Amtszeit stabil,[32] und die Zahl der nicht landwirtschaftlich Beschäftigten stieg um rund 23 Millionen.[33] Die Arbeiterlöhne stagnierten allerdings weiter, und innerhalb der Regierung wurde darüber diskutiert, ob die Globalisierung dabei eine Rolle spielte.

Ein Amtsträger, der diese Frage aufwarf, war der in Princeton lehrende Ökonom Joseph Stiglitz, der 1995 in den Rat der Wirtschaftsberater des Weißen Hauses berufen worden war und in der Folgezeit dessen Vorsitz übernommen hatte. In der Welt der Ökonomen war er als brillanter Theoretiker bekannt, der einflussreiche Aufsätze über vielfältige Themen verfasst hatte, von den Finanzen über die öffentliche Wirtschaft bis zur Arbeitsökonomie. Als Vertreter der »neokeynesianischen« Schule, die der keynesianischen Makroökonomie ein solides mikroökonomisches Fundament zu geben versuchte, war er insbesondere für seine Arbeiten zu Informationsasymmetrien bekannt, die sich daraus ergeben, dass eine Seite einer wirtschaftlichen Transaktion über bestimmte Informationen verfügt, welche die andere Seite nicht besitzt. (Ein klassisches Beispiel dafür ist, dass jemand, der auf der Suche nach einer Autoversicherung ist, mehr darüber weiß, ob er zu rücksichtslosem Fahren neigt, als die Versicherungsgesellschaften.) Stiglitz selbst betrachtete sich als der politischen Mitte zugehörig, aber er hatte einen progressiven Zug. Als Student am Amherst College hatte er in den frühen 1960er-Jahren am Marsch auf Washington teilgenommen, und in seiner Kindheit und Jugend in der Autostadt Gary in Indiana hatte er miterlebt, wie billige ausländische Konkurrenz einst blühende Gemeinden aushöhlen konnte.[34]

Im Prinzip unterstützte er eine Ausweitung des Handels, wobei er eine Argumentation anführte, die sich bis zu Smith und Ricardo zurückverfolgen lässt: dass der Handel durch die Expansion der Märkte und die Förderung der internationalen Spezialisierung die Effektivität steigere und den Gesamtwohlstand vergrößere. Aber er sah auch, dass der Handel neben Gewinnern auch Verlierer schuf und zu diesen sehr wahrscheinlich viele US-amerikanische Arbeiter gehören würden, die Produkte herstellten, die mit in China und anderen Niedriglohnländern produzierten konkurrierten. »Die Löhne für Geringqualifizierte würden sinken, und die Arbeitslosigkeit würde steigen«, erklärte er später. »Aber als ich diese Argumente meinen Kollegen in der Regierung Clinton vortrug, zuckten sie nur mit den Schultern.«[35] Anfang 1994 schlug das Weiße Haus ein Bundesbeschäftigungsprogramm für Arbeiter vor, die aufgrund von Handelsvereinbarungen oder einer Unternehmensverkleinerung ihren Arbeitsplatz verloren hatten. Aber der Vorschlag setzte sich auf dem Capitol Hill nicht durch.

Sorgen bereitete Stiglitz auch, dass das Finanzministerium die Liberalisierung der Finanzwelt sowohl im eigenen Land als auch in Entwicklungsländern befürwortete. In seinem 2003 erschienenen Buch *Die Roaring Nineties* schilderte er, dass der Rat der Wirtschaftsberater des Weißen Hauses sich 1993, bevor er selbst in ihn berufen wurde, gegen die Absicht des Finanzministeriums ausgesprochen habe, Südkorea zu einer raschen Liberalisierung zu zwingen. Damals war Robert Rubin, ein ehemaliger Co-Chief Operating Officer von Goldman Sachs, Finanzminister, und Stiglitz glaubte den Einfluss der Wall-Street-Lobby zu erkennen. »Warum Korea zu schnellerem Vorgehen drängen?«, fragte er. »Was würden Amerikaner davon haben, wenn Korea ein paar Jahre früher liberalisierte, als es andernfalls getan hätte? Amerikanische Arbeiter hätten nichts davon, aber Wall-Street-Firmen waren besorgt: Bei schrittweiser Liberalisierung könnten andere einen Fuß in die Tür bekommen oder sogar koreanische Firmen auf Augenhöhe mit ihnen konkurrieren.«[36] Die Ökonomen des Weißen Hauses verloren die Debatte, und der Kurs des Finanzministeriums setzte sich durch.

1997 wechselte Stiglitz vom Weißen Haus zur Weltbank. Zu diesem Zeitpunkt, erklärte er im Rückblick, habe es ihn besonders beunruhigt, dass das Finanzministerium und der IWF im Ausland für Maßnahmen warben, die dem innenpolitischen Kurs der Clinton-Administration entgegengesetzt waren:

> »Wir kämpften in den USA gegen die Privatisierung der staatlichen Rentenversicherung, während wir andere Länder eben dazu drängten. Wir wandten uns im Inland gegen das verfassungsrechtliche Verschuldungsverbot, weil wir einem Abschwung dann nicht mehr durch eine expansive Fiskalpolitik hätten begegnen können; im Ausland dagegen drängten wir Länder, die auf eine Rezession zusteuerten, zu einer kontraktiven Fiskalpolitik. [...] Im Ausland [...] vertraten wir einen Marktfundamentalismus, an den wir selbst nicht glaubten, und verordneten – direkt oder über den IWF – die reine Marktwirtschaft. Bei Ronald Reagan und Margaret Thatcher hätte mich das nicht gewundert. Aber was bewog Bill Clinton dazu?«[37]

Stiglitz war nicht der einzige prominente Ökonom in der Clinton-Administration. 1993 wurde der Harvard-Professor Lawrence Summers zum Unterstaatssekretär für internationale Angelegenheiten im Finanzministerium ernannt. 1995 stieg er zum stellvertretenden Finanzminister auf, und von Juli 1999 bis Januar 2001 amtierte er als Finanzminister. Wie Stiglitz war auch Summers ein Ivy-League-Keynesianer ursprünglich liberalen Zuschnitts. In den 1980er-Jahren hatte er zusammen mit einem Kollegen einen Aufsatz verfasst, in dem er erklärte, dass feindliche Übernahmen, anstatt einen realen wirtschaftlichen Wert zu schaffen, lediglich »Renten« von den Beschäftigten und Zulieferern eines Unternehmens zu dessen Aktionären verschöben.[38] Mitte der 1990er-Jahre hatten sich seine Ansichten jedoch verändert. Jetzt bezeichnete er sich als »marktorientierten Progressiven«[39] und pries öffentlich die Tugenden des Freimarktkapitalismus. Seiner Ansicht nach sollte das Studium der Wirtschaftswissenschaft vor allem eine wichtige Lehre vermitteln: »Was ich meinen Studenten mit auf den Weg geben wollte«, erklärte er in einem Interview mit Daniel Yergin und Joseph Stanislaw, den Autoren des 1998 erschienenen Buchs *Staat oder Markt*, »ist die Einsicht, dass die unsichtbare Hand mächtiger ist als die versteckte Hand. Gut organisierte Wirtschaftstätigkeit funktioniert ohne Steuerung, Kontrolle und Pläne. Das ist der Konsens unter Ökonomen. Das ist von Hayeks Erbe.«[40]

Als Unterstaatssekretär für internationale Angelegenheiten und später stellvertretender Minister war Summers im Finanzministerium für die Globalisierung zuständig, das heißt für den Umgang mit dem IWF und anderen internationalen Institutionen. Bei öffentlichen Auftritten räumte er einige der Probleme ein, die eine größere internationale Integration mit sich bringen würde, wie die Bedrohung von arbeitsrechtlichen Standards und Einschnitte in die nationale Souveränität. Aber er verteidigte auch den Freihandel und die wirtschaftliche Offenheit, deren Vorteile, wie er 1999 in einer Rede erklärte, »in Form eines höheren Lebensstandards aufgrund höherer Löhne und höherer Kapitalerträge und sehr wahrscheinlich auch in Form höherer Wachstumsraten« zutage treten würden. In derselben Rede wies er die Auffassung zurück, die Globalisierung würde in reichen Ländern Arbeitsplätze kosten, und hob das rasche Wirtschaftswachstum in einigen sich entwickelnden Ländern, wie China und Indien, hervor. »Mehr als ein Viertel der Menschheit genießt ein Wachstum, dessen Tempo das Niveau des Lebensstandards binnen einer Generation um das Vierfache anheben wird«, sagte er und fügte hinzu, das sei »in der Wirtschaftsgeschichte beispiellos«.[41]

Amtliche Zahlen deuteten darauf hin, dass dies zutraf. Doch

während Summers' Zeit im Finanzministerium erlebte die Ära der Hyperglobalisierung ein erstes großes Beben. Im Sommer 1997 brach in Thailand eine Finanzkrise aus, die sich rasch auf Südkorea, Indonesien, Malaysia und Singapur ausbreitete. Währungskurse stürzten ab, Börsen brachen ein, Wirtschaften stürzten in eine Rezession, und einige der betroffenen Länder waren gezwungen, den IWF um Notfalldarlehen zu ersuchen. In den zwei Jahrzehnten zuvor hatten diese asiatischen Länder zu den wirtschaftlich erfolgreichsten der Welt gehört – gewissermaßen als Werbeträger der Globalisierung. Dennoch folgte der IWF, vom US-Finanzministerium unterstützt, seinem üblichen Krisenplan und verlangte von ihnen, die Zinssätze anzuheben, die Haushaltsdefizite zu verringern und ihren Finanzsektor umzubauen. Dieser Sparkurs vertiefte den Abschwung. 1998 sank das inflationsbereinigte BIP in Südkorea um 6,7, in Malaysia um 7,4 und in Indonesien um 13,1 Prozent.[42] Die Zahlen von Bankrotten und Arbeitslosen schossen in die Höhe.

Diese Erfahrung führte in ganz Asien zu einer Abkehr vom IWF und vom Washington-Konsens. Im September 1998 ging die malaysische Regierung von Mahathir Mohamad gegen internationale Spekulanten vor, indem sie Kontrollen von Finanzkapitalbewegungen einführte und einen festen Wechselkurs der Landeswährung gegenüber dem Dollar bestimmte. Anstatt die Welt zum Einsturz zu bringen, verschafften diese beiden Verstöße gegen die IWF-Orthodoxie Malaysia eine Erleichterung vom unablässigen Marktdruck, und andere asiatische Länder bemerkten diesen Erfolg. Sie folgten dem malaysischen Vorbild zwar nicht direkt, aber viele von ihnen begannen, riesige Devisenreserven aufzubauen, um sich künftigen Krisen gegenüber widerstandsfähiger zu machen und die Wahrscheinlichkeit, dass sie sich erneut an den IWF wenden müssten, zu verringern.

In den Jahren vor dem Beben hatte Ostasien einen großen Kapitalzufluss erlebt und beträchtliche Schulden angehäuft. Sogar Anhänger der Globalisierung begannen angesichts des anschließenden Crashs, daran zu zweifeln, dass es klug war, die Kapitalströme zu liberalisieren. Der Ökonom Jagdish Bhagwati von der Columbia University, ein prominenter Befürworter der Handelsliberalisierung, erklärte in einem 1998 erschienenen Aufsatz mit dem Titel »The Capital Myth«, die politischen Entscheidungsträger in Washington hätten einen großen Fehler begangen, indem sie Geld als Ware wie jede andere auch behandelten und willkürlich über die Grenzen fließen ließen. Im Unterschied zu greifbaren Dingen wie Kleidung und Computern würden internationale Geldströme mitunter von Spekulationsmanien angetrieben, die häufig in einer Krise endeten. Als er der übrigen Welt die Liberalisierung des Finanzverkehrs aufzwang, habe der »Wall-Street-Treasury-Komplex [...] sich als unfähig erwiesen, weit über die Interessen der Wall Street hinauszublicken«.[43]

Nachdem Stiglitz im Jahr 2000 aus der Weltbank ausgeschieden und an die Columbia University gegangen war, übte er öffentlich Kritik an der US-Regierung und dem IWF wegen der Maßnahmen, die sie asiatischen Ländern aufgezwungen hatten. In seinem 2002 erschienenen Buch *Die Schatten der Globalisierung* bezeichnete er die »vorschnelle Liberalisierung der Finanz- und Kapitalmärkte« als Hauptursache der Krise. Die drakonischen Forderungen des IWF, fügte er hinzu, hätten eine schlimme Situation weiter verschlimmert. Doch seine Kritik reichte weiter, denn er warf dem IWF vor, Entscheidungen routinemäßig »auf der Grundlage einer sonderbaren Mixtur aus Ideologie und schlechter Ökonomie« zu treffen, »eines Dogmas, das manchmal nur hauchdünn eigene Interessen zu verschleiern schien«. Anstatt jedes Land nach seinen Verdiensten zu beurteilen, verordne er »Standardlösungen«, die er nur ungern ändere. »Alternative Meinungen waren unerwünscht«, erinnerte sich Stiglitz an seine Erfahrungen mit dem IWF. »Es gab kein Forum für offene, freie Diskussion, ja, sie wurde sogar unterbunden.« Er fand diese Einstellung »bedenklich«.[44]

In Stiglitz' Darstellung der Globalisierung war der IWF der Erzschurke und seine Festlegung auf den Marktfundamentalismus Teil eines größeren Problems, auf das auch Amin hingewiesen hatte: des Fehlens eines kohärenten, politisch verantwortlichen Rahmenwerks für die Aufsicht und das Management der internationalen Integration. »Stattdessen«, schrieb Stiglitz, »haben wir ein System, das man *globale Politikgestaltung ohne globale Regierung* nennen könnte, in dem einige wenige Institutionen – Weltbank, IWF, WTO – und einige Akteure – die Finanz-, Wirtschafts- und Handelsminister, die eng mit bestimmten Finanz- und Handelsinteressen verquickt sind – das Sagen haben, während viele Menschen, die von ihren Entscheidungen betroffen sind, praktisch kein Mitspracherecht besitzen.«[45] Um dies zu ändern, forderte Stiglitz eine Reform der Bretton-Woods-Institutionen, einschließlich ihrer Abstimmungsverfahren. Seiner Ansicht nach nutzte die Globalisierung, wie sie aktuell gehandhabt wurde, weder vielen armen Ländern noch der Umwelt noch der Stabilität der Weltwirtschaft. Der Kapitalismus stehe vor einem Scheideweg, erklärte er, ähnlich wie in der Weltwirtschaftskrise, als Keynes das System gerettet habe, indem er ein neues politisches Rahmenwerk entwickelte, das Arbeitsplätze schuf und die Weltwirtschaft stabilisierte. »Jetzt«, schloss Stiglitz, »warten Millionen von Menschen rund um die Welt darauf, ob die Globalisierung reformiert werden kann, so dass ihre Vorteile breiter geteilt werden können.«[46]

Stiglitz' Buch löste Widerspruch aus. Der damalige Chefökonom des IWF, Kenneth Rogoff, tat die in ihm dargelegten politischen Empfehlungen als »bestenfalls höchst umstritten und schlimmstenfalls Quacksalberei« ab.[47] Stiglitz' Fokus auf die Krisenbewältigungsprogramme des IWF stellte einen recht engen Blick auf die Globalisierung dar, aber sein Grundargument, dass der Marktfundamentalismus zu großen Problemen geführt habe, ließ sich kaum bestreiten. Das Versagen war an den unterschiedlichen Schicksalen des postkommunistischen Russlands und des postmaoistischen Chinas zu beobachten, als sie zum Kapitalismus übergingen. Während Russland, den Ratschlägen marktfreundlicher westlicher Ökonomen folgend, die Preise liberalisierte, staatliche Planungsvorgaben aufhob und Staatsunternehmen privatisierte, wählte China ein nuancierteres, abgestuftes Vorgehen, indem es einerseits einen großen staatlichen Sektor beibehielt, andererseits aber die Entstehung privater, marktorientierter Unternehmen zuließ. In den 1990er-Jahren verzeichnete China zumeist ein zweistelliges Wirtschaftswachstum, während in Russland das BIP einbrach, die Armut rasant zunahm und die Lebenserwartung sank. »Der Gegensatz zwischen den Ereignissen in China«, bemerkte Stiglitz, »und dem, was in Ländern wie Russland, die sich der IWF-Ideologie unterwarfen, geschah, könnte krasser nicht sein.«[48]

Am Beginn des neuen Jahrtausends kamen nicht nur Stiglitz und asiatischen Politikern Zweifel an der Globalisierung. In vielen Ländern war man beunruhigt darüber, dass westliche Firmen ihre Produktion in Länder verlagerten, in denen Sweatshops, Kinderarbeit und gefährliche Arbeitsbedingungen üblich waren. Im Mai 1993 kamen bei einem Brand in einer Spielzeugfabrik am Stadtrand von Bangkok mindestens 188 Menschen ums Leben – wahrscheinlich deutlich mehr, denn viele Arbeiter waren nie als solche geführt worden. »Bis auf 14 waren alle Toten Frauen«, berichtete der amerikanische Journalist William Greider in seinem 1997 erschienenen Buch *Endstation Globalisierung*, »die meisten jung, manche nur 13 Jahre alt. Mehrere hundert Arbeiter waren in den oberen Stockwerken der brennenden Fabrik eingeschlossen gewesen und aus den Fenstern des zweiten oder dritten Stocks gesprungen, da die Manager die Ausgänge ständig verschlossen gehalten hatten und die engen Treppenhäuser schon bald von zertrampelten Leichen verstopft oder eingestürzt waren.«[49]

Greider hatte in Thailand Textilfabriken besucht und mit Arbeitern und Arbeiterinnen gesprochen, und er war in einige der Dörfer gefahren, aus denen sie kamen. Unbelastet von einem Doktortitel in Ökonomie hatte der altgediente Journalist einen klaren

Blick auf die Wirklichkeit der neuen Weltwirtschaftsordnung. Kader Industrial Toy Company, das thailändische Unternehmen, dem die ausgebrannte Fabrik in Bangkok gehörte, stellte Spielzeuge für Toys »R« Us, Fisher-Price, Hasbro und JCPenney her, gab er zu bedenken, und zu den Dingen, die man in den Trümmern der Fabrik gefunden habe, gehörten Puppen von Muppetsfiguren, Bugs Bunny und Big Bird. Die Hauptverantwortung für die unsicheren Arbeitsbedingungen trage zwar das thailändische Unternehmen, aber im Grunde sei das Feuer »von der freien Marktwirtschaft selbst angeordnet und organisiert worden«. Ähnlich wie »Textil- und Bekleidungsindustrie, Schuhe, Elektromontage und andere Niedriglohnsektoren [...] existierte (und florierte)« die Spielwarenindustrie »dadurch, dass sie den verzeifelten Wettbewerb der armen Länder untereinander ausnutzte. Die Fabriken dieser Wirtschaftszweige wurden ständig in andere Länder verlagert, in denen die Löhne noch niedriger und die Regierungen noch toleranter waren und die Missstände übersahen.« Kader Industrial Toy habe kürzlich zwei Fabriken in China eröffnet, einem Land, in dem viele junge Frauen 14 Stunden am Tag arbeiteten. »Warum«, fragte Greider, »sollte sich ein Unternehmen Gedanken machen über Sprinklersysteme oder Feuertreppen für eine staubige Fabrik in Bangkok, wenn es in China neue Arbeiter für nur 20 Dollar pro Monat einstellen konnte, ein Fünftel der Lohnkosten in Thailand?«[50]

Ja, warum? In den Vereinigten Staaten und Europa ließen die Bedenken über Ausbeuterfabriken, Unternehmensgier und Klimawandel eine Antiglobalisierungsbewegung entstehen, der sich Gewerkschaften, Ökologen, Menschenrechts- und Friedensaktivisten und Anarchisten, die den Kapitalismus stürzen wollten, anschlossen. Angriffsziel vieler dieser Gruppen war die neue Welthandelsorganisation. Ende November 1999 strömten Zehntausende von Protestlern nach Seattle, wo die WTO eine viertägige Ministerkonferenz abhielt, an der auch US-Präsident Clinton teilnehmen sollte. Am ersten Vormittag der Konferenz blockierten Demonstranten Kreuzungen und widerstanden trotz des eingesetzten Tränengases den Bemühungen der Polizei, sie zu vertreiben. Die meisten von ihnen verhielten sich friedlich, aber Hunderte von Anarchisten zerschlugen Schaufensterscheiben, sprayten Graffiti und entzündeten Feuer.[51] Die Eröffnungszeremonie der Konferenz musste abgesagt werden, und der Bürgermeister von Seattle rief den Ausnahmezustand aus.[52] Die Proteste, Verhaftungen und sporadischen Gewalttätigkeiten setzten sich während der gesamten Konferenzdauer fort und sorgten für weltweite Medienaufmerksamkeit.

In einem von den Protesten in Seattle angeregten Artikel aus dem Jahr 2000 bemerkte Dani Rodrik, die Globalisierung erlebe eine »tiefe Legitimitätskrise, die die Welthandelsordnung zu stürzen droht«.[53] Anstatt ihren Kurs zu ändern, hatten die westlichen Länder ihre Anstrengungen, Handelsbarrieren einzureißen, verstärkt, indem sie China trotz Klagen über dessen Menschenrechtsbilanz und schwache Arbeitsgesetze den Beitritt in die WTO ermöglichten. Nachdem China im Dezember 2001 formell beigetreten war, wuchs sein Warenexport in die Vereinigten Staaten und andere westliche Länder mit astronomischem Tempo: Sein Wert stieg zwischen 2001 und 2008 von 19,8 auf 115,5 Milliarden Dollar.[54] Gleichzeitig sank in den Vereinigten Staaten die Zahl der Beschäftigten im verarbeitenden Gewerbe zwischen Januar 2001 und Januar 2008 drastisch, von 17,1 auf 13,7 Millionen.[55]

Diese Entwicklungen verschärften die Debatte über die Folgen der Globalisierung, und selbst einige skeptische Ökonomen begannen, den Gedanken ernst zu nehmen, dass der Handel den Beschäftigten in den entwickelten Ländern schade. Das stärkste Gegenargument von Globalisierungsanhängern war das von Summers angeführte, dass sie Millionen Menschen in armen Ländern aus der Armut befreie. Bhagwati verwies in seinem 2004 erschienenen Buch *Verteidigung der Globalisierung* auf Zahlen der Asian Development Bank, nach denen zwischen 1978 und 1998 die Armutsquote in China von 28 auf 9 Prozent und in Indien von 51 auf

26 Prozent gesunken war. »Mit dem üblichen Vorbehalt, dass in den Sozialwissenschaften nur selten das Maß an Verlässlichkeit für die eigene Argumentation erreichbar ist, das in den Naturwissenschaften angestrebt wird«, fasste Bhagwati zusammen, »kann man also feststellen, dass Handelsliberalisierung mit größerem Wachstum und größeres Wachstum mit einem Rückgang der Armut verbunden ist.«[56]

Das war jedoch nicht die ganze Wahrheit. Die meistgebrauchte internationale Armutsschwelle, die Forscher der Weltbank festgelegt hatten, war äußerst niedrig. Sie lag anfangs, an die unterschiedlichen Preise in verschiedenen Ländern angepasst, bei einem Einkommen von 1 Dollar pro Tag. Als Kritik laut wurde, hob die Bank die Schwelle auf 1,25 Dollar an, und in einem 2008 veröffentlichten Aufsatz legten zwei ihrer Ökonomen, Shaohua Chen und Martin Ravallion, revidierte Armutsschätzungen vor. Die gute Nachricht war, dass sie immer noch einen starken Rückgang belegten. Zwischen 1981 und 2005 sank die Zahl der Menschen in den Entwicklungsländern, die weniger als 1,25 Dollar pro Tag verdienten, von rund 1,9 auf rund 1,4 Milliarden Menschen. Bezieht man das Bevölkerungswachstum mit ein, bedeutet dies einen Rückgang von der Hälfte zu einem Viertel der Bevölkerung. Dies war offensichtlich eine begrüßenswerte Entwicklung, doch die auf die einzelnen Länder aufgeschlüsselten Ergebnisse von Chens und Ravallions Studie zeigten, dass sie einer sorgfältigen Interpretation bedurfte. Der Rückgang der schlimmsten Armut konzentrierte sich vor allem auf China, wo die Zahl derjenigen, die unterhalb der 1,25-Dollar-Schwelle lebten, zwischen 1981 und 2005 von 835,1 auf 207,7 Millionen gesunken war, also um 627,4 Millionen. Nimmt man China aus der Berechnung heraus, ist die Zahl der unterhalb der Armutsschwelle lebenden Menschen in dieser Zeitspanne leicht *gestiegen*, von rund 1,1 auf rund 1,2 Milliarden.[57] In Indien *sank* die Armutsquote von 59,8 auf 41,6 Prozent,[58] aber in absoluten Zahlen war aufgrund des raschen Bevölkerungswachstums ein leichter Anstieg zu verzeichnen.[59]

Zusammengenommen bestätigten diese Zahlen, dass die Entwicklungsländer, die sich am stärksten an der Globalisierung beteiligten – China und Indien –, ein rasches Wirtschaftswachstum und einen historischen Rückgang der Armut erlebten. Die Bedeutung dieser Entwicklung ist kaum zu überschätzen. Zwei Jahrhunderte nachdem der Industriekapitalismus in England entstanden war, begannen einige Entwicklungsländer schließlich, die riesige Lücke zum Westen, die sich im 19. Jahrhundert aufgetan und im 20. Jahrhundert weiter vergrößert hatte, zu schließen. Global gesehen, wurde die Einkommensverteilung endlich etwas gestaucht. Der Gini-Koeffizient, ein verbreiteter, nach dem italienischen Statistiker und Demografen Corrado Gini benannter Maßstab für die Ungleichheit, begann um das Jahr 2000 herum für das globale Einkommen zu sinken.[60]

Andererseits schien die Globalisierung in einzelnen Ländern, wie den Vereinigten Staaten und China, die Einkommensungleichheit zu vergrößern. Darüber hinaus war die Lücke zwischen den reichsten und den ärmsten Ländern immer noch gewaltig. Laut Weltbank betrug das BIP pro Kopf 2005 in den Vereinigten Staaten 44123 Dollar, während es in Malawi bei 417 und in Tadschikistan bei 334 Dollar lag.[61] In manchen Teilen der sich entwickelnden Welt stieg die absolute Zahl der in Armut lebenden Menschen steil an. In Subsahara-Afrika und Südasien war sie, laut Chen und Ravallion, zwischen 1981 und 2005 von 762 auf 986 Millionen, also um fast 30 Prozent, gestiegen.[62] Die steigende Flut des globalisierten Kapitalismus hob manche Boote an, aber gewiss nicht alle.

Die asiatische Finanzkrise und das Scheitern der Schockbehandlung in Russland versetzten dem Washington-Konsens einen Dämpfer, aber der größte Schlag für Marktfundamentalisten kam 2007 in Form der globalen Finanzkrise. Das Drama begann mit dem Platzen der durch niedrige Zinsen, laxe Kreditvergabekriterien und Immobilienspekulationen angewachsenen US-amerikanischen Immobilienblase.[63] Während die Hauspreise sanken, konnten viele Hausbesitzer, die »Subprime«-Hypotheken aufgenommen hatten, die sie sich eigentlich nicht leisten konnten, ihre Raten nicht mehr zahlen. Diese Welle von Zahlungsausfällen ließ den Preis von Subprime-Hypothekenpapieren einbrechen, die Wall-Street-Investmentbanken aus Bündeln hochriskanter Immobiliendarlehen zusammengestellt und fälschlicherweise für sicher erklärt hatten. Als nächste Kettenglieder gerieten die Wall-Street-Firmen selbst in Schwierigkeiten, vor allem Bear Stearns und Lehman Brothers. Als Bear Stearns im März 2008 am Abgrund stand, schnürten das Finanzministerium und die Federal Reserve ein Rettungspaket, das einen Sofortkredit und die Übernahme des operativen Geschäfts der Bank durch JPMorgan Chase zu einem Schnäppchenpreis umfasste. Als Lehman Brothers ein halbes Jahr später in eine ähnliche Notlage geriet, weigerten sich das Finanzministerium und die Fed, der Bank aus der Klemme zu helfen, und so meldete sie am Montag, dem 15. September 2008, Insolvenz an.

Die Subprimekrise bestätigte Hyman Minskys in den 1970er-Jahren entwickelte Hypothese von der finanziellen Instabilität. Während des Immobilienbooms hatte die Risikobereitschaft von Hausbesitzern, Hypothekengebern und Wall-Street-Emittenten von Hypothekenpapieren stetig zugenommen. In der Spätphase des Booms vergaben Hypothekenanbieter Hausdarlehen an Kunden, die aufgrund ihres Einkommens nicht hoffen durften, die wahren Finanzierungskosten tragen zu können, und häufig nicht einmal verstanden, welche Verpflichtungen sie eingingen. In vielen Fällen wurden ihnen niedrige Lockraten angeboten, die nur für ein, zwei Jahre galten und danach deutlich anstiegen. Die Idee war, dass die Kreditnehmer die Erträge aus der weiteren Wertsteigerung ihres Hauses nutzen würden, um vor dem Zeitpunkt der Ratenerhöhung zu refinanzieren. Aber natürlich funktionierte dies nur, solange die Preise stiegen. In Minskys Terminologie handelte es sich um eine »Ponzi-Finanzierung«. Als die Hauspreise sanken, brach das Ponzi-Schema zusammen und riss beinahe das gesamte Finanzsystem mit sich.

Nach dem Bankrott von Lehman Brothers brachen Finanzmärkte überall auf der Welt ein, und Sorgen über das Wohlergehen vieler anderer Finanzinstitutionen wurden laut. In Großbritannien bildeten sich vor den Filialen der Northern Rock – ein unpassender Name für eine Bank, deren Finanzlage bereits wacklig war – Schlangen von Sparern, die ihre Einlagen abheben wollten. Angesichts des ersten Runs auf eine Bank, den das Land seit über einem Jahrhundert erlebte, garantierte die Regierung die Einlagen von Northern Rock und verstaatlichte die Bank später sogar. Trotz dieses Schritts und des Versprechens von Zentralbanken, das Finanzsystem mit Geld zu fluten, hielt die Panik an und erforderte weiteres staatliches Handeln. Binnen einer Woche schlug die republikanische US-Administration unter George W. Bush eine Rettungsaktion für amerikanische Großbanken in Höhe von 700 Milliarden Dollar vor. Mit Blick auf die mögliche Wählerreaktion lehnte das Repräsentantenhaus das Vorhaben ab, woraufhin die Märkte prompt erneut hysterisch reagierten, was die widerspenstigen Gesetzgeber bewog, ihre Haltung zu ändern. Am 3. Oktober 2008 verabschiedeten sie ein Notgesetz zur Wirtschaftsstabilisierung.

Eine Mischung aus Rettungsaktionen, ultralockerer Geldpolitik und Notkrediten der Fed und anderer Zentralbanken stabilisierte schließlich das globale Finanzsystem. Aber die Panik hatte den tiefsten globalen Abschwung seit der Weltwirtschaftskrise der 1930er-Jahre ausgelöst. Nach dieser Erfahrung fiel es Verfechtern der Deregulierung schwer, sie mit dem Argument zu begründen, ein ungezügelter Finanzkapitalismus stelle ein tragfähiges Wirtschaftsmodell für die Welt dar – was sie indes nicht daran hinderte, es zu versuchen. Unterdessen machte sich auf der Linken und in der linken Mitte eine kleine Armee von Ökonomen, Journalisten und Kommentatoren daran, in Büchern die Lehren aus der Krise zu ziehen. Zu ihnen gehörten Amin, Stiglitz und Rodrik.

Amin lieferte in seinem 2013 erschienenen Buch *The Implosion of Contemporary Capitalism* die umfassendste Analyse. Er gab der Finanzialisierung der westlichen Wirtschaften die Schuld an der

Krise, die seiner Ansicht nach ihrerseits eine Reaktion auf die chronische Tendenz des Monopolkapitalismus war, riesige Überschüsse zu generieren, für die es keine profitablen Anlagemöglichkeiten gab. Während der globale Überschuss wachse, würden Kapitalbesitzer ihr Geld, anstatt es in physischen Vermögenswerten wie Fabriken und Bürogebäuden anzulegen, in Aktien, Schuldverschreibungen und andere Finanzprodukte umleiten, die sich mit »schwindelerregender Geschwindigkeit« vermehrten, »die weder dem Wachstum des BIP [...] noch den Investitionen in reale Produktionen« entspräche. Diese Entwicklung fache zwar das Wirtschaftswachstum an, erhöhe die Vermögenspreise und vergrößere die Ungleichheit, sei aber ihrem Wesen nach instabil und könne nicht endlos weitergehen. »Dieses System, gemeinhin ›neoliberal‹ genannt, das System des verallgemeinerten Monopolkapitalismus, [...] ist vor unseren Augen implodiert«, schrieb Amin. »Dieses System, das augenscheinlich unfähig ist, seine wachsenden inneren Widersprüche zu überwinden, ist dazu verdammt, seine wilde Fahrt fortzusetzen.«[64]

Stiglitz gab in seinem 2010 erschienenen Buch *Im freien Fall* der Fed die Hauptschuld an der Finanzkrise, weil sie die Entstehung einer Immobilienblase zugelassen hatte, und einer Reihe von Administrationen, einschließlich der Regierung Clinton, weil sie die finanzielle Deregulierung bereitwillig aufgegriffen hatten. Er griff zwei Episoden heraus: die Aufhebung des während der Weltwirtschaftskrise der 1930er-Jahre verabschiedeten Glass-Steagall-Gesetzes, das Geschäfts- von Investmentbanken voneinander trennte, und die Torpedierung einer Regulierung von Derivaten, wie Kreditausfallversicherungen, die schließlich eine bedeutende Rolle in der Subprimekrise spielten. »In den 1990er-Jahren«, erinnerte sich Stiglitz, hatte Brooksley Born, die Vorsitzende der US-Aufsichtsbehörde für den Warenterminhandel, »solche Regularien gefordert [...]. Aber Finanzminister Robert Rubin, sein Stellvertreter Larry Summers und Alan Greenspan widersetzten sich diesem Ansinnen ebenso beharrlich wie erfolgreich.«[65]

Rodrik nahm einen anderen Standpunkt ein. »Die Globalisierung des Finanzsektors bildete den Kern der Krise«, schrieb er in seinem 2011 erschienenen Buch *Das Globalisierungs-Paradox*, der Fortsetzung von *Grenzen der Globalisierung.* In den Jahren vor 2007, fuhr er fort, hätten China und die Golfstaaten einen großen Teil ihrer riesigen Erträge in US-amerikanischen Staatsanleihen angelegt, was es den Vereinigten Staaten erlaubt habe, die Zinsen, einschließlich der Hypothekenzinsen, niedrig zu halten, und dies wiederum habe die Immobilienblase angefacht. Nachdem die Blase geplatzt war, habe sich herausgestellt, dass auch eine Reihe ausländischer Banken, insbesondere deutsche, in amerikanische Subprimes investiert und damit erhebliche Verluste erlitten hatten. »Die finanzielle Globalisierung«, konstatierte Rodrik, »führte unter dem Strich eher zu mehr Instabilität als zu mehr Investitionen und höherem Wachstum.«[66] Dies trifft sicherlich zu. Die Panikverkäufe auf den Märkten stürzten so weit entfernte Länder wie Irland, Ungarn und Jamaika in die Krise. Der Wall-Street-Crash von 1929 hatte weltweite Nachbeben ausgelöst, aber diesmal hatte die Ansteckung ein beispielloses Ausmaß, und sie geschah praktisch auf der Stelle.

Zwischen dem Erscheinen von *Grenzen der Globalisierung* und dem Ausbruch der Weltfinanzkrise lag ein Jahrzehnt, und in seinem neuen Buch ordnete Rodrik das Platzen der Finanzblase in den Kontext anderer seit 1997 eingetretener Entwicklungen ein, zu denen etwa die asiatische Finanzkrise, die gewalttätigen Demonstrationen in Seattle und Antiausteritätsaufstände in Argentinien gehörten. Über die zuvor geäußerten Zweifel hinausgehend, stellte er jetzt fest, dass das ganze Globalisierungsprojekt überdacht werden müsse, bevor es weitere Katastrophen heraufbeschwöre. Er erwähnte Polanyi diesmal nicht namentlich, aber seine Beschreibung des Wahnwitzes, unter Ausschluss aller übernommenen Gebräuche und nationalen Besonderheiten einen einheitlichen Weltmarkt zu schaffen, wies unverkennbar Ähnlichkeiten zu dessen Darstellung der Versuche der Zwischenkriegszeit auf, das Laissez-faire-Modell des 19. Jahrhunderts wiederzubeleben. »Wir können die drei Dinge Demokratie, nationale Selbstbestimmung und wirtschaftliche Globalisierung nicht zugleich vorantreiben«, befand Rodrik. »Wollen wir die Globalisierung weitertreiben, so müssen wir uns entweder vom Nationalstaat oder von der Demokratie verabschieden.«[67]

Als entschiedener Anhänger der Demokratie und Skeptiker in Bezug auf die Aussichten einer Weltregierung forderte Rodrik die Beendigung der Hyperglobalisierung und ihre Ablösung durch eine »Globalisierung mit Augenmaß«.[68] Aus seiner Sicht gehörten zum Augenmaß die Möglichkeiten für einzelne Länder, Handelsregeln auszusetzen, wenn sie ihre Arbeitsstandards oder Umweltbestimmungen verletzten, Finanzkapitalströme zu begrenzen und Migranten aus armen Ländern temporär Arbeitsvisa zu erteilen. Außerdem sprach sich Rodrik für eine Reform der Bretton-Woods-Institutionen aus, insbesondere des IWF, um sie stärker in die Verantwortung nehmen zu können und Entwicklungsländern mehr Gehör zu verschaffen. Im letzten Punkt sind sich Rodrik, Stiglitz und Amin einig, aber ihre Kritik erzielte ebenso wenig Wirkung wie diejenige anderer Reformbefürworter. Obwohl die Weltfinanzkrise den Freimarktfundamentalismus diskreditiert hatte, sorgten die anschließende Stabilisierung der Finanzmärkte und die fehlende Bereitschaft der Vereinigten Staaten und anderer mächtiger Länder zu tiefgreifenden Veränderungen dafür, dass Amins »wilder« Globalisierungsritt weiterging – aber auch die politischen Reaktionen auf ihn.

27

»Eine historisch beispiellose Situation«

Thomas Piketty und die zunehmende Ungleichheit

»Bei allem gebotenen Respekt für die ›trostlose Wissenschaft‹«, schrieb der Journalist Stuart Jeffries am 17. Juni 2014 in *The Guardian*, »so etwas passiert nicht oft. Hunderte von Menschen stehen an einem herrlichen Sommerabend rund um den Block Schlange, um einen wirtschaftswissenschaftlichen Vortrag zu hören. Und das sind nur diejenigen, die eine Eintrittskarte ergattert haben. In einer zweiten Schlange stehen unruhig umherblickende Leute, die auf eine zurückgegebene Eintrittskarte hoffen und sich für eine Enttäuschung wappnen.«[1] Redner im Peacock Theatre war Thomas Piketty, ein 43-jähriger Professor an der Paris School of Economics, der jüngst einen Wälzer mit dem Titel *Das Kapital im 21. Jahrhundert* veröffentlicht hatte, in dem er die langfristige Dynamik der Ungleichheit untersuchte und davor warnte, dass die Aussicht auf eine Fortsetzung der aktuellen Entwicklung »furchterregend« sei.[2]

Pikettys Buch traf einen Nerv der Zeit. Die Weltfinanzkrise und Occupy-Wall-Street-Anklagen gegen »das 1 Prozent« waren den Menschen noch gegenwärtig. Obwohl das Protestlager im Zuccotti Park in Manhattan nur etwa zwei Monate im Herbst 2011 bestanden hatte, war es zum Symbol einer weitverbreiteten Empörung über die zunehmende Ungleichheit und die dem Finanzsektor und den Superreichen zugestandenen Privilegien geworden. In anderen Städten und Ländern entstanden ebenfalls Occupy-Bewegungen, und sogar Mainstreampolitiker reagierten auf die von den Protestlern ausgedrückten Sorgen. US-Präsident Barack Obama beschrieb in einer Rede im Dezember 2013 die »gefährliche und wachsende Ungleichheit und die mangelnde Aufwärtsmobilität«

als die »größte Herausforderung unserer Zeit«.[3] Nachdem Marx' *Kapital* 1867 in einem obskuren deutschen Verlag erschienen war, wurde es jahrelang ignoriert. Pikettys *Kapital im 21. Jahrhundert* war dagegen ein internationaler Bestseller. 2013 auf Französisch veröffentlicht, verlegte die Harvard University Press schon im April 2014 eine englischsprachige Ausgabe, die bei Amazon.com rasch ausverkauft war. Kurz vor Pikettys Ankunft in London erreichte sein Buch in der Bestsellerliste gebundener Sachbücher der *New York Times* den Spitzenplatz.[4] Bis Januar 2015 wurden, Berichten zufolge, weltweit über 1,5 Millionen Exemplare verkauft.

Piketty war 1971 in einer Kleinstadt nordwestlich von Paris geboren. Seine Eltern waren linke Aktivisten, die eine Zeit lang eine bäuerliche Ziegenzucht betrieben. Nach der Oberschule studierte er an der École normale supérieure, einer der führenden französischen Universitäten, Volkswirtschaft und erwarb Abschlüsse in Mathematik und Ökonomie. Es folgte ein Aufbaustudium an der London School of Economics und der École des Hautes Études en Sciences Sociales. 1993 promovierte er über die Theorie der Umverteilung. Im selben Jahr ging er als Assistenzprofessor ans MIT. Er schien auf dem besten Weg zu sein, sich, wie andere mathematisch begabte französische Ökonomen vor ihm, als Wirtschaftswissenschaftler an einer amerikanischen Spitzenuniversität zu etablieren. Aber er beschloss, diesen Weg nicht zu gehen. »Ich war von den amerikanischen Ökonomen nicht sehr überzeugt«, erinnerte er sich in der Einleitung von *Das Kapital im 21. Jahrhundert.* »Alle waren sehr intelligent, keine Frage, und ich habe mir aus diesen Kreisen etliche Freunde bewahrt, aber eines war merkwürdig: Ich wusste, dass ich von den ökonomischen Problemen der Welt keine Ahnung hatte […] und dennoch war ich in der Zunft beliebt.«[5] Er beschloss, nach Frankreich zurückzukehren und dem Beispiel seiner frühen geistigen Vorbilder zu folgen, den Historikern der Annales-Schule, wie Lucien Febvre und Fernand Braudel, die über die Jahrhunderte reichende detaillierte Chronologien des Alltagslebens verfassten und damit eine neue Art der

Geschichte von unten schufen. Nach dem Eintritt ins Centre national de la recherche scientifique vergrub er sich in historische Daten über Einkommens- und Vermögensverteilung, ein Gebiet, das viele seiner Kollegen vernachlässigt hatten.

In der Mainstreamökonomie reicht die moderne Beschäftigung mit der Ungleichheit ins Jahr 1953 zurück, als der russische Emigrant Simon Kuznets, der an der Harvard University lehrte, eine bahnbrechende Studie über die Einkommensentwicklung in den Vereinigten Staaten veröffentlichte, in der er zeigte, dass der Anteil des reichsten Prozents der Steuerzahler am Gesamteinkommen zwischen 1913 und 1948 von 14 auf 9,5 Prozent geschrumpft war.[6] Im Dezember 1954 stellte Kuznets in einem Vortrag vor der American Economic Association die Hypothese auf, dass die Ungleichheit in der Anfangszeit der kapitalistischen Entwicklung, als Landarbeiter besser bezahlte Arbeitsstellen in Städten annahmen, anstieg und dann langsam wieder sank, nachdem die Mehrheit der Arbeitskräfte in den gut bezahlten Sektor gewechselt hatte.[7] Die Ungleichheit folgte im Lauf der Zeit also einem umgedrehten U, das als Kuznets-Kurve bekannt wurde. Dieses beruhigende Muster schien auf die Vereinigten Staaten in der Zeitspanne von 1870 bis 1950 zuzutreffen, und so wurde die Kuznets-Kurve weithin akzeptiert. Doch schon bevor Piketty die Ungleichheit zu untersuchen begann, hatten jüngste Daten des US Census Bureau Kuznets' Theorie nicht mehr entsprochen. Statt weiter zu sinken, war die Ungleichheit, zumindest einigen Indizes zufolge – wie dem allgemein benutzten Gini-Koeffizienten –, gestiegen. »Von 1966 (als der Gini-Koeffizient den niedrigsten Wert von 0,405 erreichte) bis 1993 war ein klarer Aufwärtstrend der Ungleichheit zu erkennen«, konstatierte der Ökonom Edward N. Wolff von der New York University in seinem 1997 erschienenen Lehrbuch *Economics of Poverty, Inequality, and Discrimination,* mit dem er seiner Zeit voraus war. Im selben Zeitraum sei der Einkommensanteil der obersten 5 Prozent der Haushalte von 15,2 auf 18,6 Prozent gestiegen.[8]

Auf der Grundlage von Steuerdaten über Löhne, sonstige Einkommen und Erbschaften verfasste Piketty einen Aufsatz über die Entwicklung der Einkommensverteilung in Frankreich im 20. Jahrhundert. Seine Haupterkenntnis war, dass die Ungleichheit zwischen 1914 und 1945 deutlich abgenommen hatte, danach aber ziemlich stabil geblieben war – ein Trend, der nicht zur Kuznets-Kurve passte.[9] Für die amerikanische Entwicklung galt dasselbe, wie er 2003 in einem zusammen mit dem jungen französischen Ökonomen Emmanuel Saez, der am MIT promoviert hatte, geschriebenen Aufsatz feststellte. Auch sie entsprach nicht der Kuznets-Kurve: »Vor dem Zweiten Weltkrieg blieb der Anteil der Spitzenlöhne gleich, bevor er während des Krieges steil sank, um sich erst in den späten 1960er-Jahren wieder zu erholen und bis heute auf ein Niveau zu steigen, das höher ist als vor dem Zweiten Weltkrieg.«[10]

Wie weit waren diese Ergebnisse verallgemeinerbar? Da die Ungleichheitsstatistiken der einzelnen Länder nicht einheitlich waren, ließ sich dies schwer sagen. Um dieses Problem zu lösen, brachte Piketty zusammen mit dem Oxford-Ökonomen Anthony Atkinson ein internationales Forschungsprojekt auf den Weg, das einheitliche Fallstudien über zehn westliche Länder erbrachte: Australien, Deutschland, Frankreich, Irland, Kanada, Neuseeland, die Niederlande, die Schweiz, das Vereinigte Königreich und die Vereinigten Staaten. Die 2007 veröffentlichten Studien zeigten, dass die Ungleichheit in der ersten Hälfte des 20. Jahrhunderts in allen Ländern abgenommen hatte, in jüngerer Zeit aber deutliche Unterschiede aufgetreten waren. Seit den 1970er-Jahren hatte in allen der sechs angelsächsischen Länder der Anteil der Spitzeneinkommen am Gesamteinkommen zugenommen, am stärksten in den Vereinigten Staaten.

2011 schufen Piketty und seine Kollegen eine World Top Incomes Database, die heute World Inequality Database genannt wird und die Entwicklung in Dutzenden Ländern dokumentiert. Zwei Jahre später veröffentlichten Piketty, Atkinson, Saez und ihr

Kollege Facundo Alvaredo im *Journal of Economic Perspectives* einen Artikel, der ihre Erkenntnisse zusammenfasste. Im Mittelpunkt stand ein Diagramm, das die Entwicklung des Anteils des obersten Prozents der Einkommen zwischen 1910 und 2010 in vier englischsprachigen Ländern wiedergab: Australien, Kanada, dem Vereinigten Königreich und den Vereinigten Staaten.[11] Statt einem umgedrehten U – der Kuznets-Kurve – zu gleichen, sahen die Kurven eher einem aufrecht stehenden U ähnlich, wobei der tiefste Punkt um 1980 erreicht wurde, als die Thatcher-Reagan-Revolution begann. 1910 hatte das oberste Prozent in den Vereinigten Staaten, dem Diagramm zufolge, rund 18 Prozent des Vorsteuereinkommens erhalten. Bis 1979 war sein Anteil auf rund 9 Prozent gesunken, um anschließend bis 2010 wieder auf rund 20 Prozent anzuwachsen.

Obwohl Piketty und seine Co-Autoren keine abschließende Erklärung für die Verdopplung des Anteils des obersten Prozents in nur drei Jahrzehnten gaben, vermuteten sie einen Zusammenhang mit der beträchtlichen Senkung der Spitzensteuersätze, deren Vorreiter Thatcher und Reagan waren. »Bei hohen Spitzensteuersätzen«, schrieben sie, »konnten hochbezahlte Manager durch Verhandlungen über Gehaltserhöhungen nur bescheidene Nettozuwächse erzielen. Als die Spitzensteuersätze sanken, begannen Hochverdiener jedoch aggressiver über höhere Vergütungen zu verhandeln. In diesem Szenario können Senkungen der Spitzensteuersätze den Anteil von Spitzeneinkommen vergrößern, aber der Zuwachs des obersten Prozents geht jetzt zu Lasten der übrigen 99 Prozent.«[12] Trotz der gelassenen Ausdrucksweise war die Schlussfolgerung klar: Seit Anbruch der neoliberalen Ära hatte die Unternehmensplutokratie erfolgreich einen umgekehrten Klassenkampf geführt.

In *Das Kapital im 21. Jahrhundert* legte Piketty diese Botschaft für ein breiteres Publikum dar. Dafür präsentierte er sowohl eine Reihe von U-förmigen Kurven, die den Einkommensanteil abbildeten, als auch Daten über Erbschaften, Profitraten, Einkommensteuersätze und viele andere Dinge. »Es wird sich zeigen«, schrieb er in der Einleitung, »dass diese spektakuläre Entwicklung weitgehend auf die beispiellose Zunahme der sehr hohen Arbeitseinkommen zurückzuführen ist und dass sie vor allem die Abkoppelung der Vergütung von Führungskräften in Großunternehmen von den übrigen Einkommen widerspiegelt.« Von den obersten 0,1 Prozent der US-amerikanischen Einkommensbezieher – den reichsten 10 Prozent des obersten Prozents – seien sechs bis sieben von zehn Führungskräfte in Großunternehmen oder »Supermanager«. »In allen angelsächsischen Ländern«, stellte Piketty fest, »ist vor allem der Aufstieg der Supermanager, im Finanzsektor wie in anderen Unternehmen, für die wachsende Einkommensungleichheit in den letzten Jahrzehnten verantwortlich.«[13]

Piketty war natürlich nicht der Erste, der die in die Höhe schießenden Vergütungen von Spitzenmanagern ansprach. Nach jahrzehntelanger Finanzialisierung in den Vereinigten Staaten und anderen angelsächsischen Ländern war der in den 1990er-Jahren von Disneys Michael Eisner, General Electrics Jack Welch und anderen gebahnte Pfad zu Megareichtum ein ausgetretener Weg geworden. 2011 erhielt Apple-CEO Tim Cook Gehaltszahlungen, Aktienoptionen und andere Leistungen im Wert von 378 Millionen Dollar:[14] das 6258-Fache des Jahresverdiensts eines durchschnittlichen Apple-Mitarbeiters.[15] Solche gigantischen Vergütungen wurden damit gerechtfertigt, dass es Aufgabe von CEOs sei, »Shareholder Value« zu schaffen, was Cook bei Apple sicherlich gelungen war. (Zwischen Dezember 2001 und Dezember 2014 hatte sich der Aktienpreis des Konzerns nahezu verhundertfacht.)

Der Triumph der Shareholder-Value-Bewegung war zu diesem Zeitpunkt derart vollkommen, dass nur wenige darauf hinwiesen, dass es sie erst seit relativ kurzer Zeit gab und dass einer ihrer anfänglichen Förderer, der Ökonom Michael Jensen, Bedenken über ihre Folgen geäußert hatte. Nach einer Reihe großer Bilanzfälschungsskandale in den frühen 2000er-Jahren, einschließlich des riesigen Eklats beim Energiekonzern Enron, erklärte Jensen in einem Interview: »Ich war ein Verteidiger der Bewegung hin zu Aktienoptionen und liberaleren Vergütungen für CEOs. Aber jetzt bin ich ein Kritiker dessen, wohin sie geführt hat.«[16]

Piketty sprach die Shareholder-Value-Bewegung nicht direkt an, wies aber das manchmal von Verteidigern von CEOs vorgebrachte Argument zurück, dass sich deren Produktivität stark erhöht habe und ihre Vergütung einfach habe steigen müssen, um dem zu entsprechen. Eine nach seiner Ansicht plausiblere Erklärung war, »dass diese Führungskräfte ihre Vergütung in großem Umfang selbst festlegen können – wobei sie sich manchmal hemmungslos bedienen – und dass diese häufig in keinem erkennbaren Verhältnis zu ihrer individuellen Produktivität steht«. In den meisten Großunternehmen würden die Gehälter der Spitzenmanager von einem Vergütungsausschuss aus von außen kommenden, vorgeblich unabhängigen Fachleuten festgelegt. Aber diese Fachleute seien zumeist selbst aktuelle oder ehemalige Führungskräfte anderer Unternehmen mit ähnlich hohen Gehältern, die in vielen Fällen die von CEOs verlangten riesigen »Anreiz«-Pakete einfach absegneten. »Man wird niemandem zu nahe treten«, bemerkte Piketty ironisch, »wenn man Leuten, die über das eigene Gehalt zu befinden haben, eine gewisse Neigung unterstellt, zu sehr aus dem Vollen zu schöpfen, zumindest aber überdurchschnittlichen Optimismus bei der Einschätzung ihrer Grenzproduktivität an den Tag zu legen.«[17]

Pikettys Beschreibung der Selbstbereicherung der Unternehmenselite erinnert an Veblens Darstellung der »Industriekapitäne« seiner Zeit. Piketty stellte diese Verbindung nicht her, merkte aber unter Verweis auf Schätzungen aus der Zeitschrift *Forbes* an, dass die Zahl der Milliardäre auf der Welt zwischen 1987 und 2013 von 140 auf 1400 gestiegen sei. Auf andere Quellen gestützt, schätzte er, dass das reichste Promille der Weltbevölkerung nahezu 20 Prozent des globalen Reichtums besitze; dem obersten Prozent gehöre rund die Hälfte, und den obersten 10 Prozent zwischen 80 und 90 Prozent.[18] Mit anderen Worten, krasse Vermögensungleichheit ist ein globales Phänomen.

Man kann die Diagramme und Daten, die Piketty in *Das Kapital im 21. Jahrhundert* zusammengetragen hat, mit einigem Recht als seinen größten Beitrag zum öffentlichen Diskurs bezeichnen. Man braucht keinen Abschluss in Ökonomie und muss den Gini-Koeffizienten nicht kennen, um die Bedeutung einer Kurve zu verstehen, die zeigt, dass der Einkommensanteil des obersten Prozents steil ansteigt. Diese empirische Arbeit floss in vielen Ländern, einschließlich der Vereinigten Staaten, in die Debatte über Ungleichheit ein. Doch Piketty gab sich, wie Marx, nicht damit zufrieden, zu beschreiben, wie der Kapitalismus funktioniert: Auch er wollte seine Bewegungsgesetze beschreiben. Ein großer Teil von Pikettys Buch ist der Darstellung der zugrunde liegenden ökonomischen Kräfte gewidmet, welche die Einkommens- und Vermögensungleichheit in die Höhe treiben. Wiederum in Marx' Nachfolge stellte Piketty zwei einfache mathematische Formeln auf, die er als das erste und zweite »fundamentale Gesetz des Kapitalismus« betrachtete.[19]

Die Darstellung dieser »Gesetze« ist für jemanden, der nicht Ökonomie studiert hat, nicht leicht zu verstehen. Aber die Grundidee ist deutlich genug. In kapitalistischen Wirtschaften, erklärte Piketty, gebe es zu allen Zeiten »Triebkräfte von Konvergenz«, welche die Ungleichheit verringerten, und »Triebkräfte von Divergenz«, die sie vergrößerten.[20] Zu den gutartigen Kräften zählt er ein steigendes Bildungsniveau, das Arbeiter produktiver macht und ihre Löhne steigen lässt, höhere Steuern für Reiche und die Verbreitung wissenschaftlicher Erkenntnisse, die den Menschen in armen Ländern den Zugang zum technologischen Fortschritt eröffnet. Zu den divergenzfördernden Kräften gehören zu geringe Bildungsausgaben, Steuersenkungen für Reiche und die Geldgier von Spitzenmanagern. Der wichtigste Faktor ist für ihn jedoch die Tendenz, dass die Kapitalrendite (r) – der von Kapital generierte jährliche Ertrag aus Gewinnen, Zinsen und Dividenden, geteilt durch seinen Marktwert – die Wachstumsrate der Wirtschaft (g) übersteigt.

Auf den ersten Blick erscheint diese Beobachtung, die sich mathematisch mit der Formel r > g ausdrücken lässt, trivial. Aber sie ist es nicht. Langfristig, erklärte Piketty, setze die Wachstumsrate der Wirtschaft der Zunahme von Löhnen und Gehältern eine Obergrenze. Wenn also r größer sei als g, neige das Einkommen (und Vermögen) von Kapitalisten (einschließlich der CEOs mit großen Aktienzuteilungen) dazu, schneller zu wachsen als die Bezahlung von Arbeitnehmern, sodass die Ungleichheit zunehme. Piketty bezeichnete die Formel r > g als »Triebkraft von Divergenz« und an anderer Stelle als »zentralen Widerspruch des Kapitalismus«.[21]

Während des 20. Jahrhunderts, fügte er hinzu, sei dieser Widerspruch im Rahmen geblieben, weil r kleiner als g gewesen sei. Die westlichen Wirtschaften seien stärker gewachsen als die Kapitalrendite, die er inflationsbereinigt auf 4 bis 5 Prozent pro Jahr schätzte. Infolgedessen sei die Ungleichheit zurückgegangen. Aber ein großer Teil dieses raschen Wirtschaftswachstums sei einem nicht wiederholbaren Aufholeffekt nach den beiden Weltkriegen und der Weltwirtschaftskrise zu verdanken gewesen. Blicke man voraus, gebe es »allen Grund zu der Annahme, dass die Wachstumsrate auf lange Sicht kaum über 1–1,5 % pro Jahr steigen kann, ganz gleich, welche politischen Maßnahmen diese Länder ergreifen«. Deshalb werde »die Ungleichung r > g aller Wahrscheinlichkeit nach im 21. Jahrhundert die Norm sein – wie sie es in der gesamten Geschichte bis zum Ausbruch des Ersten Weltkriegs war«.[22]

Diese Dynamik betrachtete Piketty als »furchterregend«. In der ersten Hälfte des 20. Jahrhunderts habe es zweier Weltkriege bedurft, die viel Kapital zerstört und die Regierungen veranlasst hätten, die Reichen mit hohen Steuern zu belegen, um eine historische Verringerung der Ungleichheit zu bewirken. In den

Nachkriegsjahrzehnten habe dann eine Mischung aus Wiederaufbau, Vollbeschäftigung, einem neuen Sozialvertrag zwischen Kapital und Arbeit und der Beibehaltung der hohen Steuern für Reiche die Ära niedriger Ungleichheit verlängert. »Durch Zusammenwirken verschiedener Faktoren [...] hat diese historisch ganz ungewöhnliche Situation sich über ein ganzes Jahrhundert erstreckt«, stellte Piketty fest, um hinzuzufügen: »Alles deutet darauf hin, dass sie sich ihrem Ende nähert.« Angesichts in die Höhe schießender Managervergütungen und der Tatsache, dass Globalisierung und politische Einflussnahme die Fähigkeit einzelner Staaten, die Steuern für Reiche zu erhöhen, untergrüben, schienen die divergenzfördernden Triebkräfte auf dem Vormarsch zu sein, insbesondere in den Vereinigten Staaten. Ein »Abdriften in die Oligarchie« stelle »eine sehr reale Gefahr« dar, warnte Piketty. »Es gibt daher im Hinblick auf die künftige amerikanische Entwicklung keinen Anlass zu allzu großem Optimismus.«[23]

Als Gegenmittel forderte er die Einführung einer jährlich zu erhebenden »globalen progressiven Kapitalsteuer«. Wenn die Demokratie die Kontrolle über den globalen Finanzkapitalismus zurückgewinnen solle, müsse man neue Instrumente erfinden. Die von Piketty vorgeschlagene Steuer sollte auf »ausnahmslos« alle Vermögenswerte erhoben werden, also Finanzanlagen, Immobilien und Geschäftsvermögen. In der gegenwärtigen politischen Lage, gestand er ein, sei eine globale Kapitalsteuer eine »Utopie«, aber eine »nützliche«, die zumindest theoretisch der »Ungleichheitsspirale Einhalt gebieten« würde, »die sich andernfalls endlos weiterdreht«. Als Steuersätze stellte er sich für Vermögen von weniger als einer Million Euro 0 Prozent vor, für solche von einer bis fünf Millionen 1 Prozent und für solche von mehr als fünf Millionen 2 Prozent. Man könne aber auch »eine sehr viel progressivere Besteuerung der größten Vermögen (zum Beispiel mit 5 Prozent oder 10 Prozent für Vermögen über 1 Milliarde Euro) ins Auge fassen«.[24]

Trotz all des Aufhebens, das Piketty nach dem Erscheinen des *Kapitals im 21. Jahrhundert* umgab, wurde das Buch von seinen Kollegen unterschiedlich aufgenommen. Paul Krugman, der in seinen eigenen Schriften die ökonomischen und politischen Auswirkungen der zunehmenden Ungleichheit beleuchtet hatte, nannte es in der *New York Review of Books* »großartig« und sagte voraus, es werde »sowohl unser Denken über die Gesellschaft als auch die Art, wie wir Ökonomie betreiben, verändern«.[25] Robert Solow, der große alte Mann des amerikanischen Keynesianismus, bewunderte in *The New Republic* Pikettys Formel r > g, die er als Ausdruck einer »Reich-wird-reicher-Dynamik« bezeichnete.[26] Von anderer Seite schlug Piketty indes teils durchaus fundierte Kritik entgegen. In der Zeitschrift *Dissent* wies James K. Galbraith, ein Keynesianer alter Schule, darauf hin, dass Piketty durch die Vermengung von in der Produktion eingesetztem physischem Kapital (Fabriken, Maschinen usw.) mit Finanz- und Immobilienkapital die in den 1950er-Jahren von Joan Robinson und anderen aufgeworfene schwierige Frage umgangen habe, wie das Gesamtkapital definiert und berechnet werden solle. »Dies ist, fürchte ich, eine Quelle schrecklicher Verwirrung«, schloss Galbraith.[27]

Manche Marxisten bemängelten, dass Piketty mit theoretischen Abstraktionen hantiere, die den Klassenkonflikt und die Ausbeutung im Kern des kapitalistischen Systems verschleierten. Von rechts wurde Piketty unterstellt, er propagiere einen »neuen Marxismus«. Piketty trug selbst zu all diesen widerstreitenden Interpretationen bei, indem er in einem Interview zugab, trotz des Titels seines Buchs das originale *Kapital* kaum gelesen zu haben, und hinzufügte, er betrachte Marx nicht als wichtigen Einfluss.[28] Er bestätigte diese Aussage unabsichtlich, indem er behauptete, Marx' Buch enthalte keine Daten. Offenbar war er nicht bis zum berühmten 23. Kapitel des *Kapitals* über das »allgemeine Gesetz der kapitalistischen Akkumulation« vorgedrungen, das einen langen Abschnitt über die Einkommensentwicklung im viktorianischen England enthält, der in mancher Hinsicht die Art von

Analyse vorwegnimmt, die Piketty anderthalb Jahrhunderte später präsentiert hat.

Politisch stand Piketty nicht aufseiten der revolutionären, sondern der progressiven Linken. Intellektuell betrachtete er Marx' Ökonomie als zu stark vereinfacht. Dennoch erkannte er in der Einleitung seines Buchs an, dass das von diesem herausgearbeitete »Prinzip der unbegrenzten Akkumulation [...] eine fundamentale Einsicht« enthalte: »Wenn das Wachstum der Bevölkerung und der Produktivität relativ schwach ist, erlangen die in der Vergangenheit angehäuften Vermögen zwangsläufig eine beträchtliche, potenziell unverhältnismäßig große Bedeutung, die sich auf die betreffenden Gesellschaften destabilisierend auswirken kann.«[29] Wie der amerikanische Autor und Journalist John Judis in einem Artikel über Piketty und Marx angemerkt hat, betrachteten beide den Kapitalismus als historischen Prozess, der von inneren Widersprüchen geprägt ist, wie der Tendenz zum Anstieg der Ungleichheit.[30]

Obwohl Piketty andere intellektuelle Werkzeuge benutzte, beackerte er dasselbe Feld wie Marx. Tatsächlich war das ganze Piketty-Phänomen ein Zeichen dafür, dass der extrem kopflastige Kapitalismus, den Marx zu seinem Thema gemacht hatte, wieder-aufgetaucht war, nur diesmal auf globaler Ebene. Während eines großen Teils des 20. Jahrhunderts hatten die Konvergenzkräfte – Kriege, Steuerpolitik, fortschrittliche soziale Normen, öffentliche Bildung, die Verbesserung der Fähigkeiten der Arbeiter, Gewerkschaften – einige der dunkleren Tendenzen des Systems in Schach gehalten. Aber am Anfang des neuen Jahrtausends hatte eine Mischung aus neoliberaler Politik, Globalisierung, arbeitssparenden technologischen Fortschritten und einer Shareholder-Value-Bewegung, welche die Anhäufung von Reichtum glorifizierte, das Machtgleichgewicht (und die materiellen Belohnungen) wieder zugunsten des Kapitals verschoben.

Im Gegensatz zu den begeisterten Besprechungen von Krugman und Solow nahmen sich einige Mainstreamökonomen Piketty zur

Brust, weil er seine neoklassische Wirtschaftslehre durcheinandergebracht habe. Sie argumentierten mit der sogenannten Substitutionselastizität, einem Maß dafür, wie leicht sich in der Produktion Kapital durch Arbeit und umgekehrt Arbeit durch Kapital ersetzen lässt. Piketty hatte angenommen, sie sei größer als eins, woraus folgt, dass die Rendite bei einer Ausweitung des Kapitals nicht wesentlich sinkt und somit der dem Kapitalzuwachs zu verdankende Einkommensanteil wächst. Lawrence Summers von der Harvard University hielt in einem 2014 erschienenen Artikel jedoch dagegen, dass die empirischen Belege stark darauf hindeuteten, dass die Elastizität kleiner als eins sei, und schloss daraus, es sei »ganz und gar nicht klar, dass es eine Art eisernes Gesetz des Kapitalismus gibt, das zu zunehmender Vermögens- und Einkommensungleichheit führt«.[31] Einen anderen Kritikpunkt sprach der Ökonom Matthew Rognlie an, der damals Graduiertenstudent am MIT war. Nachdem er sich die sektoralen Daten über Profite und Einkommen angeschaut hatte, wies er darauf hin, dass der Anstieg des Einkommensanteils von Kapitalbesitzern, zumindest in den Vereinigten Staaten, zum großen Teil auf die gestiegenen Preise von Immobilien, die Piketty zum Kapitalstock gerechnet habe, zurückzuführen sei. Jenseits des Immobiliensektors habe sich der Kapitalanteil nicht deutlich erhöht.[32]

So interessant all diese Kritiken sind, sie ändern nichts an Pikettys wesentlichen Punkten: dass sich die Vermögens- und Einkommensungleichheit rapide vergrößert habe und die »Reich-wird-reicher-Dynamik«, solange r unverhältnismäßig groß bleibe, wahrscheinlich weiterlaufe. Die ernsthafteste und nachhaltigste Herausforderung von Pikettys Narrativ kam von den Ökonomen Gerald Auten vom US-Finanzministerium und David Splinter vom Gemeinsamen Steuerausschuss des US-Kongresses, die seine Grundannahme, dass die Einkommensungleichheit in den Vereinigten Staaten steil angestiegen sei, in Zweifel zogen. Im Entwurf einer Abhandlung von 2018 stellten sie auf der Grundlage von anonymisierten Daten individueller Steuererklärungen fest, dass sich ein völlig anderes Bild ergebe, wenn man nicht wie Piketty und Saez die Vorsteuereinkommen, sondern die Nettoeinkommen zuzüglich der Transferleistungen betrachte. Dann ergebe sich für den Zeitraum zwischen 1979 und 2015 ein Anstieg des Einkommensanteils des obersten Prozents von 8,2 auf 8,8 Prozent – was immer noch ein Anstieg sei, aber im Vergleich zu der von Piketty und Saez konstatierten Verdoppelung ein bescheidener.[33] Nach dieser revisionistischen Version der jüngsten amerikanischen Wirtschaftsgeschichte haben progressive Besteuerung und Sozialleistungen die Divergenz der Vorsteuereinkommen stark abgemildert.

Der Aufsatz von Auten und Splinter führte zu einem ausgedehnten Schlagabtausch mit Piketty und seinen Mitstreitern. In einem 2018 erschienenen Artikel verwendeten Piketty, Saez und Gabriel Zucman von der University of California in Berkeley eine neue Methodologie, um die Entwicklung der US-amerikanischen Vor- und Nachsteuereinkommen einzuschätzen. Sie räumten ein, dass das Nationaleinkommen nach Steuern »gleichmäßiger als das Vorsteuereinkommen verteilt« sei, denn »das Steuer- und Transfersystem ist insgesamt progressiv«.[34] Aber ihre Ergebnisse zeigten immer noch, dass der Nettoeinkommensanteil des obersten Prozents zwischen 1979 und 2014 von 9,1 auf 15,7 Prozent deutlich gestiegen war.[35] Auten und Splinter stellten dieses Ergebnis infrage. Sie aktualisierten 2023 ihre Daten von 2018 und zogen den Schluss: »Für das Nettoeinkommen, das Transfers einschließt, zeigt unsere Analyse, dass sich der Anteil des obersten Prozents nur um 1,4 Prozent vergrößert hat.«[36]

Die Abhandlungen von Auten und Splinter erregten viel Medienaufmerksamkeit, und manche Kommentatoren behaupteten, sie hätten Pikettys These widerlegt. Doch dies war selbst auf Grundlage ihrer eigenen Daten eine Übertreibung. In ihrem Aufsatz von 2023 stellten sie fest, dass der Anteil des *Vorsteuereinkommens* des obersten Promilles von 3,2 auf 5,4 Prozent gestiegen sei, was proportional betrachtet einen auffälligen Sprung darstellt.

Der Anteil seines *Nettoeinkommens* sei von 2,1 auf 3,0 Prozent gestiegen, was immer noch ein enormer Anstieg ist. Wenn man sich also nicht die sehr Reichen insgesamt, sondern nur die sehr, sehr Reichen anschaut, dann hat die Einkommensungleichheit auch Autens und Splinters Daten zufolge stark zugenommen. Auch bei der Berechnung des Gini-Koeffizienten, der den breitesten Maßstab der Ungleichheit liefert, stellten die beiden Autoren sowohl für das Vorsteuer- als auch für das Nachsteuereinkommen für den Zeitraum von 1980 bis 2019 eine signifikante Zunahme der Ungleichheit fest.[37]

Diese Ergebnisse entsprachen anderen Daten. Als *Forbes* 1982 seine erste Liste der reichsten Personen in den Vereinigten Staaten veröffentlichte, stand der Schiffsmagnat Daniel Ludwig mit einem Nettovermögen von 2 Milliarden Dollar (6,5 Milliarden Dollar nach dem Wert von 2024) auf dem ersten Platz.[38] Heute nimmt Elon Musk mit einem Nettovermögen von 251 Milliarden Dollar den Spitzenplatz ein, und ihm folgen weitere acht Personen mit einem Vermögen von über 100 Milliarden Dollar.[39] Nur um in die *Forbes*-Liste zu kommen, braucht man ein Nettovermögen von fast 3 Milliarden Dollar. Anfang 1990 gehörten, laut Fed, dem obersten Promille der US-Amerikaner 8,6 Prozent des Volksvermögens; Ende 2023 betrug dieser Anteil 13,5 Prozent.[40] In einem 2023 erschienenen wissenschaftlichen Artikel, der zeitlich weiter zurückgeht, wird ein sogar noch größerer Sprung deutlich. Danach hat sich der Vermögensanteil des obersten Promilles zwischen 1978 und 2016 mehr als verdoppelt – von 7,1 auf 15,7 Prozent.[41]

Die Bemühungen, das von Piketty gezeichnete Bild zu widerlegen, waren letztlich nicht überzeugend. Eine triftigere Kritik am *Kapital im 21. Jahrhundert* bezieht sich darauf, dass er nicht abschließend erklärt hat, wie es zu dieser riesigen neuen Vermögensballung an der Spitze gekommen ist. Die ungefähre Antwort darauf ist klar: Ursachen sind das bemerkenswerte Wachstum des Tech-Sektors, interne oder kreuzverflochtene Vergütungsausschüsse von Unternehmen und stratosphärische Börsenbewertungen, in denen sich steigende Profite und hohe Kapitalrenditen widerspiegeln. Aber was am Kapitalismus des 21. Jahrhunderts hat die Profite auf einem so hohen Niveau gehalten, dass r Jahr für Jahr größer als g blieb?

2015 betonte Joseph Stiglitz in einem Interview die Zunahme von Monopolmacht und Rentenstreben (*rent-seeking*), beides Entwicklungen, die er in seinem Buch *Der Preis der Ungleichheit* von 2012 behandelt. »Wenn man sich die Spitze anschaut«, erklärte er, »ist es Monopolmacht«.[42] In einer 2017 erschienenen erhellenden Essaysammlung mit dem Titel *After Piketty* führte der Ökonom Suresh Naidu von der Columbia University aus, dass technologische und politische Entwicklungen zusammengekommen seien, die es Unternehmen und Finanzinteressen wesentlich einfacher gemacht hätten, von Konsumenten und Arbeitnehmern Monopolrenditen abzuschöpfen. Der technologische Teil von Naidus These, die er als »wilden Piketty« bezeichnete, lautete, dass im Hightech-Sektor die Stückkosten tendenziell abnähmen, während der Absatz (oder die Zahl der Menschen auf ihrer Plattform) zunehme. Es ist also ein Wirtschaftszweig mit steigenden Renditen. »In einer Welt mit allgemein steigenden Erträgen, hohen Fixkosten und niedrigen Grenzkosten werden Monopole allgegenwärtig sein«, konstatierte Naidu.[43] Mit anderen Worten, der Hightech-Sektor passt nicht ins Lehrbuchbild einer kompetitiven Marktwirtschaft. Er ist von völlig anderem Kaliber.

Aber die zunehmende Monopolmacht war, laut Naidu, nicht auf den Hightech-Sektor beschränkt. Auch in vielen anderen Branchen – Luftfahrt, Banken, Energie, Pharmazie, Medien – hatten Aufsichtsbehörden Konsolidierungswellen gebilligt, die den Wettbewerb verringert und zur Entstehung weniger, marktbeherrschender Riesen geführt hatten. »Angesichts der neuerlichen allgemeinen Vertrustung der US-Wirtschaft«, bemerkte Naidu, »sollten wir unsere alten Exemplare Hilferdings, Hobsons und Lenins entstauben.«[44] Im selben Zeitraum hätten konservative Gesetzgeber Gewerkschaften geschwächt, konservative Gerichte Eigentumsrechte gestärkt, wie Patente, die er als Schlüsselelement des Kapitals betrachtete, und Investoren diese Entwicklungen gefördert, indem sie Unternehmensvermögen auf den Aktienmärkten neu bewerteten. Nehme man all dies zusammen, sei die zunehmende Ungleichheit nicht mehr nur eine Tech-Geschichte. Letztlich wurzele sie in dem konservativen politischen Gegenschlag und der Finanzialisierung, die in den 1970er-Jahren begonnen und sich jahrzehntelang ungezügelt fortentwickelt hätten.

In einer Hinsicht stimmt diese Erklärung mit Pikettys Argument überein, dass die von Reagan und Thatcher durchgesetzten Steuersenkungen Spitzenmanager ermutigt hätten, sich ein größeres Stück vom Kuchen abzuschneiden. Aber Naidus Darstellung ist breiter angelegt; sie untersucht, wie es Kapitalbesitzern gelungen ist, das gesamte politische System für den Schutz ihrer Interessen zu mobilisieren. »Im *Kapital im 21. Jahrhundert*«, stellte er fest, »wird wenig darüber gesagt, wie Ungleichheit das politische System verändert. Dies ist ein großes fehlendes Kapitel.«[45] Um diese Lücke zu füllen, behandelte er einige alte und neue Instrumente, mit denen Superreiche Politik beeinflussen können. Zu Letzteren gehören große Wahlkampfspenden, die der Oberste Gerichtshof der Vereinigten Staaten durch seinen bahnbrechenden *Citizens United*-Beschluss von 2010 ermöglicht hat. Naidu verwies auf Forschungen, denen zufolge rund ein Viertel der identifizierbaren Individualspenden von Angehörigen des obersten Prozents komme. »Wenn [...] die Mittel, um an Wahlen teilzunehmen, über den Cash-Nexus verteilt werden«, bemerkte Naidu, »ist es nur noch ein kleiner Schritt dahin, dass die Politik von den Werbeausgaben im Wahlkampf bestimmt wird.«

Was die Kapitalbesitzern zur Verfügung stehenden alten Instrumente anbelangt, erwähnte Naidu die Möglichkeit des »Kapitalstreiks«, in dem Unternehmen sich in einem ihnen nicht genehmen politischen Umfeld weigern, große Kapitalbeträge zu investieren, und die Drohung mit Kapitalflucht in Länder mit niedrigeren Steuern und weniger Regularien. Piketty selbst hatte als Beispiel Frankreich während der Präsidentschaft des Sozialisten François Mitterrand in den 1980er-Jahren angeführt, als Kapitalbesitzer gegen eine von ihnen abgelehnte Politik erfolgreich in den Streik traten; ihnen hatten die Verkürzung der Arbeitswoche, die Verstaatlichung von Großunternehmen und die »Solidaritätssteuer auf Vermögen« missfallen. Die Beispiele dafür, dass Regierungen ihre Steuerpolitik den Forderungen der Finanzmärkte und multinationaler Unternehmen anpassten, seien zu zahlreich, um sie einzeln aufzählen zu müssen.

Diese Debatte reicht bis zu den in den 1940er-Jahren von Kalecki und Sweezy erhobenen Zweifeln am Keynesianismus und den drei von Naidu genannten Denkern – Hilferding, Hobson und Lenin – und sogar bis zum *Kommunistischen Manifest* zurück, in dem der moderne Staat als »Ausschuss, der die gemeinschaftlichen Geschäfte der ganzen Bourgeoisklasse verwaltet«, beschrieben wurde.[46] So weit ging Naidu nicht. Er meinte jedoch, dass man, wolle man die Vermögensungleichheit verringern und die von Piketty identifizierten Divergenzkräfte im Zaum halten, darauf hinarbeiten müsse, »den an Besitztitel gezahlten Einkommensanteil zu verringern« und »die Finanzmärkte, die den Preis dieser Titel bestimmen, zu regulieren«.[47]

Ein weiteres Problem von Pikettys *Kapital im 21. Jahrhundert* ist, dass es sich weitgehend auf Entwicklungen in westlichen Ländern, deren Daten leicht zugänglich waren, konzentriert. (Man muss Piketty und seinen Kollegen von der World Inequality Database hoch anrechnen, dass sie ihre Datensammlung in der Folgezeit auf die ganze Welt ausdehnten, einschließlich der Entwicklungsländer.) In einer Ära der Hyperglobalisierung wirft dies natürlich die Frage auf, wie es um die Ungleichheit auf globaler Ebene aussieht. Zu den Ökonomen, die diese Frage beantworteten, gehörte Branko Milanović, der lange in der Forschungsabteilung der Weltbank gearbeitet hatte und später zum CUNY Graduate Center in

New York wechselte. Während seiner Zeit bei der Weltbank versuchte er zusammen mit seinem Kollegen Christoph Lakner, die Lohnstagnation in westlichen Ländern mit dem raschen Einkommensanstieg in Ländern wie China und Indien, die in großem Maß der Globalisierung ausgesetzt waren, in Einklang zu bringen. 2013 fassten Milanović und Lakner diese globalen Trends in einem denkwürdigen Diagramm zusammen, dessen Kurve als Elefantenkurve bekannt wurde, weil sie einem Elefanten mit in die Höhe gerecktem Rüssel ähnelt (siehe Abbildung unten).[48]

Auf der horizontalen Achse ist die gesamte Weltbevölkerung, eingeteilt in Perzentile des Nachsteuereinkommens, verzeichnet, auf der senkrechten Achse das (inflationsbereinigte) kumulative Einkommenswachstum zwischen 1988 und 2008. Entsprechend der klaffenden Einkommensdivergenz zwischen den Ländern reicht das Einkommen auf der horizontalen Achse von weniger als 450 Dollar links außen über 1400 Dollar in der Mitte bis zu 71 000 Dollar ganz rechts.[49] Die meisten Menschen der armen

DIE »ELEFANTENKURVE« (VERÄNDERUNG DES REALEINKOMMENS VON 1988 BIS 2008)

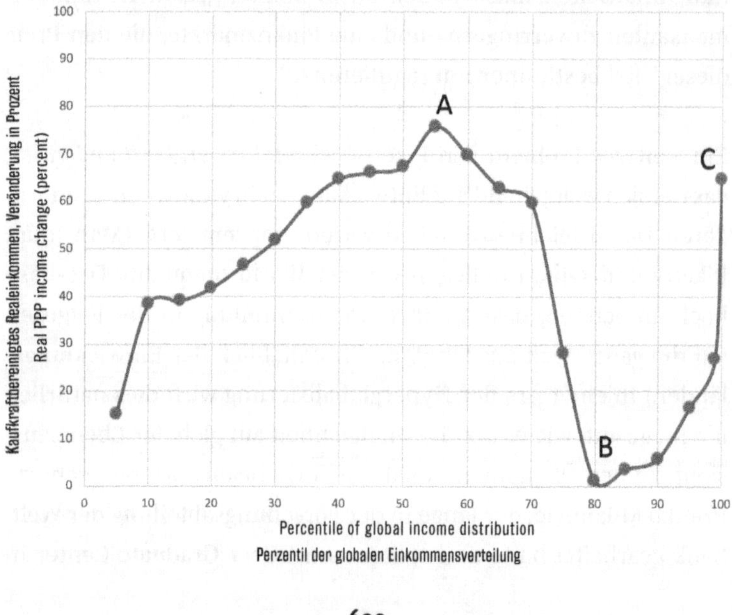

Länder befanden sich im linken Drittel, nahe dem Schwanz des Elefanten, während die meisten Menschen der hoch entwickelten Länder irgendwo im rechten Drittel, nahe dem Rüssel, zu finden waren. Das mittlere Drittel setzte sich aus drei Gruppen zusammen: Einwohnern von Ländern mit mittlerem Einkommen, den reichsten Angehörigen armer Länder und den Ärmsten reicher Länder. Indem sie alle Menschen auf der Erde in einer Kurve vereinigten, konnten Milanović und Lakner deutlich machen, wer die Gewinner und Verlierer der Globalisierung waren.

Die Kurve zeigt, dass die Menschen im mittleren Drittel die größten Nutznießer der Globalisierung waren, diejenigen auf dem Elefantenrücken, deren Einkommen in der Zeitspanne von 20 Jahren um über 60 Prozent wuchs. In seinem 2016 veröffentlichten Buch *Die ungleiche Welt*, in dem er seinen früheren Artikel weiter ausarbeitete, erklärte Milanović, dass neun von zehn dieser Menschen in einer Handvoll asiatischer Länder lebten – China, Indien, Indonesien, Thailand und Vietnam. Die andere Gruppe, die stark von der Globalisierung profitiert hatte, war diejenige an der Spitze des Rüssels, ganz rechts auf der Kurve, die Milanović als »globale Plutokraten« bezeichnete.

Auf der anderen Seite hatten zwei Gruppen am wenigsten Boden gutgemacht: die Ärmsten der Welt, die auf dem Schwanz des Elefanten saßen, deren dürftiges Einkommen nur um 15 Prozent gestiegen war, und diejenige zwischen dem siebenten und neunten Perzentil in der Mitte des Rüssels. Die meisten der Letzteren lebten in fortgeschrittenen Ländern und waren nach globalem Maßstab wohlhabend, aber nach dem Maßstab ihrer eigenen Gesellschaften nicht reich. »Kurz: Die großen Gewinner sind die Armen und die Mittelschicht Asiens, die großen Verlierer die Angehörigen der unteren Mittelschicht der reichen Welt«, fasste Milanović das Ergebnis zusammen. »Heute mag eine derart kategorische Feststellung kaum noch jemanden verblüffen, aber Ende der achtziger Jahre hätten sich mit Sicherheit viele Leute darüber gewundert.«[50]

Der letzte Satz traf einen wichtigen Punkt, denn das rasche Einkommenswachstum in Ländern, die vor noch nicht allzu langer Zeit arm waren, wie China und Indien, entzog dem verbreiteten Pessimismus über die wirtschaftlichen Aussichten der Entwicklungsländer den Boden. Dennoch schien auch die Lohnstagnation, die viele Arbeitnehmer in entwickelten Ländern erlebten, den optimistischen Äußerungen von Globalisierungsbefürwortern in diesen Ländern zu widersprechen. »Die westlichen Politiker, die sich nach der Reagan-Thatcher-Revolution daheim und in der Welt für eine Öffnung der Märkte starkmachten«, vermutete Milanović, »dürften kaum damit gerechnet haben, dass die ersehnte Globalisierung der Mehrheit ihrer Bürger keine Vorteile bringen würde [...].« Die Haupterkenntnis, die man aus Milanovićs faszinierendem Buch mitnimmt, ist, dass das Urteil über die Globalisierung stark davon abhängt, wo man sich befindet. Während sie Hunderten Millionen von Chinesen einen Ausweg aus akuter Armut bot, stellte sie für Einwohner der Textilstädte in Nord- und Südkarolina oder mancher Gegenden des industriellen amerikanischen Mittelwestens eine existenzielle Bedrohung dar. »Die grundlegende Ambivalenz der Globalisierung möchte ich in diesem Buch beleuchten«, erklärte Milanović. »Der Leser sollte sich in jedem Moment der Tatsache bewusst sein, dass die Globalisierung sowohl Gutes als auch Schlechtes bewirkt.«[51]

Als Milanovićs Buch erschien, war eine überfällige Neueinschätzung der Auswirkungen des Handels, insbesondere mit China, auf die Arbeitsplätze in den Vereinigten Staaten im Gang. 2012 wiesen die US-amerikanischen Ökonomen David H. Autor vom MIT, David Dorn von der Universität von Zürich und Gordon H. Hanson von der University of California in San Diego in einer Abhandlung für das National Bureau of Economic Research darauf hin, dass die chinesischen Exporte in die Vereinigten Staaten zwischen 1991 und 2007 um über 1100 Prozent gestiegen waren.[52] In etwa demselben Zeitraum hatte sich der chinesische Anteil an der Weltproduktion von 1 auf rund 20 Prozent vergrößert.

»Das ist eine massive, massive Veränderung«, betonte Autor 2017 in einem Interview. »So etwas sieht man sonst nicht in der modernen Geschichte.«[53]

Um die Auswirkungen der Importe aus China auf die US-Produktion herauszufiltern, teilten Autor, Dorn und Hanson die Vereinigten Staaten in über 700 Pendlerzonen ein. Frühere Studien hatten das Land stets als Ganzes betrachtet und waren zu dem Ergebnis gelangt, dass zunehmender Handel nur geringe oder gar keine Auswirkungen habe. Mit ihrem stärker geografischen Ansatz stellten Autor, Dorn und Hanson dagegen fest, dass in Gegenden mit vielen der Konkurrenz aus China ausgesetzten Unternehmen mehrere nachteilige Folgen zu verzeichnen waren. »Steigender Konkurrenzdruck erhöht die Arbeitslosigkeit, verringert die Erwerbstätigkeit und senkt die Löhne auf lokalen Arbeitsmärkten«, fassten die Autoren zusammen. »Konservativ geschätzt, ist er für ein Viertel des gegenwärtigen Gesamtrückgangs der Beschäftigung in der US-Produktion verantwortlich.«[54]

Die wirtschaftlichen Folgen des »China-Schocks« waren ein Grund für den politischen Rückschlag gegen die Globalisierung, den Donald Trump und andere Protektionisten geflissentlich ausbeuteten. Im US-Präsidentschaftswahlkampf von 2016 bezeichnete Trump die NAFTA und die WTO als »Katastrophe« und versprach das Ausscheiden der Vereinigten Staaten aus der Transpazifischen Partnerschaft (TPP), einem Handelsabkommen, das die Regierung Obama mit elf Pazifikanrainern geschlossen hatte.[55]

In einem nach der Wahl von 2016 veröffentlichten Aufsatz erklärten Autor, Dorn, Hanson und ein vierter Mitverfasser, Kaveh Majlesi, sie hätten auf County-Ebene eine Verbindung zwischen Handelsschocks und dem Abstimmungsverhalten in der Wahl festgestellt: »Wir stellten eine robuste positive Wirkung zunehmender Importkonkurrenz auf republikanische Stimmengewinne fest.«[56] Die Vermutung, dass Handel und Globalisierung die Demokraten die Wahl von 2016 gekostet haben könnten, war heiß umstritten. Andere Studien von Abstimmungsmustern ergaben, dass Ethnie, Religion und andere kulturelle Faktoren bei Trumps Sieg über Hillary Clinton eine größere Rolle gespielt hatten.[57] Aber es war sicherlich kein Zufall, dass der nächste Demokrat, der ins Weiße Haus einzog, Joe Biden im Jahr 2021, eine wesentlich skeptischere Haltung zur Globalisierung einnahm als seine demokratischen Vorgänger. Biden ließ einige der von Trump verhängten Zölle bestehen und setzte eine ehrgeizige Industriepolitik in Gang, die das verarbeitende Gewerbe und die Inlandsproduktion ins Ausland verlagerter Branchen stärken sollte.[58]

Während all dieser Debatten über Globalisierung und Ungleichheit hielt Piketty sich weitgehend zurück. Im Juni 2015 aß er mit einer Journalistin der *Financial Times* in einem Restaurant unweit seines Büros in der Paris School of Economics zu Mittag. Seit seinem Auftritt im Londoner Peacock Theatre war ein Jahr vergangen. »Ich hatte Phasen voller Werbeveranstaltungen und Konferenzen, die ich sehr genossen habe«, erklärte er der Journalistin, »aber ich muss zum normalen Leben zurückkehren.«[59] Doch ob er es nun mochte oder nicht, er war als Teil einer großen französischen Tradition zum öffentlichen Intellektuellen geworden. Anfang 2015 hatte ihm die sozialistische Regierung von François Hollande den Orden der Ehrenlegion verliehen, zu dessen früheren Empfängern die existenzialistischen Philosophen Jean-Paul Sartre und Albert Camus und die Schauspielerin Brigitte Bardot gehörten. Piketty lehnte die Annahme jedoch ab. »Ich glaube nicht«, sagte er zu einem Reporter, »dass es Sache der Regierung ist zu bestimmen, wer ehrenhaft ist. Sie täte besser daran, sich auf die Wiederbelebung des Wachstums in Frankreich und Europa zu konzentrieren.«[60]

In Pikettys Entscheidung, den Orden der Ehrenlegion abzulehnen, spiegelte sich seine Enttäuschung über Hollande wider, dessen Regierung eine zentristische Politik verfolgte, mit der sie ein geringes Wachstum und eine hohe Arbeitslosigkeit verwaltete. Im sozialistischen Vorwahlkampf von 2017 unterstützte Piketty den früheren Bildungsminister Benoît Hamon, der mit einem ehrgeizigen Programm antrat, das unter anderem die Einführung eines allgemeinen Grundeinkommens, eine kürzere Arbeitswoche und große Investitionen in grüne Energie vorsah. Seine wirtschaftliche Chefberaterin war die Ökonomin Julia Cagé, Pikettys Ehefrau, und ihr Ehemann veröffentlichte in *Le Monde* Artikel, in denen er Hamons Vorhaben verteidigte. Ende Januar 2017 sicherte sich Hamon, indem er den früheren Ministerpräsidenten Manuel Valls aus dem Feld schlug, die Kandidatur der Sozialistischen Partei. Aber in der Wahl am 23. April erhielt er nur 6,4 Prozent der Stimmen, weniger als ein Drittel des Anteils, den der Linksaußen-Kandidat Jean-Luc Mélenchon gewann.[61]

Für diese krachende Niederlage war natürlich nicht Piketty verantwortlich. Sie war Ausdruck einer umfassenderen Krise der westeuropäischen Mitte-links-Parteien, die auch Deutschland, Griechenland, Italien, Spanien und das Vereinigte Königreich erfasst hatte. Wenn diese Parteien an die Macht kamen, wie 2012 in Frankreich, fühlten sie sich verpflichtet, eine fiskalisch »verantwortungsvolle« Politik zu betreiben, die, wie Piketty bemängelte, das Wirtschaftswachstum behinderte und sie davon abhielt, Programme zur Hebung des allgemeinen Lebensstandards aufzulegen. Innerhalb der Eurozone war die Sparpolitik im 1992 geschlossenen Vertrag von Maastricht, einem Triumph der neoliberalen Ökonomie, verankert. Ein Vierteljahrhundert später wurde die Politik der Vertragspartner immer noch von dieser Zwangsjacke eingeschnürt. Unterdessen schrumpften die Reihen der Industriearbeiterschaft, der traditionellen Wählerschaft der Mitte-links-Parteien, aufgrund von Globalisierung und Automatisierung unaufhörlich weiter.

Zusätzlich verschärft wurden die Probleme der linken Mitte dadurch, dass viele Wähler aus der Arbeiterschaft und der unteren Mittelschicht zur Rechten wechselten und einwanderungsfeindliche Scharfmacher wie Le Pen und Trump unterstützten, die dieselben nativistischen und proautoritären Einstellungen vertraten, die Stuart Hall in der Anfangszeit der Thatcher-Ära in Großbritannien geschürt hatte. Theoretisch waren diese Wähler diejenigen, die am meisten von der umverteilenden Steuer- und Ausgabenpolitik profitieren würden, wie sie Hamon und Jeremy Corbyn, der linke Vorsitzende der britischen Labour Party, der Piketty in sein Beraterteam berufen hatte, vertraten. Aber diese Wähler wandten sich in wachsender Zahl rechten Parteien zu, deren Wirtschaftspopulismus mehr hermachte. Jüngere und gebildetere Wähler tendierten dagegen nach links, viele von ihnen aber eher zu Anti-Establishment-Parteien, wie Podemos in Spanien und der Fünf-Sterne-Bewegung in Italien. Die von Hall drei Jahrzehnte zuvor ausgerufene Krise des »Labourismus« schien zu einer existenziellen Gefahr zu werden – die auch durch den Erdrutschsieg der britischen Labour Party im Juli 2024 und den wenige Tage später errungenen Sieg einer breiten Linkskoalition in der zweiten Runde der französischen Parlamentswahlen nicht abgewendet worden war.

Piketty seinerseits war zu der Überzeugung gelangt, dass sich die ökonomische Zersplitterung, die die politische Polarisierung vorantrieb, nicht gänzlich auf mechanistische ökonomische Trends zurückführen ließ, wie er sie in Form der im *Kapital im 21. Jahrhundert* aufgestellten »Gesetze« untersucht hatte. Tatsächlich war er mittlerweile der Ansicht, dass die Erklärung für die chronische Ungleichheit in demokratischen Gesellschaften letztlich im Reich der Ideen zu suchen sei. »Jede menschliche Gesellschaft«, schrieb er am Anfang der 2019 unter dem Titel *Kapital und Ideologie* erschienenen Fortsetzung, »muss ihre Ungleichheiten rechtfertigen. Sie muss gute Gründe für sie finden, da andernfalls das gesamte politische und soziale Gebäude einzustürzen droht.« In dem neuen, noch umfangreicheren Buch spürte Piketty den Dogmen nach, mit denen ungleiche Gegebenheiten im Lauf der Geschichte gerechtfertigt wurden. In vormodernen Gesellschaften, begann er, habe die Vorstellung der Gesellschaft als eines organischen Ganzen als Rationalisierung eines strengen Kastensystems gedient. Nach den Revolutionen in Großbritannien, Frankreich und Amerika seien »Eigentümergesellschaften« entstanden, in denen die »Sakralisierung des Privateigentums« die Grundlage der Ungleichheit bildete. Im 20. Jahrhundert gewannen stärker egalitäre und weniger marktfreundliche Ideen an Boden, einschließlich derjenigen der Sozialdemokratie und des Kommunismus, was eine Gegenreaktion auslöste, die erfolgreich eine Ära des »Hyperkapitalismus« und zunehmender Ungleichheit eingeläutet habe. »Die Ungleichheit ist keine wirtschaftliche oder technologische, sie ist eine ideologische und politische Ungleichheit«, stellte Piketty fest. »So lautet zweifellos die offensichtlichste Schlussfolgerung aus der in diesem Buch vorgelegten historischen Untersuchung.«[62]

Dies dürfte manche Leser des *Kapitals im 21. Jahrhundert*, denen vermittelt worden war, die ökonomische Formel r > g sei die »grundlegende divergenzfördernde Kraft«, überrascht haben. Jetzt sei die berühmte Formel »so gut wie verschwunden«, wunderte sich der Journalist Idrees Kahloon im *New Yorker*.[63] Piketty schien Keynes' Diktum übernommen zu haben, dass »die Macht erworbener Rechte im Vergleich zum allmählichen Durchdringen von Ideen stark übertrieben« werde.[64] Auf den ersten Blick schien seine erklärte Absicht, die »herrschenden Erzählungen, auf die sich die bestehenden Ungleichheitsregime stützen«,[65] zu untersuchen, auf Gramsci zurückzugehen, der als Marxist allerdings im Rahmen der Klassenherrschaft dachte und Intellektuelle als »›Angestellte‹ der herrschenden Klasse und der politischen Herrschaft« betrachtete.[66] Piketty wies diesen Ansatz indes ausdrücklich zurück: »Dagegen beharre ich auf einer genuinen Autonomie der Ideen, das heißt der ideologisch-politischen Sphäre.«[67]

Pikettys geistige Entwicklung sorgte zwar für einige interessante Besprechungen, aber in praktischer Hinsicht endete er an der gleichen Stelle wie im *Kapital im 21. Jahrhundert*: bei einem Plädoyer für eine radikale Politik, um den Trend zunehmender

Ungleichheit umzukehren. »Was immer Konservative darüber denken mögen«, betonte er, »die derzeitigen Ungleichheiten und Institutionen sind nicht die allein möglichen […].« Seine frühere Forderung nach einer globalen Vermögenssteuer aufgreifend, entwarf er eine Reformagenda mit drei Hauptelementen: der Machtteilung in Großunternehmen, wobei Arbeitnehmervertreter die Hälfte der Stimmen in Unternehmensvorständen erhalten sollten; Strafsteuersätze für sehr hohe Einkommen und sehr große Vermögen, um ein »Kapitaleigentum auf Zeit« zu schaffen; und, zusammen mit einem allgemeinen Grundeinkommen, eine »allgemeine Kapitalausstattung«. Zusammengenommen würden diese Reformen die Grundlagen für einen »partizipativen Sozialismus des 21. Jahrhunderts« bilden, der »über das derzeitige kapitalistische System hinaus[geht]«.[68]

Voll umgesetzt, würde diese Agenda sicherlich die Plutokratie überwinden. Keynes hatte die Möglichkeit angesprochen, durch niedrige Zinssätze dem Rentier den Garaus zu machen. Piketty schlug jetzt die Enteignung durch Steuern vor. Ginge es nach ihm, würden die Staaten ein »Triptychon« aus progressiven Steuern auf Einkommen, Eigentum und Erbschaften einführen, mit Spitzensätzen von 90 Prozent auf die größten Einkommen und Vermögen. Basierend auf simplen Rechenschritten schien es wahrscheinlich, dass Leuten wie Elon Musk, Bernard Arnault und Jeff Bezos Steuerforderungen im zweistelligen Milliardenbereich präsentiert werden könnten. Piketty verglich deren Strafcharakter mit der Aufteilung großer Landbesitze in Frankreich nach der Revolution von 1789 und später in Irland, Spanien und Mexiko. Sobald sein ultraprogressives Steuersystem eingeführt sei, sagte Piketty voraus, werde es genügend Einnahmen erzielen, um jedem Erwachsenen im Alter von 25 Jahren einen Betrag von 120 000 Euro auszahlen zu können, der ihm »neue Chancen, eine Wohnung zu finden oder ein Gründungsprojekt zu finanzieren«, eröffnen würde. Das Endziel sei Gerechtigkeit, und »[g]erecht ist eine Gesellschaft, die allen, die ihr angehören, möglichst umfänglichen Zugang zu grundlegenden Gütern gewährt«, zu denen eine gute Bildung und Gesundheitsfürsorge, das Wahlrecht und die möglichst umfassende Teilhabe am gesellschaftlichen und staatsbürgerlichen Leben gehören.[69]

Als *Kapital und Ideologie* erschien, residierte Trump im Weißen Haus, Emmanuel Macron im Élysée-Palast und Angela Merkel im Bundeskanzleramt in Berlin. Es überraschte kaum, dass manche Rezensenten Pikettys Steuer- und Ausgabenvorschläge als Luftschlösser abtaten. Für die unmittelbare Gegenwart traf diese Kritik sicherlich zu, aber Piketty entwarf kein Programm für die nächste Wahl, sondern ein Geschichtsgemälde. »Es gibt stets eine Vielzahl möglicher Wege, die sich je nach den Kräfteverhältnissen auftun«, schrieb er im Schlusswort seines Buchs. Welche begangen würden, hänge vom Zusammenwirken »kurzfristiger Ereignislogiken mit jenen langfristigen intellektuellen Entwicklungen [ab], auf die man in den Augenblicken der Krise zurückgreifen kann«.[70] In den US-amerikanischen Vorwahlen von 2020 schlugen die beiden demokratischen Senatoren Elizabeth Warren und Bernie Sanders eine neue Vermögenssteuer vor. Zwei von Pikettys Forschungskollegen, Emmanuel Saez und Gabriel Zucman, halfen Warren bei der Ausarbeitung ihrer Version, die eine jährliche Steuer von 2 Prozent auf Vermögen zwischen 550 Millionen und 1 Milliarde Dollar sowie von 3 Prozent auf Vermögen von mehr als 1 Milliarde Dollar vorsah.

Im großen Ganzen liefen die »langfristigen intellektuellen Entwicklungen«, die Piketty anstoßen wollte, auf eine Neuformulierung des Sozialvertrags der Nachkriegszeit hinaus, um ihn den veränderten Umständen des 21. Jahrhunderts anzupassen. Im September 2023 hielt er auf einer vom Center on Capitalism and Society der Columbia University in New York abgehaltenen Konferenz einen per Video eingespielten Vortrag, in dem er zunächst über die jüngste Wirtschaftsgeschichte und einige der in *Kapital und Ideologie* vorgeschlagenen Maßnahmen sprach, bevor er einige Jahrzehnte zurückblickte und das sozialdemokratische Experiment des gelenkten Kapitalismus verteidigte. Schaue man noch weiter in die Vergangenheit, fuhr er fort, bis ins 19. Jahrhundert, dann sehe man, dass die Bewegung für eine Verringerung der Ungleichheit und die Verbreitung des Wohlstands, insbesondere in Europa, sehr erfolgreich gewesen sei. »Aber es liegt noch ein langer Weg vor uns«, fügte er hinzu. »Sozialdemokratie ist kein Fertigerzeugnis.«[71] Diese Schlussfolgerung konnte niemand seiner Zuhörer inner- oder außerhalb des Konferenzsaals bestreiten.

28

»Ein Zusammentreffen, das ein neues Paradigma hervorbringen könnte«

Das Ende des Kapitalismus oder ein Anfang?

Am 19. September 2023 sprach António Guterres, der Generalsekretär der Vereinten Nationen, in deren 87. Vollversammlung. »Unsere Welt gerät aus den Fugen«, erklärte er. »Geopolitische Spannungen nehmen zu. Globale Herausforderungen häufen sich. Und wir scheinen unfähig zu sein, zusammenzufinden, um darauf zu reagieren.« Guterres, vormals Ministerpräsident von Portugal, erwähnte den Krieg in der Ukraine und Militärputsche in der Sahelzone, aber die von ihm herausgestellten Hauptprobleme waren systemischer Art: Ungleichheit, zunehmende Verschuldung, Autoritarismus, eine »dysfunktionale, veraltete und ungerechte« Finanzarchitektur und »die unmittelbarste Bedrohung unserer Zukunft: unser sich überhitzender Planet«. Wenn die Welt diese Dinge nicht rasch anpacke, warnte Guterres, müsse sie mit einem »großen Bruch in den Wirtschafts- und Finanzsystemen und den Handelsbeziehungen« rechnen.[1]

Der UN-Generalsekretär war nicht der Einzige, der düstere Warnungen äußerte. Früher im selben Jahr war in einem Bericht des Weltwirtschaftsforums, das alljährlich in Davos in der Schweiz eine Konferenz von Größen aus Politik und Wirtschaft abhält, zu lesen: »Wir erleben die Rückkehr ›älterer‹ Risiken – Inflation, Lebenshaltungskostenkrise, Handelskrieg, Kapitalabfluss von aufstrebenden Märkten, verbreitete Unruhen, geopolitische Konfrontation und die Aussicht auf nukleare Kriegführung –, die nur wenige Wirtschaftsführer und öffentliche Entscheidungsträger dieser Generation erlebt haben.« Und diese Risiken würden »durch vergleichsweise neue Entwicklungen verstärkt [...], wie den beschleunigten Klimawandel, untragbare Schuldenniveaus, eine neue Ära geringen Wachstums [und] niedrige globale Investitionen und Deglobalisierung«.[2] In einer Umfrage in seinem Netzwerk von »Vordenkern« aus Wirtschaft, Politik, Wissenschaft und Zivilgesellschaft forderte das Weltwirtschaftsforum die Angesprochenen auf, aus fünf Aussagen über das kommende Jahrzehnt diejenige auszuwählen, die ihrer Ansicht am nächsten kam. Die am meisten gewählte Aussage lautete: »ständige Volatilität in allen Wirtschaften und Industrien, wobei eine Vielzahl von Schocks divergierende Entwicklungen verstärkt«.[3]

Dass sich der Kapitalismus in der Krise befinde, war natürlich keine neue Aussage: Seit den eingängigen Erklärungen des *Kommunistischen Manifests* haben Kritiker immer wieder den Zusammenbruch des Systems vorausgesagt. In den 1940er-Jahren glaubten sogar zwei der größten Verfechter des Kapitalismus – Schumpeter und Hayek –, dass er zum Untergang verurteilt sei. (Nach ihrer Ansicht ging die tödliche Gefahr allerdings von Bürokratie und Sozialismus aus.) Aber hatte der globale Kapitalismus jemals vor so vielen ernst zu nehmenden Herausforderungen gleichzeitig gestanden? Im Oktober 2022 bezeichnete der Wirtschaftshistoriker Adam Tooze das gegenwärtige Zusammentreffen von Krisen in der *Financial Times* als »Polykrise«. »In der Polykrise«, erklärte er, »treten unterschiedliche Schocks auf, die miteinander interagieren, sodass das Ganze noch überwältigender ist als die Summe der Teile.«[4] Wie um zu zeigen, wie angespannt und zerrissen die Zeiten waren, kritisierten einige Linke sogar den Begriff der Polykrise, weil er verschleiere, dass es nur eine einzige grundlegende Krisenerscheinung gebe: den Kapitalismus selbst. »Pandemie, Klimawandel, Krieg und globaler Deflationsdruck«, schrieb Farwa Sial, damals Forschungsstipendiatin an der University of Manchester, im Blog *Developing Economics*, »sind nicht nur Äußerlichkeiten des kapitalistischen Systems, sondern seiner Funktionsweise immanent – und wurden von den unterschiedlichsten Denkern seit Langem vorausgesagt.«[5]

Dem Kapitalismus ist während seiner gesamten Geschichte vorgeworfen worden, er sei amoralisch, ungerecht und zerstörerisch, aber selten zuvor war die Kritik derart geballt vorgebracht worden. »Der Klimanotfall, zunehmende Ungleichheit und Pandemieverbreitung werfen die Frage auf: Wofür ist der Kapitalismus geeignet?«, schrieben die Ökonomen Wendy Carlin und Samuel Bowles, zwei Mitgründer des CORE-Econ-Projekts, das Wirtschaftsstudenten freien Zugang zu Lehrmaterial ermöglicht, 2021 in einem Artikel über den Entwurf eines neuen Paradigmas der Volkswirtschaftslehre.[6] Laut einer Umfrage von The Harris Poll und *Forbes* im Jahr 2023 glaubte »fast die Hälfte der Amerikaner, unabhängig von Generation und Ethnie, dass der Kapitalismus auf dem falschen Weg« sei.[7]

Kurz, der globale Kapitalismus steckte in einer Legitimitätskrise, wie er sie seit den 1930er-Jahren nicht mehr erlebt hatte – und sie erstreckte sich auf die Rechte ebenso wie auf die Linke. Während Bidens Amtszeit übten zwei neue konservative Forschungsinstitute in Washington, American Compass und das Nationalkonservatismus-Projekt der Edmund Burke Foundation, scharfe Kritik an Globalisierung und Marktfundamentalismus. »Was ist mit dem Kapitalismus in Amerika geschehen?«, begann ein Bericht von American Compass. »Unternehmen erzielen weiterhin Gewinne, ja, aber nicht auf eine Weise, die dem öffentlichen Interesse dient. […] Die Globalisierung hat die heimische Industrie und Beschäftigung zertrümmert und zusammengebrochene Gemeinden zurückgelassen. Die Finanzialisierung hat das Schwerkraftzentrum der Wirtschaft von der Main Street in die Wall Street verschoben und die Unternehmensgewinne explodieren lassen, während die Löhne stagnierten und die Investitionen zurückgingen.«[8] Nach Ansicht des Nationalkonservatismus-Projekts schädigten »transnationale Unternehmen, die wenig Loyalität zu irgendeiner Nation haben, […] das öffentliche Leben, indem sie politische Reden zensieren, das Land mit gefährlichen, abhängig machenden Substanzen und Pornographie überfluten und obsessive, zerstörerische persönliche Gewohnheiten fördern«.[9]

In mancher Hinsicht wiederholten diese Kritiker, was Linke seit Generationen sagten. Sie erinnerten jedoch auch an die Schriften des erzkonservativen Thomas Carlyle aus dem 19. Jahrhundert. Manche Freimarktkonservative hatten eine moralische Verteidigung des Kapitalismus entwickelt, indem sie die Auffassung des Soziologen Max Weber übernahmen, dass er auf den protestantischen Werten von harter Arbeit, Sparsamkeit, Nüchternheit und Selbstständigkeit beruhe. Doch die Entstehung einer neuen Plutokratie, deren demonstrativer Konsum an die von Veblen beschriebenen »Industriekapitäne« des vergoldeten Zeitalters denken ließ, sprach dieser Verteidigung Hohn. 2023 nahm Jeff Bezos eine für ihn hergestellte 127 Meter lange Superjacht zum Preis von zusammen angeblich rund 500 Millionen Dollar in Empfang, samt Begleitschiff mit Hubschrauberlandeplatz, das weitere 75 Millionen Dollar gekostet haben soll.[10] Unterdessen ließ Mark Zuckerberg in Hawaii ein 570 Hektar großes Anwesen errichten, zu dem auch ein bombensicherer unterirdischer Bunker gehören soll.[11] »Niemand glaubt mehr an eine moralische Renaissance des Kapitalismus«, konstatierte der Soziologe und langjährige Direktor des Max-Planck-Instituts für Gesellschaftsforschung in Köln, Wolfgang Streeck. »Der Webersche Versuch, ihn vor einer Verwechslung mit blanker Gier zu schützen, ist gescheitert, weil Kapitalismus mehr denn je gleichbedeutend mit Korruption geworden ist.«[12] Streeck traf diese Feststellung 2014, und das nachfolgende Jahrzehnt hat sie nur noch bestätigt.

Welche Prognose war dem Kapitalismus also zweieinhalb Jahrhunderte nachdem Richard Arkwright die Cromford Mill in Betrieb nahm zu stellen? Ein Szenario war, dass die Polykrise sich fortsetzen, vertiefen und möglicherweise sogar, wie von Streeck vorausgesagt, als tödlich erweisen würde. Unter Bezug auf Marx, Polanyi, Keynes, Schumpeter und andere räumte Streeck bereitwillig ein, dass viele der bekanntesten Theoretiker irrtümlich den Untergang angekündigt hatten, fügte dann aber hinzu: »Ich glaube, dass diesmal die Dinge anders liegen.« Die von ihm aufgestellte Liste systemischer Mängel ähnelte derjenigen, die Guterres und das Weltwirtschaftsforum Jahre später präsentieren sollten. Sie umfasste ein langsames Wachstum von Produktion und Produktivität, »oligarchische Umverteilung«, zunehmenden politischen Extremismus und das Fehlen einer effektiven globalen Führung. Die Zukunft, schrieb er, werde eine Reihe aufeinanderfolgender Krisen bringen, in denen »Vorhersehbarkeit und Regierbarkeit weiter zurückgehen (noch weiter als schon jetzt)«. An einem gewissen Punkt würden dann »die zahllosen, auf kurzfristiges Krisenmanagement hin konzipierten Behelfskonstruktionen unter der Last der alltäglichen Katastrophen zusammenbrechen, die ein in tiefe, anomische Unordnung abgeglittenes Gesellschaftssystem laufend produziert«.[13]

Streeck tat gut daran, keinen Zeitrahmen für den kommenden Zusammenbruch zu nennen, denn jede Voraussage des Untergangs des Kapitalismus muss dessen Verjüngungskräften, auf die schon Marx hingewiesen hat, und der Fähigkeit von Staaten, ihm durch schwierige Zeiten zu helfen, Rechnung tragen. Obwohl keynesianische Maßnahmen heute außer Mode sind, werden sie unweigerlich wieder hervorgeholt, wenn der Kapitalismus ernstlich in Gefahr gerät. 2020, als viele Länder große Teile ihrer Wirtschaft schlossen, um die Coronapandemie unter Kontrolle zu halten, sank das globale BIP laut IWF um 2,7 Prozent. Es war die erste weltweite Rezession seit 2009 und die tiefste seit dem Zweiten Weltkrieg. Aber 2021, nachdem viele westliche Länder umfangreiche Konjunkturpakete beschlossen hatten und Impfseren gegen COVID-19 entwickelt worden waren, kehrte sich die Entwicklung um, und das globale BIP stieg um 6,5 Prozent. 2022 und 2023 bestätigten Wachstumsquoten von 3,5 beziehungsweise 3,2 Prozent die Erholung vom Pandemietief.[14]

Zum zweiten Mal innerhalb von anderthalb Jahrzehnten waren Staaten dem globalen Kapitalismus zu Hilfe geeilt. Die Weltfinanzkrise und die Pandemie waren offensichtlich unterschiedliche Phänomene, aber beide hatten die Gefahren verdeutlicht, die heraufbeschworen werden, wenn man die Marktkräfte entfesselt und dem Profitmotiv die Verteilung von Ressourcen und Kapital überlässt. Vor dem Crash von 2008 hatte die Deregulierung große Finanzinstitute dazu verleitet, übertriebene Risiken einzugehen. Während der Pandemie wurden globale Lieferketten unterbrochen, weshalb in vielen westlichen Ländern grundlegende Dinge knapp wurden, wie Atemmasken, Diagnosesets, Computerchips und Säuglingsnahrung. »Die Wirtschaftszweige in der Mitte der Lieferketten – von Schifffahrt und Eisenbahnen bis zur Fleischverarbeitung – hatten sich von den zur Begrenzung ihrer Dominanz auferlegten Regeln befreit«, stellte der Journalist Peter S. Goodman in seinem 2024 erschienenen aufschlussreichen Buch *How the World Ran Out of Everything* fest. »Sie hatten durch die Erlangung eines Monopolstatus die Ära der Räuberbarone wiedererweckt. Dies brachte Aktionären gewaltige Profite, während es für die Gesellschaft insgesamt Gefahr und Dysfunktion bedeutete.«[15]

Doch der globale Kapitalismus überlebte die Pandemie und begann sich auf die neue Realität einzustellen. Die US-Regierung bot Unternehmen Anreize, Atemmasken und Computerchips im Inland zu produzieren. Große US-Unternehmen übernahmen das Mantra der »Resilienz« und bemühten sich, wichtige Produktionsfaktoren aus größerer Nähe zu beziehen. Dies demonstrierte erneut die Fähigkeit des Kapitalismus, sich neuen Umständen und politischen Regimen anzupassen. Von Freihandel und schlankem Staat, dem Ideal des 19. Jahrhunderts, über den keynesianischen gelenkten Kapitalismus der Nachkriegszeit und den globalisierten Hyperkapitalismus des späten 20. Jahrhunderts bis zum chinesischen Staatskapitalismus, den manche als das Siegermodell des 21. Jahrhunderts ansehen, hat es viele Versionen des Kapitalismus gegeben. In den anderthalb Jahrzehnten seit der Weltfinanzkrise haben Ökonomen und Kommentatoren quer über das ideologische Spektrum neue Wirtschaftsmodelle vorgeschlagen – oder alte in neuem Gewand. Dazu gehören eine technologisch bewirkte Wiederankurbelung des Produktivitäts- und Einkommenswachstums, die dem Kapitalismus des freien Markts neues Leben einhauchen würde; eine drastische Abkehr von Materialismus und Wirtschaftswachstum hin zu Nachhaltigkeit; ein Rückzug in Protektionismus und Wirtschaftsnationalismus und die Schaffung eines neuen gelenkten Kapitalismus für ein postindustrielles Zeitalter der Algorithmen und Plattformmonopole.

Überschattet wurden viele dieser Diskussionen von der Entstehung potenziell transformativer Digitaltechnologien, wie selbstfahrender Fahrzeuge, Drohnen, 3-D-Druck, Robotik und in jüngster Zeit großer KI-Sprachmodelle. Wie die MIT-Ökonomen Erik Brynjolfsson und Andrew McAfee in ihrem 2014 erschienenen Buch *The Second Machine Age* feststellten, sind die »wesentlichen Bausteine« dafür gelegt, »dass digitale Technik für Gesellschaft und Wirtschaft ebenso bedeutsam und revolutionär wird wie die Dampfmaschine«.[16] Moderne Ökonomen bezeichnen eine Technologie, die sich über längere Zeit auf die gesamte Wirtschaft auswirkt, als Basis- oder Universaltechnologie (diese Idee geht mindestens auf Kondratjew zurück, obwohl ihm selten das Verdienst daran zuerkannt wird). Laut Brynjolfsson und McAfee könne sich die KI als mächtigste Basistechnologie aller Zeiten erweisen. Auf die Frage »Ist das Wachstum vorüber?« antworteten sie: »Auf keinen Fall. Es wird nur durch unsere Unfähigkeit aufgehalten, all die neuen Ideen schnell genug zu verarbeiten.«[17]

2020 hielt der englische Wirtschaftshistoriker Nicholas Crafts, der für seine grundlegenden Forschungen über die industrielle Revolution in Großbritannien und die Quantifizierung des Produktivitätsertrags des Thatcherismus bekannt ist, in der Bank von England einen Vortrag über »KI als Basistechnologie«.[18] Industrielle Revolutionen, sagte er in dem später als Artikel erschienenen Vortrag, würden häufig mit bestimmten Erfindungen verknüpft, wie der Dampfmaschine und der Elektrizität, aber in Wirklichkeit drehten sie sich um neue Methoden des Erfindens. In der ersten industriellen Revolution habe die neue Methodologie in »systematischem Empirismus und Experimentieren« auf der Grundlage der Prinzipien der Mechanik bestanden. In der zweiten industriellen Revolution im späten 19. Jahrhundert hätten viele Unternehmen Produktentwicklungslaboratorien eingerichtet, die mit wissenschaftlichen Mitteln neue marktfähige Dinge entwickelten. Dies sei ebenso eine effektivere Art des Erfindens gewesen wie die durch die Verbreitung des Computers seit den 1960er-Jahren ermöglichte, die den Zugang zu Wissen erheblich verbilligt und zur dritten industriellen Revolution geführt habe. Die Verwendung von KI mit ihrer unglaublichen Kapazität der Datensichtung und Mustererkennung, fuhr Crafts fort, könne eine neue Methode des Erfindens hervorbringen und damit die Grundlage für eine vierte industrielle Revolution bilden. Als Beispiele für die Fähigkeit der KI, neue Dinge zu schaffen, nannte er das im Februar 2020 von Wissenschaftlern des MIT entdeckte Antibiotikum Halicin und die Lösung des Proteinfaltungs-Problems durch Googles DeepMind-Modell im November desselben Jahres.[19]

Im November 2022 verblüffte die im Silicon Valley ansässige Firma OpenAI, die als nichtgewinnorientiertes Forschungslabor gegründet worden war, die Welt mit der Inbetriebnahme von ChatGPT, einem Chatbot, der Aufsätze, Witze (die nicht immer lustig sind) und Computercodes schreiben kann. Im Grunde ein statistisches Prognosemodell, besitzt ChatGPT die erstaunliche Fähigkeit, natürliche Sprache zu verstehen und hervorzubringen. Binnen zwei Monaten hatte der Chatbot 100 Millionen Nutzer, was ihn, Analysten der Schweizer Bank UBS zufolge, zur am schnellsten wachsenden Computeranwendung aller Zeiten machte.[20]

Bis Herbst 2024 erzielte ChatGPT Medienberichten zufolge einen Gewinn von über einer Milliarde Dollar. Auf privaten Märkten, auf denen Spekulanten und andere Investoren nicht öffentlich gehandelte Wertpapiere kaufen, erreichte das Unternehmen einen Wert von 157 Milliarden Dollar.[21] Viele prominente KI-Pioniere hatten sich besorgt über die rasche Kommerzialisierung einer potenziell gefährlichen Technologie geäußert, aber letztlich hat das Profitmotiv gewonnen. Microsoft kaufte sich für 13 Milliarden Dollar bei OpenAI ein; Google ergänzte seine Suchergebnisse durch KI-Zusammenfassungen; Meta und Amazon brachten, ebenso wie die chinesischen Internetunternehmen Baidu, SenseTime und Alibaba, eigene KI-Tools heraus. An der Wall Street wurden angesichts der Hysterie in Bezug auf KI-bezogene Aktien, insbesondere des Halbleiterherstellers Nvidia, Vergleiche zur Dot-com-Blase der späten 1990er-Jahre laut.

Inmitten all dieser Aufregung sei es schwergefallen, Hype von Realität zu unterscheiden, räumten Brynjolfsson und seine Kollegen Martin Baily und Anton Korinek in einem im Mai 2023 erschienenen Artikel ein, aber die Fähigkeiten von Chatbots hätten viele ihrer Nutzer beeindruckt. »Jüngst saß einer von uns an einem Freitagmorgen in seinem Lieblingscafé, um an einem Forschungspapier darüber, welche Auswirkungen KI auf den Arbeitsmarkt haben würde, zu arbeiten«, schrieben sie. »Nach wenigen Eingaben in klarem Englisch war das System in der Lage, ein brauchbares ökonomisches Modell zu erstellen, den Code für den Betrieb des Modells zu schreiben und mögliche Titel für die Arbeit anzubieten. Am Ende des Vormittags hatte er die Forschungsarbeit einer ganzen Woche geschafft.« Die Produktivität von Ökonomen zu erhöhen bringe der Wirtschaft nicht unbedingt viel. Aber wie sähe es bei Forschungen in Ingenieurtechnik, Werkstoffwissenschaft, Chemie oder Robotik aus? »Wenn kognitive Arbeiter effektiver sind, beschleunigen sie den technischen Fortschritt und erhöhen dadurch die Wachstumsquote der Produktivität, und das auf Dauer«, schrieben die drei Ökonomen, Crafts Argumentation aufnehmend. Ihr Artikel enthielt eine Grafik, die zeigte, dass die weitere Verbreitung und Entwicklung von KI – in einem optimistischen Szenario – BIP und Produktivität in den nächsten 20 Jahren nahezu verdoppeln könnte.[22]

In diesem Szenario würde sich der westliche Kapitalismus neu beleben, und die Pessimisten würden eines Besseren belehrt. Oder doch nicht? Gegen Ende des Artikels gestanden Bailey, Brynjolfsson und Korinek ein, dass ein »größerer Kuchen nicht automatisch bedeutet, dass alle gleich viel von ihm abbekommen – oder überhaupt etwas«. Sie verwiesen auf Studien, die darauf hindeuteten, dass letztendlich bis zu die Hälfte aller US-amerikanischen Arbeitnehmer erleben könnten, dass KI viele ihrer Arbeitsaufgaben übernehme. Viele dieser Menschen dürften Lohnkürzungen hinnehmen müssen oder ihre Arbeit ganz verlieren, räumten die drei Ökonomen ein. Aber, wandten sie ein, ein Blick in die Geschichte lege den Schluss nahe, dass diejenigen, die ihre Arbeit verlören, eine neue Anstellung fänden: »Die Vernichtung von Arbeitsplätzen ist noch immer durch die Schaffung von Arbeitsplätzen ausgeglichen worden.«[23]

Tatsächlich zeigt die Geschichte, dass die Angst vor einem Ende der Arbeit sich als übertrieben erwiesen hat. Sie zeigt aber auch, dass die Anwendung neuer Technologien eine verheerende Wirkung auf die Löhne und den Lebensunterhalt bestimmter Arbeitnehmergruppen haben kann, wofür die Handweber in Lancashire und Indien berühmte Beispiele sind. Angesichts des Tempos, mit dem die digitalen Technologien verbreitet werden können, erscheint es durchaus möglich, dass die KI-Revolution noch verheerendere Folgen haben wird als frühere industrielle Revolutionen. Nachdem James Watt 1776 die Dampfmaschine erfunden hatte, dauerte es ein halbes Jahrhundert, bis sie in Fabriken überall in Großbritannien verwendet wurde. Die Chatbots verbreiteten sich binnen weniger Monate, und sie sind nur eine der entstehenden Technologien mit potenziell dramatischen Auswirkungen auf die Arbeitswelt.

In einem Artikel für die von der Amerikanischen Akademie der Künste und Wissenschaften herausgegebenen Zeitschrift *Daedalus* gestand Brynjolfsson ein, dass der Übergang zur KI eine große Herausforderung darstelle. Die Hauptaufgabe sei, die Technologieunternehmen dazu zu bewegen, sich von der Entwicklung von Produkten, die menschliche Arbeit ersetzen, abzuwenden und stattdessen solche zu entwickeln, die menschliche Fähigkeiten verstärkten und Arbeitnehmer produktiver machten. »Wenn KI menschliche Fähigkeiten verstärkt und Arbeitnehmer in die Lage versetzt, Dinge zu tun, die sie bisher nicht tun konnten«, erklärte Brynjolfsson, »dann ergänzen sich Mensch und Maschine.« Dies impliziere, »dass der Mensch für die Wertschöpfung unverzichtbar bleibt und auf dem Arbeitsmarkt und in der Politik Verhandlungsmacht behält«. Auf diese Weise komme der menschlichen Arbeit weiterhin eine produktive, gut entlohnte Rolle zu. Aber »wenn KI vorhandene menschliche Fähigkeiten kopiert und automatisiert«, warnte Brynjolfsson, »werden Maschinen zum besseren Ersatz menschlicher Arbeit, verlieren Arbeitnehmer ihre wirtschaftliche und politische Verhandlungsmacht und werden in zunehmendem Maß von jenen abhängig, die über die Technologie herrschen«.[24] Mit anderen Worten, es entsteht eine kapitalistische technologische Dystopie.

Befürchtungen über die Auswirkungen der KI vermischten sich mit anderen Sorgen über die Richtung, die der Kapitalismus eingeschlagen hatte, einschließlich seiner Rolle bezüglich des Klimawandels. »Wir stehen am Anfang eines Massensterbens«, sagte die junge schwedische Aktivistin Greta Thunberg auf einem UN-Klimagipfel im September 2019, »und alles, worüber ihr reden könnt, sind Geld und Märchen über ewiges Wirtschaftswachstum. Wie könnt ihr es wagen!«[25] Jahrelang die Galionsfigur der Umweltbewegung, trat sie jetzt für »Wachstumsrücknahme« ein, jene Idee, die ihren Ursprung im Frankreich der Jahrtausendwende und den Arbeiten von Nicholas Georgescu-Roegen hat.

Die wachstumskritische Bewegung umfasste eine Reihe unterschiedlicher Ansichten, denen jedoch eines gemeinsam war: die Ablehnung der Maximierung des BIP-Wachstums als Hauptziel der Wirtschaftspolitik. »Je schneller wir Güter produzieren und konsumieren«, schrieb der Umweltökonom Giorgos Kallis von der Autonomen Universität von Barcelona in seinem 2018 erschienenen Buch *Degrowth*, »desto mehr schaden wir der Umwelt. Wenn die Menschheit die lebenserhaltenden Systeme des Planeten nicht zerstören will, muss die Weltwirtschaft sich entschleunigen.«[26] Neun Jahre zuvor hatte Tim Jackson, Professor für nachhaltige Entwicklung an der University of Surrey in England, in einem viel gelesenen Manifest mit dem Titel *Wohlstand ohne Wachstum* erklärt:

> »Der Mythos Wachstum hat versagt. Er hat versagt gegenüber der einen Milliarde Menschen, die immer noch jeden Tag ihr Leben um den Preis einer Tasse Kaffee zu fristen versucht. Er hat gegenüber dem empfindlichen Ökosystem versagt, von dem unser Überleben abhängt. Selbst nach seinen eigenen Regeln hat er bei der Aufgabe, wirtschaftliche Stabilität und gesichertes Auskommen für die Menschen zu gewährleisten, auf spektakuläre Weise versagt.«[27]

Ein Strang der sich verschärfenden Debatte über Wirtschaftswachstum und Nachhaltigkeit griff den Diskussionsfaden dort auf, wo er im Streit über die Grenzen des Wachstums in den 1970er-Jahren fallen gelassen worden war, indem er die Frage aufwarf, bei welcher Wachstumsrate, wenn überhaupt einer, der Kohlendioxidausstoß auf einem sehr niedrigen Niveau gehalten oder sogar auf null reduziert werden könne. Auf Drängen der Mitgliedsstaaten hatten Weltbank, OECD und UN-Entwicklungsprogramm sich für ein »grünes Wachstum« ausgesprochen, das heißt die rasche Entwicklung erneuerbarer Energiequellen und die Verbreitung von Elektroautos, Wärmepumpen und anderen sauberen Technologien, die es ermöglichen, ein wachsendes BIP von höheren Emissionen zu »entkoppeln«. »Das neue Modell kann für Wachstum sorgen, das stark, nachhaltig, gerecht und sozial inklusiv ist«, versprach die Global Commission on the Economy and

Climate, eine internationale Gruppe von Ökonomen, früheren Regierungsmitgliedern und Wirtschaftsführern, in einem Bericht von 2018.[28] Verfechter eines grünen Wachstums verwiesen auf das Vereinigte Königreich, das seinen Kohlendioxidausstoß zwischen 1990 und 2022 halbiert hatte,[29] obwohl sein inflationsbereinigtes BIP gleichzeitig um 80 Prozent zunahm.[30] Diese Entkopplung wurde zum großen Teil durch die Stilllegung von Kohlekraftwerken und ihre Ersetzung durch eine Mischung aus erneuerbaren Energiequellen und Erdgas erreicht. Im April 2024 kamen 59 Prozent des britischen Stroms aus erneuerbaren Energiequellen.[31]

Skeptiker des grünen Wachstums wiesen darauf hin, dass die meisten reichen Länder nicht so gut abschnitten wie Großbritannien und die entwickelte Welt als Ganze ihre Verpflichtung aus dem Pariser Übereinkommen von 2015, die Erderwärmung auf 1,5 °C gegenüber dem vorindustriellen Niveau zu begrenzen, nicht erfülle. »Mit den erreichten Quoten würden diese Länder im Durchschnitt über 220 Jahre brauchen, um ihre Emissionen um 95 Prozent zu verringern, und währenddessen das 27-Fache ihres verbliebenen gerechten Anteils am 1,5-Grad-Ziel emittieren«, stellten der Anthropologe Jason Hickel von der Autonomen Universität von Barcelona und der Doktorand Jefim Vogel von der University of Leeds in einer 2023 in *The Lancet Planetary Health* erschienenen Studie fest.[32]

Wohlstand und Verteilungsgerechtigkeit hatten lange im Mittelpunkt der wachstumskritischen Bewegung gestanden. Obwohl sie eng mit der Umweltbewegung verknüpft ist, gehen ihre geistigen Wurzeln auch auf die Skepsis gegenüber dem Kapitalismus und der Massenproduktion zurück, wie sie Denker wie Carlyle, Ruskin, Veblen, Kumarappa und Schumacher ausgedrückt haben. Im Gefolge einiger dieser Häretiker forderte Jackson in *Wohlstand ohne Wachstum* die fortgeschrittenen Länder auf, ihre Wirtschaften auf die Bereitstellung lokaler Dienstleistungen, wie Krankenpflege und Lehre, umzustellen und lohnendere und weniger ressourcenintensive Berufe, wie die handwerklichen, zu fördern.

»Die Menschen können auch ohne ein Mehr an Dingen gedeihen«, schrieb er. »Eine andere Welt ist möglich.«[33]

Das mag zutreffen. Aber das Wirtschaftswachstum als Ziel aufzugeben, anstatt es als »grünes Wachstum« neu auszurichten, würde gewaltige Probleme aufwerfen. Wie der Oxford-Ökonom Wilfred Beckerman in den 1970er-Jahren betont hat, trug das starke Wachstum der Nachkriegszeit dazu bei, Verteilungskämpfe im Zaum zu halten. Die nachfolgende Verlangsamung des Wachstums traf mit einer Zunahme von politischer Polarisierung und Extremismus zusammen. Eine andere wesentliche Frage ist, ob der Übergang zu negativem Wachstum für die ärmsten Länder der Welt, von denen viele gern dem Wachstumspfad folgen würden, den China und Indien in den letzten Jahrzehnten gegangen sind, nicht untragbare Belastungen mit sich bringen würde. Selbst in Ländern mit niedrigem und mittlerem Einkommen gilt das Streben nach Wirtschaftswachstum als Imperativ – was kaum überrascht: Global betrachtet, lag das durchschnittliche Haushaltseinkommen 2022 laut Weltbank bei gerade einmal 7,75 Dollar am Tag.[34]

Kann eine Wachstumsrücknahme mit dem Bestreben armer Länder, den Lebensstandard ihrer Bevölkerung dem westlichen Niveau anzunähern, in Einklang gebracht werden? Branko Milanović hat 2021 in einem Blog zwei Optionen untersucht, wie das globale BIP konstant gehalten werden kann, was die buchstäbliche Definition von Wachstumsrücknahme ist. Die erste wäre, die globale Einkommensverteilung einzufrieren, sodass jeder sein gegenwärtiges Einkommen behält. In diesem Fall, erläuterte Milanović, müsste die Hälfte der Menschheit auf Dauer von sieben Dollar am Tag oder weniger leben, was sowohl für die Entwicklungsländer als auch für Verfechter der Wachstumsrücknahme sicherlich nicht annehmbar wäre. Die zweite Option wäre, den Lebensstandard von Menschen mit über dem globalen Durchschnitt liegendem Einkommen zu reduzieren und den Lebensstandard derjenigen, deren Einkommen unter ihm liegt, zu erhöhen. Nach

Milanovićs Berechnung wären davon alle betroffen, die mehr als 16 Dollar am Tag einnehmen, was in westlichen Ländern für 86 Prozent der Bevölkerung zutrifft. Die Wachstumsrücknehmer, fuhr er fort, könnten jedoch weder »Menschen in Entwicklungsländern, die gerade einmal den Schimmer eines besseren Lebens sehen, zu ewiger Armut verurteilen, noch können sie vernünftigerweise verlangen, die Einkommen von neun von zehn Bewohnern des Westens zu reduzieren. Der Ausweg aus diesem Dilemma liegt in halbmagischem und schließlich gänzlich magischem Denken.«[35]

Jason Hickel, Autor des 2020 erschienenen Buchs *Weniger ist mehr. Warum der Kapitalismus den Planeten zerstört und wir ohne Wachstum glücklicher sind,* antwortete Milanović, ebenfalls in einem Blog, dass in reichen Ländern ein Nullwachstum oder sogar Negativwachstum des BIP mit einer Zunahme des menschlichen Wohlbefindens einhergehen könne, wenn diese Länder ihre Wirtschaften so umgestalteten, dass verschwenderischer Konsum ausgeschlossen und die menschlichen Bedürfnisse wie Gesundheitsfürsorge, Bildung und eine saubere Umwelt erfüllt würden. »Was das menschliche Wohlbefinden betrifft, ist das BIP irrelevant«, erklärte Hickel. Das eigentliche Problem sei, dass »der Kapitalismus, was die Erfüllung der menschlichen Bedürfnisse angeht, höchst ineffizient« sei; »er produziert so viel und lässt trotzdem zu, dass 60 Prozent der Menschheit nicht einmal Zugang zu den grundlegenden Gütern haben«.[36] Was gebraucht werde, betonte er in *Weniger ist mehr,* sei eine »alternative postkapitalistische Ökonomie«.[37]

Der von Dani Rodrik in den 1990er-Jahren vorhergesagte Backlash gegen die Globalisierung endete ebenso wenig mit dem Brexit und der Wahl Donald Trumps zum US-Präsidenten im Jahr 2016 wie der mit beidem zusammenhängende Aufstieg des rechtsgerichteten Populismus und der Angriffe auf die liberale Demokratie. »Die Hälfte der demokratischen Regierungen auf der Welt«, stellte das

Stockholmer International Institute for Democracy and Electoral Assistance anlässlich der Herausgabe seines Jahresberichts für 2022 fest, »befindet sich im Niedergang, untergraben von Problemen, die von der Einschränkung der Redefreiheit bis zum Misstrauen an der Legitimität von Wahlen reichen.«[38] In der Wahl zum Europäischen Parlament von 2024 verzeichneten rechtsgerichtete Parteien in vielen Ländern große Zugewinne. Und später im Jahr hat Trump die US-Präsidentschaftswahl gewonnen. Zu diesem Aufstieg der Rechten haben natürlich auch viele nichtökonomische Faktoren beigetragen: eine immigrationsfeindliche Einstellung, die Ablehnung liberaler kultureller Werte, offener Rassismus und die Verbreitung von Verschwörungstheorien über die sozialen Medien. Aber Demagogen wie Trump, Viktor Orbán in Ungarn und Marine Le Pen in Frankreich nutzten weiterhin auch das verbreitete Gefühl aus, dass die Globalisierung nicht die Vorteile bringe, die ihre Verfechter versprochen haben.

Als Reaktion auf den Rechtsruck haben viele Politiker der Mitte, einschließlich US-Präsident Joe Biden, die Festlegung ihrer Parteien auf Freihandel und immer engere internationale Integration einer Prüfung unterzogen. Die Regierung Biden hat einige von Trumps Zöllen beibehalten und eine ehrgeizige Industriepolitik betrieben, die Herstellern von Halbleitern, Sonnenkollektoren und Elektrofahrzeugen mit Produktionsstätten in den Vereinigten Staaten großzügige Zuschüsse gewährte. Im ersten Halbjahr 2024 erhöhte die US-Regierung die Abgaben auf Importe von Stahl und einer Reihe chinesischer Produkte, wie Halbleiter und Elektrofahrzeuge. Obwohl Vertreter des Weißen Hauses diese Maßnahmen als begrenzt und zielgerichtet darstellten, waren sie ein starkes Signal dafür, wie sehr sich die Einstellung zu Handel und Globalisierung im Lauf des Vierteljahrhunderts, seit die US-Regierung den Beitritt Chinas zur Welthandelsorganisation begrüßt hatte, gewandelt hatte.[39]

Angesichts dieses veränderten Umfelds gelangten einige Ökonomen zu dem Schluss, dass sich die Globalisierung im Rückzug befinde. Andere hielten solche Feststellungen für übertrieben. Trotz des Brexits, der zunehmenden Popularität protektionistischer Maßnahmen und der Corona-Shutdowns in vielen Ländern haben der Welthandel und die internationalen Kapitalströme, zwei Standardmaßstäbe der Globalisierung, stetig zugenommen. Laut WTO erreichte der Wert des Warenhandels (der Importe und Exporte aller Güter) 2022 mit 25,3 Billionen Dollar einen neuen Höchststand,[40] bevor er 2023 aufgrund der Auswirkungen der Pandemie leicht zurückging.[41] Die Daten über die Kapitalströme sind unvollständig, aber auch die grenzüberschreitende Kreditvergabe von Banken und anderen Finanzinstituten hat kontinuierlich zugenommen. Laut der Bank für Internationalen Zahlungsausgleich haben die grenzüberschreitenden Ansprüche von Banken im ersten Quartal von 2023 einen Wert von 37 Billionen Dollar erreicht.[42]

Aber auch Verfechter der »Deglobalisierungs«-These können auf Zahlen verweisen. Wenn man sich den Umfang des Warenhandels im Verhältnis zur Größe der Weltwirtschaft insgesamt anschaut anstatt in Dollar, dann erreichte er 2008 mit rund 50 Prozent seinen Höhepunkt und ging danach bis 2020 auf 42 Prozent zurück.[43] Laut OECD war das Niveau ausländischer Direktinvestitionen – der Erwerb von Anteilen an Unternehmen oder Projekten – im Verhältnis zum globalen BIP 2023 niedriger als 2013.[44] Im selben Zeitraum haben die zunehmende Bedrohung durch Protektionismus und die Erkenntnis der Fragilität der internationalen Lieferketten während der Coronapandemie zu einer Welle des »Onshoring« geführt, das heißt der Verlagerung von Produktionsstätten und Materialbeschaffung zurück ins Inland. Nach Angaben der Investmentbank Barclays hat sich die Zahl der Unternehmen, die in ihren Mitteilungen die Inlandsverlagerung erwähnen, zwischen 2020 und 2022 vervierfacht.[45]

Nichts spricht dafür, dass der politische Druck, der diese Kehrtwende bewirkt hat, abnähme. Eine Umfrage, die das Meinungsforschungsinstitut YouGov 2023 für die konservative Denkfabrik

American Compass durchführte, ergab, dass 47 Prozent der Befragten der Ansicht waren, die Vereinigten Staaten hätten unter der Globalisierung gelitten, während nur 33 Prozent meinten, sie hätten von ihr profitiert. Die Einstellungen unterschieden sich nach Schichtzugehörigkeit und Region: Während nur 26 Prozent der »Arbeiterklasse«-Befragten sagten, die Vereinigten Staaten hätten profitiert, waren 44 Prozent der »Oberschicht«-Befragten dieser Meinung. Ähnlich unterschiedlich waren die Meinungen von Küsten- und Inlandsbewohnern.[46]

Wie von Rodrik vorhergesehen, hatten sich Gewinner und Verlierer der Globalisierung in verfeindeten Lagern versammelt, wenn dieser Prozess auch nicht unbedingt abgeschlossen war. Nach Ansicht des Handelstheoretikers Richard Baldwin von der IMD Business School in Lausanne würde die nächste Auslagerungswelle die »Zwischendienstleistungen« betreffen, wie die Verwaltung der Zahlen von Buchhaltungsfirmen, die Analyse medizinischer Daten für Versicherungsgesellschaften und die Anfertigung von Plänen für Architekturbüros. In Entwicklungsländern, erklärte Baldwin, gebe es immer noch ein riesiges Reservoir von Arbeitskräften, die diese Arbeiten zu geringeren Kosten ausführen könnten als ihre Pendants in entwickelten Ländern, zumal dann, wenn sie KI-Tools benutzten. »Was wir also auf den aufstrebenden Märkten sehen werden«, fuhr er fort, »ist, dass Hunderte Millionen Menschen reicher werden. Und in entwickelten Ländern werden die virtuellen Büros voller ›Telemigranten‹ sein. Die schlechte Nachricht ist natürlich, dass dies in Hochlohnländern wahrscheinlich eine Gegenbewegung gegen die Globalisierung hervorbringen wird.«[47] Diese Reaktion war bereits weit gediehen. Die Frage war, wie stark die KI sie verschärfen würde.

Als Antonio Gramsci in den 1920er- und 1930er-Jahren unter Mussolini im Gefängnis saß, hatte er nur allzu viel Zeit, um über die Beziehung zwischen ökonomischen Kräften und ökonomischen Ideologien nachzudenken. Eine der Schlüsselerkenntnisse, die er in seinen Notizheften festhielt, lautete, dass beide sich unter bestimmten Umständen zu einem »historischen Block« vereinten, der politische Macht anstatt durch Gewalt durch Konsens ausüben konnte, ein Phänomen, das er als »Hegemonie« bezeichnete. Viel Tinte ist für die Beantwortung der Frage verwendet worden, welche relative Bedeutung Gramsci den Kräften einerseits und der Ideologie andererseits gab; dabei hat er eindeutig klargestellt, dass es auf die Mischung ankomme. Er unterschied zwischen »gewollten« Ideologien, die willkürliche, rationalistische menschliche Schöpfungen seien, und »historisch organischen« Ideologien, die aus bestimmten materiellen Umständen erwüchsen und »für eine gewisse Struktur notwendig« seien. Erstere hätten wenig praktischen Einfluss, bemerkte er, aber Letztere könnten Berge versetzen.[48]

Der gelenkte Kapitalismus der Nachkriegsära beruhte auf einem hegemonialen Block aus Handarbeitern, gebildeten Liberalen, aufs Inland konzentrierten Unternehmen, langfristigen Kapitalanlagen, dem fortgesetzten Ausschluss vieler Teile der Welt und keynesianisch-sozialdemokratischen politischen Ideen. Der globalisierte Hyperkapitalismus, der nach dem Ende des Kalten Kriegs entstand, beruhte dagegen auf einem Block aus gebildeten Arbeitnehmern, international ausgerichteten Unternehmen, kurzfristigen Kapitalanlagen, der Öffnung für zuvor ausgeschlossene Teile der Welt und Freimarktpolitik. Für das zweite Viertel des 21. Jahrhunderts stellte sich die Frage, welche Art von historischem Block, wenn überhaupt einer, in einer durch digitale Technologie geschrumpften, zugleich aber immer stärker zersplitterten Welt an die Macht gelangen würde.

Der chinesische Staatskapitalismus stellte potenziell eine hegemoniale Kraft dar, war aber durch seinen undemokratischen Charakter für andere Länder wenig attraktiv und hatte durch die dramatische Entwicklungsverlangsamung, seit Xi Jinping 2012 das Ruder übernommen hatte, an Glanz verloren. In vielen Ländern, wie in Deutschland und den USA, befanden sich von unzufriedenen, nativistischen Wählern unterstützte rechte Parteien weiterhin im Aufwind. Der deutlichste Beleg dafür war Trumps Rückkehr ins Weiße Haus mit einem Programm aus Zöllen und der Massendeportation illegaler Einwanderer. Dass Elon Musk und mehrere Wall-Street-Tycoons, die von der Globalisierung und Finanzialisierung enorm profitiert haben, zu seinem engsten Kreis gehörten, war einer von vielen schreienden Widersprüchen in der rechtspopulistischen Bewegung, störte aber weder Trump noch seinen Vize J. D. Vance. Letzterer, einst Mitarbeiter einer Risikokapitalfirma und Verteidiger der Globalisierung, gerierte sich nun als Möchtegernphilosoph der neuen Rechten. Auf dem Parteikonvent der Republikaner im Jahr 2024 verkündete er unbekümmert: »Wir haben genug davon, […] der Wall Street zu dienen. Wir kümmern uns um die arbeitenden Menschen.«[49]

Auf der äußersten Linken blieb die Überwindung des Kapitalismus das Ziel. Aber was sollte ihn ersetzen? Mancherorts, wie etwa in Ostdeutschland, traf man immer noch auf eine gewisse Sehnsucht nach dem alten kommunistischen Modell von Staatsbesitz und zentraler Planung. Anderswo begeisterten sich Linke mehr dafür, neue Institutionen und Räume zu schaffen, die unabhängig vom Staat und von der monolithischen kapitalistischen Wirtschaft waren: Protestcamps, Arbeiterkorporativen, Tausch- und Recyclingnetzwerke, kommunale Landwirtschaften und kleine Handwerksbetriebe.

Obwohl Namen wie Owen, Thompson und Fourier heute im linken Diskurs keine große Rolle mehr spielen, geht das Ziel, Institutionen, Gemeinschaften und ganze Subökonomien zu schaffen, die jenseits des Geldzusammenhangs und des Profitstrebens operieren, auf Ansätze aus dem frühen 19. Jahrhundert zurück. Aber auch ihre modernen Verfechter zwei Jahrhunderte später haben nicht wirklich gezeigt, wie sie die praktischen Probleme, die ihre Vorgänger geplagt haben, lösen wollen, insbesondere wenn ihre Ideen auf nationaler oder globaler Ebene verwirklicht werden sollen. Gleichwohl wirken die »neuen Commons«, wie Silvia

Federici sie in ihrem 2019 erschienenen Buch *Die Welt wieder verzaubern* beschrieb, über die Zeiten hinweg verlockend. »Die Commons«, schrieb sie, »stehen im Kern dafür, dass ein Leben in einer Hobbesianischen Welt, in der alle mit allen konkurrieren und Wohlstand auf Kosten anderer geschaffen wird, keinen Wert hat und unweigerlich in die Niederlage führt.«[50]

In der linken Mitte, wo die geistigen Grundlagen für den gelenkten Kapitalismus der Nachkriegsära geschaffen wurden, war die Suche nach einem neuen Plan dieser Art, der die sozialen, ethnischen und geografischen Spaltungen überwinden könnte, besonders dringend. An Vorschlägen für die Behebung spezieller Probleme mangelte es nicht. Rodrik, Naidu und Zucman hatten 2019 in einem Aufsatz über »Ökonomie nach dem Neoliberalismus« eine lange Liste politischer Ideen einer von ihnen gegründeten neuen Gruppe, der Ökonomen für inklusiven Wohlstand, angeführt. Zu ihnen gehörten die Bildung von Tarifkommissionen in Niedriglohnländern, um die Monopsony-Macht der Arbeitgeber zu begrenzen, wie Joan Robinson sie in ihrem Frühwerk vorgeschlagen hatte; die Ausweitung frühkindlicher Bildung, die einen effektiven Weg zur Anhebung des Lebenseinkommens von Kindern aus armen Familien darstellt; die Besteuerung multinationaler Unternehmen dort, wo sie ihre Verkäufe tätigen, um die Steuervermeidung zu verringern; eine Reformierung des Patentsystems, um die Monopolmacht zu beschneiden; die Stärkung internationaler Finanzvorschriften und die Einbeziehung von Arbeitsstandards in Handelsabkommen. Hinter dieser umfangreichen Agenda stand der Gedanke, dass es keine schnelle Lösung für die Probleme des Kapitalismus des 21. Jahrhunderts gab: Das ganze System bedurfte der Überholung. »Diese Vorschläge«, bemerkten die Autoren, »nehmen sich Polanyis Worte zu Herzen: Um gut zu funktionieren, müssen entscheidende Märkte (wie diejenigen für Arbeit, Land und Kapital) in Nichtmarktinstitutionen eingebettet sein, und die ›Spielregeln‹ müssen vom Staat festgelegt werden.«[51]

Die Erwähnung Polanyis erinnerte daran, um wie viel es in diesen Debatten ging. Durch die Einbindung des Kapitalismus in ein ökonomisches und soziales Regelwerk hatte die keynesianische Sozialdemokratie der Nachkriegsära scheinbar Polanyis Argument widerlegt, dass die Logik des Systems auf die Alternative Sozialismus oder Faschismus hinauslaufe. Aber der Neoliberalismus trat an die Stelle des Keynesianismus und ermöglichte es dem Kapitalismus wieder, seine Fesseln abzuwerfen. Nach Ansicht von Samuel Bowles und Wendy Carlin, die in ihrem bereits erwähnten Artikel von 2021 die Frage aufwarfen, welchem Zweck der Kapitalismus diene, sollten die Bemühungen, ein neues ökonomisches Paradigma zu schaffen, in erster Linie darauf ausgerichtet sein, ihn auf einen »verkleinerten Raum« zu »schrumpfen«, in dem seine Stärken, wie die innovationsfördernde Wettbewerbsfähigkeit, der Gemeinschaft dienten.

Politische und wirtschaftliche Kräfte würden sich, laut Bowles und Carlin, diesem neuen Paradigma anpassen. Die zunehmende Sorge über Klimawandel, Ungleichheit und Lohnstagnation würde die Zustimmung zum Kapitalismus allgemein untergraben, während der Aufstieg von KI und Robotik die traditionell hierarchische kapitalistische Betriebsstruktur, in der Arbeitnehmer für eine bestimmte Entlohnung vorgegebene Routinetätigkeiten ausführten, erschüttere. Nachdem die Technologie solche Tätigkeiten übernommen habe, würden Arbeitsplätze mit differenzierteren, komplexeren Aufgaben übrig bleiben, die von Arbeitgebern weit schwieriger zu überwachen seien. Eine mögliche Lösung dieses Problems, erklärten Bowles und Carlin, sei es, zu Teamwork und reputationsbasierten Belohnungen überzugehen, wie es in Open-Source- und Open-Science-Umgebungen üblich sei. Eine zweite, drakonischere Option sei es, eine Mitarbeiterüberwachung à la Amazon einzuführen. Drittens könne man die traditionelle Betriebsstruktur aufgeben und auf Stückbasis entlohnte »Gig-Arbeiter« beschäftigen. »Durch die Verkleinerung des Anteils der wirtschaftlichen Tätigkeit, in dem kapitalistische

Firmen einen Wettbewerbsvorteil haben«, schrieben Bowles und Carlin, »schrumpfen die erste und dritte Lösung – teambasierte Open-Source- und Gig-Ökonomie – den Kapitalismus. Die zweite Lösung – Amazon-ähnliche Überwachung – hat viele davon überzeugt, dass der Kapitalismus geschrumpft werden sollte.«[52]

Bowles und Carlin missbilligten die schädlichen Praktiken von Plattformunternehmen wie Uber und Lyft. Gig-Arbeit unterscheide sich von Vollzeitbeschäftigung, betonten sie – sie verglichen sie mit dem vorindustriellen »Verlagssystem«. Der technologiegetriebene Kapitalismus fresse sich in gewissem Ausmaß selbst. Diese Kannibalisierung schaffe Raum für neue wirtschaftliche Ideen und alternative Wirtschaftsformen, wie nicht profitorientierte Kooperativen in Arbeitnehmerbesitz und kommunale öffentliche Gemeinschaftseinrichtungen – die sich in der gesamten Linken und darüber hinaus großer Beliebtheit erfreuten. »Dieses Zusammentreffen«, schlossen Bowles und Carlin ihren Artikel, »könnte einem neuen Paradigma in der politischen Ökonomie den Weg ebnen.«[53]

Die Idee, den Kapitalismus zu schrumpfen, schien für viele Denker, von Bowles und Carlin über Federici bis zu Stiglitz, überzeugend. Letzterer forderte in seinem 2024 erschienenen Buch *Der Weg zur Freiheit* eine »dezentrale Wirtschaft mit einem reichhaltigen institutionellen Ökosystem«. Unter Verweis auf die Wucherungen des Kapitalismus in den letzten Jahrzehnten schrieb er: »Ich möchte betonen, dass weite Teile der Wirtschaft nicht gewinnorientiert arbeiten und dies auch nicht tun sollten. Dazu gehört ein Großteil des Gesundheits-, Bildungs- und Pflegesektors, in dem reines Gewinnstreben oft negative Folgen hat.« Außerdem forderte Stiglitz, die Tätigkeit von Plattformmonopolen zu begrenzen, insbesondere von Social-Media-Unternehmen, deren Algorithmen in seinen Augen »die Aufstachelung zu Gewalt und die Verbreitung von Hassbotschaften« ermöglichen und »antisoziales Verhalten« fördern.[54]

Dass Stiglitz in einigen Kritikpunkten mit Federici, in anderen mit dem Nationalkonservatismus-Projekt übereinstimmte, war vielleicht ein Anzeichen für die Möglichkeit, eine breite Koalition für die Eindämmung des Hyperkapitalismus zu schmieden. Andererseits haben die Bemühungen, ein neues ökonomisches Paradigma zu schaffen, bereits zu einer Gegenreaktion von Marktkonservativen geführt. Im Juli 2023 haben Dutzende von ihnen, wie Jeb Bush, Karl Rove sowie Vertreter der Mont Pelerin Society, des American Enterprise Institute und der Capitalist League, eine Grundsatzerklärung herausgegeben, in der sie feststellen: »Das System des freien Unternehmertums ist die Grundlage des Wohlstands.«[55] In den 1930er-Jahren führten amerikanische Konservative gegen Roosevelts New Deal ähnliche Argumente ins Feld. In den 1940er-Jahren äußerte Hayek seine berühmte Warnung, dass die Entwicklung zum Kollektivismus in Knechtschaft enden könne. In jüngerer Zeit haben manche Konservative die staatliche Reaktion auf die Coronapandemie, die unter anderem große Programme zur Anregung der Wirtschaft umfasste, als überzogen kritisiert. Sie war sicherlich nicht vollkommen, hat aber einem langen Abschwung die Spitze genommen und war in manchen Aspekten erhellend. Der American Rescue Plan Act von 2021 verwandelte ein bestehendes Programm von Steuererleichterungen für Geringverdiener mit Kindern in eine allgemeine monatliche Zahlung von 300 Dollar pro Kind. Nach der Einführung des Gesetzes sank die Quote der Kinderarmut, laut Supplemental Policy Measure des Census Bureau, innerhalb eines Jahres von 9,7 auf 5,2 Prozent. Nach Aufhebung der erweiterten Steuererleichterung im Jahr 2022 folgte ein beispielloser Jahresanstieg der Kinderarmutsquote auf 12,4 Prozent.[56]

Die Lehre aus diesem kurzen politischen Experiment ist klar: Mit dem nötigen politischen Willen ist es durchaus möglich, die Kinderarmut zu verringern, genauso wie es im 20. Jahrhundert möglich war, die verbreitete Altersarmut zu verringern, indem man staatliche Renten einführte.

Das System kann reformiert werden: Die Herausforderung besteht darin, den politischen Willen und die Mittel dafür aufzubringen. Mit dem Aufstieg des rechtsgerichteten Populismus, profitgetriebener KI und einer Tech- und Finanzoligarchie, die sich immer weniger zurückhielt, politischen Einfluss auszuüben, erscheint die Aufgabe beim Übergang ins zweite Viertel des 21. Jahrhunderts furchteinflößender als jemals zuvor. Aber das System hat sich seit über 200 Jahren in Wellen und Gegenwellen entwickelt, von denen manche von seinen inneren Widersprüchen, wie Marx und seine Anhänger sie erkannt haben, hervorgerufen wurden, andere von technologischen Entwicklungen, wie in Kondratjews Modell der »langen Wellen«, und wieder andere von politischem Druck, wie in Polanyis »Doppelbewegung«. Im jeweiligen Augenblick ist es schwer (wenn nicht unmöglich) zu sagen, wie lange die gegenwärtige Konfiguration bestehen bleiben oder was an ihre Stelle treten wird. Aber das System kann nicht ruhen. Dies galt während seiner gesamten Geschichte, und es wird weiter gelten, bis Wolfgang Streeck oder einer seiner Nachfolger recht bekommt.

Anmerkungen

Einleitung

1 Jeff Stein, »Here's the Full Text of Bernie Sanders's Iowa Speech«, in: *Vox,* 2. Februar 2016, https://www.vox.com/2016/2/2/10892752/bernie-sanders-iowa-speech (zuletzt aufgerufen am 17. 11. 2025).

2 Frank Newport, »Democrats More Positive About Socialism Than Capitalism«, Gallup, 13. August 2018, https://news.gallup.com/poll/240725/democrats-positive-socialism-capitalism.aspx (zuletzt aufgerufen am 17. 11. 2025).

3 »Public Opinion in the Post-Brexit Era«, Legatum Institute, 13. Oktober 2017, https://lif.blob.core.windows.net/lif/docs/default-source/default-library/1710-public-opinion-in-the-post-brexit-era-final.pdf (zuletzt aufgerufen am 29. 12. 2025).

4 William Haller, »Southey's Later Radicalism«, in: *PMLA,* 37, 2 (Juni 1922), S. 286, https://www.jstor.org/stable/pdf/457385.pdf (zuletzt aufgerufen am 17. 11. 2025).

5 G. D. H. Cole, *A History of Socialist Thought,* 5 Bde., London 1953–1960, Bd. 1: *The Forerunners, 1789–1850,* London 1953.

6 John Ruskin an Lily Armstrong, 19. November 1866, in: John Ruskin, *The Letters of John Ruskin, Bd. 1: 1827–1869,* London 1909, S. 520.

7 »Capitalism: What Is It?«, in: NPR, 24. Juni 2021, https://www.npr.org/transcripts/1008906741 (zuletzt aufgerufen am 17. 11. 2025).

8 Karl Marx und Friedrich Engels, Manifest der Kommunistischen Partei, in dies., *Werke,* 44 Bde., Berlin 1956–2018, Bd. 4, 1959, S. 489–492.

9 Johnny Fuller, »Panic of 1857«, in: *The Economic Historian,* 6. Januar 2022, https://economic-historian.com/2020/07/panic-of-1857 (zuletzt aufgerufen am 17. 11. 2025).

10 Karl Marx und Friedrich Engels, *Werke,* Bd. 29, 1963, S. 198.

11 Ebd., S. 204.

12 Jürgen Kocka, *Geschichte des Kapitalismus,* München ²2014, S. 7.

13 Ebd., S. 10 f.

14 Ebd., S. 20 f.

William Bolts und die Ostindien-Kompanie

1 R. S. Fitton, *The Arkwrights. Spinners of Fortune,* Manchester 1989, S. 28.

2 Derwent Valley Mills World Heritage Site, »Key Sites – Cromford Mill Complex«, https://www.derwentvalleymills.org/discover/derwent-valley-mills-history/derwent-valley-mills-key-sites/cromford-mill-complex (zuletzt aufgerufen am 29. 12. 2025).

3 E. J. Hobsbawm, *Europäische Revolutionen, 1789–1848,* Zürich 1962, S. 59.

4 Nicholas Crafts, *Forging Ahead, Falling Behind and Fighting Back. British*

Economic Growth from the Industrial Revolution to the Financial Crisis, Cambridge 2018, S. 2, Tabelle 1.

5 »Global GDP over the Long Run«, in: *Our World in Data,* 16. Mai 2024, https://ourworldindata.org/grapher/world-gdp-over-the-last-two-millennia (zuletzt aufgerufen am 17. 11. 2025).

6 US Census, »Historical Estimates of World Population: 1750, UN Estimate«, 5. Dezember 2022, https://www.census.gov/data/tables/time-series/demo/international-programs/historical-est-worldpop.html (zuletzt aufgerufen am 17. 11. 2025); für 2023 siehe *Worldometer,* »Current World Population«, https://www.worldometers.info/world-population (zuletzt aufgerufen am 17. 11. 2025).

7 Nick Robins, *The Corporation That Changed the World,* London 2012; William Dalrymple, *The Anarchy,* New York 2019.

8 William Bolts, *Gegenwärtiger Zustand von Bengalen. Historisch, Politisch und Statistisch vorgestellt,* Leipzig 1780, S. 27, https://archive.org/details/bub_gb_JvZAAAAAcAAJ_2 (zuletzt aufgerufen am 17. 11. 2025).

9 Robins, *The Corporation That Changed the World;* Dalrymple, *The Anarchy;* N. L. Hallward, *William Bolts. A Dutch Adventurer under John Company,* Cambridge 1920, https://archive.org/details/williamboltsdutcoohallrich (zuletzt aufgerufen am 17. 11. 2025).

10 Robins, *The Corporation That Changed the World,* S. 66.

11 Ebd., Kap. 3 und 4.

12 Ebd., Kap. 4; Dalrymple, *The Anarchy,* Kap. 3–5.

13 Robins, *The Corporation That Changed the World,* S. 77.

14 Ebd., S. 29.

15 Nicholas B. Dirks, *The Scandal of Empire. India and the Creation of Imperial Britain,* Cambridge, Massachusetts, 2006, S. 250–258.

16 Dalrymple, *The Anarchy,* S. 168.

17 John Malcolm, *The Life of Robert, Lord Clive,* Bd. 2, London 1836, Kap. 14, https://www.gutenberg.org/files/54633/54633-h/54633-h.htm (zuletzt aufgerufen am 29. 12. 2025).

18 Robins, *The Corporation That Changed the World,* S. 97; die Schätzungen stammen aus: P. J. Marshall, *East Indian Fortunes. The British in Bengal in the Eighteenth Century,* Oxford 1976, S. 232 (Tabelle VI), S. 241 (Tabelle VII), S. 250 (Tabelle VIII).

19 Robins, *The Corporation That Changed the World,* S. 89; Dirks, *The Scandal of Empire,* S. 53.

20 Hallward, *William Bolts,* S. 89; Bolts, *Gegenwärtiger Zustand von Bengalen,* S. 217–220.

21 Hallward, *William Bolts,* S. 115–131.

22 Robins, *The Corporation That Changed the World,* S. 84–101.

23 Ebd., S. 95.

24 Ebd., S. 94.

25 Dalrymple, *The Anarchy,* S. 220.

26 Ebd., S. 219.

27 Bolts, *Gegenwärtiger Zustand von Bengalen,* S. 317; Dalrymple, *The Anarchy,* S. 226–228.
28 Bolts, *Gegenwärtiger Zustand von Bengalen,* S. 321.
29 Ebd., S. 314.
30 William Bolts, *Gegenwärtiger Zustand von Bengalen,* S. X.
31 Bolts, *Gegenwärtiger Zustand von Bengalen,* S. 318, 367.
32 Dirks, *The Scandal of Empire,* S. 254.
33 Robins, *The Corporation That Changed the World,* S. 81; siehe auch Romesh Dutt, *The Economic History of India Under Early British Rule,* 2 Bde., London 1902/1904; Sanjeev Sabhlok, »William Bolts's 1772 Book, ›Considerations on India Affairs‹«, 18. August 2018, https://www.sabhlokcity.com/2018/08/william-bolts-1772-book-considerations-on-india-affairs (zuletzt aufgerufen am 17. 11. 2025).
34 »Lord Clive's Speech in the House of Commons«, 30. März 1772, https://famineanddearth.exeter.ac.uk/displayhtml.html?id=fp_00107_en_lordclivesspeech (zuletzt aufgerufen am 29. 12. 2025).
35 Robins, *The Corporation That Changed the World,* S. 80.
36 Ebd., S. 111 f.; Dalrymple, *The Anarchy,* S. 228–231.
37 Hallward, *William Bolts,* S. 203.

Adam Smith über Kolonialkapitalismus und Sklaverei

1 Ian Simpson Ross, *The Life of Adam Smith,* New York 1995, S. 241; Adam Smith, *The Correspondence of Adam Smith,* hg. von Ernest Campbell Mossner und Ian Simpson Ross, Indianapolis, Indiana, 1987, S. 162.
2 Ross, *The Life of Adam Smith,* S. 241.
3 Adam Smith, *Untersuchung über das Wesen und die Ursachen des Volkswohlstandes (Der Wohlstand der Nationen),* Frankfurt am Main 2009, 1. Buch, Kap. 1, S. 49 f.
4 Ebd., S. 56.
5 Ebd., 4. Buch, Kap. 7.3, S. 715.
6 Ebd., Kap. 2, S. 524.
7 Ebd., 1. Buch, Kap. 4, S. 69.
8 Dugald Stewart, »Account of the Life and Writings of Adam Smith, LL. D.«, in: *Transactions of the Royal Society of Edinburgh* (1793), S. 322, https://delong.typepad.com/files/stewart.pdf (zuletzt aufgerufen am 17. 11. 2025).
9 Branko Milanović, *Visionen der Ungleichheit. Von der Französischen Revolution bis zur Gegenwart,* Frankfurt am Main 2024, S. 83.
10 Smith, *Untersuchung über das Wesen und die Ursachen des Volkswohlstandes,* 1. Buch, Kap. 10.2, S. 188.
11 Nicholas Phillipson, *Adam Smith. An Enlightened Life,* London 2010, S. 247.
12 Smith, *Untersuchung über das Wesen und die Ursachen des Volkswohlstandes,* 4. Buch, Kap. 7.2, S. 652, 662.
13 Ebd., Kap. 7.3, S. 713.

14 Ebd., S. 718.
15 Ebd., S. 716.
16 Ebd., S. 721 f.
17 Ebd., S. 725.
18 Ross, *The Life of Adam Smith*, S. 253.
19 Smith, *Untersuchung über das Wesen und die Ursachen des Volkswohlstandes*, 4. Buch, Kap. 7.3, S. 724, 727.
20 Ebd., S. 728.
21 Ebd., S. 687.
22 Ebd., Kap. 3.2, S. 567.
23 Smith, *An Inquiry into the Nature and Causes of the Wealth of Nations. Books IV–V*, S. 165; ders., *Untersuchung über das Wesen und die Ursachen des Volkswohlstandes*, 4. Buch, Kap. 7.2, S. 665.
24 Smith, *Untersuchung über das Wesen und die Ursachen des Volkswohlstandes*, 4. Buch, Kap. 3.2, S. 568.
25 Ebd., Kap. 7.3, S. 710 f.
26 Trans-Atlantic Slave Trade Database, 2021, Slavevoyages.org, https://www.slavevoyages.org/assessment/estimates (zuletzt aufgerufen am 17. 11. 2025).
27 Ebd.
28 The National Archives, »Slavery and the British Transatlantic Slave Trade«, https://www.nationalarchives.gov.uk/help-with-your-research/research-guides/british-transatlantic-slave-trade-records (zuletzt aufgerufen am 17. 11. 2025).
29 Richard B. Sheridan, »The Formation of Caribbean Plantation Society, 1689–1748«, in: *The Oxford History of the British Empire*, Bd. 2: *The Eighteenth Century*, New York 1998, S. 401, Tabelle 18.2.
30 Joyce Appleby, *Die unbarmherzige Revolution. Eine Geschichte des Kapitalismus*, Hamburg 2011, S. 91 f.
31 Richard B. Sheridan, *Sugar and Slavery. An Economic History of the British West Indies, 1623–1775*, Baltimore, Maryland, 1974, S. 306.
32 J. R. Ward, »The Profitability of Sugar Planting in the British West Indies, 1650–1834«, in: *The Economic History Review*, 31, 2 (Mai 1978), S. 207, Tabelle 9.
33 Sheridan, »The Formation of Caribbean Plantation Society, 1689–1748«, S. 412.
34 Sanchez Manning, »Britain's Colonial Shame: Slave-owners Given Huge Payouts After Abolition«, in: *The Independent* (US-Ausgabe), 24. Februar 2013, https://www.independent.co.uk/news/uk/home-news/britains-colonial-shame-slaveowners-given-huge-payouts-after-abolition-8508358.html (zuletzt aufgerufen am 17. 11. 2025).
35 Smith, *Untersuchung über das Wesen und die Ursachen des Volkswohlstandes*, 3. Buch, Kap. 2, S. 458.
36 Trans-Atlantic Slave Trade Database.
37 Anthony Tibbles, »TextPorts Conference, April 2000«, Liverpool

museums.org.uk/ports-of-transatlantic-slave-trade (zuletzt aufgerufen am 17. 11. 2025).

38 Malachy Postlethwayt, *The African Trade, the Great Pillar and Support of the British Plantation Trade in North America,* London 1745, S. 4, 34.

39 James Steuart, *An Inquiry into the Principles of Political Economy,* 2 Bde., London 1767, Bd. 2: *Of Trade and Industry,* https://www.marxists.org/reference/subject/economics/steuart/book2.htm (zuletzt aufgerufen am 17. 11. 2025).

40 Smith, *Untersuchung über das Wesen und die Ursachen des Volkswohlstandes,* 4. Buch, Kap. 7.3, S. 707.

41 Ebd., S. 678 f.

42 Ebd., S. 687.

43 Robert C. Allen, *Geschichte der Weltwirtschaft,* Stuttgart 2015, S. 29.

44 Ebd., S. 15–18, 29–31; »GDP per Capita in England«, in: *Our World in Data,* https://ourworldindata.org/grapher/gdp-per-capita-in-the-uk-since-1270 (zuletzt aufgerufen am 17. 11. 2025).

45 John Brewer, *The Sinews of Power. War, Money, and the English State, 1688–1783,* Cambridge, Massachusetts, 1990, S. XVII.

46 Nick Robins, *The Corporation That Changed the World,* London 2012, S. 118; Ross, *The Life of Adam Smith,* S. 353, 360.

47 Smith, *Untersuchung über das Wesen und die Ursachen des Volkswohlstandes,* 5. Buch, Kap. 1.3.2, S. 846.

48 Ebd., S. 844.

49 Ebd., S. 834.

50 Sven Beckert, *King Cotton. Eine Geschichte des globalen Kapitalismus,* München 2014, S. 86.

Die Logik der Ludditen

1 Brian Bailey, *The Luddite Rebellion,* New York 1998, S. 30.

2 Ebd., S. 53–57.

3 Ebd., S. 41–43.

4 Ebd., S. 94–108.

5 Ebd., S. 103.

6 Ebd., S. X f.

7 Ebd., S. 63.

8 Kirkpatrick Sale, *Rebels Against the Future,* Reading, Massachusetts, 1996, S. 70; siehe auch: J. L. Hammond und Barbara Hammond, *The Town Labourer, 1760–1832,* London 1966.

9 Michael E. Rose, Keith Falconer und Julian Holder, *Ancoats. Cradle of Industrialisation,* Swindon 2011, https://historicengland.org.uk/images-books/publications/ancoats/ancoats (zuletzt aufgerufen am 17. 11. 2025).

10 Sven Beckert, *King Cotton,* S. 84 f.

11 H. Heaton, »Benjamin Gott and the Industrial Revolution in Yorkshire«, in: *The Economic History Review,* 3, 1 (Januar 1931), S. 52–54, https://www.jstor.org/stable/2590622 (zuletzt aufgerufen am 17. 11. 2025).

12 Ebd., S. 46.
13 Jean-Baptiste Say, *England and the English People,* London 1816, S. 5 f.
14 Ebd., S. 38.
15 E. P. Thompson, *Die Entstehung der englischen Arbeiterklasse,* 2 Bde., Frankfurt am Main 1987, Bd. 2, S. 618.
16 Frank Darvall, *Popular Disturbances and Public Order in Regency England,* London 1934, S. 33, 44; siehe auch: E. P. Thompson, *Die Entstehung der englischen Arbeiterklasse,* Bd. 2, S. 619.
17 E. P. Thompson, *Die Entstehung der englischen Arbeiterklasse,* Bd. 2, S. 621.
18 Bailey, *The Luddite Rebellion,* S. 19 f.
19 Ebd., S. 22.
20 E. P. Thompson, *Die Entstehung der englischen Arbeiterklasse,* Bd. 2, S. 608.
21 Ebd., S. 609 f.
22 Ebd., S. 608, 611–615.
23 Sale, *Rebels Against the Future,* S. 117.
24 Bailey, *The Luddite Rebellion,* S. 70.
25 Robert Allen, »The Hand-Loom Weaver and the Power Loom: A Schumpeterian Perspective«, Abu Dhabi, NYU Working Paper, 2017, S. 15, Tabelle 1.
26 E. P. Thompson, *Die Entstehung der englischen Arbeiterklasse,* Bd. 1, S. 300.
27 Allen, »The Hand-Loom Weaver and the Power Loom: A Schumpeterian Perspective«, Abbildung 1; siehe auch: George Henry Wood, »The Statistics of Wages in the Nineteenth Century, Part XIX«, in: *Journal of the Royal Statistical Society,* 73, 6 (Juni 1910), https://www.jstor.org/stable/2339904 (zuletzt aufgerufen am 17. 11. 2025).
28 Bailey, *The Luddite Rebellion,* S. 50.
29 Archibald Prentice, *Historical Sketches and Personal Recollections of Manchester,* London 1851, S. 53.
30 E. P. Thompson, *Die Entstehung der englischen Arbeiterklasse,* Bd. 2, S. 657.
31 Kevin Binfield (Hg.), *Writings of the Luddites,* Baltimore, Maryland, 2004, S. 172.
32 Ebd., S. 174 f.
33 Allen, »The Hand-Loom Weaver and the Power Loom: A Schumpeterian Perspective«, Abbildung 1.
34 E. P. Thompson, *Die Entstehung der englischen Arbeiterklasse,* Bd. 1, S. 311.
35 Allen, »The Hand-Loom Weaver and the Power Loom: A Schumpeterian Perspective«, Tabelle 1.
36 E. P. Thompson, *Die Entstehung der englischen Arbeiterklasse,* Bd. 2, S. 637.
37 Lord Byron, »Rede zum Entwurf eines Gesetzes gegen die Maschinenstürmerei. Gehalten im Oberhaus am 27. Februar 1812«, in: *Sinn und Form,* 3 (2007), S. 409–414.
38 George Gordon Byron, »Song für die Ludditen«, in: *Ein Ding von Schönheit ist ein Glück auf immer. Gedichte der englischen und schottischen Romantik,* hg. von Horst Höhne, Leipzig 1983, S. 317.

1 E. P. Thompson, *Die Entstehung der englischen Arbeiterklasse,* Bd. 1, S. 216.
2 Ebd., S. 214–216.
3 Richard Pankhurst, *William Thompson (1775–1833). Pioneer Socialist,* London 1991; Fintan Lane, »William Thompson, Bankruptcy, and the West Cork Estate«, in: *Irish Historical Studies,* 39, 153 (Mai 2014), S. 24–39.
4 Lane, »William Thompson, Bankruptcy, and the West Cork Estate«; ders., »William Thompson, Class and His Irish Context«, in: ders. (Hg.), *Politics, Society and the Middle Class in Modern Ireland,* Basingstoke 2010, S. 21–47.
5 Pankhurst, *William Thompson (1775–1833),* S. 6.
6 William Thompson, »Practical Education for the South of Ireland«, in Pankhurst, *William Thompson (1775–1833),* S. 7; Dolores Dooley, »William Thompson (1775–1833)«, in: *Humanist Heritage,* https://heritage.humanists.uk/william-thompson-1775–1833 (zuletzt aufgerufen am 17. 11. 2025).
7 Jeremy Bentham, »Preface«, in: ders., *A Fragment on Government,* Cambridge 1988, S. 3.
8 Pankhurst, *William Thompson (1775–1833),* Kap. 2.
9 William Thompson, *An Inquiry into the Principles of the Distribution of Wealth Most Conducive to Human Happiness,* Chestnut Hill, Massachusetts, 2005, S. XXXI.
10 Pankhurst, *William Thompson (1775–1833),* S. 13.
11 Ebd., S. 12.
12 Nick Robins, *The Corporation That Changed the World,* London 2012, S. 8 f.
13 Pankhurst, *William Thompson (1775–1833),* S. 38; zu Saint-Simon und Sismondi siehe: G. D. H. Cole, *A History of Socialist Thought,* 5 Bde., London 1953–1960, Bd. 1: *The Forerunners, 1789–1850,* 1953.
14 Mike Donaldson, »The Working Class«, 2006, https://ro.uow.edu.au/articles/conference_contribution/The_Working_Class/27839292?file=50600130 (zuletzt aufgerufen am 17. 11. 2025); M.-L. Tuan, *Simonde de Sismondi as an Economist,* New York 2019, https://doi.org/10.7312/tuan92810 (zuletzt aufgerufen am 17. 11. 2025).
15 Jean-Charles-Léonard Simonde de Sismondi, *Neue Grundsätze der Politischen Ökonomie oder vom Reichtum in seinen Beziehungen zu der Bevölkerung,* 2 Bde., Berlin 1901/02, Bd. 2, S. 168 f.
16 W. Thompson, *An Inquiry into the Principles of the Distribution of Wealth Most Conducive to Human Happiness,* S. XXVIII f.
17 Ebd., S. 2 f.
18 Ebd., S. 57–59.
19 Ebd., S. 74 (Hervorhebung im Original).
20 Ebd., S. 133.
21 Ebd., S. 128.
22 Ebd.
23 Ebd., S. 129.

24 Ebd., S. 131 (Hervorhebung im Original).
25 Ebd., S. 164.
26 Ebd., S. 132.
27 Ebd., S. 138.
28 Ebd., S. 132 (Hervorhebung im Original).
29 Cole, *A History of Socialist Thought,* Bd. 1, Kap. 6; Charles Fourier, *Theorie der vier Bewegungen und der allgemeinen Bestimmungen,* hg. von Theodor W. Adorno, Frankfurt am Main 1966.
30 Cole, *A History of Socialist Thought,* Bd. 1, S. 86–94 (Zitate auf S. 94); Robert L. Heilbroner, *Die Denker der Wirtschaft. Ideen und Konzepte der großen Wirtschaftsphilosophen,* München 2006, S. 108–115.
31 Robert Owen, *The Life of Robert Owen,* New York 1920; siehe auch: Cole, *A History of Socialist Thought,* Bd. 1, S. 86–94; Heilbroner, *Die Denker der Wirtschaft,* S. 108–115.
32 Robert Owen, *Bericht an die Grafschaft Lanark,* in: ders., *Eine neue Auffassung der Gesellschaft. Ausgewählte Texte,* hg. von Lola Zahn, Berlin 1989, S. 195–264 (Zitat auf S. 241).
33 Frank Podmore, »Robert Owen and Cooperation«, in: *The Economic Journal,* 15, 58 (Juni 1905), S. 257–265, https://www.jstor.org/stable/2221015 (zuletzt aufgerufen am 17. 11. 2025).
34 W. Thompson, *An Inquiry into the Principles of the Distribution of Wealth Most Conducive to Human Happiness,* S. 272.
35 Ebd., S. 135; Pankhurst, *William Thompson (1775–1833),* S. 30.
36 W. Thompson, *An Inquiry into the Principles of the Distribution of Wealth Most Conducive to Human Happiness,* S. 75.
37 Ebd., S. 138 f.
38 Ebd., S. 142.
39 Ebd., S. 107.
40 Ebd., S. 133.
41 Ebd., S. 274.
42 Ebd., S. 394.
43 Ebd., S. 276.
44 Ebd., S. 392.
45 Ebd., S. 276.
46 Ebd., S. 278.
47 Ebd., S. 431.
48 John Stuart Mill, *Autobiography of John Stuart Mill,* New York 1924, S. 86 f.; siehe auch: Pankhurst, *William Thompson (1775–1833),* S. 70 f.; zu William Lovetts Bericht über die Debatte siehe: Paul Bowman, »The Continuing Appeal of William Thompson«, 8. August 2021, https://eidgenossen.medium.com/the-continuing-appeal-of-william-thompson-1ba8f8608dbe (zuletzt aufgerufen am 17. 11. 2025).
49 Thomas Hodgskin, *Verteidigung der Arbeit gegen die Ansprüche des Kapitals,* Leipzig 1909, S. 27, 75.
50 [William Thompson], *Labor Rewarded. The Claims of Labor and Capital Conciliated,* London 1827, S. V.

51 Cole, *A History of Socialist Thought*, Bd. 1, S. 100.
52 Pankhurst, *William Thompson (1775–1833)*, S. 95 f.
53 Ebd., S. 101.
54 William Thompson, *Practical Directions for the Speedy and Economical Establishment of Communities*, London 1830, S. II.
55 Pankhurst, *William Thompson (1775–1833)*, S. 110 f., 121.
56 Ebd., S. 124.
57 Ebd., S. 125–128.

Anna Wheeler und die vergessene Hälfte der Menschheit

1 William Thompson, *Appeal of One Half the Human Race, Women, Against the Pretensions of the Other Half, Men, to Retain Them in Political, and Thence in Civil and Domestic, Slavery; in Reply to a Paragraph of Mr. Mill's Celebrated »Article on Government«*, London 1825 (deutsch: William Thompson und Anne Doyle Wheeler, *Appell der Frauen*, hg. von Ursula I. Meyer, Aachen 2021).
2 William Thompson, »Einleitender Brief an Mrs. Wheeler«, in: Thompson / Doyle Wheeler, *Appell der Frauen*, S. 60, 71.
3 Dolores Dooley, *Equality in Community. Sexual Equality in the Writings of William Thompson and Anna Doyle Wheeler*, Cork, Irland, 1996, S. 58–63; Richard Pankhurst, *William Thompson (1775–1833). Pioneer Socialist*, London 1991, S. 50–52.
4 Dooley, *Equality in Community*, S. 58 f.
5 Ebd., S. 58–63; Pankhurst, *William Thompson (1775–1833)*, S. 50–52.
6 Pankhurst, *William Thompson (1775–1833)*, S. 51.
7 Dooley, *Equality in Community*, S. 59.
8 Ebd., S. 60.
9 Ebd., S. 62.
10 W. Thompson, »Einleitender Brief an Mrs. Wheeler«, S. 61 f., 65 f.
11 Pankhurst, *William Thompson (1775–1833)*, S. 57–59.
12 Thompson / Doyle Wheeler, *Appell der Frauen*, S. 110.
13 Ebd., S. 254.
14 Ebd., S. 122, 150.
15 Ebd., S. 140, 143 (Hervorhebung im Original).
16 Ebd., S. 170.
17 W. Thompson, *An Inquiry into the Principles of the Distribution of Wealth Most Conducive to Human Happiness*, S. 300.
18 W. Thompson, »Einleitender Brief an Mrs. Wheeler«, S. 61.
19 Ebd., S. 69.
20 Thompson / Doyle Wheeler, *Appell der Frauen*, S. 226 f.
21 Joyce Burnette, »Women Workers in the British Industrial Revolution«, Tabelle 2, EH.Net Encyclopedia, hg. von Robert Whaples, 26. März 2008, https://eh.net/encyclopedia/women-workers-in-the-british-industrial-revolution (zuletzt aufgerufen am 17. 11. 2025).
22 »The Mill Girls of Lowell«, NPS.gov, 8. April 2024, https://www.nps.gov/

lowe/learn/historyculture/the-mill-girls-of-lowell.htm (zuletzt aufgerufen am 17. 11. 2025).

23 Joyce Burnette, »An Investigation of the Female-Male Wage Gap During the Industrial Revolution in Britain«, in: *The Economic History Review,* 50, 2 (Mai 1997), S. 257–281, https://www.jstor.org/stable/pdf/2599060.pdf (zuletzt aufgerufen am 17. 11. 2025).

24 Mariana Valverde, »›Giving the Female a Domestic Turn‹. The Legal, Social and Moral Regulation of Women's Work in British Cotton Mills, 1820–1850«, in: *Journal of Social History,* 21, 4 (Sommer 1988), S. 622.

25 Jane Humphries, *Childhood and Child Labor in the British Industrial Revolution,* Cambridge 2010.

26 Jane Humphries, »›Because They Are Too Menny …‹. Children, Mothers, and Fertility Decline«, University of Oxford Discussion Papers in Economic and Social History, Nr. 64, September 2006, https://www.nuff.ox.ac.uk/economics/history/paper64/64humphries.pdf (zuletzt aufgerufen am 17. 11. 2025).

27 W. Thompson, »Einleitender Brief an Mrs. Wheeler«, S. 71.

28 Ebd., S. 71 f. (Hervorhebung im Original).

29 Pankhurst, *William Thompson (1775–1833),* S. 51 f.

30 Dooley, *Equality in Community,* S. 74 f.

31 Ebd., S. 75.

32 John Keats, »Meg Merrilies«, in: *Ein Ding von Schönheit ist ein Glück auf immer. Gedichte der englischen und schottischen Romantik,* hg. von Horst Höhne, Leipzig 1983, S. 471.

33 Pankhurst, *William Thompson (1775–1833),* S. 53.

34 Anna Wheeler, »The Rights of Women«, in: Dooley, *Equality in Community,* S. 89–92; dies., »Rights of Women«, 1829, https://speakingwhilefemale.co/womens-lives-wheeler (zuletzt aufgerufen am 29. 12. 2025); Margaret McFadden, »Anna Doyle Wheeler (1785–1848). Philosopher, Socialist, Feminist«, in: *Hypatia,* 4, 1 (Frühjahr 1989), S. 91–101, https://www.jstor.org/stable/pdf/3809936.pdf (zuletzt aufgerufen am 17. 11. 2025).

35 Dooley, *Equality in Community,* S. 101 f. (Hervorhebung im Original).

36 Ebd., S. 82.

37 Ebd.

38 Pankhurst, *William Thompson (1775–1833),* S. 130.

39 Ebd.

40 Dooley, *Equality in Community,* S. 103.

41 Ebd., S. 77.

42 Flora Tristan, *Im Dickicht von London oder Die Aristokratie und die Proletarier Englands,* hg. von Paul B. Kleiser und Michael Pösl, Köln 1993, S. 155; siehe auch Dooley, *Equality in Community,* S. 98.

43 Dooley, *Equality in Community,* S. 103.

Flora Tristan und die Universal Workers' Union

1 Flora Tristan, *Im Dickicht von London oder Die Aristokratie und die Proletarier Englands,* S. 157.
2 Ebd., S. 158 (Hervorhebung im Original).
3 Ebd., S. 159.
4 Dominique Desanti, *A Woman in Revolt. A Biography of Flora Tristan,* New York 1976; Doris Beik und Paul Beik, »Introduction«, in: *Flora Tristan, Utopian Feminist. Her Travel Diaries and Personal Crusade,* Bloomington, Indiana, 1993; Jean Hawkes, »Introduction«, in: Flora Tristan, *The London Journal of Flora Tristan, 1842, or, The Aristocracy and the Working Class of England,* London 1982; Magda Portal, *Flora Tristan. A Forerunner Woman,* Trafford 2012.
5 Desanti, *A Woman in Revolt,* S. 23; Beik/Beik, »Introduction«, S. XI.
6 Desanti, *A Woman in Revolt,* Kap. 4.
7 Ebd., S. 28–30.
8 Ebd., S. 41–45.
9 Ebd., S. 63; Beik/Beik, »Introduction«, S. XII, XIV.
10 Desanti, *A Woman in Revolt,* S. 63–109.
11 Flora Tristan, »To the Peruvians«, in: dies., *Utopian Feminist. Her Travel Diaries and Personal Crusade,* hg. von Doris Beik und Paul Beik, Bloomington/Indianapolis, Indiana 1993, S. 10.
12 Flora Tristan, *Meine Reise nach Peru. Fahrten einer Paria,* hg. von Friedrich Wolfzettel, Frankfurt am Main/Leipzig 2004, S. 267.
13 Daron Acemoglu, Simon Johnson und James A. Robinson, »The Colonial Origins of Comparative Development. An Empirical Investigation«, in: *American Economic Review,* 91, 5 (Dezember 2001), S. 1369–1401.
14 Tristan, *Meine Reise nach Peru,* S. 421, 424, 429.
15 Ebd., S. 426.
16 Ebd., S. 410–413 (Hervorhebung im Original).
17 Desanti, *A Woman in Revolt,* S. 131 f.
18 Ebd., S. 116–118 (Hervorhebungen im Original).
19 Ebd., S. 119.
20 Ebd., S. 131 f.
21 Elizabeth Mirella Solorzano Giraldo, »Flora Tristan and Transnational Feminism«, Masterarbeit, Universität von Lissabon, 2022, S. 68, https://repositorio.ulisboa.pt/bitstream/10451/56547/1/ulflemsgiraldo_tm.pdf (zuletzt aufgerufen am 29. 12. 2025); Desanti, *A Woman in Revolt,* S. 132.
22 Desanti, *A Woman in Revolt,* S. 133–135.
23 Tristan, *Im Dickicht von London,* S. 219.
24 Desanti, *A Woman in Revolt,* S. 145 f.
25 Ebd., S. 136–138.
26 Ebd., S. 150–161.
27 Tristan, *Im Dickicht von London,* S. 21.
28 Ebd., S. 49–54.
29 Ebd., S. 134–141.

30 Ebd., S. 69–72 (Hervorhebungen im Original).
31 Ebd., S. 120 (Hervorhebung im Original).
32 Ebd., S. 61–63.
33 Ebd., S. 56–58.
34 Ebd., S. 58 f.
35 Ebd., S. 60.
36 Ebd., S. 60 f.
37 Sylvain Maréchal, »Manifest der Gleichen«, in: Walter Markov, *Revolution im Zeugenstand. Frankreich 1789–1799,* Bd. 2: *Gesprochenes und Geschriebenes,* Leipzig 1986, S. 680.
38 Tristan, *Im Dickicht von London,* S. 46.
39 Desanti, *A Woman in Revolt,* S. 202–222.
40 Ebd., S. 216–218; Beik/Beik, »Introduction«, S. XIX.
41 Flora Tristan, *Arbeiterunion. Sozialismus und Feminismus im 19. Jahrhundert,* hg. von Paul B. Kleiser, Frankfurt am Main 1988, S. 83 f. (Hervorhebungen im Original).
42 Ebd., S. 84 f. (Hervorhebung im Original).
43 Ebd., S. 85–87, 148–152, 160.
44 Ebd., S. 98–101 (Hervorhebungen im Original).
45 Ebd., S. 99, 101 (Hervorhebungen im Original).
46 Ebd., S. 160; vgl. ebd., S. 132 (Hervorhebungen im Original).
47 Ebd., S. 113 f. (Hervorhebung im Original).
48 Ebd., S. 120 f.
49 Ebd., S. 126.
50 Ebd., S. 127.
51 Ebd., S. 120 f., Anm. (Hervorhebungen im Original).
52 Ebd., S. 121, Anm. (Hervorhebungen im Original).
53 Ebd., S. 130 (Hervorhebungen im Original).
54 Ebd., S. 132.
55 Desanti, *A Woman in Revolt,* S. 215.
56 Ebd., S. 224 f.
57 Ebd., S. 214.
58 Auszug aus Arnold Ruge, *Zwei Jahre in Paris, Leipzig 1846*, in: Tristan, *Arbeiterunion*, S. 176.
59 Desanti, *A Woman in Revolt,* S. 231.
60 Tristan, *Arbeiterunion,* S. 87 f.
61 Beik/Beik, »Introduction«, S. XIX f.; Desanti, *A Woman in Revolt,* S. 238–241.
62 Flora Tristan, *The Tour of France,* in Beik/Beik, *Flora Tristan,* S. 171.
63 Desanti, *A Woman in Revolt,* S. 262–266.

Thomas Carlyle über Mammon und den Cash-Nexus

1 Zu Carlyles Leben siehe Fred Kaplan, *Thomas Carlyle. A Biography,* Ithaca, New York, 1983; »Thomas Carlyle. A Brief Biography«, in: *The Victorian Web,* https://victorianweb.org/authors/carlyle/carlyle4.html (zuletzt auf-

gerufen am 29. 12. 2025); siehe auch: Henry David Gray, »Introduction«, in Thomas Carlyle, *On Heroes, Hero-Worship, and the Heroic in History,* hg. von Henry David Gray, New York 1906, https://dn790002.ca.archive.org/0/items/thomascarlyleson00carl/thomascarlyleson00carl.pdf (zuletzt aufgerufen am 17. 11. 2025).

2 Thomas Carlyle, »Signs of the Times« (1829), The Victorian Web, https://www.victorianweb.org/authors/carlyle/signs1.html (zuletzt aufgerufen am 17. 11. 2025).

3 Ebd.

4 Ebd.

5 Ebd.

6 Kaplan, *Thomas Carlyle,* S. 154.

7 Ebd., S. 202.

8 Ralph Waldo Emerson, *Die Tagebücher,* hg. von Bliss Perry, Stuttgart 1954, S. 113 (5. März 1838).

9 Thomas Carlyle, *Chartismus,* in: ders., *Socialpolitische Schriften,* 2 Bde., hg. von P. Hensel, Göttingen 1895, Bd. 1, S. 8.

10 »The Newport Rising and Chartism in Wales«, BBC Wales, 22. September 2020, https://www.bbc.co.uk/programmes/articles/zGNhgXwFT8TmZDhhnpnwP8/the-newport-rising-and-chartism-in-wales (zuletzt aufgerufen am 17. 11. 2025); Kathryn Rix, »Parliament Versus the People. The Newport Rising of 1839«, in: *The History of Parliament,* 4. November 2019, https://thehistoryofparliament.wordpress.com/2019/11/04/parliament-versus-the-people-the-newport-rising-of-1839 (zuletzt aufgerufen am 17. 11. 2025).

11 Carlyle, *Chartismus,* S. 1 f.

12 Ebd., S. 11–13.

13 Ebd., S. 44.

14 Ebd., S. 52 f.

15 Ebd., S. 55.

16 Ebd., S. 60.

17 Ebd., S. 46 f.

18 Ebd., S. 47–49.

19 Ebd., S. 49.

20 Ebd., S. 25, 54.

21 Thomas Carlyle, *Vergangenheit und Gegenwart,* in: ders., *Ausgewählte Schriften,* 6 Bde., Leipzig 1855/56, Bd. 6, S. 57.

22 »Social Unrest and Income Tax«, National Museums Liverpool, https://www.liverpoolmuseums.org.uk/plug-riots#; »General Strike 1842«, in: *Chartist Ancestors,* https://www.chartistancestors.co.uk/general-strike-1842 (zuletzt aufgerufen am 29. 12. 2025).

23 Thomas Carlyle, *Über Helden und Heldenverehrung und das Heldentümliche in der Geschichte,* hg. von A. Pfannkuche, Leipzig o. J., S. 23.

24 Carlyle an Edwin Chadwick, 1. August 1842, in: *Carlyle Letters Online,* https://carlyleletters.wcu.edu/volume/15/lt-18420801-TC-ECH-01 (zuletzt aufgerufen am 29. 12. 2025); Kaplan, *Thomas Carlyle,* S. 290, 579 (Anm. 50).

25 Carlyle, *Vergangenheit und Gegenwart,* S. 2.
26 Ebd., S. 29.
27 Ebd., S. 183.
28 Ebd., S. 29.
29 Ebd., S. 139 (Hervorhebung im Original).
30 Ebd., S. 210.
31 Ebd., S. 268.
32 Ebd., S. 258, 260 (Hervorhebung im Original).
33 Ebd., S. 280 f.
34 Paul E. Kerry, Albert D. Pionke und Megan Dent (Hg.), *Thomas Carlyle and the Idea of Influence,* Vancouver 2018, S. 282.
35 John Stuart Mill, »Die Rechtsansprüche der Arbeit«, in: ders., *Gesammelte Werke,* 12 Bde., Leipzig 1869–1880, hg. von Theodor Gomperz, Bd. 11: *Vermischte Schriften politischen, philosophischen und historischen Inhalts II,* 1875, S. 75.
36 Charles H. Kegel, »Carlyle and Ruskin. An Influential Friendship«, in: *BYU Studies Quarterly,* 5, 3 (1964), S. 225, https://scholarsarchive.byu.edu/cgi/viewcontent.cgi?article=1152&context=byusq (zuletzt aufgerufen am 17. 11. 2025).
37 John Ruskin, »Nature of Wealth. Variations of Value, the National Store, Nature of Labor, Value and Price, the Currency«, in ders., *Unto this Last and Other Essays on Political Economy,* London / Melbourne / Toronto 1912, S. 229, Anm. (zuerst veröffentlicht in »Essays on Political Economy«, in: *Fraser's Magazine,* 1862/63).
38 Richard J. Dunn, »Dickens, Carlyle, and the ›Hard Times‹ Dedication«, in: *Dickens Studies Newsletter,* 2, 3 (September 1971), S. 90.
39 Ralph Waldo Emerson, »Past and Present«, in: *The Dial,* 4, 1 (Juli 1843), https://www.google.com/books/edition/TheDial/VnsAAAAAYAAJ?hl=en&gbpv=1 (zuletzt aufgerufen am 29. 12. 2025).
40 Henry David Thoreau, »Thomas Carlyle and His Works«, 1847, https://theanarchistlibrary.org/library/henry-david-thoreau-thomas-carlyle-and-his-works (zuletzt aufgerufen am 17. 11. 2025).
41 Gerald M. Straka, »The Spirit of Carlyle in the Old South«, in: *The Historian,* 20, 1 (November 1957), S. 39.
42 Thomas Carlyle, »Die Negerfrage«, in: ders., *Socialpolitische Schriften,* Bd. 1, S. 105 f.
43 Ebd., S. 108.
44 Ebd., S. 138 f.
45 Ebd., S. 113.
46 Ebd., S. 142 (Hervorhebung im Original).
47 [John Stuart Mill], »The Negro Question«, in: *Fraser's Magazine for Town and Country,* 41 (Januar–Juni 1850), S. 25.
48 »Carlyle on West India Emancipation«, in: *DeBow's Review and Industrial Resources, Statistics etc.,* 8, 6 (Juni 1850), S. 527.
49 Rachel Cohen, »Can You Forgive Him?«, in: *The New Yorker,* 31. Okto-

ber 2004, https://www.newyorker.com/magazine/2004/11/08/can-you-forgive-him-3 (zuletzt aufgerufen am 17. 11. 2025).

50 Friedrich Engels, »Die Lage Englands. ›Past and Present‹ by Thomas Carlyle, London 1843«, in: *Deutsch-Französische Jahrbücher* (1844), in: Marx / Engels, *Werke,* 44 Bde., Berlin 1956–2018, Bd. 1, 1956, S. 525, 538, 544.

Friedrich Engels und das *Kommunistische Manifest*

1 Edwin Cannan, »The Growth of Manchester and Liverpool, 1801–1891«, in: *The Economic Journal* 4, 13 (März 1894), S. 111–114.

2 Chelsea Follett, »Centers of Progress, Pt. 22: Manchester (Industrialization)«, in: *Human Progress,* 18. Februar 2021, https://humanprogress.org/centers-of-progress-pt-22-manchester-industrialization/#:~:text=By%20the%20end%20of%20the,that%20nation%27s%20»second%20city (zuletzt aufgerufen am 17. 11. 2025); Michael E. Rose, Keith Falconer und Julian Holder, »Ancoats. Cradle of Industrialisation«, in: *Historic England,* 15. September 2011, https://historicengland.org.uk/images-books/publications/ancoats (zuletzt aufgerufen am 17. 11. 2025); Richard J. Williams, »Manchester After Engels«, in: *Places Journal,* Juni 2020, https://placesjournal.org/article/manchester-after-engels/?cn-reloaded=1 (zuletzt aufgerufen am 17. 11. 2025).

3 Zu den Angaben über Engels' Leben siehe: Tristram Hunt, *Friedrich Engels. Der Mann, der den Marxismus erfand,* Berlin 2012, S. 20–22, 106–158.

4 Friedrich Engels, »Briefe aus dem Wuppertal«, in: Marx / Engels, *Werke,* 44 Bde., Berlin 1956–2018, Bd. 1, 1956, S. 417.

5 David McLellan, *Die Junghegelianer und Karl Marx,* München 1974, S. 89; Hunt, *Friedrich Engels,* S. 72–82.

6 Engels an Franz Mehring, Ende April 1895, in: Marx / Engels, *Werke,* Bd. 39, 1976, S. 473; siehe auch: Hunt, *Friedrich Engels,* S. 89.

7 Hunt, *Friedrich Engels,* S. 173.

8 Ebd., S. 126 f.

9 Ebd., S. 129.

10 Friedrich Engels, »Die Lage Englands. ›Past and Present‹ by Thomas Carlyle, London 1843«, in: *Deutsch-Französische Jahrbücher* (1844), in: Marx / Engels, *Werke,* Bd. 1, S. 44.

11 Sarah Irving, »Frederick Engels and Mary and Lizzy Burns«, Manchester's Radical History, 15. März 2010, https://radicalmanchester.wordpress.com/2010/03/15/frederick-engels-and-mary-and-lizzy-burns (zuletzt aufgerufen am 17. 11. 2025); Hunt, *Friedrich Engels,* S. 132–135.

12 Friedrich Engels, *Die Lage der arbeitenden Klasse in England,* in: Marx / Engels, *Werke,* Bd. 2, 1957, S. 281–283 (Hervorhebung im Original).

13 Ebd., S. 289.

14 Friedrich Engels, »Lage der arbeitenden Klasse in England«, in: Marx / Engels, *Werke,* Bd. 1, S. 464.

15 Engels an Marx, 19. November 1844, in: Marx/Engels, *Werke,* Bd. 27, 1963, S. 10.
16 Engels, *Die Lage der arbeitenden Klasse in England,* S. 279.
17 Ebd., S. 327.
18 Ebd., S. 367.
19 Ebd., S. 388.
20 Ebd., S. 487.
21 Friedrich Engels, »Zur Geschichte des Bundes der Kommunisten« [1885], in: Marx/Engels, *Werke,* Bd. 21, 1962, S. 211.
22 Engels, *Die Lage der arbeitenden Klasse in England,* S. 249 f.
23 Ebd., S. 243.
24 Ebd., S. 237.
25 Ebd., S. 307.
26 Ebd., S. 310.
27 Ebd., S. 307.
28 Engels an Marx, 19. November 1844, in: Marx/Engels, *Werke,* Bd. 27, 1963, S. 10.
29 Engels, *Die Lage der arbeitenden Klasse in England,* S. 306.
30 Ebd., S. 312–315.
31 Ebd., S. 314.
32 Ebd., S. 504.
33 Ebd.
34 Hunt, *Friedrich Engels,* S. 136, 160–162.
35 Friedrich Engels, »Umrisse einer Kritik der Nationalökonomie«, in: Marx/Engels, *Werke,* Bd. 1, S. 501, 522.
36 Karl Marx, *Zur Kritik der Politischen Ökonomie,* in: Marx/Engels, *Werke,* Bd. 13, 1961, S. 10.
37 David McLellan, *Karl Marx. Leben und Werk,* München 1974, S. 118; Karl Marx, *Ökonomisch-philosophische Manuskripte aus dem Jahre 1844,* in: Marx/Engels, *Werke,* Bd. 40, 1968, S. 511 (Hervorhebung im Original).
38 Marx, *Ökonomisch-philosophische Manuskripte aus dem Jahre 1844,* S. 510 f.
39 Ebd., S. 510–522 (Zitate auf S. 510 f.).
40 Ebd., S. 536 (Hervorhebungen im Original).
41 McLellan, *Karl Marx,* S. 112 f.
42 Marx, *Ökonomisch-philosophische Manuskripte aus dem Jahre 1844,* S. 534–536; McLellan, *Karl Marx,* S. 125–127.
43 Engels, »Zur Geschichte des Bundes der Kommunisten«, S. 212.
44 Hunt, *Friedrich Engels,* S. 172.
45 McLellan, *Karl Marx,* S. 144.
46 Hunt, *Friedrich Engels,* S. 175.
47 Ebd., S. 173 f., 180 f., 196.
48 Friedrich Engels, »Grundsätze des Kommunismus«, in: Marx/Engels, *Werke,* Bd. 4, 1959, S. 363.
49 Ebd., S. 370.
50 Ebd., S. 372–374.

51 Karl Marx und Friedrich Engels, *Manifest der Kommunistischen Partei,* in: dies., *Werke,* Bd. 4, S. 461, 493.
52 Ebd., S. 462 f.
53 Ebd., S. 464 f.
54 Ebd., S. 465.
55 Ebd., S. 465, 467.
56 Ebd., S. 465 f.
57 Ebd., S. 466.
58 Ebd.
59 Ebd., S. 467.
60 Ebd., S. 468.
61 Ebd. (Hervorhebung im Original).
62 Ebd., S. 470.
63 Ebd., S. 473.
64 Ebd., S. 374.
65 Eric Hobsbawm, »Einleitung«, in: Karl Marx und Friedrich Engels, *Das Kommunistische Manifest. Eine moderne Edition,* Hamburg / Berlin 1999, S. 24 (Hervorhebung im Original).
66 »Nominal Wages, Consumer Prices and Real Wages, United Kingdom, 1750 to 2015«, in: *Our World in Data,* https://ourworldindata.org/grapher/nominal-wages-consumer-prices-and-real-wages-in-the-uk-since-1750 (zuletzt aufgerufen am 17. 11. 2025).
67 Pim de Zwart, Bas van Leeuwen und Jieli Li, »Real Wages Since 1820«, in: Jan Luiten van Zanden, Joerg Baten, Marco Mira d'Ercole u. a. (Hg.), *How Was Life? Global Well-Being Since 1820,* Paris 2014, https://pure.knaw.nl/ws/files/1067837/3014041ec008_1_.pdf und https://www.oecd-ilibrary.org/economics/how-was-life_9789264214262-en (zuletzt aufgerufen am 17. 11. 2025).
68 Charles Feinstein, »Pessimism Perpetuated. Real Wages and the Standard of Living in Britain During and After the Industrial Revolution«, in: *The Journal of Economic History,* 58, 3 (September 1998), Anhang, Tabelle 1, S. 653.
69 Robert C. Allen, »Engels' Pause. Technical Change, Capital Accumulation, and Inequality in the British Industrial Revolution«, in: *Explorations in Economic History,* 46, 4 (Oktober 2009), S. 418–435, https://www.nuff.ox.ac.uk/Users/Allen/engelspause.pdf (zuletzt aufgerufen am 17. 11. 2025).
70 Ebd., S. 419.
71 Sylvia Nasar, *Markt und Moral. Die großen Ökonomen und ihre Ideen,* München 2012, S. 116 f.
72 Hunt, *Friedrich Engels,* S. 217 f.
73 »Nachrichten aus Paris«, in: *Neue Rheinische Zeitung,* 27. Juni 1848, in: Marx / Engels, *Werke,* Bd. 5, 1959, S. 116 (Hervorhebungen im Original).
74 Zur französischen Junirevolution von 1848 siehe: Alfred Cobban, *Frankreich von Ludwig XIV. bis de Gaulle,* München 1966, S. 399–412.

Karl Marx' Bewegungsgesetze des Kapitalismus

1 David McLellan, *Karl Marx. Leben und Werk,* München 1974, S. 241; Gareth Stedman Jones, *Karl Marx. Die Biographie,* Frankfurt am Main 2017; Tristram Hunt, *Friedrich Engels. Der Mann, der den Marxismus erfand,* Berlin 2012.

2 Stedman Jones, *Karl Marx,* S. 383 (Hervorhebung im Original).

3 Ebd., S. 391 f.; Marx an Engels, 31. Juli 1851, in: Marx/Engels, *Werke,* 44 Bde., Berlin 1956–2018, Bd. 27, 1963, S. 293.

4 Karl Marx, »Die Klassenkämpfe in Frankreich 1848 bis 1850«, in: Marx/Engels, *Werke,* Bd. 7, 1960, S. 34.

5 Karl Marx und Friedrich Engels, »Revue [Januar/Februar 1850]«, in: dies., *Werke,* Bd. 7, S. 220.

6 *The Railway Record, Mining Register, and Joint Stock Companies' Reporter, for 1851. January to December (Inclusive),* London 1851; Leigh Shaw-Taylor und Xuesheng You, »The Development of the Railway Network in Britain 1825–1911«, in: Leigh Shaw-Taylor, Dan Bogart und Max Satchell (Hg.), *The Online Historical Atlas of Transport, Urbanization and Economic Development in England and Wales c. 1680–1911,* https://www.campop.geog.cam.ac.uk/research/projects/transport/onlineatlas/railways.pdf (zuletzt aufgerufen am 17. 11. 2025); »Victorian Railways. Did They Create More Crime?«, National Archives, www.nationalarchives.gov.uk/education/resources/victorian-railways (zuletzt aufgerufen am 17. 11. 2025).

7 Asa Briggs, *The Age of Improvement, 1783–1867,* London 1979, S. 395.

8 Eric Hobsbawm, *Die Blütezeit des Kapitals. Eine Kulturgeschichte der Jahre 1848–1875,* München 1977, S. 56.

9 Karl Marx und Friedrich Engels, »Revue, Mai–Oktober [1850]«, in: dies., *Werke,* Bd. 7, S. 431.

10 Marx/Engels, »Revue [Januar/Februar 1850]«, S. 221.

11 Marx/Engels, »Revue, Mai–Oktober [1850]«, S. 440 (Hervorhebungen im Original).

12 Zu Marx' journalistischer Tätigkeit für die *New-York Daily Tribune* siehe: McLellan, *Karl Marx,* S. 304–309.

13 Marx an Adolf Cluß, 15. September 1853, in: Marx/Engels, *Werke,* Bd. 28, S. 592.

14 Karl Marx, »Die künftigen Ergebnisse der britischen Herrschaft in Indien«, *New-York Daily Tribune,* 8. August 1853, in: Marx/Engels, *Werke,* Bd. 9, 1960, S. 222.

15 Karl Marx, »Die Regierung Indiens«, *New-York Daily Tribune,* 20. Juli 1853, in: Marx/Engels, *Werke,* Bd. 9, S. 181 f.

16 Marx, »Die künftigen Ergebnisse der britischen Herrschaft in Indien«, S. 221.

17 Stedman Jones, *Karl Marx,* S. 430.

18 Karl Marx, »Die britische Herrschaft in Indien«, *New-York Daily Tribune,* 25. Juni 1853, in: Marx/Engels, *Werke,* Bd. 9, S. 132.

19 Marx, »Die künftigen Ergebnisse der britischen Herrschaft in Indien«, S. 221, 224f.
20 Ebd., S. 224f.
21 Karl Marx, *Grundrisse der Kritik der politischen Ökonomie,* in: Marx/Engels, *Werke,* Bd. 42, 1983.
22 Ebd., S. 324; siehe auch McLellan, *Karl Marx,* S. 313–334; Stedman Jones, *Karl Marx,* S. 453–495.
23 Ebd., S. 596, 601, 723.
24 Marx an Engels, 16. Januar 1858, in: dies., *Werke,* Bd. 29, 1963, S. 260.
25 Karl Marx, »Vorwort«, in: ders., *Zur Kritik der Politischen Ökonomie,* S. 8f.
26 Engels an Marx, 9. April 1858, in: dies., *Werke,* Bd. 29, S. 319.
27 McLellan, *Karl Marx,* S. 335–351.
28 Hunt, *Friedrich Engels,* S. 258.
29 Marx an Engels, 20. Januar 1857, in: dies., *Werke,* Bd. 29, S. 97.
30 Marx an Engels, 10. November 1866, in: dies., *Werke,* Bd. 31, S. 263 (Hervorhebung im Original); McLellan, *Karl Marx,* S. 363.
31 Marx an Engels, 22. Juni 1867, in: dies., *Werke,* Bd. 31, S. 305.
32 Marx an Engels, 31. Juli 1865, in: dies., *Werke,* Bd. 31, S. 132.
33 Marx an Engels, 13. Februar 1866, in: dies., *Werke,* Bd. 31, S. 178.
34 McLellan, *Karl Marx,* S. 365–367.
35 Karl Marx, *Das Kapital. Kritik der politischen Ökonomie,* Bd. 1, in: Marx/Engels, *Werke,* Bd. 23, 1962, S. 12, 15f.
36 Ebd., S. 180f.
37 Ebd., S. 184.
38 Ebd., S. 205–209.
39 Ebd., S. 208f.
40 Ebd., S. 226–234.
41 Shigeto Tsuru, »Über die Reproduktionsschemata«, in: Paul M. Sweezy, *Theorie der kapitalistischen Entwicklung. Eine analytische Studie über die Prinzipien der Marxschen Sozialökonomie,* Frankfurt am Main 1970, Anhang A.
42 Marx, *Das Kapital,* Bd. 1, S. 621.
43 Ebd., S. 641, 646.
44 Ebd., S. 647f.
45 Ebd., S. 674 (Hervorhebung im Original).
46 Ebd., S. 668.
47 Friedrich Engels, *Die Lage der arbeitenden Klasse in England,* in: Marx/Engels, *Werke,* Bd. 2, 1957, S. 361.
48 Marx, *Das Kapital,* Bd. 1, S. 669.
49 Ebd., S. 452, 454.
50 Ebd., S. 641, 646.
51 Ebd., S. 674.
52 Ebd., S. 675.
53 James Skipper und George P. Landow, »Wages and Cost of Living in the Victorian Era«, in: *The Victorian Web,* https://www.victorianweb.org/economics/wages2.html (zuletzt aufgerufen am 17. 11. 2025).

54 Errechnet nach Marx, *Das Kapital,* Bd. 1, S. 680.

55 Ebd., S. 681.

56 Ebd., S. 654.

57 Ebd., S. 655 f.

58 Ebd., S. 790 f.

59 Meghnad Desai, *Marx's Revenge. The Resurgence of Capitalism and the Death of Statist Socialism,* London 2004, S. 60.

60 McLellan, *Karl Marx,* S. 543.

61 Karl Marx, *Das Kapital,* Bd. 3: *Der Gesamtprozess der kapitalistischen Produktion,* in: Marx/Engels, *Werke,* Bd. 25, 1964, Abschnitt III: *Das Gesetz des tendenziellen Falls der Profitrate,* S. 221–277.

62 Ebd., S. 224.

63 Ebd., S. 233.

64 Marx, *Grundrisse der Kritik der politischen Ökonomie,* S. 641.

65 Marx, *Das Kapital,* Bd. 3, S. 260 (Hervorhebungen im Original).

66 McLellan, *Karl Marx,* S. 466.

67 Hunt, *Friedrich Engels,* S. 391.

68 Ebd., S. 396.

69 John Maynard Keynes, »Ein kurzer Blick auf Russland«, in: ders., *Politik und Wirtschaft. Männer und Probleme,* hg. von Eduard Rosenbaum, Tübingen/Zürich 1956, S. 237–245, hier S. 239.

70 Anwar Shaikh, »The Transformation from Marx to Sraffa«, in: Ernest Mandel und Alan Freeman (Hg.), *Ricardo, Marx, Sraffa. The Langston Memorial Volume,* London 1984, http://gesd.free.fr/shaikh84.pdf (zuletzt aufgerufen am 17. 11. 2025).

71 Guney Işıkara und Patrick Mokre, »Price-Value Deviations and the Labour Theory of Value. Evidence from 42 Countries, 2000–2017«, in: *Review of Political Economy,* 34, 1 (Januar 2022), S. 165–180.

72 S. Broadberry, B. M. Campbell, A. Klein, M. Overton und B. Van Leeuwen, »Nominal Wages, Consumer Prices and Real Wages, United Kingdom, 1750–2015«, in: *Our World in Data,* https://ourworldindata.org/grapher/nominal-wages-consumer-prices-and-real-wages-in-the-uk-since-1750 (zuletzt aufgerufen am 17. 11. 2025).

73 Charles Feinstein, »National Income, Output and Expenditure of the United Kingdom 1855–1965«, 1972, https://www.escoe.ac.uk/research/historical-data/capital-and-productivity (zuletzt aufgerufen am 17. 11. 2025).

74 Michael Heinrich, *Kritik der politischen Ökonomie. Eine Einführung in »Das Kapital« von Karl Marx,* Stuttgart 2004, S. 152 (Hervorhebung im Original).

75 Michael Roberts, *Marx 200. A Review of Marx's Economics 200 Years after His Birth,* London 2018, S. 42.

76 Esteban Ezequiel Maito, »The Historical Transience of Capital. The Downward Trend in the Rate of Profit Since XIX Century«, MPRA Paper 55 894, Munich Personal RePEc Archive, 11. Mai 2014, https://mpra.ub.uni-muenchen.de/55894/1 (zuletzt aufgerufen am 17. 11. 2025).

77 Ivan Trofimov, »Profit Rates in Developed Capitalist Countries. A Time Series Investigation«, in: *PSL Quarterly Review,* 70, 281 (Juni 2017), S. 85–128.

78 Deepankar Basu, Julio Huato, Jesus Lara Jauregui und Evan Wasner, »World Profit Rates, 1960–2019«, Working Paper Nr. 2022–02, University of Massachusetts, Amherst, Economics Department Working Paper Series, 318.

Henry Georges moralischer Kreuzzug

1 Kate Chesley, »First Transcontinental Railroad and Stanford University«, 8. Mai 2019, *Stanford Report,* https://news.stanford.edu/2019/05/08/first-transcontinental-railroad-stanford-forever-linked (zuletzt aufgerufen am 17. 11. 2025).

2 Karl Marx, *Das Kapital. Kritik der politischen Ökonomie,* Bd. 1, in: Marx/Engels, *Werke,* 44 Bde., Berlin 1956–2018, Bd. 23, 1962, S. 318.

3 Ebd., S. 801.

4 Caitlin Rosenthal, *Sklaverei bilanzieren. Herrschaft und Management,* Berlin 2022.

5 Zu Sklaven als Sicherheit für Hypotheken siehe Brook Endale, »How Banks Played a Role in Upholding Slavery«, in: *GW Today,* 17. Oktober 2023, https://gwtoday.gwu.edu/how-banks-played-role-upholding-slavery-during-19th-century (zuletzt aufgerufen am 17. 11. 2025); zu Lebensversicherungen siehe Michael Ralph, »Value of Life. Insurance, Slavery, and Enterprise«, in: Sven Beckert und Christine Desan (Hg.), *American Capitalism. New Histories,* New York 2018.

6 Charles A. Beard und Mary R. Beard, *The Rise of American Civilization,* Bd. 2: *The Industrial Era,* New York 1927, S. 136 f.

7 Aaron O'Neill, »Population of the United States from 1610 to 2020«, in: *Statista,* August 2019, https://www.statista.com/statistics/1067138/population-united-states-historical (zuletzt aufgerufen am 17. 11. 2025).

8 Joseph H. Davis, »U. S. Industrial Production Index (1790–1915)«, National Bureau of Economic Research, Technical Data Appendix, https://www.nber.org/research/data/us-industrial-production-index-1790–1915 (zuletzt aufgerufen am 17. 11. 2025).

9 Alan Greenspan und Adrian Wooldridge, *Capitalism in America. A History,* New York 2018, S. 101.

10 Nicholas Crafts, *Forging Ahead, Falling Behind and Fighting Back. British Economic Growth from the Industrial Revolution to the Financial Crisis,* Cambridge 2018, S. 14, Tabelle 2.2.

11 Karen Braun, »How the 19th Century Boosted America to the Top of the World Corn Market. A History of U. S. Grain Trade«, 12. Juni 2020, https://www.linkedin.com/pulse/how-19th-century-boosted-america-top-world-corn-market-karen-braun (zuletzt aufgerufen am 17. 11. 2025).

12 Aaron O'Neill, »Cotton Output and the Production Area in the United States from 1790 to 1988«, in: *Statista,* 2. Februar 2024, https://www.

statista.com/statistics/1070570/us-cotton-output-area-historical (zuletzt aufgerufen am 17. 11. 2025); zur Baumwollproduktion vor dem Bürgerkrieg siehe auch Alan L. Olmstead und Paul W. Rhode, »Cotton, Slavery, and the New History of Capitalism«, in: *Explorations in Economic History,* 67 (Januar 2018), S. 1–17.

13 Alba M. Edwards, »Part II: Comparative Occupation Statistics for the United States, 1870–1930«, *Sixteenth Census of the United States: 1940: Population,* Washington, D.C., 1943, https://usa.ipums.org/usa/resources/voliii/pubdocs/1940/Population/00312147ch2.pdf (zuletzt aufgerufen am 17. 11. 2025).

14 »US Business Cycle Expansions and Contractions«, National Bureau of Economic Research, 14. März 2023, https://www.nber.org/research/data/us-business-cycle-expansions-and-contractions (zuletzt aufgerufen am 17. 11. 2025).

15 Arthur Latham Perry, *Elements of Political Economy,* New York 1877, S. 161 f., 172.

16 Charles Albro Barker, *Henry George,* Oxford 1955; Edward T. O'Donnell, *Henry George and the Crisis of Inequality,* New York 2015; Henry George jr., *The Life of Henry George,* New York 1900, https://archive.org/details/lifehenrygeorge01georgoog/page/n7/mode/2up (zuletzt aufgerufen am 18. 11. 2025).

17 Barker, *Henry George,* S. 69.

18 O'Donnell, *Henry George and the Crisis of Inequality,* S. 20; Barker, *Henry George,* S. 102.

19 Henry George, »What the Railroad Will Bring Us«, in: *The Overland Monthly,* 1, 4 (Oktober 1868), S. 302.

20 George jr., *The Life of Henry George,* S. 210.

21 Henry George, *Our Land and Land Policy* (1871), in: ders., *The Complete Works of Henry George. Our Land and Land Policy. Speeches, Lectures and Miscellaneous Writings,* Garden City/New York 1911, S. 36, http://livinghistoryofillinois.com/download/Our_Land_and_Land_Policy_The_Complete_Works_of_Henry_George.pdf (zuletzt aufgerufen am 17. 11. 2025).

22 Ebd., S. 10.

23 Ebd., S. 97.

24 Barker, *Henry George,* S. 122 f.; O'Donnell, *Henry George and the Crisis of Inequality,* S. 124 f.; John H. Beck, »Henry George and Immigration«, in: *The American Journal of Economics and Sociology,* 71, 4 (Oktober 2012), S. 966–987.

25 Barker, *Henry George,* S. 133 f.

26 O'Donnell, *Henry George and the Crisis of Inequality,* S. 28–34.

27 Ebd., S. 42, 63–66; Barker, *Henry George,* S. 232, 252 f.

28 Barker, *Henry George,* S. 314.

29 O'Donnell, *Henry George and the Crisis of Inequality,* S. 63–65; Cliff Cobb, »Publisher's Foreword«, in: Henry George, *Progress and Poverty,* hg. von

Bob Drake, Princeton, New Jersey, 2006, https://www.henrygeorge.org/pintro.htm (zuletzt aufgerufen am 17. 11. 2025).

30 Henry George, *Fortschritt und Armuth. Eine Untersuchung über die Ursache der industriellen Krisen und der Zunahme der Armuth bei zunehmendem Reichthum,* Berlin 1881, S. 1 f.

31 Ebd., S. 4 f., 7, 10.

32 Ebd., S. 134.

33 Ebd., S. 125.

34 Ebd., S. 199.

35 Ebd., S. 144.

36 Ebd., S. 197.

37 Ebd., S. 151.

38 Ebd., S. 151 f.

39 Ebd., S. 152.

40 Richard Reeves, *John Stuart Mill. Victorian Firebrand,* London 2007, S. 459–462.

41 George, *Fortschritt und Armuth,* S. 289 f. (Hervorhebung im Original).

42 Ebd., S. 358 f. (Hervorhebung im Original).

43 Ebd., S. 382.

44 Ebd., S. 380, 383 f.

45 Ebd., S. 390, 400.

46 Ebd., S. 403.

47 Barker, *Henry George,* S. 332; William B. Weeden und Willard Brown, »Progress and Poverty«, in: *The Atlantic Monthly* (Dezember 1880), S. 846–854, https://www.theatlantic.com/magazine/archive/1880/12/progress-and-poverty/633110 (zuletzt aufgerufen am 17. 11. 2025).

48 Barker, *Henry George,* S. 347.

49 Ebd., S. 357.

50 Karl Marx an Friedrich Adolph Sorge, 20. Juni 1881, in: Marx/Engels, *Werke,* Bd. 35, 1967, S. 199–201 (Hervorhebungen im Original).

51 O'Donnell, *Henry George and the Crisis of Inequality,* S. 120.

52 »The Anarchists and the Haymarket Square Incident, May 4, 1886«, PBS, https://www.pbs.org/wgbh/americanexperience/features/chicago-anarchists-and-haymarket-square-incident (zuletzt aufgerufen am 17. 11. 2025).

53 O'Donnell, *Henry George and the Crisis of Inequality,* S. 173–182.

54 Ebd., S. 201–203.

55 Ebd., S. 204; Barker, *Henry George,* S. 464.

56 O'Donnell, *Henry George and the Crisis of Inequality,* S. 219.

57 Ebd., S. 232.

58 Ebd., S. 233–235.

59 Henry George, *Sociale Probleme,* Berlin ^{3}1890, S. 42, 53.

60 Ebd., S. 163.

61 Henry George, Interview in *North American Review,* Juli 1885, zit. in: Martin Adams, »Henry George in Favor of a Basic Income«, Progress.

org, 28. November 2015, https://www.progress.org/articles/henry-george-in-favor-of-a-basic-income (zuletzt aufgerufen am 17. 11. 2025).

62 Christopher Chantrill, USGovernmentSpending.com, https://www.usgovernmentspending.com/downchart_gs.php?year=1800_1899&view=1&expand=&units=p&fy=fy10&chart=F0-total&bar=0&stack=1&size=m&title=Total%20Spending&state=US&col=c (zuletzt aufgerufen am 17. 11. 2025).

63 Federal Reserve Bank of St. Louis, »Rental Income of Persons with Capital Consumption Adjustment (CCAdj)«, *FRED Economic Data*, 30. Mai 2024, https://fred.stlouisfed.org/series/RENTIN#0 (zuletzt aufgerufen am 17. 11. 2025).

64 Andrew Mazzone, »Discussion of Revised 2016 GDP Accounts«, in: Edward Nell, *Progress and Poverty in Economics. Henry George and How Growth in Real Estate Contributes to Inequality and Financial Instability*, London 2019, S. 63.

65 White House Council of Economic Advisers, »Benefits of Competition and Indicators of Market Power«, Mai 2016, https://obamawhitehouse.archives.gov/sites/default/files/page/files/20160502_competition_issue_brief_updated_cea.pdf (zuletzt aufgerufen am 17. 11. 2025).

66 Nell, *Progress and Poverty in Economics*, S. 13.

67 George, *Fortschritt und Armuth*, S. 473 f.

68 Ebd., S. 468, 486 f.

Thorstein Veblen und die Industriekapitäne

1 Mark Twain und Charles Dudley Warner, *The Gilded Age. A Tale of Today*, Hartford, Connecticut, 1873 (deutsch: *Das vergoldete Zeitalter*, Leipzig 1876).

2 Matthew Josephson, *The Robber Barons*, New York 1962.

3 Alfred D. Chandler, *The Visible Hand. The Managerial Revolution*, Cambridge, Massachusetts, 1977, S. 339.

4 James Bradford DeLong, *Slouching Towards Utopia*, New York 2022, S. 62.

5 »Sherman Anti-Trust Act (1890)«, Milestone Documents, Archives.gov, https://www.archives.gov/milestone-documents/sherman-anti-trust-act (zuletzt aufgerufen am 17. 11. 2025).

6 Thomas K. McCraw und Forest Reinhardt, »Losing to Win. U. S. Steel's Pricing, Investment Decisions, and Market Share, 1901–1938«, in: *The Journal of Economic History*, 49, 3 (September 1989), S. 593.

7 Susannah Broyles, »Vanderbilt Ball. How a Costume Ball Changed New York Elite Society«, Museum of the City of New York, 6. August 2013, https://www.mcny.org/story/vanderbilt-ball (zuletzt aufgerufen am 17. 11. 2025).

8 Sidney Fine, »Richard T. Ely, Forerunner of Progressivism, 1880–1901«, in: *The Mississippi Valley History Review*, 37, 4 (März 1951), S. 599–624.

9 Zu Veblens Leben siehe: Joseph Dorfman, *Thorstein Veblen and His Ame-*

rica, New York 1934; Charles Camic, *Veblen,* Cambridge, Massachusetts, 2020.

10 Dorfman, *Thorstein Veblen and His America,* S. 56.

11 Ebd., S. 31.

12 Ebd., S. 86 f.

13 T. B. Veblen, »Some Neglected Points in the Theory of Socialism«, in: *The Annals of the American Academy of Political and Social Science,* 2, 3 (November 1891), S. 57–84.

14 Dorfman, *Thorstein Veblen and His America,* S. 90–104; Camic, *Veblen,* S. 236.

15 Dorfman, *Thorstein Veblen and His America,* S. 90–104; Camic, *Veblen,* S. 257–259.

16 John Caldbick, »Panic of 1893 and Its Aftermath«, HistoryLink.org, Essay 20874, 1. Oktober 2019, https://www.historylink.org/file/20874 (zuletzt aufgerufen am 17. 11. 2025).

17 Dorfman, *Thorstein Veblen and His America,* S. 105–107.

18 T. B. Veblen, »The Army of the Commonwealth«, in: *Journal of Political Economy,* 2, 3 (Juni 1894), S. 456–461.

19 Camic, *Veblen,* S. 180 f.

20 Richard T. Ely, »Thoughts on Immigration, No. 2«, in: *The Congregationalist,* 5. Juli 1894; siehe auch: Clifford F. Thies und Ryan Daza, »Richard T. Ely: The Confederate Flag of the AEA?«, in: *Econ Journal Watch,* 8, 2 (Mai 2011), S. 147–156, https://econjwatch.org/file_download/488/ThiesDazaMay2011.pdf?mimetype=pdf (zuletzt aufgerufen am 17. 11. 2025).

21 Edward A. Ross, »The Causes of Race Superiority«, in: *The Annals of the American Academy of Political and Social Science,* 18 (Juli 1901), S. 67–89.

22 Thorstein Veblen, »Review of *Misère de la Philosophie* by Karl Marx, and of *Socialisme et Science Positive* by Enrico Ferri«, in: *Journal of Political Economy,* 5, 1 (Dezember 1896), S. 100, https://www.jstor.org/stable/1817518?seq=4 (zuletzt aufgerufen am 17. 11. 2025), abgedruckt in: Thorstein Veblen, *The Essential Writings of Thorstein Veblen,* hg. von Charles Camic und Geoffrey M. Hodgson, New York 2011; siehe auch Emilie J. Raymer, »A Man of His Time. Thorstein Veblen and the University of Chicago Darwinists«, in: *Journal of the History of Biology,* 46 (2013), S. 669–698.

23 Veblen, »Review of *Misère de la Philosophie* by Karl Marx, and of *Socialisme et Science Positive* by Enrico Ferri«, S. 102.

24 Camic, *Veblen,* S. 261–263.

25 Ebd., S. 295 f.

26 Dorfman, *Thorstein Veblen and His America,* S. 90–104; Camic, *Veblen,* S. 132.

27 »1897 Sears, Roebuck and Incorporated Consumers Guide«, Nr. 104, https://www.google.com/books/edition/1897_Sears_Roebuck_Co_Catalogue/_gdrCgAAQBAJ?hl=en&gbpv=1&pg=PA1&printsec=frontcover (zuletzt aufgerufen am 18. 11. 2025).

28 Thorstein Veblen, »The Economic Theory of Woman's Dress«, in: *The Popular Science Monthly,* 46 (1894), S. 198–205, http://www.modetheorie.de/fileadmin/Texte/v/Veblen-The_Economic_Theory_of_Fashion_1894.pdf (zuletzt aufgerufen am 29. 12. 2025).
29 Thorstein B. Veblen, »The Socialist Economics of Karl Marx and His Followers II: The Later Marxism«, in: *The Quarterly Journal of Economics,* 21, 1 (Februar 1907), S. 299–322 (Zitat auf S. 304); siehe auch: Camic, *Veblen,* S. 319.
30 Thorstein Veblen, »Why Is Economics Not an Evolutionary Science?«, in: *The Quarterly Journal of Economics,* 12, 4 (Juli 1898), S. 373–397.
31 Camic, *Veblen,* S. 274.
32 Ebd.
33 Ebd., S. 298.
34 Thorstein Veblen, *Die Theorie der feinen Leute. Eine ökonomische Untersuchung der Institutionen,* München 1971, S. 22.
35 Ebd., S. 19.
36 Ebd., S. 34, 37.
37 Ebd., S. 39, 42.
38 Ebd., S. 43.
39 Ebd., S. 74.
40 Ebd., S. 66.
41 Ebd., S. 73.
42 Ebd., S. 157.
43 Ebd., S. 158.
44 Ebd., S. 169 f.
45 Ebd., S. 181 f.
46 Ebd., S. 172.
47 Ebd., S. 177–179.
48 William Dean Howells, »An Opportunity for American Fiction«, in: *Literature. An International Gazette of Criticism,* 16 (28. April 1899), S. 361 f., und 17 (5. Mai 1899), http://www.geocities.ws/veblenite/txt/rvtlcho.txt (zuletzt aufgerufen am 17. 11. 2025).
49 John Cummings, »The Theory of the Leisure Class«, in: *The Journal of Political Economy,* 7, 4 (September 1899), S. 425–455, https://www.jstor.org/stable/1817954 (zuletzt aufgerufen am 17. 11. 2025).
50 Ebd., S. 432.
51 Ebd., S. 441, 443.
52 Camic, *Veblen,* S. 10 f.
53 Cummings, »The Theory of the Leisure Class«, S. 443 f.
54 Thorstein Veblen, »Mr. Cummings's Strictures on ›The Theory of the Leisure Class‹«, in: *The Journal of Political Economy,* 8, 1 (Dezember 1899), S. 106–117.
55 Camic, *Veblen,* S. 321 f.
56 Thorstein Veblen, *The Theory of Business Enterprise* (1904), New York 2016, S. 18 f.
57 Ebd., S. 28 f.

58 Ebd., S. 27, 35.
59 »Supreme Court Upholds Antitrust Act in Northern Securities Co. v. United States«, Constitutional Law Reporter, https://constitutionallawreporter.com/2016/02/09/supreme-court-uphold-antitrust-act-in-northern-securities-co-v-united-states (zuletzt aufgerufen am 17. 11. 2025).
60 Veblen, *The Theory of Business Enterprise,* S. 35, 38, 41.
61 Ebd., S. 102.
62 Ebd., S. 99.
63 Ebd., S. 92.
64 Ebd., S. 21, 24.
65 Ebd., S. 104.
66 Ebd., S. 226.
67 Ebd., S. 227 f., 230 f.

John Hobsons Theorie des Imperialismus

1 P. J. Cain, »J. A. Hobson, Cobdenism, and the Radical Theory of Economic Imperialism, 1898–1914«, in: *The Economic History Review,* 31, 4 (November 1978), S. 565–584, https://www.jstor.org/stable/2595749?read-now=1&seq=1#pagescantabcontents (zuletzt aufgerufen am 17. 11. 2025).
2 M. E. Chamberlain, »Imperialism and Social Reform«, in: C. C. Eldridge (Hg.), *British Imperialism in the Nineteenth Century,* London 1984, https://link.springer.com/chapter/10.1007/978-1-349-17655-7_8 (zuletzt aufgerufen am 18. 11. 2025).
3 Cain, »J. A. Hobson, Cobdenism, and the Radical Theory of Economic Imperialism, 1898–1914«, S. 571 (Anm. 1).
4 J. A. Hobson, *Confessions of an Economic Heretic,* London 1938, S. 61.
5 Niall Ferguson, *Empire. The Rise and Demise of the British World Order,* New York 2003, S. 190.
6 Hobson, *Confessions of an Economic Heretic,* S. 61 f.
7 Ebd.
8 Ferguson, *Empire,* S. 191.
9 Cecil Rhodes, »Confession of Faith« (1877), zit. in: John E. Flint, *Cecil Rhodes,* Boston 1974, S. 248–252, https://sites.pitt.edu/~syd/rhod.html (zuletzt aufgerufen am 17. 11. 2025).
10 Hobson, *Confessions of an Economic Heretic,* S. 15.
11 Ebd., S. 25 f.
12 Ebd., S. 30.
13 Ebd., S. 28.
14 Ebd., S. 30.
15 A. F. Mummery und J. A. Hobson, *The Physiology of Industry,* London 1889, S. V.
16 John Maynard Keynes, *Vom Gelde (A Treatise on Money),* Berlin 1955, S. 416–429, Zitat auf S. 416.
17 Mummery / Hobson, *The Physiology of Industry,* S. VI.

18 Hobson, *Confessions of an Economic Heretic,* S. 30.
19 J. A. Hobson, *The Evolution of Modern Capitalism. A Study of Machine Production,* London 1894, S. 380, http://tankona.free.fr/hobson1894b.pdf (zuletzt aufgerufen am 17. 11. 2025).
20 Hobson, *Confessions of an Economic Heretic,* S. 28–39.
21 Ebd., S. 35 f.
22 Ebd., S. 21–28.
23 J. A. Hobson, *Der Imperialismus,* Köln / Berlin 1968, S. 29.
24 Ebd., S. 60 f.
25 Ebd., S. 57–62, 67 (Zitat auf S. 67).
26 Ebd., S. 67.
27 Ebd., S. 69.
28 Ebd., S. 71.
29 Ebd., S. 71, 79.
30 Ebd., S. 72.
31 Ebd., S. 73.
32 Ebd., S. 90 f.
33 Ebd., S. 92.
34 Ebd., S. 94, 96.
35 Ebd., S. 95 f.
36 Ebd., S. 98 f.
37 Ebd., S. 99.
38 Ebd., S. 71–79, Zitat auf S. 74.
39 J. A. Hobson, *The War in South Africa. Its Causes and Effects,* London 1900, S. 226.
40 Hobson, *Der Imperialismus,* S. 75.
41 Ebd., S. 100.
42 Ebd., S. 138.
43 Bruce Murray, »The ›People's Budget‹ a Century On«, in: *Journal of Liberal History,* 64 (Herbst 2009), http://www.liberalhistory.org.uk/wp-content/uploads/2014/10/64_Murray_Peoples_Budget-3.pdf (zuletzt aufgerufen am 17. 11. 2025).
44 J. A. Hobson, *The Crisis of Liberalism: New Issues of Democracy,* London 1909, S. 3.
45 Angus Maddison, *The World Economy,* 2 Bde., Paris 2006, Bd. 2, S. 426 f.; Ferguson, *Empire,* S. 240.
46 Hobson, *Confessions of an Economic Heretic,* S. 94.

Rosa Luxemburg über Kapitalismus, Kolonialismus und Krieg

1 Paul Frölich, *Rosa Luxemburg. Gedanke und Tat,* Frankfurt am Main 1967, S. 15–19.
2 J. P. Nettl, *Rosa Luxemburg,* Köln / Berlin 1968, S. 68.
3 Frölich, *Rosa Luxemburg,* S. 20 f.
4 Ebd., S. 24.
5 Nettl, *Rosa Luxemburg,* S. 75.

6 Rosa Luxemburg, »Die industrielle Entwicklung Polens«, in: dies., *Gesammelte Werke,* 7 Bde., Berlin 1972–2017, Bd. 1.1, 1972, S. 131 f., 135 f.
7 Frölich, *Rosa Luxemburg,* S. 28, 30.
8 Nettl, *Rosa Luxemburg,* S. 80–83 (Zitate auf S. 83).
9 Ebd., S. 136.
10 Frölich, *Rosa Luxemburg,* S. 68, 72, 76.
11 Eduard Bernstein, *Die Voraussetzungen des Sozialismus und die Aufgaben der Sozialdemokratie,* Stuttgart 1899, S. VI.
12 Ebd., S. VII.
13 Peter Gay, *Das Dilemma des demokratischen Sozialismus: Eduard Bernsteins Auseinandersetzung mit Marx,* Nürnberg 1954, S. 92.
14 Nettl, *Rosa Luxemburg,* S. 142.
15 Rosa Luxemburg, *Sozialreform oder Revolution?* (1899), in: dies., *Gesammelte Werke,* Bd. 1.1, S. 420 (Hervorhebung im Original).
16 Ebd., S. 386 f.
17 Ebd., S. 400.
18 Ebd., S. 369 f. (Hervorhebungen im Original).
19 Frölich, *Rosa Luxemburg,* S. 98 f., 126.
20 Nettl, *Rosa Luxemburg,* S. 335–340 (Zitat auf S. 336).
21 Ebd., S. 345–348.
22 Ebd., S. 365–369.
23 Ebd., S. 374 f.
24 Rosa Luxemburg an Leo Jogiches, 9. Januar 1899, in: Luxemburg, *Gesammelte Briefe,* 6 Bde., hg. vom Institut für Marxismus-Leninismus beim ZK der SED, Berlin 1982–1993, Bd. 1, ^{2}1984, S. 250.
25 Nettl, *Rosa Luxemburg,* S. 384.
26 Rosa Luxemburg an Kostja Zetkin, 16. und 17. November 1911, in: Luxemburg, *Gesammelte Briefe,* Bd. 4, ^{3}2001, S. 124 f.
27 Rosa Luxemburg an Hans Diefenbach, 12. Mai 1917, zit. in: Frölich, *Rosa Luxemburg,* S. 194 f.
28 Rosa Luxemburg, *Die Akkumulation des Kapitals. Ein Beitrag zur ökonomischen Erklärung des Imperialismus* (1913), in: dies., *Gesammelte Werke,* Bd. 5, 1975, S. 7, 9.
29 Ebd., S. 285.
30 Ebd., S. 296.
31 Ebd., S. 300.
32 Ebd., S. 364.
33 Ebd.
34 Karl Marx und Friedrich Engels, *Manifest der Kommunistischen Partei,* in: dies., *Werke,* 44 Bde., Berlin 1956–2018, Bd. 4, 1959, S. 465.
35 Karl Marx, *Das Kapital,* Bd. 1, in: Marx/Engels, *Werke,* Bd. 23, 1962, S. 779, 783.
36 Luxemburg, *Die Akkumulation des Kapitals,* S. 313.
37 Ebd., S. 314 (Hervorhebung im Original).
38 Ebd., S. 318 f.
39 Ebd., S. 350.

40 Ebd., S. 341 f.
41 Ebd., S. 323 f.
42 Ebd., S. 328.
43 Ebd., S. 391.
44 Ebd., S. 410 f.
45 Nettl, *Rosa Luxemburg,* S. 510.
46 Paul M. Sweezy, *Theorie der kapitalistischen Entwicklung. Eine analytische Studie über die Prinzipien der Marxschen Sozialökonomie* (1942), Frankfurt am Main 1970, S. 242.
47 Joan Robinson, »Rosa Luxemburgs ›Akkumulation des Kapitals‹. Vorwort zur englischen Übersetzung der ›Akkumulation des Kapitals‹, herausgegeben von Routledge & Kegan Paul, 1951«, in: dies., *Über Keynes hinaus. Ausgewählte ökonomische Essays,* Wien / Frankfurt am Main / Zürich 1962, S. 75–91, hier S. 91.
48 Nettl, *Rosa Luxemburg,* S. 594.
49 Rosa Luxemburg, *Die Krise der Sozialdemokratie* (1916), in: dies., *Gesammelte Werke,* Bd. 4, 1974, S. 52.
50 Ebd., S. 137.
51 Ebd., S. 163 f.
52 Rudolf Hilferding, *Das Finanzkapital. Eine Studie über die jüngste Entwicklung des Kapitalismus,* Wien 1910, S. 473.
53 Karl Kautsky, »Der Imperialismus«, in: *Die Neue Zeit,* 32 (1914), Bd. 2, Nr. 21, 11. September 1914, S. 908–922 (Zitate auf S. 921), https://archive.org/details/dieneuezeit3221unse/page/920/mode/2up (zuletzt aufgerufen am 28.01.2026).
54 Wladimir I. Lenin, *Der Imperialismus als höchstes Stadium des Kapitalismus. Gemeinverständlicher Abriss,* in: ders., *Werke,* 40 Bde., Berlin 1956–1972, Bd. 22, 1960, S. 189–309, hier S. 199.
55 Ebd., S. 270 f.
56 Ebd., S. 209.
57 Ebd., S. 261, 265.
58 Ebd., S. 245.
59 Ebd., S. 224, 236, 242.
60 Ebd., S. 306.
61 Ebd., S. 303 (Hervorhebung im Original).
62 Ebd., S. 295.
63 Rosa Luxemburg, »Zur russischen Revolution«, in: dies., *Gesammelte Werke,* Bd. 4, S. 332–365, hier S. 341.
64 Ebd., S. 358, 362.
65 Rosa Luxemburg, »Der Anfang«, in: dies., *Gesammelte Werke,* Bd. 4, S. 397.
66 Rosa Luxemburg, »Unser Programm und die politische Situation«, in: dies., *Gesammelte Werke,* Bd. 4, S. 488–513, hier S. 513.
67 Rosa Luxemburg, »Ordnung herrscht in Berlin«, in: dies., *Gesammelte Werke,* Bd. 4, S. 533–539 (Zitat auf S. 539; Hervorhebung im Original).
68 Nettl, *Rosa Luxemburg,* S. 732–736.
69 Ebd., S. 739–741.

Nikolai Kondratjew und die Dynamik der kapitalistischen Entwicklung

1 Vincent Barnett, *Kondratiev and the Dynamics of Economic Development,* New York 1998, S. 27.
2 Ebd., S. 32.
3 Ebd., S. 28–30.
4 Ebd., S. 11.
5 Wladimir I. Lenin, *Staat und Revolution,* in: ders., *Werke,* 40 Bde., Berlin 1956–1972, Bd. 25, 1960, S. 393–507, hier S. 488 (Hervorhebungen im Original).
6 Edward Hallett Carr, *Die Russische Revolution. Lenin und Stalin 1917–1929,* Stuttgart / Berlin / Köln / Mainz 1980, S. 30.
7 Alec Nove, *An Economic History of the USSR,* New York 1978, S. 94.
8 Ebd., S. 86.
9 H. G. Wells, *Nacht über Russland,* Berlin 1922, S. 5 f.
10 Nikolai Kondratjew, *The Year of Revolution from the Economic Point of View* (1918), zit. in: Barnett, *Kondratiev and the Dynamics of Economic Development,* S. 38.
11 Nove, *An Economic History of the USSR,* S. 94.
12 Barnett, *Kondratiev and the Dynamics of Economic Development,* S. 143–146.
13 Ebd., S. 146–151.
14 Ebd., S. 65.
15 Ebd., S. 98.
16 Ebd., S. 71.
17 Carr, *Die Russische Revolution,* S. 79 (Hervorhebung im Original).
18 Barnett, *Kondratiev and the Dynamics of Economic Development,* S. 25.
19 Ebd., S. 107.
20 Leo Trotzki, »Die Kurve der kapitalistischen Entwicklung«, in: Parvus, Karl Kautsky, Leo Trotzki, N. D. Kondratieff und Ernest Mandel, *Die langen Wellen der Konjunktur. Beiträge zur Marxistischen Konjunktur- und Krisentheorie,* Berlin 1972, S. 121–132 (Zitat auf S. 122).
21 Ebd., S. 127 f.
22 Ebd., S. 132.
23 Ebd., S. 128–131.
24 Barnett, *Kondratiev and the Dynamics of Economic Development,* S. 118.
25 Nikolai Kondratjew, »Die langen Wellen der Konjunktur«, in: *Archiv für Sozialwissenschaft und Sozialpolitik,* Bd. 56, Tübingen 1926, S. 573–609; George Garvy, »Kondratieff's Theory of Long Cycles«, in: *The Review of Economic Statistics,* November 1943, S. 203–220, https://www.jstor.org/stable/1927337 (zuletzt aufgerufen am 17. 11. 2025).
26 Garvy, »Kondratieff's Theory of Long Cycles«, S. 204.
27 Ebd., S. 208.
28 Kondratjew, »Die langen Wellen der Konjunktur«, S. 593–595.
29 Ebd., S. 593 f.

30 Paul Mason, *Postkapitalismus. Grundrisse einer kommenden Ökonomie,* Berlin 2016, S. 72.
31 Garvy, »Kondratieff's Theory of Long Cycles«, S. 210.
32 Mason, *Postkapitalismus,* S. 72.
33 Barnett, *Kondratiev and the Dynamics of Economic Development,* S. 111 f.
34 Josef Stalin, »Politischer Rechenschaftsbericht des Zentralkomitees«, 18. Dezember 1925, in: ders., *Werke,* 13 Bde., Berlin 1950–1955, Bd. 7, 1952, S. 135–176, hier S. 152.
35 Carr, *Die Russische Revolution,* S. 108.
36 Vincent Barnett, »At the Margins of the Market. Conceptions of the Market and Market Economics in Soviet Economic Theory During the New Economic Policy, 1921–1929«, Dissertation, Glasgow University, 1992, S. 214, https://core.ac.uk/download/pdf/293039513.pdf (zuletzt aufgerufen am 17. 11. 2025).
37 Barnett, *Kondratiev and the Dynamics of Economic Development,* S. 158.
38 Nove, *An Economic History of the USSR,* S. 144 f.
39 Barnett, *Kondratiev and the Dynamics of Economic Development,* S. 121.
40 Ebd., S. 189.
41 Garvy, »Kondratieff's Theory of Long Cycles«, S. 204.
42 Barnett, *Kondratiev and the Dynamics of Economic Development,* S. 192.
43 Josef W. Stalin, *Briefe an Molotow, 1925–1936,* hg. von Lars T. Lih, Oleg Naumow und Oleg Chlewnjuk, Berlin 1996, S. 213.
44 Ebd., S. 217.
45 Barnett, *Kondratiev and the Dynamics of Economic Development,* S. 196.
46 Yuri Yakovets, »The Heritage of Nikolai Kondratieff. A View from the 21 st Century«, in: *Comparative Civilizations Review,* 2007, S. 6 f.
47 Orlando Figes, »Section 10: Revolution from Above. Economic Growth and Living Standards During the 1930s«, OrlandoFiges.info, http://www.orlandofiges.info/section10_RevolutionfromAbove/EconomicGrowthandLivingStandardsDuringthe1930s.php (zuletzt aufgerufen am 30. 12. 2025).
48 Ian Kershaw, *Höllensturz. Europa 1914 bis 1949,* München 2016, S. 236.
49 Robert Allen, »A Reassessment of the Soviet Industrial Revolution«, in: *Comparative Economic Studies,* 47, 2 (Juni 2005), S. 315–332, hier S. 315.
50 Scott Gehlbach, »What Did Stalinist Industrialization Accomplish?«, in: *Broadstreet,* 22. März 2021, https://broadstreet.blog/2021/03/22/what-did-stalinist-industrialization-accomplish (zuletzt aufgerufen am 17. 11. 2025).
51 Joseph Schumpeter, *Konjunkturzyklen. Eine theoretische, historische und statistische Analyse des kapitalistischen Prozesses,* 2 Bde., Göttingen 1961, Bd. 1, S. 183.
52 Garvy, »Kondratieff's Theory of Long Cycles«, S. 218.
53 Eirini Ozouni, Constantinos Katrakylidis und Grigoris Zarotiadis, »Technology Evolution and Long Waves. Investigating Their Relation with Spectral and Cross-Spectral Analysis«, in: *The Journal of Applied Economics,* 21, 1 (Dezember 2018), S. 160–174.

John Maynard Keynes' Blaupause für einen gelenkten Kapitalismus

1 Roy Harrod, *The Life of John Maynard Keynes,* London 1963, S. 318.

2 John Maynard Keynes, *Die wirtschaftlichen Folgen des Friedensvertrages,* München/Leipzig 1920, S. 219.

3 Jeffry A. Frieden, *Global Capitalism. Its Rise and Fall in the Twentieth Century,* New York 2007, S. 130, 132.

4 »Resolution des II. Weltkongresses der Komintern über die Aufnahmebedingungen«, 6. August 1920, https://www.1000dokumente.de/Dokumente/Resolution_des_II._Weltkongresses_der_Kominter_über_die_Aufnahmebedingungen (zuletzt aufgerufen am 30. 12. 2025).

5 B. BlackPast, »(1921) Marcus Garvey, ›Address to the Second UNIA Convention‹«, BlackPast.org, 29. September 2011, https://www.blackpast.org/african-american-history/1921-marcus-garvey-address-second-unia-convention/ (zuletzt aufgerufen am 17. 11. 2025).

6 Robert Skidelsky, *John Maynard Keynes,* Bd. 1: *Hopes Betrayed, 1883–1920,* New York 1986, S. 176.

7 Leon Edel, *Bloomsbury. A House of Lions,* Philadelphia, Pennsylvania, 1979, S. 245.

8 John Maynard Keynes, »Bin ich ein Liberaler?«, in: ders., *Politik und Wirtschaft. Männer und Probleme,* hg. von Eduard Rosenbaum, Tübingen/Zürich 1956, S. 246–254, hier S. 246 (Hervorhebung im Original).

9 John Maynard Keynes, *Wirtschaftliche Möglichkeiten für meine Enkel,* hg. von Jens C. Knipp, Stuttgart 2024, S. 14, 18 f., 21.

10 John Maynard Keynes, *Ein Traktat über Währungsreform,* Berlin ^{2}1997, S. 177.

11 Ebd., S. 203.

12 Ebd., S. 179.

13 Ebd., S. VI, 69.

14 Robert Skidelsky, *John Maynard Keynes,* Bd. 2: *The Economist as Savior, 1920–1937,* New York 1992, S. 152.

15 Ebd.; David Jacks, »The First Great Trade Collapse. The Effects of World War I on International Trade in the Short and Long Run«, in: Stephen Broadberry und Mark Harrison (Hg.), *The Economics of the Great War. A Centennial Perspective,* London 2018.

16 John Maynard Keynes, »Does Unemployment Need a Drastic Remedy?«, in: *The Nation and Athenaeum,* 24. Mai 1924.

17 John Maynard Keynes, »Does Unemployment Need a Drastic Remedy? A Reply to the Critics«, in: *The Nation and Athenaeum,* 7. Juni 1924.

18 John Maynard Keynes, *Das Ende des Laissez-faire,* Ditzingen 2020, S. 42 f., 45.

19 Skidelsky, *John Maynard Keynes,* Bd. 2, S. 340.

20 Frieden, *Global Capitalism,* S. 175.

21 Harrod, *The Life of John Maynard Keynes,* S. 398.

22 Frieden, *Global Capitalism,* S. 175.

23 Gary Richardson, »Banking Panics of 1930–31«, in: *Federal Reserve His-*

tory, 22. November 2013, https://www.federalreservehistory.org/essays/banking-panics-1930-31 (zuletzt aufgerufen am 17. 11. 2025).

24 John Maynard Keynes, *Vom Gelde (A Treatise on Money),* Berlin 1955, S. 416 f.; Harrod, *The Life of John Maynard Keynes,* S. 407.

25 Donald Moggridge, *Maynard Keynes. An Economist's Biography,* London 1992, S. 523 (Hervorhebung im Original).

26 Ebd., S. 528.

27 Skidelsky, *John Maynard Keynes,* Bd. 2, S. 481.

28 Ebd., S. 506.

29 Linda Levine, *Job Creation Programs of the Great Depression. The WPA and the CCC,* Congressional Research Service, 14. Januar 2010, https://www2.law.umaryland.edu/marshall/crsreports/crsdocuments/R41017_01142010.pdf (zuletzt aufgerufen am 17. 11. 2025).

30 Mark Blyth, *Great Transformations. Economic Ideas and Institutional Change in the Twentieth Century,* Cambridge 2002, S. 108-110.

31 Walter Galenson und Arnold Zellner, »International Comparison of Unemployment Rates«, in: *The Measurement and Behavior of Unemployment,* National Bureau of Research, 1957, Anhang 1, S. 548, https://www.nber.org/system/files/chapters/c2649/c2649.pdf (zuletzt aufgerufen am 17. 11. 2025).

32 Skidelsky, *John Maynard Keynes,* Bd. 2, S. 520.

33 John Maynard Keynes, *Allgemeine Theorie der Beschäftigung, des Zinses und des Geldes,* Berlin [9]2002, S. 22.

34 Ebd., S. 24 (Hervorhebung im Original).

35 Richard Kahn, »The Relation of Home Investment to Unemployment«, in: *The Economic Journal,* 41 (1931), S. 173-198.

36 Keynes, *Allgemeine Theorie der Beschäftigung, des Zinses und des Geldes,* S. 108 f.

37 Ebd., S. 110 (Hervorhebung im Original).

38 Ebd., S. 317, 319.

39 Ebd., S. 318-320.

40 Ebd., S. 321.

41 John Maynard Keynes, »Der große Wirtschaftssturz von 1930«, in: ders., *Politik und Wirtschaft,* S. 193-200, hier S. 196.

42 Keynes, *Allgemeine Theorie der Beschäftigung, des Zinses und des Geldes,* S. 323.

43 US Office of Management and Budget und Federal Reserve Bank of St. Louis, »Federal Surplus or Deficit [-] as Percent of Gross Domestic Product«, Federal Reserve Bank of St. Louis, *FRED Economic Data,* 28. März 2024, https://fred.stlouisfed.org/series/FYFSGDA188S (zuletzt aufgerufen am 17. 11. 2025).

44 *Employment Policy. Presented by the Minister of Reconstruction to Parliament by Command of His Majesty, May 1944,* London 1944, S. 3, https://archive.margaretthatcher.org/doc01/2312B65342E04F2B8107131C635023BD.pdf (zuletzt aufgerufen am 17. 11. 2025).

45 Alan Brinkley, *The End of Reform,* New York 1996, S. 233.

46 Ebd., S. 263.
47 Frieden, *Global Capitalism,* S. 258.

Karl Polanyis Warnungen an Kapitalismus und Demokratie

1 Lee Congdon, »Karl Polanyi in Hungary, 1900–19«, in: *Journal of Contemporary History,* 11, 1 (Januar 1976), S. 167–183, hier S. 168–171 (Zitat S. 171), https://www.jstor.org/stable/260008 (zuletzt aufgerufen am 17. 11. 2025).
2 Gareth Dale, *Karl Polanyi. A Life on the Left,* New York 2016, S. 48.
3 Ebd., S. 59.
4 Ebd., S. 67.
5 Ebd., S. 69.
6 Ebd., S. 71.
7 Ebd., S. 70.
8 Karl Polanyi, *The Great Transformation. Politische und ökonomische Ursprünge von Gesellschaften und Wirtschaftssystemen,* Frankfurt am Main 1978, S. 378.
9 Tim Rogan, *The Moral Economists. R. H. Tawney, Karl Polanyi, E. P. Thompson, and the Critique of Capitalism,* Princeton, New Jersey, 2017, S. 60.
10 Dale, *Karl Polanyi,* S. 86, siehe auch S. 311 (Anm. 117).
11 Ebd., S. 88.
12 Ebd., S. 81.
13 Karl Polanyi, »Das Wesen des Faschismus«, in: ders., *Ökonomie und Gesellschaft,* Frankfurt am Main 1979, S. 91–126, hier S. 91.
14 Ebd., S. 98.
15 Ebd., S. 99.
16 Ebd., S. 123.
17 Karl Polanyi, »Marxism Re-stated«, in: *New Britain,* 3, 59 (1934), zit. in: Dale, *Karl Polanyi,* S. 126.
18 Polanyi, »Das Wesen des Faschismus«, S. 123 f.
19 Ebd.
20 Karl Polanyi, »Der faschistische Virus«, in: ders., *Chronik der großen Transformation. Artikel und Aufsätze (1920–1945),* 3 Bde., Marburg 2002–2005, Bd. 3: *Menschliche Freiheit, politische Demokratie und die Auseinandersetzung zwischen Sozialismus und Faschismus,* von Michele Cangiani, Kari Polanyi-Levitt und Claus Thomasberger, 2005, S. 278–295, hier S. 280 f.
21 Dale, *Karl Polanyi,* S. 176.
22 Ebd., S. 169 (Hervorhebung im Original).
23 Ebd., S. 178.
24 Polanyi, *The Great Transformation,* S. 19.
25 Ebd., S. 19 f.
26 Ebd., S. 193 f.
27 Ebd., S. 289.
28 Ebd., S. 146.
29 Ebd., S. 190.

30 Ebd., S. 299–301.
31 Ebd., S. 195.
32 Ebd., S. 286, 290.
33 Ebd., S. 290 f., 329.
34 Ebd., S. 308 f.
35 Ebd., S. 311, 313 f.
36 Ebd., S. 315, 317.
37 Ebd., S. 314 f.
38 Ebd., S. 325.
39 Ebd., S. 340.
40 Dale, *Karl Polanyi,* S. 146 f.
41 Polanyi, *The Great Transformation,* S. 339.
42 Ebd., S. 344.
43 J. H. Hexter, »The Great Transformation. By Karl Polanyi«, in: *The American Historical Review,* 50, 3 (April 1945), S. 502.
44 Rogan, *The Moral Economists,* S. 80.
45 Dale, *Karl Polanyi,* S. 220, siehe auch S. 349 (Anm. 149).

Zwei Skeptiker des Keynesianismus: Paul Sweezy und Michał Kalecki

1 Samuel H. Williamson, »Annualized Growth Rate of Various Historical Economic Series«, in: MeasuringWorth.com, 2024, https://www.measuringworth.com/calculators/growth (zuletzt aufgerufen am 17. 11. 2025).
2 US Bureau of Labor Statistics, »Unemployment Rate [UNRATE]«, Federal Reserve Bank of St. Louis, *FRED Economic Data,* 7. Juni 2024, https://fred.stlouisfed.org/series/UNRATE (zuletzt aufgerufen am 17. 11. 2025).
3 Angus Maddison, *The World Economy. A Millennial Perspective,* Paris 2001, S. 131, 134.
4 Ebd., S. 126, 134.
5 Russell Sage Foundation, »Real Mean and Median Income, Families and Individuals, 1947–2012, and Households, 1967–2012«, https://www.almendron.com/tribuna/wp-content/uploads/2021/11/income-and-earnings.pdf (zuletzt aufgerufen am 28. 01. 2026).
6 Thomas Piketty, Emmanuel Saez und Gabriel Zucman, »Distributional National Accounts. Methods and Estimates for the United States«, National Bureau of Economic Research Working Paper 22 945, Dezember 2016, S. 43, Tabelle 2.
7 Clement Attlee, »Labour's Manifesto«, 1. Juni 1951, https://beersandpolitics.com/labours-manifesto (zuletzt aufgerufen am 28. 01. 2026).
8 Maddison, *The World Economy,* S. 135.
9 Jeffry A. Frieden, *Global Capitalism. Its Rise and Fall in the Twentieth Century,* New York 2007, S. 297.
10 C. A. R. Crosland, »The Transition from Capitalism«, in: R. H. S. Crossman (Hg.), *New Fabian Essays,* New York 1952, S. 33–68.
11 Paul M. Sweezy, *Theorie der kapitalistischen Entwicklung. Eine analytische*

Studie über die Prinzipien der Marxschen Sozialökonomie, Frankfurt am Main 1970, S. 277–279.
12 Ebd., S. 279.
13 Ebd., S. 407 f.
14 John Bellamy Foster, »On the Laws of Capitalism. 1. Insights from the Sweezy-Schumpeter Debate«, in: *Monthly Review,* 1. Mai 2011, https://monthlyreview.org/2011/05/01/on-the-laws-of-capitalism (zuletzt aufgerufen am 17. 11. 2025).
15 Joseph Schumpeter, *Kapitalismus, Sozialismus und Demokratie,* München 1950, S. 138.
16 Sweezy, *Theorie der kapitalistischen Entwicklung,* S. 408.
17 Ebd.
18 Ebd., S. 411.
19 Michał Kalecki, »Politische Aspekte der Vollbeschäftigung«, in: ders., *Krise und Prosperität im Kapitalismus. Ausgewählte Essays 1933–1971,* hg. von Kazimierz Laski und Josef Pöschl, Marburg 1987, S. 235–241, hier S. 238.
20 Jan Toporowski, *Michał Kalecki. An Intellectual Biography,* Bd. 1: *Rendezvous in Cambridge, 1899–1939,* New York 2013.
21 L. R. Klein, »The Life of John Maynard Keynes«, in: *The Journal of Political Economy,* 59, 5 (Oktober 1951), S. 447, https://www.jstor.org/stable/1825258?seq=5 (zuletzt aufgerufen am 17. 11. 2025).
22 M. Kalecki, »A Macrodynamic Theory of Business Cycles«, *Econometrica,* 3, 3 (Juli 1935), https://archive.org/details/Kalecki1935.AMacrodynamicTheoryOfBusinessCycles/page/n1/mode/2up?view=theater (zuletzt aufgerufen am 17. 11. 2025) (dt.: »Umrisse einer Theorie des Konjunkturzyklus«, in: ders., *Krise und Prosperität im Kapitalismus,* S. 31–44).
23 Marjorie S. Turner, *Joan Robinson and the Americans,* Armonk, New York, 1989, S. 63.
24 Malcolm C. Sawyer, *The Economics of Michał Kalecki,* New York 1985, S. 6.
25 Siehe Ivan Figura, »Michal Kalecki«, in: *BIATEC,* 13, 10 (2005), https://www.nbs.sk/_img/documents/biatec/bia10_05/21_25.pdf (zuletzt aufgerufen am 17. 11. 2025).
26 Michał Kalecki, »What Is Inflation?«, in: *Bulletin of the Oxford University Institute of Economics and Statistics,* 3, 8 (Juni 1941).
27 Michał Kalecki, »Economic Implications of the Beveridge Plan«, in: *Bulletin of the Oxford University Institute of Economics and Statistics,* 5, Suppl. 4 (20. Februar 1943); Sawyer, *The Economics of Michał Kalecki,* S. 131 f.
28 Michał Kalecki, »Political Aspects of Full Employment«, in: *The Political Quarterly,* 14, 4 (Oktober–Dezember 1943), S. 322–331, hier S. 323.
29 Kalecki, »Politische Aspekte der Vollbeschäftigung«, S. 238.
30 Ebd., S. 236.
31 Ebd., S. 237.
32 Ebd., S. 237 f.
33 Ebd., S. 241.
34 Ebd.

35 Kalecki, »Political Aspects of Full Employment«, S. 330.
36 Michał Kalecki, *Collected Works of Michał Kalecki*, hg. von J. Osiatyński, Bd. 1: *Capitalism: Business Cycles and Full Employment*, Oxford 1990, S. 573.
37 Paul M. Sweezy, »Recent Developments in American Capitalism«, in: *Monthly Review*, 1, 1 (Mai 1949), S. 16–21.
38 Statista Research Department, »Number of Passenger Cars and Commercial Motor Vehicles in Use in the United States from 1900 to 1988«, in: *Statista*, 31. Dezember 1993, https://www.statista.com/statistics/1246890/vehicles-use-united-states-historical (zuletzt aufgerufen am 17. 11. 2025).
39 Gerhard Peters und John T. Woolley, »Republican Party Platform of 1956«, in: *The American Presidency Project*, 20. August 1956, https://www.presidency.ucsb.edu/documents/republican-party-platform-1956 (zuletzt aufgerufen am 17. 11. 2025).
40 US Bureau of Economic Analysis, »Corporate Profits After Tax (Without IVA and CCAdj)(CP)«, Federal Reserve Bank of St. Louis, https://fred.stlouisfed.org/series/CP (zuletzt aufgerufen am 17. 11. 2025).
41 US Bureau of Economic Analysis, »Shares of Gross Domestic Income. Corporate Profits with Inventory Valuation and Capital Consumption Adjustments, [W273RE1A156NBEA]«, Federal Reserve Bank of St. Louis, 28. Juni 2024, https://fred.stlouisfed.org/series/W273RE1A156NBEA (zuletzt aufgerufen am 17. 11. 2025).
42 »Income Based: Gross Operating Surplus of Corporations: Total: CP SA £m«, Census 2021, https://www.ons.gov.uk/economy/grossdomesticproductgdp/timeseries/cgbz/pn2 (zuletzt aufgerufen am 17. 11. 2025).
43 Kalecki, »Political Aspects of Full Employment«, S. 331.
44 Paul A. Baran und Paul M. Sweezy, *Monopolkapital. Ein Essay über die amerikanische Wirtschafts- und Gesellschaftsordnung*, Frankfurt am Main 1967, S. 148 f.
45 Ebd., S. 206.
46 Ebd., S. 152 (Tabelle 5).

Joan Robinson und die »Bastard-Keynesianer«

1 Joan Robinson, »Reminiscences«, in: dies., *Contributions to Modern Economics*, Oxford 1978, S. IX.
2 Joan Robinson, »Beauty and the Beast«, in: dies., *Contributions to Modern Economics*, S. 274.
3 Piero Sraffa, »The Law of Returns Under Competitive Conditions«, in: *The Economic Journal*, 36, 144 (Dezember 1926), S. 535–550.
4 A. C. Pigou, *The Economics of Welfare*, London 1920, S. 512.
5 Ebd., S. VII.
6 Joan Robinson, »Foreword«, in: dies., *The Economics of Imperfect Competition*, London 1933, S. VII.
7 Ebd., S. 52 (Abb. 17).
8 Ebd., S. 294 (Abb. 78).
9 Ebd., S. 52 (Abb. 17).

10 Ebd., S. 320.
11 Ebd., S. X.
12 Robinson, *Economics of Imperfect Competition,* S. 324.
13 Roy F. Harrod, *The Life of John Maynard Keynes,* London 1963, S. 451.
14 Joan Robinson, *Essays in the Theory of Employment,* Oxford ²1947, S. 10, 17.
15 Ebd., S. 25, 28.
16 Joan Robinson, *Doktrinen der Wirtschaftswissenschaft. Eine Auseinandersetzung mit ihren Grundproblemen und Ideologien,* München 1965, S. 94.
17 Geoffrey Harcourt und Prue Kerr, *Joan Robinson,* Basingstoke 2009, S. 35.
18 Joan Robinson, *Grundprobleme der Marxschen Ökonomie,* Marburg 1987, S. 38.
19 Ebd., S. 27.
20 Ebd., S. 21.
21 Ebd., S. 24 f.
22 Ebd., S. 67 f.
23 Ebd., S. 25.
24 Carolina Alves, »Joan Robinson on Karl Marx. ›His Sense of Reality Is Far Stronger‹«, in: *Journal of Economic Perspectives,* 36, 2 (Frühjahr 2022), S. 258.
25 Harcourt/Kerr, *Joan Robinson,* S. 62 f., 66.
26 Ebd., S. 63.
27 Joan Robinson, »Preparation for War«, in: *Monthly Review,* 3, 6 (Oktober 1951), S. 194 f. (Hervorhebung im Original); siehe auch Marjorie S. Turner, *Joan Robinson and the Americans,* Armonk, New York, 1989, S. 87.
28 US Bureau of Labor Statistics, »Unemployment Rate [UNRATE]«, Federal Reserve Bank of St. Louis, 27. Juni 2024, https://fred.stlouisfed.org/series/UNRATE (zuletzt aufgerufen am 17. 11. 2025).
29 Robinson, »Preparation for War«, S. 195.
30 Roy F. Harrod, »An Essay in Dynamic Theory«, in: *The Economic Journal,* 49, 193 (März 1939), S. 14–33.
31 Robert M. Solow, »Growth Theory and After«, Nobelpreisrede, 8. Dezember 1987, https://www.nobelprize.org/prizes/economic-sciences/1987/solow/lecture (zuletzt aufgerufen am 17. 11. 2025).
32 Robert M. Solow, »A Contribution to the Theory of Economic Growth«, in: *The Quarterly Journal of Economics,* 70, 1 (Februar 1956), S. 73.
33 Joan Robinson, »The Production Function and the Theory of Capital«, in: *The Review of Economic Studies,* 21, 2 (1953/54), S. 81.
34 Joan Robinson, »Rosa Luxemburgs ›Akkumulation des Kapitals‹. Vorwort zur englischen Übersetzung der ›Akkumulation des Kapitals‹, herausgegeben von Routledge & Kegan Paul, 1951«, in: dies., *Über Keynes hinaus. Ausgewählte ökonomische Essays,* Wien/Frankfurt am Main/Zürich 1962, S. 75–91.
35 Turner, *Joan Robinson and the Americans,* S. 115 f., 122.
36 Robert M. Solow, »Technical Change and the Aggregate Production Function«, in: *The Review of Economics and Statistics,* 39, 3 (August 1957), S. 315 (Tabelle 1).

37 Ebd., S. 320.

38 Anwar Shaikh, »Laws of Production and Laws of Algebra. The Humbug Production Function«, in: *The Review of Economics and Statistics,* 56, 1 (Februar 1974), S. 118.

39 Turner, *Joan Robinson and the Americans,* S. 110.

40 Ebd., S. 111.

41 Joan Robinson, »The Age of Growth«, Gildersleeve Lecture, 1976, in: dies., *Further Contributions to Modern Economics,* Oxford 1980, S. 34.

42 Joan Robinson und Frank Wilkinson, »What Has Become of Employment Policy?«, in: *Cambridge Journal of Economics,* 1, 1 (März 1977), in: dies., *Contributions to Modern Economics,* S. 256.

43 *Economic Report of the President,* Januar 1962, S. 3 f., https://www.presidency.ucsb.edu/sites/default/files/books/presidential-documents-archive-guidebook/the-economic-report-of-the-president-truman-1947-obama-2017/1962.pdf (zuletzt aufgerufen am 17. 11. 2025).

44 Joan Robinson, »Spätkapitalismus«, in: dies., *Kleine Schriften zur Ökonomie,* Frankfurt am Main 1968, S. 38 f.

45 Ebd., S. 40 f.

46 Robinson, *Doktrinen der Wirtschaftswissenschaft,* S. 117.

47 Joan Robinson, »Hat sich der Kapitalismus gewandelt?«, in: dies., *Kleine Schriften zur Ökonomie,* S. 84.

48 Robinson, »Spätkapitalismus«, S. 44.

49 Ebd., S. 41 f. (Hervorhebung im Original).

50 Ebd., S. 53 f.

51 Geoffrey Harcourt und Prue Kerr, *Joan Robinson,* New York 2009, S. 66.

52 Joan Robinson, *The Cultural Revolution in China,* London 1969, S. 24.

53 Geoff Harcourt und John King, »Talking About Joan Robinson. Geoff Harcourt in Conversation with John King«, in: *Review of Social Economy,* 53, 1 (Frühjahr 1995), S. 56.

54 Robinson, »Spätkapitalismus«, S. 45.

55 World Bank Group, »Inflation, Consumer Prices (Annual %) – United Kingdom«, https://data.worldbank.org/indicator/FP.CPI.TOTL.ZG?locations=GB (zuletzt aufgerufen am 17. 11. 2025).

56 Robinson, »Spätkapitalismus«, S. 46 f.

57 Ebd.

58 Robinson, »The Age of Growth«, S. 38.

59 Ebd., S. 39, 42.

60 Harcourt/King, »Talking About Joan Robinson«, S. 56.

61 Erinnerung des Autors.

62 Turner, *Joan Robinson and the Americans,* S. 206.

J. C. Kumarappa und die Ökonomie der Beständigkeit

1 Mark Lindley, *J. C. Kumarappa. Mahatma Gandhi's Economist,* Mumbai 2007; Venu Madhav Govindu und Deepak Malghan, *The Web of Freedom.*

J. C. Kumarappa and Gandhi's Struggle for Economic Justice, New Delhi 2016.

2 Venu Madhav Govindu und Deepak Malghan, »Building a Creative Freedom. J. C. Kumarappa and His Economic Philosophy«, in: *Economic and Political Weekly,* 40, 52 (24.–30. Dezember 2005), S. 2.

3 J. C. Kumarappa, *An Economic Survey of Matar Taluka (Kheda District),* Ahmedabad 1952, S. 3, 71, 115.

4 Ebd., S. 86, 117 f.

5 J. C. Kumarappa, *Economy of Permanence,* Varanasi 1957, S. 41.

6 Lindley, *J. C. Kumarappa,* S. 4.

7 Ebd., S. 22.

8 Ebd., S. 65 f.

9 J. C. Kumarappa, *Public Finance and Our Poverty. The Contribution of Public Finance to the Present Economic State of India,* Ahmedabad 1948, S. 13.

10 M. K. Gandhi, *»Diesem Letzten«. Freie Wiedergabe* (1908), in: ders., *Ausgewählte Werke,* hg. von Shriman Narayan, 5 Bde., Göttingen 2011, Bd. 3: *Grundlegende Schriften,* S. 45–78, hier S. 75.

11 Percival Spear, *India. A Modern History,* London 1966, S. 199.

12 Ramachandra Guha, *Gandhi. The Years That Changed the World, 1914–1948,* London 2019, S. 493.

13 Lindley, *J. C. Kumarappa,* S. 31.

14 J. C. Kumarappa, *Why the Village Movement? A Plea for a Village Centered Economic Order in India,* Wardha 1936, S. 145, https://archive.org/details/in.ernet.dli.2015.118819 (zuletzt aufgerufen am 17. 11. 2025).

15 Ebd., S. 141.

16 Ebd., S. 120 f.

17 Ebd., S. 104 f.

18 Lindley, *J. C. Kumarappa,* S. 34.

19 Ebd., S. 119.

20 M. K. Gandhi, »Die ›Quit India‹-Reden (8. August 1942)«, in: ders., *Ausgewählte Werke,* Bd. 4: *Die Stimme der Wahrheit,* S. 58–86, hier S. 74.

21 Kumarappa, *Economy of Permanence,* S. 9.

22 Ebd., S. 17 f.

23 Ebd., S. 36 f.

24 Ebd., S. 37.

25 Lindley, *J. C. Kumarappa,* S. 33.

26 Kumarappa, *Economy of Permanence,* S. 76, 78.

27 Ebd., S. 57 f.

28 Ebd., S. 78 f.

29 Ebd., S. 12 f.

30 Ebd., S. 31 f.

31 Ebd., S. 32.

32 J. C. Kumarappa, *Gandhian Economic Thought* (1951), Varanasi 2010, S. 33, https://www.mkgandhi.org/ebks/Gandhian-Economic-Thought.pdf (zuletzt aufgerufen am 17. 11. 2025).

33 Ebd., S. 53.

34 Ebd., S. 48.
35 World Bank, »GDP per Capita, PPP (constant 2021 international $) – India«, *World Development Indicators Database,* o. D., https://data.worldbank.org/indicator/NY.GDP.PCAP.PP.KD?locations=IN (zuletzt aufgerufen am 17. 11. 2025).
36 Guha, *Gandhi,* S. 927.
37 Kumarappa, *Gandhian Economic Thought,* S. 57.

Eric Williams über Sklaverei und Kapitalismus

1 Eric Williams, *Inward Hunger. The Education of a Prime Minister,* Princeton, New Jersey, 2006, S. 43.
2 Ebd., S. 26 f.
3 Ebd., S. 36.
4 Ebd., S. 46.
5 Colin A. Palmer, »Einleitung«, in: Eric Williams, *Kapitalismus & Sklaverei,* Berlin 2025, S. 22.
6 Adam Smith, *Untersuchung über das Wesen und die Ursachen des Volkswohlstandes (Der Wohlstand der Nationen),* Frankfurt am Main 2009, 4. Buch, Kap. 7.3, S. 713.
7 Karl Marx, *Das Kapital. Kritik der politischen Ökonomie,* Bd. 1, in: Marx/Engels, *Werke,* 44 Bde., Berlin 1956–2018, Bd. 23, 1962, S. 741–744.
8 C. L. R. James, *The Black Jacobins. Toussaint l'Ouverture and the San Domingo Revolution,* New York 1989, S. IX.
9 Cedric Robinson, *Black Marxism,* Chapel Hill, North Carolina, 2000, S. 316.
10 W. E. B. Du Bois, *Black Reconstruction. An Essay Toward a History of the Part Which Black Folk Played in the Attempt to Reconstruct Democracy in America, 1860–1880,* New York 1935, S. 39, 670.
11 Ebd., S. 700.
12 Ebd.
13 Ebd., S. 701.
14 Williams, *Kapitalismus & Sklaverei,* S. 17, 37, 45, 51.
15 Ebd., S. 66.
16 Ebd., S. 57, 72.
17 Ebd., S. 129–131.
18 Ebd., S. 60, 83.
19 Ebd., S. 5.
20 Ebd., S. 151.
21 Ebd., S. 71, 89 f., 92.
22 Ebd., S. 71.
23 Ebd., S. 105 f.
24 Ebd., S. 103.
25 Ebd., S. 67 f.
26 Ebd., S. 132.
27 Ebd., S. 114, 116.

28 Ebd., S. 124f.
29 Ebd., S. 90, 149.
30 C. L. R. James, *Die schwarzen Jakobiner. Toussaint und die Unabhängigkeitsrevolution in Haiti,* Köln 1984, S. 61.
31 Williams, *Kapitalismus & Sklaverei,* S. 108f.
32 Ebd., S. 112.
33 Ebd., S. 113.
34 Ebd., S. 177.
35 Ebd., S. 103.
36 Ebd., S. 110–112.
37 Ebd., S. 147f., 150.
38 Williams, *Inward Hunger,* S. 71.
39 Larry Neal, »The Finance of Business During the Industrial Revolution«, in: Roderick Floud und D. N. McCloskey (Hg.), *The Economic History of Britain Since 1700,* Bd. 1: *1700–1860,* Cambridge 1994, S. 152.
40 Stanley L. Engerman, »The Slave Trade and British Capital Formation in the Eighteenth Century. A Comment on the Williams Thesis«, in: *The Business History Review,* 46, 4 (Winter 1972), S. 441.
41 Patrick K. O'Brien, »European Economic Development. The Contribution of the Periphery«, in: *The Economic History Review,* 35, 1 (Februar 1982), S. 18.
42 P. K. O'Brien und S. L. Engerman, »Exports and the Growth of the British Economy from the Glorious Revolution to the Peace of Amiens«, in: Barbara L. Solow (Hg.), *Slavery and the Rise of the Atlantic System,* Cambridge 1991, S. 177–209.
43 Ronald Findlay und Kevin Hjortshoj O'Rourke, »The Triangular Trade from a Global Perspective«, in: Colin A. Palmer (Hg.), *The Legacy of Eric Williams. Caribbean Scholar and Statesman,* Kingston, Jamaica, 2015, S. 165–189.
44 Ronald Findlay und Kevin H. O'Rourke, *Power and Plenty. Trade, War, and the World Economy in the Second Millennium,* Princeton, New Jersey, 2007, S. 339.
45 Robert C. Allen, *Geschichte der Weltwirtschaft,* Ditzingen 2015, S. 29–31.
46 Joseph E. Inikori, *Africans and the Industrial Revolution in England. A Study in International Trade and Development,* New York 2002, S. XVIII.
47 Giorgio Riello, »The Globalization of Cotton Textiles. Indian Cottons, Europe, and the Atlantic World, 1600–1850«, in: ders. und Prasannan Parthasarathi (Hg.), *The Spinning World. A Global History of Cotton Textiles, 1200–1850,* Oxford 2009, S. 282.
48 Pat Hudson, »Slavery, the Slave Trade, and Economic Growth. A Contribution to the Debate«, in: Catherine Hall, Nicholas Draper und Keith McClelland (Hg.), *Emancipation and the Remaking of the British Imperial World,* Manchester 2014, S. 36–59.
49 Gavin Wright, »Slavery and Anglo-American Capitalism Revisited«, in: *The Economic History Review,* 73, 2 (Mai 2020), S. 358, 378, https://

economics.stanford.edu/sites/economics/files/ehr12962.pdf (zuletzt aufgerufen am 17. 11. 2025).

50 Williams, *Kapitalismus & Sklaverei,* S. 276.

51 Ebd., S. 27 f.

52 Adom Getachew, *Die Welt nach den Imperien. Aufstieg und Niedergang der postkolonialen Selbstbestimmung,* Berlin 2022, S. 211.

53 Williams, *Inward Hunger,* S. 116.

54 C. L. R. James, *Party Politics in the West Indies,* Port of Spain 1962, S. 45.

55 Minkha Makalani, »›A Very Unusual People‹. An Interview with Erica James and Henry James, Niece and Nephew of C. L. R. James«, in: *sx salon,* Juli 2014, http://smallaxe.net/sxsalon/interviews/very-unusual-people (zuletzt aufgerufen am 17. 11. 2025).

56 »Trinidad and Tobago Economy – Patterns of Development«, in: Theodora.com, November 1987, https://photius.com/countries/trinidad_and_tobago/economy/development.html (zuletzt aufgerufen am 17. 11. 2025).

57 Williams, *Inward Hunger,* S. 338 f.

58 Ebd., S. 342.

Aufstieg und Fall der Dependenztheorie in Lateinamerika

1 Stanley E. Hilton, »Vargas and Brazilian Economic Development, 1930–1945«, in: *The Journal of Economic History,* 35, 4 (Dezember 1975), S. 754–778.

2 Office of the Historian, US Department of State, »Mexican Expropriation of Foreign Oil, 1938«, in: *Milestones in the History of U. S. Foreign Relations,* https://history.state.gov/milestones/1937-1945/mexican-oil (zuletzt aufgerufen am 17. 11. 2025).

3 Edgar J. Dosman, *The Life and Times of Raúl Prebisch, 1901–1986,* Montreal 2010.

4 Raúl Prebisch, »Five Stages in My Thinking on Development«, in: Gerald M. Meier und Dudley Seers (Hg.), *Pioneers in Development,* New York 1984, S. 175.

5 Angus Maddison, *The World Economy. A Millennial Perspective,* Paris 2006, S. 195 (Tabelle A2-c).

6 Joseph L. Love, »Raúl Prebisch and the Origins of the Doctrine of Unequal Exchange«, in: *Latin American Research Review,* 15, 3 (1980), S. 50.

7 Ebd., S. 54.

8 Raúl Prebisch und United Nations Economic Commission for Latin America and the Caribbean, *The Economic Development of Latin America and Its Principal Problems,* New York 1949, S. 1.

9 Ebd., S. 10.

10 Ebd., S. V.

11 Raúl Prebisch, »Commercial Policy in the Underdeveloped Countries«, in: *The American Economic Review, Papers and Proceedings of the Seventy-first Annual Meeting of the American Economic Association,* 49, 2 (Mai 1959), S. 251–273.

12 David Pollock, Daniel Kerner und Joseph L. Love, »Raúl Prebisch on ECLAC's Achievements and Deficiencies. An Unpublished Interview«, in: *CEPAL Review,* 75 (Dezember 2001), S. 19.
13 Jeffry A. Frieden, *Global Capitalism. Its Rise and Fall in the Twentieth Century,* New York 2007, S. 304.
14 Ebd., S. 305.
15 Maddison, *The World Economy,* S. 126 (Tabelle 3-1a).
16 Ebd., S. 192 (Tabelle A-g).
17 Ebd., S. 195 (Tabelle A2-c).
18 André Hofman, *The Economic Development of Latin America in the Twentieth Century,* Cheltenham 2000, Tabelle 2.2, S. 16.
19 Geoffrey Kay, *Development and Underdevelopment. A Marxist Analysis,* London 1975, S. 127 f.
20 Werner Baer, »Import Substitution and Industrialization in Latin America. Experiences and Interpretations«, in: *Latin American Research Review,* 7, 1 (Frühjahr 1972), S. 106.
21 Prebisch, »Five Stages in My Thinking on Development«, S. 181.
22 Mit dieser Zweiteilung folge ich dem Ökonomen Matias Vernengo von der Bucknell University; vgl. seinen ausgesprochen nützlichen Aufsatz »Technology, Finance, and Dependency. Latin American Radical Political Economy in Retrospect«, in: *Review of Radical Political Economics,* 38, 4 (Herbst 2006), S. 551–568.
23 Dosman, *The Life and Times of Raúl Prebisch, 1901–1986,* S. 267.
24 Ebd., S. 303.
25 Ebd., S. 304.
26 Pedro Cezar Dutra Fonseca und Ivan Colangelo Salomao, »Furtado vs. Prebisch, A Latin American Controversy«, in: *Investigación Económica,* 77, 306 (2018), S. 74–93.
27 Celso Furtado, *Development and Underdevelopment,* Berkeley, Kalifornien, 1964.
28 Celso Furtado, »The Brazilian ›Model‹«, in: *Social and Economic Studies,* 22, 1 (März 1973), S. 122–131.
29 Werner Baer, »Furtado on Development. A Review Essay«, in: *The Journal of Developing Areas,* 3, 2 (Januar 1969), S. 270–280.
30 Reynold E. Carson, »The Andean Common Market. An Experiment in Regional Cooperation«, in: *Issues in International Education,* Report IIE-2, Institute of International Education, New York 1975, https://files.eric.ed.gov/fulltext/ED125443.pdf (zuletzt aufgerufen am 17. 11. 2025).
31 André Gunder Frank, Brief, Santiago de Chile, 1. Juli 1964, https://rrojasdatabank.info/agfrank/carta00.pdf (zuletzt aufgerufen am 17. 11. 2025).
32 André Gunder Frank, »Der Kalte Krieg und ich«, in: *PROKLA 112,* 28, 3 (1998), S. 487–500, hier S. 490.
33 André Gunder Frank, »Not Feudalism – Capitalism«, in: *Monthly Review,* 15, 8 (Dezember 1963), S. 468, 470.
34 Paul A. Baran, »On the Political Economy of Backwardness«, in: *The Manchester School,* 20, 1 (Januar 1952), S. 67.

35 Ebd., S. 84.
36 Paul A. Baran, *Politische Ökonomie des wirtschaftlichen Wachstums,* Neuwied/Berlin 1966, S. 243–247, 253, 258.
37 André Gunder Frank, »The Development of Underdevelopment«, in: *Monthly Review,* 18, 4 (September 1966), S. 17–31, hier S. 23.
38 André Gunder Frank, »Capitalist Underdevelopment or Socialist Revolution«, in: ders., *Latin America. Underdevelopment or Revolution,* New York 1969, S. 406 f.
39 Frank, »Der Kalte Krieg und ich«, S. 496.
40 Theotônio dos Santos, »The Structure of Dependence«, in: *The American Economic Review, Papers and Proceedings of the Eighty-second Annual Meeting of the American Economic Association,* 60, 2 (Mai 1970), S. 231.
41 Ebd., S. 232–234.
42 Ebd., S. 236.
43 Walter Rodney, *Wie Europa Afrika unterentwickelte,* Berlin 2023, S. 99 f.
44 Ebd., S. 406.
45 Ebd., S. 397.
46 Walter Rodney, »Aspects of the International Class Struggle in Africa, the Caribbean and America«, in: Horace Campbell (Hg.), *Pan-Africanism. Struggle Against Neo-Colonialism and Imperialism, Documents of the Sixth Pan-African Congress,* Toronto 1975, S. 18–41.
47 National Security Archive, »The Walter Rodney Murder Mystery in Guyana 40 Years Later«, 3. Februar 2022, https://nsarchive.gwu.edu/briefing-book/human-rights/2020-06-13/the-walter-rodney-murder-mystery-in-guyana-40-years-later (zuletzt aufgerufen am 17. 11. 2025).
48 Salvador Allende, »Erste Botschaft an den Kongress, 21. Mai 1971«, in: ders., *Chile – Volkskampf gegen Reaktion und Imperialismus. Aus Reden des Präsidenten der Republik Chile Salvador Allende Gossens,* Berlin 1973, S. 45–70.
49 »Chile – GDP per Capita«, in: *Index Mundi,* https://www.indexmundi.com/facts/chile/gdp-per-capita (zuletzt aufgerufen am 30. 12. 2025).
50 »Macrotrends: Chile Inflation Rate, 1971–2024«, https://www.macrotrends.net/global-metrics/countries/chl/chile/inflation-rate-cpi (zuletzt aufgerufen am 17. 11. 2025).
51 »Chile Inquiry Confirms President Allende Killed Himself«, BBC News, 19. Juli 2011, https://www.bbc.com/news/world-latin-america-14210729 (zuletzt aufgerufen am 17. 11. 2025).
52 Central Intelligence Agency, »CIA Activities in Chile«, 19. September 2000, https://nsarchive2.gwu.edu/news/20000919/01-02.htm (zuletzt aufgerufen am 17. 11. 2025).
53 André Gunder Frank, »The Underdevelopment of Development«, in: Sing C. Chew und Robert A. Denemark (Hg.), *The Underdevelopment of Development. Essays in Honor of André Gunder Frank,* Thousand Oaks, Kalifornien, 1996, https://rrojasdatabank.info/agfrank/underdev.html (zuletzt aufgerufen am 17. 11. 2025).

Milton Friedman und der Aufstieg des Neoliberalismus

1 »Dr. Karl Polanyi, Economist, 77, Dies«, in: *The New York Times,* 25. April 1964, S. 29, https://timesmachine.nytimes.com/timesmachine/1964/04/25/issue.html (zuletzt aufgerufen am 30. 12. 2025).

2 Milton Friedman, *Kapitalismus und Freiheit,* Stuttgart 1971, S. 20, 56.

3 Milton Friedman, *Capitalism and Freedom,* Chicago, Illinois, 1982, S. VI.

4 World Bank Group, »Inflation, Consumer Prices (Annual %) – United States«, https://data.worldbank.org/indicator/FP.CPI.TOTL.ZG?locations=US (zuletzt aufgerufen am 17. 11. 2025).

5 US Office of Management and Budget und Federal Reserve Bank of St. Louis, »Federal Net Outlays as Percent of Gross Domestic Product (FYONGDA 188S)«, Federal Reserve Bank of St. Louis, *FRED Economic Data,* 28. März 2024, https://fred.stlouisfed.org/series/FYONGDA188S (zuletzt aufgerufen am 17. 11. 2025).

6 US Bureau of Labor Statistics, »Unemployment Rate [UNRATE]«, Federal Reserve Bank of St. Louis, *FRED Economic Data,* 7. Juni 2024, https://fred.stlouisfed.org/series/UNRATE (zuletzt aufgerufen am 17. 11. 2025).

7 »Nixon Reportedly Says He Is Now a Keynesian«, in: *The New York Times,* 7. Januar 1971, https://www.nytimes.com/1971/01/07/archives/nixon-reportedly-says-he-is-now-a-keynesian.html (zuletzt aufgerufen am 17. 11. 2025).

8 Jeffry A. Frieden, *Global Capitalism. Its Rise and Fall in the Twentieth Century,* New York 2007, S. 342.

9 Milton Friedman, »Die Rolle der Geldpolitik«, in: ders., *Die optimale Geldmenge und andere Essays,* Frankfurt am Main 1976, S. 135–156, hier S. 144, 148.

10 Ebd., S. 144.

11 James Callaghan (Labour), »Leader's Speech, Blackpool 1976«, in: *British Political Speech.*

12 Joan Robinson und Frank Wilkinson, »What Has Become of Employment Policy?«, in: *Cambridge Journal of Economics,* 1, 1 (März 1977); abgedruckt in: Joan Robinson, *Contributions to Modern Economics,* Oxford 1978, S. 263 f.

13 Andrew Glyn und Bob Sutcliffe, *Capitalism in Crisis,* New York 1972, S. 73, 76, 102.

14 Arthur M. Okun und George L. Perry, »Notes and Numbers on the Profits Squeeze«, in: *Brookings Papers in Economic Activity,* Nr. 3 (1970).

15 Organisation for Economic Co-operation and Development, »A New Approach to Fighting Inflation«, in: *The O. E. C. D. Observer,* Nr. 49 (Dezember 1970), S. 29, https://www.oecd-ilibrary.org/economics/oecd-observer/volume-1970/issue-6_observer-v1970-6-en (zuletzt aufgerufen am 18. 11. 2025).

16 Ebd., S. 30.

17 Sebastian Edwards, *The Chile Project. The Story of the Chicago Boys and the Downfall of Neoliberalism,* Princeton, New Jersey, 2023, S. 75–78, 80.

18 Ebd., S. 93.
19 Milton Friedman und Rose D. Friedman, *Two Lucky People. Memoirs,* Chicago, Illinois, 1998, S. 399.
20 Ebd., S. 591–594.
21 Ebd., S. 400.
22 Edwards, *The Chile Project,* S. 98.
23 Sebastian Edwards, »Economic Policy and the Record of Economic Growth in Chile in the 1970's and 1980's«, *UCLA Working Papers,* Nr. 283 (November 1982), S. 1 f.
24 Edwards, *The Chile Project,* S. 104.
25 Daniel Yergin und Joseph Stanislaw, *Staat oder Markt. Die Schlüsselfrage unseres Jahrhunderts,* Frankfurt / New York 1999, S. 329.
26 Edwards, »Economic Policy and the Record of Economic Growth in Chile in the 1970's and 1980's«, S. 23.
27 David R. Henderson, »A Fascinating History of Chile's Economic Reforms and Reversals«, Rezension von Sebastian Edwards, *The Chile Project,* in: *Financial and Economic Review* 22, 3 (September 2023), S. 178.
28 »Report of the Chilean National Commission on Truth and Reconciliation«, United States Institute of Peace, 1993, Anhang II: Statistics, S. 1122.
29 Patrick Iber, »When Milton Friedman Met Pinochet«, in: newrepublic.com, 15. Mai 2023.
30 US Office of Management and Budget und Federal Reserve Bank of St. Louis, »Federal Surplus or Deficit [-] as Percent of Gross Domestic Product (FYFSGDA 188S)«, Federal Reserve Bank of St. Louis, *FRED Economic Data,* 28. März 2024, https://fred.stlouisfed.org/series/FYFSGDA188S (zuletzt aufgerufen am 18. 11. 2025).
31 »U. S. Inflation Rate 1960–2024«, in: *Macrotrends,* https://www.macrotrends.net/global-metrics/countries/USA/united-states/inflation-rate-cpi (zuletzt aufgerufen am 18. 11. 2025).
32 Jimmy Carter, »A Crisis of Confidence«, Address to the Nation, 15. Juli 1979, in: *Great Speeches Collection, The History Place,* https://www.historyplace.com/speeches/carter-confidence.htm (zuletzt aufgerufen am 18. 11. 2025).
33 International Monetary Fund, »Interest Rates, Discount Rate for United States [INTDSRUSM193N]«, Federal Reserve Bank of St. Louis, *FRED Economic Data,* 4. Oktober 2021, https://fred.stlouisfed.org/series/INTDSRUSM193N (zuletzt aufgerufen am 18. 11. 2025).
34 National Bureau of Economic Research, »US Business Cycle Expansions and Contractions«, https://www.nber.org/research/data/us-business-cycle-expansions-and-contractions (zuletzt aufgerufen am 18. 11. 2025).
35 Federal Election Commission, »PAC's Increase in Number«, 14. Januar 1983, https://www.fec.gov/resources/news_releases/1983/19830114_PACcount.pdf (zuletzt aufgerufen am 30. 12. 2025).
36 Yergin / Stanislaw, *Staat oder Markt,* S. 434.
37 Ebd., S. 432.

38 Thomas Byrne Edsall, *The New Politics of Inequality,* New York 1984, S. 120.
39 Milton Friedman und Rose Friedman, *Chancen, die ich meine. Ein persönliches Bekenntnis,* Berlin / Frankfurt am Main / Wien 1980, S. 222, 329.
40 Martin Anderson, *Revolution,* San Diego, Kalifornien, 1988, S. 172.
41 Hyman P. Minsky, »The Financial Instability Hypothesis. A Restatement«, in: *Thames Papers in Political Economy* (Herbst 1978), S. 3.
42 Ebd., S. 2.
43 Ebd., S. 17.

Nicholas Georgescu-Roegen und die Grenzen des Wachstums

1 *Economic Report of the President. Transmitted to the Congress, January 1962, Together with the Annual Report of the Council of Economic Advisers,* Washington, D. C., 1962, S. 9, https://www.presidency.ucsb.edu/sites/default/files/books/presidential-documents-archive-guidebook/the-economic-report-of-the-president-truman-1947-obama-2017/1962.pdf (zuletzt aufgerufen am 18. 11. 2025).
2 Roy Harrod, *Reforming the World's Money,* London 1965, S. 77.
3 Stewart L. Udall, *The Quiet Crisis,* New York 1963, S. VIII.
4 George P. Marsh, *Man and Nature, or Physical Geography as Modified by Human Action,* New York 1867, S. 36, https://www.gutenberg.org/files/37957/37957-h/37957-h.htm (zuletzt aufgerufen am 18. 11. 2025).
5 John Stuart Mill, *Grundsätze der Politischen Oekonomie,* 3 Bde., hier Bd. 1, in: ders., *Gesammelte Werke,* 12 Bde., Leipzig 1869–1880, Bde. 6–8, Bd. 6, 1869, S. 243.
6 Paul A. Samuelson, *Economics. An Introductory Analysis,* New York ^{6}1964, S. 811–838, https://archive.org/details/economicssixthed0000unse/page/n5/mode/2up (zuletzt aufgerufen am 30. 12. 2025).
7 Maria Shahgedanova und Timothy P. Burt, »New Data on Air Pollution in the Former Soviet Union«, in: *Global Environmental Change,* 4, 3 (September 1994), S. 201–227.
8 Glenn E. Curtis (Hg.), *Russia. A Country Study,* Washington, D. C., 1996, https://countrystudies.us/russia/25.htm (zuletzt aufgerufen am 18. 11. 2025).
9 Nicholas Georgescu-Roegen, *The Entropy Law and the Economic Process,* Cambridge, Massachusetts, 1971, S. 277.
10 Nicholas Georgescu-Roegen, »An Emigrant from a Developing Country. Autobiographical Notes I«, in: J. A. Kregel (Hg.), *Recollections of Eminent Economists,* Rom 1989, S. 99, https://rosa.uniroma1.it/rosa04/pslquarterlyreview/article/view/11104/10978 (zuletzt aufgerufen am 18. 11. 2025).
11 Nicholas Georgescu-Roegen, »Nicholas Georgescu-Roegen about Himself«, in: Michael Szenberg (Hg.), *Eminent Economists. Their Life Philosophies,* Cambridge 1992, S. 133.
12 Nicholas Georgescu-Roegen, »Process in Farming Versus Process in

Manufacturing. A Problem of Balanced Development«, in: Ugo Papi und Charles Nunn (Hg.), *Economic Problems of Agriculture in Industrial Societies,* London 1969.

13 Georgescu-Roegen, *The Entropy Law and the Economic Process,* S. 322–330.
14 Ebd., S. 281 (Hervorhebungen im Original).
15 Ebd., S. 304.
16 John Schmitz, »Nicholas Georgescu-Roegen«, in: https://secondlawoflife.wordpress.com/page/5 (zuletzt aufgerufen am 28. 01. 2026).
17 Georgescu-Roegen, *The Entropy Law and the Economic Process,* S. 303.
18 Ebd., S. 21.
19 Ebd., S. 2.
20 Dennis L. Meadows, Donella H. Meadows, Erich Zahn und Peter Milling, *Die Grenzen des Wachstums. Bericht des Club of Rome zur Lage der Menschheit,* Gütersloh / Stuttgart / Wien 1973, S. 17.
21 Peter Passell, Marc Roberts und Leonard Ross, »The Limits to Growth«, in: *The New York Times Book Review,* 2. April 1972, S. 1, https://www.nytimes.com/1972/04/02/archives/the-limits-to-growth-a-report-for-the-club-of-romes-project-on-the.html (zuletzt aufgerufen am 18. 11. 2025).
22 Robert M. Solow, »Is the End of the World at Hand?«, in: *Challenge,* 16, 1 (März / April 1973), S. 43, 46.
23 D. L. Meadows / D. H. Meadows / Zahn / Milling, *Die Grenzen des Wachstums,* S. 147.
24 Wilfred Beckerman, *In Defence of Economic Growth,* London 1974.
25 Hannah Ritchie, Pablo Rosado und Max Roser, »CO_2 and Greenhouse Gas Emissions«, in: *Our World in Data,* https://ourworldindata.org/co2-and-greenhouse-gas-emissions (zuletzt aufgerufen am 18. 11. 2025).
26 Clement Levallois, »Can De-Growth Be Considered a Policy Option?«, in: *Ecological Economics,* 69, 11 (Juni 2010), S. 19, https://www.researchgate.net/publication/222832017 (zuletzt aufgerufen am 18. 11. 2025).
27 Nicholas Georgescu-Roegen, »Energy and Economic Myths«, in: *Southern Economic Journal,* 41, 3 (Januar 1975), S. 347–381, https://www.uvm.edu/~jfarley/EEseminar/readings/energy%20myths.pdf (zuletzt aufgerufen am 18. 11. 2025).
28 Ebd., S. 361, 365 f.
29 Ernst Friedrich Schumacher, *Small is beautiful. Die Rückkehr zum menschlichen Maß,* München 2019, S. 44 f.
30 Ebd., S. 44.
31 Herman E. Daly, *Steady-State Economics,* Washington, D. C., ²1991, S. 186.
32 Georgescu-Roegen, »Energy and Economic Myths«, S. 367.
33 Nicholas Georgescu-Roegen, »The Steady State and Ecological Salvation. A Thermodynamic Analysis«, in: *BioScience,* 27, 4 (April 1977), S. 266–270.
34 Nicholas Georgescu-Roegen, »Inequality, Limits, and Growth from a Bioeconomic Viewpoint«, in: *Review of Social Economy,* 35, 3 (Dezember 1977), S. 361–375.
35 Georgescu-Roegen, »Energy and Economic Myths«, S. 374, 377 f.

36 Ebd., S. 374.

37 Herman E. Daly, »On Nicholas Georgescu-Roegen's Contributions to Economics. An Obituary Essay«, in: *Ecological Economics,* 13, 3 (Juni 1995), S. 149–154.

38 Federico Demaria, Filka Sekulova, Joan Martinez-Alier und Francois Schneider, »What Is Degrowth? From an Activist Slogan to a Social Movement«, in: *Environmental Values,* 22, 2 (April 2013), S. 191–215.

39 Georgescu-Roegen, »Energy and Economic Myths«, S. 379.

Silvia Federici und die »Lohn für Hausarbeit«-Kampagne

1 Silvia Federici und Arlen Austin (Hg.), *Wages for Housework: The New York Committee 1972–1977. History, Theory, Documents,* Brooklyn, New York, 2018, S. 87–89.

2 Ebd., S. 91.

3 Ebd., S. 41.

4 Betsy Warrior, »Strike! While the Iron Is Hot! Wages for Housework«, Plakat, 48,2 × 35,5 cm, Yanker Poster Collection, Library of Congress, https://www.loc.gov/item/2015649375 (zuletzt aufgerufen am 18. 11. 2025).

5 Federici / Austin (Hg.), *Wages for Housework,* S. 121 f.

6 Siehe beispielsweise »The International Wages for Housework Campaign«, https://freedomarchives.org/Documents/Finder/DOC500_scans/500.020.Wages.for.Housework.pdf (zuletzt aufgerufen am 18. 11. 2025); »International Lesbian Conference«, in: *Power of Women. Magazine of the International Wages for Housework Campaign,* Nr. 5 (1975), https://bcrw.barnard.edu/archive/lesbian/Power_of_Women.pdf (zuletzt aufgerufen am 31. 12. 2025).

7 Federici / Austin (Hg.), *Wages for Housework,* S. 17.

8 Silvia Federici, *Lohn gegen Hausarbeit,* hg. von den Lohn-für-Hausarbeit-Gruppen Berlin und Bremen, Berlin 1977, S. 3 f. (Hervorhebungen im Original).

9 Friedrich Engels, *Die Lage der arbeitenden Klasse in England,* in: Marx / Engels, *Werke,* 44 Bde., Berlin 1956–2018, Bd. 2, 1957, S. 369.

10 Kathleen E. Gales und P. H. Marks, »Twentieth Century Trends in the Work of Women in England and Wales«, in: *Journal of the Royal Statistical Society,* 137, 1 (1974), S. 60–74, Tabelle 2, https://www.jstor.org/stable/2345145 (zuletzt aufgerufen am 18. 11. 2025).

11 US Census Bureau, »1900 Census Special Reports. Statistics of Women at Work Based on Unpublished Information Derived from the Schedules of the Twelfth Census«, 1907, Tabelle 21, https://www.census.gov/library/publications/1907/dec/women-at-work.html (zuletzt aufgerufen am 18. 11. 2025).

12 Charlotte Perkins Gilman, *Mann und Frau. Die wirtschaftlichen Beziehungen der Geschlechter als Hauptfaktor der socialen Entwicklung,* Dresden / Leipzig 1901, S. 9 f., 15 f. (Hervorhebung im Original).

13 Crystal Eastman, »Now We Can Begin«, in: *Liberator,* Dezember 1920, https://www.americanyawp.com/reader/22-the-new-era/crystal-eastman-now-we-can-begin-1920 (zuletzt aufgerufen am 18. 11. 2025).
14 Mary Inman, *In Woman's Defense,* Los Angeles, Kalifornien, 1940, S. 149.
15 Federal Reserve Bank of St. Louis, »Labor Force Participation Rate – Women (LNS11300002)«, in: *FRED Economic Data,* 7. Juni 2024, https://fred.stlouisfed.org/series/LNS11300002 (zuletzt aufgerufen am 18. 11. 2025).
16 Rachel Andrews, »Interview with Silvia Federici«, in: *The White Review* (Januar 2022), https://www.thewhitereview.org/feature/interview-with-silvia-federici (zuletzt aufgerufen am 18. 11. 2025).
17 Mariarosa Dalla Costa, »Frauen und der Umsturz der Gesellschaft«, in: dies., *Frauen und der Umsturz der Gesellschaft. Gesammelte Aufsätze,* hg. von Friederike Beier, Münster 2022, S. 35–80, hier S. 39 (Hervorhebung im Original).
18 Silvia Federici, »Den Feminismus wieder auf die Füße stellen«, in: dies., *Revolution at Zero Point. Hausarbeit, Reproduktion und feministischer Kampf,* Münster 2021, S. 91.
19 Dalla Costa, »Frauen und der Umsturz der Gesellschaft«, S. 54, 63, 69 f.
20 Federici / Austin (Hg.), *Wages for Housework,* S. 30.
21 Ebd., S. 18.
22 Ebd., S. 46.
23 Ebd., S. 20.
24 Federici, *Lohn gegen Hausarbeit,* S. 3.
25 Ebd., S. 6.
26 Federici / Austin (Hg.), *Wages for Housework,* S. 32.
27 Selma James, »Der Platz einer Frau«, in: Mariarosa Dalla Costa und dies., *Die Macht der Frauen und der Umsturz der Gesellschaft,* Berlin 1973, S. 67–89, hier S. 74 (zuerst veröffentlicht im Februar 1953 in der Arbeiterzeitung *Correspondence*), https://anth1001.wordpress.com/wp-content/uploads/2012/11/james_a-womans-place.pdf (zuletzt aufgerufen am 18. 11. 2025).
28 Selma James, »Women, the Unions and Work, or What Is Not to Be Done«, in: *Radical America,* 7, 4–5 (1973), S. 67, https://caringlabor.wordpress.com/wp-content/uploads/2010/08/selmajamesra.pdf (zuletzt aufgerufen am 18. 11. 2025).
29 Wendy Schuman, »Brooklyn Women Seek Wages for Housework«, in: *The New York Times,* 11. Januar 1976, abgedruckt in: Federici / Austin (Hg.), *Wages for Housework,* S. 172.
30 »Wages for Housework«, in: *Life,* April 1976, https://maydayrooms.org/wp-content/uploads/2014/06/WfHw_SF_LifeMagazine1976.jpg (zuletzt aufgerufen am 18. 11. 2025).
31 Andrews, »Interview with Silvia Federici«.
32 Louise Toupin, *Lohn für Hausarbeit. Chronik eines internationalen Frauenkampfs (1972–1977),* Münster 2022, S. 337.
33 Federici / Austin (Hg.), *Wages for Housework,* S. 24.
34 »Feminist Generations. A Conversation with Selma James, Margaret

Prescod and Chanda Prescod-Weinstein«, Women and Gender Studies Institute Research Seminar, 19. Januar 2022, https://wgsi.utoronto.ca/wp-content/uploads/2022/01/feminist-generations-closed-captions-converted.pdf (zuletzt aufgerufen am 18. 11. 2025).

35 Toupin, *Lohn für Hausarbeit*, S. 304.

36 Andrews, »Interview with Silvia Federici«.

37 Keith Love, »How Do You Put a Price Tag on a Housewife's Work?«, in: *The New York Times*, 13. Januar 1976, abgedruckt in: Federici / Austin, *Wages for Housework*, S. 192 f.

38 Marilyn Waring, *If Women Counted. A New Feminist Economics*, New York 1990, S. 4.

39 Ebd., S. 7.

40 Ebd., S. 44.

41 Ebd., S. 74 f., 80.

42 Ebd., S. 323.

43 Ebd., S. 326 (Hervorhebungen im Original).

Theoretiker des Thatcherismus: Stuart Hall versus Friedrich Hayek

1 Ralph Harris, Arthur Seldon und Stephen Erickson, »A Conversation with Harris and Seldon«, *Occasional Papers* 116, Institute of Economic Affairs, 2001, S. 53.

2 Alan Ebenstein, *Friedrich Hayek*, New York 2001, S. 291.

3 Peter Jenkins, *Mrs. Thatcher's Revolution. The Ending of the Socialist Era*, Cambridge, Massachusetts, 1988, S. 81.

4 Friedrich A. Hayek, »Trade Union Privileges«, in: *The Times*, 2. August 1977, https://www.margaretthatcher.org/document/114631 (zuletzt aufgerufen am 18. 11. 2025).

5 Riyah Collins, »Red Robbo. The Man Behind 523 Car Factory Strikes«, BBC News, 3. November 2017, https://www.bbc.com/news/uk-england-birmingham-41834559 (zuletzt aufgerufen am 18. 11. 2025).

6 Friedrich Hayek, *Die Verfassung der Freiheit*, Tübingen 1971, S. 341, 348 f.

7 »Thatcher, Hayek, and Friedman«, Margaret Thatcher Foundation, https://www.margaretthatcher.org/archive/Hayek (zuletzt aufgerufen am 18. 11. 2025).

8 Anthony Wells, »Voting Intention 1974–1979«, UK Polling Report.

9 Ebenstein, *Friedrich Hayek*, S. 292.

10 »Inflation Great Britain 1979«, in: Inflation.eu, https://www.global-rates.com/en/inflation/historical/1979 (zuletzt aufgerufen am 28. 01. 2026).

11 Office for National Statistics, »Unemployment Rate (Aged 16 and Over, Seasonally Adjusted): %«, Census 2021, https://www.ons.gov.uk/employmentandlabourmarket/peoplenotinwork/unemployment/timeseries/mgsx/lms (zuletzt aufgerufen am 18. 11. 2025).

12 »1982: UK Unemployment Tops Three Million«, in: *On This Day*, BBC News, http://news.bbc.co.uk/onthisday/hi/dates/stories/january/26/newsid_2506000/2506335.stm (zuletzt aufgerufen am 18. 11. 2025).

13 Jenkins, *Mrs. Thatcher's Revolution,* S. 97.

14 Margaret Thatcher an Friedrich Hayek, 17. Februar 1982, https://www.margaretthatcher.org/document%2F117179 (zuletzt aufgerufen am 28. 01. 2026).

15 »1983: Macgregor Named as Coal Boss«, in: *On This Day,* BBC News, http://news.bbc.co.uk/onthisday/hi/dates/stories/march/28/newsid_2531000/2531033.stm (zuletzt aufgerufen am 18. 11. 2025).

16 Economic Reconstruction Group, »Final Report of the Nationalised Industries Policy Group«, 8. Juli 1977.

17 Alan Travis, »Thatcher Had Secret Plan to Use Army at Height of Miners' Strike«, in: *The Guardian,* 3. Januar 2014, https://www.theguardian.com/politics/2014/jan/03/margaret-thatcher-secret-plan-army-miners-strike (zuletzt aufgerufen am 18. 11. 2025).

18 Our World in Data, »Employment in the Coal Industry in the United Kingdom«, 17. August 2020, https://ourworldindata.org/grapher/employment-in-the-coal-industry-in-the-united-kingdom (zuletzt aufgerufen am 18. 11. 2025).

19 R. W. Apple jr., »Macmillan, at 90, Rouses the Lords«, in: *The New York Times,* 14. November 1984.

20 Simon Lewis, »How Union Membership Has Grown – and Shrunk«, in: *The Guardian,* 30. April 2010, https://www.theguardian.com/news/datablog/2010/apr/30/union-membership-data (zuletzt aufgerufen am 18. 11. 2025).

21 William Keegan, »This Is Not the 1970s. Tory Pledges to Cut Taxes Are Absurd«, in: *The Guardian,* 21. August 2022, https://www.theguardian.com/business/2022/aug/21/this-is-not-the-1970s-tory-pledges-to-cut-taxes-are-absurd (zuletzt aufgerufen am 18. 11. 2025).

22 Edward Nelson, »Reaffirming the Influence of Milton Friedman on U. K. Economic Policy«, Finance and Economics Discussion Series 2017–096, Board of Governors of the Federal Reserve System, 2017, https://www.federalreserve.gov/econres/feds/files/2017096pap.pdf (zuletzt aufgerufen am 18. 11. 2025).

23 »The Privatisation of British Telecom (1984)«, https://www.instituteforgovernment.org.uk/sites/default/files/british_telecom_privatisation.pdf (zuletzt aufgerufen am 18. 11. 2025).

24 Andrew Oxlade, »British Gas Shares Have Increased 12 Times in Value in the 25 Years Since Privatisation«, in: *ThisIsMoney.co.uk,* 14. November 2011, https://www.thisismoney.co.uk/money/investing/article-2061085/How-privatisation-shares-like-British-Gas-paid-handsomely.html (zuletzt aufgerufen am 18. 11. 2025).

25 Margaret Thatcher, *The Downing Street Years,* New York 1993, S. 680 (vgl. dies., *Downing Street No. 10. Die Erinnerungen,* Düsseldorf / Wien / New York / Moskau 1993, S. 937).

26 Lord Norman Tebbit, Lord John Wakeham, Lord Cecil Parkinson und Lord David Young, »Up for Debate: Privatization and the Thatcher Legacy«, *The Commanding Heights,* PBS, https://www.pbs.org/wgbh/

commandingheights/shared/minitextlo/ufd_privatizethatcher_full.html (zuletzt aufgerufen am 31. 12. 2025).

27 John Cassidy, »The Blair Project«, *The New Yorker,* 28. November 1999«, https://www.newyorker.com/magazine/1999/12/06/the-blair-project (zuletzt aufgerufen am 18. 11. 2025).

28 Stuart Hall, »The Great Moving Right Show«, in: *Marxism Today,* 23, 1 (Januar 1979), S. 14, 17.

29 Lovia Gyarkye, »Permission to Imagine«, in: *Dissent,* Herbst 2021, https://www.dissentmagazine.org/article/permission-to-imagine (zuletzt aufgerufen am 18. 11. 2025).

30 Hall, »The Great Moving Right Show«, S. 16.

31 Stuart Hall, Charles Critcher, Tony Jefferson u. a., *Policing the Crisis. Mugging, the State, and Law and Order,* London 1978, S. 333.

32 Evan Smith, ›Rather Swamped‹. Thatcher, Moral Panics and Racist Rhetoric«, in: *New Historical Express,* 1. November 2022, https://hatfulofhistory.wordpress.com/2022/11/01/rather-swamped-thatcher-moral-panics-and-racist-rhetoric (zuletzt aufgerufen am 18. 11. 2025).

33 Hall, »The Great Moving Right Show«, S. 15.

34 Ebd., S. 17.

35 Stuart Hall, »Gramsci and Us«, in: *Marxism Today,* Juni 1987, abgedruckt in: ders., *The Hard Road to Renewal,* London 1988 (Hervorhebung im Original).

36 Hall, »The Great Moving Right Show«, S. 20.

37 Geoffrey Garrett, »The Political Consequences of Thatcherism«, in: *Political Behavior,* 14, 4 (Dezember 1992), S. 361–382.

38 Hall, »Gramsci and Us« (Hervorhebungen im Original).

39 Nicholas Crafts, *Forging Ahead, Falling Behind and Fighting Back,* Cambridge 2018, S. 87.

40 Nicholas Crafts, »Competition Cured the ›British Disease‹«, in: *VoxEU,* 5. Juni 2011, https://cepr.org/voxeu/columns/competition-cured-british-disease (zuletzt aufgerufen am 18. 11. 2025).

41 Berechnung des Autors nach: »A Millennium of Macroeconomic Data«, Bank of England, https://www.bankofengland.co.uk/statistics/research-datasets (zuletzt aufgerufen am 18. 11. 2025).

42 Isaac Delestre, Wojciech Kopczuk, Helen Miller und Kate Smith, »Top Income Inequality and Tax Policy«, Institute of Fiscal Studies, 7. April 2022, https://ifs.org.uk/books/top-income-inequality-and-tax-policy (zuletzt aufgerufen am 18. 11. 2025).

43 Hall, »Gramsci and Us« (Hervorhebung im Original).

44 Ebd.

45 Ebd.

Globalisierungsanalyse: Samir Amin, Dani Rodrik und Joseph E. Stiglitz

1 Peter Maas, »Lenin Returns – To Eastern Europe's First Communist Theme Park«, in: *The Washington Post,* 9. Juli 1993.

2 Barry Naughton, *The Chinese Economy. Transitions and Growth,* Cambridge, Massachusetts, 2007, S. 99.

3 Ted George Goertzel, *Fernando Henrique Cardoso. Reinventing Democracy in Brazil,* Boulder, Colorado, 1999, S. 160.

4 World Trade Organization, »Evolution of Trade Under the WTO: Handy Statistics«, https://www.wto.org/english/res_e/statis_e/trade_evolution_e/evolution_trade_wto_e.htm (zuletzt aufgerufen am 18. 11. 2025).

5 Die Zahlen zu den Devisentransaktionen stammen aus: Bank for International Settlements, »Turnover of OTC Foreign Exchange Instruments, by Country«, https://www.bis.org/statistics/d11_2.pdf (zuletzt aufgerufen am 18. 11. 2025).

6 Samir Amin, *Capitalism in the Age of Globalization,* London 1997, S. XI, 33.

7 Samir Amin, *A Life Looking Forward. Memoirs of an Independent Marxist,* London 2006, S. 56.

8 Ebd., S. 65.

9 Samir Amin, »Les effets structurels de l'intégration internationale des économies précapitalistes. Une étude théorique de mécanisme qui a engendré«, Dissertation, Universität von Paris, 1957, https://search.worldcat.org/title/31362974 (zuletzt aufgerufen am 18. 11. 2025).

10 Samir Amin, *Accumulation on a World Scale. A Critique of the Theory of Underdevelopment,* New York 1974, S. 32.

11 Zu einer knappen Geschichte der NWWO siehe Nils Gilman, »The New International Economic Order. A Reintroduction«, in: *Humanity* (Frühjahr 2015), https://humanityjournal.org/issue6-1/the-new-international-economic-order-a-reintroduction (zuletzt aufgerufen am 18. 11. 2025).

12 United Nations General Assembly, Resolution A/RES/S-6/3201, »Declaration on the Establishment of a New International Economic Order (May 1, 1974)«, http://www.un-documents.net/s6r3201.htm (zuletzt aufgerufen am 18. 11. 2025).

13 United Nations General Assembly, »Economic Declaration: Fourth Conference of Heads of State or Government of Non-Aligned Countries«, Algiers, 5.–9. September 1973, S. 57–74, http://cns.miis.edu/nam/documents/Official_Document/4th_Summit_FD_Algiers_Declaration_1973_Whole.pdf (zuletzt aufgerufen am 18. 11. 2025).

14 Samir Amin, »After the New International Economic Order. The Future of International Economic Relations«, in: *Journal of Contemporary Asia,* 12, 4 (1982), http://patrimoinenumeriqueafricain.com:8080/jspui/bitstream/123456789/2847/1/After%20the%20New%20International.pdf (zuletzt aufgerufen am 18. 11. 2025).

15 Samir Amin, »Self-Reliance and the New International Economic Order«, in: *Monthly Review,* 29, 3 (Juli–August 1977), S. 20.

16 Amin, *Accumulation on a World Scale,* S. 135, zit. in: Patrick Bond, »Samir Amin's Diagnosis of Worst-Case Racial Capitalism«, Committee for the

Abolition of Illegitimate Debt, 11. November 2023, https://www.cadtm.org/Samir-Amin-s-diagnosis-of-worst-case-racial-capitalism (zuletzt aufgerufen am 18. 11. 2025).

17 Amin, *Capitalism in the Age of Globalization*, S. 3–5.

18 Amin, *A Life Looking Forward*, S. 170.

19 Samir Amin, »The Struggle for National Independence and Socialism in Kampuchea« (Oktober 1981), in: *South African History Online*, 26. Juni 2019, https://sahistory.org.za/archive/struggle-national-independence-and-socialism-kampuchea-samir-amin-october-1981 (zuletzt aufgerufen am 31. 12. 2025).

20 Amin, *Capitalism in the Age of Globalization*, S. 96.

21 Ebd., S. 99 f.

22 Ebd., S. 10.

23 Francis Fukuyama, »Das Ende der Geschichte«, in: *Europäische Rundschau*, 17, 4 (1989), S. 3–25, hier S. 4.

24 Dani Rodrik, *Grenzen der Globalisierung. Ökonomische Integration und soziale Desintegration*, Frankfurt am Main / New York 2000, S. 7, 11.

25 Marina N. Bolotnikova, »The Trilemma«, in: *Harvard Magazine* (Juli–August 2019), https://www.harvardmagazine.com/2019/06/rodrik-trilemma-trade-globalization (zuletzt aufgerufen am 18. 11. 2025).

26 John Williamson, »The Washington Consensus as a Policy Prescription for Development«, Peterson Institute for International Economics, 13. Januar 2004, https://www.piie.com/sites/default/files/publications/papers/williamson0204.pdf (zuletzt aufgerufen am 18. 11. 2025).

27 Paul Krugman, »Technology, Trade, and Factor Prices«, National Bureau of Economic Research Working Paper 5355, November 1995, S. 2, https://www.nber.org/papers/w5355 (zuletzt aufgerufen am 18. 11. 2025).

28 Rodrik, *Grenzen der Globalisierung*, S. 25, 35–38.

29 Ebd., S. 13, 88 f.

30 Dani Rodrik, *Has Globalization Gone Too Far?*, Washington, D. C., 1997, S. 71.

31 »Remarks by President Clinton, President Bush, President Carter, President Ford, and Vice President Gore in Signing of NAFTA Side Agreements«, History Central, https://historycentral.com/documents/Clinton/SigningNaFT.html (zuletzt aufgerufen am 31. 12. 2025); John M. Broder und Jim Mann, »Clinton Reverses His Policy, Renews China's Trade Status«, in: *Los Angeles Times*, 27. Mai 1994, https://www.latimes.com/archives/la-xpm-1994-05-27-mn-62877-story.html (zuletzt aufgerufen am 18. 11. 2025).

32 Federal Reserve Bank of St. Louis, »All Employees, Manufacturing (MANEMP)«, in: *FRED Economic Data*, 5. Juli 2024, https://fred.stlouisfed.org/series/MANEMP (zuletzt aufgerufen am 18. 11. 2025).

33 Federal Reserve Bank of St. Louis, »All Employees, Total Nonfarm (PAYEMS)«, in: *FRED Economic Data*, 5. Juli 2024, https://fred.stlouisfed.org/series/PAYEMS (zuletzt aufgerufen am 18. 11. 2025).

34 Joseph Stiglitz, Interview mit dem Autor, April 2024.

35 Joseph Stiglitz, *Der Weg zur Freiheit. Ökonomie für eine gerechte Gesellschaft,* München 2025, S. 339.
36 Joseph Stiglitz, *The Roaring Nineties. A New History of the World's Most Prosperous Decade,* New York 2003, S. 221.
37 Ebd., S. 223 f.
38 Andrei Shleifer und Lawrence H. Summers, »Breach of Trust in Hostile Takeovers«, in: Alan J. Auerbach (Hg.), *Corporate Takeovers. Causes and Consequences,* Chicago, Illinois, 1988; Lawrence H. Summers, »Does the Stock Market Rationally Reflect Fundamental Values?«, in: *The Journal of Finance,* 41, 3 (Juli 1986).
39 John Cassidy, »The Triumphalist«, in: *The New Yorker,* 28. Juni 1998.
40 Daniel Yergin und Joseph Stanislaw, *Staat oder Markt. Die Schlüsselfrage unseres Jahrhunderts,* Frankfurt am Main / New York 1999, S. 203.
41 Lawrence H. Summers, »Reflections on Managing Global Integration«, Rede auf dem Jahrestreffen der Association of Government Economists, 4. Januar 1999.
42 Asian Development Bank, Key Indicators 2001, »Growth Rates of Real GDP and Major Sectors«, August 2001, https://www.adb.org/publications/key-indicators-2001 (zuletzt aufgerufen am 18. 11. 2025).
43 Jagdish N. Bhagwati, »The Capital Myth«, in: *Foreign Affairs* (Mai / Juni 1998).
44 Joseph Stiglitz, *Die Schatten der Globalisierung,* Berlin 2002, S. 12 f., 109.
45 Ebd., S. 36.
46 Joseph Stiglitz, *Globalization and Its Discontents,* New York 2002, S. 250.
47 Kenneth Rogoff, »An Open Letter to Joseph Stiglitz«, International Monetary Fund, 2. Juli 2002, https://www.imf.org/external/np/vc/2002/070202.HTM? (zuletzt aufgerufen am 18. 11. 2025).
48 Stiglitz, *Die Schatten der Globalisierung,* S. 214.
49 William Greider, *Endstation Globalisierung. Der Kapitalismus frisst seine Kinder,* München 1998, S. 469.
50 Ebd., S. 479 f.
51 WTO History Project, »Day Two, November 30, 1999«, Harry Bridges Center for Labor Studies and University of Washington Libraries, http://depts.washington.edu/wtohist/day2.htm (zuletzt aufgerufen am 18. 11. 2025).
52 Paul Schell, »Local Proclamation of Emergency Order City of Seattle«, 30. November 1999, https://archives.seattle.gov/digital-collections/media/collectiveaccess/images/1/7/3/5/30075_ca_object_representations_media_173588_original.pdf (zuletzt aufgerufen am 18. 11. 2025).
53 Dani Rodrik, »Seattle … and After. Five Simple Principles for World Trade«, in: *The American Prospect,* 19. Dezember 2001.
54 Federal Reserve Bank of St. Louis, »International Merchandise Trade Statistics: Exports: Commodities for China«, in: *FRED Economic Data,* 17. Juni 2024, https://fred.stlouisfed.org/series/XTEXVA01CNM667S (zuletzt aufgerufen am 18. 11. 2025).
55 Federal Reserve Bank of St. Louis, »All Employees, Manufacturing«.

56 Jagdish Bhagwati, *Verteidigung der Globalisierung*, München 2008, S. 117 f.
57 Shaohua Chen und Martin Ravallion, »The Developing World Is Poorer Than We Thought, but No Less Successful in the Fight Against Poverty«, World Bank Policy Research Working Paper WPS4703, 1. August 2008, S. 41, Tabelle 5.
58 Ebd., S. 42, Tabelle 6.
59 Ebd., S. 44, Tabelle 7.
60 Lucas Chancel, Thomas Piketty, Emmanuel Saez und Gabriel Zucman, *World Inequality Report 2022*, World Inequality Lab, 2021, S. 56, Diagramm 2.3, https://wir2022.wid.world/www-site/uploads/2023/03/D_FINAL_WIL_RIM_RAPPORT_2303.pdf (zuletzt aufgerufen am 18. 11. 2025).
61 Zu den aktuellen Zahlen siehe World Bank, »GDP per Capita (Current US$)«, https://data.worldbank.org/indicator/NY.GDP.PCAP.CD (zuletzt aufgerufen am 18. 11. 2025).
62 Chen / Ravallion, »The Developing World Is Poorer Than We Thought, but No Less Successful in the Fight Against Poverty«, S. 44, Tabelle 7.
63 John Cassidy, *How Markets Fail. The Logic of Economic Calamities*, New York 2009, Kap. 3: »The Great Crunch«.
64 Samir Amin, *The Implosion of Contemporary Capitalism*, New York 2013; siehe auch: ders., »The Implosion of the Contemporary Capitalist System«, gekürzte Fassung für das Second South South Forum, https://commons.ln.edu.hk/cgi/viewcontent.cgi?article=1001&context=southsouthforum (zuletzt aufgerufen am 18. 11. 2025).
65 Joseph Stiglitz, *Im freien Fall. Vom Versagen der Märkte zur Neuordnung der Weltwirtschaft*, München 2010, S. 200.
66 Dani Rodrik, *Das Globalisierungs-Paradox. Die Demokratie und die Zukunft der Weltwirtschaft*, München 2011, S. 11, 19.
67 Ebd., S. 20.
68 Ebd., S. 323–359.

Thomas Piketty und die zunehmende Ungleichheit

1 Stuart Jeffries, »Piketty Mania. How an Economics Lecture Became the Hottest Gig in Town«, in: *The Guardian*, 17. Juni 2014, https://www.theguardian.com/books/2014/jun/17/thomas-piketty-lse-capitalism-talk (zuletzt aufgerufen am 18. 11. 2025).
2 Thomas Piketty, *Das Kapital im 21. Jahrhundert*, München 2014, S. 786.
3 Barack Obama, »Remarks by the President on Economic Mobility«, 4. Dezember 2013, https://obamawhitehouse.archives.gov/the-press-office/2013/12/04/remarks-president-economic-mobility (zuletzt aufgerufen am 18. 11. 2025).
4 »Best Sellers: Hardcover Nonfiction«, in: *The New York Times Book Review*, 18. Mai 2014, https://www.nytimes.com/books/best-sellers/2014/05/18/hardcover-nonfiction (zuletzt aufgerufen am 18. 11. 2025).
5 Piketty, *Das Kapital im 21. Jahrhundert*, S. 52 f.

6 Simon Kuznets und Elizabeth Jenks, »Shares of Upper Income Groups in Savings«, in: dies., *Shares of Upper Income Groups in Income and Savings,* New York 1953, https://www.nber.org/system/files/chapters/c3060/c3060.pdf (zuletzt aufgerufen am 18. 11. 2025).

7 Simon Kuznets, »Economic Growth and Income Inequality«, in: *The American Economic Review,* 45, 1 (März 1955), https://assets.aeaweb.org/asset-server/files/9438.pdf (zuletzt aufgerufen am 18. 11. 2025).

8 Edward N. Wolff, *Economics of Poverty, Inequality, and Discrimination,* Cincinnati, Ohio, S. 73 f. und Tabelle 3.5.

9 Thomas Piketty, »Income Inequality in France, 1901–1998«, in: *Journal of Political Economy,* 111, 5 (Oktober 2003), S. 1004–1042, http://piketty.pse.ens.fr/fichiers/public/Piketty2003b.pdf (zuletzt aufgerufen am 18. 11. 2025).

10 Thomas Piketty und Emmanuel Saez, »Income Inequality in the United States, 1913–1998«, in: *The Quarterly Journal of Economics,* 118, 1 (Februar 2003), S. 1, https://eml.berkeley.edu/~saez/pikettyqje.pdf (zuletzt aufgerufen am 18. 11. 2025).

11 Facundo Alvaredo, Anthony B. Atkinson, Thomas Piketty und Emmanuel Saez, »The Top 1 Percent in International and Historical Perspective«, in: *Journal of Economic Perspectives,* 27, 3 (Sommer 2013), S. 6, Grafik 2, https://pubs.aeaweb.org/doi/pdfplus/10.1257/jep.27.3.3 (zuletzt aufgerufen am 18. 11. 2025).

12 Ebd., S. 10.

13 Piketty, *Das Kapital im 21. Jahrhundert,* S. 43, 418.

14 United States Securities and Exchange Commission, Schedule 14A, Apple Inc. Proxy Statement, 9. Januar 2012, Summary Compensation Table – 2011, 2010 und 2009, S. 30, https://www.sec.gov/Archives/edgar/data/320193/000119312512006704/d275281ddef14a.htm (zuletzt aufgerufen am 18. 11. 2025).

15 »Fortune 50 CEO Pay vs. Our Salaries«, Fortune 500 2012, CNN Money.

16 John Cassidy, »The Greed Cycle«, in: *The New Yorker,* 15. September 2002, S. 75.

17 Piketty, *Das Kapital im 21. Jahrhundert,* S. 43 f.

18 Ebd., S. 577, 583.

19 Ebd., S. 78–83, 219–222.

20 Ebd., S. 42–44.

21 Ebd., S. 785.

22 Ebd., S. 786.

23 Ebd., S. 472 f., 694.

24 Ebd., S. 697–701.

25 Paul Krugman, »Why We're in a New Gilded Age«, in: *The New York Review of Books,* 8. Mai 2014.

26 Robert M. Solow, »Thomas Piketty Is Right«, in: *The New Republic,* 22. April 2014.

27 James K. Galbraith, »*Kapital* for the Twenty-First Century?, in: *Dissent* (Frühjahr 2014).

28 Isaac Chotiner, »Thomas Piketty: I Don't Care for Marx«, in: newrepublic.com, 5. Mai 2014.

29 Piketty, *Das Kapital im 21. Jahrhundert,* S. 25.

30 John B. Judis, »Thomas Piketty Is Pulling Your Leg«, in: newrepublic.com, 6. Mai 2014, https://newrepublic.com/article/117673/piketty-read-marx-doesnt-make-him-marx (zuletzt aufgerufen am 18. 11. 2025).

31 Lawrence H. Summers, »The Inequality Puzzle«, in: *Democracy,* Nr. 33 (Sommer 2014), https://democracyjournal.org/magazine/33/the-inequality-puzzle (zuletzt aufgerufen am 18. 11. 2025).

32 Matthew Rognlie, »Deciphering the Fall and Rise in the Net Capital Share. Accumulation or Scarcity?«, in: *Brookings Papers on Economic Activity* (Frühjahr 2015), https://www.brookings.edu/wp-content/uploads/2016/07/2015a_rognlie.pdf (zuletzt aufgerufen am 18. 11. 2025).

33 Gerald Auten und David Splinter, »Income Inequality in the United States. Using Tax Data to Measure Long-Term Trends«, 23. August 2018, S. 29 (Tabelle 3), https://davidsplinter.com/AutenSplinter-Tax_Data_and_Inequality_2018.pdf (zuletzt aufgerufen am 18. 11. 2025).

34 Thomas Piketty, Emmanuel Saez und Gabriel Zucman, »Distributional National Accounts. Methods and Estimates for the United States«, in: *The Quarterly Journal of Economics,* 133, 2 (Mai 2018), S. 576, https://gabriel-zucman.eu/files/PSZ2018QJE.pdf (zuletzt aufgerufen am 18. 11. 2025).

35 Piketty / Saez / Zucman, »Distributional National Accounts«, Online-Anhang, Main Data, »Top 1 % Income Share: Pre-Tax vs. Post-Tax«, http://gabriel-zucman.eu/usdina (zuletzt aufgerufen am 18. 11. 2025).

36 Gerald Auten und David Splinter, »Income Inequality in the United States. Using Tax Data to Measure Long-Term Trends«, 29. September 2023, S. 3, https://www.davidsplinter.com/AutenSplinter-Tax_Data_and_Inequality.pdf (zuletzt aufgerufen am 18. 11. 2025).

37 Ebd., S. 3.

38 Sarah Thomas-Oxtoby, »Billionaire Streakers«, in: *Forbes,* 28. September 2022, https://www.forbes.com/sites/sarahthomasoxtoby/2022/09/28/forbes-400-billionaire-streakers-people-on-1982-and-2022-lists/?sh=95c6688f88ba (zuletzt aufgerufen am 18. 11. 2025).

39 Rob LaFranco und Chase Peterson-Withorn (Hg.), »The Forbes 400. The Definitive Ranking of the Wealthiest Americans in 2023«, in: *Forbes,* 3. Oktober 2023.

40 Board of Governors of the Federal Reserve System, »DFA: Distributional Financial Accounts: Distribution of Household Wealth in the U.S. Since 1989«, https://www.federalreserve.gov/releases/z1/dataviz/dfa/distribute/chart/#quarter:142;series:Net%20worth;demographic:networth;population:1,3,5;units:shares;range:2010.1,2025.1, (letztes Update am 16. 01. 2026, zuletzt aufgerufen am 28. 01. 2026).

41 Matthew Smith, Owen Zidar und Eric Zwick, »Top Wealth in America. New Estimates Under Heterogeneous Returns«, in: *The Quarterly Journal of Economics,* 138, 1 (Februar 2023), S. 557, https://www.ericzwick.com/wealth/wealth.pdf (zuletzt aufgerufen am 18. 11. 2025).

42 Lynn Stuart Parramore, »Joseph Stiglitz: Thomas Piketty Gets Income Inequality Wrong«, in: *Salon,* 02. Januar 2015.
43 Suresh Naidu, »A Political Economy Take on W/Y«, in: Heather Boushey, J. Bradford DeLong und Marshall Steinbaum (Hg.), *After Piketty. The Agenda for Economics and Inequality,* Cambridge, Massachusetts, 2017, S. 109.
44 Ebd., S. 111.
45 Ebd., S. 118.
46 Karl Marx und Friedrich Engels, *Manifest der Kommunistischen Partei,* in: dies., *Werke,* 44 Bde., Berlin 1956–2018, Bd. 4, 1959, S. 489–492, hier S. 464.
47 Naidu, »A Political Economy Take on W/Y«, S. 109, 116.
48 Christoph Lakner und Branko Milanović, »Global Income Distribution: From the Fall of the Berlin Wall to the Great Recession«, World Bank Policy Research Working Paper WPS6719, 1. Dezember 2013, S. 31, Grafik 1(a), https://documents1.worldbank.org/curated/en/914431468162277879/pdf/WPS6719.pdf (zuletzt aufgerufen am 18. 11. 2025).
49 Branko Milanović, *Die ungleiche Welt. Migration, das eine Prozent und die Zukunft der Mittelschicht,* Berlin 2015, S. 34.
50 Ebd., S. 21.
51 Ebd., S. 21, 38.
52 David H. Autor, David Dorn und Gordon H. Hanson, »The China Syndrome. Local Labor Markets Effects of Import Competition in the United States«, National Bureau of Economic Research Working Paper 18054, Mai 2012, S. 11 (Tabelle 1).
53 Zeeshan Aleem, »Another Kick in the Teeth. A Top Economist on How Trade with China Helped Elect Trump«, in: *Vox,* 29. März 2017, https://www.vox.com/new-money/2017/3/29/15035498/autor-trump-china-trade-election (zuletzt aufgerufen am 18. 11. 2025).
54 Autor/Dorn/Hanson, »The China Syndrome«, S. 11 (Tabelle 1).
55 »Donald Trump Presidential Campaign, 2016/International Trade«, in: *Ballotpedia,* https://ballotpedia.org/Donald_Trump_presidential_campaign,_2016/International_trade (zuletzt aufgerufen am 18. 11. 2025).
56 David Autor, David Dorn, Gordon Hanson und Kaveh Majlesi, »A Note on the Effect of Rising Trade Exposure on the 2016 Presidential Election«, 16. November 2016, MPRA Paper 112889, https://mpra.ub.uni-muenchen.de/112889/ (zuletzt aufgerufen am 31. 12. 2025).
57 Siehe: John Sides, Michael Tesler und Lynn Vavreck, *Identity Crisis. The 2016 Presidential Campaign and the Battle for the Meaning of America,* Princeton, New Jersey, 2018.
58 John Cassidy, »Joe Biden's Innovative Attempt to Reshape the American Economy«, in: *newyorker.com,* 7. Februar 2023.
59 Anne-Sylvaine Chassany, »Lunch with the FT: Thomas Piketty«, in: *Financial Times,* 26. Juni 2015.
60 »Economist Thomas Piketty Refuses French Legion d'Honneur«, in: *The Irish Times,* 1. Januar 2015, https://www.irishtimes.com/business/

economy/economist-thomas-piketty-refuses-french-legion-d-honneur-1.2052228 (zuletzt aufgerufen am 18. 11. 2025).

61 »Historic Election ›Drubbing‹ for French Socialists«, in: *France 24,* 24. April 2017, https://www.france24.com/en/20170424-historic-french-presidential-election-drubbing-socialists-hamon (zuletzt aufgerufen am 18. 11. 2025).

62 Thomas Piketty, *Kapital und Ideologie,* München 2020, S. 13, 21, 167–170.

63 Idrees Kahloon, »Thomas Piketty Goes Global«, in: *The New Yorker,* 9. März 2020, S. 76.

64 John Maynard Keynes, *Allgemeine Theorie der Beschäftigung, des Zinses und des Geldes,* Berlin [9]2002, S. 323.

65 Piketty, *Kapital und Ideologie,* S. 13.

66 Antonio Gramsci, *Philosophie der Praxis. Eine Auswahl,* hg. von Christian Riechers, Frankfurt am Main 1967, S. 412.

67 Piketty, *Kapital und Ideologie,* S. 22.

68 Ebd., S. 22, 1187, 1193.

69 Ebd., S. 1187, 1203, 1205–1207.

70 Ebd., S. 1276.

71 Center on Capitalism and Society, »Thomas Picketty: Speaker: 20th Annual Conference of the Center on Capitalism and Society«, Columbia University, https://capitalism.columbia.edu/content/thomas-picketty (zuletzt aufgerufen am 18. 11. 2025).

Das Ende des Kapitalismus oder ein Anfang?

1 Antonio Guterres, »Secretary-General's Address to the General Assembly«, United Nations, 19. September 2023, https://www.un.org/sg/en/content/sg/speeches/2023-09-19/secretary-generals-address-the-general-assembly (zuletzt aufgerufen am 18. 11. 2025).

2 World Economic Forum, *The Global Risks Report 2023, 18th Edition,* Genf 2023, S. 6, https://www3.weforum.org/docs/WEF_Global_Risks_Report_2023.pdf (zuletzt aufgerufen am 18. 11. 2025).

3 Ebd., S. 9.

4 Adam Tooze, »Welcome to the World of the Polycrisis«, in: *Financial Times,* 28. Oktober 2022, https://www.ft.com/content/498398e7-11b1-494b-9cd3-6d669dc3de33 (zuletzt aufgerufen am 18. 11. 2025).

5 Farwa Sial, »Whose Polycrisis?«, in: *Developing Economics,* 27. Januar 2023, https://developingeconomics.org/2023/01/27/whose-polycrisis (zuletzt aufgerufen am 18. 11. 2025).

6 Samuel Bowles und Wendy Carlin, »Shrinking Capitalism. Components of a New Political Economy Paradigm«, *Oxford Review of Economic Policy,* 37, 4 (Winter 2021), S. 794, https://academic.oup.com/oxrep/article/37/4/794/6423495 (zuletzt aufgerufen am 18. 11. 2025).

7 »Most Americans Agree That Capitalism Needs to Evolve, the Harris Poll and Forbes Find«, in: *Newswire,* 16. Mai 2023, https://www.newswire.

com/news/most-americans-agree-that-capitalism-needs-to-evolve-the-harris-poll-22038868 (zuletzt aufgerufen am 18. 11. 2025).

8 Oren Cass, »Foreword: What Happened to Capitalism?«, in: *Rebuilding American Capitalism,* American Compass, Juni 2023, https://americancompass.org/rebuilding-american-capitalism/foreword (zuletzt aufgerufen am 18. 11. 2025).

9 Will Chamberlain, Christopher DeMuth, Rod Dreher u. a., »National Conservativism. A Statement of Principles«, Edmund Burke Foundation, 2022, https://nationalconservatism.org/national-conservatism-a-statement-of-principles (zuletzt aufgerufen am 18. 11. 2025).

10 Joshua Rhett Miller, »Jeff Bezos' $500M Yacht Has a 246-foot Support Ship, Lauren Sanchez Figurehead«, in: *New York Post,* 20. Mai 2023, https://nypost.com/2023/05/20/meet-jeff-bezos-fleet-and-its-lauren-sanchez-figurehead; https://robbreport.com/motors/marine/gallery/jeff-bezos-koru-sailing-superyacht-1235852521/2-gettyimages-1820965187/ (zuletzt aufgerufen am 18. 11. 2025).

11 Guthrie Scrimgeour, »Inside Mark Zuckerberg's Top-Secret Hawaii Compound«, in: *Wired,* 14. Dezember 2023, https://www.wired.com/story/mark-zuckerberg-inside-hawaii-compound (zuletzt aufgerufen am 18. 11. 2025).

12 Wolfgang Streeck, »Wie wird der Kapitalismus enden?«, 2 Teile, in: *Blätter für deutsche und internationale Politik,* 60, 3–4 (2015), Teil II, 4/2015, S. 109–120, hier S. 119.

13 Ebd., Teil I, 3/2015, S. 99–111, hier S. 107 f., Teil II, 4/2015, S. 113–120.

14 International Monetary Fund, *World Economic Outlook,* April 2024, S. 138, Tabelle A1, »Summary of World Output«, https://www.imf.org/en/Publications/WEO/Issues/2024/04/16/world-economic-outlook-april-2024#statistical (zuletzt aufgerufen am 18. 11. 2025).

15 Peter S. Goodman, *How the World Ran Out of Everything. Inside the Global Supply Chain,* New York 2024, S. 346.

16 Erik Brynjolfsson und Andrew McAfee, *The Second Machine Age. Wie die nächste industrielle Revolution unserer aller Leben verändern wird,* Kulmbach 2014, S. 19.

17 Ebd., S. 102.

18 Nicholas Crafts, »AI as a GPT. An Historical Perspective«, 25. März 2020, https://warwick.ac.uk/fac/soc/economics/research/centres/cage/news/06-07-20-artificial_intelligence_as_a_general_purpose_technology_an_historical_perspective (zuletzt aufgerufen am 28. 01. 2026).

19 Nicholas Crafts, »Artificial Intelligence as a General-Purpose Technology. An Historical Perspective«, in: *Oxford Review of Economic Policy,* 37, 3 (Herbst 2021), S. 521–536, https://academic.oup.com/oxrep/article/37/3/521/6374675 (zuletzt aufgerufen am 18. 11. 2025).

20 Krystal Hu, »ChatGPT Sets Record for Fastest Growing User Base – Analyst Note«, Reuters, 2. Februar 2023, https://www.reuters.com/technology/chatgpt-sets-record-fastest-growing-user-base-analyst-note-2023-02-01/ (zuletzt aufgerufen am 18. 11. 2025).

21 »OpenAI Raises $6.6 Billion in Funds at $157 Billion Value«, Bloomberg, 2. Oktober 2024.

22 Martin Neil Bailey, Erik Brynjolfsson und Anton Korinek, »Machines of Mind. The Case for an AI-Powered Productivity Boom«, Brookings Institution, 10. Mai 2023, Grafik 2, https://www.brookings.edu/articles/machines-of-mind-the-case-for-an-ai-powered-productivity-boom (zuletzt aufgerufen am 18. 11. 2025).

23 Ebd.

24 Erik Brynjolfsson, »The Turing Trap. The Promise and Peril of Human-Like Artificial Intelligence«, in: *Daedalus*, 151, 2 (Frühjahr 2022), S. 272 f.

25 »Greta Thunberg: Die ganze Klimagipfel-Rede im Wortlaut«, in: *Merkur*, 24. September 2019, https://kontrast.at/greta-thunberg-klimagipfel-rede-ganz/ (zuletzt aufgerufen am 18. 11. 2025).

26 Giorgos Kallis, *Degrowth*, New York 2018, S. 1.

27 Tim Jackson, *Wohlstand ohne Wachstum. Leben und Wirtschaften in einer endlichen Welt*, München 2011, S. 35 f.

28 The New Climate Economy, The Global Commission on the Economy and Climate, *Potenziale des 21. Jahrhunderts für inklusives Wachstum erschließen: Klimaschutz beschleunigen. Kernpunkte und Zusammenfassung*, 2018, S. 5, https://newclimateeconomy.net/sites/default/files/2023-11/NCE_2018_Zusammenfassung_Deutsch_2018_6.pdf (zuletzt aufgerufen am 18. 11. 2025).

29 U. K. Department for Energy Security und Net Zero und Claire Coutinho, »UK First Major Economy to Halve Emissions«, 26. Februar 2024, https://www.gov.uk/government/news/uk-first-major-economy-to-halve-emissions (zuletzt aufgerufen am 18. 11. 2025).

30 Federal Reserve Bank of St. Louis, »Real Gross Domestic Product for Great Britain (NGDPRSAXDCGBQ)«, in: *FRED Economic Data*, 17. Juni 2024, https://fred.stlouisfed.org/series/NGDPRSAXDCGBQ (zuletzt aufgerufen am 18. 11. 2025).

31 Craig Dyke, »Great Britain's Monthly Electricity Stats«, https://www.neso.energy/energy-101/great-britains-monthly-energy-stats, April 2024 (zuletzt aufgerufen am 28. 01. 2026).

32 Jefim Vogel und Jason Hickel, »Is Green Growth Happening? An Empirical Analysis of Achieved Versus Paris-Compliant CO_2-GDP Decoupling in High-Income Countries«, in: *The Lancet Planetary Health*, 7, 9 (September 2023), e759–769, https://www.thelancet.com/journals/lanplh/article/PIIS2542-5196(23)00174-2/fulltext (zuletzt aufgerufen am 18. 11. 2025).

33 Jackson, *Wohlstand ohne Wachstum*, S. 175.

34 »Median Income or Consumption per Day, 1963–2023«, in: *Our World in Data*, 27. März 2024, https://ourworldindata.org/grapher/daily-median-income?tab=table (zuletzt aufgerufen am 18. 11. 2025).

35 Branko Milanović, »Degrowth. Solving the Impasse by Magical Thinking«, in: *Global Inequality and More 3.0, 27. Juni* 2021, https://branko2f7.substack.com/p/degrowth-solving-the-impasse-by-magical (zuletzt aufgerufen am 18. 11. 2025).

36 Jason Hickel, »Degrowth. A Response to Branko Milanovic«, 27. Oktober 2020, https://www.jasonhickel.org/blog/2017/11/19/why-branko-milanovic-is-wrong-about-de-growth (zuletzt aufgerufen am 18. 11. 2025).

37 Jason Hickel, *Weniger ist mehr. Warum der Kapitalismus den Planeten zerstört und wir ohne Wachstum glücklicher sind,* München 2022, S. 51.

38 J. D. Tuccille, »The World Is Still Getting Less Free. A Distressing Number of People Think That's Fine«, in: *Reason,* 14. Dezember 2022, https://reason.com/2022/12/14/the-world-is-still-getting-less-free-a-distressing-number-of-people-think-thats-fine/ (zuletzt aufgerufen am 18. 11. 2025).

39 The White House, »Fact Sheet: President Biden Takes Action to Protect American Workers and Businesses from China's Unfair Trade Practices«, 14. Mai 2024, https://bidenwhitehouse.archives.gov/briefing-room/statements-releases/2024/05/14/fact-sheet-president-biden-takes-action-to-protect-american-workers-and-businesses-from-chinas-unfair-trade-practices/ (zuletzt aufgerufen am 31. 12. 2025).

40 World Trade Organization, *Global Trade Outlook and Statistics,* Genf, April 2023, S. 2.

41 World Trade Organization, *Global Trade Outlook and Statistics,* Genf, April 2024, S. 2.

42 Bank for International Settlements, *Statistical Release: BIS International Banking Statistics and Global Liquidity Indicators at End-March 2023,* 27. Juli 2023, https://www.bis.org/statistics/rppb2307.htm#:~:text=The%20BIS%20locational%20banking%20statistics,1 (zuletzt aufgerufen am 31. 12. 2025).

43 Richard Baldwin, »The Peak Globalization Myth. Part 1«, in: *VoxEU,* 31. August 2022, Grafik 1, https://cepr.org/voxeu/columns/peak-globalisation-myth-part-1 (zuletzt aufgerufen am 18. 11. 2025).

44 OECD, »FDI in Figures. Global FDI Flows Continued to Decline in 2023«, April 2024, S. 2, Grafik 1, https://www.oecd.org/content/dam/oecd/en/topics/policy-sub-issues/fdi/FDI-in-Figures-April-2024.pdf (zuletzt aufgerufen am 18. 11. 2025).

45 Christian Keller und Renate Marold, »Deglobalization. What You Need to Know«, in: *World Economic Forum,* 17. Januar 2023, https://www.weforum.org/stories/2023/01/deglobalisation-what-you-need-to-know-wef23/ (zuletzt aufgerufen am 18. 11. 2025).

46 American Compass, »The American Rejection of Globalization«, 11. Januar 2024, https://americancompass.org/the-american-rejection-of-globalization (zuletzt aufgerufen am 18. 11. 2025).

47 Richard Baldwin, »Globalization Isn't Dead, It's Transforming – and That Will Change How We Do Business«, International Institute for Management Development, 26. Juni 2023, https://www.imd.org/ibyimd/competitiveness/globalization-isnt-dead-its-transforming-and-that-will-change-how-we-do-business/ (zuletzt aufgerufen am 18. 11. 2025).

48 Antonio Gramsci, *Philosophie der Praxis. Eine Auswahl,* hg. von Christian Riechers, Frankfurt am Main 1967, S. 170.

49 »›We're Done Catering to Wall Street‹: Trump's VP Vance Pledges ›New Path‹ at Republican Convention«, in: *Le Monde,* 18. Juli 2024.

50 Silvia Federici, *Die Welt wieder verzaubern. Feminismus, Marxismus & Commons,* Wien / Berlin 2020, S. 20.

51 Dani Rodrik, Suresh Naidu und Gabriel Zucman, »Economics After Neoliberalism«, in: *Boston Review,* 27. Februar 2019, https://www.bostonreview.net/forum/suresh-naidu-dani-rodrik-gabriel-zucman-economics-after-neoliberalism (zuletzt aufgerufen am 18. 11. 2025).

52 Bowles / Carlin, »Shrinking Capitalism«, S. 798.

53 Ebd., S. 809.

54 Joseph Stiglitz, *Der Weg zur Freiheit. Ökonomie für eine gerechte Gesellschaft,* München 2025, S. 256, 360 f.

55 »Freedom Conservatism. A Statement of Principles«, Juli 2023, https://www.freedomconservatism.org/p/freedom-conservatism-a-statement (zuletzt aufgerufen am 18. 11. 2025).

56 John Cassidy, »Lessons in Conquering Child Poverty«, in: *newyorker.com,* 15. September 2023.

Abbildungen

S. 27: aus »Data Page: Global Average GDP per Capita over the Long Run«, Max Roser, Pablo Arriagada, Joe Hasell, Hannah Ritchie, and Esteban Ortiz-Ospina, »Economic Growth«, 2023; Daten von World Bank, Jutta Bolt and Jan Luiten van Zanden, Angus Maddison. https://ourworldindata.org/grapher/global-average-gdp-per-capita-over-the-long-run.

S. 690: aus Christoph Lakner and Branko Milanovic, »Global Income Distribution: From the Fall of the Berlin Wall to the Great Recession«, Policy Research Working Paper WPS6719, World Bank, Dezember 2013, http://documents.worldbank.org/curated/en/914431468162277879/Global-income-distribution-from-the-fall-of-the-Berlin-Wall-to-the-great-recession.

Dank

Ohne die Hilfe vieler Menschen hätte dieses Buch nicht geschrieben werden können. Eric Chinski, mein Lektor bei Farrar, Straus and Giroux, war von meinem ursprünglichen Buchvorschlag begeistert und bot mir danach bei zahllosen Gelegenheiten ein fundiertes Feedback und dringend benötigte Ermutigung. Sein redaktioneller Blick und umfangreiches Wissen über geistige Strömungen waren von unschätzbarem Wert. Großen Dank schulde ich auch Ian Van Wye, der das finale Manuskript durch die letzte Produktionsphase brachte; Eliza Rudalevige, die sachkundige logistische Hilfe leistete; Janet Biehl, die das Manuskript redigierte; Tanya Heinrich und Vivian Kirklin, die die Fahnen lasen; Nancy Elgin, die die Herstellung des Buchs leitete, die Anmerkungen bearbeitete und für die Einarbeitung der viel zu vielen letzten Änderungen und Ergänzungen sorgte; Scott Auerbach und Debra Helfand, die alles am Laufen hielten; und Tara Sharma, die hilfreiche Vorschläge für das nahezu fertige Manuskript machte. Ohne die Sorgfalt und Duldsamkeit des Lektorats- und Herstellungsteams von FSG hätte das Buch nicht termingerecht veröffentlicht werden können.

Gleiches gilt für den Beitrag von Jackson Vail, einem Kollegen bei *The New Yorker*, der die mühsame Aufgabe übernahm, die Fakten und Argumente aus mehreren Jahrhunderten sowie den Berg von Anmerkungen aus einer riesigen Zahl von Quellen zu prüfen. Angesichts eines festen Abgabetermins leistete Jackson Schwerstarbeit und korrigierte viele meiner Fehler. Für noch stehen gebliebene bitte ich um Entschuldigung.

Für dieses Buch zu recherchieren und es zu schreiben nahm geraume Zeit in Anspruch. Ich danke David Remnick, dem Herausgeber des *New Yorker*, Michael Luo, dem Chefredakteur, Deidre Foley-Mendelsson, der stellvertretenden Chefredakteurin, und David Rohde, der jetzt bei NBC News ist, dafür, dass sie mir Urlaub von meiner täglichen Arbeit gewährten, um dies zu tun.

Zu Dank verpflichtet bin ich auch meinen *New Yorker* Lektoren Cressida Leyshon und Henry Finder sowie dem verstorbenen John Bennet, der mich als Erster ermutigt hat, mich mit einigen der Themen, auf die ich in diesem Buch zurückkomme, zu beschäftigen. Dankbar bin ich ferner meinem Literaturagenten Andrew Wylie und seinen Kollegen bei der Wylie Agency, die mir mit gewohnter Professionalität zur Seite standen.

Schließlich bin ich meiner Familie für ihre Liebe und Unterstützung zu unendlichem Dank verpflichtet. Sie hat sich nicht nur mit den zahllosen Stunden abgefunden, in denen ich in dem Versuch, einen geistigen Wert, wenn nicht Mehrwert zu schaffen, an meinem Computermonitor klebte, sondern auch direkt zur Entstehung dieses Buchs beigetragen. Meine Frau Lucinda Rosenfeld las viele Kapitelentwürfe, wies auf unklare Passagen hin und strich einige meiner schlimmsten Ausrutscher in den Wirtschaftsjargon. Unsere Tochter Cornelia half mir, einige späte Änderungen in das Manuskript einzuarbeiten. Ihre Schwester Beatrice feuerte mich auf der Zielgeraden an und versprach, das Buch auf TikTok als Sommerlektüre zu empfehlen. Ich widme es ihnen dreien.

Register